VOX

DICCIONARIO ESCOLAR DE SINÓNIMOS Y ANTÓNIMOS

LENGUA ESPAÑOLA

DICCIONARIO ESCOLAR DE SINÓNIMOS Y ANTÓNIMOS

LENGUA ESPAÑOLA

VOX

EDUCACIÓN

Esta nueva edición, actualizada y ampliada, ha sido realizada bajo la iniciativa y coordinación general del Editor.

Director de la obra: José Manuel Blecua Perdices (Catedrático de Lengua Española de la Universidad Autónoma de Barcelona)

Coordinación: Javier Lahuerta Galán

Equipo de redacción: Elena Estremera Paños (Licenciada en Filología Románica)
Javier Gómez Guinovart (Licenciado en Filología Hispánica)
Joan Torruella i Casañas (Licenciado en Filología Hispánica)

M.ª José Blanco Rodríguez (Licenciada en Filología Hispánica)
Juan Manuel López Guzmán (Licenciado en Filología Hispánica)
Fernando Pérez Lagos (Licenciado en Filología Hispánica)

Diseño cubierta: Carlos A. Medina (Tres-Sdd)

© SPES EDITORIAL, S.L., 2000
© LAROUSSE EDITORIAL, S.L., 2006
Mallorca, 45
08029 Barcelona
e-mail: vox@vox.es
www.vox.es

Primera edición: marzo de 2000
Quinta reimpresión: junio de 2006

Impreso en España - Printed in Spain

ISBN: 84-8332-110-6
Depósito legal: B. 30.682-2006

Impreso por BIGSA, INDUSTRIA GRÁFICA
Avda. Sant Julià, 104-112
Polígono Congost
08400 Granollers (Barcelona)

Seguramente este no es tu primer diccionario, ya que es muy posible que tengas un diccionario de lengua. En realidad, éste también es un diccionario de lengua, pero reservamos el nombre de "diccionario de lengua" para el que nos ofrece las palabras con definiciones (al que también llamamos simplemente *diccionario*).

¿Por qué tener dos diccionarios? ¿O más? La respuesta es bien sencilla. En cada uno podemos encontrar distintas cosas. Habrás estudiado que hay dos tipos de diccionarios: los *descifradores* o *descoficiadores* y los *cifradores* o *codificadores*. Bien, el diccionario de lengua es un diccionario descifrador, mientras que el de sinónimos es cifrador.

Un diccionario de lengua ofrece las palabras con sus significados. Recurrimos a él cuando no entendemos una palabra que oímos o leemos. El diccionario nos dice qué significa y de esta manera podemos comprender el sentido de lo oído o leído. Por eso este tipo de diccionario se llama descifrador, porque ayuda a descifrar, a descubrir qué quiere decir una voz cuando no lo sabíamos. Responde a la pregunta ¿qué significa la palabra "x"? y nos sirve para buscar significados.

Un diccionario de sinónimos y antónimos no ofrece los significados de las palabras, sino otras palabras que tienen el mismo significado o el significado opuesto. Un diccionario de sinónimos ayuda a encontrar palabras que significan lo mismo cuando no queremos utilizar (o volver a utilizar) un vocablo que ya hemos usado. Por eso es un tipo de diccionario *cifrador*, porque ayuda a cifrar, a componer mensajes. Responde a la pregunta: ¿qué palabras tienen un significado igual, relacionado u opuesto al de "x"? y nos sirve para buscar palabras.

Los diccionarios descifradores y cifradores sirven, pues, para distintas cosas: el primero para entender los mensajes de otros, el segundo para elaborar nuestros propios mensajes.

Los diccionarios cifradores, como este de sinónimos, tienen fundamentalmente dos cometidos:

– propiciar el aprendizaje de vocabulario. El diccionario de sinónimos relaciona palabras por su significado y nos las ofrece todas juntas, por lo que su consulta ayuda al usuario a ampliar los conocimientos que tiene sobre las palabras y las relaciones que establecen entre ellas.

– mejorar la expresión. El diccionario de sinónimos permite elegir una palabra que nos ayuda a evitar repeticiones al elaborar un escrito o al preparar una intervención en público. De este modo conseguimos una expresión más precisa, un estilo más ágil y un texto final de mayor calidad.

Para ayudarte a conseguir estos dos objetivos, el *Diccionario escolar de sinónimos y antónimos* tiene numerosas citas y comentarios que te explican parecidos y diferencias entre las palabras, además de los sinónimos y antónimos. Las citas proceden de otros diccionarios de sinónimos y antónimos y aparecen siempre entre comillas; los comentarios han sido redactados por los autores de este diccionario. Citas y comentarios te ayudarán tanto en el aprendizaje de nuevas voces, porque explican y ejemplifican sus usos, como para mejorar tu expresión, porque te ayudan a seleccionar el término justo.

GUÍA DE USO

Para conocer bien el diccionario sólo tienes que mirar los siguientes ejemplos, que te indican cómo se estructuran los artículos y qué información te ofrecen.

Una misma palabra puede tener sinónimos para más de un significado o acepción:

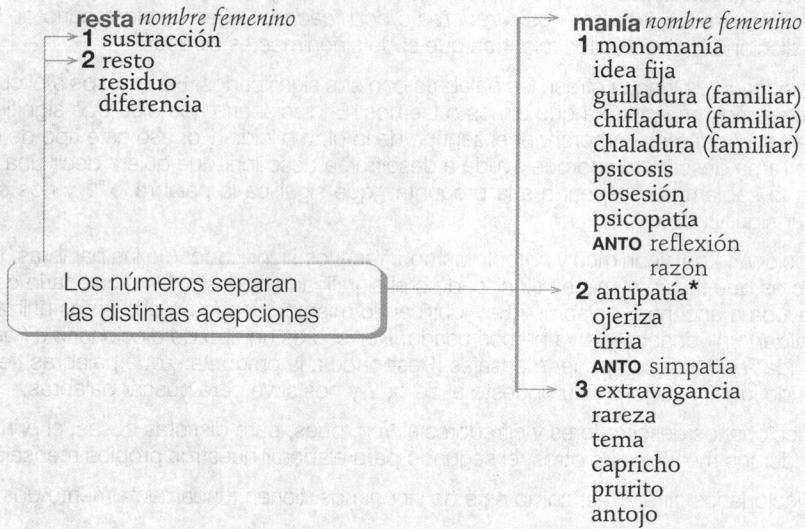

resta *nombre femenino*
1 sustracción
2 resto
 residuo
 diferencia

Los números separan las distintas acepciones

manía *nombre femenino*
1 monomanía
 idea fija
 guilladura (familiar)
 chifladura (familiar)
 chaladura (familiar)
 psicosis
 obsesión
 psicopatía
 ANTO reflexión
 razón
2 antipatía*
 ojeriza
 tirria
 ANTO simpatía
3 extravagancia
 rareza
 tema
 capricho
 prurito
 antojo

La categoría gramatical aparece completa, sin abreviar

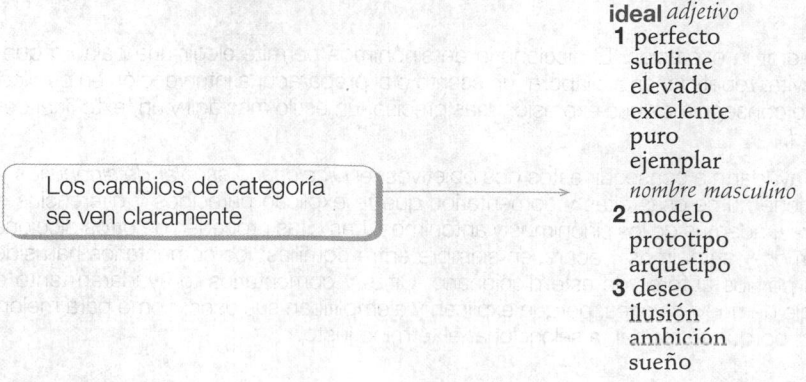

Los cambios de categoría se ven claramente

ideal *adjetivo*
1 perfecto
 sublime
 elevado
 excelente
 puro
 ejemplar
 nombre masculino
2 modelo
 prototipo
 arquetipo
3 deseo
 ilusión
 ambición
 sueño

El asterisco indica que la voz tiene cita o comentario

ataviar *verbo transitivo*
1 componer*
  adornar*
  engalanar
  acicalar
  aderezar
  hermosear
  arreglar*

Desde *ataviar* se remite a tres artículos con comentarios: *componer, adornar, arreglar*

Los comentarios ofrecen información sobre los sinónimos que ayudan a usarlos mejor

adornar *verbo transitivo*
1 engalanar
  hermosear
  exornar
  ornamentar
  ornar
  ataviar
  acicalar
  emperejilar
  componer*
  empaquetar
  emperifollar
  empapirotar
  ANTO desnudar
    despojar

Adornar, engalanar y *hermosear* se aplican a personas y cosas; *exornar* y *ornamentar* sólo a cosas. *Ornar* es literario y aplicable en general. *Empaquetar, emperifollar* y *empapirotar* sugieren, en mayor o menor grado, según las circunstancias, cierta magnificencia, riqueza o complicación en el adorno. *Ataviar* y *acicalar* para salir a la calle; una fachada está *ataviada* con ocasión de algún festejo pasajero, pero no se diría así tratándose de los relieves escultóricos que contiene.

El comentario va detrás de la lista de sinónimos y antónimos de la acepción a la que corresponde

2 enriquecer
  avalorar
  engrandecer

Las citas están entre comillas y proceden de importantes diccionarios de sinónimos

inhumar *verbo transitivo*
1 enterrar
sepultar
soterrar
ANTO exhumar
desenterrar

'*Enterrar* es el acto material de poner o meter entre tierra una cosa. *Inhumar* es enterrar con las ceremonias religiosas, con los honores fúnebres, los de la sepultura. Se *entierra* todo lo que se cubre con la tierra; pero no se *inhuma* sino la persona humana, a quien se hacen los honores fúnebres' (C).

> La lista de diccionarios utilizados para las citas se encuentra en la página X

La flecha envía a una voz de forma parecida o a una palabra que no es sinónima pero tiene un comentario o cita interesante

> La flecha nos indica que también hay una entrada singular: *instrumento*

instrumentos *nombre masculino plural*
1 enseres*
⇒ instrumento

> En *apostatar* se encuentra información útil para entender mejor el artículo de *apóstata*

apóstata *nombre común*
1 renegado
⇒ apostatar

apostatar *verbo intransitivo*
1 renegar
convertirse
abjurar
retractarse

Desde el punto de vista de la religión, doctrina, partido, que se abandona, *apostatar* es lo mismo que *renegar* (*apóstata* es igual a *renegado*). Desde el punto de vista de la nueva doctrina, *convertirse* (*converso*), lo cual supone *abjurar* la doctrina anterior o *retractarse* de ella.

Las indicaciones detrás del número de acepción afectan a la voz de entrada

La información entre paréntesis nos indica que *container* es un anglicismo

container *nombre masculino*
1 (anglicismo) contenedor

En su acepción sinónima de *morro* de animal, no está marcada; como *cara* de persona es despectivo. Además, en *cara* encontraremos un comentario que incluye el uso de *hocico*

hocico *nombre masculino*
1 morro
jeta
2 (despectivo) cara*

La distensión de miembros o nervios tiene como sinónimas estas voces

La distensión de una articulación, éstas

distensión *nombre femenino*
1 laxitud
flojera
atonía
2 (de miembros o nervios)
extensión
estiramiento
elongación
3 (de una articulación)
torcedura
esguince

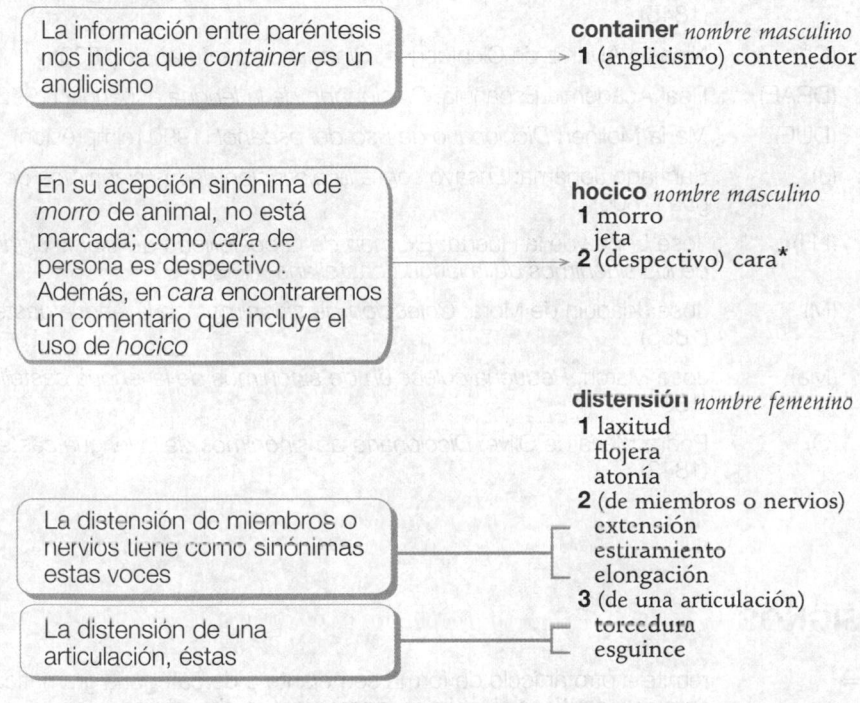

Las indicaciones tras un sinónimo afectan sólo a ese sinónimo

Sólo la voz *soplo* pertenece al registro familiar o coloquial

delación *nombre femenino*
1 denuncia
acusación
soplo (familiar)

Fíjate cómo los dos artículos dicen que *estivo* es una voz de uso principalmente poético o literario

estival *adjetivo*
1 veraniego
estivo (poético)

estivo, -va *adjetivo*
1 (poético) veraniego
estival

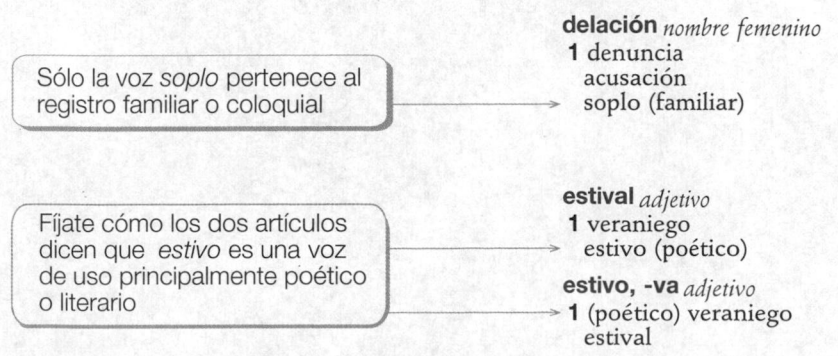

ORIGEN DE LAS CITAS

(C)   José M. Gómez de la Cortina: *Diccionario de sinónimos castellanos* (1845)

(Ci)   Nicasio Álvarez de Cienfuegos: *Sinónimos castellanos* (1830)

(DRAE)   Real Academia Española: *Diccionario de la lengua española* (1992)

(DUE)   María Moliner: *Diccionario de uso del español* (1990 reimpresión)

(J)   Santiago Jonama: *Ensayo sobre la distinción de los sinónimos de la lengua* (1806)

(LH)   José López de la Huerta: *Examen de la posibilidad de fixar la significación de los sinónimos de la lengua castellana* (1789)

(M)   José Joaquín de Mora: *Colección de sinónimos de la lengua castellana* (1855)

(Ma)   José March: *Pequeña colección de sinónimos de la lengua castellana* (1834)

(O)   Pedro María de Olivé: *Diccionario de sinónimos de la lengua castellana* (1843)

SIGNOS

⇒   remite a otro artículo de forma semejante o de categoría gramatical distinta que contiene sinónimos, comentario o cita interesantes

*   indica que el sinónimo tiene comentario o cita

DICCIONARIO ESCOLAR DE SINÓNIMOS Y ANTÓNIMOS

ababa *nombre femenino*
1 amapola

ababol *nombre masculino*
1 amapola

ábaco *nombre masculino*
1 tablero
numerador
tanteador

abada *nombre femenino*
1 bada
rinoceronte

abadejo *nombre masculino*
1 (pez) bacalao
2 (ave) reyezuelo
3 (insecto) cantárida

abadía *nombre femenino*
1 convento
monasterio*
cartuja
cenobio
priorato

Convento y *monasterio* son más generales que *abadía*, puesto que ésta se aplica propiamente al *monasterio* regido por abad o abadesa. Toda *abadía* es *convento* o *monasterio*, pero no viceversa.

abajera *nombre femenino*
1 sudadera
bajera
sudadero

abajo *adverbio*
1 debajo
ANTO arriba
encima

'Aunque estos dos adverbios significan inferioridad de colocación, el primero tiene un sentido más absoluto que el segundo, y no necesita, como éste, que otra palabra lo determine. Si oigo decir *está abajo*, entiendo que el objeto a que se alude está colocado en una situación inferior a la persona que habla; mas para entender lo que significa *está debajo*, necesito saber lo que está encima... Cuando *debajo* no se refiere a un sustantivo expresado antes, requiere siempre la preposición *de*, como *debajo de la mesa, del libro*, etc.' (M).

irse abajo *locución*
malograrse
desaprovecharse
perderse
desperdiciarse
frustrarse
errar el golpe
naufragar en el puerto

abalanzarse *verbo pronominal*
1 arrojarse
lanzarse
precipitarse
acometer
arremeter*
atacar
cerrar
embestir

En *acometer, arremeter, atacar, cerrar* y *embestir* hay idea de lucha.

abaldonar *verbo transitivo*
1 baldonar
baldonear
injuriar
afrentar

abalizamiento *nombre masculino*
1 balizamiento

abalizar *verbo transitivo*
1 balizar

abalorio *nombre masculino*
1 rocalla

La *rocalla* es el *abalorio* de cuentas gruesas.

abanderizar *verbo transitivo*
1 banderizar

abandonado, -da *adjetivo*
1 dejado
descuidado
desidioso
negligente
desamparado
ANTO diligente
amparado
2 desaseado
desaliñado
sucio
ir hecho un pordiosero
3 deshabitado*
inhabitado
despoblado
desierto
yermo
4 desvalido
desamparado

abandonar *verbo transitivo*
1 dejar
desamparar
desasistir
desatender
desentenderse
descuidar
ceder
renunciar
desistir
marcharse
ANTO amparar
atender
celar
guardar
controlar

Desamparar, desatender y *desasistir* insisten en la relación de protección o deber con respecto a lo que abandonamos. *Descuidar, ceder, renunciar* y *desistir* se refieren principalmente a nuestro interés o derecho.

'*Dejar* es soltar una cosa, alejarse, separarse de ella. *Abandonar* es separarse de un objeto con el cual se tienen relaciones de interés, de afecto, de protección o de deber. Un aficionado a las artes *deja* la ciudad que habita para visitar Italia. El mal esposo *abandona* a su familia. *Dejar* puede ser una acción transitoria y temporal, y así se dice: *dejó* el coche a la puerta, *deja* ese asunto a mi cuidado, en cuyos casos puede volverse a tomar el coche y el asunto. *Abandonar* es *dejar* para siempre, como: los náufragos *abandonaron* el buque, los sitiados *abandonaron* la ciudad' (M).

verbo pronominal
2 entregarse
  darse
  confiarse
  dejarse llevar
verbo intransitivo
3 desistir
  abdicar
  separarse
verbo transitivo
4 evacuar
  desocupar
  desembarazar
verbo pronominal
5 dormir
  descuidarse
  confiarse
  ANTO cuidarse

abandono *nombre masculino*
1 desamparo
  ANTO amparo
2 cesión
  dejación
  renuncia
  desistimiento
  ANTO diligencia
3 defección*
  deserción
4 dejadez
  desidia
  descuido
  desatención
  negligencia
  incuria
  desgobierno
  ANTO cuidado

5 desaliño
  desaseo
  suciedad

abanto *nombre masculino*
1 alimoche

abaratar *verbo transitivo*
1 bajar
  rebajar
  reducir el precio
  depreciar
  ANTO encarecer

abarcar *verbo transitivo*
1 ceñir
  rodear
  abrazar
2 comprender
  contener*
  englobar
  incluir
  alcanzar
  cubrir
  ocupar
  constar de
  ANTO excluir
    prescindir
    apartar
    separar

abarloar *verbo transitivo*
1 barloar
  arrimar

abarrado, -da *adjetivo*
1 barrado

abarraganamiento *nombre masculino*
1 amancebamiento
  concubinato

Abarraganamiento acentúa el sentido despectivo y pecaminoso.

abarraganarse *verbo pronominal*
1 amancebarse
  juntarse
  amontonarse
  entenderse
  casarse por detrás de la Iglesia

abarrancar *verbo intransitivo/pronominal*
1 embarrancar
  encallar
  varar

abarrotar *verbo transitivo*
1 atestar
  colmar
  llenar

  atiborrar
  ANTO vaciar
    desproveer
    descargar

abastecedor, -ra *adjetivo/nombre*
1 proveedor
  aprovisionador
  suministrador
  municionero

Municionero es hoy desusado fuera del ejército, y aun en éste tiene un uso muy restringido. *Proveedor* puede ser en pequeñas o en grandes cantidades, en tanto que *abastecedor, aprovisionador* y *suministrador* se refieren ordinariamente al comercio al por mayor.

abastecer *verbo transitivo*
1 proveer
  surtir
  suministrar
  aprovisionar
  avituallar
  municionar
  pertrechar

Proveer y *surtir* son de carácter general; *suministrar* y *aprovisionar* se usan de ordinario, como *abastecer*, tratándose de grandes cantidades o al por mayor; *avituallar*, si se trata de víveres.

abastecimiento *nombre masculino*
1 abasto
  provisión
  aprovisionamiento
  suministro
  avituallamiento

Avituallamiento, si se trata de víveres.

abasto *nombre masculino*
1 abastecimiento
  provisión
  aprovisionamiento
  suministro
  avituallamiento

abatanar *verbo transitivo*
1 enfurtir
  infurtir

abatido, -da *adjetivo*
1 abyecto
  bajo
  vil

despreciable
ignominioso
rastrero
servil
ANTO noble
2 alicaído
triste
desanimado
desalentado
decaído
aliquebrado
3 miserable

abatimiento *nombre masculino*
1 decaimiento
desfallecimiento
agotamiento
desaliento
desánimo
postración
aplanamiento
depresión
ANTO animación
ánimo
aliento
Abatimiento y *decaimiento* son accidentes que pueden afectar al cuerpo y al alma. *Desfallecimiento* y *agotamiento* son puramente físicos. *Desaliento* y *desánimo*, puramente morales. *Postración* y *aplanamiento* expresan con más intensidad los estados aludidos, y se aplican lo mismo a lo físico que a lo moral.
2 humillación
apocamiento
rebajamiento
abyección
ANTO nobleza

abatir *verbo transitivo*
1 vencer
rebajar
humillar
verbo pronominal
2 decaer
desfallecer
agotarse
desalentarse
desanimarse
postrarse
aplanarse
cansarse
ANTO levantarse
animarse
⇒ abatimiento
'El hombre *se abate* por efecto de una enfermedad, de la vejez, o de la mala fortuna; *desfallece* cuando ha dismi-

nuido sus fuerzas y su vitalidad la enfermedad o la inedia; *se postra* cuando no tiene bastante energía para salir de alguno de aquellos tres estados' (M).
verbo intransitivo
3 separarse del rumbo
derivar
davalar
devalar

abdicación *nombre femenino*
1 dimisión
renuncia
cesión
La *cesión* se hace en favor de alguien, lo cual no es necesario en la *renuncia*.
'*Abdicación* es el acto de desprenderse de la dignidad real o soberana; *renuncia* es el abandono voluntario de un derecho; *dimisión* es la dejación de un cargo público, de un empleo o de una comisión' (M).

abdicar *verbo transitivo*
1 ceder
renunciar
resignar
dimitir
Abdicar es dejar una dignidad soberana: Carlos I *abdicó* la corona, Diocleciano *abdicó* el imperio. Se *cede* o *renuncia* un derecho, por ejemplo, una herencia; pero *ceder* supone alguien en favor del cual se hace la cesión. Se *dimite* o se presenta la *dimisión* de un cargo público, empleo o comisión: el gobierno *ha dimitido*, el jefe de mi oficina piensa *dimitir*. *Resignar* es entregar el mando o el poder a otro: *ante las alteraciones del orden público, el gobernador resignó el mando de la provincia a la autoridad militar*.
verbo intransitivo
2 desistir
separarse
abandonar

abdomen *nombre masculino*
1 vientre
barriga
panza
tripa

andorga
bandujo
mondongo
Vientre, barriga, panza y *tripa* son de uso general, mientras que *abdomen* se usa sólo como voz técnica. *Andorga, bandujo* y *mondongo* son términos burlescos, jocosos.

abdominia *nombre femenino*
1 glotonería
insaciabilidad
bulimia
ANTO desgana
anorexia

abducción *nombre femenino*
1 separación
diducción

abecé *nombre masculino*
1 abecedario
alfabeto

abecedario *nombre masculino*
1 alfabeto*
abecé

abejar *nombre masculino*
1 colmenar
abejera

abejarrón *nombre masculino*
1 abejorro

abejera *nombre femenino*
1 colmenar
abejar
2 (planta) toronjil
melisa
cidronela

abejero, -ra *adjetivo*
1 colmenero

abejón *nombre masculino*
1 zángano

abejorro *nombre masculino*
1 abejarrón

abellacarse *verbo pronominal*
1 embellacarse
embellaquecerse
envilecerse
rebajarse
encanallarse
acanallarse
ANTO ennoblecerse

abenuz *nombre masculino*
1 ébano

aberración *nombre femenino*
1 descarrío

extravío
desvío
engaño
error
equivocación
ofuscación
ANTO acierto
2 degeneración

aberrar *verbo intransitivo*
1 errar
equivocarse
engañarse
ANTO acertar
encaminarse

abertura *nombre femenino*
1 hendidura
rendija
boquete
brecha
quebradura
grieta
rotura
resquicio
hendedura
resquebradura
resquebrajadura
2 apertura
comienzo
iniciación
3 franqueza
4 agujero
boca
orificio

abesana *nombre femenino*
1 besana

abético, -ca *adjetivo*
1 abiético
abietínico
sílvico

abetinote *nombre masculino*
1 abietino

abetunar *verbo transitivo*
1 embetunar

abieldar *verbo transitivo*
1 beldar
bieldar
aventar

abiertamente *adverbio*
1 francamente
sinceramente
claramente
paladinamente
patentemente
manifiestamente
sin rodeos
sin reservas

a banderas desplegadas
a la luz del sol
con el corazón en la mano
ANTO ocultamente

abierto, -ta *adjetivo*
1 desembarazado
despejado
raso
llano
2 sincero*
franco
claro
veraz
verídico
verdadero
sencillo
de buena fe
ANTO cerrado
oscuro

abiético, -ca *adjetivo*
1 abético
abietínico
sílvico

abietino *nombre masculino*
1 abetinote

abigarrado, -da *adjetivo*
1
confuso
mezclado
heterogéneo
inconexo
chillón
ANTO homogéneo

Chillón, tratándose de colores.

abigotado, -da *adjetivo*
1 bigotudo

abisal *adjetivo*
1 abismal

abiselar *verbo transitivo*
1 biselar

abísico, -ca *adjetivo*
1 abisal
abismal

abismado, -da *adjetivo*
1 (persona) absorto*
admirado
pasmado
atónito
suspenso
maravillado
cautivado
asombrado
abstraído
ensimismado
reconcentrado

abismal *adjetivo*
1 abisal

abismar *verbo transitivo*
1 hundir
sumir
sumergir
2 confundir
abatir
verbo pronominal
3 ensimismarse
abstraerse

Ensimismarse y *abstraerse* expresan con menor intensidad la idea de *abismarse*.

abismo *nombre masculino*
1 sima
precipicio
despeñadero
profundidad
2 infierno
averno

abjuración *nombre femenino*
1 apostasía
retractación
renunciación
felonía
traición

abjurar *verbo transitivo*
1 apostatar*
renegar
retractarse
convertirse
donde dije digo dije Diego

Abjurar es renovar el juramento religioso o la profesión de fe, y por extensión, la doctrina, partido, etcétera, que se profesa; *retractarse* tiene el mismo sentido, pero supone una declaración expresa y se extiende, además, a cualquier cosa que anteriormente se haya dicho o prometido. *Apostatar* y *renegar* significan abandonar la religión o doctrina que se profesa. *Apostata* una persona importante, como el emperador Juliano; *reniega* el hombre corriente que cambia de religión, como los *renegados* cristianos que en África se pasaban al islamismo. *Convertirse* tiene matiz apreciativo, y se usa desde el punto de vista de la religión o doctrina que profesamos (*los misioneros hicieron convertirse al cristianismo a millares de indios*), en tanto que *apostatar* y *renegar* implican desestimación u hostilidad por parte del que habla.

ablactación *nombre femenino*
1 destete
apogalactia
apolactancia
delactación

ablandar *verbo*
transitivo/pronominal
1 suavizar
blandear
emblandecer
enmollecer
reblandecer
lentecer
relentecer
ANTO endurecer

Suavizar, blandear y *emblandecer* son generales; *enmollecer, reblandecer, lentecer* y *relentecer* tienen un significado material.

2 mitigar
templar

Éstos se refieren al tiempo.

3 laxar
molificar

Éstos, cuando se trata del vientre.

4 desenfadar
desencolerizar
desenojar
enternecer
conmover
ANTO enfadarse

ablepsia *nombre femenino*
1 ceguedad

ablución *nombre femenino*
1 lavado

abluente *adjetivo/nombre*
masculino
1 detersivo
detersorio
detergente

abnegación *nombre femenino*
1 generosidad
desinterés*
desprendimiento*
altruismo
ANTO egoísmo

Abnegación es una forma más elevada; se emplea sobre todo tratándose del sacrificio de la voluntad, de los afectos o de la conveniencia propia.

abobado, -da *adjetivo/nombre*
1 babieca
bobo
simple
bobalicón
papanatas
pazguato
tontaina
ANTO listo

abobar *verbo*
transitivo/pronominal
1 embobar
atontar
llenar la cabeza de humo
ANTO despabilar

abocardadora *nombre femenino*
1 mandriladora

abocardo *nombre masculino*
1 alegra

abocetar *verbo transitivo*
1 bosquejar

abochornado, -da *adjetivo*
1 caliginoso
bochornoso

abochornar *verbo transitivo*
1 abroncar
avergonzar
enfadar

verbo pronominal
2 avergonzar
sonrojar
ruborizar
sofocar
correr

abogadillo, -lla *nombre*
1 (despectivo) abogado del
diablo
leguleyo
picapleitos
rábula

⇒ abogado

Todos ellos son despectivos.

abogado, -da *nombre*
1 letrado
vocero
jurista
jurisperito
legista
jurisconsulto
abogadillo (despectivo)
leguleyo (despectivo)
picapleitos (despectivo)
rábula (despectivo)
abogado del diablo
(despectivo)
legisperito

Jurista, jurisperito, legista y *jurisconsulto* son denominaciones estimativas y se aplican, especialmente *jurisconsulto*, al que interpreta el derecho o determina el sentido de la ley.

2 intercesor
medianero
mediador
defensor
patrocinador
defensor de causas pobres

ser abogado de secano
locución
ser incapaz
ser inepto
ser inhábil
ser torpe
ser incompetente
ser ignorante
ser un cero a la izquierda

abogar *verbo transitivo*
1 interceder
mediar
defender
patrocinar

abolir *verbo transitivo*
1 derogar
revocar
casar
cancelar
rescindir
suprimir
anular*
ANTO instituir
autorizar

Abolir es el más general, puesto que puede *abolirse* no sólo una ley, orden, convenio, etc., sino también una costumbre, moda, etiqueta. Pero por ser verbo defectivo, se le sustituye a menudo por verbos de significación más extensa (*anular, suprimir*) o por los de acepciones particulares adecuadas, como los que le siguen. *Abrogar* y *derogar* son términos exclusivamente legales, y su ejecución compete al legislador. En *revocar* predomina el matiz de dejar sin efecto una orden, disposición, etc., por voluntad del mismo que la dictó, o de un superior suyo: *el padre revocó su testamento; el ingeniero ha revocado las disposiciones del capataz. Casar* es término judicial e indica anulación de una resolución o sentencia por un tribunal superior. *Cancelar* es extinguir una obligación, especialmente una deuda: *cancelar* una hipoteca. *Rescindir* es anular un contrato.

abolladura *nombre femenino*
1 bollo

abominable *adjetivo*
1 detestable
execrable
aborrecible
odioso
ANTO amable

'Estas tres voces [*abominable, detestable* y *execrable*] se usan (...) para designar los diversos grados de exceso de una cosa más mala; y en este caso *abominable* dice más que *detestable*; y *execrable*, más que *abominable*' (Ci).

Sin embargo, la estimación de la intensidad relativa de estos tres adjetivos no parece hoy tan clara, y depende más bien del que los emplea. *Execrable* alude sobre todo a lo moral y religioso: una doctrina *execrable*, ejemplos *execrables*; en tanto que *abominable* y *detestable* pueden calificar también a lo material: una comida *detestable* o *abominable*, un poema *detestable* o *abominable*, con más intensidad en el segundo de ambos adjetivos. *Aborrecible* y *odioso* tienen sentido más general.

abominación *nombre femenino*
1 aversión*
aborrecimiento
odio
execración
⇒ aborrecer

abominar *verbo transitivo*
1 condenar
maldecir
derrenegar
decir pestes
execrar
Todos ellos en orden de intensidad.
2 detestar
odiar
aborrecer*
ANTO amar

abonanzar *verbo intransitivo*
1 serenarse
despejarse
calmarse
aclararse
abrir
mejorar
desencapotarse
escampar
ANTO aborrascarse
oscurecer

abonar *verbo transitivo*
1 acreditar
asegurar
2 salir fiador
responder por uno
3 fertilizar
4 pagar
5 tomar en cuenta
asentar en el haber
acreditar
datar

abono *nombre masculino*
1 fertilizante
2 asiento en el haber
3 pago
pase de libre circulación
ANTO adeudo
Forfait es usado principalmente en el esquí.

abonuco *nombre masculino*
1 babunuco
babonuco

abordar *verbo transitivo*
1 chocar
aportar
atracar
2 emprender
plantear

aborigen *adjetivo/nombre común*
1 autóctono
indígena
originario
natural
nativo
ANTO alienígena
Autóctono sólo suele emplearse como adjetivo: *raza autóctona*. *Indígena* se aplica a pueblos de civilización primitiva. *Originario, vernáculo, natural* y *nativo*, por tener otras acepciones, no indican con tanta exactitud la idea de *aborigen*.

aborrascarse *verbo pronominal*
1 oscurecerse
encapotarse

cargarse
cubrirse
nublarse
ANTO abonanzarse
Aborrascarse se siente generalmente como más intenso, tanto si se trata del tiempo como en sus acepciones figuradas.

aborrecer *verbo transitivo*
1 odiar
detestar
abominar
execrar
tomarla con uno
tener entre ceja y ceja
mirar con malos ojos
ANTO apreciar

'El acto de *aborrecer* supone un sentimiento más pasajero y espontáneo que *odiar*. El primer verbo se aplica más comúnmente a las cosas, y el segundo a las personas. El enfermo *aborrece* la medicina de mal sabor; el ingrato *odia* al que le favorece. En el *aborrecimiento* hay algo de antipatía física; en el *odio* puede haber una idea moral. Horacio *odiaba* al vulgo profano. Odiemos el delito; pero no aborrezcamos al delincuente. El *odio* dura más y es más intenso que el *aborrecimiento*; por esto no decimos *aborrecimientos*, sino *odios* reconcentrados' (M). 'Se *aborrece* todo aquello que no se puede sufrir y que es objeto de antipatía. Se *detesta* lo que se desaprueba y se condena' (Ma).

2 aburrir
fastidiar
hastiar
ANTO distraer

aborrecible *adjetivo*
1 abominable*
detestable
execrable
odioso
ANTO amable

aborrecimiento *nombre masculino*
1 odio*
rencor
aversión*
repugnancia
antipatía
execración

abominación
ANTO aprecio

⇒ aborrecer

abortar *verbo intransitivo/transitivo*
1 malparir
   mover
   amover
2 fracasar
   malograrse
   frustrarse

aborto *nombre masculino*
1 parto prematuro
   abortamiento
   malparto
2 fracaso
   malogro
   frustración

abotagado, -da *adjetivo*
1 abuhado
   hinchado

abotagamiento *nombre masculino*
1 hinchazón (especialmente de la cara)

abotonador *nombre masculino*
1 abrochador

abovedar *verbo transitivo*
1 embovedar

aboyado, da *adjetivo*
1 baciforme

abra *nombre femenino*
1 ensenada

abrasador, -ra *adjetivo*
1 ardiente
   caliente
   cálido
   caluroso
   agostador
   tórrido
   acalorado

Abrasador y *ardiente* son intensivos de *caliente*. Si se trata del clima o del tiempo, intensifican igualmente la significación de *cálido*, *caluroso* y expresan idea semejante a la de *tórrido* y *agostador*. Pueden aplicarse todos (con excepción de *tórrido*), en sentido figurado, a los afectos y pasiones. *Acalorado* se usa sólo en este sentido figurado.

abrasar *verbo transitivo*
1 quemar

2 quemar
   secar
   agostar
   marchitar
   Todos ellos, tratándose de plantas.

3 enardecer
   encender
   acalorar
   Éstos, tratándose del ánimo o de las pasiones.

abrazadera *nombre femenino*
1 corchete
2 cántamo
   armella

abrazar *verbo transitivo*
1 ceñir
   rodear
   abarcar
2 contener*
   comprender
   incluir
   abarcar
   constar de
3 seguir
   adoptar
   Ambos tratándose de una religión, doctrina, partido o profesión.

abrecartas *nombre masculino*
1 abridor de sobres

ábrego *nombre masculino*
1 ábrigo
   áfrico

abrevar *verbo transitivo*
1 amerar

abreviado, -da *adjetivo*
1 sumario
   breve
   sucinto
   resumido

abreviar *verbo transitivo*
1 acortar
   reducir
   cortar por lo sano
   saltárselo a la torera
   ANTO alargar
   ampliar
   Acortar y *reducir* pueden referirse al tiempo, al espacio o a la cantidad: se *abrevia* un escrito; se *acorta* una falda; se *reducen* los precios.

2 acelerar
   apresurar
   aligerar

Se refieren al tiempo, a la duración.

3 extractar
   resumir*
   compendiar
   ANTO ampliar
   Resumir y *compendiar* referidos a discursos, doctrinas, libros, etc.

'Se *abrevia* cortando, suprimiendo, mutilando un período, un discurso, una explicación. Se *compendia* reduciendo a pocas palabras su contenido' (M).

abreviatura *nombre femenino*
1 sigla
   cifra
   monograma

Entre paleógrafos y bibliógrafos se llama generalmente *sigla* la letra inicial (A.='año') o cualquier signo usado como *abreviatura*.

abrigar *verbo transitivo*
1 tapar
   cubrir
   arropar
2 resguardar
   proteger
   cobijar
   amparar

abrigo *nombre masculino*
1 gabán
   sobretodo
   Ambos son prendas masculinas.

2 amparo
   resguardo
   refugio
   protección
   defensa
   reparo
   ANTO desabrigo
   desamparo
3 albergue
   Usados en el montañismo y en la náutica.

ábrigo *nombre masculino*
1 ábrego (viento)

abrillantar *verbo transitivo*
1 pulir
   pulimentar
   bruñir
   dar brillo

abrir *verbo transitivo*
1 descubrir
   destapar
   ANTO cerrar
        tapar
   Por ejemplo, *abrir* una caja, un bote.
2 hender
   rajar
   taladrar
   agrietar
   cuartear
   rasgar
3 extender
   desplegar
   separar
   ANTO plegar
   Por ejemplo, *abrir* un abanico, un paraguas.
4 iniciar
   inaugurar
   comenzar
   ANTO cerrar
        clausurar
   Por ejemplo, se *abre* la sesión, la subasta, la temporada de un balneario.
verbo intransitivo
5 serenarse
   aclararse
   despejarse
   abonanzar
   escampar (el nublado)
   Todos ellos tratándose del tiempo.

abrochador *nombre masculino*
1 abotonador

abrogar *verbo transitivo*
1 abolir
   revocar

abroncar *verbo transitivo*
1 avergonzar
   abochornar
   enfadar

abrosia *nombre femenino*
1 ayuno

abrótano *nombre masculino*
1 boja (planta)
   botija
   brótano
   incienso
   hierba lombriguera
   guardarropa
   hierba guardarropa

abrumado, -da *adjetivo*
1 atrabajado
   trabajado

abrumar *verbo transitivo/pronominal*
1 agobiar
   atosigar
   molestar
   fastidiar
   hastiar
   aburrir
   importunar
   cansar
   poner una losa de plomo
   dar la lata
   poner los nervios de punta
   dejar para el arrastre
   Abrumar, *agobiar* y *atosigar* son de significación más intensa.

abrupto, -ta *adjetivo*
1 escarpado
   quebrado
   escabroso
   áspero
   fragoso
   accidentado
   ANTO suave

absceso *nombre masculino*
1 tumor
   apostema
   llaga
   úlcera
   Llaga y *úlcera*, si el *absceso* está abierto.

abscisión *nombre femenino*
1 escisión

absentismo *nombre masculino*
1 ausentismo (menos usado)

absolución *nombre femenino*
1 perdón*
   remisión

absolutamente *adverbio*
1 simplemente
   sin condición

absolutismo *nombre masculino*
1 poder absoluto
   despotismo
   tiranía
   autoritarismo
   totalitarismo
   arbitrariedad
   El *despotismo* y la *tiranía* tienen sentido peyorativo y sugieren el abuso del *absolutismo*. Modernamente se emplean también *autoritarismo* y *totalitarismo*; éste se aplica para designar ciertos regímenes políticos como el fascismo, el nacionalsocialismo y otros semejantes. *Arbitrariedad* se usa, además, fuera de la política, cuando se trata de la conducta o modo de proceder de una persona.

absoluto, -ta *adjetivo*
1 arbitrario
   despótico
   tiránico
   dictatorial
   autoritario
   imperioso
   dominante
   abusivo
   ANTO relativo
        comprensivo
        condescendiente
   Dominante y *abusivo* se usan para calificar hechos, conductas y caracteres, pero no regímenes políticos: *mi hermano tiene un carácter dominante; recibieron una orden redactada en términos imperiosos.*
2 incondicional
   ANTO limitado
        relativo
        desleal

absolver *verbo transitivo*
1 perdonar
   remitir
   eximir
   exculpar
   desligar
   dispensar
   dejar en franquía
   relevar
   ANTO condenar
        obligar

absorber *verbo transitivo*
1 aspirar
   chupar
2 embeber
   empapar
3 atraer
   cautivar
   hechizar

absorto, -ta *adjetivo*
1 admirado
   pasmado
   atónito
   suspenso
   maravillado
   cautivado
   asombrado
   abismado
   abstraído

ensimismado
reconcentrado

Abismado, abstraído, ensimismado y *reconcentrado*, al igual que *absorto*, aluden sobre todo a estados que nacen en la persona misma, como los producidos por el estudio o la meditación; los demás adjetivos sugieren más bien una causa o agente exterior, tales como un espectáculo, noticia, suceso, etc.

abstención *nombre femenino*
1 abstinencia
  privación

abstenerse *verbo pronominal*
1 privarse
  inhibirse
  hacerse el distraído
  hacerse el loco

Inhibirse es término docto que se usa poco fuera del lenguaje judicial y filosófico.

'Nos *privamos* de lo propio; nos *abstenemos* de lo que está en nuestros alcances. El buen padre se *abstiene* de ir al teatro por asistir a su hijo enfermo; el hombre caritativo se *priva* de lo que tiene por socorrer al pobre. La prudencia nos aconseja *abstenernos* de gastos superfluos; pero no *privarnos* de lo necesario ni de lo útil. Me *abstengo* de calificar tu conducta; pero no me *privo* del derecho de juzgarla más adelante. El acto de *privarse* es más penoso que el de *abstenerse*. *Privarse* se usa más frecuentemente con nombres, y *abstenerse* con verbos' (M).

2 reservarse

abstergente *adjetivo/nombre masculino*
1 purgante

abstinencia *nombre femenino*
1 privación
  abstención
2 templanza*
  temperancia
  frugalidad*
  morigeración
  sobriedad
  mesura
  moderación

continencia
parquedad

abstraerse *verbo pronominal*
1 ensimismarse
  reconcentrarse
  absorberse
  ANTO disiparse
    distraerse

abstruso, -sa *adjetivo*
1 recóndito
  incomprensible
  profundo
  difícil
  ANTO claro

absurdo¹ *nombre masculino*
1 disparate*
  desatino
  dislate
  falsedad

absurdo, -da² *adjetivo*
1 ilógico
  disparatado
  irracional
  desatinado
  ANTO razonable
    posible
    racional
    atinado
    lógico
2 extravagante
  estrafalario

abubilla *nombre femenino*
1 upupa

abuchear *verbo intransitivo*
1 pitar
  silbar
  ANTO aplaudir
    aprobar

abucheo *nombre masculino*
1 grita
  bronca
  ANTO aplauso

abuelos *nombre masculino plural*
1 ascendientes*
  antepasados
  antecesores

abuhado, -da *adjetivo*
1 hinchado
  abotagado

abultado, -da *adjetivo*
1 grueso*
  voluminoso
  rebultado
  turgente

hinchado
ANTO liso
  enjuto
  deshinchado
2 exagerado
  extremado
  hiperbólico

Éstos, tratándose de noticias, relatos, etc.

abultar *verbo transitivo*
1 exagerar
  extremar
  ponderar
  encarecer
  hinchar
  ANTO alisar
    adelgazar
    disminuir

Por ejemplo, una noticia, relato, alabanza, etc.

abundancia *nombre femenino*
1 copia
  gran cantidad
  sobreabundancia
  superabundancia
  plétora
  profusión
  derroche
  ANTO escasez

Superabundancia, plétora, profusión y *derroche*, cuando la *abundancia* es muy grande.

2 bienestar
  holgura
  riqueza
  ANTO carencia
    pobreza

en abundancia *locución adverbial*
  a porrillo
  abundantemente
  copiosamente
  profusamente

abundante *adjetivo*
1 copioso
  numeroso
2 rico
  fértil*
  fecundo
  exuberante
  opimo
  pingüe
  opulento*
  ubérrimo
3 concentrado

Aplícase a los medicamentos.

abundar *verbo intransitivo*
1 pulular

a
b
c
d
e
f
g
h
i
j
k
l
m
n
ñ
o
p
q
r
s
t
u
v
w
x
y
z

multiplicarse
ANTO escasear

abur *interjección*
1 agur
adiós

aburrimiento *nombre masculino*
1 fastidio
hastío
cansancio
tedio
esplín*

aburrir *verbo*
transitivo/pronominal
1 molestar
cansar*
fastidiar
hastiar
ANTO divertir

Molestar y *cansar* son de aplicación muy general. El verbo *fastidiar* se ha cargado de matices que eran propios de *aburrir*, aproximando algo más el sentido de ambos; por ejemplo: nos *aburre* o *fastidia* la suerte adversa o una enfermedad. *Fastidiar* es algo más molesto que *hastiar*, el cual significa cansar la paciencia. Hay, pues, una gradación de intensidad creciente en *hastiar-fastidiar-aburrir*. Por su parte, *aburrir* ha acercado su significado al de *hastiar*: nos *aburrimos* o *hastiamos* de oír un largo discurso sin interés, de una conversación sosa y prolongada o de no tener nada que hacer. Las expresiones *aburrido como una ostra* y *solo como un hongo* son comunes en el habla.

abusar *verbo intransitivo*
1 excederse
extralimitarse
atropellar
forzar
violar
alzarse con el santo y la
limosna
ANTO moderar
contener
reprimir

Atropellar, forzar, violar y *alzarse con el santo y la limosna,* con más intensidad.

abusivo, -va *adjetivo*
1 despótico

absoluto*
tiránico
arbitrario

abuso *nombre masculino*
1 exceso
extralimitación
demasía
ANTO escasez
carencia
2 tiranía
despotismo
opresión
arbitrariedad
atropello
tropelía
desafuero
desmán
ANTO liberalismo
justicia
3 licencia
osadía
atrevimiento
desenfreno
libertinaje
ANTO continencia

abyección *nombre femenino*
1 bajeza
envilecimiento
servilismo
humillación
abatimiento
rebajamiento
apocamiento
ANTO nobleza

abyecto, -ta *adjetivo*
1 bajo
vil
despreciable
ignominioso
rastrero
servil
abatido
humillado
ANTO noble

acá *adverbio*
1 aquí
ANTO allá
allí

Ambos indican el lugar donde se halla el que habla, con la diferencia de que la localización expresada por *acá* es menos determinada y circunscrita que la que denota *aquí.*

'La expresión *ven acá* no tiene el mismo sentido que *ven aquí.* En el primer caso no se hace más que llamar al que está lejos; en el segundo se le

manda colocarse en un punto determinado. Por esta razón, si queremos que la persona a quien nos dirigimos ocupe un lugar señalado no le decimos *ponte acá,* sino *ponte aquí'* (M).

2 aquí
ANTO allá
allí

Como expresión de tiempo, *acá* y *aquí* denotan el presente: *acá* como término de una acción que se inicia en el pasado: *desde entonces acá, de ayer acá.* Por el contrario, *aquí* se usa con preferencia para señalar el comienzo de una acción futura: *de aquí a tres semanas; desde aquí en adelante.* No cabría en estos dos ejemplos sustituir *aquí* por *acá.* El presente que indica *aquí* es mucho más preciso y determinado quo ol do *acá.*

acabado, -da *adjetivo*
1 perfecto
consumado
completo*
2 gastado
destruido
malparado
consumido
agotado
exhausto
viejo
estropeado
ajado
deslucido
ruinoso
arruinado
adjetivo/nombre
3 muerto
terminado
inactivo

acabadora *nombre femenino*
1 tundidora (máquina)

acaballadero *nombre masculino*
1 parada
puesto

acabamiento *nombre*
masculino
1 término
fin
conclusión
2 muerte
3 desgaste
ruina
agotamiento

acabar *verbo transitivo*
1 terminar
  concluir
  finalizar
2 ultimar
  rematar
  perfeccionar
  pulir
  dar el golpe de gracia
3 consumir
  agotar
  apurar
  gastar

verbo intransitivo
4 morir
  extinguirse
  fallecer
  fenecer
  irse al otro mundo
  salir de las últimas
  estirar la pata (familiar)
  ANTO empezar
       iniciar
       principiar

verbo transitivo
5 (eufemismo) matar

acaecer *verbo intransitivo*
1 suceder
  ocurrir
  pasar*
  acontecer
  Acontecer junto con *acaecer*
  son voces escogidas, de uso
  principalmente literario.

acaecimiento *nombre masculino*
1 acontecimiento
  suceso
  sucedido
  hecho
  caso

acallar *verbo transitivo*
1 aplacar*
  aquietar
  calmar

acalorado, -da *adjetivo*
1 abrasador*
  ardiente
  caliente
  cálido
  caluroso*
  agostador
  tórrido
  ANTO frío
       gélido
2 animado
  agitado
  excitado
  ANTO apaciguado
       tranquilo

acaloramiento *nombre*
  masculino
1 ardor
  sofocación
  fatiga
2 enardecimiento
  exaltación
  entusiasmo
3 insolación
  termoplejía

acalorar *verbo pronominal*
1 calentar
  asarse vivo
  freírse de calor
  sentir calor
  abrasar
  ANTO enfriarse

verbo transitivo/pronominal
2 enardecer
  entusiasmar
  exaltar
  encender
  enfervorizar
  ANTO enfriarse

verbo pronominal
3 irritarse
  enfadarse
  encolerizarse
  cabrearse (vulgar)
  ANTO tranquilizarse
       apaciguarse

acampada *nombre*
  femenino
1 acampamiento
  camping

acampamiento *nombre*
  masculino
1 acampada
  camping

  Acampada y *acampamiento*
  sustituyen con ventaja al anglicismo *camping*. Sin embargo, la palabra *camping* es de
  uso universal, y las leyes y
  reglamentos internacionales
  prescriben que debe emplearse obligatoriamente en los
  postes indicadores de todos
  los países, sin perjuicio de
  que se pueda poner junto a
  camping la palabra que le co-
  rresponda en la lengua de
  cada país.

acampanado, -da *adjetivo*
1 campaniforme

acampo *nombre masculino*
1 dehesa

acanalar *verbo transitivo*
1 estriar
  rayar

acanallarse *verbo pronominal*
1 abellacarse
  embellacarse
  embellaquecerse
  envilecerse
  rebajarse
  encanallarse
  ANTO ennoblecerse

acaparamiento *nombre*
  masculino
1 acopio*
  acopiamiento
  acumulación
  almacenamiento
  provisión
  depósito

acaparar *verbo transitivo*
1 acumular
  retener
  almacenar
  monopolizar
  estancar
  ANTO entregar
       soltar

acarar *verbo transitivo*
1 encarar
  carear

acardenalado, -da *adjetivo*
1 lívido
  amoratado

acariciar *verbo transitivo*
1 halagar
  mimar

acarpia *nombre femenino*
1 esterilidad

acarrear *verbo transitivo*
1 transportar
  portear
  conducir
2 ocasionar
  causar

acarreo *nombre masculino*
1 transporte
  porte
  conducción
2 arrastre

acaso¹ *nombre masculino*
1 casualidad*
  azar

acaso² *adverbio*
1 quizá
  tal vez

a
b
c
d
e
f
g
h
i
j
k
l
m
n
ñ
o
p
q
r
s
t
u
v
w
x
y
z

acatamiento *nombre masculino*
1 respeto*
 sumisión
 obediencia
 veneración
 acato
 ANTO desobediencia
  desacato

acatar *verbo transitivo*
1 respetar
 venerar
 reverenciar
2 obedecer*
 someterse
 ANTO desacatar

acatarrado, -da *adjetivo*
1 resfriado
 constipado

acatexia *nombre femenino*
1 incontinencia

acato *nombre masculino*
1 acatamiento
 respeto
 sumisión
 obediencia
 veneración
 ANTO desobediencia
  desacato

acaudalado, -da *adjetivo*
1 adinerado
 pudiente
 rico*
 opulento
 ANTO pobre
  arruinado

Rico y *opulento* pueden aplicarse a personas y cosas: un propietario *rico*, *opulento* o una comarca *rica*, *opulenta*. Los demás adjetivos sólo se aplican a personas: un banquero *acaudalado*, *adinerado*, *pudiente*.

acaudalar *verbo transitivo*
1 atesorar
 enriquecerse
 acumular

acaudillar *verbo transitivo*
1 conducir
 guiar
 dirigir
 mandar
 capitanear

acautelarse *verbo pronominal*
1 cautelarse
 desconfiar
 precaverse

acceder *verbo intransitivo*
1 consentir
 condescender
 permitir*
 autorizar
2 convenir
 ceder
 aceptar
 conformarse
 estar de acuerdo
 deponer las exigencias
 ANTO rehusar

accesible *adjetivo*
1 alcanzable
 asequible
 transitable
 ANTO inaccesible

Todos ellos, tratándose de lugares.

2 comprensible
 inteligible
3 tratable
 llano
 sencillo
 franco

Éstos, aplicados a personas.

accesión *nombre femenino*
1 ataque*
 acceso
 accidente
 cubrimiento
 soponcio
 patatús

acceso *nombre masculino*
1 entrada
 paso
 camino
 acercamiento
2 ataque
 acometimiento

Por ejemplo: un *acceso* de tos, de celos.

accesorio, -ria *adjetivo*
1 accidental
 secundario
 ANTO fundamental
  principal
  primario

accidentado, -da *adjetivo*
1 turbado
 agitado
2 quebrado
 fragoso
 áspero
 escabroso
 abrupto

Todos ellos, tratándose de un terreno, paisaje, etc.

3 revuelto
 borrascoso

Éstos, cuando significa pródigo en accidentes, sucesos o percances; por ejemplo: vidas *accidentadas*, viaje *accidentado*.

accidental *adjetivo*
1 secundario
 contingente
 incidental
 eventual*
 casual
 fortuito
2 interino*
 provisional
 transitorio
 ANTO esencial

Por ejemplo: domicilio *accidental*, secretario *accidental*.

accidentalmente *adverbio*
1 por incidencia
 incidentalmente
 incidentemente
 eventualmente
2 secundariamente
3 interinamente
 provisionalmente

accidentarse *verbo pronominal*
1 desmayarse
 desvanecerse

accidente *nombre masculino*
1 eventualidad
 contingencia
 casualidad*
 ANTO esencia
2 contratiempo
 percance
 peripecia
 emergencia
3 desmayo
 vahído
 vértigo
 congoja
 soponcio
 patatús
 ataque*
 acceso
 accesión
 cubrimiento

acción *nombre femenino*
1 acto
 hecho
 actuación*

La *actuación* es una *acción* prolongada o repetida, como cuando se habla de la *actua-*

ción de un gerente o de la junta directiva de una sociedad.

'La *acción* y el *acto* son *hechos*; pero no todo *hecho* es *acto* ni *acción*, porque hay *hechos* que no dependen de la voluntad del hombre, como la caída y el incendio. La *acción* es un *hecho* más complicado, más duradero, más dependiente de la intención el *acto*. *Hecho*, como sinónimo de las otras voces, significa una *acción* notable, como cuando decimos: los *hechos* ilustres de nuestros antepasados. La diferencia entre estas tres palabras y entre las dos significaciones de *hecho* se manifiesta en el ejemplo siguiente: 'Referiré el *hecho* como pasó. En el *acto* de firmar conoció que cometía una mala acción. Firmó, sin embargo, y éste no será un *hecho* honorífico de su memoria" (M).

2 combate*
batalla
encuentro
escaramuza
3 movimiento
gesto
ademán

accionador *nombre masculino*
1 actuador
activador
servomotor
brazo de lectura (en la
unidad de disco)

acebadamiento *nombre
masculino*
1 encebadamiento

acebo *nombre masculino*
1 agrifolio
aquifolio

acebolladura *nombre femenino*
1 colaina

acebuche *nombre masculino*
1 oleastro
zambullo

acechanza *nombre femenino*
1 acecho
espionaje

acechar *verbo transitivo*
1 espiar
vigilar
atisbar

observar
estar al husmo
quedar entre bastidores
seguir los pasos
2 asechar
trasechar
avizorar
recechar

aceche *nombre masculino*
1 caparrosa
acije
alcaparrosa

acecho *nombre masculino*
1 acechanza
espionaje
rececho

acedar *verbo
transitivo/pronominal*
1 agriar*
revenirse
volverse
torcerse
apuntarse
avinagrar
acidificar
acidular
2 disgustar
desazonar
poner los nervios de punta

acedera *nombre femenino*
1 agrilla
vinagrera

acederaque *nombre masculino*
1 cinamomo

acedía *nombre femenino*
1 (pez) platija
2 (de estómago) acidez
hiperclorhidria

acedo, -da *adjetivo*
1 agrio
ácido

aceite *nombre masculino*
1 óleo

  aceite de vitriolo *locución
nominal*
  ácido sulfúrico

aceitera *nombre femenino*
1 alcuza

aceitoso, -sa *adjetivo*
1 oleaginoso
untuoso
graso
grasiento
oleoso
oleario
lardoso

pringoso
empringado

Oleaginoso se dice del fruto o planta que contiene aceite. *Aceitoso*, *untuoso*, *graso* y *grasiento*, cubierto o untado con aceite. *Oleoso* puede usarse en ambos significados. *Oleario* es latinismo docto poco usado.

aceituna *nombre femenino*
1 oliva

aceleración *nombre femenino*
1 prontitud
velocidad
rapidez
presteza
diligencia
actividad
ANTO lentitud
  pereza
2 precipitación
prisa
apresuramiento
atolondramiento
ANTO parsimonia

aceleradamente *adverbio*
1 aprisa*
pronto
de prisa
rápidamente
prontamente

acelerado, -da *adjetivo*
1 pronto
veloz
rápido
presto
ligero

acelerar *verbo transitivo*
1 apresurar
activar
avivar
aligerar
precipitar
apurar
ANTO retardar

Se *acelera* principalmente el movimiento de las máquinas aumentando su velocidad; se *acelera* o aumenta la rapidez de un proceso químico o biológico mediante la intervención de ciertos factores. No diremos, sin embargo, que se *acelera* a una persona o animal para que anden o ejecuten pronto determinados actos o movimientos, sino que

se les *apresura*, *aviva* o *apura*.
Se *activan* o *aligeran* los negocios, actos u operaciones. *Precipitar* tiene a menudo el sentido de anticipar o apresurar con exceso la ejecución o terminación de un hecho.

acendrado, -da *adjetivo*
1 puro
   depurado
   impecable
   acrisolado
   subido
   fino

acendrar *verbo transitivo*
1 limpiar
   depurar
   purificar
   acrisolar
   quintaesenciar
   ANTO ensuciar
      impurificar

acento *nombre masculino*
1 deje
   dejillo
   dejo
   tono
   tonillo
   entonación

acentuado, -da *adjetivo*
1 tónico

acentuar *verbo transitivo*
1 recalcar
   marcar
   insistir
   hacer resaltar
   hacer hincapié
   destacar
   subrayar
   realzar
   verbo pronominal
2 tomar cuerpo
   aumentar

aceña *nombre femenino*
1 azud

acepción *nombre femenino*
1 significación*
   sentido
   significado

acepilladura *nombre femenino*
1 viruta

aceptable *adjetivo*
1 admisible
   pasable
   pasadero
   tolerable

ANTO inaceptable
   inadmisble

Aceptable y *admisible* implican más o menos la idea de voluntad o agrado. Se emplean los demás adjetivos cuando esta idea se atenúa y se le añade alguna reserva.

aceptación *nombre femenino*
1 tolerancia
   admisión
   acogida
   aprobación
   aplauso
   éxito
   boga
   ANTO rechazo

Estos en gradación ascendente.

2 adhesión
   aprobación
   consentimiento
   asenso
   ANTO enemistad

aceptado, -da *adjetivo*
1 dado*
   concedido
   supuesto
   admitido

aceptar *verbo transitivo*
1 admitir
   tomar
   recibir*

Aceptar es recibir voluntariamente y con agrado lo que se nos ofrece o encarga. *Admitir* denota consentimiento o permiso. Decimos, por ejemplo, que un alumno ha sido *admitido* en una escuela, pero no que ha sido *aceptado*. *Tomar* y *recibir* no incluyen matiz especial.

'El acto de *recibir* produce posesión; el acto de *aceptar* produce propiedad. *Recibo* lo que no es para mí; lo que debo restituir o entregar a otro; pero lo que *acepto* queda en mi poder y es mío. Para *aceptar* se necesita un acto de voluntad; pero se *recibe* sin querer, por casualidad y, a veces, por fuerza. Por esto se dice que se *recibe*, pero no que se *acepta* una carta; que se *recibe* una mala noticia; pero se *aceptan* las ofertas y convites. Se puede *recibir* un

regalo y devolverlo porque no se *acepta'* (M).

2 comprometerse
   obligarse
   ANTO negar
      rechazar

Por ejemplo tratándose de una comisión o del pago de una letra.

3 reconocer

acepto, -ta *adjetivo*
1 agradable*
   grato
   admitido con gusto

acequia *nombre femenino*
1 agüera

acerado, -da *adjetivo*
1 incisivo
   mordaz
   penetrante

acerbo, -ba *adjetivo*
1 áspero
2 desapacible
   cruel
   riguroso
   doloroso

acerca de *locución preposicional*
1 sobre
   respecto a
   referente a

'*Acerca de* y *respecto a...* se usan con verbos que significan operación intelectual o ejercicio de la palabra, como pensar, meditar, hablar, disputar *acerca de* o *con respecto a* tal asunto; pero *acerca de* no se usa sino con esta clase de verbos, y *con respecto a* se emplea con los que significan operación, conducta y colocación, como las disposiciones del testador *con respecto a* sus hijos; la conducta de Cicerón *con respecto a* Octavio; la colocación de tal punto geográfico *con respecto a* tal otro. *Acerca de* es a veces sinónimo de *sobre*, como: *acerca de* o *sobre* los sucesos de la guerra' (M).

acercamiento *nombre masculino*
1 aproximación
   apareamiento (en la hípica)

acercar *verbo transitivo*
1 aproximar

arrimar
ANTO alejar

El uso de *acercar* o *aproximar* no señala diferencias de sentido, sino más bien diferencias de estilo. Con todo, *aproximar*, como más docto, suele preferirse en las significaciones figuradas, como *aproximarse* a la verdad, a Dios. En cambio parecería un poco pedante decir *aproxímame una silla*, en vez de *acércame*. *Arrimar* equivale a juntar o poner en contacto material o moral, como *arrimar* una escalera a la pred, *arrimarse* a un buen protector para conseguir beneficios.

acerico *nombre masculino*
1 almohadilla
  alfiletero
  agujetero

acero *nombre masculino*
1 espada
  garrancha (burlesco)
  hoja
  tizona
  colada

aceroso, -sa *adjetivo*
1 ácido
  acetoso
2 picante

acertado, -da *adjetivo*
1 conveniente
  oportuno
  apropiado
  adecuado
  idóneo
  ANTO desacertado

acertar *verbo transitivo*
1 adivinar
  atinar
  descifrar
  dar en el clavo
  resolver
  dar solución
  solucionar
  ANTO aberrar
      equivocarse

En este sentido *acertar* equivale también a *resolver*, *dar solución* y *solucionar*.

'*Acertar* es dar en el punto de la dificultad; *adivinar* es descubrir lo oculto, lo oscuro, lo misterioso. Para *acertar* se necesita penetración, destre-

za en las conjeturas, astucia en encadenar los hechos con las causas. Para *adivinar* no se necesita a veces más que una ocurrencia oportuna o una casualidad feliz. Se *acierta* el verdadero motivo de una acción: se *adivina* quién es una persona disfrazada' (M).

2 hallar
  encontrar
  topar
  atinar

acertijo *nombre masculino*
1 adivinanza
  enigma*

acético, -ca
  ácido acético *locución nominal*
  ⇒ ácido

acetificar *verbo transitivo/pronominal*
1 avinagrar* (el vino)
  acedar
  agriar
  verbo transitivo
2 acetilar

acetilar *verbo transitivo*
1 acetificar

acetímetro *nombre masculino*
1 acetómetro

acetol *nombre masculino*
1 vinagre

acetómetro *nombre masculino*
1 acetímetro

acetosa *nombre femenino*
1 acedera

acetoso, -sa *adjetivo*
1 ácido
  aceroso

acezar *verbo intransitivo*
1 jadear

acezo *nombre masculino*
1 jadeo
  respiración*

achabacanamiento *nombre masculino*
1 chabanería

Este es el efecto de *achabacanarse*, en tanto que *achabacanamiento* alude más bien a la acción de *achabacanarse*

o a la tendencia a lo *chabacano*.

achacar *verbo transitivo*
1 imputar
  atribuir
  cantarlas claras
  cantar las cuarenta
  no tener pelos en la lengua
  acusar
  notar
  tachar
  ANTO defender
      disculpar

achacoso, -sa *adjetivo*
1 enfermizo
  enclenque
  achaquiento
  valetudinario
  ANTO sano
2 indispuesto
  enfermo*
  doliente
  paciente
  destemplado
  ANTO sano
  ⇒ enfermedad

achaflanar *verbo transitivo*
1 despalmar

achantarse *verbo pronominal*
1 esconderse
  agazaparse
  disimularse
  ocultarse
2 (vulgar) acobardarse*
  amilanarse
  atemorizarse
  intimidarse
  arredrarse
  acoquinarse (familiar)
  aterrarse
  ANTO envalentonarse

achaparrado, -da *adjetivo*
1 rechoncho
  aparrado
  chaparro
  ANTO alto
      enjuto

achaque *nombre masculino*
1 indisposición*
  alifafe
  enfermedad*

  Se emplea *achaque* especialmente si la *enfermedad* es crónica o habitual.

2 vicio
  defecto
  tacha

3 excusa
pretexto
disculpa
efugio

achaquiento, -ta *adjetivo*
1 achacoso
enfermizo
valetudinario

achicador *nombre masculino*
1 cuchara
vertedor
2 bomba

achicar *verbo transitivo*
1 acortar
parvificar
empequeñecer
amenguar
menguar
mermar
encoger
disminuir
ANTO aumentar
ampliar
2 descorazonar
acobardar
amilanar
atemorizar
intimidar
acoquinar
arredrar
3 jamurar

achicharrar *verbo transitivo*
1 chicharrar
quemar
abrasar

achicoria *nombre femenino*
1 chicoria
camarroya (la silvestre)

achiote *nombre masculino*
1 achote
bija

achispado, -da *adjetivo*
1 (familiar) alegre
ajumado
alumbrado
bebido
chispo
borracho*

achisparse *verbo pronominal*
1 alumbrarse
alegrarse
ajumarse
embriagarse

achote *nombre masculino*
1 achiote
bija

achuchar[1] *verbo transitivo*
1 aplastar
estrujar
2 empujar*
rempujar (vulgar)
arrempujar (vulgar)
impeler (culto o técnico)
impulsar (culto o técnico)
propulsar (culto o técnico)
3 excitar
incitar
estimular

achuchar[2] *verbo transitivo*
1 azuzar

achuchón *nombre masculino*
1 empujón*
embestida
rempujón (vulgar)
empellón

achulado, -da *adjetivo*
1 flamenco
presumido
afectado
valentón

aciago, -ga *adjetivo*
1 desafortunado
infeliz
desgraciado*
desdichado
infausto
malaventurado
desventurado
nefasto
de mal agüero
de mal augurio
de mala sombra
fatal
adverso
ANTO afortunado
alegre
fausto

aciano *nombre masculino*
1 aciano menor
aldiza
azulejo
liebrecilla
⇒ acianos

acianos *nombre masculino*
plural
1 escobilla (planta)
⇒ aciano

acíbar *nombre masculino*
1 áloe*
áloes
lináloe
azabara
zabida
zabila

acibarar *verbo transitivo*
1 amargar
apesadumbrar

acicalado, -da *adjetivo*
1 atildado
compuesto
peripuesto
hecho un figurín
soplado
pulido
repulido

acicalar *verbo transitivo*
1 pulir
repulir
bruñir
2 adornar*
aderezar
ataviar
componer*
perfilar
atildar
asear
empercjilar
empapirotar
empaquetar
emperifollar
ANTO ensuciar
desarreglar

acicate *nombre masculino*
1 estímulo
incentivo
atractivo
aliciente

acidez *nombre femenino*
1 (de estómago) hiperclorhidria
acedía

acidia *nombre femenino*
1 flojedad
descuido
tardanza
pereza
ANTO diligencia
gana

acidificar *verbo transitivo*
1 acedar
agriar*
acidular

ácido
ácido acético *locución*
nominal
ácido etanoico
ácido aminado
aminoácido
ácido ciahídrico
ácido prúsico

ácido clorhídrico
ácido muriático
ácido hidroclórico
espíritu de sal

ácido etanoico
ácido acético

ácido fénico
fenol
carbol

ácido nítrico
agua fuerte

ácido sulfúrico
aceite de vitriolo

ácido, -da *adjetivo*
1 agrio (el sabor)
2 acetoso

acidular *verbo transitivo*
1 acidificar
agriar*
acedar

acierto *nombre masculino*
1 tino
tacto
tiento
destreza
habilidad
adivinación
clarividencia
ANTO desacierto

Adivinación y *clarividencia* si se trata de actos puramente intelectuales. *Tacto* y *tiento* coinciden con *tino* al referirse a la conducta o a una serie de acciones llevadas con sumo cuidado. *Destreza* y *habilidad* pueden aludir, además, a la ejecución de un trabajo manual.

'El *acierto* puede consistir en una acción sola; pero lo que constituye el *tino* es una serie de acciones que forman plan, conducta o sistema. Se responde con *acierto* a una acusación; se obra con *tino* en circunstancias espinosas, o en la averiguación de un hecho oscuro: por consiguiente el *tino* requiere más delicadeza, más astucia, más ingenio que el *acierto*. Cuando un ministro nombra para el desempeño de un cargo público a una persona adecuada, se dice que obra con *acierto*. Cuando negocia con buen éxito un tratado, cuando neu-

traliza influencias contrarias a sus miras, se dice que obra con tino' (M).

2 caletre
cacumen
chirumen
pesquis
mollera
magín

aciguatado, -da *adjetivo*
1 pálido
amarillento

acije *nombre masculino*
1 caparrosa
aceche
alcaparrosa

aclamar *verbo transitivo*
1 convocar
proclamar

aclarar *verbo transitivo/pronominal*
1 alumbrar*
iluminar
ANTO oscurecer

Cuando se trata de un espacio ilimitado, *alumbrar*, *iluminar*, y así decimos que la luna *aclara*, *alumbra* o *ilumina* la noche. En un espacio limitado, como un salón o una escalera, *aclarar* hace pensar oon proforoncia en la luz natural, mientras que *alumbrar* e *iluminar* sugieren más bien medios artificiales: se *aclara* una habitación agrandando las ventanas, se la *alumbra* o *ilumina* con lámparas.

2 clarificar
poner los puntos sobre las íes
ANTO ocultar

verbo intransitivo
3 (el tiempo) clarear
abrir
serenarse
despejar
escampar
ANTO oscurecer

verbo transitivo
4 explicar
poner en claro
dilucidar
ilustrar
ANTO ocultar

'Se *aclara* una proposición oscura para que se entienda; se *ilustra* con ejemplos o con no-

tas lo que se quiere presentar con mayor claridad, para que se perciban sin trabajo todas sus circunstancias y relaciones. Se *aclaran* las verdades: se *ilustran* los hombres con sus hechos. Un entendimiento *claro* es el que ve lo bastante; un entendimiento *ilustrado* es el que está adornado de conocimientos... Ilustrar, lo mismo que su propio *iluminar*, supone mayor luz de la que se necesita para ver' (J).

aclareo *nombre masculino*
1 aclarificación

aclarificación *nombre femenino*
1 aclareo

aclimatar *verbo transitivo/pronominal*
1 naturalizar
adaptar

acobardar *verbo transitivo/pronominal*
1 intimidar
atemorizar
amedrentar
arredrar
acoquinar (familiar)
achantar (vulgar)
amilanar
aterrar
desanimar
desmayar
desalentar
descorazonar
achicar (familiar)
ANTO envalentonar

Acobardar en su uso transitivo significa causar temor. *Intimidar*, *asustar*, *atemorizar*, *amedrentar*, *acobardar*, *arredrar*, *acoquinar*, *achantar*, *amilanar*, *aterrar* forman una serie intensiva. Significan hacer perder el valor: *desanimar*, *desmayar*, *desalentar*, *descorazonar*, *achicar*. En su empleo pronominal se oscurece mucho la diferencia entre uno y otro grupo, pero cada verbo conserva su intensidad propia.

acodado, -da *adjetivo*
1 acodillado

acodar *verbo transitivo*
1 cerchar

a
b
c
d
e
f
g
h
i
j
k
l
m
n
ñ
o
p
q
r
s
t
u
v
w
x
y
z

ensarmentar
Éstos tratándose de vides.

acodillado, -da *adjetivo*
1 acodado

acogedor, -ra *adjetivo*
1 favorable
propicio
benévolo
benigno

acoger *verbo transitivo/pronominal*
1 admitir
aceptar
recibir
ANTO rechazar
repeler
2 amparar
proteger
guarecer
cobijar
favorecer
refugiar
abrir los brazos
dar asilo
ANTO repeler

'El que busca recurso, ayuda o protección, se *acoge* a la persona que puede dársela; el que huye de un peligro y busca resguardo o asilo, se *refugia*; y ambas palabras se usan de este modo, tanto en sentido recto como figurado, sin que pueda emplearse una por otra sin faltar a la propiedad' (C).

acogida *nombre femenino*
1 admisión
aceptación
acogimiento
recibimiento
hospitalidad
⇒ acoger

acogimiento *nombre masculino*
1 acogida
admisión
aceptación
recibimiento
hospitalidad

acogombrar *verbo transitivo*
1 aporcar
acohombrar

acogotar *verbo transitivo*
1 sujetar
dominar
vencer

Con mayor intensidad, *acogotar* significa inmovilizar fuertemente al adversario.

acohombrar *verbo transitivo*
1 aporcar
acogombrar

acojinar *verbo transitivo*
1 acolchar
colchar

acolchar *verbo transitivo*
1 colchar
acojinar

acolchonar *verbo transitivo*
1 acolchar

acólito *nombre masculino*
1 monaguillo
monago
monacillo
2 (irónico) ayudante
asistente
compañero
compinche

acombar *verbo transitivo*
1 encorvar
torcer

acometedor, -ra *adjetivo*
1 agresivo
arremetedor
impetuoso
belicoso
ANTO apocado
2 emprendedor
resuelto
ANTO apocado

acometer *verbo transitivo*
1 agredir
atacar
cerrar
embestir
arremeter*
⇒ agresión

Agredir connota la idea de ataque inmotivado o alevoso. *Cerrar* y *arremeter* coinciden con *embestir* en su carácter impetuoso y menos meditado que *atacar* y *acometer*.

'*Acometer* indica una acción más meditada y menos impetuosa que *embestir*. Se *embiste* con furor; se *acomete* con brío. El toro *embiste*; un batallón *acomete*. Se *embiste* en la lucha; se *acomete* en el asedio. El que *embiste* marcha más directamente a su con-

trario que el que *acomete*, y así en el *acometimiento* se da más lugar a la precaución, al plan y a la astucia que en la *embestida*' (M).

2 emprender
intentar
empezar*

acometida *nombre femenino*
1 acometimiento
ataque
asalto
agresión*
embestida
arremetida
estrepada
arrancada
acceso
⇒ acometer

acometimiento *nombre masculino*
1 acceso
ataque
asalto
agresión*
embestida
arremetida
estrepada
arrancada
acometida
⇒ acometer

acomia *nombre femenino*
1 calvicie

acomodadizo, -za *adjetivo*
1 acomodaticio
adaptable

acomodado, -da *adjetivo*
1 conveniente
oportuno
apropiado
arreglado
adecuado
2 rico
pudiente

acomodamiento *nombre masculino*
1 comodidad
conveniencia
ANTO inconveniencia
2 transacción
ajuste
convenio
arreglo
conciliación
acuerdo
concierto
ANTO desacuerdo

acomodar *verbo*
transitivo/pronominal
1 ordenar
  componer
  colocar
  ajustar
  adaptar
  acoplar
  ANTO desacomodar
2 conciliar
  concertar
  transigir
  concordar
  ANTO rebelarse
3 instalar
  alojar
  establecer

acomodaticio, -cia *adjetivo*
1 acomodadizo
  complaciente
  contemporizador
  conformista
  dúctil
  flexible
  adaptable
  elástico

Acomodadizo, complaciente, contemporizador y *conformista*, tratándose de personas. Pueden aplicarse a personas y cosas: *dúctil, flexible, adaptable*; tratándose de interpretaciones, maneras de pensar, etc., que se aplican a diversas circunstancias, *elástico*.

acomodo *nombre masculino*
1 empleo
  ocupación
  colocación
  puesto
2 transacción
  transigencia
  arreglo
  avenencia
  condescendencia
  contemporización*
  consentimiento*
  pastel (familiar)
  pasteleo (familiar)
  ANTO intransigencia

acompañamiento *nombre*
masculino
1 comitiva
  séquito
  cortejo
  corte
  escolta
  comparsa

Acompañamiento es voz genérica y puede sustituir a las demás. *Comitiva, séquito* y

cortejo significan la importancia de la persona, corporación, etc., acompañados, o tienen carácter religioso. *Escolta* y *comparsa* contienen especial solemnidad, y más aún *corte*, que sólo se aplica a reyes, grandes señores y religión. *Escolta* es *acompañamiento* militar. *Comparsa* en el teatro o tratando de un grupo de máscaras; fuera de este uso, llamar *comparsa* a un *acompañamiento* cualquiera, significa ironía o menosprecio.

acompañar *verbo*
transitivo/pronominal
1 agregar
  juntar
  añadir
  asociar
2 seguir
  ir con alguien
  estar con alguien
  conducir
  escoltar

Escoltar es *acompañar* a una persona para protegerla, custodiarla o hacerle honor; *conducir* es *acompañar* como guía.

acompasado, -da *adjetivo*
1 rítmico
  medido
  métrico
  regular
2 pausado
  lento

acompasar *verbo transitivo*
1 compasar
  medir
  arreglar
  proporcionar
  regular
  regularizar

acomplexionado, -da *adjetivo*
1 complexionado

aconchabamiento *nombre*
masculino
1 conchabanza
  confabulación
  concierto
  compadraje
  compadrazgo
  connivencia*

acondicionador *nombre*
masculino
1 climatizador

acondicionamiento *nombre*
masculino
1 (de un local) climatización

acongojado, -da *adjetivo*
1 transido
  angustiado

acongojar *verbo transitivo*
1 congojar
  oprimir
  afligir
  aquejar
  atribular
  entristecer
  apenar
  apesadumbrar
  desconsolar
  meter el corazón en un puño
  poner un nudo en la garganta
  desolar
  angustiar
  ANTO consolar

acónito *nombre masculino*
1 anapelo
  napelo

aconsejar *verbo transitivo*
1 advertir*
  prevenir
  avisar
  sugerir*
  suscitar
  incitar
  ANTO desaconsejar
2 asesorar
  informar
  encaminar
  guiar*

aconsonantar *verbo intransitivo*
1 consonar

acontecer *verbo intransitivo*
1 suceder
  ocurrir
  pasar*
  acaecer

Acontecer y *acaecer* son voces escogidas, de uso principalmente literario.

acontecimiento *nombre*
masculino
1 acaecimiento
  suceso
  sucedido
  hecho
  caso
  evento
  ocurrencia

a
b
c
d
e
f
g
h
i
j
k
l
m
n
ñ
o
p
q
r
s
t
u
v
w
x
y
z

a
b
c
d
e
f
g
h
i
j
k
l
m
n
ñ
o
p
q
r
s
t
u
v
w
x
y
z

Acaecimiento y *acontecimiento* denotan un suceso importante; el primero muy usado en los clásicos, tiene ahora cierto sabor literario. *Suceso* es voz más neutra y susceptible de amplia aplicación. *Sucedido* sugiere realidad y se opone a lo imaginado o inventado, lo mismo que *hecho* y *caso*. *Evento* es un suceso imprevisto. *Ocurrencia* se usa poco en esta acepción.

acopiar *verbo transitivo*
1 juntar*
reunir
acumular
amontonar*
almacenar*
ANTO desperdigar

acopio *nombre masculino*
1 acopiamiento
acumulación
provisión
almacenamiento
depósito
acaparamiento
Acaparamiento cuando se trata de retener todas o gran parte de determinadas mercancías. Los dos anteriores tratándose de artículos de comercio.

acoplar *verbo transitivo/pronominal*
1 unir
ajustar
combinar
juntar
encajar
ANTO desacoplar
desunir
desencajar
desajustar

acoquinar *verbo transitivo/pronominal*
1 (familiar) acobardar*
amedrentar
amilanar
aterrar
aturdir
atortolar
asustar*
atemorizar

acorazar *verbo transitivo*
1 blindar
reforzar
revestir
proteger
fortificar

acorazonado, -da *adjetivo*
1 cordiforme

acordar *verbo transitivo*
1 concordar
concertar
armonizar
conformar
ANTO destemplar
2 convenir
ponerse de acuerdo
pactar
quedar en
3 resolver
determinar
verbo pronominal
4 recordar
traer
venir a la memoria
venir a las mientes
caer en la cuenta
apearse del burro
ANTO desacordarse
olvidar
verbo intransitivo
5 sintonizar

acorde *adjetivo*
1 conforme
concorde
de acuerdo
ANTO desacorde
2 compatible
ANTO incompatible

acordonar *verbo transitivo/pronominal*
1 incomunicar
aislar
bloquear
ANTO unir
convivir

acornar *verbo transitivo*
1 acornear
cornear

acornear *verbo transitivo*
1 acornar
cornear

acorralar *verbo transitivo*
1 arrinconar
rodear
estrechar
aislar
perseguir*
2 confundir
dejar sin respuesta

acortamiento *nombre masculino*
1 curtación

acortar *verbo transitivo*
1 abreviar
reducir
disminuir*
achicar
mermar
aminorar
ANTO alargar
2 limitar
restringir
coartar
cercenar
escatimar
escasear
ANTO prodigar

acosar *verbo transitivo*
1 perseguir
estrechar
2 importunar
molestar
no dejar ni a sol ni a sombra

acostar *verbo transitivo*
1 acercar
aproximar
aconchar
atracar

acostarse *verbo pronominal*
1 echarse
tenderse
tumbarse
ANTO levantarse

acostumbrado, -da *adjetivo*
1 aguerrido
ducho
experimentado
avezado
2 habitual
usual
corriente
ordinario
frecuente
repetido
asiduo*
reiterado

acostumbrar *verbo transitivo/pronominal*
1 habituar
avezar
vezar
ANTO desacostumbrar
Habituar pertenece al estilo culto; *avezar* y *vezar* se aplican generalmente a lo más material y concreto, como *avezarse* a una comida, a un calzado; *vezar* es poco usado. *Acostumbrar* es el de uso más general.

2 soler
estilar
usar
ANTO desacostumbrar

Soler es de empleo restringido por ser verbo defectivo. Estilar y usar, en este sentido, se emplean a menudo como impersonal: ahora se estila, se usa.

acotación *nombre femenino*
1 apostilla
postila
postilla
2 anotación
nota

acotar *verbo transitivo*
1 apostillar
marginar
postilar

acracia *nombre femenino*
1 anarquía
anarquismo
2 debilidad
astenia

ácrata *adjetivo/nombre común*
1 anarquista
libertario

acre *adjetivo*
1 picante
irritante
áspero
2 punzante

acrecentar *verbo transitivo/pronominal*
1 aumentar
acrecer
agrandar*
engrandecer
ensanchar
ampliar
extender
crecer*
ANTO disminuir
menguar

acrecer *verbo transitivo/pronominal*
1 aumentar
acrecentar
engrandecer
ensanchar
extender
crecer*
agrandar*
ampliar
ANTO disminuir
menguar

acreditado, -da *adjetivo*
1 afamado
famoso
renombrado
reputado
conocido
célebre
ANTO desconocido
2 auténtico
autorizado
legalizado
fidedigno

acreditar *verbo transitivo*
1 probar
justificar
2 afamar
dar crédito
dar reputación
ANTO desacreditar
3 abonar
tomar en cuenta
asentar en el haber

acreedor, -ra *adjetivo*
1 a favor
ANTO deudor

Tratándose del saldo de una cuenta.
2 digno
merecedor

acribar *verbo transitivo*
1 acribillar
agujerear
herir
picar

acribillar *verbo transitivo*
1 agujerear
acribar
herir
picar

acriminar *verbo transitivo*
1 acusar
imputar
incriminar

Incriminar tiene carácter intensivo.

acrimonia *nombre femenino*
1 acritud
aspereza
desabrimiento
ANTO suavidad
2 malignidad
virulencia

acriollarse *verbo pronominal*
1 americanizarse

acrisolado, -da *adjetivo*
1 acendrado
puro

depurado
impecable

acrisolar *verbo transitivo*
1 depurar
purificar
apurar
acendrar
ANTO impurificar

acristianar *verbo transitivo*
1 cristianizar
2 bautizar
cristianar

acritud *nombre femenino*
1 acrimonia
aspereza
desabrimiento

acróbata *nombre común*
1 volatinero
gimnasta
equilibrista
funámbulo

Equilibrista y funámbulo, si hace ejercicios sobre una cuerda o alambre.

acromatismo *nombre masculino*
1 daltonismo

acromatopsia *nombre femenino*
1 daltonismo

acrómico, -ca *adjetivo*
1 incoloro

actea *nombre femenino*
1 yezgo
cimicaria

actinia *nombre femenino*
1 anémona de mar
ortiga de mar

actinolita *nombre femenino*
1 actinota

actinota *nombre femenino*
1 actinolita

actitud *nombre femenino*
1 postura*
posición
disposición
porte
continente
gesto

Porte y continente se refieren a la manera habitual de moverse y accionar.

'La postura es la situación relativa de los miembros del cuerpo con respecto al espacio; *actitud* es la *postura* que se toma con una intención u objeto determinado, de modo que en la *actitud* la voluntad tiene más parte que en la *postura*. Ésta es horizontal o perpendicular, holgada o incómoda, indecorosa o decente. La *actitud* es de ataque, de defensa, de fuga, de temor, de mando. La *actitud* es más artística que la *postura*. El Apolo del Belvedere está en *actitud*, y no en *postura*, de lanzar una flecha. El Moisés de Murillo está en *actitud*, y no en *postura*, de herir la piedra con la vara. Estar de pie, estar sentado o de rodillas no son *actitudes*, sino *posturas*' (M).

2 posición
disposición

Hablando de la situación de ánimo con respecto a una persona, colectividad, asunto o doctrina, *actitud* equivale a *posición*, *disposición*.

activador *nombre masculino*
1 actuador
servomotor
accionador
brazo de lectura (en la unidad de disco)

activar *verbo transitivo*
1 mover
avivar
excitar
acelerar*
apresurar
apurar
no dar paz a la mano
no cejar ni un minuto
ANTO parar

actividad *nombre femenino*
1 movimiento
trajín

Como cuando hablamos de la actividad de un puerto o de un taller.

2 eficacia
eficiencia
3 prontitud
presteza
solicitud
diligencia
celeridad*
ANTO pasividad

'La *actividad* no supone más que prontitud y viveza en los movimientos; la *diligencia* supone además intención y esmero. La *actividad* puede ser infructífera; la *diligencia* no puede menos de ser provechosa. Con la *actividad* se hace mucho; con la *diligencia* se hace mucho y se hace bien...' (M).

activo, -va *adjetivo*
1 operante
eficaz
enérgico
ANTO pasivo
parado
2 diligente
pronto
rápido
vivo
emprendedor
resuelto
decidido
audaz
ANTO pasivo
parado

'Un remedio *activo* obra prontamente, produce sin dilación su efecto; un remedio *eficaz* obra poderosamente, con fuerza, con seguridad. Un hombre *activo* no logra siempre lo que desea, si no sabe emplear los medios más *eficaces* para ello... El procurador debe ser *activo*; el abogado debe ser *eficaz*' (LH).

acto *nombre masculino*
1 hecho
acción
2 hecho
ceremonia

El *acto* es un *hecho* público y solemne; por ejemplo: la apertura de curso en la Universidad.

3 jornada

En el teatro.

acto continuo *locución adverbial*
seguidamente
sin tardanza
inmediatamente
al punto
acto seguido
a continuación

actor, -ra *adjetivo/nombre*
1 demandante
acusador

actor, -triz *nombre*
1 representante
ejecutante
cómico
comediante
histrión
autor
artista
intérprete

Histrión, en el teatro antiguo, el que representaba disfrazado. En la época clásica del teatro español, *autor*.

actuación *nombre femenino*
1 acto
acción*

La *actuación* es una *acción* prolongada o reiterada. Se diferencia del *acto* en que la *actuación* es una serie continuada de *actos*, como la *actuación* de una junta, etc.

actuador *nombre masculino*
1 accionador
activador
servomotor
brazo de lectura (en la unidad de disco)

actual *adjetivo*
1 efectivo
real
in actu
ANTO virtual
potencial
2 presente
de moda
en boga
ANTO pasado
inexistente

Lo *actual* es más circunscrito y determinado que lo *presente*.

'Lo *presente* abraza una esfera de acción más amplia que lo *actual*. Decimos: el siglo *presente* y el gobierno *actual*; el estado *presente* de la literatura y la crisis *actual* del comercio; la estación *presente* y la intemperie *actual*; la *presente* legislación y el precio *actual* del trigo' (M).

actualidad

en la actualidad *locución adverbial*
ahora
actualmente
hoy día

al presente
hoy en día
hoy por hoy

actualización *nombre femenino*
1 puesta al día
   modernización

actualizar *verbo transitivo*
1 poner al día
   modernizar

actualmente *adverbio*
1 ahora
2 realmente
   verdaderamente

actuar *verbo intransitivo*
1 ejercer
   proceder
   hacer
   conducirse
   obrar
   ANTO abstenerse
          inhibirse

acuadrillar *verbo transitivo*
1 agavillar
   juntar
2 capitanear
   apandillar

acuarelista *nombre común*
1 pintor
   pastelista
   fresquista
   templista
   paisajista
   retratista
   miniaturista

acuciar *verbo transitivo*
1 estimular
   aguijonear
   apremiar
   incitar
   pinchar
   dar prisa
   apurar
   ANTO aplacar
          tranquilizar
2 desear
   anhelar*

acucioso, -sa *adjetivo*
1 diligente
   apresurado
   presuroso
   afanoso

   Acucioso intensifica el significado de *diligente*, y connota
   el matiz de anhelo que corresponde a *apresurado, presuroso, afanoso*.

acudir *verbo intransitivo*
1 ir
   presentarse
   llegar
   asistir
   comparecer
   ANTO ausentarse
2 recurrir
   apelar

acuerdo *nombre masculino*
1 unión
   armonía
   consonancia
   conformidad
   compenetración
   ANTO desacuerdo
          discrepancia
2 resolución
   determinación
3 convenio
   pacto
   contrato
   tratado

   de acuerdo *locución adjetiva*
   acorde
   conforme
   concorde
   ANTO desacorde
          en desacuerdo

   de acuerdo con *locución*
   preposicional
   según
   conforme a
   con arreglo a
   siguiendo
   a juzgar por

acuitar *verbo*
transitivo/pronominal
1 afligir
   estrechar
   operar
   apesadumbrar
   atribular
   meter el corazón en un
      puño
   quitar las ilusiones
   encuitarse
   ANTO consolar

   Encuitarse, en el uso pronominal.

acuminado, -da *adjetivo*
1 aguzado
   puntiagudo
   acumíneo

acumíneo, -ea *adjetivo*
1 aguzado
   puntiagudo
   acuminado

acumulación *nombre femenino*
1 acopio*
   acopiamiento
   provisión
   almacenamiento
   depósito
   acaparamiento

acumular *verbo transitivo*
1 juntar
   amontonar*
   aglomerar
   acopiar
   reunir
   ANTO esparcir
          disgregar
2 acaparar
   retener
   almacenar
   monopolizar
   estancar
   ANTO entregar
          soltar
3 acaudalar
   atesorar
   enriquecerse

acunar *verbo transitivo*
1 cunar

acuñar *verbo transitivo*
1 batir
   troquelar

acurrucarse *verbo pronominal*
1 agacharse
   encogerse
   doblarse
   agazaparse
   agarbarse
   ANTO levantarse

acusación *nombre femenino*
1 inculpación
   denuncia
   delación
   soplo
   queja
   querella
   ANTO defensa
          disculpa

   Soplo, si se hace en secreto y
   cautelosamente.

acusado, -da *nombre*
1 inculpado
   reo
   procesado

acusador, -ra *adjetivo/nombre*
1 inculpador
   fiscal
2 denunciador
   delator*

a
b
c
d
e
f
g
h
i
j
k
l
m
n
ñ
o
p
q
r
s
t
u
v
w
x
y
z

soplón
acusón
acusica
acusique
denunciante*

Soplón si denuncia en secreto
y cautelosamente. *Acusón* si
tiene el vicio de acusar. Entre
los niños, *acusica, acusique.*

acusar *verbo transitivo*
1 culpar
inculpar
imputar
denunciar
delatar
llevar a los tribunales
hacer responsable
echar pullas
soplar
soplonear
ANTO defender
disculpar
2 notar
tachar
achacar
ANTO disculpar

acusica *adjetivo/nombre común*
1 acusador*
denunciador
delator*
soplón
acusón
acusique
denunciante*

acusique *adjetivo/nombre común*
1 acusador*
denunciador
delator*
soplón
acusón
acusica
denunciante*

acusón, -ona *adjetivo/nombre*
1 acusador*
denunciador
delator*
soplón
acusica
acusique
denunciante*

adagio *nombre masculino*
1 proverbio
refrán*

adalid *nombre masculino*
1 caudillo
jefe
2 guía
conductor

guiador
3 heraldo
mensajero

adamarse *verbo pronominal*
1 afeminarse
amadamarse

adán *nombre masculino*
1 dejado
desaseado
desaliñado
sucio

adaptable *adjetivo*
1 acomodadizo
acomodaticio*

adaptación *nombre femenino*
1 aplicación
superposión
2 habituación

adaptar *verbo transitivo*
1 acomodar
ajustar
apropiar
acoplar
aplicar
2 sentar
cuadrar
convenir
verbo transitivo/pronominal
3 avenir
acomodar
aclimatar
amoldar
naturalizar
verbo pronominal
4 habituarse
hacerse
avezarse
acostumbrarse
hacer callos
criar callos
ANTO desacostumbrarse

adaraja *nombre femenino*
1 endejas
enjarje

adarce *nombre masculino*
1 alhurreca

adargar *verbo transitivo*
1 defender
resguardar
cubrir
escudar

adarvar *verbo
transitivo/pronominal*
1 pasmar
aturdir
dejar sin acción

adaza *nombre femenino*
1 zahína
alcandía
daza
sahina
sorgo
melca

adecuación *nombre femenino*
1 idoneidad
conveniencia

adecuado, -da *adjetivo*
1 acomodado
conveniente*
proporcionado
idóneo
apropiado
oportuno
ajustado
acertado
propio
a propósito
ANTO inadecuado
impropio
desacertado

adefagia *nombre femenino*
1 voracidad

adefesio *nombre
masculino*
1 disparate
extravagancia
2 facha
mamarracho
esperpento
espantajo

adehala *nombre femenino*
1 yapa
añadidura

adelantado, -da
por adelantado *locución
adverbial*
de antemano
por anticipado
anticipadamente

adelantamiento *nombre
masculino*
1 adelanto
anticipo
2 progreso
perfeccionamiento
mejora
ANTO retraso
retroceso
3 medra
acrecentamiento

adelantar *verbo transitivo*
1 anticipar

preceder
2 exceder
aventajar
3 acelerar
apresurar
4 avanzar
mejorar
medrar
progresar
perfeccionar
ANTO retroceder
    retrasarse

adelanto *nombre masculino*
1 anticipo
2 progreso
avance
perfeccionamiento
mejora
mejoramiento
3 medra
acrecentamiento
4 ventaja

adelfa *nombre femenino*
1 baladre
hojaranzo
laurel rosa
rododafne

adelfilla *nombre femenino*
1 lauréola
lauréola macho

adelgazar *verbo intransitivo*
1 enflaquecer
    ANTO engordar

ademán *nombre masculino*
1 actitud
gesto*
manoteo
acción
movimiento
⇒ ademanes

ademanes *nombre masculino
plural*
1 modales
maneras
⇒ ademán

además *adverbio*
1 encima
también
asimismo

Por ejemplo: le dieron *ade-
más/encima/también* una buena propina.

2 con exceso
por demás
sobremanera

En los clásicos *además* significa *con exceso*: 'Pensativo
además quedó Don Quijote'.
Hoy ha quedado este empleo
en desuso, y se prefiere *por
demás, sobremanera*.

además de *locución
preposicional*
a más de
tras de
encima* de
ultra
fuera de
aparte de

Todas estas locuciones con la
preposición *de* son prepositivas, y se usan delante de
infinitivo (expreso o tácito),
sustantivo o palabra sustantivada. Por ejemplo: *además de
ser caro es malo*; o *a más de,
tras de, encima de ser caro es
malo*.

adentrarse *verbo
intransitivo/pronominal*
1 entrar
penetrar
profundizar

A la idea de *entrar* añade la de
llegar hacia o hasta lo interior
o profundo. Por esto *aden-
trar(se)* se acerca al significado de *penetrar, profundizar*.
Compárese la diferencia entre
entrar en una casa y *adentrarse* en ella, *entrar* en el bosque
y *adentrarse* en él.

adentro *adverbio*
1 dentro

Originariamente *adentro* acom-
pañaba a verbos de movi-
miento y dirección; por ejemplo: se retiraron *adentro* para
descansar; *dentro* se usaba
con verbos de situación y reposo: están *dentro* de la caja.
Este uso originario se ha alterado más o menos en la len-
guamoderna, hasta el punto
de que hoy se emplean a menudo indistintamente *adentro*
y *dentro*; por ejemplo: la parte
de *adentro* o de *dentro*. En
general la designación local
de *adentro* es más indeterminada (estaban *adentro* =
hacia); mientras que *dentro*
supone un espacio limitado
(estaba *dentro*). Por eso
adentro admite grados (más,
menos, muy, tan *adentro*),

cosa difícil o imposible con
dentro.

adepto, -ta *adjetivo/nombre*
1 adicto
afiliado
partidario
correligionario
iniciado
prosélito
neófito*
incondicional
devoto
ANTO enemigo
    adversario

aderezado, -da *adjetivo*
1 apañado
arreglado
ataviado
compuesto

aderezar *verbo transitivo*
1 componer
hermosear
ataviar
adornar
acicalar
2 disponer
preparar
prevenir
aviar
3 guisar
condimentar
sazonar
adobar
aliñar
cocinar*

Éstos, tratándose de comidas.

4 arreglar*
remendar
componer
recomponer
apañar

aderezo *nombre masculino*
1 adobo
aliño
condimento
salsa
2 adorno*
atavío
compostura
decorado
decoración
ornato
ornamento

adestrar *verbo transitivo*
1 adiestrar
guiar
encaminar
ejercitar

a b c d e f g h i j k l m n ñ o p q r s t u v w x y z

instruir
enseñar
aleccionar

adeudado, -da *adjetivo*
1 alcanzado
empeñado

adeudar *verbo transitivo*
1 deber
2 cargar en cuenta
verbo pronominal
3 endeudarse

adeudo *nombre masculino*
1 deuda
ANTO abono
2 cargo en cuenta
ANTO abono

adherencia *nombre femenino*
1 pegajosidad
glutinosidad
cohesión
2 conexión
enlace
unión
ANTO separación
rotura
3 adhesión
ANTO separación
rotura

adherente *adjetivo*
1 adhesivo
pegajoso
2 unido
anejo
anexo
pegado

adherido, -da *adjetivo/nombre*
1 adicto
adepto
partidario
afiliado
afecto
ANTO enemigo
desleal

adherir *verbo*
intransitivo/pronominal
1 pegarse
2 aceptar
consentir
aprobar
unirse
afiliarse

adhesión *nombre femenino*
1 cohesión*
adherencia
2 aprobación
aceptación
consentimiento

asenso
ANTO enemistad
3 unión
apego
afección
afiliación
ANTO desunión
discrepancia

adhesivo, -va *adjetivo*
1 pegajoso
glutinoso
adherente

adiatérmano, -na *adjetivo*
1 adiatérmico
atérmano

adiatérmico, -ca *adjetivo*
1 adiatérmano
atérmano

adicidad *nombre femenino*
1 valencia

adición *nombre femenino*
1 suma
aumento
añadidura
agregación
ANTO resta
disminución

adicionar *verbo transitivo*
1 sumar
añadir*
aumentar
agregar
ANTO restar
disminuir

adicto, -ta *adjetivo/nombre*
1 adepto
adherido
partidario*
afiliado
afecto
neófito*
ANTO enemigo
desleal
2 toxicómano
drogadicto
drogata (vulgar)
drogota (vulgar)

adiestrador, -ra *nombre*
1 amaestrador

adiestramiento *nombre*
masculino
1 amaestramiento

adiestrar *verbo transitivo*
1 guiar
encaminar

ejercitar
aleccionar
instruir
enseñar*
amaestrar
formar
educar
criar

adinerado, -da *adjetivo*
1 acaudalado
rico*
pudiente
ANTO pobre
arruinado

adiós *interjección*
1 abur (familiar)
agur (familiar)
nombre masculino
2 despedida

adiposidad *nombre femenino*
1 grasa*
aceite
manteca
lardo
sebo
unto
mantequilla

adiposo, -sa *adjetivo*
1 graso
grueso*
obeso

aditamento, aditamiento
nombre masculino
1 añadidura
adición
aumento
2 complemento
apéndice

adivinación *nombre femenino*
1 acierto*
tino
tacto
tiento
destreza
habilidad
clarividencia
ANTO desacierto
2 horóscopo*
predicción*
pronóstico
vaticinio
augurio
profecía

adivinaja *nombre femenino*
1 (familiar) adivinanza
acertijo
enigma*
quisicosa

adivinanza *nombre femenino*
1 acertijo
  enigma*
  adivinaja (familiar)
  quisicosa

adivinar *verbo transitivo*
1 profetizar
  vaticinar
  augurar
  agorar
  auspiciar
  entrever
  conjeturar
  barruntar

  Cuando se trata del futuro, *profetizar* o *vaticinar*, ambos de carácter religioso; el primero cristiano, el segundo pagano. *Adivinar* se interpreta como superstición, lo mismo que *augurar*, aunque en la antigüedad este último tenía también carácter religioso. En *agorar*, también supersticioso, predomina el matiz especial de predecir desdichas. *Auspiciar* equivale por entero a *augurar*.

2 predecir
  presagiar
  pronosticar

  Los tres pueden coincidir con *adivinar*, pero pueden tener también fundamento lógico o científico: el médico *pronostica* o *predice* el desarrollo de una enfermedad.

3 acertar
  atinar
  descifrar
  calar
  descubrir

adivino, -na *nombre*
1 profeta
  vate
  augur
  agorero
  ⇒ adivinar

adjetivar *verbo transitivo*
1 calificar
  llamar
  tratar de
  A una persona se la *califica* de ambiciosa, buena, etcétera, o se la *llama* con los mismos adjetivos. *Tratar de* supone generalmente intención despectiva o injuriosa. Se *trata* a uno *de* loco, egoísta, etcétera,

pero no con calificativos gratos, a no ser con ironía. *Tratar de* se aplica sólo a personas, en tanto que *adjetivar*, *calificar* y *llamar* se extienden a personas y cosas.

adjetivo *nombre masculino*
1 calificativo
  epíteto
  dictado

  Se llama *epíteto* al adjetivo o frase adjetiva que se agrega a un sustantivo, no para determinarlo o especificarlo, sino para acentuar su carácter y producir un efecto de estilo. Tiene, pues, un valor artístico. *Dictado* es un calificativo empleado por excelencia: merecía el *dictado* de noble, de santo, de magnífico, etc.

adjudicar *verbo transitivo*
1 conferir
  entregar
  dar
2 aplicar
  destinar
  verbo pronominal
3 apropiarse
  retener
  quedarse
  tomar por sí

adjunción *nombre femenino*
1 añadidura
  agregación
  ANTO resta
       disminución
2 zeugma
  ceugma

administración *nombre femenino*
1 dirección
  gobierno
  régimen*
  gerencia
  gestión

  Dirección y *gobierno* en general. Tratándose de la acción del poder público, *régimen*, *gobierno*. En negocios, *gerencia*, *gestión*.

administrar *verbo transitivo/pronominal*
1 regir
  gobernar
  dirigir
  cuidar
  llevar la batuta
  tener la llave de la despensa

2 dar
  propinar
  suministrar
  conferir

admirable *adjetivo*
1 brillante
  sobresaliente
  lucido

admirablemente *adverbio*
1 divinamente
  perfectamente

admiración *nombre femenino*
1 maravilla
  asombro
  sorpresa
  pasmo
  estupor
  caer la baba
  caer de rodillas
  poner por las nubes
  ANTO desprecio

  Sorpresa si es inesperada. Serie intensiva: *admiración*, *pasmo*, *estupor*, *caer la baba*, *caer de rodillas*, *poner por las nubes*.

admirado, -da *adjetivo*
1 absorto
  pasmado
  atónito
  suspenso
  maravillado
  cautivado
  asombrado

admirador, -ra *adjetivo*
1 adorador
  enamorado

admirar *verbo transitivo*
1 maravillar
  sorprender
  extrañar
  asombrar
  suspender
  pasmar
  aturdir
  embobar
  abobar
  embelesar
  entontecer
  ANTO despreciar

admisible *adjetivo*
1 aceptable
  pasable
  pasadero
  tolerable
  ANTO inaceptable
       inadmisble
       intolerable

admisión *nombre femenino*
1 aceptación
  tolerancia
  acogida
  aprobación
  aplauso
  éxito
  boga
  ANTO rechazo
     fracaso
2 recepción

admitido, -da *adjetivo*
1 dado*
  concedido
  supuesto
  aceptado

admitir *verbo transitivo*
1 recibir
  aceptar
  tomar
  acoger
  afiliar
  adherir
  ANTO rechazar
2 permitir
  consentir
  sufrir
  ANTO oponerse
3 suponer
  conceder
  dar por cierto
  abrir las puertas
  dar el visto bueno

admonición *nombre femenino*
1 amonestación
  advertencia*
  sermón
  represión
  reconvención
  reprimenda
  regaño
  apercibimiento
  cantar las cuarenta
     (familiar)
  poner las peras a cuarto
     (familiar)

admonitor *nombre masculino*
1 monitor
  amonestador

adobado, -da *adjetivo*
1 apañado
  arreglado
  remendado

adobar *verbo transitivo*
1 remendar
  reparar*
  componer
  arreglar
  apañar

2 guisar
  cocinar*
  condimentar
  sazonar
  aliñar
  aderezar
3 curtir

adobería *nombre femenino*
1 curtiduría
  tenería

adobo *nombre masculino*
1 aliño
  condimento
  aderezo
  salsa

adocenado, -da *adjetivo*
1 vulgar
  común
  del montón

adoctrinamiento *nombre masculino*
1 educación*
  instrucción
  enseñanza
  doctrina

adoctrinar *verbo transitivo*
1 aleccionar
  instruir
  doctrinar
  enseñar*

adolescencia *nombre femenino*
1 muchachez
  mocedad
  pubertad

Pubertad es el comienzo de la adolescencia.

adolescente *adjetivo/nombre*
común
1 mancebo
  muchacho
  zagal
  joven*
  pollo
  mozo

adonde *adverbio*
1 donde

Desde la época clásica se confunden ambos adverbios entre sí. Hoy es indiferente usar uno u otro con verbos de movimiento: voy *donde* o *adonde* me llevan; pero no debe usarse *adonde* con verbos de colocación, situación o reposo. Así se dice, por ejem-

plo, la casa *donde* vivo (no *adonde*); ¿*dónde* estás? (no a-*dónde*).

'Han llegado a ser sinónimas estas palabras (...). Sin embargo (...), la sinonimia de las dos voces no es perfecta, porque *donde* indica colocación, y *adonde* término de acción o de movimiento: Estoy *donde* estaba; los campos *donde* estuvo Troya; *donde* las dan las toman', son expresiones que indican el recto uso de *donde*. ¿*Adónde* vas? Las tropas llegaron *adonde* estaba el enemigo. ¿*Adónde* irá el buey, que no are?" (M). 'Si encontramos a un Propio, y en lugar de preguntarle *adónde* lleva la carta, esto es, a qué lugar, le preguntamos *dónde* lleva la carta; no responderá con impropiedad si dice: la llevo en las alforjas o en la maleta' (LH).

adoptar *verbo transitivo*
1 prohijar
2 tomar
  acoger
  aceptar
  admitir
  aprobar
3 seguir
  abrazar

adoquinado *nombre masculino*
1 pavimento
  suelo
  solado
  piso
  entarimado
  enladrillado
  embaldosado

adoquinar *verbo transitivo*
1 empedrar
  engravar
  enguijarrar
  enlosar

adoración *nombre femenino*
1 idolatría
  veneración
  culto*

adorador, -ra *adjetivo*
1 devoto
  fiel
2 enamorado
  admirador

adorar *verbo transitivo*
1 idolatrar
   querer
   amar
   ANTO despreciar

   Adorar e idolatrar son ambos intensivos de querer, amar.

2 reverenciar
   venerar

adormecer *verbo transitivo*
1 acallar
   calmar
   sosegar
   adormir

   verbo pronominal
2 adormilarse
   adormitarse
   adormirse
   dormirse*
   entorpecerse
   entumecerse
   amodorrarse
   aletargarse
   transponerse
   ANTO avivarse
        despabilarse

   Adormilarse, adormitarse y adormirse denotan, como adormecerse, la idea de empezar a dormirse, o dormirse a medias. Con mayor intensidad en diversos grados, entumecerse, amodorrarse, aletargarse y transponerse.

adormecimiento *nombre masculino*
1 somnolencia
   soñolencia
   sueño
   ANTO ligereza
        alacridad
        viveza

adormilarse *verbo pronominal*
1 adormecerse*
   adormitarse
   adormirse
   dormirse*
   entorpecerse
   entumecerse
   amodorrarse
   transponerse
   aletargarse
   ANTO avivarse
        despabilarse

adormir *verbo transitivo*
1 adormecer
   acallar
   calmar
   sosegar

verbo pronominal
2 adormecerse*
   adormilarse
   dormirse*
   adormitarse
   amodorrarse
   entorpecerse
   entumecerse
   amodorrarse
   transponerse

adormitarse *verbo pronominal*
1 adormecerse*
   adormilarse
   adormirse
   dormirse*
   entorpecerse
   entumecerse
   amodorrarse
   transponerse
   aletargarse
   ANTO avivarse
        despabilarse

adornado, -da *adjetivo*
1 apuesto
   ataviado

adornar *verbo transitivo*
1 engalanar
   hermosear
   exornar
   ornamentar
   ornar
   ataviar
   acicalar
   emperejilar
   componer*
   empaquetar
   emperifollar
   empapirotar
   ANTO desnudar
        despojar

   Adornar, engalanar y hermosear se aplican a personas y cosas; exornar y ornamentar sólo a cosas. Ornar es literario y aplicable en general. Empaquetar, emperifollar y empapirotar sugieren, en mayor o menor grado, según las circunstancias, cierta magnificencia, riqueza o complicación en el adorno. Ataviar y acicalar para salir a la calle; una fachada está ataviada con ocasión de algún festejo pasajero, pero no se diría así tratándose de los relieves escultóricos que contiene.

2 enriquecer
   avalorar
   engrandecer

adorno *nombre masculino*
1 atavío
   aderezo
   compostura
   decorado
   decoración
   ornato
   ornamento
   exorno
   de veinticinco alfileres
   hecho un sol
   ⇒ adornos

   Atavío, aderezo y compostura pueden aplicarse a personas y cosas; decorado y decoración, sólo a cosas. Ornato, ornamento y exorno son voces cultas que sugieren cierta nobleza, grandiosidad o abundancia en el adorno.

adornos *nombre masculino plural*
1 balsamina
   miramelindos
   ⇒ adorno

adosar *verbo transitivo*
1 pegar
   arrimar

adquirir *verbo transitivo*
1 conseguir
   alcanzar
   lograr
   obtener
2 ganar
   apropiarse*
   posesionarse*
   adueñarse
   comprar
   ANTO vender

   Tratándose de bienes, ganar, apropiarse, posesionarse, adueñarse. Si la adquisición se hace por compra, comprar.

3 contraer

   Tratándose de costumbres, vicios, obligaciones y enfermedades.

adragante *nombre masculino*
1 tragacanto
   alquitira

adral *nombre masculino*
1 tablar
   tablero

adrede *adverbio*
1 expresamente
   intencionadamente

deliberadamente
de propósito
ex profeso
de intento
aposta
a posta
con conocimiento de causa
con mala idea
adredemente

adscribir *verbo transitivo*
1 atribuir
   anexar
   agregar

adscrito, -ta *adjetivo*
1 afecto
   unido
   anejo
   anexo
   agregado
   destinado

adúcar *nombre masculino*
1 atanquía

aducir *verbo transitivo*
1 alegar*
   citar
   mencionar

adueñarse *verbo pronominal*
1 apoderarse
   apropiarse*
   posesionarse*
   enseñorearse
   ocupar
   conquistar
   tomar posesión
   adquirir

adulación *nombre femenino*
1 halago
   lisonja
   alabanza
   zalamería
   carantoña
   servilismo (intensivo)
   coba (familiar o vulgar)
   pelotilla (familiar o vulgar)
   regalar el oído
   hacer la rueda

'Un hombre prudente debe despreciar la *adulación* y temer la *lisonja*; porque aquélla sólo puede inclinar un ánimo bajo y despreciable; pero ésta sabe emplear con más arte la fuerza irresistible de nuestro amor propio. La *adulación* es siempre directa, la *lisonja* puede no serlo' (LH).

adulador, -ra *adjetivo/nombre*
1 adulón
   servil
   pelotillero
   cobista
   lisonjeador
   lisonjero
   zalamero
   adulatorio
   pelota (familiar)

Aplicado a personas, *adulón*, *servil*, *pelotillero*, *cobista*. Los adjetivos *lisonjeador*, *lisonjero*, *zalamero*, *adulador*, se aplican a personas y cosas. *Adulatorio*, sólo a cosas; por ejemplo, una carta puede ser *adulatoria* o *aduladora*, pero una persona es *aduladora*, y no *adulatoria*. *Adulón* y *pelotillero* son expresiones más despectivas y vulgares que *adulador*.

'El *lisonjero* es más fino que el *adulador*. Este lo alaba todo, y sacrifica sin arte ni rebozo su propia opinión, la verdad, la justicia y cualquiera otro respeto, al objeto de su adulación. El *lisonjero* da más apariencia de verdad a su alabanza, persuade con más sagacidad, se vale de medios más eficaces, y muchas veces indirectos, y se insinúa con más destreza en el ánimo de la persona *lisonjeada* (...). Por este mismo principio llamamos *lisonjeras* las palabras que persuaden, y no *aduladoras*, y usamos con preferencia del verbo *lisonjear* para explicar lo que satisface a nuestro gusto, lo que cautiva nuestro corazón, lo que nos inspira confianza. Se *lisonjean* los sentidos con la apariencia del deleite: se *lisonjea* el deseo con la esperanza; y así decimos: me *lisonjeo* del buen éxito de este negocio; se *lisonjea* vanamente de ello' (LH).

adular *verbo transitivo*
1 lisonjear
   halagar*
   roncear (familiar)
   hacer la pelotilla (familiar o vulgar)
   hacer la pelota (familiar o vulgar)
   reptar

'*Adular* es una acción más directa y más clara que *lisonjear*. El que *adula* celebra, exagera, encomia, miente a cara descubierta; el que *lisonjea* promete, festeja y procura evitar todo lo que desagrade al objeto *lisonjeado*. El cortesano que compara a su monarca con Augusto, *adula*; el que pondera la felicidad de la nación como obra de su sabiduría, *lisonjea*. El hombre astuto emplea la *lisonja* con preferencia a la *adulación*. Los necios gustan más de la *adulación* que de la *lisonja*' (M).

adulatorio, -ria *adjetivo*
1 adulador*
   lisonjero
   adulón
   servil
   pelotillero (familiar)
   pelota (familiar)
   cobista
   zalamero

adulón, -ona *adjetivo/nombre*
1 adulador
   servil
   pelotillero
   cobista
   lisonjeador
   lisonjero
   zalamero

adulteración *nombre femenino*
1 falsificación
   sofisticación

adulterado, -da *adjetivo*
1 falso
   falsificado
   mistificado
   contrahecho
   espurio
   apócrifo
   subrepticio

adulterar *verbo transitivo*
1 falsificar*
   falsear
   sofisticar
   viciar
   contrahacer*
   mistificar
   corromper
   desnaturalizar
   ANTO purificar
   sanear

adulto, -ta *adjetivo*
1 maduro
   entrado en años

adustión *nombre femenino*
1 combustión
2 encauste
   encausto
   incausto

adusto, -ta *adjetivo*
1 seco
   rígido
   desabrido
   hosco
   huraño
   esquivo
   serio
   severo
   ceñudo
   ANTO sociable
      amable

adversario, -ria *nombre*
1 contrario
   enemigo
   antagonista
   rival
   competidor
   oponente
   ANTO amigo

adversidad *nombre femenino*
1 infortunio
   desgracia*
   desventura
   desdicha
   fatalidad
   mala suerte
   tumbo en tumbo
   mala pata
   infelicidad
   ANTO felicidad
      fortuna
      prosperidad

Preferimos *adversidad* cuando nos referimos a una situación o estado de cierta duración, y no a un solo acto desgraciado o desdichado. Tiene, pues, un carácter más abstracto, parecido a *infelicidad*, *desventura*, y se opone a prosperidad, fortuna. Decimos, por ejemplo, que a fulano le ha ocurrido una *desgracia*, una *desdicha*, una *desventura*, no una *adversidad*, porque ésta no es accidental y única, sino más durable. En cambio, diremos que la *adversidad* ha sucedido a la prosperidad o buena fortuna de una familia.

adverso, -sa *adjetivo*
1 desfavorable
   contrario

opuesto
hostil
2 fatal
   desgraciado
   funesto
   nefasto
   aciago
   malhadado

advertencia *nombre femenino*
1 observación
   aviso
   consejo
   prevención
   amonestación*
   admonición
   apercibimiento
   enseñanza
   ejemplo

Observación, aviso y *consejo* tienen carácter más o menos amistoso: *prevención, amonestación* y *admonición* van de un superior a un inferior. El *apercibimiento* procede de una autoridad y es siempre conminatorio.

advertido, -da *adjetivo*
1 capaz
   experto
   despierto
   listo
   aleccionado
   instruido
   avisado
   sagaz
   astuto
   ANTO inadvertido
      ignorante

Avisado, sagaz y *astuto* incluyen en mayor o menor proporción la nota de astucia; en los demás domina la nota de inteligencia. 'La calidad de *advertido* es análoga al talento; la de *avisado*, al ingenio. La penetración en los juicios, la prudencia en la desconfianza, la solidez en la precaución, son propias del *advertido*. La viveza en la penetración, la sagacidad en la desconfianza, la agudeza en la cautela, son propias del *avisado*. El *advertido* se precave contra el error; el *avisado*, contra el engaño' (LH).

2 cauteloso
   prudente
   previsor
   precavido

ANTO arriesgado
   audaz
   temerario

advertir *verbo intransitivo/transitivo*
1 observar
   notar
   reparar
   darse cuenta
   percatarse
   fijar la atención
   sentir
   percibir
   experimentar
   apercibirse
2 prevenir
   informar
   notificar*
   avisar
   amonestar
   aconsejar
   levantar la caza
   apercibir*
   noticiar*
   ANTO ocultar
      engañar

Es evidente que cabe *advertir* para el futuro, tanto como para el pasado y el presente; pero es exacto que *avisar* se proyecta hacia el futuro en la intención del que habla. Si *avisamos* a alguien de un peligro que ya pasó, es para precaverle contra la posible repetición del mismo. Por ejemplo: *te aviso que había un obstáculo en la carretera*, significa precaver a nuestro interlocutor para cuando vuelva a pasar por ella. En cambio, en *te advierto que había un obstáculo* no hay más intención que la de hacerle ver un peligro afortunadamente salvado.

'*Advertir* dice relación con lo pasado y lo presente; *avisar* se refiere a tiempo futuro. Te *advierto* que has cometido un error, que tus enemigos te tienden asechanzas; te *aviso* que mañana te toca la guardia. *Adviérteme* si me equivoco; *avísame* cuando me llamen. Para *advertir* se necesita más autoridad que para *avisar*' (M).

adyacente *adjetivo*
1 inmediato
   contiguo
   junto

aeración *nombre femenino*
1 aireación
 ventilación
 oreo

aeródromo *nombre masculino*
1 aeropuerto

aeroelectrónica *nombre femenino*
1 aviónica

aerolito *nombre masculino*
1 meteorito
 piedra meteórica
 uranolito

aeronave *nombre femenino*
1 globo dirigible

aeroplano *nombre masculino*
1 avión

aeropuerto *nombre masculino*
1 aeródromo

aerostato *nombre masculino*
1 globo

afabilidad *nombre femenino*
1 agrado
 amabilidad
 blandura*
 urbanidad*
 cortesía
 educación
 buenos modales

afable *adjetivo*
1 amable
 atento*
 cortés
 afectuoso
 tratable
 sociable
 sencillo
 amistoso
 amigable
 accesible
 ANTO áspero
 adusto
 duro

'El hombre *amable* se distingue por su temple apacible y por la suavidad de sus modales; el *afable* por su llaneza, por su disposición a escuchar a todos. El *amable* lo es en su conducta; el *afable* lo es en su trato. Por lo común, se aplica el adjetivo *afable* al hombre de elevada jerarquía que no se desdeña de hablar con sus inferiores. De Federico II se cuenta que era *amable* con sus

amigos y poco *afable* con sus súbditos' (M).

2 bueno
 bondadoso
 indulgente
 benévolo
 ANTO malo
 malvado

afamado, -da *adjetivo*
1 famoso
 acreditado
 renombrado
 reputado
 conocido
 célebre
 egregio*
 ANTO desconocido

afán *nombre masculino*
1 deseo
 anhelo
 ansia
 ANTO desaliento
2 ahínco
 solicitud
 diligencia
 ANTO desgana
 Todos ellos, hablando del trabajo.
3 fatiga
 cansancio
 pena
 enfado

afanarse *verbo pronominal*
1 atrafagar
 fatigarse
2 aporrearse
 azacanearse
 ahincarse
 fatigarse

afanita *nombre femenino*
1 anfibolita

afanoso, -sa *adjetivo*
1 acucioso*
 diligente
 apresurado
 presuroso
2 ganoso
 deseoso
 ansioso
 ávido
 anheloso
3 solícito
 cuidadoso
 diligente

afear *verbo transitivo*
1 desfavorecer (eufemismo)
 deformar

2 tachar
 vituperar
 censurar
 reprender

afección *nombre femenino*
1 afecto*
 inclinación
 ternura
 cariño
 apego
 afición
 amistad
 amor
 ANTO odio
 antipatía
2 enfermedad*
 mal
 dolencia
 morbo
 padecimiento
 achaque
 indisposición
 destemple

afectación *nombre femenino*
1 amaneramiento
 rebuscamiento
 estudio
 fingimiento
 disimulo
 doblez
 presunción
 Amaneramiento, rebuscamiento y *estudio* denotan simplemente falta de naturalidad; los otros implican, además, intención de hacer creer lo que no es.
2 empaque*
 seriedad
 tiesura
 estiramiento
 énfasis
3 prosopopeya
 pompa
 aparato
 ampulosidad
 ostentación

afectado, -da *adjetivo*
1 aparente
 fingido
 forzado
 estudiado
 amanerado
 rebuscado
 artificioso
 ANTO natural
 sencillo
 liso
 espontáneo
2 aquejado

molestado
apenado
afligido
impresionado
conmovido
3 achulado
flamenco
presumido
valentón
4 hinchado
hiperbólico
pomposo
opado
redundante
hueco

afectar *verbo transitivo*
1 fingir
simular
2 interesar
alterar
3 anexar
agregar
adscribir
4 atañer*
concernir*
referirse a
tocar a
5 impresionar
conmover
emocionar*

'Todas las sensaciones intensas *afectan*; sólo *conmueven* las que excitan sentimientos tiernos y benévolos. Nos *afecta* la vista del suplicio o de un cadáver, la relación de un crimen o de una catástrofe; nos *conmueve* un rasgo de generosidad, de desprendimiento o de misericordia. Para *afectarse* basta un cierto grado de sensibilidad; pero sólo se *conmueve* el que simpatiza con los males ajenos' (M).

afecto¹ *nombre masculino*
1 apego
inclinación
afición
amistad
cariño
afección
amor*
ANTO odio
rencor

'El *afecto* es una disposición benévola en favor de un objeto determinado; el *cariño* tiene más intensidad que el *afecto*; el *amor* se distingue por una acción más general en todos

los sentimientos, por una energía que llega a convertirse en pasión. El *afecto* y el *cariño* se asocian con la tranquilidad del ánimo; el *amor* con la turbulencia de los sentidos, con la ansiedad y con los celos. Los dos primeros se someten más fácilmente a la razón que el último. El *afecto* y el *cariño* aspiran al bienestar del objeto; el *amor* aspira a la satisfacción de un deseo, a la posesión exclusiva del objeto amado. El *cariño* y el *afecto* emplean servicios, esfuerzos y halagos; el *amor* llega hasta la abnegación y el sacrificio' (M).

afecto, -ta² *adjetivo*
1 unido
anejo
anexo
agregado
adscrito
destinado
2 apreciado
estimado
grato
querido
3 partidario
adepto

afectuoso, -sa *adjetivo*
1 amoroso
cariñoso
amable
amistoso
afable*

afeitado *nombre masculino*
1 rasuración
rasura

afeitar *verbo transitivo*
1 rasurar
rapar
raer

afelpado, -da *adjetivo*
1 felpudo

afeminado¹ *nombre masculino*
1 marica
mariquita
maricón (familiar)
homosexual
invertido
sodomita
amadamado
amariconado
ANTO macho
viril

masculino
varonil

afeminado, -da² *adjetivo*
1 adamado
amadamado
amujerado
feminoide
femenino*
femenil
femil
mujeril
ANTO viril

afeminarse *verbo pronominal*
1 adamarse
amadamarse

aféresis *nombre femenino*
1 amputación
escisión

aferrar *verbo transitivo*
1 agarrar*
asir
asegurar
afianzar

verbo pronominal
2 insistir
obstinarse
no dar el brazo a torcer
cerrarse en banda
no cejar
porfiar
empeñarse
mantenerse en sus trece
metérsele (a uno) (algo) en
la cabeza
emperrarse

afianzar *verbo transitivo*
1 dar fianza
garantizar
responder

verbo transitivo/pronominal
2 afirmar
asegurar
asir
agarrar
aferrar
consolidar
ANTO desasirse

afición *nombre femenino*
1 inclinación
apego
cariño
afecto*
gusto*
ANTO antipatía
2 ahínco
empeño
afán
ANTO indiferencia
3 hinchada

a b c d e f g h i j k l m n ñ o p q r s t u v w x y z

aficionado, -da *adjetivo/nombre*
1 diletante

Especialmente, si se trata de música.

2 (persona) seguidor
hincha
forofo
fan
supporter (anglicismo)

Especialmente, tratándose de un deporte.

aficionarse *verbo pronominal*
1 inclinarse
encariñarse
enamorarse
prendarse
engolosinarse
arregostarse
empicarse
regostarse
tomar gusto (por algo)

afilado, -da *adjetivo*
1 agudo
delgado
puntiagudo
aguzado

afilador *nombre masculino*
1 amolador

afilalápices *nombre masculino*
1 sacapuntas

afilar *verbo transitivo*
1 amolar
dar filo
aguzar

afiliación *nombre femenino*
1 adhesión
unión
apego
afección
ANTO desunión
discrepancia

afiliado, -da *adjetivo/nombre*
1 adepto
adherido
adicto
partidario
correligionario
afecto
neófito*

afiliar *verbo transitivo/pronominal*
1 admitir
acoger
iniciar
adherirse
alistar
inscribir

matricular
sentar plaza (en el ejército)
darse de alta
entrar
ingresar

afín *adjetivo*
1 parecido*
semejante*
análogo
parejo
similar
2 próximo
cercano
contiguo
3 pariente
deudo
allegado

afinar *verbo transitivo/pronominal*
1 perfeccionar
acabar
pulir
purificar

Tratándose de una obra, un trabajo o producto.

2 sutilizar
precisar
esmerarse

Tratándose de actos de ingenio.

3 templar
entonar
ANTO desafinar

afincarse *verbo pronominal*
1 fijarse
establecerse

afinidad *nombre femenino*
1 analogía
semejanza
simpatía
ANTO diversidad
disimilitud
antipatía
2 parentesco
cuñadía

afirmación *nombre femenino*
1 aserción
aseveración
aserto

Aserción y *aserto* son literarios y menos usados fuera del estilo elevado. *Aseveración* es intensivo o reiterativo, e indica el acto de robustecer o asegurar lo que se dice.

afirmado *nombre masculino*
1 firme

En el sentido de *firme* o *afirmado* de una carretera.

afirmar *verbo transitivo/pronominal*
1 asegurar
afianzar
apoyar
consolidar
estribar
sujetar
asir
ANTO soltar

verbo transitivo
2 aseverar
atestiguar
asegurar
confirmar
asentir (intransitivo)
ANTO negar

verbo pronominal
3 ratificarse
reiterarse
no dar el brazo a torcer
mantenerse en sus trece
ANTO negar

afirmativo, -va *adjetivo*
1 aseverativo
confirmativo

aflicción *nombre femenino*
1 pena*
pesar
pesadumbre
dolor
tristeza*
sinsabor
amargura
tribulación
desconsuelo
abatimiento
angustia
congoja
inquietud
ANTO tranquilidad
consuelo
ánimo
2 apuro
conflicto
compromiso
dificultad
ahogo
de vida o muerte
con el agua al cuello

aflictivo, -va *adjetivo*
1 penoso
doloroso
triste

afligido, -da *adjetivo*
1 afectado

aquejado
molestado
apenado
impresionado
conmovido
doliente
dolorido
desconsolado
contristado

afligir *verbo transitivo/pronominal*
1 contrariar
  apesarar
  apesadumbrar
  apenar
  entristecer
  amargar
  atormentar
  mortificar
  acongojar
  contristar
  desconsolar
  desolar
  angustiar
  ANTO consolar

aflojar *verbo transitivo*
1 desapretar
  distender
  soltar
  ANTO apretar
    ceñir
  verbo intransitivo
2 ceder
  flaquear
  debilitarse
  amainar
  ablandarse
  verbo transitivo
3 disminuir
  ANTO aumentar

aflorar *verbo transitivo*
1 alumbrar
  elevar

afluencia *nombre femenino*
1 abundancia
  copia
  aflujo
  Aflujo, tratándose de líquidos
  que afluyen a una víscera o tejido orgánico.
2 animación
  concurso
  concurrencia*

afluente *adjetivo/nombre común*
1 tributario

afluir *verbo intransitivo*
1 concurrir
  acudir

2 desaguar
  verter
  desembocar
  derramar

aflujo *nombre femenino*
1 afluencia
  abundancia
  copia

afonía *nombre femenino*
1 ronquera

afónico, -ca *adjetivo*
1 ronco

aforia *nombre femenino*
1 esterilidad

aforismo *nombre masculino*
1 sentencia
  máxima
  apotegma
  refrán*

aforístico, -ca *adjetivo*
1 gnómico
  sentencioso

aforo *nombre masculino*
1 capacidad
  cabida

afortunado, -da *adjetivo*
1 venturoso
  dichoso
  feliz
  venturado
  fausto
  ANTO desafortunado
  Fausto se aplica a sucesos,
  tiempos, etcétera, pero no a
  personas.

afrancesado, -da
  adjetivo/nombre
1 galicista
  agabachado
  Galicista, tratándose del lenguaje o estilo. *Agabachado*,
  en sentido general y despectivo.

afrecho *nombre masculino*
1 salvado

afrenia *nombre femenino*
1 insania
  demencia

afrenta *nombre femenino*
1 agravio*
  deshonra
  deshonor
  vergüenza

injuria*
ultraje
oprobio
vilipendio
ofensa
estigma
desdoro
infamia
insulto

afrentar *verbo*
  transitivo/pronominal
1 agraviar
  ofender
  injuriar*
  deshonrar
  vilipendiar
  ultrajar
  infamar
  difamar
  desacreditar
  caer en nota
  andar en opinión
  ANTO alabar
    honrar
    acreditar
    calificar

afrentoso, -sa *adjetivo*
1 insultante
  ofensivo
  injurioso
  ultrajante

áfrico *nombre masculino*
1 ábrego
  ábrigo

afrodisia *nombre femenino*
1 ninfomanía
  satiriasis

afrontar *verbo transitivo*
1 enfrentar
  arrostrar
  hacer frente
  desafiar
  dar la cara
  dar el pecho
  ANTO eludir
    escapar
2 carear

afuera *adverbio*
1 fuera

  ⇒ adentro

  Aunque a menudo se usan indistintamente *fuera* y *afuera*,
  la determinación local es más
  precisa en el primero. Signica
  más allá de un recinto o límite
  definido; en tanto que *afuera*
  indica idea general de alejamiento (es decir, 'hacia') y ad-

a
b
c
d
e
f
g
h
i
j
k
l
m
n
ñ
o
p
q
r
s
t
u
v
w
x
y
z

mite grados (*más*, *menos*, *muy*, *tan afuera*).

afueras *nombre femenino plural*
1 contornos
   alrededores
   inmediaciones
   cercanías
   proximidades

agabachado, -da *adjetivo/nombre*
1 afrancesado
   galicista

agachadiza *nombre femenino*
1 rayuelo
   sorda

Se dice *rayuelo*, a causa de las rayas de su plumaje.

agacharse *verbo pronominal*
1 encogerse
   doblarse
   agazaparse
   acurrucarse
   agarbarse
   ANTO levantarse

agallas *nombre femenino plural*
1 branquias

En los peces.

tener agallas *locución*
tener valor
tener ánimo
tener sangre fría
tener arrestos
ser de pelo en pecho
no morderse la lengua
tener sangre fría

agáloco *nombre masculino*
1 áloe
   calambac

ágape *nombre masculino*
1 banquete
   festín

agarbarse *verbo pronominal*
1 agacharse
   encogerse
   doblarse
   agazaparse
   acurrucarse
   ANTO levantarse

agarbillar *verbo transitivo*
1 agavillar
   engavillar

agareno, -na *adjetivo/nombre*
1 árabe
   sarraceno

ismaelita
moro
musulmán
islamita
mahometano

agarrada *nombre femenino*
1 altercado*
   riña
   pendencia
   disputa
   contienda
   porfía
   reyerta
   lucha
   una de 'pópulo bárbaro'

agarraderas *nombre femenino plural*
1 influencia
   valimiento
   favor
   padrinos
   aldabas

agarradero *nombre masculino*
1 asa
   mango
   asidero
2 amparo
   recurso

agarrado, -da *adjetivo*
1 avaro
   tacaño
   mezquino
   miserable
   roñoso
   apretado
   cicatero
   ruin
   sórdido

agarrar *verbo transitivo/pronominal*
1 asir*
   coger
   tomar
   atrapar
   pillar
   aferrar
   pescar* (familiar)
   ANTO soltar

Agarrar es intensivo de *asir*, *coger*, *tomar*, y supone fuerza en la acción que representa. *Atrapar*, *pescar* y *pillar* significan *asir* o *agarrar* lo que huye o pasa; y así, decimos que *atrapamos* o *pillamos* una mariposa al vuelo; en sentido figurado, *atrapar* o *pillar* una ocasión, un buen empleo, una ganga.

2 asirse
   reñir
   pelearse
3 aferrar
   asir
   asegurar
   afianzar
4 arraigar
   prender
   encepar
   enraizar

no tener por donde agarrarse *locución*
ser disparatado
no tener sentido
no tener pies ni cabeza

agarre *nombre masculino*
1 agarrón
   cogida (en el béisbol)

agarrochar *verbo transitivo*
1 garrochear
   picar

agarrón *nombre masculino*
1 agarre
   cogida (en el béisbol)
   riña

agarrotar *verbo transitivo*
1 apretar
   oprimir

Agarrotar tiene mayor intensidad de significado que uno y otro.

agasajar *verbo transitivo*
1 obsequiar
   regalar
   festejar
2 halagar*

agasajo *nombre masculino*
1 festejo
2 obsequio
   regalo*
   presente
   fineza

ágata

ágata dendrítica *locución nominal*
dendrita
piedra de Mocha

agavanzo *nombre masculino*
1 escaramujo
   gavanzo
   galabardera
   mosqueta silvestre
   zarzaperruna
   tapaculo (fruto)

agave *nombre masculino*
1 pita
 pitera

agavillar *verbo transitivo*
1 engavillar
 agarbillar
2 capitanear
 apandillar
 acuadrillar

agazaparse *verbo pronominal*
1 agacharse
 doblarse
 encogerse
 acurrucarse
2 esconderse
 achantarse
 ocultarse
 disimularse

agenciar *verbo*
 transitivo/pronominal
1 procurar
 conseguir
 obtener
 adquirir
 *Agenciar connota maña, inge-
 nio, diligencia.*
 verbo pronominal
2 componérselas
 arreglarse

agenda *nombre femenino*
1 dietario

agente
 agente policíaco *locución*
 nominal
 policía
 polizonte (familiar)
 poli (familiar)
 gura (familiar)
 guripa (familiar)
 bofia (familiar)
 agente secreto
 espía*
 confidente (eufemismo)
 soplón
 fuelle (burlesco)
 espión
 observador (eufemismo)

agible *adjetivo*
1 hacedero
 factible
 realizable

ágil *adjetivo*
1 ligero
 pronto
 expedito
 vivo

diestro
ANTO pesado
 torpe

agilidad *nombre femenino*
1 ligereza
 prontitud
 viveza
 presteza
 destreza*

agiotista *adjetivo/nombre común*
1 avaro
 usurero
 explotador

agitación *nombre femenino*
1 movimiento
 tráfago
 trajín
2 inquietud
 intranquilidad
 conmoción
 turbación
 perturbación
 ansia
 ansiedad*
 congoja
 zozobra
 angustia
 tribulación
3 efervescencia
 ardor
 exaltación
ANTO frialdad
 tranquilidad
4 turbulencia
 desorden
 confusión
 aboroto*
 revuelta
 motín

agitado, -da *adjetivo*
1 accidentado
 turbado

agitador, -ra *adjetivo/nombre*
1 perturbador
 revolucionario
 demagogo

agitanado, -da *adjetivo/nombre*
1 gitano
 cañí

agitar *verbo transitivo/pronominal*
1 sacudir
 remover
 mover*
 menear
2 inquietar
 intranquilizar
 conmover
 turbar

perturbar
ANTO calmar

aglomeración *nombre femenino*
1 amontonamiento
 acumulación
 acopio
 hacinamiento
2 gentío
 muchedumbre

aglomerado, -da *adjetivo*
1 espeso
 apretado
 macizo
 cerrado
 tupido

aglomerar *verbo
 transitivo/pronominal*
1 amontonar
 juntar
 acumular
 hacinar
 acopiar
 conglomerar
ANTO separar
 desunir

aglutinar *verbo transitivo*
1 conglutinar
 pegar
 adherir

agnición *nombre femenino*
1 anagnórisis
 reconocimiento
 *Anagnórisis es más usado que
 agnición. Ambos términos se
 emplean de forma especial
 tratando del teatro grecolatino
 o de sus imitaciones, y pueden extenderse a la novela. En
 general, reconocimiento.*

agnomento *nombre masculino*
1 cognomento
 renombre

agobiar *verbo
 transitivo/pronominal*
1 abrumar
 atosigar
 oprimir
 cansar
 fatigar
ANTO despreocupar
 despejar
 *Cansar y fatigar con menor in-
 tensidad.*

agobio *nombre masculino*
1 cansancio
 fatiga

a
b
c
d
e
f
g
h
i
j
k
l
m
n
ñ
o
p
q
r
s
t
u
v
w
x
y
z

opresión
atosigamiento
Cansancio y *fatiga* son menos
intensos.
2 sofocación
angustia

agonizante *adjetivo/nombre*
masculino
1 camilo

agorador, -ra *adjetivo/nombre*
1 agorero
adivino
profeta
vate
augur

agorar *verbo transitivo*
1 predecir
adivinar*
presagiar
augurar
vaticinar
profetizar
En *agorar* predomina el matiz
especial de predecir desdichas.

agorero, -ra *adjetivo/nombre*
1 agorador
adivino
profeta
vate
augur
⇒ adivinar

agostador, -ra *adjetivo*
1 abrasador*

agostar *verbo transitivo*
1 abrasar
secar*
marchitar

agotado, -da *adjetivo*
1 acabado
gastado
destruido
malparado
consumido
exhausto

agotamiento *nombre masculino*
1 desfallecimiento
decaimiento
abatimiento*
extenuación
cansancio*
postración
aplanamiento
Tratándose del cuerpo.

agotar *verbo transitivo*
1 consumir
apurar
acabar
gastar
esquilmar
ANTO llenar
aumentar
verbo transitivo/pronominal
2 debilitar
enflaquecer
extenuar
desalentar
desanimar
postrar
aplanar
desfallecer
cansar*
abatir*
ANTO fortalecer
animar
⇒ abatimiento

agracejo *nombre masculino*
1 arlo
agrecillo
alarguez
berberís
bérbero
bérberos

agraciado, -da *adjetivo*
1 hermoso
lindo
gracioso
bonito*
ANTO feo

agraciar *verbo transitivo*
1 conceder
favorecer
premiar
otorgar

agradable *adjetivo*
1 deleitoso
delicioso
placentero
grato
placible
sabroso
gustoso
acepto
Deleitoso, delicioso y *placentero* halagan a los sentidos;
tratándose especialmente del
gusto, *sabroso, gustoso. Grato* y *placible* tienen relación
con el sentimiento o los afectos; por ejemplo: son *gratas*
las pruebas de amistad, el
compañerismo, las lisonjas.
Tratándose de personas, *gra-*

to y *acepto. Agradable* engloba en su significación a los
demás sinónimos.
2 apacible
dulce
pacífico
manso
sosegado
tranquilo
reposado

agradar *verbo transitivo*
1 placer
complacer
contentar
satisfacer
gustar
deleitar
alegrar
caer en gracia
caer de pie
lisonjear
regalar
ANTO desagradar
Placer, contentar y *satisfacer*
tienen a este respecto significado semejante al de *complacer.* Cuando se trata del
atractivo que sobre nosotros
ejercen el mérito o las cualidades de una persona o cosa,
agradar se acerca al sentido
de *gustar.*
'Para *agradar* se necesitan
cualidades y prendas; para
complacer, intención y esfuerzos. Nos *agradan* una mujer
hermosa y el trato de una persona instruida y culta; nos
complacen el que nos sirve, el
que nos obsequia, el que nos
hace favores' (M).

agradecer *verbo transitivo*
1 reconocer
'*Agradecer* supone la estimación que hacemos del beneficio recibido. *Reconocer* supone la obligación que nos
imponemos de corresponder
a él. Se *agradece* un regalo de
poca monta, un obsequio, un
saludo. El *reconocimiento* sería excesivo para corresponder a estas frioleras; así como
sería poco enérgica la simple
expresión de *agradecer* una
acción generosa que nos ha
salvado la vida, a la que debemos estar enteramente *reconocidos'* (LH).

agradecido, -da
adjetivo/nombre
1 reconocido
   obligado

agradecimiento *nombre*
masculino
1 gratitud
   reconocimiento
   ANTO ingratitud
         deslealtad

agrado *nombre masculino*
1 afabilidad
   amabilidad
2 gusto*
   satisfacción
   contentamiento
   placer
   complacencia
   tener ángel

agrandar *verbo transitivo*
1 ampliar
   ensanchar
   aumentar
   acrecentar
   acrecer
   multiplicar
   engrandecer
   alargar*
   dilatar
   ANTO achicar
         disminuir

Acrecentar, acrecer y *multiplicar* se refieren igualmente al número; *dilatar, alargar* y *ensanchar* al espacio y al volumen.

'*Agrandar* se aplica más comúnmente a las cosas físicas; *engrandecer*, a las intelectuales y morales. Se *agrandan* el espacio y el volumen; se *engrandecen* las miras, los planes y las ideas. El arquitecto *agranda* el edificio; el héroe *engrandece* su nombre con hazañas. El sastre *agranda* el vestido; Newton *engrandeció* su sistema sobre la atracción, aplicándolo al movimiento de los cuerpos celestes' (M). 'Se *agrandan* y se *aumentan* la extensión y el volumen; pero el número se *aumenta*, y no se *agranda*. Para *agrandar* un edificio es preciso *aumentar* los materiales. Cuando se *aumentan* los libros, se *agranda* la biblioteca. El territorio se *agranda*; la población se *aumenta*' (M).

agravar *verbo*
transitivo/pronominal
1 empeorar
   Tratándose de enfermedades o de crisis y situaciones sociales, políticas, económicas, etc.

agravedad *nombre femenino*
1 ingravidez

agraviar *verbo transitivo*
1 molestar
   sentirse
   resentirse
   ofender
   insultar
   injuriar*
   afrentar
   ultrajar
   ANTO honrar
         desagraviar

agravio *nombre masculino*
1 molestia
   ofensa
   insulto
   injuria*
   afrenta
   ultraje

'La *afrenta* es un dicho o hecho de que resulta deshonor o descrédito; ofende mucho y mortifica sumamente a los que son delicados en el honor. El *insulto* es un acontecimiento de obra o de palabra repentino y violento. El *ultraje* añade al *insulto* un exceso de violencia que irrita' (Ma).

El *agravio* atropella nuestro derecho; la *ofensa* añade al *agravio* el desprecio o el *insulto*. El que tiene derecho a un ascenso que no ha conseguido, se cree *agraviado*; si a este *agravio* se ha añadido un desprecio de su mérito o una declaración de su insuficiencia, se cree *ofendido*. Para el *agravio* es preciso que haya injusticia; para la *ofensa* basta que haya insulto, aunque no haya injusticia. Aquel nos perjudica tal vez sin afrentarnos; esta nos afrenta siempre o nos humilla. No *agravia* el que dice de uno que es tuerto, cuando realmente lo es, porque en decir aquella verdad no hay la injusticia que exige el *agravio* para serlo; pero lo *ofende* el que se lo dice o se

lo recuerda, porque insulta su amor propio y le humilla (...). De un hombre que baila bien, sin hacer vanidad de ello, ni pretender elogios, no se puede decir que baile mal sin hacerle un *agravio*, de que no queda *ofendido*; pero sí lo queda una mujer a quien se disputa la buena figura, aunque ella misma conozca que no la tiene: porque aquél no ve en ello más que una injusticia; pero ésta ve en ello un desprecio, un insulto' (LH).

2 perjuicio
   daño
   tuerto
   entuerto
   desaguisado
   atropello
   descomedimiento

Tuerto y *entuerto* tienen cierto sabor arcaico y literario, por el mucho uso que hace de estas voces la literatura clásica, y especialmente Cervantes en el *Quijote*.

agrecillo *nombre masculino*
1 arlo
   agracejo
   alarguez
   berberís
   bérbero
   bérberos

agredir *verbo transitivo*
1 atacar
   acometer
   arremeter
   cerrar
   embestir

agregación *nombre femenino*
1 adjunción
   añadidura
   adición
   suma
   aumento
   ANTO resta
         disminución

agregado[1] *nombre masculino*
1 compuesto
   mezcla

agregado, -da[2] *adjetivo/nombre*
1 afecto
   adscrito
   anexo

agregar *verbo transitivo*
1 juntar

añadir
sumar
adicionar
aumentar
unir
ANTO disminuir
    restar
2 anexar
anexionar
adscribir
ANTO separar
3 incorporar
mezclar*
mixturar
mixtionar

agresión *nombre femenino*
1 ataque
acometida
acometimiento
embestida

La *agresión* envuelve la idea de injusticia; es contraria al derecho, en tanto que los demás sinónimos pueden ser justos o injustos y hacerse en buena o en mala guerra.

agresivo, -va *adjetivo*
1 acometedor
arremetedor
impetuoso
belicoso
ANTO apocado

agreste *adjetivo*
1 inculto
silvestre*
campestre
salvaje*
montaraz
fiero
cerril
bravío*

Todos ellos, tratándose del campo o de las plantas y animales que viven en él.

2 áspero
rudo
grosero

agriar *verbo transitivo/pronominal*
1 acedar
revenirse
apuntarse
torcerse
volverse
acidificar
avinagrar*
acidular
fermentar*

Por ejemplo, *la compota se aceda, se reviene o se vuelve.*

Avinagrar(se) se aplica no sólo al vino, sidra, cerveza, sino también a otros líquidos, como la leche. *Acidular* es *acidificar* ligeramente.

verbo transitivo
2 exasperar
exacerbar

agriaz *nombre masculino*
1 cinamomo
agrión

agricultor, -ra *nombre*
1 labrador
cultivador
labriego

Designan el oficio del que cultiva la tierra.

agrietar *verbo transitivo/pronominal*
1 abrir
hender
rajar

agrifolio *nombre masculino*
1 acebo
aquifolio

agrilla *nombre femenino*
1 acedera
vinagrera

agrio, -gria *adjetivo*
1 ácido
acedo
2 acre
áspero
desapacible
acerbo
estridente*
ruidoso
destemplado
ANTO suave
3 frágil
quebradizo
⇒ agrios

Tratándose de metales.

agrión *nombre masculino*
1 cinamomo
agriaz

agrios *nombre masculino plural*
1 cítricos
⇒ agrio, -gria

Dícese de ciertas frutas.

agripnia *nombre femenino*
1 desvelo
insomnio
vigilia

2 ahipnia
ahipnosis

agrisado, -da *adjetivo*
1 grisáceo

agrupación *nombre femenino*
1 asociación
sociedad*
entidad
corporación
compañía

agrupar *verbo transitivo/pronominal*
1 asociar
juntar
reunir
ANTO separar
desunir
desligar

agua

agua carbónica *locución nominal*
gaseosa

agua de la vida
aguardiente

agua fuerte
ácido nítrico

estar con el agua al cuello *locución*
estar en un apuro
estar en un compromiso
pasar dificultades
estar entre la espada y la pared

ser como dos gotas de agua
⇒ gota

aguacate *nombre masculino*
1 (árbol) palto

aguacero *nombre masculino*
1 chaparrón
chubasco
nubada
lluvia*

aguachar *verbo transitivo*
1 enaguachar
enaguar

aguaderas *nombre femenino plural*
1 angarillas

aguamala *nombre femenino*
1 medusa
aguamar
pulmón marino

aguamar *nombre masculino*
1 medusa
aguamala

aguamiel *nombre masculino*
1 hidromel

aguanieves *nombre femenino*
1 (vulgar) aguzanieves
andarríos
apuranieves
avecilla
pajarita de las nieves
pezpita
pezpítalo

aguantable *adjetivo*
1 soportable
tolerable
llevadero

aguantar *verbo transitivo*
1 sostener
resistir
soportar
sufrir*
tolerar
sobrellevar
conllevar

verbo pronominal
2 contenerse
reprimirse
vencerse
tragar saliva
morderse los puños
llevar la cruz
hacerse el loco
armarse de paciencia

aguante *nombre masculino*
1 fuerza
resistencia
energía
vigor
2 sufrimiento
paciencia
tolerancia
echárselo todo a las
espaldas

aguapié *nombre masculino*
1 torcedura
torcido
purrela
El vino inferior entre los llamados *aguapié*, purrela.

aguar *verbo transitivo*
1 turbar
frustrar
perturbar
interrumpir

aguardar *verbo*
intransitivo/transitivo
1 esperar
estar de plantón
sostener la esquina
pasear la calle
ANTO desesperar
marchar

aguardiente *nombre masculino*
1 agua de la vida

aguarrás *nombre masculino*
1 esencia de trementina

aguas *nombre femenino plural*
1 orina
meados (vulgar)
orín
aguas menores
pis
pipí

aguavilla *nombre femenino*
1 gayuba
uvaduz

aguazal *nombre masculino*
1 estero
cenagal

aguazar *verbo*
transitivo/pronominal
1 encharcar
enaguazar

aguazul, aguazur *nombre*
masculino
1 algazul

agudeza *nombre femenino*
1 ingenio
sutileza
perspicacia
gracia
ANTO simpleza
ingenuidad
2 ocurrencia
chiste*

agudo, -da *adjetivo*
1 delgado
puntiagudo
aguzado
afilado
2 sutil
perspicaz
ingenioso
ocurrente
gracioso*
chistoso*
3 vivo
penetrante
estridente
chirriante
rechinante

Vivo y *penetrante*, tratándose del dolor; *estridente, chirriante* y *rechinante*, del ruido.

4 acentuado
oxítono
Tratándose de una sílaba o vocal, *acentuada*; de un vocablo que lleva el acento en la última sílaba, *oxítono*.

agüera *nombre femenino*
1 acequia

agüero *nombre masculino*
1 predicción
presagio
pronóstico
augurio
⇒ adivinar
Aunque en el verbo *agorar* predomina el matiz de predecir desdichas, el sustantivo *agüero* no connota esta cualidad, y los *agueros* pueden ser buenos o malos, felices o desgraciados.

de mal agüero *locución*
adjetiva
ominoso
azaroso
aciago
funesto

aguerrido, -da *adjetivo*
1 belicoso
veterano
Tratándose de tropas.
2 ducho
experimentado
avezado
acostumbrado

aguijada *nombre femenino*
1 llamadera
aijada
2 arrejada
béstola

aguijar *verbo transitivo*
1 aguijonear
picar
pinchar
avivar
2 estimular
incitar
animar
apresurar

aguijón *nombre masculino*
1 espina
púa

pincho
En las plantas.

2 rejo
pincho
En los insectos.

3 acicate
incitación
estímulo
incentivo
aliciente

aguijonear *verbo transitivo*
1 aguijar
picar
pinchar
avivar
2 estimular
incitar
animar
espolear

aguileño, -ña *adjetivo*
1 aquilino

aguja *nombre femenino*
1 brújula
compás
2 saeta
saetilla
manecilla
En el reloj.
3 espetón (pez teleósteo)

agujerear *verbo transitivo*
1 horadar
taladrar
perforar
2 acribillar
acribar
herir
picar

agujero *nombre masculino*
1 horado
huraco
orificio
taladro
perforación
boquete
rotura
brecha
abertura

Orificio es tecnicismo empleado en algunas artes y ciencias; *taladro* no sugiere precisamente un *agujero* de forma más o menos redondeada, sino de cualquier forma; *perforación* hace pensar principalmente en la acción, y no sólo en el resultado o efecto de la misma: se aplica en me-

dicina, biología y minería. El *agujero*, el *orificio* y el *horado* pueden ser naturales; el *taladro* y la *perforación* son el efecto de un acto.

agur *interjección*
1 (familiar) adiós
abur

aguzado, -da *adjetivo*
1 agudo
delgado
puntiagudo
afilado

aguzanieves *nombre femenino*
1 aguanieves
andarríos
apuranieves
avecilla
pajarita de las nieves
pezpita
pezpítalo
pizpita
pizpitillo
caudatrémula
doradillo
motacila
motolita

aguzar *verbo transitivo*
1 afilar
sacar punta
2 aguijar
excitar
incitar
estimular
avivar

ahechaduras *nombre femenino*
plural
1 granzas

ahelear *verbo intransitivo*
1 amargar
rehelear

aherrojar *verbo transitivo*
1 encadenar
oprimir
subyugar
dominar
En sentido figurado, *aherrojar* y *encadenar* expresan intensivamente las ideas de *oprimir*, *subyugar*, *dominar*.
2 atrancar
trancar

aherrumbrar *verbo*
transitivo/pronominal
1 herrumbrar
enmohecer

ahí *adverbio*
1 aquí

Ahí significa en ese lugar, es decir, hace relación con la segunda persona, mientras que *aquí* designa el lugar próximo a la persona que habla, en este lugar.

ahijar *verbo transitivo*
1 prohijar
adoptar

ahincarse *verbo pronominal*
1 aporrearse
azacanearse
fatigarse
afanarse

ahínco
con ahínco *locución adverbial*
con empeño
con tesón
con firmeza
con insistencia
sin levantar cabeza
de día y de noche

ahipnia *nombre femenino*
1 insomnio
ahipnosis
agripnia

ahipnosis *nombre femenino*
1 insomnio
agripnia
ahipnia

ahitar *verbo intransitivo/transitivo*
1 saciar
hartar*
empachar
empapuzar
2 hastiar
fastidiar
enfadar

ahíto, -ta *adjetivo*
1 saciado
harto
repleto
empachado
empapuzado
colmado
lleno
relleno
2 hastiado
fastidiado
enfadado

ahogado, -da *adjetivo*
1 estrecho
angosto*
reducido

ahogar*verbo*
transitivo/pronominal
1 asfixiar
  sofocar

Ambos sinónimos, en el sentido primario de matar impidiendo la respiración.

2 apagar
  extinguir
  sofocar

Tratándose del fuego o de pasiones y actividades.

3 oprimir
  fatigar
  acongojar
  agobiar

ahogaviejas*nombre masculino*
1 quijones

ahogo*nombre masculino*
1 opresión
  fatiga
  sofocación
2 aprieto
  apuro
  congoja

ahondar*verbo transitivo*
1 profundizar

ahora*adverbio*
1 en este instante
  en este momento
  poco ha
  dentro de poco
  en seguida
  ahorita

Ahora puede significar el momento inmediatamente anterior, poco ha, como cuando decimos ahora ha llegado. Significa también el momento inmediatamente futuro, dentro de poco, en seguida, por ejemplo, ahora vendrá. Admite el diminutivo ahorita, muy usado en Canarias y América, para puntualizar más el instante o para dar tono amable a la expresión.

2 actualmente
  hoy día
  al presente
  en la actualidad

Todos ellos, referidos a un largo lapso dentro del cual se halla el presente.

ahorcar*verbo transitivo*
1 colgar

ahorita*adverbio*
1 poco ha
  ahora*

ahormar*verbo transitivo*
1 amoldar

ahornar*verbo transitivo*
1 enhornar

ahorrador, -ra*adjetivo*
1 ahorrativo
  económico
  guardoso

ahorrar*verbo transitivo*
1 economizar
  guardar
  evitar
  excusar
  reservar
  ANTO gastar
    derrochar

Economizar, guardar, especialmente si se trata de dinero u otros bienes. Evitar, excusar, reservar, tratándose de palabras, esfuerzos, compromisos, conflictos, etcétera.

ahorrativo, -va*adjetivo*
1 ahorrador
  económico
  guardoso

ahorro*nombre masculino*
1 economía (especialmente en plural)

ahuecado, -da*adjetivo*
1 fofo
  esponjoso
  blando
  ANTO duro
    enjuto

ahuecamiento*nombre*
masculino
1 envanecimiento*
  soberbia*
  entoldamiento
  toldo
  entono
  esponjamiento
  presunción
  humos
  fatuidad
  petulancia
  desvanecimiento
  hinchazón
  arrogancia
  ANTO humildad
    modestia

ahuecar*verbo transitivo*
1 mullir
  esponjar
  ablandar
verbo pronominal
2 envanecerse
  engreírse
  esponjarse
  hincharse
  ANTO deshincharse
verbo transitivo
3 (familiar) ahuecar el ala
  marcharse
  largarse
  irse con viento fresco

ahusado, -da*adjetivo*
1 fusiforme (tecnicismo)

ahuyentar*verbo*
transitivo/pronominal
1 espantar
  echar
2 alejar
  apartar
  retirar
  desviar
  alongar
  dispersar
  ANTO acercar

aijada*nombre femenino*
1 aguijada

ailanto*nombre masculino*
1 árbol del cielo
  maque

airado, -da*adjetivo*
1 irritado
  enojado
  encolerizado
  furioso
  enfurecido
  rabioso
  furibundo
  ANTO tranquilo

Todos ellos intensifican la expresión y sugieren gestos y ademanes irritados.

2 torvo
  fiero
  terrible

airar*verbo transitivo/pronominal*
1 sublevar
  irritar
  enojar
  soliviantar

aire*nombre masculino*
1 atmósfera
2 viento

3 apariencia
aspecto*
porte
figura
4 garbo
gracia
gallardía
apostura

aire acondicionado
climatización

levantar castillos en el aire *locución*

⇒ castillo

tener un aire a
asemejarse
semejar
parecerse
correr parejas con
tirar a
salir a
ANTO diferenciarse

airear *verbo transitivo*
1 orear
ventilar
oxigenarse

Aunque pueden sustituirse a menudo entre sí, *ventilar* sugiere generalmente la idea de una corriente de aire natural o artificial, mientras que para *airear* u *orear* basta el simple contacto del aire libre. Tratándose de una persona que respira al aire libre, pronominal *oxigenarse*: he salido a *oxigenarme*.

verbo pronominal
2 resfriarse
acatarrarse

airestato *nombre masculino*
1 termostato

airoso, -sa *adjetivo*
1 garboso
gallardo
apuesto
esbelto*
elegante
2 jacarandoso
donairoso
gracioso
alegre
desenvuelto
desenfadado
3 juncal
flexible

aislado, -da *adjetivo*
1 solitario

solo
retirado
apartado
incomunicado
arrinconado
desatendido
olvidado
postergado
2 esporádico*
ocasional
excepcional
suelto
ANTO continuo

aislamiento *nombre masculino*
1 retiro
retraimiento
incomunicación
separación
apartamiento

aislar *verbo transitivo*
1 separar
incomunicar
apartar
ANTO unirse
comunicarse
2 acorralar
arrinconar
rodear
estrechar

verbo pronominal
3 retraerse
retirarse
arrinconarse
meterse en su concha
enterrarse en vida
quedarse en cuadro entre cuatro paredes

ajar *verbo transitivo*
1 deslucir
maltratar
marchitar
sobar
2 humillar
vejar

ajarafe *nombre masculino*
1 aljarafe
azotea
terrado

ajea *nombre femenino*
1 artemisa pegajosa
pajea

ajebe *nombre masculino*
1 alumbre
jebe
enjebe

ajedrezado, -da *adjetivo*
1 escaqueado

equipolado
escacado

ajenabe, -bo *nombre masculino*
1 mostaza
jenable
jenabe

ajenar *verbo transitivo/pronominal*
1 enajenar
desposeer

ajengibre *nombre masculino*
1 jengibre

ajeno, -na *adjetivo*
1 extraño
impropio

ajenuz *nombre masculino*
1 arañuela (planta)

ajetrearse *verbo pronominal*
1 fatigarse
trajinar
zarandearse
azacanarse
llevar la lengua fuera
echar el bofe

ajetreo *nombre masculino*
1 brega
trabajo
fatiga
faena
trajín
2 mareo
enfado
molestia
turbación

ají *nombre masculino*
1 (planta y fruto) guindilla
pimiento
2 (salsa) ajiaco

ajiaceite *nombre masculino*
1 ayolí
ajolio
aliolio
alioli

ajiaco *nombre masculino*
1 (salsa) ají

ajipuerro *nombre masculino*
1 puerro silvestre

ajo *nombre masculino*
1 (familiar) palabrota
verbo
taco
terno
voto*
blasfemia

reniego
juramento

ajo porro *locución nominal*
puerro silvestre

echar ajos *locución*
(familiar)
blasfemar
jurar
renegar
decir palabrotas
decir tacos

estar en el ajo
saber
conocer
estar enterado
estar en el asunto

ajolio *nombre masculino*
1 ajiaccite
alioli
ayolí
aliolio

ajonje *nombre masculino*
1 aljonje
ajonjo

ajonjera *nombre femenino*
1 angélica carlina
cardo ajonjero
cepa
caballo
ajonjero

ajonjolí *nombre masculino*
1 alegría
sésamo

ajote *nombre masculino*
1 escordio

ajotrino *nombre masculino*
1 ajipuerro

ajuar *nombre masculino*
1 menaje
mueblaje

ajumado, -da *adjetivo*
1 alegre
achispado
alumbrado
borracho*
ebrio
beodo
embriagado
bebido

ajumarse *verbo pronominal*
1 embriagarse
emborracharse
achisparse
alumbrarse

ajustadamente *adverbio*
1 justamente
cabalmente
exactamente
precisamente

ajustado, -da *adjetivo*
1 adecuado
acomodado
conveniente
proporcionado
idóneo
apropiado
oportuno
ANTO inadecuado
impropio
2 estricto
justo
preciso
exacto
riguroso
ceñido
pintiparado
medido
clavado
ANTO impreciso
inexacto
3 estrecho
apretado
ceñido

ajustar *verbo*
transitivo/pronominal
1 adaptar
acoplar
encajar
acomodar
ANTO desajustar
2 contratar
concertar
convenir
pactar
conciliar*
armonizar
concordar
reconciliar
3 compaginar
verbo pronominal
4 atenerse*
sujetarse
amoldarse
remitirse

ajuste *nombre masculino*
1 acomodamiento
transacción
convenio
arreglo
conciliación
acuerdo
concierto
contrata*
contrato

ANTO desacuerdo
2 nivelación
ANTO desajuste

ajusticiar *verbo transitivo*
1 ejecutar

ala del trinquete *nombre femenino*
1 arrastradera
rastrera

alabancioso, -sa *adjetivo*
1 alardoso
ostentoso
jactancioso
vanaglorioso

alabanza *nombre femenino*
1 elogio
encomio
loa
loor
enaltecimiento
apología*
panegírico
justificación
defensa
2 lisonja
incienso
adulación
3 lauro
premio
galardón
recompensa
triunfo
gloria
palma

alabar *verbo transitivo*
1 celebrar
elogiar
encarecer
encomiar
loar
poner en los cuernos de la
luna
decir mil bienes
dar jabón
levantar hasta las nubes
ensalzar
ANTO ofender
injuriar

El verbo *ensalzar* está muy
cerca de *encarecer* y *enco-*
miar.

'Lo que se *celebra* es o parece mejor que lo que se *alaba*;
lo que se *elogia*, mejor que lo
que se *celebra*; lo que se *en-*
carece, mejor que lo que se
elogia, y no se *encomia* sino lo
que llega al ápice de la per-

a
b
c
d
e
f
g
h
i
j
k
l
m
n
ñ
o
p
q
r
s
t
u
v
w
x
y
z

fección. *Elogiar* indica intención previa; *encarecer*, un concepto exagerado; *encomiar*, la inspiración del entusiasmo, afectado o sincero. El hombre de buen gusto *alaba*, *celebra* y *elogia*; el de imaginación viva y el de sentimientos fogosos *encarecen* y *encomian'* (M).

verbo pronominal
2 jactarse
preciarse
alardear
gloriarse
vanagloriarse
presumir

verbo transitivo/pronominal
3 glorificar
honrar
ensalzar
exaltar
ANTO deshonrar
degradar

álabe *nombre masculino*
1 estera
estora
En el carro.
2 sobarbo
En la rueda hidráulica.
3 diente
leva
levador
En un batán o análogo.

alabearse *verbo pronominal*
1 pandear
apandar
combarse
torcerse
encorvarse
apandar*

alábega *nombre femenino*
1 albahaca
alfábega

alabeo *nombre masculino*
1 curvatura*
corvadura
encorvadura
encorvamiento
comba

alacha *nombre femenino*
1 boquerón (pez)
lacha
aleche
aladroque
anchoa
alache

alache *nombre masculino*
1 alacha
boquerón (pez)
lacha
aleche
aladroque
anchoa

alacrán *nombre masculino*
1 escorpión
alacrán cebollero *locución nominal*
cortón
alacrán marino
pejesapo

alacranera *nombre femenino*
1 escorpioide

aladica *nombre femenino*
1 aluda
hormiga alada

aladierna *nombre femenino*
1 alaterno
ladierno
alitierno
mesto
sanguino
aladierno

aladierno *nombre masculino*
1 aladierna
alaterno
ladierno
alitierno
mesto
sanguino

aladroque *nombre masculino*
1 boquerón (pez)
anchoa

alajú *nombre masculino*
1 alejur
alfajor

alambicar *verbo transitivo*
1 destilar
alquitarar
2 sutilizar
refinar
quintaesenciar
aquilatar
apurar

alambique *nombre masculino*
1 alquitara
destilador
destilatorio
Alquitara, hoy poco usado, aunque muy frecuente en los clásicos.

alaqueca *nombre femenino*
1 cornalina
cornelina
cornerina
corniola
restañasangre

alarde *nombre masculino*
1 ostentación
gala
jactancia
presunción
vanagloria
2 revista
muestra

alardear *verbo intransitivo*
1 alabarse
jactarse
preciarse
gloriarse
vanagloriarse
presumir de

alardoso, -sa *adjetivo*
1 ostentoso
jactancioso
alabancioso
vanaglorioso

alárgama *nombre femenino*
1 alármega
alhármaga
alharma
alhámega
gamarza

alargar *verbo transitivo*
1 alargar
estirar
prolongar
prorrogar
alongar
dilatar
extender
agrandar
ampliar
ensanchar
diferir
ANTO acortar
encoger
achicar
adelantar
Se *alarga* un vestido, un discurso; se *estira* una barra de metal, sin añadirle materia nueva; se *prolonga* una calle, un discurso, un camino, un trabajo; se *prorroga* el tiempo de validez o ejercicio de una ley, un plazo, una licencia.

verbo pronominal
2 desviarse

alejar
alongar

alarguez *nombre masculino*
1 aspálato
2 arlo
agracejo
agrecillo
berberís
bérbero
bérberos

alarma *nombre femenino*
1 rebato
2 susto
sobresalto
inquietud
intranquilidad
zozobra
temor

Si es repentina, *susto, sobresalto*; si es más o menos duradera, todos los demás.

alarmar *verbo
transitivo/pronominal*
1 inquietar
asustar*
sobresaltar
intranquilizar
atemorizar
meter el corazón en un
puño
tener el alma en vilo
quitar el hipo
ANTO tranquilizar

alármega *nombre femenino*
1 alárgama
alhármaga
alharma
alhámega
gamarza
arma

alaterno *nombre masculino*
1 aladierna
aladierno
ladierno
alitierno
mesto
sanguino

alavanco *nombre masculino*
1 lavanco
pato bravío

alavense *adjetivo/nombre común*
1 alavés

alavés, -esa *adjetivo/nombre*
1 alavense

alazo *nombre masculino*
1 aletazo

alazor *nombre masculino*
1 azafrán bastardo
romí
cártama
cártamo
simiente de papagayos
romín

alba *nombre femenino*
1 amanecer
albor
aurora

albacea *nombre común*
1 testamentario
albacea testamentario
cabezalero

albacora *nombre femenino*
1 breva

albada *nombre femenino*
1 alborada

albahaca *nombre femenino*
1 alábega
alfábega

albahaquilla *nombre femenino*
1 albahaquilla de río
parietaria

albañal *nombre masculino*
1 caño
alcantarilla
cloaca
albollón
desaguadero

albarca *nombre femenino*
1 abarca

albarcoque *nombre masculino*
1 albaricoque

albardar *verbo transitivo*
1 enalbardar

albardero *nombre masculino*
1 bastero

En la hípica.

albardín *nombre masculino*
1 barceo
berceo

albarejo *adjetivo/nombre
masculino*
1 candeal
ceburro
albarico

albaricoque *nombre masculino*
1 albarcoque
albercoque

albarrada¹ *nombre femenino*
1 horma
hormaza
pared*

albarrada² *nombre femenino*
1 alcarraza
rallo

albarraz *nombre masculino*
1 estafisagria
hierba piojenta
piojera
uva tamínea
uva taminia

albatros *nombre masculino*
1 carnero del cabo

albayalde *nombre masculino*
1 carbonato de plomo
cerusa
cerusita
blanco de plomo

albear *verbo intransitivo*
1 (literario) blanquear

albedrío *nombre masculino*
1 arbitrio
voluntad
elección
decisión
2 apetito
gusto
antojo
capricho

albéitar *nombre masculino*
1 veterinario

albeitería *nombre femenino*
1 veterinaria

albellón *nombre masculino*
1 albollón
desaguadero

alberca *nombre femenino*
1 estanque
piscina

albercoque *nombre masculino*
1 albaricoque

albergar *verbo
intransitivo/transitivo*
1 cobijar
guarecer
refugiar
hospedar
alojar
aposentar
tomar casa
tener casa abierta
ANTO salir

a b c d e f g h i j k l m n ñ o p q r s t u v w x y z

mudarse
desalojar

albergue *nombre masculino*
1 cobijo
  refugio
  hospedaje
2 cubil
  guarida
  manida

  Todos ellos, tratándose de animales, y especialmente de fieras.

3 abrigo

  Usados en el montañismo y en la náutica.

alberguería *nombre femenino*
1 posada
2 asilo
  refugio

albero *nombre masculino*
1 paño (de cocina)

albín *nombre masculino*
1 hematites
  oligisto rojo

albinar *nombre masculino*
1 manzanilla loca

Albión *nombre propio*
1 (literario) Inglaterra
  Gran Bretaña

albita *nombre femenino*
1 feldespato sódico

albo, -ba *adjetivo*
1 (literario) blanco
  cándido
  ANTO negro

albollón *nombre masculino*
1 desaguadero
  albellón
  arbellón
  arbollón
2 albañal
  cloaca
  alcantarilla

albóndiga *nombre femenino*
1 albondiguilla
  almóndiga
  almondiguilla

albondiguilla *nombre femenino*
1 albóndiga
  almóndiga
  almondiguilla

albor *nombre masculino*
1 alba

aurora
amanecer
⇒ albores

alborada *nombre femenino*
1 albada
2 diana

alborear *verbo intransitivo*
1 amanecer
  clarear
  romper el alba
  quebrar el alba
  ANTO anochecer
  oscurecer

albores *nombre masculino plural*
1 principios
  comienzos
⇒ albor

alborno *nombre masculino*
1 albura
  alburno
  sámago

alboronía *nombre femenino*
1 almoronía
  boronía

alboroque *nombre masculino*
1 botijuela
  robla
  robra
  corrobra
  hoque

alborotado, -da *adjetivo*
1 irreflexivo
  atolondrado
  precipitado
  botarate
  tararira
  ANTO juicioso
    reflexivo
    grave
2 tumultuoso
  agitado
  desordenado
  revuelto
  tumultuario
3 furioso
  enfurecido

alborotador, -ra *nombre*
1 bullicioso
  sedicioso
  agitador
  adjetivo
2 levantisco
  inquieto
  indócil
  turbulento

alborotar *verbo transitivo/pronominal*
1 amotinar
  excitar
  sublevar
  ANTO apaciguar
    tranquilizar
  verbo intransitivo
2 gritar
  perturbar
  escandalizar
  vocear
  meter voces
  haber la de Dios es Cristo
  hacer temblar la casa
  verbo pronominal
3 alebrarse
  erguirse
  encabritarse
  enfurecerse
  alterarse
  encresparse

alboroto *nombre masculino*
1 tumulto
  revuelta
  motín
  asonada
  sedición
  sublevación
  turbulencia
  agitación
  desorden

  La *sedición* es un levantamiento contra la autoridad constituida, muy cercano a la importancia y gravedad de la *sublevación*.

2 vocerío
  algazara
  bulla
  bullanga
  bullicio
  gritería
  batahola
  bronca
  tumulto

  Vocerío, algazara, bulla, bullanga, bullicio, gritería y *batahola* pueden ser por motivos alegres, excitantes, gratos, o pueden implicar hostilidad y desorden. En este último caso se acercan a la *bronca* y al *tumulto.*

  'Alboroto lleva consigo la idea de un gran ruido; *tumulto*, la de un gran desorden. Una sola persona o un corto número de ellas, suele mover *alboroto*; pero el *tumulto* supone siempre que hay en él gran número de gentes' (Ma).

3 inquietud
conmoción

alborozado, -da *adjetivo*
1 alegre*
gozoso
regocijado
contento
jubiloso
jovial
divertido
ANTO triste
melancólico
apenado

alborozar *verbo transitivo/pronominal*
1 alegrar*
animar
letificar
excitar
regocijar
complacer
placer
ANTO entristecer

alborozo *nombre masculino*
1 regocijo
alegría*
gozo
placer
contento*
júbilo

El *alborozo*, el *regocijo* y el *júbilo* son intensivos, suelen producirse por motivos extraordinarios, y generalmente traen consigo manifestaciones exteriores de tales estados de ánimo.

albotín *nombre masculino*
1 terebinto
cornicabra

albudeca *nombre femenino*
1 badea

albur[1] *nombre masculino*
1 (pez) dardo

albur[2] *nombre masculino*
1 contingencia
azar*
eventualidad
casualidad*

albura *nombre femenino*
1 (literario) blancura
2 alborno
alburno
sámago

La *albura* de la madera que no es aprovechable para la construcción se llama *sámago*.

alburno *nombre masculino*
1 albura
alborno
sámago

alcachofa silvestre *nombre femenino*
1 alcaucí
alcací
alcacil
alcarcil
arcacil
alcaucil

alcací *nombre masculino*
1 alcaucí
alcaucil
alcarcil
arcacil
alcacil

alcacil *nombre masculino*
1 alcací
alcaucí
alcaucil
alcarcil
arcacil

alcahuete, -ta *nombre*
1 encubridor
tercero
proxeneta
nombre femenino
2 celestina
trotaconventos
enflautadora
encubridora

alcahuetería *nombre femenino*
1 tercería
lenocinio
proxenetismo

alcaide *nombre masculino*
1 castellano

alcaldada *nombre femenino*
1 exceso
extralimitación
desafuero
polacada
tropelía
atropello
arbitrariedad
abuso

álcali *nombre masculino*
1 base

álcali volátil *locución nominal*
amoniaco

alcalinizar *verbo transitivo*
1 alcalizar

alcalino, -na *adjetivo*
1 básico

alcalizar *verbo transitivo*
1 alcalinizar

alcaller *nombre masculino*
1 alfarero
2 alfarería

alcana *nombre femenino*
1 alheña
aligustre
ligustro

alcance *nombre masculino*
1 seguimiento
persecución
⇒ alcances

alcances *nombre masculino plural*
1 capacidad
talento
inteligencia
⇒ alcance

alcancía *nombre femenino*
1 hucha
vidriola
ladronera
olla ciega

alcandía *nombre femenino*
1 zahína
sahína
daza
sorgo
melca

alcandial *nombre masculino*
1 zahinar
sahinar

alcano *nombre masculino*
1 parafina

alcantarilla *nombre femenino*
1 albañal
cloaca
albollón

alcanzable *adjetivo*
1 accesible
asequible
ANTO inaccesible

alcanzado, -da *adjetivo*
1 empeñado
adeudado
2 falto
escaso
necesitado

alcanzadura *nombre femenino*
1 atronadura
atronamiento

alcanzar *verbo transitivo*
1 lograr
conseguir
obtener
ANTO perder
desistir
Los cuatro suponen deseo de llegar al fin propuesto, y mayor o menor solicitud en los medios empleados para ello. Sin embargo, *alcanzar* y *lograr* ponen más de relieve la idea de esfuerzo.
2 entender
comprender
penetrar
3 tocar
tañer

alcaparra *nombre femenino*
1 tápara

alcaparrosa *nombre femenino*
1 caparrosa
aceche
acije

alcaraván *nombre masculino*
1 árdea
charadrio

alcarceña *nombre femenino*
1 yero
hieros
herén
yervo

alcarcil *nombre masculino*
1 alcaucil
alcací
alcacil
arcacil

alcarraza *nombre femenino*
1 albarrada
rallo

alcatifa *nombre femenino*
1 catifa
alfombra

alcatraz *nombre masculino*
1 pelícano americano
onocrótalo

alcaucí *nombre masculino*
1 alcachofa silvestre
alcací
alcacil
alcarcil

arcacil
alcaucil

alcaucil *nombre masculino*
1 alcachofa silvestre
alcací
alcaucí
alcarcil
arcacil
alcacil

alcaudón *nombre masculino*
1 caudón
desollador
picagrega
pega reborda
picaza manchada
picaza chillona
verdugo

alcaulí *nombre masculino*
1 arcacil
alcaucil
alcacil
alcarcil
alcachofa silvestre

alcayata *nombre femenino*
1 escarpia

alcázar *nombre masculino*
1 fortaleza
castillo
2 palacio real

alcazuz *nombre masculino*
1 regaliz
orozuz
palo duz

alce *nombre masculino*
1 anta
ante
danta
dante

alcedo *nombre masculino*
1 arcedo

alción *nombre masculino*
1 martín pescador
guardarrío
pájaro polilla

alcoba *nombre femenino*
1 dormitorio

alcohela *nombre femenino*
1 achicoria
escarola

alcohol *nombre masculino*
1 etanol
espíritu
alcohol metílico
metanol

alcohólico, -ca *adjetivo*
1 etílico

alcoholificación *nombre femenino*
1 alcoholización

alcoholímetro *nombre masculino*
1 areómetro
densímetro

alcoholismo *nombre masculino*
1 etilismo
enilismo

alcoholización *nombre femenino*
1 alcoholificación

alcor *nombre masculino*
1 colina
collado*

alcoránico, -ca *adjetivo*
1 coránico

alcornoque *nombre masculino*
1 torpe
estúpido
necio
tarugo
bodoque

alcorque[1] *nombre masculino*
1 corche

alcorque[2] *nombre masculino*
1 socava

alcorzado, -da *adjetivo*
1 almibarado

alcrebite *nombre masculino*
1 azufre

alcribís *nombre masculino*
1 tobera

alcurnia *nombre femenino*
1 ascendencia
linaje
estirpe
prosapia

alcuza *nombre femenino*
1 aceitera

alcuzcuz *nombre masculino*
1 cuzcuz

aldaba *nombre femenino*
1 llamador
picaporte
aldabón
⇒ aldabas

aldabas *nombre femenino plural*
1 valimiento
protección
influencia
padrinos
⇒ aldaba

aldabón *nombre masculino*
1 aldaba
llamador
picaporte

aldea *nombre femenino*
1 población
ciudad
villa
pueblo
lugar

aldeano, -na *nombre*
1 lugareño
pueblerino
paleto
adjetivo
2 inculto
rústico
ignorante

alderredor *adverbio*
1 alrededor

aldiza *nombre femenino*
1 aciano
aciano menor
liebrecilla

aleación *nombre femenino*
1 liga
amalgama
Amalgama, si entra el mercurio en ella.

alear *verbo transitivo*
1 ligar
religar
ametalar
mezclar
fusionar
fundir
ANTO desunir
separar
desintegrar
Ligar, especialmente si se trata de oro o plata.

aleatorio, -ria *adjetivo*
1 al azar

alebrarse *verbo pronominal*
1 alebrastarse
alebrestarse
alebronarse
acobardarse
amilanarse

alebrestarse *verbo pronominal*
1 alebrarse
alebrastarse
alebronarse

alebronarse *verbo pronominal*
1 alebrarse
alebrastarse
alebrestarse

aleccionado, -da *adjetivo*
1 instruido
avisado
advertido

aleccionar *verbo transitivo*
1 adiestrar
amaestrar*
enseñar*
instruir

alece *nombre masculino*
1 boquerón (pez)
anchoa
alacha
lacha
haleche
aladroque
aleche

aleche *nombre masculino*
1 alacha
boquerón (pez)
lacha
aladroque
anchoa
alache

alechugar *verbo transitivo*
1 escarolar

aledaño¹ *nombre masculino*
1 confín
término
límite

aledaño, -ña² *adjetivo*
1 confinante
colindante
lindante
limítrofe*

alegación *nombre femenino*
1 alegato
defensa
razonamiento

alegar *verbo transitivo*
1 citar
aducir
mencionar
invocar
Invocar tiene sentido más limitado. Significa *alegar* una ley, costumbre o razón. Por ejem-

plo: se *alega* o *invoca* un artículo del Código; pero no se *invoca* el ser menor de edad sino que se *alega.*

alegato *nombre masculino*
1 defensa
alegación
razonamiento

alegoría *nombre femenino*
1 ficción
símbolo*
metáfora continuada

alegra *nombre femenino*
1 abocardo

alegrar *verbo*
transitivo/pronominal
1 animar
letificar
excitar
regocijar
complacer
placer
alborozar
estar como unas
castañuelas
llevar cascabeles
avivar
hermosear
agradar*
ANTO entristecer
Tratándose de cosas, *avivar,*
hermosear, animar. Todos ellos, excepto *avivar* y *hermosear,*
tratándose de personas.

alegre *adjetivo*
1 gozoso
regocijado
contento
jubiloso
alborozado
jovial
divertido
jocoso
jocundo
festivo
risueño
carialegre
reidor
ANTO serio
Tratándose del carácter de una persona o de sus dichos y hechos; *jovial; divertido, jocoso* y *jocundo* acentúan la nota de hilaridad.
2 achispado
ajumado
alumbrado
3 jacarandoso

donairoso
gracioso
desenvuelto
airoso
garboso
desenfadado

alegría *nombre femenino*
1 contento*
satisfacción
placer
gozo
contentamiento
alborozo*
júbilo*
regocijo
Alborozo, júbilo y regocijo son intensivos; por esto, se usan a menudo tratándose de alegrías colectivas, festejos, recibimientos, etcétera.

2 ajonjolí
sésamo

alejado, -da *adjetivo*
1 apartado
retirado
distante*
lejano*
remoto

alejandrita azul *locución nominal*
1 zafiro

alejar *verbo transitivo/pronominal*
1 apartar
retirar
desviar
ahuyentar
alongar
separar*
ANTO acercar
Ahuyentar, cuando se añade idea de violencia, fuerza o amenaza.

verbo pronominal
2 marcharse
irse
ausentarse
ahuecar el ala
ir con Dios
partir
salir*
ANTO permanecer
quedarse

alejur *nombre masculino*
1 alajú
alfajor

alelado, -da *adjetivo*
1 embobado

atontado
turulato
lelo
2 imbécil
idiota
tonto
estúpido
estólido
estulto
bobo

alemán, -ana *adjetivo/nombre*
1 germano
tudesco
teutón

alentado, -da *adjetivo*
1 animoso
valiente
valeroso
esforzado

alentar *verbo intransitivo*
1 respirar
verbo transitivo/pronominal
2 animar
reanimar
confortar
incitar
excitar
exhortar
consolar
ANTO desilusionar
desanimar

alero *nombre masculino*
1 rafe
tejaroz
2 guardabarros
salvabarros

alesna *nombre femenino*
1 lezna
subilla

aleta *nombre femenino*
1 pala
ala

aletargar *verbo transitivo/pronominal*
1 amodorrar
adormecer*
ANTO despabilar
avivar

aleto *nombre masculino*
1 halieto
pigargo
quebrantahuesos

aleudar *verbo transitivo*
1 leudar
lleudar
fermentar*

aleve *adjetivo/nombre común*
1 alevoso
traidor
pérfido
desleal
felón
'*Aleve* refiere la idea del carácter; *alevoso*, a las acciones' (C).

alevosía *nombre femenino*
1 traición
perfidia
prodición
felonía
deslealtad
insidia

alevoso, -sa *adjetivo/nombre*
1 aleve
traidor
pérfido
desleal
felón
vil
indigno
infiel*
villano
insidioso
ANTO leal
fiel

alexifármaco, -ca *adjetivo/nombre masculino*
1 antídoto
contraveneno

alfábega *nombre femenino*
1 albahaca
alábega

alfabeto *nombre masculino*
1 abecé
abecedario
Abecé, muy frecuente en los clásicos, tiene hoy escaso uso fuera del lenguaje infantil. *Alfabeto* es actualmente el que tiende a predominar, favorecido sin duda por la circunstancia de formar derivados muy usuales en la lengua moderna, como *alfabético*, *alfabetizar*, *alfabéticamente*. *Abecedario* se emplea principalmente tratándose de cartillas y libros destinados a enseñar a leer en la lengua propia. Tratándose de otras lenguas es más frecuente decir: el *alfabeto* árabe, griego, alemán, etc.

alfajía *nombre femenino*
1 alfarjía

alfajor *nombre masculino*
1 alajú
  alejur

alfaquí *nombre masculino*
1 faquí

alfar *nombre masculino*
1 alfarería
  alcaller

alfarería *nombre femenino*
1 cerámica
2 alfar
  alcaller

alfarero *nombre masculino*
1 alcaller
  barrero
  cantarero
  ceramista

alfarjía *nombre femenino*
1 alfajía

alferecía *nombre femenino*
1 epilepsia
  gran mal

alficoz *nombre masculino*
1 cohombro
  cogombro

alfiletero *nombre masculino*
1 cachucho
  cañutero
  canutero
2 agujetero
  acerico
  almohadilla

alfócigo *nombre masculino*
1 alfóncigo

alfóncigo *nombre masculino*
1 alhócigo
  alfócigo
  alfónsigo
  pistacho

alfónsigo *nombre masculino*
1 alfóncigo
  alhócigo
  alfócigo
  pistacho

alforfón *nombre masculino*
1 fajol
  alforjón

alforjón *nombre masculino*
1 alforfón
  fajol
  trigo sarraceno

alforza *nombre femenino*
1 lorza

alfoz *nombre masculino*
1 alhoz

algaida *nombre femenino*
1 duna
  médano
  mégano
  medaño

algalia[1] *nombre femenino*
1 ambarina
  civeto
2 civeta

algalia[2] *nombre femenino*
1 argalia
  catéter
  sonda

algarabía *nombre femenino*
1 gritería
  bulla*
  greguería
  vocerío
  gresca
  alboroto
  bullicio
  algazara

algarada *nombre femenino*
1 algara
2 tumulto
  motín
  alboroto
  asonada
  revuelta

algarroba *nombre femenino*
1 arveja
2 garroba
  garrofa

algarrobal *nombre masculino*
1 garrobal

algazara *nombre femenino*
1 gritería
  vocerío
  algarabía
  bulla*
  bullicio
  gresca
  alboroto*
  greguería
2 sublevación*
  sublevamiento
  motín
  tumulto
  asonada
  revuelta

algazul *nombre masculino*
1 aguazul
  aguazur

algidez *nombre femenino*
1 enfriamiento (especialmente
  en las extremidades).

álgido, -da *adjetivo*
1 frío
  helado
2 culminante
  crítico
  supremo

algodón

  algodón pólvora *locución
  nominal*
  piroxilina
  pólvora de algodón

algodonizar *verbo transitivo*
1 cotonizar

algorín *nombre masculino*
1 troj
  troje
  truja
  alhorí

alguacil *nombre masculino*
1 esbirro
  satélite

  Esbirro se extiende a todos
  los encargados de ejecutar
  personalmente órdenes de las
  autoridades: guardias, consu-
  meros, policías, etc.

alguien *pronombre indefinido*
1 alguno

  Alguien se aplica solamente a
  personas; *alguno*, a personas,
  animales y cosas. Cuando se
  refiere a personas, *alguno* es
  menos indeterminado que *alguien.*
  '*Alguien* se refiere ilimitadamente a cualquier persona.
  Alguno se refiere limitadamente a una persona indeterminada, de un determinado número o clase: Si viene *alguien* a
  buscarme, di que no estoy en
  casa, porque temo que ha de
  venir a hacer visita *alguno* de
  mis acreedores. Esta es la razón porque se dice *alguno* de
  ellos, y no *alguien* de ellos'
  (LH).

alguno, -na *pronombre
indefinido*
1 alguien
  ANTO ninguno

algunos, -nas *adjetivo plural*
1 varios
  ciertos

a b c d e f g h i j k l m n ñ o p q r s t u v w x y z

alhaja *nombre femenino*
1 joya
  presea

alhámega *nombre femenino*
1 alárgama
  alharma
  alármega
  gamarza
  arma

alhandal *nombre masculino*
1 coloquíntida

alharma *nombre femenino*
1 alárgama
  alármega
  alhármaga
  alhámega
  gamarza
  arma

alhármaga *nombre femenino*
1 alharma
  alárgama
  alármega
  alhámega
  gamarza
  arma

alheña *nombre femenino*
1 alcama
  aligustre
  ligustro
2 roya (hongo)

alhócigo *nombre masculino*
1 alfóncigo
  alfócigo
  alfónsigo
  pistacho

alhoja *nombre femenino*
1 alondra

alholva *nombre femenino*
1 fenogreco

alhóndiga *nombre femenino*
1 almodí
  almudí
  almudín

alhorí *nombre masculino*
1 algorín
  troj
  troje
  truja

alhorre *nombre masculino*
1 meconio
  pez (excremento)

alhoz *nombre masculino*
1 alfoz

alhucema *nombre femenino*
1 espliego
  lavanda
  lavándula
  Lavanda y *lavándula* son técnicos, usados entre botánicos y perfumistas. *Espliego* es el nombre más usual. *Alhucema* es hoy algo anticuado.

alhurreca *nombre femenino*
1 adarce

aliada *nombre femenino*
1 dioptra

aliaga *nombre femenino*
1 aulaga
  árgoma

alianza *nombre femenino*
1 unión
  liga
  confederación
  coalición
2 anillo
  sortija
  aro

aliar *verbo pronominal*
1 unirse
  coligarse
  confederarse
  ligarse
  ANTO desunirse
  separarse

alias *nombre masculino*
1 apodo*
  mote
  malnombre
  sobrenombre

alible *adjetivo*
1 nutritivo
  alimenticio

álica *nombre femenino*
1 escanda
  escalla
  escaña
  carraón
  espelta

alicaído, -da *adjetivo*
1 triste
  desanimado
  desalentado
  decaído
  abatido
  aliquebrado

alicántara *nombre femenino*
1 amodita
  alicante

alicante *nombre masculino*
1 alicántara
  amodita

alicanto *nombre masculino*
1 mampostería

alicatar *verbo transitivo*
1 azulejar

alicíclico, -ca *adjetivo*
1 ciclánico

aliciente *nombre masculino*
1 atractivo
  incentivo
  incitativo
  estímulo
  acicate
  aguijón
  incitación

alienable *adjetivo*
1 enajenable
  vendible

alienación *nombre femenino*
1 locura

alienado, -da *adjetivo/nombre*
1 loco*
  demente
  vesánico
  perturbado

alienar *verbo transitivo*
1 enajenar
  vender
  traspasar

alienista *adjetivo/nombre común*
1 psiquiatra
  frenópata

aliento *nombre masculino*
1 respiración
2 soplo
  vaho
3 ánimo
  esfuerzo
  valor
  valentía*
  denuedo

alifafe *nombre masculino*
1 achaque
  indisposición

aligación *nombre femenino*
1 aligamiento
  ligazón
  trabazón

aligerar *verbo transitivo/pronominal*
1 abreviar*

acelerar*
apresurar
avivar
ANTO tardar
2 aliviar
moderar
atenuar
ANTO cargar

aligonero *nombre masculino*
1 almez

aligustre *nombre masculino*
1 alheña
alcama
ligustro

alileno *nombre masculino*
1 metilacetileno

alimentador, -ra *adjetivo*
1 almo
criador
propicio
vivificador

alimentar *verbo*
transitivo/pronominal
1 nutrir
sustentar
mantener*
ANTO ayunar
desnutrir
2 sostener
fomentar

alimentario, -ria *adjetivo*
⇒ alimenticio

alimenticio, -cia *adjetivo*
1 substancioso
nutritivo
alimentario

En el habla culta o técnica, *nutritivo*. El adjetivo *alimentario* se aplica a lo propio de la alimentación o referente a ella en sus aspectos social, económico y legislativo. Las disposiciones que dicta una autoridad sobre precios, envases, higiene, etc., de los alimentos, no son *alimenticias*, sino *alimentarias*; el comercio, el ramo de la alimentación es *alimentario*, y no *alimenticio*.

alimento *nombre masculino*
1 mantenimiento
comestible
comida
manjar*
2 sustento
manutención

3 sostén
fomento
pábulo
Tratándose de virtudes, vicios.

álimo *nombre masculino*
1 orzaga
armuelle
marismo
salgada
salgadera

alimoche *nombre masculino*
1 abanto

alindar *verbo intransitivo*
1 lindar*
limitar
confinar
colindar
rayar

aliñado, -da *adjetivo*
1 arreglado
aderezado
compuesto

aliñar *verbo transitivo*
1 aderezar
condimentar
sazonar
adobar
⇒ cocinar
2 componer*
hermosear
ataviar
arreglar*
acicalar

aliño *nombre masculino*
1 condimento
aderezo
adobo
2 aseo
arreglo
pulcritud
compostura

alioli *nombre masculino*
1 ajiaceite
ajolio
ayolí
aliolio

aliquebrado, -da *adjetivo*
1 alicaído
desalentado
triste
abatido
desanimado
decaído

alisar *verbo transitivo*
1 pulir

pulimentar
bruñir
2 allanar
aplanar
ANTO abultar
3 desarrugar
ANTO arrugar

alisma *nombre femenino*
1 lirón (planta)

aliso *nombre masculino*
1 alno

alistar[1] *verbo*
transitivo/pronominal
1 poner
sentar en lista
listar
inscribir
afiliar
matricular
sentar plaza (en el ejército)
enganchar
reclutar

alistar[2] *verbo*
transitivo/pronominal
1 prevenir
preparar
aparejar
disponer
aprestar

aliteración *nombre femenino*
1 paronomasia*
paranomasia

alitierno *nombre masculino*
1 aladierno
aladierna
alaterno
ladierno
mesto
sanguino

aliviar *verbo transitivo/pronominal*
1 aligerar
descargar
moderar
suavizar
mitigar
endulzar
mejorar
reponer
recobrar
ANTO apesadumbrar
enfermar
agravar

Tratándose de un peso o carga material, *aligerar* o *descargar*. Los demás, tratándose de enfermedad, aflicción o fatiga.
2 desahogar

consolar
ANTO desanimar

alivio *nombre masculino*
1 descanso
  consuelo
2 mejoría

Tratándose de enfermedad.

aljaba *nombre femenino*
1 carcaj
  carcax

aljarafe *nombre masculino*
1 ajarafe
  azotea
  terrado

aljezar *nombre masculino*
1 yesar

aljezón *nombre masculino*
1 yesón

aljibe *nombre masculino*
1 cisterna

aljofaina *nombre femenino*
1 jofaina
  palancana
  palangana

aljófar *nombre masculino*
1 perla
  margarita

aljonje *nombre masculino*
1 ajonje
  ajonjo

alkermes *nombre masculino*
1 kermes
  quermes
  alquermes
  carmes

allá *adverbio*
1 allí
  ANTO acá
  ⇒ acá
  ⇒ aquí

Allá y *allí* indican lugar alejado del que habla, pero *allí* es mucho más determinado y preciso que el que denota *allá*. Por esto, *allá* admite grados de comparación: *más allá, tan allá*.

2 allí

Tiene *allá* la misma vaguedad e indeterminación que el *allá* adverbio de lugar. Un viejo dice: *allá en mi mocedad*. En cambio, si decimos: *allí fue el reír de la gente*, señalamos

una ocasión determinada y circunscrita, que equivale a *entonces, en tal momento.*

allanar *verbo transitivo*
1 aplanar
  explanar
  igualar
  arrasar
  ANTO desigualar
2 vencer
  zanjar
  resolver
  ANTO desarreglar

verbo pronominal
3 sujetarse
  avenirse
  conformarse
  resignarse
  prestarse
  amoldarse
  adaptarse
  ANTO sublevarse
    rebelarse

allegado, -da *adjetivo/nombre*
1 pariente
  deudo
2 parcial
  partidario

adjetivo
3 próximo
  cercano

allí *adverbio*
1 allá

alloza *nombre femenino*
1 almendruco
  arzolla

alma *nombre femenino*
1 espíritu
2 ánima

Ánima se refiere hoy concretamente a las *almas* de los difuntos que están en el purgatorio.

3 ánimo
  aliento
  energía
  esfuerzo
4 persona
  individuo
  habitante

Por ejemplo: no había un *alma* en toda la casa; un pueblo de 4.000 *almas*.

tener el alma en vilo
locución
  alarmarse
  inquietarse

asustarse
sobresaltarse
intranquilizarse
atemorizarse
meter el corazón en un
  puño
ANTO tranquilizarse
  calmarse
  apaciguarse
  serenarse
  sosegarse

almacenamiento *nombre*
masculino
1 acopio*
  acopiamiento
  provisión
  depósito
  acaparamiento

almacenar *verbo transitivo*
1 acumular
  guardar
  reunir
  juntar
  acopiar

Almacenar se refiere de ordinario a mercancías; puede aplicarse también a otras cosas que se acumulan en gran cantidad; por ejemplo, cuando se dice que con las lluvias los embalses han *almacenado* 60 millones de metros cúbicos de agua. *Guardar* añade la idea de conservar o retener lo *reunido*, *juntado*, *acopiado*, etc.

almáciga[1] *nombre femenino*
1 almaste
  almástec
  mástique
  almástiga

Almástiga, usado entre vidrieros y otros oficios.

almáciga[2] *nombre femenino*
1 hoya
  plantario
  semillero
  almácigo

almácigo[1] *nombre masculino*
1 lentisco

almácigo[2] *nombre masculino*
1 almáciga
  semillero
  hoya
  plantario

almádana *nombre femenino*
1 almádena

almagana
almaganeta
marra

almádena *nombre femenino*
1 almádana
almagana
almaganeta
marra

almadía *nombre femenino*
1 armadía
balsa

almadrabero, -ra
adjetivo/nombre
1 atunero

almadreña *nombre femenino*
1 madreña
zueco
zoco
chanclo
choclo
zoclo

almagre *nombre masculino*
1 almazarrón
almagra
lápiz rojo
ocre rojo

almanaque *nombre masculino*
1 calendario

almarga *nombre femenino*
1 marguera

almarjal[1] *nombre masculino*
1 pantanal
ciénaga

almarjal[2] *nombre masculino*
1 barrillar
armajo

almarjal[3] *nombre masculino*
1 marjal
armajal

almarjo *nombre masculino*
1 barrilla
sosa
armajo

almaro *nombre masculino*
1 maro

almártaga *nombre femenino*
1 litargirio
litarge
almártega

almártega *nombre femenino*
1 almártaga
litargirio
litarge

almástec *nombre masculino*
1 almáciga
almaste
mástique
almástiga

almástiga *nombre femenino*
1 almáciga
almaste
almástec
mástique

almazarrón *nombre masculino*
1 almagre
almagra
lápiz rojo
ocre rojo

almea *nombre femenino*
1 azúmbar
damasonio

almeja *nombre femenino*
1 telina
tellina

almenara *nombre femenino*
1 ángaro

almendruco *nombre masculino*
1 alloza
arzolla

almeriense *adjetivo/nombre*
común
1 urcitano

almez *nombre masculino*
1 aligonero
almezo

almiar *nombre masculino*
1 pajar

almibarado, -da *adjetivo*
1 meloso
melifluo
dulzón
empalagoso

almidón *nombre masculino*
1 fécula

alminar *nombre masculino*
1 minarete

almirez *nombre masculino*
1 mortero

almirón *nombre masculino*
1 achicoria

almizclero, -ra *adjetivo*
1 cabra de almizcle
cervatillo
portaalmizcle

almo, -ma *adjetivo*
1 criador
alimentador
propicio
vivificador
2 excelente
venerable

almocafre *nombre masculino*
1 azadilla
escardadera
escardillo
garabato
sacho
zarcillo

almocrate *nombre masculino*
1 sal amoníaco
cloruro de amonio

almodí *nombre masculino*
1 alhóndiga
almudí
almudín

almogama *nombre femenino*
1 redel

almohada *nombre femenino*
1 cabezal
Cabezal es una *almohada* cuando es pequeña, o también cuando es larga, estrecha y ocupa toda la cabecera de la cama.

almohadilla *nombre femenino*
1 cojincillo
cojinete
2 acerico
alfiletero
agujetero

almohadón *nombre masculino*
1 cojín

almohaza *nombre femenino*
1 rascadera

almojama *nombre femenino*
1 mojama
cecina (de atún)

almóndiga *nombre femenino*
1 albóndiga
albondiguilla
almondiguilla

almondiguilla *nombre femenino*
1 albóndiga
albondiguilla
almóndiga

almoneda *nombre femenino*
1 subasta
licitación

almoraduj *nombre masculino*
1 moradux
mejorana
amaraco
sampsuco
sarilla
almoradux

almoradux *nombre masculino*
1 almoraduj
moradux
mejorana
amaraco
sampsuco
sarilla

almoronía *nombre femenino*
1 alboronía
boronía

almorrana *nombre femenino*
1 hemorroide

almorta *nombre femenino*
1 alverjón
diente de muerto
tito
cicércula
cicercha
guija
muela

almorzada *nombre femenino*
1 almuerza
ambuesta
puñera

almotacén *nombre masculino*
1 contraste

almozárabe *adjetivo/nombre*
común
1 mozárabe
muzárabe

almudí *nombre masculino*
1 almodí
alhóndiga
almudín

almuecín *nombre masculino*
1 muecín
almuédano

almuédano *nombre masculino*
1 almuecín
muecín

almuérdago *nombre masculino*
1 muérdago
arfueyo

almuerza *nombre femenino*
1 almorzada
ambuesta
puñera

almuerzo *nombre masculino*
1 desayuno
comida

En su significado tradicional, el *almuerzo* es la comida que se toma antes de la principal; pero modernamente va siendo desplazado por *desayuno*, al paso que *almuerzo* se consolida como denominación de la tradicional comida del mediodía. Este cambio de acepción se halla más o menos avanzado según las regiones y clases sociales (Andalucía, Canarias y América), y es de uso general en los hoteles de cierta importancia.

alnado, -da *nombre*
1 hijastro
antenado
entenado

alno *nombre masculino*
1 aliso

alocado, -da *adjetivo*
1 loquesco
sonlocado
desatinado
destornillado
inconsiderado
precipitado
sin seso
atolondrado
desquiciado
chiflado
tarambana
ligero
irreflexivo
ANTO cuerdo
adjetivo/nombre
2 bárbaro
arrojado
temerario
imprudente
ANTO prudente

alocarse *verbo pronominal*
1 enloquecer
aloquecerse

alocución *nombre femenino*
1 arenga
discurso
oración
peroración
soflama
perorata
prédica

áloe, áloes *nombre masculino*
1 olivastro de rodas

acíbar
lináloe
azabara
zabida
zabila

La planta se denomina *olivastro de Rodas*. Tanto la planta como el jugo resinoso, amargo y medicinal que se extrae de ella, se pueden denominar *acíbar*, *lináloe*, *azabara*, *zabida* y *zabila*; el primero es el más usual, sobre todo tratándose del jugo.

2 agáloco
calambac

alogénico, -ca *adjetivo*
1 alotígeno
alógeno

alogístico, -ca *adjetivo*
1 antiinflamatorio

alojamiento *nombre masculino*
1 hospedaje
posada
aposento
albergue
cobijo

alojar *verbo transitivo/pronominal*
1 hospedar
aposentar
albergar
guarecer
cobijar
instalar
acomodar
establecer
ANTO desalojar
expulsar
desahuciar

alondra *nombre femenino*
1 terrera
caladre
copetuda

alongar *verbo*
transitivo/pronominal
1 ant. alargar*
prolongar

Alongar es poco usado en la actualidad, aunque frecuente en los clásicos. Hoy se emplea *alargar* y *prolongar*.

2 alejar

En su significado de apartar, llevar o ir lejos, se usa *alejar*. Expresiones como *alongarse un buen trecho*, se sienten como arcaicas.

alopecia *nombre femenino*
1 peladera
pelambrera
pelarela
pelona
pelonía

aloquecerse *verbo pronominal*
1 alocarse
enloquecerse

alosa *nombre femenino*
1 sábalo
saboga
trisa

alotar *verbo transitivo*
1 arrizar

alotígeno, -na *adjetivo*
1 alogénico
alógeno

aloxita *nombre femenino*
1 alundo

alpaca¹ *nombre femenino*
1 (rumiante) paco
paco llama

alpaca² *nombre femenino*
1 metal blanco

alpechín *nombre masculino*
1 morga
murga tina
tinaco

alpérsico *nombre masculino*
1 pérsico
pérsigo
melocotonero

alpinismo *nombre masculino*
1 montañismo

Se extiende hoy el uso del neologismo *montañismo*.

alpinista *nombre común*
1 montañero

Este sinónimo es un neologismo que va extendiéndose en su uso.

alquequenje *nombre masculino*
1 vejiga de perro
vejiguilla

alquería *nombre femenino*
1 cortijo
granja
casa de labranza

alquermes *nombre masculino*
1 alkermes

kermes
quermes
carmes

alquilar *verbo transitivo*
1 arrendar

Se usa con preferencia *alquilar* cuando se trata de viviendas u objetos: se *alquila* una casa, un almacén, una bicicleta. Se usa *arrendar* si se trata de tierras o negocios: se *arrienda* una huerta, un café, impuestos o servicios públicos.

alquiler *nombre masculino*
1 arriendo
arrendamiento
renta

Los tres significan la acción de *alquilar* y el precio en que se alquila una cosa. *Renta* es exclusivamente el precio.

alquimia *nombre femenino*
1 crisopeya

Crisopeya era la parte de la *alquimia* que trataba de convertir los metales en oro.

alquimila *nombre femenino*
1 pie de león
pata de león
estela
estelaria

alquitara *nombre femenino*
1 alambique

alquitarar *verbo transitivo*
1 alambicar
destilar
2 apurar
sutilizar
quintaesenciar

alquitira *nombre femenino*
1 tragacanto
goma adragante
granévano

alquitrán *nombre masculino*
1 brea

alquitranar *verbo transitivo*
1 brear
embrear

alrededor *adverbio*
1 en torno

alrededor de *locución preposicional*
en torno a
aproximadamente

cerca de
poco más o menos
⇒ alrededores

alrededores *nombre masculino plural*
1 cercanías
contornos
inmediaciones
afueras
proximidades
⇒ alrededor

alrota *nombre femenino*
1 arlota

álsine *nombre femenino*
1 pamplina
picagallina

altabaque *nombre masculino*
1 tabaque (cesta)

altabaquillo *nombre masculino*
1 centinodia
correhuela
sanguinaria mayor
saucillo

altamisa *nombre femenino*
1 artemisa

altanería *nombre femenino*
1 altivez
soberbia*
engreimiento
orgullo*
arrogancia
desprecio
imperio
ANTO humildad

altanero, -ra *adjetivo*
1 altivo*
arrogante
despreciativo
orgulloso
soberbio
estirado
entonado
empacado
engreído
presuntuoso
petulante
ANTO humilde

altar *nombre masculino*
1 ara

altarreina *nombre femenino*
1 milenrama
aquelea
artemisa bastarda
hierba meona
milhojas

a b c d e f g h i j k l m n ñ o p q r s t u v w x y z

a
b
c
d
e
f
g
h
i
j
k
l
m
n
ñ
o
p
q
r
s
t
u
v
w
x
y
z

altea *nombre femenino*
1 malvavisco

alteración *nombre femenino*
1 mudanza
   cambio
   variación

'Se dice que hay *alteración* en el pulso con respecto a los intervalos que median entre las pulsaciones. *Mudan* o *cambian* de estado el soltero que se casa y el casado que enviuda. Hay variación en los afectos del hombre inconstante y en los propósitos del débil' (M).

2 sobresalto
   perturbación
   trastorno

Estos tres sinónimos indican *alteraciones* violentas de la pasión o de la vida social.

3 destemple
   desconcierto

alterado, -da *adjetivo*
1 inverso
   trastornado
   opuesto
   contrario
   invertido
   ANTO directo
      inalterable

alterar *verbo*
   transitivo/pronominal
1 cambiar*
   mudar
   variar
2 perturbar
   inquietar
   conmover
   trastornar
   turbar
   afectar
   interesar
   sobresaltar
   estremecerse*
   ANTO tranquilizar

altercado *nombre masculino*
1 disputa
   agarrada
   pelotera
   cuestión
   bronca
   cisco
   quimera
   discusión*
   polémica
   debate

altercación
bronquina
pendencia

Disputa, agarrada, pelotera, cuestión, bronca, cisco y *quimera* llevan consigo la idea de violencia, en tanto que *discusión, polémica* y *debate* pueden desarrollarse en forma apacible y cortés.

altercar *verbo intransitivo*
1 batallar
   disputar
   debatir
   porfiar
   pugnar

alternar *verbo transitivo*
1 turnar
   sucederse
   relevarse
   dar una de cal y otra de arena
   del coro al caño y del caño al coro
   verbo intransitivo/transitivo
2 tratar
   codearse
   emparejar
   fraternizar

Emparejar y *fraternizar* son términos familiares y se aplican a menudo a personas que procuran tratar a las de clase, posición o educación superiores.

alternativa *nombre femenino*
1 opción
   elección
   disyuntiva

La *alternativa* supone *opción* o *elección* necesaria entre dos cosas. La *elección* u *opción*, entre dos o más cosas, no implica necesidad de elegir, sino simplemente oportunidad o conveniencia (compárese *escoger* con sus sinónimos).

alteza *nombre femenino*
1 altura
   elevación
   altitud

Altitud en términos geográficos.

2 sublimidad
   excelencia

altígrafo *nombre masculino*
1 barógrafo

altillano *nombre masculino*
1 altiplanicie

altilocuente *adjetivo*
1 altílocuo
   grandílocuo
   grandilocuente

altílocuo, -cua *adjetivo*
1 altilocuente
   grandílocuo
   grandilocuente

altimetría *nombre femenino*
1 hipsometría

altiplanicie *nombre femenino*
1 meseta

altísimo, -ma *adjetivo*
1 excelso
   eminente

altisonante *adjetivo*
1 altísono
   pomposo
   rimbombante
   hueco
   hinchado
   campanudo
   enfático
   afectado
   petulante
   engolado
   ANTO natural
      sencillo

altísono, -na *adjetivo*
1 altisonante
   pomposo
   rimbombante
   hueco
   hinchado
   campanudo

altitud *nombre femenino*
1 altura
   elevación
   alteza

Como término geográfico se prefiere generalmente *altitud*.

altivez *nombre femenino*
1 altanería
   soberbia*
   entono
   engreimiento
   orgullo*
   arrogancia
   desprecio
   desdén
   lozanía
   petulancia
   ANTO humildad

altivo, -va *adjetivo*
1 altanero
  arrogante
  despreciativo
  orgulloso
  soberbio

'*Altivo*, *altanero*. Expresiones que indican la manía y locura de los hombres por elevarse sobre los demás, dominarlos, humillarlos y abatirlos, manifestándolo en todas las acciones y de todos los modos posibles. A veces se toma en buen sentido la palabra *altivo*, sobre todo cuando corresponde a la sublime elevación de las ideas. *Altanero* nunca tiene buen sentido, como no sea hablando metafóricamente de las cosas (...) Los modales *altaneros* causan enfado y rencor a los que tienen que sufrirlos, manifiestan la vanidad de los necios y llegan a hacerlos ridículos. El aire *altivo* acobarda al débil, al apocado, al esclavo; irrita a los hombres independientes (...) aun cuando esta *altivez* provenga de buenas causas, como la razón, la justicia y la legítima autoridad' (O).

alto¹ *nombre masculino*
1 detención
  parada

alto² *nombre masculino*
1 altura
  elevación (del terreno)
2 piso
  altos

Piso, tratándose de una casa.

Se usa del siguiente modo: un *alto* de libros, de papeles, de fardos.

alto, -ta³ *adjetivo*
1 crecido
  talludo
2 elevado
  encumbrado
  eminente
  prominente

Todos usados en sentido material o figurado. En general, *eminente* y *prominente* se aplican a lo que sobresale mucho, y en este sentido son calificativos que intensifican la cualidad de *alto*. 'Lo *alto* es opues-

to a lo *bajo*; lo *elevado* es opuesto a lo *llano*, y lo *eminente* es opuesto a lo *liso* o a lo *igual* de una superficie' (C).

altos *nombre masculino plural*
1 alto*
  piso
  ANTO bajos

altramuz *nombre masculino*
1 calamocano
  chocho
  lupino

altruismo *nombre masculino*
1 caridad
  filantropía
  humanidad
  piedad
  generosidad
  beneficencia
  civismo
  abnegación*
  desinterés
  desprendimiento
  ANTO egoísmo
     sordidez

altura *nombre femenino*
1 alto
  elevación
  eminencia
  cumbre
  altitud
  peralto
2 eminencia
  excelencia
  superioridad
  alteza

altura musical *locución nominal*
  tono
  ⇒ alturas

alturas *nombre femenino plural*
1 cielo
  ⇒ altura

Las *alturas* significa el *Cielo* (por ejemplo: ¡Gloria a Dios en las *alturas!*); y también los organismos más elevados del poder público (hay que hacerse oír en las *alturas*).

alubia *nombre femenino*
1 judía
  habichuela

alucinación *nombre femenino*
1 alucinamiento
  ofuscación
  ofuscamiento

  confusión
  deslumbramiento
  ceguedad
  ANTO realidad
     serenidad
  ⇒ alucinar
2 delirio
  desvarío
  enajenación
  perturbación
3 fascinación
  deslumbramiento
  seducción
  incitación
  engaño

alucinar *verbo transitivo/pronominal*
1 ofuscar
  confundir
2 cautivar
  atraer
  ilusionar
  seducir
  deslumbrar
  cegar
  engañar
  embaucar

Tomándolo a mala parte, úsase *engañar*, *embaucar*.

alud *nombre masculino*
1 argayo
  lurte

aluda *nombre femenino*
1 hormiga alada
  aladica

aludir *verbo transitivo*
1 mencionar
  mentar
  citar
  tirar a ventana señalada
  tirar con bala
  ANTO omitir
     callar

Aludir es por lo general referirse indirectamente o de paso a alguien o a algo. *Mencionar* y *mentar* es nombrar expresamente. *Citar* se refiere a palabras, textos, etcétera, que se aducen a propósito de lo que se está diciendo. Esta gradación de menor a mayor insistencia corresponde igualmente a los sustantivos *alusión*, *mención* y *cita*.

alumbrado *nombre masculino*
1 iluminación

a
b
c
d
e
f
g
h
i
j
k
l
m
n
ñ
o
p
q
r
s
t
u
v
w
x
y
z

alumbramiento *nombre masculino*
1 parto

alumbrar *verbo transitivo*
1 iluminar
aclarar
ANTO apagarse

Iluminar, aclarar, tratándose de lugares, estancias, calles, etc. Si se trata de personas o ceremonias religiosas a las cuales se acompaña con luz, no se dice *iluminar,* sino *alumbrar: alúmbrale* por la escalera.

'*Alumbra* el sol; *ilumina* una vela. *Iluminar* lleva consigo la idea de lo artificial; *alumbrar* la de lo natural. La luciérnaga *alumbra.* Un cohete *ilumina.* Se *alumbra* al que no ve, se *ilumina* al que ignora, tomadas estas palabras en el sentido figurado. La luna es *alumbrada* por el sol, y no *iluminada'* (O).

2 elevar
aflorar
Ambos tratándose de agua subterránea.
verbo intransitivo
3 parir
dar a luz
verbo pronominal
4 embriagarse

alumbre *nombre masculino*
1 sulfato de alúmina y potasio
2 jebe
ajebe
enjebe

alumno, -na *nombre*
1 discípulo
colegial
escolar
estudiante*

alunado, -da *adjetivo/nombre*
1 lunático

alundo *nombre masculino*
1 aloxita

alusión *nombre femenino*
1 mención
referencia
cita
⇒ aludir

alusivo, -va *adjetivo*
1 referente
tocante

alustrar *verbo transitivo/pronominal*
1 lustrar
abrillantar
ANTO oscurecer

álveo *nombre masculino*
1 cauce
madre
lecho

alverja *nombre femenino*
1 arveja
algarroba
alverjana

alverjón *nombre masculino*
1 almorta
diente de muerto
tito
cicércula
cicercha
guija
muela

alza *nombre femenino*
1 subida
aumento
elevación
encarecimiento
carestía*
ANTO baratura
depreciación

alzada *nombre femenino*
1 apelación

alzamiento *nombre masculino*
1 sublevación*
levantamiento
insurrección
rebelión
sedición
pronunciamiento*

alzapiés *nombre masculino*
1 taburete
banquillo

alzaprima *nombre femenino*
1 palanca
mangueta
espeque

alzar *verbo transitivo*
1 levantar
elevar
subir
ANTO descender
bajar
2 ascender
encumbrar
verbo pronominal
3 apelar

ama *nombre femenino*
1 señora
dueña
propietaria
patrona
2 nodriza
ama de cría

amabilidad *nombre femenino*
1 urbanidad*
afabilidad
cortesía
atención
ANTO descortesía
desatención

amable *adjetivo*
1 afable
atento*
cortés
afectuoso
tratable
sociable
sencillo
ANTO abominable
aborrecible

amadamarse *verbo pronominal*
1 adamarse
afeminarse

amaestrador, -ra *nombre*
1 adiestrador

amaestramiento *nombre masculino*
1 adiestramiento

amaestrar *verbo transitivo*
1 adiestrar
ejercitar
aleccionar
instruir
enseñar*

Se *alecciona* trazando reglas de conducta y gobierno; se *adiestra* haciendo practicar ejercicios; se *enseña* comunicando ideas y doctrinas; se *amaestra* comunicando medios de mejora y perfección.

2 domar
domesticar
desembravecer
amansar*

amagar *verbo intransitivo/transitivo*
1 amenazar
conminar

amago *nombre masculino*
1 amenaza
conminación

2 señal
indicio
síntoma
anuncio
asomo*
barrunto

amainar *verbo
intransitivo/pronominal*
1 aflojar
ceder
disminuir
debilitarse
flaquear
calmar
ANTO encresparse

amajadar *verbo transitivo*
1 redilar
redilear

amalgama *nombre femenino*
1 malgama
ANTO separación
desunión

amamantar *verbo transitivo*
1 lactar
dar de mamar

Lactar es tecnicismo; la expresión más usual es *dar de mamar.*

amancebamiento *nombre
masculino*
1 concubinato
abarraganamiento
amontonamiento (vulgar)

amancebarse *verbo pronominal*
1 amigarse
amontonarse (vulgar)

amancillar *verbo transitivo*
1 mancillar
manchar
2 deslucir
afear
ajar

amanear *verbo transitivo*
1 manear

amanecer[1] *nombre masculino*
1 alba
madrugada
albor
aurora
amanecida

amanecer[2] *verbo intransitivo*
1 aclarar
clarear
alborear
alborecer

amanerado, -da *adjetivo*
1 afectado
rebuscado
estudiado
2 afeminado

amaneramiento *nombre
masculino*
1 afectación
estudio
artificio
rebuscamiento
ANTO naturalidad
sencillez

amansar *verbo transitivo*
1 domar
domesticar
desembravecer
amaestrar

Amaestrar es ejercitar o enseñar a un animal para que haga determinados actos; por ejemplo: los perros *amaestrados* que lucen sus habilidades en el circo.

2 sosegar
apaciguar
tranquilizar
mitigar
calmar
ANTO excitar

amantar *verbo transitivo*
1 arropar
tapar
abrigar
cubrir

amanuense *nombre común*
1 escribiente
copista
secretario
copiante*

amañado, -da *adjetivo*
1 hábil
habilidoso
mañoso
diestro
2 compuesto
falseado
falsificado

amañar *verbo transitivo*
1 componer
falsear
falsificar
verbo pronominal
2 darse maña
arreglarse
componérselas
apañarse

amaño *nombre masculino*
1 artificio
ardid
traza
treta
trampa
triquiñuela
falseamiento
falsificación

amapola *nombre femenino*
1 ababa
ababol

amar *verbo transitivo*
1 querer
ANTO abominar
aborrecer
odiar

La significación de *amar* es generalmente abstracta: *amar* a Dios, al prójimo. Es de uso generalmente culto o literario en sus acepciones concretas; corrientemente se usa *querer.*

2 hacer la corte
pelar la pava
hacer el oso
echar flores

amáraco *nombre masculino*
1 mejorana
almoraduj
almoradux
moradux
sampsuco
sarilla

amaraje *nombre masculino*
1 amerizaje

amaranto *nombre masculino*
1 borlas
borlones
flor de amor

amarar *verbo intransitivo*
1 amerizar

amargado, -da *adjetivo*
1 malhumorado
resentido
pesimista

amargaleja *nombre femenino*
1 endrina

amargar *verbo
transitivo/pronominal*
1 acibarar
disgustar
afligir
apesadumbrar
apenar

a b c d e f g h i j k l m n ñ o p q r s t u v w x y z

atormentar
ANTO endulzar
consolar

amargón *nombre masculino*
1 diente de león

amarguera *nombre femenino*
1 matabuey

amargura *nombre femenino*
1 amargor
aflicción
pena
pesadumbre
pesar
tribulación
disgusto
sufrimiento
desconsuelo

amarinar *verbo transitivo*
1 marinar

amariposado, -da *adjetivo*
1 papilionáceo (especialmente
en botánica)

amaritud *nombre femenino*
1 amargor
amargura

amaro *nombre masculino*
1 bácara
bácaris
esclarea
maro

amarra *nombre femenino*
1 barloa

amarradero *nombre masculino*
1 noray
bolardo

amarradura *nombre femenino*
1 amarre

amarrar *verbo
transitivo/pronominal*
1 atar*
asegurar
trincar
encadenar
sujetar
afianzar
ANTO desatar
soltar

amarre *nombre masculino*
1 amarradura

amartillar *verbo transitivo*
1 martillar
martillear
2 armar
montar

amasadera, amasadora
nombre femenino
1 hormigonera

amasamiento *nombre masculino*
1 amasadura
2 masaje

amasar *verbo transitivo*
1 masar

amateur *adjetivo/nombre común*
1 (galicismo) aficionado

amatista *nombre femenino*
1 ametista

amatorio, -ria *adjetivo*
1 erótico
amoroso

amazacotado, -da *adjetivo*
1 apelmazado
denso
compacto

amazacotar *verbo
transitivo/pronominal*
1 apelmazar

amazonita *nombre femenino*
1 piedra de Amazonas

ambages *nombre masculino
plural*
1 rodeos
circunloquios
perífrasis

sin ambages *locución
adverbial*
sin rodeos
al grano (familiar)
directamente
sin rebozo
patentemente
claramente
abiertamente
sin disimulo
manifiestamente
francamente
sin palabra de más ni de
menos

ámbar *nombre masculino*
1 cárabe
electro
succino

ámbar negro *locución
nominal*
azabache

ambarina *nombre femenino*
1 algalia
civeto

ambición *nombre femenino*
1 codicia

La *ambición* es la pasión por
conseguir riquezas, poder, dignidades, fama, etcétera, en
tanto que la *codicia* se circunscribe generalmente a riquezas o bienes materiales.

ambicionar *verbo transitivo*
1 codiciar
desear*
ansiar
anhelar
apetecer
querer
sed de mando
tener pretensiones
aspirar*
ANTO desdeñar
despreciar
renunciar
⇒ ambición

Ambicionar supone generalmente una esfera de deseos
más amplia, activa e intensa
que los demás sinónimos.

ambiente *nombre masculino*
1 medio

ambigú *nombre masculino*
1 (galicismo) buffet
bufé

ambigüedad *nombre femenino*
1 anfibología
equívoco
doble sentido
confusión
oscuridad
ANTO precisión
claridad

ambiguo, -gua *adjetivo*
1 anfibológico
equívoco
de doble sentido
incierto
dudoso*
oscuro
⇒ anfibología

'Es *dudoso* el sentido de una
frase cuando contiene alguna
alusión oscura, alguna confusión en las ideas, alguna explicación incompleta o defectuosa; es *equívoco* cuando hay
en ella voces de doble significado; es *ambiguo* cuando la
construcción puede tener distintas interpretaciones' (M).

ámbito *nombre masculino*
1 contorno
   perímetro
2 superficie
   espacio

ambladura *nombre femenino*
1 andadura

ambos, -bas *adjetivo plural*
1 los dos
   uno y otro
   entrambos
   ambos a dos
   'Ambos no sirve más que para expresar determinadamente y de un modo abreviado el número de dos personas o cosas de quienes se ha hablado ya, prescindiendo de que estén juntas o separadas. Entrambos hace concebir además la idea de la unión y de la comunidad o conveniencia de la cosa, por lo que hablando, por ejemplo, de dos consortes, suele decirse: esto es muy conducente a la felicidad de entrambos. Ambos a dos denota con mayor precisión la unión y además indica cooperación voluntaria de las dos personas de quienes se habla' (C).

ambuesta *nombre femenino*
1 almorzada
   almuerza
   puñera

ambulante *adjetivo*
1 itinerante
   ANTO fijo
2 peripatético
   ambulatorio

ambulatorio[1] *nombre masculino*
1 dispensario

ambulatorio, -ria[2] *adjetivo*
1 ambulante
   peripatético

amedrentar *verbo transitivo/pronominal*
1 intimidar
   atemorizar
   acobardar*
   arredrar
   acoquinar (familiar)
   achantar (vulgar)
   amilanar
   aterrar
   poner en fuga

imponer
achicar
apocar
ANTO envalentonarse
2 desalentar
   desanimar
   descorazonar
   ANTO animar
   alentar

amelga *nombre femenino*
1 emelga

amelo *nombre masculino*
1 estrellada

amenaza *nombre femenino*
1 amago
   conminación

amenazar *verbo intransitivo/transitivo*
1 amagar
   conminar
   enseñar los dientes
   decir a uno cuántas son
      cinco
   tener en jaque
   Amagar supone sólo un indicio o comienzo de amenaza o de actitud amenazadora. Conminar es intimar a alguien el cumplimiento de algo, so pena de producirle un daño; es mandar amenazando.

amenguar *verbo transitivo*
1 disminuir
   menoscabar
   mermar
   aminorar
   achicar
   acortar
   parvificar
   empequeñecer
   menguar
   encoger
   ANTO aumentar
   ampliar
2 deshonrar
   rebajar
   infamar

ameno, -na *adjetivo*
1 grato
   agradable
   deleitable
   placentero
   entretenido
   divertido
   encantador

amenorrea *nombre femenino*
1 opilación

amento *nombre masculino*
1 candelilla

ameos *nombre masculino*
1 fistra
   ami

amerar *verbo transitivo*
1 abrevar

americana *nombre femenino*
1 chaqueta

americanizarse *verbo pronominal*
1 acriollarse

amerizaje *nombre masculino*
1 amaraje

amerizar *verbo intransitivo*
1 amarar

ametalar *verbo transitivo*
1 alear
   ligar
   religar
   mezclar
   fusionar
   fundir
   ANTO desunir
   separar
   desintegrar

ametista *nombre femenino*
1 amatista

amfetamina, anfetamina *nombre femenino*
1 bencedrina

ami *nombre masculino*
1 ameos
   fistra

amiga *nombre femenino*
1 concubina

amigable *adjetivo*
1 amistoso
   accesible
   afable
   Accesible y afable tratándose de personas; amistoso es más general.

amigar *verbo transitivo*
1 amistar
2 reconciliar
   avenir
   verbo pronominal
3 amancebarse

amígdala *nombre femenino*
1 tonsila

amigo¹ *nombre masculino*
1 hombre amancebado

amigo, -ga² *adjetivo*
1 aficionado
inclinado
encariñado
partidario
afecto
adicto
devoto
ANTO enemigo

amilanar *verbo transitivo/pronominal*
1 acobardar*
atemorizar
aterrar
abatir
postrar
ANTO animar
alentar

aminoácido *nombre masculino*
1 ácido aminado

aminorar *verbo transitivo*
1 minorar
disminuir*
amenguar
mermar
acortar
achicar
atenuar
mitigar
amortiguar*
paliar
ANTO agrandar
aumentar

Atenuar, mitigar, amortiguar y *paliar*, tratándose de cosas no mensurables.

verbo intransitivo
2 decrecer*
menguar
disminuir*
ANTO aumentar
crecer

amistad *nombre femenino*
1 afecto*
inclinación
apego
cariño
devoción
intimidad

Intimidad, cuando es estrecha y de mucha confianza.

amistar *verbo transitivo*
1 amigar

verbo transitivo/pronominal
2 reconciliar

avenir
ser uña y carne
estar a partir un piñón
comer en un mismo plato
ANTO enemistar
regañar

amistoso, -sa *adjetivo*
1 amigable
afable*

amnistía *nombre femenino*
1 indulto

amo *nombre masculino*
1 señor
dueño
propietario
patrón

Patrón se usa en las embarcaciones menores y en talleres y comercios.

amoblar *verbo transitivo*
1 amueblar
moblar
mueblar

amodita *nombre femenino*
1 alicántara
alicante

amodorramiento *nombre masculino*
1 modorra
sopor
letargo
coma

amodorrarse *verbo pronominal*
1 adormecerse*
aletargarse
adormilarse
dormirse*
adormitarse
entorpecerse
entumecerse
ANTO despertarse
despabilarse
despejarse

amohecer *verbo transitivo/pronominal*
1 enmohecer

amohinarse *verbo pronominal*
1 amurriarse
amorrarse
entristecerse

amojonamiento *nombre masculino*
1 mojonación
mojona

Mojona es la acción de amojonar tierras.

amojonar *verbo transitivo*
1 mojonar

amolador *nombre masculino*
1 afilador

amolar *verbo transitivo*
1 afilar
dar filo
aguzar
2 fastidiar
molestar
cansar
aburrir
hacer la pascua

amoldar *verbo transitivo*
1 ajustar
acomodar
adaptar
ANTO desacomodar
desajustar
2 ahormar

verbo pronominal
3 conformarse
avenirse
allanarse
transigir
conformarse
adaptarse
ANTO rebelarse
sublevarse
4 atenerse*
sujetarse
ajustarse
remitirse

amollar *verbo intransitivo*
1 ceder
aflojar
desistir

verbo intransitivo/transitivo
2 largar

amomo *nombre masculino*
1 granos del Paraíso

amonarse *verbo pronominal*
1 (familiar) emborracharse
embriagarse

amonedar *verbo transitivo*
1 monedar
monedear

amonestación *nombre femenino*
1 admonición
advertencia*
aviso
exhortación
represión
reconvención
regaño
reprimenda
sermón

En todos ellos predomina la intención de avisar o prevenir. *Reconvención, regaño, reprimenda* y *sermón* se utilizan cuando se hace con intención de reprender o castigar un acto ya realizado.

2 lección
enseñanza
ejemplo

⇒ amonestaciones

amonestaciones *nombre femenino plural*
1 amonestaciones
matrimoniales
publicaciones
proclamas

⇒ amonestación

amonestador *nombre masculino*
1 monitor
admonitor

amonestar *verbo transitivo*
1 advertir*
avisar
exhortar
2 reprender
reconvenir
regañar
3 correr las amonestaciones
correr las proclamas
correr las publicaciones

Todos ellos referidos al matrimonio: *correr las amonestaciones para el matrimonio.*

amoniaco *nombre masculino*
1 Álcali volátil

amontonar *verbo transitivo*
1 juntar
reunir
acopiar
apiñar
hacinar
acumular
ANTO esparcir
separar

Amontonar se refiere a cosas muy numerosas o en gran cantidad, y en esto coincide con *hacinar* y *acumular*; la diferencia está en que se *amontonan* o *hacinan* cosas materiales, sacos, frutas, equipajes, mercancías, etcétera, entanto que *acumular* se aplica a lo inmaterial con mayor frecuencia que aquéllos. Se *acumula* el saber, las dificultades, infortu-

nios, alegrías. *Aglomerar* da, como *amontonar*, la idea de poner unas cosas sobre otras, o junto a otras, sin orden ni concierto, pero de modo que estén apretadas, hacinadas, atiborrando el espacio en que se encuentran.

verbo pronominal
2 amancebarse
amigarse
3 (familiar) enfadarse
encolerizarse
irritarse
enojarse
amoscarse

amor *nombre masculino*
1 cariño
afecto*
ANTO odio

El carácter abstracto de la palabra *amor* hace que en ocasiones se prefiera denominarlo *el querer.*

'Se tiene *amor* a una persona cuya posesión nos parece la suprema felicidad; se tiene *cariño* a aquella cuya amabilidad excita vivamente nuestra ternura; se tiene *afecto* a aquella cuyo mérito excita vivamente nuestra inclinación. El *amor* es una pasión violenta; el *cariño* una pasión tierna; el *afecto* una estimación apasionada. El *cariño* se acerca más al *amor*, porque aquella misma sensibilidad que es el alma del *cariño*, es también propia del *amor*, aunque exagerada y mezclada de contrastes que a veces la convierten en dureza; pero la sensibilidad del *afecto* es más tranquila, porque la inspira el mérito (...) El amor conyugal dura muy poco, si es *amor*; se entibia con el tiempo, si es *cariño*; y sólo crece y dura, si es *afecto*' (LH).

amoratado, -da *adjetivo*
1 cárdeno
lívido

Lívido, especialmente tratándose del color de la cara, de una herida, etcétera.

amoroso, -sa *adjetivo*
1 cariñoso
tierno

enamorado
afectuoso
2 blando
suave
templado
apacible

amortiguación *nombre femenino*
1 amortiguamiento

amortiguado, -da *adjetivo*
1 apagado*
bajo
débil
mortecino

Tratándose del color o brillo.

amortiguamiento *nombre masculino*
1 amortiguación

amortiguar *verbo transitivo/pronominal*
1 atenuar
aminorar
mitigar
moderar
paliar
ANTO excitar

Atenuar, aminorar, mitigar y *moderar*, en sus significados materiales o morales; *paliar*, generalmente en sentido moral: *paliar* una mala noticia.

amoscarse *verbo pronominal*
1 mosquearse
amostazarse
picarse
escocerse
sentirse
resentirse
requemarse
enojarse
agraviarse
enfadarse
encolerizarse
irritarse
amontonarse

Serie intensiva.

amostazar *verbo transitivo/pronominal*
1 irritar
enojar
mosquear
amoscar
picar
escocerse
sentirse
resentirse
requemarse

amotinado, -da *adjetivo/nombre*
1 sedicioso
sublevado
rebelde
insurrecto

amotinar *verbo*
transitivo/pronominal
1 alzar
sublevar
soliviantar
levantar
insubordinar
insurreccionar

amover *verbo*
intransitivo/transitivo
1 abortar
malparir
mover

amparador, -ra *adjetivo*
1 bienhechor*
favorecedor
protector
benefactor
ANTO malhechor

amparar *verbo*
transitivo/pronominal
1 favorecer
auxiliar
ayudar*
2 proteger*
defender
patrocinar
salvaguardar
escudar
ANTO desatender
abandonar
verbo pronominal
3 guarecerse
cobijarse
abrigarse
acogerse
refugiarse

amparo *nombre masculino*
1 reparo
defensa
abrigo
asilo
refugio*
2 protección
favor
patrocinio
apoyo
auxilio*
ANTO abandono
3 agarradero
recurso

ampicilina *nombre femenino*
1 penicilina

ampliamente *adverbio*
1 largamente
holgadamente

ampliar *verbo*
transitivo/pronominal
1 agrandar
ensanchar
aumentar
añadir
amplificar
desarrollar
dilatar
incrementar
extender
ANTO reducir

Ampliar es término general que puede usarse con toda clase de complementos, reales o figurados. Los siguientes sinónimos se aplican sólo a determinados complementos; por ejemplo: *agrandar* el tamaño; *ampliar* una casa; *ensanchar* la anchura: *ampliar* una calle, un vestido; *aumentar* la cantidad, dimensiones: *ampliar* el capital, la capacidad de un local, el saber; *amplificar* lo pensado, escrito, hablado, el sonido; *dilatar* la superficie o el volumen; *desarrollar* un pensamiento, las iniciativas, los negocios. Estos y otros matices pueden ser expresados por *ampliar*. *Incrementar* es voz culta o científica y expresa las ideas de *aumentar* o *añadir*.

amplificación *nombre femenino*
1 paráfrasis

amplificar *verbo transitivo*
1 ampliar*

amplio, -plia *adjetivo*
1 extenso
vasto
espacioso
dilatado
capaz
ancho
holgado

amplitud *nombre femenino*
1 extensión

En sentido recto (la *amplitud* de un salón) o figurado (*amplitud* del saber).

ampolla *nombre femenino*
1 burbuja
pompa

campanilla
gorgorita
2 bombilla

ampulosidad *nombre femenino*
1 prosopopeya
afectación
pompa
aparato
ostentación

ampuloso, -sa *adjetivo*
1 hinchado
redundante
enfático
presuntuoso
ANTO natural
escueto

amputación *nombre femenino*
1 aféresis
escisión

amueblar *verbo transitivo*
1 amoblar
moblar
mueblar

Todos ellos menos usados que *amueblar*.

amujerado, -da *adjetivo*
1 afeminado
adamado
amadamado
feminoide
femenino
ANTO viril

amuleto *nombre masculino*
1 talismán
mascota

El *talismán* no se lleva necesariamente encima, a diferencia del *amuleto*. La *mascota* es la persona, animal o cosa a la cual se atribuye la virtud de alejar las desdichas o atraer la buena suerte.

amurallar *verbo transitivo*
1 murar
cercar

amurriarse *verbo pronominal*
1 amorrarse
amohinarse
entristecerse

amusco, -ca *adjetivo*
1 musco

amustiar *verbo transitivo*
1 enmustiar
marchitar

anaçara *nombre femenino*
1 folada

anaçardiáceo, -ea
adjetivo/nombre
1 terebintáceo

anacoreta *nombre común*
1 monje
cenobita
solitario
ermitaño*
eremita

En los primeros siglos del cristianismo, el *anacoreta*, lo mismo que el *monje* (griego *monachós*, solitario), vivía solo en lugar retirado. Equivalían, pues, a *solitario*, *ermitaño* y *eremita*. Hoy *monje* se aplica también al religioso que vive en comunidad, como los antiguos *cenobitas* (griego *koinós*, común; *bios*, vida).

ánade *nombre masculino*
1 pato

anadear *verbo intransitivo*
1 nanear

anadipsia *nombre femenino*
1 sed

anáfora *nombre femenino*
1 epanáfora
repetición

anafrodisia *nombre femenino*
1 frigidez

anafrodisíaco, -ca *adjetivo*
1 antiafrodisíaco

anagnórisis *nombre femenino*
1 agnición
reconocimiento

analectas *nombre femenino*
plural
1 antología
crestomatía*
florilegio
selectas

analéptico, -ca *adjetivo*
1 tónico
fortificante
restaurativo

Aplícase a los medicamentos.

anales *nombre masculino plural*
1 fastos

analgesia *nombre femenino*
1 anestesia

insensibilidad
ANTO sensibilidad

analgésico, -ca *adjetivo*
1 calmante
sedante
sedativo
paliativo
narcótico

analisílogo *nombre masculino*
1 analista

análisis *nombre masculino*
1 descomposición
distinción
separación
2 examen
estudio
observación

analista *nombre común*
1 analisílogo

analizar *verbo transitivo*
1 distinguir
separar
descomponer
aislar
2 examinar
observar
estudiar

analogía *nombre femenino*
1 semejanza
parecido
similitud
afinidad
ANTO disimilitud
desemejanza
diferencia

análogo, -ga *adjetivo*
1 semejante*
parecido*
similar
afín
ANTO distinto
diferente
distante

ananá *nombre masculino*
1 piña de América
ananás

anapelo *nombre masculino*
1 acónito
napelo
matalobos
pardal
uva lupina
uva verga

anapesto *nombre masculino*
1 antidáctilo

anaquel *nombre masculino*
1 entrepaño

anarquía *nombre femenino*
1 acracia
anarquismo
2 desorden
confusión
ANTO orden
disciplina

anarquismo *nombre masculino*
1 acracia
anarquía

anarquista *nombre común*
1 ácrata
libertario

anástrofe *nombre femenino*
1 hipérbaton

El *hipérbaton* altera también el orden habitual de las palabras; cuando es extremoso y violento se llama *anástrofe*. El primero es figura de construcción; la segunda, solecismo.

anatema *nombre ambiguo*
1 excomunión
2 maldición
imprecación

anatematizar *verbo transitivo*
1 excomulgar
2 maldecir
reprobar

anatomía *nombre femenino*
⇒ disección

anca *nombre femenino*
1 grupa

ancho¹ *nombre masculino*
1 anchura

ancho, -cha² *adjetivo*
1 amplio
dilatado
extenso
vasto
2 holgado
3 ufano
satisfecho

anchoa *nombre femenino*
1 boquerón
alacha
lacha
alache
aladroque
haleche
aleche
alece
anchova

a b c d e f g h i j k l m n ñ o p q r s t u v w x y z

anchura *nombre femenino*
1 ancho
  latitud
  amplitud
  extensión
  ANTO estrechez
    delgadez
2 libertad
  soltura
  holgura
  desahogo

ancianidad *nombre femenino*
1 senectud
  vejez*
  peinar canas
  caerse de maduro
  andar con la barba por el
    suelo
  comer el pan de los niños
  ANTO juventud

anciano, -na *adjetivo/nombre*
1 viejo

  Anciano sólo se dice de las
  personas, no de los animales
  ni de las cosas.

ancla *nombre femenino*
1 áncora
  ferro

  echar anclas *locución*
  anclar
  fondear

  levar anclas
  salir
  partir
  alejarse
  arrancar
  zarpar
  hacerse a la mar

ancladero *nombre masculino*
1 fondeadero

anclado, -da *adjetivo*
1 fondeado

anclaje *nombre masculino*
1 fondeo

anclar *verbo intransitivo*
1 echar anclas
  fondear
  ancorar

ancón *nombre masculino*
1 anconada
  broa

anconada *nombre femenino*
1 ancón
  broa

áncora *nombre femenino*
1 ancla
  ferro

ancorar *verbo intransitivo*
1 anclar
  fondear

andador, -ra *adjetivo*
1 andarín
  andariego
  caminante
  andorrero (despectivo)
  callejero (despectivo)

Se aplican todos a la persona
que anda mucho o con rapidez; pero en *andariego* predomina la cualidad del que anda
y se mueve de una parte a
otra sin pararse en ninguna.
Caminante es el viajero que
anda a pie; así que una persona puede ser *caminante* en
determinada ocasión, sin ser
andarina, andadora ni *andarie-
ga* por naturaleza o por costumbre. De un animal podemos decir que es *andador* o
andarín, pero no *andariego*.
Andorrero tiene sentido despectivo y equivale especialmente a *callejero* o *andariego*.

andadura *nombre femenino*
1 ambladura

  paso de andadura *locución
  nominal*

  ⇒ paso

andaluzada *nombre femenino*
1 hipérbole
  exageración*
  ponderación

andamiada *nombre femenino*
1 andamiaje

andamiaje *nombre masculino*
1 andamiada

andaniño *nombre masculino*
1 pollera
  andador

andar *verbo intransitivo*
1 ir
  venir

  Andar se diferencia de *ir* y *venir* en que éstos llevan asocia-
  da la idea de dirección del
  movimiento (desde aquí, desde ahora: hacia aquí, hacia
  ahora), en tanto que andar se

refiere al movimiento en sí
mismo. Por esto puede equivaler a *ir* y *venir* cuando el
ademán, la situación del movimiento u otras palabras asociadas añaden a *andar* la dirección; por ejemplo: ¡*Anda!*,
lo mismo puede significar ¡*Ve-
te!* que ¡*Ven!*; *Andar tras una
persona*, o *un negocio*, equivalen a *ir tras*, o *venir tras*,
porque la preposición *tras* indica la dirección del movimiento.

2 funcionar
  marchar

  Tratándose de una máquina o
  mecanismo.

  verbo transitivo/pronominal
3 recorrer
  caminar
  ANTO pararse
    detenerse

  Decimos que un vehículo o un
  caminante *han recorrido* o *andado* doce kilómetros. *Caminar* equivale a *andar* o trasladarse de un lugar a otro, y se
  usa como transitivo e intransitivo. El empleo de *caminar*
  es mucho más frecuente en
  América que en España.

andariego, -ga *adjetivo*
1 andador*
  andarín

andarríos *nombre masculino*
1 aguzanieves

andolina *nombre femenino*
1 golondrina
  andorina

andorga *nombre femenino*
1 vientre
  barriga
  panza
  tripa
  abdomen*

  Andorga es expresión burlesca, jocosa, de *vientre*, *barriga*,
  panza y *tripa*.

andorina *nombre femenino*
1 andolina
  golondrina

andorrear *verbo intransitivo*
1 (despectivo) cazcalear
  callejear
  cantonear
  ruar

andorrero, -ra *adjetivo*
1 (despectivo) andariego
callejero (despectivo)
andador*
andarín
caminante

andrajo *nombre masculino*
1 argamandel
harapo
guiñapo
zarria
pingajo
pingo
2 calandrajo
gualdrapa

andrajoso, -sa *adjetivo*
1 harapiento
haraposo
pingajoso
roto
trapiento
desarrapado
zarrapastroso

andrina *nombre femenino*
1 endrina
amargaleja

androfania *nombre femenino*
1 virilismo

andrómina *nombre femenino*
1 embuste
enredo
mentira
engaño
paparrucha
fullería

andropausia *nombre femenino*
1 climaterio

androsemo *nombre masculino*
1 todabuena
todasana
castellar

andulario *nombre masculino*
1 faldulario
fandulario

anea *nombre femenino*
1 enea

anécdota *nombre femenino*
1 historieta
chascarrillo

anegar *verbo*
transitivo/pronominal
1 ahogar
inundar
sumergir
encharcar

Si se trata de una persona o
animal, *ahogar*. Tratándose de
un terreno, *'inundar, sumergir*
o *encharcar*.

verbo pronominal
2 naufragar
sumergirse
zozobrar
irse a pique (una
embarcación)

anejar *verbo transitivo*
1 anexar
unir

anejo, -ja *adjetivo/nombre*
1 anexo
dependiente
agregado
afecto
unido

anelación *nombre femenino*
1 decortización

aneldo *nombre masculino*
1 eneldo

anelectrodo *nombre masculino*
1 ánodo

anemia *nombre femenino*
1 hemopenia

anémona de mar *nombre*
femenino
1 actinia
ortiga de mar
anemone

anemone *nombre femenino*
1 anémona de mar
actinia
ortiga de mar

anerosia *nombre femenino*
1 anafrodisia

anestesia *nombre femenino*
1 insensibilidad

En general y etimológicamente, *insensibilidad*; pero por
anestesia se entiende la *insensibilidad* lograda por medios
artificiales como el hipnotismo
o la absorción de determinadas sustancias.

anestesiar *verbo transitivo*
1 insensibilizar
cloroformizar
eterizar
raquianestesiar
⇒ anestesia
Según el procedimiento o el

anestésico empleado, se forman verbos especiales, como
*cloroformizar, eterizar, raquia-
nestesiar*.

aneuria *nombre femenino*
1 parálisis

aneurina *nombre femenino*
1 tiamina

anexar *verbo*
transitivo/pronominal
1 agregar
unir
anexionar
incorporar
adscribir
ANTO separar
desunir

anexión *nombre femenino*
1 unión
agregación
incorporación

anexionar *verbo transitivo*
1 agregar
anexar
adscribir
unir

anexo, -xa *adjetivo/nombre*
1 anejo
afecto
unido
agregado
dependiente
incorporado

anfibolita *nombre femenino*
1 afanita

anfibología *nombre femenino*
1 ambigüedad
imprecisión
indeterminación
confusión
oscuridad
equívoco
dilogía

Aunque *anfibología* y *ambigüedad* generalmente coinciden, ésta ha tomado por
extensión el significado de
*imprecisión, indeterminación,
confusión* u *oscuridad* en general, mientras que *anfibología* sugiere siempre dos o más
interpretaciones. Lo *anfibológico* es siempre ambiguo, pero
no al revés. *Dilogía* equivale a
doble sentido de una palabra.
El *equívoco* puede tener dos o
más sentidos.

a b c d e f g h i j k l m n ñ o p q r s t u v w x y z

anfibológico, -ca *adjetivo*
1 ambiguo
equívoco
de doble sentido
incierto
dudoso
oscuro

anfígeno *nombre masculino*
1 leucita

anfímacro *nombre masculino*
1 crético

anfractuosidad *nombre femenino*
1 sinuosidad
desigualdad
escabrosidad

angarillas *nombre femenino plural*
1 árguenas
árgueñas
convoy
2 aguaderas

ángaro *nombre masculino*
1 almenara

ángel *nombre masculino*
1 gracia
garbo
donaire
sal
salero
atractivo
encanto
ANTO desgarbo

angélica
  angélica carlina *locución nominal*
  ajonjera
  cardo ajonjero
  cepa
  caballo
  ajonjero

angelical *adjetivo*
1 angélico

'Lo *angélico* pertenece a la naturaleza del ángel; lo *angelical* se le asemeja. Decimos coros *angélicos*, y no *angelicales*. El rostro *angelical*, y no *angélico*, de un niño' (M).

angélico, -ca *adjetivo*
1 angelical

angina *nombre femenino*
1 esquinencia
amigdalitis

anglesita *nombre femenino*
1 sulfato de plomo
vitriolo de plomo

anglicismo *nombre masculino*
1 inglesismo

angloamericano, -na *adjetivo*
1 norteamericano
estadounidense
yanqui

angostar *verbo intransitivo/transitivo-prnl.*
1 estrechar
enangostar
ensangostar
ANTO ensanchar
abrir

angosto, -ta *adjetivo*
1 estrecho
ahogado
reducido

Estrecho se opone a ancho, mientras que *angosto* sugiere dificultad de pasar: una cinta, un encaje, son *estrechos*, no *angostos*. Un desfiladero puede ser *estrecho* o *angosto*. Por otra parte, en los casos numerosos de sinonimia total, *angosto* se siente generalmente como palabra más escogida y literaria, quizá por su menor uso. Compárense: un sendero *angosto* y un sendero *estrecho*; pasillo *angosto* y pasillo *estrecho*.

angostura *nombre femenino*
1 estrechura
estrechez

angra *nombre femenino*
1 ensenada
rada

anguila
  anguila de cabo *locución nominal*
  rebenque

ángulo *nombre masculino*
1 esquina
rincón

Tratándose de cosas materiales, *esquina* o *rincón*, según se mire por la parte exterior o interior, respectivamente.

angustia *nombre femenino*
1 aflicción
dolor
tristeza
congoja
zozobra
desconsuelo
ANTO ánimo
consuelo
alegría
2 agobio
sofocación
inquietud
ansiedad*
tribulación
ansia*
zozobra
desazón
desasosiego
intranquilidad
agitación
inquietud
ANTO tranquilidad
paz
sosiego
despreocupación

angustioso, -sa *adjetivo*
1 doloroso
lamentable
lastimoso
penoso
2 mortal
fatigoso
abrumador

anhelado, -da *adjetivo*
1 suspirado
deseado
apetecido
ansiado

anhelar *verbo intransitivo/transitivo*
1 desear
suspirar por
desvivirse
ansiar
hacerse la boca agua
comer con los ojos
beber los vientos
acuciar
aspirar*
ambicionar*
ANTO desdeñar
despreciar

Anhelar es expresión intensiva de *desear* y envuelve vehemencia en el deseo, como *suspirar por*, *desvivirse*, *ansiar*.

anhelo *nombre masculino*
1 aspiración
deseo
afán
ansia

Como *afán* y *ansia, anhelo* connota idea de vehemencia.

anidar *verbo intransitivo*
1 nidificar

anillo *nombre masculino*
1 sortija
   aro
   alianza

Se va extendiendo el galicismo de llamar *alianza* al *anillo* nupcial.

ánima *nombre femenino*
1 alma

animación *nombre femenino*
1 agitación
   movimiento
   actividad
   viveza
   ANTO aburrimiento
      abatimiento
2 concurso
   afluencia
   concurrencia

Tratándose de gente.

animado, -da *adjetivo*
1 concurrido
   movido
   divertido
2 alentado
   confortado
   reanimado
   animoso
3 agitado
   acalorado
   excitado

animadversión *nombre femenino*
1 antipatía*
   desafecto
   ojeriza
   animosidad
   inquina
   tirria
   hincha
   enemistad
   prevención
   encono
   resentimiento
   malquerencia
   rencor
   ANTO simpatía
      amistad

animal *adjetivo/nombre común*
1 bruto
   bestia
   torpe
   ignorante

grosero
zafio

En sentido recto, *animal* comprende todos los seres vivientes de que se ocupa la zoología. *Bestia* alude generalmente a determinada clase de animales, por oposición al hombre. *Bruto* acentúa el carácter de irracionalidad, de instinto grosero.

animar *verbo transitivo/pronominal*
1 alentar
   esforzar
   confortar
   reanimar
   excitar
   ANTO abandonar
2 alegrar
   letificar
   mover
   ANTO aburrir
      abatirse
3 vivir
   habitar
   ANTO abatirse
      aburrir
      abandonar

anímico, -ca *adjetivo*
1 psíquico

ánimo *nombre masculino*
1 valor*
   valentía*
   intrepidez
   esfuerzo
   denuedo
   ardimiento
   energía
   fuerzas
   brío
   aliento
   ANTO cobardía

Cuando no se trata de lucha, defensa o ataque, sino de *energía* moral o física en otras ocasiones de la vida, se acercan mucho a la significación de *ánimo* los siguientes vocablos: *fuerzas, brío, aliento*. Así, decimos de un convaleciente que no tiene *ánimo, fuerzas, energía, brío, aliento*, para salir a la calle; y de una persona indecisa, que le falta *ánimo, energía*, etc., para tomar una resolución. En estos casos es usual el empleo del plural, *ánimos, fuerzas, energías, bríos, alientos*.

2 intención
   voluntad
   propósito
   designio
   pensamiento
   ANTO indecisión
      desánimo

Por ejemplo, cuando decimos que tenemos el *ánimo, propósito, designio*, etc., de aceptar o rechazar un proyecto o invitación que nos han hecho, o de votar en pro o en contra de determinado candidato.

animosidad *nombre femenino*
1 animadversión
   desafecto
   ojeriza
   inquina
   antipatía
   hincha
   tirria
   enemistad

animoso, -sa *adjetivo*
1 valiente
   valeroso
   intrépido
   esforzado
   denodado
   alentado
   resuelto
   decidido
   fuerte
   varonil
   firme
   enérgico
   ANTO débil
      pusilánime
      cobarde

⇒ ánimo
2 animado
   alentado
   confortado
   reanimado
   ANTO desanimado

aniñado, -da *adjetivo*
1 infantil
   pueril (literario)

aniquilación *nombre femenino*
1 desmaterialización

aniquilado, -da *adjetivo*
1 exangüe
   debilitado

aniquilar *verbo transitivo*
1 destruir
   exterminar
   arruinar
   desbaratar

a
b
c
d
e
f
g
h
i
j
k
l
m
n
ñ
o
p
q
r
s
t
u
v
w
x
y
z

anonadar*
extinguir*
ANTO construir
  conservar
  animar

Aniquilar es, etimológica y literalmente, reducir a la nada, hacer que se extinga una cosa por completo; en tanto que de lo que se destruye quedan restos, vestigios o fragmentos. Un bombardeo destruye una ciudad, y si decimos que la aniquila, es por hipérbole. Exterminar se refiere a seres vivos: decimos por ejemplo que han sido exterminadas una plaga de langosta o las plantas parásitas de un jardín. Arruinar se aplica a edificios, bienes, hacienda, y metafóricamentea la salud, ánimo, etc. Desbaratar: destruir la fuerza que se nos opone, aunque destruya a los agentes de ella: se desbarata al enemigo en un combate sin destruirlo ni aniquilarlo. Anonadar etimológicamente tiene igual sentido que aniquilar; pero apenas se usa hoy en el sentido material; pero se emplea en la acepción de abatir, humillar, confundir o avergonzar a una persona.

2 arrollar
  derrotar
  vencer
  destrozar
  batir

verbo transitivo/pronominal
3 aplanar
  abatir
  postrar
  desalentar
  debilitar
  extenuar
  ANTO animar
    amontonar

anís *nombre masculino*
1 (planta y semilla) matalahúga
  matalahúva
2 (licor) anisado
  aguardiente anisado
  anisete

anís estrellado *locución nominal*
  badiana

anisado *nombre masculino*
1 anís

aguardiente anisado
anisete

anisete *nombre masculino*
1 anís
  anisado
  aguardiente anisado

aniversario¹ *nombre masculino*
1 cabo de año

aniversario, -ria² *adjetivo*
1 anual

anochecer¹ *nombre masculino*
1 anochecida

anochecer² *verbo intransitivo*
1 oscurecer
  ensombrecer

anochecida *nombre femenino*
1 anochecer I

anodino *nombre masculino*
1 paregórico
  calmante
  elixir

anodino, -na *adjetivo/nombre masculino*
1 sedante
  sedativo

El primero se emplea principalmente en el sentido de lo que produce sosiego general.

adjetivo
2 ineficaz
  insustancial
  insignificante

ánodo *nombre masculino*
1 anelectrodo

anofelismo *nombre masculino*
1 paludismo
  malaria

anomalía *nombre femenino*
1 anormalidad
  irregularidad

anómalo, -la *adjetivo*
1 irregular
  anormal
  ANTO regular
2 infrecuente
  raro
  extraño
  insólito
  ANTO vulgar

anona *nombre femenino*
1 corrosal

anonadar *verbo transitivo*
1 abatir

humillar
confundir
aniquilar

Aunque *aniquilar* y *anonadar* coinciden en su acepción etimológica, el primero se emplea preferentemente en significado material, y el segundo en sentido moral: la epidemia *aniquila* el rebaño; la noticia me *anonadó*.

anónimo, -ma *adjetivo*
1 desconocido
  ignorado

Tratándose del autor de una obra o escrito, *desconocido*, *ignorado*; pero si se trata de la obra misma no puede decirse que es *desconocida* o *ignorada*, sino precisamente *anónima*.

anorexia *nombre femenino*
1 inapetencia
  desgana

anoria *nombre femenino*
1 noria

anormal *adjetivo*
1 irregular
  anómalo

anormalidad *nombre femenino*
1 irregularidad
  anomalía

anorza *nombre femenino*
1 nueza blanca

anotación *nombre femenino*
1 apunte
  nota
  glosa*
  comentario
  explicación
  acotación

anotar *verbo transitivo*
1 apuntar
  asentar

Asentar tuvo en la lengua antigua el mismo significado, pero hoy su empleo ha quedado restringido a los libros de comercio y cuentas. Un estudiante *anota* o *apunta* las explicaciones del profesor, pero no las *asienta*. Igualmente *anotamos* o *apuntamos* lo que no queremos que se nos olvide. Un comerciante *asienta* una partida en sus cuentas.

2 asentar
comentar
glosar
apuntar

Tratándose de añadir anotaciones que aclaren o comenten el sentido de un libro o escrito, *anotar, comentar, glosar*, pero nunca *apuntar* ni *asentar* el libro o escrito en cuestión.

anquilosarse *verbo pronominal*
1 envejecer
inmovilizarse

ánsar *nombre masculino*
1 ganso
ansarón

ansia *nombre femenino*
1 aspiración
deseo
afán
anhelo
ansiedad
2 aflicción
zozobra
congoja
angustia
tribulación
deseo
ANTO despreocupación
tranquilidad

Cuando en el *ansia* predominan los sentimientos penosos, llega a desaparecer u oscurecerse la idea de deseo, y la línea sinonímica va hacia los significados de *aflicción, zozobra, congoja, angustia, tribulación.*

3 apetito
sed
hambre
ANTO inapetencia
⇒ ansias

ansiado, -da *adjetivo*
1 suspirado
deseado
anhelado
apetecido

ansiar *verbo transitivo*
1 apetecer
desear*
aspirar*
anhelar
suspirar por
desvivirse
echar el ojo
írsele los ojos tras

ambicionar*
ANTO despreocupar
tranquilizar

ansias *nombre femenino plural*
1 náuseas
basca
⇒ ansia

ansiedad *nombre femenino*
1 ansia
inquietud
intranquilidad
agitación
congoja
zozobra
angustia
tribulación
dolor

Ansia, inquietud, intranquilidad y *agitación*, cuando predomina el matiz de impaciencia o deseo impaciente. Cuando aquel sentimiento se hace doloroso, se utilizan todos los otros.

ansioso, -sa *adjetivo*
1 ávido
codicioso
anheloso
voraz
ganoso
deseoso
afanoso
insaciable

anta *nombre femenino*
1 alce
ante
dante
danta

antagonismo *nombre masculino*
1 oposición
contraposición
conflicto
2 rivalidad
lucha

antagonista *nombre común*
1 adversario
contradictor
contrario
rival
enemigo

antártico, -ca *adjetivo*
1 austral

ante[1] *nombre masculino*
1 anta
dante
danta
alce

ante[2] *preposición*
1 en presencia de
delante de
2 respecto de

antecámara *nombre femenino*
1 antesala

antecedente *adjetivo*
1 anterior
precedente
ANTO consiguiente
consecuente

Tratándose de cosas fijas sin idea de sucesión temporal o de orden, se usa *anterior*, y no *antecedente* ni *precedente*; por ejemplo, cuando hablamos de la parte *anterior* de un edificio. '*Antecedente* es lo que está colocado antes; *anterior* es lo que ha sucedido o existido antes; *precedente* lo que está colocado o ha existido inmediatamente antes de lo actual' (M).

nombre masculino
2 dato
noticia
referencia
informe
precedente

Precedente es un caso anterior que sirve para juzgar o decidir otros posteriores más o menos parecidos.

anteceder *verbo transitivo*
1 preceder
ir delante

Preceder indica anterioridad inmediata en orden, jerarquía o tiempo. *Anteceder* no establece limitación respecto al tiempo. Los hechos que *antecedieron* a un acontecimiento importante son sencillamente anteriores a éste, y pueden ser próximos o lejanos; los que le *precedieron* se hallan en anterioridad inmediata con el acontecimiento en cuestión, o muy próximos a él.

antecesor[1] *nombre masculino*
1 ascendiente
antepasado
⇒ antecesores

antecesor, -ra[2] *nombre*
1 predecesor

a
b
c
d
e
f
g
h
i
j
k
l
m
n
ñ
o
p
q
r
s
t
u
v
w
x
y
z

Por ejemplo, *predecesor* en un cargo o dignidad.

antecesores *nombre masculino*
plural
1 predecesores
mayores
padres
abuelos

⇒ antecesor

antedicho, -cha *participio*
pasado
1 predicho
augurado
profetizado

adjetivo
2 dicho
sobredicho
nombrado
mencionado

anteguerra *nombre femenino*
1 preguerra

antehistórico, -ca *adjetivo*
1 prehistórico

antelación *nombre femenino*
1 anticipación

Anticipación es de uso más general. *Antelación* es voz escogida, de sabor literario, muy frecuente también en el lenguaje administrativo: se anuncia la presentación de los opositores con 15 días de *antelación*; el juez requiere la presencia de un testigo con 24 horas de *antelación*.

antemano

de antemano *locución*
adverbial
por anticipado
por adelantado
anticipadamente
antes

antena *nombre femenino*
1 entena
2 cuerno
cornezuelo

antenado, -da *nombre*
1 hijastro
entenado
alnado (antiguo)

anteojo *nombre masculino*
1 catalejo

**ver con anteojo de
aumento** *locución*
ponderar

exagerar
encarecer
abultar

anteojos *nombre masculino*
plural
1 gemelos

⇒ anteojo
2 espejuelos
lentes
quevedos
gafas
antiparras

⇒ anteojo
Los tres primeros se utilizan cuando se sujetan a la nariz; *gafas* y *antiparras* si la armadura se sujeta detrás de las orejas.

antepasado *nombre masculino*
1 antecesor
ascendiente*
abuelo
progenitor
mayor
padre

antepecho *nombre masculino*
1 pretil
guardalado
barandilla

anteponer *verbo*
transitivo/pronominal
1 preferir
preponer
ANTO posponer
humillar

anteporta *nombre femenino*
1 portadilla
anteportada

anteportada *nombre femenino*
1 anteporta

antepuerta *nombre femenino*
1 guardapuerta
2 contrapuerta
Contrapuerta en fortificaciones.

antequino *nombre masculino*
1 esgucio

anterior *adjetivo*
1 antecedente
precedente
previo
ANTO posterior
pospuesto

anterioridad *nombre femenino*
1 prioridad
precedencia

anteriormente *adverbio*
1 atrás
antes

antes *adverbio*
1 de antemano
anticipadamente
por anticipado
por adelantado
con anticipación
2 atrás
anteriormente
con anticipación

antesala *nombre femenino*
1 antecámara
recibidor
recibimiento
Antecámara, en los palacios y casas importantes. En las casas corrientes, *recibidor*, *recibimiento*.

antever *verbo transitivo*
1 prever

antia *nombre femenino*
1 lampuga

antiafrodisíaco, -ca *adjetivo*
1 anafrodisíaco

anticarro *nombre masculino*
1 antitanque

anticipación *nombre femenino*
1 adelanto
antelación
anticipo
2 ocupación
prolepsis
sujeción

anticipadamente *adverbio*
1 de antemano
antes
por anticipado
por adelantado
anteriormente

anticipado, -da *adjetivo*
1 precoz*
temprano
prematuro
2 previo
anterior
ANTO pospuesto
subsiguiente
posterior

por anticipado *locución*
adverbial
anticipadamente
por adelantado
de antemano

anticipar *verbo transitivo/pronominal*
1 adelantar
coger la delantera
dar primero
levantarse con estrellas
tomar la delantera
ANTO retrasar

anticipo *nombre masculino*
1 anticipación
adelanto
avance
2 señal
garantía
prenda
fianza

anticlímax *nombre masculino*
ANTO clímax
⇒ gradación

anticoncepción *nombre femenino*
1 contracepción

anticonceptivo, -va *adjetivo*
1 contraceptivo
preservativo

anticorrosivo, -va *adjetivo/nombre masculino*
1 antioxidante

anticuado, -da *adjetivo*
1 viejo
antiguo
desusado
desueto
obsoleto
trasnochado
Anticuado añade a *viejo* y *antiguo* la idea de que no está en uso desde hace tiempo.

anticuario *nombre masculino*
1 arqueólogo
Arqueólogo es hoy más usado que *anticuario* para indicar el conocedor de las cosas antiguas por profesión o estudio. Es además de significación más extensa, puesto que abarca el conocimiento de monumentos antiguos en general, y no sólo el de objetos de arte, utensilios, etc. En el uso moderno, *anticuario* se aplica especialmente al que comercia en antigüedades.

anticuerpo *nombre masculino*
1 reagina

antidáctilo *nombre masculino*
1 anapesto

antídoto *nombre masculino*
1 contraveneno
antitóxico
Antídoto y *contraveneno* son medicamentos propios para contrarrestar los efectos de un veneno determinado; *antitóxico* (adjetivo/nombre masculino) tiene un sentido más general y sirve para anular o eliminar no sólo un veneno o toxina de efectos rápidos, sino también los estados de intoxicación más o menos duradera. A un envenenado con arsénico se le administra inmediatamente un *antídoto* o *contraveneno*. Un régimen alimenticio puede ser *antitóxico*.

antídoto, -ta *adjetivo/nombre masculino*
1 alexifármaco
contraveneno
toxicida

antienzima *nombre masculino*
1 antifermento

antiestético, -ca *adjetivo*
1 feo*
feúco
feucho
mal parecido

antifaz *nombre masculino*
1 careta
máscara

antifebril *adjetivo/nombre común*
1 antitérmico
antipirético
febrífugo

antifermento *nombre masculino*
1 antienzima

antifonal *adjetivo/nombre común*
1 tonario
antifonario

antifonario, -ria *adjetivo/nombre*
1 antifonal
tonario

antiguamente *adverbio*
1 en lo antiguo
en otro tiempo
otras veces
desde que el mundo es mundo

en tiempo del rey que rabió
en tiempo de los godos
yendo y viniendo días
'Todos designan el tiempo pasado; pero *antiguamente* lo designa como muy apartado del tiempo presente; *en otro tiempo*, como simplemente separado, y *otras veces* lo designa no solamente como separado de lo presente, sino también como diferente, por los accesorios. Tan injusto es juzgar de lo que se practicaba *antiguamente*, por lo que en el día está en uso, como sería ridículo querer arreglar los usos del día por lo que *antiguamente* se hacía. *En otro tiempo* se rogaba mucho a los convidados para que bebiesen, en el día ni aun se les indica. Las cosas mudan según los tiempos y las circunstancias: lo que *otras veces* era bueno, puede no ser conveniente ahora' (Ma).

antiguo, -gua *adjetivo*
1 viejo
vetusto
añoso
arcaico
remoto
añejo*
Viejo y *antiguo* pueden aplicarse a personas y cosas. Cuando *antiguo* se aplica a personas, se refiere, más que a su edad, a sus costumbres, ideas, vestido, etc., y se acerca al sentido de *anticuado*. *Anciano* se dice exclusivamente de personas.
2 anticuado
obsoleto
desusado
desueto
trasnochado
más viejo que el andar a pie
del tiempo de Noé
chapado a la antigua
3 arraigado
inveterado

antihurto *nombre masculino*
1 antirrobo

antiinflamatorio, -ria *adjetivo*
1 alogístico

a b c d e f g h i j k l m n ñ o p q r s t u v w x y z

antimetropía *nombre femenino*
1 heterometropía

antinatural *adjetivo*
1 monstruoso
teratológico

antioxidante *adjetivo/nombre*
masculino
1 anticorrosivo

antiparras *nombre femenino*
plural
1 (familiar) anteojos*
espejuelos
lentes
quevedos
gafas (familiar y vulgar)

antipatía *nombre femenino*
1 ojeriza
desafecto
desafección
inquina
animadversión
manía
tirria
hincha (vulgar)
aversión
repugnancia
repulsión
animosidad
mala ley
ANTO simpatía
aprecio

Antipatía es voz genérica que abarca todos los matices contenidos en la siguiente serie intensiva: *ojeriza, desafecto, desafección, inquina, animadversión, manía, tirria, hincha, aversión, repugnancia, repulsión.* Cuando estos sentimientos se combinan más o menos con la voluntad activa del sujeto, pasan a ser *animosidad, mala ley, mala voluntad, malquerencia, encono, rencor, aborrecimiento, rabia, odio*.* La aplicación de *repugnancia* al sentimiento moral que nos inspiran ciertas personas es hoy frecuente como expresión de *antipatía* intensa. Con el mismo sentido intensivo se aplica también a ciertas ideas, doctrinas o prácticas muy distantes de las que tenemos por buenas o gratas.

antipirético, -ca
adjetivo/nombre
1 antifebril

antitérmico
febrífugo

antipútrido, -da
adjetivo/nombre
1 antiséptico
desinfectante

antirreflector, -ra
adjetivo/nombre masculino
1 antirreflejos

antirreflejos *adjetivo/nombre*
masculino
1 antirreflector

antirrobo *nombre masculino*
1 antihurto

antisepsia *nombre femenino*
1 desinfección
asepsia
esterilización

antiséptico, -ca
adjetivo/nombre
1 antipútrido
desinfectante

antitanque *nombre masculino*
1 anticarro

antitérmico, -ca
adjetivo/nombre
1 antifebril
febrífugo
antipirético

antítesis *nombre femenino*
1 oposición
contraposición
contraste

antitético, -ca *adjetivo*
1 opuesto
contrario
contrapuesto
ANTO semejante
compatible

antitóxico, -ca *adjetivo/nombre*
masculino
1 antídoto*
contraveneno
ANTO veneno
tóxico

antojadizo, -za *adjetivo*
1 caprichoso
caprichudo
fantasioso
mudable
versátil
veleidoso
voluble

antojo *nombre masculino*
1 deseo
capricho
gusto
fantasía
humorada

antología *nombre femenino*
1 florilegio
crestomatía
analectas
selectas

antorcha *nombre femenino*
1 hacha

antrácidos *nombre masculino*
plural
1 carbónidos

antro *nombre masculino*
1 caverna
gruta
cueva
2 cámara
ventrículo
cavidad

antropofagia *nombre femenino*
1 canibalismo

antropoide *adjetivo/nombre*
común
1 antropomorfo

antropomorfo, -fa
adjetivo/nombre
1 antropoide

anual *adjetivo*
1 aniversario

anubado, -da *adjetivo*
1 anublado
nuboso
nublado
encapotado
anubarrado

anubarrado, -da *adjetivo*
1 anubado
anublado
nuboso
nublado
encapotado

anubarrarse *verbo pronominal*
1 encapotarse
nublarse
oscurecerse
ANTO descubrirse
despejarse

anublado, -da *adjetivo*
1 anubado
nuboso

nublado
encapotado
anubarrado

anublar *verbo*
transitivo/pronominal
1 nublar
oscurecer
empañar
2 marchitar
amustiar

anudar *verbo transitivo*
1 juntar
unir
asegurar
2 continuar
reanudar
verbo pronominal
3 ennudecer
detenerse (el crecimiento)
dejar de crecer

anuencia *nombre femenino*
1 consentimiento*
aquiescencia
permiso
venia
asentimiento
asenso
aprobación
beneplácito
hacer la vista gorda

anular *verbo*
transitivo/pronominal
1 suprimir
revocar
abolir*
invalidar
deshacer
borrar
tachar

Suprimir, revocar, abolir e *in-*
validar indican alguna orden o
disposición; se emplea *desha-*
cer si se trata de un trabajo u
obra; *borrar, tachar* cuando se
trata de un escrito.

2 desautorizar
incapacitar (a alguien)
ANTO confirmar
convalidar
autorizar

anunciar *verbo*
transitivo/pronominal
1 predecir
pronosticar
presagiar
augurar
2 advertir
prevenir
noticiar

avisar
informar
proclamar
hacer saber
pregonar
vocear
ANTO ocultar
callar

anuncio *nombre masculino*
1 predicción
pronóstico
presagio
augurio
2 aviso
noticia

anverso *nombre masculino*
1 cara

anxylita *nombre femenino*
1 angillita

anzuelo *nombre masculino*
1 atractivo
aliciente
incentivo

añadido *nombre masculino*
1 postizo

añadidura *nombre femenino*
1 aditamento
añadido
complemento
adjunción
agregación
adición
suma
aumento
ANTO resta
disminución

añadir *verbo transitivo*
1 agregar
sumar
adicionar
incorporar
ANTO restar
mermar

Incorporar es por su etimología y significado presente,
añadir formando cuerpo o conjunto. Una salsa se corta si el
aceite que le añadimos no se
incorpora a la masa. Los soldados se *incorporan* a su regimiento, no se *añaden. In-*
crementar es voz culta o
científica. Entre *añadir* y *agre-*
gar existe la diferencia expuesta en la cita:

'Lo que se *añade* compone
parte integrante de aquello a

que se *añade*; lo que se *agre-*
ga conserva su individualidad:
de modo que *añadir* es aumentar el todo, y *agregar* es
aumentar el conjunto. *Añadir*
supone homogeneidad; pero
agregar no requiere esta circunstancia. Cuando se quiere
ensanchar o alargar una pieza
de ropa, se le *añade* un pedazo del mismo tejido y color.
Las guarniciones, los flecos y
los adornos postizos se *agre-*
gan, no se *añaden*' (M).

2 aumentar
ampliar*
ANTO restar
mermar

'El *aumento* es el resultado de
la adición. La parte que se
agrega a otra para hacerla
mayor, es lo que se *añade;* la
que se hace mayor con la parte *añadida*, es lo que *aumenta.*
Aumenté el número de mis libros, *añadiendo* a los que tenía algunos que me faltaban.
Este vecindario se va *aumen-*
tando de día en día; y no, se
va *añadiendo. Aumentó* su
caudal *añadiendo* a él la dote
de su mujer; y no, *añadió* el
caudal *aumentando* la dote,
porque se daría a entender lo
contrario de lo que se quería
decir' (LH).

añagaza *nombre femenino*
1 señuelo
2 ardid
artificio
artimaña
engaño
treta
trampa

añal *nombre masculino*
1 añojo

añalejo *nombre masculino*
1 cartilla
burrillo
gallofa (familiar)
cuadernillo
epacta
epactilla

añasco *nombre masculino*
1 enredo
embrollo

añejo *adjetivo*
1 añoso

a

viejo
antiguo

'*Añoso* es lo que ha durado muchos años; *añejo* lo que, por haber durado muchos años, ha mejorado o empeorado de condición. En poesía se dice *añosas* selvas, y los aficionados al vino prefieren el *añejo*' (M).

añicos *nombre masculino plural*
1 pedazos
trizas

añil *nombre masculino*
1 índigo

año
del año de la pera *locución adverbial* (familiar)
antiguo
viejo
vetusto
añoso
arcaico
remoto
más viejo que el andar a pie (familiar)
del tiempo de Noé
del tiempo de Maricastaña (familiar)
en tiempo del rey que rabió (familiar)
en tiempo de los godos (familiar)
desde que el mundo es mundo (familiar)
ANTO nuevo
moderno
entrado en años *locución adjetiva*
añoso
viejo
vetusto
antiguo
añejo
entrado en días
maduro
adulto
mayor
ANTO joven

añojo *nombre masculino*
1 añal

añoranza *nombre femenino*
1 nostalgia
recuerdo
morriña
soledad
ANTO olvido

añoso, -sa *adjetivo*
1 viejo
vetusto
antiguo*
añejo
entrado en años
entrado en días

añublo *nombre masculino*
1 niebla

aojar *verbo transitivo*
1 fascinar
atravesar
ojear
hacer
dar mal de ojo

aónides *nombre femenino plural*
1 las musas

aovado, -da *adjetivo*
1 ovado
oval
ovalado
ovoide
ovoideo

aovar *verbo intransitivo*
1 ovar
poner

apabullar *verbo transitivo*
1 aplastar
chafar
estrujar
2 confundir
avergonzar

apacentamiento *nombre masculino*
1 pacedura
Pacedura, tratándose del ganado.

apacentar *verbo transitivo*
1 pastorear
dar pasto
apastar
pacer
2 instruir
enseñar
adoctrinar

apacibilidad *nombre femenino*
1 bondad
blandura*
dulzura
afabilidad
indulgencia
clemencia
ANTO intolerancia
2 placidez
sosiego
tranquilidad

quietud
agrado
mansedumbre
ANTO intranquilidad
pena

apacible *adjetivo*
1 dulce
agradable
pacífico
manso
sosegado
tranquilo
reposado
bonancible
blando
suave
templado
plácido
quieto
Especialmente tratándose del tiempo se utiliza *bonancible*.
2 deleitable
deleitoso
ameno
placentero
delicioso
agradable
encantador
grato

apaciguar *verbo transitivo*
1 poner en paz
pacificar
despartir
Despartir tratándose de una riña.
2 tranquilizar
sosegar
calmar
aquietar
ANTO inquietar
enfurecer

apadrinar *verbo transitivo*
1 proteger
patrocinar
auspiciar

apagado, -da *adjetivo*
1 sosegado
apocado
bajo
débil
mortecino
amortiguado
Tratándose de personas o de su carácter, *sosegado*, *apocado*. Tratándose del color o del brillo, *bajo*, *débil*, *mortecino*, *amortiguado*.

apagador *nombre masculino*
1 matacandelas
  apagavelas

apagar *verbo*
transitivo/pronominal
1 extinguir
  sofocar
2 aplacar
  reprimir
  contener
3 rebajar
  amortiguar
  debilitar
  ANTO encender

Tratándose del color o del brillo.

apagavelas *nombre masculino*
1 matacandelas

apalabrar *verbo transitivo*
1 concertar
  convenir
  tratar
  pactar

apalear *verbo transitivo*
1 varear
  golpear (con palo)
2 palear (con pala)

apandar[1] *verbo transitivo*
1 (familiar) pillar
  guardar
  llevarse

apandar[2] *verbo*
intransitivo/pronominal
1 pandear
  torcerse
  encorvarse
  alabearse
  combarse

Apandar y *pandear*, se aplican a una superficie más o menos extensa, una pared, una tabla se *apandan*, *pandean*, *alabean* o *comban*; pero un bastón o un clavo se *tuercen* o *encorvan*.

apandillar *verbo transitivo*
1 acuadrillar
  capitanear

apañado, -da *adjetivo*
1 hábil
  mañoso
  diestro
2 arreglado
  ataviado
  aderezado
  compuesto

3 arreglado
  remendado
  adobado

apañar *verbo transitivo*
1 recoger
  guardar
2 aderezar
  ataviar
  arreglar*
  componer
3 remendar

verbo pronominal
4 bandearse
  ingeniarse

apaño *nombre masculino*
1 compostura
  remiendo
  arreglo
2 maña
  habilidad
  destreza

aparador *nombre masculino*
1 cristalera
  trinchero
2 credencia
3 escaparate

aparato *nombre masculino*
1 instrumento*
  mecanismo
  dispositivo
2 pompa
  ostentación
  solemnidad
  boato
  fausto
3 adorno
  atavío
  gala
  ornamento
  ornato*

aparatoso, -sa *adjetivo*
1 pomposo
  ostentoso

aparcamiento *nombre*
  masculino
1 estacionamiento*
  párquing (anglicismo)

aparcar *verbo*
intransitivo/transitivo
1 estacionar
  parquear (anglicismo)
  ⇒ estacionamiento

aparecer *verbo*
intransitivo/pronominal
1 mostrarse
  dejarse ver

  manifestarse
2 hallarse
  encontrarse
  estar
  parecer
  figurar
  ANTO desparecer
  ocultar

Así decimos que un nombre *aparece*, *se halla* o *encuentra*, *está*, *parece*, *figura*, en la lista.

3 salir
  nacer
  brotar
  surgir
  ANTO morir

aparecido, -da *adjetivo*
1 redivivo
  resucitado

aparejado, -da *adjetivo*
1 presto
  preparado
  dispuesto
  listo
  pronto

aparejar *verbo transitivo*
1 preparar
  prevenir
  disponer
  aprestar
2 imprimar
3 enjarciar

aparejo *nombre masculino*
1 preparación
  disposición
2 arreos
3 polipasto
  polispasto
4 imprimación
5 herramientas
  instrumental
6 ingredientes (de un plato o condimento)

aparentar *verbo transitivo*
1 simular
  fingir
  hacer la comedia
  quiero y no puedo
  hacer la muestra

aparente *adjetivo*
1 afectado
  fingido
  forzado
  estudiado
  amanerado
  rebuscado
  artificioso
  falso

a
b
c
d
e
f
g
h
i
j
k
l
m
n
ñ
o
p
q
r
s
t
u
v
w
x
y
z

a
b
c
d
e
f
g
h
i
j
k
l
m
n
ñ
o
p
q
r
s
t
u
v
w
x
y
z

especioso
engañoso
ANTO natural
   sencillo
   liso
2 mentiroso
falaz
ilusorio
3 superficial
ANTO hondo

aparición *nombre femenino*
1 fantasma
espectro
sombra
aparecido

apariencia *nombre femenino*
1 aspecto
forma
figura
traza
2 verosimilitud
probabilidad
3 ficción*
simulación

aparrado, -da *adjetivo*
1 parrado
2 achaparrado
rechoncho

apartado¹ *nombre masculino*
1 apartado de correos

apartado, -da² *adjetivo*
1 alejado
retirado
distante
lejano
remoto

apartar *verbo*
transitivo/pronominal
1 escoger
separar
seleccionar
2 separar
desunir
distanciar
dividir
3 alejar
retirar
desviar
quitar*
remover*
4 disuadir
distraer
ANTO acercar
   unir
verbo transitivo
5 prescindir*
dar de lado
dejar a un lado

aparte¹ *adverbio*
1 separadamente
por separado

   aparte de que *locución*
   conjuntiva
   además de
   fuera de que

aparte² *nombre masculino*
1 párrafo

aparvar *verbo transitivo*
1 emparvar
2 amontonar
reunir

apasionado, -da *adjetivo*
1 ardiente
férvido
ferviente
fervoroso
vehemente
ardoroso
fogoso
2 fanático
exaltado
intolerante
intransigente
   adjetivo/nombre
3 entusiasta
admirador
devoto

apasionarse *verbo pronominal*
1 exaltarse
entusiasmarse
acalorarse
arrebatarse
sobreexcitarse
enardecerse
ANTO tranquilizarse

apasote *nombre masculino*
1 pazote
apazote

apastar *verbo transitivo*
1 apacentar
pastorear
dar pasto

apatía *nombre femenino*
1 asadura
calma
cachaza
flema
pachorra
2 incuria
indolencia
displicencia
dejadez
desidia
abandono

ANTO fervor
anhelo
esfuerzo

apático, -ca *adjetivo*
1 desidioso
abandonado
indolente
dejado
2 flemático
lento
imperturbable
cachazudo
calmoso
indiferente
impasible
sangre de horchata

apazote *nombre masculino*
1 pazote
apasote

apeadero *nombre masculino*
1 paradero

apearse *verbo pronominal*
1 descabalgar
desmontar
bajar
descender
ANTO subir
   montarse

no apearse del burro
locución
⇒ burro

apechar *verbo intransitivo*
1 apechugar
cargar
apencar

apechugar *verbo intransitivo*
1 apechar
cargar
apencar

apegado, -da *adjetivo/nombre*
1 devoto
afecto
aficionado
admirador
entusiasta
partidario

apego *nombre masculino*
1 afición
inclinación
afecto
ANTO desinterés
   antipatía
2 adhesión
unión
afección
afiliación

ANTO desunión
  discrepancia
3 lealtad*
  fidelidad
  ley
  ANTO traición
  ilegalidad

apelación *nombre femenino*
1 alzada

apelambrar *verbo transitivo*
1 pelambrar

apelar *verbo intransitivo*
1 recurrir
  acudir
  ANTO desistir

apelmazado, -da *adjetivo*
1 amazacotado
  denso
  compacto

apelmazar *verbo transitivo*
1 enfurtir

  verbo transitivo/pronominal
2 amazacotar

apenado, -da *adjetivo*
1 afectado
  aquejado
  molestado
  conmovido
  impresionado
2 doliente
  dolorido
  desconsolado
  afligido
  contristado
  pesaroso
  entristecido

apenar *verbo
transitivo/pronominal*
1 afligir
  entristecer
  apesadumbrar
  contrariar
  contristar
  apesarar
  partírsele a uno el alma
  cubrírsele el corazón
  hacérsele a uno un nudo en
    la garganta
  atribular
  desconsolar
  desolar
  angustiar
  ANTO consolar

apenas *adverbio*
1 casi no
  con dificultad
  escasamente

apencar *verbo intransitivo*
1 apechugar
  apechar

apéndice *nombre masculino*
1 prolongación
  suplemento
  agregado
2 cola
  prolongación

apendicitis *nombre femenino*
1 peritiflitis

apercibido, -da *adjetivo*
1 listo
  preparado
  dispuesto

apercibimiento *nombre
masculino*
1 percibimiento
2 aviso
  advertencia*
  prevención*
  consejo
3 admonición
  amonestación

apercibir *verbo transitivo*
1 prevenir
  disponer
  preparar
  aparejar
2 amonestar
  avisar
  advertir*

Apercibir, además, se utiliza
cuando una autoridad comu-
nica o hace saber las sanciones a que está expuesta la
persona requerida.

  verbo pronominal
3 darse cuenta
  notar
  advertir
  ANTO ocultar

aperdigar *verbo transitivo*
1 perdigar

aperitivo *nombre masculino*
1 vermú
  vermut

apero *nombre masculino*
1 instrumento*
  utensilio
  útil
  herramienta
  aparato
  mecanismo
  dispositivo

2 majada (lugar)

aperreado, -da *adjetivo*
1 duro
  fatigoso
  molesto
  trabajoso
  arrastrado

apersonarse *verbo pronominal*
1 personarse
  presentarse
  comparecer

apertura *nombre femenino*
1 inauguración
  comienzo
  principio
  Apertura e *inauguración* dan
  idea de solemnidad.

apesadumbrado, -da *adjetivo*
1 taciturno
  triste
  melancólico
  pesaroso
  ANTO alegre
    optimista

apesadumbrar *verbo transitivo*
1 afligir
  entristecer
  apenar
  apesar
  atribular
  acibarar
  amargar
  desconsolar

apesarar *verbo transitivo*
1 afligir
  entristecer
  apenar
  apesadumbrar
  contristar

apestar *verbo transitivo*
1 heder
  oler mal
2 corromper
  viciar
3 fastidiar
  hastiar
  cansar
  molestar
  enfadar
  ANTO curar
    sanear
  Apestar añade intensidad o
  grado a la molestia sufrida.

apestoso, -sa *adjetivo*
1 fétido
  hediondo

a
b
c
d
e
f
g
h
i
j
k
l
m
n
ñ
o
p
q
r
s
t
u
v
w
x
y
z

a

2 fastidioso
molesto
enfadoso
insufrible
insoportable

apetecer *verbo transitivo*
1 desear*
írsele los ojos tras
hacerse la boca agua
despertar el apetito
querer*
ambicionar*
2 pedir

apetecible *adjetivo*
1 desiderable*
deseable
codiciable

apetecido, -da *adjetivo*
1 suspirado
deseado
anhelado
ansiado

apetencia *nombre femenino*
1 apetito
gana de comer
inclinación
deseo

Apetencia tiene aplicación general a todo lo que es inclinación o deseo, especialmente si es sensual o necesario para el cuerpo.

apetito *nombre masculino*
1 gana
necesidad
hambre
voracidad
gazuza
carpanta

Serie intensiva: apetito, gana, necesidad, hambre, voracidad. En el habla popular y burlesca, gazuza, carpanta.

2 inclinación
deseo
ANTO desgana
inapetencia

apetitoso, -sa *adjetivo*
1 gustoso
sabroso
regalado
delicado
rico
entrar por los ojos
estar diciendo 'comedme'

apiadarse *verbo pronominal*
1 compadecerse

condolerse
dolerse
tener compasión
tener misericordia
arrancársele las entrañas
rezumar caridad
ANTO ensañarse

apilar *verbo transitivo*
1 amontonar
juntar
allegar

apimpollarse *verbo pronominal*
1 pimpollear
pimpollecer

apiñado, -da *adjetivo*
1 denso
compacto*
apretado
espeso

apiñar *verbo transitivo/pronominal*
1 amontonar*
juntar
reunir
acopiar
allegar
hacinar
acumular
ANTO esparcir
separar

apio

apio caballar *locución nominal*
esmirnio
perejil macedonio

apio de ranas
ranúnculo

apiolar *verbo transitivo*
1 (familiar y burlesco) prender
sujetar
2 matar

apiparse *verbo pronominal*
1 hartarse
saciarse
atracarse

apisonadora *nombre femenino*
1 cilindro

apisonar *verbo transitivo*
1 pisonear
repisar

aplacar *verbo transitivo/pronominal*
1 amansar
mitigar
moderar
suavizar

calmar
sosegar
acallar
aquietar
apagar
reprimir
contener
templar
atenuar
ANTO irritar
destemplar

Amansar, mitigar, moderar y suavizar se aplican a lo violento, como el huracán, la ira, la enemistad. Calmar y sosegar se extienden a los sentimientos de dolor, temor, impaciencia o desesperación. Aplacar se usa en ambos sentidos, pero en general está más cerca de la primera serie sinonímica que de la segunda. Se aplaca al iracundo; se calma o sosiega al aterrorizado, al dolorido.

aplacible *adjetivo*
1 agradable
grato
ameno
deleitoso
deleitable
delicioso

aplanador, -ra *adjetivo/nombre*
1 nivelador

aplanamiento *nombre masculino*
1 abatimiento*
decaimiento
desfallecimiento
agotamiento
desaliento
desánimo
postración
ANTO animación

aplanar *verbo transitivo*
1 allanar
explanar
igualar
2 asentar
alisar
apisonar

verbo pronominal
3 abatirse*
postrarse
desalentarse
debilitarse
extenuarse
aniquilarse
ANTO animarse
alentarse

aplastar *verbo transitivo/pronominal*
1 chafar
estrujar
despachurrar
apabullar
2 confundir
avergonzar
humillar
abatir
dejar cortado
dejar avergonzado
dejar sin resuello
dejar apabullado
dejar para el arrastre
ANTO mullir
consolar

aplaudir *verbo transitivo*
1 palmotear
2 aprobar
alabar
loar
elogiar
encomiar
celebrar
poner por las nubes

aplauso *nombre masculino*
1 ovación
palmas

Ovación cuando el *aplauso* es grande, ruidoso y tributado por mucha gente.

2 alabanza
loa
elogio
aprobación
encomio

aplazamiento *nombre masculino*
1 prórroga
demora*
suspensión
retraso
retardo
dilación

El *aplazamiento* y la *prórroga* tienen un tiempo determinado; mientras que la *demora*, la *suspensión*, el *retraso*, el *retardo* y la *dilación* son por tiempo indefinido. Cuando el *aplazamiento* y la *prórroga* quieren hacerse sin señalar su término, hay que añadirles expresiones como 'hasta nueva orden', 'sine die', etc. La *prórroga* es el alargamiento de un plazo sin solución de continuidad; el *aplazamiento* supone solución de continuidad.

aplazar *verbo transitivo*
1 prorrogar
demorar
retrasar
diferir*
posponer
postergar
retardar
remitir
suspender
ANTO cumplir

Prorrogar, demorar, retrasar y *diferir* se refieren siempre al tiempo. *Remitir* y *suspender* se refieren a la situación u orden de colocación en el tiempo, en el espacio o en la estimación. Ambos implican un término de comparación, o punto de partida, desde el cual las cosas se posponen o postergan.

aplebeyarse *verbo pronominal*
1 vulgarizarse

aplestia *nombre femenino*
1 hambre

aplicación *nombre femenino*
1 superposición
adaptación
2 sobrepuesto

Ambos designan un adorno aplicado sobre una cosa.

3 asiduidad
esmero
atención
estudio
perseverancia

aplicado, -da *adjetivo*
1 cuidadoso
atento
perseverante
asiduo
estudioso
aprovechado
diligente
laborioso
trabajador*

aplicar *verbo transitivo*
1 superponer
sobreponer
adaptar
2 destinar
adjudicar
3 atribuir
imputar
achacar
4 emplear*
invertir
gastar
colocar

Tratándose de dinero.

verbo pronominal
5 esmerarse
perseverar
estudiar
atender
ANTO vaguear
desatender
desentenderse

aplomo *nombre masculino*
1 gravedad
serenidad
circunspección
seguridad en sí mismo
prudencia
cordura
seso
medida
juicio
discernimiento
sabiduría
ANTO insensatez
indiscreción
informalidad
descuido
2 plomada

apocado, -da *adjetivo*
1 infeliz
cuitado
pobre hombre
2 tímido
encogido
pusilánime
corto
medroso
cobarde*
ANTO atrevido
resuelto
acometedor
3 apagado*
sosegado
bajo
débil
mortecino
amortiguado
4 ñoño
remilgado
melindroso
dengoso
quejumbroso

apocamiento *nombre masculino*
1 cortedad
timidez
encogimiento
pusilanimidad

apocar *verbo transitivo*
1 aminorar

mermar
acortar
achicar
reducir
limitar
estrechar
2 humillar
tener en poco
rebajar
abatir
verbo pronominal
3 amedrentarse
acobardarse
achicarse
acoquinarse

apocatarsis *nombre femenino*
1 purgación
evacuación

apócrifo, -fa *adjetivo*
1 falso
fingido
supuesto
fabuloso
no auténtico
ANTO auténtico

Apócrifo se dice de los Evangelios no reconocidos por la Iglesia. La palabra extendió su aplicación a todo libro, escrito, relato y autor que se considera falso, fingido, supuesto, fabuloso, no auténtico.

apoderado, -da *nombre*
1 manager*
gerente
director
principal
encargado
jefe

apoderar *verbo transitivo*
1 dar poder
verbo pronominal
2 adueñarse
apropiarse
dominar
enseñorearse
ocupar
usurpar
Usurpar, si es contra derecho.

apodo *nombre masculino*
1 mote
malnombre
alias
sobrenombre*

Apodo, mote y malnombre implican generalmente menosprecio, burla, ironía, etc. Alias

y *sobrenombre*, pueden aludir a cualquier cualidad o circunstancia, buena o mala.

apogalactia *nombre femenino*
1 destete
ablactación
apolactancia
delactación

apogeo *nombre masculino*
1 auge
esplendor
plenitud
magnificencia
ANTO decadencia
apagamiento

apolactancia *nombre femenino*
1 destete
ablactación
apogalactia
delactación

apolillarse *verbo pronominal*
1 picarse
carcomerse
cariarse

apología *nombre femenino*
1 panegírico
elogio*
encomio
alabanza
justificación
defensa

La *apología* y el *panegírico* son discursos o escritos de alabanza; el primero de personas o cosas; el segundo, sólo de personas. Hacemos la *apología* de un personaje, de una época, de un país. El *panegírico* de un santo, de un escritor ilustre. En sentido general, y sin necesidad de que sea en forma de discurso o escrito, podemos emplear como sinónimos de *apología*: *elogio*, *encomio*, *alabanza*, *justificación*, *defensa*.

apólogo *nombre masculino*
1 fábula
ficción
parábola

apoltronarse *verbo pronominal*
1 emperezarse
empoltronecerse
2 arrellanarse
rellanarse
repantigarse
repanchigarse

aponeurosis *nombre femenino*
1 nervio

Aponeurosis es voz científica: en el habla común, nervio.

apopar *verbo intransitivo*
1 empopar

aporcar *verbo transitivo*
1 acogombrar
acohombrar

aporrear *verbo transitivo*
1 golpear
2 machacar
importunar
molestar
verbo pronominal
3 azacanearse
ahincarse
fatigarse
afanarse

aportadera *nombre femenino*
1 portadera

aportar[1] *verbo intransitivo*
1 arribar
llegar

aportar[2] *verbo transitivo*
1 llevar
conducir
2 dar
proporcionar

aposentar *verbo transitivo/pronominal*
1 hospedar
alojar
albergar
tomar casa
sentar el real
tener casa abierta

aposento *nombre masculino*
1 cuarto
estancia
habitación
pieza
cámara*
2 alojamiento
hospedaje
posada
albergue
cobijo

aposta *adverbio*
1 adrede
de intento
deliberadamente
ex profeso
de propósito
con intención
expresamente

apostar[1] *verbo transitivo*
1 poner
  jugar

apostar[2] *verbo
transitivo/pronominal*
1 situar
  colocar

apostasía *nombre femenino*
1 abjuración
  retractación
  deserción
  ANTO ordotoxia
       fidelidad

apóstata *nombre común*
1 renegado

  ⇒ apostatar

apostatar *verbo intransitivo*
1 renegar
  convertirse
  abjurar
  retractarse

  Desde el punto de vista de la
  religión, doctrina, partido, que
  se abandona, *apostatar* es lo
  mismo que renegar (*apóstata*
  es igual a *renegado*). Desde el
  punto de vista de la nueva
  doctrina, *convertirse* (*converso*), lo cual supone *abjurar* la
  doctrina anterior o *retractarse*
  de ella.

apostema *nombre femenino*
1 absceso
  tumor
  llaga
  úlcera
  postema
  supuración
  pus

apostilla *nombre femenino*
1 postila
  postilla
  acotación

apostillar *verbo transitivo*
1 marginar
  postilar
  acotar

apóstol *nombre masculino*
1 propagandista
  propagador

apostura *nombre femenino*
1 gentileza
  gallardía
  garbo

apotegma *nombre masculino*
1 aforismo
  máxima
  sentencia
  dicho
  refrán*

  Apotegma suele referirse únicamente a la antigüedad clásica o al Renacimiento.

apoxesis *nombre femenino*
1 raspado
  legrado

apoyar *verbo
transitivo/pronominal*
1 descansar
  gravitar
  estribar
  cargar
2 confirmar
  sostener
  autorizar
  secundar
  ANTO desaprobar

  Tratándose de opiniones, doctrinas, etc.

3 favorecer
  ayudar
  amparar
  proteger
  defender
  patrocinar
  asistir
  coadyuvar
  auxiliar
  socorrer
  ANTO abandonar
       desasistir
4 basar
  fundar
  fundamentar
5 reclinar
  recostar

apoyo *nombre masculino*
1 sostén
  soporte
  sustentáculo
  base*
  asiento
  fundamento
  cimiento
2 favor
  ayuda
  amparo
  protección
  auxilio*
  patrocinio
  defensa
  arrimo
  báculo
  consuelo

apreciable *adjetivo*
1 perceptible
2 estimable

apreciación *nombre femenino*
1 evaluación
  valoración
  estimación
2 juicio
  opinión
  dictamen

apreciado, -da *adjetivo*
1 afecto
  estimado
  grato
  querido

apreciar *verbo
transitivo/pronominal*
1 estimar
  tasar
  valuar
  evaluar
  valorar
  justipreciar*
  apreciar
  aquilatar*
  graduar
  ANTO despreciar
       desestimar
2 estimar
  considerar
  reputar
  preciar
  mirar con buenos ojos
  querer*
  amar
  ANTO aborrecer
       desestimar
       odiar
3 percibir
  discernir*
  distinguir
  diferenciar
  discriminar

aprecio *nombre masculino*
1 estimación
  estima
  consideración
  afecto
  ANTO aborrecimiento
       descrédito
       desestimación

aprehender *verbo transitivo*
1 coger
  prender
  capturar
  apresar
  aprisionar
  ANTO soltar
       desasir

aprehensión *nombre femenino*
1 detención
   arresto
   prendimiento
   aprisionamiento
   apresamiento

apremiante *adjetivo*
1 urgente
   perentorio
   acuciante

apremiar *verbo transitivo*
1 oprimir
   apretar
2 dar prisa
   urgir
   apurar
   instar
   acuciar
   ser puñalada de pícaro
   ANTO tranquilizar

apremio *nombre masculino*
1 urgencia
   premura
   prisa
   necesidad
2 estrechez
   aprieto
   apuro

aprender *verbo transitivo*
1 memorizar
   estudiar

aprendiz, -za *nombre*
1 principiante
   meritorio
   aspirante

   Principiante en general, y especialmente en los oficios manuales. En despachos u oficinas, *meritorio* o *aspirante*.

aprendizaje *nombre masculino*
1 estudio
   análisis
   observación
   investigación
   aplicación

aprensión *nombre femenino*
1 escrúpulo
   recelo
   desconfianza*
   temor
   ANTO confianza

aprensivo, -va *adjetivo*
1 escrupuloso
   receloso
   remirado
   temeroso

apresar *verbo transitivo/pronominal*
1 aprehender
   capturar*
   prender
   aprisionar
   ANTO soltar
       libertar

Se puede *aprehender* o *capturar* personas, animales y cosas. Se *apresan* cosas o animales, pero no personas; se *prende* sólo a personas. *Aprehender*, *capturar* y *apresar* sugieren idea de resistencia o huida; *prender* no supone necesariamente esta idea. *Aprisionar* es el acto de reducir a prisión, y también el de sujetar o atar.

aprestar *verbo transitivo*
1 aparejar
   preparar
   disponer
   prevenir
   arreglar

Se *aprestan* o *aparejan* las cosas necesarias para un fin, por ejemplo, un viaje, o las herramientas y materiales de construcción; pero un discurso se *prepara* o *dispone*.

apresto *nombre masculino*
1 prevención
   preparativo
   preparación
   ANTO imprevisión

apresurado, -da *adjetivo*
1 acucioso*
   diligente
   presuroso
   afanoso
2 precipitado
   atropellado
   irreflexivo
   alocado

apresurar *verbo transitivo/pronominal*
1 dar prisa
   acelerar
   activar
   avivar
   aligerar
   apurar
   precipitar
   abreviar*
   atropellar
   ANTO sosegar
       tardar

apretado, -da *adjetivo*
1 denso
   compacto*
   apiñado
   espeso
2 estrecho
   ajustado
   ceñido
   prieto
3 arduo
   difícil
   peligroso
   apurado
4 mezquino
   miserable
   agarrado
   tacaño
   cicatero
   roñoso
   avaro

apretar *verbo transitivo/pronominal*
1 estrechar
   comprimir
   prensar
   oprimir
   apretujar
   agarrotar
   ANTO ensanchar
2 acosar
   importunar
   afligir
   angustiar
   oprimir
   ANTO sosegar

apretón *nombre masculino*
1 conflicto
   apuro
   aprieto
   apretura
   ahogo

apretujar *verbo transitivo*
1 atestar*
   henchir
   llenar
   atiborrar
   ANTO vaciar

verbo transitivo/pronominal
2 apretar
   estrechar
   comprimir
   prensar
   oprimir
   ANTO ensanchar

apretura *nombre femenino*
1 conflicto
   apuro
   apretón
   aprieto

dificultad
ahogo

aprieto *nombre masculino*
1 conflicto
  compromiso
  dificultad
  apuro
  apretura
  ahogo
  brete
  atoro
  atasco

apriorismo *nombre masculino*
1 trascendentalismo

aprisa *adverbio*
1 pronto
  de prisa
  aceleradamente
  rápidamente

Los adverbios *de prisa*, *aceleradamente* y *rápidamente* equivalen a *aprisa*, y ofrecen las mismas diferencias que éste respecto a *pronto*.

'*Aprisa* expresa la celeridad del movimiento; *pronto*, la brevedad del tiempo en que se ejecuta una acción. No todo lo que se hace *aprisa* se hace *pronto*. Más *pronto* llega el que va despacio por el camino más corto que el que anda *aprisa* por el camino más largo. Además, *pronto* puede aplicarse a una acción instantánea, y *aprisa* se aplica siempre a una acción continuada, como se nota en estos ejemplos: cerró *pronto* la puerta; *pronto* salí de la duda; escribe, lee, anda *aprisa*' (M).

aprisco *nombre masculino*
1 corte

aprisionar *verbo transitivo*
1 prender
  capturar
  apresar*
  encarcelar
  encadenar
  ANTO libertar
2 asir
  coger
  sujetar
  ANTO desatar

aprobación *nombre femenino*
1 asentimiento
  asenso
  anuencia

aquiescencia
consentimiento*
beneplácito
conformidad
confirmación
sanción
2 aceptación
  tolerancia
  admisión
  acogida
  aplauso
  éxito
  boga
  ANTO intolerancia
       intransigencia
       fracaso

aprobar *verbo transitivo*
1 asentir
  consentir
  dar por bueno
  admitir
  conformarse
  dar la razón
  tener aceptación
  adoptar
  tomar
  acoger
  aceptar
  ANTO negar
       desautorizar
       rechazar
2 aplaudir
  alabar
  loar
  elogiar
  encomiar
  celebrar
  poner por las nubes
3 ratificar
  reafirmar
  refirmar
  confirmar
  roborar
  corroborar
  hacer coro
  ANTO anular
       desaprobar
       rectificar

apropiado, -da *adjetivo*
1 adecuado
  propio
  acomodado
  oportuno
  conveniente
  idóneo

apropiar *verbo transitivo*
1 aplicar
  acomodar
  verbo pronominal
2 apoderarse

adueñarse
arrogarse
atribuirse
adquirir*
posesionarse
comprar
ANTO dejar

'Uno se *apropia* un campo, se *arroga* un título o mando, se *atribuye* una invención' (Ma).

aprovechable *adjetivo*
1 útil
  apto
  utilizable
  disponible

aprovechado, -da *adjetivo*
1 aplicado
  diligente
  estudioso
2 ventajista
  ganguero
  ganguista
  ahorrador
  ahorrativo

Ventajista, ganguero y *ganguista* se toman comúnmente a mala parte.

3 (persona) oportunista

aprovechar *verbo intransitivo*
1 servir
  valer
  verbo transitivo
2 utilizar
  ANTO desaprovechar
  verbo pronominal
3 prevalerse
  disfrutar
  hacer su agosto
  sacar tajada

aprovisionador, -ra
  adjetivo/nombre
1 abastecedor*
  proveedor
  suministrador
  municionero

aprovisionar *verbo transitivo*
1 abastecer*
  proveer
  suministrar
  surtir
  avituallar
  proporcionar
  facilitar

aproximación *nombre femenino*
1 acercamiento
  apareamiento (en la hípica)

a b c d e f g h i j k l m n ñ o p q r s t u v w x y z

aproximadamente *adverbio*
1 con proximidad
con corta diferencia
próximamente
poco más o menos
a ojo de buen cubero
más o menos
alrededor
cerca
ANTO exactamente
precisamente
justamente

aproximar *verbo*
transitivo/pronominal
1 acercar
arrimar
juntar
andarle cerca
avecinar
ANTO alejar

apterigógeno, -na
adjetivo/nombre
1 tisanuro

aptitud *nombre femenino*
1 capacidad
idoneidad
suficiencia
disposición
competencia
genio
buena madera
ANTO incompetencia
inhabilidad

'La *aptitud* no supone más que disposición; la *capacidad* supone facilidad de acción; la *idoneidad incluye* la idea de facultades adquiridas. Un joven tiene *aptitud* o *disposición* para las matemáticas, y en poco tiempo adquiere bastante capacidad para resolver problemas difíciles. La *idoneidad* para la magistratura requiere saber y experiencia. En un recluta puede haber *aptitud* para aprender el ejercicio; un teniente se halla con bastante *capacidad* para mandar una compañía; pero no en todos los jefes de cuerpo hay la *idoneidad* que se requiere para mandar una división' (M).

apto, -ta *adjetivo*
1 dispuesto
suficiente
capaz
competente
idóneo

ANTO inútil
incompetente
inepto
⇒ aptitud

Se usa, preferentemente, para personas, lo mismo que *dispuesto, suficiente* y *capaz*; *útil* e *idóneo*, para personas o cosas; *competente*, en trabajos intelectuales.

'*Apto* explica una idoneidad pasiva; *capaz*, una idoneidad activa. Es *capaz* de ejecutar cualquier cosa, de acometer a un enemigo más fuerte que él. Es *apto* para aprender, para que se le imprima bien en la memoria lo que se le dice. Un buen oficial es *apto* para la carrera militar, y *capaz* para formar el plan de un ataque' (LH).

2 útil
utilizable
aprovechable
disponible
ANTO inutilizable
indisponible
inservible

apuesta *nombre femenino*
1 quiniela
boleto

apuesto, -ta *adjetivo*
1 ataviado
adornado
2 gallardo
airoso
arrogante
garboso
bizarro
galán

apulótico, -ca *adjetivo*
1 cicatrizante

apuntación *nombre femenino*
1 nota
apunte
apuntamiento
anotación

apuntador, -ra *nombre*
1 consueta
2 traspunte

apuntar *verbo transitivo*
1 anotar*
asentar
2 asestar
3 señalar
indicar

4 aguzar
afilar
5 soplar
6 insinuar*
sugerir
verbo pronominal
7 torcerse
avinagrarse
agriarse*
acedarse

apunte *nombre masculino*
1 nota
anotación
2 croquis
tanteo
esbozo
boceto
esquicio

apurado, -da *adjetivo*
1 necesitado
escaso
pobre
2 dificultoso
arduo
apretado
3 exacto
preciso

apuranieves *nombre femenino*
1 aguzanieves

apurar *verbo*
transitivo/pronominal
1 purificar
depurar
ANTO impurificar
contaminar
2 acabar
agotar
consumir
3 afligir
atribular
acongojar
meter el corazón en un puño
ANTO consolar
4 apremiar
urgir
apretar
apresurar
acelerar*
darse prisa
ANTO tardar

apuro *nombre masculino*
1 aprieto
escasez
2 aflicción
conflicto
compromiso
dificultad
ahogo

estar en un apuro *locución*
estar en un compromiso
estar con el agua al cuello
(intensivo)
estar en una situación de
vida o muerte

aquejado, -da *adjetivo*
1 afectado
molestado
apenado
afligido
impresionado
conmovido

aquejar *verbo transitivo*
1 acongojar
afligir
apesadumbrar
atribular
apenar

aquelea *nombre femenino*
1 altarreina
milenrama
artemisa bastarda
hierba meona
milhojas

aqueo, -ea *adjetivo/nombre*
1 aquivo

aquí *adverbio*
1 acá

'Como *aquí*, vivo *aquí*, supone
sola y absolutamente el lugar
en donde como y vivo, sin excluir determinadamente otro
lugar, y sin representar por sí
la menor idea de duda, preferencia, o relación alguna respecto de otro. Pero: hoy como
acá, excluye determinadamente el lugar en donde suelo comer. Con la misma proporción
se distinguen los adverbios
locales *allí* y *allá*. El primero representa aquel lugar absolutamente, y el segundo le representa con relación exclusiva
del lugar en que hablamos. *Allí*
está, no supone más relación
que a aquel lugar en donde tal
vez ha estado siempre; *allá*
está, esto es, no está aquí, en
donde suele, ha estado, o
debe estar' (LH).

2 éste
ésta

En frases como *aquí tiene razón*, *aquí me lo ha contado*,
usuales en la conversación,
adquiere carácter pronominal

demostrativo equivalente a
éste, *ésta*, designando personas. Se emplea cuando *éste*,
ésta, parecería poco respetuosos o demasiado familiares. Por ejemplo, un inferior no
puede designar a un superior
diciendo *éste me lo ha ordenado*; en cambio, puede decir
aquí me lo ha ordenado, si no
sabe su nombre o no quiere
usarlo. En una discusión calle-
jera entre personas descono-
cidas entre sí, es frecuente
aludirse unos a otros diciendo
aquí le ha insultado, *aquí tiene
razón*.

aquiescencia *nombre femenino*
1 asentimiento
asenso
anuencia
consentimiento*
beneplácito
conformidad
aprobación
venia
permiso
autorización
licencia
ANTO desautorización
prohibición

aquietar *verbo
transitivo/pronominal*
1 apaciguar
pacificar
tranquilizar
sosegar
calmar
serenar
relajar los nervios
acallar
aplacar*
reposar
ANTO excitar
intranquilizar
exaltar
agitar

aquifoliáceo, -ea
adjetivo/nombre
1 ilicíneo

aquifolio *nombre masculino*
1 acebo
agrifolio

aquilatar *verbo transitivo*
1 especular*
graduar
estimar
valorar
apreciar

Tanto en sentido recto como
figurado, *aquilatar* añade un
matiz de mayor exactitud y
minuciosidad. *Aquilatar* los méritos de una persona o la verdad de una noticia supone
una medida más precisa, de-
tallada y cuidadosa que la expresada por los demás sinónimos.

aquilea *nombre femenino*
1 milenrama
altarreina
artemisa
bastarda
hierba meona
milhojas

aquilino, -na *adjetivo*
1 aguileño

aquilón *nombre masculino*
1 viento
norte
septentrión
bóreas
cierzo
tramontana
matacabras

Matacabras si es fuerte y frío.

2 polo ártico
septentrión

aquivo, -va *adjetivo/nombre*
1 aqueo

ara *nombre femenino*
1 altar

árabe *adjetivo/nombre común*
1 agareno
sarraceno
ismaelita
moro
musulmán
islamita
mahometano

aráceo, -ea *adjetivo*
1 aroideo

arambel *nombre masculino*
1 colgadura
harambel

arandela *nombre femenino*
1 corona
herrón
vilorta
volandera

Tratándose del anillo metálico
usado en las máquinas para
atenuar el roce.

arandillo *nombre masculino*
1 trepajuncos

arañar *verbo transitivo*
1 rascar
 arpar
 rasgar
 rasguñar
 La acción de *arañar* es más ligera y superficial que la de los demás sinónimos.

arañazo *nombre masculino*
1 rascuño
 rasguño
 uñada
 uñarada
 arpadura
 uñetazo

arañuela *nombre femenino*
1 (planta) ajenuz
 araña
 neguilla

aráquida *nombre femenino*
1 cacahuete

arar *verbo transitivo*
1 labrar

arbellón *nombre masculino*
1 albollón

arbitraje *nombre masculino*
1 juicio
 dictamen
 decisión

arbitral *adjetivo*
1 arbitrario
 inmotivado
 caprichoso

arbitrar *verbo transitivo*
1 juzgar
 Arbitrar añade a *juzgar* la idea de decidir la contienda, discusión, partido deportivo, etc.
2 allegar
 disponer
 reunir
 procurar
 Por ejemplo: *arbitrar* medios, fondos, recursos.

arbitrariedad *nombre femenino*
1 extralimitación
 desafuero
 tropelía
 atropello
 injusticia
 despotismo
 iniquidad

 ilegalidad
 absolutismo*
 ANTO justicia
 legalidad

arbitrario, -ria *adjetivo*
1 inmotivado
 caprichoso
 arbitral
2 injusto
 ilegal
 inicuo
 despótico
 ANTO justo
 legal

arbitrio *nombre masculino*
1 medio
 recurso
 ⇒ arbitrios

a arbitrio de *locución preposicional*
 a voluntad de
 a merced de

arbitrios *nombre masculino plural*
1 derechos
 impuestos
 gabelas
 ⇒ arbitrio

árbitro, -tra *adjetivo/nombre*
1 juez

árbol *nombre masculino*
1 mástil
 palo

árbol de María *locución nominal*
 calaba
 calambuco

árbol del cielo
 ailanto
 maque

árbol del diablo
 jabillo
 jabilla

arbolar *verbo transitivo*
1 enarbolar
 levantar
 izar
 verbo pronominal
2 encabritarse

arbollón *nombre masculino*
1 albollón

arbóreo, -ea *adjetivo*
1 arborescente
 jerárquico
 de árboles

arborescente *adjetivo*
1 dendroide
 dendroideo
2 arbóreo
 jerárquico
 de árboles

arbotante *nombre masculino*
1 botarete

arca *nombre femenino*
1 caja
 cofre
 baúl*
2 caja de caudales

arcacil *nombre masculino*
1 alcaucil
 alcaulí
 alcacil
 alcarcil
 alcachofa silvestre

arcaduz *nombre masculino*
1 caño
2 cangilón

arcaico, -ca *adjetivo*
1 anticuado
 antiguo*
 viejo

arcano[1] *nombre masculino*
1 secreto
 misterio

arcano, -na[2] *adjetivo*
1 secreto*
 misterioso
 oculto

arce *nombre masculino*
1 moscón
 sácere

arcediano *nombre masculino*
1 archidiácono

arcedo *nombre masculino*
1 alcedo

archidiácono *nombre masculino*
1 arcediano

archidiócesis *nombre femenino*
1 arzobispado
 arquidiócesis

archiepiscopal *adjetivo*
1 arquiepiscopal
 arzobispal

archimillonario, -ria *adjetivo/nombre*
1 multimillonario

archivo *nombre masculino*
1 fichero

archivolta *nombre femenino*
1 arquivolta

arcón *nombre masculino*
1 brocal
  pozal
2 artesón

arctado *adjetivo*
1 artado

arda *nombre femenino*
1 ardilla

ardalear *verbo intransitivo*
1 arralar
  ralear

árdea *nombre femenino*
1 alcaraván
  charadrio

arder *verbo intransitivo*
1 quemarse
  estar encendido

ardid *nombre masculino*
1 artificio
  maña
  amaño
  astucia
  treta
  añagaza
  estratagema
  jugada
  mala pasada
  trastada

ardiente *adjetivo*
1 encendido
  hirviente
  caluroso*
  ANTO frío
    helado
  Tratándose de líquidos, *hirviente*.
2 férvido
  ferviente
  fervoroso
  vehemente
  ardoroso
  fogoso
  apasionado
  impetuoso*
  arrebatado
  ANTO flemático
    indiferente
    frío

ardilla *nombre femenino*
1 arda

ardimiento *nombre masculino*
1 valor
  intrepidez

valentía
denuedo
vigor
ánimo*
2 calor
  ardor
  actividad
  fervor
  viveza
  entusiasmo
  energía

ardite

no importar un ardite
locución
no importar un bledo
no importar un comino
no importar un maravedí
no importar un ochavo
no importar un pito

ardor *nombre masculino*
1 viveza
  vehemencia
  entusiasmo
  actividad
  calor
  pasión
  celo*
  fogosidad
  fervor

ardoroso, -sa *adjetivo*
1 ardiente
  encendido
2 fogoso
  vehemente
  entusiasta
  apasionado
  fervoroso
  vigoroso
  impetuoso*
  arrebatado
  ANTO flemático
    desinteresado
    frío

arduo, -dua *adjetivo*
1 difícil*
  dificultoso
  espinoso
  apurado
  apretado
  ANTO sencillo
    fácil

área *nombre femenino*
1 campo
  zona
  espacio

arena *nombre femenino*
1 sablón
  sábulo

Los dos se refieren a la *arena* gruesa y pesada.
2 liza
  palenque
  campo
  plaza
  estadio
  redondel
  ruedo
  Redondel y *ruedo*, en las plazas de toros.

sembrar en arena *locución*
perder el tiempo
gastar saliva en balde

arenar *verbo transitivo*
1 enarenar

arenga *nombre femenino*
1 alocución
  discurso
  oración
  peroración
  razonamiento*
  argumentación
  prédica
  soflama
  perorata
  Prédica, soflama y *perorata* son expresiones despectivas.

arenillero *nombre masculino*
1 salvadera

arenoso, -sa *adjetivo*
1 sabuloso

areómetro *nombre masculino*
1 densímetro
  pesalicores
  alcoholímetro
  pesaleches
  galactómetro
  lactómetro
  oleómetro
  Recibe nombres especiales según el líquido de que se trate.

arete *nombre masculino*
1 arillo
  pendiente
  arracada*
  zarcillo
  perendengue
  verduguillo

arfueyo *nombre masculino*
1 muérdago
  almuérdago

argadijo *nombre masculino*
1 devanadera
  argadillo

argadillo *nombre masculino*
1 argadijo
  devanadera

argalia *nombre femenino*
1 algalia
  catéter
  sonda

argallera *nombre femenino*
1 jabladera

argamandel *nombre masculino*
1 andrajo
  harapo
  guiñapo
  pingajo
  pingo

argamasa *nombre femenino*
1 forja
  mezcla
  mortero

argana *nombre femenino*
1 argüe
  cabrestante

argavieso *nombre masculino*
1 turbión
  manga de agua

argayo *nombre masculino*
1 alud
  lurte

argemone *nombre femenino*
1 chicalote

argentado, -da *adjetivo*
1 plateado

argentar *verbo transitivo*
1 platear

argentita *nombre femenino*
1 argirosa
  argirita

argirosa *nombre femenino*
1 argentita
  argirita

árgoma *nombre femenino*
1 aulaga
  aliaga

argonauta *nombre masculino*
1 (molusco) marinero
  nautilo

argot *nombre masculino*
1 jerga
  jerigonza
  germanía
  caló

galimatías
chula
chulapa

La *germanía* es concretamente el habla de los pícaros y delincuentes en los siglos XVI y XVII; pero el Diccionario de la Real Academia extiende esta denominación a todas las épocas. En los siglos XIX y XX, la germanía confunde sus límites con el *caló*, o el lenguaje de los gitanos, y con el habla *chula* o *chulapa* de la plebe de Madrid.

argucia *nombre femenino*
1 sutileza
  sofisma

argüe *nombre masculino*
1 cabrestante

árguenas *nombre femenino*
  plural
1 angarillas
  árgueñas
  convoy

árgueñas *nombre femenino*
  plural
1 angarillas
  árguenas
  convoy

argüir *verbo transitivo*
1 descubrir
  probar
  mostrar
  indicar
2 argumentar
  objetar
  razonar
  replicar
  impugnar
  refutar
  discutir

argumentación *nombre femenino*
1 razonamiento
  arenga
  discurso
  oración

argumentar *verbo transitivo*
1 argüir
  razonar*
  discutir
  impugnar
  contradecir
  replicar
  objetar
  refutar

argumento *nombre masculino*
1 razonamiento
2 razón*
  prueba*
  demostración
  señal
3 asunto
  materia
  tesis

aria *nombre femenino*
1 romanza

La de carácter sencillo y tierno.

aricar *verbo transitivo*
1 arrejacar
  rejacar

aridez *nombre femenino*
1 sequedad
  esterilidad

árido, -da *adjetivo*
1 estéril
  improductivo
  infecundo
  infructífero
  vano
  ineficaz
  infructuoso
  seco
  ANTO fecundo
  potente
  eficaz
  fructífero

Un terreno *árido* o *seco* no produce por falta de humedad. Un terreno *estéril*, *improductivo* o *infecundo* no produce por diversas causas (composición química, clima, altitud, etc.), entre ellas la falta de humedad. La calidad de *seco* o *árido* es un caso particular de lo *improductivo*, *estéril* o *infecundo*.

2 aburrido
  fastidioso
  cansado
  monótono
  ANTO agradable
  divertido
  excitante

ariete *nombre masculino*
1 delantero centro

En el fútbol.

arillo *nombre masculino*
1 arete
  arracada*

ario, -ria *adjetivo/nombre*
1 indoeuropeo
indogermánico

En libros alemanes se emplea la denominación menos exacta de *indogermánico*.

arísaro *nombre masculino*
1 frailillos
candil
rabiacana

arisco, -ca *adjetivo*
1 áspero
intratable
huidizo
hosco
huraño
misántropo*
ANTO sociable
2 bravío
montaraz
cerril
indómito
indomable
fiero
ANTO dócil
flexible
disciplinado
gobernable

arista *nombre femenino*
1 raspa
En las plantas gramináceas.

aristocracia *nombre femenino*
1 nobleza

aristocratizar *verbo transitivo/pronominal*
1 ennoblecer

aristotélico, -ca *adjetivo*
1 peripatético

aristotelismo *nombre masculino*
1 peripato

arjorán *nombre masculino*
1 ciclamor

arlo *nombre masculino*
1 agracejo
agrecillo
alarguez
berberís
bérbero
bérberos

arlota *nombre femenino*
1 alrota

arma
llegar a las armas *locución*
batallar

pelear
reñir
luchar
lidiar
contender
no dar cuartel
llegar a las manos

armada *nombre femenino*
1 marina (de guerra)
flota* (de guerra)
escuadra

armadía *nombre femenino*
1 almadía
balsa

armadija *nombre femenino*
1 trampa
armadijo

armadijo *nombre masculino*
1 armadija
trampa

armadillo *nombre masculino*

armadura *nombre femenino*
1 armas
arnés
2 armazón
montura
3 esqueleto

armaga *nombre femenino*
1 ruda silvestre

armajal *nombre masculino*
1 marjal
almarjal

armajo *nombre masculino*
1 almarjo
barrilla
sosa

armar *verbo transitivo/pronominal*
1 amartillar
montar
Tratándose de armas de fuego.
2 disponer
concertar
montar
Por ejemplo *armar* una casa, tienda, mueble, aparato, etc.
3 disponer
mover
promover

armario *nombre masculino*
1 estante
Estante es el que no tiene puertas.

armas *nombre femenino plural*
1 armadura
2 escudo
blasón

armazón *nombre femenino*
1 armadura
montura
2 esqueleto

armella *nombre femenino*
1 hembrilla
2 cántamo
abrazadera

armilla *nombre femenino*
1 astrágalo
tondino
joya

armisticio *nombre masculino*
1 suspensión de hostilidades
tregua

Aunque a menudo se emplean como equivalentes, la *tregua* es una cesación temporal de hostilidades en todos o parte de los sectores o ejércitos que luchan, la cual no interrumpe la guerra. El *armisticio* y la *suspensión de hostilidades* afectan a todos los ejércitos combatientes de una y otra parte, y hacen cesar la situación de guerra mientras se negocia la paz definitiva.

armonía *nombre femenino*
1 harmonía
paz
conformidad
concordia
acuerdo
concierto
ANTO discordancia
conflicto
2 equilibrio
contrapeso
igualdad
proporción
ANTO desequilibrio
desigualdad
desproporción
3 inteligencia
acuerdo
unión
consonancia
ANTO desacuerdo

armónico *nombre masculino*
1 hipertono

armonizar *verbo transitivo*
1 acordar

a
b
c
d
e
f
g
h
i
j
k
l
m
n
ñ
o
p
q
r
s
t
u
v
w
x
y
z

concordar
concertar
conformar
hermanar
unir
uniformar
conciliar*
ajustar
ANTO destemplar
enemistar
desunir

armuelle *nombre masculino*
1 bledo
2 orzaga
álimo
marismo
salgada
salgadera

arnacho *nombre masculino*
1 gatuña

arnés *nombre masculino*
1 armadura
⇒ arneses

arneses *nombre masculino plural*
1 guarniciones
arreos
⇒ arnés

árnica *nombre femenino*
1 tabaco de montaña

aro *nombre masculino*
1 (planta) alcatraz
arón
jaro
sarrillo
tragontina
yaro

aroideo, -ea *adjetivo/nombre femenino*
1 aráceo

aroma *nombre masculino*
1 perfume
fragancia
Sensación de buen olor.
2 esencia
bálsamo
perfume
Cosa que produce o contiene aroma.

aromático, -ca *adjetivo*
1 perfumado
fragante
aromoso
oloroso
odorífero

aromatización *nombre femenino*
1 ciclización

aromatizar *verbo transitivo*
1 perfumar
embalsamar

aromoso, -sa *adjetivo*
1 aromático
perfumado
fragante
oloroso
odorífero

arón *nombre masculino*
1 aro (planta)

arpadura *nombre femenino*
1 arañazo
La *arpadura* se hace con las uñas, mientras que el *arañazo* puede producirse con las uñas o con cualquier otra cosa punzante.

arpar *verbo transitivo*
1 arañar
rasgar
Arpar significa concretamente arañar con las uñas.

arpía *nombre femenino*
1 harpía
2 furia
basilisco
bruja

arpillera *nombre femenino*
1 harpillera
halda
malacuenda
rázago

arquear *verbo transitivo*
1 enarcar
encorvar
doblar
combar
alabear
verbo intransitivo
2 nausear
basquear

arqueo *nombre masculino*
1 desplazamiento
tonelaje bruto
El *desplazamiento* es el peso o volumen del agua que el barco desaloja cuando está sumergido hasta la línea de flotación; el *arqueo* o *tonelaje bruto* es el volumen o capacidad total del navío; el *tonelaje* o *arqueo neto* representa la capacidad útil para el transporte, y se llama también *registro*.

arqueólogo, -ga *nombre*
1 anticuario

arquetipo *nombre masculino*
1 ideal
modelo
prototipo

arquidiócesis *nombre femenino*
1 archidiócesis
arzobispado

arquiepiscopal *adjetivo*
1 arzobispal
archiepiscopal

arquivolta *nombre femenino*
1 archivolta

arrabal *nombre masculino*
1 suburbio
Suburbio sólo se aplica a las grandes ciudades, en tanto que *arrabal* se refiere a toda clase de poblaciones.

arracada *nombre femenino*
1 pendiente
zarcillo
perendengue
arete
arillo
Arracada, pendiente, zarcillo y *perendengue* se distinguen del *arete* o *arillo* en que los primeros tienen adorno colgante.

arracimado, -da *adjetivo*
1 racimado
en racimo

arracimarse *verbo pronominal*
1 racimarse
2 engancharse
prenderse (unas cosas con otras)

arraclán *nombre masculino*
1 aliso negro

arraigado, -da *adjetivo*
1 antiguo
inveterado*

arraigar *verbo transitivo/pronominal*
1 prender
encepar
agarrar
enraizar

2 establecerse
afincarse
enraizarse
radicarse
ANTO desarraigarse

arralar *verbo intransitivo*
1 ralear

arrancaclavos *nombre*
masculino
1 desclavador

arrancada *nombre femenino*
1 empujón
arranque
viada

Tratándose del acto de emprender la marcha.

2 acometida
embestida
estrepada

arrancado, -da *adjetivo*
1 arruinado
empobrecido
tronado
pobre

arrancador *nombre masculino*
1 cosechadora
recolectora

arrancamiento *nombre*
masculino
1 erradicación
avulsión
evulsión

arrancar *verbo transitivo*
1 desarraigar
extirpar
extraer
sacar
quitar
arrebatar*
ANTO enraizar

verbo intransitivo
2 partir
salir*
ANTO detenerse
3 provenir
traer origen
proceder

arranciar *verbo*
transitivo/pronominal
1 enranciarse
ranciar

arranque *nombre masculino*
1 impulso
arrebato
ímpetu

rapto
pronto
arrechucho
2 ocurrencia
salida
3 principio
comienzo
origen

arrapiezo *nombre masculino*
1 andrajo
harapo
2 (despectivo) chiquillo
muchacho
rapaz
chaval
mocoso

arras *nombre femenino plural*
1 prenda
señal
garantía

arrasar *verbo*
transitivo/pronominal
1 allanar
2 asolar
devastar
destruir
talar
ANTO construir
plantar
3 rasar
enrasar

arrastradera *nombre femenino*
1 ala del trinquete
rastrera

arrastrado, -da *adjetivo*
1 pobre
mísero
desastrado
2 duro
aperreado
fatigoso
3 pícaro
bribón
pillo
tunante

arrastrar *verbo transitivo*
1 seducir
atraer
cautivar
encantar
fascinar
ANTO desilusionar
repeler
disuadir
2 remolcar

arrastre *nombre masculino*
1 acarreo
conducción

transporte
tracción

arrayán *nombre masculino*
1 mirto
murta

arrebañar *verbo transitivo*
1 rebañar

arrebatado, -da *adjetivo*
1 precipitado
impetuoso*
2 inconsiderado
violento
enfurecido

arrebatar *verbo transitivo*
1 quitar
llevarse
pillar
arrancar
robar
raptar*
ANTO dar
dejar

Arrebatar añade a sus dos primeros sinónimos la idea de precipitación o violencia. Cuando predomina el matiz de precipitación, *pillar*; si predomina el de violencia, *arrancar*.

2 atraer
encantar
cautivar
verbo pronominal
3 enfurecerse
irritarse
encolerizarse

arrebatiña *nombre femenino*
1 rebatiña

arrebato *nombre masculino*
1 arranque
rapto
pronto
ímpetu
arrechucho
2 furor
cólera
enajenamiento
3 inspiración
iluminación

arrebolera *nombre femenino*
1 dondiego
dompedro
donjuán
diego

arrebozar *verbo*
transitivo/pronominal
1 rebozar

arrebujar *verbo transitivo*
1 rebujar

verbo pronominal
2 cubrirse
envolverse
taparse
tapujarse
taperujarse
arropar
ANTO destaparse
desenvolverse

Tapujarse y *taperujarse*, cuando se hace con desaliño.

arrechucho *nombre masculino*
1 Ímpetu
arranque
arrebato
pronto

arreciar *verbo
intransitivo/pronominal*
1 aumentar
crecer

arrecife *nombre masculino*
1 escollo

arrecirse *verbo pronominal*
1 entumecerse
entumirse
entorpecerse

Los tres sinónimos pueden tener otras causas además del frío; pero *arrecirse* es sólo por el frío.

arredrar *verbo
transitivo/pronominal*
1 intimidar
atemorizar
amedrentar
acobardar*
amilanar
asustar
acoquinar (familiar)
achantar (vulgar)
ANTO animar

arreglado, -da *adjetivo*
1 moderado
ordenado
metódico
cuidadoso
morigerado
2 aliñado
aderezado
adobado
3 apañado
remendado
compuesto
ANTO desapañado
descompuesto

arreglar *verbo
transitivo/pronominal*
1 ajustar
conformar
supeditar
acomodar
ANTO desacomodar
desajustar
2 clasificar*
ordenar
coordinar
ANTO desarreglar
desordenar

'*Clasificar* es distribuir por clases; *ordenar* y *coordinar* es introducir orden donde falta; *arreglar* es someter a una regla lo que la infringe. Se *clasifican* las cosas que están mezcladas indistintamente; se *ordenan* y se *coordinan* las que están confusas; se *arreglan* las que carecen de regularidad y armonía. Se *clasifican* los cuerpos naturales en la Botánica, en la Geología y las demás ciencias de observación; se *ordenan* y se *coordinan* los documentos de un negociado; se *arreglan* los intereses de una familia, las cuentas de una especulación, los pormenores de una empresa. Para *clasificar* se necesita un sistema; para *ordenar* y *coordinar* un plan; para *arreglar*, un método' (M).

3 concertar
conciliar
avenir
4 componer
reparar
apañar
remendar
aliñar
aderezar
aviar
ataviar
ANTO descomponer

Componer, reparar, apañar y *remendar* se aplican a lo que está roto o estropeado. Tratándose de limpieza o adorno, se utilizan *aliñar, aderezar, aviar* y *ataviar*.

5 aprestar*
aparejar
preparar
disponer
prevenir
6 acompasar

compasar
medir
proporcionar
regular
regularizar

verbo pronominal
7 agenciarse
componérselas

arreglo *nombre masculino*
1 acomodamiento
transacción
ajuste
convenio
conciliación
acuerdo
concierto
ANTO desacuerdo
2 aliño
aseo
pulcritud
compostura
ANTO desaliño
descuido
desaseo
3 apaño
compostura
remiendo
4 disposición
colocación
ordenación
distribución
ANTO desorden
5 organización
orden
ordenamiento
regulación
regularización
ANTO desorganización
caos
6 condescendencia
consentimiento
contemporización*
acomodo
pastel (familiar)
pasteleo (familiar)

con arreglo a *locución
preposicional*
según
conforme a
de acuerdo con
siguiendo

arregostarse *verbo pronominal*
1 (familiar) aficionarse
engolosinarse
empicarse
regostarse
tomar gusto

arrejacar *verbo transitivo*
1 aricar
rejacar

arrejaco *nombre masculino*
1 vencejo (pájaro)
   arrejaque
   oncejo

arrejada *nombre femenino*
1 aguijada
   rejada
   béstola
   limpiadera

arrejaque *nombre masculino*
1 vencejo (pájaro)
   arrejaco
   oncejo

arrellanarse *verbo pronominal*
1 apoltronarse
   recalcarse
   rellanarse
   repantigarse
   repanchigarse

arremangar *verbo transitivo/pronominal*
1 remangar

arremango *nombre masculino*
1 remango

arremetedor, -ra *adjetivo*
1 acometedor
   agresivo
   impetuoso
   belicoso
   ANTO apocado

arremeter *verbo transitivo/pronominal*
1 agredir
   cerrar
   atacar
   acometer*
   embestir
   asaltar
   abalanzarse
   arrojarse
   lanzarse
   precipitarse
   ANTO detener
      apartar
      huir
      defender
      resistir

Arremeter sugiere idea de rapidez en el ataque. *Asaltar* una plaza o fortaleza, o *acometer* bruscamente en general.

arremetida *nombre femenino*
1 arremetimiento
   acometida
   ataque
   embestida

arremetimiento *nombre masculino*
1 arremetida
   acometida
   ataque
   embestida

arremolinarse *verbo pronominal*
1 remolinarse
   remolinearse

arrempujar *verbo transitivo*
1 (vulgar) empujar*

arrendador, -ra *nombre*
1 arrendatario
   colono
   rentero
   casero
   inquilino
   locatario

Arrendatario en general, y especialmente en los servicios públicos; tratándose de tierras, *colono, rentero, casero*; tratándose de casas, *inquilino. Locatario* es término jurídico o administrativo.

arrendajo *nombre masculino*
1 rendajo

arrendamiento *nombre masculino*
1 arriendo
   alquiler*
   locación
2 arriendo
   alquiler
   renta

arrendar *verbo transitivo*
1 alquilar

arrendatario, -ria *adjetivo/nombre*
1 arrendador

arreo *nombre masculino*
1 atavío
   adorno
   aderezo
   ⇒ arreos

arreos *nombre masculino plural*
1 guarniciones
   jaeces
   atalaje
   aparejo
   ⇒ arreo

arrepentido, -da *participio pasado*
1 compungido

contrito
pesaroso
ANTO impenitente
impertérrito
insensible

arrepentimiento *nombre masculino*
1 compunción
   contrición
   atrición
   pesar

Compunción ofrece matiz atenuado y más íntimo. *Contrición* y *atrición* son casi exclusivamente términos religiosos, que se distinguen entre sí dentro de la idea de *arrepentimiento*.

arrepentirse *verbo pronominal*
1 dolerse
   compungirse

arrepollado, -da *adjetivo*
1 repolludo

arrepticio, -cia *adjetivo*
1 endemoniado
   espiritado
   poseso

arrequives *nombre masculino plural*
1 requives
   adornos
   atavíos
2 circunstancias
   requisitos

arrestar *verbo transitivo*
1 prender
   detener
   ANTO libertar.

arresto *nombre masculino*
1 detención
   prendimiento
   ANTO libertad
   ⇒ arrestos

arrestos
   tener arrestos *locución*
1 tener arrojo*
   ser atrevido
   tener valor
   tener resolución
   tener audacia
   tener osadía
   ser intrépido
   tener agallas
   ser de pelo en pecho
   no morderse la lengua

tener sangre fría
ANTO ser cobarde
    ser tímido

arria *nombre femenino*
1 recua

arriar *verbo transitivo*
1 bajar

arribar *verbo intransitivo*
1 llegar

arribazón *nombre masculino*
1 ribazón

arribo *nombre masculino*
1 llegada

arricete *nombre masculino*
1 restinga
  restringa

arriendo *nombre masculino*
1 arrendamiento
  alquiler
2 renta

arriesgado, -da *adjetivo*
1 aventurado
  peligroso
  expuesto
2 atrevido
  osado
  audaz
  arriscado
  imprudente
  temerario*

arriesgar *verbo transitivo*
1 arriscar
  aventurar
  exponer
  comprometer*
ANTO precaver
  asegurar
  prevenir
verbo pronominal
2 atreverse*
  osar
  descubrir el cuerpo
  pasar la mar

arrimar *verbo transitivo*
1 acercar*
  aproximar
  juntar
  unir
2 dar
  pegar
3 dejar
  poner a un lado
  dar de lado
  abandonar
  arrinconar
  prescindir

verbo pronominal
4 apoyarse
  acogerse
  ampararse

arrimo *nombre masculino*
1 apoyo
  sostén
  ayuda
  auxilio
  amparo
  favor
  protección
2 apego
  afición
3 pared medianera

arrinconado, -da *adjetivo*
1 retirado
  distante
  apartado
2 desatendido
  olvidado
  postergado
  aislado

arrinconar *verbo transitivo*
1 retirar
  apartar
2 desatender
  postergar
  dejar
  abandonar
  arrimar
verbo pronominal
3 aislarse
  retirarse
  retraerse
  meterse bajo siete estados
  de tierra

arriñonado, -da *adjetivo*
1 reniforme

arriscado, -da *adjetivo*
1 atrevido
  osado
  arriesgado
  audaz
  resuelto
  temerario
2 barbián
  desenvuelto
  gallardo
  galán

arriscar *verbo transitivo*
1 arriesgar
  aventurar
  exponer
verbo pronominal
2 engreírse

  envanecerse
  entonarse

arrizafa *nombre femenino*
1 ruzafa

arrizar *verbo transitivo*
1 alotar

arrizofita *adjetivo*
1 talofítica

arroaz *nombre masculino*
1 delfín
  golfín
  puerco marino
  tonina

arrobamiento *nombre masculino*
1 arrobo
  embelesamiento
2 éxtasis
  enajenamiento
  deliquio*
  desmayo

arrobar *verbo transitivo*
1 embelesar
  encantar
  cautivar
  atraer
verbo pronominal
2 extasiarse
  enajenarse
  elevarse

arrobo *nombre masculino*
1 embelesamiento
  arrobamiento
  éxtasis
  enajenamiento

arrodillarse *verbo pronominal*
1 hincarse
  postrarse
  ponerse de rodillas
  doblar la rodilla
  caer de rodillas

arrodrigar *verbo transitivo*
1 rodrigar
  arrodrigonar
  enrodrigonar
  errodrigar

arrodrigonar *verbo transitivo*
1 rodrigar
  arrodrigar
  enrodrigonar
  errodrigar

arrogancia *nombre femenino*
1 altanería
  altivez
  soberbia*

engreimiento
orgullo*
desprecio
desdén
ANTO humildad
    sencillez
2 jactancia*
presunción
fatuidad
3 valor
bizarría
brío

La *arrogancia* alude más bien al gesto, al porte y a la palabra; puede haber *arrogancia* en uno que carece de *valor* verdadero.

arrogante *adjetivo*
1 altanero
altivo*
orgulloso
soberbio
2 valiente
brioso
3 gallardo
airoso
apuesto

arrogarse *verbo pronominal*
1 apropiarse*
atribuirse

arrojado, -da *adjetivo*
1 resuelto
intrépido
valiente
osado
audaz
atrevido
arriscado
arriesgado
temerario
gallardo
bizarro
valeroso
animoso
ANTO apocado
    cobarde
    pusilánime
    gallina
    prudente

Bizarro, valeroso y *animoso* tienen connotaciones negativas de irresponsabilidad o poca cordura.

arrojar *verbo transitivo*
1 lanzar
echar
disparar
tirar
despedir

2 vomitar
provocar
verbo pronominal
3 precipitarse
despeñarse
tirarse
4 arremeter*
acometer
atacar
abalanzarse
agredir

arrojo *nombre masculino*
1 resolución
intrepidez
valor*
osadía
audacia
atrevimiento*
arrestos
temeridad
temple
valentía
impavidez
imprudencia
inconsideración
ANTO prudencia
    reflexión
    cobardía
    pusilanimidad

Imprudencia e *inconsideración*, con connotaciones negativas.

'Para el *atrevimiento* se necesita valor y resolución; el *arrojo* supone intrepidez y poco juicio; la *osadía*, ímpetu ciego y como desesperado. El hombre *atrevido* conoce la dificultad, el riesgo; pero confía con razón en que tiene fuerzas y medios para salvar este y vencer aquella. El *arrojado* nada consulta, nada prevé, en nada se detiene: es un caballo desbocado, sin freno. El *osado* neciamente confía contando con las fuerzas y medios que se imagina tener muy superiores a los obstáculos y peligros' (O).

arrollar *verbo transitivo*
1 enrollar
rollar
envolver
2 derrotar
vencer
destrozar
aniquilar
batir
3 atropellar
llevarse por delante

arromadizar *verbo transitivo/pronominal*
1 romadizar

arromanzar *verbo transitivo*
1 romancear

arronzar *verbo transitivo*
1 ronzar
apalancar

arropar *verbo transitivo/pronominal*
1 abrigar
cubrir
tapar
amantar
enmantar
ANTO desnudar
    destapar
    desarropar
    descubrir

arropía *nombre femenino*
1 melcocha

arrosión *nombre femenino*
1 erosión

arrostrar *verbo transitivo*
1 afrontar
hacer frente
hacer cara
resistir
desafiar
poner el pecho
salir al encuentro
ANTO desistir

arroyo *nombre masculino*
1 riachuelo
rivera
regajal
regajo
regato
Regajal, regajo y *regato* se aplican cuando el *arroyo* es pequeño.

arroyuela *nombre femenino*
1 salicaria

arrumazón *nombre femenino*
1 rumazón
nublado

arrufadura *nombre femenino*
1 arrufo

arrufo *nombre masculino*
1 arrufadura

arruga *nombre femenino*
1 pliegue
rugosidad

a b c d e f g h i j k l m n ñ o p q r s t u v w x y z

arruinado, -da *adjetivo*
1 pobre
  empobrecido
  ANTO enriquecido
2 viejo
  estropeado
  ajado
  deslucido
  acabado
  ruinoso
  tronado
  ANTO nuevo
    flamante

arruinar *verbo transitivo*
1 demoler
  destruir
  devastar
  asolar
  arrasar
  ruinar
  exterminar
  desbaratar
  aniquilar*
  ANTO conservar
    construir
verbo transitivo/pronominal
2 empobrecer
  quebrar (transitivo)
  quedarse sin blanca
  hundir
  ANTO enriquecer

arrullar *verbo transitivo*
1 enamorar
2 adormecer
  adormir

arrumaco *nombre masculino*
1 carantoña
  garatusa
  cucamona
  zorrocloco
  caricia*
  fiesta*

arsenal *nombre masculino*
1 atarazana
  tarazana
  tarazanal

arsenita *nombre femenino*
1 arsenolita

arsenolita *nombre femenino*
1 arsenita

arta *nombre femenino*
1 llantén
  plantaína
  arta de agua *locución nominal*
  zaragatona
  coniza
  hierba pulguera

artado *adjetivo*
1 arctado

artanita *nombre femenino*
1 pamporcino
  pan porcino
  ciclamino
  artanica

arte *nombre ambiguo*
1 oficio
  profesión
  técnica
'El *oficio* requiere un trabajo material, mecánico o de manos; la *profesión*, un trabajo u ocupación cualquiera; el *arte*, un trabajo de ingenio, sin excluir ni exigir un trabajo material' (Ma).
2 habilidad
  destreza*
  maña
  maestría
  ingenio
  industria

artejo *nombre masculino*
1 nudillo
  juntura
  articulación*

artemisa, artemisia *nombre femenino*
1 altamisa
  anastasia
  artemisa bastarda *locución nominal*
  milenrama
  altareina
  aquilea
  hierba meona
  milhojas
  artemisa pegajosa
  ajea
  pajea

artería *nombre femenino*
1 amaño
  astucia
  engaño
  trampa
  ardid
  falsía

artero, -ra *adjetivo*
1 mañoso
  astuto
  malintencionado
  falso

artesa *nombre femenino*
1 duerna
  masera

artesanía *nombre femenino*
1 artesanado
  menestralería
  menestralía

artesano, -na *adjetivo/nombre*
1 menestral
  artífice
Artífice es término docto que denota cierta calidad o maestría especial en el trabajo que realiza: por ejemplo, el orfebre y el ebanista pueden ser llamados *artífices*.

artesón *nombre masculino*
1 casetón
2 artesonado
3 arcón

ártico, -ca *adjetivo*
1 norte
  septentrional
  hiperbóreo
  boreal

articulación *nombre femenino*
1 juntura
  junta
  coyuntura
  sinartrosis
  artejo
  nudillo
Si es móvil, *coyuntura*; si es inmóvil, como la de los huesos del cráneo, *sinartrosis*. La *articulación* de las falanges, *artejo, nudillo*.
2 pronunciación

articular *verbo transitivo/pronominal*
1 unir
  enlazar
  trabar
  coordinar
  juntar
  estructurar
  ANTO desunir
    desarticular
2 pronunciar
  modular
  proferir
  emitir
  ANTO callar
Pronunciar es emitir los sonidos que componen las palabras; *articular* es modificar el sonido con los órganos móviles de la boca (lengua, labios, mandíbulas). *Articular* es una de las partes o actos de la pronunciación.

artículo *nombre masculino*
1 mercadería
    mercancía
    género
2 determinante
    especificador

artífice *nombre común*
1 artista
    autor
    creador
2 artesano*
    operario
    obrero
    menestral

artificial *adjetivo*
1 postizo
    falso
    fingido
    ficticio
    artificioso
    ANTO natural

Postizo, tratándose de alguna parte del cuerpo humano: diente, brazo, cabello, etc., *artificial o postizo*. En otros casos, *falso*, *fingido* o *ficticio*: un diamante *artificial* o *falso*; hablaba con voz *artificial*, *fingida* o *ficticia*.

artificiero *nombre masculino*
1 pirotécnico

artificio *nombre masculino*
1 arte
    habilidad
    ingenio
2 estudio
    amaneramiento
    manera
    afectación
3 disimulo
    doblez
    astucia
    artimaña
    cautela
    ficción
4 amaño
    ardid
    traza
    treta
    trampa
    triquiñuela
    falseamiento

artificiosamente *adverbio*
1 engañosamente
    delusoriamente

artificioso, -sa *adjetivo*
1 ingenioso
    complicado

    habilidoso
    estudiado
2 afectado
    rebuscado
    amanerado
    ANTO natural
        espontáneo
3 fingido
    disimulado
    astuto
    cauteloso
    engañoso
    artificial*
    artero
    ficticio
    ANTO natural

artillería *nombre femenino*
1 tormentaria
    arte tormentaria

    Tratándose de la *artillería* antigua.

artillero *nombre masculino*
1 chutador
    En el fútbol.

artilugio *nombre masculino*
1 trampa
    enredo
    engaño
    artimaña

artimaña *nombre femenino*
1 trampa
2 artificio
    astucia
    engaño
    artilugio
    martingala
    ardid
    treta

artista *nombre común*
1 actor
    ejecutante
    comediante
    pintor
    escultor

    Por su carácter general, comprensivo de todas las Bellas Artes, *artista* puede aplicarse a los que cultivan cada una de ellas en particular: *actor* (cine o teatro), *ejecutante* y *comediante* (teatro), *pintor* (pintura), *escultor* (escultura), etc.

2 artífice
    autor
    creador

arto *nombre masculino*
1 cambronera

arugas *nombre femenino plural*
1 matricaria
    expillo
    magarza

arveja *nombre femenino*
1 alverja
    alverjana
    ervilla
    veza
2 algarroba

arvejera *nombre femenino*
1 algarroba (planta)

arvejo *nombre masculino*
1 guisante

arzobispado *nombre masculino*
1 archidiócesis

arzobispal *adjetivo*
1 archiepiscopal
    metropolitano

arzobispo *nombre masculino*
1 metropolitano

arzolla *nombre femenino*
1 alloza
    almendruco

asadura *nombre femenino*
1 lechecillas
2 bofes
    corada
3 hígado
4 pachorra
    apatía
    sosería
    cachaza

asaetear *verbo transitivo*
1 flechar
2 asar
    importunar
    molestar

asafétida *nombre femenino*
1 estiércol del diablo

asalariado, -da *adjetivo/nombre*
1 pagado
    asoldado
    asoldadado
    mercenario

    Mercenario se aplica al soldado que no sirve por obligación de su nacionalidad, sino por el estipendio que recibe; cuando se aplica a otras personas, se siente como despectivo: una madre que no quiere criar a su hijo se dice que lo entrega a manos *mercenarias*.

a
b
c
d
e
f
g
h
i
j
k
l
m
n
ñ
o
p
q
r
s
t
u
v
w
x
y
z

asalmonado, -da *adjetivo*
1 salmonado

asaltar *verbo transitivo*
1 acometer
  arremeter*
  embestir
2 saltear
  atracar
3 sobrevenir
  acudir

asalto *nombre masculino*
1 acometida
  arremetida
  embestida
2 salteamiento
  atraco

asamblea *nombre femenino*
1 reunión
  junta
  congreso
  Reunión y *junta* pueden referirse a muchas o a pocas personas; *congreso* y *asamblea* son reuniones numerosas.

asamblea legislativa
locución nominal
parlamento
cortes
cámara

asar *verbo transitivo*
1 tostar*
2 importunar
  molestar
  asaetear

ásaro *nombre masculino*
1 oreja de fraile
  asarabácara
  asácara

asaz¹ *adjetivo*
1 (literario) bastante
  suficiente
  mucho
  ANTO escaso
      insuficiente
  Asaz es voz anticuada, que hoy se usa sólo en estilo literario elevado u oratorio.

asaz² *adverbio*
1 (literario) bastante*
  harto
  muy

ascalonia *nombre femenino*
1 chalote
  escalona
  cebolla escalonia

ascendencia *nombre femenino*
1 linaje
  alcurnia
  estirpe
  ascendientes
  antepasados

ascender *verbo intransitivo*
1 subir
  elevarse
2 importar
  montar
  sumar
  Tratándose de cuentas.
3 adelantar
  promover
  Tratándose de empleos o dignidades.

ascendiente *adjetivo*
1 antecesor
  antepasado
  predecesor
  mayor
  los antiguos
  los viejos
  padres
  abuelos
  tronco
  progenitores
  Ascendiente, antecesor y *antepasado* pueden emplearse en plural refiriéndose a los *predecesores* o *mayores*, aunque no sean *progenitores* de una persona determinada. En este caso tienen la significación general de *los antiguos, los viejos*, los que precedieron en el tiempo. Con el mismo significado se emplea también *padres* y *abuelos. Tronco* es el *ascendiente* común de dos o más líneas o familias.

nombre masculino
2 influencia
  prestigio
  valimiento
  fuerza moral
  autoridad
  crédito
  predominio
  preponderancia
  dominio

ascensión *nombre femenino*
1 subida
  elevación

ascenso *nombre masculino*
1 adelanto
  promoción

asco *nombre masculino*
1 repugnancia
  aversión
  repulsión
  náuseas

ascua *nombre femenino*
1 brasa
  rescoldo
  Cuando es de leña o carbón.

aseado, -da *adjetivo*
1 limpio
  curioso
  pulcro
  cuidadoso
  hecho un figurín
  ANTO sucio

asear *verbo transitivo/pronominal*
1 limpiar*
  lavar
  quitar el polvo
  quitar el moho
  quitar las manchas
  ANTO manchar
      ensuciar
2 atildar
  componer
  acicalar
  ANTO desarreglar
      descomponer

asechante *adjetivo*
1 insidioso*
  capcioso
  cauteloso
  astuto
  acechante

asechanza *nombre femenino*
1 engaño
  perfidia
  insidia
  asechamiento
  asecho
  emboscada
  encerrona
  acechanza
  treta

asechar *verbo transitivo*
1 acechar
  avizorar
  observar
  espiar
  vigilar
  Por tener el mismo origen etimológico, *acechar* y *asechar* han tenido y tienen empleos comunes. Hoy predomina en *acechar* el significado de *observar, espiar, vigilar* cautelosamente; en *asechar* se une a esta vigilancia la idea de tram-

pa o engaño para causar daño. Se puede *acechar* por simple curiosidad o fisgonería; *asechar* es inseparable de un propósito maligno. *Avizorar* coincide con *acechar*, pero en general sugiere más viveza y prontitud por parte del sujeto.

asecho *nombre masculino*
1 asechanza
  engaño
  perfidia
  insidia
  asechamiento
  emboscada
  encerrona
  acechanza
  acecho

asediar *verbo transitivo*
1 cercar
  bloquear
  sitiar
2 importunar
  acosar
  molestar

asedio *nombre masculino*
1 cerco
  bloqueo
  sitio

asegundar *verbo transitivo*
1 repetir*
  reproducir
  rehacer
  iterar
  reiterar
  segundar
  reincidir

asegurado, -da *adjetivo*
1 fijo
  firme
  seguro
  ANTO inseguro

asegurar *verbo*
transitivo/pronominal
1 consolidar
  afianzar
  fijar
  reforzar
  fortalecer
  apoyar
  ANTO soltar
2 garantizar
  tranquilizar
  ANTO intranquilizar
3 afirmar
  cerciorar
  aseverar
  certificar

confirmar*
ratificar
ANTO dudar

Afirmar, cerciorar, aseverar y *certificar* cuando se hace por segunda vez, o en apoyo de otra afirmación.

asemejarse *verbo pronominal*
1 semejar
  parecerse
  correr parejas con
  tener un aire a
  tirar a
  salir a
  inclinar
  ANTO diferenciarse

Tratándose de personas o animales, *parecerse*, *salir a*; decimos de un niño que *se parece*, *se asemeja* o *sale a* su abuelo. En general, *tirar a*, *inclinarse a*; este color *tira a* verde; una persona *se inclina* a su rama materna.

asenso *nombre masculino*
1 asentimiento
  aprobación
  anuencia
  aquiescencia
  consentimiento*

asentada *nombre femenino*
1 sentada

asentaderas *nombre femenino*
  plural
1 posaderas
  trasero
  nalgas
  culo

asentado, -da *adjetivo*
1 sentado
  juicioso
  equilibrado
2 estable
  permanente

asentar *verbo*
transitivo/pronominal
1 detenerse
  posarse
  colocarse
  hacer asiento
  establecerse
  ANTO descolocarse
     marcharse
     quitarse
2 aplanar
  alisar
  apisonar
3 afirmar

asegurar
4 sentar
  anotar*
  inscribir

asentimiento *nombre masculino*
1 anuencia
  asenso
  aprobación
  consentimiento
  aquiescencia
  permiso
  beneplácito
  venia

asentir *verbo intransitivo*
1 afirmar
  aprobar
  convenir
  consentir
  permitir
  ANTO negar
     impedir
  verbo transitivo
2 obtemperar
  obedecer
  aceptar
  conformarse

aseo *nombre masculino*
1 limpieza
  curiosidad
  pulcritud
  ANTO suciedad
     dejadez

Pulcritud es *aseo* extremado y completo.

2 decencia
  recato
  compostura
  honestidad
  ANTO indecencia
     inmoralidad
     deshonor

asepsia *nombre femenino*
1 desinfección
  esterilización
  antisepsia

aséptico, -ca *adjetivo*
1 estéril
  ANTO infectado

asequible *adjetivo*
1 accesible
  alcanzable
  ANTO inasequible
     imposible

aserción *nombre femenino*
1 (literario) aserto
  aseveración
  afirmación

a b c d e f g h i j k l m n ñ o p q r s t u v w x y z

aserradero *nombre masculino*
1 serrería

aserrar *verbo transitivo*
1 serrar

aserrín *nombre masculino*
1 serrín

aserto *nombre masculino*
1 afirmación*
 aserción
 aseveración
 confirmación

asesor, -ra *adjetivo*
1 consultivo
 nombre
2 consultor
 consejero

asesorar *verbo transitivo*
1 aconsejar
 informar
 verbo pronominal
2 consultar

asestar *verbo transitivo*
1 apuntar
 dirigir
2 descargar
 hacer tiro

aseveración *nombre femenino*
1 afirmación*
 aserción
 aserto
 confirmación
 ratificación
 atestación
 testimonio
2 fe
 seguridad

aseverar *verbo transitivo*
1 afirmar
 asegurar
 confirmar

 Aseverar implica apoyo a lo que se dice, y por esto equivale más propiamente a *confirmar.*

aseverativo, -va *adjetivo*
1 afirmativo
 confirmativo
2 declarativo
. enunciativo

 Las oraciones *aseverativas* se llaman también *enunciativas* o *declarativas*, y expresan la conformidad o disconformidad del sujeto con el predicado.

asexuación *nombre femenino*
1 esterilización

asfaltado *nombre masculino*
1 pavimento

asfalto *nombre masculino*
1 (mineral) betún de Judea

asfixiar *verbo transitivo*
1 ahogar
2 sofocar

asfódelo *nombre masculino*
1 gamón

así *adverbio*
1 de esta manera

asidero *nombre masculino*
1 asa
 agarradero
2 ocasión
 pretexto

asiduidad *nombre femenino*
1 aplicación
 esmero
 atención
 estudio
 perseverancia

asiduo, -dua *adjetivo*
1 perseverante
 persistente
 frecuente
 puntual
 continuo
 repetido
 acostumbrado
 reiterado
 ANTO desafecto
 discontinuo
 desaplicado

 Asiduo se dice sólo de personas o actos humanos; *frecuente* puede aplicarse también a fenómenos naturales (lluvia, temblores de tierra, etc.) que no admitirían el adjetivo *asiduo.* *Puntual* y *perseverante* suponen también la voluntad humana. En cambio, *persistente* y *continuo* pueden ser actos de la Naturaleza, y su significado está más cerca del adjetivo *frecuente.* Su diferencia se halla en que *frecuente* supone intermitencia mayor o menor: una lluvia *frecuente* se repite con intervalos en los que no llueve, mientras que una lluvia *continua* o *persistente* no cesa.

asiento *nombre masculino*
1 localidad
 En los espectáculos públicos.
2 sitio
 lugar
 sede
 domicilio
3 poso
 sedimento
4 cordura
 sensatez
 madurez
 juicio
 prudencia
5 sentamiento
 Tratándose del descenso de los materiales en un edificio.
6 anotación
 En los libros de cuentas.

 asiento de pastor *locución nominal*
 erizón

 tomar asiento *locución*
 habitar*
 tomar casa
 morar
 sentar los reales
 estar de asiento
 vivir
9 sentarse
 asentarse
 repantingarse

asignación *nombre femenino*
1 sueldo
 remuneración
 retribución
 estipendio
2 partida
 consignación
 Tratándose de un presupuesto.

asignar *verbo transitivo*
1 destinar
 señalar
 fijar

asignatura *nombre femenino*
1 disciplina
 enseñanza
 materia

asilar *verbo transitivo/pronominal*
1 guarecer
 acoger
 cobijar
 refugiar
 amparar
 defender
 ponerse en cobro

asilo *nombre masculino*
1 refugio*
  sagrado
  retiro
2 amparo
  protección
  apoyo
  favor

asimetría *nombre femenino*
1 disimetría
2 quiralidad
  ANTO simetría

asimismo *adverbio*
1 de igual modo
  del mismo modo
  igualmente
  también

asincrónico, -ca *adjetivo*
1 asíncrono
  ANTO sincrónico

asíncrono, -na *adjetivo*
1 asincrónico
  ANTO sincrónico

asir *verbo transitivo*
1 coger
  tomar*
  agarrar

'El que *agarra* asegura, tiene firme; porque el verbo *agarrar* supone la fuerza necesaria para lograr su efecto. El que ase, puede o no asegurar, porque la acción de asir no supone precisa y positivamente la fuerza necesaria para asegurar y tener firme' (LH).

2 arraigar
  prender
  ANTO desprender

Tratándose de plantas.

verbo pronominal
3 agarrarse
  pelearse
  reñir

asistencia *nombre femenino*
1 ayuda
  auxilio
  apoyo
  socorro
  favor
  cooperación
2 concurrencia*
  concurso

asistente *nombre común*
1 acólito
  ayudante

compañero
compinche

asistentes *nombre masculino plural*
1 público
  concurrencia
  auditorio
  espectadores
  oyentes

asistir *verbo intransitivo*
1 estar presente
  hallarse presente
  concurrir
  acudir
  ir
  presentarse
  llegar
  comparecer
  ANTO faltar
     ausentarse
verbo transitivo
2 ayudar
  auxiliar
  apoyar
  socorrer
  coadyuvar
  favorecer
  ANTO abandonar
     desasistir

asnacho *nombre masculino*
1 gatuña

asnallo *nombre masculino*
1 gatuña
  aznacho
  aznallo
  detienebuey
  gata
  uña gata

asnilla *nombre femenino*
1 caballete

asno *nombre masculino*
1 burro
  borrico
  rucio
  jumento

Burro, borrico y *rucio* son más populares que *asno* y *jumento*.

'*Borrico, pollino* y *rucio* son nombres familiares del asno' (M).

2 corto
  rudo
  necio
  ignorante

asobarcar *verbo transitivo*
1 sobarcar

asociación *nombre femenino*
1 sociedad
  agrupación
  entidad
  corporación
  compañía
  consorcio

asociado, -da *nombre*
1 socio
  consocio
  acompañante
  concomitante*

Concomitante, propio de la terminología científica, se aplica sólo a cosas.

2 agregado
  añadido
  mezclado

asociar *verbo transitivo/pronominal*
1 juntar
  reunir
  agrupar
  aliar
  federar
  incorporar
  ANTO separar
     desunir
     desligar
     dispersar
2 interesar
  dar parte

asolar *verbo transitivo*
1 destruir
  arrasar
  devastar
  arruinar
verbo pronominal
2 posarse
  sedimentar

Tratándose de líquidos.

asoldadado, -da *adjetivo/nombre*
1 asalariado*
  pagado
  asoldado
  mercenario

asoldadar *verbo transitivo/pronominal*
1 tomar a sueldo
  asalariar
  asoldar

asoldado, -da *adjetivo/nombre*
1 asalariado*
  pagado
  asoldadado
  mercenario

asoldar *verbo*
transitivo/pronominal
1 asoldadar
  tomar a sueldo
  asalariar

asombradizo, -za *adjetivo*
1 espantadizo
  asustadizo

asombrado, -da *adjetivo*
1 absorto*
  admirado
  pasmado
  atónito
  suspenso
  maravillado
  cautivado

asombrar *verbo transitivo*
1 sombrar
  sombrear
  ensombrecer

verbo transitivo/pronominal
2 admirar
  maravillar
  aturdir
  pasmar
  asustar
  espantar
  sobrecoger

Admirar y *maravillar* sugieren una causa generalmente placentera. *Asombrar, aturdir* y *pasmar* son más intensos y pueden proceder de causa agradable o desagradable. La lengua antigua usó *asustar* y *espantar* como sinónimos de *asombrar*; pero esta acepción se siente hoy como anticuada.

verbo transitivo
3 fascinar
  hipnotizar

asombro *nombre masculino*
1 susto
  espanto

En esta acepción, *asombro* va quedando hoy en desuso.

2 sorpresa
  admiración*
  maravilla
  pasmo
  estupefacción
  ANTO indiferencia
    impasibilidad

asomnia *nombre femenino*
1 insomnio

asomo *nombre masculino*
1 indicio*
  señal

amago
barrunto
atisbo
presunción
sospecha

Indicio y *señal* cuando se trata de cosas; *asomo* y *amago* se refieren a accidentes o fenómenos, como un *amago* de epidemia o de incendio, un *asomo* de fiebre. Tratándose de pensamientos, *barrunto*, *atisbo, presunción, sospecha.*

asonada *nombre femenino*
1 bullanga
  alboroto*
  tumulto
  motín
  revuelta
  sublevación

asonancia *nombre femenino*
1 rima imperfecta
  ANTO disonancia

asordar *verbo transitivo*
1 ensordecer

aspálato *nombre masculino*
1 alarguez

aspalto *nombre masculino*
1 espalto

aspaviento *nombre masculino*
1 espaviento

aspearse *verbo pronominal*
1 despearse

aspecto *nombre masculino*
1 apariencia
  aire
  cara
  semblante
  cariz
  presencia
  planta
  porte
  facha
  pinta
  catadura

Apariencia, aire, cara y *semblante* se aplican a personas, animales y cosas; *cariz* a sucesos o fenómenos. Tratándose de personas o animales superiores, *presencia, planta, porte*; con valor desestimativo, irónico o burlesco, *facha, pinta, catadura.*

2 giro
  dirección

cariz
curso
3 fase
  período
  estado

asperartería *nombre femenino*
1 tráquea
  traquearteria

aspereza *nombre femenino*
1 escabrosidad
  rugosidad
2 rigor
  rigidez
  dureza
  rudeza
  desabrimiento
  ceño
  severidad*
  ANTO suavidad
    blandura
    flexibilidad
    comprensión
    amabilidad

limar asperezas *locución*
  conciliar
  avenir

asperges *nombre masculino*
1 aspersorio
  hisopo

asperilla *nombre femenino*
1 hierba de las siete sangrías

asperjear *verbo transitivo*
1 hisopear

áspero, -ra *adjetivo*
1 rugoso
  rasposo
  escabroso
2 rígido
  riguroso
  rudo
  desapacible
  desabrido
  intratable
  hosco
  ceñudo
  ríspido
  rispo
  ANTO suave

Intratable, hosco, ceñudo, ríspido y *rispo* se aplican a personas o a su carácter y maneras.

3 acerbo

Acerbo significa *áspero* al gusto.

4 estridente*
  agrio

destemplado
ruidoso

asperón *nombre masculino*
1 piedra afiladera
piedra aguzadera
piedra amoladera
piedra melodreña

aspersorio *nombre masculino*
1 hisopo
asperges

Tatándose del culto religioso.

aspillera *nombre femenino*
1 saetera
saetín
2 tronera

aspiración *nombre femenino*
1 designio
mira
propósito
2 deseo
anhelo
pretensión
3 inhalación
⇒ inhalar

aspirante *adjetivo/nombre común*
1 pretendiente
solicitante
candidato
meritorio

Meritorio en despachos u oficinas.

2 principiante
aprendiz*
ANTO maestro
experto

aspirar *verbo transitivo*
1 inspirar
ANTO espirar
impeler

Si se trata de personas o animales, *aspirar* es lo mismo que *inspirar*; su contrario es *espirar*, y ambos constituyen el acto de *respirar*. Si se trata de máquinas no existe tal sinonimia; una bomba *aspira*, no *inspira*; su contrario es *impeler*.

2 desear
pretender*
anhelar
ambicionar

En la acepción de *desear*, *aspirar* lleva siempre la preposición *a*, mientras que los demás llevan su complemento directo sin preposición: *aspiro a este empleo; deseo, pretendo este empleo.*

3 espirar

Los sonidos así producidos se llaman *espirantes* o *aspirados.*

asquear *verbo intransitivo*
1 repugnar
revolver
hacer cuesta arriba

asquerosidad *nombre femenino*
1 bascosidad
inmundicia
suciedad
porquería

asqueroso, -sa *adjetivo*
1 sucio
2 repugnante
nauseabundo
repelente
repulsivo

asta *nombre femenino*
1 fuste
palo

Tratándose de un arma, *fuste*; de una bandera, *palo.*

2 cuerno

astatino *nombre masculino*
1 ástato

ástalo *nombre masculino*
1 astatino

astenia *nombre femenino*
1 debilidad
endeblez
decaimiento
descaecimiento
desfallecimiento
flaqueza
flojera
ANTO fortaleza
energía

asterisco *nombre masculino*
1 estrella

asteroide *nombre masculino*
1 planeta menor

astrágalo *nombre masculino*
1 (hueso) chita
taba
taquín

Astrágalo es término científico; los nombres generales son *chita, taba, taquín.*

2 armilla

tondino
joya

astral *adjetivo*
1 sideral
sidéreo
estelar

astreñir *verbo transitivo*
1 astringir

astringir *verbo transitivo*
1 astreñir
astriñir
restringir
restriñir
estipticar
2 sujetar
constreñir

astriñir *verbo transitivo*
1 astringir
astreñir
restringir
restriñir

astrólogo, -ga *nombre*
1 planetista

astronáutica *nombre femenino*
1 cosmonáutica

astronave *nombre femenino*
1 nave espacial

astroso, -sa *adjetivo*
1 desastrado
desastroso
infeliz
infausto
2 harapiento
andrajoso
roto
zarrapastroso
ANTO aseado
cuidadoso
elegante
3 vil
despreciable

astucia *nombre femenino*
1 sagacidad
sutileza
picardía
2 ardid
treta
maña
añagaza
artimaña
artificio
ficción
doblez
3 camándula
marrullería
trastienda

fingimiento
hipocresía
disimulo
ANTO inocencia
ingenuidad
sinceridad
4 taimería
cuquería
picardía
malicia
tunería
zorrería
raposería
cautela
ANTO cortedad
ingenuidad
5 agallas
codicia
cicatería

astuto, -ta *adjetivo*
1 sagaz
sutil
taimado
cuco
artero
zorro
ladino
toro corrico
buena pieza
mosquita muerta
capcioso
insidioso*
asechante
ANTO ingenuo
sencillo

Taimado, cuco, artero, zorro y
ladino se toman siempre a
mala parte.

2 artificioso
fingido
disimulado
engañoso
ficticio
ANTO natural
3 avisado
prudente
previsor
advertido
precavido
cauteloso
no tener un pelo de tonto
4 fino
sagaz
ANTO rudo

asueto *nombre masculino*
1 descanso
recreo
esparcimiento

asunto *nombre masculino*
1 tema

cuestión
materia

'*Asunto* es el objeto particular
de que se trata; *materia* es la
entidad a la cual pertenece el
asunto y constituye su calidad. Se propone un *asunto*
cuya *materia* ofrezca medios
de lucimiento a la erudición y
al ingenio. La murmuración es
en la sociedad una *materia*
inagotable, porque no hay en
ella cosa de que no hagan los
necios un *asunto* muy serio
para ejercerla, supliendo con
este cómodo recurso su falta
de talento' (LH).

2 argumento
3 negocio

asustadizo, -za *adjetivo*
1 espantadizo
asombradizo
miedoso
más muerto que vivo
pendiente de un hilo

asustar *verbo*
transitivo/pronominal
1 espantar
amedrentar
atemorizar
acobardar
intimidar
aterrorizar
alarmar
inquietar
sobresaltar
meter el corazón en un
puño
tener el alma en vilo
ANTO animar
envalentonarse
tranquilizar

'El verbo *asustar* expresa una
acción más pasajera y menos
vehemente que el verbo *espantar*. En el primero entra la
idea de la sorpresa, en el segundo la del terror. Nos *asustan* un tiro, el ruido del trueno,
un grito fuerte. Nos *espantan*
un gran peligro, un delito
atroz, un suplicio bárbaro. No
a todos *asustan* los mismos
hechos; pero lo que *espanta*
ejerce una acción más general' (M).

verbo transitivo
2 asombrar*
admirar
maravillar

aturdir
pasmar
sobrecoger
sorprender

atabal *nombre masculino*
1 timbal
2 tamboril

atabalear *verbo intransitivo*
1 tabalear
tamborilear

atablar *verbo transitivo*
1 tablear
allanar

atacar *verbo transitivo*
1 atiborrar
atestar
apretar
ANTO aligerar
2 acometer*
arremeter*
agredir
embestir
asaltar
ANTO desistir
retroceder
3 impugnar
combatir

atadijo *nombre masculino*
1 fajo
haz
atado
lío
envoltorio
fardo

atadura *nombre femenino*
1 sujeción
unión
ligadura
traba
ANTO desunión
libertad
2 lazo
lazada

atafagar *verbo transitivo*
1 sofocar
avahar
2 molestar
importunar

ataguía *nombre femenino*
1 encajonado
2 tablestacado

ataharre *nombre masculino*
1 sotacola

atajar *verbo transitivo*
1 contener

interrumpir
cortar
detener
parar*
verbo pronominal
2 correrse
avergonzarse
atascarse

atalaje *nombre masculino*
1 guarniciones
arreos
jaeces

atalaya *nombre femenino*
1 vigía
centinela
escucha

Vigía se aplica a la torre o altura desde donde se puede atalayar y al hombre que vigila desde ella. *Centinela* y *escucha*, sólo al hombre.

atalayar *verbo transitivo*
1 otear
espiar
vigilar

atanasia *nombre femenino*
1 hierba de Santa María

atanco *nombre masculino*
1 atasco
atranco
obstrucción

atanquía *nombre femenino*
1 adúcar
2 cadarzo

atañer *verbo intransitivo*
1 tocar
pertenecer
corresponder
concernir
afectar

Concernir y *afectar* pertenecen al habla culta. *Atañer*, a pesar de su origen popular, es hoy un término que se siente también como docto.

2 importar
convenir
hacer al caso
interesar
merecer la pena
tener que ver
formar época
ANTO desinteresar
desmerecer

ataque *nombre masculino*
1 agresión

acometida
arremetida
asalto
2 acceso
accesión
accidente
cubrimiento
soponcio
patatús

Tratándose de enfermedad, *acceso, accesión* y *accidente.* Algunos de estos *ataques* se denominan en el habla usual *cubrimiento, soponcio, patatús.* Cuando se trata de pasiones violentas, *ataque* o *acceso: acceso* de celos, de ira.

atar *verbo transitivo*
1 liar
ligar
amarrar
unir
juntar
sujetar
ANTO desatar
desligar

Liar es atar envolviendo: *liar* o *atar* un paquete, pero *atar* (no *liar*) una caballería al pesebre. *Ligar* en esta acepción material es literario y de muy poco uso; se usa principalmente en las acepciones figuradas *amarrar.*

verbo pronominal
2 embarazarse
atascarse

atarantado, -da *adjetivo*
1 tarantulado
2 inquieto
bullicioso
3 aturdido
espantado

atarazana *nombre femenino*
1 tarazana
tarazanal
arsenal

Arsenal es hoy el más usado.

atareado, -da *participio pasado*
1 ocupado

atarjea *nombre femenino*
1 tajea

atarraga *nombre femenino*
1 olivarda

atarugar *verbo transitivo*
1 atestar

atiborrar
henchir
verbo pronominal
2 atascarse
atajarse

atascadero *nombre masculino*
1 atolladero

Cuando se halla en lugar cenagoso.

2 impedimento
estorbo

atascar *verbo transitivo*
1 tapar
cegar
obstruir*
atorar
atrancar
taponar
ANTO abrir
desembarazar
desobstruir

verbo pronominal
2 atollarse
sonrodarse
ANTO desatascarse

Sonrodarse tratándose de las ruedas de un carruaje.

3 atajarse
atarugarse

atasco *nombre masculino*
1 atanco
atranco
obstrucción
2 atolladero
atascadero

ataúd *nombre masculino*
1 caja mortuoria
féretro

ataujía *nombre femenino*
1 taujía

ataviado, -da *adjetivo*
1 apañado
arreglado
aderezado
compuesto
apuesto
adornado

ataviar *verbo transitivo*
1 componer*
adornar*
engalanar
acicalar
aderezar
hermosear
arreglar*

atavío *nombre masculino*
1 compostura
 adorno
 acicalamiento
 ornato*

⇒ atavíos

atavíos *nombre masculino plural*
1 adornos
 traeres

⇒ atavío

atemorizar *verbo*
 transitivo/pronominal
1 intimidar
 amedrentar
 acobardar*
 arredrar
 asustar*
 espantar
 acoquinar
 achantar (vulgar)
 amilanar
 aterrar
 meter el corazón en un
  puño
 no tenerlas todas consigo
 morir de miedo
 ANTO envalentonar
  engallar
  tranquilizar

atemperar *verbo transitivo*
1 temperar
 moderar
 templar
 suavizar
2 acomodar
 ajustar
 adaptar

atenacear *verbo transitivo*
1 tenacear
 sujetar
 amarrar
 martirizar
 atenazar
 ANTO soltar
  acariciar

atenazar *verbo transitivo*
1 atenacear
 tenacear
 sujetar
 amarrar
 martirizar
 ANTO soltar
  acariciar

atención *nombre femenino*
1 cuidado
 vigilancia
 solicitud
 esmero

2 consideración
 miramiento
 cortesía
 urbanidad
 respeto*
 deferencia
 rendimiento
3 aplicación
 estudio
 perseverancia
4 interés
 inclinación
 atractivo
 afecto
 ANTO desatención
  desafecto
5 ponderación
 reflexión
 circunspección

⇒ atenciones

atenciones *nombre femenino*
 plural
1 ocupaciones
 negocios
 quehaceres
 trabajos

⇒ atención

atender *verbo*
 transitivo/pronominal
1 escuchar
 oír
 fijarse
 reparar
 observar
 ANTO desatender
  desacatar
2 cuidar
 vigilar
 preocuparse
 ocuparse de
 estar a la mira
 no pestañear
 ANTO abandonar
3 aplicar
 esmerarse
 perseverar
 estudiar

 verbo transitivo
4 pensar
 reflexionar
 considerar
 ANTO desatender

atendible *adjetivo*
1 plausible
 admisible
 aceptable
 recomendable

atenerse *verbo pronominal*
1 sujetarse

 amoldarse
 ajustarse
 remitirse

 Tratándose de instrucciones,
 mandatos o escritos, *remitirse*, por ejemplo, un empleado
 se atiene o *se remite* al reglamento.

atentamente *adverbio*
1 hitamente

atento, -ta *adjetivo*
1 fino
 cortés
 comedido
 considerado
 amable
 afable*
 solícito
 obsequioso
 afectuoso
 deferente
 respetuoso
 mirado
 galante

 'Ser *cortés* es una obligación
 que nos impone la buena
 crianza; ser *atento* es una
 cualidad a que nos inclina la
 buena educación. El *cortés*
 puede serlo sin pasar los límites de su obligación; el *atento*
 no se atiene a ella, y emplea
 noblemente los medios de
 agradar o de complacer. Decir
 de una caballero que es *cortés* no es una lisonja; es sólo
 decir que no es grosero. Decir
 que es *atento* es hacer su elogio; es decir que añade a la
 cortesía el agrado, la complacencia. El *cortés* lo es siempre
 sin afectación; el *atento* puede ser afectado. Hay hombres
 que, a fuerza de *atenciones*,
 nos alejan diestramente de su
 familiaridad y confianza' (LH).

2 aplicado
 cuidadoso
 perseverante
 asiduo
 estudioso

atenuación *nombre femenino*
1 lítote

atenuar *verbo transitivo*
1 adelgazar
2 minorar
 aminorar
 mitigar
 suavizar

paliar
ANTO aumentar
   fortalecer

ateo, -ea *adjetivo/nombre*
1 sindiós

atercianado, -da
  adjetivo/nombre
1 tercianario

aterciopelado, -da *adjetivo*
1 terciopelado
  afelpado

aterimiento *nombre masculino*
1 pasmo
  espasmo

aterir *verbo transitivo/pronominal*
1 pasmar
  enfriar
  helar

aterrado, -da *adjetivo*
1 despavorido
  espavorido
  pavorido
  espantado
  horrorizado
  ANTO sereno
    valiente

aterrador, -ra *adjetivo*
1 imponente
  espantoso
  pavoroso
  terrorífico
  temible*
  formidable

aterraje *nombre masculino*
1 aterrizaje
  recalada

aterrar *verbo*
  transitivo/pronominal
1 acobardar*
  aterrorizar
  espantar
  horrorizar
  espeluznar
  horripilar
  estremecer
  amedrentar
  asustar
  intimidar
  ANTO tranquilizar
    animar
    envalentonar
  verbo transitivo
2 postrar
  abatir
  terrecer
  ANTO animar

aterrizaje *nombre masculino*
1 aterraje
  recalada

aterrizar *verbo intransitivo*
1 tomar tierra

aterrorizar *verbo*
  transitivo/pronominal
1 asustar*
  espantar
  amedrentar
  atemorizar
  acobardar
  intimidar
  horrorizar
  ANTO envalentonarse

atesorar *verbo transitivo*
1 acaudalar
  enriquecerse
  acumular

atestación *nombre femenino*
1 testificación
  testimonio
  atestiguamiento

atestar *verbo transitivo*
1 henchir
  llenar
  atiborrar
  apretujar
  ANTO vaciar

Atestar y *llenar* pueden referirse a personas y cosas: el gentío *atestaba* o *llenaba* un teatro; las mercancías *atestaban*
o *llenaban* un almacén. Henchir y *atiborrar* se aplican generalmente a cosas: se *hincha*
o *atiborra* un saco. *Atiborrar* y
apretujar añaden a *llenar* la
idea de presión para que las
cosas quepan en el espacio o
recipiente que ha de conte-
nerlas.

atestiguar *verbo transitivo*
1 testificar
  testimoniar
  probar*
  acreditar
  demostrar
  justificar
  evidenciar
  confirmar
  documentar
2 afirmar
  aseverar
  asegurar

atetar *verbo transitivo*
1 amamantar
  tetar

atiborrar *verbo transitivo*
1 llenar
  henchir
  embutir
  rellenar
  apretar
  embuchar
  atestar*

atildado, -da *adjetivo*
1 compuesto
  acicalado
  peripuesto
  hecho un figurín
  pulcro
  elegante

atildar *verbo*
  transitivo/pronominal
1 tildar
  poner tildes
2 tildar
  censurar
  tachar
  verbo pronominal
3 componerse
  asearse
  acicalarse
  ANTO ensuciarse
    desarreglarse
    descuidarse

Atildar añade a *componer* y
asear la idea de esmero minucioso.

atinado, -da *adjetivo*
1 feliz
  oportuno
  acertado
  eficaz

atinar *verbo intransitivo*
1 acertar*
  hallar
  encontrar
2 adivinar
  acertar
  descifrar
  dar con
  ANTO desacertar

atíncar *nombre masculino*
1 bórax

atinente *adjetivo*
1 tocante
  perteneciente
  referente

atirantar *verbo*
  transitivo/pronominal
1 poner tirante
  tesar
  tensar

a
b
c
d
e
f
g
h
i
j
k
l
m
n
ñ
o
p
q
r
s
t
u
v
w
x
y
z

ANTO aflojar
　　relajar
　　distender

atisbadura *nombre femenino*
1 atisbo

atisbar *verbo transitivo*
1 espiar
　observar
　acechar
　vigilar
2 fisgar
　husmear
　curiosear
　huronear
　fisgonear
　meter baza

atisbo *nombre masculino*
1 atisbadura

　Cuando se trata de la acción
　de *atisbar*, atisbadura.

2 indicio
　vislumbre
　sospecha
　barrunto*
　suposición*
　asomo*
　amago
　remusgo
　conjetura
　presunción
　supuesto
　hipótesis

atizar *verbo transitivo*
1 avivar
　fomentar
　estimular
2 dar
　propinar
　pegar
　Atizar es intensivo de dar, pro-
　pinar, pegar.

atlante *nombre masculino*
1 telamón

atmósfera *nombre femenino*
1 aire

atoar *verbo transitivo*
1 toar
　remolcar

atocha *nombre femenino*
1 atochón
　esparto

atochal, atochar *nombre*
　masculino
1 espartizal
　espartal

atochón *nombre masculino*
1 atocha
　esparto

atolladero *nombre masculino*
1 atascadero
　atasco
2 dificultad
　impedimento
　embarazo
　aprieto
　apuro

atollarse *verbo pronominal*
1 atascarse
　sonrodarse (las ruedas de
　un carruaje)
　ANTO desatascarse

atolondrado, -da *participio*
　pasado
1 irreflexivo
　aturdido
　precipitado
　loco
　imprudente
　insensato
　disparatado
　ANTO moderado
　　reflexivo

atolondramiento *nombre*
　masculino
1 irreflexión
　aturdimiento
　precipitación

atolondrar *verbo pronominal*
1 aturdirse
　precipitarse

atonía *nombre femenino*
1 laxitud
　flojera
　distensión

atónito, -ta *adjetivo*
1 estupefacto
　suspenso
　asombrado
　pasmado
　turulato (familiar)
　patitieso (familiar)
　patidifuso (humorístico)
　helado
　boquiabierto
　como quien ve visiones
　absorto*
　admirado
　Helado sugiere principalmente
　inquietud o miedo.

átono, -na *adjetivo*
1 inacentuado
　débil

atontadamente *adverbio*
1 indiscretamente
　imprudentemente
　neciamente
　tontamente
　a tontas y a locas

atontado, -ta *adjetivo*
1 alelado
　embobado
　turulato
　lelo
　poner cara de tonto
　quedarse como una estatua

atontar *verbo*
　transitivo/pronominal
1 aturdir
　atolondrar
　atortolar
　entontecer
2 abobar
　embobar
　alelar
　llenar la cabeza de humo
　ANTO despabilar
　verbo transitivo
3 entorpecer
　turbar
　oscurecer
　embotar

atorar *verbo transitivo*
1 atascar
　obstruir
　cegar
　verbo pronominal
2 atragantarse

atormentar *verbo*
　transitivo/pronominal
1 martirizar
　torturar
2 afligir
　apenar
　atribular
　acongojar
　partísele a uno el alma
　ANTO consolar
　　tranquilizar
　　apaciguar
　　sosegar
　　serenar

atornillador *nombre masculino*
1 destornillador

atoro *nombre masculino*
1 atasco
　aprieto
　apuro

atortolar *verbo transitivo*
1 aturdir

acobardar
acoquinar

atosigar *verbo transitivo*
1 emponzoñar
  envenenar
  tosigar
  verbo transitivo/pronominal
2 fatigar
  oprimir
  dar prisa
  apurar
3 abrumar
  agobiar
  molestar
  fastidiar
  hastiar
  aburrir
  importunar

atrabiliario, -ria *adjetivo*
1 irritable
  irascible
  destemplado
  malhumorado

atracadero *nombre masculino*
1 puesto de amarre

atracador, -ra *adjetivo/nombre*
1 ladrón
  caco
  sacre
  cuatrero
  ratero
  carterista
  mechera
  salteador
  bandido
  bandolero

atracar *verbo transitivo*
1 arrimar
  abordar
2 hartar*
  henchir
  rellenar
  atiborrar
3 saltear
  asaltar
  Atracar es concretamente saltear para robar a una o más
  personas.

atraco *nombre masculino*
1 asalto
  salteamiento

atracón *nombre masculino*
1 (familiar) hartazgo
  panzada

atractivo *nombre masculino*
1 gracia

encanto
seducción
hechizo
fascinación
sugestión*
Todos ellos son cualidades físicas o morales de una persona que atraen la voluntad.

2 incentivo
  aliciente
  cebo
  estímulo
  Tratándose de cosas.

3 imán

atractivo, -va *adjetivo*
1 atrayente
  seductor
  hechicero
  encantador
2 gachón
  gracioso
  expresivo
  salado
  donairoso

atraer *verbo transitivo*
1 captar
  granjear
  seducir
  cautivar
  encantar
  hechizar
  provocar
  causar
  ocasionar
  motivar
  absorber
  ANTO rechazar
    desagradar
  Captar, *granjear(se)*, la voluntad o el afecto ajenos. Con
  mayor intensidad, *seducir, cautivar, encantar, hechizar*. Tratándose de sentimientos ad-
  versos, hechos o fenómenos,
  provocar, causar, ocasionar y
  motivar, por ejemplo, la antipatía, el enojo, la lluvia, una
  tempestad, etc.
2 flechar
  enamorar
  verbo pronominal
3 conciliarse*
  granjearse
  ganarse
  concitarse

atrafagar *verbo intransitivo*
1 fatigarse
  afanarse

atrancar *verbo transitivo*
1 aherrojar
  trancar
2 atascar
  cegar
  obstruir*
  tapar
  atorar
3 trancar
  tranquear

atranco *nombre masculino*
1 atasco
  atanco
  obstrucción

atrapamoscas *nombre femenino*
1 dionea

atrapar *verbo transitivo*
1 pillar
  coger
  agarrar*
  sujetar
  Atrapar y *pillar* dan idea de *coger* a una persona o animal
  que huye, o de valerse de alguna maña o astucia. Se *atra-
  pa* o *pilla* a un ratero, a una
  mariposa al vuelo, a un lobo
  en una trampa.
2 conseguir
  obtener
  pescar*
  Conseguir, obtener, algo pro-
  veohooo; *pescar* se acerca
  más a *atrapar* porque connota
  idea de maña y acecho.
3 engatusar
  engañar
  El mismo sentido de astucia o
  maña puede extenderse hasta
  el fraude, y entonces atrapar
  se hace sinónimo de *engañar,
  engatusar*.
4 contraer

atrás *adverbio*
1 detrás
  ANTO delante
  Denota dirección hacia la parte posterior del que habla o de
  la persona o cosa nombrada,
  con menos precisión que *detrás*.
2 antes
  anteriormente
  Por ejemplo: quince días *atrás*;
  un escritor u orador recuerda
  lo que ha dicho *atrás* o *anteriormente*.

a b c d e f g h i j k l m n ñ o p q r s t u v w x y z

atrasado, -da *adjetivo*
1 alcanzado
empeñado
endeudado

atrasar *verbo*
transitivo/pronominal
1 retrasar
retardar
demorar
diferir*
rezagar
dilatar (literario)
ANTO adelantar

Atrasar coincide con *retrasar* en todas sus acepciones. *Retardar* no se usa hablando del reloj. En general sugiere disminución de velocidad motivada por algún entorpecimiento voluntario o físico. Por esto es raro su empleo como intransitivo. Un tren *atrasa* o *retrasa* (intransitivo). El maquinista puede *retardar, retrasar* o *atrasar* la marcha (transitivo). *Demorar* es literario o administrativo, y se refiere principalmente a actos o resoluciones: se *demora* un informe pericial, un pleito, un expediente. *Diferir* supone idea de aplazamiento, detención. En *rezagar(se)* predomina hoy la idea de dejar o quedarse atrás en la marcha de una persona o cosa con respecto a otra: el caminante andaba *rezagado* de sus compañeros. También se usa por diferir o detener la ejecución de un acto.

verbo pronominal
2 empeñarse
endeudarse

atraso *nombre masculino*
1 retraso
retardo
demora
dilación
2 deuda

Deuda se usa generalmente en plural.

atravesado, -da *adjetivo*
1 avieso
ruin
malintencionado
malo

atravesar *verbo transitivo*
1 cruzar

pasar
traspasar

Traspasar es pasar un cuerpo penentrándolo de parte a parte; por ejemplo: *atravesar* o *traspasar* con la espada.

2 hender
cortar
3 aojar
fascinar
ojear
hacer o dar mal de ojo

atrayente *adjetivo*
1 atractivo
seductor
hechicero
encantador
2 gracioso
bonito
agraciado

atreverse *verbo pronominal*
1 arriesgarse
osar
aventurarse
exponerse
ANTO acobardarse

En *aventurarse* y *exponerse* se siente como más dudoso el éxito que en los demás verbos, más azaroso.

2 insolentarse
descararse
osar
no ponérsele nada por delante

atrevido, -da *adjetivo*
1 audaz
osado
arrojado
arriscado
arriesgado
temerario
intrépido
valiente
resuelto
2 insolente
descarado
desvergonzado
fresco
descocado

atrevimiento *nombre masculino*
1 audacia
osadía
arrojo*

'*Atrevimiento, osadía* y *audacia* significan la determinación de ejecutar una acción arriesgada, de arrostrar un peligro o

de exponerse a un mal. El *atrevimiento* puede nacer de un impulso impremeditado; la osadía, del temple natural o de los hábitos; la *audacia* es un exceso de *osadía* o de *atrevimiento*. El *atrevimiento* puede ser loable, y es muchas veces necesario; la *osadía* nunca deja de ser imprudente; la *audacia* es apasionada, criminal o heroica' (M). 'El *atrevimiento* supone una resolución de la voluntad, acompañada de confianza en nuestras propias fuerzas, para conseguir un fin arduo. La *osadía* supone el desprecio de las dificultades o riesgos superiores a nuestras fuerzas, pero acompañado de una excesiva confianza en la fortuna o en la casualidad. El *arrojo* no supone ningún género de confianza, sino una ceguedad con que temerariamente nos exponemos a un riesgo, sin examinar la posibilidad ni la probabilidad de salir bien de él' (LH).

2 insolencia
descaro
desvergüenza
descoco
tupé
avilantez
desfachatez

atribuciones *nombre femenino plural*
1 facultades

'Las *atribuciones* son los actos que debe ejercer el empleado público; sus *facultades* son los usos que puede hacer del poder que la ley le confía. Una de las *atribuciones* del juez es examinar los testigos; una de sus *facultades* es imponer penas al infractor. Los agentes inferiores de la autoridad tienen *atribuciones*, y apenas puede decirse que tienen *facultades*' (M).

atribuir *verbo*
transitivo/pronominal
1 achacar
imputar
culpar
inculpar
colgar (familiar)

Todos ellos significan *atribuir*

algo malo. En cambio se pueden *atribuir* cualidades o defectos, culpas o méritos. Sería un contrasentido *achacar* una virtud. Nótese que *atribuir* y *achacar* pueden aplicarse también a cosas, en tanto que *imputar* sólo se aplica a personas: se *atribuye* o *achaca* a las heladas tardías la pérdida de la cosecha; se *imputa* a uno la responsabilidad o culpa de una acción desastrosa.

verbo pronominal
2 apropiarse*
   arrogarse

atribulado, -da *adjetivo*
1 triste
  afligido
  melancólico
  apenado
  apesadumbrado
  abatido

atribular *verbo*
transitivo/pronominal
1 desconsolar
  desolar
  angustiar
  acongojar
  atormentar
  afligir
  apenar
  acuitar
  apesadumbrar
  meter el corazón en un
    puño
  ANTO consolar

atributo *nombre masculino*
1 cualidad*
  propiedad
  característica
2 símbolo
  insignia
  emblema

atrición *nombre femenino*
1 arrepentimiento*
  compunción
  contrición*

atril *nombre masculino*
1 facistol
  El que es grande y sirve para sostener en las iglesias los libros del coro.

atrio *nombre masculino*
1 porche
2 zaguán
3 vestíbulo
  portal

atrocidad *nombre femenino*
1 crueldad
  inhumanidad
2 necedad
  enormidad
  barbaridad
3 temeridad
  imprudencia

atrojar *verbo transitivo*
1 entrojar
  entrujar

atronadura *nombre femenino*
1 alcanzadura
  atronamiento

atronar *verbo transitivo*
1 asordar
  ensordecer
2 aturdir

atropellado, -da *adjetivo*
1 precipitado
  ligero
  irreflexivo
  atolondrado
  aturdido
  ANTO ileso
       reflexivo

atropellar *verbo transitivo*
1 empujar
  dar empellones
  arrollar
  derribar
2 agraviar
  ultrajar
verbo pronominal
3 apresurarse
  precipitarse
  apurarse

atropello *nombre masculino*
1 alcaldada
  exceso
  extralimitación
  desafuero
  polacada
  tropelía
  arbitrariedad
  barrabasada
  desafuero
  desaguisado
  entuerto
  agravio*
  descomedimiento
  ANTO moderación
2 injusticia
  iniquidad
  ilegalidad
  ilicitud
  ley del embudo
  ANTO legitimidad

inmoralidad
legalidad

atroz *adjetivo*
1 fiero
  cruel
  inhumano
  bárbaro
  salvaje
  brutal
  feroz
  ANTO culto
       civilizado
       educado
2 enorme
  grave
  desmesurado
3 feo
  horrible
  monstruoso

atuendo *nombre masculino*
1 atavío
  vestido
  Atuendo añade a sus sinónimos idea de solemnidad. Se habla del *atuendo* de las damas en una ceremonia, o del *atuendo* del salón en que la ceremonia se celebró.
2 aparato
  ostentación
  boato
  pompa

atufarse *verbo pronominal*
1 incomodarse
  amoscarse
  enojarse
  enfadarse
  irritarse
2 agriarse (los licores, especialmente el vino)

atufo *nombre masculino*
1 enfado
  enojo
  irritación

atún *nombre masculino*
1 tonina

atunara *nombre femenino*
1 almadraba

atunero *nombre masculino*
1 almadrabero

aturdido, -da *adjetivo*
1 atolondrado
  irreflexivo
  precipitado
2 atarantado
  espantado

aturdimiento *nombre masculino*
1 turbación
   perturbación
2 atolondramiento
   precipitación
   aturrullamiento
   irreflexión

aturdir *verbo*
transitivo/pronominal
1 asombrar*
   maravillar
   desconcertar
   pasmar
   ANTO serenar
      tranquilizar
      sosegar
      apaciguar
      calmar
2 atontar
   turbar
   atolondrar
   azarar
   aturrullar
   conturbar
   confundir
   aturdir
   azorar*
   ANTO despabilar
3 perturbar
   consternar

aturrullar *verbo*
transitivo/pronominal
1 desconcertar
   atolondrar
   aturdir
   turbar
   azarar

atutía *nombre femenino*
1 tutía
   tucía
   tocía

audacia *nombre femenino*
1 atrevimiento
   osadía
   arrojo*
   valor
   intrepidez
   decisión
   firmeza
   valentía
   ANTO timidez
2 insolencia
   descaro
   desvergüenza
   tupé
   desfachatez
   avilantez

audaz *adjetivo*
1 arriesgado

atrevido
osado
arriscado
imprudente
temerario
valiente
ANTO cobarde
2 decidido
   resuelto
   emprendedor
   activo*
   ANTO tímido
      apocado
      pasivo
      parado

audible *adjetivo*
1 oíble

audiofrecuencia *nombre*
femenino
1 baja frecuencia

auditorio *nombre masculino*
1 público
   oyentes
   concurrencia*
   concurso
   audiencia

auge *nombre masculino*
1 elevación
   prosperidad
   encumbramiento
2 apogeo
   esplendor
   plenitud
   culminación

augur *nombre masculino*
1 adivino
   profeta
   vate
   agorero

augurado, -da *participio pasado*
1 antedicho
   predicho
   profetizado

augurar *verbo transitivo*
1 auspiciar
   predecir
   pronosticar
   profetizar
   presagiar
   adivinar*
   vaticinar

augurio *nombre masculino*
1 predicción*
   presagio
   pronóstico
   agüero*
   profecía

vaticinio
horóscopo*
auspicio*
adivinación
2 promesa
   señal
   esperanza

augusto, -ta *adjetivo*
1 majestuoso
   mayestático
   solemne
   imponente
   sublime

aula *nombre femenino*
1 clase
   cátedra

aulaga *nombre femenino*
1 aliaga
   árgoma

aumentar *verbo transitivo*
1 sumar
   añadir
   adicionar
   agregar
   acrecentar
   incrementar
2 crecer
   agrandar*
   ampliar*
   tomar cuerpo
   tomar vuelo
   acentuar
   ANTO disminuir

aumento *nombre masculino*
1 acrecentamiento
   incremento
   crecimiento
   adición
   suma
   añadidura
   agregación
   ANTO resta
      disminución
2 adelantamiento
   medro
   avance
3 alza
   subida
   elevación
   encarecimiento

aun *adverbio*
1 hasta
   también
   inclusive
   incluso
   siquiera

Aún se escribe con acento
cuando equivale a *todavía;*

por ejemplo: *aún* no ha venido; *todavía* no ha venido; *aún* o *todavía* llueve. Cuando no son sinónimos, se escribe sin acento (*aun*), por ejemplo: *aun* llegando tarde, le recibieron bien; lo sabré pronto, *aun* lo digas; no tengo yo tanto, ni *aun* la mitad.

aún *adverbio*
1 todavía

⇒ aun

aunar *verbo transitivo/pronominal*
1 unir
asociar
juntar
confederar
unificar
ANTO desunir

aunque *conjunción*
1 no obstante*

aupar *verbo transitivo*
1 levantar
subir

Aupar lleva complemento directo de persona: *aupar* a un niño; pero no se diría *aupar* un fardo.

2 enaltecer
ensalzar
encumbrar

aura[1] *nombre femenino*
1 vientecillo
céfiro
brisa
2 aplauso
aceptación
buen ambiente

aura[2] *nombre femenino*
1 (ave) gallinazo

aureola, auréola *nombre femenino*
1 corona
diadema
lauréola
nimbo
2 gloria
celebridad
fama
renombre

auriense *adjetivo/nombre común*
1 orensano

aurífice *nombre masculino*
1 orífice
oribe

auriga *nombre masculino*
1 cochero

Sólo se usa *auriga* evocando la antigüedad clásica o en estilo elevado.

aurora *nombre femenino*
1 alba
amanecer
albor

auscultar *verbo transitivo*
1 oír*
escuchar
sentir (vulgar)
entreoír

ausencia *nombre femenino*
1 falta
privación
carencia

ausentarse *verbo pronominal*
1 eclipsarse
desaparecer
evadirse
escaparse
huir
irse
marcharse
ANTO aparecer

ausentismo *nombre masculino*
1 absentismo

auspiciar *verbo transitivo*
1 predecir
augurar
adivinar*
2 proteger
favorecer
patrocinar
apadrinar

auspicio *nombre masculino*
1 agüero
augurio
presagio
señales
indicios

Usado en plural, *auspicios* equivale a *señales*, *indicios* que anuncian o presagian el resultado de algún negocio o acto.

2 protección
favor
patrocinio

austeridad *nombre femenino*
1 continencia
templanza
temperancia
moderación

sobriedad
ANTO abundancia
2 severidad
rigor
rigidez
dureza
aspereza
ANTO ligereza

austero, -ra *adjetivo*
1 agrio
áspero
acerbo

Tratándose del sabor.

2 severo
riguroso
rígido

Tratándose del género de vida o del que lo sigue.

austral *adjetivo*
1 antártico
meridional

austro *nombre masculino*
1 sur
mediodía

autarquía[1] *nombre femenino*
1 autosuficiencia

Autarquía no se usa tratando de personas singulares, sino de naciones o de grandes compañías industriales: un país goza de *autarquía* económica cuando se basta a sí mismo.

autarquía[2] *nombre femenino*
1 autocracia
cesarismo
dictadura*

autenticidad *nombre femenino*
1 identidad

auténtico, -ca *adjetivo*
1 verdadero
positivo
cierto
seguro
genuino
real
ANTO falso
2 acreditado
autorizado
legalizado
fidedigno
3 original
personal
propio

autillo *nombre masculino*
1 (ave) cárabo
oto

úlula
zumaya

autismo *nombre masculino*
1 esquizosis

autocracia *nombre femenino*
1 autarquía
cesarismo
dictadura
tiranía

autócrata *nombre masculino*
1 déspota
dictador

autocrático, -ca *adjetivo*
1 autoritario
despótico
arbitrario
imperioso

autóctono, -na *adjetivo*
1 aborigen

autodecisión *nombre femenino*
1 autodeterminación

autodeterminación *nombre femenino*
1 autodecisión

autoencendido *nombre masculino*
1 autoignición

autofilia *nombre femenino*
1 narcisismo

autogobierno *nombre masculino*
1 autonomía

autógrafo, -fa *adjetivo/nombre masculino*
1 hológrafo
ológrafo
Se usan tratándose de testamentos.

autoignición *nombre femenino*
1 autoencendido

automático, -ca *adjetivo*
1 espontáneo
indeliberado
voluntario
maquinal

automotor *nombre masculino*
1 autovía
En los ferrocarriles.

automóvil *nombre masculino*
1 coche*
auto
Suele designársele abreviadamente *auto*.

autonomía *nombre femenino*
1 autogobierno

autónomo, -ma *adjetivo*
1 independiente
ANTO dependiente

autopiloto *nombre masculino*
1 piloto automático

autor, -ra *nombre*
1 causante
creador
2 inventor
escritor
El *autor* de alguna obra científica, literaria o artística recibe nombres especiales, como *inventor*, *escritor*, etc.
3 actor*
En la época clásica del teatro español.

autoridad *nombre femenino*
1 poder
mando
facultad
potestad
jurisdicción
2 crédito
fe

autoritario, -ria *adjetivo*
1 despótico
arbitrario
imperioso
autocrático
imperativo*
dominante
absoluto*
dictatorial
tiránico

autoritarismo *nombre masculino*
1 absolutismo*
poder absoluto
despotismo
tiranía
totalitarismo
arbitrariedad

autorización *nombre femenino*
1 consentimiento*
permiso
venia
aprobación
anuencia
licencia*
ANTO prohibición
desautorización

autorizado, -da *adjetivo*
1 auténtico

acreditado
fidedigno
2 lícito
justo
legítimo
legal
permitido
legalizado

autorizar *verbo transitivo*
1 facultar
dar poder
2 consentir
aprobar
acceder
permitir
ANTO desautorizar
denegar
desaprobar

autosuficiencia *nombre femenino*
1 autarquía

autovía *nombre masculino*
1 automotor

autumnal *adjetivo*
1 (literario) otoñal

auxiliar¹ *adjetivo/nombre común*
1 ayudante
asistente
cooperador
coadyuvante
Cuando no se trata de personas, *coadyuvante*.

auxiliar² *verbo transitivo*
1 ayudar
secundar
apoyar
socorrer
favorecer
amparar
echar una mano
echar un capote
arrimar el hombro
subvenir

auxilio *nombre masculino*
1 ayuda
apoyo
favor
protección
amparo
refugio
socorro
escudo
asistencia
subsidio
Pueden sustituirse todos entre sí según las circunstancias; todos son intercambiables

a
b
c
d
e
f
g
h
i
j
k
l
m
n
ñ
o
p
q
r
s
t
u
v
w
x
y
z

con *auxilio*. *Asistencia* significa normalmente *ayuda*; pero por eufemismo puede equivaler a *socorro*.

avahar *verbo transitivo*
1 atafagar
  sofocar

avalancha *nombre femenino*
1 (galicismo) alud
  argayo
  lurte

avalorar *verbo transitivo*
1 valorar
  valorizar

avance *nombre masculino*
1 anticipo
  adelanto
  Anticipo es un *adelanto* de dinero.
2 progreso
  marcha

avanzar *verbo intransitivo*
1 adelantar
  progresar
  ANTO retroceder
2 prosperar

avaricia *nombre femenino*
1 avidez
  codicia
  tacañería
  ruindad
  cicatería
  mezquindad
  miseria
  sordidez
  Avidez y *codicia* connotan afán de adquirir o ganar. Cuando el medio empleado es no gastar se emplean los demás sinónimos.

avaricioso, -sa *adjetivo/nombre*
1 avaro
  avariento
  ávido
  codicioso
  mezquino
  tacaño
  ruin
  roñoso
  cicatero
  sórdido
  miserable
  ANTO derrochador
       generoso

avariento, -ta *adjetivo/nombre*
1 avaro

avaricioso*
ávido
codicioso
mezquino
tacaño
ruin
roñoso
cicatero
sórdido
miserable
ANTO derrochador
     generoso
'El *avariento* tiene el afán de guardar; el *codicioso* el de adquirir. No se dice ser *avariento* del bien ajeno, ni *codiciar* el bien propio, porque solo es *avariento* el que posee, y *codicioso* el que desea. El *avariento* no expone nunca su caudal, por medio de una pérdida. El *codicioso* lo arriesga muchas veces por el afán de la ganancia. Este es más digno de compasión, porque siempre va lejos de sí el objeto en que pone su felicidad; pero el *avariento* sabe que posee lo que cree que puede hacerlo dichoso, y se complace en cierto modo, con la falsa idea de que, si se priva de mucho, es por poder lograr de todo' (LH).

avariosis *nombre femenino*
1 sífilis
  gálico
  lúes

avaro, -ra *adjetivo/nombre*
1 avariento
  avaricioso
  ávido
  codicioso
  mezquino
  tacaño
  ruin
  roñoso
  cicatero
  sórdido
  miserable
  ANTO derrochador
       generoso
2 judío
  usurero
  explotador
  agiotista

avasallado, -da *adjetivo*
1 sumiso
  rendido
  subyugado

ANTO rebelde
     libre

avasallador, -ra *adjetivo*
1 dominante
  imperioso
  absoluto
  adjetivo/nombre
2 opresor
  tirano
  déspota

avasallar *verbo transitivo*
1 dominar
  señorear
  sujetar
  someter*
  sojuzgar
  subyugar
  encadenar
  esclavizar

ave *nombre femenino*
1 pájaro
  ave de las tempestades
  locución nominal
  petrel
  ave de rapiña
  rapaz

avecilla *nombre femenino*
1 aguzanieves
  aguanieves (vulgar)
  andarríos
  apuranieves
  pajarita de las nieves
  pezpita
  pezpítalo

avecinarse *verbo pronominal*
1 acercarse
  aproximarse
2 domiciliarse
  establecerse
  avecindarse

avecindarse *verbo pronominal*
1 avecinarse
  establecerse
  domiciliarse

avejentar *verbo transitivo*
1 aviejar
  envejecer
  revejecer
  Revejecer se usa sólo como intransitivo y pronominal. *Aviejar* y *avejentar* hacen resaltar la idea de poner a uno viejo antes de serlo por la edad.

avellana
  avellana índica *locución nominal*
  belérico

mirobálano
mirabolano
avellana de la India

avenamiento *nombre masculino*
1 drenaje

avenencia *nombre femenino*
1 convenio
concierto
conciliación
transacción
arreglo
ANTO discrepancia
desacuerdo
2 unión
conformidad
armonía
compenetración
ANTO disconformidad

avenida *nombre femenino*
1 venida
llena
crecida*
desbordamiento
inundación
riada
torrentada
arroyada

Tratándose de un río, *riada* o
arriada; de un torrente, *torrentada*; de un arroyo, *arroyada*.

avenir *verbo
transitivo/pronominal*
1 conciliar*
concertar
convenir
arreglar
ANTO desarreglar
verbo pronominal
2 entenderse
ponerse de acuerdo
allanarse
amoldarse
adaptarse
acomodarse
aclimatarse
armonizar
ANTO enemistarse
disentir
discrepar
verbo transitivo/pronominal
3 congeniar
estar de acuerdo
ir a uno
amigar
reconciliar

aventador *nombre masculino*
1 bieldo
2 soplador

baleo
soplillo

aventajado, -da *adjetivo*
1 noble
principal
excelente

aventajar *verbo transitivo*
1 anteponer
preferir
2 exceder
superar
sobrepujar
pasar
adelantar
sobresalir
ir en cabeza
ANTO retrasar

Sobresalir e *ir en cabeza* se
emplean como sinónimos del
uso pronominal de *aventajar*.

aventar *verbo transitivo*
1 beldar
abieldar
bieldar

aventurado, -da *adjetivo*
1 arriesgado
peligroso
expuesto
azaroso

aventurar *verbo transitivo*
1 arriesgar
exponer
verbo pronominal
2 atreverse*
osar

avergonzar *verbo
transitivo/pronominal*
1 encoger
correr
empachar
ruborizar
sonrojar
abochornar
sofocar
caerse la cara de vergüenza
salir los colores al rostro
ir con el rabo entre piernas
subirse el pavo
acholar
amilanar
ANTO presumir
alardear

avería *nombre femenino*
1 daño
deterioro
detrimento
menoscabo

desperfecto
rotura

Desperfecto y *rotura*, tratándose de un aparato, instalación
o vehículo.

averiar *verbo
transitivo/pronominal*
1 deteriorar
estropear
echar a perder
dañar
hacer mella
ANTO medrar
mejorar
embellecer

averiguación *nombre femenino*
1 inquisición
pesquisa
indagación
información
investigación

averiguado, -da *adjetivo*
1 histórico
cierto
verdadero
positivo
seguro

averiguar *verbo transitivo*
1 inquirir
indagar
investigar
buscar*
enterarse
ahondar
escudriñar*
escrutar*
rebuscar
2 hallar
descubrir
echar la vista encima
dar en la vena
haber en las manos
ANTO desacertar

averno *nombre masculino*
1 infierno
báratro
tártaro
érebol
orco
huerco
el abismo

aversión *nombre femenino*
1 antipatía
repugnancia
repulsión
oposición
odio*
abominación

aborrecimiento
execración
ANTO simpatía

'La *aversión*, se aplica tanto a las personas como a las co-sas... La *aversión* puede degenerar en horror; la *repugnancia* en hastío y en odio; la *oposición* en aborrecimiento. La *repugnancia* es mucho más material que la *aversión*, y ésta más que la *oposición*. Nos causa *repugnancia* un alimento, una medicina, una lectura. Tenemos *aversión* a las personas, a la soledad, a los insectos; se nos *oponen* una persona cuyo carácter no conviene con el nuestro. Somos *opuestos* a que se nos contraríe' (C).

avestruz

    avestruz de América
    locución nominal
    ñandú

avezado, -da *adjetivo*
1 aguerrido
ducho
experimentado
acostumbrado
experto*
versado
diestro
perito
ANTO inexperto
    inhábil

avezar *verbo transitivo*
1 acostumbrar*
habituar
vezar
hacerse a

Hacerse a sólo es sinónimo del uso pronominal de *avezar*.

aviar *verbo transitivo/pronominal*
1 prevenir
preparar
disponer
arreglar*
aprestar
ANTO desarreglar
2 (familiar) despachar
apresurar

avidez *nombre femenino*
1 codicia
ansia
voracidad
concupiscencia*
avidez

ANTO indiferencia
    desprendimiento
    saciedad
    conformidad

ávido, -da *adjetivo*
1 codicioso
ansioso
insaciable
voraz
avariento*

aviejar *verbo transitivo*
1 avejentar

avieso, -sa *adjetivo*
1 atravesado
mal inclinado
malo
perverso

avigorar *verbo transitivo*
1 vigorizar
vigorar

avilantarse *verbo pronominal*
1 descararse
insolentarse
desvergonzarse
osar

avilantez *nombre femenino*
1 descaro
atrevimiento
audacia
osadía
insolencia
desvergüenza

avinagrar *verbo transitivo/pronominal*
1 acedar
agriar
acetificar
torcerse
volverse

Acedar y *agriar* tienen un significado general. Tratándose del vino, *acetificar(se)*, término químico; las voces corrientes son *avinagrar(se)*, *torcerse* y *volverse*.

verbo pronominal
2 agriarse*
exacerbarse

Tratándose del carácter de una persona.

avío *nombre masculino*
1 prevención
apresto
⇒ avíos

avión *nombre masculino*
1 aeroplano

aviónica *nombre femenino*
1 aeroelectrónica

avíos *nombre masculino plural*
1 utensilios
trastos
menesteres
recado
⇒ avío

avisado, -da *adjetivo*
1 prudente
previsor
advertido*
precavido
cauteloso
astuto
despierto
sagaz*
listo

Despierto, *sagaz* y *listo*, cuando predomina el matiz de inteligencia viva y pronta.

avisador, -ra *nombre*
1 llamador

avisar *verbo transitivo*
1 advertir*
noticiar*
notificar*
prevenir
anunciar
participar
comunicar
llamar la atención
dar con el codo
levantar la caza
poner al corriente
informar
enterar
ANTO engañar
    ocultar

verbo transitivo/pronominal
2 aconsejar
advertir*
amonestar

aviso *nombre masculino*
1 indicación
anuncio
noticia
parte
notificación
2 advertencia*
amonestación*
consejo
observación
3 prudencia
discreción
precaución
prevención
cautela

a b c d e f g h i j k l m n ñ o p q r s t u v w x y z

avispado, -da *adjetivo*
1 vivo
   despierto
   agudo
   listo

avispón *nombre masculino*
1 crabón
   moscardón

avistar *verbo transitivo*
1 dar vista a
   ver
   descubrir

verbo pronominal
2 entrevistarse
   reunirse
   personarse

verbo transitivo
3 vislumbrar
   divisar
   atisbar

avituallar *verbo transitivo*
1 abastecer*
   proveer
   suministrar
   aprovisionar

avivar *verbo transitivo/pronominal*
1 vivificar
   reavivar
   revivificar
   reanimar
   ANTO desanimar
      debilitar
      mitigar
2 excitar
   animar
   enardecer
   encender
   acalorar
   electrizar
   exaltar
   inflamar
   entusiasmar
   enfervorizar
3 acelerar*
   apresurar
   activar
   aligerar
   precipitar
   apurar
   ANTO retardar
4 atizar
   despabilar
   espabilar

Tratándose del fuego o de la
luz.

verbo transitivo
5 aguijar
   aguijonear

picar
pinchar

avizorar *verbo transitivo*
1 acechar
   atisbar
   observar
   vigilar
   espiar
   asechar*

avucasta *nombre femenino*
1 avutarda
   avucastro

avucastro *nombre masculino*
1 avucasta
   avutarda

avulsión *nombre femenino*
1 arrancamiento
   evulsión
   erradicación

avutarda *nombre femenino*
1 avetarda
   avucasta
   avucastro

axila *nombre femenino*
1 sobaco
   encuentro

Axila es voz culta o científica;
sobaco es de uso general y
popular; *encuentro*, poco usado tratándose del cuerpo humano, pero frecuente si se
trata de animales.

axilar *adjetivo*
1 sobacal

axiomático, -ca *adjetivo*
1 incontrovertible
   evidente
   irrebatible
   indiscutible

ayo, -ya *nombre*
1 pedagogo
   preceptor

Pedagogo, especialmente si se
trata de la antigüedad clásica.

ayolí *nombre masculino*
1 ajiaceite
   ajolio
   aliolio
   alioli

ayuda *nombre femenino*
1 auxilio
   apoyo
   favor
   protección
   amparo

socorro
cooperación
asistencia
2 lavativa
   lavamiento
   servicial
   servicio
   enema
   clister
   clistel
   irrigación

Irrigación es eufemismo moderno.

ayudante *nombre común*
1 auxiliar
   asistente
   cooperador

ayudar *verbo*
   transitivo/pronominal
1 cooperar
   asistir
   secundar
   coadyuvar
   apoyar
   contribuir
   arrimar el hombro
   dar la mano
   ir a una
   hacer el caldo gordo
   influir
   intervenir
   hacer caer la cabeza
2 auxiliar
   socorrer
   amparar
   proteger
   ANTO dificultar
      dejar

'*Ayudar* es prestar cooperación; *auxiliar* es *ayudar* en casos arduos; *socorrer* es remediar el mal y la privación;
amparar es hacer uso de la
autoridad o del poder en socorro del que lo implora. Se
ayuda en la faena; se *auxilia*
en los conflictos; se *socorre* en
los peligros; se *ampara* man-
dando o prohibiendo. El que
no tiene la fuerza necesaria
para levantar un peso, no pide
que lo *auxilien*, que lo *socorran* ni que lo *amparen*, sino
que lo *ayuden*. El que se aho-
ga no pide que lo *auxilien*, que
lo *ayuden*, que lo *amparen*,
sino que lo *socorran*. El que se
oculta, huyendo de una persecución, no pide a su amigo
que lo *ayude*, que lo *socorra* ni
que lo *ampare*, sino que lo *au-*

xilie. El que acude al trono para reparar una gran injusticia, no pide que lo *ayude*, que lo *auxilie* ni lo *socorra*, sino que lo *ampare'* (M). Sin embargo, *amparar* envuelve la idea de protección, no sólo de la autoridad, sino también de otras personas, lo cual hace posible que el que se oculta huyendo de una persecución, pida a su amigo no sólo que lo *auxilie* (como dice el ejemplo anterior), sino también que lo *ampare*, lo *proteja* o lo *refugie* en su casa. Se *ampara* también al *desvalido*.

ayuga *nombre femenino*
1 pinillo
  mirabel
  perantón

ayuno[1] *nombre masculino*
1 abstinencia
  dieta
2 abrosia

ayuno, -na[2] *adjetivo*
1 en ayunas
2 ignorante
  inadvertido

ayuntamiento *nombre masculino*
1 municipio
  concejo
  cabildo
  consistorio
2 cópula
  cohabitación
  copulación
  fornicación
  concúbito
  coito
  cubrición

azabache *nombre masculino*
1 ámbar negro

azabara *nombre femenino*
1 áloe
  áloes
  olivastro de Rodas
  acíbar
  lináloe
  zabida
  zabila

azacanarse *verbo pronominal*
1 zarandearse
  ajetrearse
  ANTO aquietarse

azadilla *nombre femenino*
1 almocafre

escardadera
escardillo
garabato
sacho
zarcillo

azafrán *nombre masculino*
1 croco

  azafrán bastardo *locución nominal*
  alazor
  cártamo
  cártama

azalea *nombre femenino*
1 rosadelfa

azamboa *nombre femenino*
1 cidrato
  cimboga
  zamboa

azanoria *nombre femenino*
1 zanahoria

azar *nombre masculino*
1 casualidad
  acaso
  albur
  contingencia
  eventualidad
  ANTO certeza
    seguridad

El *albur*, la *contingencia* y la *eventualidad* son posibilidades casuales en que fiamos el resultado de una empresa que nos parece arriesgada; pero no se estiman como tan inasibles e insospechados como el *azar* y la *casualidad*. Al emprender un negocio contamos en cierto modo con la *contingencia* o *eventualidad* de pérdidas, y corremos el *albur* de sufrirlas.

azararse *verbo pronominal*
1 turbarse
  conturbarse
  aturdirse
  confundirse
  azorarse*

azaroso, -sa *adjetivo*
1 aventurado
  arriesgado
  expuesto
  peligroso
2 ominoso
  de mal agüero
  aciago
  funesto
3 turbio
  confuso

oscuro
dudoso
sospechoso

aznacho *nombre masculino*
1 gatuña
  asnallo
  aznallo
  detienebuey
  gata
  uña gata

aznallo *nombre masculino*
1 gatuña
  aznacho
  asnallo
  detienebuey
  gata
  uña gata

azoado, -da *adjetivo*
1 nitrogenado

azoar *verbo transitivo*
1 nitrogenar

azoato *nombre masculino*
1 nitrato

ázoe *nombre masculino*
1 nitrógeno

azofaifa *nombre femenino*
1 azufaifa

azófar *nombre masculino*
1 latón
  metal

azofeifa *nombre femenino*
1 azufaifa
  azofaifa
  guinja
  guínjol
  jínjol
  yuyuba

azofra *nombre femenino*
1 prestación

azogue *nombre masculino*
1 mercurio
  argento vivo
  hidrárgiro
  hidrargirio

azor *nombre masculino*
1 esmerejón
  milano

azorar *verbo transitivo*
1 conturbar
  sobresaltar
  aturdir
  poner como un Cristo
  romper los huesos

a b c d e f g h i j k l m n ñ o p q r s t u v w x y z

azararse
desconcertar*
turbar
sacar de quicio
desquiciar

Azorar coincide con *azararse*, y quizá se han influido mutuamente en su significado, pero *azorarse* es más intenso: un estudiante se *azara* en un examen; la gente huye *azorada* de un incendio, como las palomas cuando viene el *azor*.

azorramiento *nombre masculino*
1 zorrera

azotaina *nombre femenino*
1 zurra
manta
somanta
panadera
pega
felpa
ANTO caricia

azotar *verbo transitivo*
1 fustigar
hostigar
golpear
mosquear
paporrear
vapular
vapulear
zurrar
flagelar (culto o literario)
2 castigar

azotazo *nombre masculino*
1 azote
nalgada
golpe
palo
manotada
latigazo

azote *nombre masculino*
1 azotazo
nalgada
golpe
palo

manotada
latigazo

Palo, manotada y *latigazo*, según el instrumento que se emplee.

2 calamidad
desgracia
plaga
castigo
flagelo

azotea *nombre femenino*
1 terrado
solana
terraza

azucarero *nombre masculino*
1 azuquero

azucarillo *nombre masculino*
1 esponjado

azucena *nombre femenino*
1 lirio blanco

azud *nombre masculino*
1 azuda
zúa
zuda
2 parada
presa
azuda
3 aceña

azuda *nombre femenino*
1 cenia
noria

azufaifa *nombre femenino*
1 azofaifa
azofeifa
guinja
guínjol
jínjol
yuyuba

Según las regiones.

azufaifo *nombre masculino*
1 azufeifo
guinjolero
jinjolero

azufeifo *nombre masculino*
1 azufaifo
guinjolero
jinjolero

azufre *nombre masculino*
1 alcrebite

azul
azul de ultramar *locución nominal*
lapislázuli

azulaque *nombre masculino*
1 zulaque

azulejar *verbo transitivo*
1 alicatar

azulejo *nombre masculino*
1 (ave) abejaruco
abejero
2 ladrillo
baldosa

azúmbar *nombre masculino*
1 damasonio
almea
2 espinacardo
3 estoraque

azuquero *nombre masculino*
1 azucarero

azurita *nombre femenino*
1 malaquita azul

azuzar *verbo transitivo/pronominal*
1 achuchar
2 incitar
excitar
estimular
irritar
enviscar
enzalamar
enzurizar
ANTO tranquilizar
contener
3 jalear

Usados en la caza.

baba *nombre femenino*
1 saliva

caérsele la baba *locución*
regocijarse
complacerse
divertirse
gozar
disfrutar
no caber de contento

babador *nombre masculino*
1 babero
pechero
babera
servilleta

babaza *nombre femenino*
1 babosa (molusco)
limaza
limaco

babera *nombre femenino*
1 barbote
baberol
2 babero

babero *nombre masculino*
1 babador
pechero
babera
l servilleta

baberol *nombre masculino*
1 babera
barbote

babieca *adjetivo/nombre común*
1 bobo
simple
abobado
bobalicón
papanatas
pazguato
tontaina
tonto
ANTO listo

babosa *nombre femenino*
1 limaza

limaco
babaza

baboso *nombre masculino*
1 budión
doncella
gallito del rey

bacalao *nombre masculino*
1 abadejo
curadillo
trechuela

cortar el bacalao *locución*
mangonear
mandar
dirigir
mandonear
manipular
tener la sartén por el
mango

bacanal *nombre femenino*
1 orgía*

bacante *nombre femenino*
1 ménade

bácara, bácaris *nombre femenino*
1 amaro
maro
esclarea

bache *nombre masculino*
1 rodera
rodada
carril
carrilada
releje

El *bache* supone mayor profundidad, y suele producirse
por el paso de muchos vehículos.

baciforme *adjetivo*
1 aboyado

bacín *nombre masculino*
1 orinal

dompedro
perico
sillico
tito
vaso
zambullo

bacinete *nombre masculino*
1 pelvis

báculo *nombre masculino*
1 bastón
palo
cayado

Tratándose del bastón pastoral que usan los obispos, se
dice *báculo,* y sólo por metáfora puede llamársele *cayado.*

2 apoyo
arrimo
consuelo

bada *nombre femenino*
1 rinoceronte
abada

badajada *nombre femenino*
1 necedad
despropósito*
badajazo

badajazo *nombre masculino*
1 badajada
necedad
despropósito*

badajo *nombre masculino*
1 espiga
lengua
2 hablador
necio

badajocense *adjetivo/nombre común*
1 pacense
badajoceño

badiana *nombre femenino*
1 anís estrellado

badila *nombre femenino*
1 paleta
  badil

badilejo *nombre masculino*
1 llana

badulaque *nombre masculino*
1 tonto
  tarugo
  leño
  necio

baga *nombre femenino*
1 gárgola

bagaje *nombre masculino*
1 equipaje
  impedimenta

bagatela *nombre femenino*
1 nimiedad
  menudencia
  minucia
  friolera
  fruslería
  insignificancia

bagazo *nombre masculino*
1 gabazo

baharí *nombre masculino*
1 tagarote

bahía *nombre femenino*
1 ensenada
  rada

baila *nombre femenino*
1 raño
  perca
  percha
  trucha de mar

bailar *verbo intransitivo/transitivo*
1 danzar

Danzar es término más escogido.

baile *nombre masculino*
1 danza

Danza es en general más distinguido y elegante que baile.
'La *danza* expresa más que el *baile*, e indica más artificio (...). Siempre se verifica entre mayor número de personas, y se hace acompañada y animada con la música, lo cual no es absolutamente preciso en el *baile*. La *danza* es una composición estudiada, preparada, dispuesta, donde hay un objeto, un plan, una acción expresada y expresada muda-

mente solo con los gestos, los movimientos y las posturas. Regularmente se verifican en público, en fiestas y en grandes y solemnes funciones por sucesos faustos (...)' (O).

baja *nombre femenino*
1 disminución
  decadencia
  descenso
  caída
  merma
  pérdida
  quebranto
  bajón*
  ANTO aumento
    auge

Tratándose de cosas materiales, y especialmente de valores económicos, se usan *merma, pérdida* y *quebranto*; si es grande y súbita, *bajón*.

bajá *nombre masculino*
1 pachá

bajada *nombre femenino*
1 descenso
  caída
  ANTO ascenso
    subida

Se usa el primero especialmente cuando la bajada es lenta o gradual; si es brusca o violenta, se utiliza *caída*.

2 cuesta abajo
  ANTO subida

bajamar *nombre femenino*
1 menguante
  vaciante

bajar *verbo intransitivo/transitivo*
1 descender
  ANTO ascender

Descender corresponde a todas las acepciones intransitivas.

2 disminuir*
  menguar
  decrecer
  decaer
  ANTO aumentar
    crecer
3 abaratar
  rebajar
  depreciar*
  ANTO subir (precios)

Se emplean tratándose de precios o valores económicos.

4 arriar

5 apearse
  descender
  descabalgar
  desmontar
  ANTO subir
    montar

Los dos últimos si es de una caballería.

6 humillar
  abatir
  ANTO ensalzar

bajel *nombre masculino*
1 buque
  barco
  navío
  nave
  embarcación*

Nave y *bajel* son términos escogidos, de uso principalmente literario.

bajera *nombre femenino*
1 sudadera
  abajera
  sudadero

bajeza *nombre femenino*
1 indignidad
  ruindad
  vileza
  envilecimiento
  abyección
  rebajamiento
2 pequeñez
  mezquindad
  miseria

bajo *preposición*
1 debajo de
  debajo
  ANTO sobre
    encima de

Los papeles están *bajo* o *debajo de* la mesa; *bajo* techado o *debajo* de techado. La expresión *debajo de* ha influido en que la preposición *bajo* se una a veces a la preposición *de*, y así puede decirse: su maldad se ocultaba *bajo* (de) hermosas apariencias. El uso de *bajo de* es hoy mucho menos frecuente que entre los clásicos.

bajo, -ja *adjetivo*
1 pequeño
  chico
  ANTO alto

Tratándose de personas.

2 descolorido

apagado
mortecino
Tratándose de colores.

3 grave
ANTO agudo
estridente
Tratándose del sonido.

4 despreciable
vil
ruin
indigno
rastrero
abyecto
soez
villano
ANTO alto
noble

bajón[1] *nombre masculino*
1 caída
baja*
descenso
disminución
merma
ANTO subida
alza

Bajón añade a *descenso, disminución, merma, baja,* la idea de gran cuantía o de brusquedad: un *bajón* en los precios es una *baja* muy considerable y súbita. La botella ha dado un *bajón,* significa una *merma* notable en el licor que contenía.

bajón[2] *nombre masculino*
1 piporro

bajonazo *nombre masculino*
1 golletazo

bala *nombre femenino*
1 proyectil
2 fardo
paca
bulto

Bala se aplica especialmente a determinadas mercancías textiles: algodón, lana, etc.

baladí *adjetivo*
1 insignificante
insustancial
de poca monta
superficial
ANTO importante

baladre *nombre masculino*
1 adelfa
hojaranzo
laurel rosa
rododafne

baladronada *nombre femenino*
1 bravata
fanfarronada

balanceado, -da *adjetivo*
1 equilibrado
compensado
ANTO desequilibrado
descompensado

balancear *verbo intransitivo/pronominal*
1 oscilar
2 columpiar
mecer
3 vacilar
dudar
titubear

balanceo *nombre masculino*
1 oscilación
fluctuación
vaivén
contoneo

Contoneo se refiere a los movimientos del cuerpo al andar.

balancín *nombre masculino*
1 mecedora
2 contrapeso
chorizo
tiento

balano, bálano *nombre masculino*
1 glande
2 pie de burro

balaustre, balaústre *nombre masculino*
1 balustre

balbucear *verbo intransitivo*
1 balbucir
vacilar*

Balbucear y *balbucir* son equivalentes en su significado, pero *balbucir* es verbo defectivo y sólo se conjuga en infinitivo y en las personas que tienen *i* en la conjugación: *balbucía, balbucieron,* etc. Las demás formas de *balbucir* se suplen con las de *balbucear.* Para otros matices sinonímicos, véase *mascullar.*

balbucir *verbo intransitivo*
1 balbucear*
vacilar*

baldado, -da *adjetivo*
1 tullido
impedido

paralítico
inválido

baldaquín, baldaquino *nombre masculino*
1 ciborio

baldar *verbo transitivo/pronominal*
1 imposibilitar
tullir

balde[1] *nombre masculino*
1 cacimba

balde[2]

de balde *locución adverbial*
gratis
graciosamente
por su cara bonita
por la cara
por las buenas
porque sí

en balde
en vano
inútilmente

baldío, -a *adjetivo*
1 inculto
yermo
abandonado
salvaje
2 improductivo
infecundo
infructífero
infructuoso
estéril
ocioso
inútil

baldón *nombre masculino*
1 oprobio
injuria
afrenta
vituperio
deshonor
ANTO alabanza

baldonar *verbo transitivo*
1 baldonear
abaldonar
injuriar
afrentar
vituperar
ANTO alabar

baldonear *verbo transitivo*
1 baldonar
abaldonar
injuriar
afrentar
vituperar
ANTO alabar

a
b
c
d
e
f
g
h
i
j
k
l
m
n
ñ
o
p
q
r
s
t
u
v
w
x
y

a
b
c
d
e
f
g
h
i
j
k
l
m
n
ñ
o
p
q
r
s
t
u
v
w
x
y
z

baldosa *nombre femenino*
1 azulejo
ladrillo

baldosilla *nombre femenino*
1 baldosín

baldosín *nombre masculino*
1 baldosilla

baleo *nombre masculino*
1 ruedo
felpudo

balista *nombre femenino*
1 petraria

balizamiento *nombre masculino*
1 abalizamiento

balizar *verbo transitivo*
1 abalizar

ballestilla *nombre femenino*
1 radiómetro
2 fleme

ballico *nombre masculino*
1 césped inglés
vallico

balneario *nombre masculino*
1 baños

balompié *nombre masculino*
1 fútbol

balón *nombre masculino*
1 bola
pelota
esférico
2 matraz

El *balón* es un recipiente generalmente esférico y de cuello corto que se usa para efectuar reacciones químicas, mientras que el *matraz* suele tener el fondo plano y sirve para contener y medir líquidos.

balonazo *nombre masculino*
1 pelotazo

baloncesto *nombre masculino*
1 básquet

balonvolea *nombre masculino*
1 voleibol

balsa *nombre femenino*
1 armadía
almadía
jangada

balsamina *nombre femenino*
1 nicaragua

2 adorno
miramelindos
momórdiga

balsamita *nombre femenino*
1 jaramago

balsamita mayor *locución nominal*
berro

bálsamo *nombre masculino*
1 aroma
esencia
perfume
2 consuelo
alivio
lenitivo

bálsamo de Judea *locución nominal*
opobálsamo
bálsamo de la Meca

balsar *nombre masculino*
1 barzal

balsero *nombre masculino*
1 almadiero

balso *nombre masculino*
1 nudo

baluarte *nombre masculino*
1 bastión
luneta

Luneta es un baluarte pequeño.

2 protección
defensa

balustre *nombre masculino*
1 balaústre
balaustre

bambalear *verbo intransitivo/pronominal*
1 bambolear
bambanear
tambalearse
vacilar
dar traspiés
perder el equilibrio
ANTO aquietar
equilibrar

bambanear *verbo intransitivo/pronominal*
1 bambolear
bambalear
tambalearse
vacilar
dar traspiés
perder el equilibrio
ANTO aquietar
equilibrar

bambolear *verbo intransitivo/pronominal*
1 bambalear
bambanear
tambalearse
vacilar
dar traspiés
perder el equilibrio
ANTO aquietar
equilibrar

bambolla *nombre femenino*
1 aparato
ostentación
boato
pompa

Pompa comporta la idea de ficción o mera apariencia. *Bambolla* es propiamente pompa u ostentación fingida.

bamp *nombre masculino*
1 bañera

Usados en el esquí.

banana *nombre femenino*
1 banano
plátano

banano *nombre masculino*
1 banana
plátano

banca *nombre femenino*
1 banco

Designa colectivamente el conjunto de bancos y banqueros: *negocios de banca, la banca española*; pero a veces se usa también para referirse sólo a uno de dichos establecimientos de crédito. En este último caso (poco frecuente), es sinónimo de *banco*.

2 monte (juego)

bancada *nombre femenino*
1 banco

bancarrota *nombre femenino*
1 quiebra
ruina
ANTO riqueza

'Uno y otro término significan la cesación o abandono de comercio o de pago; pero *bancarrota* manifiesta propiamente el efecto de la insolvencia o malversación. Hacer *bancarrota* es cerrar la tienda, casa de comercio o de pago, y desaparecer del comercio o de la pagaduría... Hacer *quiebra* es dejar de pagar el vencimiento de los plazos, declararse imposibilitado de pagar, y pedir tiempo para el pago' (Ma).

2 desastre
hundimiento
descrédito

banco *nombre masculino*
1 banca
2 bandada (de peces)
cardume
cardumen
3 bancada

banda[1] *nombre femenino*
1 partida
facción
cuadrilla
pandilla
2 manada
bandada

El primero se refiere a animales cuadrúpedos; el segundo a peces, aves o insectos.

cerrarse en banda *locución*
obstinarse
aferrarse
insistir
no dar el brazo a torcer
mantenerse en sus trece
no cejar
no apearse del burro

banda[2] *nombre femenino*
1 costado
lado
2 baranda (en las mesas de billar)

banda[3] *nombre femenino*
1 frecuencia

bandada *nombre femenino*
1 banda
muchedumbre (de aves, peces o insectos)
manada
2 (de peces) banco
cardume
cardumen

bandarria *nombre femenino*
1 mandarria

bandearse *verbo pronominal*
1 ingeniarse
apañarse

bandera *nombre femenino*
1 insignia
enseña
estandarte
pabellón

bandería *nombre femenino*
1 bando
parcialidad
partido
facción*

banderilla *nombre femenino*
1 palitroque
rehilete

banderillear *verbo transitivo*
1 parear

banderizar *verbo transitivo*
1 abanderizar

bandidaje *nombre masculino*
1 bandolerismo

bandido *nombre masculino*
1 bandolero
malhechor
salteador
ladrón
forajido
2 bergante
belitre
bribón
pícaro
picarón
sinvergüenza

bando[1] *nombre masculino*
1 edicto

bando[2] *nombre masculino*
1 facción*
parcialidad
bandería
partido

bandolerismo *nombre masculino*
1 bandidaje

bandolero *nombre masculino*
1 bandido
malhechor
salteador

bandujo *nombre masculino*
1 abdomen*
vientre
barriga
panza
tripa
andorga
mondongo

bandullo *nombre masculino*
1 vientre
tripas

banquero *nombre masculino*
1 cambista*
cambiante

banquete *nombre masculino*
1 festín
ágape

banquillo *nombre masculino*
1 taburete
alzapiés

bañera *nombre femenino*
1 baño
pila
2 bamp

Usados en el esquí.

baño *nombre masculino*
1 inmersión
sumersión*
remojón
2 bañera
pila
3 capa
mano (de pintura o barniz)
⇒ baños

baños *nombre masculino plural*
1 balneario
⇒ baño

baqueano, -na *adjetivo*
1 baquiano
práctico
experto
cursado

baqueta *nombre femenino*
1 taco
2 junquillo

baqueteado, -da *adjetivo*
1 acostumbrado
avezado
habituado
experimentado
práctico
experto

baquiano, -na *adjetivo*
1 baqueano
práctico
experto
cursado

báquico, -ca *adjetivo*
1 dionisíaco

En esta acepción, *dionisíaco* posee la significación de perteneciente a Baco o Dioniso.

2 orgiástico
3 vinolento
vinoso

baquio *nombre masculino*
1 pariambo

báquiro *nombre masculino*
1 jabalí
  puerco jabalí
  puerco montés
  puerco salvaje
  pécari
  saíno
  puerco de monte

baraja *nombre femenino*
1 naipe

barajar *verbo transitivo*
1 mezclar
  entremezclar
  revolver
  confundir

baranda *nombre femenino*
1 barandilla
2 banda (en las mesas de
  billar)

barandal *nombre masculino*
1 pasamano
2 barandilla

barandilla *nombre femenino*
1 baranda

baratija *nombre femenino*
1 bujería
  chuchería

báratro *nombre masculino*
1 infierno
  averno
  tártaro
  érebol
  orco
  huerco
  el abismo

barbaja *nombre femenino*
1 (planta) teta

barbaridad *nombre femenino*
1 atrocidad
  enormidad
  disparate
  dislate
  ciempiés
2 ferocidad
  crueldad
  inhumanidad
  barbarie
  barbarismo
  ANTO humanidad
  Este último vocablo se utiliza
  si la *barbaridad* es habitual o
  se considera como carácter
  permanente.

barbarie *nombre femenino*
1 rusticidad

incultura
cerrilidad
salvajismo
2 fiereza
  ferocidad
  crueldad
  inhumanidad
  ANTO humanidad
  cultura
3 barbarismo
  barbaridad*

barbarismo *nombre masculino*
1 extranjerismo
  *Barbarismo o extranjerismo es
  palabra o giro de una lengua
  extranjera. Según su origen,
  los barbarismos o extranjeris-
  mos se llaman galicismos, an-
  glicismos, germanismos, italia-
  nismos, etc.*
2 barbaridad*
  barbarie

barbarizar *verbo intransitivo*
1 disparatar
  desatinar
  desbarrar

bárbaro, -ra *adjetivo/nombre*
1 extranjero
  meteco
2 arrojado
  temerario
  imprudente
  alocado
  ANTO prudente
3 rudo
  inculto
  grosero
  tosco
  salvaje
  cerril
  ANTO educado
  culto
4 atroz
  fiero
  feroz
  cruel*
  inhumano
  desalmado
  ANTO bondadoso
  humanitario

barbecho *nombre masculino*
1 huebra

barbería *nombre femenino*
1 peluquería

barbero *nombre masculino*
1 peluquero
  fígaro (irónico)
  rapabarbas

rapador
rapista (despectivo)

barbián, -ana *adjetivo/nombre*
1 desenvuelto
  gallardo
  galán
  arriscado

barbilampiño, -ña *adjetivo*
1 imberbe
  lampiño
  carilampiño
  ANTO barbudo
  velludo

barbilla *nombre femenino*
1 mentón

barbiquejo *nombre masculino*
1 barboquejo
  barbuquejo

barbo
  barbo de mar *locución
  nominal*
  trigla
  salmonete
  trilla

barboquejo *nombre masculino*
1 barbiquejo
  barbuquejo

barbotar *verbo transitivo*
1 mascullar
  musitar
  barbotear
  barbullar
  farfullar

barbotear *verbo transitivo*
1 barbotar
  mascullar
  musitar
  barbullar
  farfullar

barbullar *verbo transitivo*
1 barbotar
  barbotear
  mascullar
  farfullar

barbuquejo *nombre masculino*
1 barboquejo
  barbiquejo

barca *nombre femenino*
1 lancha
  bote
  batel
  embarcación*

barcal *nombre masculino*
1 dornajo
  dornillo

barceo *nombre masculino*
1 albardín
  berceo

barco *nombre masculino*
1 buque
  vapor
  navío
  nave
  bajel
  embarcación*
  barco cisterna
  petrolero
  barco aljibe

bardana
  bardana menor *locución nominal*
  cadillo

bardo *nombre masculino*
1 poeta
  vate
  trovador
  coplero
  coplista
  rimador
  poetastro

baritel *nombre masculino*
1 malacate

baritina *nombre femenino*
1 hepatita

barítono, -na *adjetivo/nombre*
1 llano
  grave
  Tratándose de la acentuación de las palabras.

barloa *nombre femenino*
1 amarra

barloar *verbo transitivo*
1 abarloar
  arrimar

barnizar *verbo transitivo*
1 embarnizar

barógrafo *nombre masculino*
1 altígrafo

barquinazo *nombre masculino*
1 tumbo
  vaivén
  sacudida
  vuelco
  sacudimiento*

barquino *nombre masculino*
1 odre

barrabasada *nombre femenino*
1 atropello

tropelía
desafuero

barraca *nombre femenino*
1 cabaña
  choza
  rancho
  caseta

barracón *nombre masculino*
1 tienda*
  almacén
  despacho
  puesto
  tenderete (despectivo)
  tenducho (despectivo)

barrado, -da *adjetivo*
1 abarrado

barragana *nombre femenino*
1 concubina
  manceba
  querida
  amante

barranca *nombre femenino*
1 barranco
  quebrada
  barranquera
  torrentera

barranco *nombre masculino*
1 barranca
  quebrada
  barranquera
  torrentera
2 dificultad
  embarazo
  impedimento

barrancoso, -sa *adjetivo*
1 desigual
  quebrado
  áspero
  accidentado

barranquera *nombre femenino*
1 barranco
  barranca
  quebrada
  torrentera

barreduras *nombre femenino plural*
1 inmundicia
  desperdicios
  basura
2 desecho
  residuo

barrenar *verbo transitivo*
1 taladrar
  agujerear
  horadar
2 conculcar
  infringir

Conculcar e *infringir*, tratándose de leyes, derecho, estatutos, etc.

barreño *nombre masculino*
1 terrizo

barrer *verbo transitivo*
1 escobar
  limpiar
  ANTO ensuciar
2 desembarazar
  hacer desaparecer
  apartar

barrera *nombre femenino*
1 valla
2 tablas
3 obstáculo
  impedimento
4 salvación
  amparo
  refugio

barrido *nombre masculino*
1 rastreo
  exploración

barriga *nombre femenino*
1 vientre
  panza
  tripa
  abdomen*
  andorga
  Abdomen se usa sólo como tecnicismo. *Andorga* es término burlesco, jocoso.
2 comba
  curvatura*
  convexidad

barrigón, -ona *adjetivo*
1 panzudo
  panzón
  barrigudo

barrigudo, -da *adjetivo*
1 panzudo
  panzón
  barrigón

barrilete *nombre masculino*
1 siete (en carpintería)

barrilla *nombre femenino*
1 almarjo
  sosa
2 mazacote
  natrón

barrillar *nombre masculino*
1 almarjal

barrizal *nombre masculino*
1 lodazal

a
b
c
d
e
f
g
h
i
j
k
l
m
n
ñ
o
p
q
r
s
t
u
v
w
x
y
z

cenagal
fangal

barro *nombre masculino*
1 cieno
  lama
  légamo
  limo
  lodo
  fango

Aunque no puede trazarse línea divisoria fija entre sus denominaciones, *barro* es el nombre más general, aplicable lo mismo al natural que al que se amasa para algún fin. *Cieno, lama* y *légamo* se refieren al que se halla en el fondo de las aguas, y *tarquín* al que depositan las riadas en los campos. *Limo* puede tener el mismo sentido que los cuatro anteriores, o ser equivalente de *lodo,* que es el que se forma en el suelo con la lluvia. *Fango* es lodo glutinoso y espeso.

barrueco *nombre masculino*
1 berrueco

barruntar *verbo transitivo/pronominal*
1 prever*
  conjeturar
  presentir
  suponer
  sospechar
  entrever
  adivinar*
  ANTO desconocer

Sospechar se usa cuando se trata de algo malo o peligroso.

barrunte *nombre masculino*
1 barrunto*
  presentimiento
  corazonada
  indicio*
  atisbo
  vislumbre
  remusgo
  suposición*
  hipótesis
  sospecha
  conjetura

barrunto *nombre masculino*
1 presentimiento
  corazonada
  indicio
  atisbo
  vislumbre

barrunte
remusgo
suposición*
hipótesis
supuesto
presunción
conjetura
sospecha
⇒ indicio

Barrunto se distingue del *indicio* en su carácter puramente subjetivo. En esto coincide con *atisbo* y *vislumbre,* que indican también una intuición rudimentaria, imperfecta. Esta intuición puede ser de algo bueno o malo, estimable o desestimable en *barrunto, barrunte* y *atisbo;* pero es generalmente de algo estimable en *vislumbre:* se tienen *barruntos* o *atisbos* de odio, de desesperación; *vislumbres,* de una idea. Cuando es de algo desagradable o sospechoso, *remusgo.*

bártulos *nombre masculino plural*
1 enseres*
  cachivaches
  trastos
  utensilios

barullero, -ra *adjetivo/nombre*
1 barullón
  embrollador*
  embrollón
  lioso

barullo *nombre masculino*
1 confusión
  desorden
  desbarajuste
  lío
  bochinche
  tumulto
  bronca

barullón, -ona *adjetivo/nombre*
1 embrollador*
  embrollón
  lioso
  barullero

barzal *nombre masculino*
1 balsar

basar *verbo transitivo*
1 asentar
  cimentar
2 fundar
  apoyar
  fundamentar

basca *nombre femenino*
1 náuseas
  ansias
  fatiga
  fatigas

bascosidad *nombre femenino*
1 inmundicia
  suciedad
  porquería
  asquerosidad

base *nombre femenino*
1 asiento
  apoyo
  fundamento
  cimiento

Asiento y *apoyo* son términos generales; tratándose de edificios, se usan *fundamento* y *cimiento.* Todos ellos pueden emplearse en sentido figurado.

2 álcali
3 hidróxido

básico, -ca *adjetivo*
1 fundamental
  primordial
  principal
  esencial
  ANTO accesorio
2 alcalino

basilisco *nombre masculino*
1 régulo
2 arpía
  bruja

Aplícase a mujeres.

estar hecho un basilisco
locución
estar furioso
estar hecho una furia

basquear *verbo intransitivo*
1 arquear
  nausear

básquet *nombre masculino*
1 baloncesto
2 canasta
  enceste
  cesta

basta *nombre femenino*
1 hilván

bastante¹ *adjetivo*
1 suficiente
  asaz
  harto
  ANTO escaso
  insuficiente

Asaz y *harto* son anticuados.

bastante[2] *adverbio*
1 suficientemente
asaz
harto

'*Bastante* parece más vago e ilimitado que *suficientemente*; porque *bastante* da una idea absoluta e indeterminada de la abundancia, suponiendo que hay sin escasez lo que se necesita; y *suficientemente* da una idea relativa, contrayéndola determinadamente a lo que justamente alcanza para no carecer de lo preciso. Y así se dice en un sentido absoluto: fulano es *bastante* rico; y en un sentido relativo a sus obligaciones, se dice que es *suficientemente* rico. El que dice que Leganés es un buen lugar y que hay en él casas *bastante* grandes, no explica más que la magnitud absoluta e indeterminada de las casas de Leganés; y no dirá que hay casas *suficientemente* grandes, a no referirse determinadamente al objeto, para el cual se necesita que lo sean' (L).

bastarda *nombre femenino*
1 aquilea
milenrama
altarreina
artemisa
hierba meona
milhojas

bastardear *verbo intransitivo*
1 abastardar
degenerar

bastardelo *nombre masculino*
1 minutario

bastardilla *adjetivo/nombre femenino*
1 (carácter de letra) itálica
cursiva

bastardo *nombre masculino*
1 boa

bastardo, -da *adjetivo*
1 ilegítimo
espurio
noto

Todos ellos aplicados a personas o linajes.

2 falso
bajo
vil

infame

Aplicados a cosas; así hablamos de palabras, acciones o sentimientos *bastardos*.

baste *nombre masculino*
1 basta
hilván

bastero *nombre masculino*
1 guarnicionero
2 albardero

En la hípica.

bastidor *nombre masculino*
1 chasis

bastión *nombre masculino*
1 baluarte

basto, -ta *adjetivo*
1 tosco
rudo
grosero
ordinario
burdo
inurbano
descortés
impolítico
incivil
soez*
ANTO cortés
sociable

Todos ellos se refieren a personas o actos humanos.

bastón *nombre masculino*
1 palo*
vara

bastonazo *nombre masculino*
1 palo
golpe
garrotazo
estacazo

basura *nombre femenino*
1 suciedad
inmundicia
porquería
barreduras

basurero *nombre masculino*
1 muladar
estercolero

batacazo *nombre masculino*
1 porrazo
trastazo
costalada

batahola *nombre femenino*
1 alboroto*
bulla
bullicio

tabaola
jarana
jaleo
gritería
algarabía

batalla *nombre femenino*
1 combate*
lid
lucha
pelea
contienda

Batalla coincide con *combate* en que ambos significan la acción de combatir. Pero la *batalla* es una acción general entre dos ejércitos, a menudo con un plan y una organización de conjunto. El *combate* puede ser general o parcial; una *batalla* puede desarrollarse con varios *combates* en diferentes lugares y tiempos. En un sentido general, tanto la *batalla* como el *combate* pueden expresarse por *lid*, *lucha*, *pelea*, *contienda*.

batallador, -ra *adjetivo*
1 belicoso
guerrero

batallar *verbo intransitivo*
1 pelear
reñir
luchar
lidiar
contender
no dar cuartel
llegar a las armas
presentar batalla
declarar la guerra
2 disputar
altercar
debatir
porfiar
pugnar

batel *nombre masculino*
1 barca
bote
lancha

bateo *nombre masculino*
1 (familiar) bautizo

baticola *nombre femenino*
1 grupera

batida *nombre femenino*
1 reconocimiento
exploración

batido, -da *adjetivo*
1 andado

trillado
frecuentado
conocido

batidor *nombre masculino*
1 escarpidor
   carmenador

   Escarpidor, más usado que *batidor; carmenador,* poco usado en esta acepción.

2 explorador
   descubridor

batintín *nombre masculino*
1 gongo

batir *verbo transitivo*
1 golpear
   percutir
   azotar
2 acuñar
3 explorar
   reconocer
4 derrotar
   vencer
   arrollar
   deshacer
   verbo pronominal
5 combatir
   batallar
   luchar
   pelear
   lidiar

baúl *nombre masculino*
1 mundo
   arca
   cofre

   El *baúl* y el *mundo* suelen emplearse para viajar. *Arca* y *cofre,* además de su forma especial, se asocian hoy más bien a la idea de mueble usado en las casas para guardar ropas y otros objetos.

bautizar *verbo transitivo*
1 cristianar (familiar y
      popular)
   acristianar
   verbo transitivo/pronominal
2 calificar
   llamar
   denominar
   tildar
   titular
   nombrar
   designar

bautizo *nombre masculino*
1 bateo
   cristianismo

Bateo es popular en algunas regiones.

baya *nombre femenino*
1 matacandiles

bayo, -ya *adjetivo*
1 blanco amarillento

   Dícese especialmente del caballo.

bazo *nombre masculino*
1 pajarilla (especialmente del
      cerdo)
2 lien

bazucar *verbo
transitivo/pronominal*
1 bazuquear
   zabucar
   agitar
   sacudir
   menear
   ANTO aquietar
      parar

bazuquear *verbo
transitivo/pronominal*
1 bazucar
   zabucar
   agitar
   sacudir
   menear
   ANTO aquietar
      parar

beatitud *nombre femenino*
1 bienaventuranza
   felicidad
   satisfacción
   dicha

   Felicidad, satisfacción y *dicha* designan una *beatitud* temporal, mientras que *bienaventuranza* se refiere a la *beatitud* eterna.

beato, -ta *adjetivo*
1 feliz
   bienaventurado
2 santurrón
   mojigato
   gazmoño

beatón, -na *adjetivo*
1 (despectivo) gazmoñero
   mojigato
   timorato
   misticón
   santurrón
   beato
   gazmoño
   ANTO sincero
      claro

bebé *nombre masculino*
1 nene
   rorro

bebedizo *nombre masculino*
1 filtro

beber *verbo transitivo*
1 trasegar
   ingerir

bebible *adjetivo*
1 potable

   Potable se usa especialmente tratándose del agua, y se refiere más a sus condiciones higiénicas que al sabor; *bebible* se aplica a los líquidos que no son desagradables al paladar.

bebido, -da *adjetivo*
1 chispo
   achispado
   borracho*

   ⇒ borracho

   Los tres adjetivos significan un estado que no llega a *borracho, ebrio* o *embriagado.*

becada *nombre femenino*
1 chocha
   coalla
   chorcha
   gallina sorda
   gallineta
   pitorra

becafigo *nombre masculino*
1 papafigo
   papahígo
   picafico

becal *nombre masculino*
1 salmón

becerra *nombre femenino*
1 ternera
   chota
   jata
   novilla
   magüeta
   utrera
2 dragón
   boca de dragón
   dragoncillos

becerro *nombre masculino*
1 ternero
   choto
   jato
   novillo
   magüeto
   utrero

becerro marino *locución nominal*
foca
carnero marino
lobo marino
vítulo marino

becoquín *nombre masculino*
1 papalina
bicoquete

becoquino *nombre masculino*
1 ceriflor

befa *nombre femenino*
1 burla*
escarnio
ludibrio

La *burla* puede ser graciosa y no ofensiva, pero la *befa*, el *escarnio* y el *ludibrio* son siempre afrentosos.

befar *verbo transitivo/pronominal*
1 escarnecer
mofar
burlar
ANTO alabar

bejín *nombre masculino*
1 (hongo) pedo de lobo

bejuquillo *nombre masculino*
1 ipecacuana

bel *nombre masculino*
1 belio

Belcebú *nombre masculino*
1 lucifer
el diablo
el demonio
satán
satanás
luzbel
leviatán

belcho *nombre masculino*
1 canadillo
hierba de las coyunturas
uva de mar
uva marina

beldad *nombre femenino*
1 belleza
hermosura
ANTO fealdad

Beldad se usa muy poco con significación abstracta, y por lo común es sinónimo de *mujer bella*.

beldar *verbo transitivo*
1 abieldar
bieldar
aventar

belén *nombre masculino*
1 nacimiento
2 (familiar) confusión
desorden
lío
embrollo
enredo

belérico *nombre masculino*
1 mirobálano
avellana índica
mirabolano

belfo *nombre masculino*
1 labio
buz
bezo

bélico, -ca *adjetivo*
1 guerrero*
belicoso
marcial

belicoso, -sa *adjetivo*
1 guerrero
bélico
marcial
ANTO pacífico
2 agresivo
batallador
pendenciero
pugnaz (literario)

belio *nombre masculino*
1 bel

belitre *adjetivo/nombre común*
1 pícaro
pillo
villano
ruin

bellaco, -ca *adjetivo/nombre*
1 malo
ruin
bajo
villano
perverso
pícaro
bribón
pillo
tuno
canalla
vago
ANTO honorable
2 astuto
tuno
taimado
zorro
malandrín
maligno
perverso

bellaquería *nombre femenino*
1 bribonada

picardía
pillada
canallada
2 malicia
mala intención
doblez
mala fe
ANTO sinceridad

belleza *nombre femenino*
1 hermosura
ANTO fealdad

bello, -lla *adjetivo*
1 hermoso*
bonito*
ANTO feo
⇒ belleza

bellotera *nombre femenino*
1 montanera

bencedrina *nombre femenino*
1 amfetamina

benceno *nombre masculino*
1 benzol

El *benzol* es el nombre comercial del *benceno* crudo.

bendito, -ta *adjetivo*
1 santo
beato
bienaventurado
2 feliz
dichoso
ANTO infeliz
desgraciado
3 (irónico) (persona) sencillo
simple
cándido
bobalicón

benedictino, -na
adjetivo/nombre
1 (persona) benito

benefactor *adjetivo*
1 bienhechor*

beneficencia *nombre femenino*
1 altruismo
caridad
filantropía
humanidad
piedad
generosidad
civismo
ANTO egoísmo
sordidez

beneficiar *verbo transitivo/pronominal*
1 favorecer
hacer bien

a
b
c
d
e
f
g
h
i
j
k
l
m
n
ñ
o
p
q
r
s
t
u
v
w
x
y
z

ANTO desfavorecer
  perjudicar
2 aprovechar
  utilizar
  explotar

beneficio *nombre masculino*
1 favor
  gracia
  merced
  servicio
  bien

'El *beneficio* socorre una necesidad, el *favor* hace un servicio; la *gracia* concede un don gratuito; la *merced* comprende las tres significaciones, y en algunos casos envuelve la idea de remuneración, como la *merces* de los latinos. El *beneficio* supone poder en el que lo hace; la *gracia*, autoridad y elevada categoría; el *favor* puede hacerse entre iguales. El hombre rico que funda un hospital hace un *beneficio*. El soberano que concede una condecoración, dispensa una *gracia*. El amigo que presta dinero a otro le hace un favor. Todas éstas son *mercedes'* (M).

Hay que añadir que *merced* en el sentido de remuneración ha quedado hoy en desuso, aunque fue muy frecuente en los clásicos. *Merced.* equivalente a *favor* o *gracia*, se siente como voz escogida, literaria.

2 ganancia*
  utilidad
  rendimiento
  provecho
  fruto
  bonificación
  lucro*

sin oficio ni beneficio
locución

⇒ oficio

beneficioso, -sa *adjetivo*
1 benéfico
  provechoso
  útil*
  productivo
  rentable
  fructuoso
  lucrativo
  ANTO inútil
    infructuoso

Hay correlación entre *beneficio*: *beneficioso* y *beneficencia*: *benéfico*. Un negocio que produce beneficios es *beneficioso* (*provechoso, útil, productivo, rentable, fructuoso, lucrativo*). Un establecimiento de beneficencia es *benéfico*. Por *benéfico* entendemos todo lo que hace un bien en general, mientras que *beneficioso* va asociado a la idea de provecho, utilidad para algo o alguien. Queda, sin embargo, una amplia zona de contacto entre ambos sinónimos: un sermón ha sido *benéfico* o *beneficioso* para los fieles; la lluvia ha sido *benéfica* o *beneficiosa* para las tierras, según prevalezca, respectivamente, la estimación del bien que ellas reciben, o la del que reportan para un fin.

benéfico, -ca *adjetivo*
1 beneficioso
  provechoso
  útil
  productivo
  rentable
  fructuoso
  lucrativo
  ANTO inútil
    infructuoso
2 caritativo
  humanitario

beneplácito *nombre masculino*
1 aprobación
  permiso
  consentimiento*
  venia
  aquiescencia
  asentimiento
  asenso
  anuencia
  conformidad
  ANTO desaprobación
    negativa
    desconformidad

benevolencia *nombre femenino*
1 bondad
  benignidad
  humanidad
  generosidad
  magnanimidad
  ANTO maldad

benévolo, -la *adjetivo*
1 benigno
  bondadoso
  indulgente

  complaciente
  propicio
  magnánimo
  próvido

benignidad *nombre femenino*
1 blandura*
  suavidad
  lenidad
  afabilidad
  mansedumbre
  dulzura
  apacibilidad
  bondad
  benevolencia
  humanidad
  generosidad
  magnanimidad
  ANTO dureza
    resistencia
    fortaleza
    ira
    maldad

benigno, -na *adjetivo*
1 bondadoso
  benévolo
  indulgente
  humano
  clemente
  piadoso
  compasivo
  misericordioso
  ANTO inclemente
    malo
    malvado
    cruel
    inhumano
2 templado
  apacible
  suave
  dulce
  ANTO desapacible

benito, -ta *adjetivo/nombre*
1 (persona) benedictino

benzol *nombre masculino*
1 benceno

benzosulfidina *nombre femenino*
1 sacarina

beocio, -cia *adjetivo*
1 estúpido
  tonto
  necio

beodo, -da *adjetivo*
1 borracho*
  ebrio
  embriagado
  bebido
  ANTO sobrio

berberecho *nombre masculino*
1 verderol
verderón (molusco)

berberís *nombre masculino*
1 arlo
agracejo
agrecillo
alarguez
bérbero
bérberos

bérbero, -ros *nombre masculino*
1 arlo
agracejo
agrecillo
alarguez
berberís

berceo *nombre masculino*
1 albardín
barceo

bergante *nombre masculino*
1 bandido
belitre
bribón
pícaro
picarón
sinvergüenza

berilio *nombre masculino*
1 glucinio

berlina *nombre femenino*
1 cupé

berma *nombre femenino*
1 lisera

bermejo, -ja *adjetivo*
1 rubio
rojizo
rufo
taheño
Taheño aplicado sólo al pelo.

2 rojo
rosa
salmón
coral
encarnado
grana
carmesí

bermellón *nombre masculino*
1 rúbrica sinópica

berrenchín *nombre masculino*
1 berrinche*
enojo
enfado
coraje
pataleta
rabieta

berrera *nombre femenino*
1 arsáfraga

berrinche *nombre masculino*
1 enojo
enfado
coraje
pataleta
berrenchín
rabieta
Berrinche es intensivo de *enojo, enfado, coraje,* y connota generalmente manifestaciones exteriores de estos sentimientos por medio de gestos o gritos, como *rabia* y *furor.*

berro *nombre masculino*
1 balsamita mayor

berrueco *nombre masculino*
1 barrueco

bervasco *nombre masculino*
1 varbasco
gordolobo

berza *nombre femenino*
1 col

besana *nombre femenino*
1 abesana

besar *verbo transitivo/pronominal*
1 besucar
besuquear
comerse a besos
hocicar
dar paz
Besucar, besuquear y *comerse a besos* son frecuentativos; *hocicar* es despectivo; *dar paz* es la forma clásica.

besico de monja *nombre masculino*
1 farolillo
campánula

beso *nombre masculino*
1 ósculo

bestia *nombre femenino*
1 animal
adjetivo/nombre común
2 rudo
bruto
ignorante
bárbaro

bestial *adjetivo*
1 brutal*
irracional
ANTO humano
racional

2 enorme*
⇒ brutal

bestialidad *nombre femenino*
1 brutalidad
ferocidad
irracionalidad
2 barbaridad
animalada
patochada

bestión *nombre masculino*
1 bicha

béstola *nombre femenino*
1 arrejada
rejada
limpiadera
aguijada

besucar *verbo transitivo/pronominal*
1 besar
besuquear
comerse a besos
hocicar
dar paz

besuguete *nombre masculino*
1 pagel
pajel
sama

besuquear *verbo transitivo*
1 besucar
besar repetidas veces
comerse a besos
hocicar (despectivo)
hociquear (despectivo)

betarraga, -ata *nombre femenino*
1 remolacha

betel *nombre masculino*
1 buyo

betún de Judea *locución nominal*
asfalto

bezo *nombre masculino*
1 labio
buz
belfo

bezudo, -da *adjetivo*
1 hocicudo
morrudo
Aplicados al hombre o a los animales.

Biblia *nombre femenino*
1 Sagrada Escritura
escritura

biblioteca *nombre femenino*
1 librería

El sinónimo se utiliza especialmente si es particular o poco numerosa.

bicha *nombre femenino*
1 culebra

Entre personas supersticiosas, que consideran de mal agüero pronunciar la palabra *culebra*, úsase *bicha*.

2 bestión

bichero *nombre masculino*
1 cloque

bicoca *nombre femenino*
1 pequeñez
naderá
fruslería
bagatela
insignificancia

bicoquete *nombre masculino*
1 papalina
becoquín
bicoquín

bieldar *verbo transitivo*
1 abieldar
beldar
aventar

bieldo *nombre masculino*
1 aventador
aviento
bielgo

bielgo *nombre masculino*
1 bieldo
aventador
aviento

bien *nombre masculino*
1 beneficio*
favor
merced

tener a bien *locución*
dignarse
servirse
tener la bondad

bien que *locución conjuntiva*
sin embargo
aunque
no obstante*

'*Bien que* se usa para limitar o modificar la primera idea, disminuyendo la fuerza y energía que se le había dado. Si va a palacio por la calle Mayor, le encontrará, *bien que* puede ser que hoy venga por la pla-

za. *Aunque* o *no obstante* significaría en rigor que, aun mediando la circunstancia de haber tomado aquel camino, le encontrará en la calle Mayor, que es todo lo contrario de lo que se quiere explicar; pero *bien que* limita, modera, corrige la idea dando a entender que no es tanta la probabilidad de encontrarle, como se creyó o pudo hacerse creer al principio' (L).

⇒ bienes

bienandanza *nombre femenino*
1 felicidad
fortuna
dicha
suerte

bienaventurado, -da *adjetivo*
1 beato
santo
2 feliz
afortunado
dichoso
ANTO infeliz
desfortunado
desgraciado
3 cándido
inocentón
sencillote
incauto
bendito
ANTO malicioso

bienaventuranza *nombre femenino*
1 gloria
vida eterna
2 prosperidad
felicidad
dicha

⇒ bienes

bienes *nombre masculino plural*
1 hacienda
riqueza
caudal
capital*
pertenencias

⇒ bien

bienes raíces *locución nominal*
inmuebles
fincas

bienestar *nombre masculino*
1 comodidad
regalo
ANTO malestar
incomodidad

2 abundancia
holgura
riqueza
ANTO carencia
pobreza

bienhadado, -da *adjetivo*
1 afortunado
venturoso
dichoso
ANTO malhadado

bienhechor, -ra *adjetivo*
1 favorecedor
protector
amparador
benefactor
benéfico
beneficioso
ANTO malhechor

Favorecedor, protector, amparador y *benefactor* se aplican a personas. *Bienhechor, benéfico*, a personas y cosas; *beneficioso*, generalmente a cosas.

bienintencionado, -da *adjetivo*
1 sano
recto
sincero
ANTO malintencionado
falso

bienmandado, -da *adjetivo*
1 obediente
dócil
sumiso

bienquisto, -ta *adjetivo*
1 estimado
apreciado
considerado
querido
reputado
ANTO desestimado
despreciado
malquisto

bies

al bies *locución adverbial*
oblicuamente
de refilón
al sesgo
a soslayo

bifurcado, -da *adjetivo*
1 dicotómico
binario

bigardo, -da *adjetivo/nombre*
1 vago
vicioso
bigardón

bigardón, -ona *adjetivo/nombre*
1 bigardo
  vago
  vicioso

bigote *nombre masculino*
1 mostacho

bigotudo, -da *adjetivo*
1 abigotado
  ANTO imberbe
    depilado
    afeitado

bija *nombre femenino*
1 achiote
  achote

bilateral *adjetivo*
1 sinalagmático

  Referido a un pacto o contrato.

bilioso, -sa *adjetivo*
1 colérico
  atrabiliario
  intratable
  irritable

bilis *nombre femenino*
1 hiel
2 desabrimiento
  aspereza
  irritabilidad
  cólera

  exaltarse la bilis *locución*
  rabiar
  encolerizarse
  enfurecerse
  enverdecer de ira
  crujir los dientes
  ANTO tranquilizarse
    serenarse
    apaciguarse
    calmarse

billalda *nombre femenino*
1 tala
  toña
  billarda

billarda *nombre femenino*
1 tala
  billalda
  toña

billetado, -da *adjetivo*
1 cartelado

binar *verbo transitivo*
1 rendar
  edrar
  verbo intransitivo
2 doblar

binario, -ria *adjetivo*
1 dicotómico
  bifurcado

binoculares *nombre masculino plural*
1 prismáticos
  gemelos
  anteojos

binza *nombre femenino*
1 fárfara (del huevo)

biografía *nombre femenino*
1 semblanza
  vida

  Una *semblanza* es un bosquejo biográfico, mientras que *vida* es una biografía más extensa: la *vida* de Cervantes.

bioquímica *nombre femenino*
1 química biológica

bióxido *nombre masculino*
1 deutóxido

biribis *nombre masculino*
1 bisbís

birimbao *nombre masculino*
1 trompa gallega

birlar *verbo transitivo*
1 (coloquial) quitar
  robar
  hurtar

  Birlar connota idea de astucia, maña o enredo.

bisagra *nombre femenino*
1 gozne
  charnela

bisar *verbo transitivo*
1 repetir*

bisbís *nombre masculino*
1 biribís

bisbisar *verbo transitivo*
1 bisbisear
  musitar
  mistar
  cuchichear

  Cuchichear supone generalmente hablar a otro en voz baja al oído, mientras que *bisbisear* y *musitar* son acciones propias del soliloquio, como en el rezo o en la lectura a solas

bisbisear *verbo transitivo*
1 bisbisar
  musitar

  mistar
  cuchichear

biselar *verbo transitivo*
1 abiselar

bisexuado, -da *adjetivo*
1 hermafrodita
  bisexual

bisexual *adjetivo/nombre común*
1 hermafrodita

bisílabo, -ba *adjetivo*
1 disílabo

bisojo, -ja *adjetivo/nombre*
1 bizco
  ojituerto
  reparado

bisonte *nombre masculino*
1 cíbolo
  toro mexicano

bisoño, -ña *adjetivo/nombre*
1 inexperto
  nuevo
  novel
  novato
  bozal
  ANTO veterano

bistec *nombre masculino*
1 filete
  solomillo

bisulco, -ca *adjetivo*
1 fisípodo

bit *nombre masculino*
1 bitio
  dígito binario

bitio *nombre masculino*
1 bit
  dígito binario

biza *nombre femenino*
1 bonito (pez)

bizarría *nombre femenino*
1 gallardía
  valor
  esfuerzo
  ANTO cobardía
    temor
2 generosidad
  esplendidez
  esplendor
3 arrogancia*
  orgullo

bizarro, -rra *adjetivo*
1 valiente
  esforzado
  gallardo

bizco

2 generoso
espléndido

bizco, -ca *adjetivo*
1 bisojo
ojituerto
reparado

bizcocho *nombre masculino*
1 galleta

bizma *nombre femenino*
1 emplasto
parche
pegado

biznaga *nombre femenino*
1 dauco

blanca

estar sin blanca *locución*
no tener un cuarto
estar sin un duro (familiar)

blanco *nombre masculino*
1 diana

Usados en arco y tiro.

blanco de plomo *locución
nominal*
albayalde
carbonato de plomo
cerusa
cerusita

blanco, -ca *adjetivo*
1 albo
cándido
ANTO negro

Cándido aparece en los clásicos con la significación latina de *blanco*; pero esta acepción es actualmente desusada.

blancor *nombre masculino*
1 blancura
candor
albura

blancura *nombre femenino*
1 candor
albura
blancor

blandear[1] *verbo
intransitivo/pronominal*
1 aflojar
ceder
contemporizar
doblar
doblegarse
allanarse
plegarse
ablandarse
ANTO resistir

Contemporizar es sinónimo en la frase '*blandearse* con uno'.

verbo transitivo/pronominal
2 ablandar
ANTO endurecer

blandear[2] *verbo transitivo*
1 blandir

blandir *verbo transitivo*
1 blandear

blando, -da *adjetivo*
1 tierno
flexible
ANTO duro
fuerte

'*Blando* es lo que no ofrece resistencia a la presión; *tierno*, lo que ofrece poco al golpe, al corte y a la incisión. El pan, la manteca y la masa fresca son sustancias *blandas* y *tiernas*, porque se hallan en aquellos dos casos; pero no se dice que la cama está *tierna*, sino *blanda*, ni el buen asado ha de estar *blando*, sino *tierno*. De la coagulación de ciertos líquidos resultan sustancias *blandas*, pero no *tiernas*, como la leche cuando se convierte en nata' (M).

2 suave
benigno
apacible
templado

Templado, tratándose del tiempo atmosférico.

3 flojo
muelle
cobarde*
ANTO valiente

blandura *nombre femenino*
1 molicie
2 suavidad
lenidad
benignidad
afabilidad
bondad
dulzura
apacibilidad
indulgencia
clemencia
mansedumbre
ANTO dureza
resistencia
fortaleza
intolerancia

La *benignidad*, como la *blandura*, se refiere al carácter y a

los afectos; la *afabilidad*, a los modales y al lenguaje. La *benignidad* puede hallarse en el ejercicio de la autoridad, y es generalmente loable; pero la *lenidad* es censurable, excesiva.

'La *blandura* está en el carácter y en los afectos; la *suavidad* en los modales y en el lenguaje; la *lenidad*, en el ejercicio de la autoridad. Hay *blandura* en el hombre que cede con facilidad, que padece sin quejarse, que evita toda ocasión de exasperación, enemistad o discordia. Hay *suavidad* en el que sabe insinuarse en los corazones por el temple modesto de su conversación, por la tolerancia de los defectos ajenos, por lo apacible de su trato. Hay *lenidad* en el juez que impone una pena menos severla que corresponde al delito' (M).

blanquear *verbo transitivo*
1 emblanquecer
2 enjalbegar
jalbegar
verbo intransitivo
3 albear

blanquizal *nombre masculino*
1 gredal
blanquizar
calvero

blanquizar *nombre masculino*
1 gredal
blanquizal
calvero

blasfemador, -ra
adjetivo/nombre
1 renegador
renegón
blasfemante
blasfemo

blasfemante *adjetivo/nombre
común*
1 blasfemador
renegador
renegón
blasfemo

blasfemar *verbo transitivo*
1 renegar
jurar
maldecir
vituperar

tener la lengua de un
　carretero
ANTO ensalzar
　alabar
　orar

blasfemia *nombre femenino*
1 reniego
　voto*
　juramento
　maldición

blasfemo, -ma *adjetivo/nombre*
1 blasfemador
　blasfemante
　renegador
　renegón

blasón *nombre masculino*
1 heráldica
2 escudo
　armas
3 timbre

'En el sentido recto, *blasón* es
cada figura de las que componen un escudo de armas; *timbre* es la insignia que lo corona y que indica el grado de
nobleza del que lo usa. El castillo, el león, las barras y las ca-
denas son *blasones* de las
armas de España; su *timbre*
es la corona real. En el sentido
figurado, *timbre* es una acción
gloriosa que ensalza y ennoblece, y *blasón* es la fama que
por ella se adquiere. Por esto
se dice: *blasona* de valiente.
Puede decirse con propiedad:
no tiene muchos *timbres* de
que *blasonar*' (M).

blasonado, -da *adjetivo*
1 ilustre
　linajudo
　noble
　esclarecido

blasonar *verbo transitivo*
1 ostentar
　presumir
　gloriarse
　vanagloriarse
　jactarse
　pavonearse

bledo *nombre masculino*
1 armuelle
　no importar un bledo
　locución
　no importar un ardite
　no importar un comino
　no importar un maravedí

no importar un ochavo
no importar un pito

blenda *nombre femenino*
1 esfalerita

blenorragia *nombre femenino*
1 gonorrea
　blenorrea
　uretritis

　La *blenorrea* y la *gonorrea* son
　manifestaciones crónicas de
　esta enfermedad.

blenorrea *nombre femenino*
1 gonorrea
　blenorragia
　uretritis

blindaje *nombre masculino*
1 coraza

blindar *verbo transitivo*
1 acorazar

blondo *adjetivo*
1 (literario) rubio

bloquear *verbo transitivo*
1 sitiar
　asediar
　cercar
2 incomunicar
3 congelar
　inmovilizar

　Tratándose de créditos, cuen-
　tas bancarias, etcétera, que
　quedan inmovilizados por or-
　den de la autoridad.

4 inhibir
　impedir
　obstaculizar

bloqueo *nombre masculino*
1 asedio
　cerco
　sitio
2 cierre

boa *nombre femenino*
1 bastardo

boardilla *nombre femenino*
1 buharda
　bohardilla
　guardilla
　desván
　buhardilla

boato *nombre masculino*
1 ostentación
　fausto
　pompa
　rumbo
　lujo

bambolla*
ANTO sencillez
　humildad
　pobreza

bobada *nombre femenino*
1 bobería
　simpleza
　necedad
　tontería
　tontada
　majadería

bobalicón, -ona
　adjetivo/nombre
1 babieca
　bobo
　simple
　abobado
　papanatas
　pazguato
　tontaina
　tonto
ANTO listo

bobería *nombre femenino*
1 bobada
　simpleza
　necedad
　tontería
　tontada
　majadería
　imbecilidad
　idiotez
　alelamiento
　estulticia
　estupidez

bobina *nombre femenino*
1 carrete

bobo, -ba *adjetivo*
1 pazguato
　paparote
　simple
　tonto*
　tarugo
　bodoque
　bolonio
　lelo
　memo
　idiota
　estúpido
　necio
ANTO listo

En los confines de la bobería y
la anormalidad mental se hallan *lelo* y *memo*.

boca *nombre femenino*
1 orificio
　boquete
　agujero
　abertura

boca de dragón *locución nominal*
dragón (planta)
becerra
dragoncillos

bocací *nombre masculino*
1 esterlín

bocadillo *nombre masculino*
1 emparedado
sandwich

bocado *nombre masculino*
1 mordisco
dentellada
mordedura
2 freno
embocadura

bocanada *nombre femenino*
1 buchada
buche
sorbo
fumada
calada (coloquial)
Buchada, buche y sorbo, si la bocanada es de un líquido; si es de humo, se emplea fumada o calada.

bocateja *nombre femenino*
1 luneta

bocel *nombre masculino*
1 cordón
toro

boceto *nombre masculino*
1 mancha
borrón
esbozo
bosquejo
apunte
croquis
diseño
traza
delineación
borrador

bochinche *nombre masculino*
1 tumulto
bronca
barullo

bochorno *nombre masculino*
1 calor
ANTO frío
2 rubor
vergüenza
sonrojo
sofoco
sofocón
ANTO desvergüenza
languidez

bocina *nombre femenino*
1 tornavoz

bocio *nombre masculino*
1 papera

bocón, -ona *adjetivo*
1 hablador
charlatán
fanfarrón
sacamuelas

boda *nombre femenino*
1 casamiento*
matrimonio
unión
enlace
desposorio
himeneo

bode *nombre masculino*
1 cabrón
igüedo
buco
macho cabrío
cegajo
chivo
chivato

bodega *nombre femenino*
1 cillero

bodegón *nombre masculino*
1 casa de comidas
figón
taberna
ventorrillo
ventorro
Casa de comidas y figón se utilizan cuando está en las afueras de una población.

bodejal *nombre masculino*
1 budejal
bujeda
bujedo

bodón *nombre masculino*
1 buhedo

bodoque *adjetivo/nombre masculino*
1 simple
tonto
bobo
tarugo
bolonio
alcornoque
torpe
estúpido
necio
nombre masculino
2 borujo
burujo

gorullo
gurullo

bofe *nombre masculino*
1 chofe
pulmón
asadura

bofetada *nombre femenino*
1 cachetada
cachete
guantada
guantazo
tabanazo
manotazo
sopapo
bofetón
galleta (irónico)

bofetón *nombre masculino*
1 bofetada
galleta (irónico)
cachete
guantada
guantazo
tabanazo
manotazo
sopapo
cachetada

bofia *nombre femenino*
1 (vulgar) policía*
polizonte
poli
gura (vulgar)

boga *nombre femenino*
1 fama
aceptación
reputación
2 prosperidad
auge
felicidad
3 bogadura
remadura

en boga *locución adjetiva*
de moda
presente
actual
ANTO pasado
inexistente

Lo *actual* es más circunscrito y determinado que lo *presente*. 'Lo *presente* abraza una esfera de acción más amplia que lo *actual*. Decimos: el siglo *presente* y el gobierno *actual*; el estado *presente* de la literatura y la crisis *actual* del comercio; la estación *presente* y la intemperie *actual*; la *presente* legislación y el precio *actual* del trigo' (M).

bogadura *nombre femenino*
1 boga
  remadura

bogar *verbo intransitivo*
1 remar
2 navegar

bogavante *nombre masculino*
1 (crustáceo) lobagante
2 remero (de proa)

bohardilla *nombre femenino*
1 buharda
  boardilla
  guardilla
  desván
  buhardilla

bohordo *nombre masculino*
1 escapo
  vara

boíl *nombre masculino*
1 boyera
  boyeriza

boira *nombre femenino*
1 niebla*
  bruma
  neblina
  humazón
  calima
  calina
  calígine
  ANTO claridad

boja *nombre femenino*
1 abrótano
  guardarropa

bojedal *nombre masculino*
1 bujedal
  bujeda
  bujedo

bojeo *nombre masculino*
1 circuito
  contorno
  perímetro

bol *nombre masculino*
1 ponchera
2 tazón

  bol arménico *locución*
  nominal
  rública lemnia

bola *nombre femenino*
1 mentira
  embuste
  engaño
  paparrucha
  bulo

  'Bola es cualquier noticia fal-

sa; *paparrucha* es la noticia falsa y al mismo tiempo absurda. La *paparrucha* sólo halla crédito en las gentes vulgares e ignorantes. La noticia de una victoria imaginaria es una *bola*; los cuentos de duendes o apariciones son *paparruchas'* (M).

En la actualidad, *bulo* se emplea con más frecuencia que *bola* para designar la noticia falsa.

2 pelota
  balón
  esférico

bolardo *nombre masculino*
1 noray
  amarradero

bolera *nombre femenino*
1 boliche

boleta *nombre femenino*
1 libranza
  libramiento
  vale
  talón
  cheque

boleto *nombre masculino*
1 apuesta
  quiniela

boliche¹ *nombre masculino*
1 bolera

boliche² *nombre masculino*
1 morralla

bolillo *nombre masculino*
1 majadero
  majaderillo
  palillo

bollo *nombre masculino*
1 abolladura

bolo *nombre masculino*
1 bobo
  tonto
  bodoque
  simple
  bolonio
  trompo
  ANTO listo

bolonio, -nia *adjetivo*
1 bobo
  pazguato
  paparote
  simple
  tonto
  tarugo

bodoque
lelo
memo
ANTO listo

bolsillo
  rascarse el bolsillo *locución*
  hacer el gasto
  pagar

bomba *nombre femenino*
1 achicador

bombarda *nombre femenino*
1 lombarda

bombero *nombre masculino*
1 matafuego

bombilla *nombre femenino*
1 lámpara
2 ampolla

bombo *nombre masculino*
1 alabanza
  elogio*
  encomio

  Bombo denota exageración ruidosa. En los terrenos mercantil y político da idea de gran aparato publicitario y reiterado en el anuncio, reclamo o propaganda.

bonachón, -ona
  adjetivo/nombre
1 buenazo
  bonazo
  confiado
  crédulo

bonaerense *adjetivo/nombre*
  común
1 (persona) porteño

  Bonaerense se aplica a todo lo relativo a esta provincia de la Argentina, mientras que *porteño* es todo lo relativo a la ciudad de la Santísima Trinidad y Puerto de Santa María de Buenos Aires.

bonamita *nombre femenino*
1 smithsonita

bonanza *nombre femenino*
1 tranquilidad
  serenidad
  calma (en el mar)
  ANTO tempestad
2 prosperidad

bonazo, -za *adjetivo/nombre*
1 bonachón
  buenazo

a
b
c
d
e
f
g
h
i
j
k
l
m
n
ñ
o
p
q
r
s
t
u
v
w
x
y
z

confiado
crédulo

bondad *nombre femenino*
1 benignidad
benevolencia
humanidad
generosidad
magnanimidad
ANTO maldad
2 blandura*
apacibilidad
dulzura
afabilidad
indulgencia
clemencia
mansedumbre
tolerancia
ANTO intolerancia
3 probidad
integridad
honradez
hombría de bien
rectitud
moralidad
ANTO deshonor
amoralidad
tener la bondad *locución*
dignarse
servirse
tener a bien

bondadoso, -sa *adjetivo*
1 benévolo
benigno
indulgente
complaciente
propicio
magnánimo

bonete *nombre masculino*
1 redecilla

bonetero *nombre masculino*
1 evónimo

boniato *nombre masculino*
1 moniato

bonificación *nombre femenino*
1 beneficio
mejora
2 descuento
abono
rebaja

bonítalo *nombre masculino*
1 bonito
biza

bonitamente *adverbio*
1 disimuladamente
mañosamente
diestramente

bonito¹ *nombre masculino*
1 (pez) biza
bonítalo

bonito, -ta² *adjetivo*
1 hermoso*
bello
lindo
gracioso
agraciado
⇒ belleza

En el lenguaje usual, *bonito* sustituye a menudo a *hermoso* y *bello*, aunque con impropiedad. Estos dos adjetivos expresan una cualidad estética más alta que *bonito*. *Lindo* sugiere proporción y armonía en las cosas pequeñas, y en gran parte de Hispanoamérica es más usual que *bonito*; *gracioso* se refiere a la expresión y a los movimientos. Una persona es *linda* por sus facciones; *graciosa* o *agraciada* por su hablar, sus gestos o su andar.

boñiga *nombre femenino*
1 moñiga (vulgar)
bosta

boquera *nombre femenino*
1 vaharera

boquerón *nombre masculino*
1 (pez) alacha
lacha
alache
aladroque
haleche
alece
aleche
anchoa
anchova

boquete *nombre masculino*
1 rotura
brecha
agujero*
abertura

Rotura y *brecha* se refieren a un *boquete* en alguna pared o techo.

boquilla *nombre femenino*
1 brocal
2 mechero
3 embocadura

bórax *nombre masculino*
1 borraj
atíncar

bordada *nombre femenino*
1 bordo

bordado *nombre masculino*
1 labor*
costura
punto
encaje

borde¹ *nombre masculino*
1 extremo
orilla*
canto
margen

borde² *adjetivo/nombre común*
1 bastardo

bordillo *nombre masculino*
1 encintado

bordo *nombre masculino*
1 bordada

bordón *nombre masculino*
1 muletilla
bordoncillo
estribillo

bordoncillo *nombre masculino*
1 muletilla
bordón
estribillo

boreal *adjetivo*
1 norte
septentrional
matacabras

Norte se utiliza tratándose del viento, especialmente cuando es muy fuerte y frío.

bóreas *nombre masculino*
1 aquilón
viento
norte
septentrión
cierzo
tramontana
matacabras

boricua *adjetivo/nombre común*
1 (persona) portorriqueño
puertorriqueño
borinqueño

borinqueño, -ña
adjetivo/nombre
1 (persona) portorriqueño
puertorriqueño
boricua

borlas *nombre femenino plural*
1 amaranto
flor de amor
borlones

borlones *nombre masculino*
plural
1 borlas
amaranto
flor de amor

bornear *verbo transitivo*
1 retranquear

boronatrocalcita *nombre*
femenino
1 ulexita
piedra televisión

boronía *nombre femenino*
1 alboronía
almoronía

borrachera *nombre femenino*
1 embriaguez
ebriedad
curda
turca
mona
jumera
chispa
loba
merluza
papalina
pítima
tajada
zorra
ANTO sobriedad

Excepto *embriaguez* y *ebrie-dad*, los otros sinónimos son burlescos.

borracho, -cha *adjetivo/nombre*
1 ebrio
beodo
embriagado
achispado
bebido
calamocano
ajumado
curda
curdela
a medios pelos
entre dos luces
hecho una uva
estar como una cuba
ANTO sobrio
abstemio
sereno

Ebrio, beodo, embriagado son términos cultos, ligeramente eufemísticos. *Beodo* designa especialmente el borracho habitual. *Achispado, bebido, calamocano,* el que tiene una borrachera ligera o incipiente. Abundan las denominaciones populares y burlescas: *ajuma-*

do, curda, curdela, a medios pelos, entre dos luces, hecho una uva, etcétera.

borrachuela *nombre femenino*
1 cizaña

borrador *nombre masculino*
1 minuta
extracto
apunte
apuntación
apuntamiento

borraj *nombre masculino*
1 bórax
atíncar

borrajear *verbo transitivo*
1 borronear
burrajear
emborronar

borrajo *nombre masculino*
1 rescoldo

borrar *verbo transitivo*
1 esfumar
desvanecer
2 eliminar
anular*

borrasca *nombre femenino*
1 tormenta
tempestad
temporal
ANTO calma

Se usa *temporal* cuando la *borrasca* es duradera.

2 viento*
ventarrón
ventada
ventolera
vendaval
ventolina
brisa

borrascoso, -sa *adjetivo*
1 proceloso
tempestuoso
tormentoso
2 desordenado
desenfrenado
accidentado*

borrico *nombre masculino*
1 asno*
burro
rucio
jumento
2 corto
rudo
necio
ignorante

borrón *nombre masculino*
1 mancha
2 mácula
tacha
defecto
imperfección

borronear *verbo transitivo*
1 borrajear
burrajear
emborronar
garrapatear

borroso, -sa *adjetivo*
1 confuso
nebuloso
ANTO visible
preciso

borujo *nombre masculino*
1 burujo
bodoque
gorullo
gurullo

borusca *nombre femenino*
1 seroja
serojo

bosque *nombre masculino*
1 selva
monte
floresta
parque

La *selva* es extensa, inculta y muy densamente poblada de árboles, mientras que el *bosque* puede ser grande o pequeño, natural o artificial, espeso o claro. *Monte* es tierra inculta poblada de árboles (*alto*) o de arbustos y matas (*bajo*). *Floresta* fue equivalente a *bosque* en los libros de caballerías, como corresponden a su origen (francés antiguo *forest*); pero el cruce fonético con *flor* le añadió después la idea de amenidad que hoy le asociamos. El *parque* es un *bosque* natural o artificial dependiente de un palacio o de una gran casa de campo.

bosquejar *verbo transitivo*
1 esbozar
abocetar

bosquejo *nombre masculino*
1 esbozo
boceto
mancha
apunte
croquis

a b c d e f g h i j k l m n ñ o p q r s t u v w x y z

bosta *nombre femenino*
1 boñiga

bostezo *nombre masculino*
1 oscitación

botador *nombre masculino*
1 taco

botadura *nombre femenino*
1 varamiento
   varada

botafuego *nombre masculino*
1 lanzafuego

botamen *nombre masculino*
1 pipería
   botería

botánica *nombre femenino*
1 fitología

botánico, -ca *nombre*
1 botanista

botanista *nombre común*
1 botánico

botanófago, -ga
   adjetivo/nombre
1 vegetariano

botar *verbo transitivo*
1 tirar
   lanzar
   arrojar
   Tratándose de cosas.
   verbo intransitivo
2 saltar
   brincar
   verbo intransitivo/transitivo
3 varar

botarate *adjetivo/nombre*
   masculino
1 alborotado
   tararira
   irreflexivo
   atolondrado
   precipitado
   ANTO juicioso
      reflexivo

botarel *nombre masculino*
1 contrafuerte

botarete *nombre masculino*
1 arbotante

bote¹ *nombre masculino*
1 salto
   brinco

bote² *nombre masculino*
1 barca

lancha
batel

botella *nombre femenino*
1 zona de tres segundos
   En el baloncesto.

botería *nombre femenino*
1 pipería
   botamen

botica *nombre femenino*
1 farmacia
   oficina de farmacia

boticario, -ria *nombre*
1 farmacéutico

botijuela *nombre femenino*
1 alboroque
   robla
   robra
   corrobra

botín *nombre masculino*
1 despojo
   presa

boto, -ta *adjetivo*
1 romo
   obtuso
2 rudo
   torpe

botón *nombre masculino*
1 yema
   capullo
   brote
2 llamador (en los timbres
   eléctricos)
3 furúnculo
   pápula

bóveda
   bóveda celeste *locución*
      nominal
   firmamento
   cielo

bovedilla *nombre femenino*
1 revoltón

bóvido, -da *adjetivo/nombre*
   masculino
1 bovino

bovino, -na *adjetivo*
1 boyuno
   bueyuno
   vacuno
   Tratándose del ganado, *vacuno*.
   adjetivo/nombre masculino
2 bóvido

boxeador *adjetivo/nombre*
   masculino
1 púgil
   Púgil es el que se bate a pu-
   ñetazos en general. El *boxeador* es un *púgil* que se atiene a
   las reglas del boxeo. Todo *boxeador* es *púgil*, pero no viceversa.

boyada *nombre femenino*
1 rebaño*
   manada*
   hato

boyante *adjetivo*
1 acomodado
   afortunado
   rico
   próspero
   feliz
   ANTO infeliz
      pobre
      desafortunado

boyera *nombre femenino*
1 boíl
   boyeriza
   establo
   cuadra
   caballeriza

boyeriza *nombre femenino*
1 boyera
   boíl
   establo
   cuadra
   caballeriza

boyerizo *nombre masculino*
1 pastor*
   boyero

boyero *nombre masculino*
1 pastor
   boyerizo
   vaquero
   porquerizo
   ovejero
   cabrero
   pavero

boyuno, -na *adjetivo*
1 bovino

bozal *adjetivo/nombre común*
1 bisoño
   inexperto
   nuevo
   novel
   novato
   ANTO veterano
      maestro
      antiguo

bracelaje *nombre masculino*
1 brazaje

bracera *nombre femenino*
1 brazal (de riego)

braceral *nombre masculino*
1 brazal
  bracil
  brazalete

bracil *nombre masculino*
1 brazal
  braceral
  brazalete

bracmán *nombre masculino*
1 brahmán
  brahmín

braga *nombre femenino*
1 briaga
  honda
  ⇒ bragas

bragado, -da *adjetivo*
1 animoso
  enérgico
  firme
  entero
  valiente
  echado para adelante
  ANTO cobarde
    blando
    indeciso

bragas *nombre femenino plural*
1 calzones
  ⇒ braga

bragazas *adjetivo/nombre*
  masculino
1 calzonazos
  Juan Lanas

brahmán *nombre masculino*
1 bracmán
  brahmín

brahmín *nombre masculino*
1 brahmán
  bracmán

bramadera *nombre femenino*
1 zumba

bramante *adjetivo/nombre*
  masculino
1 cordel
  guita

bramido *nombre masculino*
1 mugido
  frémito

  Mugido se refiere al *bramido*
  de los bóvidos.

2 rugido

branque *nombre masculino*
1 roda

branquia *nombre femenino*
1 agalla

brasa *nombre femenino*
1 ascua
  rescoldo

bravata *nombre femenino*
1 amenaza
  bravuconada
  bravuconería
2 baladronada
  fanfarronada
  fanfarria*

braveza *nombre femenino*
1 bravura*

bravío, -a *adjetivo*
1 montaraz
  feroz
  indómito
  salvaje*
  cerril
  cimarrón
  bravo
  agreste
  áspero
  fragoso
  huraño
  hosco
  huidizo
  ANTO suave
    fórtil
    blando

Agreste, áspero y *fragoso* tratándose de un terreno o paisaje; el resto, tratándose de animales y también del hombre.

bravo, -va *adjetivo*
1 valeroso
  valiente
  animoso
  esforzado
2 bagual
  indómito
  cerril
  salvaje
  bravío*

bravucón, -ona *adjetivo*
1 (despectivo) valentón
  fanfarrón
  matasiete

bravuconada *nombre femenino*
1 bravata
  amenaza
  bravuconería

bravuconería *nombre femenino*
1 bravata
  amenaza
  bravuconada

bravura *nombre femenino*
1 valor
  valentía
  ánimo
  ANTO cobardía
    timidez
2 fiereza
  cerrilidad
  ferocidad
  braveza

'*Bravura* se aplica al hombre y a los animales, y equivale muchas veces a valor, esfuerzo o arrojo. *Braveza* se aplica solamente a los elementos, y equivale a ímpetu violento en sumo grado. Se dice: la *bravura* del león, del toro; la *braveza* del mar, de la tempestad, del huracán, etcétera. La *bravura* refiere la idea a la unión de las fuerzas del ánimo y del cuerpo. La *braveza* limita la idea a la fuerza puramente material puesta en movimiento' (C).

brazaje *nombre masculino*
1 bracelaje

brazal *nombre masculino*
1 braceral
  bracil
  brazalete
  En la armadura.
2 embrazadura (del escudo)
3 bracera (del riego)
4 cerreta
  percha
  varenga
  orenga

brazalete *nombre masculino*
1 pulsera

brazo
  no dar el brazo a torcer
  locución
  aferrarse
  insistir
  obstinarse
  cerrarse en banda
  no cejar
  mantenerse en sus trece
  no apearse del burro

brea *nombre femenino*
1 alquitrán
  zopisa

brear[1] *verbo transitivo*
1 embrear
  alquitranar

brear[2] *verbo transitivo*
1 maltratar
  tundir
  molestar

brecha *nombre femenino*
1 rotura
  boquete
  abertura
  agujero*

bréfico, -ca *adjetivo*
1 embrionario

brega *nombre femenino*
1 riña
  pendencia
  reyerta
  pugna
  lucha
2 trabajo
  ajetreo
  fatiga
  faena
  trajín

bregar *verbo intransitivo*
1 forcejear
  resistir
  luchar
  forcejar
  esforzarse
2 ajetrearse
  trabajar
  afanarse

breñal, breñar *nombre masculino*
1 fraga

bretaña *nombre femenino*
1 (planta) jacinto

brete *nombre masculino*
1 aprieto
  dificultad
  conflicto
  apuro

breva *nombre femenino*
1 albacora

breve *adjetivo*
1 corto
  sucinto
  sumario
  compendioso
  conciso*
  efímero*
  ANTO largo
      extenso
      duradero

Corto puede referirse a la extensión, a la cantidad y a la duración; *breve* se aplica hoy únicamente a la duración. Ejemplos: un bastón *corto*; llegó *corto* número de soldados; un discurso *corto* o *breve*; la sesión ha sido *corta* o *breve*. *Sucinto, sumario* y *compendioso* se refieren a la exposición oral o escrita de una doctrina, narración, etcétera.

nombre masculino
2 rescripto pontificio
  buleto

brevedad *nombre femenino*
1 concisión

con brevedad *locución adverbial*
  prestamente
  de presto
  prontamente
  ligeramente
  rápidamente
  a mata caballo

brezo *nombre masculino*
1 urce

briaga *nombre femenino*
1 braga
  honda

brial *nombre masculino*
1 guardapiés
  tapapiés
2 tonelete

bribón, -ona *adjetivo*
1 pícaro
  bellaco
  pillo
  tuno
  canalla
  vago
  sinvergüenza
  desvergonzado
  poca vergüenza
  inverecundo
  cara dura
  desfachatado
  ANTO honorable
      aplicado

bribonada *nombre femenino*
1 picardía
  bellaquería
  pillada
  canallada

bribonear *verbo intransitivo*
1 tunear
  tunantear

brillante *adjetivo*
1 resplandeciente
  fulgurante
  refulgente
  fulgente
  fúlgido
  reluciente

Resplandeciente, fulgurante y *refulgente* expresan de modo más intenso la misma cualidad; en el habla usual, *reluciente*.

2 admirable
  sobresaliente
  lucido
  nombre masculino
3 diamante

brillantez *nombre femenino*
1 brillo
2 lucimiento

brillar *verbo intransitivo*
1 lucir
  relucir
  centellear*
  resplandecer*
  relumbrar
  chispear
  fulgurar
  cabrillear*
2 descollar
  sobresalir
  lucir

brillo *nombre masculino*
1 lustre
  brillantez
  resplandor
  esplendor
  ANTO opacidad
      oscuridad
2 lucimiento
  realce
  gloria
  notoriedad
  ANTO incógnito

brincar *verbo intransitivo*
1 saltar
  botar

brinco *nombre masculino*
1 salto
  bote

brindar *verbo transitivo/pronominal*
1 ofrecer
  invitar
  convidar
  prometer
  dedicar

brío *nombre masculino*
1 pujanza
   resolución
   esfuerzo
   fuerza
   ánimo
   ANTO desánimo
         indecisión
2 garbo
   gallardía
   arrogancia*

briofita *adjetivo/nombre femenino*
1 muscínea

brioso, -sa *adjetivo*
1 arrogante
   valiente
   impetuoso*

brisa¹ *nombre femenino*
1 aura
   vientecillo
   céfiro
   ventolina
2 viento*
   ventarrón
   ventada
   ventolera
   vendaval
   borrasca

brisa² *nombre femenino*
1 orujo
   hollejo
   casca

británico, -ca *adjetivo*
1 britano
   inglés

   Britano y británico se refieren a la antigua Britania. Británico también hace referencia a las cosas y personas del Reino Unido (imperio británico, súbdito británico), que es sustituido con frecuencia por inglés, que indica relación con Inglaterra, uno de los reinos integrantes del Reino Unido.

britano, -na *adjetivo/nombre*
1 (persona) británico
   inglés*

broa *nombre femenino*
1 anconada
   ancón

brocal *nombre masculino*
1 pozal
   arcón
2 boquilla (de la vaina de un arma)

broma *nombre femenino*
1 bulla
   diversión
   jarana
   gresca
   fiesta
   chanza
2 burla*
   chasco
   chacota
   mofa
   guasa

bromear *verbo intransitivo/pronominal*
1 divertirse
   jaranear
2 chancearse
   embromar
   burlarse
   guasearse

bromista *adjetivo/nombre común*
1 burlón
   guasón
   chancero
   zumbón
   bufón

bronca *nombre femenino*
1 disputa
   riña
   pendencia
   reyerta
   pelotera
   cisco
   agarrada
   trifulca
   altercado*
   lucha*
2 represión
   regañina
   reprimenda
3 alboroto*
   protesta
   tumulto
   la de Dios es Cristo
   grita
   abucheo
   ANTO aplauso

bronco, -ca *adjetivo*
1 ronco
   destemplado

   Tratando de la voz o del sonido.

2 áspero
   intratable
   hosco
   ANTO sociable
3 grosero
   inculto
   tosco

   rudo
   ANTO educado

bronquina *nombre femenino*
1 (familiar) quimera
   pendencia
   altercado

broquel *nombre masculino*
1 escudo
2 defensa
   amparo
   protección

brota *nombre femenino*
1 botón
   yema
   capullo
   pimpollo
   renuevo
   retoño

brotar *verbo intransitivo*
1 salir
   surgir
   nacer
   germinar
   echar brotes
   echar retoños
   manar
   fluir
   correr
   ANTO detenerse
         secarse

   Tratándose de plantas, nacer, germinar; echar brotes o retoños. Tratándose del agua, manar.

brote *nombre masculino*
1 pimpollo
   renuevo
   retoño
   botón
   yema
   capullo

broza *nombre femenino*
1 hojarasca
2 maleza
3 desecho
   cosas inútiles

brucero *nombre masculino*
1 pincelero

brugo *nombre masculino*
1 mida

bruja *nombre femenino*
1 arpía
   furia
   basilisco
2 lechuza
   coruja

a
b
c
d
e
f
g
h
i
j
k
l
m
n
ñ
o
p
q
r
s
t
u
v
w
x
y
z

curuja
curuca
estrige
oliva

brujería *nombre femenino*
1 hechicería
magia
encantamiento

brujo, -ja *nombre*
1 hechicero*
mago

brújula *nombre femenino*
1 saeta
aguja imantada
2 compás

bruma *nombre femenino*
1 niebla
neblina
brumazón

Aunque *bruma* y *niebla* son equivalentes, se dice generalmente *bruma* en el mar, y *niebla* en tierra. Cuando la *niebla* es espesa y grande, se utiliza *brumazón*.

brumazón *nombre masculino*
1 bruma*
niebla
neblina

brumoso, -sa *adjetivo*
1 nebuloso
ANTO despejado
2 oscuro
confuso
incomprensible
ANTO comprensible

bruñido, -da *adjetivo*
1 pulido
pulimentado
liso

bruñir *verbo transitivo*
1 abrillantar
pulir
pulimentar
dar brillo

brusco *nombre masculino*
1 jusbarba
rusco

brusco, -ca *adjetivo*
1 áspero
desapacible
descortés
ANTO apacible
cortés
2 súbito

repentino
imprevisto

brusela *nombre femenino*
1 hierba doncella

brusquedad *nombre femenino*
1 rudeza
descortesía
grosería
ANTO afabilidad
cortesía

brutal *adjetivo*
1 salvaje
feroz
bárbaro
atroz
fiero
sanguinario
cruel*
ANTO culto
civilizado
educado
2 fenomenal
tremendo
desmesurado
descomunal
extraordinario
3 (coloquial) bestial
colosal
formidable
enorme*
estupendo

Modernamente en la lengua hablada, *brutal* se añade a muchos sustantivos con carácter intensivo general y adquiere los más variados matices: una velocidad *brutal*; una comida *brutal* (buena); una mujer *brutal* (hermosa); un salón *brutal* (grande, lujoso); etc. Es el mismo sentido intensivo, de aplicación muy vasta, que en nuestros días tienen también los adjetivos *bestial, colosal, formidable, enorme, estupendo* y otros.

brutalidad *nombre femenino*
1 bestialidad
ferocidad
grosería
salvajada
barbaridad
atrocidad
ANTO humanidad
sociabilidad

bruto, -ta *adjetivo*
1 necio
incapaz
2 vicioso

torpe
desenfrenado
3 tosco
rudo
grosero
ANTO educado
adjetivo/nombre masculino
4 animal*
bestia

bu *nombre masculino*
1 cancón
coco

buarro *nombre masculino*
1 buharro
corneja

buba, bubas *nombre femenino*
1 pústula

bucal *adjetivo*
1 estomático

buceador, -ra *nombre*
1 buzo

bucear *verbo intransitivo*
1 somorgujar
2 explorar
tantear

buchada *nombre femenino*
1 buche
bocanada
sorbo

buche *nombre masculino*
1 papo
En las aves.
2 estómago
En el hombre y en algunos cuadrúpedos.
3 buchada
bocanada
sorbo

bucle *nombre masculino*
1 rizo

buco *nombre masculino*
1 cabrón*
macho cabrío

bucólico, -ca *adjetivo*
1 pastoril
pastoral

budejal *nombre masculino*
1 bodejal
bujeda
bujedo

budión *nombre masculino*
1 baboso

doncella
gallito del rey

buenamente *adverbio*
1 fácilmente
2 voluntariamente

buenazo, -za *adjetivo/nombre*
1 bonachón
bonazo
confiado
crédulo

bueno, -na *adjetivo*
1 bondadoso
indulgente
benévolo
caritativo
misericordioso
virtuoso
afable
ANTO malo
2 exacto
verdadero
hermoso
lindo

La estimación ética de las cosas tenidas por buenas se extiende a calificar valores lógicos y estéticos: un *buen* razonamiento (*exacto, verdadero*); una *buena* cara (*hermosa, linda*). De las acepciones anteriores pasa a significar la estimación en que tenemos a personas y cosas por cualquier cualidad favorable o grata al punto de vista que adoptemos. Ejemplos: un *buen* trozo de pan (de gran tamaño); comida *buena* (de buen sabor); estar o sentirse *bueno* (con buena salud); *buena* tela (de buena calidad); un martillo muy *bueno* (útil); *buen* marino (con buena aptitud); etcétera.

por las buenas *locución adverbial*
voluntariamente
de grado
a buenas
ANTO por las malas
a malas
por obligación

bueyuno, -na *adjetivo*
1 bovino
boyuno
vacuno

bufanda *nombre femenino*
1 tapaboca
tapabocas

bufé, buffet *nombre masculino*
1 ambigú

bufido *nombre masculino*
1 resoplido
rebufe (bufido del toro)
2 sofión
cajas destempladas

bufo, -fa *adjetivo*
1 cómico
grotesco
burlesco
chocarrero
ridículo
ANTO serio
grave

bufón, -ona *adjetivo*
1 chocarrero

bufonada *nombre femenino*
1 chocarrería

buglosa *nombre femenino*
1 lengua de buey
lenguaza

buharda *nombre femenino*
1 bohardilla
boardilla
guardilla
desván
buhardilla

buhardilla *nombre femenino*
1 buharda
bohardilla
boardilla
guardilla
desván

buharro *nombre masculino*
1 buarro
corneja

buhedo *nombre masculino*
1 bodón

búho *nombre masculino*
1 mochuelo

buhonero *nombre masculino*
1 gorgotero
mercachifle

buitrón *nombre masculino*
1 butrino
butrón
carriego

bujarda *nombre femenino*
1 cucarda
martellina

bujeda *nombre femenino*
1 bodejal

budejal
bujedo

bujedal *nombre masculino*
1 bojedal
bujeda
bujedo

bujedo *nombre masculino*
1 bodejal
budejal
bujeda

bujería *nombre femenino*
1 baratija
chuchería

bujeta *nombre femenino*
1 poma
pomo

bujía *nombre femenino*
1 vela
candela

bula *nombre femenino*
1 constitución pontificia

bulbo *nombre masculino*
1 cebolla
cabeza

buleto *nombre masculino*
1 breve
rescripto pontificio

bulimia *nombre femenino*
1 voracidad
hambre
ANTO anorexia

bulla *nombre femenino*
1 trulla
algazara
gritería
vocerío
bullicio
algarabía
ruido
alboroto*
ANTO tranquilidad
quietud

'Toda *bulla* es *ruido*; pero no todo *ruido* es *bulla*. Aquél es el género, ésta la especie determinada de *ruido* que forman con la voz una o muchas personas. Cuando decimos que se oye *ruido* en la calle, no explicamos por medio de esa voz la especie de *ruido*, ni el agente que lo causa: puede ser un caballo, un carro, un cuerpo que cae en tierra, etcétera; pero si decimos que hay *bulla* en la calle, damos a entender que el *ruido* que se oye es causado por la gente que habla o grita en ella' (L).

bullanga *nombre femenino*
1 asonada
alboroto*
tumulto
rebullicio
motín

bullicio *nombre masculino*
1 bulla*
rebullicio
ruido
algarabía
alboroto*

bullicioso, -sa *adjetivo*
1 ruidoso
estrepitoso
2 inquieto
desasosegado
revoltoso
3 sedicioso
alborotador
agitador

bullir *verbo intransitivo/pronominal*
1 hervir
burbujear
Tratándose de líquidos.
2 moverse
agitarse
hormiguear
gusanear
pulular
ANTO aquietarse
pararse
Tratándose de multitud de personas o animales.

bulo *nombre masculino*
1 mentira*
bola*
embuste
ANTO verdad

bulto *nombre masculino*
1 volumen
tamaño
cuerpo
mole
2 fardo
paca
bala
lío

buque *nombre masculino*
1 barco
vapor

navío
embarcación*
nave
bajel

burbuja *nombre femenino*
1 pompa
campanilla
gorgorita
ampolla
Cuando la *burbuja* es grande, se usa *pompa.*

burbujear *verbo intransitivo/pronominal*
1 bullir
hervir

burdel *nombre masculino*
1 prostíbulo
lupanar
casa de citas

burdo, -da *adjetivo*
1 tosco
grosero
basto

burguesía *nombre femenino*
1 mesocracia
clase media
Suele distinguirse entre la *grande* y la *pequeña burguesía,* según su mayor o menor caudal.

buril *nombre masculino*
1 punzón

burla *nombre femenino*
1 mofa
pitorreo
rechifla
sarcasmo
befa
escarnio
ludibrio
Los tres primeros sinónimos forman una serie intensiva. *Sarcasmo* es burla sangrienta o ironía fuertemente mordaz; *befa, escarnio* y *ludibrio* son afrentosos.
2 zumba
vaya
chunga
cantaleta
chanza
broma
guasa
cuchufleta
chirigota
chafaldita

Cuchufleta, chirigota y *chafaldita* significan dicho o palabras en broma inofensiva; los otros se refieren generalmente a burlas festivas y ligeras.
3 engaño
fraude
ANTO veras
verdad

burlar *verbo intransitivo/pronominal*
1 chasquear
desairar
engañar
frustrar
verbo pronominal
2 reírse
mofarse
chancearse
quedarse con uno
tomar el pelo
echar a chacota
poner en ridículo
dejar en ridículo

burlesco, -ca *adjetivo*
1 festivo
jocoso
chancero
chistoso
ANTO serio
grave

burlón, -ona *adjetivo/nombre*
1 guasón
zumbón
bromista
chancero
socarrón
adjetivo
2 irónico
punzante
ático
cáustico
mordaz

burrada *nombre femenino*
1 necedad
dislate
disparate
tontería
desatino

burrajear *verbo transitivo*
1 borrajear
borronear
emborronar

burro *nombre masculino*
1 asno
borrico
rucio

jumento
2 corto
  rudo
  torpe
  necio
  ignorante
  ANTO listo

no apearse del burro
locución
  mantenerse en sus trece
  no dar el brazo a torcer
  obstinarse
  cerrarse en banda
  no cejar
  insistir
  aferrarse

burujo *nombre masculino*
1 bodoque
  borujo
  gorullo
  gurullo

bus *nombre masculino*
1 conductor común
  enlace común

buscapiés *nombre masculino*
1 carretilla
  rapapiés

buscar *verbo*
transitivo/pronominal
1 inquirir
  averiguar
  indagar
  investigar
  pesquisar
  andar a caza de
  ir al encuentro
  dar tras uno
  hacerse el encontradizo
  rebuscar
  ANTO desistir
        abandonar

En general, *buscar* se aplica concretamente a personas o cosas: *buscamos* un objeto perdido; *buscamos* a una persona en un lugar. Los siguientes sinónimos se refieren a investigaciones, asuntos, negocios de alguna complejidad: se *inquiere, indaga, averigua* o *investiga* el paradero de alguien, o la fortuna que posee; pero el perro *busca* la caza. *Pesquisar* es hoy anticuado, y se aplica sólo a lo judicial y policíaco. *Rebuscar* es inten-

sivo o reiterativo de *buscar*: se *busca* un libro en el armario; pero *rebuscarlo* supone una *busca* minuciosa y repetida.

busilis *nombre masculino*
1 dificultad
  toque
  quid

búsqueda *nombre femenino*
1 pesquisa
  investigación
  averiguación
  indagación

butrino *nombre masculino*
1 buitrón
  butrón
  carriego

butrón *nombre masculino*
1 buitrón
  butrino
  carriego

buyo *nombre masculino*
1 betel

buzamiento *nombre masculino*
1 echado

a b c d e f g h i j k l m n ñ o p q r s t u v w x y z

ca *interjección*
1 quia

cabal *adjetivo*
1 ajustado
completo*
acabado
exacto*
entero
íntegro
justo
ANTO incompleto
informal
deshonrado

cábala *nombre femenino*
1 conjetura
suposición
pronóstico

En la acepción de *pronóstico* suele emplearse el plural *cábalas*.

cabalgadura *nombre femenino*
1 caballería
montura

cabalgamiento *nombre masculino*
1 hipermetría
encabalgamiento

cabalgar *verbo intransitivo/transitivo*
1 montar

caballa *nombre femenino*
1 escombro
sarda

caballar *adjetivo*
1 equino
hípico
ecuestre

A pesar de su equivalencia etimológica cada uno de estos adjetivos tiene aplicaciones particulares que a menudo se entrecruzan. *Caballar* es el de uso más general: *ganado, raza, feria, cría caballar*. *Equino* es culto y literario y por lo tanto se presta menos a sus aplicaciones más populares: se dice, por ejemplo, *raza equina*, pero es más raro *cría equina*. *Hípico* se refiere principalmente al arte de la equitación: *noticias hípicas* en los periódicos; *concurso hípico* si se trata de carreras de caballos, pero *concurso caballar* si hablamos de una exposición para premiar los mejores ejemplares. *Ecuestre* se refiere al caballero o a la orden de caballería: *orden ecuestre*; a los espectáculos en que intervienen caballos amaestrados: *circo ecuestre*; a las obras artísticas en que aparece un personaje a caballo: *retrato, estatua ecuestre*.

2 caballuno
equino

caballerete *nombre masculino*
1 (despectivo) presumido
gomoso
pisaverde
lechuguino
petimetre
currutaco
mozalbete

caballería *nombre femenino*
1 cabalgadura
montura

caballeriza *nombre femenino*
1 cuadra
establo

caballero *nombre masculino*
1 noble
hidalgo
2 señor*

Usado como vocativo o como sustantivo, generalmente, equivale a *señor*, aunque siempre sugiere mayor distinción. Compárese: *ha venido un caballero a preguntar por usted*, con *ha venido un señor*; *oiga, caballero*, con *oiga, señor*. Como tratamiento antepuesto a un nombre común o propio, se emplea sólo en ciertos casos bien determinados por la costumbre: *caballero alumno*, en las academias militares y navales; *caballero cadete*; *caballero legionario*, etc.

caballero, -ra *adjetivo*
1 jinete
montado

caballerosidad *nombre femenino*
1 nobleza
hidalguía
dignidad
pundonor
lealtad
generosidad
ANTO bellaquería
deslealtad

caballeroso, -sa *adjetivo*
1 noble
digno
leal
pundonoroso
generoso
espléndido
galante

caballeta *nombre femenino*
1 saltamontes

caballete *nombre masculino*
1 (de un tejado) lomera
mojinete
2 caballón
camella
camellón
3 asnilla

caballito del diablo *locución nominal*
1 libélula

caballitos *nombre masculino plural*
1 tiovivo

caballo *nombre masculino*
1 trotón
rocín
penco
jamelgo
jaco
corcel
bayo
ruano
percherón
palafrén

Despectivos: *rocín, penco, jamelgo* y *jaco. Corcel* es el caballo ligero, de mucha alzada, que servía para los torneos y batallas. Tiene este animal una extensísima sinonimla derivada del color, raza, talla, edad y usos a que se le destina; muchos de los sinónimos, tanto en América como en España, son de uso regional: *bayo, ruano, percherón, petiso,* etc.

a mata caballo *locución adverbial*
prestamente
de presto
prontamente
ligeramente
rápidamente
con brevedad
ANTO lentamente
pausadamente

caballón *nombre masculino*
1 caballete
camella
camellón

cabalmente *adverbio*
1 precisamente
justamente
perfectamente

cabaña *nombre femenino*
1 choza
barraca
rancho

cabe *participio*
1 cerca de
junto a
Cabe se usa hoy sólo en estilo elevado o arcaizante.

cabeceo *nombre masculino*
1 balanceo
Especialmente tratando de barcos y aviones.

cabecera *nombre femenino*
1 encabezamiento

cabello *nombre masculino*
1 pelo
cabellera
Pelo es común al hombre y a los animales. Se llama *cabello* al *pelo* de la cabeza humana. Por esto, aunque *pelo* puede usarse y se usa por *cabello,* como el género que comprende la especie, el empleo de *cabello,* se siente como más noble a causa de su su significado diferenciador.

cabestrear *verbo intransitivo*
1 ramalear

cabestrillo *nombre masculino*
1 (aparato) charpa

cabeza *nombre femenino*
1 testa (culto o irónico)
calabaza
calamorra
chola
coca
casco
Calabaza, calamorra, chola, coca y *casco* son familiares y jocosos.
2 inteligencia
talento
capacidad
juicio
seso
cerebro
cacumen
caletre
chirumen
Cacumen, caletre y *chirumen* son burlescos o familiares.
3 persona
individuo
4 jefe
superior
director
5 capital
Por ejemplo, *capital* de distrito, comarca, etc.
6 res
7 origen
principio
comienzo

metérsele en la cabeza *locución*
obstinarse
aferrase
porfiar
empeñarse
emperrarse
mantenerse en sus trece
no dar el brazo a torcer

sin levantar cabeza
con ahínco
con empeño
con tesón
con firmeza
con insistencia
de día y de noche
tenazmente
con tenacidad

cabezada *nombre femenino*
1 cabezazo
calabazada
calamorrada (familiar)
casquetazo

cabezal *nombre masculino*
1 almohada
larguero

cabezalero, -ra *nombre*
1 testamentario
albacea

cabezazo *nombre masculino*
1 cabezada

cabezo *nombre masculino*
1 cerro
montecillo
montículo
colina
alcor

cabezón, -ona *adjetivo*
1 cabezudo
macrocéfalo
2 cabezota
terco
obstinado

cabezota *nombre común*
1 cabezudo
cabezón
2 terco
testarudo
obstinado
tozudo

cabezudo[1] *nombre masculino*
1 mújol
múgil
capitón
lisa
liza
matajudío

cabezudo, -da[2] *adjetivo*
1 cabezón
  cabezota
2 terco
  tozudo
  contumaz

  En sentido figurado, *cabezudo* intensifica el valor despectivo de *terco, tozudo; contumaz.*

cabezuela *nombre femenino*
1 soma
  zoma

cabida *nombre femenino*
1 capacidad
  espacio
  aforo
2 extensión
  superficie

cabillo *nombre masculino*
1 rabillo
  pezón
  pedúnculo
  pedículo

  Son tecnicismos botánicos *pedúnculo* y *pedículo.*

cabina *nombre femenino*
1 locutorio
  camarote

  La del teléfono, *locutorio;* la de los barcos, *camarote.*

cabo *nombre masculino*
1 punta
  extremo
  extremidad
2 mango
3 fin
  final
4 promontorio
  lengua de tierra

  Promontorio, si es alto y escarpado; *lengua de tierra,* si es estrecho y largo.

5 cuerda

cabra

  estar como una cabra
  locución

  (familiar) estar desequilibrado
  ser un maniático
  estar chiflado
  estar guillado
  estar tocado
  estar ido
  estar loco
  estar mochales

cabrahígo *nombre masculino*
1 higuera silvestre

cabrero *nombre masculino*
1 pastor*

cabrestante *nombre masculino*
1 cabestrante
  argüe

cabrillear *verbo intransitivo*
1 rielar
  brillar
  resplandecer*
  centellear*

  Cabrillear y *rielar* se diferencian de *brillar* o *resplandecer* en que sugieren luz trémula. Por ejemplo, la luna *riela* en la superficie movediza de las aguas; las aguas *cabrillean* al reflejar su luz.

cabrio *nombre masculino*
1 contrapar

cabrío, -a *adjetivo*
1 cabruno
  caprino

  Tratándose del ganado de esta especie, se dice ganado *cabrío,* no *cabruno* ni *caprino.*

cabriola *nombre femenino*
1 pirueta
  brinco
  salto
  voltereta

cabrón *nombre masculino*
1 igüedo
  buco
  macho cabrío
  cegajo
  chivo
  chivato

  Macho cabrío, muy usado por ser malsonante la palabra *cabrón.* El de dos años, *cegajo;* el que no mama y no ha llegado a la edad de procrear, *chivo;* el que tiene más de seis meses y no llega al año, *chivato.*

cabruno, -na *adjetivo*
1 caprino
  cabrío

cabuya *nombre femenino*
1 cuerda

cacahual *nombre masculino*
1 cacaotal

cacahuet *nombre masculino*
1 maní

cacahuete
cacahué
cacahuey

cacao *nombre masculino*
1 teobroma

cacaotal *nombre masculino*
1 cacahual

cacería *nombre femenino*
1 partida de caza

cachada *nombre femenino*
1 coca
2 cornada
  cachazo

cachava *nombre femenino*
1 cayado
  palo*

cachaza *nombre femenino*
1 calma
  flema
  lentitud
  asadura
  pachorra
  apatía

cachazo *nombre masculino*
1 cachada
  cornada

cachazudo, -da *adjetivo*
1 lento
  calmoso
  tardo
  apático
  flemático
  ANTO diligente
  rápido

cachemir *nombre masculino*
1 cachemira
  casimir

cachet *nombre masculino*
1 (galicismo) sello

  Cachet es un galicismo por *sello* medicinal.

cachetada *nombre femenino*
1 bofetada

cachetero *nombre masculino*
1 puntilla
2 puntillero

cachicamo *nombre masculino*
1 armadillo

cachifollar *verbo transitivo*
1 (familiar) escachifollar
  deslucir
  estropear

cachillada *nombre femenino*
1 cría
lechigada
camada
nidada

Tratándose de aves o insectos, *nidada*; de lobos, *camada*.

cachipolla *nombre femenino*
1 efímera

cachiporra *nombre femenino*
1 porra

cachivache *nombre masculino*
1 (despectivo) trasto
trebejos
bártulos
enseres

cacho[1] *nombre masculino*
1 (familiar) pedazo*
trozo
porción
fragmento

cacho[2] *nombre masculino*
1 asta
cuerno

cachondo, -da *adjetivo*
1 lujurioso
libidinoso
salido

cachorrillo *nombre masculino*
1 pistolete

caco *nombre masculino*
1 ladrón
ratero
sacre

cacomiztle *nombre masculino*
1 basáride

cacumen *nombre masculino*
1 (familiar) agudeza
perspicacia
penetración
ingenio
talento
caletre
mollera

cada[1] *nombre masculino*
1 enebro

cada[2] *adjetivo*
1 todo

Sirve para referir, uno por uno, o grupo por grupo, a todos los individuos de una colectividad lo que se dice del conjunto. Entre *cada día se levanta a las siete* y *todos los días se levanta a las siete* no hay diferencia lógica; pero *cada día* insiste en la singularidad repetida, en tanto que *todos los días* se formula como una regla o práctica general.

'*Cada uno* se aplica a un número limitado de individuos; *cada cual* a la generalidad de individuos de la misma especie. Me someto al dictamen de *cada uno* de los presentes. En materias de gusto *cada cual* tiene el suyo' (M).

cada y cuando *locución conjuntiva*
siempre que

cadalso *nombre masculino*
1 patíbulo
horca
suplicio

cadarzo *nombre masculino*
1 atanquía

cadáver *nombre masculino*
1 restos
restos mortales
difunto
muerto

Todos ellos, tratándose del cuerpo humano.

cadena *nombre femenino*
1 serie
sarta
enlace
sucesión
continuación
2 sujeción
dependencia
esclavitud
3 encadenado

cadencia *nombre femenino*
1 ritmo
medida
acompasamiento
movimiento
ANTO disonancia
disconformidad

cadera *nombre femenino*
1 cuadril

cadillo *nombre masculino*
1 bardana menor

cado *nombre masculino*
1 madriguera
guarida*

cadozo *nombre masculino*
1 remolino
olla

caduco, -ca *adjetivo*
1 decrépito
viejo
precario
ANTO iniciado
potente
fuerte
juvenil

Precario se aplica a cosas, no a personas, de poca estabilidad o duración. Decimos, por ejemplo, salud, vida, economía, *precaria*.

'La *caducidad* indica decadencia, ruina próxima; la *decrepitud* anuncia destrucción, últimos efectos de una disolución gradual... *Caduco* se toma por frágil, que no tiene más que un tiempo, que se acerca a su fin... Hay vejez *caduca* y vejez *decrépita*. La *caducidad* es una vejez avanzada y achacosa que va a tocar en la *decrepitud*; ésta es una vejez extremada y, digámoslo así, agonizante, que conduce a la muerte o está cercana a ella...' (Ma).

2 perecedero
pasajero
transitorio
3 caedizo
ANTO perenne

Por ejemplo: árbol de hojas *caducas* o *caedizas*, a diferencia del de hojas *perennes*.

caer *verbo intransitivo/pronominal*
1 decaer
extinguirse
bajar
descender
perder el equilibrio
dar de bruces
venir a tierra
faltarle a uno el suelo
ANTO levantarse
erguirse
ascender
2 desaparecer
sucumbir
morir
perecer
3 sentar

Tratándose de vestidos, peinados, etc.

4 derrumbarse
desplomarse
ANTO levantar

Tratándose de edificios o cosas semejantes, ambos con valor intensivo.

cagaaceite *nombre masculino*
1 cagarrache
charla (pájaro)

cagachín *nombre masculino*
1 (insecto) cagarropa

cagado, -da *adjetivo*
1 (familiar) medroso
tímido
pusilánime
gallina
miedoso
cobarde

cagar *verbo intransitivo*
1 defecar
exonerar
evacuar el vientre
hacer de cuerpo
deponer
obrar

Todos ellos son formas eufemísticas.

verbo pronominal
2 acobardarse

cagarrache *nombre masculino*
1 cagaaceite

cagarropa *nombre masculino*
1 cagachín (insecto)

cagatinta, cagatintas *nombre masculino*
1 chupatintas
oficinista
escribiente

Cagatinta(s) y *chupatintas* son expresiones despectivas.

cagón *nombre masculino*
1 cotorro (pez)
2 aguaitacaimán (ave)

cagón, -ona *adjetivo/nombre*
1 medroso
cobarde
miedoso

caguayo *nombre masculino*
1 iguana (reptil)

cágüil *nombre masculino*
1 cáhuil

cáhuil *nombre masculino*
1 cágüil

caí *nombre masculino*
1 cay
capuchino

caída *nombre femenino*
1 descenso
declinación
decadencia*
derrumbe
desplome
baja*
bajada*

Descenso, declinación y *decadencia* son más abstractos. Predomina en ellos la idea de lentitud o gradación, a diferencia de lo súbito de la *caída* y de sus intensivos *derrumbe* y *desplome*; compárese el *descenso de las cotizaciones en la bolsa,* con *la caída de,* etcétera; *descenso* y *caída de un globo. Descenso* es literario; su equivalente popular es *bajada* y su intensivo *bajón:* como *bajada* y *bajón* (de precios). *Declinación, declive* y *decadencia* pertenecen al habla culta, y se usan casi exclusivamente en sentido metafórico; *la declinación de la tarde; decrepitud* es decadencia extrema.

2 falta
desliz
lapsus

caído *nombre masculino*
1 muerto (en la lucha)

caído, -da *adjetivo*
1 desfallecido
decaído
abatido
postrado
amilanado
rendido
ANTO firme
esforzado
animoso

caín *adjetivo/nombre común*
1 cainita
fratricida

cajiga *nombre femenino*
1 quejigo

cajigal *nombre masculino*
1 quejigal

cajuil *nombre masculino*
1 marañón

cala¹ *nombre femenino*
1 perforación
taladro
2 supositorio

cala² *nombre femenino*
1 ensenada

Especialmente si es pequeña.

calaba *nombre masculino*
1 calambuco
árbol de María

calabacear *verbo transitivo*
1 dar calabazas
reprobar
suspender (en exámenes)

calabacero *nombre masculino*
1 (árbol) jícaro

calabazada *nombre femenino*
1 cabezada
cabezazo
casquetazo
calamorrada

calabobos *nombre masculino*
1 llovizna
cernidillo
mollizna

calada *nombre femenino*
1 (vuelo) falsada

caladre *nombre femenino*
1 alondra
terrera
copetuda

calagurritano, -na *adjetivo/nombre*
1 calahorrano

calaíta *nombre femenino*
1 turquesa (piedra preciosa)

calamar *nombre masculino*
1 chipirón (en las costas cantábricas)

calambac *nombre masculino*
1 agáloco

calambre *nombre masculino*
1 rampa

calambuco *nombre masculino*
1 calaba
árbol de María

calamidad *nombre femenino*
1 desgracia
infortunio
azote
plaga

estrago
desastre
ANTO fortuna
dicha
victoria

calamillera *nombre femenino*
1 llares

calamina *nombre femenino*
1 caramilla
piedra calaminar

calamitoso, -sa *adjetivo*
1 desgraciado
desastroso
perjudicial
infortunado
funesto

cálamo *nombre masculino*
1 (poético) caña
2 pluma
cálamo aromático *locución nominal*
cálanis

calamocano *adjetivo*
1 (familiar) borracho*

calamorra *nombre femenino*
1 (familiar) cabeza

calamorrada *nombre femenino*
1 cabezada
cabezazo
calabazada
calamorrazo

calandrajo *nombre masculino*
1 gualdrapa
andrajo

calandria *nombre femenino*
1 gulloría

cálanis *nombre masculino*
1 cálamo aromático

calaña *nombre femenino*
1 estofa*
índole
calidad
naturaleza
jaez*

Calaña puede calificarse con los adjetivos *buena* o *mala*: ser de buena o mala *calaña*. Cuando no lleva calificativo es siempre despectivo: *va con gente de su calaña*.

calar *verbo transitivo*
1 mojar
empapar
2 penetrar

perforar
atravesar
3 adivinar
descubrir
conocer

calasancio, -cia *adjetivo/nombre*
1 escolapio

calavera *nombre masculino*
1 perdis
perdido
vicioso
tronera
mujeriego

calcáneo *nombre masculino*
1 zancajo
Calcáneo es nombre científico.

calcañal *nombre masculino*
1 carcañal
talón
calcaño
calcañar

calce *nombre masculino*
1 calzo
cuña

calceta *nombre femenino*
1 media

calcina *nombre femenino*
1 hormigón

calcita *nombre femenino*
1 espato calizo

calco *nombre masculino*
1 copia
reproducción
imitación

calculador *nombre masculino*
1 calculadora

calculadora *nombre femenino*
1 calculador

calcular *verbo transitivo*
1 contar
computar
2 conjeturar
suponer
deducir
creer

cálculo *nombre masculino*
1 cuenta
cómputo
Tratándose de operaciones aritméticas, *cuenta* y *cómputo*. Entre *cuenta* y *cálculo* se

percibe la diferencia de que la primera se aplica a operaciones relativamente sencillas, mientras que *cálculo* sugiere cifras elevadas, operaciones complicadas o impòrtantes. Se hace la *cuenta* del gasto diario; pero se hace el *cálculo* de la distancia entre dos astros.

'El *cómputo* es un *cálculo* en que entra la comparación de cantidades y el examen de las relaciones que hay entre unas y otras. El que averigua cuánto le producirán sus rentas en un año, hace un *cálculo*; el que compara sus rentas con sus gastos, hace un *cómputo*. *Cómputo*, por esta razón, se aplica frecuentemente al tiempo, esto es, a la correspondencia de los calendarios de diferentes naciones. Se dice el *cómputo*, y no el *cálculo*, Juliano. Buscar el año de la Héjira que corresponde a la era cristiana es hacer un *cómputo*' (M).

2 conjetura
suposición
3 piedra
mal de piedra
Mal de piedra es sinónimo del plural *cálculos*.
4 operación

caldas *nombre femenino plural*
1 termas
baños termales

calderón *nombre masculino*
1 suspensión
fermata

calé *nombre masculino*
1 gitano

caleidoscopio *nombre masculino*
1 calidoscopio

calendario *nombre masculino*
1 almanaque
Se usan indistintamente; pero predomina *calendario* cuando se cuelga en la pared y se van arrancando las hojas por días o por meses. *Almanaque* se usa con preferencia cuando tiene forma de libro, y contiene mayor número de noticias astronómicas, meteorológicas,

a b c d e f g h i j k l m n ñ o p q r s t u v w x y z

etc., que el de pared. El que predice el tiempo, los eclipses, etc., se llamaba *pronóstico* (hoy poco usado). Cuando significa el sistema de división del tiempo se dice *calendario,* y no *almanaque.* Hablamos de *calendario juliano, gregoriano,* etc.

calentar *verbo transitivo*
1 caldear

Tratándose del aire.

2 azotar
golpear
verbo pronominal
3 acalorarse
enfervorizarse
irritarse
enfadarse
sentir calor
asarse vivo
freírse de calor
ANTO enfriarse

calentura *nombre femenino*
1 fiebre
destemplanza

Si la *calentura* es ligera, úsase *destemplanza.*

calenturiento, -ta
adjetivo/nombre
1 febricitante
febril
calenturoso

caletre *nombre masculino*
1 cacumen
chirumen
pesquis
mollera
magín
tino
acierto
discernimiento
capacidad

Cacumen, chirumen, pesquis, mollera y *magín* tienen el carácter humorístico, familiar o irónico de *caletre.*

calicanto *nombre masculino*
1 mampostería

calidad *nombre femenino*
1 cualidad
calaña*
jaez*

'*Calidad* suele significar el conjunto de las *cualidades.* Cuando se dice que un caba-

llo es de buena *calidad,* se da a entender que posee todas las *cualidades* que constituyen el caballo bueno. Por esta razón llamamos *calidad,* y no *cualidad,* a la nobleza: mujer es de *calidad,* ha dicho Lope de Vega' (M).

cálido, -da *adjetivo*
1 caliente
caluroso
abrasador*

El adjetivo *cálido* es voz culta por su origen y empleo. Por esto se siente como más selecta y menos intensa; entre un clima *cálido* y un clima *caluroso* no hay más diferencia que la mayor distinción y menor intensidad del primer vocablo. A un orador puede premiársele con aplausos *cálidos* o *calurosos,* pero no *calientes,* porque *caliente* tiene un sentido más material y que se presta menos a las acepciones figuradas. En cambio, no se pediría agua *cálida* ni *calurosa* para afeitarse, sino *caliente.*

calidoscopio *nombre masculino*
1 caleidoscopio

calientapiés *nombre masculino*
1 calorífero

caliente *adjetivo*
1 abrasador*
ardiente

Abrasador y *ardiente* son más intensivos que *caliente.*

calificar *verbo*
transitivo/pronominal
1 cualificar
ANTO descalificar
desacreditar
desconceptuar

Cualificar es voz docta que sólo se usa en filosofía y en estilo elevado o pedante, lo mismo que *cualificado, cualificación, cualificativo.*

2 bautizar
llamar
tener por
tildar

'*Calificar* es señalar en una cosa una calidad; *caracterizar* es señalar en una cosa aque-

llas calidades que le son más peculiares y propias. El gusto, la afición, los hábitos, influyen en la *calificación;* el análisis y la observación *caracteriza*' (M).

calificativo *nombre masculino*
1 dictado
título
epíteto

En estilo elevado, *dictado, título,* especialmente cuando es por excelencia: *merecía el calificativo,* o *el dictado,* o *el título, de noble. Epíteto* es un *calificativo* que expresa una relación artística, vista y sentida por el escritor con relieve particular.

calígine *nombre femenino*
1 niebla*
calima
calima
fosca
ANTO diafanidad

caliginoso, -sa *adjetivo*
1 denso
oscuro
brumoso
calinoso
calimoso
nebuloso
2 bochornoso
abochornado

Hablando de la atmósfera o del tiempo.

calima *nombre femenino*
1 calígine
fosca
niebla*

calimba *nombre femenino*
1 carimba

calina *nombre femenino*
1 niebla*
calígine
calima
fosca

caliza *nombre femenino*
1 piedra de cal

caliza lenta *locución nominal*
dolomía

callado, -da *adjetivo*
1 silencioso
discreto
taciturno
reservado

tácito
ANTO locuaz

El hombre *reservado* lo es deliberadamente. *Silencioso* puede aplicarse a cosas: un lugar *silencioso*. *Tácito* no se aplica a personas, sino a pensamientos, ideas, etc., que no se traducen en palabras, y en este sentido equivale a *callado*, pero no a los demás adjetivos que aquí se enumeran. En una oración gramatical pueden sobreentenderse algunas voces *calladas, tácitas,* u *omitidas.*

callar *verbo intransitivo*
1 enmudecer
  poner punto en boca
  sellar el labio
  ANTO hablar
verbo transitivo
2 silenciar
  reservar
  sigilar
  pasar por alto
  pasar en silencio
  omitir
  guardar para sí
  correr la cortina
  ser un sepulcro
  dejar en el tintero

calle *nombre femenino*
1 vía
  carrera
  rúa

Cuando se habla de la *calle* en abstracto, *vía*: *las vías más céntricas de la ciudad* (comprende calles, plazas, etc.); especialmente en lenguaje administrativo, *vía pública*: *prohibida la mendicidad en la vía pública.* Cuando se antepone al nombre específico se usa generalmente *calle,* y sólo en algún caso particular *vía* (*Vía Layetana,* de Barcelona). *Rúa* se usa todavía en algunas ciudades del norte de España: *rúa Mayor. Carrera* es hoy poco frecuente, y significa *calle* que en otro tiempo fue camino (la *Carrera de San Jerónimo,* en Madrid).

pasear la calle *locución*
aguardar
esperar
estar de plantón
sostener la esquina

rondar la calle
festejar
cortejar
galantear
hacer la corte
tirar los tejos
poner los ojos tiernos
ligar (familiar)

callejear *verbo intransitivo*
1 pindonguear
  pendonear

Ambos despectivos.

callista *nombre común*
1 pedicuro

callo *nombre masculino*
1 dureza
  endurecimiento
  ojo de gallo
  ojo de pollo
  ⇒ callos

callos *nombre masculino plural*
1 doblón de vaca
  ⇒ callo

calma *nombre femenino*
1 bonanza

'En el lenguaje náutico, *calma* es la falta absoluta de viento; *bonanza* es un tiempo sereno y tranquilo. Un buque (de vela) puede navegar en *bonanza,* pero no en *calma*[1] (M).

2 paz
  tranquilidad
  sosiego
  reposo*
  serenidad
  ANTO intranquilidad
3 apatía
  lentitud
  cachaza
  pachorra
  flema
  ANTO rapidez

calmante *adjetivo*
1 sedante
  sedativo
  paliativo
  analgésico
  narcótico
  tranquilizante

calmar *verbo*
transitivo/pronominal
1 tranquilizar
  sosegar
  adormecer
  apaciguar

mitigar
moderar
paliar
suavizar
aplacar*
ANTO intranquilizar
    destemplar

Moderar, paliar, suavizar y *aplacar,* tratándose de un dolor físico o moral.

verbo intransitivo
2 caer
  abonanzar
  mejorar
  serenarse

Hablando del viento, *caer*; de una perturbación atmosférica en general, el resto de sinónimos.

calmoso, -sa *adjetivo*
1 apático
  indolente
  tardo
  lento
  cachazudo
  flemático
  ANTO rápido
    activo
    nervioso

Tratándose de personas.

caló *nombre masculino*
1 argot*
  chula
  chulapa
  jerga
  jerigonza
  germanía

calofrío *nombre masculino*
1 calosfrío
  escalofrío

calología *nombre femenino*
1 estética

calor *nombre masculino*
1 calórico
  ANTO frío
2 ardor
  ardimiento
  actividad
  fervor
  viveza
  entusiasmo
  energía
3 favor
  buena acogida

calorífero *nombre masculino*
1 calientapiés
2 radiador

a
b
c
d
e
f
g
h
i
j
k
l
m
n
ñ
o
p
q
r
s
t
u
v
w
x
y
z

caloyo *nombre masculino*
1 (humorístico) quinto
  recluta

calumnia *nombre femenino*
1 impostura
  imputación
  difamación
  falsa acusación
  ANTO verdad
    honra

'Calumnia, impostura. La impostura representa indeterminadamente la idea común a estas dos voces, que es la de imputar con malicia. La calumnia la representa determinadamente, contrayéndola a la imputación que tiene por objeto el daño del honor o de la reputación; y así no recae nunca sobre defectos ligeros, o sobre imperfecciones que sólo hieren al amor propio, como puede recaer la impostura que, abrazando toda la idea de una atribución falsa, no sólo recae sobre los defectos ajenos, graves o leves, sino también sobre las perfecciones o ventajas propias. Asegurar maliciosamente que es ladrón un hombre honrado, es una impostura, porque se le atribuye una cosa falsa, y es una calumnia, porque en ello se quiere perjudicar su honor y su reputación. Atribuir falsamente a una dama el descuido de su aliño o algún defecto en su hermosura; ostentar riquezas o cualidades que no se tienen, šon imposturas, no calumnias' (LH).

calumniador, -ra
  adjetivo/nombre
1 deshonrabuenos
  impostor
  difamador
  infamador

caluroso, -sa *adjetivo*
1 acalorado
  vivo
  ardiente
  abrasador*
  cálido*
  ⇒ cálido

Una discusión *calurosa* puede tomarse en buena o en mala parte, y ser producida por el interés objetivo que suscita

el asunto; en una discusión *acalorada* interviene la pasión desbordada u hostil. Por esto halaga una acogida *calurosa,* y nos lastima si es *acalorada.*

'Caluroso indica un estado o condición permanente; *acalorado,* un estado o situación accidental y transitoria. Está *acalorado* el hombre que corre o se agita, especialmente si lo hace en un clima *caluroso.* La atmósfera es *calurosa* en verano. Casi siempre entra la pasión en las disputas *acaloradas'* (M).

calva *nombre femenino*
1 calvicie

calvario *nombre masculino*
1 gólgota
2 vía Crucis
3 martirio
  sufrimiento prolongado
  penalidades
  amarguras

calvicie *nombre femenino*
1 calva
2 epilosis
  alopecia
  acomia

calvinista *adjetivo/nombre común*
1 hugonote

  Hugonote es el *calvinista* francés.

calvo, -va *adjetivo/nombre*
1 glabro
  pelón (familiar)
  pelado (familiar)

calzo *nombre masculino*
1 calce
  calza

calzonazos *nombre masculino*
1 bragazas

cama¹ *nombre femenino*
1 lecho
  tálamo
  litera
  yacija (despectivo)
  camastro (despectivo)

  Tálamo es el *lecho* conyugal; *litera* es la *cama* fija en el camarote de los barcos.

saltar de la cama *locución*
  levantarse
  abandonar el lecho

cama² *nombre femenino*
1 camba

  En el freno de las caballerías.

2 degolladura

  En el arado.

camada *nombre femenino*
1 cría
  cachillada
  lechigada

  Camada se aplica preferentemente a los lobos.

2 hilada
  lecho

camaldulense *adjetivo/nombre común*
1 camandulense

camama *nombre femenino*
1 (familiar) embuste
  falsedad
  fraude
  engañifa
  ANTO verdad
    seriedad
    realidad

camamila *nombre femenino*
1 manzanilla (planta)
  camomila

camándula *nombre femenino*
1 (familiar) marrullería
  astucia
  trastienda
  fingimiento
  hipocresía
  disimulo
  ANTO inocencia
    ingenuidad
    sinceridad

camandulense *adjetivo/nombre común*
1 camaldulense

camandulería *nombre femenino*
1 gazmoñería
  mojigatería

camandulero, -ra *adjetivo*
1 (familiar) marrullero
  hipócrita
  embustero
  camastrón
  disimulado
  taimado

cámara *nombre femenino*
1 sala
  salón

habitación
aposento

Cámara puede designar también cualquier *habitación* o *aposento* que adquiere circunstancialmente importancia o solemnidad especial.

2 granero
cilla
cillero
3 parlamento
cortes
4 antro
ventrículo
cavidad

Cuando se trata de un espacio cerrado, *antro*, y *ventrículo* tratándose de un espacio abierto.

camarada *nombre común* •
1 compañero*
amigo
colega
igual
ANTO enemigo
desigual

camaranchón *nombre masculino*
1 desván
sotabanco
bohardilla
guardilla

camarilla *nombre femenino*
1 conciliábulo*
conventículo

cámaro, camarón *nombre masculino*
1 esquila
quisquilla

camarroya *nombre femenino*
1 achicoria silvestre

camastrón, -ona *adjetivo/nombre*
1 disimulado
taimado
camandulero
marrullero
hipócrita

cámbaro *nombre masculino*
1 cangrejo de mar

cambiable *adjetivo*
1 mutable
mudable
variable

cambiante *nombre masculino*
1 cambista

cambiar *verbo transitivo/pronominal*
1 trocar
permutar
conmutar*
canjear (diplomacia, ejército, comercio)
2 mudar
variar
transformar
alterar
metamorfosear
transmutar
convertir
modificar
transfigurar
trasladar
ANTO permanecer
ratificar
emplazar

Transformar, alterar, metamorfosear, transmutar y *convertir* se refieren a un cambio de la esencia y de la forma; *modificar*, a un cambio en los accidentes, disposición o forma; *transfigurar*, a un cambio en la apariencia; *trasladar*, a un cambio de lugar.

3 liar los bártulos
cambiar la casaca
pasar de un extremo a otro

cambio *nombre masculino*
1 alteración
mudanza
variación
mutación
traslado
metamorfosis*
⇒ cambiar

Mutación, en el teatro y en el estado atmosférico; si se trata de un cambio de domicilio, *mudanza*; cambio de lugar, *traslado*.

2 vuelta
canje
⇒ cambiar

Tratándose de dinero, *vuelta*; en la banca, *canje*.

3 cotización (en la Bolsa)
⇒ cambiar

4 trueque
canje
permuta
⇒ cambiar

Trueque es voz familiar o rústica. En la diplomacia o el ejército, *canje*: de notas, de prisioneros. *Permuta* es voz jurídica o administrativa (*permuta* de bienes, de destinos entre funcionarios).

cambista *nombre común*
1 cambiante
banquero

Cambiante se refiere a la persona que cambia dinero en los mercados; en establecimientos de cambio, *cambista* o *banquero*.

cambrón *nombre masculino*
1 espino cerval
2 zarza

cambronera *nombre femenino*
1 arto

camedrío, camedris *nombre masculino*
1 carrasquilla

camelar *verbo transitivo*
1 (caló) galantear
requebrar
2 seducir
engañar

camelo *nombre masculino*
1 chasco
burla
engaño

camérula *nombre femenino*
1 celdilla
célula

camilo *adjetivo/nombre masculino*
1 (religioso) agonizante

caminante *adjetivo/nombre común*
1 viandante
andador*
transeúnte*
nombre masculino
2 espolique

caminar *verbo intransitivo*
1 andar*
marchar
verbo transitivo
2 recorrer

camino *nombre masculino*
1 vía
senda*
sendero

Senda y *sendero* cuando el camino es estrecho.

a b c d e f g h i j k l m n ñ o p q r s t u v w x y z

2 manera
medio
modo
procedimiento
3 viaje

camino de Santiago
locución nominal
vía Láctea

camomilla *nombre femenino*
1 manzanilla
camamila

camorra *nombre femenino*
1 riña
pendencia
pelotera
marimorena
bronca

camorrista *adjetivo/nombre*
común
1 camorrero
pendenciero
reñidor

campanario *nombre masculino*
1 campanil

campaniforme *adjetivo*
1 acampanado

campanilla *nombre femenino*
1 gallillo
úvula
galillo
2 burbuja
gorgorita
ampolla
de campanillas *locución*
adjetiva
importante
valioso
sustancial
considerable
interesante

campano *nombre masculino*
1 cencerro
esquila

campante *adjetivo*
1 (familiar) ufano
satisfecho
contento
alegre

campanudo, -da *adjetivo*
1 altisonante
rimbombante
retumbante
hinchado

campánula *nombre femenino*
1 farolillo
besico de monja

campaña
tienda de campaña *locución*
nominal
⇒ tienda

campechano, -na *adjetivo*
1 franco
llano
sencillo
alegre
abierto

campeón *nombre masculino*
1 vencedor
2 paladín
defensor
sostenedor

campesino, -na *adjetivo*
1 campestre
campal
rural
rústico
rustical
rusticano
ANTO ciudadano
culto
refinado

*Campal es de aplicación limi-
tada a batalla, lid, etc. Rural y
rústico pueden referirse al
campo en general, o más frecuentemente al campo cultivado y a las labores que en él
se realizan. Rustical es de uso
literario. Rusticano se emplea
sólo para calificar algunas
plantas, con significado de silvestre: rábano rusticano.*

nombre
2 labrador
aldeano
lugareño
destripaterrones
rústico
paleto
ANTO ciudadano
culto
refinado

*Destripaterrones, rústico y pa-
leto son despectivos.*

campestre *adjetivo*
1 campesino
agreste
silvestre

camping *nombre masculino*
1 (anglicismo) acampada
acampamiento*

campiña *nombre femenino*
1 campo
campaña

campo *nombre masculino*
1 campiña
sembrados
cultivos
2 área
zona
espacio
3 estadio
cancha
terreno de juego

*Estadio se usa en atletismo y
fútbol; cancha principalmente
en el balonmano y en la pelota vasca.*

camposanto *nombre masculino*
1 campo santo
cementerio
necrópolis

camuflar *verbo transitivo*
1 (galicismo) disfrazar
enmascarar
disimular
encubrir

camuseo *adjetivo/nombre*
1 necio
ignorante
tarugo
alcornoque
bodoque
leño

can *nombre masculino*
1 perro
chucho (familiar)
2 canecillo
modillón

cana
peinar canas *locución*
ser anciano
comer el pan de los niños
ser viejo
caerse de maduro
andar con la barba por el
suelo

canadillo *nombre masculino*
1 belcho
hierba de las coyunturas
uva marina

canal *nombre masculino*
1 estrecho
2 caño
canalón
conducto
reguera
canalizo
cauce
3 estría
4 delantera (en los libros)

canaleta *nombre femenino*
1 canalete
  canaleja

canalete *nombre masculino*
1 canaleta
  canaleja

canaleto *nombre masculino*
1 mediacaña

canalla *nombre femenino*
1 gentuza
  marranalla
  adjetivo/nombre común
2 ruin
  bribón
  vil
  pillo
  sinvergüenza

canana *nombre femenino*
1 cartuchera

canasta *nombre femenino*
1 canasto
  banasta
  cesta
  cesto .
2 cesta
  En el baloncesto.
3 básquet (anglicismo)
  enceste
  cesta

cancamusa *nombre femenino*
1 (familiar) candonga
  recancamusa
  engañifa

cancelar *verbo transitivo*
1 liquidar
  cumplir
  ANTO incumplir
2 abolir*
  anular
  borrar de la memoria
  ANTO promulgar
3 saldar
  extinguir
  Tratándose de una deuda.

cancelario *nombre masculino*
1 maestrescuela

cancerar *verbo transitivo*
1 mortificar
  castigar
  reprender

cancerígeno, -na *adjetivo*
1 canceroso

cancerología *nombre femenino*
1 oncología

cancerológico, -ca *adjetivo*
1 oncológico

canceroso, -sa *adjetivo*
1 cancerígeno

cancha *nombre femenino*
1 estadio
  campo*
  pista

canciller *nombre masculino*
1 chanciller

candeal *adjetivo/nombre*
1 albarejo
  albarico
  candial
  ceburro
  mijo ceburro

candela *nombre femenino*
1 lumbre (fuego)

candelecho *nombre masculino*
1 bienteveo

candente *adjetivo*
1 incandescente
  rusiente
  ígneo

candidato, -ta *nombre*
1 aspirante
  solicitante
  pretendiente

candidez *nombre femenino*
1 candor
  sencillez
  inocencia
  ingenuidad*
  ANTO malicia
    picardía

Candor, sencillez e *inocencia*
están, pues, muy próximos
entre sí; *candidez* se acerca a
la *simplicidad. Ingenuidad* puede inclinarse a uno u otro matiz según el contexto. Decimos: *tiene la ingenuidad de un
santo; cometí la ingenuidad de
prestarle dinero.*

'Aunque *candor* y *candidez*
representan la misma idea,
tanto en el sentido recto como
en el figurado, el uso común
atribuye al primero, en sentido
figurado, la idea de suma pureza, y al segundo la demasiada sencillez o bobería. Así decimos: conserva el *candor* de
la niñez; tuvo la *candidez* de
creer cuanto se le dijo' (M).

cándido, -da *adjetivo*
1 blanco*
  albo
  ANTO negro
2 sencillo
  candoroso
  sincero
  de buena fe
  ingenuo
  incauto
  simple
  Aunque el matiz significativo
  de cada uno de los sinónimos
  depende de la situación y el
  contexto, pueden señalarse
  entre ellos dos líneas principa-
  les. *Sencillo, candoroso* y *sincero* subrayan la pureza de intención. Cuando esta pureza
  de intención resulta dañina, y
  linda más o menos con la tontería, decimos *de buena fe, ingenuo, incauto, simple,* en
  gradación ascendente.

candonga *nombre femenino*
1 cancamusa
  recancamusa
  engañifa
  chasco

candor *nombre masculino*
1 candidez
  sencillez
  inocencia
  ingenuidad*
  simplicidad
  ANTO malicia
    suciedad
    picardía

candoroso, -sa *adjetivo*
1 cándido*
  sencillo
  sincero*
  de buena fe
  ingenuo
  incauto
  simple

canelillo *nombre masculino*
1 canelilla
  copalillo

canelo *nombre masculino*
1 árbol de la canela
  canelero

canelón *nombre masculino*
1 canalón
2 calamoco
  carámbano
  pinganello
  candelizo
  cerrión

a b c d e f g h i j k l m n ñ o p q r s t u v w x y z

cangilón *nombre masculino*
1 arcaduz

cangrena *nombre femenino*
1 necrosis
  gangrena

cangrenarse *verbo pronominal*
1 gangrenarse

canguelo *nombre masculino*
1 (vulgar) miedo
  medrana
  jindama

  Por su carácter vulgar o jergal, *canguelo* viene a coincidir con *medrana* y *jindama*.

cania *nombre femenino*
1 ortiga moheña

caníbal *adjetivo/nombre común*
1 antropófago
2 cruel
  feroz
  sanguinario

canibalismo *nombre masculino*
1 antropofagia
2 ferocidad
  crueldad

canicie *nombre femenino*
1 poliosis

canijo, -ja *adjetivo*
1 encanijado
  débil
  enclenque
  enteco
  enfermizo
  ANTO robusto
    sano
    fuerte

canillera *nombre femenino*
1 espinillera

canino[1] *nombre masculino*
1 colmillo
  diente columelar

canino, -na[2] *adjetivo*
1 perruno

canje *nombre masculino*
1 cambio*
  trueque
  permuta
  vuelta

  En el comercio, *vuelta* o cantidad sobrante que se devuelve al comprador.

canjear *verbo transitivo*
1 cambiar

trocar
permutar

cannabis *nombre masculino*
1 marijuana
  marihuana
  hierba (vulgar)
  grifa (vulgar)
  kif
  chocolate (vulgar)

canódromo *nombre masculino*
1 cinódromo

canon *nombre masculino*
1 regla
  norma
  precepto
2 censo
3 arriendo

cánones *nombre masculino plural*
1 derecho canónico
  ⇒ canon

canonicato *nombre masculino*
1 canonjía

canonjía *nombre femenino*
1 canonicato

canoro, -ra *adjetivo*
1 melodioso
  sonoro

canotaje *nombre masculino*
1 piragüismo

cansancio *nombre masculino*
1 fatiga
  lasitud
  reventón
  agotamiento
  ANTO viveza
    aliento
    fortaleza

  'El *cansancio* es el abatimiento de las fuerzas físicas y morales. La *fatiga* añade a esta idea la de violencia y esfuerzo. *Lasitud* es la inmovilidad, la relajación nerviosa y muscular que proviene del *cansancio* y de la *fatiga*. Un hombre que se *cansa de* andar siente *fatiga* al subir una cuesta, y no será extraño que de sus resultados caiga en un estado de *lasitud*' (M). 'El *cansancio* es la pérdida de fuerzas por el trabajo excesivo; la *fatiga* es el *cansancio* que se manifiesta por sus efectos. Cuando a un hombre le falta el aliento y respira

con dificultad, tiene *fatiga*. Esta es un efecto visible del *cansancio*, y como se habla del efecto que se ve, y no de la causa que lo produce, decimos que respira, que camina con *fatiga*, y no que camina o respira con *cansancio*' (LH).

  Reventón es intensivo, y está producido por un trabajo físico muy duro; *agotamiento* puede sugerir un estado de depauperación que se produce lentamente en el organismo, o ser consecuencia de un gran esfuerzo.

2 hastío
  fastidio
  aburrimiento
  tedio

cansar *verbo transitivo/pronominal*
1 fatigar
  agotar
  fastidiar
  hastiar
  aburrir*
  hartar
  molestar
  enfadar
  incomodar
  importunar
  tener los huesos molidos
  no poder más
  estar hasta el cogote
  ANTO avivar

  Los sinónimos pueden agruparse en dos direcciones generales: en su acepción recta, *fatigar, agotar*; en su acepción figurada, todos los demás.

cansera *nombre femenino*
1 moledera
  molestia
  importunación

cansino, -na *adjetivo*
1 lento
  perezoso

cantaleta *nombre femenino*
1 burla*
  chanza
  vaya
  zumba
  chunga
  guasa

cántamo *nombre masculino*
1 armella
  abrazadera

cantar *nombre masculino*
1 copla
  canción

cantárida *nombre femenino*
1 mosca de España
  abadejo

cantera *nombre femenino*
1 pedrera

cantero *nombre masculino*
1 pedrero
  picapedrero

cantidad *nombre femenino*
1 cuantidad
  cuantía

  Cuantidad es forma culta usada en filosofía y a veces en matemáticas. *Cuantía* se emplea como equivalente a *cantidad* en su significación concreta: hablamos, por ejemplo, de la *cuantía* de un presupuesto. Suele tener además cierto sentido ponderativo, como la *cuantía* de la cosecha.

  en cantidad *locución adverbial* (familiar)
  en abundancia
  abundantemente
  copiosamente
  profusamente
  a porrillo

cantizal *nombre masculino*
1 cantal
  cantorral

canto *nombre masculino*
1 orilla*
  borde
  margen
  esquina
2 piedra
  pedrusco
  guijarro
3 canción

cantón *nombre masculino*
1 esquina
  cantonada
2 acantonamiento
  Tratándose de tropas.

cantonada *nombre femenino*
1 esquina
  cantón
2 esquinazo

caña *nombre femenino*
1 tallo*

tronco
troncho
Caña es el tallo de las gramináceas.

cañacoro *nombre masculino*
1 caña de India

cañada *nombre femenino*
1 colada
  cordel
  La *colada* y el *cordel* son también vías de paso del ganado, pero más estrechas que la *cañada*.

cañaduz *nombre femenino*
1 caña de azúcar

cañaheja *nombre femenino*
1 férula
  cañaherla

cañal *nombre masculino*
1 cañaveral
  cañar

cañamiza *nombre femenino*
1 agramiza

cañarroya *nombre femenino*
1 parietaria
  albahaquilla de río

cañavera *nombre femenino*
1 carrizo
  caneta
  cisca

cañaveral *nombre masculino*
1 cañal
  cañar
  cañedo
  cañizal
  cañizar

cañería *nombre femenino*
1 tubería

cañí *adjetivo/nombre común*
1 gitano
  agitanado

cañizal, cañizar *nombre masculino*
1 cañaveral

cañonazo *nombre masculino*
1 leñazo
  trallazo
  Usados principalmente en el fútbol y balonmano.

cañonera *nombre femenino*
1 tronera

cañonería *nombre femenino*
1 cañutería (de un órgano)

cañota *nombre femenino*
1 millaca

cañutería *nombre femenino*
1 cañonería

cañutero *nombre masculino*
1 alfiletero

cañutillo *nombre masculino*
1 canutillo

cañuto *nombre masculino*
1 canuto

caoba *nombre femenino*
1 caobana

caobana *nombre femenino*
1 caoba

caos *nombre masculino*
1 confusión
  desorden
  ANTO orden
    claridad
    coherencia
    disciplina

caótico, -ca *adjetivo*
1 confuso
  desordenado
  desarreglado

capa *nombre femenino*
1 pretexto
  máscara
  velo
  excusa
2 encubridor
3 baño
  mano
4 tanda
  tonga
  tongada
5 estrato
6 pelo
  pelaje
  Tratándose del color del caballo y otros animales.
7 membrana
  hoja

capacidad *nombre femenino*
1 cabida
2 aptitud
  idoneidad
  inteligencia
  talento*
  suficiencia
  competencia
  ANTO incapacidad
3 posibilidad

a
b
c
d
e
f
g
h
i
j
k
l
m
n
ñ
o
p
q
r
s
t
u
v
w
x
y
z

capador, -ra *nombre*
1 castrador

capadura *nombre femenino*
1 castradura
  emasculación

capar *verbo transitivo*
1 castrar
2 disminuir
  cercenar

caparazón *nombre masculino*
1 telliz
2 concha

caparra *nombre femenino*
1 garrapata

caparrosa *nombre femenino*
1 alcaparrosa
  aceche

capataz, -za *nombre*
1 aperador
  mayoral
  En las haciendas de campo.

capaz *adjetivo*
1 espacioso
  extenso
  vasto
  grande
2 apto*
  inteligente
  competente
  idóneo
  experto
  suficiente
  ANTO incapaz
    inepto
    desconocedor

capcioso, -sa *adjetivo*
1 artificioso
  engañoso
  insidioso
  ANTO claro
    natural
    verdadero

capear *verbo transitivo*
1 capotear
2 sortear

capelo *nombre masculino*
1 píleo

capero *nombre masculino*
1 cuelgacapas
  percha

capibara *nombre masculino*
1 capiguara

capirotado, -da *adjetivo*
1 caperuzado
  chaperonado

capirotazo *nombre masculino*
1 capirote
  papirote
  papirotada
  papirotazo

capirote *nombre masculino*
1 caperuza
  capillo
2 capirotazo

capital *adjetivo*
1 esencial
  principal
  primordial
  fundamental
  adjetivo/nombre femenino
2 cabeza
  Por ejemplo, *cabeza* de un distrito, provincia, país, etc.
  nombre masculino
3 caudal
  bienes
  hacienda
  dinero
  fortuna
  patrimonio
  Cuando es de gran cuantía, *fortuna*. En economía, o tratándose de una empresa, se dice *capital*, y no *caudal*, porque *capital* es el *dinero* considerado como instrumento de producción y, más propiamente, potencia económica en dinero, crédito, influencia moral, etc., capaz de proporcionar los elementos necesarios para el establecimiento y explotación de una industria o negocio cualquiera. *Caudal* se refiere más bien a la *hacienda* o *bienes* de un particular, y cuando se aplica al *dinero* tiene un significado más determinado y circunscrito que *capital*. Por esto, una caja que contiene determinada cantidad de numerario se llama caja de *caudales*, y no de *capitales*.

capitón *nombre masculino*
1 cabezudo
  mújol
  múgil
  lisa
  liza
  matajudío

capitulación *nombre femenino*
1 pacto
  convenio
  concierto
  ajuste
  Capitulación, frente a sus sinónimos, supone un asunto generalmente importante o grave.
2 rendición
  entrega

capitulaciones *nombre femenino plural*
1 capitulaciones matrimoniales
  capítulos

capitular *verbo intransitivo/transitivo*
1 pactar
  convenir
  concertar
  ajustar
  ANTO desconcertar
  En esta significación, *capitular* supone un asunto generalmente grave o importante.
  verbo intransitivo
2 ceder
  transigir
  rendirse
  entregarse
  someterse
  ANTO resistir
  Aunque *capitular* se usa como sinónimo de estos verbos, su significación primaria es negociar o pactar las condiciones de una capitulación o rendición.

capítulo *nombre masculino*
1 cabildo

capítulos *nombre masculino plural*
1 capítulos matrimoniales
  capitulaciones

capotear *verbo transitivo*
1 capear

capricho *nombre masculino*
1 antojo
  deseo
  gusto
  fantasía
  humorada
  ANTO necesidad
    formalidad
    justicia

caprichoso, -sa *adjetivo*
1 caprichudo
  antojadizo
  fantasioso
  mudable
  veleidoso
  voluble

captación *nombre femenino*
1 captura
  obtención
  recogida

captar *verbo transitivo*
1 percibir
  aprehender
2 recoger

  Por ejemplo, *captar* el agua de
  un manantial.

verbo transitivo/pronominal
3 atraer
  granjear
  conseguir
  lograr
  obtener

  Por ejemplo, *captar* la benevolencia, las simpatías.

captura *nombre femenino*
1 presa
  aprehensión
  aprisionamiento
  apresamiento
  ANTO liberación
       pérdida
2 detención

capturar *verbo transitivo*
1 aprehender
  apresar*
  prender

  Se puede *aprehender* o *capturar* personas o cosas; en
  cambio, *apresar* se refiere a
  cosas; *prender*, siempre a personas. En los tres primeros
  hay la idea de resistencia o
  huida por parte de lo captura-
  do, cosa que no es indispensable en *prender*. Por otra parte, *aprisionar* y *cautivar* aluden
  más bien al acto de comenzar
  la prisión o cautividad; *cautivar* se refiere a personas o animales.

capucha *nombre femenino*
1 capucho
  capuz
  caperuza

capullo *nombre masculino*
1 botón

2 (familiar) estúpido
  imbécil

capuz *nombre masculino*
1 capucho
  capucha
  caperuza

capuzar *verbo transitivo*
1 chapuzar

caquexia *nombre femenino*
1 cacoquimia

caqui *nombre masculino*
1 palosanto

cara *nombre femenino*
1 (despectivo y vulgar) jeta
  hocico
  palmito
  jeme
  rostro
  faz
  fisonomía
  semblante
  aspecto*

  Jeta y *hocico* son despectivos
  y vulgares. Apreciativo de la
  belleza en la mujer, *palmito*,
  jeme. Estilo elevado, *rostro*,
  faz, *haz*. *Fisonomía* es el aspecto particular de la *cara*;
  semblante, este mismo aspecto en cuanto revela el estado de ánimo.

2 anverso
  ANTO reverso

por la cara *locución adverbial*
(familiar)
  por su cara bonita
  por las buenas
  por el morro (familiar)
  gratis
  graciosamente
  gratuitamente
  porque sí
  de balde
  sin ton ni son

cárabe *nombre masculino*
1 ámbar
  electro
  succino

cárabo *nombre masculino*
1 autillo
  oto
  úlula
  zumaya

carácter *nombre masculino*
1 genio
  modo

  manera de ser
  índole*
  condición
  genial
  natural
  idiosincrasia
  humor*

  Índole y *condición* son términos cultos; *genial* y *natural*
  pertenecen al habla popular;
  idiosincrasia es tecnicismo
  médico que sólo por traslación se aplica a las cualidades
  morales.

2 voluntad
  energía
  firmeza
  entereza
  rigidez
  severidad
  inflexibilidad

  Rigidez, *severidad* e *inflexibilidad* envuelven un grado ma-
  yor o menor de desestimación
  a causa de su intensidad.

3 tipo
  En las artes gráficas.

característica *nombre femenino*
1 rasgo distintivo
  peculiaridad
  particularidad
  propiedad
  singularidad
  cualidad^

característico, -ca *adjetivo*
1 peculiar
  propio
  particular
  singular
  distintivo

caracterizar *verbo
transitivo/pronominal*
1 calificar
  ANTO indeterminar
      vulgarizar

  Calificar es determinar o señalar una o varias cualidades;
  caracterizar es señalar en una
  persona o cosa aquellas cualidades más peculiares y propias.

carámbano *nombre masculino*
1 candelizo
  canelón

caramilleras *nombre femenino*
  plural
1 llares

a
b
c
d
e
f
g
h
i
j
k
l
m
n
ñ
o
p
q
r
s
t
u
v
w
x
y
z

caramillo *nombre masculino*
1 flautillo
2 carambillo
  jijallo
  sisallo
  salado
  tarrico
3 chisme
  enredo
  lío
  embuste

carantoña *nombre femenino*
1 halago
  lisonja
  cucamona
  garatusa
  zalamería
  adulación*
  caricia*
  fiesta*
  mimo
  ANTO insulto
     brusquedad

carapacho *nombre masculino*
1 caparazón
  concha

  Concha en los quelonios y muchos crustáceos.

carasol *nombre masculino*
1 solana

carbinol *nombre masculino*
1 alcohol metílico

carbol *nombre masculino*
1 ácido fénico
  fenol

carbonato

  carbonato de plomo
  locución nominal
  albayalde
  blanco de plomo
  cerusa
  cerusita

carbónido *nombre masculino*
1 antrácido

carbunclo *nombre masculino*
1 carbúnculo
  rubí
  piropo
2 carbunco (enfermedad)

carca *adjetivo/nombre común*
1 (despectivo) carcunda
  carlista
  clerical

  Carca actualmente ha tomado la significación de *clerical.*

carcaj *nombre masculino*
1 aljaba
  carcax

carcajada *nombre femenino*
1 risotada
  risa*

carcamal *adjetivo/nombre masculino*
1 vejestorio
  carraca

carcañal *nombre masculino*
1 calcañar
  talón

cárcel *nombre femenino*
1 prisión
  chirona (familiar)
  gayola (familiar)
  trena (argot)
  estaribel (caló)
  Prisión es palabra escogida o forense.

cárcola *nombre femenino*
1 premidera

carcoma *nombre femenino*
1 coso

carcunda *adjetivo/nombre común*
1 carca
  carlista

carda *nombre femenino*
1 cardencha
  palmar
  peine

cardador, -ra *nombre*
1 pelaire

cardal *nombre masculino*
1 cardizal

cardamina *nombre femenino*
1 mastuerzo (planta)

cardamomo *nombre masculino*
1 grana del paraíso

cardar *verbo transitivo*
1 carduzar

cardelina *nombre femenino*
1 jilguero

cardenal *nombre masculino*
1 purpurado
2 hematoma
  morado (familiar)

cardencha *nombre femenino*
1 cardón
  escobilla
  regüeldo

La que brota en el tallo de la principal, *regüeldo.*
2 carda (instrumento)

cardenillo *nombre masculino*
1 verdete
  verdín

cárdeno, -na *adjetivo*
1 amoratado
  lívido

cardiaco, -ca *adjetivo*
1 cordial

cardinal *adjetivo*
1 principal
  fundamental
  esencial
  primordial
  ANTO accidental
     secundario

cardizal *nombre masculino*
1 cardal
  arrezafe
  carduzal

cardume, cardumen *nombre masculino*
1 manada*

carduzal *nombre masculino*
1 cardizal
  cardal
  arrezafe

carear *verbo transitivo*
1 confrontar
  poner cara a cara
  Tratándose de personas.
2 cotejar
  confrontar
  parangonar
  compulsar
  Tratándose de escritos u otras cosas.

carencia *nombre femenino*
1 falta
  privación*
  ANTO sobra
     abundancia
     prevención

carente *adjetivo*
1 falto
  desprovisto

carestía *nombre femenino*
1 falta
  penuria
  escasez

ANTO abundancia
2 encarecimiento
subida
alza
ANTO baratura
depreciación

Todos ellos significan el acto de aumentar el precio; *carestía* es el estado de los precios producido por el *encarecimiento*.

careta *nombre femenino*
1 máscara
antifaz

Si es de tela, *antifaz*.

2 máscara
carilla

En la acepción de *careta* de alambres que usan los colmeneros.

carey *nombre masculino*
1 caray
concha

Concha es la materia que se extrae de esta tortuga.

carga *nombre femenino*
1 peso
2 tributo*
imposición
impuesto
contribución
gravamen
censo
hipoteca
servidumbre

Carga es el término más general.

3 obligación
cuidado
4 embestida
ataque
acometida
arremetida

cargador *nombre masculino*
1 peine (en el fusil)
2 cartucho

cargante *adjetivo*
1 enojoso
pesado
fastidioso
molesto
irritante
impertinente
inoportuno
insoportable
ANTO soportable
ligero

cargar *verbo transitivo/pronominal*
1 estribar
apoyar
descansar
gravitar
2 apechugar
apechar
apencar
3 acometer
embestir
atacar
arremeter
4 achacar
imputar
atribuir
5 fastidiar
enojar
molestar
importunar
irritar
aborrascar*
desagradar
6 imponer
gravar
adeudar

Adeudar, tratándose de cuentas corrientes.

cargo *nombre masculino*
1 dignidad
empleo
destino
plaza
puesto
oficio
cometido
2 obligación
cuidado
dirección
custodia
3 falta
imputación
reconvención
recriminación
acusación
4 adeudo

Por ejemplo, *adeudo en cuenta*.

5 (anglicismo) carguero
barco de carga

tener en cargo *locución*
deber
estar obligado
tener obligación
estar al descubierto
ANTO tener derecho

carguero *nombre masculino*
1 cargo (anglicismo)
barco de carga

cariarse *verbo pronominal*
1 (un diente) picarse
carearse (vulgar)

caricia *nombre femenino*
1 halago
cariño
fiesta*
mimo
carantoña
cucamona
garatusa
arrumaco
zalema
lagotería
ANTO golpe
desatención

En estilo familiar: *carantoña*, *cucamona*, *garatusa*, *arrumaco*, suponen cierto melindre y afán de lisonjear; *zalema* es cortesía fingida para conseguir algún fin; *lagotería* y *zanguanga* envuelven la idea de adulación servil.

caridad *nombre femenino*
1 compasión
piedad
misericordia
filantropía
ANTO tacañería
desamparo
inhumanidad

La *filantropía* es puramente humana e independiente de la religión.

2 limosna
socorro

caries *nombre femenino*
1 picadura

Picadura es principio de *caries* de los dientes.

2 tizón (en los cereales)

cariño *nombre masculino*
1 afecto*
apego
inclinación
amistad
afección
amor
ternura
ANTO desamor
malquerencia
enemistad
2 halago
caricia*
mimo

cariosoma *nombre masculino*
1 cromosoma

a b **c** d e f g h i j k l m n ñ o p q r s t u v w x y z

caritativo, -va *adjetivo*
1 dadivoso*

cariz *nombre masculino*
1 aspecto*

carlanca *nombre femenino*
1 carranca

carlear *verbo intransitivo*
1 jadear
acezar

carlismo *nombre masculino*
1 tradicionalismo
jaimismo
comunión tradicionalista

Jaimismo mientras vivió D. Jaime de Borbón.

carlista *adjetivo/nombre común*
1 tradicionalista
jaimista
carca
carcunda

Carca y *carcunda*, despectivos.

carlovingio, -gia *adjetivo*
1 carolingio

carmenador *nombre masculino*
1 escarmenador

carmenar *verbo transitivo*
1 escarmenar

carnada *nombre femenino*
1 carnaza
2 añagaza

carnaval *nombre masculino*
1 carnestolendas
antruejo

carne
ser uña y carne *locución*
⇒ uña

carnero *nombre masculino*
1 marón
morueco
murueco

Estos sinónimos se aplican al *carnero* padre.

carnero marino *locución nominal*
foca
becerro marino
lobo marino
vítulo marino

carnicería *nombre femenino*
1 tablajería
carnecería

El uso moderno de *carnecería* no es incorrecto, pero es menos general y autorizado que *carnicería*.

2 destrozo
mortandad
matanza

carnicero, -ra *adjetivo/nombre*
1 carnívoro
2 cruel
sanguinario
inhumano
nombre
3 tablajero
cortador
cortante
tajante

carnívoro, -ra *adjetivo/nombre*
1 carnicero

carnosidad *nombre femenino*
1 vegetación
granulación

caro, -ra *adjetivo*
1 costoso
dispendioso
ANTO barato

Costoso es lo que cuesta mucho. *Caro* guarda relación con los precios ordinarios; *dispendioso* es lo que supone un gasto excesivo, especialmente para los medios del comprador.

2 amado
querido
ANTO odiado

Caro se usa corrientemente en las expresiones *cara mitad* y *caro amigo*. Fuera de ellas, su empleo es literario.

carolingio, -gia *adjetivo/nombre*
1 carlovingio

carpanta *nombre femenino*
1 (familiar y burlesco) hambre
gazuza
apetito*

carraca *nombre femenino*
1 carcamal
vejestorio

Aplicado a personas.

carraleja *nombre femenino*
1 aceitera
cubilla
cubillo

carranca *nombre femenino*
1 carlanca

carraspera *nombre femenino*
1 (familiar) ronquera

carrasquilla *nombre femenino*
1 camedrio

carrera *nombre femenino*
1 corrida
2 curso
recorrido
trayecto
camino
calle*
3 profesión

Se utiliza *profesión* cuando la *carrera* exige estudios especiales. Sin embargo, en la expresión *hacer carrera* no puede sustituirse por *profesión*, sino que la frase significa prosperar en la ocupación o trabajo que uno tiene, aunque no exija estudio alguno. Un dependiente de comercio puede *hacer carrera* en su ocupación mercantil, o un sastre en su oficio, sin que uno ni otro sean hombres de *carrera*.

carreraje *nombre masculino*
1 tanteo

En el béisbol.

carrero *nombre masculino*
1 carretero

carrete *nombre masculino*
1 bobina

carretero *nombre masculino*
1 carrero
jurar como un carretero *locución* (intensivo)
execrar
condenar
maldecir
imprecar
echar maldiciones

carricera *nombre femenino*
1 rabo de zorra
vulpino

carril *nombre masculino*
1 rodada
releje
rodera
2 surco
3 raíl
riel

carrillo *nombre masculino*
1 moflete

Moflete es un *carrillo* grueso y carnoso.

2 carrucha

carrilludo, -da *adjetivo*
1 mofletudo

carrizo *nombre masculino*
1 cañavera
cañeta
cisca

carro *nombre masculino*
1 automóvil
coche*

carro mayor *locución nominal*
osa mayor
hélice

carro menor
osa menor
cinosura

carruaje *nombre masculino*
1 cache*

carrucha *nombre femenino*
1 garrucha
polea
carrillo

carsillo *nombre masculino*
1 tagarnina

carta *nombre femenino*
1 misiva
epístola

Ambas son voces escogidas que pertenecen al estilo elevado. *Epístola* se usa especialmente cuando es de carácter o asunto literario.

2 mapa
3 naipe

'Las *cartas* son los *naipes* considerados respecto a su valor en el juego. Los mejores *naipes* son los más finos; las mejores *cartas* son aquellas que, según las leyes del juego y el estado actual de la partida, son superiores a las demás... Así hablará con tanta impropiedad el que jugando a la treinta y una pida *naipes,* como el que llame fábrica de *cartas* al lugar en que se hacen los *naipes*' (J).

cartabón *nombre masculino*
1 marco (en zapatería)

cartaginés, -esa
adjetivo/nombre
1 cartaginense
púnico

Hablando de la antigüedad, *púnico*; pero este adjetivo no se aplica a personas. Decimos por ejemplo, guerras *púnicas,* vasos o sepulcros *púnicos*; más que a la ciudad de Cartago, *púnico* alude a la raza de sus pobladores y a los restos de su civilización.

cártama *nombre femenino*
1 cártamo
alazor
azafrán bastardo
romí
romín
simiente de papagayos

cártamo *nombre masculino*
1 alazor
azafrán bastardo
romí
cártama
simiente de papagayos
romín

cartapacio *nombre masculino*
1 carpeta
portapliegos

cartel *nombre masculino*
1 pasquín

cartelado, -da *adjetivo*
1 billetado

cartera *nombre femenino*
1 golpe
pata
portezuela

En las prendas de vestir.

cartilaginoso, -sa *adjetivo*
1 ternilloso

cartílago *nombre masculino*
1 ternilla

Ternilla es la denominación corriente; *cartílago* es tecnicismo.

cartilla

no saber la cartilla *locución*
estar pez
estar in albis
no saber lo que se pesca

cartuchera *nombre femenino*
1 canana

cartucho *nombre masculino*
1 cargador
2 cucurucho

carvajal *nombre masculino*
1 robledal

carvajo *nombre masculino*
1 carvallo
roble

casa *nombre femenino*
1 habitación*
vivienda
morada
mansión
residencia
domicilio

Habitación es término general y abstracto; *vivienda* tiene también carácter general; *casa* es la denominación corriente; *morada* y *mansión* son literarios: el Olimpo, *morada* o *mansión* de los dioses; en el uso corriente añaden idea de distinción o elegancia, por ejemplo, cuando hablamos de que los invitados fueron recibidos en la *morada* o *mansión* de los marqueses de X. *Domicilio* pertenece al lenguaje administrativo o legal. *Residencia,* en términos administrativos, es la población o lugar en que se vive: *tiene su residencia en Granada*; aplicado a *casa* o *vivienda,* envuelve idea de colectividad: *residencia* de jesuitas, de estudiantes, o bien sugiere distinción, señorío: *aquel palacio es la residencia del duque de N.*

2 hogar
lar

Casa, cuando no se refiere sólo al edificio, lleva asociados los afectos familiares que denotan *hogar* y *lar.*

3 familia
linaje
4 escaque
casilla

hacer temblar la casa
locución
armar la de Dios es Cristo
alborotar
gritar
vocear
perturbar
meter voces

tener casa abierta
aposentar
hospedar
alojar
albergar
tomar casa
sentar el real

casabe *nombre masculino*
1 cazabe

casamiento *nombre masculino*
1 matrimonio*
unión
boda
enlace
nupcias
connubio
casorio

Tratándose de la ceremonia nupcial, *boda, enlace, nupcias, connubio*; en el habla popular, *casorio*.

casar¹ *nombre masculino*
1 caserío

casar² *verbo transitivo*
1 abolir*
anular
abrogar
derogar

casar³ *verbo transitivo*
1 unir
juntar
ajustar
encajar

casca *nombre femenino*
1 hollejo
2 corteza
curtido
taño
3 cáscara

cascada *nombre femenino*
1 salto de agua
catarata

Ordinariamente, *salto de agua*, especialmente refiriéndose a su aprovechamiento industrial. Si es de gran altura y caudal, *catarata*.

cascado, -da *adjetivo*
1 decrépito
gastado
achacoso

cascanueces *nombre masculino*
1 rompenueces

cascar *verbo transitivo*
1 rajar

hender
romper
quebrantar
2 golpear
pegar
zurrar

cáscara *nombre femenino*
1 casca
corteza
piel
monda

Aunque en rigor *cáscara* es la cubierta rígida que se separa cascando (nuez, avellana, huevo) y *piel* o *monda* la flexible que se separa mondando (patata, manzana), es frecuente llamar *cáscara* a la *corteza* de algunos frutos que se pueden mondar o pelar con los dedos, como la naranja, el plátano, el limón. Tratándose de huevos, se emplean únicamente *cáscara* y *cascarón*.

cascarrabias *nombre común*
1 (familiar) malhumorado
paparrabias (familiar)

casco *nombre masculino*
1 copa (en el sombrero)
2 suelo
pezuña
pesuña
vaso
En las caballerías.

ligero de cascos *locución adjetiva*
irreflexivo
precipitado
imprudente
aturdido
atropellado
ligero
ANTO prudente

romperse los cascos *locución*
reflexionar
pensar
considerar
meditar
devanarse los sesos
ANTO despreocuparse

cascote *nombre masculino*
1 escombro

cáseo *nombre masculino*
1 cuajada

caseoso, -sa *adjetivo*
1 cáseo

quesero
Caseoso es tecnicismo, lo mismo que *cáseo*; en el habla usual, *quesero*.

caseramente *adverbio*
1 llanamente
sin ceremonia

caserío *nombre masculino*
1 casar

casero, -ra *adjetivo*
1 doméstico
familiar
2 propietario
dueño
arrendador*
En las fincas urbanas.
3 colono
arrendatario
En las fincas rústicas.

caseta *nombre femenino*
1 garita
casilla
vestuario
En las playas o recintos deportivos.

casetón *nombre masculino*
1 artesón

casi *adverbio*
1 (familiar) prácticamente
más o menos
aproximadamente

casilla *nombre femenino*
1 escaque
casa
2 compartimiento
En el casillero y en algunas cajas, estanterías, etc.
3 apartado de correos
4 garita
caseta
vestuario
En las playas o recintos deportivos.

casillero *nombre masculino*
1 clasificador
fichero
2 marcador

casino *nombre masculino*
1 círculo
sociedad*
club

caso *nombre masculino*
1 suceso

acontecimiento
lance
ocasión
coyuntura
ocurrencia
acontecimiento*

hacer al caso *locución*
ser importante
ser conveniente
merecer la pena
ser interesante
valer la pena

casorio *nombre masculino*
1 casamiento*
matrimonio*
unión
boda
enlace
nupcias
connubio

casquero *nombre masculino*
1 tripicallero

casquilla *nombre femenino*
1 enjambradera

casta *nombre femenino*
1 raza
generación
linaje
progenie
estirpe
prosapia
ralea (despectivo)
clase

Raza y *casta* pueden aplicarse a hombres o animales, lo mismo que *generación*. En cambio *linaje*, *progenie* y *estirpe* se usan sólo tratándose de hombres. *Estirpe* y *prosapia* sugieren cierta nobleza, y se refieren más bien al tronco principal y originario de una familia.

castañal, castañar *nombre masculino*
1 castañeda

castañazo *nombre masculino*
1 (familiar) puñetazo
golpetazo
castañetazo
castañetada

castañetazo *nombre masculino*
1 (familiar) puñetazo
golpetazo
castañazo
castañetada

castañuela *nombre femenino*
1 crótalo
palillos

castellar *nombre masculino*
1 todabuena

casticismo *nombre masculino*
1 pureza
purismo
Tratándose del lenguaje.

casticista *nombre común*
1 purista
Tratándose del idioma.

castidad *nombre femenino*
1 pureza
honestidad
continencia
ANTO impureza
lujuria

La *continencia* es la abstención de los placeres de la carne; la *castidad* es una virtud superior que implica *continencia*, pero abarca además los pensamientos, palabras, gestos, lecturas, etc.

castigar *verbo transitivo*
1 penar
sancionar
ANTO perdonar
2 mortificar
afligir
ANTO consolar
3 corregir
enmendar
Tratándose de escritos.
4 disminuir
aminorar
Tratándose de gastos.

castigo *nombre masculino*
1 punición
sanción
corrección
correctivo
pena
condena

Punición es latinismo que sólo se emplea en su sentido más general y abstracto. *Sanción* es pena que la ley impone. *Corrección* y *correctivo* son *castigos* de menor importancia o gravedad que aquellos en que se impone *pena*, *sanción* o *condena*.

'*Castigo* es el acto de imponer la *pena*; es el género, y *pena* es la especie. El *castigo* que se impone es la *pena*. El *castigo* que la ley impone al asesinato es la *pena* de muerte' (M).

2 mortificación
aflicción
pesadumbre

máximo castigo
penalty (anglicismo)

castillo
levantar castillos en el aire *locución*
ilusionarse
encandilarse
confiarse
engañarse
ver de color rosa
ANTO desilusionarse

castizo, -za *adjetivo*
1 correcto
puro
ANTO derivado
atípico
impuro
Tratándose del lenguaje.

casto, -ta *adjetivo*
1 continente
honesto
puro

castración *nombre femenino*
1 emasculación
desexualización
desvirilización
capadura

castrar *verbo transitivo*
1 capar
2 catar
cortar
Hablando de colmenas.

casual *adjetivo*
1 fortuito
contingente
impensado
eventual
ANTO previsto
pensado
esencial

casualidad *nombre femenino*
1 azar
acaso
caso fortuito
albur
contingencia
eventualidad
accidente

chamba
chiripa
ANTO previsión
    seguridad

En *contingencia, eventualidad, accidente,* puede averiguarse la causa; cabe contar de antemano con posibles *contingencias, eventualidades* y *accidentes;* pero el *azar,* la *casualidad* y el *acaso* son imprevisibles por completo. *Chamba, chiripa* y *suerte* son *casualidades* favorables, especialmente en el juego. La palabra *acaso* pertenece al habla culta y literaria, y su significado es generalmente más abstracto que el de *casualidad.*

por casualidad *locución adverbial*
acaso

Por casualidad equivale a *por acaso,* siempre con matiz más culto en la segunda.

cata *nombre femenino*
1 prueba
  probatura
  gustación

catabre *nombre masculino*
1 catabro

cataclismo *nombre masculino*
1 catástrofe
  desastre

Cataclismo en un suceso de mayor magnitud y alcance que *catástrofe* y *desastre.* Hablamos de una *catástrofe* ferroviaria, o del *desastre* causado por el pedrisco en una comarca; pero la guerra atómica sería un *cataclismo* mundial, y una serie de terremotos violentos es un *cataclismo* en la configuración física y geológica de un país.

catador *nombre masculino*
1 perito
  experto
  apreciador
2 catavinos
  enólogo

Tratándose de vinos.

catadura *nombre femenino*
1 aspecto
  gesto
  semblante

traza
pinta
facha

Catadura envuelve un matiz despectivo que la aproxima a *traza, pinta, facha.*

catalineta *nombre femenino*
1 catalufa
  cataluja

catalíquidos *nombre masculino*
1 pipeta

catálogo *nombre masculino*
1 directorio

catamenia *nombre femenino*
1 menstruación
  período
  regla (familiar)

catamenial *adjetivo*
1 menstrual

cataplasma *nombre femenino*
1 embroca
  embrocación

catapulta *nombre femenino*
1 trabuquete

catar *verbo transitivo*
1 probar
  gustar

catarata *nombre femenino*
1 cascada*
  salto de agua

catarro *nombre masculino*
1 constipado
  resfriado

catarsis *nombre femenino*
1 purgación
  purificación

catártico, -ca *adjetivo*
1 purgante

catástrofe *nombre femenino*
1 cataclismo
  desastre

cataure *nombre masculino*
1 catabre
  catabro
  catauro

catavinos *nombre masculino*
1 catador
  enólogo*

cate *nombre masculino*
1 (familiar) suspenso (en exámenes)

catear *verbo transitivo*
1 (familiar) suspender (los exámenes)

catecú *nombre masculino*
1 cato
  cachú
  cachunde

cátedra *nombre femenino*
1 aula
  clase

catedral *adjetivo/nombre*
1 seo

categoría *nombre femenino*
1 clase*
  condición
  esfera
  jerarquía

categórico, -ca *adjetivo*
1 absoluto
  terminante
  imperioso
  decisivo
  concluyente
  ANTO apelable

catequizar *verbo transitivo*
1 persuadir
  convencer
  atraer
  conquistar

caterético, -ca *adjetivo*
1 escarótico

caterva *nombre femenino*
1 (despectivo) multitud
  muchedumbre
  sinnúmero

catéter *nombre masculino*
1 sonda

cateto, -ta *nombre*
1 (despectivo) palurdo

catifa *nombre femenino*
1 alcatifa
  alfombra

catinga *nombre femenino*
1 hedor
  hediondez
  fetidez

cato *nombre masculino*
1 cachú
  cachunde
  catecú

católico, -ca *adjetivo*
1 universal*

En su sentido etimológico.

catorceno *adjetivo*
1 decimocuarto

cauce *nombre masculino*
1 cuérrago
cuérnago
álveo
lecho
madre
2 canal

caucel *nombre masculino*
1 causuelo

caucho *nombre masculino*
1 goma elástica
hule

caución *nombre femenino*
1 garantía*
seguridad
fianza
cautela*
caución*

caudal *nombre masculino*
1 capital
bienes
dinero
hacienda
2 abundancia
cantidad
ANTO escasez
penuria

caudatrémula *nombre femenino*
1 aguzanieves

cauma *nombre femenino*
1 fiebre
calor
quemadura

causa *nombre femenino*
1 motivo
móvil
origen
razón
principio*
fundamento

'La voz *causa,* tomada en el sentido moral como sinónima de la voz *motivo,* explica la razón que tenemos para hacer, decir o pensar alguna cosa, con esta diferencia: que la *causa* explica una razón forzosa que obliga a la acción o al juicio; y *motivo,* una razón voluntaria que mueve, induce, inclina. Se rompió una pierna, y esta es la *causa* de su cojera. Ha heredado un mayorazgo, y este es el *motivo* de haber dejado el servicio' (LH).

2 pleito
3 proceso
a causa de *locución conjuntiva*
por
por efecto de
a consecuencia de
por razón de

causar *verbo transitivo*
1 producir
originar
2 motivar
traer
acarrear
ocasionar
provocar
determinar
tener consecuencias
traer consecuencias
tener la culpa de
atraer*

cáustico, -ca *adjetivo*
1 mordaz
agresivo
punzante
irónico
incisivo

cautela *nombre femenino*
1 precaución
prevención
reserva*
circunspección
desconfianza

'La *precaución* es hija de la prudencia, y la *cautela* lo es de la astucia. Aquélla sólo quiere preservarse del mal; ésta aspira por lo común a hacerlo. La otra emprende, si puede, el ataque... En la *precaución* entra la reserva; en la *cautela* el disimulo' (M).

2 astucia
maña
engaño
ANTO ingenuidad
inhabilidad
sinceridad

cauteloso, -sa *adjetivo*
1 precavido
cauto
2 insidioso*
capcioso
asechante
astuto

cautivar *verbo transitivo*
1 apresar
aprisionar
prender

capturar
ANTO libertar
2 atraer*
seducir
ANTO desencantar
aburrir

cautiverio *nombre masculino*
1 cautividad
esclavitud

El *cautiverio* puede aludir al acto de ser hecho cautivo o bien al estado de la persona cautiva; en este último caso coincide con *cautividad,* si bien ésta sugiere, en general, un estado más prolongado; *cautividad* hace pensar en la duración del cautiverio; por esto decimos: la *cautividad de Babilonia,* y no el *cautiverio.* Tanto *cautiverio* como *cautividad* indican la falta de libertad de la persona que está en poder de un enemigo; la *esclavitud* significa convertirse en propiedad o hacienda del amo. Todo *esclavo* es un *cautivo,* pero no viceversa.

cautivo, -va *adjetivo/nombre*
1 prisionero
preso
penado*

'*Prisionero* se aplica exclusivamente al militar cogido en acción de guerra, y *preso* a cualquier persona a quien se priva de su libertad, ya sea por sentencia de juez, ya por imposición de un superior, ya, en fin, por arbitrariedad del que ejerce la fuerza. La voz *cautivo...* supone inocencia, excita sentimientos de confraternidad, de compasión y de ternura...' (C).

cauto, -ta *adjetivo*
1 precavido
previsor
prudente
circunspecto
sagaz
astuto
ANTO imprudente
sincero
ingenuo

cávea *nombre femenino*
1 jaula
gayola

caverna *nombre femenino*
1 antro
cueva*
cripta

El *antro* y la *caverna* son cavidades naturales muy profundas. La *cueva* y la *cripta* pueden ser naturales o artificiales, y pueden ser profundas o de escasa profundidad.

cavernícola *adjetivo*
1 troglodita

cavernoso, -sa *adjetivo*
1 bronco
ronco
sordo

Tratándose de sonidos o ruidos.

caveto *nombre masculino*
1 contrabocel

cavia *nombre masculino*
1 conejillo de Indias
cobayo

cavidad *nombre femenino*
1 concavidad
hueco
seno
vacío
2 antro
ventrículo
cámara

cavilar *verbo intransitivo/transitivo*
1 pensar*
preocuparse
rumiar

caviloso, -sa *adjetivo*
1 pensativo
preocupado
cogitabundo
aprensivo
ANTO despreocupado
irreflexivo

cayado *nombre masculino*
1 cachava
2 báculo*
palo*

cayote *nombre masculino*
1 chayote

caza *nombre femenino*
1 venación

cazar *verbo transitivo*
1 atrapar
pillar

pescar
sorprender
2 alcanzar
coger

cazatorpedero *nombre masculino*
1 contratorpedero

cazcarria *nombre femenino*
1 cascarria
zarpa
zarria
zarrapastra

cazón *nombre masculino*
1 nioto
perro marino
tollo

cebadilla *nombre femenino*
1 espigadilla

cebar *verbo transitivo*
1 sobrealimentar
engordar
ANTO adelgazar
2 fomentar
3 atraer
verbo pronominal
4 encarnizarse
ensañarse

cebo *nombre masculino*
1 atractivo
incentivo
aliciente

cebolla *nombre femenino*
1 bulbo
cabeza

ceburro *adjetivo*
1 candeal

cecear *verbo intransitivo*
1 zacear

ceceoso, -sa *adjetivo*
1 zopas
zopitas
ceceante

Aplicado a personas, burlesco, *zopas, zopitas.* Aplicado a la pronunciación, *ceceante.*

cecial *nombre masculino*
1 pescada

cecina *nombre femenino*
1 chacina

cedazo *nombre masculino*
1 tamiz

Tamiz es el *cedazo* muy tupido.

ceder *verbo intransitivo*
1 someterse
doblegarse
transigir
ANTO insistir
2 replegarse
cejar
aflojar
flaquear
ANTO insistir
3 disminuir
aminorarse
menguar
mitigarse
cesar*
verbo transitivo
4 dar
transferir
traspasar
abandonar*
obedecar*
ANTO tomar
quitar

cedria *nombre femenino*
1 cidria

cedro
cedro de España *locución nominal*
sabina

cédula *nombre femenino*
1 papeleta
ficha

cefálico, -ca *adjetivo*
1 cerebral

cefalitis *nombre femenino*
1 encefalitis

céfalo *nombre masculino*
1 róbalo
lobina
lubina

céfiro *nombre masculino*
1 poniente (viento)
2 (poético) favonio
brisa
aura
vientecillo

cefo *nombre masculino*
1 cebo
cepo

cegajo *nombre masculino*
1 cabrón*
igüedo
buco
macho cabrío
chivo
chivato

cegar *verbo transitivo/pronominal*
1 cerrar
  tapar
  obstruir
2 ofuscar
  obcecar
3 encandilar
  deslumbrar
  alucinar
4 enceguecer

ceguedad *nombre femenino*
1 ceguera
  invidencia
  ablepsia
  ANTO vista
2 obcecación*
  ofuscación
  ofuscamiento
  alucinación
  ANTO acierto
    claridad

ceguera *nombre femenino*
1 obcecación*
  ofuscación
  ofuscamiento
  ceguedad
  obnubilación
  ANTO reflexión

ceja
  tener entre ceja y ceja
  locución
1 aborrecer
  odiar
  detestar
  abominar
  execrar
  tomarla con uno
  mirar con malos ojos
  tener entre ojos
  no poder ver a uno
  indigestársele
  ANTO apreciar
2 proponerse
  intentar
  procurar
  determinarse
  ANTO desentenderse

cejar *verbo intransitivo*
1 retroceder
  recular
2 aflojar
  ceder
  flaquear
  cesar*
  ANTO insistir
    machacar

cejijunto, -ta *adjetivo*
1 cejunto
2 ceñudo

cejuela *nombre femenino*
1 (música) ceja
  cejilla

celada *nombre femenino*
1 garlito
  trampa
  cepo
  añagaza
2 encerrona
  emboscada
  asechanza
  trampa

celar[1] *verbo transitivo*
1 vigilar
  cuidar
  velar

celar[2] *verbo transitivo*
1 encubrir
  ocultar*
  disimular
  ANTO descubrir

Celar es palabra docta, usada sólo en estilo elevado.

celda *nombre femenino*
1 encierro
  reclusión
  prisión
  calabozo
2 lóculo

celdilla *nombre femenino*
1 casilla
  alvéolo
  vasillo

Tratándose de panales.

adjetivo
2 hornacina

nombre femenino
3 camérula
  célula

celebración *nombre femenino*
1 homenaje
  exaltación

celebrar *verbo transitivo*
1 festejar
  solemnizar
  conmemorar

Si se trata de una fiesta en recuerdo de una persona o acontecimiento pasados, *conmemorar.*

2 decir misa
3 alabar
  loar
  elogiar
  encarecer
  encomiar

  ensalzar
  aplaudir
  echar las campanas al vuelo

célebre *adjetivo*
1 renombrado
  famoso*
  insigne
  reputado
  ilustre
  glorioso
  sonado
  egregio*

Este último, tratándose de cosas o hechos.

celebridad *nombre femenino*
1 nombre
  nombradía
  notoriedad
  reputación
  fama
  aceptación
  boga
  renombre
  gloria
  aureola
  auréola

celeridad *nombre femenino*
1 prontitud
  rapidez
  velocidad
  presteza
  diligencia
  actividad
  ANTO lentitud
    inactividad

Diligencia y *actividad* se refieren al obrar, mientras que los demás son de aplicación general. Los astros se mueven con *celeridad, rapidez, velocidad,* pero no con *diligencia* o *actividad,* que se aplican sólo a los actos humanos.

'La *celeridad* se refiere al modo; la *prontitud* se refiere al tiempo. En aquélla se supone un movimiento ligero y continuado; en ésta se supone un acto, se prescinde de la continuación del movimiento: Oyó un ruido, se levantó con *prontitud* de la cama, y se vistió con una *celeridad* increíble. El correo viene con *prontitud,* esto es, tarda poco; viene con *celeridad,* esto es, corre mucho' (LH).

celeste *adjetivo*
1 celestial

a
b
c
d
e
f
g
h
i
j
k
l
m
n
ñ
o
p
q
r
s
t
u
v
w
x
y
z

paradisíaco
empíreo

Celestial equivale, pues, a *paradisíaco, empíreo*, según el deslinde que acabamos de insertar. Sin embargo, cabe a veces el empleo de *celestial* sin referencia a la divinidad; por ejemplo, hablando de la armonía pitagórica en el movimiento de los astros, decimos armonía o música *celestial*, con más frecuencia que *celeste*.

'*Celeste, celestial*. Lo que pertenece al cielo, es la idea común a estos adjetivos; pero el primero abraza toda la idea, el segundo la modifica. *Celeste* se refiere al cielo; *celestial* se refiere a la divinidad (...) Llamamos [azul] *celeste* al color que nos parece que vemos en el cielo y no le damos el nombre de *celestial*, como a ninguna otra cosa que pertenece a aquella determinada idea. Y así no se podría decir, sin una absoluta impropiedad, los astros o cuerpos *celestiales*, la esfera *celestial*, azul *celestial*' (LH).

2 etéreo
puro
elevado
sublime

celestial *adjetivo*
1 celeste
paradisíaco
empíreo
2 encantador
divino
perfecto
delicioso

celestina *nombre femenino*
1 alcahueta
encubridora

celibato *nombre masculino*
1 soltería

célibe *adjetivo/nombre común*
1 soltero

celidonia *nombre femenino*
1 golondrinera
hierba de las golondrinas
hirundinaria
celidonia menor
cabeza de perro

celinda *nombre femenino*
1 jeringuilla (planta)

celo *nombre masculino*
1 cuidado
esmero
diligencia
ardor
entusiasmo
devoción
ANTO indiferencia
frialdad
inactividad
⇒ celos

Celo intensifica las ideas expresadas por sus sinónimos y connota además asiduidad o continuidad. El *ardor*, el *entusiasmo* y la *devoción* pueden ser pasajeros; el *celo* es continuado y se manifiesta en la reiteración de actos.

celos *nombre masculino plural*
1 (vulgar o familiar) achares
pelusa
→ celo

Pelusa son los *celos* o envidia de los niños.

célula *nombre femenino*
1 celdilla
camérula

cementerio *nombre masculino*
1 camposanto
necrópolis
fosal
rauda

Camposanto es nombre popular, predominante en Andalucía y otras regiones; *necrópolis*, en estilo elevado, o entre los arqueólogos: *necrópolis fenicia*; *cementerio* es de uso general; *fosal*, entre campesinos; *rauda*, cementerio árabe.

cenador, -ra *adjetivo/nombre*
1 glorieta
lonjeta

cenagal *nombre masculino*
1 barrizal
fangal
lodazal

cenceño, -ña *adjetivo*
1 enjuto
delgado*
flaco

Enjuto y *cenceño* son cualidades constitutivas y naturales de la persona. *Delgado* y *flaco* pueden ser estados transitorios.

cencerro *nombre masculino*
1 campano
esquila
zumba

Campano y *esquila*, especialmente cuando es de forma acampanada; *zumba* es un cencerro grande.

cencerrón *nombre masculino*
1 redrojo
redruejo

cendal *adjetivo*
1 humeral
banda
paño de hombros

cenia *nombre femenino*
1 azuda
noria

ceniciento, -ta *adjetivo*
1 cenizo
cenizoso
cinericio
cinéreo

ceniza *nombre femenino*
1 oídio
cenicilla
cenizo
oidium

cenizo *nombre masculino*
1 berza de pastor
ceñiglo
2 oídio
3 aguafiestas

Aguafiestas es la persona que tiene mala sombra o que la trae a los demás.

cenobio *nombre masculino*
1 monasterio*
convento
abadía*

cenobita *nombre común*
1 (persona) anacoreta*
monje*
solitario
ermitaño
eremita

censo *nombre masculino*
1 gravamen
carga
tributo

censura *nombre femenino*
1 desaprobación
   reprobación
   impugnación
   vituperio
   ANTO aprobación
      elogio
2 murmuración
   detracción
3 crítica
   juicio
   examen

centauro *nombre masculino*
1 hipocentauro

centella *nombre femenino*
1 exhalación
   rayo
   chispa*

centellear *verbo intransitivo*
1 chispear
   relumbrar
   destellar
   brillar
   relucir
   resplandecer
   fulgurar
   cabrillear
   titilar
   rielar
   *Chispear, relumbrar, destellar
   y centellear suponen rayos de
   luz trémulos, o de intensidad
   y coloración variables. Brillar,
   resplandecer y relucir pueden
   ser fijos y sin variaciones ni in-
   terrupciones.*

centelleo *nombre masculino*
1 destello
   relumbre
   relumbro
   relumbrón

centena *nombre femenino*
1 centenar
   un ciento

centenario, -ria *adjetivo/nombre*
1 (persona) quintañón

centinela *nombre común*
1 atalaya*
   vigía
   escucha

centinodia *nombre femenino*
1 correhuela
   sanguinaria mayor
   saucillo

centrado *nombre masculino*
1 centraje (galicismo)

centraje *nombre masculino*
1 (galicismo) centrado

centralismo *nombre masculino*
1 unitarismo

centralizar *verbo transitivo*
1 concentrar
   reconcentrar
   reunir
   *Se centraliza el poder, la auto-
   ridad, los negocios, la correspondencia, etc., para darles
   unidad. Se concentra o reúne
   en un lugar a los afiliados a su
   partido; se concentra la atención, el pensamiento, los afectos, las disoluciones químicas. El fin de centralizar es dar
   unidad; el fin de concentrar es
   dar fuerza. Reconcentrar intensifica el sentido de concentrar.*

centrífuga *nombre femenino*
1 centrifugadora

centrifugador *nombre masculino*
1 hidroextractor
   centrifugadora

centrifugadora *nombre
femenino*
1 centrifugador
   hidroextractor
   centrífuga

centro *nombre masculino*
1 medio
   mitad

   centro de la tierra *locución
   nominal*
   hondura
   profundidad
   quintos infiernos
   ANTO altura

centrocampista *nombre
masculino*
1 medio
   *Usados principalmente en fút-
   bol.*

centuria *nombre femenino*
1 siglo

ceñido, -da *adjetivo*
1 estrecho
   ajustado
   apretado

ceñir *verbo transitivo*
1 rodear
   cercar

ajustar
apretar
oprimir
verbo transitivo/pronominal
2 restringir
   acortar
   reducir
   limitar*
   circunscribir
   cercenar
   coartar
   ANTO derrochar
      abusar
      ampliar
verbo pronominal
3 moderarse
   reducirse
   limitarse
   atemperarse
   amoldarse
   circunscribirse
4 barloventear

ceño *nombre masculino*
1 capote (familiar)
   sobrecejo
   sobreceño

   '¿Qué es *sobrecejo*? La parte
   de la frente inmediata a las
   cejas. ¿Qué es *ceño*? Una demostración de enojo, la acción de dejar caer el *sobrecejo* arrugando la frente (...) Se
   dice, pues, arrugar el *sobrecejo*; y esta acción, esta presión del *sobrecejo* contra su
   parte inferior, es la que constituye el *ceño*. Además de esta
   diferencia esencial, hay otra
   muy importante que conviene
   no perder de vista, y que se
   refiere al uso de estas palabras para la mayor o menor
   duración del disgusto o incomodidad que afecta el ánimo.
   Si el enfado es pasajero (...),
   arrugamos el *sobrecejo*. Si las
   palabras que se nos dirigen
   son de tal naturaleza, que nos
   obliga a responder con otras
   más acres, en tal caso ponemos torvo el *ceño*; es decir,
   que además de arrugar el *sobrecejo* que produce el *ceño*,
   comprimimos más aquél para
   que éste se sostenga todo el
   tiempo que ha menester la expresión de nuestra incomodidad' (O).

2 aspereza
   rigor
   rigidez

dureza
rudeza
desabrimiento
ANTO suavidad
blandura

ceñudo, -da *adjetivo*
1 capotudo (familiar)
cejijunto
2 serio
severo
adusto
hosco

cepa *nombre femenino*
1 tronco
raíz
origen
raza
linaje
2 ajonjera
angélica carlina
cardo ajonjero
caballo
ajonjero

cepillo *nombre masculino*
1 cepo

Cepo, en el sentido de arquilla con una ranura.

cepo *nombre masculino*
1 garlito
celada
trampa
añagaza

ceporro, -rra *adjetivo/nombre*
1 gaznápiro
palurdo
torpe
zoquete
tonto
patán
simple

ceprén *nombre masculino*
1 palanca (barra)
mangueta
alzaprima
espeque

cerámica *nombre femenino*
1 alfarería
tejería
tejar

La *alfarería* sólo emplea el barro para fabricar vasijas, pero no otros materiales. La *tejería* o *tejar* fabrica tejas, ladrillos y adobes. Una y otra son parte de la cerámica, en la cual entran también los objetos de loza y porcelana.

ceramista *nombre común*
1 alfarero
alcaller
barrero
cantarero

cerasta, cerastas *nombre femenino*
1 hemorroso
ceraste
cerastes

cerbatana *nombre femenino*
1 bodoquera

cerca *nombre femenino*
1 cercado
valla
vallado
tapia
estacada
empalizada
seto

Cerca y *cercado* son denominaciones generales de lo que rodea algún terreno o heredad. Según los materiales recibe distintos nombres (como *valla*, etcétera).

cercanías *nombre femenino plural*
1 proximidades
inmediaciones
alrededores
contorno

cercano, -na *adjetivo*
1 próximo
vecino
inmediato*
contiguo
circunvecino*

cercar *verbo transitivo*
1 rodear
circuir
circundar
ceñir
vallar
murar
tapiar
ANTO abrir

Vallar, *murar* y *tapiar*, tratándose de terrenos o heredades.

2 asediar
sitiar

cercenar *verbo transitivo*
1 cortar
acortar
chapodar
disminuir
limitar*

restringir
coartar
reducir

Cortar, *acortar* y *chapodar*, si se trata de cosas materiales.

cerceta *nombre femenino*
1 (ave) zarceta

cerchar *verbo transitivo*
1 acodar

cercillo *nombre masculino*
1 zarcillo
cirro
tijereta

cerciorar *verbo transitivo/pronominal*
1 asegurar
afirmar
certificar
comprobar
ANTO ignorar
dudar

cerco *nombre masculino*
1 aro
cello
2 marco
3 sitio
asedio
4 (del sol) aureola
halo

cerda *nombre femenino*
1 seda

Seda en algunos animales, especialmente el jabalí.

2 crin

cerdo *nombre masculino*
1 coche
cocho
cochino
cuino
gorrino
guarro
marrano
puerco
tocino

cerdo marino *locución nominal*
marsopa

cerealista *adjetivo*
1 frumentario
triguero

cerebelo *nombre masculino*
1 epencéfalo

cerebral *adjetivo*
1 cefálico

cerebrastenia *nombre femenino*
1 frenastenia
  debilidad mental

cerebro *nombre masculino*
1 seso

ceremonia *nombre femenino*
1 aparato
  solemnidad
  pompa
  ANTO sencillez
      naturalidad
2 rito
3 cumplimiento*

  sin ceremonia *locución*
  adverbial
  llanamente
  caseramente

ceremonioso, -sa *adjetivo*
1 etiquetero
  cumplimentero
  protocolario

cerezo *nombre masculino*
1 lauroceraso
  laurel
  loro

  cerezo silvestre *locución*
  nominal
  durillo
  cornejo
  corno
  sangüeño
  sanguino
  sanguiñuelo

ceriflor *nombre femenino*
1 becoquino

cerilla *nombre femenino*
1 fósforo
  mixto

cerillero, -ra *nombre*
1 fosforero

cerner *verbo transitivo*
1 pasar
  colar

  verbo pronominal
2 elevarse
  remontarse
  sublimarse

cernícalo *nombre masculino*
1 mochete
2 rudo
  ignorante
  tonto
  zopenco
  zoquete
  bruto

cernidillo *nombre masculino*
1 calabobos
  llovizna
  mollizna

cero
  ser un cero a la izquierda
  locución
  ser incapaz
  ser inepto
  ser inhábil
  ser torpe
  ser incompetente
  ser ignorante
  ser abogado de secano

cerote *nombre masculino*
1 cerapez
2 miedo

cerquillo *nombre masculino*
1 vira (del calzado)

cerrado, -da *adjetivo*
1 incomprensible
  oscuro
  oculto
  hermético
  ANTO abierto
2 nublado
  encapotado
  cubierto
  ANTO despejado
3 callado
  disimulado
  silencioso
  ANTO comunicativo
4 torpe
  tardo
  obtuso
  negado
  ANTO abierto
      despejado
      comunicativo
5 espeso
  apretado
  aglomerado
  macizo
  tupido

cerramiento *nombre masculino*
1 cerradura
  cierre
  taponamiento
  tapón
  obstrucción
  cegamiento

  Taponamiento, tapón, obstrucción y cegamiento, tratándose de aberturas o tubos.

cerrar *verbo transitivo/pronominal*
1 tapar
  cegar

  ANTO abrir
      despejar
2 cicatrizar
3 clausurar

  verbo intransitivo
4 embestir
  atacar
  acometer*
  arremeter*

  Por ejemplo, *los franceses cerraron antes de tiempo*; *cerrar con el enemigo.*

cerreta *nombre femenino*
1 brazal
  percha
  varenga
  orenga

cerril *adjetivo*
1 bozal
  cerrero
  montaraz
  bravío*
  indómito
  bagual
  salvaje*

  Tratándose de animales.

2 huraño
  grosero
  tosco

  Aplicado a personas.

cerrilidad *nombre femenino*
1 barbarie
  rusticidad
  incultura
  salvajismo
2 bravura*
  fiereza
  ferocidad
  braveza

cerro *nombre masculino*
1 colina
  alcor
  collado*

cerrojillo *nombre masculino*
1 herreruelo (pájaro)
  cerrojito

cerrojito *nombre masculino*
1 herreruelo (pájaro)
  cerrojillo

certamen *nombre masculino*
1 concurso

  Certamen equivale a *concurso* cuando éste tiene por objeto estimular con premios el cultivo de las artes, las ciencias o las letras. Pero *concurso* tiene

a b c d e f g h i j k l m n ñ o p q r s t u v w x y z

una significación más general que no podría expresarse con la voz *certamen*; por ejemplo: *concurso* para adjudicar unas obras o para cubrir un cargo vacante.

certeza *nombre femenino*
1 certidumbre
evidencia
convicción
convencimiento
seguridad
certinidad
ANTO duda
interrogación
mentira

Certinidad es voz docta, de empleo limitado.

certidumbre *nombre femenino*
1 seguridad
certeza
ANTO incertidumbre
inseguridad

certificación *nombre femenino*
1 notificación
declaración

certificar *verbo transitivo*
1 afirmar
asegurar
cerciorar
aseverar
confirmar
2 afianzar
avalar
garantizar
responder
poner las manos en el fuego

cerusa *nombre femenino*
1 albayalde
carbonato de plomo
blanco de plomo
cerusita

cerusita *nombre femenino*
1 albayalde
carbonato de plomo
cerusa
blanco de plomo

cerval *adjetivo*
1 cervuno
cervario
cervino

cervatillo *nombre masculino*
1 almizclero (mamífero)
cabra de almizcle
portaalmizcle

cerviguillo *nombre masculino*
1 pestorejo
cervigón

cerviz *nombre femenino*
1 cogote
pescuezo

cesación *nombre femenino*
1 suspensión
detención
parada
interrupción
pausa

cesante *adjetivo*
1 desacomodado
parado
desocupado
sin oficio ni beneficio
ANTO acomodado
empleado

cesar *verbo intransitivo*
1 acabar
terminar
suspender
interrumpir
cejar
ceder
ANTO iniciar

Cejar equivale a *cesar* o *ceder* en un esfuerzo o empeño, por falta de fuerzas o de voluntad para continuarlos.

2 quedar cesante (en un empleo o cargo)

césar *nombre masculino*
1 emperador
káiser
zar
mikado

cesárea *nombre femenino*
1 (operación) histerotomía
tomotocia

cesarismo *nombre masculino*
1 autocracia
autarquía*
dictadura*
despotismo
tiranía

Despotismo y *tiranía* acentúan el carácter abusivo e ilimitado con que se ejerce la autoridad.

cesión *nombre femenino*
1 renuncia
entrega
donación
abandono

traspaso
abdicación*

césped *nombre masculino*
1 gallón
tepe

césped inglés *locución nominal*
ballico

cesta *nombre femenino*
1 canasta

En el baloncesto.

cestón *nombre masculino*
1 gavión (en fortificaciones)

cetrería *nombre femenino*
1 halconería

cetrero *nombre masculino*
1 halconero

ceugma *nombre femenino*
1 zeugma

chabacano, -na *adjetivo*
1 grosero
de mal gusto
ordinario
vulgar
ANTO fino
delicado
culto

chácara *nombre femenino*
1 chacra

chacha *nombre femenino*
1 tata
niñera

Chacha y *tata* pertenecen al habla infantil para designar a la *niñera*.

cháchara *nombre femenino*
1 charla
palique
parloteo
garla
conversación*

chacharero, -ra *adjetivo/nombre*
1 (familiar) charlatán
garlador

chacina *nombre femenino*
1 cecina

chacolotear *verbo intransitivo*
1 chapalear
chapear

chacota *nombre femenino*
1 broma
zumba

chanza
burla

Chacota connota además las ideas de bullicio, alegría ruidosa, manifestación externa de la *burla*.

chacra *nombre femenino*
1 alquería
granja

chafaldita *nombre femenino*
1 cuchufleta
pulla
burla

chafallar *verbo transitivo*
1 (familiar) frangollar
chapucear (familiar)

chafallón, -ona *adjetivo/nombre*
1 (familiar) chapucero
desmañado
charanguero

chafar *verbo transitivo/pronominal*
1 aplastar
estrujar
ANTO estirar
2 ajar
arrugar
deslucir
ANTO planchar
3 apabullar
arrugar
confundir
avergonzar

chafarote *nombre masculino*
1 (despectivo o burlesco)
sable
espada
espadón

chagual *nombre masculino*
1 cháguar
caraguatá
cháhuar

chaira *nombre femenino*
1 tranchete
trinchete
cheira
2 afilón
eslabón

chalado, -da *adjetivo*
1 (familiar) alelado
lelo
chiflado (familiar)
guillado (familiar)
tocado
maniático
loco

monomaníaco
maníaco
2 enamorado

chaladura *nombre femenino*
1 (familiar) manía
monomanía
idea fija
guilladura (familiar)
chifladura (familiar)
extravagancia
ANTO reflexión
razón

chalán, -ana *adjetivo/nombre*
1 tratante
traficante

Traficante añade la idea de astucia y maña en sus tratos. *Chalán* se aplica especialmente al *tratante* en ganados.

chalote *nombre masculino*
1 ajo chalote
escalona
escaloña
ascalonia
cebolla escalonia

chalupa *nombre femenino*
1 lancha
bote
barca

chamarillero *nombre masculino*
1 tahúr
fullero
tramposo
cuco

chamba *nombre femenino*
1 chiripa
suerte
casualidad*
azar
ANTO seguridad
certeza
2 trabajo (eventual)

chamiza *nombre femenino*
1 chamarasca
chámara

chamizo *nombre masculino*
1 tugurio
cuchitril
chiribitil

chamuscar *verbo transitivo*
1 socarrar

chamusco *nombre masculino*
1 chamusquina
socarrina

chamusquina *nombre femenino*
1 resquemo
socarrina

chancear *verbo intransitivo/pronominal*
1 bromear
embromar
burlar

chancero, -ra *adjetivo*
1 bromista
burlón
guasón
burlesco
festivo
jocoso
chistoso*
zumbón
bufón
ANTO serio
grave

chancho *nombre masculino*
1 puerco
cerdo

chanchullo *nombre masculino*
1 manejo
trampa
enjuague
combinación
combina
pastel

Combina es término familiar equivalente a *combinación*.

chanclo *nombre masculino*
1 choclo
zoclo
zueco
madreña
almadreña

Estos sinónimos se usan cuando es de madera y según las regiones.

chanco *nombre masculino*
1 zanco

chanflón, -ona *adjetivo*
1 tosco
grosero
mal formado
deforme

chano, chano *adverbio*
1 paso a paso
poco a poco
pian piano

chantillón *nombre masculino*
1 escantillón
ságoma

chantre *nombre masculino*
1 capiscol
  primicerio (en algunas
    iglesias)

chanza *nombre femenino*
1 broma
  burla*
  chirigota
  chanzoneta
  guasa

chapa *nombre femenino*
1 cerradura

chapalear *verbo intransitivo*
1 chapotear
2 chacolotear

chaparrada *nombre femenino*
1 lluvia*
  precipitación
  llovizna
  chaparrón
  chubasco
  aguacero
  manga de agua

chaparro *nombre masculino*
1 mata parda
2 muchacho
  niño
3 rechoncho

chaparrón *nombre masculino*
1 chaparrada
  chubasco
  lluvia*

  De menor a mayor intensidad,
  chaparrada, chaparrón y *chubasco.* Los tres coinciden en
  ser de corta duración.

chapear *verbo transitivo*
1 chapar
  enchapar

chapeta *nombre femenino*
1 chapa
  roseta

chapetón, -ona *adjetivo/nombre*
1 (persona) español*
  gachupín
  godo
  gallego

chapotear *verbo intransitivo*
1 chapalear
  guachapear

chapucear *verbo transitivo*
1 chafallar
  frangollar

  Frangollar añade idea de apre-

suramiento en la labor desma-
ñada.

chapucería *nombre femenino*
1 chapuza

chapucero, -ra *adjetivo*
1 desmañado
  charanguero
  chafallón
  frangollón

chapurrear *verbo
intransitivo/transitivo*
1 chapurrar
  champurrear

chapuza *nombre femenino*
1 chapucería

chapuzar *verbo transitivo*
1 capuzar
  zampuzar
  zapuzar

chaqueta *nombre femenino*
1 americana

charadrio *nombre masculino*
1 alcaraván
  árdea

charca *nombre femenino*
1 poza
  pozanca
  charco
  lagunajo

  La que queda en la orilla de un
  río después de una avenida,
  pozanca. Charco, lagunajo y
  tollo referidos a *charca* pequeña en el pavimento.

charla *nombre femenino*
1 cháchara
  palique
  parloteo
  garla
  conversación*
  plática
  ANTO silencio
2 (ave) cagaaceite
  cagarrache

charlar *verbo intransitivo*
1 garlar
  chacharear
  parlotear
  meter baza
  hablar a destajo
  hablar por los codos
  hablar a chorros
  gastar saliva en balde
  parlar
  pablar (burlesco)

  paular (burlesco)
  soltar la sin hueso
  conversar*
  ANTO callar

charlatán *nombre masculino*
1 (familiar) medicastro
  curandero

charlatán, -ana *adjetivo/nombre*
1 churrullero
  hablador*
  parlanchín
  sacamuelas
  cotorra
  bocón
2 embatido
  embaucador
  engañador
  farsante
  impostor
  embustero
  fanfarrón

charlatanería *nombre femenino*
1 locuacidad
  palabrería
  garrullería
  charlatanismo

  Garrullería si la *charlatanería*
  es vulgar o pedestre; *charlatanismo* si es además engaño-
  sa.

charneca *nombre femenino*
1 lentisco
  almácigo
  mata

charnela *nombre femenino*
1 bisagra
2 gozne

charol *nombre masculino*
1 bandeja
  charola

charola *nombre femenino*
1 bandeja
  charol

charpa *nombre femenino*
1 cabestrillo (aparato)

charqui *nombre masculino*
1 charque

charrán, -ana *adjetivo/nombre*
1 pillo
  tunante
  granuja
  malvado

  Charrán es intensivo, y connota suciedad en sus actos y
  procedimientos.

charrasco *nombre masculino*
1 (familiar) (arma) sable
    charrasca (familiar)
    chafarote (despectivo)

chasco *nombre masculino*
1 burla
    broma
    engaño
2 decepción
    fiasco
    desencanto
    desilusión
    desengaño

chasis *nombre masculino*
1 bastidor

chasqueado, -da *adjetivo*
1 desairado
    desatendido
    desdeñado
    burlado

chasquear[1] *verbo transitivo*
1 burlar
    engañar
    embromar
2 frustrar
    decepcionar
    desilusionar

chasquear[2] *verbo transitivo*
1 restallar
    verbo intransitivo
2 crujir

chasquido *nombre masculino*
1 estallido
    crujido
    restallido
    traquido
    Traquido, tratándose de la madera.

chato, -ta *adjetivo*
1 romo
    ANTO narigón
        puntiagudo

chaval, -la *nombre*
1 (familiar) muchacho
    joven
    mozo

chavea *nombre masculino*
1 (familiar) rapaz
    rapazuelo
    muchacho
    niño
    chico
    pàrvulo
    rorro
    bebé

cheche *nombre masculino*
1 jaque
    valentón
    perdonavidas
    chulo
    fanfarrón

cheira *nombre femenino*
1 chaira
    tranchete
    trinchete

chepa *nombre femenino*
1 corcova
    joroba
    giba

cheposo, -sa *adjetivo*
1 corcovado
    jorobado
    giboso

cheque *nombre masculino*
1 boleta
    libranza
    libramiento
    vale
    talón

chequeo *nombre masculino*
1 revisión (médica)

cherna *nombre femenino*
1 mero

cherva *nombre femenino*
1 ricino
    querva
    higuera del infierno
    higuera infernal
    higuereta
    higuerilla
    palmacristi

chicha
    de chicha y nabo *locución
    adjetiva*
    insignificante
    baladí
    mezquino
    miserable
    despreciable
    desdeñable
    de mala muerte
    fútil
    pequeño
    frívolo
    insustancial
    de tres al cuarto
    nimio
    ANTO útil

chícharo *nombre masculino*
1 garbanzo
    guisante

chicharra *nombre femenino*
1 cigarra

chicharro *nombre masculino*
1 chicharrón
2 jurel

chicharrón *nombre masculino*
1 chicharro
    gorrón

chichear *verbo
    intransitivo/transitivo*
1 sisear

chichón *nombre masculino*
1 porcino
    tolondro
    tolondrón
    turumbón

chico, -ca *adjetivo*
1 pequeño
    bajo
    joven
    reducido
    insuficiente
    corto
    ANTO grande
        enorme

    Bajo y *joven,* tratándose de
    personas. *Reducido* e *insufi-
    ciente,* tratándose de espacios
    o cantidades; y *corto* cuando
    se trata de longitudes.

    adjetivo/nombre
2 niño
    muchacho
    párvulo

chicoleo *nombre masculino*
1 donaire
    galantería
    flor
    piropo
    requiebro

chicoria *nombre femenino*
1 achicoria

chicote *nombre masculino*
    látigo

chiflado, -da *adjetivo*
1 (familiar) maniático
    guillado (familiar)
    tocado
    desequilibrado
    lelo
    loco
    monomaníaco
    maníaco
    chalado (familiar)
2 enamorado

a
b
c
d
e
f
g
h
i
j
k
l
m
n
ñ
o
p
q
r
s
t
u
v
w
x
y
z

a
b
c
d
e
f
g
h
i
j
k
l
m
n
ñ
o
p
q
r
s
t
u
v
w
x
y
z

chifladura *nombre femenino*
1 manía
  guilladura
  idea fija
2 capricho
  fantasía
  tema
3 enamoramiento

chiflar *verbo intransitivo*
1 silbar

chiflato *nombre masculino*
1 silbato (instrumento)
  pito

chigre *nombre masculino*
1 sidrería

chillar *verbo intransitivo*
1 chirriar
  rechinar

  Chillar es propio de personas y de ciertos animales. *Chirriar* y *rechinar* se dicen de cosas que luden o rozan. Por ejemplo, un niño asustado y un ratón *chillan*; la carreta *chirría*; una máquina mal engrasada *rechina.*

2 gritar
  desgañitarse
  vociferar
  vocear
  ANTO callar
       hablar bajo
       susurrar

  Estos sinónimos se aplican sólo a personas, mientras que *chillar* es propio tanto de personas como de ciertos animales.

chillería *nombre femenino*
1 vocerío
  vocinglería
  gritería
2 bronca
  regaño
  regañina
  represión

  Todos ellos son sinónimos de *chillería* cuando se hacen a gritos.

chillón, -ona *adjetivo*
1 (color) abigarrado
  confuso
  mezclado
  heterogéneo
  inconexo
  ANTO homogéneo

china *nombre femenino*
1 lampatán (raíz medicinal)
2 porcelana
3 naranja

chinchar *verbo transitivo*
1 (vulgar) molestar
  fastidiar
  incomodar
  estorbar
  enojar
  enfadar
  mortificar
  fatigar
  dar jaqueca
  gastar la paciencia
  traer a mal traer
  ANTO alegrar
       tranquilizar
       apaciguar
2 matar
  ejecutar
  apiolar
  despabilar
  despachar
  trincar
  quitar de en medio

chinche *adjetivo/nombre común*
1 (familiar) (persona)
       impertinente
  molesto
  fastidioso
  cargante
  pesado
  chinchorrero (familiar)
  chinchoso (familiar)
  descontentadizo
  difícil
  desabrido
  áspero
2 (persona) quisquilloso
  caramilloso
  reparón
  criticón
  ANTO tranquilo
       pacífico
       comprensivo
       alegre

chinchorrería *nombre femenino*
1 impertinencia
  pesadez
  molestia
2 chisme
  cuento
  patraña

chinchorrero, -ra *adjetivo*
1 (familiar) impertinente
  cargante
  chinchoso (familiar)
  chinche (familiar)
  fastidioso

  molesto
  pesado
  descontetadizo
  difícil
  desabrido
  áspero

chinchoso, -sa *adjetivo*
1 (familiar) impertinente
  molesto
  fastidioso
  cargante
  pesado
  chinche (familiar)
  chinchorrero (familiar)
  áspero
  desabrido
  difícil
  descontentadizo

chip *nombre masculino*
1 (anglicismo) microplaqueta
  circuito integrado

chipriota, chipriote *adjetivo/nombre común*
1 (persona) ciprino
  ciprio

  Ambos se emplean sólo tratando de la antigüedad.

chiquero *nombre masculino*
1 toril
  encerradero
  encierro
2 pocilga
  zahúrda
  cochitril
  cuchitril
  cochiquera

chiquilicuatro *nombre masculino*
1 (familiar) zascandil
  mequetrefe
  danzante
  chisgarabís

chiquillada *nombre femenino*
1 niñería
  niñada
  muchachada

chiquillería *nombre femenino*
1 (familiar) muchachada
  niñada
  niñería

chiquillo, -lla *nombre*
1 niño
  criatura
  crío
  muchacho
  rorro
  bebé
  arrapiezo

rapazuelo
chaval
mocoso

chiribita *nombre femenino*
1 chispa
2 margarita (flor)

chiribitil *nombre masculino*
1 tabuco
tugurio
cuchitril
zaquizamí

chirigota *nombre femenino*
1 cuchufleta
chiste*
chanza
broma

chirimbolo *nombre masculino*
1 (despectivo) cachivache
baratija
chisme
trasto
utensilio

chiripa *nombre femenino*
1 chamba
suerte
azar
casualidad
ANTO seguridad

Chamba, suerte y azar son azares o casualidades* favorables, especialmente en el juego.

chiripero *nombre masculino*
1 chambón

chirlata *nombre femenino*
1 timba
garito*
casa de juego

Chirlata es de menor categoría.

chirle *adjetivo*
1 (familiar) insípido
insubstancial
insulso
soso
nombre masculino
2 sirle
sirria

chirlo *nombre masculino*
1 herida
corte
cuchillada
tajo
2 cicatriz
costurón

chirona *nombre femenino*
1 (familiar) cárcel
prisión

chirriante *adjetivo*
1 estridente
rechinante
agudo
ruidoso

chirriar *verbo intransitivo*
1 rechinar
gruñir
chillar

chirumen *nombre masculino*
1 (familiar) cacumen
caletre*
magín*
mollera
pesquis

chiscón *nombre masculino*
1 tabuco
cuchitril
chiribitil
zaquizamí
tugurio

chisgarabís *nombre masculino*
1 (familiar) zascandil
mequetrefe
chiquilicuatro
danzante

chisme *nombre masculino*
1 cuento
historia
murmuración
insidia
enredo
lío
hablilla
habladuría
parlería
rumor
mentira
2 baratija
chirimbolo
cachivache
trasto

chismorrear *verbo intransitivo*
1 comadrear
cotillear
chismear
murmurar

chismorreo *nombre masculino*
1 comadreo
cotilleo
murmuración

chismoso, -sa *adjetivo/nombre*
1 cuentista

cuentón
murmurador
cizañero
hablador
indiscreto
ANTO discreto

chispa *nombre femenino*
1 chiribita
2 relámpago
rayo
exhalación
centella
descarga

La *centella* sugiere menor intensidad. Todos estos vocablos denotan *chispas* atmosféricas, meteorológicas. Pero la *chispa* y la *descarga* eléctrica pueden saltar también en las máquinas eléctricas y en los cables conductores.

3 penetración
viveza
ingenio
agudeza
gracia
4 borrachera

chispeante *adjetivo*
1 ingenioso
agudo

Chispeante se aplica al escrito, discurso o estilo en que abundan aquellas cualidades.

chispear *verbo intransitivo*
1 brillar
lucir
relucir
resplandecer
relumbrar
centellear
2 lloviznar
molliznar
molliznear
pintear

chispo, -pa *adjetivo*
1 achispado
bebido
beodo
borracho
ajumado

chisporrotear *verbo intransitivo*
1 decrepitar
crepitar

chistar *verbo intransitivo*
1 rechistar

chiste *nombre masculino*
1 gracia

graciosidad
agudeza
chuscada
chirigota
cuchufleta

Chuscada, chirigota y *cuchu-fleta* acentúan el matiz de bur-la.

'Lo que constituye el *chiste* es la *gracia*; lo que constituye la *agudeza* es el *ingenio*' (M).

chistoso, -sa *adjetivo*
1 ocurrente
decidor
gracioso
donoso
chusco
agudo
ingenioso
chancero

Ocurrente y *decidor* se apli-can sólo a personas. *Gracio-so, donoso* y *chusco*, a perso-nas, dichos o hechos. *Agudo* e *ingenioso* se dice de perso-nas o de dichos; pero no de sucesos reales.

2 burlesco
festivo
jocoso
ANTO serio
grave

chita *nombre femenino*
1 astrágalo (hueso)
2 tejo (juego)
chito

chito *nombre masculino*
1 mojón
tango
tanguillo
tángano
tarusa
2 chita (juego)
tejo

chivato, -ta *nombre*
1 soplón
delator*
fuelle
acusón
malsín
acusica
acusique
acusador

chivo *nombre masculino*
1 cabrón*
igüedo
buco
macho cabrío

cegajo
chivato

chocante *adjetivo*
1 raro
extraño
sorprendente
singular
ANTO normal

chocar *verbo intransitivo*
1 topar
encontrarse
2 pelear
combatir
disputar
3 extrañar
sorprender

chocha *nombre femenino*
1 becada
coalla
chorcha
gallina sorda
gallineta
pitorra
chochaperdiz

chochear *verbo intransitivo*
1 caducar

chochez *nombre femenino*
1 decrepitud
chochera

chocho *nombre masculino*
1 altramuz (fruto)
calamocano
lupino

choclo *nombre masculino*
1 (calzado) almadreña
madreña
zueco
zoco
chanclo
zoclo

chofe *nombre masculino*
1 bofe
pulmón
asadura

chofeta *nombre femenino*
1 copilla
chufeta
escalfeta

chola *nombre femenino*
1 (familiar) cabeza
testa (culto o irónico)
calabaza
calamorra
coca
casco

cholo, -la *adjetivo/nombre*
1 mestizo

chopo[1] *nombre masculino*
1 álamo negro

chopo[2] *nombre masculino*
1 fusil

choque *nombre masculino*
1 encuentro
topada
colisión
topetazo
trompada
encontronazo

Topetazo, trompada y *encon-tronazo* son intensivos.

2 contienda
pelea
combate
disputa

choquezuela *nombre femenino*
1 rótula

chorcha *nombre femenino*
1 becada
chocha
coalla
gallina sorda
gallineta
pitorra

chordón *nombre masculino*
1 frambuesa
churdón
fraga
sangüeso

chorizo *nombre masculino*
1 balancín
contrapeso
tiento

chorlo *nombre masculino*
1 turmalina

chorro *nombre masculino*
1 caño
hilo

Hilo, cuando es muy delgado.

chotacabras *nombre femenino*
1 engañapastores
zumaya

choteo *nombre masculino*
1 burla
pitorreo
rechifla

choto, -ta *nombre*
1 ternero
becerro

jato
novillo
magüeto
utrero

choza *nombre femenino*
1 cabaña
barraca
chozo
chabola
chamizo

Chozo y *chabola* cuando la
choza es pequeña.

chubasco *nombre masculino*
1 chaparrón*
aguacero
lluvia*

chubasquero *nombre masculino*
1 impermeable

chucha *nombre femenino*
1 (familiar) pereza
galbana
gandulería
pigricia
holgazanería
ANTO diligencia
acción
aplicación
actividad

chuchería *nombre femenino*
1 fruslería
baratija
friolera

La *chuchería* sugiere delicadeza o lindeza.

chucho *nombre masculino*
1 perro
interjección
2 zuzo

chueco, -ca *adjetivo*
1 estevado
patituerto

chula *nombre femenino*
1 argot*
jerga
jeringonza
germanía
caló
chulapa
lunfardo

La *chula* o *chulapa* es el habla
popular de Madrid. El *lunfardo*
es el habla de los maleantes
de Buenos Aires.

chulería *nombre femenino*
1 majeza

valentonería
guapeza

chulo, -la *nombre*
1 majo
guapo
2 valentón
perdonavidas
3 rufián
ANTO delicado
correcto

chumbera *nombre femenino*
1 nopal
tunal
higuera chumba
higuera de Indias

chunga *nombre femenino*
1 zumba
cantaleta
broma
guasa
burla*

Todos significan *burlas* festivas y ligeras.

chupada *nombre femenino*
1 succión

chupado, -da *adjetivo*
1 flaco
extenuado
delgado
consumido

chupar *verbo transitivo*
1 succionar (culto o técnico)
2 embeber
absorber
fumar

chupatintas *nombre masculino*
1 (despectivo o burlesco)
cagatintas
oficinista

churdón *nombre masculino*
1 frambuesa
chordón
fraga
sangüeso

churra *nombre femenino*
1 ortega
corteza

churriburri *nombre masculino*
1 (familiar) zurriburri
gentecilla
gentucilla

chuscada *nombre femenino*
1 donaire
gracia

ocurrencia
chiste*

chusco, -ca *adjetivo*
1 chistoso*
gracioso
ocurrente
donoso
ANTO soso
serio

chusma *nombre femenino*
1 gentuza
gentualla
zurriburri
churriburri

chut *nombre masculino*
1 disparo
tiro

chutador, -ra *nombre*
1 artillero
En el fútbol.

chutar *verbo transitivo*
1 disparar
tirar

cianea *nombre femenino*
1 lapislázuli
lazulita
azul de ultramar

cianhídrico, -ca *adjetivo*
1 prúsico

cianuro *nombre masculino*
1 prusiato

cíbolo *nombre masculino*
1 bisonte
toro mexicano

cicatería *nombre femenino*
1 tacañería
mezquindad
ruindad
avaricia*

cicatero, -ra *adjetivo*
1 tacaño
ruin
mezquino
miserable
avaro
agarrado
roñoso

cicatriz *nombre femenino*
1 costurón
chirlo

La muy visible y extensa, *costurón*; la que deja una herida
en la cara, *chirlo*.

a
b
c
d
e
f
g
h
i
j
k
l
m
n
ñ
o
p
q
r
s
t
u
v
w
x
y
z

cicatrizante *adjetivo*
1 apulótico

cicercha *nombre femenino*
1 almorta
alverjón
diente de muerto
tito
cicércula
guaja
muela

cicércula *nombre femenino*
1 almorta
cicercha

ciclamino *nombre masculino*
1 artanita
pamporcino
pan porcino
artanica

ciclamor *nombre masculino*
1 algarrobo loco
árbol de Judas
árbol del amor
arjorán
sicamor

ciclánico, -ca *adjetivo*
1 alicíclico

ciclización *nombre femenino*
1 aromatización

cicloide *nombre femenino*
1 trocoide

ciclón *nombre masculino*
1 huracán
tifón
tornado
viento*

ciclópeo, -ea *adjetivo*
1 gigantesco
enorme
desmesurado
colosal
excesivo
formidable

ciclostilo *nombre masculino*
1 multicopista

cicuta
cicuta menor *locución nominal*
etusa

cidrato *nombre masculino*
1 azamboa
cimboya
zamboa

cidronela *nombre femenino*
1 abejera

toronjil
melisa

ciego, -ga *adjetivo*
1 invidente
2 ofuscado
obcecado
alucinado

cielo *nombre masculino*
1 atmósfera
firmamento
2 empíreo
edén
paraíso
gloria
patria celestial
reino de los cielos
bienaventuranza
alturas

ciempiés *nombre masculino*
1 chapucería
desatino
disparate
barbaridad
despropósito

ciénaga *nombre femenino*
1 cenagal
lodazal
fangal
barrizal

ciencia *nombre femenino*
1 conocimiento
saber
sabiduría
erudición
ANTO ignorancia
incultura

ciencias exactas *locución nominal*
matemáticas
matemática

cieno *nombre masculino*
1 légamo
lama
fango
barro
lodo

cientopiés *nombre masculino*
1 escolopendra
ciempiés

cierre *nombre masculino*
1 cerradura
cerramiento
2 bloqueo

cierto, -ta *adjetivo*
1 algún
un

varios (plural)
algunos (plural)
2 verídico
verdadero
real
indiscutible
indudable
positivo
ANTO dudoso
incierto

'Lo *verdadero* es la expresión de lo *cierto*, porque la verdad es la conformidad de la palabra con el hecho. Se dice historia *verdadera*, y no historia *cierta*. Lo *cierto* es lo que existe; lo *verdadero*, lo que se dice. El hombre sabe que es *cierto* un acaecimiento. Si lo refiere como lo sabe, refiere la *verdad*, y su lenguaje es *verdadero...*' (M).

ciervo *nombre masculino*
1 venado

cierzo *nombre masculino*
1 norte
septentrión
aquilón
bóreas
zarragán
zarraganillo
Zarragán es el *cierzo* flojo pero muy frío.

cifra *nombre femenino*
1 guarismo
número
2 clave
abreviatura*

cifrar *verbo transitivo*
1 codificar

cigarra *nombre femenino*
1 chicharra
áqueta

cigarrera *nombre femenino*
1 petaca
pitillera
tabaquera

cigarrillo *nombre masculino*
1 pitillo

cigarro *nombre masculino*
1 tabaco
cigarro puro
puro
veguero
Veguero, el que está hecho de una sola hoja.

2 cigarrillo
  pitillo

cigarrón *nombre masculino*
  1 saltamontes
  caballeta
  saltón

cigüeña *nombre femenino*
  1 manivela
  manubrio
  manija
  En tornos y máquinas.

cija *nombre femenino*
  1 pajar
  almiar

cilantro *nombre masculino*
  1 culantro

cilíndrico, -ca *adjetivo*
  1 rollizo
  redondo

cilindro *nombre masculino*
  1 apisonadora

cilla *nombre femenino*
  1 cámara
  cillero

cillero *nombre masculino*
  1 bodega
  despensa

cima *nombre femenino*
  1 cúspide
  cumbre
  2 terminación
  fin
  complemento
  3 éxtasis
  orgasmo
  clímax

címbara *nombre femenino*
  1 rozón
  rozadera

cimbel *nombre masculino*
  1 señuelo

cimboga *nombre femenino*
  1 azamboa
  cidrato
  zamboa

cimbra *nombre femenino*
  1 cerchón

cimbrar *verbo transitivo*
  1 cimbrear

cimbrear *verbo transitivo*
  1 cimbrar

cimbria *nombre femenino*
  1 filete
  cinta
  listel
  listón
  tenia

cimentar *verbo transitivo*
  1 basar
  asentar

cimero, -ra *adjetivo*
  1 cumbrero

cimiento *nombre masculino*
  1 fundamento
  base*
  2 raíz
  origen
  principio

cimofano *nombre masculino*
  1 crisoberilo
  ojo de gato

cinamomo *nombre masculino*
  1 (árbol meliáceo) agriaz
  agrión
  rosariera
  2 (árbol eleagnáceo)
  acederaque

cinc
  cinc espinela *locución nominal*
  gahnita
  gahnoespinela

cincado *nombre masculino*
  1 galvanización

cinco
  **decir a uno cuántas son
  cinco** *locución*
  amenazar
  amagar
  conminar
  enseñar los dientes
  tener en jaque

cincoenrama *nombre femenino*
  1 quinquefolio

cincona *nombre femenino*
  1 quina

cincuentésimo, -ma
  adjetivo/nombre
  1 quincuagésimo

cincuentón, -ona
  adjetivo/nombre
  1 quincuagenario

cine *nombre masculino*
  1 cinematógrafo
  cinema

cineasta *nombre común*
  1 peliculero (familiar)

cinegética *nombre femenino*
  1 montería

cinegético, -ca *adjetivo*
  1 venatorio

cinematógrafo *nombre
  masculino*
  1 cine
  cinema

cineración *nombre femenino*
  1 incineración

cíngaro, -ra *adjetivo/nombre*
  1 gitano
  Cíngaro es especialmente el
  gitano de Europa Central.

cingiberáceo, -ea *adjetivo*
  1 drimirríceo

cínico, -ca *adjetivo*
  1 descarado
  impúdico
  desvergonzado
  procaz

cinismo *nombre masculino*
  1 impudicia
  impudencia
  impudor
  desvergüenza
  procacidad
  descaro
  desfachatez
  ANTO vergüenza
  reverencia

cinódromo *nombre masculino*
  1 canódromo

cinoglosa *nombre femenino*
  1 lapilla
  viniebla

cinosura *nombre femenino*
  1 Osa Menor
  Carro Menor

cinquina *nombre femenino*
  1 quinterno (lotería)
  quinta

cinta *nombre femenino*
  1 filete
  cimbria
  listel
  listón
  tenia
  2 película
  filme
  3 bordillo
  encintado

a
b
c
d
e
f
g
h
i
j
k
l
m
n
ñ
o
p
q
r
s
t
u
v
w
x
y
z

cintel *nombre masculino*
1 cintra

cintilla *nombre femenino*
1 trencillo
  trancellín
  trencellín
  En los sombreros antiguos.

cintra *nombre femenino*
1 cintel

cintura *nombre femenino*
1 cinto
  talle

ciprés *nombre masculino*
1 cipariso (poético)

circón *nombre masculino*
1 jacinto
  jacinto de Ceilán

circuir *verbo transitivo*
1 rodear
  cercar
  circundar
  circunvalar

circuito *nombre masculino*
1 bojeo
  contorno
2 placa

circulación *nombre femenino*
1 tránsito
  tráfico

circular *verbo intransitivo*
1 andar
  pasar
  transitar
  ANTO detenerse

círculo *nombre masculino*
1 redondel
2 circuito
3 casino
  sociedad*
  club

circuncisión *nombre femenino*
1 postectomía
  postetomía
  peritomía

circundar *verbo transitivo*
1 cercar
  rodear
  circuir
  circunvalar

circunferencia *nombre femenino*
1 contorno
  periferia

circunlocución *nombre femenino*
1 circunloquio
  perífrasis
  rodeo

circunloquio *nombre masculino*
1 circunlocución
  rodeo
  ambages
  perífrasis
2 retóricas
  sofisterías

circunnavegación *nombre femenino*
1 periplo
  Periplo, tratándose de la antigüedad, o en estilo literario.

circunscribir *verbo transitivo*
1 limitar
  ceñir
  amoldar
  concretar
  ajustar
  restringir

circunscripción *nombre femenino*
1 distrito
  demarcación
  territorio

circunscrito, -ta *adjetivo*
1 limitado
  confinado
  reducido

circunspección *nombre femenino*
1 prudencia
  cordura
  reserva
  discreción
  mesura
  cautela*
  recato
  ANTO indiscreción
    informalidad
    insensatez
    imprudencia
    fervor
2 aplomo
  gravedad
  serenidad
  seguridad en sí mismo
3 diplomacia
  tacto
  sagacidad
4 parsimonia
  templanza
  moderación

  parquedad
  ANTO rapidez
5 ponderación
  atención
  reflexión

circunspecto, -ta *adjetivo*
1 prudente
  cuerdo
  reservado
  discreto
  mirado
  mesurado
  diplomático
  sagaz
  disimulado
  ladino
2 serio
  grave
  formal
  reflexivo
  sensato
  sentado

circunstancia *nombre femenino*
1 accidente
2 particularidad
  requisito
  pormenor

circunstanciado, -da *adjetivo*
1 detallado
  pormenorizado
  especificado

circunstantes *adjetivo plural/nombre común plural*
1 presentes
  concurrentes
  asistentes
  espectadores
  mirones

circunvalar *verbo transitivo*
1 cercar
  ceñir
  circundar
  rodear
  circuir
  encerrar
  bordear

circunvecino, -na *adjetivo*
1 próximo
  cercano
  inmediato
  contiguo
  Circunvecino se usa especialmente en plural para designar las cosas que están próximas a un centro común, por ejemplo, los pueblos *circunvecinos* de la capital.

cirio *nombre masculino*
1 vela
   candela
   bujía

cirro *nombre masculino*
1 (nube) rabos de gallo

cirujano *nombre masculino*
1 sacapotras (vulgar)
   operador
   Sacapotras se aplica al mal *ci-rujano.*

cisca *nombre femenino*
1 carrizo

cisco *nombre masculino*
1 alboroto
   bullicio
   reyerta
   pendencia
   zipizape
   pelotera
   riña
   lucha
   altercado*
   hacer cisco
   locución
   destrozar
   hacer trizas

cisma *nombre masculino*
1 discordia
   desavenencia
   disensión
   escisión
   rompimiento
   separación
   disidencia
   desacuerdo
   ruptura
   ANTO ortodoxia
        concordia
        unidad

cisterna *nombre femenino*
1 aljibe
   La preferencia por uno u otro sinónimo varía según las regiones.

cisticercosis *nombre femenino*
1 ladrería

cita *nombre femenino*
1 mención
   nota
   alusión

citación *nombre femenino*
1 llamamiento
   convocatoria

citado, -da *participio pasado*
1 dicho
   mencionado
   mentado
   susodicho
   antedicho

citar *verbo transitivo*
1 aludir*
   mencionar
   mentar
   nombrar
2 alegar
   invocar

citeromanía *nombre femenino*
1 ninfomanía

cítola *nombre femenino*
1 tarabilla

citral *nombre masculino*
1 geranial
   lemonal
   neral

cítricos *nombre masculino plural*
1 agrios
   Dícese de ciertas frutas.

ciudad *nombre femenino*
1 urbe
   Especialmente la muy populosa.

ciudadano, -na *adjetivo*
1 urbano
   cívico
   civil
   Urbano, si se refiere a la ciudad: parques *urbanos* o *ciu-dadanos. Cívico,* cuando toca a la ciudadanía en su aspecto político: virtudes *cívicas* o *ciu-dadanas. Civil,* si concierne a los ciudadanos: discordias *ci-viles* o *ciudadanas;* convivencia *civil* o *ciudadana.*

civeta *nombre femenino*
1 algalia

civeto *nombre masculino*
1 (substancia) algalia
   ambarina

civil *adjetivo*
1 sociable
   urbano
   atento
   cortés
   afable

civilidad *nombre femenino*
1 sociabilidad

   urbanidad
2 civismo

civilización *nombre femenino*
1 cultura
   ANTO barbarie
        incultura
   'Donde hay leyes, gobierno, administración de justicia y todo lo que constituye el orden civil, hay *civilización.* Donde hay amor al saber, educación literaria y científica, amor a las letras y a las artes, y protección y galardones para los que sobresalen en el cultivo de la inteligencia, hay *cultura.* La *civilización* depende en gran parte del régimen político y de la autoridad; la *cultura,* del temple nacional, de la opinión pública y de las costumbres dominantes. Hay naciones *civilizadas* que están muy lejos de ser *cultas.* Bajo el nombre de nación *civilizada* se comprenden todas las clases que la componen; mas no puede decirse lo mismo de las naciones *cultas,* pues en ellas hay forzosamente clases enteras a las que no puede darse este título' (M).

civismo *nombre masculino*
1 altruismo
   caridad
   filantropía
   humanidad
   piedad
   generosidad
   beneficencia
   ANTO egoísmo
        sordidez

cizaña *nombre femenino*
1 borrachuela
   cominillo
   joyo
   rabillo
2 disensión
   enemistad
   discordia

cizañero, -ra *adjetivo/nombre*
1 chismoso
   insidioso

clac *nombre masculino*
1 sombrero de muelles

cladodio *nombre masculino*
1 filocladio

clamar *verbo intransitivo/pronominal*

1 gritar
dar voces
gemir
lamentarse
quejarse
exclamar

Clamar tiene frente a sus sinónimos un significado solemne, intenso y grave que lo hace especialmente adecuado para multitudes, asambleas; cuando se dice de una persona individual, se atribuye importancia a esa persona o a las circunstancias que la rodean. *Gemir, lamentarse* y *quejarse* suponen pesadumbre, dolor o tristeza; *gritar, dar voces, exclamar* y *clamar* pueden ser producidos por la indignación o el odio.

verbo pronominal

2 serenarse
sosegarse
tranquilizarse
apaciguarse
aquietarse
ANTO intranquilizarse
alterarse

clamor *nombre masculino*

1 grito*
voz
ANTO silencio

Clamor es un *grito* o *voz* proferidos con vigor o esfuerzo, especialmente si es colectivo.

2 queja
gemido
lamentación
lamento

Frente a *queja, gemido, lamentación* y *lamento, clamor* añade mayor intesidad o carácter colectivo.

clamoreo *nombre masculino*

1 gritería
vocerío

clandestino, -na *adjetivo*

1 secreto*
oculto
ilícito
ilegal
subrepticio

clanga *nombre femenino*

1 planga
planco

dango
pulla

claraboya *nombre femenino*

1 tragaluz

claramente *adverbio*

1 abiertamente
francamente
públicamente
manifiestamente
paladinamente
patentemente
notoriamente
lúcidamente
luminosamente
expresamente
explicitamente

Tratándose de claridad intelectual o expositiva, *lúcidamente* o *luminosamente.*

2 redondamente
rotundamente
categóricamente
terminantemente

3 al pan pan y al vino vino
en buen romance
en plata

clarear *verbo intransitivo*

1 amanecer
alborear
apuntar el día
apuntar el alba

2 aclarar
abrirse
escampar

Tratándose de nublados.

verbo pronominal

3 transparentarse
traslucirse
traspintarse

clarecer *verbo intransitivo*

1 amanecer
aclarar
clarear
alborear
alborecer

claridad *nombre femenino*

1 luz
luminosidad
ANTO oscuridad
tiniebla

2 transparencia
diafanidad
limpidez
ANTO confusión

3 franqueza
sinceridad

clarificar *verbo transitivo*

1 iluminar

alumbrar

2 aclarar

3 defecar
sedimentar

Tratándose de líquidos.

clarinada *nombre femenino*

1 trompetada
trompetazo

clarión *nombre masculino*

1 tiza
yeso

clarividencia *nombre femenino*

1 videncia
penetración
perspicacia

2 acierto*
tino
tacto
tiento
destreza
habilidad
ANTO desacierto

claro, -ra *adjetivo*

1 luminoso
brillante
ANTO oscuro

2 iluminado
alumbrado
ANTO oscuro

3 transparente
límpido
cristalino
diáfano
ANTO opaco

4 ilustre
insigne
famoso
esclarecido

5 perspicaz
agudo
despierto

6 evidente
inteligible
patente
manifiesto
indudable

7 franco
abierto
sincero
ANTO cerrado

clase *nombre femenino*

1 condición
jerarquia
categoría
estofa*

En este sentido, *categoría* y *jerarquía* son equivalentes.

'*Categoría* expresa los grados

de dignidad que se encuentran en la misma *clase,* como la de duque, marqués y conde en la nobleza; la de obispo, canónigo y cura en la eclesiástica. En la democracia pura no hay *clases*; pero hay *categorías'* (M).

2 grupo
agrupación
3 lección
4 aula

clasificación *nombre femenino*
1 taxonomía (en historia natural)
2 ranking (anglicismo)

clasificador *nombre masculino*
1 casillero

clasificar *verbo transitivo*
1 ordenar
coordinar
arreglar

'La etimología de estos vocablos indica las respectivas diferencias de sus significados. *Clasificar* es distribuir por clases; *ordenar* y *coordinar* es introducir el orden donde falta; *arreglar* es someter a regla lo que la infringe. Se *clasifican* las cosas que están mezcladas indistintamente; se *ordenan* y *coordinan* las que están confusas; se *arreglan* las que carecen de regularidad y armonía. Se *clasifican* los cuerpos naturales en la Botánica y en la Geología y las demás ciencias de observación; se *ordenan* y se *coordinan* los documentos de un negociado; se *arreglan* los intereses de una familia, las cuentas de una especulación, los pormenores de una empresa. Para *clasificar,* se necesita un sistema; para *ordenar* y *coordinar,* un plan; para *arreglar,* un método' (M).

claudicar *verbo intransitivo*
1 ceder
transigir
consentir
rendirse

claustro
  claustro materno *locución nominal*
  seno materno

matriz
útero

cláusula *nombre femenino*
1 disposición
estipulación
condición
2 período

clausurar *verbo transitivo*
1 cerrar
poner fin

Clausurar equivale a *cerrar* un establecimiento por disposición judicial o gubernativa; o bien a *cerrar* o *poner fin* solemnemente a una asamblea, exposición, certamen, etc.

clava *nombre femenino*
1 porra
cachiporra
maza

clavado, -da *adjetivo*
1 pintiparado
justo
ajustado
medido
exacto

clavar *verbo transitivo*
1 hincar
hundir
2 sujetar
fijar
enclavar
3 engañar
perjudicar

clave *nombre femenino*
1 (música) llave
2 cifra
contracifra

La explicación de los signos empleados para escribir en *cifra* se llama *clave* o *contracifra.*

clavero *nombre masculino*
1 clavario

clavícula *nombre femenino*
1 islilla

clemátide *nombre femenino*
1 hierba de los lazarosos
hierba de los pordioseros

clemencia *nombre femenino*
1 indulgencia
benignidad
misericordia
piedad
bondad
blandura

apacibilidad
dulzura
afabilidad
mansedumbre
ANTO inclemencia
crueldad
rigor
intolerancia

clemente *adjetivo*
1 indulgente
benigno
misericordioso
piadoso

cleptomanía *nombre femenino*
1 clopemanía

clericalismo *nombre masculino*
1 teocratismo
ultramontanismo

clérigo *nombre masculino*
1 eclesiástico
sacerdote
presbítero
tonsurado
cura
capellán

cliente, -ta *nombre*
1 parroquiano
comprador
clientela*

Parroquiano y *comprador* son donominaciones populares; *cliente* es más escogido. La preferencia por uno u otro depende de la importancia que se atribuye al establecimiento o al *comprador* habitual. Un vendedor callejero llama a sus *parroquianos*; los anuncios de un gran almacén se dirigen a sus *clientes.*

clientela *nombre femenino*
1 parroquia
cliente

En el comercio, la diferencia entre *clientela* y *parroquia* es la misma que entre *cliente* y *parroquiano*. En las profesiones liberales, siempre *clientela.*

climaterio *nombre masculino*
1 menopausia
andropausia

Climaterio es término general; *menopausia* se aplica a las mujeres y *andropausia* a los hombres.

a
b
c
d
e
f
g
h
i
j
k
l
m
n
ñ
o
p
q
r
s
t
u
v
w
x
y
z

climatización *nombre femenino*
1 (de un local)
   acondicionamiento del aire

climatizador *nombre masculino*
1 acondicionador

clímax *nombre masculino*
1 gradación
2 orgasmo
   cima
   éxtasis

clistel, clister *nombre masculino*
1 ayuda
   lavativa
   lavamiento
   servicial
   servicio
   enema

clopemanía *nombre femenino*
1 cleptomanía

cloque *nombre masculino*
1 bichero

cloquear *verbo intransitivo*
1 clocar
   cacarear

Cloquear y *clocar* se refieren a la gallina clueca. *Cacarear,* a cualquier gallina.

clorhidrato *nombre masculino*
1 cloruro
   muriato

cloroformizar *verbo transitivo*
1 anestesiar*
   insensibilizar
   eterizar
   raquianestesiar

cloroformo *nombre masculino*
1 triclorometano

cloruro *nombre masculino*
1 clorhidrato

club *nombre masculino*
1 sociedad
   casino
   círculo
   asociación
   ateneo

clueca *nombre femenino*
1 llueca

coacción *nombre femenino*
1 coerción
   fuerza
   ANTO tolerancia

coadyuvante *adjetivo/nombre común*
1 auxiliar
   ayudante
   asistente
   cooperador

coadyuvar *verbo transitivo*
1 ayudar
   secundar
   asistir
   auxiliar
   colaborar*

Coadyudar es palabra docta, propia del habla culta o literaria.

coagulación *nombre femenino*
1 cuajamiento

coagular *verbo transitivo/pronominal*
1 cuajar
   cortarse
   precipitar
   condensar*
   ANTO liquidar
         fluir
         redisolver
         disolver
         licuar

Coagular se usa como voz científica. El término corriente es *cuajar*; tratándose de la leche, *cortarse*.

coágulo *nombre masculino*
1 cuajo
   cuajarón
   grumo

Coágulo es voz científica; sus sinónimos son voces corrientes.

coalición *nombre femenino*
1 alianza
   liga
   confederación

coalla *nombre femenino*
1 chocha

coartar *verbo transitivo*
1 coaccionar
   coercer*
   limitar*
   restringir
   cohibir
   sujetar
   ANTO dejar
         permitir
         soltar

coautor, -ra *nombre*
1 colaborador

coba *nombre femenino*
1 (familiar o vulgar) halago
   adulación*
   lisonja
   zalamería
   carantoña
   servilismo
   pelotilla (familiar o vulgar)

cobarde *adjetivo/nombre común*
1 miedoso
   medroso*
   apocado
   tímido
   encogido
   pusilánime
   blando
   flojo
   muelle
   cagado (vulgar)
   gallina (familiar)
   menguado
   ANTO valiente
         temerario

'El que huye en la pelea es *cobarde*; el que cede fácilmente a la reconvención, al influjo o a las consideraciones de poca importancia, es *tímido*. El que se asusta en la oscuridad o se estremece al menor ruido, es *medroso*' (M).

cobardía *nombre femenino*
1 temor*
   miedo*
   pusilanimidad
   timidez
   ANTO valentía

cobayo *nombre masculino*
1 conejillo de Indias
   cavia

cobertizo *nombre masculino*
1 techado
   sotechado
   tapadizo
   tejavana
   tendajo
   tendejón
   tinglado

El *cobertizo* mal construido o muy rústico, *tendajo* o *tendejón*; en los muelles y estaciones del ferrocaril, *tinglado*.

cobertor *nombre masculino*
1 colcha

cobertura *nombre femenino*
1 cubierta
   cobija
   voladizo

cobija *nombre femenino*
1 ropa de cama
  manta

cobijar *verbo*
  transitivo/pronominal
1 cubrir
  tapar
  ANTO descubrir
    destapar
2 albergar
  refugiar
  guarecer
  amparar
  acoger*
  ANTO desamparar

cobijo *nombre masculino*
1 albergue
  refugio
  hospedaje

cobista *adjetivo/nombre común*
1 (familiar) adulador*
  adulón
  servil
  pelotillero
  lisonjeador
  lisonjero
  zalamero

cobrador *nombre masculino*
1 recaudador*

El *recaudador* es el encargado de la cobranza de caudales, y especialmente de los públicos. El *cobrador* es el que recibe inmediatamente el dinero del público: *cobrador* de tranvía, de gas, etc., es oficio más humilde que el de *recaudador*. El que en una sociedad benéfica recibe donativos de personas iguales a él, es *recaudador*, porque no ejerce esta misión por oficio. Un *recaudador* puede tener *cobradores* a sus órdenes.

cobranza *nombre femenino*
1 cobro
  recaudación

cobrar *verbo transitivo*
1 recibir
  reembolsarse
  percibir
  recaudar
  colectar
  ANTO pagar
    desembolsar

Percibir es voz más escogida,

usada principalmente en la administración: *los empleados han percibido sus haberes*; recaudar es *cobrar* de varias personas y es la tarea del *cobrador* o *recaudador*; *colectar, recaudar* donativos, limosnas, etc.

2 recuperar
  recobrar
3 desquitarse

cobre verde *nombre masculino*
1 malaquita verde

cobro *nombre masculino*
1 cobranza
  recaudación

coca *nombre femenino*
1 hayo

cocción *nombre femenino*
1 decocción
  cocimiento
  coccdura
  cochura

Cochura, especialmente si se trata de pan u objetos cerámicos.

cóccix *nombre masculino*
1 coxis
  hueso palomo

coche *nombre masculino*
1 vehículo
  carruaje
  automóvil
  tranvía
  vagón

Vehículo en general; *carruaje,* si va tirado por caballerías. Por extensión se aplica el nombre de *coche* al *automóvil,* al *tranvía* y al *vagón* para viajeros en el ferrocarril.

cochero *nombre masculino*
1 auriga (constelación)

cochevís *nombre femenino*
1 cogujada
  totovía
  tova
  copada
  cogujada
  galerita

cochinero, -ra *adjetivo*
1 porcuno

cochinilla¹ *nombre femenino*
1 cucaracha

cochinilla de humedad
  milpiés
  porqueta
  puerca
  gusano de San Antón

cochinilla² *nombre femenino*
1 grana

cochinillo *nombre masculino*
1 corezuelo
  lechón

cochino, -na *nombre*
1 cerdo
2 adán
  sucio
  desaseado
  ANTO limpio

cochiquera *nombre femenino*
1 (familiar) pocilga
  zahúrda
  cochitril
  cuchitril
  chiquero

cochitril *nombre masculino*
1 pocilga
  cuchitril

cochura *nombre femenino*
1 cocción

Cocción en general; pero *cochura* se aplica especialmente a la *cocción* del pan o de objetos de alfarería y cerámica.

cocido *nombre masculino*
1 olla
  puchero
  pote

Se usa uno u otro sinónimo según las regiones. *Olla* es el nombre más antiguo; *pote* es propio de Galicia y Asturias; *cocido* predomina en ambas Castillas y Aragón.

cocina *nombre femenino*
1 gastronomía
  arte culinaria

cocinar *verbo transitivo*
1 guisar
  aderezar
  sazonar
  condimentar
  adobar
  aliñar

Condimentar se usa en sentido general, o bien en el particular de añadir a la comida los condimentos necesarios. El uso de *adobar* y *aliñar* va quedando hoy restringido a ciertas comidas especiales: se *adoban* carnes para su conservación; se *aliña* una ensalada.

2 cocer

cocinero, -ra *nombre*
1 guisandero (rústico)
ranchero

Ranchero en los cuarteles, cárceles, etc., donde se come rancho.

cocinilla *nombre femenino*
1 infernillo
infiernillo
cocinita

coco *nombre masculino*
1 bu
cancón
papón
2 (árbol) cocotero

cócora *nombre femenino*
1 impertinente
molesto
fastidioso
enojoso

cocotal *nombre masculino*
1 cocal

cocotero *nombre masculino*
1 coco
palma de coco
palma indiana

codearse *verbo pronominal*
1 tratarse
alternar*
estar hombro a hombro

codeso *nombre masculino*
1 borne
piorno

codicia *nombre femenino*
1 avaricia*
ambición
avidez
2 acometividad

En el toro de lidia.

codiciar *verbo transitivo*
1 desear*
apetecer
anhelar
ambicionar
ansiar
comerse con los ojos
ANTO renunciar

codicioso, -sa *adjetivo/nombre*
1 interesado
interesable
ansioso
ambicioso
ávido
avaro
avaricioso
avariento*
2 laborioso
hacendoso

codificar *verbo transitivo*
1 cifrar

codillo *nombre masculino*
1 estribo
estribera
estafa

coeficiente *nombre masculino*
1 fórmula
relación

coepíscopo *nombre masculino*
1 obispo comprovincial

coercer *verbo transitivo*
1 contener
refrenar
reprimir
sujetar
coartar
constreñir
cohibir
restringir
limitar

Coercer se usa especialmente como término jurídico. En esta significación, el sujeto que *coerce* es la ley, la autoridad, el mando.

coerción *nombre femenino*
1 imposición
coacción
mandato
exigencia

coercitivo, -va *adjetivo*
1 represivo
restrictivo
coactivo

coetáneo, -ea *adjetivo*
1 contemporáneo

cofa *nombre femenino*
1 cruceta

cofia *nombre femenino*
1 piloriza

cofosis *nombre femenino*
1 sordera

cofrade *nombre común*
1 congregante

Tratándose de una cofradía religiosa.

cofradía *nombre femenino*
1 congregación
hermandad
archicofradía

Archicofradía es la que se considera más antigua o importante que otras.

2 gremio
agrupación

cofre *nombre masculino*
1 arca
2 baúl*
mundo

Mundo especialmente si se emplea para viaje.

cogedor *nombre masculino*
1 librador
vertedor

coger *verbo transitivo*
1 agarrar*
asir
tomar
ANTO soltar
2 atrapar*
pillar
alcanzar
prender
ANTO soltar
3 recoger
recolectar
cosechar
4 sorprender
5 recibir
contener
abarcar

Es vulgar el empleo de *coger* por *caber*.

verbo intransitivo
6 fornicar
copular
follar (vulgar)
cardar (vulgar)

cognición *nombre femenino*
1 conocimiento
comprensión
razonamiento

cognomento *nombre masculino*
1 agnomento
renombre

cognoscible *adjetivo*
1 conocible

inteligible
comprensible

cogombro *nombre masculino*
1 alficoz
 cohombro

cogote *nombre masculino*
1 cerviz
 pescuezo
 nuca

Cerviz, usado además en acepciones figuradas, como *levantar la cerviz,* en las cuales no se emplea *cogote; nuca* es voz escogida y se refiere a la parte superior del *cogote; pescuezo* se aplica generalmente a los animales.

cogotera *nombre femenino*
1 cubrenuca

coguilera *nombre femenino*
1 boqui

cogujada *nombre femenino*
1 cochevís
 totovía
 tova
 copada
 cugujada
 galerita

cogujón *nombre masculino*
1 cujón

cogulla *nombre femenino*
1 cusulla
 cugulla

cohabitación *nombre femenino*
1 cópula
 coito
 copulación
 fornicación
 concúbito
 ayuntamiento
 cubrición

cohechar *verbo transitivo*
1 sobornar

Cohechar es término de Derecho y significa *sobornar* a un juez o a un funcionario público.

coherencia *nombre femenino*
1 conexión
 relación
 enlace
 cohesión*
 congruencia
 ilación
 ANTO incoherencia
 disconformidad

Cohesión y *coherencia* se aplican a lo material y a lo inmaterial, en tanto que *congruencia* e *ilación* se refieren sólo a ideas, razonamientos, palabras, etc.

cohesión *nombre femenino*
1 adherencia
 adhesión
 coherencia*
 congruencia
 glutinosidad
 pegajosidad
 ANTO incoherencia
 disgregación
 disociación

Dejando a un lado sus significados especiales o técnicos, *adherencia* y *adhesión* indican en general unión de una cosa a otra, a la cual permanece en cierto modo subordinada: *adherencia* de un líquido a la vasija, de la hiedra al tronco; *adhesión* a un partido político. En *coherencia* y *cohesión,* la unión se produce entre unas cosas y otras, o entre las partes de un todo: *coherencia, congruencia* de las palabras de un discurso; *coherencia, congruencia* o *cohesión* de una doctrina. *Cohesión* molecular.

cohete *nombre masculino*
1 volador

cohibir *verbo transitivo*
1 reprimir
 refrenar
 sujetar
 coercer*

cohombrillo *nombre masculino*
1 calabacilla
 cogombrillo
 pepino del diablo

cohombro *nombre masculino*
1 alficoz
 elaterio

Elaterio es el *cohombro* silvestre.

cohombro de mar *locución nominal*
 holoturia

cohonestar *verbo transitivo*
1 colorear
 colorir
 honestar

disimular
disculpar
encubrir
paliar
ANTO acusar
 descubrir

coincidencia *nombre femenino*
1 encuentro

coincidir *verbo intransitivo*
1 convenir
 concordar
 ANTO discrepar
2 ajustarse
 encajar

coito *nombre masculino*
1 cópula
 cohabitación
 copulación
 fornicación
 concúbito
 ayuntamiento
 cubrición

cojear *verbo intransitivo*
1 renquear

cojín *nombre masculino*
1 almohadón

cojincillo *nombre masculino*
1 almohadilla
 cojinete

cojinete *nombre masculino*
1 almohadilla
2 chumacera
 palomilla

cojo, -ja *adjetivo/nombre*
1 renco
 rengo
 paticojo

col *nombre femenino*
1 berza

cola *nombre femenino*
1 rabo (en los cuadrúpedos)
2 fin
 final
3 resultas
 consecuencias

colaborar *verbo intransitivo*
1 cooperar
 coadyuvar
 ayudar
 contribuir

Contribuir a cualquier obra o trabajo; *colaborar* se aplica con preferencia tratándose de obras de ingenio.

a
b
c
d
e
f
g
h
i
j
k
l
m
n
ñ
o
p
q
r
s
t
u
v
w
x
y
z

colacionar *verbo transitivo*
1 cotejar
 confrontar
 compulsar
 comparar*

colada *nombre femenino*
1 cañada

coladero *nombre masculino*
1 colador
 pasador

coladizo, -za *adjetivo*
1 caladizo

colador *nombre masculino*
1 coladero
 pasador

coladura *nombre femenino*
1 error*
 equivocación
 inconveniencia
 pifia
 plancha

colateral *adjetivo*
1 transversal
 Tratándose de parentesco.
2 secundario
 accesorio

colatorio *nombre masculino*
1 filtrador
 tamiz
 colador

colcha *nombre femenino*
1 cobertor
 cubrecama
 sobrecama
 telliza

colchar *verbo transitivo*
1 acolchar

coleadura *nombre femenino*
1 coleo

colear *verbo intransitivo*
1 rabear

colección *nombre femenino*
1 serie

colecta *nombre femenino*
1 cuestación*
 recaudación

colectar *verbo transitivo*
1 recaudar
 cobrar*

colectividad *nombre femenino*
1 sociedad*
 ANTO individualidad

colega *nombre común*
1 compañero*
 concolega

Compañero es toda persona del mismo oficio o profesión. *Colega* se refiere sólo a las profesiones liberales. Todo *colega* es un *compañero*, pero no viceversa. Los abogados y los médicos se llaman *colegas* o *compañeros* indistintamente: pero los albañiles se llaman entre sí *compañeros*, y no *colegas*. Concolega es la persona que pertenece al mismo colegio que otra.

colegial, -la *nombre*
1 alumno
 educando
 escolar
 estudiante*

colegir *verbo transitivo*
1 inferir*
 deducir
 concluir
 seguirse

coleo *nombre masculino*
1 coleadura

cólera *nombre femenino*
1 ira
 rabia
 furia*
 furor
 irritación
 enojo
 saña
 arrebato
 enajenamiento
 bilis
 hiel

colérico, -ca *adjetivo*
1 iracundo
 enojado
 sañudo
 enfurecido
 irritado
 furioso
 rabioso
 ANTO manso
 amansado
 tranquilo

colesterina *nombre femenino*
1 colesterol

colesterol *nombre masculino*
1 colesterina

coletilla *nombre femenino*
1 adición

 añadidura
 coleta

colgajo *nombre masculino*
1 (de frutos) arlo
 ristra
 horco

colgante *adjetivo*
1 pendiente
 colgandero

colgar *verbo transitivo*
1 suspender
2 ahorcar
3 atribuir*
 imputar
 achacar
 verbo intransitivo
4 pender
 depender

colibrí *nombre masculino*
1 pájaro mosca
 pájaro resucitado
 picaflor
 tomineja
 tominejo

cólica *nombre femenino*
1 pasacólica

colicano, -na *adjetivo*
1 rabicano

coligarse *verbo pronominal*
1 unirse
 aliarse
 confederarse
 asociarse

colina *nombre femenino*
1 alcor
 cerro
 collado
 cuesto

colindante *adjetivo*
1 contiguo
 limítrofe*
 lindante
 confinante

colisión *nombre femenino*
1 choque
 encuentro
 encontronazo
 topada
2 conflicto
 pugna

colista *nombre masculino*
1 farolillo rojo
 En el ciclismo.

collado *nombre masculino*
1 colina
alcor
cerro
cuesta
'Colina y collado son sinónimos, y significan toda altura de tierra que no llega a ser monte. Cerro es la colina en que abundan riscos y piedras, y cuyo terreno es escabroso' (M).
2 collada
paso

collarín *nombre masculino*
1 sobrecuello

colmar *verbo transitivo*
1 llenar
satisfacer
ANTO vaciar
insatisfacer
Satisfacer guarda con colmar la misma relación que llenar: satisfacer las aspiraciones de alguien es cumplirlas; colmarlas es darle lo que pretendía y algo más.
'Colmar es llenar de modo que lo contenido exceda los límites del continente. Generalmente se emplea el verbo llenar a los líquidos, y colmar a los granos, legumbres, y otros objetos menudos. Conservase esta diferencia en el sentido metafórico; por ejemplo: se ha llenado de vanidad porque lo han colmado de aplausos' (M).

colmena *nombre femenino*
1 corcha
corcho

colmenar *nombre masculino*
1 abejar

colmenilla *nombre femenino*
1 cagarria
crespilla
morilla

colmillo *nombre masculino*
1 canino
diente columelar

colocación *nombre femenino*
1 situación
posición
Situación o posición de una cosa con respecto a otra u otras. Situación se emplea generalmente tratando de cosas que no cambian de lugar; posición y colocación aluden a objetos que cambian o pueden cambiar. Hablamos de la situación de una casa en una calle o barrio, en una altura, junto al río, etc.; un mueble tiene una posición o colocación adecuada, inestable, cómoda, etc.
2 empleo
ocupación
acomodo
puesto
plaza
destino*
cargo
Entre funcionarios, destino: cargo si es de alguna importancia.

colocador, -ra *nombre*
1 pasador
En el voleibol.

colocar *verbo transitivo*
1 poner
instalar
situar
ANTO sacar
desordenar
⇒ colocación
Colocar añade a poner un matiz de cuidado, esmero u orden de unas cosas con respecto a otras: se pone un libro sobre la mesa, pero se coloca en la estantería después de servirse de él. Instalar supone mayor estabilidad o fijeza: instalamos un mueble en una habitación, una tienda o sucursal en un barrio, la calefacción en una casa. Una casa se sitúa en un lugar alto, soleado, hacia el mediodía, etc., pero no se pone ni se coloca.
2 emplear*
destinar
dar trabajo
dar empleo
dar ocupación
ocupar
acomodar
3 invertir
emplear
Tratándose de capitales, por ejemplo se invierte, coloca o emplea una cantidad en fincas, hipotecas, valores, etc.

4 vender
hallar mercado
Tratándose de mercancías, por ejemplo decimos que la naranja se coloca bien en Inglaterra, que ciertas confecciones no pueden colocarse o venderse después de pasada la moda o la temporada.

colocasia *nombre femenino*
1 haba de Egipto

colodrillo *nombre masculino*
1 occipucio (científico)

colofonía *nombre femenino*
1 pez griega

colono *nombre masculino*
1 arrendatario
arrendador*
casero (especialmente en el País Vasco)
rentero

coloquio *nombre masculino*
1 conversación
plática
diálogo*
charla
conferencia

color
de color *locución adjetiva*
(eufemismo)
(persona) negro
moreno
trigueño
pintar con negros colores *locución*
desesperarse
desesperanzarse
verlo todo negro
ANTO confiarse
esperanzarse
ver de color de rosa
ilusionarse
engañarse
encandilarse
levantar castillos en el aire
confiarse
ANTO desilusionarse

colorante *nombre masculino*
1 tinte
pigmento

colosal *adjetivo*
1 excelente
extraordinario
brutal*
enorme*

ANTO pequeño
mínimo

cólquico *nombre masculino*
1 quitameriendas

columbrar *verbo transitivo*
1 divisar*
entrever
distinguir
2 conjeturar
sospechar
vislumbrar
barruntar

columna *nombre femenino*
1 pilastra
pilar

La *pilastra* y el *pilar* son de
base cuadrada o rectangular,
y no suelen guardar proporción entre la base y la altura.
La *columna* guarda esta proporción, es de base circular y
generalmente es mucho más
alta que ancha.

2 apoyo
sostén
soporte
3 espinazo
columna vertebral

columpiar *verbo transitivo*
1 mecer
balancear

coma *nombre masculino*
1 amodorramiento
modorra
sopor
letargo

comadre *nombre femenino*
1 partera
comadrona

comadrear *verbo intransitivo*
1 murmurar
chismear
chismorrear
cotillear

comadreja *nombre femenino*
1 mustela

comadreo *nombre masculino*
1 murmuración
chismorreo
cotilleo

comadrón *nombre masculino*
1 tocólogo
partero (vulgar)

comadrona *nombre femenino*
1 partera
comadre

comalia *nombre femenino*
1 morriña
zangarriana

comando *nombre masculino*
1 mando

comarcano, -na *adjetivo*
1 cercano
inmediato
próximo
contiguo
circunvecino
limítrofe
confinante

comarcar *verbo transitivo*
1 lindar
confinar

comátula *nombre femenino*
1 lirio de mar

comba *nombre femenino*
1 curvatura*
encorvadura
2 saltador

combate *nombre masculino*
1 pelea
batalla
acción
lucha
refriega
⇒ combatir

Tratándose de ejércitos o es-
cuadras se usa con preferencia *combate, batalla* o *acción.*
Pelea y *refriega* son *luchas*
menos importantes o entre
pocos contendientes

combatiente *nombre masculino*
1 soldado
contendiente

combatir *verbo*
intransitivo/pronominal
1 pelear
luchar
contender

'*Combatir* supone más forma-
lidades, más preparativos,
más orden que *pelear.* Dos
hombres que se dan golpes
pelean, dos que se desafían
combaten. En las guerras mo-
dernas, raras veces se *pelea*
cuerpo a cuerpo como en las
antiguas. En la *pelea,* se hace

más uso de la fuerza física, y
en el *combate,* de la destreza
y del saber' (M).

verbo transitivo
2 contradecir
impugnar
refutar
controvertir
discutir

combinación *nombre femenino*
1 unión
mezcla

combinar *verbo*
transitivo/pronominal
1 unir
juntar
coordinar
hermanar
acoplar
ANTO desintegrar
descomponer
desunir
separar

combustible *adjetivo*
1 inflamable
ANTO incombustible

Inflamable añade a *combustible* la idea de arder o prender
el fuego con gran facilidad. El
alcohol es *combustible* e *inflamable*; del carbón se dice que
es *combustible,* pero no *inflamable.*

combustión *nombre femenino*
1 ustión
ignición
quema
adustión
ANTO apagamiento

comedia

hacer la comedia *locución*
aparentar
simular
fingir
ser un quiero y no puedo
hacer la muestra

comediante, -ta *nombre*
1 actor*
cómico
artista*
2 hipócrita

comediar *verbo transitivo*
1 promediar
demediar

comedido, -da *adjetivo*
1 moderado

mesurado
discreto
circunspecto
mirado
atento*
cortés
considerado

comedimiento *nombre*
masculino
1 mesura
  moderación
  prudencia
  circunspección
  ANTO descomedimiento
     imprudencia

comedirse *verbo pronominal*
1 medirse
  moderarse
  mesurarse
  contenerse
  ANTO desmadrarse

comedón *nombre masculino*
1 espinilla

comedor, -ra *adjetivo*
1 voraz
  comilón
  devorador
  glotón

comentar *verbo transitivo*
1 explicar
  glosar
  interpretar
  anotar*

Tratándose de un texto.

comentario *nombre masculino*
1 explicación
  comento
  ilustración
  exégesis
  glosa*

Tratándose de textos.

comentarista *nombre común*
1 intérprete
  exegeta
  hermeneuta

comento *nombre masculino*
1 comentario
2 patraña
  embuste
  mentira*

comenzar *verbo transitivo*
1 empezar
  principiar
  iniciar

entablar*
ANTO acabar

comer *verbo transitivo*
1 tragar
  engullir
  devorar
  embocar
  embaular
  zampar
  echar un bocado
  llenar la andorga
  matar el hambre
  reparar las fuerzas
  manducar (familiar)
  papar (familiar)
  jamar (vulgar)
  ANTO ayunar

Devorar sugiere avidez.

2 corroer
  roer
  desgastar
3 gastar
  consumir
  derrochar
  dilapidar
  despilfarrar
  acabar
4 escocer
  picar
  sentir comezón

comercial *adjetivo*
1 mercante
  mercantil

Mercante se aplica sólo a la marina dedicada al comercio: un barco *mercante. Comercial* es más corriente que *mercantil*, pero su sinonimia es completa. Sin embargo, se dice Derecho *mercantil,* con preferencia a *comercial.*

comerciante *adjetivo/nombre*
común
1 (persona) mercader
  tratante
  mercachifle (despectivo)
  negociante
  traficante
  trajinante

Mercader tiene hoy poco uso y se dice principalmente del ambulante que va de un lado a otro con sus mercancías. *Tratante* se dice en los medios rurales del que comercia en ganado o en productos agrícolas. *Negociante* sugiere cierta importancia en su comercio y tratos. *Traficante* sugiere principalmente la actividad y diligencia que pone en sus negocios, y a veces es despectivo. El *trajinante* no tiene tienda ni población fijas.

comerciar *verbo intransitivo*
1 mercadear
  tratar
  negociar
  traficar
  ⇒ comerciante

comercio *nombre masculino*
1 negocio
  tráfico
  trato
  especulación
2 establecimiento (comercial)
  tienda
  almacén
  despacho
3 trato
  comunicación

comestible *nombre masculino*
1 manjar*
  comida
  alimento
  mantenimiento
2 edible

cometa *nombre masculino*
1 estrella de rabo
2 birlocha
  milocha
  pájaro bitango
  pájara
  pandero
  pandorga

cometer *verbo transitivo*
1 encargar*
  confiar
  encomendar
2 incurrir
  caer
  perpetrar
  consumar

Tratándose de alguna culpa o error, *incurrir* y *caer.* Si se trata de culpa grave o de un delito, *perpetrar.* Se *comete* una equivocación, una imprudencia; pero sólo se *perpetra* un desafuero, un crimen.

cometido *nombre masculino*
1 comisión
  encargo
  obligación
  misión

Ambos son vocablos escogidos, de uso culto.

comezón *nombre femenino*
1 picazón*
picor
rascazón
hormiguillo
prurito (culto)

Prurito es voz docta o tecnicismo médico. En sentido figurado, *comezón* o *prurito* de discutir algo. No se usarían en este caso los demás sinónimos.

comicios *nombre masculino plural*
1 elecciones

cómico, -ca *adjetivo*
1 divertido
gracioso
jocoso
risible
hilarante
ANTO serio
2 bufo
grotesco
burlesco
chocarrero
ridículo
ANTO grave
nombre
3 comediante
actor*
histrión

Tratándose del teatro grecolatino, *histrión.*

comida *nombre femenino*
1 bucólica
manduca
pitanza
condumio
manjar*

Todos ellos, burlescos.

2 almuerzo*

comienzo *nombre masculino*
1 principio*
origen
nacimiento
ANTO fin
consecuencia
resultado

Ambos significan la acción de comenzar. Así hablamos del *comienzo* o *principio* de una sesión o de una obra. *Origen* y *nacimiento* aluden más bien a lo que es causa, motivo o *iniciación* de algo presente. El *comienzo* o *principio* de una guerra es la ruptura de hostili-

dades; su *origen* o *nacimiento* es la causa o circunstancias que la motivaron. *Iniciación* e *inicio* son términos más abstractos, que pueden aplicarse en ambos sentidos.

2 abertura
apertura
iniciación
inicio

comilón, -ona *adjetivo/nombre*
1 tragantón
tragón
zampón
gastrónomo
voraz

Tragantón, tragón y *zampón* se refieren sólo a la cantidad; *gastrónomo* supone refinamiento. *Voraz* no se dice del hombre más que en sentido figurado; se dice de los animales, del apetito y del fuego.

comilona *nombre femenino*
1 (familiar) francachela
cuchipanda (familiar o despectivo)
gaudeamus

cominería *nombre femenino*
1 menudencia
insignificancia
minucia

cominero, -ra *adjetivo/nombre*
1 (familiar) cazolero
cazoletero

cominillo *nombre masculino*
1 cizaña
borrachuela
joyo
rabillo

comino
comino rústico *locución nominal*
laserpicio
no importar un comino *locución*
no importar un ardite
no importar un bledo
no importar un maravedí
no importar un chavo
no importar un pito

comisar *verbo transitivo*
1 decomisar

comisión *nombre femenino*
1 cometido
encargo

mandato
misión
2 junta
comité
delegación

comisionado, -da *adjetivo/nombre*
1 delegado
representante
encargado

comisionar *verbo transitivo*
1 delegar
facultar
encargar
encomendar
confiar
poner en manos de
dar la firma a
ANTO asumir
apropiar

comiso *nombre masculino*
1 decomiso
confiscación

comité *nombre masculino*
1 junta
comisión
delegación

comitiva *nombre femenino*
1 acompañamiento
séquito
cortejo

comodidad *nombre femenino*
1 conveniencia
regalo
bienestar
holgura
ANTO incomodidad
2 ventaja
oportunidad
facilidad
3 utilidad
interés
ANTO desinterés

cómodo, -da *adjetivo*
1 conveniente
favorable
holgado
regalado
2 oportuno
fácil
acomodado
adecuado

comodón, -ona *adjetivo*
1 regalón

compactación *nombre femenino*
1 concentración

condensación
compresión

compadecerse_verbo_
pronominal
1 condolerse
  apiadarse
  dolerse
  arrancársele a uno las
    entrañas
  tener compasión
  tener misericordia
  rezumar caridad
  ANTO burlarse
    ensañarse
2 armonizarse
  compaginarse
  ajustarse
3 conformarse
  ponerse de acuerdo

compadraje_nombre masculino_
1 (despectivo) compadrazgo
  concierto
  aconchabamiento
  conchabanza
  confabulación

compadrar_verbo intransitivo_
1 encompadrar

compadrazgo_nombre_
masculino
1 compaternidad
2 (despectivo) compadraje
  aconchabamiento
  conchabanza
  concierto
  confabulación

compadre_nombre masculino_
1 (despectivo) compinche
  compañero
  camarada
2 fanfarrón
  matón
  chulo
  compadrito
  Úsase por lo general el diminutivo compadrito.

compaginar_verbo_
transitivo/pronominal
1 armonizar
  compadecer
  corresponder
  conformar
2 ajustar

compaña_nombre femenino_
1 compañía*

compañerismo_nombre_
masculino
1 camaradería

ANTO enemistad
Camaradería intensifica la
confianza con que se tratan
los compañeros entre sí.

compañero, -ra_nombre_
1 socio
  colega
  camarada
  amigo
  igual
  ANTO enemigo
    desigual
Camarada expresa en general
un trato de mayor confianza
que _compañero_. Como tratamiento usual entre individuos
de asociaciones, partidos, etc.,
se prefiere uno u otro según
la costumbre establecida en
cada agrupación. Por ejemplo: los comunistas y falan-
gistas se tratan entre sí de _ca-_
maradas; los socialistas de
compañeros. El primer tratamiento implica el tuteo; el segundo es compatible con _tú_ y
con _usted_.

'_Compañero_ es todo el que
acompaña con intención o sin
ella, poco o mucho tiempo,
como _compañero_ de viaje o
infortunio. _Socio_ es el que se
junta con otro para el logro de
algún fin, para un negocio,
una empresa, como los miembros de una compañía de comercio, de una sociedad de
beneficiencia, literaria o científica. _Colegas_ son los _compa-_
ñeros de estudios o de profesión. Todos los _socios_ y todos
los _colegas_ son compañeros;
pero no todos los _colegas_ son
socios ni todos los _socios co-_
legas' (M).

2 acólito
  ayudante
  asistente
  compinche

compañía_nombre femenino_
1 compaña
Compaña supone familiaridad
en su empleo; por ejemplo:
¡Adiós, María y la compaña!;
comimos en buena compaña.

2 acompañamiento
  séquito
  cortejo

3 sociedad
4 capitanía

en compañía _locución_
adjetiva
  acompañado
  ANTO solo

compañón_nombre masculino_
1 testículo
  dídimo

comparación_nombre femenino_
1 paridad
  paralelismo
2 paralelo
  cotejo
  parangón

comparar_verbo transitivo_
1 confrontar
  colacionar
  compulsar
  parangonar
  cotejar
  ANTO distinguir
Colacionar, confrontar y _pa-_
rangonar equivalen a _cotejar._
Compulsar se usa sólo tratándose de textos o escritos.

'Se _compara_ notando la semejanza; se _coteja_ para descubrir
la diferencia. Los poetas _com-_
paran los sentimientos del
alma con los objetos naturales
que tienen con ellos alguna
analogía, para pintarlos con
mayor viveza y naturalidad.
Los eruditos _cotejan_ documentos y autoridades para
notar en qué desacuerdan. El
símil retórico es una _compara-_
ción, y no es un _cotejo_. Cuando se examina si la copia
difiere algo del original, se _co-_
teja, no se compara. Si fuera
cierto, como suele decirse,
que las _comparaciones_ son
odiosas, mucho más lo serían
los _cotejos_' (M).

comparecer_verbo intransitivo_
1 presentarse
  personarse
  hacer acto de presencia
  ANTO ausentarse
    faltar

Personarse es _comparecer_ en
persona, no por delegación.
Ambos verbos son también
susceptibles de empleo irónico cuando se aplican en circunstancias que no tienen la
formalidad que les es propia,

con la significación de llegar a destiempo, o de algún modo que produce risa o sorpresa: *no compareció, se presentó o se personó hasta que había terminado la reunión; compareció, se presentó, con un sombrero estrafalario.*

comparsa *nombre femenino*
1 acompañamiento*
séquito
cortejo

Todos ellos suponen importancia o solemnidad. *Comparsa* se usa en el teatro o tratando de un grupo de máscaras.

2 figurante

compartir *verbo transitivo*
1 repartir*
dividir
distribuir
partir

compás *nombre masculino*
1 brújula
aguja
2 ritmo
medida
3 regla
medida
norma

compasar *verbo transitivo*
1 acompasar
medir
arreglar
proporcionar

compasión *nombre femenino*
1 lástima
conmiseración
misericordia
piedad
caridad
ANTO mofa
impiedad

compasivo, -va *adjetivo*
1 piadoso
misericordioso
caritativo
⇒ compasión

compaternidad *nombre femenino*
1 compadrazgo

compatible *adjetivo*
1 acorde
ANTO incompatible

compatriota *nombre común*
1 compatricio
connacional
conciudadano*

compeler *verbo transitivo*
1 obligar
forzar
costreñir
meter en cintura
poner un puñal en el pecho
poner a parir
poner las peras a cuarto
traer por los pelos

compendiar *verbo transitivo*
1 abreviar
reducir
resumir*
recapitular
extractar
ANTO alargar
ampliar

compendio *nombre masculino*
1 epítome
rudimentos
resumen
sumario
sinopsis
recopilación

Aunque no puede trazarse divisoria entre ellos, *epítome* y *rudimentos* sugieren exposición elemental para personas que nada conocen de la materia en tanto que *compendio*, *resumen*, *suma* y *sumario* pueden contener materia complicada y extensa, dentro de la brevedad de su exposición. En la *sinopsis*, se ordenan los puntos esenciales en forma que a primera vista puedan abarcarse; suele presentarse como esquema o cuadro. *Recopilación* y *recapitulación* sugieren idea de resumen final de una exposición más extensa; pero pueden equivaler a *resumen*, *compendio*, o bien ser sinónimos de *compilación*. Todos estos sinónimos, con excepción de *epítomes* y *rudimentos*, implican una *síntesis* de la materia tratada.

compendioso, -sa *adjetivo*
1 breve*
reducido
abreviado
resumido
sumario
corto*

compenetración *nombre femenino*
1 acuerdo
unión
armonía
consonancia
conformidad
ANTO desacuerdo
discrepancia

compenetrarse *verbo pronominal*
1 fusionarse
unirse
juntarse
mezclarse
ANTO desunirse
separarse
disgregarse

compensación *nombre femenino*
1 reparación
indemnización

compensado, -da *adjetivo*
1 balanceado
equilibrado
ANTO descompensado
desequilibrado

compensar *verbo transitivo*
1 contrapesar
contrabalancear
equilibrar
equivaler
2 resarcir
indemnizar
recompensar

competencia *nombre femenino*
1 contienda
disputa
rivalidad
emulación*
2 incumbencia
jurisdicción
autoridad
3 aptitud*
idoneidad
suficiencia
capacidad
habilidad
ANTO incompetencia

competente *adjetivo*
1 bastante
oportuno
suficiente
adecuado

Así hablamos de edad *competente*, poder *competente*.

2 apto*
idóneo

entendido
hábil
capaz
perito
diestro
conocedor
experimentado
experto
práctico
ANTO incompetente
inexperto
desconocedor
incapaz

competer *verbo intransitivo*
1 pertenecer
tocar
incumbir
concernir*

competidor, -ra
adjetivo/nombre
1 adversario
contrario
enemigo
antagonista
rival
émulo
ANTO amigo
colaborador
colega

competir *verbo intransitivo*
1 emular
rivalizar
contender

Emular es imitar a otro para igualarlo o superarlo; no incluye idea de lucha, sino de estímulo propio, a diferencia de *competir,* y más aún *rivalizar* y *contender.*

2 echar a raya
pisar los talones
subirse a las barbas

compilación *nombre femenino*
1 recopilación
colección

compilador, -ra *adjetivo/nombre*
1 recopilador
coleccionador
colector

compilar *verbo transitivo*
1 reunir
coleccionar
recopilar
allegar

compinche *nombre común*
1 (despectivo) compadre
compañero
camarada

complacencia *nombre femenino*
1 agrado
complacimiento
contentamiento
contento*
satisfacción
alegría
fruición
placer
goce
gusto*
ANTO sufrimiento
aburrimiento

complacer *verbo transitivo/pronominal*
1 agradar*
placer
satisfacer
gustar*
deleitar
alegrar*
contentar
caer en gracia
encantar
embelesar
cautivar
seducir
atraer
ANTO molestar
repeler
repugnar
desencantar
entristecer

complaciente *adjetivo*
1 condescendiente
servicial
acomodaticio*

El *complaciente* no tiene más fin que el de agradar a otro; es el propenso a complacer a los demás por la satisfacción que ello le produce. El *condescendiente* abdica algo de su autoridad o poder, para transigir o conformarse con los deseos ajenos. El que es *servicial* posee un grado más que el *complaciente*; podemos ser *serviciales* por abnegación o sentimiento de ayudar al prójimo, o bien por adular a los superiores.

complejo, -ja *adjetivo*
1 complicado
múltiple
laberíntico
dificultoso
difícil
enredado

enmarañando
espinoso
intrincado

complemento *nombre masculino*
1 suplemento
2 perfección
colmo
cumplimiento

completamente *adverbio*
1 cumplidamente
enteramente
plenamente
totalmente
del todo
ANTO parcialmente
relativamente

completar *verbo transitivo*
1 suplir
suplementar
complementar

completivo, -va *adjetivo*
1 complementario
expletivo
enfático

Se usa muy poco fuera de la terminología gramatical, donde equivale a *complementario.* Lo *completivo* tiene carácter lógico, mientras que en lo *expletivo* predomina el valor afectivo o estético.

2 acabado
perfecto

completo, -ta *adjetivo*
1 entero
íntegro
cabal
acabado
perfecto
lleno
cumplido
exacto

Íntegro equivale a *entero; cabal* reúne los matices de *completo* y *entero.* Cuando se trata de un trabajo u obra terminados, decimos que están *completos, acabados* o *perfectos.* Un local, un recipiente, un espacio *completo,* equivale a *lleno.* Así decimos que un tranvía, un teatro, un saco están *completos,* cuando están *llenos.*

'Lo *completo* es lo que se compone de las partes necesarias para formar el todo; lo *entero* es lo que comprende estas partes sin separación unas de otras. Un regimiento está *completo* cuando contiene el número de plazas que exige su dotación. Un cuerpo está *entero* cuando no le falta ninguna de sus partes. No está *completa* una obra cuando le falta un tomo; no está *entero* un libro cuando le faltan algunas hojas' (M).

2 radical
total
extremado
extremista
ANTO accidental
relativo

complexión *nombre femenino*
1 constitución
naturaleza
temperamento

complexionado, -da *adjetivo*
1 acomplexionado

complicación *nombre femenino*
1 complejidad
complexidad
2 embrollo
dificultad
enredo
confusión
ANTO aclaración

complicado, -da *adjetivo*
1 complejo

Complejo da idea de mayor trabazón entre los elementos o factores componentes que *complicado*; por esto aquél se sustantiva fácilmente: un *complejo* psíquico.

2 enmarañado
enredado
dificultoso
enredoso
enrevesado
difícil*
complejo

Todos ellos aluden al efecto que en nosotros produce lo *complejo*.

3 múltiple

Múltiple es lo compuesto por gran número de piezas o partes.

complicidad *nombre femenino*
1 connivencia

complot *nombre masculino*
1 conspiración
conjura
conjuración
confabulación
2 trama
intriga
maquinación

componedor
amigable componedor *locución nominal*
árbitro
juez

componenda *nombre femenino*
1 arreglo
transacción
chanchullo
pastel
compostura
ANTO desarreglo

componente *nombre masculino*
1 elemento
parte
ingrediente
adjetivo
2 integrante

componer *verbo transitivo*
1 arreglar
acomodar
constituir
formar
ANTO descomponer
2 remendar
reparar*
restaurar
ANTO descomponer
3 aderezar
aliñar
hermosear
ataviar
adornar
engalanar
perfilar
acicalar
emperejilar (familiar)
emperifollar (familiar)
atildar
asear
ANTO descomponer

Poniendo primor especial en los pormenores, *perfilar, acicalar*; refiriéndose sólo a personas, *emperejilar, emperifollar*.

4 amañar
falsear
falsificar

comportable *adjetivo*
1 soportable

tolerable
sufrible
aguantable

comportamiento *nombre masculino*
1 conducta
proceder

comportar *verbo transitivo*
1 soportar
sufrir
tolerar
aguantar
conllevar
verbo pronominal
2 conducirse
portarse
proceder

compostura *nombre femenino*
1 remiendo
reparación
restauración
ANTO destrucción

Si se trata de algo más importante, *reparación*, y más aún *restauración*. Hablamos de la *compostura* o *remiendo* que se hace al calzado o a una prenda de vestir; de la *reparación* de una máquina descompuesta; de la *restauración* de un monumento artístico.

2 aseo
adorno*
aliño
ANTO desarreglo
3 falsificación
adulteración
4 ajuste
convenio
transacción
5 modestia
recato
decoro
pudor
mesura
circunspección
ANTO inmodestia

comprar *verbo transitivo*
1 adquirir*
mercar
ANTO vender

Adquirir es término culto, que abarca no sólo la compra, sino todos los medios de adquisición. *Mercar* coincide con comprar en su significado, pero hoy se emplea sólo en los medios rurales y entre las clases populares.

2 sobornar
untar
tapar la boca

compraventa *nombre femenino*
1 transacción
ajuste
trato
negocio

comprender *verbo transitivo*
1 abrazar
ceñir
abarcar
rodear
contener
incluir
encerrar
reunir
englobar
ANTO excluir
2 entender
penetrar
concebir
alcanzar
darse cuenta
dar en el quid
ver el juego
caer en la cuenta
tragarse la partida
caer en el chiste
ANTO ignorar
desacertar

comprensible *adjetivo*
1 comprimible
2 accesible
inteligible

comprensión *nombre femenino*
1 inteligencia
conocimiento

compresión *nombre femenino*
1 concentración
condensación
compactación

comprimido *nombre masculino*
1 pastilla
tableta

comprimir *verbo transitivo*
1 apretar
prensar
estrujar
ANTO soltar
2 oprimir
ANTO ensanchar
soltar
3 reprimir
sujetar
contener
ANTO soltar

En el uso metafórico actual, a pesar de la explicación que antecede, se *reprimen* también los sentimientos, y no sólo sus manifestaciones exteriores. Precisamente el psicoanálisis habla de complejos motivados por tendencias o impulsos *reprimidos*. En este sentido, *comprimir* se usa muy poco en nuestros días.

'*Comprimir* supone quietud en la que se *comprime*; *reprimir* supone movimiento. Se *comprimen* los cuerpos elásticos; se *reprimen* el ímpetu, la violencia y la rapidez. Esta misma diferencia se nota en el curso metafórico de las dos voces. Se *comprime* un sentimiento; se *reprime* un arrebato. El que *comprime* su dolor *reprime* el llanto. Si no se *comprime* la cólera en su origen, muy difícil será *reprimirla* en sus explosiones' (M).

comprobación *nombre femenino*
1 validación
reconocimiento

comprobador *nombre masculino*
1 verificador

comprobar *verbo transitivo*
1 cerciorarse
confirmar*
verificar
2 inspeccionar
examinar
reconocer
registrar
intervenir

comprometer *verbo transitivo/pronominal*
1 exponer
arriesgar
ANTO precaver

Ambos suponen mayor eventualidad e inseguridad que *comprometer*. El que *expone* o *arriesga* el capital en una empresa está menos seguro del éxito que el que lo *compromete*.

2 obligar
ANTO disculpar

'El acto de *obligarse* supone deber o reciprocidad; *comprometerse* supone oferta

gratuita o condición. El que compra se *obliga* a pagar; el depositario se *obliga* a restituir el depósito. El que ofrece hacer un servicio se *compromete*; y lo mismo puede decirse si el servicio depende de alguna eventualidad, como: me *comprometo* a embarcarme, si hace buen tiempo' (M).

compromiso *nombre masculino*
1 convenio
pacto
contrato
acuerdo
2 obligación
deber
empeño
3 apuro
dificultad
embarazo
aprieto
conflicto

compuerta *nombre femenino*
1 tablacho

compuesto *nombre masculino*
1 mezcla
mixtura
composición
agregado

compuesto, -ta *adjetivo*
1 mesurado
circunspecto
2 arreglado
aliñado
adornado
acicalado
ANTO descompuesto

compulsar *verbo transitivo*
1 cotejar
confrontar
comparar*

compunción *nombre femenino*
1 arrepentimiento
contricción*

compungido, -da *participio pasado*
1 arrepentido
contrito
2 contristado
afligido
pesaroso
ANTO alegre

compungirse *verbo pronominal*
1 dolerse
arrepentirse

computador *nombre masculino*
1 ordenador
  computadora

computadora *nombre femenino*
1 ordenador
  computador

computar *verbo transitivo*
1 escrutar
  contar

computarizado, -da *adjetivo*
1 informatizado

cómputo *nombre masculino*
1 cálculo*
  cuenta
2 epilogismo

común *adjetivo*
1 general
  universal
  ANTO particular
       privativo
2 ordinario
  vulgar
  ANTO extraordinario
       personal

'Lo *común* es lo que abunda, lo que se ve con frecuencia, lo que muchos poseen. Lo *ordinario*, es lo ínfimo en calidad, lo que no se distingue por ninguna cualidad o circunstancia notable. Lo *común* depende de la cantidad; lo *ordinario* de la condición; y así puede suceder que en un mercado mal provisto no sea *común* el paño *ordinario*. Lo *vulgar* es lo que es *común* en el vulgo, lo que pertenece al lenguaje y a los hábitos de las clases mal educadas de la sociedad. Es *común*, aun entre la gente no ordinaria, escribir 'occéano' por océano, 'reasumir' por resumir, y 'abrogarse' por arrogarse. 'Diferiencia', 'semos' y 'catredal' son dichos vulgares' (M).

3 basto
  ordinario
  grosero
  bajo
  nombre masculino
4 excusado
  retrete*
  evacuatorio

comunicación *nombre femenino*
1 oficio

escrito
comunicado
2 trato
  correspondencia

comunicar *verbo transitivo*
1 impartir
  hacer partícipe
  ANTO tapar
       ocultar
       omitir
2 anunciar
  participar
  noticiar
  notificar*
  avisar
  informar
  dar parte
  manifestar
  poner en conocimiento
  ANTO incomunicar
       enmudecer
       ocultar
       tapar
  verbo pronominal
3 corresponderse
  relacionarse
  contagiarse
  ANTO inmunizarse

comunicativo, -va *adjetivo*
1 sociable
  tratable
  expansivo
  comunicable
  ANTO callado
       inaccesible

comunidad *nombre femenino*
1 iglesia
  congregación
  corporación*

comunión *nombre femenino*
1 eucaristía
  sacramento del altar
  santísimo sacramento
  viático

comunismo *nombre masculino*
1 marxismo

conato *nombre masculino*
1 empeño
  esfuerzo
  propósito
  intención
2 amago
  iniciación
  tentativa

concatenación *nombre femenino*
1 encadenamiento

eslabonamiento
2 epanástrofe

concausa *nombre femenino*
1 factor

concavidad *nombre femenino*
1 cuenco
  seno
  cavidad
  ANTO convexidad
       prominencia

concebir *verbo transitivo*
1 comprender
  entender
  percibir
  penetrar
  alcanzar
2 proyectar
  imaginar
  crear
  idear
  pensar

conceder *verbo transitivo*
1 otorgar
  conferir
  ANTO negar
       desatender

Conceder acentúa el matiz de merced o dádiva graciosa; *otorgar* puede provenir de petición o ruego ajeno, o de conveniencia del que otorga. *Conferir* tiene especial solemnidad, y se refiere siempre a honores, atribuciones, poderes o cargos importantes.

2 convenir
  admitir
  asentir
  dar por cierto

concedido, -da *adjetivo*
1 dado
  supuesto
  aceptado
  admitido

concejal *nombre masculino*
1 munícipe
  regidor municipal
  edil

concejo *nombre masculino*
1 ayuntamiento
  municipio

Concejo se usa especialmente tratando de aldeas pequeñas, y es una forma particular de organización municipal.

concentrado, -da *adjetivo*
1 masivo
  copioso
  abundante

  Aplícase a los medicamentos.

concentrar *verbo transitivo*
1 reunir
  centralizar
  reconcentrar
  condensar*
  ANTO desunir

verbo pronominal
2 reconcentrarse
  abstraerse
  abismarse
  ensimismarse
  enfrascarse
  engolfarse

concéntrico, -ca *adjetivo*
1 homocéntrico

concepción *nombre femenino*
1 fecundación

concepto *nombre masculino*
1 idea
  noción
2 pensamiento
  sentencia
3 opinión
  juicio

conceptuar *verbo transitivo*
1 juzgar
  estimar
  tener por

concerniente *adjetivo*
1 relativo
  referente
  atañente
  tocante

concernir *verbo intransitivo*
1 atañer*
  referirse a
  interesar
  tocar a
  competer
  tener que ver con
  afectar
  pertenecer
  incumbir

  Indican relación mayor o menor de una cosa con otra. *Afectar* implica interés directo o gran intensidad de la relación; una ley que me *concierne* es una ley que me *afecta*, pero en este último caso resalta más el daño o provecho que espero de ella.

concertar *verbo*
transitivo/pronominal
1 pactar
  ajustar
  convenir
  acordar
  tratar
  ANTO desconcertar
2 componer
  ordenar
3 concordar

concesión *nombre femenino*
1 permiso
  licencia
  gracia
  privilegio
  ANTO negativa
    descortesía

  La *concesión* y el *privilegio* se refieren al bien que con ellos hace graciosamente el superior o la autoridad. *Permiso* y *licencia* hacen relación a los obstáculos o estorbos que deja de oponer. El *privilegio* y la *gracia* son de carácter particular y exclusivo.

2 epítrope

concha *nombre femenino*
1 caparazón
2 valva

  Cada una de las conchas de los moluscos.

conchabanza *nombre femenino*
1 aconchabamiento
  confabulación
  connivencia*
  compadraje
  compadrazgo

conchabar *verbo transitivo*
1 asalariar
  tomar a sueldo

verbo pronominal
2 confabularse*
  concertarse
  estar de manga

concho *nombre masculino*
1 residuo
  sedimento
  borra
  poso

conciencia *nombre femenino*
1 consciencia

  Consciencia se refiere generalmente al saber de sí mismo, al conocimiento que el espíritu humano tiene de su propia existencia, estados o actos. *Conciencia* se aplica a lo ético, a los juicios sobre el bien y el mal de nuestras acciones. Una persona cloroformizada recobra la *consciencia* al cesar los efectos del anestésico. Un hombre de *conciencia* recta no comete actos reprobables.

concierto *nombre masculino*
1 orden
  armonía
  ajuste
2 pacto
  acuerdo
  convenio
  unión
  alianza
  federación
  confederación
  liga
  concordia
  avenencia

conciliábulo *nombre masculino*
1 conseja (popular)
  conventículo
  camarilla
  corrillo

  La *camarilla* tiene carácter más o menos permanente. Todos ellos denotan ideas de reunión más o menos clandestina, ilícita o de algún modo reprobable. El *corrillo* sugiere principalmente murmuración y chismorreo.

conciliación *nombre femenino*
1 acomodamiento
  transacción
  ajuste
  convenio
  arreglo
  acuerdo
  concierto
  ANTO desacuerdo

conciliar *verbo transitivo*
1 concordar
  armonizar
  ajustar
  concertar
  reconciliar
  avenir
  ANTO reñir
    desavenirse

  Reconciliar supone oposición o enemistad previa mucho mayor; por ejemplo: se *concilia* a los litigantes de un pleito, y se *reconcilia* a los enemigos.

concisión

verbo pronominal
2 granjearse
 atraerse
 ganarse
 concitarse

Granjearse, atraerse, ganarse afectos, simpatías, votos, etc. Cuando se trata de sentimientos hostiles, *concitarse*: se *concitó* el odio de todos.

concisión *nombre femenino*
1 brevedad
 sobriedad
 laconismo
 ANTO prolijidad
 imprecisión

El *laconismo* es la *concisión* extremada.

conciso, -sa *adjetivo*
1 lacónico
 sucinto
 breve
 sobrio

Referidos al lenguaje o estilo. *Lacónico* se siente hoy como una exageración extremosa de *conciso*.

'Lo *conciso* da más claridad; lo *lacónico* da más energía. El primero de estos dos estilos omite las palabras ociosas, los rodeos, los adornos inútiles, para exponer la idea con la más exacta precisión; el segundo indica con frases cortas y expresivas lo que debe entender o adivinar el lector. Las demostraciones geométricas, las distinciones de los sinónimos, deben ser *concisas*' (LH).

conciudadano, -na *adjetivo*
1 paisano
 compatriota
 compatricio
 connacional

Paisano, cuando se refiere al natural o habitante de una misma ciudad, comarca o región. Tratándose del de una misma nación, los tres últimos sinónimos.

concluir *verbo transitivo/pronominal*
1 acabar
 terminar*
 finalizar

ANTO empezar
 iniciar
2 ultimar
 rematar
3 consumir
 agotar
 apurar
 gastar
4 colegir
 inferir
 deducir*

conclusión *nombre femenino*
1 fin
 final
 término*
 epílogo
 recapitulación
 terminación
 ANTO prólogo
 principio
2 deducción
 consecuencia*
 resolución
 resultado

en conclusión *locución adverbial*
 en suma
 por último
 finalmente
 en definitiva

concluyente *adjetivo*
1 convincente
 irrebatible
 decisivo
 terminante
 ANTO discutible
 provisional
 empezado

Convincente e *irrebatible*, en lo que se refiere a la verdad o argumentación. *Decisivo* y *terminante*, en cuanto a la voluntad o mandato.

concomer *verbo pronominal*
1 coscarse
 escoscarse
 recomerse
 reconcomerse (intensivo)

concomitante *adjetivo*
1 acompañante
 asociado
 concurrente
 relacionado
 coordinado

Concomitante se aplica sólo a cosas (no a personas) que van asociadas u obran conjuntamente. Su uso es exclusivo de la terminología científica; por

ejemplo: hablamos de fenómenos *concomitantes*. Se limita a señalar la idea de asociación, sin decir nada sobre la conexión mutua de los hechos *concomitantes* ni su agrupación causal, a diferencia de *concurrente, relacionado* y *coordinado*.

concordancia *nombre femenino*
1 conformidad
 correspondencia
 concierto
 acuerdo
 ANTO disconformidad
 desproporción

concordar *verbo transitivo*
1 convenir
 concertar
2 concertar

concorde *adjetivo*
1 acorde
 conforme
 de acuerdo
 ANTO desacorde

concordia *nombre femenino*
1 conformidad
 unión
 armonía
 ANTO desavenencia
 desarreglo
 guerra
2 ajuste
 convenio
 acuerdo
 ANTO desavenencia

concreción *nombre femenino*
1 cálculo

concretar *verbo transitivo*
1 formalizar
 precisar
 verbo pronominal
2 reducirse
 limitarse
 circunscribirse
 ceñirse
 ANTO alargar
 desarrollar
 exceder

concreto *nombre masculino*
1 hormigón
 mazacote
 derretido
 nuégado
 garujo

concreto, -ta *adjetivo*
1 endurecido
 solidificado

concubina *nombre femenino*
1 manceba
querida
barragana
amiga
amante

concubinato *nombre masculino*
1 amancebamiento
abarraganamiento
amontonamiento

concúbito *nombre masculino*
1 cópula
cohabitación
copulación
fornicación
coito
ayuntamiento
cubrición

conculcar *verbo transitivo*
1 hollar*
pisar
pisotear
ANTO respetar
honrar
2 quebrantar
infringir

Tratándose de una ley, convenio, etc.

concupiscencia *nombre femenino*
1 ambición
avidez
codicia
incontinencia
sensualidad
liviandad
ANTO castidad
conformidad

Hablando de riquezas o poder, *ambición, avidez* y *codicia*. Hablando de los placeres deshonestos, *incontinencia, sensualidad* y *liviandad*.

concurrencia *nombre femenino*
1 público
concurso
espectadores
auditorio
asistencia
afluencia

En espectáculos y reuniones, *espectadores, auditorio, asistencia*; si es muy numerosa, *afluencia*. *Concurrencia, concurso, asistencia* significan reunión numerosa de gente;

pero la que forma la *concurrencia* es general y promiscua; la que forma el *concurso* se limita a los que se reúnen por deber, por derecho o por invitación; la que forma la *asistencia* se compone de los que toman parte en el objeto de la reunión. En paseos, en calles y en teatros hay *concurrencia*; en las sesiones académicas, en las ceremonias palaciegas, hay *concurso*; en los estrados de los tribunales hay *asistencia* de jueces, escribanos, abogados y relatores.

2 coincidencia
convergencia
confluencia

Tratándose de cosas, sucesos o fenómenos.

3 competencia
rivalidad

concurrido, -da *adjetivo*
1 animado
movido
divertido

concurrir *verbo intransitivo*
1 asistir
reunirse
juntarse
ANTO ausentarse
faltar
2 coincidir
converger
confluir
afluir
acudir
3 ayudar
cooperar
coadyuvar
contribuir

concurso *nombre masculino*
1 concurrencia*
asistencia
2 ayuda
cooperación
auxilio

concusión *nombre femenino*
1 exacción
sacudimiento*

concusir *verbo transitivo*
1 cusir

condenación *nombre femenino*
1 damnación
condena

pena
sanción
reprobación
execración
maldición
imprecación

Damnación en estilo elevado, especialmente en los medios eclesiásticos refiriéndose a la eterna. En cambio no podría decirse: la *damnación* de una herejía, sino la *condenación* o *reprobación*. Tratándose de sanciones penales, *condena, pena* y *sanción*.

condenado, -da
adjetivo/nombre
1 precito
prescito
réprobo

condenar *verbo transitivo*
1 reprobar
desaprobar
ANTO disculpar
2 castigar
sancionar
penar
ANTO absolver
salvar
perdonar
disculpar
3 cerrar
incomunicar
tabicar
tapiar
cegar

Tratándose de pasos, puertas, ventanas, etc.

condensación *nombre femenino*
1 compresión
concentración

condensado, -da *adjetivo*
1 espeso
denso
condenso

condensar *verbo transitivo*
1 cuajar
coagular
espesar
concentrar
ANTO liquidar
aclarar
aflojar
licuar

Se *condensan* los gases y los líquidos; sólo los líquidos se *coagulan* y se *cuajan*, cuando se separan de ellos algunas

a
b
c
d
e
f
g
h
i
j
k
l
m
n
ñ
o
p
q
r
s
t
u
v
w
x
y
z

sustancias que llevan en suspensión, como ocurre con la leche y el aceite. Las disoluciones se *espesan* y se *concentran*.

2 reducir
resumir

Tratándose de escritos o discursos.

condescendencia *nombre femenino*
1 complacencia
benevolencia
deferencia
consideración
respeto
atención
miramiento
ANTO desatención
grosería
2 mimo
consentimiento
tolerancia
paciencia
aguante
indulgencia
ANTO incomprensión

condescender *verbo intransitivo*
1 deferir
transigir
tolerar*
ANTO negarse
⇒ contemporizar
Deferir implica cortesía o respeto; *transigir* es acomodarse en parte al parecer o voluntad ajena contra el propio deseo u opinión.
2 hacerse de miel
dar por el gusto
hacerse una jalea
dar tiempo al tiempo
⇒ consentimiento

condescendiente *adjetivo*
1 dúctil
blando
acomodadizo
acomodaticio
2 indulgente
benigno
benévolo
tolerante

condición *nombre femenino*
1 Índole*
naturaleza
2 carácter*
genio
natural

humor*
3 estado
situación
posición
clase
categoría
calidad
4 restricción
cláusula
estipulación
circunstancia

condicional *nombre masculino*
1 potencial

condimentar *verbo transitivo*
1 sazonar
adobar
aderezar
aliñar
cocinar*

condimento *nombre masculino*
1 aliño
aderezo
adobo

condolencia *nombre femenino*
1 compasión
conmiseración
ANTO burla
2 pésame

condolerse *verbo pronominal*
1 apiadarse
compadecerse
dolerse
tener compasión
tener misericordia
arrancársele las entrañas
rezumar caridad
ANTO ensañarse

condón *nombre masculino*
1 (vulgar) profiláctico
preservativo
goma (vulgar)

condonar *verbo transitivo*
1 perdonar
remitir

condrila *nombre femenino*
1 ajonjera
juncal

conducción *nombre femenino*
1 acarreo
transporte
porte

conducir *verbo transitivo*
1 dirigir
guiar
2 regir

administrar
gobernar
llevar las riendas
3 llevar
transportar
verbo pronominal
4 comportarse
portarse
proceder

conducta *nombre femenino*
1 comportamiento
proceder

conducto *nombre masculino*
1 tubo
canal
vía
2 medio
órgano

'El *conducto* sirve para transmitir, el *medio* para ejecutar, el *órgano* para representar y para instruir. El subalterno se entiende con la autoridad superior por *conducto* de sus jefes. El jefe realiza sus planes por *medio* de los subalternos. Las noticias se comunican al público por el *órgano* de la prensa, y los agentes diplomáticos son los *órganos* de los gobiernos en sus relaciones mutuas' (M).

condueño *nombre común*
1 condómino

condumio *nombre femenino*
1 pitanza
manduca
comida

conduplicación *nombre femenino*
1 epanástrofe

conector *nombre masculino*
1 operador lógico
conectiva

conejal, -ar *nombre masculino*
1 vivar
vivera
conejera

conejera *nombre femenino*
1 vivar
conejal
conejar
vivera

conejillo de Indias *locución nominal*
1 acure

cobayo
cavia

conexión *nombre femenino*
1 enlace
empalme
relación
unión
correspondencia
trabazón
encadenamiento
ilación
nexo
lazo
dependencia
alianza

confabulación *nombre femenino*
1 conspiración
complot
conjura
conjuración
2 trama
intriga
maquinación
enredo
3 conchabanza
aconchabamiento
contubernio
connivencia*

confabularse *verbo pronominal*
1 conspirar
tramar
conjurarse
estar de manga
estar en el ajo
conchabarse
estar en connivencia

Conchabarse, además de ser
voz que linda entre lo familiar
y lo plebeyo, se aplica generalmente a la confabulación más menuda entre pocas
personas. Por ejemplo: unos
cuantos rateros están *concha-
bados* para declarar ante la
policía; los revendedores se
conchaban para subir el precio en un mercado; pero las
grandes empresas se *confa-
bulan* a fin de provocar la carestía de un artículo. *Estar en
connivencia* es expresión más
suave y significa hallarse en
relación o contacto para ma-
ñas o fraudes: el prestidigitador estaba en *connivencia*
con tres espectadores.

confección *nombre femenino*
1 hechura

confeccionar *verbo transitivo*
1 elaborar
preparar

confederación *nombre femenino*
1 unión
liga
alianza
coalición
federación

Si se trata de unión de países
que forman un Estado federal
permanente, *federación*.

confederar *verbo transitivo*
1 federar
aliar
unir
coligar

confederativo, -va *adjetivo*
1 federativo

conferencia *nombre femenino*
1 conversación
coloquio
2 disertación

conferir *verbo transitivo*
1 conceder*
otorgar

confesar *verbo transitivo*
1 manifestar
declarar
reconocer
abrir el corazón
vaciar el saco
cantar de plano
2 declarar
prestar declaración

confesión *nombre femenino*
1 penitencia

confeso, -sa *adjetivo/nombre*
1 converso
2 lego
donado

confiable *adjetivo*
1 fidedigno
verídico
veraz
ANTO falso
engañoso
2 leal
fiel
franco
honrado
noble
constante
sincero
ANTO infiel
desleal

innoble
inconstante
voluble

confiado, -da *adjetivo*
1 crédulo
cándido
sencillo
pagado de sí mismo
seguro de sí mismo
ANTO inseguro
incrédulo
perspicaz
2 imprudente
ligero
irreflexivo
precipitado
atolondrado
aturdido
temerario
ANTO prudente
reflexivo

confianza *nombre femenino*
1 esperanza
seguridad
fe
2 familiaridad
llaneza
franqueza
3 expansión
efusión
comunicación
desahogo

de confianza *locución
adjetiva*
de fiar

confiar *verbo intransitivo*
1 fiarse
abandonarse
ANTO desconfiar
prevenirse

Abandonarse significa una
confianza extrema.

'La acción de *fiarse* es más
amplia que la de *confiar*, y supone más abandono y seguridad que ésta. En *confiar* no
hay más que esperanza: en
fiarse hay seguridad. El acreedor *confía* en que se le pagará
lo que se le debe, y no exige
recibo porque se *fía* en la honradez de su deudor' (M).

2 encargar
encomendar
cometer

verbo intransitivo/pronominal
3 fiar
esperar
abandonarse

a

entregarse en manos
echarse en brazos
dejarlo en Dios

b

confidencial *adjetivo*
1 reservado
   secreto

c

confidente *nombre común*
1 (eufemismo) espía*
   soplón (despectivo)
   fuelle (burlesco)
   espión
   observador
   agente secreto

d

e

f

g

configuración *nombre femenino*
1 forma*
   figura
   conformación

h

confín *nombre masculino*
1 raya
   término
   frontera
   linde
   divisoria
   límite
   lindero

i

j

k

l

m

Raya, término y *confín* se aplican con preferencia a grandes propiedades, municipios, comarcas, provincias, etc. *Frontera,* a naciones o países. *Linde* y *lindero,* a propiedades generalmente pequeñas. *Divisoria* se usa sobre todo en Geografía física; por ejemplo, la *divisoria* de una cuenca hidrográfica. *Límite* es denominación general que engloba el significado de estos vocablos y puede sustituirlos a todos.

n

ñ

o

p

q

confinado, -da *adjetivo*
1 limitado
   circunscrito
   reducido

r

s

confinamiento *nombre masculino*
1 relegación
   destierro*

t

Relegación y *confinamiento* se diferencian de *destierro* en que circunscriben la vida del penado a un área determinada del territorio nacional.

u

2 encierro
   reclusión

v

confinante *adjetivo*
1 aledaño
   colindante

w

x

y

z

lindante
limítrofe
fronterizo
rayano

confinar *verbo intransitivo*
1 limitar
   lindar*
   colindar

verbo transitivo
2 desterrar
   relegar

verbo pronominal
3 encerrarse
   recluirse
   retraerse

confinidad *nombre femenino*
1 cercanía
   contigüidad

confirmación *nombre femenino*
1 aseveración
   afirmación
   aserción
   aserto
   ratificación
2 sanción
   aprobación

confirmar *verbo transitivo*
1 apoyar
   sostener
   autorizar
   secundar
   ANTO desaprobar
       desautorizar
2 ratificar
   convalidar
   revalidar
   reafirmar
   corroborar
   comprobar
   asegurar
   afirmar
   cerciorar
   certificar
   aseverar
   ANTO rectificar
       negar

En conjunto, *confirmar* tiene más relación con el entendimiento; *ratificar* es sobre todo un acto de la voluntad.

'Se *confirma* lo dudoso, lo incierto, lo que sólo se sabe por probabilidades y conjeturas: se *ratifica* lo que carece de alguna de las condiciones necesarias para su validez. La *confirmación* se refiere a lo presente y a lo pasado; la *ratificación* tiene relación con lo

futuro. Se *confirman* las noticias, las doctrinas, los rumores, las sospechas. Se *ratifican* las promesas, los tratados, los propósitos. La experiencia *confirma,* la autoridad *ratifica'* (M).

confirmativo, -va *adjetivo*
1 aseverativo
   afirmativo

confiscación *nombre femenino*
1 comiso
   decomiso
   incautación

Comiso y *decomiso* se aplican a las mercancías. La *confiscación* y la *incautación* se refieren a toda clase de bienes muebles e inmuebles.

confitería *nombre femenino*
1 dulcería
   pastelería

conflagración *nombre femenino*
1 incendio
   quema
   fuego
   siniestro

conflicto *nombre masculino*
1 pugna
   lucha
   combate
2 disparidad
   disidencia
   disconformidad
   desavenencia
   desacuerdo
   antagonismo
   oposición
   contraposición
3 dificultad
   compromiso
   apuro
   apretura
   aprieto
   apretón
   ahogo
   reventón

confluir *verbo intransitivo*
1 converger
   reunirse
   juntarse
2 concurrir
   afluir

Tratándose de gente, *concurrir*; en este caso *confluir* y *afluir* dan idea de gran número.

conformación *nombre femenino*
1 configuración
forma*
figura
ANTO deformación

conformar *verbo transitivo*
1 ajustar
concordar
ANTO deformar

verbo pronominal
2 resignarse
avenirse
allanarse
acomodarse
adaptarse
ANTO rebelarse

conforme *adjetivo*
1 acorde
concorde
de acuerdo
ANTO desacorde

conformidad *nombre femenino*
1 semejanza
2 adhesión
avenencia
acuerdo
consentimiento
aprobación
ANTO disconformidad
discordancia
discordia
3 resignación
sufrimiento
paciencia

conformista *adjetivo*
1 acomodaticio*
acomodadizo
complaciente
contemporizador
dúctil
flexible
adaptable

confortado, -da *adjetivo*
1 animado
alentado
reanimado
animoso

confortante *nombre masculino*
1 (guante de punto) mitón

confortar *verbo transitivo*
1 vigorizar
fortalecer
tonificar
ANTO desalentar
desanimar

Tratándose del cuerpo.

2 animar
reanimar

alentar
consolar
reconfortar

Hablando del ánimo.

confraternidad *nombre femenino*
1 hermandad
fraternidad

confraternizar *verbo intransitivo*
1 fraternizar

confricación *nombre femenino*
1 estregadura
fricción

confrontar *verbo transitivo*
1 carear

'Atendiendo en estas dos palabras a su material formación, diremos que son sinónimas, pues tanto vale poner *cara a cara*, como *frente a frente* a las personas; tratando de cosas equivale *confrontar* a cotejar. Pero buscando escrupulosamente las diferencias veremos que por *carear*, sobre todo en procesos criminales, se entiende poner un acusado o reo delante de otro, que se supone compañero o cómplice suyo, para que atendiendo a sus cargos y descargos se pueda deducir la verdad. También *se carean* los reos con los testigos, y estos unos con otros; pero no se *carean* las pruebas, ni los documentos, sino que se *confrontan* o *cotejan*' (O).

2 cotejar
compulsar
comparar

verbo intransitivo
3 lindar
consolidar
alindar
confinar

confundir *verbo transitivo/pronominal*
1 mezclar (personas o cosas)
involucrar (ideas o textos)
2 desordenar
trastocar*
3 equivocarse
trabucarse
ANTO conocer
saber
4 alucinar
ofuscar

5 humillar
abatir
avergonzar
abochornar
desconcertar
turbar
poner como un trapo
volver tarumba
vencer
hundir

confusión *nombre femenino*
1 desorden
mezcla
mezcolanza
desbarajuste*
mesa revuelta
olla de grillos
campo de Agramante
2 equivocación
error*
3 perplejidad
desasosiego
turbación
ANTO sosiego
claridad
4 abatimiento
humillación
vergüenza
bochorno
ANTO desvergüenza

confuso, -sa *adjetivo*
1 mezclado
revuelto
desordenado
2 oscuro
dudoso
inextricable*
3 turbado
temeroso
avergonzado
abochornado
4 confundido

confutar *verbo transitivo*
1 refutar
impugnar
rebatir
contradecir*

'Se *confutan* y se *impugnan* las opiniones; se *rebaten* y se *refutan* las objeciones, los cargos. La diferencia entre los dos primeros verbos consiste en que el que *impugna* lucha, y el que *confuta* vence. La misma se nota entre los dos segundos, aunque estos denotan una acción más enérgica y esforzada que los dos primeros. Los filósofos modernos *impugnan* las doctrinas de los escolásticos. Los Santos Padres *confutan* las herejías. El fiscal *rebate* los argumentos del defensor. Verres no pudo *refutar* las acusaciones que Cicerón le dirigió' (M).

congelado, -da *adjetivo*
1 helado
  glacial
  gélido

congelar *verbo transitivo*
1 bloquear
  inmovilizar

congeniar *verbo intransitivo*
1 avenirse

congénito, -ta *adjetivo*
1 connatural*
  ingénito
  innato

conglomerar *verbo transitivo/pronominal*
1 aglomerar
  amontonar
  juntar
  acumular
  hacinar
  acopiar
  ANTO separar
       desunir

conglutinar *verbo transitivo*
1 unir
  pegar
  aglutinar
  verbo pronominal
2 conglomerarse

congoja *nombre femenino*
1 desmayo
  angustia
  fatiga
  desconsuelo
  aflicción
  pena*
  tormento
  dolor
  tribulación
  ANTO tranquilidad
       euforia
2 ahogo
  aprieto
  apuro
3 ansiedad*
  ansia*
  inquietud
  intranquilidad
  agitación
  zozobra
  angustia

congojar *verbo transitivo*
1 acongojar
  oprimir
  afligir
  aquejar
  atribular
  entristecer
  apenar

congosto *nombre masculino*
1 desfiladero

congratulación *nombre femenino*
1 felicitación
  parabién
  pláceme
  enhorabuena

congratular *verbo transitivo/pronominal*
1 felicitar
  dar la enhorabuena
  dar el parabién
  dar los días
  bañarse en agua de rosa

congregación *nombre femenino*
1 cofradía
2 comunidad

congregante, -ta *nombre*
1 cofrade

congregar *verbo transitivo*
1 juntar
  reunir

congreso *nombre masculino*
1 junta
  reunión
  asamblea*
2 parlamento
  cámara

congrua *nombre femenino*
1 pasada
  pasadía

congruencia *nombre femenino*
1 conveniencia
  adecuación
  oportunidad
  ANTO inconveniencia
2 ilación
  conexión
  coherencia*
  cohesión*
  ANTO incongruencia

congruente *adjetivo*
1 conveniente
  adecuado
  oportuno
2 enlazado

  conexo
  coherente
  relacionado

cónico, -ca *adjetivo*
1 coniforme

coniforme *adjetivo*
1 cónico

coniza *nombre femenino*
1 arta de agua
  zaragatona
  hierba pulguera

conjetura *nombre femenino*
1 hipótesis
  supuesto
  suposición*
  presunción

'La *conjetura* se funda en alguna combinación de circunstancias o antecedentes que hacen probable una cosa. La *presunción* se puede fundar en una simple sospecha, recelo, malicia o preocupación. De aquí es que se dice: sacar una *conjetura,* esto es, deducir de los indicios o antecedentes alguna consecuencia probable. Pero no se saca una *presunción*' (LH). 'La *presunción* es una opinión fundada en motivos de credibilidad; la *conjetura* no tiene por fundamento sino meras apariencias. La *presunción* tiene más fuerza de razón que la *conjetura,* y forma una preocupación legítima, mientras que la conjetura no pasa de un simple pronóstico. La *presunción* tiene realidad, porque se funda en hechos ciertos, en verdades conocidas, en principios de pruebas. La *conjetura* es ideal, porque se deduce por discursos, por interpretaciones y suposiciones' (Ci).

Hipótesis y *supuesto* pertenecen a la ciencia y tienen una base racional mayor o menor. La *suposición* abarca todos los matices de los demás sinónimos: puede ser enteramente gratuita o basarse en diversos grados de probabilidad.

2 cábala
  pronóstico

conjeturar *verbo transitivo*
1 suponer
  calcular
  presumir
  creer
  figurarse
  barruntar
  prever*
  presentir
  sospechar
  entrever
2 discurrir
  idear
  inventar
  inferir
3 profetizar
  presagiar
  adivinar*

conjugar *verbo transitivo*
1 unir
  enlazar
  armonizar

conjunción *nombre femenino*
1 unión
  enlace
  coincidencia

conjuntamente *adverbio*
1 juntamente
  simultáncamente
  a la vez
  ANTO aisladamente
    personalmente

conjuntiva *nombre femenino*
1 adnata

conjunto *adjetivo*
1 junto
  unido
  contiguo
2 mezclado
  incorporado
  nombre masculino
3 total*
  agregado
  totalidad

conjura *nombre femenino*
1 conspiración
  complot
  conjuración

conjurado, -da *adjetivo/nombre*
1 conspirador

conjurar *verbo intransitivo/pronominal*
1 conspirar
  tramar
  maquinar
  confabularse*

verbo transitivo
2 exorcizar
  alejar
3 implorar
  instar
  suplicar

conllevar *verbo transitivo/pronominal*
1 aguantar
  sufrir
  soportar
  tolerar
  sobrellevar

conmemoración *nombre femenino*
1 memoria
  recuerdo*
  rememoración
2 festividad
  fiesta
  solemnidad

conmemorativo, -va *adjetivo*
1 conmemoratorio
  memorativo
  rememorativo

conminación *nombre femenino*
1 amago
  amenaza

conminar *verbo transitivo*
1 amenazar*
2 intimar

conmiseración *nombre femenino*
1 compasión
  lástima*
  piedad
  misericordia

conmoción *nombre femenino*
1 sacudida
  sacudimiento
  choque
2 levantamiento
  tumulto
  disturbio
3 agitación
  inquietud
  intranquilidad
  turbación
  perturbación
  alteración

conmoración *nombre femenino*
1 expolición

conmovedor, -ra *adjetivo*
1 emocionante
  enternecedor
  sentimental
  patético

conmover *verbo transitivo/pronominal*
1 sacudir
  agitar
  mover
2 afectar*
  perturbar
  emocionar*
  turbar
  enternecer
  tocar en el corazón
  ablandar
  desenfadar
  desencolerizar
  desenojar
  impresionar
  ANTO burlar
    irritar
    endurecer
    enfadar
3 interesar
  atraer
  cautivar
  seducir
  verbo transitivo
4 hurgar
  incitar
  pinchar
  atizar
  excitar
  verbo pronominal
5 estremecer*
  temblar
  alterarse
  sobresaltar
  trepidar
6 sentir
  afligirse
  deplorar
  dolerse
  lamentarse

conmovido, -da *adjetivo*
1 afectado
  aquejado
  molestado
  apenado
  afligido
  impresionado

conmutación *nombre femenino*
1 retruécano

conmutador *nombre masculino*
1 cortacorriente
2 interruptor

conmutar *verbo transitivo*
1 trocar
  cambiar
  permutar
  Conmutar se usa sólo como término de Derecho (*conmutar*

connatural *adjetivo*
1 natural
nato
congénito
ingénito

Natural y *connatural* se dice de lo que es propio de la naturaleza de un ser viviente; por ejemplo: la fiereza es *natural* o *connatural* del tigre. *Nato, congénito* e *ingénito* es lo que en un ser viviente procede desde su nacimiento. Así hablamos de una enfermedad o predisposión *nata, congénita* o *ingénita* por herencia biológica de un individuo determinado, sin que éstas sean *naturales* o *connaturales* de su especie.

connaturalizarse *verbo pronominal*
1 acostumbrarse
adaptarse

connivencia *nombre femenino*
1 acuerdo
confabulación
conchabanza
aconchabamiento
contubernio

Connivencia es generalmente una expresión más suave o eufemística, e implica a veces el simple disimulo o tolerancia más o menos culpable.

connubio *nombre masculino*
1 (poético) matrimonio*
boda
casamiento*
unión
enlace
nupcias
himeneo
ANTO divorcio
soltería
viudez

conocedor, -ra *adjetivo*
1 avezado
práctico
experimentado
experto
perito
versado
2 sabedor
enterado
informado
noticioso

conocer *verbo transitivo*
1 entender
saber
comprender
ANTO ignorar
olvidar
2 percibir
notar
advertir
darse cuenta
percatarse
saber de buena tinta
saber al dedillo
estar al cabo de la calle
estar en autos
calar
adivinar
descubrir

conocible *adjetivo*
1 cognoscible

Este se usa principalmente en Filosofía.

conocido, -da *adjetivo*
1 acreditado
nombrado
renombrado
distinguido
notable
2 público*
notorio
patente
manifiesto
en boca de todos
3 batido
andado
trillado
frecuentado

conocimiento *nombre masculino*
1 cognición
2 epistemología

Etimológicamente, *epistemología* significa 'teoría del conocimiento'.

3 entendimiento
inteligencia
razón natural
discernimiento
ANTO ignorancia
inconsciencia

⇒ conocimientos

perder el conocimiento *locución*
desvanecerse
desmayarse
írsele la vista
caerse redondo
perder el sentido

conocimientos *nombre masculino plural*
1 saber
ciencia
erudición

⇒ conocimiento

conquiliología *nombre femenino*
1 malacología

conquiliólogo, -ga *nombre*
1 malacólogo

conquistar *verbo transitivo*
1 tomar
apoderarse de
2 ganar la voluntad
congraciarse
atraer
seducir
persuadir

consagrar *verbo transitivo*
1 dedicar
destinar

Consagrar supone eficacia, ardor, abnegación, por parte del sujeto, a la vez que un objeto elevado e importante. No sería propio *consagrar* muchas horas al tocador, al visiteo, etc. En cambio se *consagra* la vida al estudio, a la patria, a la santidad.

consanguinidad *nombre femenino*
1 parentesco

consciencia *nombre femenino*
1 conciencia

consecución *nombre femenino*
1 logro
obtención

consecuencia *nombre femenino*
1 deducción
conclusión
inferencia
ilación

'*Inferencia* e *ilación* son sinónimos. Se diferencian de la *consecuencia* en que ésta se deduce exclusivamente del raciocinio, y las otras dos pueden ser producto de la analogía, de la observación o de otra operación análoga. La consecuencia es inevitable y forzosa (como la *deducción* y la *conclusión*); la *inferencia* y la *ilación* son eventuales y variables según el modo de ver del agente. Si las premisas son verdaderas, la *consecuencia* no puede ser falsa; pero pueden sacarse *ilaciones* e *inferencias* falsas de hechos verdaderos y de observaciones correctas y exactas. El movimiento del Sol alrededor de la Tierra es una *ilación* errónea de fenómenos reales e incontrovertibles. De premisas verdaderas no puede deducirse más que una sola consecuencia; pero de un hecho o de una observación pueden salir muchas *ilaciones,* no sólo diversas entre sí, sino enteramente contrarias unas de otras, como sucede frecuentemente en la práctica de la medicina' (M).

2 resultado
efecto*
éxito
resulta
secuela
salpicaduras
ANTO causa

Secuela y *resulta* son hechos últimos que siguen o resultan, generalmente de menos importancia.

'El *resultado* es el producto definitivo de una causa o del concurso de muchas causas, y puede ser casual. El *efecto* es igualmente el producto de una o muchas causas; pero es, por decirlo así, más material; o más bien se aplica con más frecuencia a las cosas materiales. El éxito es un *resultado* puramente moral. Una medicina produce *efecto* o *resultado,* pero no *consecuencia* ni *éxito.* Una batalla puede tener muy buen *éxito* y muy malas *consecuencias.* Este es el *resultado* de los *efectos* del rayo. La Física es una ciencia que trata de las causas y *efectos* naturales. La *consecuencia* debe producirse necesariamente... No así, el *resultado* que muchas veces se ignora cuál será' (C).

consecutivo, -va *adjetivo*
1 seguido

continuo
sucesivo
incesante
consiguiente

conseguir *verbo transitivo*
1 obtener
lograr
alcanzar*
salirse con la suya
salir airoso
cumplirse el deseo
ganar el pleito
sacar a pulso
dar en blando
aquistar
adquirir
conquistar
ANTO perder
    malograrse
2 pescar*
coger
lograr
agarrar
pillar
atrapar

verbo transitivo/pronominal
3 granjear
captar
atraer

conseja *nombre femenino*
1 cuento
fábula
patraña
2 conciliábulo

consejero, -ra *nombre*
1 consiliario
asesor
mentor
guía
maestro

Consiliario es voz docta que sólo se usa en ciertos medios eclesiásticos.

consejo *nombre masculino*
1 parecer
dictamen
opinión
advertencia*
aviso
apercibimiento
admonición
amonestación
reflexión

consenso *nombre masculino*
1 asenso
consentimiento

consentido, -da *adjetivo*
1 mimado

malacostumbrado
malcriado

consentimiento *nombre masculino*
1 asentimiento
asenso
anuencia
aquiescencia
aprobación
beneplácito
autorización
venia
licencia*
permiso
transigencia
tolerancia

Asentimiento, asenso, anuencia, aquiescencia, aprobación y *beneplácito,* cuando significan aceptación, admisión de un criterio ajeno. Si predomina la idea del *consentimiento* formal para hacer algo: *autorización, venia, licencia, permiso.* El *consentimiento* que damos a pesar de nuestra opinión o deseo, o venciendo alguna resistencia, *transigencia, tolerancia.* Para otros matices, véase *condescender* y *contemporizar.*

2 mimo
tolerancia
transigencia
condescendencia
ANTO intolerancia
    intransigencia

consentir *verbo intransitivo/transitivo*
1 admitir
aceptar
dar por cierto
hacer la vista gorda
ANTO negar

verbo transitivo
2 permitir*
tolerar*
condescender
sufrir*
autorizar
aprobar
acceder
ANTO negar
    desautorizar
    oponer
    desaprobar
    denegar

verbo intransitivo/transitivo
3 mimar
consentir

a
b
c
d
e
f
g
h
i
j
k
l
m
n
ñ
o
p
q
r
s
t
u
v
w
x
y
z

mal acostumbrar
mal inclinar
malcriar
enviciar
viciar
Estos sinónimos forman una
serie intensiva.
verbo intransitivo
4 ceder
transigir
claudicar
rendirse

conservación *nombre femenino*
1 entretenimiento
manutención

conservar *verbo transitivo*
1 mantener
preservar (de algún daño o
deterioro)
cuidar
custodiar*
2 continuar
seguir
ANTO perder
Tratándose de costumbres,
virtudes, etc.
3 guardar
retener

considerable *adjetivo*
1 grande
cuantioso
numeroso
ANTO escaso
pequeño
insignificante
desdeñable
2 serio
importante
grave
ANTO nimio
baladí
Grave cuando se trata de algún daño

consideración *nombre femenino*
1 atención
estudio
reflexión
meditación
ANTO desatención
2 importancia
monta
3 urbanidad
respeto*
deferencia
miramiento
estima
cortesía
ANTO desconsideración

considerado, -da *adjetivo*
1 respetuoso
mirado
atento*
deferente
circunspecto
cortés
2 bienquisto
estimado
apreciado
querido
reputado
ANTO desestimado
despreciado
malquisto

considerar *verbo transitivo*
1 pensar*
reflexionar
meditar
examinar
2 juzgar
estimar
conceptuar
tener por
reputar por
3 respetar
estimar

consignación *nombre femenino*
1 asignación
partida

consiguiente
por consiguiente *locución*
conjuntiva
por ello
por tanto
por lo tanto
en consecuencia
así pues
luego

consiliario, -ria *nombre*
1 consejero

consistencia *nombre femenino*
1 duración
estabilidad
solidez
resistencia
ANTO brevedad
inconsistencia
flojedad
2 trabazón
coherencia
Tratándose de la contexta
interna de los cuerpos.

consistente *adjetivo*
1 duro
resistente
fuerte
compacto

ANTO blando
inconsistente

consistorio *nombre masculino*
1 ayuntamiento
municipio
concejo
cabildo

consocio, -cia *nombre*
1 asociado
socio

consolar *verbo transitivo*
1 animar
confortar
calmar
tranquilizar
reanimar
alentar
desahogar
aliviar
ANTO apenar
desanimar

consólida *nombre femenino*
1 consuelda
suelda

consólida real *locución*
nominal
espuela de caballero

consolidación *nombre femenino*
1 solidificación

consolidar *verbo transitivo*
1 afianzar
asegurar
fortalecer
robustecer
ANTO fallar
ablandar
caer

consonancia *nombre femenino*
1 armonía
relación
proporción
conformidad
2 rima perfecta

consonar *verbo transitivo*
1 armonizar
2 aconsonantar

consorcio *nombre masculino*
1 maridaje
unión
armonía
conformidad

consorte *nombre común*
1 cónyuge

conspicuo, -cua *adjetivo*
1 ilustre

insigne
visible
notable
ANTO vulgar
    invisible

conspiración *nombre femenino*
1 conjura
    conjuración
    complot
    maquinación

conspirar *verbo intransitivo*
1 conjurarse
    confabularse
    maquinar
    tramar
    estar en el ajo

constancia *nombre femenino*
1 firmeza
    perseverancia*
    persistencia
    tesón
    tenacidad
    ANTO Inconstancia
        desaplicación
2 testimonio
    certificación

Con los verbos *dar, hallar, quedar* y otros: quedar *constancia* de un hecho, de un acuerdo.

constante *adjetivo*
1 firme
    perseverante
    fiel
    persistente
    tenaz
    terco*
    voluntarioso
    tesonero
    tozudo
    testarudo
    obstinado

'El que no varía, es *constante*; el que no cede, es *firme*. El hecho solo de no mudar de opinión, de inclinación o de conducta, basta para acreditarse de *constante*. Para ser *firme,* es preciso tener que vencer las dificultades o contradicciones, y todo lo que puede oponerse a la *constancia*. Un hombre puede ser *constante* tal vez por costumbre, por irresolución, y aun por debilidad; pero sólo es *firme* el que resiste a todo lo que puede separarle de su resolución' (LH).

2 durable
    duradero*
    persistente
    Dicho de las cosas.

3 igual
    invariable
    regular

constar *verbo intransitivo*
1 componerse
    constituir
    consistir
2 ser cierto
    hallarse escrito

consternación *nombre femenino*
1 horror
    aversión
    repulsión
    fobia
    espanto
    pavor
    terror

consternar *verbo transitivo/pronominal*
1 afligir
    abatir
    conturbar
    desolar
    aturdir
    ANTO consolar
        animar

Consternar y *desolar* expresan estas ideas con más intensidad.

constipación *nombre femenino*
1 estreñimiento
    restreñimiento
    coprostasis

constipado[1] *nombre masculino*
1 resfriado
    catarro

constipado, -da[2] *adjetivo*
1 resfriado
    acatarrado

constiparse *verbo pronominal*
1 resfriarse
    acatarrarse

constitución *nombre femenino*
1 complexión
    naturaleza
    temperamento
2 contextura
3 ordenanza
    ordenamiento
    estatuto

constitucionalística *nombre femenino*
1 tipología

constituir *verbo transitivo*
1 formar
    componer
    ANTO descomponer
        desordenar
2 fundar
    erigir
    ordenar
    establecer
    instituir

constitutivo, -va *adjetivo*
1 intrínseco
    esencial
    propio
    interno
    interior
    ANTO extrínseco

constreñimiento *nombre masculino*
1 coacción
    apremio

constreñir *verbo transitivo*
1 astringir
    sujetar
2 obligar
    coercer*
3 apretar
    oprimir

constricción *nombre femenino*
1 encogimiento
    contracción
2 obligación

construcción *nombre femenino*
1 edificio*
    obra
2 erección
    edificación

construir *verbo transitivo*
1 edificar
    fabricar
    erigir
    levantar
    ANTO destruir
        derribar

Erigir y *levantar* se usan en sentido figurado y apreciativo como sinónimo de *edificar*.

'Los tres verbos (*construir, edificar, fabricar*) se aplican a los artefactos que, además de ser de grandes dimensiones, requieren conocimientos especiales y facultativos. El verbo *edificar* sólo se emplea ha-

a
b
c
d
e
f
g
h
i
j
k
l
m
n
ñ
o
p
q
r
s
t
u
v
w
x
y
z

a
b
c
d
e
f
g
h
i
j
k
l
m
n
ñ
o
p
q
r
s
t
u
v
w
x
y
z

blando de las obras que sirven para residencia del hombre, o en que se emplean los mismos materiales que en ella, como los puentes, los muelles, las cercas de piedra o ladrillo y las fortificaciones. No se dice *edificar,* sino *construir* o *fabricar* un navío o una máquina' (M). '*Edificar* se refiere al edificio considerado en general, y conducido a su fin según su plan y proporciones. Construirse refiere a la operación material de su fábrica, a los trabajos y operaciones mecánicas con que se ejecuta. En talaño se *edificó* este palacio, y se *construyó* con solidez y buenos materiales. Por esto, de las partes de un edificio no se dice que se edifican, sino que se *construyen,* porque *edificar* recae sobre el todo. Se *construye* una pared, un tojado, un sótano; no se *edifican*' (LH).

2 formar
componer
ANTO descomponer
deformar

consuelda *nombre femenino*
1 consólida
suelda

consuelda menor
locución nominal
sínfito

consuelo *nombre masculino*
1 alivio
descanso
aliento
lenitivo
2 gozo
alegría

consueta *nombre masculino*
1 apuntador

⇒ consuetas

consuetas *nombre femenino*
plural
1 sufragios

⇒ consueta

consuetudinario, -ria *adjetivo*
1 acostumbrado
usual

consulta *nombre femenino*
1 visita (efectuada por el médico)

consultar *verbo transitivo*
1 deliberar
tratar
examinar
2 aconsejarse
asesorarse

consultivo, -va *adjetivo*
1 asesor
dictaminador

Por ejemplo: someten las autoridades un asunto a una junta o comisión *consultiva, asesora* o *dictaminadora.*

consultor, -ra *adjetivo/nombre*
1 asesor

consumación *nombre femenino*
1 extinción
acabamiento
final
término*

consumado, -da *adjetivo*
1 acabado
perfecto
completo

consumar *verbo transitivo*
1 perpetrar
cometer*

consumero *nombre masculino*
1 portalero

consumido, -da *adjetivo*
1 flaco
extenuado
macilento

consumidor, -ra
adjetivo/nombre
1 cliente
parroquiano

consumir *verbo transitivo*
1 destruir
desgastar
acabar
agotar
extinguir
ANTO guardar
2 desazonar
afligir
ANTO animar
3 gastar
usar
ANTO guardar
conservar

Tratándose de comestibles u otros géneros.

4 sumir
En la misa.

consumo *nombre masculino*
1 gasto

consunción *nombre femenino*
1 consumición
consumimiento
gasto
desgaste
destrucción
2 agotamiento
extenuación
enflaquecimiento
tabes

contable *nombre común*
1 (galicismo) contador
tenedor de libros

Contable es galicismo innecesario.

contado, -da *adjetivo*
1 raro
poco
escaso
2 determinado
señalado

contador, -ra *nombre*
1 tenedor de libros

contagiar *verbo transitivo*
1 pegar
inficionar
infestar
contaminar
infectar
inocular
transmitir

Cuando se hace por medios artificiales, *inocular.*

2 malear
pervertir
corromper

contagio *nombre masculino*
1 contaminación
infección
inficionamiento

⇒ epidemia

2 perversión
3 transmisión
trasmisión
transferencia
propagación

contagioso, -sa *adjetivo*
1 pegadizo
pegajoso
infeccioso
pestilente

container *nombre masculino*
1 (anglicismo) contenedor

contento

contaminación *nombre femenino*
1 polución

contaminado, -da *adjetivo*
1 infecto
  inficionado
  infectado

contaminar *verbo transitivo*
1 contagiar
  inficionar
  infectar
  infestar
2 pervertir
  malear
  mancillar
  corromper

contar *verbo transitivo*
1 referir
  narrar
  relatar
  relacionar
  Referir, narrar y relatar son de uso culto. Narrar y relatar sugieren extensión en lo contado, mayor que los demás. Relacionar se refiere a hechos reales, no imaginarios.
2 computar
  calcular

contemplación *nombre femenino*
1 visión
  ⇒ contemplaciones

contemplaciones *nombre femenino plural*
1 complacencias
  miramientos
  mimos
  ⇒ contemplación

contemplar *verbo transitivo*
1 mirar
  considerar
  meditar
  Contemplar supone siempre gran atención o afecto particular.

contemporáneo, -ea *adjetivo/nombre*
1 coetáneo
  sincrónico
  simultáneo
  ANTO asincrónico
  asíncrono
  Todos indican coincidencia en el tiempo, pero *contemporáneo* (y más aún *coetáneo*) se

refiere a un largo período de límites indeterminados: Cervantes y Shakespeare son *contemporáneos*. *Coetáneo* se usa también aplicado a personas de la misma edad aproximada o que pertenecen a la misma generación cultural. *Sincrónico* denota correspondencia exacta de hechos o fenómenos: cuadro *sincrónico* de la literatura del siglo XVII; marcha *sincrónica* de dos relojes. *Simultáneo* señala coincidencia precisa en un tiempo definido: *la llegada de los dos trenes fue simultánea.*

contemporización *nombre femenino*
1 condescendencia
  consentimiento
  acomodo
  arreglo
  pastel
  pasteleo
  ANTO intransigencia
  desavenencia
  Cuando se hace con miras interesadas, con malos fines o con excesiva transigencia, *pastel, pasteleo.*

contemporizador, -ra *adjetivo*
1 acomodaticio*
  acomodadizo
  complaciente
  conformista
  dúctil
  flexible
  adaptable

contemporizar *verbo intransitivo*
1 temporizar
  pastelear
  Cuando se hace con miras interesadas, y tomándose a mala parte, *pastelear.* Véase *condescender* y *consentimiento.*

contender *verbo intransitivo*
1 pelear
  luchar
  batallar
  lidiar
  medir las armas
  combatir*
2 competir*
  rivalizar
3 disputar
  debatir
  discutir

contenedor *nombre masculino*
1 container (anglicismo)

contener *verbo transitivo/pronominal*
1 comprender
  abrazar
  abarcar
  encerrar
  incluir
  'Los objetos *contenidos* llenan un vacío; los *comprendidos* cubren una extensión. Una caja *contiene* libros; un reino *comprende* varias provincias. El verbo *abrazar* se refiere al límite o línea exterior, como: los dos mares y los Pirineos *abrazan* la vasta extensión que se llama la Península Ibérica' (M).
2 reprimir
  moderar
  refrenar
  dominar
  sujetar
  tirar del freno
  tirar de la cuerda
  reportarse
  sobreponerse
  verbo transitivo
3 atajar
  interrumpir
  cortar
  detener
  parar

contentamiento *nombre masculino*
1 contento*
  satisfacción
  complacencia
  alegría*
  regocijo
  júbilo
  alborozo
  gozo

contentar *verbo transitivo/pronominal*
1 satisfacer
  complacer
  agradar*
  regocijarse
  ANTO degradar
  apenar
  entristecer

contento¹ *nombre masculino*
1 satisfacción
  complacencia
  contentamiento
  alegría
  júbilo*

alborozo*
regocijo
no caber de contento
estar como unas pascuas
estar en la gloria
dar saltos de alegría
holganza
placer
ANTO insatisfacción
tristeza
dolor
pena

'El *contento* es una situación agradable del ánimo causada, o por el bien que se posee, o por el gusto que se logra, o por la satisfacción de que se goza. Cuando el *contento* se manifiesta exteriormente en las acciones y palabras, es *alegría*. Los que tienen el genio naturalmente *alegre,* parece que están *contentos* y satisfechos de su suerte. Los que son naturalmente melancólicos, no están por lo común alegres, por más contentos y satisfechos que estén de su fortuna (...). Causa *contento* la buena conducta de un hijo, una noticia que satisface al ánimo, la vista de una acción virtuosa. Causa alegría el oír un chiste, una gracia que nos divierte, una música que nos agrada, el buen humor de un amigo' (LH).

no caber de contento
locución
gozar
regocijarse
divertirse
recrearse
disfrutar
complacerse
caérsele la baba

contento, -ta[2] *adjetivo*
1 satisfecho*
complacido
encantado
alegre*
gozoso
jubiloso
feliz
dichoso
venturoso
afortunado
fausto
campante
ufano
ANTO infeliz
triste

desgraciado
infausto
insatisfecho

contera *nombre femenino*
1 estribillo

contertulio, -lia *adjetivo/nombre*
1 tertuliano
tertuliante
tertulio

contestable *adjetivo*
1 impugnable
discutible
rebatible
controvertible
refutable

contestación *nombre femenino*
1 respuesta
objeción*

Aunque ambos términos han llegado a ser casi equivalentes en la lengua moderna, la *contestación* se siente en general como más larga y razonada que la *respuesta*. La *respuesta* puede ser un sí o un no; una *contestación* suele implicar motivos, razones, etc. en relación con la pregunta.

contestar *verbo transitivo*
1 responder
replicar

Replicar supone negación o contradicción total o parcial. Se *responde* a una llamada; se *contesta* una carta; se *replica* a una proposición con la cual no estamos conformes.

contextura *nombre femenino*
1 textura
estructura

contienda *nombre femenino*
1 lucha
pelea
riña
pendencia
batalla*
2 disputa
3 partido
match (anglicismo)
encuentro

contiguo, -gua *adjetivo*
1 limítrofe*
confinante
lindante
colindante
aledaño

rayano
fronterizo
2 inmediato*
junto
pegado
ANTO separado
lejano
3 afín
próximo
cercano

contigüidad *nombre femenino*
1 vecindad
proximidad

continencia *nombre femenino*
1 moderación
templanza*
ANTO destemplanza
2 castidad*
abstinencia
ANTO impureza

continente *nombre masculino*
1 actitud*
postura
posición
disposición
porte
gesto

contingencia *nombre femenino*
1 eventualidad
casualidad*
posibilidad
ventura
suerte
acaso
ocurrencia
ocasión
coyuntura
azar*
ANTO certeza
seguridad
2 riesgo
probabilidad
accidente
ANTO seguridad

contingente *adjetivo*
1 accidental
secundario
incidental
eventual

continuación *nombre femenino*
1 decurso
transcurso
sucesión
paso

a continuación *locución adverbial*
después
luego

posteriormente
más tarde
ulteriormente
seguidamente
ANTO ante

continuador, -ra
adjetivo/nombre
1 sucesor

continuamente *adverbio*
1 incesantemente
sin intermisión
ininterrumpidamente
de una vez
de un golpe
a renglón seguido
sin interrupción
perpetuamente
siempre
perdurablemente
perennemente

continuar *verbo transitivo*
1 proseguir
seguir
persistir
no dejar de la mano
ANTO desistir
interrumpir
2 durar
permanecer
3 prolongar
alargar

continuidad *nombre femenino*
1 persistencia
constancia
perseverancia

continuo, -nua *adjetivo*
1 incesante
constante
persistente
asiduo*
ANTO alterno
discontinuo

contoneo *nombre masculino*
1 balanceo
oscilación
fluctuación
vaivén

contornear *verbo transitivo*
1 rodear
ceñir
2 perfilar

contorno *nombre masculino*
1 perímetro
periferia

Si se trata de una figura curvi-
línea, *periferia*.

2 afueras
alrededores
cercanía(s)
inmediaciones
proximidades
vecindad

Contorno se usa frecuentemente en plural.

contorsión *nombre femenino*
1 retorcimiento
torcijón
retorsión
2 gesticulación

contra *nombre común*
1 dificultad
inconveniente
estorbo
obstáculo
2 oposición

contraaproches *nombre
masculino plural*
1 contratrinchera

contraatacar *verbo
intransitivo/transitivo*
1 contragolpear

contraataque *nombre masculino*
1 contragolpe

contrabajo *nombre masculino*
1 violón

contrabalancear *verbo
transitivo*
1 compensar
contrapesar

contrabandista *adjetivo/nombre*
1 metedor
matutero

contrabando *nombre masculino*
1 matute

Matute es un *contrabando* en
pequeña escala, y se dice
principalmente de la introducción de mercancías en una
población sin pagar el impuesto de consumos: entrar,
pasar, *matute* o (algo) de *matute*. *Contrabando* se dice sobre todo tratándose de las
aduanas en fronteras y puer-
tos.

contrabasa *nombre femenino*
1 pedestal

contrabocel *nombre masculino*
1 caveto

contracarril *nombre masculino*
1 contrarriel

contracción *nombre femenino*
1 crasis
2 sinéresis

contracepción *nombre femenino*
1 anticoncepción

contraceptivo, -va *adjetivo*
1 anticonceptivo
preservativo
profiláctico

contracifra *nombre femenino*
1 clave

contradecir *verbo
intransitivo/transitivo*
1 impugnar
objetar
rebatir
refutar
ANTO confirmar

Contradecir es oponerse a lo
que otro dice, ya sea con razones o argumentos, ya por
motivos afectivos o de índole
no racional, como el llamado
espíritu de contradicción. *Impugnar, objetar, rebatir, refutar*
y el poco usado *opugnar* suponen necesariamente *contradecir* con argumentos, pruebas o razones. Cuando éstas
son convincentes *confutar*. Un
niño respondón *contradice* las
palabras o mandatos de su padre, no los *impugna* ni *refuta*.
Una doctrina es *impugnada* o
refutada por sus contrarios.
Impugnar y *rebatir* acentúan el
matiz de lucha o polémica que
corresponde a su origen etimológico; *refutar* sugiere principalmente el razonamiento
frío.

2 devolver la pelota
sacudir el polvo
cascar las liendres

contradicción *nombre femenino*
1 oposición
contrariedad
2 réplica
refutación

contradictorio, -ria *adjetivo*
1 contrario
opuesto

'Lo *contrario* está en la esencia de las cosas; lo bueno es
contrario a lo malo, lo justo a

lo inicuo; y en el orden físico, la luz a la oscuridad, lo caliente a lo frío. Lo *contradictorio* está en la expresión verbal. Las frases 'quiero y no quiero', 'tonto discreto', 'selva sin árboles', son *contradictorias*. Lo *opuesto* está en la colocación. El polo ártico es *opuesto* al antártico; la costa *opuesta* a la de Andalucía es la de África. El uso de la voz *opuesto* en lugar de *contrario* es metafórico...' (M).

contraer *verbo transitivo*
1 adquirir

Tratándose de costumbres, vicios, obligaciones y enfermedades.

verbo pronominal
2 reducirse
ceñirse
3 encogerse
estrecharse
ANTO estirarse
alargarse

contrafuerte *nombre masculino*
1 botarel
espolón
estribo
machón

contragolpe *nombre masculino*
1 contraataque

contragolpear *verbo intransitivo/transitivo*
1 contraatacar

contrahacer *verbo transitivo*
1 imitar*
falsificar*
adulterar
remedar
copiar*

Tratándose de cosas, *imitar*. *Falsificar* o *adulterar*, si se hace con intención de fraude. Tratándose de actos o personas, *remedar* e *imitar*.

contrahecho, -cha *adjetivo*
1 jorobado
corcovado
giboso
deforme

contramarca *nombre femenino*
1 contraseña
marca*

contraorden *nombre femenino*
1 contramandato

contrapesar *verbo transitivo*
1 contrabalancear
compensar
igualar
subsanar

contrapilastra *nombre femenino*
1 traspilastra

contraponer *verbo transitivo*
1 comparar
cotejar
2 oponer
ANTO armonizar

contraposición *nombre femenino*
1 antagonismo
oposición
rivalidad

contrapuerta *nombre femenino*
1 portón

contrariar *verbo transitivo*
1 oponerse
dificultar
entorpecer
ANTO facilitar
ayudar
2 disgustar*
mortificar
desazonar
ANTO contentar

contrariedad *nombre femenino*
1 oposición
2 contratiempo
dificultad
obstáculo
estorbo
3 disgusto
desazón
decepción

En general, la *contrariedad* es menos importante que el *disgusto*, o es su expresión atenuada. Si llueve cuando iba a salir de paseo, siento *contrariedad*, y no *disgusto*. La *decepción* se produce cuando no se cumple algo que esperábamos, y es también más intensa que la *contrariedad*.

contrario, -ria *adjetivo/nombre*
1 opuesto
dañino
dañoso
nocivo
perjudicial

2 contradictorio
ANTO semejante
nombre
3 enemigo
adversario
antagonista
rival
ANTO amigo

contrarrestar *verbo transitivo*
1 resistir
hacer frente
afrontar
oponerse
arrostrar

contrarriel *nombre masculino*
1 contracarril

contrarroda *nombre femenino*
1 contrabranque

contrarronda *nombre femenino*
1 sobrerronda
segunda ronda

contraste *nombre masculino*
1 oposición
disparidad
desemejanza

contrata *nombre femenino*
1 contrato
ajuste
convenio
ocupación

Toda *contrata* es un *contrato*, *ajuste* o *convenio*; pero *contrata* se limita por lo general a la ejecución de obras o prestación de servicios; o bien, entre actores, cantantes y toreros, *ocupación* o *ajuste*.

contratar *verbo transitivo*
1 pactar
convenir
acordar
estipular
ajustar

contratiempo *nombre masculino*
1 percance
accidente
contrariedad
obstáculo
desgracia

En ocasiones *contratiempo* se acerca al significado intensivo de *desgracia*.

contrato *nombre masculino*
1 acuerdo
pacto
convenio

ajuste
compromiso

contratorpedero *nombre masculino*
1 cazatorpedero

contraveneno *nombre masculino*
1 antídoto
antitóxico

contravenir *verbo transitivo*
1 conculcar
quebrantar*
infringir
violar
vulnerar
transgredir
traspasar
incumplir
ANTO obedecer
cumplir

contraventana *nombre femenino*
1 puertaventana

contribución *nombre femenino*
1 impuesto
tributo
subsidio
carga
2 ayuda
aportación
cooperación

contribuir *verbo transitivo*
1 tributar
ANTO eximir
2 ayudar
asistir
auxiliar
coadyuvar
cooperar
colaborar*
aportar

contrición *nombre femenino*
1 arrepentimiento*
compunción
atrición
ANTO impenitencia
contumacia

En la *atrición* predomina el temor del castigo eterno, mientras que en la *contrición* impera el dolor del alma por haber ofendido a Dios.

contrincante *nombre común*
1 competidor
rival
émulo

contristado, -da *adjetivo*
1 doliente

dolorido
apenado
desconsolado
afligido
compungido

contristar *verbo transitivo*
1 afligir
entristecer
apenar
apesadumbrar
ANTO consolar

contrito, -ta *adjetivo*
1 arrepentido
compungido

control *nombre masculino*
1 verificación

controversia *nombre femenino*
1 discusión*
debate
polémica*
disputa
lid

Controversia supone una discusión larga o reiterada, generalmente sobre asuntos filosóficos o religiosos.

controvertible *adjetivo*
1 dudoso*
cuestionable
discutible

controvertir *verbo intransitivo/transitivo*
1 discutir
debatir
polemizar
disputar
cuestionar
ventilar
dilucidar
examinar

contubernio *nombre masculino*
1 confabulación
conchabanza
connivencia

Contubernio acentúa el carácter vituperable e ilícito.

contumacia *nombre femenino*
1 impenitencia
ANTO arrepentimiento
contrición
atrición

contumaz *adjetivo*
1 obstinado
porfiado
terco

pertinaz
tenaz
impenitente

Contumaz significa concretamente el que mantiene porfiadamente un error; por esto en términos religiosos equivale a *impenitente*, se aplica principalmente al hereje o disidente doctrinal. *Terco* puede referirse al carácter o a la manera de obrar, en tanto que *contumaz* se refiere sobre todo a la manera de pensar.

2 rebelde

contundente *adjetivo*
1 tundente
golpeador

En sentido material, cuando produce contusión.

2 decisivo
concluyente
terminante
convincente

contundir *verbo transitivo*
1 golpear
magullar

conturbación *nombre femenino*
1 turbación*
confusión
tribulación

conturbar *verbo transitivo*
1 turbar
perturbar
inquietar
intranquilizar
azorar
sobresaltar
aturdir
ANTO tranquilizar

contusión *nombre femenino*
1 golpe
magulladura
magullamiento

convalidar *verbo transitivo*
1 revalidar
confirmar*

convencer *verbo transitivo*
1 persuadir
meter en cintura
meter en razón
meter en la cabeza
reducirse a razón
darse a buenas

Convencer pertenece principalmente al orden intelectual

a
b
c
d
e
f
g
h
i
j
k
l
m
n
ñ
o
p
q
r
s
t
u
v
w
x
y
z

a
b
c
d
e
f
g
h
i
j
k
l
m
n
ñ
o
p
q
r
s
t
u
v
w
x
y
z

o lógico. Se *convence* con razones, demostraciones, pruebas. Podemos *persuadir* también con ellas; pero *persuadimos* además con emociones, afecto, simpatía personal u otros medios que no actúan precisamente sobre el entendimiento.

convencimiento *nombre masculino*
1 convicción
persuasión

convención *nombre femenino*
1 pacto
convenio
2 asamblea
reunión
congreso

convencional *adjetivo*
1 usual
corriente
habitual
tradicional
ANTO inusual
insólito
2 arbitrario
ANTO motivado

conveniencia *nombre femenino*
1 conformidad
correlación
2 concierto
convenio
ajuste
3 acomodo
colocación
puesto
4 utilidad
provecho
beneficio
⇒ conveniencias

conveniencias *nombre femenino plural*
1 decoro
decencia
urbanidad
⇒ conveniencia

conveniente *adjetivo*
1 acomodado
adecuado
proporcionado
idóneo
útil
oportuno
provechoso
Acomodado, adecuado, proporcionado e idóneo son ge-

neralmente expresiones objetivas de la aptitud para un fin, mientras que *útil, oportuno* y *provechoso* añaden un matiz de estimación subjetiva por parte del hablante, lo mismo que *conveniente*.

2 conforme
concorde
3 decente
proporcionado
propio

convenio *nombre masculino*
1 ajuste
pacto
acuerdo
arreglo
compromiso
contrato
avenencia
concierto
conciliación
transacción
contrata*
ANTO discrepancia
desacuerdo

convenir *verbo intransitivo*
1 acordar
aceptar
coincidir
estar de acuerdo
quedar
2 acudir
juntarse
reunirse
3 corresponder
pertenecer
ser apropiado
verbo pronominal
4 ajustarse
concordarse
ANTO desarreglarse

conventículo *nombre masculino*
1 conciliábulo*

convento *nombre masculino*
1 monasterio

conventual *adjetivo*
1 monástico
monacal

converger, convergir *verbo intransitivo*
1 dirigirse
concurrir
coincidir
encontrarse
ANTO divergir

conversación *nombre femenino*
1 coloquio
diálogo
plática
charla
cháchara
palique
parloteo
entrevista
conferencia
Coloquio supone cierta familiaridad o confianza (*coloquio amoroso, íntimo*), cuando no se refiere a un modo de composición literaria (*coloquio pastoril*). *Diálogo* es literario (*diálogo* filosófico, del teatro, de la novela). *Plática* tiene sabor arcaizante o bien se refiere al sermón breve que pronuncia el sacerdote al pie del altar. *Charla* es conversación sin objeto determinado, por puro pasatiempo, y más aún *cháchara, palique* y *parloteo*, que acentúan su carácter familiar y sugieren principalmente el sonido animado de las voces. *Entrevista* supone un objeto determinado y serio. *Conferencia* tiene carácter grave, a causa de la importancia del asunto o de los interlocutores.

conversar *verbo intransitivo*
1 hablar
platicar
departir
charlar
conferenciar
entrevistarse
ANTO callar
Charlar, cuando se habla sin objeto determinado. *Conferenciar* y *entrevistarse* suponen un asunto importante.
2 echar un párrafo
meter baza
traer a colación
pegar la hebra
meter su cuchara
sacar a colación
ANTO callar

conversión *nombre femenino*
1 mutación
transmutación
metamorfosis*
cambio
2 epístrofe
3 traducción

converso, -sa *adjetivo/nombre*
1 confeso

convertir *verbo transitivo/pronominal*
1 cambiar*
transformar
transmutar
metamorfosear
verbo pronominal
2 abjurar*
apostatar*
renegar
retractarse

convexidad *nombre femenino*
1 barriga
comba
curvatura*

convicción *nombre femenino*
1 convencimiento
persuasión
ANTO duda
2 creencia

convidar *verbo transitivo*
1 invitar
dar una comida
dar de comer
hacer plato

Invitar se estima en general como más elegante que convidar. El uso de convidar va limitándose cada vez más a comer o beber; e invitar se emplea en general. Se convida a tomar café, a cenar. Se invita a asistir a una reunión, a un paseo; pero también se invita a comer o beber.

2 mover
incitar
ofrecer

convincente *adjetivo*
1 persuasivo
concluyente
decisivo
suasorio

Suasorio pertenece al estilo elevado.

convite *nombre masculino*
1 invitación
2 convidada (familiar)
banquete

Banquete, si es importante por su abundancia o suntuosidad.

convocar *verbo transitivo*
1 citar
llamar

La diferencia consiste en que se *convoca* a varias personas para que concurran a un acto o lugar determinado, y se *cita* o *llama* a varias o a una sola.

convocatoria *nombre femenino*
1 llamamiento
citación

Suelen hacerse por escrito.

convólvulo *nombre masculino*
1 gusano revoltón
2 enredadera

convoy *nombre masculino*
1 angarillas
árguenas
árgueñas
2 escolta
acompañamiento
custodia
guarda

convulsión *nombre femenino*
1 sacudida
2 agitación
tumulto
motín
3 seísmo
temblor

La producida por un terremoto.

convulso, -sa *adjetivo*
1 agitado
trémulo
tembloroso

conyugal *adjetivo*
1 matrimonial

cónyuge *nombre común*
1 consorte

cooperación *nombre femenino*
1 asistencia
ayuda
auxilio
apoyo
socorro
favor

cooperador, -ra *adjetivo/nombre*
1 auxiliar
ayudante
asistente
coadyuvante

cooperar *verbo intransitivo*
1 colaborar
ayudar
coadyuvar

coordinar *verbo transitivo*
1 ordenar
arreglar*
clasificar*
ANTO desordenar
desorganizar
2 concertar
aunar

Tratándose de esfuerzos o medios para una acción común.

copada *nombre femenino*
1 cogujada
cugujada
cochevís
totovía
galerita

copete *nombre masculino*
1 tupé
2 penacho

copetuda *nombre femenino*
1 alondra
terrera
caladre
alhoja

copia *nombre femenino*
1 abundancia
acopio
profusión
2 transcripción
traslado
trasunto
duplicado
ejemplar

Duplicado es segundo documento igual al primero. Es anglicismo impropio llamar copias a los ejemplares impresos de un libro, folleto, revista, etc.: de este libro se hicieron 5.000 ejemplares (no copias).

3 plagio
4 reproducción
calco
5 imitación
remedo

copiante *nombre común*
1 copista
amanuense
mecanógrafo
copiador
plagiario
multicopista

Copista es el que tiene por oficio copiar: si escribe a mano, amanuense; si a máquina, mecanógrafo. Copiante se aplica en general a cualquier perso-

a
b
c
d
e
f
g
h
i
j
k
l
m
n
ñ
o
p
q
r
s
t
u
v
w
x
y
z

na que copia. *Copiador* es un adjetivo y nombre que hoy se usa en la acepción figurada de *plagiario*. Como masculino significa *copiador*, el libro en que se *copia* correspondencia, o la máquina *multicopista*.

copiar *verbo transitivo*
1 transcribir
  trasladar

'*Trasladar* significa literalmente escribir por segunda vez; llevar, por decirlo así, un escrito de un papel, un libro, a otro; y se llama *traslación* al acto de mudar una cosa de un lugar a otro, a la traducción de una obra de una a otra lengua. *Copiar* es repetir, multiplicar la cosa, sacar de ella uno o muchos ejemplares para que abunden, y en este sentido no se usa de la palabra *trasladar*, sino de la de *copiar* (...). Una impresión, una edición, es una verdadera y exacta *copia*' (O)

2 reproducir
  calcar
3 imitar*
  remedar
  contrahacer*

'El sentido recto de la palabra *contrahacer* es ejecutar una cosa tan parecida a cualquier otra, que no sea fácil distinguirlas. Por extensión, significa remedar el aire, gestos, modales y aun habla de las personas (...). El que *copia* intenta representar lo más idénticamente que le es posible el original que se ha propuesto, ya sea la acción de un ente animado, ya, y es lo más común, cualquier imagen de pintura o escultura (...) La *imitación* supone un modelo, y el deseo también de mejorarlo, de perfeccionarlo. La acción de *copiar* supone dependencia, amaneramiento y como cierto servil y material trabajo, mucha paciencia y estudio, poca inteligencia, menos ingenio y ninguna originalidad. La de *imitar* muestra libertad, desembarazo, reflexión y buen gusto: entre los autores se dice: 'el que no *imita*, no será *imitado*'. El *contrahacer* o *remedar* prueba mala intención,

malignidad, desprecio de la gente' (O).

4 plagiar*
  fusilar (burlesco)

copiosamente *adverbio*
1 a porrillo
  en abundancia
  abundantemente

copioso, -sa *adjetivo*
1 abundante
  cuantioso
  numeroso
  considerable
  opulento*
  ANTO escaso
       pobre
2 concentrado
  Aplícase a los medicamentos.

copista *nombre común*
1 amanuense
  escribiente
  secretario

copla *nombre femenino*
1 estrofa

coplero, -ra *nombre*
1 (despectivo) poetastro
    (despectivo)
  rimador
  coplista (despectivo)
  vate
  trovador
  bardo
  poeta

coplista *nombre común*
1 (despectivo) poeta
  vate
  trovador
  bardo
  coplero (despectivo)
  rimador
  poetastro (despectivo)

coprostasis *nombre femenino*
1 constipación
  restreñimiento
  estreñimiento

cópula *nombre femenino*
1 coito
  cohabitación
  copulación
  fornicación
  concúbito
  ayuntamiento
  cubrición

copulación *nombre femenino*
1 cópula
  cohabitación
  coito

fornicación
concúbito
ayuntamiento
cubrición

copular *verbo intransitivo*
1 fornicar

coquetear *verbo intransitivo*
1 flirtear
  galantear

coráceo, -ea *adjetivo*
1 coriáceo

corada *nombre femenino*
1 asadura (hígado)
  bofes

coraje *nombre masculino*
1 valor*
  esfuerzo
  arrojo
  ánimo
  ímpetu
  ANTO cobardía
2 irritación
  ira
  enojo
  cólera
  furia
  rabia
  berrinche*
  ANTO tranquilidad
       desánimo

coral *nombre masculino*
1 coralina

coralina *nombre femenino*
1 coral
2 musgo marino

corambre *nombre femenino*
1 odre
  cuero
  pellejo

coránico, -ca *adjetivo*
1 alcoránico

coraza *nombre femenino*
1 blindaje

corazón *nombre masculino*
1 ánimo
  valor
  espíritu
  esfuerzo
2 sensibilidad
  sentimiento
  amor
3 centro
  interior
  cogollo
  riñón

Por ejemplo: hablamos del co-razón de una ciudad, de un madero.

corazón de León *locución nominal*
(estrella) régulo

helársele el corazón *locución*
estar enajenado
estar fuera de sí
papar moscas
ver visiones

meter el corazón en un puño
estar con el alma en vilo
intranquilizarse
alarmarse
inquietarse
asustarse
sobresaltarse
atemorizarse
ANTO tranquilizarse
    apaciguarse
    sosegarse
    calmarse
    serenarse

corazonada *nombre femenino*
1 atranque
    ímpetu
    impulso
    pronto
2 presentimiento
    barrunto*
    suposición*
3 corada
    asadura

corazoncillo *nombre masculino*
1 hipérico
    cori
    hierba de San Juan

corbeta *nombre femenino*
1 fragata ligera

corcel *nombre masculino*
1 caballo*
    trotón
    rocín
    penco
    jamelgo
    jaco
    bayo

corchapín *nombre masculino*
1 escorchapín

corchete *nombre masculino*
1 gafete
2 llave

corchoso, -sa *adjetivo*
1 suberoso

corcova *nombre femenino*
1 joroba
    giba
    chepa
    cifosis (científico)
    lordosis
    La que tiene prominencia anterior, *lordosis*.

corcovado, -da *adjetivo/nombre*
1 jorobado
    jorobeta (despectivo)
    contrahecho
    jiboso
    cheposo
    corcobeta (despectivo)

cordaje *nombre masculino*
1 jarcia
    cordelería

cordal *nombre masculino*
1 puente
    En los instrumentos de cuerda.

cordelería *nombre femenino*
1 jarcia
    cordaje

corderaje *nombre masculino*
1 borregada

cordial *adjetivo*
1 afectuoso
2 cardiaco
    estimulador
    vigorizador

cordialidad *nombre femenino*
1 afecto
    amabilidad
    ANTO desafecto
        enemistad
2 franqueza
    llaneza
    sinceridad

cordierita *nombre femenino*
1 dicroíta
    iolita
    zafiro de agua

cordiforme *adjetivo*
1 acorazonado

cordillera *nombre femenino*
1 cadena de montañas
    sierra

cordón *nombre masculino*
1 bocel
    toro

    cordón umbilical *locución nominal*
    funículo

cordura *nombre femenino*
1 prudencia
    juicio
    sensatez
    seso
    moderación
    mesura
    comedimiento
    ANTO locura
        insensatez
        indiscreción
        descomedimiento
        desmesura

corea *nombre femenino*
1 baile de San Vito

coreo *nombre masculino*
1 troqueo

coriáceo, -ea *adjetivo*
1 coráceo

corindón *nombre masculino*
1 esmeralda oriental
    zafiro
    La variedad azul es el *zafiro*.

corito, -ta *adjetivo*
1 desnudo
    en cueros
    en carnes
    como los parió su madre
2 encogido
    pusilánime

coriza *nombre masculino*
1 romadizo

cormofita *adjetivo/nombre femenino*
1 rizofita

cornac, cornaca *nombre masculino*
1 naire

cornada *nombre femenino*
1 cachada
    cachazo

cornalina *nombre femenino*
1 alaqueca
    cornelina
    cornerina
    corniola
    restañasangre

cornamenta *nombre femenino*
1 cuerna
    encornadura
    herramienta

cornear *verbo transitivo*
1 acornear
    acornar

corneja *nombre femenino*
1 chova
2 buharro
   buaro

cornejo *nombre masculino*
1 cerezo silvestre
   corno
   durillo
   sangüeño
   sanguino
   sanguiñuelo

cornelina *nombre femenino*
1 alaqueca
   cornalina
   cornerina
   corniola
   restañasangre

córner *nombre masculino*
1 (anglicismo) saque de esquina

cornerina *nombre femenino*
1 alaqueca
   cornalina
   cornelina
   corniola
   restañasangre

cornezuelo *nombre masculino*
1 antena
   cuerno
2 cornicabra

cornicabra *nombre femenino*
1 cornezuelo

cornijal *nombre masculino*
1 purificador (lienzo)

corniola *nombre femenino*
1 alaqueca
   cornalina
   cornelina
   cornerina
   restañasangre

cornisamento *nombre masculino*
1 entablamento
   cornisamiento

corno *nombre masculino*
1 (arbusto) cornejo

coro *nombre masculino*
1 (poético) (viento) nornoroeste
   maestral
   cauro (poético)
   regañón (familiar)
   nornorueste

corona *nombre femenino*
1 diadema
   aureola
   auréola
   lauréola
   nimbo
2 reino
   monarquía
3 tonsura
4 coronilla

coronación *nombre femenino*
1 coronamiento

coronamiento *nombre masculino*
1 coronación

coronilla *nombre femenino*
1 corona

coroza *nombre femenino*
1 rocadero

corporación *nombre femenino*
1 asociación
   entidad
   comunidad
   sociedad*

La *corporación* es generalmente de carácter público.

2 institución
   establecimiento
   fundación
   instituto

corporal *adjetivo*
1 somático
   corpóreo
   ANTO espiritual
   anímico
   incorpóreo
   inespacial

Corpóreo puede referirse tanto al cuerpo de los seres vivos como al inanimado, en tanto que *corporal* se refiere al cuerpo humano o animal, y se opone a espiritual, anímico, etc. *Corpóreo* se opone a incorpóreo, inespacial.

corpulencia *nombre femenino*
1 volumen
   bulto
   tamaño
   magnitud
2 obesidad
   polisarcia

corpulento, -ta *adjetivo*
1 gordo*
   grueso
   voluminoso

corpudo
fornido
robusto
membrudo
recio
ANTO pequeño
endeble

corral *nombre masculino*
1 corraliza
   corte
   cortil

correal *nombre masculino*
1 estezado

corrección *nombre femenino*
1 enmienda
   retoque
   rectificación
   modificación
   ANTO ratificación
2 represión
   censura
   castigo*
   correctivo
   pena
   ANTO premio
3 epanortosis
4 cortesía
   urbanidad
   comedimiento
   ANTO incorrección

correccional *nombre masculino*
1 penitenciaría
   penal
   presidio

correctivo *nombre masculino*
1 pena
   castigo*
   corrección

corredero, -ra *adjetivo*
1 deslizante

corredor *nombre masculino*
1 pasillo
   pasadizo

corregir *verbo transitivo*
1 enmendar
   retocar
   modificar
   subsanar
   salvar
   poner enmienda
   traer a buen camino
   sentar la cabeza
   ANTO ratificar

Todos ellos están englobados en el significado general de *corregir*, pero cada uno de estos verbos tiene aplicaciones especiales. Se *enmiendan* los defectos, las equivocaciones. *Retocamos* los pormenores. *Modificamos* el pensamiento, las ideas, la forma. Se *subsanan* los olvidos, los defectos, los posibles malentendidos.

'Se *corrigen* los errores, los defectos del entendimiento. Se *enmiendan* los yerros, los defectos de la voluntad. Se *corrige* el hombre prudente, cuando advierte el error de su opinión, la equivocación de sus ideas. Se *enmienda* el malhechor, cuando conoce el yerro que ha cometido, el riesgo a que le expone su mala conducta. Las *correcciones* de un discurso consisten en la mejor elección de voces, la mayor claridad de las ideas, la mayor fuerza de las razones. Las *enmiendas* consisten en las mudanzas materiales que se hacen en el papel, borrando o añadiendo lo necesario; y así, al ver un escrito *enmendado*, decimos que está corregido' (LH).

2 advertir
amonestar
reprender
castigar
3 moderar
templar
suavizar
atemperar
ANTO empeorar

verbo transitivo/pronominal
4 reformar
reordenar
reorganizar
moralizarse

correhuela *nombre femenino*
1 (planta medicinal)
altabaquillo
centinodia
sanguinaria mayor
saucillo

correligionario, -ria
adjetivo/nombre
1 adepto
adicto
afiliado
partidario
iniciado
ANTO enemigo
adversario

correón *nombre masculino*
1 sopanda (correa)

correr *verbo intransitivo*
1 transcurrir
pasar
2 huir
escapar
poner los pies en polvorosa
3 deslizarse
resbalar

verbo transitivo
4 recorrer
viajar
5 acosar
perseguir

verbo pronominal
6 avergonzarse
confundirse
abochornarse
7 extenderse
propagarse
divulgarse
propalarse

verbo transitivo
8 despedir
expulsar

correría *nombre femenino*
1 incursión
razzia

correspondencia *nombre femenino*
1 conexión
relación*
2 relación
trato
reciprocidad
3 correo

a correspondencia *locución adverbial*
a proporción
al respecto
respectivamente

corresponder *verbo intransitivo*
1 tocar
pertenecer
incumbir
atañer*
concernir
2 escribirse
3 amarse
quererse
atenderse

correspondiente *adjetivo*
1 paralelo
semejante

corretaje *nombre masculino*
1 correduría
2 comisión

corrida *nombre femenino*
1 (canto popular andaluz)
playeras

corrido, -da *adjetivo*
1 experimentado
avezado
ducho
2 avergonzado
confundido
abochornado
con el rabo entre piernas
3 transcurrido
pasado
Tratándose del tiempo.

corriente *adjetivo*
1 actual
presente
2 aceptado
admitido
común
usual
ordinario
general*
ANTO extraordinario
3 fluido
licuable
ANTO espeso
seco

adverbio
4 de acuerdo
conforme
está bien

corrillo *nombre masculino*
1 conciliábulo*
conventículo

corrimiento *nombre masculino*
1 deslizamiento
2 vergüenza*
rubor
empacho
bochorno
confusión

corroborante *adjetivo/nombre masculino*
1 tónico
vigorizante
roborante
reforzante
Aplícase a los medicamentos.

corroborar *verbo transitivo*
1 confirmar*
robustecer
reafirmar
ratificar
apoyar
2 vivificar
tonificar
vigorizar

a
b
c
d
e
f
g
h
i
j
k
l
m
n
ñ
o
p
q
r
s
t
u
v
w
x
y
z

corrobra *nombre femenino*
1 alboroque
 robra
 robla

corroer *verbo transitivo*
1 roer*
 desgastar

corroído, -da *adjetivo*
1 mohoso
 enmohecido
 herrumbroso
 verdinoso
 oxidado

corromper *verbo transitivo*
1 echar a perder
 dañar
 pudrir
2 viciar
 pervertir
 depravar
3 sobornar
 cohechar
 untar
4 (familiar) incomodar
 molestar
 fastidiar
 verbo intransitivo
5 oler mal
 heder

corrosal *nombre masculino*
1 anona (árbol)

corrosión *nombre femenino*
1 erosión
 desgaste
 roce

corrosivo, -va *adjetivo*
1 mordaz
 mordicante
 mordiente
 Mordicante y *mordiente*, tratándose de acción química.

corrupción *nombre femenino*
1 descomposición
 putrefacción
 ANTO salud
2 depravación*
 perversión
 ANTO virtud
3 corruptela
 soborno
 cohecho
 La *corruptela* no llega a tal grado de maldad como el *soborno* y el *cohecho*; es una mala costumbre o un abuso introducido contra la ley.

4 mal olor
 hedor

corrupto, -ta *adjetivo*
1 disoluto
 licencioso
 vicioso
 depravado
 protervo
 enviciado
 ANTO virtuoso
2 putrefacto
 podrido
 descompuesto
 pútrido

corruscar *verbo intransitivo*
1 (poético) brillar
 resplandecer

corrusco *nombre masculino*
1 mendrugo

corsario *nombre masculino*
1 pirata
 filibustero
 bucanero
 En el mar Caribe tuvo los nombres de *filibustero* y *bucanero*.

cortacorriente *nombre masculino*
1 conmutador

cortado, -da *adjetivo*
1 ajustado
 proporcionado
2 clausulado
 inciso
 Tratándose del estilo.

cortadura *nombre femenino*
1 corte
 incisión*
 sección
 escisión
 partición
 desgarro
2 grieta
 abertura
 hendidura

cortafrío *nombre masculino*
1 tajadera

cortalápices *nombre masculino*
1 sacapuntas

cortante *adjetivo*
1 tajante

cortapicos *nombre masculino*
1 tijereta (insecto)

cortapisa *nombre femenino*
1 traba
 restricción
 limitación
 condición
 dificultad
 estorbo

cortar *verbo transitivo*
1 dividir*
 separar
 tajar
 sajar
 amputar
 Sajar y *amputar*, tratándose de alguna parte del cuerpo.
2 recortar
3 suspender
 detener
 atajar
 interrumpir
 verbo pronominal
4 turbarse
 embarullarse
5 cuajar
 arrequesonarse
 coagular*
 Tratándose de la leche.

corte[1] *nombre masculino*
1 filo
2 incisión
 cortadura
 tajo
 sección*
 Si es grande o hecho con violencia, *tajo*.

corte[2] *nombre femenino*
1 acompañamiento*
 cortejo
 comitiva
 séquito
2 tribunal de justicia
 ⇒ cortes
3 establo
 cuadra
 caballeriza
 bostar
 boyera
 boyeriza

hacer la corte *locución*
 rondar la calle
 festejar
 cortejar
 galantear
 tirar los tejos
 poner los ojos tiernos
 ligar (familiar)

cortedad *nombre femenino*
1 pequeñez

escasez
ANTO abundancia
2 vergüenza*
apocamiento
encogimiento
empacho
timidez
ANTO decisión

cortejar *verbo transitivo*
1 galantear*
enamorar
hacer la corte
pasear la calle
rondar la calle

cortejo *nombre masculino*
1 acompañamiento*
comitiva
séquito
comparsa*

cortes *nombre femenino plural*
1 parlamento
cámara
asamblea nacional
⇒ corte

cortés *adjetivo*
1 atento*
afable*
amable
considerado
obsequioso
fino
urbano
modoso
bien criado
ANTO incorrecto
maleducado
desagradable

cortesanía *nombre femenino*
1 galantería
generosidad
cortesía

cortesano[1] *nombre masculino*
1 palaciego

cortesano, -na[2] *adjetivo*
1 cortés
atento
afable
amable
fino

cortesía *nombre femenino*
1 urbanidad*
educación*
finura
amabilidad
afabilidad
2 cumplimiento
cumplido

3 regalo
obsequio

corteza *nombre femenino*
1 ortega
churra
cáscara*

cortezuela *nombre femenino*
1 crústula

cortijo *nombre masculino*
1 alquería
granja

cortinilla *nombre femenino*
1 visillo

cortón *nombre masculino*
1 alacrán cebollero
grillo cebollero
grillotalpa

coruja *nombre femenino*
1 lechuza
bruja
curuja
curuca
estrige
oliva

coruscar *verbo intransitivo*
1 (poético) brillar
resplandecer

corva *nombre femenino*
1 jarrete
tarso

corvar *verbo transitivo*
1 encorvar
recorvar
curvar
arquear
torcer

corvejón[1] *nombre masculino*
1 jarrete

corvejón[2] *nombre masculino*
1 cuervo marino

corvo[1] *nombre masculino*
1 garfio
gancho

corvo, -va[2] *adjetivo*
1 curvado
recorvo
arqueado
combado

coscoja *nombre femenino*
1 chaparra
maraña
mata rubia
matarrubia

coscojal, coscojar *nombre masculino*
1 marañal

cosecha *nombre femenino*
1 recolección
recogida

cosechadora *nombre femenino*
1 arrancador
recolectora

cosechar *verbo intransitivo/transitivo*
1 recoger
recolectar

cosicosa *nombre femenino*
1 quisicosa
quesiqués
adivinanza
enigma

cosmografía *nombre femenino*
1 uranografía

cosmógrafo *nombre masculino*
1 uranógrafo

cosmonáutica *nombre femenino*
1 astronáutica

cosmopolita *adjetivo*
1 universal
mundial
internacional

cosmopolitismo *nombre masculino*
1 internacionalismo

cosmorama *nombre masculino*
1 mundonuevo
mundinovi
titirimundi
tutilimundi
totilimundi

cosmos *nombre masculino*
1 universo
mundo
orbe
creación

cospel *nombre masculino*
1 flan
tejo

cosquilleo *nombre masculino*
1 hormiguillo
picazón*

cosquilloso, -sa *adjetivo*
1 delicado
susceptible
sentido

a
b
c
d
e
f
g
h
i
j
k
l
m
n
ñ
o
p
q
r
s
t
u
v
w
x
y
z

quisquilloso
picajoso

costa¹ *nombre femenino*
1 coste
 costo
 precio
 valor

El uso no lo diferencia con claridad. *Costa* es el más antiguo, y en general se aplica hoy al gasto de lo que consumen dos o más personas, o a lo que no se paga en dinero: pagar la *costa* en un café; pagar la *costa* de la risa; *sufría la costa de su negligencia en trabajos y disgustos*. En el lenguaje judicial, pagar las *costas*. *Costes* es el precio en dinero: el *coste* de un mueble, precio de *coste*. *Costo* se usa principalmente aplicado al conjunto de una obra importante, o entre economistas: *costo* de un puente; *costo* de producción. *Precio* se refiere principalmente al *coste* por unidad (kg, metro, litro, etc.), aunque también se aplica al importe total en sus acepciones rectas o figuradas.

costa² *nombre femenino*
1 costera
 litoral

costado *nombre masculino*
1 flanco
 lado
 banda
2 línea (en la genealogía)

costal *nombre masculino*
1 quilma
 saco

costalada *nombre femenino*
1 batacazo
 trastazo

costanero, -ra *adjetivo*
1 costeño
 costero

coste *nombre masculino*
1 costa
 costo
 precio
 valor

costear *verbo transitivo*
1 pagar*
 abonar
 satisfacer
 sufragar

costeño, -ña *adjetivo*
1 costero
 costanero

costero, -ra *adjetivo*
1 costeño
 costanero

costillas *nombre femenino plural*
1 espalda (cuerpo)
 dorso (culto y literario)

costo *nombre masculino*
1 coste
 costa
 precio
 valor

costoso, -sa *adjetivo*
1 caro
 dispendioso
 gravoso
 ANTO barato

costra *nombre femenino*
1 corteza
 encostradura
2 postilla
3 pupa
 Especialmente en los labios.

costumbre *nombre femenino*
1 hábito
2 uso
 usanza
 práctica

costura *nombre femenino*
1 cosedura
 cosido
 sutura
 Cosedura, acción de coser; en cirugía e historia natural, *sutura*.
2 labor
 bordado
 punto
 encaje

cotejar *verbo transitivo*
1 parangonar
 comparar*
 compulsar
 confrontar
 Compulsar y *confrontar*, cuando se trata de escritos, ediciones, etc.

cotejo *nombre masculino*
1 paralelo
 comparación
 parangón

cotí *nombre masculino*
1 terliz
 cutí

cotidiano, -na *adjetivo*
1 cuotidiano
 diario

cotilleo *nombre masculino*
1 chisme
 murmuración
 habladuría

cotización *nombre femenino*
1 cambio
 En la Bolsa o mercado de valores.

coto¹ *nombre masculino*
1 término
 límite

coto² *nombre masculino*
1 postura
 tasa

coto³ *nombre masculino*
1 bocio
 papera

cotonizar *verbo transitivo*
1 algodonizar

cotorra *nombre femenino*
1 urraca
 gaya
 marica
 pega
 picaza
 picaraza
2 hablador
 cotorrera
 charlatán
 parlanchín
 hablanchín
 parlador
 locuaz

cotorrera *nombre femenino*
1 hablador*
 cotorra
 charlatán
 parlanchín
 hablanchín
 parlador
 locuaz
2 prostituta
 puta
 ramera
 mujer pública

cotorro *nombre masculino*
1 (pez) cagón

cotral *adjetivo*
1 cutral

coxal *adjetivo*
1 hueso innominado

coyunda *nombre femenino*
1 cornal
  cornil
2 matrimonio

coyuntura *nombre femenino*
1 articulación*
  juntura

La *coyuntura* es la *articulación* o *juntura* movible de un hueso con otro.

2 ocasión*
  sazón
  circunstancias
  tiempo
  oportunidad
  coincidencia

coz *nombre femenino*
1 patada
  puntapié

crabón *nombre masculino*
1 avispón
  moscardón

crascitar *verbo intransitivo*
1 crocitar
  croscitar

crasis *nombre femenino*
1 contracción
2 constitución
  temperamento

crasitud *nombre femenino*
1 gordura

craso, -sa *adjetivo*
1 grueso
  gordo
  espeso

Tratándose de líquidos, *espeso.*

2 untuoso
  pingüe
  grasiento

creación *nombre femenino*
1 fundación
  establecimiento
  erección
2 universo
  mundo
  orbe
  cosmos

creador, -ra *adjetivo/nombre*
1 dios
2 inventor
  autor

  productor
3 fundador

crear *verbo transitivo*
1 criar

Criar es de aplicación más material y concreta: *criar* un niño, animales, vinos. *Crear* es más universal y abstracto: *Dios creó el mundo, después creó al hombre*; el papa *crea* cardenales; por esto se usa con preferencia *crear* en las demás acepciones de este artículo.

2 instituir
  fundar
  establecer
3 producir
  inventar
  hacer
  componer

Tratándose de obras literarias o musicales, *componer.*

crecer *verbo intransitivo/transitivo*
1 aumentar
  desarrollarse
  acrecentar
  acrecer
  subir
  ANTO decrecer

Aumentar, en sus acepciones intransitivas (*crecer* y *desarrollarse*), sugiere un aumento progresivo, mientras que en *aumentar* y *subir* puede ser progresivo o de una sola vez. *Acrecentar* y *acrecer* coinciden con *crecer* en indicar acción progresiva; pero se diferencian de él en que siempre son transitivos.

verbo intransitivo
2 adelantar
  progresar

crecida *nombre femenino*
1 aumento
  subida
  llena
  desbordamiento
  riada
  avenida
  inundación

Aumento o *subida* del agua en los ríos y arroyos. Cuando llegan a salir de madre, *llena*, *desbordamiento*, *riada* y *avenida.*

crecido, -da *adjetivo*
1 grande
  numeroso
  cuantioso
2 alto
  talludo
  ANTO bajo

crecimiento *nombre masculino*
1 desarrollo
  aumento

credencia *nombre femenino*
1 aparador

crédito *nombre masculino*
1 asenso
  asentimiento
2 reputación
  fama
  autoridad
  prestigio
  renombre
3 confianza
  responsabilidad
  solvencia

  a crédito *locución adverbial*
  al fiado

credo *nombre masculino*
1 doctrina
  programa

credulidad *nombre femenino*
1 candidez
  sencillez
  ingenuidad
  tragaderas
  tragadero
  creederas
  ANTO incredulidad
    duda

Tragaderas, tragadero y *creederas* pertenecen al habla familiar.

crédulo, -la *adjetivo*
1 confiado
  cándido
  sencillo
  candoroso
  incauto
  ANTO incrédulo
    desconfiado
2 (irónico o despectivo)
  papanatas
  papahuevos
  papamoscas
  papatoste
  simple
  bobalicón
  tontaina
  tragaldabas

a b c d e f g h i j k l m n ñ o p q r s t u v w x y z

creencia *nombre femenino*
1 convicción
asentimiento
opinión
conformidad
2 crédito
confianza
fe
3 religión
secta

creer *verbo transitivo*
1 tener fe
dar por cierto
dar crédito
dar oído
prestar oídos
tener buenas tragaderas
tragarse la píldora
esperar*
2 pensar
juzgar
conjeturar
entender
opinar
estimar

creíble *adjetivo*
1 posible
probable
verosímil
verisímil
creedero

Estos sinónimos están ordenados según su grado de verosimilitud, de menor a mayor.

crema[1] *nombre femenino*
1 natillas

crema[2] *nombre femenino*
1 diéresis

cremación *nombre femenino*
1 quema
quemazón

Cremación es voz docta que se usa en la significación concreta de *cremación* de cadáveres, y también de basuras.

2 incineración
cineración

Estos dos se aplican únicamente a la *cremación* de cadáveres.

crematístico, -ca *adjetivo*
1 pecuniario*
monetario

crena *nombre femenino*
1 hendidura
surco

crenado, -da *adjetivo*
1 festoneado
estrellado

crencha *nombre femenino*
1 raya
partidura

crepitar *verbo intransitivo*
1 decrepitar
chisporrotear

crepúsculo *nombre masculino*
1 lubricán

cresa *nombre femenino*
1 queresa
querocha
moscarda
2 saltón

La que suele criarse en el tocino y el jamón.

crespo, -pa *adjetivo*
1 encarrujado
retorcido
rizado
ensortijado
rizo
ANTO laso
2 irritado
ANTO abatido

cresta *nombre femenino*
1 penachera
penacho
copete
moño

cresta de gallo *locución nominal*
(planta labiada) gallocresta
ormino
orvalle
rinanto

crestomatía *nombre femenino*
1 trozos escogidos
antología
florilegio
analectas
selectas

Antología y *florilegio* no tienen necesariamente carácter docente, aunque lo tienen con frecuencia. *Analectas* y *selectas* son menos usuales.

crestón *nombre masculino*
1 farallón
farellón

crético *nombre masculino*
1 anfímacro

creyente *adjetivo/nombre común*
1 fiel
religioso

cría *nombre femenino*
1 cachillada
lechigada*
camada
nidada

criadero *nombre masculino*
1 plantel
vivero

Tratándose de plantas.

2 mina
venero

criadilla *nombre femenino*
1 testículo
2 patata

criadilla de tierra
turma
trufa

La *trufa* es una de las variedades más apreciadas de la *turma*.

criado, -da *nombre*
1 fámulo
familiar
sirviente
servidor
doméstico
mozo
fregona (burlesco)
menegilda (burlesco)
maritornes (burlesco)
sirvienta
muchacha de servir
muchacha de servicio

Fámulo y *familiar* se usan en los medios eclesiásticos; *sirviente, servidor* y *doméstico* son voces más escogidas; *mozo -za* se usan principalmente en los medios rurales, o designan a los que se ocupan en los menesteres más humildes. Nombres burlescos de la *criada* son: *fregona, menegilda, maritornes*. Es frecuente llamarla *sirvienta, muchacha de servir* o *de servicio*.

crianza *nombre femenino*
1 amamantamiento
lactancia
2 educación
instrucción
3 urbanidad
atención
cortesía
modos

criar *verbo transitivo*
1 crear
2 producir
3 amamantar
   lactar
4 educar
   instruir

criatura *nombre femenino*
1 niño
   chico
   chiquillo
   crío
2 hechura

criba *nombre femenino*
1 harnero
   cribo
   zaranda

cric *nombre masculino*
1 gato (para levantar pesos)

crimen *nombre masculino*
1 delito
   culpa

criminalista *nombre común*
1 penalista

criminar *verbo transitivo*
1 acusar
   acriminar
   imputar

crin *nombre femenino*
1 cerda

crioscopia *nombre femenino*
1 criología

cripta *nombre femenino*
1 bóveda
   caverna*
   cueva*

criptografía *nombre femenino*
1 criptología

criptología *nombre femenino*
1 criptografía

crisálida *nombre femenino*
1 ninfa (en los insectos)

crisis *nombre femenino*
1 mutación
   cambio
   ANTO permanencia
   En las enfermedades.
2 peligro
   riesgo

crismón *nombre masculino*
1 lábaro
   monograma de Cristo

crisolito
   crisolito de agua *locución nominal*
   piedra botella
   moldavita

crisopeya *nombre femenino*
1 alquimia

crispar *verbo transitivo*
1 contraer
   encoger
   La acción de *crispar* es repentina y pasajera.

cristal *nombre masculino*
1 luna
   En un espejo, escaparate, etcétera.

cristalino, -na *adjetivo*
1 claro
   transparente
   diáfano

cristianar *verbo transitivo*
1 bautizar
   acristianar
   cristianizar

cristianismo *nombre masculino*
1 bautizo
   bateo

cristianizar *verbo transitivo*
1 acristianar
   bautizar
   cristianar

criterio *nombre masculino*
1 juicio
   discernimiento
   opinión*
   ANTO irreflexión
   desarreglo

crítica *nombre femenino*
1 juicio
   examen
   censura
2 murmuración
   detracción

criticable *adjetivo*
1 censurable
   reprensible

criticar *verbo transitivo*
1 examinar
   juzgar
2 censurar
   reprender
   reprobar

criticón, -ona *adjetivo/nombre*
1 (despectivo) reparón

murmurador
motejador

crochet *nombre masculino*
1 (anglicismo) gancho
   Usados en el boxeo y en los bolos.

croco *nombre masculino*
1 azafrán (planta)

cromosoma *nombre masculino*
1 cariosoma

crónica *nombre femenino*
1 historia
   relato
2 artículo
   noticia

cronista *nombre común*
1 historiógrafo

cronometrador, -ra *adjetivo*
1 cronometrista

cronometrista *adjetivo*
1 cronometrador

croquis *nombre masculino*
1 diseño
   tanteo
   esbozo
   boceto

cross *nombre masculino*
1 (carrera) campo a través

crótalo *nombre masculino*
1 castañuela
2 culebra
   serpiente de cascabel

crucero *nombre masculino*
1 encrucijada (paraje)
   cruzado
   cruce

cruceta *nombre femenino*
1 cofa

crucifijo *nombre masculino*
1 cristo

crudeza *nombre femenino*
1 aspereza
   desabrimiento
   rigor
   rigidez
   rudeza
   ANTO suavidad
2 fanfarronería
   valentía
   ANTO cobardía

crudo, -da *adjetivo*
1 riguroso
   extremado
   inclemente

cruel *adjetivo*
1 feroz
   brutal
   salvaje
   sanguinario
   despiadado
   inhumano
   bárbaro
   sangriento
   atroz
   fiero

   Feroz, brutal, salvaje y *sanguinario* se aplican a personas y animales, o también a sus actos. *Despiadado, inhumano, bárbaro,* sólo a personas y actos humanos. *Sangriento* se dice únicamente de los actos.

2 duro
   violento
   riguroso
   crudo
   excesivo
   doloroso
   angustioso
   lacerante

   Tratándose de pasiones y afectos.

3 empedernido*
   endurecido
   implacable
   inexorable
   despiadado
   ANTO piadoso

crueldad *nombre femenino*
1 ferocidad
   barbarie
   inhumanidad
   brutalidad
   sevicia
   barbaridad*
   ANTO humanidad
2 dureza
   violencia
   rigor
   ANTO suavidad
   paciencia

cruento, -ta *adjetivo*
1 sangriento

crujía *nombre femenino*
1 pasamano

crujir *verbo intransitivo*
1 rechinar
   chirriar

crup *nombre masculino*
1 garrotillo
   difteria

cruz
   llevar la cruz *locución*
   aguantar
   contenerse
   reprimirse
   vencerse
   morderse los puños
   tragar saliva
   hacerse el loco

cruzado *nombre masculino*
1 encrucijada (paraje)
   crucero
   cruce

cruzar *verbo transitivo*
1 atravesar
   pasar

cuaderna *nombre femenino*
1 orenga

cuadernillo *nombre masculino*
1 añalejo
   cartilla
   burrillo
   gallofa (familiar)
   epacta
   epactillo

cuaderno *nombre masculino*
1 libreta

cuadra *nombre femenino*
1 caballeriza
   establo
2 manzana (de casas)
   Distancia entre los ángulos de una *manzana* de casas.

cuadrado[1] *nombre masculino*
1 segunda potencia

cuadrado, -da[2] *adjetivo/nombre*
1 cuadro
2 perfecto
   cabal
   exacto

cuadrar *verbo intransitivo*
1 agradar
   gustar
   satisfacer
   cuajar
   llenar
   convenir
2 elevar al cuadrado

cuadricular *verbo transitivo*
1 cuadrar
   recuadrar

cuadril *nombre masculino*
1 anca
2 cadera

cuadrilátero *nombre masculino*
1 ring (anglicismo)
   En el boxeo.

cuadrilátero, -ra *adjetivo/nombre*
1 tetrágono

cuadrilla *nombre femenino*
1 grupo
   equipo (en los deportes)
2 (despectivo) partida
   pandilla
   gavilla*
   facción*

cuadrilongo *adjetivo*
1 rectangular

cuadrisílabo, -ba *adjetivo*
1 cuatrisílabo
   tetrasílabo

cuadro *nombre masculino*
1 cuadrado
2 rectángulo
3 lienzo
   pintura
4 marco

cuadrúpedo, -da *adjetivo*
1 tetrápodo

cuajada *nombre femenino*
1 cáseo
2 requesón

cuajaleche *nombre masculino*
1 amor de hortelano

cuajar *verbo transitivo/pronominal*
1 condensar
   coagular
   espesar
   concentrar
   solidificar
   precipitar
   ANTO liquidar
   fluir
   licuar
   redisolver
   disolver
   verbo intransitivo
2 gustar
   agradar
   cuadrar
   llenar
   satisfacer
3 lograrse
   tener efecto

verbo pronominal
4 llenarse
poblarse

cuajo *nombre masculino*
1 coágulo

cualidad *nombre femenino*
1 carácter
propiedad
atributo
peculiaridad
característica

La *característica* es un *carácter* distintivo o diferenciador. *Atributo* es *cualidad* o *propiedad* esencial o inherente de un ser; por ejemplo, cuando decimos que la inmaterialidad es *atributo* del alma.

'*Cualidad* es una de las muchas *condiciones* que forman el conjunto del ser. *Propiedad* es una de las *cualidades* que distinguen un ser de otro. *Peculiaridad* es una *cualidad* más rara que la *propiedad*, y que constituye una distinción más calificada. Por las *cualidades* de las cosas juzgamos su mérito respectivo. Una de las *propiedades* del imán es atraer el hierro. Es *peculiaridad* de la sensitiva cerrar sus hojas cuando se las toca' (M).

2 calidad

cualquiera *nombre común*
1 pelafustán
pelagatos
pelanas

cuantía *nombre femenino*
1 cantidad*

cuantidad *nombre femenino*
1 cantidad

cuantioso, -sa *adjetivo*
1 numeroso
abundante
copioso

cuartago *nombre masculino*
1 jaca

cuartear *verbo transitivo*
1 partir
dividir
2 descuartizar

verbo pronominal
3 agrietarse
abrirse
henderse
rajarse

cuartel

no dar cuartel *locución*
batallar
pelear
reñir
luchar
lidiar
contender
llegar a las armas

cuartelada *nombre femenino*
1 (burlesco) pronunciamiento*
rebelión
alzamiento
levantamiento
sublevación
insurrección
militarada (burlesco)

cuarteo *nombre masculino*
1 esguince

cuarterón *nombre masculino*
1 postigo

cuartilla *nombre femenino*
1 ceruma
ceruma
trabadero

Tratándose de la *cuartilla* del casco de las caballerías.

cuartizo *nombre masculino*
1 cuartón

cuarto *nombre masculino*
1 habitación
pieza
aposento
estancia
2 vivienda
piso
⇒ cuartos
En una casa de vecinos.

cuartón *nombre masculino*
1 cuartizo

cuartos *nombre masculino plural*
1 dinero*
⇒ cuarto

no tener un cuarto *locución*
estar sin blanca
no tener dinero
estar sin un duro (familiar)

cuarzo *nombre masculino*
1 pedernal
moleña
piedra de chispa

cuarzo esmeralda *locución nominal*
prasio

cuasi *adverbio*
1 casi

Cuasi es forma docta que sólo se usa en estilo elevado o como primer elemento de compuestos: *cuasicontrato, cuasidelito.*

cuate, -ta *adjetivo/nombre*
1 mellizo
gemelo

cuatí *nombre masculino*
1 coatí

cuatrero, -ra *adjetivo/nombre*
1 abigeo

cuatrisílabo, -ba *adjetivo*
1 cuadrisílabo
tetrasílabo

cuba *nombre femenino*
1 pipa
tonel
bota
candiota

estar como una cuba
locución
(intensivo) estar ebrio
estar borracho
estar embriagado
estar beodo

cubero

a ojo de buen cubero
locución adverbial
⇒ ojo

cubierta *nombre femenino*
1 cobertura
cobija
2 sobre (de papel)
3 envoltura
tegumento
capa
revestimiento

cubil *nombre masculino*
1 guarida*
manida
abrigadero
albergue

cubilar *verbo intransitivo*
1 majadear

cubo *nombre masculino*
1 tercera potencia
2 hexaedro regular

cubrición *nombre femenino*
1 cópula

a b **c** d e f g h i j k l m n ñ o p q r s t u v w x y z

a
b
c
d
e
f
g
h
i
j
k
l
m
n
ñ
o
p
q
r
s
t
u
v
w
x
y
z

cohabitación
copulación
fornicación
concúbito
ayuntamiento
coito

cubrimiento *nombre masculino*
1 ataque*
   acceso
   accesión
   accidente
   soponcio
   patatús

cubrir *verbo transitivo*
1 ocultar
   tapar
   vestir
   ANTO destapar
      desnudar
      descubrir
      desvestir
2 disimular
   disfrazar
   velar
   encubrir
   ANTO exponer
      manifestar
3 proteger
   defender
4 techar

cucamonas *nombre femenino*
   plural
1 carantoñas
   garatusas
   zalamerías
   caricia*
   fiesta*

cucaracha *nombre femenino*
1 corredera
   curiana

cucarda *nombre femenino*
1 bujarda
   martellina

cuchara *nombre femenino*
1 achicador (cucharón)
   vertedor

cuchareta *adjetivo/nombre*
1 (variedad de trigo)
   cascaruleta

cuchichear *verbo intransitivo*
1 chuchear
   bisbisear*
   hablar entre dientes
   hablar al oído

cuchillada *nombre femenino*
1 estocada

hurgón (burlesco)
hurgonazo (burlesco)

cuchipanda *nombre femenino*
1 francachela

cuchitril *nombre masculino*
1 cochitril
   pocilga
2 tabuco
   chiribitil
   zaquizamí

cuchufleta *nombre femenino*
1 chirigota
   chufleta
   chafaldita
   chanza
   burla*
   chiste*

cuco[1] *nombre masculino*
1 cuclillo

cuco, -ca[2] *adjetivo*
1 pulido
   bonito
   mono
   lindo
2 taimado
   astuto
   sagaz

cucurucho *nombre masculino*
1 cartucho

cuello

   estar con el agua al cuello
   locución
   ⇒ agua

cuelmo *nombre masculino*
1 tea (madera)

cuenca *nombre femenino*
1 órbita
2 valle

cuenta *nombre femenino*
1 cálculo
   cómputo
2 razón
   motivo
   explicación
   satisfacción
3 cuidado
   incumbencia
   cargo
   obligación

   caer en la cuenta *locución*
   apearse del burro

cuentero, -ra *adjetivo/nombre*
1 cuentista
   chismoso
   cuentón

cuento *nombre masculino*
1 fábula
   conseja
   patraña
   historieta
2 relato
   narración
3 chisme
   habladuría
   embuste
   enredo
4 cómputo
   cuenta

cuerda *nombre femenino*
1 soga
   cabo
   Soga si es gruesa y de esparto.

cuerda dorsal *locución*
nominal
notocordio

cuerdo, -da *adjetivo*
1 prudente
   juicioso
   reflexivo
   sensato
   sesudo*
   ANTO loco
      insensato

cuerna *nombre femenino*
1 aliara
   liara
2 cornamenta
3 trompa de caza
   cuerno de caza

cuerno *nombre masculino*
1 asta

cuerno de caza *locución*
nominal
cuerna

cuerno de la abundancia
cornucopia

cuero *nombre masculino*
1 pellejo
   piel
2 pellejo
   odre
   corambre
   zaque

   en cueros *locución adjetiva*
   desnudo
   corito
   nudo
   como Dios le trajo al
      mundo (familiar)

cuerpo *nombre masculino*
1 tronco (en el cuerpo
   humano)

2 cadáver

3 espesor
grosor
grueso
volumen*

4 tamaño
grandor

5 consistencia
densidad

Tratándose de líquidos.

6 soma
ANTO psique

cuérrago *nombre masculino*
1 cauce
álveo
lecho
madre
cuérnago

cuerva *nombre femenino*
1 graja

cuervo

cuervo marino *locución nominal*
mergánsar
mergo

cuervo merendero
grajo

cuesco *nombre masculino*
1 hueso (de fruta)

cuesta *nombre femenino*
1 repecho
costanera
costera
subida
pendiente
collado*

Si la inclinación es grande, y generalmente corta, *repecho*.

cuesta abajo *locución nominal*
bajada
ANTO subida
cuesta

cuestación *nombre femenino*
1 recaudación
colecta
echar un guante (familiar)

Todos significan la acción y efecto de recoger dinero para un fin; pero *recaudación* tiene carácter general, en tanto que *cuestación* y *colecta* se emplean con preferencia cuando se trata de donativos voluntarios para fines benéficos o religiosos.

cuestión *nombre femenino*
1 pregunta

La *cuestión* no es una *pregunta* cualquiera, sino la que se hace o propone para averiguar la verdad de una cosa controvertiéndola. Sería galicismo usar *cuestión* con carácter general como equivalente de *interrogación* o *pregunta*.

2 asunto*
tema
punto
problema

3 discusión
disputa
pendencia
reyerta
riña
altercado*

cuestionable *adjetivo*
1 dudoso*
discutible
controvertible
ANTO indiscutible
cierto

cuestionar *verbo transitivo*
1 discutir
controvertir
debatir
disputar
polemizar
reñir

cuestionario *nombre masculino*
1 programa (de examen u oposición)

cueva *nombre femenino*
1 antro
caverna*
gruta
cripta

El *antro* y la *caverna* son cavidades naturales muy profundas. La *cueva,* la *gruta* y la *cripta* pueden ser naturales o artificiales, y pueden ser profundas o de escasa profundidad.

2 sótano
subterráneo
bodega

cugujada *nombre femenino*
1 cogujada

cuidado *nombre masculino*
1 atención
solicitud

esmero
preocupación
escrupulosidad
ANTO desatención
despreocupación

2 precaución
vigilancia
recelo
cautela
prudencia
prevención
caución
reserva
tiento
escama
ANTO valentía

3 sobresalto
temor
cuita
zozobra
inquietud
ANTO tranquilidad

cuidadoso, -sa *adjetivo*
1 arreglado
moderado
ordenado
metódico
morigerado
ANTO desordenado

2 aseado
limpio
curioso
pulcro
hecho un figurín
ANTO sucio
descuidado
desarreglado

3 aplicado
atento
perseverante
asiduo
estudioso
solícito*
ANTO inconstante

cuidar *verbo transitivo*
1 atender
velar por
mirar por
vigilar
encargarse de
estar alerta
estar en todo
no perder de vista
ANTO descuidar
desatender
olvidar

2 asistir
ANTO desatender

3 guardar
conservar
mantener

cuita *nombre femenino*
1 trabajo
aflicción
desventura
cuidado
zozobra
angustia

cuitado, -da *adjetivo*
1 afligido
desventurado
desgraciado
2 apocado
tímido
infeliz
pusilánime

culantrillo *nombre masculino*
1 culantrillo de pozo
cabellos de Venus

culatada *nombre femenino*
1 retroceso
culatazo

culatazo *nombre masculino*
1 retroceso
coz

culebra *nombre femenino*
1 bicha

Entre gentes supersticiosas
que creen de mal agüero pronunciar esta palabra, dícese
comúnmente *bicha*.

culebra de cascabel
locución nominal
crótalo

culebrilla *nombre femenino*
1 dragontea
serpentaria
taragontía
zumillo

culén *nombre masculino*
1 albahaquilla

culero *nombre masculino*
1 granillo (tumorcillo)
helera

culminación *nombre femenino*
1 auge
apogeo
esplendor
plenitud
2 sazón
cumplimiento

culminante *adjetivo*
1 elevado
dominante
prominente
eminente

cimero
2 superior
sobresaliente
principal
3 supremo
último
decisivo

culo *nombre masculino*
1 ano
asentaderas
trasero
nalgas
posaderas

culpa *nombre femenino*
1 falta
delito
pecado

La *falta* puede ser voluntaria o
involuntaria. La *culpa,* el *delito*
y el *pecado* son voluntarios. El
delito y el *pecado* son culpas;
contra las leyes humanas, el
delito; contra la ley divina, el *pecado.*

culpar *verbo transitivo*
1 achacar
acusar
imputar
cargar el muerto a otro
echar la culpa
inculpar
tachar
atribuir*
ANTO exculpar

culterano, -na *adjetivo/nombre*
1 gongorino
ANTO claro
sencillo

cultivador, -ra *nombre*
1 labrador
agricultor
campesino
labriego
labrantín

cultivar *verbo transitivo*
1 labrar
laborar
2 ejercitar
estudiar
practicar
desarrollar

Tratándose de facultades, ap-
titudes, ciencias, etc.

3 mantener
estrechar

Por ejemplo *mantener* o *estrechar* el trato, las amistades,
etc.

cultivo *nombre masculino*
1 labor
labranza
laboreo
2 cultura

culto[1] *nombre masculino*
1 liturgia
servicio religioso
servicio divino
servicio
homenaje
reverencias
veneración
idolatría
adoración
ANTO irreligiosidad

Liturgia es el *culto* público y
oficial de la Iglesia. *Adoración,
homenaje* y *reverencias* se re-
lacionan más bien con los
sentimientos, aunque pueden
aplicarse también a lo profano.

culto, -ta[2] *adjetivo*
1 instruido
educado
civilizado
ilustrado
cultivado
erudito
ANTO inculto

cultura *nombre femenino*
1 civilización
educación
2 instrucción
ilustración
erudición
saber

cumbre *nombre femenino*
1 cima
cúspide

cumbrero, -ra *adjetivo*
1 cimero

cumpleaños *nombre masculino*
1 días

Úsase en la frase: *hoy celebra
sus días.*

cumplidamente *adverbio*
1 ampliamente
enteramente
cabalmente
abundantemente
largamente
colmadamente

cumplido *nombre masculino*
1 cumplimiento

cortesía
obsequio
halago
ceremonia

cumplido, -da *adjetivo*
1 completo*
  entero
  lleno
  cabal
2 largo
  abundante
3 correcto
  cortés
  fino
  atento
  amable

cumplidor, -ra *adjetivo*
1 exacto
  puntual
  diligente
  aplicado

cumplimentar *verbo transitivo*
1 felicitar
  visitar
  saludar

  Cumplimentar supone jerarquía en la persona cumplimentada: *la comisión pasó a cumplimentar al ministro, al alcalde,* etc.

2 ejecutar
  efectuar
  cumplir

cumplimentero, -ra *adjetivo*
1 etiquetero
  ceremonioso

cumplimiento *nombre masculino*
1 cumplido
  ceremonia
  halago
  lisonja

  Cumplimiento y *cumplido* son equivalentes. En cuanto pueden significar palabras amables o gratas para el que las escucha, equivale a *halago* o *lisonja*: decir un *cumplido* o *cumplimiento* a una señora.

2 sazón
  culminación

cumplir *verbo transitivo*
1 ejecutar
  realizar
  obedecer*
  observar
  efectuar

ANTO incumplir
  iniciar

verbo intransitivo
2 licenciarse
  En la milicia y en las penitenciarías.

verbo pronominal
3 verificarse
  realizarse
  hacer pago
  hacer su deber
  hacer su oficio
  mantener la palabra
ANTO incumplir

Por ejemplo: *cumplirse* una profecía, una amenaza.

cumular *verbo transitivo*
1 acumular
  juntar
  amontonar
  aglomerar
  acopiar
  reunir
ANTO esparcir
  disgregar

cúmulo *nombre masculino*
1 montón
  rimero
  acumulación
  aglomeración
  suma
  multitud
  muchedumbre

cuna *nombre femenino*
1 patria
2 familia
  estirpe
  linaje
3 origen
  principio
  comienzo

cunar *verbo transitivo*
1 acunar
  mecer

cundir *verbo intransitivo*
1 extenderse
  difundirse
  propagarse
  multiplicarse
  divulgarse

  Divulgarse, tratándose de noticias, ideas, etc.

2 dar de sí

cuñadía *nombre femenino*
1 afinidad
  parentesco

cuñado, -da *nombre*
1 hermano político

cuño *nombre masculino*
1 troquel
  cuadrado

cuotidiano, -na *adjetivo*
1 cotidiano
  diario

cupé *nombre masculino*
1 berlina

cúpula *nombre femenino*
1 dombo
  domo
  media naranja
2 torrecilla
  torre

  En algunos buques blindados.

cupulífero, -ra *adjetivo/nombre*
1 fagáceo

cuquería *nombre femenino*
1 astucia
  taimería

cura[1] *nombre masculino*
1 sacerdote
  eclesiástico
  clérigo

cura[2] *nombre femenino*
1 curación
  tratamiento

curadillo *nombre masculino*
1 bacalao
  abadejo

curado, -da *adjetivo*
1 adobado
  acecinado
  endurecido
  seco
  curtido

curaduría *nombre femenino*
1 curatela

curalotodo *nombre masculino*
1 sanalotodo
  panacea

curandero, -ra *nombre*
1 medicastro (familiar)
  charlatán

curar *verbo intransitivo*
1 cuidar
  poner cuidado
  atender
ANTO descuidar
  abandonar
  olvidar

a
b
c
d
e
f
g
h
i
j
k
l
m
n
ñ
o
p
q
r
s
t
u
v
w
x
y
z

2 sanar
recobrar la salud
ANTO enfermar

verbo transitivo
3 remediar
4 preparar
adobar
acecinar
curtir

Curtir, tratándose de pieles.

curativo, -va *adjetivo*
1 sanativo

curcusilla *nombre femenino*
1 rabadilla

curda *nombre femenino*
1 (familiar) borrachera
embriaguez
mona
jumera
pítima
turca

curiana *nombre femenino*
1 cucaracha

curiosear *verbo intransitivo*
1 averiguar
investigar
indagar
rebuscar

verbo intransitivo/transitivo
2 (despectivo) fisgar
fisgonear
espiar
bachillerear
andar a la husma
meter las narices

curiosidad *nombre femenino*
1 aseo
limpieza
pulcritud

curioso, -sa *adjetivo/nombre*
1 indagador
averiguador
observador
fisgón
espía
indiscreto
ANTO discreto

Fisgón, espía e *indiscreto* se refieren al que procura averiguar lo que no debiera importarle.

2 interesante
notable
3 limpio
aseado

pulcro
ANTO sucio

curro *nombre masculino*
1 (vulgar) trabajo*
ocupación

cursar *verbo transitivo*
1 frecuentar
2 estudiar
seguir

Tratándose de enseñanzas, disciplinas o carreras.

3 dar curso
tramitar

cursiva *adjetivo/nombre femenino*
1 bastardilla
itálica

curso *nombre masculino*
1 camino
recorrido
corriente

Tratándose de ríos, arroyos, etc.

2 tramitación
trámite

Tramitación y *trámite* pertenecen al lenguaje administrativo. 'Hablando de negocios, *curso* es la serie de trámites, pasos o diligencias, por los cuales llegan a su consumación. *Giro* es la dirección que se les da para conseguir la consumación que desea. Viendo la lentitud con que se procedía el *curso* de la pretensión, fue necesario darle otro *giro'* (M).

curtación *nombre femenino*
1 acortamiento

curtido, -da *adjetivo*
1 avezado
versado
acostumbrado
experimentado
cursado
ejercitado

curtidor *nombre masculino*
1 noguero

curtiduría *nombre femenino*
1 tenería

curtir *verbo transitivo*
1 adobar
aderezar
2 acostumbrar
avezar
ejercitar

curuja *nombre femenino*
1 lechuza
bruja
coruja
curuca
estrige
oliva

curva *nombre femenino*
1 flexura
doblez
pliegue

curvar *verbo transitivo*
1 encorvar
corvar
recorvar
arquear
torcer

curvatura *nombre femenino*
1 corvadura
encorvadura
encorvamiento
alabeo
comba
barriga
convexidad

Corvadura, especialmente si se trata de cosas materiales, no de conceptos geométricos; *encorvadura, encorvamiento* cuando significan el efecto de encorvar(se); *alabeo* si se trata de maderas u otras superficies; *comba* sugiere generalmente la idea de convexidad. Todos ellos se hallan dentro del concepto abstracto de *curvatura*, preferido en matemáticas, astronomía y otras ciencias puras y aplicadas.

2 inflexión
desviación
torcimiento

cúspide *nombre femenino*
1 cima
cumbre
2 vértice

custodia *nombre femenino*
1 escolta
guarda
guardia
2 ostensorio
3 protección
salvaguardia

custodiar *verbo transitivo*
1 guardar
velar
proteger

conservar
defender
poner a buen recaudo
encerrar bajo llave
escoltar
vigilar
ANTO abandonar
  descuidar

Los verbos *escoltar, vigilar* y *custodiar* pueden connotar idea de protección o defensa, o bien que se *escolta, vigila* o *custodia* a un preso para que no se escape.

cutáneo, -ea *adjetivo*
 1 epidérmico

cutí *nombre masculino*
 1 cotí
  terliz

cutis *nombre masculino*
 1 piel
  epidermis

Piel se aplica lo mismo al hombre que a los animales; *cutis* es la piel del hombre, y especialmente la de la cara.

Epidermis es la capa más externa de la piel tanto en el hombre como en los demás seres vivos. Cuando hablamos del *cutis* fino o basto de una persona, nos referimos a la *epidermis*.

cutre *adjetivo/nombre*
 1 tacaño
  ruin
  mezquino
  miserable
  avaro

a
b
c
d
e
f
g
h
i
j
k
l
m
n
ñ
o
p
q
r
s
t
u
v
w
x
y
z

dable *adjetivo*
1 hacedero
factible
posible
ANTO imposible

dactilar *adjetivo*
1 digital

dactilografía *nombre femenino*
1 mecanografía

dactilográfico, -ca *adjetivo*
1 mecanográfico

dactilógrafo, -fa *nombre*
1 mecanógrafo

dactilología *nombre femenino*
1 quirología

dádiva *nombre femenino*
1 don
donación
donativo
regalo
presente
ofrenda

'La *dádiva* y el *don* consisten simplemente en la enajenación voluntaria de lo que se posee, en favor de otra persona; la *donación* es una *dádiva* hecha de un modo formal y solemne; el *donativo* es una *dádiva* hecha al gobierno, a una corporación o a un establecimiento. Un regalo entre amigos es *don* o *dádiva*. Las *donaciones* suelen hacerse por escrituras públicas' (M).

dadivosidad *nombre femenino*
1 largueza
liberalidad
generosidad
desprendimiento
esplendidez
ANTO avaricia

dadivoso, -sa *adjetivo*
1 desprendido
generoso
liberal
rumboso
espléndido
magnífico
caritativo
ANTO tacaño
interesado

Rumboso, espléndido y *magnífico* son expresiones intensivas y en ellas se mezcla más o menos la idea de ostentación. Cuando se acentúa el matiz de desinterés, *dadivoso* se acerca a *caritativo*.

dado, -da *adjetivo*
1 concedido
supuesto
aceptado
admitido

Tienen todos valor concesivo o condicional unidos a la conjunción *que*, en las expresiones *dado que*, *concedido que*, *supuesto que*, *aceptado que*, *admitido que*.

dador, -ra *adjetivo*
1 librador
expedidor

dalarnita *nombre femenino*
1 mispíquel

dalla *nombre femenino*
1 guadaña
dalle

El uso preferente de *dalle* o *dalla* varía según las comarcas. *Guadaña* es término de empleo general y predominante en la lengua literaria.

dalle *nombre masculino*
1 dalla*
guadaña

daltonismo *nombre masculino*
1 acromatismo

damajuana *nombre femenino*
1 castaña
garrafón

damascado, -da *adjetivo*
1 adamascado

damasonio *nombre masculino*
1 azúmbar (planta)
almea

damería *nombre femenino*
1 melindre
delicadeza
remilgo
2 reparo
escrupulosidad

damnación *nombre femenino*
1 condenación

damnificar *verbo transitivo*
1 dañar
perjudicar
ANTO mejorar
beneficiar

danés, -esa *adjetivo/nombre*
1 (persona) dinamarqués

dango *nombre masculino*
1 planga
clanga
planco
pulla

dánico, -ca *adjetivo*
1 danés
dinamarqués

danta *nombre femenino*
1 anta (mamífero)
dante
ante
alce
2 tapir

dante *nombre masculino*
1 anta (mamífero)
　ante
　alce
　danta

danza *nombre femenino*
1 baile

danzante *nombre común*
1 bailarín
　danzarín
2 necio
　ligero
　chisgarabís
　mequetrefe
　zascandil
　entrometido

dañar *verbo transitivo/pronominal*
1 damnificar
　perjudicar
　ANTO sanar
　　　beneficiar

Damnificar es literario, jurídico, administrativo, y envuelve una idea más general y abstracta que *dañar*; la inundación *ha damnificado* a los pueblos ribereños, pero *ha dañado* los cimientos de una casa. *Perjudicar* tiene a menudo matiz atenuado; es producir un daño indirecto o parcial.

2 estropear
　echar a perder
　menoscabar
　malear
　dar que hacer
　armar una cantera

dañino, -na *adjetivo*
1 nocivo
　dañoso
　perjudicial
　pernicioso

daño *nombre masculino*
1 perjuicio
　mal
　detrimento
　menoscabo
　agravio*
　ANTO bien
　　　beneficio
　　　mejora

Todos estos sinónimos están próximos al significado de *daño* por su carácter directo y a menudo material. El *detrimento* se refiere a la integridad o conservación de una cosa. El *menoscabo* a la cantidad.

2 descalabro
　contratiempo
　infortunio
　desgracia
　pérdida

dañoso, -sa *adjetivo*
1 nocivo
　dañino
　perjudicial
　pernicioso

dar *verbo transitivo*
1 donar
　regalar
　entregar
　ANTO quitar

Donar implica solemnidad, y suele hacerse por escritura pública. *Regalar* da idea de obsequiosidad y cortesía.

'*Dar* es ceder o pasar a otro la posesión de una cosa: *entregar* es ponerle materialmente en posesión de ella; y así, ni el que *da* es siempre el que *entrega*, ni el que *entrega* es siempre el que *da*. El Rey *da* con liberalidad, y el tesorero *entrega* con exactitud. El que hace una limosna por su mano a un mendigo, emplea al mismo tiempo las dos acciones de *dar* y *entregar*' (LH).

2 otorgar
　conceder
　facilitar
　proporcionar
　ofrecer
　ANTO quitar
3 producir
　rentar
　rendir
　redituar
4 aplicar
　poner

Por ejemplo, *dar* una mano de pintura, *dar* un remedio.

verbo intransitivo
5 caer
　topar
　pegar
　incurrir
6 acertar
　adivinar
　atinar
　ANTO desacertar
7 mirar
　encararse
　orientarse

Por ejemplo, *los balcones dan a la plaza.*

verbo pronominal
8 entregarse
　rendirse
　ceder

dárdano, -na *adjetivo/nombre*
1 (persona) troyano
　ilíaco
　iliense
　teucro

dársena *nombre femenino*
1 dock (anglicismo)

data *nombre femenino*
1 fecha

Fecha es hoy más usado que *data.*

2 abono
　haber

Por ejemplo, *abono* en cuenta.

datar *verbo transitivo*
1 fechar
2 adatar
　abonar
　acreditar

Hoy se usa con preferencia *abonar.*

dátil *nombre masculino*
1 (molusco) uña

dato *nombre masculino*
1 antecedente
　noticia
2 documento
　nota
3 información

dauco *nombre masculino*
1 biznaga (planta)

daza *nombre femenino*
1 zahína
　sahína
　alcandía
　sorgo
　maíz
　melca

deambular *verbo intransitivo*
1 pasear
　estirar las piernas
　tomar el sol
　tomar el aire
　dar una vuelta
　andar
　vagar

debajo *adverbio*
1 abajo

2 bajo* (adverbio y preposición)

Debajo, cuando antecede a un nombre o palabra equivalente, pide la preposición *de*: *debajo de* la mesa, *debajo de* tutela y en este caso tiene el mismo valor que *bajo*.

'Una diferencia análoga a la que existe entre *encima* y *sobre* creo que distingue *debajo* y *bajo*: esto es, un cuerpo está *debajo* de otro cuando ocupa un lugar inferior en una misma línea vertical; está *bajo* de otro cuando éste gravita *sobre* él, cuando están en contacto inmediato, o a lo menos cuando no consideramos los cuerpos intermedios. Está *bajo* la losa quiere decir que la losa lo cubre, que está *sobre* él; está *debajo* de la losa quiere decir que la losa está *encima*, esto es, más arriba, aunque no lo toque ni lo cubra. Por esto se dice *bajo* llave, es decir, dependiente de la llave; *bajo* mi tutela, *bajo* mi dirección, es decir, que tengo cierta autoridad, cierto derecho *sobre* la cosa de que se trata... y en ninguno de estos casos le puede sustituir el adverbio *debajo*' (J).

debate *nombre masculino*
1 discusión
  controversia*
  disputa

debatir *verbo transitivo*
1 altercar
  discutir
  contender
  disputar

debe *nombre masculino*
1 cargo
  adeudo

deber¹ *nombre masculino*
1 obligación
  ANTO irresponsabilidad
     derecho

Aunque ambos significan lo mismo y pueden sustituirse entre sí, el *deber* se siente más como de naturaleza moral, espiritual, mientras que la *obligación* nos constriñe en la práctica. Un empleado tiene *obligación* de llegar puntual a su oficina, y tiene el *deber* de esmerarse en su trabajo. Parece, pues, como si el *deber* naciese de nosotros mismos y la *obligación* nos viniese impuesta desde fuera. Donde no llegan las *obligaciones* tabulables, alcanza el sentimiento del *deber*. La diferencia entre ambos sinónimos puede ser, pues, de estimación afectiva.

deber² *verbo transitivo*
1 estar obligado
  tener obligación
  tener en cargo
  estar al descubierto
  ANTO (tener) derecho
2 adeudar

deber de *locución*
  suponer

Deber de seguido de infinitivo, es una expresión perifrástica que significa suposición o posibilidad. *Debe de estar* en su casa equivale a *supongo que está* en ella. *Deber* seguido de infinitivo significa *estar obligado*: *debe estar* en su casa equivale a tiene *obligación de estar*. Aunque abundan los ejemplos antiguos y modernos de confusión entre *deber* y *deber de*, conviene mantener la diferencia entre ambas locuciones, que se apoya en la autoridad de la Academia Española.

debidamente *adverbio*
1 justo
  justamente
  precisamente
  exactamente

débil *adjetivo*
1 endeble
  flojo
  raquítico
  decaído
  desfallecido
  debilitado
  enclenque
  enfermizo
  apagado*
  ANTO fuerte
     enérgico
     robusto

Tratándose de la salud o las fuerzas físicas de una persona, *decaído, desfallecido, debilitado*; si la falta de fuerzas es habitual o de larga duración, *enclenque, enfermizo, raquítico*.

debilidad *nombre femenino*
1 endeblez
  astenia
  decaimiento
  descaecimiento
  desfallecimiento
  flaqueza
  flojera
  flojedad
  agotamiento
  enflaquecimiento
  extenuación
  consunción
  ANTO fortaleza
     energía

Tratándose de las fuerzas corporales.

2 flaqueza
  falta
  culpa
  pecado
  vicio

Flaqueza y *debilidad* se emplean eufemísticamente por *falta, culpa, pecado, vicio*.

3 inseguridad
  inconsistencia

debilidad mental *locución nominal*
  cerebrastenia
  frenastenia

debilitado, -da *adjetivo*
1 débil*
  endeble
  flojo
  raquítico
  decaído
  desfallecido
  enclenque
  exangüe
  aniquilado
  ANTO fuerte
     enérgico
     robusto

debilitar *verbo transitivo/pronominal*
1 agotar
  enflaquecer
  extenuar
  cansar
  ANTO fortalecer
2 apagar
  rebajar
  amortiguar
  ANTO encender
3 aflojar
  ceder

flaquear
amainar
ablandarse
4 declinar
decaer
menguar
disminuir
ANTO ascender

débito *nombre masculino*
1 adeudo
deuda

Adeudo y *débito* sólo se emplean en estilo elevado o en la terminología jurídica o bancaria: *su débito asciende a 27.000 pesetas*. La voz corriente es *deuda*.

decadencia *nombre femenino*
1 declinación
declive
descenso
caída*
decrepitud
ruina
destrozo
perdición
destrucción
devastación
desolación
ANTO opulencia
esplendor
apogeo

Predomina en los tres primeros la idea de lentitud o gradación, a diferencia de lo súbito de la *caída*. *Decrepitud* es decadencia extrema.

2 mengua
decrecimiento
baja*
ANTO crecimiento
aumento

decaer *verbo intransitivo*
1 declinar
ANTO crecer
2 debilitarse
flaquear
ANTO fortalecer
3 menguar
disminuir
aminorarse
ir a menos
ir cuesta abajo
ir de capa caída
ANTO crecer
subir
aumentar

Tratándose de la riqueza, el número, etc.

decaído, -da *adjetivo*
1 alicaído
triste
desanimado
desalentado
abatido
aliquebrado
ANTO animado
2 débil*
endeble
flojo
raquítico
desfallecido
debilitado
enclenque
flaco
demacrado
descolorido
macilento
ANTO fuerte
enérgico
robusto
gordo
vivo
3 marchito
mustio
ajado
seco
ANTO fresco

decaimiento *nombre masculino*
1 abatimiento
desfallecimiento
agotamiento
desaliento
desánimo
postración
aplanamiento
ANTO animación
ánimo
aliento
2 dejadez
flojera
debilidad
ANTO ánimo
esfuerzo
gana
3 quebranto
descaecimiento
quebrantamiento

decálogo *nombre masculino*
1 tablas de la ley
mandamientos

decantar *verbo transitivo*
1 propalar
ponderar
engrandecer

decapitación *nombre femenino*
1 decolación
detroncación

decatir *verbo intransitivo*
1 deslustrar

deceleración *nombre femenino*
1 desaceleración

decelerar *verbo transitivo*
1 desacelerar

decencia *nombre femenino*
1 recato
compostura
honestidad
aseo
ANTO indecencia
suciedad
deshonor
inmoralidad
2 decoro
dignidad
ANTO indecencia
deshonor
inmoralidad

decentar *verbo transitivo*
1 encentar
encetar

decente *adjetivo*
1 digno
decoroso
grave
íntegro
ANTO indigno
indecente
indecoroso
inmoral

decepción *nombre femenino*
1 engaño
chasco
burla
2 desilusión
desengaño
desencanto
contrariedad*

decepcionar *verbo transitivo/pronominal*
1 desengañar
desilusionar
desencantar
ANTO engañar
ilusionar

deceso *nombre masculino*
1 defunción
muerte
óbito

dechado *nombre masculino*
1 muestra
modelo
2 ejemplo
modelo

a
b
c
d
e
f
g
h
i
j
k
l
m
n
ñ
o
p
q
r
s
t
u
v
w
x
y
z

decidido, -da *adjetivo*
1 resuelto
audaz
emprendedor
valiente
denodado
esforzado
intrépido
animoso
brioso
activo*
ANTO tímido
apocado

decidir *verbo transitivo*
1 disponer
deliberar
mandar
preceptuar
determinar*
persuadir*
2 juzgar
sentenciar
fallar
resolver
verbo pronominal
3 determinarse
dar el alma al diablo
liarse la manta a la cabeza
ANTO dudar

deciduo, -dua *adjetivo*
1 caduco

décima *nombre femenino*
1 espinela

decimoctavo, -va *adjetivo*
1 dieciocheno

decimocuarto, -ta *adjetivo*
1 catorceno

decimonono, -na *adjetivo*
1 decimonoveno

decimonoveno, -na *adjetivo*
1 decimonono

decimoquinto, -ta *adjetivo*
1 quinceno

decimosegundo, -da *adjetivo*
1 duodécimo
doceno

decimosexto, -ta *adjetivo*
1 dieciseiseno

decimotercero, -ra *adjetivo*
1 treceno
tredécimo
decimotercio

decimotercio, -cia *adjetivo*
1 decimotercero

treceno
tredécimo

decir *verbo transitivo*
1 manifestar*
hablar
ANTO callar
ocultar
silenciar
2 afirmar
asegurar
sostener
opinar

**donde dije digo, digo
Diego** *locución*
abjurar
apostatar
renegar
retractarse
convertirse

decisión *nombre femenino*
1 resolución
determinación
partido
ANTO indecisión
vacilación
duda
2 arbitraje
fallo*
sentencia
albedrío
arbitrio
voluntad
elección
3 firmeza
valentía
audacia
denuedo
brío
esfuerzo
intrepidez
valor
arrojo
ANTO cobardía
indecisión

decisivo, -va *adjetivo*
1 concluyente*
terminante
definitivo
culminante

declamar *verbo transitivo*
1 recitar

declaración *nombre
femenino*
1 explicación
aclaración
exposición
2 notificación
certificación

declarar *verbo
transitivo/pronominal*
1 exponer
explicar
manifestar
decir
proclamar
promulgar
ANTO encubrir
ocultar
2 decidir
fallar
resolver
verbo intransitivo
3 deponer
testificar
atestiguar
verbo intransitivo/transitivo
4 desembuchar
cantar
confesar
descubrir
ANTO ocultar
callar

declarativo, -va *adjetivo*
1 aseverativo
enunciativo

declinación *nombre femenino*
1 decadencia
descenso
caída*
ANTO ascensión
2 ocaso
Tratando de los astros.
3 decremento
disminución
defervescencia
ANTO incremento

declinar *verbo intransitivo*
1 decaer
menguar
disminuir
debilitarse
ANTO ascender
2 renunciar
dimitir
rehusar
ANTO aceptar
empezar

Por su empleo selecto, *declinar* es una manera elegante de *rehusar*: se *declina* un honor, una alta representación, y se *rehúsa* una oferta cualquiera.

declive *nombre masculino*
1 pendiente
inclinación
rampa

cuesta
2 decadencia*
caída
declinación

decocción *nombre femenino*
1 cocción
cocimiento

decolación *nombre femenino*
1 decapitación
detroncación

decolaje, decollaje *nombre masculino*
1 (galicismo) despegue

decoloración *nombre femenino*
1 descoloración

decolorar *verbo transitivo*
1 descolorar
desteñir
despintar
ANTO colorar

Decolorar se usa especialmente en la terminología científica.

decomisar *verbo transitivo*
1 comisar
confiscar
incautar

decomiso *nombre masculino*
1 comiso
confiscación*
incautación

decoración *nombre femenino*
1 adorno*
atavío
aderezo
compostura
decorado
ornato
ornamento

decorado *nombre masculino*
1 adorno*
atavío
aderezo
compostura
decoración
ornato
ornamento

decorar *verbo transitivo*
1 adornar
hermosear
ornar
ornamentar
2 condecorar

decoro *nombre masculino*
1 decencia
respeto
respetabilidad
honor
estimación
dignidad
honestidad
honra
ANTO indignidad
impudor
deshonestidad

decoroso, -sa *adjetivo*
1 digno
íntegro
grave
ANTO indigno
2 recatado
honesto
modesto
púdico
decente
ANTO indecente
impúdico

decortización *nombre femenino*
1 anelación

decrecer *verbo intransitivo*
1 disminuir
menguar
aminorar
ANTO aumentar

A pesar de ser intercambiable con cualquiera de ellos, *decrecer* sugiere generalmente un proceso más o menos continuado, que lo hace más propio para indicar una *disminución* progresiva: los días *decrecen* hasta el 21 de diciembre. En cambio, no sería propia para expresar una *disminución* que se produce una sola vez. Compárese con el sentido de acción progresiva del simple *crecer*, frente a *aumentar*.

decrecimiento *nombre masculino*
1 disminución
descrecimiento
mengua
menoscabo
merma
ANTO crecimiento
aumento
incremento

decremento *nombre masculino*
1 declinación
disminución

defervescencia
ANTO incremento

decrepitar *verbo intransitivo*
1 crepitar
chisporrotear

decrépito, -ta *adjetivo*
1 caduco
viejo
precario
ANTO iniciado
potente
fuerte
juvenil

decrepitud *nombre femenino*
1 decadencia*
declinación
declive
ANTO fortaleza
2 chochez
ANTO juventud

decretar *verbo transitivo*
1 ordenar
decidir
resolver
determinar
mandar*

decreto *nombre masculino*
1 edicto
mandato
bando

decurso *nombre masculino*
1 transcurso
sucesión
continuación
paso

dedalera *nombre femenino*
1 (planta) digital

dédalo *nombre masculino*
1 laberinto
enredo
maraña
confusión
lío

dedicar *verbo transitivo*
1 ofrecer
consagrar
ofrendar

Consagrar supone mayor solemnidad, y más todavía *ofrendar*.

2 emplear
destinar
aplicar
asignar
ocupar

dedo
dedo gordo
pulgar
pólice

mamarse el dedo *locución*
fingir
simular
aparentar
hacer creer
hacer el papel
hacer la comedia
llorar con un ojo
no mamarse el dedo
ser listo
no tener un pelo de tonto

deducción *nombre femenino*
1 consecuencia
conclusión
resultado
derivación
2 rebaja
descuento
disminución
resta

deducir *verbo*
transitivo/pronominal
1 colegir
inferir
concluir
seguirse
derivar
desprenderse
originarse
proceder
emanar

Estos sinónimos, en su uso impersonal, fuera del lenguaje filosófico, no significan más que alcanzar un resultado por medio del razonamiento, lo mismo que *deducir*. Son sinónimos en el habla ordinaria. Pero cuando quiere dárseles todo su rigor conceptual, *deducir* significa partir de un principio general (método lógico de la *deducción)*, a diferencia de *inducir* (de lo particular a lo general), equivalente a *colegir*. *Inferir* y *concluir* denotan llegar a una conclusión por vía deductiva o inductiva, indistintamente.

verbo transitivo
2 rebajar
descontar*
restar
3 calcular
conjeturar
suponer
creer

4 entender
creer
pensar
juzgar

defecar *verbo intransitivo*
1 ensuciar
evacuar

defección *nombre femenino*
1 deserción
huida
abandono
ANTO lealtad
auxilio
presencia

Defección es voz más abstracta y menos usual. En un partido, doctrina o ideal, hablamos de la *defección* de algunos con cuya opinión, voto o apoyo podíamos contar. En el ejército la *deserción* es un delito definido.

defecto *nombre masculino*
1 falta
tacha
imperfección
vicio
deficiencia
ANTO perfección
normalidad
virtud
2 lacra
tara

defectuoso, -sa *adjetivo*
1 imperfecto*
incompleto
deficiente
ANTO completo
perfecto
2 falto
carente
necesitado
escaso
desprovisto
3 incorrecto
imperfecto
erróneo
equivocado
ANTO correcto

defender *verbo*
transitivo/pronominal
1 amparar
proteger*
sostener
resguardar
preservar
sacar la cara por
estar al quite
hacerse fuerte

escudar
cubrir
adargar
guarecer
acoger
ANTO atacar
desamparar

'Se dice *defender* una causa, *sostener* una empresa, *proteger* las ciencias y las artes. Es uno *protegido* por sus superiores, y puede ser *defendido* y *sostenido* por sus iguales. Es protegido uno por los demás; pero puede *sostenerse* y *defenderse* por sí mismo. *Proteger* supone poder, y no exige acción; *defender* y *sostener* la exigen; pero el primero supone acción más marcada. Un estado pequeño en tiempo de guerra es, o *defendido* abiertamente, o secretamente *sostenido* por otro más grande y poderoso, que se contenta con protegerlo en tiempo de paz' (Ma).

2 disculpar
exculpar
justificar
abogar
excusar
ANTO culpar
verbo pronominal
3 resistir
bregar
forcejear

defensa *nombre femenino*
1 alegato
alegación
razonamiento
ANTO acusación
2 abrigo
amparo
resguardo
refugio
protección
reparo
ANTO desabrigo
desamparo
3 apología*
panegírico
elogio
encomio
alabanza
justificación
ANTO ataque
4 baluarte
protección
5 zaga
línea de contención

nombre masculino
6 defensor

defensor[1] *nombre masculino*
1 abogado
  intercesor
  medianero
  mediador
  patrocinador
  defensor de causas pobres
2 defensa

defensor, -ra[2] *adjetivo/nombre*
1 patrón
  patrono
  protector

deferencia *nombre femenino*
1 consideración
  respeto*
  atención
  miramiento
  condescendencia
  ANTO desatención
    grosería

deferente *adjetivo*
1 respetuoso
  considerado
  atento
  mirado

defervescencia *nombre femenino*
1 declinación
  disminución
  decremento
  ANTO incremento

deficiencia *nombre femenino*
1 defecto
  falta
  imperfección
  tacha
  ANTO perfección
    suficiencia

deficiente *adjetivo*
1 imperfecto*
  incompleto
  defectuoso
  ANTO completo
    perfecto

déficit *nombre masculino*
1 descubierto
  deuda

definido, -da *adjetivo*
1 delimitado
  determinado

Delimitado se utiliza preferentemente si se trata de imágenes o cosas materiales; *determinado* se refiere a conceptos, cantidades.

definidor, -ra *adjetivo/nombre*
1 juez
  árbitro
  regulador

definir *verbo transitivo*
1 delimitar*
  limitar
  deslindar
  demarcar
2 precisar
  fijar
  determinar

definitivo, -va *adjetivo*
1 concluyente
  decisivo
  terminante
  ANTO provisional
    inicial
    inconcluso

en definitiva *locución adverbial*
  en suma
  en conclusión
  por último
  finalmente

deflagrar *verbo intransitivo*
1 flagrar

Usado especialmente en química y pirotecnia.

deflexión *nombre femenino*
1 (física) desviación

deformar *verbo transitivo*
1 desfigurar
  ANTO formar
    embellecer

Deformar es voz culta que se aplica tanto a lo material como a lo figurado: *deformar* un sombrero, *deformar* el carácter de un niño, *deformar* la verdad (*desfigurar*). En el habla popular y tratándose de cosas materiales, *desformar* y *disformar*.

2 afear
  desfavorecer (eufemismo)

deforme *adjetivo*
1 disforme
  informe
  desfigurado
  desproporcionado
  ANTO armónico
    proporcionado

Disforme acentúa el aspecto feo, desproporcionado, monstruoso, de la anomalía. Com-

párese: tenía un pie *deforme* y tenía un pie *disforme*. *Informe* es lo que no tiene la forma normal.

2 macaco
  feo

deformidad *nombre femenino*
1 disformidad

Entre *deformidad* y *disformidad* existe la misma diferencia de matiz que entre *deforme* y *disforme*.

defraudar *verbo transitivo*
1 estafar
  quitar
  engañar
  dar el cambiazo
  pegar un parchazo
  pegar un petardo
  pegar una bigotera
2 frustrar
  malograr
  cortar las alas
  meter viruta

defunción *nombre femenino*
1 muerte
  fallecimiento
  óbito

degeneración *nombre femenino*
1 aberración

degenerar *verbo intransitivo*
1 decaer
  empeorar
  declinar
  perder
  ANTO sanar
    mejorar
    merecer
2 bastardear
  abastardar

deglución *nombre femenino*
1 ingurgitación

deglutir *verbo intransitivo*
1 tragar
  engullir
  ingerir

degolladura *nombre femenino*
1 cama

En el arado.

degollar *verbo transitivo*
1 yugular
2 destruir
  arruinar

degollina *nombre femenino*
1 matanza

mortandad
carnicería
hecatombe

degradación *nombre femenino*
1 depresión
humillación

degradar *verbo transitivo*
1 deponer
destituir*
postergar
2 humillar
envilecer
abatir
rebajar
ANTO ennoblecer
honrar
ensalzar

degustación *nombre femenino*
1 gustación

degustar *verbo transitivo*
1 saborear
paladear

dehesa *nombre femenino*
1 redonda
acampo
coto

deificar *verbo transitivo*
1 divinizar
2 ensalzar
exaltar
endiosar

dejación *nombre femenino*
1 cesión
desistimiento
abandono
renuncia
dejo
ANTO resistencia
insistencia
2 dejadez

dejadez *nombre femenino*
1 pereza
negligencia
descuido
desidia
incuria
indolencia
apatía
displicencia
abandono
ANTO ánimo
esfuerzo
gana
anhelo
fervor
2 decaimiento

flojera
debilidad
ANTO ánimo
esfuerzo
gana

dejado, -da *adjetivo*
1 negligente
perezoso
descuidado
desidioso
abandonado
indolente
2 desaseado
desaliñado
sucio
adán
3 apático
impasible
indiferente
indolente
desidioso
abandonado
ANTO activo

dejar *verbo transitivo*
1 soltar
abandonar
desistir
apartarse
retirarse
desamparar*
ANTO coger
2 prestar
3 consentir
permitir
ANTO prohibir
4 omitir
olvidar
pasar por alto
5 producir
rentar
redituar
verbo pronominal
6 descuidarse
abandonarse

deje *nombre masculino*
1 acento
dejillo
dejo
tono
tonillo
entonación
resabio*

dejillo *nombre masculino*
1 acento
deje
dejo
tono
tonillo

entonación
resabio*

dejo *nombre masculino*
1 dejación
2 acento
deje
dejillo
3 gusto
gustillo
saborcillo
deje
resabio
Resabio si el sabor es desagradable.

delación *nombre femenino*
1 denuncia
acusación
soplo (familiar)

delactación *nombre femenino*
1 destete
ablactación
apolactancia
apogalactia

delantal *nombre masculino*
1 mandil

delante *adverbio*
1 enfrente
ANTO detrás

delantera *nombre femenino*
1 frontispicio
frontis
fachada
⇒ delanteras

delanteras *nombre femenino*
plural
1 zahones
zafones
⇒ delantera

delantero centro *nombre*
masculino
1 ariete
En el fútbol.

delatar *verbo transitivo*
1 acusar
denunciar
revelar
descubrir
soplar (familiar)
ANTO encubrir

delator, -ra *adjetivo/nombre*
1 acusón
soplón
fuelle
malsín
acusica

acusique
chivato (vulgar)
denunciador
denunciante
acusador*
judas
traidor
alevoso

⇒ espía

Acusón, soplón, fuelle y *malsín* son despectivos; entre niños, *acusica, acusique*; en las cárceles, *cuartoles*, etcétera, *chivato*. Aunque a menudo todos ellos coinciden con *denunciador, denunciante* y *acusador*, éstos pueden proceder abierta y públicamente, mientras que *delator* y sus equivalentes tienen algo de clandestinidad o espionaje.

delegado, -da *adjetivo/nombre*
1 representante
comisionado
encargado

delegar *verbo transitivo*
1 comisionar
facultar
encargar
encomendar
confiar
poner en manos de
dar la firma a
echar sobre las espaldas de
ANTO asumir
    apropiarse

deleitable *adjetivo*
1 deleitoso
ameno
placentero
delicioso
agradable
apacible
encantador

deleitar *verbo transitivo*
1 agradar*
gustar
regalar
encantar
embelesar
caerse la baba
ANTO aburrir

verbo pronominal
2 saborear
recrearse

deleite *nombre masculino*
1 gusto*
agrado

placer*
delicia
encanto
embeleso
ANTO aburrimiento
    infelicidad
    dolor

deleitoso, -sa *adjetivo*
1 agradable
delicioso
placentero
grato
placible
sabroso
gustoso
2 sensual
gustoso
sibarítico

deletéreo, -ea *adjetivo*
1 mortífero
mortal
venenoso*
tóxico
ponzoñoso
ANTO sano
    respirable

Deletéreo se dice especialmente de los gases, emanaciones, vapores, etc.

deleznable *adjetivo*
1 inconsistente
frágil
desmenuzable
disgregable
quebradizo

delfín *nombre masculino*
1 arroaz
golfín
puerco marino
tonina

delgado, -da *adjetivo*
1 enjuto
cenceño*
flaco
seco
ANTO grueso
    gordo
    obeso

Enjuto y *cenceño* se refieren a la constitución más todavía que *delgado*.

'El hombre *delgado* lo es por constitución, como lo es el huesudo, el robusto, el nervioso; el *flaco* lo es por haber perdido carnes de resultas de una enfermedad, mudanza de clima u otro cualquier accidente' (M).

2 agudo
puntiagudo
aguzado
afilado
3 fino
tenue
delicado
ANTO grueso

deliberadamente *adverbio*
1 adrede
aposta
intencionadamente
premeditadamente

deliberar *verbo intransitivo*
1 examinar
discutir
debatir

Añade *deliberar* la idea de cuidado o atención particular.

verbo transitivo
2 disponer
mandar
decidir
preceptuar
determinar
resolver

delicadeza *nombre femenino*
1 finura
miramiento
suavidad
atención
cortesía
ANTO indelicadeza
2 sensibilidad
ternura
ANTO aspereza

Referidos a los sentimientos.

3 cuidado
escrupulosidad
primor
ANTO desatención

En las obras o en el trabajo.

4 susceptibilidad

delicado, -da *adjetivo*
1 fino
mirado
atento
suave
cortés
2 tierno
sensible
3 débil
enfermizo
4 susceptible
sentido
cosquilloso

a
b
c
d
e
f
g
h
i
j
k
l
m
n
ñ
o
p
q
r
s
t
u
v
w
x
y
z

a
b
c
d
e
f
g
h
i
j
k
l
m
n
ñ
o
p
q
r
s
t
u
v
w
x
y
z

quisquilloso
picajoso
5 suave
tenue
quebradizo

Tratándose de cosas.

6 exquisito
sabroso
7 difícil
arriesgado
expuesto

delicia *nombre femenino*
1 gusto*
agrado
goce
placer*
regalo
deleite
encanto
ANTO aburrimiento
dolor

delicioso, -sa *adjetivo*
1 deleitable
deleitoso
placentero
encantador
ameno
apacible
agradable*
2 exquisito
sabroso
excelente
primoroso
delicado

delimitación *nombre femenino*
1 limitación
ANTO permiso
libertad

delimitado, -da *adjetivo*
1 definido
determinado
concreto
ANTO indefinido
indeterminado
inconcreto
impreciso

delimitar *verbo transitivo*
1 limitar
deslindar
demarcar
definir
determinar
fijar
precisar
señalar
ANTO imprecisar
indeterminar
Definir, tratándose de concep-

tos. *Delimitar* significa señalar los límites. Se diferencia de *limitar* en varios sentidos, por ejemplo, un país *limita* con otro u otros, no *delimita* con ellos; pero si hay litigio sobre fronteras, los gobiernos las *delimitan* o *señalan* de común acuerdo. Asimismo, si la autoridad *limita* las atribuciones de un funcionario, quiere decir que las reduce o acorta; las *delimita* cuando las fija o señala.

delincuente *adjetivo/nombre común*
1 malhechor*
reo
criminal

delineación *nombre femenino*
1 diseño
traza
croquis
boceto

delinear *verbo transitivo*
1 diseñar
dibujar

deliquio *nombre masculino*
1 desmayo
desfallecimiento
arrobamiento
éxtasis

El *deliquio* es un desfallecimiento placentero, que puede coincidir en ciertos casos con *arrobamiento* y *éxtasis*.

delirante *adjetivo*
1 frenético
loco
enajenado
ido
ANTO cuerdo

delirar *verbo intransitivo*
1 desvariar
alucinarse
enajenarse
2 fantasear
ilusionarse
3 desbarrar
disparatar
desatinar

delirio *nombre masculino*
1 desvarío
enajenación
perturbación
alucinación
2 ilusión
quimera

fantasía
3 despropósito
disparate
desatino
dislate

delirio de grandeza
megalomanía

delitescencia *nombre femenino*
1 eflorescencia

delito *nombre masculino*
1 culpa*
crimen

deludir *verbo transitivo*
1 (literario) engañar
burlar

delusión *nombre femenino*
1 ilusión
delirio

delusivo, -va *adjetivo*
1 engañoso
delusorio

delusor, -ra *adjetivo*
1 engañador

delusoriamente *adverbio*
1 engañosamente
artificiosamente

delusorio, -ria *adjetivo*
1 engañoso
delusivo

demacración *nombre femenino*
1 enflaquecimiento
desnutrición

demacrado, -da *adjetivo*
1 macilento
flaco
descolorido
mustio
decaído
triste
ANTO gordo
fuerte
vivo

demacrarse *verbo pronominal*
1 enflaquecer
desmejorar
desmedrarse
ANTO mejorar
engordar

El verbo *demacrarse* es de significación intensiva en relación con los demás.

demagogo, -ga *adjetivo/nombre*
1 agitador

perturbador
revolucionario

demanda *nombre femenino*
1 solicitud
petición
súplica
ruego
ANTO réplica
2 busca
empeño
intento
empresa
3 pedido*
salida
despacho

Tratándose de mercancías.

demandante *nombre común*
1 actor
acusador
parte actora

demandar *verbo transitivo*
1 pedir*
solicitar
suplicar
rogar
ANTO replicar
        entregar

Cuando no se trata de acción judicial, el verbo *demandar* se siente como arcaizante.

2 buscar
empeñarse
intentar

También en esta acepción *demandar* es término escogido o anticuado.

demarcación *nombre femenino*
1 limitación
término
distrito
2 señalización

demarcar *verbo transitivo*
1 limitar
delimitar*
deslindar
2 marcar

demasía *nombre femenino*
1 exceso*
sobra
ANTO escasez
2 atrevimiento
insolencia
osadía
ANTO cortesía
        decoro
3 desmán
desafuero

abuso
desorden
4 maldad
delito

en demasía *locución adverbial*
demasiado
excesivamente
demasiadamente

demasiadamente *adverbio*
1 demasiado
excesivamente
en demasía

demasiado[1] *adverbio*
1 excesivamente
demasiadamente
en demasía

demasiado, -da[2] *adjetivo*
1 excesivo
sobrado

demediar *verbo transitivo*
1 promediar

demencia *nombre femenino*
1 locura
vesania
enajenación mental

demente *adjetivo/nombre común*
1 loco*
orate
vesánico
alienado
perturbado
enajenado
insano
ido
chiflado (familiar)
maniático
ANTO cuerdo

adjetivo
2 furioso
insensato
ANTO tranquilo
        sensato

demérito *nombre masculino*
1 desmerecimiento
imperfección
desdoro
ANTO mérito
        corrección

Desdoro, tratándose de la fama o reputación.

demoler *verbo transitivo*
1 deshacer
derribar
derruir
arruinar

arrasar
ANTO construir

Si la *demolición* es total y hasta los cimientos, *arrasar*.

demonche *nombre masculino*
1 (eufemismo y familiar)
diablo
demonio*
diantre
dianche
demontre
lucifer

demongo *nombre masculino*
1 (eufemismo y familiar)
diablo
demonio*
diantre
dianche
demontre

demoníaco, -ca *adjetivo*
1 diabólico
infernal
satánico
luciferino
2 endemoniado
energúmeno
poseso

demonio *nombre masculino*
1 diablo
satán
luzbel
leviatán
belcebú
belial
cachano (burlesco)
pateta (burlesco)
pero Botera (burlesco)

demontre *nombre masculino*
1 (eufemismo y familiar)
diablo
demonio*
diantre
dianche
demonche

demora *nombre femenino*
1 tardanza
dilación
retraso
aplazamiento*

Cuando deliberadamente se retrasa la celebración de un acto hasta un plazo determinado, *aplazamiento*.

'La *demora* envuelve la idea de suspensión de la acción o del movimiento; la *tardanza* (y el *retraso*) son simplemente la consumación de un hecho en tiempo posterior al preciso o señalado. La *dilación* es el exceso de duración de una obra comenzada, sin tener solución de continuidad en el tiempo empleado. Hay *demora* en un viaje cuando un viajero se detiene en el camino para visitar un amigo. *Tarda* el correo, quiere decir que no llega a la hora en que se aguarda. Hay *dilación* en la terminación de la audiencia, cuando hacen largos discursos los abogados' (M).

demorar *verbo transitivo*
1 retrasar
   diferir*
   retardar
   aplazar*
   atrasar*
   ANTO adelantar
   ⇒ aplazamiento
2 detenerse
   pararse
3 tardar

demostración *nombre femenino*
1 argumento
   razón
   prueba*
   señal

demostrar *verbo transitivo*
1 probar*
   evidenciar
   patentizar
2 manifestar
   mostrar

demulcente *adjetivo/nombre masculino*
1 emoliente

dendrita *nombre femenino*
1 ágata dendrítica
   piedra de Mocha

dendroide *adjetivo*
1 arborescente
   dendroideo

dendroideo, -ea *adjetivo*
1 arborescente
   dendroide

denegación *nombre femenino*
1 negativa
   negación
   desestimación

denegar *verbo transitivo*
1 desestimar

negar
ANTO aceptar
   aprobar

denegrecer *verbo transitivo/pronominal*
1 ennegrecer
   denegrir
   negrecer
   ANTO blanquear

denegrido, -da *adjetivo*
1 fuliginoso
   oscurecido
   tiznado

denegrir *verbo transitivo/pronominal*
1 ennegrecer
   denegrecer
   negrecer
   ANTO blanquear

dengoso, -sa *adjetivo*
1 melindroso
   remilgado

dengue *nombre masculino*
1 melindre
   remilgo

denigrador, -ra *adjetivo/nombre*
1 detractor
   maldiciente
   infamador
   calumniador

denigrar *verbo transitivo*
1 infamar
   desacreditar
   desprestigiar
   vilipendiar
   difamar*
   ANTO honrar
   alabar
2 injuriar
   ofender
   despreciar*
   ANTO honrar
   alabar

denodado, -da *adjetivo*
1 esforzado
   intrépido
   valiente
   animoso
   decidido
   resuelto
   valeroso

denominación *nombre femenino*
1 nombre
   designación

denominar *verbo transitivo*
1 nombrar*
   llamar
   designar
   titular
   bautizar

denostar *verbo transitivo*
1 injuriar*
   insultar
   ofender
   vilipendiar
   ultrajar

   Denostar es *injuriar* a uno de palabra o en su presencia.

denotar *verbo transitivo*
1 indicar
   significar
   señalar

densidad *nombre femenino*
1 peso específico
2 consistencia
   dureza
   turbiedad
   viscosidad
   ANTO levedad
   blandura
   claridad
   fluidez

densímetro *nombre masculino*
1 areómetro
   pesalicores
   alcoholímetro
   pesaleches
   galactómetro
   lactómetro
   oleómetro

denso, -sa *adjetivo*
1 pesado
2 compacto
   apiñado
   apretado
   espeso
   sólido*

   Tratándose de líquidos, *espeso*.

dental *adjetivo*
1 dentario

dentar *verbo intransitivo*
1 endentecer

dentario, -ria *adjetivo*
1 dental

dentellada *nombre femenino*
1 mordedura

dentellear *verbo intransitivo*
1 mordiscar
   mordisquear

dentera*nombre femenino*
1 envidia
   pelusa

dentiatría*nombre femenino*
1 odontatría
   estomatología
   odontología

dentiforme*adjetivo*
1 odontoide

dentista*adjetivo/nombre común*
1 odontólogo
   estomatólogo
   sacamuelas (despectivo)

   Odontólogo y *estomatólogo*
   son tecnicismos. *Dentista* es
   el nombre general.

dentro*adverbio*
1 adentro
   ANTO fuera

denuedo*nombre masculino*
1 brío
   esfuerzo
   intrepidez
   valor
   decisión
   resolución
   arrojo
   determinación
   audacia
   ánimo*
   ANTO cobardía

denuesto*nombre masculino*
1 insulto*
   injuria
   ofensa
   dicterio
   improperio
   perrería
   ANTO alabanza
      desagravio

denuncia*nombre femenino*
1 delación
   acusación
   soplo

denunciador, -ra
   adjetivo/nombre
1 acusador
   delator*
   soplón
   acusón
   acusica
   acusique
   denunciante*

denunciante*nombre común*
1 delator*
   denunciador

acusador
soplón (familiar)

Delator y *soplón* connotan
clandestinidad u ocultación
de la denuncia; en tanto que el
denunciante procede con la
claridad del que ejercita un
derecho.

denunciar*verbo transitivo*
1 delatar
   descubrir
   revelar
   acusar
   ANTO tapar
      esconder
      defender

deontología*nombre femenino*
1 ética*

departamento*nombre masculino*
1 sección
   sector
   grupo
   división
   piso

departir*verbo intransitivo*
1 conversar*
   hablar
   platicar

depauperar*verbo transitivo*
1 empobrecer
2 debilitar
   extenuar
   ANTO fortalecer
      engordar

dependencia*nombre femenino*
1 subordinación
   sujeción
   ANTO superioridad
      rebeldía

depender*verbo intransitivo*
1 pender

dependiente*adjetivo*
1 anejo
   anexo
   agregado
   afecto
   unido

dependiente, -ta*nombre*
1 empleado (de un comercio)

depilación*nombre femenino*
1 epilación

depilatorio, -ria*adjetivo*
1 epilatorio

deplorable*adjetivo*
1 sensible
   lamentable
   doloroso
   lastimoso
   luctuoso

deplorar*verbo transitivo*
1 lamentar
   sentir
   dolerse
   ANTO alegrarse

deponer*verbo transitivo*
1 destituir
   dejar cesante
   separar del servicio
   ANTO instituir

   Destituir, especialmente si se
   trata de una autoridad; *dejar
   cesante* y *separar del servicio*,
   si se trata de un empleado.

2 atestiguar
   testificar
   declarar
   ANTO callar
   verbo intransitivo
3 cagar
   defecar
   exonerar
   evacuar el vientre
   hacer de cuerpo

deportación*nombre femenino*
1 destierro*
   extrañamiento
   exilio
   proscripción

deportar*verbo transitivo*
1 desterrar
   expulsar
   extrañar

depositar*verbo
   transitivo/pronominal*
1 sedimentar
   posar
   reposar
   precipitar
   ANTO resolver
      impurificar
      fluir

depósito*nombre masculino*
1 acopio*
   acopiamiento
   acumulación
   provisión
   almacenamiento
   acaparamiento

depravación*nombre femenino*
1 envilecimiento

a b c d e f g h i j k l m n ñ o p q r s t u v w x y z

perversión
corrupción
desenfreno
maldad
ANTO bondad

'La *depravación* desfigura, hace disforme; la *corrupción* gasta, descompone, disuelve (...) La *depravación* da a la cosa una dirección contraria a la que debe tener; y la *corrupción* pugna por destruir las cualidades esenciales que ella debe tener. Lo que se *deprava* pierde su modo propio de ser y de obrar; lo que se *corrompe* pierde su virtud y su sustancia. La idea de *depravación* es contraria a la de lo bello; la idea de *corrupción* es más bien contraria a la de lo bueno. Comparando una persona muy contrahecha con una de muy mala salud, tendremos en estas dos imágenes las diferencias distintivas de la *depravación* y de la *corrupción*. Un juicio no recto es *depravado*; un juicio no puro es *corrompido*' (Ci).

2 relajación
laxitud
flojedad
ANTO fortaleza

depravado, -da *adjetivo*
1 perverso
malo
malvado
maligno
corrupto
protervo
enviciado
bellaco
ruin
bajo
ANTO bueno

depravar *verbo transitivo/pronominal*
1 viciar
corromper
malear
pervertir
envilecer
ANTO moralizar
sanar

deprecación *nombre femenino*
1 ruego
súplica

Deprecación es intensivo y supone gran vehemencia.

deprecar *verbo transitivo*
1 rogar*
suplicar
instar
impetrar

Impetrar y *deprecar* denotan gran ahínco y rendimiento.

depreciar *verbo transitivo*
1 abaratar
bajar
rebajar
reducir el precio
ANTO encarecer
valorar

Depreciar es voz más escogida que *abaratar*, y por ello se usa especialmente en economía, banca y grandes negocios. Se *deprecia* la moneda, los valores públicos, y se *abarata* el pan.

depredación *nombre femenino*
1 saqueo
robo
pillaje
2 malversación

depresión *nombre femenino*
1 baja
descenso
ANTO altura
2 hundimiento
concavidad
ANTO convexidad

Por ejemplo: *depresión* del terreno.

3 humillación
degradación
4 abatimiento*
melancolía
desaliento
desánimo
ANTO animación

deprimir *verbo transitivo*
1 humillar
rebajar
degradar
despreciar*
desairar
desdeñar
desechar
denigrar
vilipendiar
ANTO apreciar
2 abatir
desalentar
desanimar
ANTO animar
levantar

depuración *nombre femenino*
1 purificación
refinación

depurado, -da *adjetivo*
1 acendrado
puro
impecable
acrisolado
pulido
trabajado
elaborado
cuidado
ANTO descuidado

depurador, -ra *adjetivo*
1 depurante
depurativo

depurante *adjetivo*
1 depurador
depurativo

depurar *verbo transitivo*
1 purificar*
limpiar
ANTO impurificar
ensuciar
2 acrisolar
perfeccionar

depurativo, -va *adjetivo*
1 depurante
depurador

derby *nombre masculino*
1 (anglicismo) partido de la máxima

Tratándose de un partido de fútbol.

derecha *nombre femenino*
1 diestra

derechamente *adverbio*
1 rectamente
en derechura
directamente
2 a las claras
francamente
abiertamente
3 justamente
con rectitud

derecho[1] *nombre masculino*
1 facultad
opción
2 justicia
razón
ANTO deber
injusticia
sinrazón
3 anverso
cara

⇒ derechos

derecho, -cha² *adjetivo*
1 recto
  seguido
  directo
2 justo
  fundado
  legítimo
3 vertical
  erguido
4 diestro

derechos *nombre masculino*
  plural
1 impuesto
  tributo
  gabela
  ⇒ derecho

derechura

  en derechura *locución*
  adverbial
  derechamente
  rectamente
  directamente

derivación *nombre femenino*
1 deducción
  consecuencia
  conclusión
  resultado

derivar *verbo*
  intransitivo/pronominal
1 originarse
  proceder
  deducirse*
  seguirse
  emanar
2 abatir
  verbo transitivo
3 encaminar
  conducir
  dirigir

derivativo, -va *adjetivo*
1 purgante
  lapáctico

dermal *adjetivo*
1 dérmico

dermatoide *adjetivo*
1 dermoide

dermatosis *nombre*
  femenino
1 dermopatía

dérmico, -ca *adjetivo*
1 dermal

dermis *nombre femenino*
1 piel

dermoide *adjetivo*
1 dermatoide

dermopatía *nombre femenino*
1 dermatosis

derogar *verbo transitivo*
1 abolir*
  anular
  suprimir
  ANTO promulgar
  ratificar

derramadero *nombre masculino*
1 vertedero
  escombrera
  basurero
  muladar

derramado, -da *adjetivo*
1 gastador
  malgastador
  manilargo
  manirroto
  derrochador
  despilfarrador
  disipador
  pródigo

derramamiento *nombre*
  masculino
1 efusión

'La palabra más usada es la de *derramamiento*, que vale tanto como verter o esparcir cosas menudas o líquidas, en especial sangre; y propiamente la acción de inclinar un vaso para que salga despacio el líquido que contenía. La *efusión* parece indicar movimiento más rápido, más abundante, más continuado que el *derramamiento*; y que la acción se verifica sin tener que vencer obstáculo alguno. De cualquier herida resulta mayor o menor *derramamiento* de sangre; pero para que se pueda decir con propiedad que ha habido *efusión* de sangre, es menester que el derrame haya sido muy abundante' (O).

derramar *verbo*
  transitivo/pronominal
1 esparcir
  verter
  diseminar
2 publicar
  divulgar
  extender

  verbo pronominal
3 desembocar
  desaguar

derrapaje *nombre masculino*
1 derrape

derrapar *verbo intransitivo*
1 (galicismo) patinar

derrape *nombre masculino*
1 derrapaje

derredor *nombre masculino*
1 circuito
  contorno
  rededor

derrenegar *verbo transitivo*
1 abominar
  condenar
  maldecir
  decir pestes
  execrar

derrengar *verbo*
  transitivo/pronominal
1 desriñonar
  descaderar

derreniego *nombre masculino*
1 (rústico) blasfemia
  reniego
  voto
  juramento
  maldición

derretido¹ *nombre masculino*
1 hormigón
  concreto
  mazacote
  nuégado
  garujo

derretido, -da² *adjetivo*
1 enamorado
  amartelado

derretir *verbo*
  transitivo/pronominal
1 liquidar*
  licuar
  regalar
  fundir
  ANTO solidificar

  Liquidar, licuar, regalar y *derretir* tratándose de sólidos blandos, como la cera, las resinas, mantecas, etc. Hablando de metales, *fundir*.

2 enamorarse
  enardecerse
3 inquietarse
  impacientarse

derribar *verbo transitivo*
1 tirar
tumbar
echar al suelo
echar a rodar
hacer morder el polvo
demoler
derrumbar
derruir
hundir
arruinar
ANTO alzar
construir

Tratándose de construcciones.

2 postrar
abatir

derribos *nombre masculino*
plural
1 despojos

derrocadero *nombre masculino*
1 despeñadero
precipicio
derrumbadero

derrocar *verbo transitivo*
1 despeñar
precipitar
2 derribar
derrumbar
demoler
derruir

derrochador, -ra
adjetivo/nombre
1 pródigo
derramado
malgastador
manirroto
despilfarrador
dilapidador

derrochar *verbo transitivo*
1 dilapidar
malgastar
malbaratar
despilfarrar
disipar
estar a mal con el dinero
tirar por la ventana
tener un agujero en las
manos
prodigar*
ANTO guardar
ahorrar

derroche *nombre masculino*
1 despilfarro
dilapidación
prodigalidad
2 abundancia
exceso*

derrota¹ *nombre femenino*
1 camino
senda
sendero
vereda
rumbo
rota
ruta
derrotero

En tierra, *camino, senda, sendero* y *vereda*. En el mar, *rumbo, rota, ruta* y *derrotero*.

derrota² *nombre femenino*
1 vencimiento
rota
desbaratamiento
descalabro

derrotado, -da *adjetivo*
1 roto
andrajoso
harapiento
destrozado
pobre
arruinado

derrotar *verbo transitivo*
1 vencer
desbaratar
batir
destrozar
ANTO perder

derrotero *nombre masculino*
1 rumbo
rota
ruta
derrota
2 dirección
camino

derruir *verbo transitivo*
1 derribar
demoler
arruinar

derrumbadero *nombre*
masculino
1 despeñadero
derrocadero
precipicio

derrumbar *verbo*
transitivo/pronominal
1 precipitar
despeñar
2 derruir
demoler
arruinar
desplomarse

derrumbe *nombre masculino*
1 caída*

descenso
declinación
decadencia
desplome

desabor *nombre masculino*
1 sinsabor
insipidez
desabrimiento

desaborido, -da *adjetivo*
1 desabrido
insubstancial
insulso
insípido*
soso

desabrido, -da *adjetivo*
1 insubstancial
insulso
insípido
soso
desaborido
2 áspero
desapacible
displicente
desagradable
adusto
seco
rígido
hosco
huraño
esquivo
ANTO sociable
amable
simpático

Hablando del carácter o del trato.

desabrigado, -da *adjetivo*
1 inhospitalario*
cruel
inhumano
bárbaro
desapacible
inhóspito
inclemente

desabrigar *verbo transitivo*
1 destapar
desarropar
ANTO abrigar
2 desamparar
ANTO amparar

desabrimiento *nombre*
masculino
1 desazón
ANTO sapidez
gusto
2 aspereza
displicencia
ANTO simpatía

desacato *nombre masculino*
1 irreverencia
  falta de respeto
  ANTO reverencia
2 desobediencia
  insumisión
  rebeldía
  ANTO acato

desaceleración *nombre femenino*
1 deceleración

desacelerar *verbo transitivo*
1 decelerar

desacertadamente *adverbio*
1 mal*
  indebidamente
  injustamente
  incorrectamente
  malamente
  ANTO acertadamente
      correctamente

desacertado, -da *adjetivo*
1 desatinado
  disparatado
  descabellado
  absurdo
  ANTO lógico
      atinado
2 erróneo
  equivocado
  falso
  inexacto
  errado
  incorrecto
  ANTO acertado
      exacto
      correcto
      cierto

desacertar *verbo intransitivo*
1 errar
  equivocarse
  engañarse
  fallar
  marrar*
  ANTO acertar

desacierto *nombre masculino*
1 error*
  yerro
  equivocación
  desatino
  disparate
  dislate
  torpeza
  desaguisado
  barbaridad

desacomodado, -da *adjetivo*
1 parado
  desocupado

cesante
sin oficio ni beneficio
ANTO acomodado
    empleado

Si se trata de un funcionario, *cesante*.

2 incómodo

desacomodo *nombre masculino*
1 desconveniencia
  incomodidad
  disconveniencia

desaconsejar *verbo transitivo*
1 disuadir
  ANTO aconsejar
      persuadir

desacorde *adjetivo*
1 disconforme
  discordante
  desavenido
2 destemplado
  desentonado
  desafinado
  Tratándose de voces o instrumentos músicos.

desacostumbrado, -da *adjetivo*
1 insólito
  ANTO acostumbrado

desacostumbrar *verbo transitivo*
1 deshabituar
  desavezar
  ⇒ acostumbrar

desacreditado, -da *adjetivo/nombre*
1 infame
  deshonrado

desacreditar *verbo transitivo*
1 denigrar
  infamar
  desprestigiar
  vilipendiar
  descalificar
  desconceptuar
  incapacitar
  desautorizar
  deslucir
  empañar*
  ANTO honrar
      alabar
      capacitar
      autorizar
      acreditar

desactivar *verbo transitivo*
1 desconectar
  inhibir

ANTO activar
    conectar

desacuerdo *nombre masculino*
1 discordia
  disconformidad*
  desavenencia
  desunión
  manzana de la discordia
  malquistamiento
  disidencia
  escisión
  cisma
  ruptura
  ANTO acuerdo
      concordancia
      pacto

desadormecer *verbo transitivo*
1 desentumecer
  desentumir

desadvertido, -da *adjetivo*
1 inadvertido
  desapercibido

desafección *nombre femenino*
1 antipatía*
  desafecto
  malquerencia
  animosidad
  ANTO afecto
      amistad
      voluntad

desafecto *nombre masculino*
1 antipatía*
  desafección
  desestimación
  malquerencia
  aversión
  animosidad

desafecto, -ta *adjetivo*
1 contrario
  opuesto

desafiar *verbo transitivo*
1 retar
  provocar
  echar el guante
  publicar armas
  salir al campo
2 competir
  rivalizar

desafilar *verbo transitivo/pronominal*
1 embotar
  mellar
  despuntar

desafinación *nombre femenino*
1 destemple
  disonancia
  desentono

desafinado, -da *adjetivo*
1 desacorde
 destemplado
 desentonado

desafinar *verbo intransitivo/pronominal*
1 desentonar
 ANTO afinar
 templar

desafío *nombre masculino*
1 reto
 duelo

 Duelo cuando está sujeto a ciertas reglas.

2 rivalidad
 competencia
 ⇒ duelo

desaforado, -da *adjetivo*
1 desatentado
 desordenado
2 desmedido
 desmesurado
 enorme
 descomunal
 ANTO comedido

desafortunado, -da *adjetivo*
1 desventurado
 malaventurado
 desgraciado
 desdichado
 infortunado
 infeliz
 infausto
 aciago
 ANTO afortunado
 feliz

 Tratándose de tiempos, sucesos, señales, etc., *infausto*, *aciago*.

desafuero *nombre masculino*
1 demasia
 desmán
 exceso
 abuso
 atropello
 tropelía
 arbitrariedad
 barrabasada
 injusticia
 iniquidad
 ilegalidad

desagradable *adjetivo*
1 molesto
 irritante
 enojoso
 penoso
 fastidioso
 enfadoso
 pesado
 engorroso
 incómodo*

 En la actualidad es frecuente, entre personas educadas, usar *desagradable* como eufemismo en lugar de adjetivos más intensos, como los sinónimos recogidos.

desagradar *verbo intransitivo*
1 disgustar
 descontentar
 enfadar
 enojar
 fastidiar
 molestar
 tener mala sombra
 no ser santo de su devoción
 echar con cajas
 destempladas
 ANTO agradar
 gustar

desagradecido, -da *adjetivo*
1 ingrato

 'Para ser *desagradecido* basta no agradecer el beneficio; pero el *ingrato* añade a ello la injusticia de su mal proceder. Aquél puede serlo por indolencia; éste lo es siempre por malicia. El *desagradecido* mira con indiferencia el bien que recibe; el *ingrato*, lo mira como una carga que le irrita contra su bienhechor; y a veces sirve de estímulo a su odio, no sólo el beneficio que le pesa, sino aun la injusticia misma de su propia *ingratitud*' (LH).

desagradecimiento *nombre masculino*
1 ingratitud
 egoísmo
 ANTO gratitud
 lealtad

desagrado *nombre masculino*
1 disgusto
 descontento
 fastidio
 enojo
 molestia

desagraviar *verbo transitivo*
1 reparar
 satisfacer

desagravio *nombre masculino*
1 reparación
 satisfacción
 ANTO ofensa
 perjuicio

desagregación *nombre femenino*
1 disociación
 separación
 disgregación
 ANTO unión
 fusión
2 despersonalización

desagregar *verbo transitivo*
1 disgregar
 disociar
 dispersar
 dividir
 desunir
2 desavenir
 indisponer
 malquistar
 enemistar

desaguadero *nombre masculino*
1 despedida
 desagüe

desaguar *verbo transitivo*
1 vaciar
 sanear
 secar

 Tratándose de tierras encharcadas, marismas, etc., *sanear* y *secar*.

2 disipar
 consumir
 verbo intransitivo
3 desembocar
 derramar
 verter

desaguisado *nombre masculino*
1 entuerto
 agravio*
 atropello
 descomedimiento
2 desacierto
 disparate
 barbaridad

desagüe *nombre masculino*
1 desaguadero
 despedida

desahogado, -da *adjetivo*
1 descarado
 descocado
 fresco
 desenvuelto
 desvergonzado
2 desembarazado

despejado
amplio
espacioso
libre
holgado
3 desempeñado
desentrampado

desahogar *verbo*
transitivo/pronominal
1 consolar
aliviar
ANTO desanimar
2 desfogar
ANTO ahogar
reprimir

verbo pronominal
3 repararse
recobrarse
4 expansionarse
espontanearse
ANTO reprimirse

desahogo *nombre masculino*
1 alivio
consuelo
descanso
reposo
2 desembarazo
libertad
holgura
3 expansión
esparcimiento
4 descaro
descoco
frescura
desvergüenza
atrevimiento

desahuciar *verbo transitivo*
1 desesperanzar
desengañar
ANTO consolar
2 despedir
expulsar
lanzar
ANTO acoger
recibir

desairado, -da *adjetivo*
1 desgarbado
desgalichado
2 desatendido
desdeñado
chasqueado
burlado

desairar *verbo transitivo*
1 desatender
desestimar
desdeñar
despreciar
pasar por alto
hacer caso omiso de

ANTO apreciar
atender
2 burlar
chasquear
engañar
frustrar

desaire *nombre masculino*
1 desatención
desestimación
desdén
disfavor
desprecio
descortesía
grosería
feo

desajustar *verbo transitivo*
1 desencajar
desmontar
desconcertar

verbo pronominal
2 desconvenirse
desavenirse

desajuste *nombre masculino*
1 desarreglo
desorden
desconcierto
desorganización
desbarajuste
2 desunión
separación
ANTO unión

desalentado, -da *adjetivo*
1 alicaído
triste
desanimado
decaído
abatido
aliquebrado

desalentar *verbo*
transitivo/pronominal
1 desanimar
acobardar
descorazonar
arredrar
atemorizar
amedrentar
intimidar
acoquinar
caerse el alma a los pies
caerse las alas del corazón
ANTO animar
envalentonar

verbo pronominal
2 desfallecer
decaer
debilitarse
flaquear
desmayarse

flojear
abatir*

desaliento *nombre masculino*
1 decaimiento
desánimo
abatimiento*
postración
quebranto
aflicción
pena
2 displicencia
apatía
indolencia
dejadez

desaliñado, -da *adjetivo*
1 abandonado
desaseado
sucio
(ir) hecho un pordiosero

desaliño *nombre masculino*
1 negligencia
descuido
desaseo
desatavío
desidia
dejadez
ANTO compostura
adorno

desalmado, -da *adjetivo*
1 cruel
inhumano
bárbaro
ANTO bondadoso
humanitario

desalmar *verbo*
transitivo/pronominal
1 desasosegar
inquietar
intranquilizar
desazonar
estar en vilo
estar sobre espinas
ANTO tranquilizar
aquietar

desamparado, -da *adjetivo*
1 abandonado
dejado
descuidado
desvalido
ANTO amparado

desamparar *verbo transitivo*
1 abandonar*
dejar
desasistir
desatender
dejar en la estacada
volver las espaldas
dejar en las astas del toro

a
b
c
d
e
f
g
h
i
j
k
l
m
n
ñ
o
p
q
r
s
t
u
v
w
x
y
z

ANTO amparar
   asistir
   atender

'Se *desampara* al que se halla necesitado; se *abandona* al que se halla en riesgo. El *desamparo* se refiere al bien necesario de que se priva al *desamparado*; el *abandono* se refiere al mal inminente a que se deja expuesto al *abandonado*. El rico que no socorre a su familia pobre, la *desampara*; pero si lo hace cuando esta se halla en un inminente riesgo de perecer o de sacrificar su honor, la *abandona*. El *desamparado* puede no deber su desgracia a la malicia; pero el *abandonado* la debe siempre a un descuido reprensible o a una intención maliciosa. Un niño que ha perdido a sus padres, y no tiene quien le cuide, está *desamparado*. Un joven a quien sus padres han echado de su casa, o no cuidan de su crianza o conducta, está *abandonado*' (LH).

   2 ausentarse
   marcharse
   irse

desamparo *nombre masculino*
   1 abandono
   cerrarse todas las puertas
   ANTO amparo

desangrado, -da *adjetivo*
   1 exangüe

desanimado, -da *adjetivo*
   1 lánguido
   abatido
   decaído
   triste
   desalentado
   aliquebrado
   alicaído
   ANTO animado

desanimar *verbo transitivo*
   1 desalentar
   acobardar
   descorazonar
   atemorizar
   arredrar
   intimidar
   cortar las alas
   matar las ilusiones
   abatir*
   ANTO animar
       envalentonar

desánimo *nombre masculino*
   1 decaimiento
   desaliento
   abatimiento*
   postración

desapacible *adjetivo*
   1 desagradable
   destemplado
   duro
   áspero
   riguroso
   acerbo
   inhospitalario*
   ANTO suave
       apacible

desaparear *verbo transitivo*
   1 desparejar

desaparecer *verbo intransitivo*
   1 ocultarse
   esconderse
   perderse
   volatilizarse
   ANTO aparecer
       destaparse
   2 fugarse
   huir
   desvanecerse
   escabullirse
   escaparse
   escurrirse
   escurrir el bulto
   descabullirse
   3 (eufemismo) caer
   sucumbir
   morir
   perecer
   fallecer
   pasar a mejor vida

desaparejar *verbo transitivo*
   1 descasar
   desarticular
   descoyuntar
   desajustar

desapegado, -da *adjetivo*
   1 frío
   indiferente
   desafecto
   despegado

desapego *nombre masculino*
   1 despego
   desafecto
   desvío
   frialdad
   esquivez
   aspereza
   desdén
   desinterés
   ANTO apego

   afición
   aprecio
   interés
   2 desprendimiento
   desasimiento
   abnegación

desapercibido, -da *adjetivo*
   1 desprevenido
   descuidado
   ANTO prevenido
   2 inadvertido

desapiadado, -da *adjetivo*
   1 despiadado
   cruel
   inhumano

desaplicado, -da *adjetivo*
   1 desatento
   desaprovechado
   holgazán
   perezoso

desaplomar *verbo transitivo*
   1 desplomar
   inclinar

desapoderado, -da *adjetivo*
   1 precipitado
   atolondrado
   2 furioso
   violento

desaposesionar *verbo transitivo*
   1 desposeer
   desapropiar
   expropiar
   despojar
   quitar

desaprensión *nombre femenino*
   1 lisura
   frescura
   desvergüenza
   desahogo

desapretar *verbo transitivo*
   1 aflojar
   distender
   soltar
   ANTO apretar
       ceñir

desaprobación *nombre femenino*
   1 vituperio
   censura
   reproche

desaprobar *verbo transitivo*
   1 reprobar
   vituperar
   censurar
   condenar

suspender
En exámenes, *suspender.*

desaprovechado, -da *adjetivo*
1 desaplicado
  desatento
  holgazán
  perezoso

desaprovechar *verbo
transitivo/pronominal*
1 perder
  malbaratar
  desperdiciar
  malgastar
  ANTO aprovechar
      guardar

desarbolar *verbo transitivo*
1 desmantelar

desarmado, -da *adjetivo*
1 indefenso
  inerme
  desguarnecido

desarmar *verbo transitivo*
1 desmontar
  descomponer
  desarticular

desarraigar *verbo
transitivo/pronominal*
1 arrancar
  desplantar
  ANTO arraigar
      plantar
2 extinguir
  extirpar
  ANTO permanecer

desarrapado, -da *adjetivo*
1 andrajoso
  harapiento
  haraposo
  pingajoso
  roto
  trapiento
  zarrapastroso

desarreglar *verbo
transitivo/pronominal*
1 desordenar
  descomponer
  alterar
  trastornar
  desajustar
  desorganizar
  ANTO arreglar
      componer
      concertar

desarreglo *nombre masculino*
1 desorden
  desajuste

desconcierto
desorganización
desbarajuste

desarrollar *verbo transitivo*
1 descoger
  desenrollar
  desenvolverse
  desplegar
2 perfeccionar
  fomentar
  aumentar
  crecer
  progresar
  adelantar
  formar
  prosperar
  medrar
  florecer
3 extender
  ampliar*
  explicar*
  exponer
  verbo pronominal
4 germinar
  nacer
  brotar
  crecer*

desarrollo *nombre masculino*
1 crecimiento
  incremento
  aumento
  adelanto
  progreso
  desenvolvimiento
2 explicación
  exposición

desarropar *verbo transitivo*
1 desabrigar
  destapar

desarrugar *verbo transitivo*
1 alisar
  ANTO arrugar

desarrumar *verbo transitivo*
1 desatorar

desarticular *verbo transitivo*
1 descasar
  desaparejar
  descoyuntar
  desajustar
  desarmar
  desmontar
  descomponer

desaseado, -da *adjetivo*
1 descuidado
  dejado
  desaliñado
  sucio

adán
estropajoso
andrajoso
roto
harapiento
Descuidado, dejado y *desaliñado* se utilizan en general.
Aplicado a una persona, *adán.*

desaseo *nombre masculino*
1 abandono
  desaliño
  suciedad

desasimiento *nombre
masculino*
1 desinterés
  despego
  abnegación
  largueza
  liberalidad
  generosidad
  desprendimiento*

desasir *verbo
transitivo/pronominal*
1 soltar
  desatar
  desprender
  ANTO asir
      apretar
  verbo pronominal
2 desinteresarse
  desapropiarse

desasistir *verbo transitivo*
1 abandonar*
  dejar
  desamparar*
  desatender
  desentenderse
  descuidar
  ceder
  ANTO amparar
      atender
      celar
      guardar
      cuidar

desasnar *verbo transitivo*
1 (burlesco) desbastar
  educar
  afinar

desasosegado, -da *adjetivo*
1 bullicioso
  inquieto
  revoltoso
  febril
  ardoroso
  agitado
  ANTO tranquilo
      sosegado

a b c d e f g h i j k l m n ñ o p q r s t u v w x y z

desasosegar *verbo*
transitivo/pronominal
1 inquietar
desalmar
intranquilizar
desazonar
estar en vilo
estar sobre espinas
ANTO tranquilizar

desasosiego *nombre masculino*
1 inquietud
intranquilidad
ansiedad
desazón
malestar

desastrado, -da *adjetivo*
1 desgraciado
infeliz

adjetivo/nombre
2 roto
desarrapado
zarrapastroso
haraposo
harapiento
andrajoso

desastre *nombre masculino*
1 calamidad
devastación
ruina
catástrofe
cataclismo*
bancarrota
hundimiento
desgracia
percance
accidente
contratiempo
ANTO victoria
triunfo
ganancia

desastroso, -sa *adjetivo*
1 astroso
desastrado
infeliz
infausto
calamitoso
desgraciado
infortunado
ANTO afortunado

desatancar *verbo transitivo*
1 desatascar
desatrampar
desatrancar

desatar *verbo*
transitivo/pronominal
1 desligar
desenlazar

deshacer
soltar

verbo pronominal
2 desencadenarse
desenfrenarse

Hablando de las fuerzas naturales o de las pasiones.

desatascar *verbo transitivo*
1 desatollar
2 desatancar
desatrancar
desatrampar
3 sacar de apuros

desatavío *nombre masculino*
1 desaliño
negligencia
descuido
desaseo
desidia
dejadez
ANTO compostura

desatención *nombre femenino*
1 inatención
distracción
2 incorreción
descortesía
descomedimiento
grosería*
ANTO cortesía
urbanidad
favor

desatender *verbo transitivo*
1 descuidar
abandonar*
olvidar
distraerse
2 desoír
desasistir
desestimar
desdeñar
pasar por alto
hacer caso omiso de
desamparar*

desatendido, -da *adjetivo*
1 arrinconado
olvidado
postergado
aislado
desdeñado

desatentado, -da
adjetivo/nombre
1 desatinado
desconcertado
inconsiderado
adjetivo
2 excesivo
riguroso
desordenado

desatento, -ta *adjetivo*
1 distraído
descuidado
2 descortés
inconsiderado
grosero

desatiento *nombre masculino*
1 desasosiego
inquietud
destiento
sobresalto
alteración

desatinado, -da *adjetivo*
1 desarreglado
desatentado
2 disparatado
descabellado
desacertado
absurdo

desatinar *verbo intransitivo*
1 barbarizar
disparatar
desbarrar

desatino *nombre masculino*
1 disparate
despropósito*
desacierto
dislate
error*
ANTO razonamiento
acierto
2 locura
ANTO cordura

desatollar *verbo transitivo*
1 desatascar

desatolondrar *verbo*
transitivo/pronominal
1 desaturdir

desatorar *verbo transitivo*
1 desarrumar

desatornillar *verbo transitivo*
1 destornillar
desenroscar

desatrampar *verbo transitivo*
1 desatancar
desatascar
desatrancar

desatrancar *verbo transitivo*
1 desatancar
desatascar
desatrampar

desatufar *verbo*
transitivo/pronominal
1 desenojar
desempacar
desencapotar

aplacar
ANTO enojar
    enfadar

desaturdir *verbo*
transitivo/pronominal
1 desatolondrar

desautorizar *verbo transitivo*
1 anular
    incapacitar
ANTO confirmar
    convalidar
    autorizar

desavenencia *nombre femenino*
1 discordia
    desunión
    desacuerdo
    disentimiento
    disconformidad*
    disputa
    disgusto
    escisión
    rompimiento
    ruptura
    cisma
ANTO acuerdo
    amistad

desavenido, -da *adjetivo*
1 desacorde
    disconforme
    discordante

desavenirse *verbo pronominal*
1 desconvenirse

desaviar *verbo*
transitivo/pronominal
1 descaminar
    desviar
    desencaminar
    descarriar
    irse fuera del camino
    salirse del camino

desavío *nombre masculino*
1 desaliño
    desorden
    incomodidad

desayuno *nombre masculino*
1 almuerzo
    comida

desazón *nombre femenino*
1 desabrimiento
    insipidez
    aspereza
ANTO sazón
2 disgusto
    pesadumbre
    sinsabor
    descontento

contrariedad*
3 inquietud
    desasosiego
    malestar
ANTO sosiego

desazonar *verbo*
transitivo/pronominal
1 molestar
    fastidiar
    enojar
    enfadar
    disgustar*
    sacar de sus casillas
2 desasosegar
    inquietar
    desalmar
    intranquilizar
    estar en vilo
    estar sobre espinas
    poner los nervios de punta
ANTO tranquilizar
    sosegar

verbo pronominal
3 destemplarse
    descomponerse
    indisponerse
ANTO tranquilizarse

desbandado, -da *adjetivo*
1 desmandado
    desgobernado

desbandarse *verbo pronominal*
1 dispersarse
    desparramarse
    huir
    desperdigarse
    desmandarse*
2 desertar

desbarajustar *verbo transitivo*
1 desorganizar
    descomponer
    desordenar
    desarreglar
    trastornar
    desbaratar

desbarajuste *nombre masculino*
1 desarreglo
    desorden
    confusión
    desconcierto
    desorganización
    desgobierno

Desbarajuste es expresión intensificada de estos sustantivos. En lo social o político, *desorganización* y *desgobierno*.

2 follón
    gresca

tumulto
bronca

desbaratamiento *nombre*
masculino
1 derrota
    vencimiento
    rota

desbaratar *verbo*
transitivo/pronominal
1 deshacer
    descomponer
    desconcertar
    arruinar
    aniquilar*
ANTO arreglar
    hacer
    componer
2 disipar
    malgastar
    malbaratar
    derrochar
    despilfarrar
ANTO ahorrar
verbo intransitivo
3 disparatar
    desatinar
    desbarrar

desbarrar *verbo intransitivo*
1 disparatar
    desatinar
    desbaratar

desbastar *verbo transitivo*
1 descortezar
2 desasnar
    educar
    afinar
    limar*

desbeber *verbo*
intransitivo/pronominal
1 (familiar) orinar
    hacer pis
    hacer pipí
    mear (vulgar)
    hacer aguas menores
    miccionar

desbocado, -da *adjetivo*
1 deslenguado
    malhablado
    maldiciente
    lenguaraz

desbocarse *verbo pronominal*
1 dispararse
    precipitarse

desbordamiento *nombre*
masculino
1 llena
    riada

a
b
c
d
e
f
g
h
i
j
k
l
m
n
ñ
o
p
q
r
s
t
u
v
w
x
y
z

crecida*
Tratándose de ríos o arroyos.
2 desenfreno
Tratándose de la conducta.

desbuchar *verbo transitivo*
1 desembuchar

descabalado, -da *adjetivo*
1 incompleto
truncado
fragmentario
inacabado
no acabado
imperfecto
defectuoso

descabalgar *verbo intransitivo*
1 apearse
desmontar
bajar
descender

descabellado, -da *adjetivo*
1 desatinado
disparatado
desacertado
irracional
absurdo

descabezar *verbo*
transitivo/pronominal
1 (familiar) descalabrar
abrir la cabeza
romper la crisma
romper el bautismo
escalabrar

descabullirse *verbo*
pronominal
1 escabullirse
escaparse
escurrirse
escurrir el bulto
deslizarse
desaparecer

descaderar *verbo*
transitivo/pronominal
1 derrengar

descalabazarse *verbo*
pronominal
1 descrismarse
calentarse la cabeza

descalabrar *verbo*
transitivo/pronominal
1 abrir la cabeza
romper la crisma
romper el bautismo
descabezar (familiar)
escalabrar

descalabro *nombre masculino*
1 contratiempo
infortunio
desgracia
daño
pérdida
2 derrota

descalcador *nombre masculino*
1 maquillo

descalce *nombre masculino*
1 socava

descalificar *verbo*
transitivo/pronominal
1 desconceptuar
incapacitar
desautorizar
desacreditar
ANTO capacitar
autorizar
acreditar

descalzar *verbo transitivo*
1 socavar
minar

descamación *nombre femenino*
1 exfoliación

descambiar *verbo transitivo*
1 destrocar

descaminar *verbo*
transitivo/pronominal
1 desaviar
desviar
desencaminar
descarriar
irse fuera del camino
salirse del camino
extraviar
despistar
desorientar

descamisado, -da *adjetivo*
• 1 pobre
desarrapado
harapiento

descampado, -da *adjetivo*
1 escampado
raso
despejado

descansado, -da *adjetivo*
1 tranquilo
sosegado
reposado

descansar *verbo intransitivo*
1 reposar
ANTO trabajar
desasosegarse
2 yacer
dormir*

3 quedar en barbecho
Tratándose de un campo.
4 apoyarse
gravitar
estribar
pesar
cargar
5 confiar

descansillo *nombre masculino*
1 meseta
descanso
mesilla
rellano

descanso *nombre masculino*
1 respiro
reposo
ANTO trabajo
movilidad
Respiro es breve descanso o
interrupción del trabajo; *reposo* sugiere mayor quietud o
descanso prolongado.

2 alivio
desahogo
3 descansillo
meseta
mesilla
rellano
4 asiento
apoyo
sostén

descarado, -da *adjetivo/nombre*
1 deslavado
desvergonzado
atrevido
descocado
insolente
deslenguado
fresco
sinvergüenza
impávido
cara dura

descararse *verbo pronominal*
1 atreverse
insolentarse
osar

descarga *nombre femenino*
1 liberación
chispa*

descargador *nombre masculino*
1 sacatrapos
sacabalas

descargar *verbo*
transitivo/pronominal
1 aliviar* (la carga)
aligerar

verbo transitivo
2 asestar
  hacer tiro

descargo *nombre masculino*
1 data
  haber
  En las cuentas.
2 satisfacción
  disculpa
  excusa
  justificación

descaro *nombre masculino*
1 descompostura
  descoco
  desvergüenza
  atrevimiento
  insolencia
  desfachatez
  avilantez
  audacia
  osadía
  ANTO cortesía
       vergüenza

descarriar *verbo transitivo*
1 descaminar
  desviar
  desencaminar
  ANTO encaminar
  verbo transitivo/pronominal
2 pervertirse

descarrío *nombre masculino*
1 aberración
  extravío
  desvío
  engaño
  error
  equivocación
  ofuscación

descartar *verbo transitivo*
1 apartar
  quitar
  suprimir
  desechar
  eliminar
  dejar a un lado

descasar *verbo transitivo*
1 divorciar
2 desaparejar
  desarticular
  descoyuntar
  desajustar

descascarar *verbo transitivo*
1 pelar
  descortezar
  mondar
  descascarillar

descascarillar *verbo transitivo*
1 pelar
  descortezar
  mondar
  descascarar

descendencia *nombre femenino*
1 prole
  sucesión
  hijos
  ANTO ascendencia
       antecesor
       padres
2 casta
  estirpe

descender *verbo intransitivo*
1 bajar
  poner pie en tierra
  ANTO ascender
       subir
2 rebajarse
  degradarse
  caer
3 decrecer
  disminuir
  ANTO ascender
4 derivarse
  seguirse
5 proceder
  originarse

descendiente *nombre común*
1 sucesor*

descenso *nombre masculino*
1 bajada
2 caída
  declinación
  decadencia*
  baja*
  bajón*

desceñir *verbo*
transitivo/pronominal
1 soltar
  desatar
  desligar
  ANTO coger
       ceñir

descerar *verbo transitivo*
1 despuntar

descifrable *adjetivo*
1 inteligible
  comprensible
  claro
  legible
  ANTO difícil
       confuso
       incomprensible
       ininteligible
       indescifrable

descifrar *verbo transitivo*
1 leer
  interpretar
  Descifrar supone *leer*, *inter-pretar*, lo que está escrito en cifra o en caracteres o lengua desconocidos.
2 comprender
  desentrañar
  penetrar
  acertar*
  ANTO ignorar
       desacertar

desclavador *nombre masculino*
1 arrancaclavos

descoagular *verbo transitivo*
1 descuajar

descocado, -da *adjetivo*
1 atrevido
  insolente
  descarado
  desvergonzado
  fresco

descoco *nombre masculino*
1 descaro
  desvergüenza
  desfachatez

descoger *verbo transitivo*
1 desplegar
  desenrollar
  extender

descollante *adjetivo*
1 excelente*
  notable
  superior
  óptimo
  sobresaliente

descollar *verbo intransitivo*
1 sobresalir
  resaltar
  despuntar
  distinguirse
  señorear*
  Sobresalir, *resaltar*, en sentido material o figurado. *Despuntar*, *distinguirse*, sólo tienen uso figurado.

descolorar *verbo*
transitivo/pronominal
1 descolorir
  decolorar (científico)
  desteñir
  despintar
  ANTO pintar
       colorear
       teñir

a
b
c
d
e
f
g
h
i
j
k
l
m
n
ñ
o
p
q
r
s
t
u
v
w
x
y
z

descolorido, -da *adjetivo*
1 bajo
  apagado
  mortecino
  pálido
  desvaído
  disipado
  desteñido
  ANTO chillón
2 macilento
  flaco
  demacrado
  mustio
  decaído
  triste
  ANTO gordo
       fuerte
       vivo

descolorir *verbo transitivo/pronominal*
1 descolorar
  decolorar
  desteñir
  despintar
  ANTO pintar
       colorear
       teñir

descombrar *verbo transitivo*
1 desescombrar
  escombrar

descomedido, -da *adjetivo*
1 excesivo
  desproporcionado
  desmedido
  desmesurado
  exagerado
2 descortés
  desatento
  inconsiderado
  grosero
  ANTO avergonzado

descomedimiento *nombre masculino*
1 descortesía
  desatención
  desconsideración
  grosería*
  desentono
  salida de tono
  descompostura
  inconveniencia
  ANTO comedimiento
2 desaguisado
  entuerto
  agravio*
  atropello

descomedirse *verbo pronominal*
1 desentonar
  descomponerse

  salir de tono
2 desmandarse
  propasarse
  excederse

descomponer *verbo transitivo*
1 desencajar
  desajustar
  desarreglar
  descoyuntar
  deshacer*
  ANTO ordenar
       arreglar
       ajustar
       encajar
2 desbaratar
  desconcertar
  trastornar

Desbaratar y *desconcertar*, equivalen aproximadamente a *trastornar* por su sentido intensivo.

'Se *descompone* de muchos modos: rompiendo, degradando, turbando la acción recíproca de la partes de un todo. Se *desordena* alterando la colocación que deben guardar las partes entre sí. Se *descompone* un mecanismo por la rotura de algún muelle o de alguna rueda. Se *desordena* una librería cuando se separan los tomos de las misma obra, o cuando se mezclan las obras sin la debida clasificación. *Trastornar* es llevar al extremo el desorden. *Desorganizar* es llevar al extremo la *descomposición*' (M).

verbo pronominal
3 pudrirse
  corromperse

Tratándose de una substancia o de un cuerpo animal o vegetal.

4 desazonarse
  enfermar
  indisponerse
  ANTO sanar
5 desconcertarse
  desbaratarse
  desquiciarse
  alterarse

Tratándose del ánimo.

descomposición *nombre femenino*
1 análisis
  distinción
  separación

2 putrefacción
  podredura
  pudrimiento
  corrupción
  pudrición
3 diarrea

descompostura *nombre femenino*
1 descaro
  descoco
  desvergüenza
  atrevimiento
  insolencia
  desfachatez
  ANTO cortesía
       vergüenza
2 desentono
  salida de tono
  descomedimiento
  inconveniencia
  ANTO comedimiento

descompuesto, -ta *adjetivo*
1 putrefacto
  podrido
  corrupto
  pútrido

descomulgar *verbo transitivo*
1 (rústico o vulgar) excomulgar

descomunal *adjetivo*
1 extraordinario
  monstruoso
  enorme*
  gigantesco

desconceptuación *nombre femenino*
1 descrédito
  desdoro
  deslustre
  mancilla
  deshonor
  descalificación

desconceptuado, -da *adjetivo*
1 malmirado
  malquisto
  desacreditado
  ANTO acreditado
       honorable

desconceptuar *verbo transitivo*
1 descalificar
  desacreditar
  deshonorar

desconcertado, -da *adjetivo*
1 desatentado
  desatinado
  inconsiderado
  desbaratado
  ANTO atinado

desconcertar *verbo transitivo*
1 desordernar
  turbar
  alterar
  confundir
  desbaratar
  descomponer*
  ANTO concertar
     ordenar
2 dislocar
  descoyuntar
  ANTO componer

Tratándose de los huesos.

verbo pronominal
3 desavenirse
  desacordarse
  ANTO avenirse
4 salir de quicio
  desquiciarse
  azorarse
  turbarse

Salir de quicio y *desquiciarse*, por el enojo u otra pasión violenta; *azorarse* y *turbarse*, por la duda, el miedo, la timidez, etcétera.

desconcierto *nombre masculino*
1 desarreglo
  desorden
  desajuste
  desorganización
  desbarajuste*
2 destemple
  alteración

desconectar *verbo transitivo*
1 desactivar
  inhibir
  ANTO activar
     conectar

desconfiado, -da *adjetivo*
1 receloso
  escamado (familiar)
  suspicaz
  mal pensado
  escamón (familiar)
  malicioso
  astuto
  taimado
  zorro
  ANTO confiado
     crédulo

El *desconfiado* por costumbre o carácter, *suspicaz*, *mal pensado* y *escamón*.

desconfianza *nombre femenino*
1 inconfidencia
  prevención
  aprensión

  recelo
  escama (familiar)
  malicia
  sospecha
  suspicacia
  cautela*
  ⇒ miedo

Aprensión, cuando la *desconfianza* es infundada o poco fundada. La *suspicacia* es *desconfianza* habitual.

desconfiar *verbo intransitivo*
1 recelar
  sospechar
  maliciar
  escamarse
  estar escamado
  andar con la mosca en la
    oreja
  ANTO confiar
     creer

verbo pronominal
2 acautelarse
  cautelarse
  precaverse
  ANTO confiarse

desconocer *verbo transitivo*
1 ignorar
  ANTO conocer
     recordar
     aprender

desconocido, -da *adjetivo*
1 ignoto (culto)
  ignorado
  incógnito (culto)
  incierto
  anónimo
  ANTO conocido
     cierto

Tratándose del autor de un escrito o libro, *anónimo*.

adjetivo/nombre
2 oscuro
  humilde
  ANTO conocido
     famoso
     célebre

desconsideración *nombre femenino*
1 descomedimiento
  descortesía
  desatención
  grosería
  ANTO atención
     consideración
     cortesía
     comedimiento

desconsiderado, -da *adjetivo/nombre*
1 descortés
  desatento
  descomedido
  malcriado
  grosero
  ANTO cortés
     educado
     comedido
     atento

desconsolado, -da *adjetivo*
1 doliente
  dolorido
  apenado
  afligido
  contristado
  melancólico
  triste
  ANTO alegre
     contento

desconsolar *verbo transitivo/pronominal*
1 atribular
  desolar
  angustiar
  acongojar
  atormentar
  afligir
  apenar

desconsuelo *nombre masculino*
1 aflicción
  pena
  angustia
  pesar
  amargura
  dolor*

descontar *verbo transitivo*
1 rebajar
  deducir
  ANTO sumar
     acreditar

Los tres verbos tienen el significado de restar o quitar algo de una cantidad o precio. Pero *descontar* y *deducir* se aplican principalmente en la banca, en el alto comercio o en la administración pública, en tanto que *rebajar* sugiere un ambiente más popular o de comercio al por menor. En la tasación de un impuesto se *deduce* o *descuenta* una cantidad o tanto por ciento por tal o cual concepto. El vendedor *rebaja* el precio de un artículo por fin de temporada, o porque el parroquiano regatea. Fuera de sus usos comercia-

a
b
c
d
e
f
g
h
i
j
k
l
m
n
ñ
o
p
q
r
s
t
u
v
w
x
y
z

les o aritméticos, sólo son sinónimos *descontar* y *rebajar*,
pero no *deducir*. De un relato
o notícia que nos parecen
exagerados o inseguros *des-
contamos* o *rebajamos* algo,
no *deducimos*.

2 presuponer
dar por descontado

descontentadizo, -za *adjetivo*
1 difícil
chinche
chinchorrero
desabrido
áspero

descontentar *verbo transitivo*
1 desagradar
disgustar
enfadar
enojar
fastidiar
molestar
tener mala sombra
ANTO agradar
gustar

descontento *nombre masculino*
1 disgusto
desagrado
queja
enojo
enfado
irritación

desconveniencia *nombre*
femenino
1 incomodidad
disconveniencia
desacomodo

desconvenir *verbo intransitivo*
1 disconvenir
desavenirse
disentir
desacordarse

descorazonar *verbo transitivo*
1 desanimar
desalentar
desmayar
intimidar
acobardar
cortar las alas
matar las ilusiones
achicar
amilanar
atemorizar
acoquinar
arredrar
ANTO animar
alentar

descorchador *nombre*
masculino
1 sacacorchos
sacatapón
tirabuzón

descortés *adjetivo/nombre*
común
1 desatento
desconsiderado
descomedido
malcriado
grosero
brusco
áspero
desapacible
hosco
impolítico
inurbano
incivil
rústico
ANTO diplomático
cortés
educado
atento
comedido

descortesía *nombre femenino*
1 desatención
descomedimiento
desconsideración
impolítica
grosería*
inconveniencia
falta
incorrección
rudeza
brusquedad
ANTO cortesía
aprecio
corrección
consideración
afabilidad

descortezar *verbo transitivo*
1 escoscar
2 desbastar
desasnar
educar

descoyuntar *verbo*
transitivo/pronominal
1 descomponer
desencajar
desajustar
desarreglar
dislocar
ANTO ordenar
arreglar
componer
encajar
2 descasar
desaparejar
desarticular

desajustar
ANTO ajustar
aparejar
unir
articular
casar

descrecimiento *nombre*
masculino
1 disminución
decrecimiento
mengua
menoscabo
merma
ANTO aumento
incremento

descrédito *nombre masculino*
1 desdoro
deslustre
mancilla
deshonor
desconceptuación
2 insolvencia

descreído, -da *adjetivo*
1 incrédulo
irreligioso
escéptico
ANTO crédulo
devoto
ortodoxo

descreimiento *nombre*
masculino
1 incredulidad
impiedad
ANTO fe
piedad
confianza

descremado, -da *adjetivo*
1 desnatado

descremar *verbo transitivo*
1 desnatar

describir *verbo transitivo*
1 trazar
delinear
dibujar
Por ejemplo, un arco, una elip-
se.
2 reseñar
explicar
especificar
Especificar, si la descripción
es circunstanciada y minuciosa.

descripción *nombre femenino*
1 inventario

descrismar *verbo transitivo*
1 romper la crisma
   romper el bautismo
   descalabrar
   verbo pronominal
2 calentarse la cabeza
   descalabazarse
   dar mil vueltas a la cabeza
   calentarse la cabeza
   calentarse los cascos

descuajar *verbo transitivo*
1 descoagular
   liquidar

descuartizar *verbo transitivo*
1 cuartear
   despedazar
   destrozar
   hacer cuartos
   hacer pedazos
   desmembrar

descubierta *nombre femenino*
1 reconocimiento

descubiertamente *adverbio*
1 claramente
   patentemente
   sin rebozo
   sin rodeos
   abiertamente

descubierto *nombre masculino*
1 déficit
   douda
  en descubierto *locución adjetiva*
   moroso
  estar al descubierto *locución*
   deber
   estar obligado
   tener obligación
   tener en cargo
   ANTO tener derecho

descubridor, -ra *nombre*
1 batidor
   explorador

descubrimiento *nombre masculino*
1 hallazgo
   invención
   encuentro

descubrir *verbo transitivo*
1 destapar
   ANTO tapar
2 hallar
   encontrar
   inventar
   ANTO ignorar

'*Descubrir* es hallar o encontrar lo que está oculto. *Inventar* es imaginar los medios de conseguir un fin. La acción de *descubrir* puede ser efecto del cuidado o de la casualidad; la de *inventar* lo es siempre del designio, del estudio, del cuidado (...). Se *descubre* una mina, no se *inventa*; se *inventa* una máquina, no se *descubre*' (LH).

3 revelar
   manifestar
   denunciar
   ANTO ignorar

descuento *nombre masculino*
1 rebaja
   deducción
   reducción
   ⇒ descontar

descuidado, -da *adjetivo*
1 dejado
   negligente
   desidioso
   abandonado
2 desaliñado
   desaseado
   adán
3 desapercibido
   desprevenido

descuidar *verbo transitivo*
1 omitir
   abandonar*
   desatender
   olvidar
   dejar
   echarse a dormir
   írsele la mula
   ANTO atender
   recordar
   velar

descuido *nombre masculino*
1 inadvertencia*
   omisión
   olvido
   negligencia
   ligereza
   imprevisión
   ANTO reflexión
   prudencia
   cuidado

Inadvertencia, omisión y *olvido* se refieren a un solo acto. Cuando el *descuido* es un hábito o una disposición de ánimo se emplean todos los demás.

2 desliz
   falta

tropiezo
gazapo*
errata
error
lapsus
yerro
3 abandono
   dejadez
   desidia
   desatención
   ANTO cuidado
4 acidia
   flojedad
   tardanza
   pereza
   apatía
   desgobierno
   incuria
   ANTO diligencia
   gana

descular *verbo transitivo*
1 desfondar

desdecir *verbo intransitivo*
1 venir a menos
   descaecer
2 despegarse
   despintarse
   no pegar
   desentonar
   deslucir
   verbo pronominal
3 retractarse
   volverse atrás

desdén *nombre masculino*
1 indiferencia
   despego
   menosprecio
   desprecio
   desaire
   desatención
   desestimación
   disfavor
   esquivez
   ANTO aprecio
2 arrogancia
   altanería
   altivez
   soberbia
   engreimiento
   orgullo
   grosería
   descortesía
   ANTO humildad
   sencillez

desdentado, -da *adjetivo*
1 edentado

desdeñable *adjetivo*
1 insignificante
   baladí

a

mezquino
miserable
despreciable
de chicha y nabo
de mala muerte
ANTO útil

b

c

desdeñado, -da *adjetivo*
1 desairado
desatendido
chasqueado
burlado

d

e

desdeñar *verbo transitivo*
1 desestimar
desairar
menospreciar
despreciar*
desechar
ANTO atender
apreciar

f

g

h

Desdeñar supone en todos los casos una actitud altiva.

i

j

desdeñoso, -sa *adjetivo*
1 despectivo
despreciativo
esquivo
despegado
áspero
desagradable

k

l

m

desdicha *nombre femenino*
1 infelicidad
infortunio
desventura
mala suerte
adversidad*
desgracia*

n

ñ

o

desdichado, -da *adjetivo*
1 aciago
desafortunado
infeliz
desgraciado*
infausto
malaventurado
desventurado
ANTO afortunado
feliz

p

q

r

s

t

desdoblar *verbo transitivo*
1 extender
desplegar

u

v

desdoro *nombre masculino*
1 deslustre
mancilla
mancha
descrédito
demérito
desmerecimiento*
imperfección
deshonra

w

x

y

z

estigma
afrenta
infamia
ANTO honra
mérito
corrección
perfección

deseable *adjetivo*
1 desiderable
apetecible
codiciable

deseado, -da *adjetivo*
1 suspirado
anhelado
apetecido
ansiado

desear *verbo transitivo*
1 aspirar a
querer
codiciar
ambicionar
suspirar por
ansiar
anhelar
apetecer
codiciar
ambicionar*
ANTO renunciar
desentenderse

El sentimiento de *deseo* puede unirse a otros matices psíquicos. Por ejemplo los verbos *aspirar a*, *querer*, *codiciar*, *ambicionar*, sugieren voluntad activa del sujeto, en mayor o menor grado, para procurarse lo deseado. Los verbos *suspirar por*, *ansiar*, *anhelar* (intensivos de *desear*) no suponen necesariamente actividad por parte del sujeto. Otras significaciones especiales dependen de la cosa deseada; por ejemplo: se *apetece* un buen vino, se *codicia* la riqueza, se *ambiciona* un cargo.

'Se *desea* lo que gusta; se *apetece* lo que se necesita. Hay más sensualidad en el acto de *apetecer* que en el de *desear*. La ciencia, el poder, la fama son objetos legítimos del *deseo*. Se *apetece* el descanso, el manjar, la bebida, el refresco en los días calurosos. *Apetecer* viene de *apetito*, sentimiento que los hombres tienen de común con los animales' (M). 'Se *desea* lo que satisface a la voluntad; se

apetece lo que satisface a los sentidos. Como las más veces se dirige por ellos la voluntad, se *desea* ordinariamente lo que se *apetece*. Se *desea* un ascenso o una gracia; se *apetece* un manjar, un deleite. Un enfermo *desea*, y no *apetece*, un remedio. Los irracionales *desean*, no *apetecen'* (LH).

desecador, -ra *adjetivo*
1 deshidratador

desecar *verbo transitivo/pronominal*
1 secar*
resecar (intensivo)
agostar
marchitar
enjugar
ANTO florecer
mojar

desechar *verbo transitivo*
1 excluir
separar
apartar
2 rechazar
expeler
arrojar
tirar
3 desestimar
reprobar
menospreciar
despreciar*
desairar
desdeñar
deprimir
denigrar
vilipendiar
ANTO atender
desear
considerar
aprobar
apreciar

desecho *nombre masculino*
1 residuo
desperdicio
sobras
restos
despojo
broza
detrito

desembarazado, -da *adjetivo*
1 desocupado
despejado
libre
expedito
espacioso
suelto
2 suelto

ágil
hábil
diestro
ANTO torpe
    pesado
3 gallardo
apuesto
airoso
galán
gentil

desembarazar *verbo transitivo*
1 desocupar
vaciar
evacuar
ANTO ocupar
    llenar
    obstruir
verbo pronominal
2 barrer
hacer desaparecer
apartar

desembarazo *nombre masculino*
1 desenfado
despejo
soltura
desenvoltura
desempacho
desparpajo
expedición
prontitud
ANTO inhabilidad
    encogimiento
    enfado

El *desembarazo*, el *despejo* y la *soltura* en decir u obrar proceden del talento, de la gracia y de la costumbre, y los tres vocablos son estimativos o elogiosos. *Desenfado*, *desenvoltura*, *desempacho* y *desparpajo* contienen un matiz desestimativo más o menos marcado. El *desenfado* y la *desnvoltura* sugieren cierto impudor; el *desempacho*, falta de atención a los obstáculos u objeciones; el *desparpajo* supone cierto desprecio de los miramientos sociales.

2 desahogo
libertad
holgura
3 gentileza
gracia
galanura
garbo
bizarría

desembarcar *verbo intransitivo/pronominal*
1 hacer tierra
arribar a puerto

desembarrancar *verbo intransitivo/transitivo*
1 desencallar
ANTO encallar
    embarrancar
    virar

desembocar *verbo intransitivo*
1 salir
ir a parar
2 desaguar
verter

desembolsar *verbo transitivo*
1 gastar
expender
rascarse el bolsillo
soltar la mosca
echar la casa por la ventana
soltar la guita
ANTO ahorrar
    embolsar

desembolso *nombre masculino*
1 pago
entrega
2 gasto
dispendio
coste

desembravecer *verbo transitivo*
1 amansar*
domar
domesticar
amaestrar

desembrollar *verbo transitivo*
1 desenredar
desenmarañar
aclarar
despejar
ANTO enredar
    mezclar
    liar

desembuchar *verbo transitivo*
1 desbuchar
2 (familiar) declarar
cantar
confesar
descubrir

desemejante *adjetivo*
1 diferente
dispar
disímil
distinto*

desemejanza *nombre femenino*
1 diferencia*
disimilitud
disparidad
discrepancia

desemejar *verbo intransitivo*
1 diferir
distinguirse
diferenciarse
discrepar
ANTO semejar

desempacarse *verbo pronominal*
1 desenojarse
desatufarse
desencapotarse
aplacarse
ANTO enojarse
    empacarse
    enfadarse

desempacho *nombre masculino*
1 desembarazo*
desenfado
despejo
soltura
desenvoltura
desparpajo
ANTO inhabilidad
    encogimiento

desempeñado, -da *adjetivo*
1 desahogado
desentrampado

desempeñar *verbo transitivo*
1 evacuar
cumplir

desempleado, -da *adjetivo/nombre*
1 desocupado
parado
desacomodado
cesante
ANTO ocupado
    empleado

desempleo *nombre masculino*
1 paro
desocupación

desenalbardar *verbo transitivo*
1 desalbardar

desencadenarse *verbo transitivo*
1 desatarse
desenfrenarse

desencajar *verbo transitivo*
1 desquiciar
desajustar
verbo pronominal
2 demudarse
descomponerse
robarse el rostro

a b c d e f g h i j k l m n ñ o p q r s t u v w x y z

verbo transitivo/pronominal
3 dislocar
 luxar
 descoyuntar

desencallar *verbo*
intransitivo/transitivo
1 desembarrancar
 ANTO encallar
 embarrancar
 virar

desencaminar *verbo transitivo*
1 descaminar
 desaviar
 desviar
 descarriar
 irse fuera del camino
 salirse del camino

desencantar *verbo*
transitivo/pronominal
1 desengañar
 decepcionar
 desilusionar
 ANTO ilusionar

desencanto *nombre masculino*
1 desilución
 desengaño
 chasco
 decepción

desencapotarse *verbo*
pronominal
1 serenarse
 aclararse
 despejarse
 escampar
 abonanzar
 ANTO aborrascar
 oscurecer
2 desenojarse
 desatufarse
 desempacarse
 aplacarse
 ANTO enfadarse
 enojarse

desencarcelamiento *nombre*
masculino
1 liberación
 rescate
 ANTO encarcelamiento

desencarcelar *verbo transitivo*
1 excarcelar
 libertar
 liberar
 rescatar
 ANTO encarcelar
 someter

desenclavar *verbo transitivo*
1 desclavar

desencolerizar *verbo*
transitivo/pronominal
1 ablandar
 desenfadar
 desenojar
 enternecer
 conmover
 ANTO enfadar

desenfadado, -da *adjetivo*
1 fresco
 desvergonzado
 frescales
 desahogado
 ANTO vergonzoso
2 jacarandoso
 donairoso
 gracioso
 alegre
 desenvuelto
 airoso
 garboso

desenfado *nombre masculino*
1 desempacho
 desenvoltura
 desahogo
 despejo
 desembarazo
 ANTO torpeza
2 descanso
 recreo
 diversión
 esparcimiento
3 gallardía
 gentileza
 galanura
 buen aire
 ANTO desaire
 desgarbo

desenfrenado, -da *adjetivo*
1 borrascoso
 desordenado

desenfrenar *verbo transitivo*
1 desfrenar
 ANTO frenar
2 desmandarse
 enviciarse
 ANTO enmendarse
3 desencadenarse
 desatarse

 Hablando de las fuerzas naturales o de las pasiones.

desenfreno *nombre masculino*
1 depravación*
 envilecimiento
 perversión
 corrupción
2 desbordamiento

desengañar *verbo*
transitivo/pronominal
1 decepcionar
 desilusionar
 desencantar
 desahuciar
 desesperanzar
 ANTO engañar
 ilusionar
 consolar

desengaño *nombre masculino*
1 decepción
 desilusión
 desencanto
2 escarmiento
 advertencia
 aviso

desengrasar *verbo transitivo*
1 desgrasar

desengrosar *verbo*
intransitivo/transitivo
1 enflaquecer
 adelgazar
 enmagrecer
 ANTO engordar

desenlace *nombre masculino*
1 desenredo
 solución
 resolución

desenlazar *verbo transitivo*
1 deslazar
 desatar
2 resolver
 solucionar

desenmarañar *verbo*
transitivo/pronominal
1 desenredar
 desembrollar
 aclarar
 ANTO enredar
 embrollar

desenmascarar *verbo transitivo*
1 descubrir
 destapar
 desvelar
 ANTO encubrir
 ocultar

desenojar *verbo*
transitivo/pronominal
1 desatufar
 desempacar
 desencapotar
 aplacar

 Desatufar, desempacar y *de-*
 sencapotar tienen un sentido
 más o menos irónico.

2 desenfadarse
  esparcirse

desenredar *verbo transitivo*
1 desenmarañar
  desembrollar
  verbo pronominal
2 desenvolverse
  arreglarse
  componérselas
  salir del paso

desenredo *nombre masculino*
1 desenlace
  solución
  resolución
  ANTO enredo

desenrollar *verbo transitivo*
1 desarrollar
  descoger
  desenvolverse
  desplegar
  ANTO replegar

desenroscar *verbo transitivo*
1 destornillar
  desatornillar
  ANTO atornillar
  enroscar

desentenderse *verbo*
  pronominal
1 prescindir
  omitir
  zafarse
  ignorar
2 hacerse el desentendido
  pasar por alto
  desatender
  desasistir
  descuidar
  inhibirse
  abstenerse
  abandonar*
  ANTO interesarse
  atender
  celar
  controlar
  amparar

desenterrar *verbo transitivo*
1 exhumar

desentierro *nombre masculino*
1 exhumación
  ANTO inhumación
  entierro

desentonado, -da *adjetivo*
1 desacorde
  destemplado
  desafinado

desentonar *verbo intransitivo*
1 desafinar

2 desdecir
  despegarse
  no pegar
  verbo pronominal
3 descomedirse
  descomponerse
  salir de tono

desentono *nombre masculino*
1 destemple
  disonancia
  desafinación
2 salida de tono
  descompostura
  descomedimiento
  inconveniencia
  ANTO entonación
  comedimiento

desentrampado, -da *adjetivo*
1 desahogado
  desempeñado

desentrañar *verbo transitivo*
1 descifrar
  comprender
  penetrar
  acertar
  ANTO ignorar
  desacertar

desentronizar *verbo transitivo*
1 destronar

desentumecer *verbo transitivo*
1 desadormecer
  desentumir

desentumir *verbo transitivo*
1 desentumecer
  desadormecer

desenvoltura *nombre femenino*
1 desembarazo*
  desenfado
  despejo
  soltura
2 desvergüenza
  desfachatez
  descoco
  impudor

desenvolver *verbo*
  transitivo/pronominal
1 extender
  desplegar
  desdoblar
  tender
  ANTO encoger
  recoger
  doblar
  verbo pronominal
2 desarrollarse
  descogerse

desenrollarse
  desplegar
3 desenredar
  arreglarse
  componérselas
  salir del paso

desenvolvimiento *nombre*
  masculino
1 desarrollo
  crecimiento
  incremento
  aumento
  adelanto
  progreso
2 marcha
  curso

desenvuelto, -ta *adjetivo*
1 despejado
  espabilado
  inteligente
  listo
2 jacarandoso
  donairoso
  gracioso
  alegre
  airoso
  garboso
  desenfadado
3 desahogado
  descarado
  descocado
  fresco
  desvergonzado

deseo *nombre masculino*
1 apetito
  codicia
  afán
  ambición
  ansia*
  ANTO desinterés
  resignación
  inapetencia
  ⇒ desear
2 ideal
  ilusión
  ambición
  sueño
  aspiración
  anhelo
  apetencia*
  ANTO desaliento
3 voluntad
  intención
  ánimo
  ANTO desánimo
  desgana
  abulia
4 antojo
  capricho
  gusto

a
b
c
d
e
f
g
h
i
j
k
l
m
n
ñ
o
p
q
r
s
t
u
v
w
x
y
z

deseoso

fantasía
humorada

deseoso, -sa *adjetivo*
1 hambriento
ansioso
codicioso

desequilibrado, -da *adjetivo*
1 maniático
chiflado
guillado
tocado
ido
mochales (vulgar)
loco

deserción *nombre femenino*
1 defección
huida
abandono

desertar *verbo intransitivo*
1 abandonar
desbandarse

Desbandarse, cuando son muchos los que *desertan.*

desertor, -ra *adjetivo/nombre*
1 prófugo
tránsfuga

desescombrar *verbo transitivo*
1 descombrar
escombrar

desesperación *nombre femenino*
1 desesperanza
desespero
exasperación
despecho

La *exasperación* es más extrema y vehemente que la *desesperación.*

'La *desesperación* nace de la pesadumbre, del dolor, del amargo sentimiento que ocasionan la injusticia, la persecución y la mala fortuna. El *despecho* proviene de la ira, del deseo de venganza, de un odio profundo y encarnizado. El *despecho* es más hostil que la *desesperación,* y no puede ocultarse como ésta bajo una calma engañadora' (M).

desesperanza *nombre femenino*
1 desesperación
desespero
exasperación
despecho
desilusión

desesperanzar *verbo transitivo*
1 desahuciar
desengañar
ANTO consolar

verbo intransitivo/pronominal
2 desesperar
perder los estribos
pintar con negros colores
verlo todo negro
ANTO esperar
consolarse
confiar

desesperar *verbo intransitivo/pronominal*
1 desesperanzar
perder los estribos
pintar con negros colores
verlo todo negro
ANTO esperar
consolarse
confiarse

verbo transitivo
2 impacientar
irritar
enojar
exasperar

desespero *nombre masculino*
1 desesperación*
desesperanza
exasperación
despecho
ANTO esperanza
consuelo

desestimable *adjetivo*
1 irrisorio
insignificante
minúsculo

desestimación *nombre femenino*
1 desafecto
antipatía
desafección
malquerencia
aversión
animosidad
desaire
desatención
desdén
disfavor
desprecio
descortesía
ANTO estimación
afecto
simpatía
2 denegación
negativa
negación

desestimar *verbo transitivo*

1 desdeñar
despreciar
menospreciar
mirar de lado
no hacer caso de
subestimar
desairar
desatender
pasar por alto
hacer caso omiso de
desoír
ANTO estimar
apreciar
atender

El verbo *subestimar,* hoy en uso, significa estimar en menos de lo justo, verdadero o exacto.

2 denegar
desechar
rechazar
ANTO aceptar
aprobar

Por ejemplo se *desestima,* un recurso, una solicitud.

desexualización *nombre femenino*
1 castración
emasculación
desvirilización
capadura

desexualizar *verbo transitivo*
1 capar
castrar
emascular
desvirilizar

desfachatado, -da *adjetivo/nombre*
1 sinvergüenza
desvergonzado
poca vergüenza
inverecundo
cara dura
bribón
pícaro
descarado
ANTO vergonzoso

desfachatez *nombre femenino*
1 descaro
tupé
desvergüenza
descoco
cara dura
frescura

desfallecer *verbo intransitivo*
1 decaer
debilitarse
flaquear

desmayarse
flojear
desanimarse
desalentarse
abatirse*

desfallecido, -da *adjetivo*
1 caído
 decaído
 abatido
 postrado
 amilanado
 rendido
 ANTO levantado
  firme
  esforzado
  animoso
2 débil*
 endeble
 flojo
 raquítico
 decaído
 debilitado
 enclenque
 ANTO fuerte
  enérgico
  robusto

desfallecimiento *nombre masculino*
1 debilidad
 decaimiento
 abatimiento*
 desaliento
 desmayo
 desánimo
 deliquio*

desfavorable *adjetivo*
1 contrario
 adverso
 perjudicial

desfavorecer *verbo transitivo*
1 (eufemismo) afear
 deformar
 ANTO favorecer
  embellecer

desfigurado, -da *adjetivo*
1 deforme*
 disforme
 informe
 desproporcionado
 ANTO armónico
  proporcionado

desfigurar *verbo transitivo*
1 deformar*
2 disfrazar
 enmascarar
 encubrir
 disimular
 falsear

fingir
verbo pronominal
3 inmutarse
 demudarse

desfiladero *nombre masculino*
1 garganta
 hoz

desfile *nombre masculino*
1 parada

 Cuando se trata de un desfile militar grande y solemne, *parada*.

desfloración *nombre femenino*
1 desvirgación
 desfloramiento

desfloramiento *nombre masculino*
1 desvirgación
 desfloración

desflorar *verbo transitivo*
1 desvirgar

desfogar *verbo transitivo*
1 desahogar

 'La acción expresada por *desfogar* es más violenta que la significada por *desahogar*. *Desfogar* la cólera es estallar en injurias, recriminaciones y malas palabras. El que se queja, el que confía un secreto que le pesa, se *desahoga*. Un rato de diversión es un *desahogo* para el hombre ocupado. *Desfogar* una pasión es entregarse a todos los excesos que ella dicta o provoca' (M).

desfollonar *verbo transitivo*
1 deslechugar

desfondar *verbo transitivo/pronominal*
1 descular

desfortalecer *verbo transitivo*
1 desmantelar

desfrenar *verbo transitivo/pronominal*
1 desenfrenar
 ANTO limitar

desgalgar *verbo transitivo*
1 despeñar
 precipitar
 derrocar

desgalichado, -da *adjetivo*
1 (familiar) desairado
 desgarbado
 desaliñado
 ANTO aliñado

desgalillarse *verbo pronominal*
1 desgañitarse
 desgargantarse
 desgaznatarse
 vocear
 vociferar
 chillar
 gritar
 enronquecer

desgana *nombre femenino*
1 inapetencia
 anorexia
 ANTO gana
2 hastío
 tedio
 ANTO gusto

desgañitarse *verbo pronominal*
1 desgargantarse
 desgaznatarse
 gritar
 chillar*
 vociferar
 vocear
 enronquecer

desgarbado, -da *adjetivo*
1 desairado
 desgalichado

desgarbo *nombre masculino*
1 desgracia
 sosería
 insulsez
 asadura

desgargantarse *verbo pronominal*
1 desgañitarse
 desgaznatarse
 vocear
 vociferar
 gritar
 chillar
 enronquecer

desgarrar *verbo transitivo/pronominal*
1 rasgar
 romper
2 despedazar

 '*Desgarrar* es dividir con violencia; *despedazar* es hacer pedazos. El toro *desgarra*; el tigre *despedaza*' (M).

desgarro *nombre masculino*
1 rotura

rompimiento
siete
2 desvergüenza
descaro
desfachatez
descoco
3 fanfarronada
bravata

desgarrón *nombre masculino*
1 rasgado
rasgón
siete
rotura
2 jirón

desgastar *verbo*
transitivo/pronominal
1 gastar
consumir
deteriorar
estropear
roer*
ANTO aumentar

desgaste *nombre masculino*
1 erosión
roce
corrosión
2 acabamiento
ruina
agotamiento

desgaznatarse *verbo*
pronominal
1 desgañitarse
desgargantarse
vocear
vociferar
chillar
gritar
enronquecer

desgobernado, -da *adjetivo*
1 desmandado
desbandado

desgobierno *nombre masculino*
1 desorden
desconcierto
desarreglo
desbarajuste*
2 abandono
dejadez
desidia
descuido
desatención
negligencia
incuria
ANTO cuidado

desgracia *nombre femenino*
1 percance
accidente
contratiempo

desastre
azote
calamidad
plaga
castigo
flagelo
ANTO victoria

Cuando se refiere a un caso o
acontecimiento desgraciado.

2 desventura
desdicha
infortunio
infelicidad
malaventura
adversidad*
mala sombra
mala pata
ANTO felicidad
tranquilidad

Si el mal constituye un motivo
permanente de aflicción, se
utilizan *desventura, desdicha,
infortunio, infelicidad, malaventura* y *adversidad. Mala
sombra* y *mala pata* hacen referencia a la suerte adversa.

3 sosería
desgarbo
insulsez
asadura

desgraciado, -da
adjetivo/nombre
1 desventurado
malaventurado
desdichado
infeliz
infortunado
infausto
aciago
funesto
ANTO afortunado
agraciado
feliz

Infausto no suele aplicarse a
personas, sino principalmente
a tiempos o sucesos, lo mismo que *aciago*: un día, un
acontecimiento, *infausto* o *aciago. Desafortunado* sugiere más
bien un matiz atenuado con
respecto a los demás sinónimos.

desgraciar *verbo*
transitivo/pronominal
1 malograr
echar a perder
frustrar
estropear
estar de malas
haber pisado mala hierba

tener mala pata
ANTO contentar
favorecer
triunfar

desgrasar *verbo transitivo*
1 desengrasar

desgreñar *verbo transitivo*
1 despeinar*
desmelenar
despelotar
despeluznar
despeluzar
verbo transitivo/pronominal
2 enmarañar
enredar
encrespar
ANTO desenredar

desguarnecido, -da *adjetivo*
1 indefenso
inerme
desarmado

desguince *nombre masculino*
1 esguince
cuarteo
regate

deshabitado, -da *adjetivo*
1 inhabitado*
abandonado
despoblado
desierto
yermo
solitario

Inhabitado, abandonado y
deshabitado pueden referirse
a un lugar o país, o bien a una
casa que tuvo habitantes y ya
no los tiene. En el primer caso,
la serie sinonímica ofrece los
siguientes grados: *despoblado, desierto* y *yermo.*

deshabituar *verbo transitivo*
1 desacostumbrar
desavezar
ANTO habituar
acostumbrar

deshacer *verbo transitivo*
1 desarmar
desmontar
destruir
descomponer
desconcertar
romper
destrozar
estropear
desbaratar*
anular*
ANTO hacer

componer
organizar

Desarmar y *desmontar* suponen orden, plan y concierto. Cuando se *deshace* algo sin orden o designio alguno, se utilizan todos los demás.

2 derretir
licuar
liquidar
desleír
disolver

Derretir, licuar y *liquidar* se refieren a un cuerpo sólido; *desleír* y *disolver* a un cuerpo líquido.

verbo pronominal
3 enflaquecerse
extenuarse

deshaldo *nombre masculino*
1 marceo

desharrapado, -da *adjetivo*
1 desarrapado
roto
andrajoso
harapiento

desherbar *verbo transitivo*
1 desyerbar
escardar
arrancar

deshidratador, -ra *adjetivo*
1 desecador

deshollinador, -ra
adjetivo/nombre
1 limpiachimeneas
fumista

deshonestidad *nombre femenino*
1 impudicia
impudicicia
impudor
inhonestidad
torpeza
incontinencia
liviandad
lascivia
lujuria
desenfreno
indecencia
obscenidad
impureza
ANTO honestidad
pureza
decencia
2 desvergüenza
descoco
indecoro

deshonesto, -ta *adjetivo*
1 impúdico
libidinoso
libertino
indecoroso
obsceno*
ANTO honesto
decente
decoroso

deshonor *nombre masculino*
1 deshonra

deshonra *nombre femenino*
1 deshonor
afrenta
ignominia
oprobio
ultraje
estigma
desdoro
ANTO honra
crédito
reputación

Oprobio, ultraje, estigma y *desdoro* cuando la *deshonra* es pública.

deshonrabuenos *nombre común*
1 (familiar) calumniador
impostor
difamador
infamador

deshonrado, -da
adjetivo/nombre
1 infame
desacreditado

deshonrar *verbo transitivo*
1 afrentar
agraviar
ofender
injuriar
vilipendiar
ultrajar
infamar
rebajar
amenguar
ANTO alabar
honrar
2 manchar
macular
mancillar
desdorar
deslustrar
profanar
deslucir
prostituir
ANTO purificar
respetar

deshonroso, -sa *adjetivo*
1 torpe
infame
vil

desiderable *adjetivo*
1 deseable
apetecible
codiciable

Desiderable es latinismo pedante, de uso muy restringido. Las voces corrientes son *deseable, apetecible* y *codiciable.*

desidia *nombre femenino*
1 negligencia
incuria
descuido
dejadez
pereza
holgazanería
ANTO cuidado
aseo

desidioso, -sa *adjetivo*
1 abandonado
dejado
descuidado
negligente
desamparado
ANTO diligente
amparado

desierto[1] *nombre masculino*
1 yermo

desierto, -ta[2] *adjetivo*
1 despoblado
deshabitado*
inhabitado
solitario

designación *nombre femenino*
1 nombre
denominación

designar *verbo transitivo*
1 nombrar
denominar
2 significar
denotar
3 señalar
indicar
destinar
dedicar

designio *nombre masculino*
1 pensamiento
plan
proyecto
ánimo*

'*Designio* es la determinación de obrar de cierto modo y con

a
b
c
d
e
f
g
h
i
j
k
l
m
n
ñ
o
p
q
r
s
t
u
v
w
x
y
z

cierto objeto. *Proyecto* tiene un objeto más vasto y complicado que *designio*. *Plan* es el conjunto de los medios de ejecución del *proyecto*. Resolverse a especular es un *designio*; concebir la idea de una especulación mercantil determinada es formar un *proyecto*; el *plan* fija el capital y las otras condiciones que han de llevar a cabo la empresa' (M).

2 intención
intento
propósito
mira
fin*

desigual *adjetivo*
1 diferente
distinto*
2 quebrado
áspero
barrancoso
accidentado
3 arduo
dificultoso
4 inconstante
vario
variable
mudable
caprichoso
voluble

desigualdad *nombre femenino*
1 diferencia

desilusión *nombre femenino*
1 desesperanza
2 decepción
desengaño
desencanto
chasco

desilusionar *verbo transitivo/pronominal*
1 desengañar
decepcionar
desencantar
ANTO engañar
ilusionar

desimanación *nombre femenino*
1 desimantación
desmagnetización

desimanar *verbo transitivo*
1 desimantar
desmagnetizar

desimantación *nombre femenino*
1 desmagnetización
desimanación

desimantar *verbo transitivo*
1 desimanar
desmagnetizar

desinencia *nombre femenino*
1 terminación flexional

desinfección *nombre femenino*
1 esterilización
asepsia
antisepsia

desinfectante *adjetivo/nombre masculino*
1 antiséptico

desintegrar *verbo transitivo*
1 disgregar
desagregar
disociar
desmembrar
separar
escindir
dividir

desinterés *nombre masculino*
1 desasimiento
despego
abnegación*
largueza
liberalidad
generosidad
desprendimiento*

Desasimiento, despego, se aplican principalmente en sentido moral o religioso. *Abnegación* es un desinterés extremado o heroico. *Largueza* y *liberalidad*, tratándose de bienes materiales. *Generosidad* y *desprendimiento** comprenden lo material y lo moral.

desinteresado, -da *adjetivo*
1 desprendido
generoso
liberal

desistimiento *nombre masculino*
1 abandono
cesión
dejación
renuncia
ANTO diligencia

desistir *verbo intransitivo*
1 renunciar
cesar
cejar
echarse atrás
dejar el campo
darse por vencido
amollar
ceder
aflojar

rajarse (familiar)
desdecirse
ANTO insistir
2 abdicar
separarse
abandonar

deslavado, -da *adjetivo*
1 descarado
desvergonzado
atrevido
descocado
insolente
deslenguado

deslavar *verbo transitivo/pronominal*
1 desustanciar
deslavazar

deslavazar *verbo transitivo/pronominal*
1 desustanciar
deslavar

deslazar *verbo transitivo*
1 desenlazar
desatar

desleal *adjetivo/nombre*
1 infiel
pérfido
felón
traidor
traicionero
aleve*
alevoso
judas
delator

deslealtad *nombre femenino*
1 alevosía
traición
perfidia
prodición
felonía
perrería
vileza
trastada
mala pasada
2 falsía
falsedad
infidelidad
doblez
ANTO lealtad

deslechugar *verbo transitivo*
1 desfollonar

desleír *verbo transitivo/pronominal*
1 disolver
diluir

deslenguado, -da
adjetivo/nombre
1 lenguaraz
 malhablado
 desbocado
 desvergonzado
 maldiciente
 mala lengua
 descarado
 deslavado
 atrevido
 descocado
 insolente

El *maldiciente* y el *mala lengua*, lo son en ausencia de la persona de quien murmuran.

desligar *verbo transitivo/pronominal*
1 desatar
 desanudar
 ANTO ligar
 atar
2 absolver
 dispensar
 dejar en franquía
 ANTO obligar
3 picar

deslindar *verbo transitivo*
1 demarcar
 delimitar*
2 aclarar
 distinguir
 determinar

desliñar *verbo transitivo*
1 emmondar

desliz *nombre masculino*
1 resbalón
2 ligereza
 descuido
 falta
 error
 lapsus
 culpa

deslizable *adjetivo*
1 lábil
 resbaladizo

deslizante *adjetivo*
1 corredero

deslizarse *verbo pronominal*
1 resbalar
 escurrirse
 irse los pies
2 escabullirse
 escaparse

deslucido, -da *adjetivo*
1 usado
 gastado
 ajado

viejo
deteriorado
estropeado

deslucir *verbo transitivo*
1 ajar
 maltratar
 marchitar
 sobar
2 deslustrar
 desacreditar
 empeñar*

deslumbramiento *nombre masculino*
1 ofuscamiento
 encandilamiento
 ofuscación
 fascinación
 seducción

deslumbrar *verbo transitivo*
1 traslumbrar
 encandilar
 ofuscar
 cegar
2 alucinar
 cautivar
 atraer
 ilusionar
 seducir
 cegar
 engañar

deslustrar *verbo transitivo*
1 empañar
2 desacreditar
 deslucir

verbo intransitivo
3 decatir

deslustre *nombre masculino*
1 descrédito
 desdoro
 mancilla
 deshonor
 desconceptuación

desmadejado, -da *adjetivo*
1 desmazalado
 flojo
 decaído

desmagnetización *nombre femenino*
1 desimantación
 desimanación

desmagnetizar *verbo transitivo*
1 desimantar
 desimanar
 ANTO imantar

desmamar *verbo transitivo*
1 destetar

desmán[1] *nombre masculino*
1 exceso
 desorden
 demasía
 tropelía
 atropello

desmán[2] *nombre masculino*
1 ratón almizclero

desmanarse *verbo pronominal*
1 desmandarse
 desbandarse
 ANTO ordenar

desmandado, -da *adjetivo*
1 desobediente
 indócil
2 desbandado
 desgobernado

desmandarse *verbo pronominal*
1 desobedecer
 rebelarse
 ANTO someterse
2 descomedirse
 propasarse
 excederse
3 desmanarse
 desbandarse
 ANTO ordenarse

Desmanarse se dice del ganado que se aparta de la manada. *Desbandarse* y *desmandarse* se aplican a hombres o animales que se separan de un grupo, bando o bandada. La diferencia consiste en que *desbandarse* sugiere la disolución del grupo o bando, mientras que *desmandarse* puede hacerlo un solo individuo o pocos.

desmanotado, -da
adjetivo/nombre
1 desmañado
 inhábil
 chapucero
 torpe

desmantelar *verbo transitivo*
1 desarbolar

desmañado, -da
adjetivo/nombre
1 inhábil
 desmanotado
 chapucero
 torpe

desmarcaje *nombre masculino*
1 desmarque

a b c d e f g h i j k l m n ñ o p q r s t u v w x y z

desmarque *nombre masculino*
1 desmarcaje

desmaterialización *nombre femenino*
1 aniquilación

desmayado, -da *adjetivo*
1 exánime
debilitado
exangüe
ANTO fuerte
palpitante

desmayar *verbo intransitivo*
1 acobardarse
desalentarse
desanimarse
desfallecer
amilanarse
caérsele las alas
ANTO animarse
alentar
2 desvanecerse
perder el sentido
ANTO reanimarse

desmayo *nombre masculino*
1 desaliento
desánimo
2 síncope
desvanecimiento
soponcio
desfallecimiento
lipotimia
3 sauce llorón
sauce de Babilonia
4 lipotimia
deliquio
desfallecimiento

desmazalado, -da *adjetivo*
1 desmadejado
flojo
decaído
desproporcionado
excesivo
enorme
desmesurado

desmedido, -da *adjetivo*
1 desaforado
desmesurado
enorme
descomunal
excesivo
vehemente
ANTO comedido

desmedrado, -da *adjetivo*
1 ruin
pequeño
enclenque
ANTO fuerte
robusto

desmedrar *verbo intransitivo/pronominal*
1 decaer
debilitarse
enflaquecer
encanijarse
flojear
ANTO fortalecerse
mejorar
aumentar

desmedro *nombre masculino*
1 ruindad
pequeñez
insignificancia

desmejorar *verbo intransitivo*
1 demacrarse
enflaquecer
desmedrarse
ANTO mejorar
engordar
crecer

desmelenar *verbo transitivo*
1 desgreñar
despeinar
despeluzar

desmembrar *verbo transitivo*
1 descuartizar
2 dividir
separar
desintegrar
escindir

desmemoriado, -da *adjetivo*
1 olvidadizo

desmentida *nombre femenino*
1 mentís
desmentido

desmentido *nombre masculino*
1 mentís
desmentida

desmenuzable *adjetivo*
1 deleznable
inconsistente
frágil
disgregable
quebradizo

desmenuzar *verbo transitivo*
1 despavesar
triturar
picar
desmigajar
destrizar
trizar

Tratándose del pan o cosas análogas, *desmigajar*.

desmerecimiento *nombre masculino*
1 demérito
desdoro

Demérito es el efecto de *desmerecer*, en tanto que *desmerecimiento* designa acción y efecto de *desmerecer*. Tratándose de la reputación, fama, etc., *desdoro*.

desmesurado, -da *adjetivo*
1 excesivo
desmedido
enorme*
fenomenal
tremendo
descomunal
extraordinario
brutal
2 descortés
insolente
descomedido

desmigajar *verbo transitivo*
1 desmenuzar
despavesar
triturar
picar

desmirriado, -da *adjetivo*
1 esmirriado
flaco
extenuado
consumido

desmontar *verbo transitivo*
1 desarmar
desarticular
deshacer*
verbo intransitivo/pronominal
2 descabalgar
apearse
bajar

desnatado, -da *adjetivo*
1 descremado

desnatar *verbo transitivo*
1 descremar

desnaturalizar *verbo transitivo*
1 falsear
contrahacer
corromper
adulterar
falsificar
mentir
interpolar

desnudar *verbo transitivo/pronominal*
1 desvestir
poner en cueros

dejar o quedarse en
   pelota(s)
ANTO vestir

desnudo, -da *adjetivo*
1 corito
   en cueros
   nudo

   Nudo es de uso literario y se
   aplica figurada y generalmente a lo abstracto: por ejemplo
   la *nuda* verdad.

2 pobre
   necesitado
   indigente
   mísero
3 patente
   claro
   sin rebozo
   sin rodeos

desnutrición *nombre femenino*
1 enflaquecimiento
   demacración

desobedecer *verbo transitivo*
1 desmandarse
   rebelarse
   hacer caso omiso
ANTO obedecer
   subordinarse
   someterse

desobediencia *nombre*
masculino
1 desacato
   insumisión
   rebeldía
ANTO acato
   obediencia

desobediente *adjetivo*
1 indócil
   malmandado
   díscolo
   rebelde
   reacio
   reluctante

desocupación *nombre femenino*
1 desempleo
   paro

desocupado, -da
adjetivo/nombre
1 ocioso
2 parado
   desempleado
   desacomodado
   cesante

   Cesante, si se trata de un funcionario o empleado de oficina.

3 vacío
   desembarazado

desocupar *verbo*
transitivo/pronominal
1 desembarazar
   vaciar
ANTO ocupar
   llenar
   obstruir

desoír *verbo transitivo*
1 desatender
   desestimar
   no hacer caso

desolación *nombre femenino*
1 ruina
   destrozo
   perdición
   destrucción
   devastación
   decadencia

desolar *verbo transitivo*
1 asolar
   devastar
   arrasar
   destruir
ANTO construir

verbo pronominal
2 afligirse
   angustiarse
   apenarse
   desconsolarse
ANTO consolarse
   sosegarse

desollador *nombre masculino*
1 alcaudón
   caudón
   picagrega
   pega
   reborda
   picaza chillona
   manchada

desollar *verbo transitivo*
1 despellejar
   escorchar

desorbitar *verbo transitivo*
1 exagerar*
   abultar
   encarecer
   ponderar
   extremar
   exorbitar
   sacar de quicio

desorden *nombre masculino*
1 desarreglo
   desconcierto
   desorganización
   desgobierno

desbarajuste*
ANTO orden
   disciplina
   gobierno
2 alboroto
   tumulto
   motín
   asonada
ANTO orden
   disciplina
3 alteración
   trastorno
   irregularidad

desordenado, -da *adjetivo*
1 inordenado
   barullón
   desarreglado
   desgobernado

   Tratándose de cosas que están sin ordenar, *inordenado*.
   Aplicado a personas, *barullón,
   desarreglado* y *desgobernado*.

desordenar *verbo*
transitivo/pronominal
1 descomponer
   desorganizar
   desarreglar
   trastornar
   desconcertar
   desbaratar
ANTO ordenar
   gobernar

desorganización *nombre*
femenino
1 desarreglo
   desorden
   desajuste
   desconcierto
   desbarajuste*

desorganizar *verbo transitivo*
1 descomponer
   desordenar
   desarreglar
   trastornar
   desbaratar
   desbarajustar

desorientación *nombre*
femenino
1 pérdida
   extravío

desorientar *verbo*
transitivo/pronominal
1 extraviar
   descaminar
   despistar
ANTO orientar
2 confundir
   ofuscar

a b c d e f g h i j k l m n ñ o p q r s t u v w x y z

turbar
embarullar
ANTO orientar
conocer
concertar

desove *nombre masculino*
1 muga

desoxidar *verbo transitivo*
1 desoxigenar

desoxigenar *verbo transitivo*
1 desoxidar

despabiladeras *nombre femenino plural*
1 espabiladeras
molletas
tenacillas

despabilar *verbo transitivo*
1 espabilar
despertar
avivar
ANTO abobar
dormir
2 (familiar) matar
ejecutar
apiolar
chinchar
despachar
trincar
quitar de en medio
enviar al otro mundo

despachar *verbo transitivo*
1 abreviar
concluir
apresurarse
2 resolver
decidir
3 enviar
remitir
mandar
4 despedir
echar*
5 vender
expender
6 matar

despacho *nombre masculino*
1 parte
telegrama
telefonema
cablegrama
radiograma
radiofonema
Parte en general; los demás según el medio empleado.
2 venta
salida
pedido*

despachurrar *verbo transitivo/pronominal*
1 despanzurrar
espachurrar
aplastar
destripar
reventar

despacio[1] *adverbio*
1 lentamente
paulatinamente
poco a poco
ANTO rápidamente
'*Despacio* no explica otra idea que la lentitud de la operación en sí misma. *Poco a poco* exprime la lentitud progresiva del movimiento que nos acercan al fin: por ejemplo fui ganando *poco a poco* terreno. Si se sustituye por la voz *despacio* presentará sólo la idea de la lentitud con que nos movimos, y no la del movimiento lento, pero continuado, con que fuimos adelantando' (LH).

despacio[2] *nombre masculino*
1 tardanza
dilación
lentitud
Estos tres en los clásicos.

despacioso, -sa *adjetivo*
1 espacioso
tardo
lento
paulatino

despalmar *verbo transitivo*
1 espalmar
2 achaflanar

despanzurrar *verbo transitivo*
1 despachurrar
espachurrar
reventar

desparejar *verbo transitivo*
1 desaparear

desparpajo *nombre masculino*
1 desembarazo*
desenvoltura
desempacho
desenfado

desparramar *verbo transitivo/pronominal*
1 esparcir
extender
desperdigar
diseminar
malgastar (el dinero)

ANTO unir
acoger
ahorrar

despartir *verbo transitivo*
1 apaciguar
poner en paz
pacificar

despatarrar *verbo transitivo/pronominal*
1 espatarrar

despavesar *verbo transitivo*
1 desmenuzar
triturar
picar
desmigajar

despavorido, -da *adjetivo*
1 espavorido
pavorido
espantado
aterrado
horrorizado
ANTO sereno
valiente

despearse *verbo pronominal*
1 aspearse

despecho *nombre masculino*
1 desesperación*

despectivo, -va *adjetivo*
1 despreciativo
desdeñoso

despedazar *verbo transitivo*
1 destrozar
descuartizar
deshacer
desgarrar
tronzar
romper
trozar
partir

despedida *nombre femenino*
1 despido

despedir *verbo transitivo*
1 lanzar
arrojar
soltar
echar
poner de patitas en la calle
poner en la puerta de la calle
2 esparcir
difundir
3 despachar
licenciar
dar pasaporte

expulsar
echar*

Despachar o licenciar a una persona; dar pasaporte es expresión familiar o irónica, según los casos. Expulsar y echar significan despedir con violencia.

despegado, -da adjetivo
1 áspero
desabrido
arisco
huraño
indiferente
desafecto
desapegado

despegar verbo transitivo
1 separar
apartar
desunir
ANTO pegar
unir
2 levantar el vuelo
verbo pronominal
3 desdecir
desentonar
no pegar
ANTO pegar
convenir

despego nombre masculino
1 desapego
desafecto
frialdad
aspereza
desabrimiento
desdén
indiferencia
menosprecio
desprecio
desinterés*
ANTO deferencia
2 desinterés
desasimiento
abnegación
largueza
liberalidad
generosidad
desprendimiento
ANTO egoísmo

despegue nombre masculino
1 decolaje

despeinar verbo transitivo
1 desmelenar
despeluzar
despeluznar
desgreñar

Para despeinar a una persona se necesita que esté peinada, cosa que no requieren los de-

más verbos. Despeluzar y despeluznar suponen mayor violencia cuando se aplican a personas; con más frecuencia se aplican a cosas, como pieles, felpa, etc., así como espeluzar y respeluzar.

despejado, -da adjetivo
1 espabilado
inteligente
desenvuelto
listo
2 espacioso
ancho
3 sereno
claro
Hablando del tiempo.

despejar verbo transitivo
1 desembarazar
desocupar
2 aclarar
desembrollar
verbo pronominal
3 aclararse
serenarse
escampar
ANTO oscurecer

despeje nombre masculino
1 rechace

despejo nombre masculino
1 desembarazo*
soltura
desenvoltura
desempacho
desenfado
gallardía
2 inteligencia
talento
viveza
listeza

despellejar verbo transitivo
1 desollar
2 murmurar
cortar un traje
hablar mal

despelotar verbo transitivo
1 desgreñar
despeinar
desmelenar
despeluznar
despeluzar

despeluzar verbo transitivo
1 espeluzar
respeluzar
despeluznar
desmelenar
desgreñar

despeinar*
despelotar

despeluznar verbo transitivo
1 desgreñar
despeinar*
desmelenar
despelotar
despeluzar
espeluzar
respeluzar

despenar verbo transitivo
1 matar

despeñadero nombre masculino
1 precipicio
derrocadero
derrumbadero

despeñar verbo transitivo
1 precipitar
derrocar
desgalgar

despeño nombre masculino
1 evacuación
diarrea

desperdiciar verbo transitivo
1 desaprovechar
malbaratar
malgastar*
despilfarrar
disipar

desperdicio nombre masculino
1 desecho
sobra
residuo
resto

desperdigar verbo transitivo/pronominal
1 esparcir
desparramar
diseminar
dispersar
ANTO acopiar
reunir

desperezarse verbo pronominal
1 esperezarse
estirarse

desperfecto nombre masculino
1 deterioro
detrimento
avería
2 falta
defecto
tacha

despersonalización nombre femenino
1 desagregación

despertar *verbo transitivo/pronominal*
1 despabilar
espabilar
avivar
ANTO adormecer
dormir

despezo *nombre masculino*
1 despiezo
2 zoquete (taco sobrante)

despiadado, -da *adjetivo*
1 desapiadado
cruel*
inhumano
impío
empedernido*

despicarse *verbo pronominal*
1 desquitarse
vengarse
tomar satisfacción

despidiente *nombre masculino*
1 vierteaguas

despido *nombre masculino*
1 despedida

despierto, -ta *adjetivo*
1 avisado
advertido*
espabilado
listo
vivo
despejado
avispado
agudo
perspicaz
sagaz
inteligente
dispuesto
ANTO bobo
tonto

despiezo *nombre masculino*
1 despezo

despilfarrador, -ra *adjetivo*
1 derramado
gastador
malgastador
manilargo
manirroto
derrochador
disipador

despilfarrar *verbo transitivo*
1 desperdiciar
prodigar*
malgastar*
malbaratar
derrochar
dilapidar
estar a mal con el dinero

tener un agujero en la
manga
disipar
ANTO guardar
ahorrar

despilfarro *nombre masculino*
1 derroche
dilapidación
prodigalidad

despintar *verbo transitivo*
1 decolorar
descolorar
desteñir
deslucir
2 desdecir
desentonar
degenerar

despique *nombre masculino*
1 desquite
venganza

despistar *verbo transitivo*
1 desorientar

desplantar *verbo transitivo/pronominal*
1 desarraigar
arrancar
ANTO arraigar
plantar

desplante *nombre masculino*
1 disfavor
desaire

desplazamiento *nombre masculino*
1 arqueo
tonelaje bruto
2 (de un órgano) paratopía
exarticulación
ectopía
dislocadura
dislocación

desplegar *verbo transitivo*
1 descoger
extender
desdoblar
desenrollar
manifestar
ANTO enrollar
cerrar
simular

desplomar *verbo transitivo*
1 desaplomar
inclinar
verbo pronominal
2 caerse
derrumbarse
ANTO levantarse
erguirse

desplome *nombre femenino*
1 caída*
descenso
declinación
decadencia
derrumbe

desplumar *verbo transitivo*
1 pelar

despoblado *nombre masculino*
1 desierto
yermo
deshabitado*
inhabitado*

despojar *verbo transitivo*
1 desposeer
quitar
robar
ANTO dar
poseer
2 desprenderse
renunciar
desapropiarse
3 desnudarse
ANTO ponerse
vestirse

despojo *nombre masculino*
1 botín
presa
2 tripicallos
⇒ despojos

despojos *nombre masculino plural*
1 sobras
desperdicios
restos
2 derribos
⇒ despojo

despolvorear *verbo transitivo*
1 espolvorear

desportilladura *nombre femenino*
1 portillo
mella

desposeer *verbo transitivo*
1 desapropiar
desaposesionar
expropiar
despojar
quitar
verbo pronominal
2 desprenderse
renunciar

desposorio *nombre masculino*
1 boda
casamiento

matrimonio*
unión
enlace
himeneo

déspota *nombre masculino*
1 autócrata
dictador
2 tirano
opresor

despótico, -ca *adjetivo*
1 absoluto*
tiránico
arbitrario
abusivo

despotismo *nombre masculino*
1 autocracia
poder absoluto
dictadura*
absolutismo*
ANTO democracia
2 tiranía
arbitrariedad
opresión
ANTO justicia
    libertad

despreciable *adjetivo*
1 abyecto
bajo
vil
ignominioso
rastrero
servil
mezquino
miserable
ANTO noble
2 insignificante
baladí
desdeñable
ANTO significante
    importante

despreciar *verbo transitivo*
1 desestimar
subestimar
tener en poco
menospreciar
ANTO apreciar

Desestimar, subestimar, tener en poco y *menospreciar*, son generalmente más atenuados que *despreciar*. Los cuatro primeros indican formar una opinión o valoración baja de cosas o personas. Se puede *desestimar, subestimar* o *tener en poco* por error o mala información; pero sea verdadero o falso nuestro parecer, se trata siempre de un juicio de valor, al cual acompaña en

menospreciar una actitud desdeñosa más o menos débil, que se acentúa notablemente en *despreciar*.

2 desairar
desdeñar
desechar
deprimir
denigrar
vilipendiar
ANTO atender
    desear

Desairar, desdeñar y *desechar* significan *despreciar* manifiesta y ostensiblemente; aluden al gesto, palabras o conducta con que hacemos visible nuestro *desprecio. Deprimir, denigrar* y *vilipendiar* suponen vehemente deseo de hacer daño, e implican siempre injusticia y mala voluntad.

despreciativo, -va *adjetivo*
1 despectivo
menospreciativo
altivo*

Despectivo y *menospreciativo*, cuando hablamos del gesto, sentido de las palabras o modo de decirlas; si se trata de calificar el carácter de una persona, diremos que es *despreciativa* o *desdeñosa*, no *despectiva* ni *menospreciativa*.

desprecio *nombre masculino*
1 desestimación
subestimación
menosprecio

Desestimación, subestimación y *menosprecio* guardan la misma relación con *desprecio* que ha sido explicada en el artículo *despreciar*.

2 desaire
desdén
vilipendio
3 altanería
altivez
soberbia
engreimiento
orgullo
arrogancia

desprender *verbo transitivo*
1 separar
soltar
despegar
desasir
desunir

ANTO unir
verbo pronominal
2 renunciar
desapropiarse
ANTO poseer
3 deducirse*
inferirse
seguirse

desprendido, -da *adjetivo*
1 desinteresado
generoso
liberal

desprendimiento *nombre masculino*
1 desapego
desasimiento
desinterés*
abnegación*

El *desapego* y el *desasimiento* de los bienes materiales denotan falta de amor a ellos, y son propios de santos o de hombres superiores.

2 largueza
generosidad*
liberalidad
3 división
separación
disyunción
ANTO unión
    fusión

desprestigiar *verbo transitivo*
1 desacreditar
denigrar
vilipendiar
difamar

desprevenido, -da *adjetivo*
1 descuidado
desapercibido
inadvertido
impróvido
ANTO previsto
    advertido

desproporcionado, -da *adjetivo*
1 descomedido
excesivo
desmedido
desmesurado
exagerado
2 deforme*
disforme
informe
desfigurado
ANTO armónico
    proporcionado

a
b
c
d
e
f
g
h
i
j
k
l
m
n
ñ
o
p
q
r
s
t
u
v
w
x
y
z

despropósito *nombre masculino*
1 disparate*
dislate
desatino
badajada
necedad
badajazo
impertinencia
inconveniencia

Coincide *despropósito* con estos sustantivos en lo que tiene de erróneo o desacertado; pero *despropósito* añade idea de inoportunidad, fuera de sazón u ocasión. Puede ocurrir que un *despropósito* no sea en sí mismo erróneo o disparatado, pero como no viene a cuento ni tiene que ver con las circunstancias en que se comete, resulta tan desacertado o absurdo como un *disparate, dislate* o *desatino*.

desprovisto, -ta *adjetivo*
1 falto
privado
carente

después *adverbio*
1 luego
posteriormente
más tarde
ulteriormente
a continuación
seguidamente
ANTO ante

A continuación y *seguidamente* pueden expresar, lo mismo que *después*, ideas de orden, lugar o tiempo.

2 detrás
ANTO delante

despulsarse *verbo pronominal*
1 desvivirse
desvelarse
perecerse
extremarse
írsele los ojos tras
engolondrinarse

despumar *verbo transitivo*
1 espumar

despuntado, -da *adjetivo*
1 obtuso
boto
romo
ANTO agudo
afilado
punzante

despuntar *verbo transitivo*
1 descerar

Descerar tratando de colmenas.

verbo intransitivo
2 descollar*
sobresalir
distinguirse
destacarse
resaltar

despunte *nombre femenino*
1 leña
tuero
rozo
ramullo
ramojo
ramiza
encendajas

desquiciado, -da *adjetivo*
1 destornillado
inconsiderado
precipitado
sin seso
alocado
atolondrado
chiflado

desquiciar *verbo*
transitivo/pronominal
1 desencajar
desajustar
descomponer
ANTO ordenar
componer

verbo pronominal
2 desconcertarse*
salir de quicio
azorarse
turbarse
enloquecer

desquitarse *verbo pronominal*
1 resarcirse
2 vengarse
despicarse
tomar satisfacción

desquite *nombre masculino*
1 resarcimiento
2 venganza
despique

desrabotar *verbo transitivo*
1 rabotear

desriñonar *verbo*
transitivo/pronominal
1 derrengar
descaderar

destacar *verbo transitivo*
1 acentuar

recalcar
marcar
insistir
hacer resaltar
hacer hincapié
subrayar

verbo pronominal
2 descollar
sobresalir
despuntar
resaltar
distinguirse
singularizarse
significarse

destapar *verbo*
transitivo/pronominal
1 abrir
ANTO tapar
cerrar

Tratándose de un recipiente, *abrir*.

2 descubrir
correr la cortina
correr el velo
ANTO ocultar
3 desabrigar
desarropar

destello *nombre masculino*
1 relumbre
relumbro
relumbrón
centelleo
fulgor
resplandor
brillo
brillantez
ráfaga

destemplado, -da *adjetivo*
1 desagradable

Hablando del tiempo atmosférico.

2 atrabiliario
irritable
irascible
malhumorado
desmesurado

destemplanza *nombre femenino*
1 destemple
indisposición

destemplarse *verbo pronominal*
1 desazonarse
descomponerse
indisponerse

destemple *nombre masculino*
1 disonancia
desentono
desafinación

2 indisposición
destemplanza
enfermedad*
3 alteración
desconcierto

desteñido, -da *adjetivo*
1 desvaído
pálido
disipado
descolorido

desteñir *verbo transitivo*
1 despintar
descolorar
decolorar

desterrar *verbo transitivo*
1 expulsar
deportar
extrañar
relegar
confinar

destetar *verbo*
transitivo/pronominal
1 desmamar

destete *nombre masculino*
1 ablactación
apogalactia
delactación
apolactancia

destiento *nombre masculino*
1 desatiento
desasosiego
inquietud
sobresalto
alteración

destierro *nombre masculino*
1 exilio
ostracismo
extrañamiento
proscripción
confinamiento*
deportación

Exilio, ostracismo y *extraña-miento* son literarios. *Destierro* es la voz corriente, usada también en la terminología forense; *proscripción* es forense y tiene el mismo sentido. *Confinamiento* y *relegación* se diferencian de los anteriores en que circunscriben la vida del penado a un área determinada del territorio nacional. La *deportación* es expulsión del territorio, si el deportado es extranjero; si es nacional, consiste en un traslado a un punto lejano, generalmente colo-

nial, del cual no puede salir; *deportación* a Guinea. Desde años recientes, *exilio* designa especialmente la situación del que vive emigrado de su país por motivos políticos.

destilador *nombre masculino*
1 alambique
alquitara
destilatorio

destilar *verbo transitivo*
1 alambicar

destilatorio *nombre masculino*
1 alambique
alquitara
destilador

destinado, -da *adjetivo*
1 afecto
unido
anejo
anexo
agregado
adscrito

destinar *verbo transitivo*
1 dedicar
emplear
ocupar
aplicar
consagrar*

destino *nombre masculino*
1 hado
sino
fortuna
suerte
estrella
2 fin
finalidad
aplicación
3 empleo
puesto
plaza
colocación
ocupación
ANTO cesantía
suspensión
abandono

El *destino* supone un *empleo* fijo, y por esto se usa especialmente entre funcionarios; no se llamaría así una *ocupación* eventual.

destituir *verbo transitivo*
1 deponer
dejar cesante
dar el cese
separar del servicio
dejar en pie

poner en la calle
degradar
postergar
relevar
exonerar
eximir
ANTO instituir
nombrar
recibir

Destituir y *deponer* se usan especialmente si se trata de un cargo de autoridad. Tratándose de empleados, se utilizan todos los demás.

destorcer *verbo*
transitivo/pronominal
1 enderezar

destornillado, -da *adjetivo*
1 inconsiderado
precipitado
sin seso
alocado
atolondrado
desquiciado
chiflado

destornillador *nombre*
masculino
1 atornillador

destornillar *verbo transitivo*
1 desatornillar
desenroscar
verbo pronominal
2 atolondrarse
desconcertarse
precipitarse
alocarse

destreza *nombre femenino*
1 habilidad*
arte
agilidad
soltura
mano
buena mano
maña
primor
maestría
pericia
apaño
acierto*
ANTO torpeza
impericia

Cuando denota facilidad o rapidez de movimientos, *agilidad* y *soltura*. La *destreza* en el trabajo manual se llama también *mano*, *buena mano*, *maña*, *primor*. Si se estima en alto grado, *maestría*, *pericia*.

a
b
c
d
e
f
g
h
i
j
k
l
m
n
ñ
o
p
q
r
s
t
u
v
w
x
y
z

'*Primor* expresa el colmo de la *destreza* y de la *habilidad*; esto es, la *habilidad* y la *destreza* llevadas a su mayor grado de perfección. Una bordadora, un fabricante de pianos que sobresalen en sus respectivos oficios, hacen con *primor* un piano y un bordado. La *destreza* tiene dos significaciones, una material y otra ideal. Es *diestro* un buen torero, y lo es un abogado que gana los pleitos, que defiende más que por sus razones, por su astucia, para preparar en su favor el ánimo de los jueces. Es *hábil* todo el que ejecuta bien las obras mecánicas y puramente materiales, como un buen ebanista, un buen herrero, un buen cerrajero' (O).

destripar *verbo transitivo*
1 despanzurrar
 despachurrar
 espanzurrar

destripaterrones *nombre masculino*
1 (despectivo) campesino
 labrador
 aldeano
 lugareño
 rústico
 paleto

destrizar *verbo transitivo*
1 trizar
 desmenuzar

destrocar *verbo transitivo*
1 descambiar

destrón *nombre masculino*
1 lazarillo

destronar *verbo transitivo*
1 desentronizar

destrozado, -da *adjetivo*
1 harapiento
 roto
 andrajoso

destrozar *verbo transitivo/pronominal*
1 despedazar
 romper
 destruir
 descuartizar
 deshacer*
 ANTO componer
  construir

Deshacer, tratándose de reses.

2 batir
 desbaratar
 derrotar
 arrollar

destrozo *nombre masculino*
1 estropicio
 rotura

destrucción *nombre femenino*
1 estrago
 agotamiento
 ruina
 devastación
 asolamiento

destruir *verbo transitivo*
1 arruinar
 aniquilar
 deshacer*
 desbaratar
 destrozar
 devastar
 asolar
 echar abajo
 echar por tierra
 no dejar piedra sobre piedra
 no dejar títere con cabeza
 extinguir*
 ANTO construir
  hacer
  organizar

desueto, -ta *adjetivo*
1 anticuado
 viejo
 antiguo
 desusado*
 obsoleto
 trasnochado
 inusitado*

desuncir *verbo transitivo*
1 desyugar

desunión *nombre femenino*
1 separación
 desajuste
 ANTO unión
2 desavenencia
 desacuerdo
 discordia
 división
 desconformidad*
 ANTO avenencia

desunir *verbo transitivo/pronominal*
1 apartar
 separar*
 distanciar
 dividir

desprender
soltar
despegar
desasir
disgregar*
ANTO unir
 agarrar

desusado, -da *adjetivo*
1 desacostumbrado
 inusitado*
 insólito
 inusual
 desueto

'*Inusitado* significa sólo lo que no se usa; sin que haga relación a ninguna otra cosa. *Desusado* también es no usarse una cosa; pero haciendo referencia a un uso anterior, pues *desusarse* se limita al uso presente, e indica que antes estuvo en uso y que ya no lo está. Lo *inusitado* no supone un uso anterior; al contrario, lo excluye. Lo *inusitado* indica novedad, lo *desusado* antigüedad. Una moda nueva es *inusitada*, un traje antiguo que ya nadie lleva será *desusado*, ridículo por el no uso. Se *desusa*, pues, aquello cuyo uso se ha ido perdiendo, y así se dice: está en *desuso*, hablando de leyes' (O).

Cuando se trata de algo que tuvo uso y ya no lo tiene, *desueto*.

2 anticuado
 viejo
 antiguo
 desueto
 obsoleto
 trasnochado

desustanciar *verbo transitivo/pronominal*
1 deslavar
 deslavazar

desvaído, -da *adjetivo*
1 pálido
 disipado
 descolorido
 desteñido

desvalido, -da *adjetivo*
1 desamparado
 abandonado

desvalijar *verbo transitivo*
1 robar
 despojar
 arrebatar

desvalimiento *nombre masculino*
1 orfandad
abandono
desamparo
ANTO amparo

desván *nombre masculino*
1 buharda
buhardilla
bohardilla
boardilla
camaranchón
guardilla
sobrado
zaquizamí

desvanecerse *verbo pronominal*
1 disiparse
evaporarse
desaparecer
2 desmayarse
írsele la vista
perder el conocimiento

desvanecimiento *nombre masculino*
1 vahído
mareo
desmayo
síncope

desvariar *verbo intransitivo*
1 prevaricar
delirar
desbarrar
disparatar
Delirar, desbarrar y disparatar se utilizan en sentido figurado y familiar.

desvarío *nombre masculino*
1 delirio
ilusión
quimera
disparate
En sentido figurado, ilusión, quimera y disparate.

desvelar *verbo transitivo*
1 descubrir
destapar
desenmascarar
ANTO encubrir
ocultar

desvelarse *verbo pronominal*
1 inquietarse
esmerarse
extremarse
desvivirse
ANTO dormirse
descuidarse

desvelo *nombre masculino*
1 insomnio
vigilia
agripnia
2 cuidado
esmero

desventaja *nombre femenino*
1 inferioridad
menoscabo
inconveniente

desventura *nombre femenino*
1 desgracia
desdicha
infortunio
infelicidad
adversidad*

desventurado, -da *adjetivo*
1 desgraciado
infortunado
desdichado
desafortunado
malhadado
malaventurado
2 cuitado
pobrete
infeliz
pobre de espíritu
3 avariento
mísero
miserable

desvergonzado, -da *adjetivo/nombre*
1 sinvergüenza
poca vergüenza
descarado
descocado
procaz
inverecundo (culto)
deslenguado
lenguaraz
malhablado
insolente
maldiciente
frescales
desenfadado
ANTO decente
vergonzoso
pudoroso
comedido

desvergonzarse *verbo pronominal*
1 avilantarse
descararse
insolentarse
osar

desvergüenza *nombre femenino*
1 inverecundia (culto)
sinvergüencería
sinvergonzonería
insolencia
cara dura
procacidad
valor
osadía
audacia
atrevimiento
descaro
descoco
desfachatez
ANTO decencia
pudor
vergüenza

desvestir *verbo transitivo*
1 desnudar

desviación *nombre femenino*
1 desvío
ANTO encaminamiento
2 torcedura
torsión
torcimiento
detorsión
distorsión
3 deflexión

desviar *verbo transitivo/pronominal*
1 apartar
descaminar
alejar
separar
echar por otra parte
andarse por las ramas
no ir a parte alguna
ANTO encaminar
dirigir
acercar
2 disuadir
desaconsejar
desarrimar

desvío *nombre masculino*
1 desviación
• despego
desapego
desafecto
frialdad
desagrado
ANTO dirección
encaminamiento
2 despego
desapego
desafecto
frialdad
desagrado
ANTO afecto
3 aberración
descarrío
extravío
engaño

error
equivocación
ofuscación
ANTO acierto

desvirgación *nombre femenino*
1 desfloración
desvirgamiento

desvirgamiento *nombre masculino*
1 desfloración
desvirgación

desvirgar *verbo transitivo*
1 desflorar
2 (vulgar) estrenar

desvirilización *nombre femenino*
1 castración
desexualización
emasculación
capadura

desvirilizar *verbo transitivo*
1 capar
castrar
desexualizar
emascular

desvivirse *verbo pronominal*
1 despulsarse
desvelarse
perecerse
extremarse
írsele los ojos tras
engolondrinarse
anhelar*
desear
suspirar por
ansiar
hacerse la boca agua
comer con los ojos
beber los vientos
ANTO desdeñar
despreciar

desyerbar *verbo transitivo*
1 desherbar
escardar

desyugar *verbo transitivo*
1 desuncir

detall
al detall *locución adverbial*
al por menor
al menudeo
a la menuda

detallar *verbo transitivo*
1 especificar
enumerar
pormenorizar
precisar

detalle *nombre masculino*
1 pormenor
minucia
2 fragmento
parte
porción

detallista *nombre común*
1 minorista

detección *nombre femenino*
1 rastreo
barrido
exploración

detención *nombre femenino*
1 parada
alto
estación
2 dilación
tardanza
demora
retraso
3 prolijidad
detenimiento
4 arresto
prendimiento
aprisionamiento
apresamiento
aprehensión

detener *verbo transitivo/pronominal*
1 parar
atajar
suspender
2 arrestar
aprisionar
aprehender
prender
ANTO libertar
3 retener
conservar

verbo pronominal
4 retardarse
demorarse
retrasarse
tardar
ANTO adelantarse

detenimiento *nombre masculino*
1 detención
prolijidad

detentar *verbo transitivo*
1 usurpar

detergente *adjetivo/nombre masculino*
1 detersivo
detersorio
abluente

deteriorado, -da *adjetivo*
1 tronado

maltrecho
estropeado
ajado

deteriorar *verbo transitivo*
1 estropear
averiar
echar a perder
dañar
hacer mella
lacerar
perjudicar
menoscabar
ANTO medrar
mejorar
embellecer

deterioro *nombre masculino*
1 desperfecto
avería
daño
detrimento
menoscabo

determinación *nombre femenino*
1 resolución
decisión
2 audacia
osadía
valor
arrojo
denuedo

determinado, -da *adjetivo*
1 definido*
delimitado

determinar *verbo transitivo/pronominal*
1 resolver
decidir

'Se *determina* consultando sólo a la voluntad; se *resuelve* examinando la razón que hay para ello; se *decide* pesando dos o más razones opuestas. La voluntad *determina*; el entendimiento *resuelve*; el juicio *decide*: ayer había *determinado* salir de caza, y viendo que llovía *resolví* quedarme en casa; pero al fin, luchando entre la afición y la comodidad me *decidí* a salir' (LH). 'Se *determinan* medidas; se *resuelven* dudas o problemas; se *deciden* conflictos y contestaciones. *Determinar* indica superioridad de autoridad o de poder; *resolver*, superioridad de inteligencia; *decidir*, superioridad de justicia. Una sentencia judicial *determina*, porque manda hacer algo; *re-*

suelve porque aclara la oscuridad de los hechos y de los derechos que se ventilan, y *decide*, porque corta una disputa' (M).

2 fijar
  precisar
  señalar
  delimitar*
  ANTO imprecisar
    indeterminar
3 causar
  producir
  ocasionar
  motivar

detersivo, -va *adjetivo/nombre masculino*
1 detersorio
  detergente
  abluente

detersorio, -ria *adjetivo/nombre masculino*
1 detersivo
  detergente
  abluente

detestable *adjetivo*
1 abominable
  execrable
  pésimo
  aborrecible
  odioso

detestar *verbo transitivo*
1 condenar
  maldecir
  execrar
2 aborrecer*
  abominar
  odiar

detienebuey *nombre masculino*
1 gatuña
  aznacho
  asnallo
  aznallo
  gata
  uña gata

detonación *nombre femenino*
1 estampido
  estallido

detonar *verbo intransitivo*
1 estallar
  explotar
  reventar

detorsión *nombre femenino*
1 torcedura
  torsión
  torcimiento
  distorsión
  desviación

detractar *verbo transitivo*
1 maldecir
  denigrar
  detraer
  infamar
  ANTO elogiar

detractor, -ra *adjetivo/nombre*
1 maldiciente
  infamador
  calumniador
  denigrador

detrás *adverbio*
1 atrás
  ANTO delante

Atrás localiza más vagamente que *detrás*: compárese *están detrás* con *están atrás* (hacia atrás), si bien la diferencia es a menudo poco perceptible. *Atrás* admite grados de comparación (más, menos, tan atrás), y *detrás* no los admite.

2 tras
  ANTO delante

El uso de *tras*, en este caso, se siente como literario: *iban tras (de) él; están tras (de) la puerta*.

detrimento *nombre masculino*
1 deterioro
  menoscabo
  avería
2 daño*
  quebranto
  pérdida
  perjuicio

detroncación *nombre femenino*
1 decapitación
  decolación

deuda *nombre femenino*
1 débito*
  adeudo
  ANTO haber
    activo

deudo, -da *nombre*
1 pariente
  allegado

deutóxido *nombre masculino*
1 bióxido

devanadera *nombre femenino*
1 argadijo
  argadillo
2 aspa

devastación *nombre femenino*
1 desastre

calamidad
ruina
catástrofe
cataclismo

devastar *verbo transitivo*
1 destruir
  arrasar
  asolar
  infestar
  pillar
  saquear

devoción *nombre femenino*
1 veneración
  fervor
  unción
  piedad
  celo*
  ANTO irreligiosidad

Unción es gran *devoción* que se pone en palabras o actos.

2 inclinación
  afecto
  afición
  entusiasmo
  ANTO frialdad
    desaplicación

Fuera de lo religioso.

devolución *nombre femenino*
1 retorno
  restitución

devolver *verbo transitivo*
1 restituir
  reintegrar
  retornar
  tornar

'*Devolver* supone posesión; *restituir* supone propiedad. Ocupo el asiento que otro deja vacío; si lo reclama se lo *devuelvo*. Las prendas robadas se *restituyen* a sus dueños. *Devuélveme* los documentos que te presté, para *restituirlos* al archivo' (M).

2 vomitar

verbo pronominal
3 volverse
  regresar

Por ejemplo: *me devolví* a casa.

devorador, -ra *adjetivo*
1 voraz
  comedor
  comilón

devorar *verbo transitivo*
1 engullir

a b c d e f g h i j k l m n ñ o p q r s t u v w x y z

comer
embocar
embaular
Todos sugieren *avidez* en comer.

2 consumir
destruir

devoto, -ta *adjetivo/nombre*
1 piadoso
religioso
2 afecto
apegado
aficionado
admirador
entusiasta
partidario

dextroglucosa *nombre femenino*
1 dextrosa
glucosa

dextrosa *nombre femenino*
1 dextroglucosa
glucosa

día
de día y de noche *locución adverbial*
con empeño
con tesón
con firmeza
con insistencia
sin levantar cabeza
con ahínco
entrado en días *locución adjetiva*
añoso
viejo
vetusto
antiguo
añejo
entrado en años
maduro
adulto
mayor
hoy día *locución adverbial*
ahora
actualmente
al presente
en la actualidad
hoy en día
hoy por hoy

diabasa *nombre femenino*
1 diorita

diabladura *nombre femenino*
1 travesura
jugada
trastada
ANTO formalidad

diablo *nombre masculino*
1 demonio
diantre
dianche
demontre
demonche
malo
el enemigo
el maldito
patas (familiar)
pateta (familiar)
patillas

Todos estos sinónimos son expresiones eufemísticas.

diablo marino *locución nominal*
escorpena
escorpina
pina
rascacio
rescaza

diabólico, -ca *adjetivo*
1 infernal
demoníaco
satánico
luciferino
2 malo
perverso

diacatolicón *nombre masculino*
1 catalicón
catolicón

diácono *nombre masculino*
1 levita

diadema *nombre femenino*
1 aureola
auréola
lauréola
nimbo
corona

diáfano, -na *adjetivo*
1 transparente
claro
cristalino

diaforesis *nombre femenino*
1 sudoración
perspiración
traspiración
sudor

La *diaforesis* es la *sudoración* copiosa provocada artificialmente.

diaforético, -ca *adjetivo*
1 sudorífico

diagnosis *nombre femenino*
1 diagnóstico

diagnóstico *nombre masculino*
1 diagnosis

diagrama *nombre masculino*
1 esquema
gráfico

diálogo *nombre masculino*
1 conversación*
plática
coloquio

En el teatro, se dice sólo *diálogo*. 'El *diálogo* no está consagrado exclusivamente al teatro, como lo está el monólogo; ni el *coloquio*, en su valor usual, es grave y filosófico como el soliloquio. El *coloquio* es propiamente una *conversación* familiar y libre, no sujeta a ninguna regla particular; pero el *diálogo* es conferencia seguida, en que se discurre, y que está sujeta a reglas. Decimos los *coloquios* de Erasmo y los *diálogos* de Platón o de Cicerón' (Ci).

diamante *nombre masculino*
1 brillante

diana *nombre femenino*
1 alborada
2 blanco

Usados en arco y tiro.

dianche *nombre masculino*
1 diablo
demonio
diantre (eufemismo)
demontre
demonche

diantre *nombre masculino*
1 (eufemismo) diablo
demonio
dianche
demontre
demonche

diaño *nombre masculino*
1 diablo
demonio
diantre (eufemismo)
dianche
demontre
demonche

diapnoico, -ca *adjetivo*
1 sudorífico

diario *nombre masculino*
1 periódico diario

diario, -ria *adjetivo*
1 cotidiano
cuotidiano

diarrea *nombre femenino*
1 descomposición
evacuación
despeño

diastrofia *nombre femenino*
1 dislocación (de un hueso, músculo, etc.)

diatérmano, -na *adjetivo*
1 diatérmico

diatérmico, -ca *adjetivo*
1 diatérmano

diátesis hemorrágica *nombre femenino*
1 hemofilia

diatriba *nombre femenino*
1 libelo

La *diatriba* puede ser oral o escrita; el *libelo* es escrito. La primera puede ser de carácter violento o injurioso, en tanto que el *libelo* es siempre injurioso, infamatorio. La *diatriba* puede ser seria y respetable; el *libelo* no.

dibujar *verbo transitivo*
1 delinear
diseñar

dicacidad *nombre femenino*
1 mordacidad
causticidad
causticismo
ANTO suavidad
alabanza

dicaz *adjetivo*
1 mordaz
acre
punzante
incisivo
satírico

dicción *nombre femenino*
1 palabra
voz
vocablo
término
2 pronunciación
articulación

diccionario *nombre masculino*
1 léxico
lexicón
vocabulario
glosario

tesoro
enciclopedia

Lexicón, especialmente el de lenguas antiguas; *vocabulario*, *glosario*, especialmente si es parcial de una comarca, autor, oficio, etcétera. *Tesoro*, nombre de ciertos diccionarios de gran erudición. *Enciclopedia* o *diccionario enciclopédico*, el que contiene todos los conocimientos humanos en artículos ordenados alfabéticamente, o los especiales de una ciencia.

diccionarista *nombre común*
1 lexicógrafo

dicha *nombre femenino*
1 felicidad
ventura
suerte
fortuna*
prosperidad
ANTO infelicidad
desventura
desencanto

dicho *nombre masculino*
1 proverbio
refrán

dicho, -cha *participio pasado*
1 citado
mencionado
mentado
susodicho
antedicho

dichoso, -sa *adjetivo*
1 feliz
venturoso
afortunado
fausto
bienhadado

dicotómico, -ca *adjetivo*
1 binario
bifurcado

dicroíta *nombre femenino*
1 cordierita
iolita
zafiro de agua

dictado *nombre masculino*
1 adjetivo*
calificativo
epíteto

dictador *nombre masculino*
1 déspota
autócrata

dictadura *nombre femenino*
1 autocracia
autarquía
cesarismo
despotismo
tiranía
ANTO liberalidad
democracia

Autocracia, autarquía y *cesarismo* cuando todos los poderes los ejerce una sola persona. Los tres son más literarios y menos corrientes que *dictadura; despotismo* y *tiranía* acentúan el carácter abusivo e ilimitado con que se ejerce la autoridad, y se aplican también fuera de la política.

dictamen *nombre masculino*
1 informe
opinión*
parecer
juicio
voto
apreciación

dictaminador, -ra *adjetivo*
1 informativo
consultivo*

dictaminar *verbo intransitivo*
1 informar

díctamo *nombre masculino*
1 orégano

díctamo blanco *locución nominal*
fresnillo

dictar *verbo transitivo*
1 expedir
promulgar
pronunciar
2 inspirar
sugerir

dictatorial *adjetivo*
1 absoluto*
arbitrario
despótico
tiránico
autoritario
imperioso
dominante
ANTO tolerante
comprensivo
condescendiente

dicterio *nombre masculino*
1 insulto*
improperio
denuesto

a
b
c
d
e
f
g
h
i
j
k
l
m
n
ñ
o
p
q
r
s
t
u
v
w
x
y
z

didelfo, -fa *adjetivo*
1 marsupial

dídimo *nombre masculino*
1 testículo
   compañón

diducción *nombre femenino*
1 separación
   abducción

dieciocheno, -na *adjetivo*
1 decimoctavo

dieciseiseno, -na *adjetivo*
1 decimosexto

diente *nombre masculino*
1 álabe
   leva
   levador
2 adaraja
   endeja
   enjarje
crujir los dientes *locución*
   rabiar
   encolerizarse
   enfurecerse
   enverdecer de ira
   exaltarse la bilis
ANTO tranquilizarse
   serenarse
   apaciguarse
diente de león *locución nominal*
   amargón
diente de muerto
   almorta
   alverjón
   tito
   cicércula
   cicercha
   guija
   muela
enseñar los dientes *locución*
   amenazar
   amagar
   conminar
   tener en jaque
   decir a uno cuántas son
   cinco

diéresis *nombre femenino*
1 crema
2 separación
   división

diestra *nombre femenino*
1 (mano) derecha

diestramente *adverbio*
1 bonitamente
   disimuladamente
   mañosamente

diestro[1] *nombre masculino*
1 torero

diestro, -tra[2] *adjetivo*
1 derecho
2 hábil
   mañoso
   versado
   experto*
   perito

dieta[1] *nombre femenino*
1 régimen alimenticio
   régimen

dieta[2] *nombre femenino*
1 honorarios

Las *dietas* son los *honorarios* que un funcionario devenga diariamente mientras desempeña una comisión fuera de su residencia oficial.

dietario *nombre masculino*
1 agenda

difamación *nombre femenino*
1 calumnia*
   impostura
   imputación
   falsa acusación
   sambenito
   descrédito
   mala nota
ANTO verdad
   honra

difamador, -ra *adjetivo/nombre*
1 calumniador
   deshonrabuenos
   impostor
   infamador

difamar *verbo transitivo/pronominal*
1 desacreditar
   denigrar
   señalar con el dedo
   echar un chafarriñón
   infamar
ANTO honrar
   acreditar
   alabar

Infamar tiene significado más general, puesto que puede *infamarse* a una persona, no sólo publicando cosas contra su fama, sino también por otros medios. Por ejemplo, hay sanciones penales que *infaman*, pero no *difaman*.

diferencia *nombre femenino*
1 desigualdad
   desemejanza

   disimilitud
   disparidad
   discrepancia
   divergencia
   diversidad
   variedad
ANTO semejanza
   igualdad

Desigualdad en general; especialmente si se trata de cantidad, dimensión, etc. *Desemejanza* y *disimilitud*, tratándose de cualidades o aspecto general de personas o cosas. *Disparidad*, *discrepancia* y *divergencia* se aplican principalmente a las diferencias de criterio, palabras, opiniones, o de cualidades morales.

2 resto
   resta
   residuo
3 disgusto
   disputa
   disentimiento
   desavenencia
con corta diferencia *locución adverbial*
   aproximadamente
   con proximidad
   a ojo de buen cubero
   próximamente
   poco más o menos

diferenciar *verbo transitivo/pronominal*
1 distinguir
   diferir
   discrepar
   distar
   discernir*
   discriminar
   apreciar
   percibir
ANTO parecerse
   igualarse
   confundirse
verbo intransitivo/transitivo
2 variar
   cambiar
   mudar
   alterar
   transformar

diferente *adjetivo*
1 distinto*
   diverso
   desigual
   desemejante
   divergente
ANTO igual
   semejante

diferir *verbo transitivo/pronominal*
1 retardar
demorar
aplazar*
retrasar
atrasar*
dilatar
suspender
remitir
ANTO cumplir
adelantar
facilitar

'*Dilatar* es *diferir, retardar* alguna cosa. Pero en rigor lo que se *difiere* es la acción que se suspende por algún tiempo; lo que se *dilata* es el tiempo en que no tiene efecto la acción. Porque en la verdadera fuerza de sus significaciones, *diferir* es suspender, *dilatar* es prolongar. Cuando se *difiere* la paz, no es la paz lo que se *dilata*, sino la guerra. Se *difiere* un congreso, esto es, no tiene lugar por ahora; se *dilata*, esto es, dura más tiempo de lo que se creía. Con relación al riguroso sentido de estas voces, se desean *dilatados* años de vida, y no *diferidos*' (LH).

verbo intransitivo
2 distinguir
diferenciar
desemejar
discrepar

difícil *adjetivo*
1 dificultoso
arduo
trabajoso
penoso
embarazado
complicado
enrevesado
intrincado
revesado
embrollado

'Lo *difícil* se aplica a lo esencial de una empresa o negocio; lo *dificultoso* a los pormenores, a las pequeñeces, a los obstáculos más incómodos que graves. Es *difícil* vadear un río caudaloso; es *dificultoso* un camino sembrado de hendiduras y de piedras. Lo *arduo* es lo muy *difícil*; lo que necesita más tiempo que lo *difícil*' (M).

2 abstruso
recóndito

incomprensible
profundo
ANTO claro
3 delicado
arriesgado
expuesto
4 morrocotudo
importante
grande
formidable
gravísimo
fenomenal
5 descontentadizo
chinche
áspero
desabrido

Hablando del carácter de una persona.

dificultad *nombre femenino*
1 entorpecimiento
estorbo
inconveniente
embarazo
obstáculo*
óbice
impedimento
traba
escollo
tropiezo
ANTO facilidad
desembarazo
2 conflicto
contrariedad
apuro
aprieto
ANTO descanso
3 duda
reparo
objeción
4 pena
trabajo
esfuerzo
fatiga
penalidad
5 pero
estorbo
defecto
tacha
facilidad
ANTO perfección
facilidad

pasar dificultades *locución*
estar en un apuro
estar en un compromiso
estar con el agua al cuello
estar entre la espada y la pared

dificultar *verbo transitivo/pronominal*
1 estorbar
embarazar

entorpecer
obstaculizar
complicar
impedir*
ANTO facilitar
desembarazar
ayudar

dificultoso, -sa *adjetivo*
1 difícil
arduo
embarazoso
penoso
trabajoso
enrevesado
complicado
laborioso
2 escabroso
duro
áspero
ANTO suave

difteria *nombre femenino*
1 garrotillo
crup

difumar *verbo transitivo*
1 esfumar
esfuminar
disfumar

difuminar *verbo transitivo*
1 esfumar
esfuminar

difumino *nombre masculino*
1 esfumino
disfumino

difundir *verbo transitivo/pronominal*
1 extender
esparcir
ANTO recoger
reunir
2 divulgar*
propagar
propalar
publicar*
ANTO ocultar

difunto¹ *nombre masculino*
1 cadáver
restos
restos mortales
muerto

difunto, -ta² *adjetivo/nombre*
1 cadáver

difusión *nombre femenino*
1 expansión
divulgación
publicidad*

a b c d e f g h i j k l m n ñ o p q r s t u v w x y z

difuso, -sa *adjetivo*
1 prolijo
  largo*
  extenso
  dilatado
  ANTO parco
    conciso

digerir *verbo transitivo*
1 sentar
  recibir

digestivo, -va *adjetivo/nombre*
1 eupéptico
  estomacal

digitado, -da *adjetivo*
1 digitiforme

digital *adjetivo*
1 dactilar
  nombre femenino
2 dedalera (planta)

digitiforme *adjetivo*
1 digitado

dígito *nombre masculino*
1 número
  cifra

dignamente *adverbio*
1 merecidamente
  justamente
  con razón

dignarse *verbo pronominal*
1 servirse*
  tener a bien
  tener la bondad
  Pueden emplearse como fórmulas de cortesía de uso general.

dignidad *nombre femenino*
1 decencia
  decoro
  gravedad
2 honor
  distinción
  cargo
  empleo
3 caballerosidad
  nobleza
  hidalguía
  pundonor
  lealtad
  generosidad
  ANTO bellaquería
    deslealtad
4 representación
  autoridad
  importancia (de una
    persona)

digno, -na *adjetivo*
1 merecedor
  acreedor
2 adecuado
  proporcionado
3 decoroso
  decente
  grave
  íntegro

digresión *nombre femenino*
1 preámbulo
  rodeo

dije *nombre masculino*
1 joya
  alhaja
  presea
  joyel

dilación *nombre femenino*
1 demora*
  tardanza
  retraso
  aplazamiento*
  ANTO adelanto
    cumplimiento
2 pega
  dificultad
  estorbo
  obstáculo

sin dilación *locución
adverbial*
  prontamente
  al punto
  pronto
  en seguida
  inmediatamente
  seguidamente

dilapidación *nombre femenino*
1 derroche
  despilfarro
  prodigalidad

dilapidador, -ra *adjetivo/nombre*
1 derrochador
  pródigo
  derramado
  malgastador
  manirroto
  despilfarrador

dilapidar *verbo transitivo*
1 disipar
  derrochar
  malgastar
  malbaratar
  despilfarrar
  echar a rodar
  ANTO guardar
    ahorrar

dilatación *nombre femenino*
1 expansión
  Se dice especialmente de la *dilatación* de los gases.

dilatado, -da *adjetivo*
1 espacioso
  extenso
  vasto
  grande

dilatar *verbo
transitivo/pronominal*
1 extender
  alargar*
  agrandar
  ampliar*
  ensanchar
  prolongar
  estirar
  ANTO encoger
    achicar
    adelantar
  Extender, alargar, agrandar, ampliar, ensanchar y *prolongar,* si se trata del espacio o del tiempo. *Ensanchar, prolongar* y *estirar,* tratándose del tiempo.

diletante *adjetivo/nombre común*
1 aficionado

diligencia *nombre femenino*
1 actividad*
  rapidez
  prontitud
  celeridad*
  ANTO inactividad
    retardo
2 cuidado
  esmero
  atención
  celo*
  aplicación
  ANTO descuido
    negligencia
3 trámite

diligenciar *verbo transitivo*
1 tramitar

diligente *adjetivo*
1 activo
  rápido
  pronto
  acucioso
  apresurado
  presuroso
  afanoso
2 cuidadoso
  atento
  celoso
  aplicado

a b c d e f g h i j k l m n ñ o p q r s t u v w x y z

esmerado
solícito

dilogía *nombre femenino*
1 ambigüedad
anfibología*
doble sentido
equívoco

dilucidar *verbo transitivo*
1 explicar
aclarar*
elucidar
esclarecer
poner en claro

diluir *verbo transitivo*
1 desleír
disolver*

dimanar *verbo intransitivo*
1 proceder
provenir
emanar
originarse
nacer
venir
seguirse
resultar
deducirse
inferirse

dimensión *nombre femenino*
1 magnitud
tamaño
extensión
medida

dimes
andar en dimes y diretes
locución
(familiar) discutir
debatir
disputar
que patatín patatán
(familiar)
polemizar

diminuto, -ta *adjetivo*
1 enano
pequeñísimo
ínfimo
ANTO gigante
alto

dimisión *nombre femenino*
1 renuncia
abdicación
cesión

dimitir *verbo transitivo*
1 renunciar
declinar*
rehusar*
abdicar*

ANTO aceptar
tomar
insistir

dimorfismo *nombre masculino*
1 dualidad

dinamarqués, -esa
adjetivo/nombre
1 danés

dinamismo *nombre masculino*
1 energía
eficacia
actividad
ANTO pasividad

dinero *nombre masculino*
1 moneda
plata
numerario
efectivo
monises
cacao
cuartos
mosca
pecunia
perras
tela
guita
pasta

Plata, especialmente en América. Abundan los nombres familiares más o menos burlescos, como *cacao, cuartos, mosca, pecunia, perras, tela, guita* y *pasta*. En el léxico bancario y comercial, el *dinero* disponible se llama *numerario* o *efectivo*.

2 caudal
capital*
bienes
hacienda
fortuna
peculio

dintel *nombre masculino*
1 cargadero
lintel

diócesi, diócesis *nombre femenino*
1 obispado
sede
mitra

dionea *nombre femenino*
1 atrapamoscas

dionisíaco, -ca *adjetivo*
1 báquico

dioptasa *nombre femenino*
1 esmeralda cuprífera

dioptra *nombre femenino*
1 aliada

diorita *nombre femenino*
1 diabasa

Dios
armar la de Dios es Cristo
locución
alborotar
gritar
perturbar
escandalizar
vocear
meter voces
hacer temblar la casa

diplomacia *nombre femenino*
1 tacto
sagacidad
circunspección

diplomático, -ca *adjetivo*
1 circunspecto
sagaz
disimulado
ladino

diputar *verbo transitivo*
1 destinar
elegir
designar

dique *nombre masculino*
1 malecón

dirceo, -ea *adjetivo/nombre*
1 (persona) tebano

dirección *nombre femenino*
1 gobierno
gestión
administración
mando
2 sentido
camino
rumbo
derrotero
3 señas

directamente *adverbio*
1 derechamente
rectamente
en derechura
ANTO indirectamente

directivo, -va *nombre*
1 director
dirigente

directo, -ta *adjetivo*
1 derecho
recto

a

natural
ANTO desviado
   torcido
   inexacto
   artificial

en directo *locución adverbial*
en vivo

b

c

d

director, -ra *nombre*
1 directivo
   dirigente
   mánager*

Director es el que dirige un establecimiento, corporación, grupo, sociedad, etc.; su cargo es unipersonal. El *directivo* y el *dirigente* forman parte de una dirección o junta que dirige; su autoridad es compartida por otros, y no unipersonal como la del *director*. *Directivo* se emplea con preferencia en una agrupación, sociedad, etc., en tanto que la denominación de *dirigente* se aplica principalmente en los partidos políticos, en los movimientos populares o sociales. En una escuela preguntamos por el *director*; en un casino o sociedad, por un *directivo*; en una huelga, los patronos o las autoridades se ponen al habla con los *dirigentes* obreros. Cuando se emplean como adjetivos, la diferencia se borra en gran parte; y así hablamos de una acción *directora*, *directiva* o *dirigente* que una persona o junta desarrollan.

e

f

g

h

i

j

k

l

m

n

ñ

o

p

q

directorio *nombre masculino*
1 catálogo

diretes

andar en dimes y diretes *locución* (familiar)
⇒ dimes

r

s

t

dirigente *nombre común*
1 director*
   directivo

u

v

dirigir *verbo transitivo*
1 enderezar
   guiar
   orientar
   encaminar
   conducir
   llevar de la mano
   asestar
   apuntar
2 gobernar

w

x

y

z

regir
administrar
mandar
3 juzgar
arbitrar

dirimir *verbo transitivo*
1 resolver
   fallar
   decidir
   terminar

discante *nombre masculino*
1 tiple (guitarrita)

discernimiento *nombre masculino*
1 juicio
   razón
   entendimiento
   ANTO irreflexión
      insensatez

discernir *verbo transitivo*
1 distinguir
   discriminar
   diferenciar
   apreciar
   percibir
   juzgar
   creer
   estimar
   opinar
   reputar
   valorar

Discriminar y *diferenciar*, como actos mentales, suponen mayor minuciosidad

'*Discernir* es un acto puramente mental; *distinguir* es un acto mental, que puede ser verbal igualmente, en cuyo caso la distinción es la expresión del discernimiento. Como actos puramente mentales, *discernir* supone más claridad y prontitud en la percepción; y *distinguir* más finura y sutileza. Antes de *distinguir* se *discierne*. Para *distinguir* lo verdadero de lo falso se necesita a veces mucho discernimiento' (M).

disciforme *adjetivo*
1 discoide
   discoidal
   discoideo

disciplencia *nombre femenino*
1 indiferencia
   desagrado
   aspereza
   desabrimiento

ANTO agrado
2 desaliento
   apatía
   indolencia
   dejadez
   ANTO aliento

disciplina *nombre femenino*
1 doctrina
   enseñanza
2 asignatura
3 subordinación
   dependencia
   obediencia
   orden

discípulo, -la *nombre*
1 alumno
   estudiante*
   escolar
   colegial

discisión *nombre femenino*
1 escisión
   división
   separación
   ANTO unión
      fusión

discóbolo *nombre masculino*
1 lanzador de disco

Se usan en el atletismo.

discoidal *adjetivo*
1 disciforme
   discoide
   discoideo

discoide *adjetivo*
1 disciforme
   discoidal
   discoideo

discoideo, -ea *adjetivo*
1 disciforme
   discoidal
   discoide

díscolo, -la *adjetivo*
1 desobediente
   indócil
   indisciplinado
   rebelde
   reacio
   avieso
   perturbador
   revoltoso

disconforme *adjetivo*
1 desacorde
   discordante
   desavenido
   ANTO conforme
      acorde

disconformidad *nombre femenino*
1 desacuerdo
  discordancia
  disentimiento
  discordia
  desavenencia
  desunión
  disensión

  Cuando significa oposición o diferencia de opiniones, *desacuerdo, discordancia, disentimiento.* Si la oposición es de voluntades, *discordia, desavenencia, desunión, disensión.* Sin embargo, esta agrupación de sinónimos no es rigurosa, y todos ellos pueden pasar de un grupo a otro.

discontinuidad *nombre femenino*
1 hueco
  interrupción
  laguna

discontinuo, -nua *adjetivo*
1 interrumpido
  intermitente
  discreto
2 incoherente
  disperso
  disgregado
  inconexo
  incongruente
  ANTO coherente
    conforme

disconveniencia *nombre femenino*
1 desconveniencia
  incomodidad
  desacomodo
  ANTO conveniencia
    acomodo

disconvenir *verbo intransitivo*
1 desconvenir
  desavenirse
  disentir
  desacordarse
  ANTO acordar
    convenir

discordancia *nombre femenino*
1 disconformidad*
  desacuerdo
  disentimiento
  discordia
  desavenencia
  desunión

discordante *adjetivo*
1 desacorde

disconforme
  desavenido

discordia *nombre femenino*
1 disconformidad*
  desacuerdo
  discordancia
  disentimiento
  desavenencia
  desunión
  disensión
  división
  riña
  contienda
  disputa
  querella
  pendencia
  ANTO concordia
    avenencia
    concierto
    paz

discreción *nombre femenino*
1 sensatez
  prudencia
  tacto
  moderación
  mesura
  circunspección
2 reserva*
  recato

discrepancia *nombre femenino*
1 diferencia*
  divergencia
2 disentimiento
  disconformidad
  desacuerdo

discrepar *verbo intransitivo*
1 diferenciarse
  distar
2 divergir
  disentir
  discordar
  ANTO convenir
    consentir

discreto, -ta *adjetivo*
1 juicioso
  prudente
  sensato
  mesurado
  cuerdo
  sesudo*
2 agudo
  ingenioso
3 reservado
  recatado
  callado*
4 discontinuo
  interrumpido
  intermitente

discriminante *adjetivo*
1 discriminatorio

discriminar *verbo transitivo*
1 distinguir
  discernir*
  diferenciar
  especificar
2 separar
  seleccionar
  excluir

  Tratándose de personas, por motivos de raza, nacionalidad, política, religión, etc.

discriminatorio, -ria *adjetivo*
1 discriminante

discromasia *nombre femenino*
1 discromía
  discromatopsia

discromatopsia *nombre femenino*
1 discromía
  discromasia

discromía *nombre femenino*
1 discromasia
  discromatopsia

disculpa *nombre femenino*
1 descargo
  excusa
  defensa
  exculpación
2 pretexto
  rebozo
  socapa

disculpar *verbo transitivo/pronominal*
1 defender
  excusar
  justificar
  disimular
  tolerar
  permitir
  hacer la vista gorda (familiar)
2 perdonar*
  absolver
  exculpar
  hacer borrón y cuenta nueva
  ANTO culpar
    inculpar

discurrir *verbo intransitivo*
1 andar
  correr
  transcurrir
  pasar

a
b
c
d
e
f
g
h
i
j
k
l
m
n
ñ
o
p
q
r
s
t
u
v
w
x
y
z

Transcurrir y *pasar*, tratándose del tiempo.

2 reflexionar
pensar*
razonar
calcular
hablar consigo mismo
entrar a razones
verbo transitivo
3 idear
inventar
inferir
conjeturar
trazar
disponer
proyectar
planear

discursear *verbo intransitivo*
1 hablar
perorar
meter baza
hablar por los codos
tomar la palabra
descoser los labios
soltar el mirlo
ANTO callar

discurso *nombre masculino*
1 curso
paso
transcurso
2 raciocinio
reflexión
razonamiento*
3 oración
peroración
alocución
arenga
soflama
disertación
conferencia
sermón
plática
acusación
defensa
informe
perorata

discusión *nombre femenino*
1 debate
disputa
dimes y diretes (familiar)
patatín patatán (familiar)
altercado*
polémica
controversia

Cuando en una *disputa* se extrema la violencia, se convierte en *altercado*. La *polémica* y la *controversia* son semejantes al *debate*. La *polémica* supone más hostilidad que el *debate*, y puede ser oral o es-

crita. La *controversia* suele tratar de temas especulativos, teóricos, sin el propósito de tomar una decisión.

discutible *adjetivo*
1 dudoso*
cuestionable
controvertible
impugnable
disputable
problemático

discutir *verbo transitivo*
1 argumentar
argüir
razonar
impugnar
contradecir
replicar
objetar
2 debatir
altercar
contender
disputar

disección *nombre femenino*
Etimológicamente *disección* significa lo mismo que *anatomía*, y ambos términos pueden emplearse y se han empleado como equivalentes. Hoy, sin embargo, tiende a diferenciarse el nombre de *anatomía* (ciencia, estructura orgánica) del de *disección* (acción de disecar).

disector *nombre masculino*
1 (persona) prosector

diseminar *verbo transitivo/pronominal*
1 esparcir
desparramar
desperdigar
sembrar
dispersar
ANTO unir
juntar
recoger

disensión *nombre femenino*
1 disconformidad*
desacuerdo
disentimiento*
2 discordia
contienda
disputa
riña
rozamiento
desavenencia

disentimiento *nombre masculino*
1 desavenencia

discordia
desunión
desacuerdo
disconformidad*
discrepancia
desacuerdo
ANTO acuerdo
amistad

disentir *verbo intransitivo*
1 discrepar
discordar
desacordarse
ANTO convenir
avenirse

diseñar *verbo transitivo*
1 delinear
dibujar

diseño *nombre masculino*
1 traza
delineación
croquis
boceto

disertación *nombre femenino*
1 conferencia
discurso
razonamiento

disfavor *nombre masculino*
1 desaire
desatención
desplante

Si se comete con arrogancia o grosería, *desplante*.

disfonía *nombre femenino*
1 ronquera
carraspera (familiar)

disforia *nombre femenino*
1 inquietud
malestar
ANTO euforia

disforme *adjetivo*
1 deforme
2 desfigurado
desproporcionado
monstruoso

disformidad *nombre femenino*
1 deformidad

disformosis *nombre femenino*
1 deformidad

disfraz *nombre masculino*
1 máscara

disfrazado, -da *adjetivo*
1 larvado
oculto

Aplícase a enfermedades.

disfrazar *verbo transitivo*
1 desfigurar
  embozar
  ocultar
2 disimular
  simular
  encubrir

disfrutar *verbo transitivo*
1 percibir
  aprovecharse
  utilizar
  verbo intransitivo
2 gozar
  alegrarse
  complacerse
  divertirse
  regocijarse

disfrute *nombre masculino*
1 goce
  posesión
  placer
  ANTO dolor
    malestar
    disgusto

disfumar *verbo transitivo*
1 difumar
  esfumar
  esfuminar

disfumino *nombre masculino*
1 esfumino
  difumino

disgregable *adjetivo*
1 deleznable
  inconsistente
  frágil
  desmenuzable
  quebradizo

disgregación *nombre femenino*
1 dispersión
  disociación
  separación

disgregado, -da *adjetivo*
1 incoherente
  discontinuo
  disperso
  inconexo
  incongruente
  ANTO coherente
    conforme

disgregar *verbo transitivo/pronominal*
1 desagregar
  disociar
  dispersar
  disolver
  separar
  desunir

ANTO unir
  sumar
  agregar

Con frecuencia pueden sustituirse entre sí, pero tienen matices especiales que los hacen más aptos para ciertos usos. *Desagregar* sugiere separar dos o más cosas que estaban agregadas o unidas, en tanto que *disgregar* se refiere a una rotura o separación más íntima de las partes que componen un todo: cortarse una salsa es *desagregarse*; una roca se *disgrega* por la acción de la atmósfera. Mayor es aún la idea de quebrantamiento de un todo unitario en *desintegrar*: *desintegrar* un país, la materia. *Disociar* principalmente usado en química. Cuando se trata de una agrupación de seres individuales, *dispersar*: la multitud, el rebaño, se *dispersan*.

disgustado, -da *adjetivo*
1 descontento
  malcontento
  quejoso
2 mohíno
  triste
  melancólico
  enfadado

disgustar *verbo transitivo*
1 desagradar
  desazonar
  incomodar
  molestar
  contrariar
  enfadar
  repugnar
  dar a beber hieles

'*Disgustar, desagradar*. Estos verbos en su sentido recto tienen muy diferente significación: porque *disgustar* representa una acción puramente física, esto es, la que produce en nuestros sentidos la sensación opuesta al *gusto*; y *desagradar* representa una acción moral, esto es, la que produce en el ánimo la sensación opuesta al *agrado*. Pero el verbo *disgustar* se usa también figuradamente en el sentido moral, y en tal caso se refiere generalmente a todo lo que no satisface a la voluntad; *desagradar*, conservando siem-

pre la fuerza de su sentido recto, se refiere a lo que no satisface al ánimo, y debiera satisfacerle por obligación, atención u otros motivos. El enojo del padre *disgusta* a los hijos, y la desobediencia de los hijos *desagrada* al padre. (...) *Disgusta* el mal tiempo, y *desagrada* la mala fe' (LH).

Desagradar es expresión atenuada de *disgustar*; soportamos mejor lo que nos *desagrada* que lo que nos *disgusta*. Los demás verbos arriba enumerados están más cerca de *disgustar* que de *desagradar*.

2 apenar
  afligir
  apesadumbrar

disgusto *nombre masculino*
1 desazón
  repugnancia
  asco
  hastío
  ANTO gusto
    agrado
2 pesadumbre
  aflicción
  pena
  inquietud
  contrariedad
  ANTO alegría
3 contienda
  desavenencia
  diferencia
4 enfado
  tedio
  fastidio

disidencia *nombre femenino*
1 desacuerdo
  escisión
  cisma
  ruptura

disílabo, -ba *adjetivo*
1 bisílabo

disimetría *nombre femenino*
1 asimetría

disímil *adjetivo*
1 desemejante
  diferente
  dispar
  ANTO semejante

disimilitud *nombre femenino*
1 semejanza
  diferencia*

a
b
c
d
e
f
g
h
i
j
k
l
m
n
ñ
o
p
q
r
s
t
u
v
w
x
y
z

disimuladamente *adverbio*
1 bonitamente
mañosamente
diestramente

disimulado, -da
adjetivo/nombre
1 engañoso
falso
hipócrita
fingido
mosquita muerta
mátalas callando
socarrón
astuto
bellaco
taimado
solapado
adjetivo
2 diplomático
circunspecto
sagaz
ladino
3 subrepticio
oculto
furtivo

disimular *verbo transitivo*
1 encubrir
ocultar*
tapar
ANTO descubrir
confesar
2 disfrazar
fingir
desfigurar
andar por dentro la
procesión
quedarle otra cosa en el
cuerpo
3 tolerar
disculpar
perdonar
permitir
hacer la vista gorda
(familiar)

disimulo *nombre masculino*
1 afectación*
amaneramiento
rebuscamiento
estudio
fingimiento
doblez
presunción
artificio
astucia
artimaña
cautela
ficción
2 falsedad
mentira
engaño

impostura
ANTO verdad
lealtad
legitimidad

disipado, -da *adjetivo*
1 desvaído
pálido
descolorido
desteñido

disipador, -ra *adjetivo*
1 derramado
gastador
malgastador
manilargo
manirroto
derrochador
despilfarrador

disipar *verbo*
transitivo/pronominal
1 desvanecer
dispersar
ANTO reunir
2 desperdiciar
malgastar
derrochar
prodigar
verbo pronominal
3 evaporarse
desvanecerse
desaparecer
borrarse
ANTO aparecer

diskette, disquete *nombre*
masculino
1 (anglicismo) disco flexible
floppy (anglicismo)

dislate *nombre masculino*
1 disparate*
desatino
despropósito*
absurdo

dislocación *nombre femenino*
1 desplazamiento
paratopía
ectopía
exarticulación
luxación
dislocadura

dislocadura *nombre femenino*
1 dislocación
luxación
desplazamiento
paratopía
ectopía
exarticulación

dislocar *verbo transitivo*
1 desconcertar

descoyuntar
desencajar
desarticular

disminución *nombre femenino*
1 descrecimiento
decrecimiento
mengua
menoscabo
merma
baja
decadencia
descenso
caída
pérdida
quebranto
bajón*
ANTO auge
aumento
2 deducción
rebaja
descuento
resta
3 abdicación
renuncia
cesión

disminuir *verbo transitivo*
1 amenguar
aminorar
reducir
menoscabar
mermar
acortar
bajar
rebajar
abreviar
Reducir, menoscabar y *mermar* se refieren al número o al tamaño; *acortar,* a la longitud y duración; *bajar* y *rebajar* (altura, precio y número); *abreviar* (duración).
verbo intransitivo
2 decrecer
menguar
echar agua al vino (familiar)

disociación *nombre femenino*
1 separación
segregación
división
disgregación
desagregación
ANTO unión
fusión

disociar *verbo transitivo*
1 desunir
separar
disgregar*
desagregar

dividir
ANTO unir
 sumar

disolubilidad *nombre femenino*
1 solubilidad

disoluble *adjetivo*
1 soluble

disolución *nombre femenino*
1 solución

disoluto, -ta *adjetivo*
1 licencioso
 vicioso
 corrupto
 depravado

disolver *verbo transitivo*
1 desleír
 diluir

 Desleír es disgregar un cuerpo
 en un líquido, aunque no se
 disuelva en él: *desleír* una salsa en aceite. Todo lo que se
 disuelve se *deslíe*, pero no al
 revés. *Diluir* es sinónimo de
 desleír, aunque de uso culto o
 científico. En química significa
 disminuir la concentración de
 una solución, añadirle más di-
 solvente.

2 separar
 desunir
 disgregar*
3 destruir
 deshacer
 aniquilar

disonancia *nombre femenino*
1 destemple
 desentono
 desafinación

disonar *verbo intransitivo*
1 malsonar
 ANTO armonizar
2 discrepar
 chocar
 extrañar

disorexia *nombre femenino*
1 inapetencia
 anorexia
 desgana
 ANTO apetencia
 gana
 deseo

dispar *adjetivo*
1 desigual
 desemejante

distinto*
ANTO parejo
 igual
 semejante

disparador *nombre masculino*
1 gatillo

disparar *verbo transitivo*
1 arrojar
 lanzar
 tirar
 despedir
 descargar
 Tratándose de armas de fuego, *descargar* y *tirar*.

 verbo pronominal
2 desbocarse
 precipitarse

 verbo intransitivo
3 hacer fuego

 verbo transitivo
4 chutar
 tirar

disparatado, -da *adjetivo*
1 absurdo
 ilógico
 irracional
 desatinado
 ANTO razonable
 posible
 racional
 atinado
 lógico

 adjetivo/nombre
2 loco
 imprudente
 atolondrado
 insensato
 ANTO moderado

disparatar *verbo intransitivo*
1 desbarrar
 desatinar
 no tener pies ni cabeza
 hablar a tontas y a locas

disparate *nombre masculino*
1 desatino
 dislate
 absurdo
 despropósito
 ANTO cordura
 realidad

'*Disparate, desatino.* Uno y
otro se aplican a todo hecho o
dicho fuera de razón y propósito; pero cada uno tiene su
extensión y energía particular.
El *disparate* recae sobre hechos o dichos fuera de propósito por falta de reflexión, o

por incoherencia o disparidad
de ideas. El *desatino* recae
sobre hechos o dichos fuera
de propósito por falta de tino,
esto es, de inteligencia, de
prudencia, de razón (...). Es un
disparate el ir a pie, pudiendo
ir en coche. Es un *desatino* el
exponerse a un riesgo inminente de la vida. Un hombre
de buen humor suele decir
disparates que divierten, y no
desacreditan su talento, pero
nunca dice *desatinos*' (LH).

2 atrocidad
 demasía
 barbaridad
3 adefesio
 extravagancia

disparidad *nombre femenino*
1 diferencia*
 desemejanza
 desigualdad
 discrepancia
 ANTO semejanza
 igualdad

disparo *nombre masculino*
1 tiro
2 chut
 tiro

dispendioso, -sa *adjetivo*
1 caro*
 costoso

dispensado, -da *adjetivo*
1 franco
 exento
 exceptuado
 gratuito

dispensar *verbo transitivo*
1 dar
 conceder
 otorgar
 distribuir
2 eximir
3 excusar
 perdonar*
 disculpar
 absolver

dispensario *nombre masculino*
1 ambulatorio

dispersar *verbo*
 transitivo/pronominal
1 separar
 diseminar
 esparcir
 disgregar*

a
b
c
d
e
f
g
h
i
j
k
l
m
n
ñ
o
p
q
r
s
t
u
v
w
x
y
z

desagregar
disociar
ANTO unir
    reunir
    sumar
2 derrotar
    romper
    desbaratar
    desordenar
    ahuyentar
ANTO ordenar
3 disipar
    desvanecer
ANTO reunir

verbo pronominal
4 desbandarse
    desparramarse
    huir
    desperdigarse

dispersión *nombre femenino*
1 disgregación
    disociación
    separación

disperso, -sa *adjetivo*
1 incoherente
    discontinuo
    disgregado
    inconexo
    incongruente
ANTO coherente
    conforme

displicencia *nombre femenino*
1 apatía
    incuria
    indolencia
    dejadez
    desidia
    abandono
ANTO fervor
    anhelo
    esfuerzo
2 desabrimiento
    aspereza
ANTO simpatía

displicente *adjetivo*
1 desabrido
    áspero
' desapacible
    desagradable

disponer *verbo transitivo*
1 arreglar
    colocar
    ordenar
    aderezar
    aprestar*
2 preparar
    prevenir
    aguzar los dientes
    preparar los bártulos

'*Disponer* es un trabajo más elevado y más grande que preparar. Se *dispone* el plan y se preparan los medios para ejecutarlo. El que concibe la idea primitiva de una operación, el que posee la llave de ella, el que ha previsto sus consecuencias, es quien *dispone*. El que facilita los recursos, el que apronta los materiales, el que remueve los obstáculos, es quien *prepara*. La preparación está más cerca del hecho que la disposición. El jefe *dispone* y el subalterno *prepara*. Un padre dice a su hijo: *disponte* a marchar, y *prepara* lo necesario' (M).

3 deliberar
    mandar
    decidir
    preceptuar
    determinar
    resolver

disponible *adjetivo*
1 útil
    apto
    utilizable
    aprovechable

disposición *nombre femenino*
1 colocación
    ordenación
    arreglo
    distribución
ANTO desorden
2 aptitud*
    suficiencia
    capacidad
    idoneidad
    talento
    ingenio
ANTO ineptitud
    incapacidad
3 mandato*
    decisión
    resolución
    orden
    precepto
4 preparativo
    prevención
    medida
    medio

dispositivo, -va *adjetivo*
1 instrumento*
    mecanismo

dispuesto, -ta *adjetivo*
1 apuesto
    gallardo
2 hábil

    apto
    idóneo
    despejado
    despierto
    habilidoso
    inteligente
3 preparado
    prevenido
    listo

disputa *nombre femenino*
1 discusión*
    debate
    altercado
    cuestión
    contienda
    bronca
    riña
    pendencia
    reyerta
    pelotera
    cisco
    agarrada
2 polémica*
    discusión*
    controversia*
    disentimiento
    desaveniencia
    disgusto
    diferencia
ANTO paz
    acuerdo

disputable *adjetivo*
1 discutible
    dudoso
    cuestionable
    controvertible
    impugnable
    problemático

disputar *verbo transitivo/pronominal*
1 discutir
    cuestionar
    altercar
    controvertir
    enzarzar
    reñir
    pelearse
ANTO ceder
    pacificar
2 competir
    emular
    contender
ANTO pacificar
    apaciguar
    calmar

disquetera *nombre femenino*
1 unidad de disco
    unidad de diskettes
    unidad de floppies

a
b
c
d
e
f
g
h
i
j
k
l
m
n
ñ
o
p
q
r
s
t
u
v
w
x
y
z

distancia *nombre femenino*
1 trecho
  espacio
  intervalo*
  Intervalo, tratándose del tiempo cronológico.
2 diferencia
  desemejanza
  disparidad
3 desafecto
  discrepancia
  frialdad
  desapego

distanciar *verbo transitivo/pronominal*
1 apartar
  separar
  desunir
  dividir
  espaciar
  ANTO juntar

distante *adjetivo*
1 apartado
  alejado
  lejano*
  remoto
  lejos
  '*Distante* representa la idea del espacio que hay desde un punto a otro de un modo determinado y relativo; *lejos* (y *lejano*) de un modo absoluto e indeterminado. Se mide lo *distante*, esto es, la distancia o espacio determinado que hay entre dos puntos: no se mide lo *lejos*. Esta voz prescinde de toda dimensión. Está una legua *distante* de aquí, y no una legua *lejos*. Vino de muy *lejos*, y no de muy *distante*; porque con aquella voz parece que, en cierto modo, se pondera la distancia, suponiéndola indeterminada' (LH).

distar *verbo intransitivo*
1 diferenciarse
  discrepar
  diferir

distena *nombre femenino*
1 kyanita

distender *verbo transitivo*
1 aflojar
  desapretar
  soltar
  ANTO apretar
    ceñir

distendido, -da *adjetivo*
1 laxo
  flojo

distensión *nombre femenino*
1 laxitud
  flojera
  atonía
2 (de miembros o nervios)
  extensión
  estiramiento
  elongación
3 (de una articulación)
  torcedura
  esguince

dístico *nombre masculino*
1 pareado
  Pareado, más usado en la poesía moderna. *Dístico* se dice generalmente tratando de la versificación griega y latina.

distinción *nombre femenino*
1 elegancia
2 prerrogativa
  excepción
  honor
  honra

distingo *nombre masculino*
1 distinción
  reparo
  restricción
  sutileza

distinguido, -da *adjetivo*
1 elegante
  selecto
  notable
  ilustre
  esclarecido
  señalado
  principal
  precipuo
  noble
  hidalgo
  caballeroso
  ANTO vil

distinguir *verbo transitivo*
1 diferenciar
  separar
  especificar
  discriminar
  discernir
2 caracterizar
3 divisar
4 honrar
  verbo pronominal
5 sobresalir
  descollar*
  resaltar
  despuntar

  señalarse
  ANTO ocultarse
    vulgarizarse

distintivo *nombre masculino*
1 marca*
  señal
  insignia
  divisa

distintivo, -va *adjetivo*
1 peculiar
  propio
  privativo
  característico
  particular

distinto, -ta *adjetivo*
1 diverso
  diferente
  desemejante
  dispar
  desigual
  divergente
  ANTO igual
    semejante
  Desemejante y *dispar* se dice de las cosas diferentes que no se parecen entre sí o cuyas diferencias son muy marcadas.
  '*Distinto* es lo que no tiene identidad con otra cosa; *diferente* lo que no tiene todas las cualidades, todos los accidentes y toda la forma de otra cosa. Lo *diferente* se refiere a las circunstancias accidentales, y por esto decimos que los hombres son *diferentes* en estatura, en color, etc. No decimos que las personas de la Trinidad son *diversas*, ni *diferentes*, sino *distintas*. No decimos que el vegetal es un ser *distinto* ni *diferente* del animal, sino *diverso*. No decimos que un hombre alto es *distinto* ni *diverso* de uno pequeño, sino *diferente*' (M). 'Un perro y un gato son animales de *distinta* especie, de *diferente* figura y de *diversas* inclinaciones' (LH).
2 claro
  preciso
  inteligible
  ANTO confuso

distorsión *nombre femenino*
1 torcedura
  torsión
  torcimiento
  detorsión
  desviación

distracción *nombre femenino*
1 entretenimiento
diversión
pasatiempo
recreo
solaz
2 omisión
olvido
inadvertencia
lapsus
3 desatención
inatención
ANTO atención

distraer *verbo transitivo/pronominal*
1 desatender
apartar
desviar
pasar de largo
hacer orejas de mercader
ANTO oír
cuidarse
ocuparse
atender
2 defraudar
malversar

Tratándose de fondos o caudales, *distraer* es un eufemismo por *defraudar, malversar.*

3 entretener*
recrear
divertir
tener la cabeza a las once
tener la cabeza a pájaros
ANTO aburrir

distraído, -da *adjetivo*
1 desatento
descuidado

distribución *nombre femenino*
1 reparto
partición
división
repartición
2 disposición
colocación
ordenación
arreglo
ANTO desorden
3 estructura
contextura
organización
orden

distribuidor *nombre masculino*
1 partidor
repartidor

distribuir *verbo transitivo/pronominal*
1 dividir*

repartir*
partir
ANTO sumar
reunir
2 dispensar
dar
conceder
otorgar

distrito *nombre masculino*
1 partido
territorio

disturbio *nombre masculino*
1 perturbación
asonada
alboroto
tumulto
motín
remolino
inquietud
alteración

disuadir *verbo transitivo/pronominal*
1 desaconsejar
desarrimar
quitar la voluntad
quitar de la cabeza
poner por delante
apartar
distraer
ANTO animar
aconsejar

disyunción *nombre femenino*
1 división
separación
desprendimiento
ANTO unión
fusión

disyuntiva *nombre femenino*
1 alternativa*

ditirambo *nombre masculino*
1 alabanza
encomio
elogio

El *ditirambo* supone exageración extremosa.

diuresis *nombre femenino*
1 micción
uresis

diurético, -ca *adjetivo*
1 uragogo

divagar *verbo intransitivo*
1 vagar
errar
ir con el hato a cuestas
andarse por las ramas
ANTO precisar
concretar

divergencia *nombre femenino*
1 diferencia*
disparidad
discrepancia

divergente *adjetivo*
1 diferente
distinto*
diverso
desigual
desemejante
ANTO igual
semejante

divergir *verbo intransitivo*
1 discrepar
disentir
discordar
ANTO convenir
consentir

diversidad *nombre femenino*
1 variedad
ANTO unidad
2 desemejanza
diferencia*
disparidad
ANTO indiferencia
homogeneidad

diversión *nombre femenino*
1 distracción
entretenimiento
pasatiempo
recreo
solaz
esparcimiento
ANTO aburrimiento
enfado

La *diversión* engloba los matices de todos estos sinónimos, pero se siente hoy en general como más intensa. *Distracción*, *recreo*, *solaz* y *esparcimiento* connotan descanso o interrupción del trabajo o preocupaciones, desviando la atención de ellos. *Entretenimiento* y *pasatiempo* son recursos para llenar el rato sin aburrirse. El empresario de espectáculos que ofreciese al público *entretenimiento* o *recreo*, y no *diversión*, se quedaría corto en su propaganda. 'El *entretenimiento* indica una ligera ocupación, suficiente para libertarnos del fastidio de una completa ociosidad, haciéndonos pasar el tiempo de modo que nos sea menos pesada nuestra completa inacción: es propiamente un pasatiempo. La *diversión* indica más interés, más agradable ocupación, mayor *entretenimiento* (...): *entreteniéndonos* pasamos el tiempo, *divirtiéndonos* gozamos de él. El placer que nos *entretiene* siempre es frívolo y ligero; el que nos *divierte* es más vivo, fuerte e interesante. El *entretenimiento* es la ocupación del que ninguna tiene; es un recurso del que en nada se ocupa, del hombre ocioso, fastidiado (...) La *diversión* es una distracción del trabajo, una relajación de él, un descanso, un recreo para desahogo, ya sea corporal o mental, que proporcione recobrar fuerzas para volver a la tarea' (O).

2 broma
bulla
jarana
gresca
fiesta*
alegría
regocijo
festejos
3 función
espectáculo

diverso, -sa *adjetivo*
1 distinto
diferente
desemejante
dispar
⇒ diversos

diversos, -sas *adjetivo plural*
1 varios
variados
muchos
⇒ diverso

divertido, -da *adjetivo*
1 festivo
alegre*
jovial
jocoso
regocijado
ameno
grato
agradable
deleitable
placentero
entretenido
encantador
2 animado
concurrido
movido

divertir *verbo transitivo/pronominal*
1 recrear
entretener
distraer
solazar
darse un verde
echar una cana al aire
ANTO aburrir
irritar

dividir *verbo transitivo*
1 partir
Como operación aritmética.

2 fraccionar
partir
separar
fragmentar.
cortar
seccionar
segmentar
tajar*

Tratándose de cosas, *fraccionar, partir, separar* y *fragmentar.* Según el medio empleado o las cosas a que se aplica, *dividir* puede ser sinónimo de *cortar, seccionar, segmentar(se),* etc.

3 repartir*
distribuir

'Se *divide* por partes iguales; se *reparte* por partes desiguales; se *distribuye* según la parte que a cada uno de los partícipes corresponde. *Dividir* la caza entre los cazadores quiere decir que a cada uno se da igual número de piezas. *Repartir* limosnas es dar dinero a los pobres, sin consideración a la cantidad que cada uno recibe. *Distribuir* el producto de un decomiso es dar tanto al denunciador, tanto a la hacienda pública, etc.' (M).

4 indisponer
malquistar
enemistar
desavenir
desunir
desagregar

divieso *nombre masculino*
1 forúnculo
furúnculo

divinamente *adverbio*
1 perfectamente
admirablemente

divinizar *verbo transitivo*
1 deificar
2 endiosar

divisa *nombre femenino*
1 distintivo
señal
marca
insignia
2 lema
mote
3 moneda extranjera

divisar *verbo transitivo*
1 distinguir
entrever
columbrar
vislumbrar
ANTO ocultar
confundir

Distinguir es ver con claridad suficiente para saber de qué se trata. A medida que la visión va siendo menos distinta establecemos cierta gradación entre *divisar, entrever, columbrar* y *vislumbrar.*

división *nombre femenino*
1 partición*
repartición
reparto
distribución
fracción
fraccionamiento
2 desunión
discordia
desavenencia

divisor, -ra *adjetivo/nombre*
1 submúltiplo
factor

divulgación *nombre femenino*
1 expansión
difusión

divulgado, -da *adjetivo*
1 sonado
ruidoso
sensacional

divulgar *verbo transitivo*
1 vulgarizar
difundir
publicar
pregonar
esparcir
sembrar
echar las campanas a vuelo
hacer público
propagar
propalar*
ANTO ocultar

a
b
c
d
e
f
g
h
i
j
k
l
m
n
ñ
o
p
q
r
s
t
u
v
w
x
y
z

encubrir
tapar

Cuando se trata de ciencias, conocimientos, doctrinas, etc., *vulgarizar, difundir.* Si se trata de noticias, rumores, todos los demás sinónimos.

dobladillo *nombre masculino*
1 repulgo

doblado *nombre masculino*
1 doblaje

doblaje *nombre masculino*
1 doblado

doblar *verbo transitivo*
1 duplicar
2 plegar
3 torcer
arquear
encorvar
doblegar
ANTO enderezar
4 tocar a muerto
clamorear
verbo pronominal
5 ceder
doblegarse
someterse
allanarse
plegarse
ablandarse
blandearse
ANTO resistir

doble *adjetivo*
1 gemelo
gémino (culto)

doblegable *adjetivo*
1 flexible
dócil
manejable
adaptable
ANTO duro

doblegar *verbo transitivo/pronominal*
1 torcer
arquear
encorvar
doblar
ANTO enderezar
2 ablandar
blandear

doblez *nombre masculino*
1 pliegue
repliegue
nombre ambiguo
2 duplicidad
doble juego

doble trato
mala fe
hipocresía
fingimiento
simulación
disimulo
afectación*

doblón de vaca *nombre masculino*
1 callos (de vaca)

doceno, -na *adjetivo*
1 duodécimo
decimosegundo

docetismo *nombre masculino*
1 gnosticismo

dócil *adjetivo*
1 obediente
sumiso
ANTO inflexible
indisciplinado
desobediente
2 apacible
suave
dulce
manso

docilidad *nombre femenino*
1 dulzura
afabilidad
bondad
suavidad
2 obediencia
sumisión
acatamiento
sujeción
mansedumbre

dock *nombre masculino*
1 (anglicismo) dársena

docto, -ta *adjetivo*
1 instruido
entendido
ilustrado
erudito
sabio*

doctor, -ra *nombre*
1 médico
facultativo
galeno
mediquín (despectivo)
medicastro (despectivo)
matasanos (despectivo)

doctorando, -da *nombre*
1 graduando
licenciando

doctrina *nombre femenino*
1 enseñanza

2 opinión
teoría
sistema

documento *nombre masculino*
1 dato
nota

dogma *nombre femenino*
1 fe
creencia
religión
ANTO incredulidad

dolencia *nombre femenino*
1 achaque
enfermedad*
padecimiento
mal
indisposición*

dolerse *verbo pronominal*
1 quejarse
lamentarse
2 compadecerse
apiadarse
condolerse
3 arrepentirse
compungirse

dolido, -da *adjetivo*
1 quejoso
descontento
disgustado
resentido

doliente *adjetivo*
1 enfermo*
2 dolorido
apenado
desconsolado
afligido
contristado

dolo *nombre masculino*
1 engaño
fraude
simulación

dolomía *nombre femenino*
1 caliza
lenta

dolor *nombre masculino*
1 mal
pupa
Entre niños, *pupa.*
2 aflicción
pena
pesar
pesadumbre
tristeza*
desconsuelo
tormento

suplicio
angustia
tortura
ANTO gozo
    consuelo

Pesadumbre sugiere a veces arrepentimiento; *tristeza* implica un estado de ánimo de cierta duración.

dolorido, -da *adjetivo*
1 apenado
    desconsolado
    doliente
    afligido
    apesarado

doloroso, -sa *adjetivo*
1 lamentable
    lastimoso
    penoso
    angustioso

doloso, -sa *adjetivo*
1 pícaro
    bajo
    ruin
    pillo
    villano
    granuja
    vil
    engañoso
    fraudulento

doma *nombre femenino*
1 domadura
    Usados en la hípica.

domadura *nombre femenino*
1 doma
    Usados en la hípica.

domar *verbo transitivo*
1 domesticar
    amansar
    desembravecer
    amaestrar
2 sujetar
    reprimir
    dominar

dombo *nombre masculino*
1 domo
    cúpula
    media naranja

domeñar *verbo transitivo*
1 dominar
    sujetar
    avasallar
    someter
    rendir

domesticar *verbo transitivo*
1 amansar*

desembravecer
domar
amaestrar

doméstico, -ca *adjetivo/nombre*
1 sirviente
    criado*

domiciliado, -da *adjetivo/nombre*
1 vecino
    habitante
    morador
    residente

domiciliarse *verbo pronominal*
1 avecindarse
    establecerse

domicilio *nombre masculino*
1 casa*
    morada
    residencia
    habitación*
    asiento
    sitio
    lugar
    sede
    hogar
    lar

dominador, -ra *adjetivo*
1 imperioso
    imperativo*
    autoritario

dominante *adjetivo*
1 imperioso
    absoluto*
    avasallador
    imperativo*
2 preponderante
    predominante

dominar *verbo transitivo/pronominal*
1 subyugar
    señorear
    sujetar
    someter
    supeditar
    sojuzgar
    avasallar
    alzar la voz
    meter en cintura
    tener la sartén por el
        mango
    aherrojar*
    ANTO sublevar
        servir
        irritar
    Sojuzgar implica violencia.
2 sobresalir
    descollar

verbo pronominal
3 reprimirse
    contenerse
    ANTO irritarse

dominguero, -ra *adjetivo*
1 (familiar) endomingado

dominguillo *nombre masculino*
1 tentemozo
    matihuelo
    tentetieso
    siempretieso

dominicos *nombre masculino plural*
1 predicadores

dominio *nombre masculino*
1 poder
    propiedad
    pertenencia
    ANTO esclavitud
        servidumbre
2 superioridad
    autoridad
    imperio
    predominio
    potestad
    poder
    ANTO esclavitud
        servidumbre
3 soberanía
    imperio
    señorío
    Hablando del territorio en que se ejerce el dominio.

domo *nombre masculino*
1 cúpula
    dombo
    media naranja

dompedro *nombre masculino*
1 (familiar) bacín (vaso)
    orinal
    perico
    sillico
    tito
    vaso
    zambullo
2 dondiego
    arrebolera
    donjuán
    diego

don *nombre masculino*
1 dádiva
    presente
    regalo*
    ofrenda
    donativo
2 gracia
    habilidad

a

talento
aptitud
3 cualidad
prenda
dote
excelencia

b

c

donación *nombre femenino*
1 cesión
don
dádiva*
regalo

d

e

donado, -da *nombre*
1 hermano
hermanuco (despectivo)

f

Hermano, en oposición a *Padre profeso*.

g

h

donador, -ra *adjetivo/nombre*
1 donante

i

donaire *nombre masculino*
1 discreción
gracia
donosura
gracejo
ANTO desgracia

j

k

l

Discreción, gracia y *donosura*,
se refieren al modo de decir,
moverse o hacer algo. *Gracejo*, sólo al modo de hablar o
escribir, y envuelve matiz festivo.

m

n

2 chiste
agudeza
ocurrencia
3 gentileza
gallardía
soltura
ANTO desgarbo

ñ

o

p

donairoso, -sa *adjetivo*
1 donoso
ocurrente
gracioso
chistoso

q

r

s

donante *adjetivo/nombre común*
1 donador

t

donar *verbo transitivo*
1 dar
regalar
entregar
ANTO quitar

u

v

w

donativo *nombre masculino*
1 dádiva*
regalo*
cesión
donación
oferta
don

x

y

z

doncellez *nombre femenino*
1 virginidad
integridad

donde[1] *adverbio*
1 adonde

donde[2] *pronombre relativo*
1 que
el que
el cual

dondequiera *adverbio*
1 doquier
doquiera

dondiego *nombre masculino*
1 arrebolera
dompedro
donjuán
diego
maravilla (planta)

donjuán *nombre masculino*
1 dondiego
arrebolera
dompedro
diego
maravilla (planta)

donoso, -sa *adjetivo*
1 donairoso
ocurrente
gracioso
chistoso*

donostiarra *adjetivo/nombre común*
1 easonense

doquier *adverbio*
1 dondequiera
doquiera

dorar *verbo transitivo*
1 sobredorar

Tratándose de metales (especialmente plata), *sobredorar*.

2 paliar
encubrir
atenuar
endulzar
dulcificar
suavizar

dormida *nombre femenino*
1 sueño

dormilar *nombre masculino*
1 (juego) escondite
ori

dormir *verbo intransitivo/pronominal*
1 adormecerse*

adormilarse
reposar
descansar
yacer*
ANTO despertarse

Adormecerse y *adormilarse*,
significan empezar a dormirse
o dormirse a medias. *Reposar*
y *descansar*, aunque expresan
idea diferente y más general,
se usan a veces por *dormir*
como expresiones selectas.

2 pernoctar

verbo pronominal
3 descuidarse
abandonarse
confiarse
ANTO cuidarse

dormitivo, -va *adjetivo/nombre masculino*
1 somnífero
hipnótico

dormitorio *nombre masculino*
1 alcoba

dornajo *nombre masculino*
1 dornillo
barcal

dornillo *nombre masculino*
1 dornajo
barcal

dorsal *nombre masculino*
1 pectoral (atletismo)

dorso *nombre masculino*
1 espalda
2 revés*
reverso

dosel *nombre masculino*
1 pabellón

dotación *nombre femenino*
1 asignación
2 tripulación
3 personal

dote *nombre femenino*
1 excelencia
prenda
cualidad
don
caudal
bienes
ANTO indigencia

dozavo, -va *adjetivo/nombre*
1 duodécimo

dragón *nombre masculino*
1 (planta) becerra

boca de dragón
dragoncillos

dragoncillo *nombre masculino*
1 estragón

⇒ dragoncillos

dragoncillos *nombre masculino plural*
1 (planta) dragón
becerra
boca de dragón

⇒ dragoncillo

dragontea *nombre femenino*
1 culebrilla
serpentaria
taragontía
zumillo

drenaje *nombre masculino*
1 avenamiento

dría *nombre femenino*
1 dríada
dríade
hamadríada
hamadríade

dribbling *nombre masculino*
1 (anglicismo) regate
regateo

driblar *verbo transitivo*
1 (anglicismo) regatear

droga *nombre femenino*
1 narcótico
2 embuste

drogadicción *nombre femenino*
1 drogodependencia
narcomanía
toxicomanía
adicción

drogadicto, -ta *adjetivo/nombre*
1 toxicómano
adicto
drogata (vulgar)
drogota (vulgar)

drogata *adjetivo/nombre común*
1 (vulgar) toxicómano
adicto
drogadicto
drogota (vulgar)

drogodependencia *nombre femenino*
1 narcomanía
drogadicción
toxicomanía
adicción

drogota *adjetivo/nombre común*
1 (vulgar) toxicómano
adicto
drogata (vulgar)
drogadicto

dualidad *nombre femenino*
1 dualismo
2 dimorfismo

dualismo *nombre masculino*
1 dualidad

ducho, -cha *adjetivo*
1 experimentado
diestro
versado
entendido
perito
avezado
ANTO inexperto

dúctil *adjetivo*
1 blando
condescendiente
acomodadizo
acomodaticio*

duda *nombre femenino*
1 incertidumbre
irresolución*
perplejidad*
vacilación
indecisión
2 problema
cuestión
3 escrúpulo
sospecha
recelo
aprensión

dudar *verbo intransitivo*
1 vacilar
fluctuar
titubear
poner en tela de juicio
poner en cuarentena
estar colgado de los
cabellos
ANTO creer

dudoso, -sa *adjetivo*
1 inseguro
incierto
problemático
equívoco*
ambiguo*
discutible
cuestionable
controvertible
impugnable
disputable
anfibológico
oscuro
turbio

Inseguro, incierto, problemático y *equívoco* se dicen de los hechos, noticias, relatos, etc., que ofrecen duda. Tratándose del sentido de las palabras, *equívoco* y *ambiguo*.

'Es *dudoso* el sentido de una frase cuando contiene alguna alusión oscura, alguna confusión en las ideas, alguna explicación insegura o defectuosa; es *equívoco* cuando hay en ella voces de doble significado; es *ambiguo* cuando la construcción puede tener distintas interpretaciones. Es *dudoso* el sentido del 'tu quoque, fili!' de César a Bruto, porque no se sabe si le hablaba como a hijo verdadero, o simplemente le dirigía una palabra cariñosa. Es *equívoca* la frase española 'He comprado un par de botas', porque esta palabra puede significar la bota, calzado, o la bota de vino. Son *ambiguas* las oraciones latinas de infinitivo con dos acusativos, porque no se sabe cuál de ellos representa el sujeto y cuál el complemento, como la célebre sentencia del oráculo: 'Dico te romanos vincere posse"(M).

2 vacilante
indeciso
perplejo
irresoluto

Cuando *dudoso* se refiere a la persona que duda, equivale a los sinónimos aquí recogidos.

'La diferencia consiste en que *dudoso* es el que no se decide a obrar. El hombre está *dudoso* cuando las razones que tiene para dar asenso a lo que se le dice son de tanta fuerza como las que tiene para negárselo; está *perplejo*, cuando, entre dos resoluciones que se le presentan, no sabe cuál es la que ha de adoptar. En el *dudoso* está el entendimiento en equilibrio; en el *perplejo* lo está la voluntad' (M).

duelo[1] *nombre masculino*
1 desafío
lance de honor
encuentro
combate
reto

a b c d e f g h i j k l m n ñ o p q r s t u v w x y z

duelo² nombre masculino
1 dolor
   aflicción
   pena*
   pesar
   desconsuelo

duende nombre masculino
1 martinico
   trasgo

dueña nombre femenino
1 ama
   señora
   propietaria
   patrona

dueño nombre masculino
1 señor*
   propietario
   amo
   patrón
   patrono
   empresario
   Patrono y empresario en la industria y el alto comercio.

duerna nombre femenino
1 artesa
   masera

dulce adjetivo
1 suave
   agradable
   deleitable
   deleitoso
   placentero
   melodioso*
2 afable
   bondadoso
   apacible
   indulgente
   complaciente
   dócil

dulcería nombre femenino
1 confitería
   pastelería

dulcificar verbo
   transitivo/pronominal
1 endulzar
   edulcorar
   ANTO amargar
2 suavizar
   mitigar
   atenuar
   calmar
   sosegar
   ANTO irritar

dulzarrón, -ona adjetivo
1 empalagoso
   dulzón

   melifluo
   meloso
   almibarado

dulzón, -ona adjetivo
1 almibarado
   meloso
   melifluo
   empalagoso
   dulzarrón

dulzor nombre masculino
1 dulzura

dulzura nombre femenino
1 dulzor
2 afabilidad
   bondad
   suavidad
   mansedumbre
   docilidad
   blandura*

duna nombre femenino
1 médano
   medaño
   mégano

dundeco, -ca adjetivo
1 dundo
   tonto

dundo, -da adjetivo
1 tonto

duodécimo, -ma
   adjetivo/nombre
1 dozavo
   adjetivo
2 doceno
   decimosegundo

dúplica nombre femenino
1 contrarréplica

duplicar verbo transitivo
1 doblar

duplicidad nombre femenino
1 doblez
   falsedad
   fingimiento
   hipocresía
   doble trato

durable adjetivo
1 duradero
   estable
   perdurable
   permanente
   persistente
   constante
   ANTO pasajero
   efímero

duración nombre femenino
1 dura
   Dura se aplica únicamente a cosas materiales que se desgastan con el uso: un calzado de mucha dura. No se diría, en cambio, de una pasión, que tiene larga o mucha dura.

duradero, -ra adjetivo
1 durable
   estable
   perdurable
   permanente
   persistente
   constante
   inextinguible
   indeleble
   largo*
   Durable y estable se dice de lo que dura o puede durar; duradero es lo que realmente dura. Lo que por sus condiciones propias hace pensar en una larga vida futura, es durable o estable; por ejemplo. muchas instituciones humanas, leyes, etc., lo cual no quiere decir que, después de hacer la prueba de ellas, resulten en todos los casos duraderas. Por esto en las cosas materiales, como una prenda de vestir, se prefiere decir que son duraderas. Perdurable es lo que dura siempre, como la vida perdurable o eterna; permanente es lo que dura siempre o largo tiempo, dentro de la relatividad humana, sin sufrir cambio. Persistente da la idea de acción o sucesión repetida o reiterada, como un ruido persistente, un mal tiempo persistente. Lo constante connota resolución, voluntad de durar: un amor constante.

durar verbo intransitivo
1 tirar
   perdurar
   vivir
   subsistir
   permanecer
   ir para largo (familiar)
   haber para rato
   hacerse crónico
   ANTO acabarse
   Tirar es durar trabajosamente: el enfermo va tirando; ese traje tirará todo el invierno. Durar se aplica propiamente a los

seres inanimados, en tanto que *vivir* es propio de los seres animados; pero uno y otro verbos se intercambian a menudo, si bien domina en cada caso el matiz estático de *durar* y el dinámico de *vivir*; decir que un hombre *dura* muchos años es expresión irónica; cuando decimos que un edificio *vive* desde hace dos siglos, pensamos en el movimiento, utilidad, etc., que hay en él. Las instituciones, costumbres, recuerdos, etc., *duran* o *viven* según el matiz predominante. *Perdurar* es intensivo; significa *durar* mucho o siempre.

duraznillo *nombre masculino*
1 hierba pejiguera
 persicaria

durazno *nombre masculino*
1 melocotón

dureza *nombre femenino*
1 solidez
 consistencia
 resistencia
2 severidad
 aspereza
 rigor
 rudeza
 violencia
3 callosidad
 induración

durillo *nombre masculino*
1 tino (arbusto)
2 doblilla
3 cornejo
 corno
 cerezo silvestre
 sangüeño
 sanguino
 sanguiñuelo

duro
 estar sin un duro *locución*
 (familiar)
 estar sin blanca
 no tener dinero
 no tener un cuarto

duro, -ra *adjetivo*
1 resistente
 consistente
 fuerte
 compacto
2 severo
 rudo
 áspero
 violento
 cruel
 despiadado
 inhumano
3 penoso
 trabajoso
 cansado
 insoportable
 intolerable

a
b
c
d
e
f
g
h
i
j
k
l
m
n
ñ
o
p
q
r
s
t
u
v
w
x
y
z

easonense *adjetivo/nombre común*
1 (persona) donostiarra

ébano *nombre masculino*
1 abenuz

ebonita *nombre femenino*
1 vulcanita

ebriedad *nombre femenino*
1 borrachera
embriaguez
curda
turca
mona
jumera
chispa
ANTO sobriedad

ebrio, -bria *adjetivo*
1 borracho
embriagado
beodo
hecho una cuba
ANTO abstemio
sereno

ebullición *nombre femenino*
1 hervor

ebúrneo, -ea *adjetivo*
1 marfileño

echada *nombre femenino*
1 echazón

echadillo, -lla *adjetivo/nombre*
1 expósito
echadizo
inclusero
enechado
peño

echadizo, -za *adjetivo/nombre*
1 expósito
echadillo
inclusero
enechado
peño

echado[1] *nombre masculino*
1 buzamiento

echado, -da[2]
echado para adelante
locución adjetiva
bragado
animoso
enérgico
firme
entero
valiente
intrépido
ANTO cobarde
blando
indeciso

echaperros *nombre masculino*
1 perrero

echar *verbo transitivo*
1 arrojar
lanzar
tirar
despedir

'*Echar* es una acción menos violenta que *arrojar* y *lanzar.* Se *echa,* y no se *arroja* ni se *lanza,* agua en el vaso, dinero en el bolsillo, trigo en el costal. No se *echa* uno en un precipicio, sino que se *arroja* o se *lanza. Echarse* en la cama no es lo mismo que *lanzarse* o *arrojarse* en la cama. En el primer caso se expresa una acción ordinaria y tranquila (*tenderse, tumbarse*); en el segundo, la de un hombre agitado por la pasión u oprimido por el cansancio' (M).

2 despedir*
despachar
licenciar

En este caso, *echar* a un criado supone más violencia que *despedirlo, licenciarlo* o *des-*

pacharlo, y el sentido se acerca al de *expulsar.*

verbo pronominal
3 abalanzarse
precipitarse
arrojarse
acometer
ANTO recogerse

Echarse sobre equivale a *acometer* en muchas ocasiones.

4 tenderse
tumbarse
ANTO levantarse
incorporarse

echazón *nombre femenino*
1 echada

eclesiástico *nombre masculino*
1 clérigo
sacerdote
cura
presbítero
tonsurado

eclipsarse *verbo pronominal*
1 ausentarse
desaparecer
evadirse
escaparse
huir
ANTO permanecer

eco *nombre masculino*
1 repercusión
resonancia
tornavoz

tener eco *locución*
propagarse
difundirse
extenderse

economía *nombre femenino*
1 crematística

Especialmente en lo que se refiere al dinero.

2 ahorro

ANTO despilfarro
3 escasez
  parquedad
  miseria

económico, -ca *adjetivo*
1 ahorrador
  ahorrativo
  guardoso

economizar *verbo transitivo*
1 ahorrar
  guardar
  reservar
  cerrar la bolsa
  contar los garbanzos
  ANTO gastar

ecosistema *nombre masculino*
1 holocenosis

ectopía *nombre femenino*
1 desplazamiento
  dislocación
  paratopía
  luxación
  dislocadura
  exarticulación

ecuánime *adjetivo*
1 sereno
  juicioso
  ponderado
  moderado
  ANTO parcial
    impaciente
2 equitativo
  justo
  imparcial
  recto
  igual

ecuanimidad *nombre femenino*
1 equilibrio
  mesura
  sensatez
2 igualdad
  imparcialidad

ecuestre *adjetivo*
1 caballar*

ecuménico, -ca *adjetivo*
1 universal*

edad

  edad adulta *locución nominal*
  madurez
  edad de la vida
  niñez
  infancia
  puericia
  menor de edad

edén *nombre masculino*
1 paraíso

edentado, -da *adjetivo*
1 desdentado

edible *adjetivo*
1 comestible

edicto *nombre masculino*
1 mandato
  decreto
  bando

edificación *nombre femenino*
1 erección
  construcción

edificar *verbo*
  transitivo/pronominal
1 construir
  erigir*
  levantar
  obrar
  ANTO destruir
2 dar ejemplo
  servir de modelo
  ANTO pervertir

edificio *nombre masculino*
1 construcción
  obra
  ⇒ construir

El *edificio* está destinado a habitación del hombre o usos análogos: vivienda, museo, cuartel, oficinas, etc. Un puente, un dique, son *construcciones*, no *edificios*.

edil *nombre masculino*
1 concejal
  munícipe
  regidor municipal

editar *verbo transitivo*
1 publicar
  imprimir

edomita *adjetivo/nombre común*
1 (persona) idumeo

edrar *verbo transitivo*
1 binar (en las viñas)

educación *nombre femenino*
1 enseñanza
  instrucción*
  adoctrinamiento

La *educación* abarca la personalidad entera del hombre, corporal y espiritual, en todos sus aspectos. La *enseñanza* se dirige sobre todo a la inteligencia y al saber. El significado de *enseñanza* se acerca al

de *instrucción* y *adoctrinamiento*.
2 buena crianza
  urbanidad*
  cortesía
  modos

En esta acepción, dícese normalmente *buena educación*.

'La palabra *crianza* se refiere principalmente a la física y material; la de *educación* a lo formal o moral. La nodriza *cría* y no *educa* al niño: esto corresponde a sus padres y maestros. Los animales *crían* a sus hijuelos (...) Sin embargo, se usa muchas veces *crianza* por *educación*, ya sea buena o mala; y entonces corresponde a urbanidad, cortesía, atenciones y miramientos' (O).

educador, -ra *nombre*
1 pedagogo
  maestro

educando, -da *adjetivo/nombre*
1 colegial
  escolar
  alumno
  discípulo
  estudiante

educar *verbo*
  transitivo/pronominal
1 enseñar*
  dirigir
  ANTO malcriar
    viciar
2 desarrollar
  afinar
  perfeccionar
3 domar
  amaestrar

Tratándose de animales.

edulcorar *verbo transitivo*
1 dulcificar
  endulzar
  ANTO amargar

efectividad *nombre femenino*
1 realidad
  existencia
  ANTO inexistencia

efectivo[1] *nombre masculino*
1 dinero*
  numerario

efectivo, -va[2] *adjetivo*
1 real

verdadero
cierto
positivo*
2 operativo
útil
ANTO inútil

efecto *nombre masculino*
1 resultado
consecuencia*
producto
ANTO causa

'Aunque en el sentido metafórico *efecto* y *producto* se usan como sinónimos, no lo son en el sentido recto. El *efecto* no proviene tan visiblemente de la causa como el *producto*. La ligazón entre el *efecto* y la causa puede ser dudosa; la del *producto* no puede serlo. No es patente a todos que las mareas sean *efecto* de las variaciones lunares; pero nadie duda que la cosecha es *producto* del sembrado, ni que la fruta es *producto* del árbol. El *producto* tiene una existencia real; el *efecto* no la tiene siempre. La muerte es *efecto*, y no *producto* de la enfermedad o de la herida. No se dice los *efectos*, sino los *productos*, de un capital, de una industria, del ejercicio de una profesión' (M).

2 impresión
sensación
3 mercancía
mercadería
valor mercantil
títulos
valores

Títulos y *valores* son *efectos* públicos.

4 lift (anglicismo)
Lift se usa en el tenis.

por efecto de *locución conjuntiva*
por
a causa de
a consecuencia de
por razón de
⇒ efectos

efectos *nombre masculino plural*
1 muebles
enseres
⇒ efecto

efectuar *verbo transitivo/pronominal*
1 ejecutar
realizar*
cumplir
llevar a cabo
llevar a efecto
llevar a término
poner por obra
ANTO incumplir
dejar
abandonar

efervescencia *nombre femenino*
1 hervor
burbujeo
2 ardor
agitación
exaltación
ANTO frialdad
tranquilidad

eficacia *nombre femenino*
1 actividad
energía
poder
virtud
vehemencia
ANTO ineficacia
deficiencia
invalidación

Vehemencia, tratándose de sentimientos o de su expresión.

2 eficiencia
ANTO ineficiencia
deficiencia

eficaz *adjetivo*
1 activo
fuerte
enérgico
poderoso
vigoroso*
2 eficiente

eficiencia *nombre femenino*
1 actividad
eficacia
ANTO ineficacia

efigie *nombre femenino*
1 imagen
representación
figura

Los tres sinónimos tienen mayor amplitud que *efigie*, y pueden referirse a personas, abstracciones y cosas reales o imaginarias. La *efigie* es la representación de una persona o, en sentido figurado, de una personificación: la *efigie* de un

rey; la *efigie* del dolor. *Retrato* es la reproducción de una persona o cosas reales. *Efigie* sugiere cierta dignidad o estimación.

efímera *nombre femenino*
1 cachipolla

efímero, -ra *adjetivo*
1 pasajero
fugaz
huidizo
perecedero
breve
ANTO duradero
perpetuo

Aunque en rigor etimológico *efímero* se dice de lo que dura un solo día, se usa a menudo en vez de los sinónimos aquí citados.

eflorescencia *nombre femenino*
1 delitescencia

efluvio *nombre masculino*
1 emanación
irradiación

efod *nombre masculino*
1 superhumeral

efugio *nombre masculino*
1 evasiva
escapatoria
salida
rodeo
subterfugio
pretexto
excusa*
regate
escape
disculpa

Evasiva, escapatoria, salida, rodeo y *subterfugio* dan igualmente la idea de recurso para huir de una dificultad o compromiso. *Evasiva* sugiere generalmente frase, pregunta o cualquier medio usado en la conversación para desviar o eludir algo que en ella nos es desgradable. *Subterfugio* está con frecuencia muy cerca de *pretexto*: es un *pretexto*, generalmente desestimable, para salir del paso.

efusión *nombre femenino*
1 derramamiento
2 expansión
afecto
ternura

cordialidad
ANTO frialdad

La *efusión* supone gran intensidad en estos sentimientos y en el modo de expresarlos.

efusivo, -va *adjetivo*
1 expansivo
   comunicativo
   franco
   cariñoso
   ANTO arisco

egarense *adjetivo/nombre común*
1 (persona) tarrasense

egestión *nombre femenino*
1 evacuación
   excremento

egida, égida *nombre femenino*
1 defensa
   protección
   patrocinio
   amparo

egílope *nombre masculino*
1 rompesacos

egoísmo *nombre masculino*
1 desagradecimiento
   ingratitud
   ANTO gratitud
       lealtad
2 egomanía

egomanía *nombre femenino*
1 egoísmo

egregio, -gia *adjetivo*
1 ilustre
   insigne
   célebre
   afamado
   famoso

Todos ellos son el resultado social de la calidad *egregia* de una persona o cosa: sus méritos *egregios* le hicieron *famoso*, *célebre*, etc. En rigor, *egregio* significa que excede a los demás en sentido meliorativo. Se es *egregio* en lo bueno, en lo excelente; se puede ser excepcional en lo bueno y en lo malo.

2 excelente*
   notable
   superior
   óptimo
   descollante
   sobresaliente
   bajado del cielo

ejecución *nombre femenino*
1 factura
   hechura

ejecutante *nombre común*
1 actor*
   representante
   cómico
   comediante
   histrión
   autor
   artista*

ejecutar *verbo transitivo*
1 realizar*
   efectuar
   hacer
   poner por obra
   llevar a cabo
   ANTO incumplir
2 obedecer*
   cumplir
   observar
   ANTO incumplir

Tratándose de una ley o mandato.

3 interpretar

En música y declamación.

4 ajusticiar

ejecutoria *nombre femenino*
1 timbre
   blasón

ejemplar *adjetivo*
1 ideal
   perfecto
   sublime
   elevado
   excelente
   puro
   nombre masculino
2 tipo
   arquetipo
   prototipo
   modelo
   espécimen
   muestra
3 copia*

ejemplo *nombre masculino*
1 modelo
   pauta
   norma
   dechado
   regla
2 enseñanza
   advertencia

ejercer *verbo intransitivo*
1 actuar
   proceder
   hacer

conducirse
ANTO abstenerse
       inhibirse

verbo transitivo
2 practicar
   ejercitar

ejercicio *nombre masculino*
1 función
   oficio

ejercitado, -da *adjetivo*
1 experto*
   práctico
   experimentado
   versado
   perito
   avezado
   diestro
   ANTO inexperto
       inhábil

ejercitar *verbo transitivo*
1 adiestrar
   amaestrar*
   verbo pronominal
2 practicar

ejido *nombre masculino*
1 campillo
   salida

elaboración *nombre femenino*
1 gestación
   preparación
   maduración
2 industria
   fabricación
   manufactura

elaborar *verbo transitivo*
1 preparar
   confeccionar

elástico, -ca *adjetivo*
1 flexible

Ambos términos se usan tanto en sentido literal, como en sentido figurado.

eléboro *nombre masculino*
1 hierba ballestera
   hierba de ballestero

eléboro blanco *locución nominal*
   vedegambre

elección *nombre femenino*
1 alternativa*
   opción
   disyuntiva
2 albedrío
   arbitrio
   voluntad
   decisión

a
b
c
d
e
f
g
h
i
j
k
l
m
n
ñ
o
p
q
r
s
t
u
v
w
x
y
z

a
b
c
d
e
f
g
h
i
j
k
l
m
n
ñ
o
p
q
r
s
t
u
v
w
x
y
z

electrizar *verbo transitivo*
1 exaltar
avivar
inflamar
entusiasmar

electro *nombre masculino*
1 ámbar
2 oro verde

electrochoque *nombre masculino*
1 electroschock (anglicismo)

electrocinético, -ca *adjetivo*
1 electrodinámico
electromotor

electrodinámico, -ca *adjetivo*
1 electrocinético
electromotor

electrodo *nombre masculino*
1 reóforo

electrólisis *nombre femenino*
1 galvanólisis

electromotor, -ra *adjetivo*
1 electrodinámico
electrocinético

electroschock *nombre masculino*
1 (anglicismo) electrochoque

electroterapia *nombre femenino*
1 galvanismo
galvanoterapia

Ambos se usan hoy menos que *electroterapia*.

elefancía *nombre femenino*
1 mal de San Lázaro
elefantiasis

elefantiasis *nombre femenino*
1 elefancía
mal de San Lázaro

elegancia *nombre femenino*
1 distinción
selección
gusto
ANTO cursilería
desgarbo
desaliño
2 figura

elegante *adjetivo*
1 distinguido
selecto
notable
ilustre
esclarecido
señalado

galano
adornado
gallardo

elegíaco, -ca *adjetivo*
1 lastimero
lamentable
triste

elegido, -da *adjetivo*
1 predestinado
2 predilecto
preferido

elegir *verbo transitivo*
1 escoger*
optar
preferir
seleccionar
poner los ojos en

elemental *adjetivo*
1 primordial
fundamental
ANTO secundario
2 obvio
evidente
ANTO difícil
3 rudimentario
sencillo
primario
corriente
ANTO secundario

elemento *nombre masculino*
1 cuerpo simple
2 componente
parte
ingrediente
⇒ elementos

elementos *nombre masculino plural*
1 rudimentos
nociones
principios
⇒ compendio

Nociones tiene el mismo carácter docente que *rudimentos*. *Principios* puede equivaler a *elementos*, cuando se refiere a los *fundamentos* de una ciencia o arte, y a *rudimentos* cuando alude a los primeros pasos de su enseñanza.

'*Elementos* son los primeros y fundamentales *principios* de las ciencias y las artes; *rudimentos* son los primeros pasos de su enseñanza. Cuando no hay enseñanza, no hay *rudimentos*; pero hay *elementos*

siempre que hay cuerpo de doctrina' (M).
2 medios
recursos
⇒ elemento

elenco *nombre masculino*
1 reparto (teatral)

elevación *nombre femenino*
1 altura
eminencia
prominencia
altitud

En geografía, *altitud* o *altura* sobre el nivel del mar.

2 ascenso
ascensión

Ambos en sentido recto y figurado.

elevado, -da *adjetivo*
1 alto
eminente
prominente
2 sublime
noble
3 crecido
numeroso
subido

Tratándose de cantidad, precio, etc.

elevador *nombre masculino*
1 ascensor

elevar *verbo transitivo*
1 alzar
levantar*
erigir
edificar
construir
ANTO bajar
destruir

Erigir, edificar y *construir*, tratándose de construcciones.

2 enaltecer
encumbrar
engrandecer
ennoblecer
ANTO humillar
3 promover
ascender

verbo pronominal
4 transportarse
enajenarse
remontarse
5 engreírse
envanecerse
ensoberbecerse
ANTO humillarse

eliminar *verbo transitivo*
1 suprimir
quitar
descartar
separar
prescindir de
excluir
quitar de el medio
ANTO poner
incluir
2 expeler

elixir *nombre masculino*
1 anodino
calmante
paregórico

elocuencia *nombre femenino*
1 oratorio
oratoria
2 soltura
lucidez
despejo
labia

elogiar *verbo transitivo*
1 alabar*
celebrar
encarecer
encomiar
loar
ponderar
ensalzar
analtecer
dar bombo
dar jabón
poner en las nubes
aplaudir
aprobar
ANTO denigrar
desaprobar

elogio *nombre masculino*
1 alabanza
enaltecimiento
loa
encomio
apología*
bombo*

'Basta, para *alabar*, decir bien de una persona, sin fundar la razón ni el motivo. El *elogio* es una *alabanza* que funda su razón y explica su motivo. Un ignorante *alaba* lo que le parece bien, sin detenerse a exponer los fundamentos de su alabanza. Un sabio hace el *elogio* de un libro, exponiendo el mérito que halla en él. Un discurso académico, en que se hace una exposición fundada del mérito de una persona ilustre, se llama *elogio*, y no *alabanza* (...). El *elogio* sólo puede recaer sobre las producciones del entendimiento o las acciones en que tiene parte la voluntad: la *alabanza* puede extenderse a todas las cosas que nos agradan, de cualquiera clase que sean. Se *alaba* la frescura de un jardín, la bondad de un clima (...); no se *elogian*, como el valor de un soldado, la elocuencia de un orador, la bondad y justicia de un soberano' (LH).

Apología y *panegírico* son discursos o escritos de alabanza; el primero de personas o cosas, elsegundo sólo en personas. *Bombo* es *elogio* exagerado y con gran publicidad. La *alabanza* no necesita fundarse en razones o motivos; el *elogio* suele fundamentarse o explicarse.

elongación *nombre femenino*
1 (de miembros o nervios)
extensión
estiramiento
distensión

elucidar *verbo transitivo*
1 aclarar
dilucidar
poner en claro
explicar

eludir *verbo transitivo*
1 evitar*
rehuir
esquivar*
soslayar
sortear
esquivar el bulto
pasar por alto
escaparse por la tangente
ANTO afrontar
desafiar
oponer

emanación *nombre femenino*
1 efluvio
irradiación

emanar *verbo transitivo*
1 exhalar
despedir
desprender
verbo intransitivo
2 derivarse
dimanar
proceder
provenir
nacer

emancipación *nombre femenino*
1 independencia
libertad
autodeterminación
autonomía
ANTO esclavitud

emancipado, -da *adjetivo*
1 libre
independientemente

emancipar *verbo transitivo*
1 libertar
manumitir
ANTO esclavizar

Tratándose de un esclavo, *manumitir*.

emasculación *nombre femenino*
1 castración
desexualización
desvirilización
capadura

emascular *verbo transitivo*
1 capar
castrar
desexualizar
desvirilizar

embabucar *verbo transitivo*
1 embaír
embaucar
engañar
alucinar

embabular *verbo transitivo*
1 tragar
engullir
embocar
zampar

embadurnar *verbo transitivo*
1 untar
embarrar
manchar
pintarrajear
ANTO limpiar

embaír *verbo transitivo*
1 embaucar
embabucar
engañar
alucinar

embajada *nombre femenino*
1 mensaje
recado

embajador, -ra *nombre*
1 emisario
mensajero
enviado

a
b
c
d
e
f
g
h
i
j
k
l
m
n
ñ
o
p
q
r
s
t
u
v
w
x
y
z

embaldosado *nombre masculino*
1 pavimento
  suelo
  solado
  piso
  adoquinado
  entarimado
  enladrillado

embaldosar *verbo transitivo*
1 pavimentar
  solar
  asfaltar
  empedrar
  enlosar
  adoquinar

embalsamar *verbo transitivo*
1 perfumar
  aromatizar

embalsar *verbo transitivo*
1 empantanar

embalse *nombre masculino*
1 pantano
  rebalsa
  rebalse

Pantano, especialmente si es de gran extensión y de formación natural; *rebalsa* y *rebalse* suelen aplicarse al *embalse* pequeño, y pueden ser naturales o artificiales.

embarazada *adjetivo/nombre femenino*
1 preñada
  encinta

embarazado, -da *adjetivo*
1 molesto
  incómodo
  fastidioso
  pesado
  desagradable
  enfadoso
  enojoso
  turbado
2 difícil*
  dificultoso
  arduo
  trabajoso
  penoso
  complicado
  enrevesado
  ANTO fácil

embarazar *verbo transitivo/pronominal*
1 estorbar
  retardar
  dificultar
  entorpecer

obstaculizar
  ANTO desembarazar
  dejar
  facilitar

verbo pronominal
2 atarse
  atascarse

embarazo *nombre masculino*
1 impedimento
  estorbo
  dificultad
  entorpecimiento
  obstáculo*
  tropiezo
  retraso
  rémora
2 preñez
  preñado
  gravidez
  gestación
3 encogimiento
  timidez
  turbación
  empacho

embarazoso, -sa *adjetivo*
1 dificultoso
  difícil
  arduo
  penoso
  trabajoso
  enrevesado
  complicado
  ANTO fácil
2 incómodo
  desagradable
  molesto
  fastidioso

embarcación *nombre femenino*
1 bajel
  barco
  buque
  nave
  navío
  gabarra
  barca
  bote
  remolque

Embarcación es nombre genérico que comprende tanto las embarcaciones grandes (*bajel, barco, buque, nave* y *navío*) como las menores (*gabarra, barca, bote* y *remolque*).

2 embarco*
  embarque

embarco *nombre masculino*
1 embarque
  embarcación

Tratándose de mercancías, *embarque*. *Embarcación* se usa hoy poco en este sentido. '*Embarco* es la acción de embarcarse; *embarque*, la de ser embarcado. Por esto la primera sólo se aplica a los seres racionales; la segunda puede convenir a las personas y a las cosas. Se dice el *embarque* de los heridos y el *embarco* de las tropas; el *embarque* de los presos y el *embarco* de los pasajeros, distinguiendo siempre la acción del que se embarca por sí mismo de la acción del que es embarcado por mano o mandato de otro' (J).

embargar *verbo transitivo*
1 impedir*
  estorbar
  imposibilitar
  embarazar
  dificultar
  obstaculizar
  empecer

embargo

sin embargo *locución conjuntiva*
  no obstante
  empero
  con todo
  a pesar de ello

'Las dos conjunciones (*sin embargo* y *no obstante*) indican alguna contradicción, alguna incompatibilidad entre lo que se ha dicho y lo que va a decirse; pero *sin embargo* lo expresa en menor grado que *no obstante*. *Sin embargo* modifica lo que precede; *no obstante* se le opone más abiertamente. Es un hombre muy apreciable; *sin embargo*, tiene sus defectos. La empresa tiene muchas dificultades; *no obstante*, la atacaremos. *Sin embargo* da a entender que lo que se ha dicho no *embarga* la verdad de lo que va a decirse' (M).

embarnizar *verbo transitivo*
1 barnizar

embarque *nombre masculino*
1 embarco
  embarcación

embarrancar *verbo*
intransitivo/pronominal
1 atascarse
   atollarse

   Ambos en sus significados
   recto y figurado.

2 varar
   encallar
   zabordar
   abarrancar

embarrar *verbo transitivo*
1 embadurnar
   untar
   manchar
   pintarrajear
   ANTO limpiar

embarullado, -da *adjetivo*
1 peliagudo
   dificultoso
   difícil
   arduo
   enrevesado
   complicado
   intrincado
   ANTO fácil
      inteligible

embarullar *verbo*
transitivo/pronominal
1 embrollar

   Embarullar se distingue de
   embrollar en que éste implica
   a menudo idea de fraude o
   mala intención. En su uso
   pronominal son equivalentes.
   Puede uno *embrollarse* al
   contestar una pregunta o re-
   solviendo un problema.

2 enredar
   revolver
   ANTO desenredar

embate *nombre masculino*
1 acometida
   embestida

   Embate se usa especialmente
   tratándose de fuerzas naturales como el mar o la tempestad, o en sentido figurado (los
   embates de la fortuna). No se
   diría: los *embates* de un toro,
   los *embates* entre dos personas que riñen, sino *acometi-
   das* o *embestidas*. En cambio,
   sí se emplea los *embates* del
   enemigo en la guerra, porque
   su ímpetu y número los ase-
   mejan a las fuerzas de la naturaleza.

embaucador, -ra *adjetivo*
1 falaz
   artero
   embustero
   engañador
   impostor
   falsario
   ANTO sincero

embaucar *verbo transitivo*
1 embabucar
   embaír
   engañar
   seducir
   encandilar
   alucinar
   dar gato por liebre
   ANTO desengañar

embaular *verbo transitivo*
1 devorar
   engullir
   devorar
   embocar
   comer

embazarse *verbo pronominal*
1 empachar
   avergonzarse
   cortarse
   embarazarse

embebecerse *verbo pronominal*
1 embeber
   embelesarse
   absorberse

embeber *verbo transitivo*
1 absorber
   empapar
   impregnar
2 embutir
   encajar
   incorporar
   agregar

verbo pronominal
3 embebecerse
   embelesarse
   absorberse

embecadura *nombre femenino*
1 enjuta
   sobaco

embeleco *nombre masculino*
1 embuste*
   engaño
   mentira
   superchería
   engañifa

embelesamiento *nombre*
masculino
1 arrobamiento
   arrobo

embelesar *verbo*
transitivo/pronominal
1 suspender
   encantar
   cautivar
   arrebatar
   embeber
   embebecerse
   absorberse
   ANTO desencantar

embeleso *nombre masculino*
1 deleite
   gusto
   agrado
   placer
   delicia
   encanto
   ANTO aburrimiento
      infelicidad
      dolor
2 suspensión
   admiración
   asombro
   pasmo

embellacarse *verbo pronominal*
1 abellacarse
   embellaquecerse
   envilecerse
   rebajarse
   encanallarse
   acanallarse
   ANTO ennoblecerse

embellaquecerse *verbo*
pronominal
1 abellacarse
   embellacarse
   envilecerse
   rebajarse
   encanallarse
   acanallarse
   ANTO ennoblecerse

embellecer *verbo transitivo*
1 hermosear
   adornar
   ataviar

emberrenchinarse *verbo*
pronominal
1 encorajinarse*
   sulfurarse
   encolerizarse

embestida *nombre femenino*
1 achuchón
   empujón
2 acometida
   arremetida
   ataque
   embate*
   agresión*

embestir *verbo transitivo*
1 acometer*
   atacar
   arremeter*
   fajar
   golpear
   pegar

embetunar *verbo transitivo*
1 abetunar

embicar *verbo transitivo*
1 orzar

emblandecer *verbo transitivo/pronominal*
1 ablandar
   suavizar
   blandear
   enmollecer
   reblandecer
   lentecer
   relentecer
   ANTO endurecer

emblanquecer *verbo transitivo*
1 blanquear

emblema *nombre ambiguo*
1 símbolo*
   jeroglífico
   empresa
   representación
   lema
   atributo
   insignia
   alegoría

embobado, -da *adjetivo*
1 alelado
   atontado
   turulato
   lelo
   pasmarote
   alelado
   estafermo

embobar *verbo transitivo/pronominal*
1 abobar
   embelesar
   entontecer
   admirar
   suspender
   asombrar
   pasmar

embocadura *nombre femenino*
1 bocado
   freno

embocar *verbo transitivo*
1 tragar
   engullir
   embaular

émbolo *nombre masculino*
1 pistón

embolsar *verbo transitivo*
1 entrujar
   Entrujar es una hipérbole humorística.
2 cobrar

emborrachar *verbo transitivo/pronominal*
1 embriagar
2 atontar
   adormecer
   aturdir
3 estar como una cuba
   coger una turca
   pescar una merluza
   tener mal vino

emborrar *verbo transitivo*
1 atiborrar
   henchir

emborrazar *verbo transitivo*
1 enalbardar
   rebozar

emborronar *verbo transitivo*
1 borrajear
   borronear
   burrajear

emboscada *nombre femenino*
1 celada
   zalagarda
2 asechanza
   encerrona

embotamiento *nombre masculino*
1 entorpecimiento
   turbación
   atontamiento
   torpor

embotar *verbo transitivo/pronominal*
1 desafilar
   mellar
   despuntar
   Despuntar, si es en la punta.
2 enervar
   debilitar
   ANTO serenar
       apaciguar
       tranquilizar

embotellar *verbo transitivo*
1 acorralar
   cercar
2 inmovilizar
3 aprender
   estudiar
   memorizar

embovedar *verbo transitivo*
1 abovedar

embozalar *verbo transitivo*
1 embozar (a los animales)

embozar *verbo transitivo/pronominal*
1 embozalar
2 encubrir
   disfrazar
   ocultar
   tapujarse
   ANTO destapar
       desenvolver
       descubrir
       desenmascarar
       desenmarañar

embravecer *verbo transitivo/pronominal*
1 irritar
   enfurecer
   encolerizar
   ANTO amansar
       apaciguar
       sosegar
       tranquilizar
       serenar

embrazadura *nombre femenino*
1 brazal

embrear *verbo transitivo*
1 brear
   alquitranar

embriagado, -da *adjetivo*
1 beodo
   borracho*
   ebrio
   bebido
   ANTO sobrio

embriagar *verbo transitivo/pronominal*
1 emborrachar
   inebriar
2 marear
   perturbar
   atontar
   aturdir
3 enajenar
   extasiar
   arrebatar
   transportar

embriaguez *nombre femenino*
1 borrachera
   ebriedad
   inebriación
2 enajenación
   enajenamiento

embrión *nombre masculino*
1 principio
  germen

embrionario, -ria *adjetivo*
1 rudimentario
  inacabado
  incompleto

embriotocia *nombre femenino*
1 aborto

embroca *nombre femenino*
1 cataplasma
  embrocación

embrocación *nombre femenino*
1 embroca
  cataplasma

embrollado, -da *adjetivo*
1 inextricable*
  enmarañado
  enredado
  intrincado
  confuso
  revesado
  enrevesado
  difícil
  incomprensible
  enigmático
  arcano
  misterioso
  oscuro
  ANTO comprensible
    claro

embrollador, -ra
  adjetivo/nombre
1 embrollón
  lioso
  barullón
  barullero

Embrollón, embrollador y lioso pueden incluir idea de fraude o mala intención, lo cual no ocurre en *barullón*.

embrollar *verbo transitivo/pronominal*
1 enredar
  confundir
  embarullar
  enmarañar
  revolver
  hacerse un lío
  enredarse la madeja
  ANTO ordenar
    aclarar
    resolver
    desenmarañar

embrollo *nombre masculino*
1 enredo
  confusión

  barullo
  maraña
  lío
  monserga
  galimatías
  chanchullo
  intriga
2 embuste*
  embustería
  mentira
  trápala

embrollón, -llona
  adjetivo/nombre
1 barullero
  barullón
  embrollador
  lioso
  enredador
  chismoso
  embustero
  trapisondista

embromar *verbo transitivo*
1 bromear
  chancearse
  burlarse
  guasearse

embrujamiento *nombre masculino*
1 encanto
  encantamiento
  hechizo
  sortilegio

embrujar *verbo transitivo*
1 encantar
  hadar
  hechizar
  ANTO desencantar

embrujo *nombre masculino*
1 hechizo
  encantamiento
  maleficio

Maleficio, si el *embrujo* es dañino.

embuchado *nombre masculino*
1 embutido

embuchar *verbo transitivo*
1 embutir
  llenar
  rellenar
  apretar
  atiborrrar

emburriar *verbo transitivo*
1 empujar*
  rempujar (vulgar)
  arrempujar (vulgar)
  impeler
  impulsar
  propulsar

embuste *nombre masculino*
1 trápala
  embustería
  mentira*
  bola*
  embeleco
  embrollo
  engaño
  farsa
  ANTO verdad
    verosimilitud
    seriedad
    realidad

Trápala, embustería y embuste significan *mentira* artificiosamente disfrazada. *Embeleco, embrollo, engaño y farsa* implican además intención fraudulenta.

embustero, -ra *adjetivo*
1 falaz
  artero
  engañador
  embaucador
  chismoso
  lioso
  trapisondista
  enredador
  embrollón
  camandulero
  marrullero
  hipócrita
  camastrón
  ANTO sincero

embutido *nombre masculino*
1 embuchado

embutir *verbo transitivo*
1 llenar
  rellenar*
  apretar
  atiborrar
  embuchar

Embuchar, tratándose de carne picada.

2 encajar
  ajustar
  incrustar
  engastar

emelga *nombre femenino*
1 amelga

emergencia *nombre femenino*
1 accidente
  eventualidad
  contingencia
  casualidad
  ANTO esencia

emeritense *adjetivo/nombre común*
1 (persona) merideño

emesis *nombre femenino*
1 vómito

emético, -ca *adjetivo/nombre masculino*
1 vomitivo

emigración *nombre femenino*
1 migración
transmigración
éxodo

Éxodo es generalmente *emigración* colectiva.

emigrar *verbo intransitivo*
1 transmigrar
expatriarse
ANTO regresar
repatriarse
inmigrar

eminencia *nombre femenino*
1 elevación
altura
2 saliente
resalte
3 monte
4 excelencia
sublimidad
superioridad

eminente *adjetivo*
1 alto*
elevado
prominente

Tratándose de lugares.

2 superior
distinguido
notable
ilustre
excelente
insigne
egregio

Aplicado a personas o actividades humanas.

emisario, -ria *nombre*
1 embajador
mensajero
enviado

emisión *nombre femenino*
1 sangría

emisor, -ra *adjetivo/nombre*
1 radiante
irradiante

emitir *verbo transitivo*
1 arrojar

exhalar
despedir
lanzar
radiar
radiodifundir

Tratándose de *emitir* ondas hertzianas, se usan *radiar* y *radiodifundir*.

2 acuñar
poner en ciculación

Tratándose de moneda, *acuñar*; de billetes o valores, *poner en circulación*.

3 manifestar
expresar
hacer público

emoción *nombre femenino*
1 impresión
efecto
sensación
2 sentimiento
afecto
afección
pasión
ANTO insensibilidad

emocionante *adjetivo*
1 patético
conmovedor
sentimental
tierno

emocionar *verbo transitivo/pronominal*
1 emocionar
conmover
afectar*
enternecer
impresionar
ANTO tranquilizar
insensibilizar
serenar

Emocionar(se) se refiere a toda clase de sentimientos: entusiasmo, alegría, pena. *Conmover(se)* puede tener los mismos sentidos, pero generalmente se aplica a sentimientos penosos, compasivos o tiernos, como *afectar(se)* o *enternecer(se)*.

emoliente *adjetivo/nombre masculino*
1 demulcente

emolumento *nombre masculino*
1 gaje
gratificación

Gaje y *gratificación* coinciden con un cargo o empleo. Aunque estas denominaciones

varían según las disposiciones administrativas de cada país y época, *emolumentos* envuelve cierta dignidad que lo hace aplicable principalmente a cargos oprofesiones importantes: los *emolumentos* de un presidente del Consejo de Administración de una Sociedad Anónima, de un notario, etc. *Gaje* y *gratificación* son hoy aplicables a empleos modestos.

emotivo, -va *adjetivo*
1 impresionable
sensible
excitable

empacado, -da *adjetivo*
1 estirado
entonado
orgulloso
altivo
altanero
ANTO modesto

empachado, -da *adjetivo*
1 ahíto
saciado
harto
repleto
empapuzado

empachar *verbo transitivo/pronominal*
1 estorbar
impedir
2 ahitar
hartar*
estomagar
indigestar

verbo pronominal
3 avergonzarse
cortarse
embazarse
embarazarse

empacho *nombre masculino*
1 indigestión
2 estorbo
embarazo
obstáculo
impedimento
3 cortedad
vergüenza*
encogimiento
turbación

empadronamiento *nombre masculino*
1 padrón
registro

empalagar *verbo*
transitivo/pronominal
1 hastiar
 fastidiar
 cansar
 aburrir
 ANTO divertir

empalagoso, -sa *adjetivo*
1 dulzón
 dulzarrón
2 mimoso
 sobón
 pegajoso
 fastidioso
 zalamero

empalizada *nombre femenino*
1 estacada
 palizada
 cerca*

empalmar *verbo transitivo*
1 unir
 juntar
 ligar
 enlazar
 entroncar

empanación *nombre femenino*
1 impanación

empantanado, -da *adjetivo*
1 pantanoso
 encharcado
 cenagoso

empantanar *verbo transitivo*
1 inundar
 encharcar
2 embalsar
3 atascar
 estancar
 paralizar
 detener

empañar *verbo*
transitivo/pronominal
1 deslustrar
 oscurecer
 enturbiar
 deslucir
 desacreditar
 manchar
 ANTO brillar
  limpiarse

Deslustrar es lo mismo que quitar el brillo; *oscurecer* y *enturbiar* indican quitar la transparencia. *Empañar* comprende ambos significados, tanto en su sentido recto como en el figurado de *deslucir*, *desacreditar*, *manchar*.

empapar *verbo*
transitivo/pronominal
1 absorber
 embeber
 impregnar
 ANTO secar
 verbo pronominal
2 poseerse
 imbuirse
 penetrarse

empapelar *verbo transitivo*
1 (familiar) encartar
 procesar
 encausar

empapirotar *verbo*
transitivo/pronominal
1 emperejilar
 empaquetar
 emperifollar
 acicalar
 adornar

empapuciar, empapuzar
verbo transitivo
1 (familiar) empapujar
 hartar*
 ahitar
 empachar

empapujar *verbo transitivo*
1 empapuciar
 puzar
 hartar*
 ahitar
 empachar
 empapuzar

empapular *verbo*
transitivo/pronominal
1 hartar*
 saciar
 satisfacer
 atracar
 ahitar
 empachar
 empapuciar
 empapuzar
 ANTO carecer
  vaciar
  necesitar

empapuzado, -da *adjetivo*
1 ahíto
 saciado
 harto
 repleto
 empachado

empaque *nombre masculino*
1 seriedad
 afectación
 tiesura
 estiramiento
 énfasis

El *empaque* implica *seriedad* y *afectación*. Sus sinónimos más próximos son *tiesura* y *estiramiento*; en la manera de hablar y escribir, *énfasis*.

empaquetar *verbo*
transitivo/pronominal
1 emperejilar
 empapirotar
 emperifollar
 acicalar
 adornar

emparedado *nombre masculino*
1 sandwich (anglicismo)
 bocadillo

emparejar *verbo intransitivo*
1 alternar*
 tratar
 codearse

emparentar *verbo intransitivo*
1 entroncar

emparrado *nombre masculino*
1 pérgola

emparrillado *nombre masculino*
1 enrejado

emparvar *verbo transitivo*
1 aparvar

empaste *nombre masculino*
1 pasta

empate *nombre masculino*
1 tablas

Las expresiones *hacer tablas* y *pedir tablas* son propias del ajedrez y de las damas.

empecer *verbo intransitivo*
1 impedir*
 obstar

Empecer es palabra docta, que sólo se usa en estilo culto y literario.

empecinado *nombre masculino*
1 peguero

empecinarse *verbo pronominal*
1 obstinarse
 aferrarse
 porfiar

empedernido, -da *adjetivo*
1 endurecido
 cruel
 implacable

a
b
c
d
e
f
g
h
i
j
k
l
m
n
ñ
o
p
q
r
s
t
u
v
w
x
y
z

inexorable
despiadado

El *empedernido* se obstina
en su error, o persiste en su
costumbre o vicio: sectario
empedernido, fumador *empedernido*. El *endurecido* es insensible a las súplicas y a los
males ajenos, y por esto está
próximo a *cruel*, *implacable*,
inexorable y *despiadado*.

empedrar *verbo transitivo*
1 adoquinar
engravar
enguijarrar
enlosar

Según la clase de piedra empleada, se usan verbos derivados especiales, como *adoquinar*, *engravar*, *enguijarrar* y
enlosar.

empega *nombre femenino*
1 pegunta
marca

empegar *verbo transitivo*
1 peguntar
empeguntar
marcar

empego *nombre masculino*
1 pegunta
empega

empeguntar *verbo transitivo*
1 empegar
peguntar
marcar

empelazgarse *verbo pronominal*
1 (familiar) andar a la greña

empella *nombre femenino*
1 pala (parte del calzado)

empellón *nombre masculino*
1 empujón*
rempujón

empeñar *verbo transitivo*
1 pignorar
hipotecar

Pignorar se usa preferentemente en derecho, o tratándose de valores públicos. Si se
trata de inmuebles que se *em-
peñan* por escritura notarial,
hipotecar. Se *empeña* una
prenda u objeto que se deja
en manos del prestamista
como garantía de pago.

2 endeudarse

entramparse
3 obstinarse
insistir
porfiar
emperrarse (familiar)
ANTO abandonar
ceder
4 empezarse
trabarse

Por ejemplo: *empeñar* una batalla.

"empeño *nombre masculino*
1 pignoración
2 afán
ansia
anhelo
3 tesón
constancia
obstinación
ahínco
porfía
tema
firmeza
insistencia

empeorar *verbo transitivo*
1 agravar
ANTO mejorar

empequeñecer *verbo transitivo*
1 achicar
acortar
parvificar
amenguar
menguar
mermar
encoger
ANTO aumentar
ampliar

emperador *nombre masculino*
1 césar
káiser
zar
mikado

Tratándose de la antigua
Roma, *césar*. En otros países,
káiser (Alemania), *zar* (Rusia),
mikado (Japón). *César* puede
también aplicarse por antonomasia a cualquier jefe del Estado que ejerce el poder absoluto sin limitaciones.

emperdigar *verbo transitivo*
1 perdigar
aperdigar

emperejilado, -da *adjetivo*
1 peripuesto
repulido
acicalado
atildado

emperejilar *verbo*
transitivo/pronominal
1 empapirotar
empaquetar
emperifollar
acicalar
adornar*

emperezarse *verbo pronominal*
1 apoltronarse
empoltronecerse
ANTO desperezarse

emperifollar *verbo*
transitivo/pronominal
1 emperejilar
empapirotar
empaquetar
acicalar
adornar

empero *conjunción*
1 pero
mas
sino*

A diferencia de estas conjunciones, *empero* puede ir al
final del período: *Las condiciones habían mejorado; no
fueron aceptadas empero.* Esta construcción es enfática y
acentúa el carácter exclusivamente literario que *empero*
tiene hoy de por sí.

2 sin embargo*
no obstante
con todo
a pesar de ello

emperrarse *verbo pronominal*
1 (familiar) obstinarse
empeñarse
encastillarse
porfiar
ANTO ceder
desistir

Emperrarse supone actitud
malhumorada, gestos de enojo, además de la obstinación.

empetro *nombre masculino*
1 hinojo marino
perejil de mar
perejil marino

empezar *verbo transitivo*
1 comenzar
principiar
emprender
acometer
iniciar
incoar*
ANTO acabar

Iniciar se refiere a un acto o serie de actos: *iniciar* una conversación, unas negociaciones; pero no se diría *iniciar* un melón, sino *empezarlo*. *Iniciar* y *principiar* son vocablos más doctos y selectos que *empezar* y *comenzar*; por ello estos últimos se prefieren en su significado material y concreto.

verbo intransitivo

2 nacer
tener principio
originarse
ANTO morir

empicarse *verbo pronominal*
1 arregostarse
aficionarse
engolosinarse
regostarse
tomar gusto

empilar *verbo transitivo*
1 apilar

empinarse *verbo pronominal*
1 ponerse de puntillas
enarmonarse
encabritarse

Ponerse de puntillas, si se trata de una persona; tratándose de un cuadrúpedo, *enarmonarse*; *encabritarse* se dice especialmente del caballo.

2 alzarse
elevarse
levantarse
erguirse
ANTO bajarse
encogerse

empingorotado, -da *adjetivo*
1 encopetado
ensoberbecido
engreído
tieso
vanidoso
orgulloso
envirotado

empiñonado *nombre masculino*
1 piñonate (pasta dulce)

empíreo *nombre masculino*
1 cielo
paraíso

empírico, -ca *adjetivo*
1 experimental

emplasto *nombre masculino*
1 parche
bizma

pegado
Parche, especialmente cuando es delgado.

emplazar *verbo transitivo*
1 colocar
poner
situar*

Se ha generalizado su uso (*emplazar* un monumento en el parque), sobre todo en el tecnicismo militar: *emplazar* una batería.

empleado, -da *adjetivo/nombre*
1 dependiente
funcionario

Empleado se dice especialmente del que trabaja en una oficina, a diferencia del obrero manual, del técnico o facultativo y del dependiente de comercio. *Funcionario* es el *empleado* público; pero no todos los *funcionarios* desempeñan puestos de oficina; por ejemplo, un médico forense o un capataz de obras públicas.

emplear *verbo transitivo*
1 ocupar
colocar*
acomodar
destinar

Tratándose de personas.

2 usar
aplicar
servirse
valerse
destinar
utilizar

3 invertir
gastar
aplicar
colocar

Tratándose de dinero, *invertir*, *gastar* y *aplicar*; si se hace con el fin de obtener renta de un capital, *colocar* o *invertir*.

empleo *nombre masculino*
1 destino
colocación
ocupación
puesto
acomodo
cargo
profesión
oficio
ministerio
ANTO cesantía

2 uso

utilización
aplicación
ANTO desuso

Tratándose de cosas.

3 honor
distinción
cargo
dignidad

empobrecer *verbo transitivo*
1 depauperar
ANTO enriquecer

Depauperar se aplica especialmente al empobrecimiento fisiológico de los seres vivos: una raza *depauperada* por la mala alimentación, las epidemias. Sólo en estilo culto puede usarse la sinonimia etimológica en otras acepciones: *la quiebra del banco ha depauperado el país*.

verbo transitivo/pronominal

2 decaer
venir a menos
ANTO engrandecer
medrar

empobrecido, -da *adjetivo*
1 arrancado
arruinado
tronado
pobre

empodrecer *verbo*
intransitivo/pronominal
1 pudrir
podrecer
corromper
descomponer
echarse a perder
ANTO sanar
vivir

empollar *verbo transitivo*
1 encobar
incubar

Incubar es término docto de uso general. Se *incuban* los gérmenes de una enfermedad en un cuerpo vivo; la gallina *incuba* los huevos. Pero *empollar* y *encobar* se dice exclusivamente de las aves.

2 estudiar

Entre estudiantes.

empoltronecerse *verbo*
pronominal
1 apoltronarse
emperezarse

emponzoñado, -da *adjetivo*
1 envenenado

emponzoñamiento *nombre masculino*
1 envenenamiento
  intoxicación

emponzoñar *verbo transitivo/pronominal*
1 envenenar
  intoxicar
2 inficionar
  corromper
  dañar

empopar *verbo intransitivo*
1 apopar

emporcar *verbo transitivo*
1 ensuciar
  manchar

emprendedor, -ra *adjetivo*
1 resuelto
  decidido
  activo*
  audaz

emprender *verbo transitivo*
1 comenzar
  empezar*
  principiar
  iniciar
  acometer
  entablar*
  ANTO acabar
      desistir

empresa *nombre femenino*
1 proyecto
  intento
  designio
2 símbolo
  lema
  mote
  En la antigua caballería, *mote*.
3 sociedad*
  compañía
  firma

empréstito *nombre masculino*
1 préstamo

emprimar *verbo transitivo*
1 imprimar
  aparejar

empringado, -da *adjetivo*
1 pringoso
  grasiento
  untado
  lardoso
  aceitoso
  oleoso

empringar *verbo transitivo*
1 (vulgar) pringar
  untar
  manchar
  ensuciar

empujar *verbo transitivo*
1 rempujar (vulgar)
  arrempujar (vulgar)
  impeler
  impulsar
  propulsar
  emburriar
  achuchar
  Arrempujar connota mayor fuerza y violencia. Pertenecen a la lengua culta o técnica *impeler*, *impulsar* y *propulsar*. En algunas provincias del norte, *emburriar*.
2 excitar
  incitar
  estimular
  ANTO debilitar

empuje *nombre masculino*
1 impulso
  impulsión
  fuerza
  propulsión
2 brío
  resolución

empujón *nombre masculino*
1 envión
  envite
  empellón
  impulso
  impulsión
  propulsión
  rempujón
  achochón
  embestida
  Impulso, impulsión y *propulsión* son términos cultos (a menudo figurados) o tecnicismos usados en mecánica; además denotan fuerza continuada, mientras que *empujón*, *empellón, envite* y *envión* son momentáneos.

empulguera *nombre femenino*
1 pulguera

emulación *nombre femenino*
1 rivalidad
  competencia
  'Por la *emulación* se desea sobresalir; por la *rivalidad* se desea vencer. Los *émulos* pueden ser amigos, pero no los *rivales*. Hay *emulación* en los estudios, en los descubrimientos, en los trabajos científicos, en los servicios públicos. Hay *rivalidad* en la política, en el amor, en la solicitud de los empleos' (M).

emular *verbo transitivo*
1 competir
  rivalizar
  imitar

emulgente *adjetivo/nombre masculino*
1 emulsionante

émulo, -la *adjetivo/nombre*
1 competidor
  rival

emulsionante *adjetivo/nombre masculino*
1 emulgente

enaguachar *verbo transitivo*
1 aguachar
  enaguar

enaguar *verbo transitivo*
1 enaguachar
  aguachar

enaguazar *verbo transitivo/pronominal*
1 aguacharnar
  encharcar

enajenable *adjetivo*
1 alienable
  vendible

enajenación *nombre femenino*
1 delirio
  desvarío
  perturbación
  alucinación
  demencia
  locura
  enajenamiento
  embriaguez
  vesania
  arrobamiento
  éxtasis

enajenado, -da *adjetivo/nombre*
1 demente
  loco*
  orate
  vesánico
  alienado
  perturbado
  frenético
  delirante

enajenamiento *nombre*
masculino
1 arrobamiento
éxtasis
delirio
desvarío
perturbación
alucinación
demencia
locura
ebriaguez
vesania
enajenación

enajenar *verbo transitivo*
1 vender
traspasar
ANTO retener

verbo transitivo/pronominal
2 transportar
extasiar
encantar
3 perturbarse
enloquecer
ANTO tranquilizar
4 estar fuera de sí
papar moscas
ver visiones
helársele el corazón

enálage *nombre femenino*
1 traslación

enalbardar *verbo transitivo*
1 albardar
2 rebozar

enaltecer *verbo transitivo*
1 ensalzar
exaltar
elevar
honrar
engrandecer
relevar
realzar
ilustrar
ANTO humillar
hundir
2 elogiar
alabar
encomiar

enaltecido, -da *adjetivo*
1 honrado
apreciado
estimado
respetado
venerado

enaltecimiento *nombre*
masculino
1 elogio*
alabanza
exaltación

enamorado, -da
adjetivo/nombre
1 adorador
admirador

enamorar *verbo transitivo*
1 galantear
requebrar
cortejar
hacer la corte
ANTO desenamorar
desencantar
2 aficionarse
inclinarse
encariñarse
prendarse
engolosinarse

enamoricarse *verbo pronominal*
1 (irónico) engolondrinarse
enamoriscarse

enamoriscarse *verbo*
pronominal
1 (irónico) enamoricarse
engolondrinarse

enanchar *verbo transitivo*
1 (familiar) ensanchar
extender
dilatar
ampliar
ANTO encoger

enangostar *verbo*
intransitivo/transitivo
-pronominal
1 angostar
estrechar
ensangostar
ANTO ensanchar
abrir

enano, -na *adjetivo*
1 diminuto
pequeñísimo
ANTO gigante
alto
nombre
2 pigmeo
liliputiense
gorgojo
ANTO gigante

enarbolar *verbo transitivo*
1 arbolar
izar

enarcar *verbo*
transitivo/pronominal
1 arquear
encorvar
doblar
combar

enardecer *verbo transitivo*
1 inflamar
excitar
avivar
entusiasmar
ANTO serenar
desanimar
verbo pronominal
2 abrasarse
encenderse
acalorarse
3 derretirse
enamorarse

enardecimiento *nombre*
masculino
1 acaloramiento
exaltación
entusiasmo

enarenar *verbo*
transitivo/pronominal
1 arenar

enarmonarse *verbo pronominal*
1 empinarse*
ponerse de puntillas
encabritarse

encabalgamiento *nombre*
masculino
1 hipermetría
cabalgamiento

encabezamiento *nombre*
masculino
1 principio
inicio
ANTO final
2 cabecera
3 epígrafe
título
rótulo
rúbrica (en los libros
antiguos)

encabritrarse *verbo pronominal*
1 (el caballo) alebrarse
erguirse
alborotarse
empinarse*

encadenado[1] *nombre masculino*
1 cadena

encadenado, -da[2] *adjetivo*
1 enlazado

encadenamiento *nombre*
masculino
1 prisión
2 conexión
trabazón
enlace
relación
unión

a b c d e f g h i j k l m n ñ o p q r s t u v w x y z

a

b

c

d

e

f

g

h

i

j

k

l

m

n

ñ

o

p

q

r

s

t

u

v

w

x

y

z

concatenación
eslabonamiento
engarce

encadenar *verbo*
transitivo/pronominal
1 aprisionar
ANTO libertar
liberar

verbo transitivo/pronominal
2 inmovilizar
sujetar
atar
ANTO soltar
liberar
desatar
3 avasallar
esclavizar
ANTO libertar
4 trabar
enlazar
unir
eslabonar
engarzar
relacionar

encajar *verbo*
transitivo/pronominal
1 ajustar
embutir
engastar
meter*
ANTO desencajar
desarticular
2 dar
arrojar
tirar
soltar
3 endilgar
endosar

encaje *nombre masculino*
1 labor*
costura
bordado
punto

encajonado *nombre masculino*
1 ataguía

encaladura *nombre femenino*
1 encostradura

encalar *verbo transitivo*
1 blanquear
enjalbegar

encallar *verbo intransitivo*
1 varar
2 atascarse
detenerse

encalmado, -da *adjetivo*
1 tranquilo
quieto

manso
sosegado
reposado
sereno
pacífico
ANTO crispado

encaminar *verbo*
transitivo/pronominal
1 dirigir
guiar*
orientar
ANTO desencaminar
desorientar
2 enderezar
encarrilar
encauzar
ANTO desencaminar
desorientar
3 marchar
ANTO llegar

encamisar *verbo transitivo*
1 enfundar
2 encubrir
disfrazar

encanallarse *verbo pronominal*
1 abellacarse
embellacarse
embellaquecerse
envilecerse
rebajarse
acanallarse
ANTO ennoblecerse

encandilar *verbo transitivo*
1 deslumbrar
cegar
2 alucinar
ilusionar
seducir

encanijar *verbo*
transitivo/pronominal
1 desmedrar
decaer
debilitarse
enflaquecer
ANTO fortalecer
mejorar
aumentar

encanillar *verbo transitivo*
1 encañar
encañonar

encantador, -ra *adjetivo*
1 cautivador
atrayente
seductor
2 precioso
hermoso
bello
ANTO feo

3 ameno
grato
agradable
deleitable
placentero
entretenido
divertido
delicioso
deleitoso
apacible
nombre
4 hechicero*
brujo
mago

encantamiento *nombre*
masculino
1 embrujo
hechizo
maleficio
2 hechicería
magia
brujería

encantar *verbo*
transitivo/pronominal
1 hadar
hechizar
embrujar
ANTO desencantar
2 embelesar
cautivar
seducir
atraer*
sugestionar
fascinar
complacer
deleitar
ANTO desencantar
repeler
aburrir
verbo pronominal
3 enajenarse
transportarse
extasiarse

encanto *nombre masculino*
1 encantamiento
hechizo
embrujamiento
sortilegio
2 embeleso
seducción
fascinación
3 deleite
gusto
agrado
placer
delicia
ANTO aburrimiento
infelicidad
dolor
4 gracia

garbo
donaire
sal
salero
ángel
atractivo
ANTO desgarbo

encantusar *verbo transitivo*
1 (familiar) engatusar
encatusar
engaitar
engatar

encañar *verbo transitivo*
1 encanillar
encañonar

encañonar *verbo transitivo*
1 encanillar
encañar

encapotado *adjetivo*
1 anubado
anublado
nuboso
nublado
anubarrado

encapotarse *verbo pronominal*
1 nublarse
oscurecerse
anubarrarse
aborrascarse*
ANTO descubrirse
despejarse
desencapotarse

encaramar *verbo transitivo/pronominal*
1 levantar
subir
trepar
ANTO bajar
agachar

En su uso pronominal, *trepar.*

verbo transitivo
2 alabar
encarecer
ensalzar
3 elevar
engrandecer
encumbrar
trepar

Encaramar(se) tiene cierto sabor despectivo, y se aplica al que asciende a puestos o cargos superiores a su merecimiento. En el mismo sentido se usa *trepar.*

encarar *verbo transitivo*
1 afrontar
hacer frente

enfrentar
2 apuntar
dirigir

Tratándose de armas de fuego.

encarcelado, -da *adjetivo/nombre*
1 penado*
presidiario
forzado
recluso
preso
prisionero
cautivo

encarcelar *verbo transitivo*
1 aprisionar
enchiquerar
enchironar
enjaular

Enchiquerar, enchironar y *enjaular* son de uso familiar o vulgar.

encarecer *verbo transitivo*
1 subir
alzar
exagerar*
abultar
aumentar
poner por las nubes
ANTO abaratar
rebajar
bajar
2 encaramar
alabar*
ensalzar
ponderar
ANTO denigrar

encarecimiento *nombre masculino*
1 subida
alza
carestía
ANTO abaratamiento
2 instancia
empeño
insistencia
3 exageración*
ponderación
ANTO denigración

encargado, -da *adjetivo/nombre*
1 delegado
representante
comisionado

nombre
2 manager*
gerente
apoderado
director

principal
jefe

encargar *verbo transitivo*
1 confiar
encomendar
cometer
someter
ANTO renunciar

Confiar supone cierta actitud amable o afectiva hacia el que recibe el encargo. *Encomendar* y *encargar* aluden al hecho objetivo: el primero es voz más selecta, y más aún *cometer*; éste y *someter* se aplican con preferencia tratándose de un informe pericial, dictamen, etcétera. Comparar los matices de: *confiar, encomendar, encargar, cometer* y *someter* la dirección de una sucursal.

2 recomendar
prevenir
ANTO desaconsejar
3 pedir
hacer un pedido

encargo *nombre masculino*
1 encomienda
encomendamiento
recado
cometido
2 pedido

En el comercio.

encariñado, -da *adjetivo*
1 amigo
aficionado
inclinado
partidario
afecto
adicto
devoto
ANTO enemigo

encariñarse *verbo pronominal*
1 aficionarse
prendarse
enamorarse

encarnación *nombre femenino*
1 representación
símbolo
muestra

encarnado, -da *adjetivo*
1 colorado
rojo

encarnadura *nombre femenino*
1 carnadura

encarnar *verbo transitivo*
1 representar
  simbolizar
  hacer las veces de
  personificar

encarnizado, -da *adjetivo*
1 encendido
  ensangrentado
2 reñido
  sangriento
  cruento
  porfiado

encarnizamiento *nombre masculino*
1 crueldad
  ferocidad
  ensañamiento*

encarnizarse *verbo pronominal*
1 cebarse
2 encruelecerse
  ensañarse
  enfurecerse

encarrilar *verbo transitivo*
1 encaminar
  dirigir
  guiar
  enderezar
  encauzar

encartar *verbo transitivo*
1 procesar
  encausar
  empapelar (familiar)

encastillarse *verbo pronominal*
1 obstinarse
  empeñarse
  emperrarse
  cerrarse a la banda

encastrar *verbo transitivo*
1 endentar
  engargantar
  engranar
  encajar
  empotrar

encatusar *verbo transitivo*
1 engatusar
  encantusar
  engaitar
  engatar

encausar *verbo transitivo*
1 procesar
  encartar
  empapelar (familiar)

encauste *nombre masculino*
1 adustión
  encausto
  incausto

encausto *nombre masculino*
1 adustión
  encauste
  incausto

encauzar *verbo transitivo*
1 encaminar
  dirigir
  guiar
  encarrilar
  enderezar

encebadamiento *nombre masculino*
1 enfosado

encéfalo *nombre masculino*
1 masa encefálica
  meollo
  seso(s)
  sesera
  sesada

  Encéfalo es científico, lo mismo que *masa encefálica*. En el habla corriente, *meollo*, *seso* o *sesos* y *sesera*; tratándose de un animal, *sesada*.

encella *nombre femenino*
1 formaje
  molde

encenagarse *verbo pronominal*
1 envilecerse
  corromperse
  pervertirse
  prostituirse

encendajas *nombre femenino plural*
1 leña
  tuero
  rozo
  despunte
  ramullo
  ramojo
  ramiza

encendedor, -ra *adjetivo/nombre*
1 mechero

  Mechero se refiere a un *encendedor* mecánico.

encender *verbo transitivo*
1 incendiar
  inflamar
  ANTO apagar

  Incendiar es causar el *incendio* de una cosa no destinada a arder; se *enciende* la lumbre, una luz; el rayo *incendia*, no *enciende*, el bosque. *Inflamar* es *encender* lo que produce llama, o bien un combustible que arde con gran facilidad, como el gas, el alcohol. *Inflamar* no se usa en el sentido de *encender* voluntariamente algo. En los motores de combustión interna se dice que la chispa eléctrica *enciende* o *inflama* la gasolina.

2 excitar
  enardecer
  entusiasmar
  ANTO tranquilizar

  verbo pronominal
3 ruborizarse
  enrojecer
  sonrojarse

encendido, -da *adjetivo*
1 ardiente
  hirviente
  ANTO frío
    helado

encentar *verbo transitivo/pronominal*
1 decentar
  encetar

encepar *verbo intransitivo/pronominal*
1 arraigar
  prender
  agarrar
  enraizar

encerado *nombre masculino*
1 pizarra

encerradero *nombre masculino*
1 toril
  chiquero
  encierro

encerrar *verbo transitivo/pronominal*
1 aprisionar
  recluir
  ANTO libertar
    sacar
2 incluir
  contener*
  comprender
  abarcar

encerrona *nombre femenino*
1 celada
  emboscada

enceste *nombre masculino*
1 canasta
  básquet (anglicismo)
  cesta

encetar *verbo transitivo*
1 decentar
encentar

encharcado, -da *adjetivo*
1 pantanoso
cenagoso
empantanado

encharcar *verbo transitivo/pronominal*
1 aguzar
enaguazar
enaguachar
empantanar
anegar*
ahogar
inundar
sumergir

enchiquerar *verbo transitivo*
1 encarcelar
aprisionar
enchironar (vulgar)
enjaular

enchironar *verbo transitivo*
1 (vulgar) encarcelar
aprisionar
enchiquerar
enjaular

enchufe *nombre masculino*
1 (familiar) prebenda
sinecura
poltrona
momio

enciclopedia *nombre femenino*
1 diccionario*
léxico
lexicón
vocabulario
glosario
tesoro

encierro *nombre masculino*
1 reclusión
prisión
calabozo
celda
2 retiro
clausura
recogimiento
apartamiento
3 toril
chiquero
encerradero

encima *adverbio*
1 sobre
ANTO debajo
bajo

'Úsanse indistintamente para explicar la situación, o el lugar que ocupa una cosa respecto de otra, como cuando decimos: está *encima* de la mesa, ha quedado *sobre* la mesa... El adverbio *encima* explica solamente la situación local de un cuerpo respecto del que se halla debajo de él. La preposición *sobre* representa, no sólo la situación, sino también, y más propiamente, la gravitación que ejerce un cuerpo sobre otro. Y no es extraño que lo confunda el uso, porque el cuerpo que está *encima* gravita naturalmente *sobre* el que está debajo... En lugar de ponerlo debajo, lo puso *encima*. Se descubre la torre por *encima* de la montaña... En estos casos en que sólo se trata de una situación local, no se podría emplear la preposición *sobre* con la misma propiedad que en los siguientes, en que se considera al cuerpo con relación determinada a su gravitación: yo estaba *sobre* un pie; la casa está fabricada *sobre* buenos cimientos... Según este mismo principio, se distinguen claramente dos ideas diferentes en estas dos proposiciones: daban golpes *encima* de mi cabeza; daban golpes *sobre* mi cabeza. Con la primera supongo que los golpes se daban en un paraje más elevado, y que correspondía perpendicularmente a mi cabeza, o en la habitación que estaba *sobre* la mía. Con la segunda doy a entender que yo recibía los golpes en la cabeza misma. Por esto se dice también *sobre* mi conciencia... y no se puede decir: *encima* de mi honor o mi conciencia' (M).

2 además

encima de *locución preposicional*
a más de
tras de
además de
ultra
fuera de
aparte de

Todas estas locuciones con la preposición *de* son prepositivas, y se usan delante de infinitivo (expreso o tácito), sustantivo o palabra sustantivada. Por ejemplo: *además de ser caro es malo;* o a *más de, tras de, encima de ser caro es malo.*

encinta *adjetivo*
1 embarazada
preñada

encintado *nombre masculino*
1 bordillo

encizañar *verbo transitivo*
1 enemistar
malquistar
indisponer
cizañar
ANTO amistar
reconciliar
conciliar

enclave *nombre masculino*
1 inclusión

enclenque *adjetivo*
1 enfermizo
canijo
débil*
raquítico
enteco
ANTO sano
fuerte

enclocar *verbo intransitivo/pronominal*
1 enllocar

encobar *verbo transitivo*
1 incubar
empollar

encocorar *verbo transitivo*
1 molestar
fastidiar
enfadar
enojar

encoger *verbo transitivo/pronominal*
1 contraer
verbo pronominal
2 apocarse
acobardarse
ANTO envalentonarse

encogido, -da *adjetivo*
1 apocado
tímido
pusilánime
corto
medroso
cobarde*
ANTO atrevido
resuelto
acometedor

encogimiento *nombre masculino*
1 contracción
    constricción
2 apocamiento
    cortedad
    timidez
    empacho
    vergüenza*

encolar *verbo transitivo*
1 fijar
    pegar

encolerizado, -da *adjetivo*
1 airado
    irritado
    enojado
    furioso
    enfurecido
    rabioso
    furibundo
    ANTO tranquilo
        sereno

encolerizar *verbo transitivo/pronominal*
1 enojar
    irritar
    enfurecer
    sulfurar
    exacerbar
    emberrenchinarse

encomendamiento *nombre masculino*
1 encargo
    encomienda
    recado
    cometido

encomendar *verbo transitivo*
1 encargar*
    confiar

encomiar *verbo transitivo*
1 alabar*
    encarecer
    loar
    elogiar
    enaltecer
    ANTO denostar

encomienda *nombre femenino*
1 encargo
    recado
    ⇒ encomiendas

encomiendas *nombre femenino plural*
1 recuerdos
    memorias
    ⇒ encomienda

encomio *nombre masculino*
1 alabanza
    elogio*
    encarecimiento
    bombo*
    apología*

enconar *verbo transitivo/pronominal*
1 irritar
    inflamar
    infectar
    envenenar
    ANTO sanar
        desinfectar
2 exasperar
    ANTO reconciliar

encono *nombre masculino*
1 animadversión
    resentimiento
    malquerencia
    rencor
    aborrecimiento
    saña
    odio*
    antipatía
    aversión
    repulsión
    inquina
    ANTO amor
        benevolencia
        simpatía

encontradizo, -za *adjetivo*
1 topadizo

encontrado, -da *adjetivo*
1 opuesto
    contrario
    antitético
    contradictorio

encontrar *verbo transitivo/pronominal*
1 hallar
    acertar
    topar
    dar con
    descubrir*
    ANTO perder

Topar y *dar con* suponen un encuentro inopinado, imprevisto o casual.

verbo pronominal
2 tropezar
    chocar
    topar
3 oponerse
    enemistarse
    discordar
    desavenirse
4 convenir
    concordar
    ANTO discrepar

encontrón *nombre masculino*
1 tronazo
    choque
    colisión
    topada
    topetazo
    trompada
    encontronazo

encontronazo *nombre masculino*
1 golpe
    encuentro
    topada
    topetazo
    trompada
    encontrón
    choque

encopetado, -da *adjetivo*
1 empingorotado
    ensoberbecido
    engreído

encorajinarse *verbo pronominal*
1 enfadarse
    irritarse
    encolerizarse
    sulfurarse
    emberrenchinarse

El femenino *corajina* tiene matiz irónico y significa 'arrebato de ira'. Estas connotaciones se hallan también en el verbo *encorajinarse*, y por esto su sentido está muy próximo a *emberrenchinarse* y *sulfurarse*. Los tres sugieren arrebato de ira acompañado de gestos y voces.

encorar *verbo transitivo*
1 encorecer

encorecer *verbo transitivo*
1 encorar

encorvadura *nombre femenino*
1 curvatura*
    alabeo
    corvadura

encorvamiento *nombre masculino*
1 alabeo
    curvatura*
    corvadura
    encorvadura
    comba

encorvar *verbo transitivo*
1 corvar
    recorvar

curvar
arquear
torcer
acombar

encostradura *nombre femenino*
1 encaladura

encrasar *verbo transitivo*
1 engrasar
abonar

encrespar *verbo transitivo/pronominal*
1 ensortijar
rizar
engrifar
enmarañar
enredar
desgreñar
2 enfurecer
irritar
embravecer

encrucijada *nombre femenino*
1 crucero
cruzado
cruce

Crucero y *cruzado* son menos usados que *encrucijada*.

encruelecerse *verbo pronominal*
1 encarnizarse
ensañarse
enfurecerse

encubierto, -ta *adjetivo*
1 oculto
escondido
tapado
velado

encubridor, -ra *adjetivo/nombre*
1 capa (familiar)
tapadera (familiar)
alcahuete

Alcahuete, tratándose de amoríos.

encubrir *verbo transitivo/pronominal*
1 ocultar*
recatar
esconder
solapar
disimular
tapar
reservar
desfigurar
disfrazar
falsear
fingir
dorar

paliar
ANTO descubrir
delatar

encuentro *nombre masculino*
1 coincidencia
2 hallazgo
3 colisión
choque
topada
topetazo
4 choque
refriega
5 partido
contienda

encuitarse *verbo pronominal*
1 acuitarse
desasosegarse
afligirse
apesadumbrarse

encumbrado, -da *adjetivo*
1 alto*
elevado
eminente
prominente

encumbramiento *nombre masculino*
1 auge
elevación
prosperidad

encumbrar *verbo transitivo/pronominal*
1 levantar
alzar
elevar
erguir
encaramar*
ANTO caerse
2 enaltecer
ensalzar
engrandecer
ANTO desprestigiar

verbo pronominal
3 envanecerse
engreírse
ensoberbecerse
ANTO desprestigiar

endeble *adjetivo*
1 débil
flojo
ANTO fuerte
duro

endechadera *nombre femenino*
1 plañidera
llorona

endejas *nombre femenino plural*
1 adarajas
enjarjes

endemia *nombre femenino*
1 epidemia*
peste
epizootia
enzootia
pandemia

endemoniado, -da *adjetivo/nombre*
1 demoníaco
energúmeno
poseso
2 perverso
nocivo
endiablado

Endemoniado se usa con carácter intensivo generalmente, de forma que tiene aplicación muy extensa, lo mismo que *endiablado*: un peso *endiablado*, velocidad *endiablada*, lección *endiablada*.

endemoniar *verbo transitivo*
1 espiritar

verbo pronominal
2 irritarse
encolerizarse
darse a los demonios

endentar *verbo transitivo*
1 encastrar
engargantar
engranar
encajar

Engranar y *encajar* son los más usuales.

endentecer *verbo intransitivo*
1 dentar

enderezar *verbo transitivo/pronominal*
1 destorcer
2 erguir
plantar
alzar
levantar
ANTO encoger
3 encaminar
dirigir
guiar
encarrilar
encauzar
ANTO desencaminar
desistir

endeudado, -da *adjetivo*
1 atrasado
alcanzado
empeñado

endeudarse *verbo pronominal*
1 empeñarse
entramparse

endiablado, -da *adjetivo*
1 endemoniado*

endibia *nombre femenino*
1 escarola (achicoria)

endilgar *verbo transitivo*
1 encajar
   endosar

endiosar *verbo transitivo*
1 deificar
   divinizar
   verbo pronominal
2 ensorberbecerse
   engreírse
   envanecerse

endomingado, -da *adjetivo*
1 dominguero

endosar *verbo transitivo*
1 endilgar
   encajar

endovenoso, -sa *adjetivo*
1 intravenoso

endrina *nombre femenino*
1 amargaleja
   andrina

endrino *nombre masculino*
1 asarero

endulzar *verbo transitivo*
1 dulcificar
   edulcorar
2 suavizar
   mitigar
   atenuar
   sosegar
   calmar
   aliviar*

endurecer *verbo transitivo*
1 indurar
2 robustecer
   fortalecer
   ANTO ablandar
      debilitar

endurecido, -da *adjetivo*
1 empedernido
2 concreto
   solidificado

endurecimiento *nombre*
   masculino
1 callosidad
   dureza
   induración
2 dureza
   obstinación

tenacidad
3 crueldad

enea *nombre femenino*
1 anea

enebral *nombre masculino*
1 nebreda

enebro *nombre masculino*
1 cada
   junípero

eneldo *nombre masculino*
1 aneldo

enema *nombre masculino*
1 ayuda
   lavativa

enemiga *nombre femenino*
1 enemistad*
   inquina
   malquerencia
   mala voluntad
   odio

enemigo *nombre masculino*
1 diablo
   demonio

enemigo, -ga *adjetivo/nombre*
1 contrario
   adversario
2 opuesto
   refractario
   hostil

enemistad *nombre femenino*
1 aversión
   malquerencia
   odio
   rencor
   hostilidad
   oposición
   enemiga
   mala voluntad
   rivalidad

'La *enemistad* se funda en el odio; el *rencor* es el deseo de venganza. La *enemistad* es más franca y más abierta que el *rencor*; en éste entra la idea de la concentración y del disimulo. La *enemistad* puede ser un estado pasivo; el *rencor* obra cuando halla ocasión favorable' (M).

enemistar *verbo*
   transitivo/pronominal
1 malquistar
   indisponer
   encizañar
   desavenir

discordar
ANTO amistar
   reconciliar

energía *nombre femenino*
1 fuerza
   potencia
   poder
   ANTO debilidad
2 eficacia
   actividad
   dinamismo
   ANTO pasividad
3 vigor*
   fibra
   fortaleza
   ánimo*
   ANTO debilidad
4 tesón
   firmeza
   voluntad
   ANTO debilidad

enérgico, -ca *adjetivo*
1 eficaz
   activo
   poderoso
2 vigoroso*
   fuerte
3 tenaz
   tesonero
   firme

energúmeno, -na *nombre*
1 endemoniado
   poseso
2 furioso
   alborotado
   enfurecido

enervar *verbo transitivo*
1 debilitar
   embotar
   ANTO fortalecer
      avivar

enfadado, -da *adjetivo*
1 ahíto
   hastiado
   fastidiado
2 mohíno
   triste
   melancólico
   disgustado

enfadar *verbo*
   transitivo/pronominal
1 enojar
   irritar
   fastidiar
   incomodar
   amoscar
   disgustar*
   desagradar

desazonar
molestar
contrariar
ofender
picar
heder
ANTO amistar
  distraer
  congraciar
  avenir
  agradar

entado *nombre masculino*
1 desagrado
  molestia
  fastidio
2 enojo
  ira
  berrinche*
3 afán
  trabajo

enfadoso, -sa *adjetivo*
1 desagradable*
  pesado
  cansado
  engorroso
  fastidioso
  molesto
  enojoso

enfaldo *nombre masculino*
1 regazo
  falda

enfático, -ca *adjetivo*
1 expletivo
  insistente
2 afectado
  altisonante
  petulante
  engolado
  ANTO natural
    sencillo

enfermar *verbo*
  intransitivo/pronominal
1 descomponer
  desazonarse
  indisponerse
  ANTO sanar
    curarse
    recuperarse

enfermedad *nombre femenino*
1 mal
  dolencia
  morbo
  padecimiento
  achaque
  indisposición*
  destemple
  afección
  afecto

ANTO salud

Mal es el nombre más popular. *Dolencia* es voz docta, de significación atenuativa, más o menos generalizada en el habla corriente según los países. *Morbo* es técnico o culto. *Padecimiento* sugiere el dolor físico. *Achaque* tiene carácter habitual o crónico. *Indisposición* y *destemple* son alteraciones ligeras de la salud. *Afección* se emplea siempre con un determinativo que la localiza: *afección* laríngea, cardíaca.

enfermero, -ra *nombre*
1 A.T.S. (auxiliar técnico sanitario)

enfermizo, -za *adjetivo*
1 achacoso
  enteco
  enclenque
  valetudinario
  débil*
2 malsano
  morboso

enfermo, -ma *adjetivo/nombre*
1 malo
  doliente
  paciente
  achacoso
  indispuesto
  destemplado

Malo en esta acepción sólo se usa con el verbo 'estar' y no puede sustantivarse: *estoy malo*. Los matices diferenciales entre el resto de sinónimos son iguales a los explicados en el artículo *enfermedad*.

enfervorizarse *verbo pronominal*
1 calentarse
  acalorarse
  irritarse
  enfadarse
  sentir calor
  asarse vivo
  freírse de calor
  ANTO enfriarse
    tranquilizarse

enfilar *verbo transitivo*
1 ensartar
  enhilar

enflaquecer *verbo intransitivo/transitivo*
1 adelgazar

desengrosar
enmagrecer
ANTO engordar
2 debilitar
  enervar
  verbo intransitivo/pronominal
3 desmayar
  flaquear
  flojear

enflaquecimiento *nombre masculino*
1 agotamiento
  debilidad
  consunción
  extenuación
2 adelgazamiento
  desnutrición

enflautador, -ra *nombre*
1 alcahuete
  encubridor
  celestina
  tercera
  proxeneta

entosado *nombre masculino*
1 encebadamiento

enfoscado *nombre masculino*
1 revoque
  revoco
  guarnecido
  revocadura

enfoscar *verbo transitivo*
1 revocar
  guarnecer
  enlucir

enfrascarse *verbo pronominal*
1 engolfarse
  absorberse
  concentrarse

enfrentado, -da *adjetivo*
1 opuesto
  encontrado
  contrapuesto

enfrentar *verbo transitivo*
1 afrontar
  arrostrar
  hacer frente
  desafiar
  dar la cara
  dar el pecho
  ANTO eludir
    escapar

enfrente *adverbio*
1 delante
  frente a
  frontero
2 en contra
  en pugna

a b c d e f g h i j k l m n ñ o p q r s t u v w x y z

enfriamiento *nombre masculino*
1 resfriado
catarro
resfriamiento

enfriar *verbo*
intransitivo/transitivo/
pronominal
1 resfriar
refrescar
refrigerar*
ANTO acalorar
calentar
2 entibiar
amortiguar
verbo pronominal
3 resfriarse
acatarrarse

enfundar *verbo transitivo*
1 encamisar

enfurecer *verbo*
transitivo/pronominal
1 irritar
enojar
sulfurar
encolerizar
exasperar
2 alborotarse
alterarse
encresparse

enfurecido, -da *adjetivo*
1 airado
irritado
enojado
encolerizado
furioso
rabioso
furibundo
violento
arrebatado
inconsiderado
energúmeno
alborotado
ANTO tranquilo

enfurtir *verbo transitivo*
1 infurtir
abatanar
2 apelmazar

engaitar *verbo transitivo*
1 engatusar
engañar

engalanar *verbo transitivo*
1 adornar
ataviar
hermosear
acicalar
componer*

engallado, -da *adjetivo*
1 erguido
derecho
arrogante

engalladura *nombre femenino*
1 galladura
prendedura

engallarse *verbo pronominal*
1 erguirse
engreírse
ensoberbecerse
ANTO humillarse
rebajarse
postrarse

enganchar *verbo transitivo*
1 agarrar
2 atraer
seducir
3 alistar
reclutar
sentar plaza
En su uso pronominal *sentar plaza*.

enganche *nombre masculino*
1 leva
recluta
reclutamiento

engañado, -da *adjetivo*
1 iluso
seducido
cándido
soñador

engañador, -ra *adjetivo*
1 engañoso
mentiroso
impostor
falaz
artero
embustero
embaucador
delusor
ANTO sincero
franco
verdadero
El que engaña con apariencia de verdad, *impostor*; dícese sólo de personas.

engañar *verbo transitivo*
1 seducir
atraer
inducir
ilusionar
engatusar
engaitar
atrapar*
ANTO desengañar
Cuando se *engaña* con halagos, úsanse *engaitar* y *atrapar*.

2 mentir
deludir (literario)
burlar
3 entretener
distraer
verbo pronominal
4 equivocarse
confundirse
errar

engañifa *nombre femenino*
1 (familiar) embeleco
embuste
engaño
mentira
superchería
engañifla (vulgar)

engaño *nombre masculino*
1 mentira
falsedad
fraude
superchería
farsa
engañifa (familiar)
engañifla (vulgar)
bola*
embuste*
ANTO verdad
realidad
2 error
equivocación

engañosamente *adverbio*
1 delusoriamente
artificiosamente

engañoso, -sa *adjetivo*
1 mentiroso
falaz
ilusorio
aparente
delusorio
delusivo
Delusorio y *delusivo* son aplicables sólo a cosas; *falaz*, *engañoso* y *mentiroso* a personas y cosas.

engarce *nombre masculino*
1 engace
encadenamiento
eslabonamiento
2 engaste

engargantar *verbo transitivo*
1 endentar
encastrar
engranar
encajar

engarzar *verbo transitivo*
1 trabar

encadenar
eslabonar
engazar
2 engastar

engastador, -ra *adjetivo/nombre*
1 enjoyelador

engastar *verbo transitivo*
1 encajar
embutir

engaste *nombre masculino*
1 montadura
guarnición

engatar *verbo transitivo*
1 (familiar) engatusar
encantusar
encatusar
engaitar
engañar

engatusar *verbo transitivo*
1 encantusar
encatusar
engaitar
engatar
engañar
Todos ellos son menos usados que *engatusar*.

engavillar *verbo transitivo*
1 agavillar
agarbillar

engazar *verbo transitivo*
1 engarzar
trabar
encadenar
eslabonar

engendrar *verbo transitivo*
1 procrear
2 generar
originar
ocasionar
causar
producir

engendro *nombre masculino*
1 feto

englobar *verbo transitivo*
1 incluir
comprender
encerrar
reunir

engolado, -da *adjetivo*
1 enfático
altisonante
presuntuoso
petulante
afectado

engolfarse *verbo pronominal*
1 enfrascarse
absorberse
concentrarse

engolondrinarse *verbo pronominal*
1 enamoricarse
enamoriscarse

engolosinar *verbo transitivo*
1 cebar
atraer
incitar
estimular
verbo pronominal
2 arregostarse
regostarse
aficionarse
tomar gusto

engordar *verbo transitivo*
1 engrosar
aumentar
engruesar

engorde *nombre masculino*
1 ceba
recría

engorro *nombre masculino*
1 estorbo
embarazo
impedimento
molestia

engranar *verbo transitivo*
1 endentar
encastrar
engargantar
encajar

engrandar *verbo transitivo*
1 agrandar*
ampliar
ensanchar
aumentar
acrecentar
acrecer
multiplicar
engrandecer
ANTO achicar
disminuir
empequeñecer
reducir

engrandecer *verbo transitivo*
1 aumentar
acrecentar
ampliar
agrandar*
2 realzar
elevar
enaltecer
encaramar*

3 alabar
elogiar
exagerar
ponderar

engrasar *verbo transitivo*
1 encrasar
abonar
2 untar*
lubricar
lubrificar

engravar *verbo transitivo*
1 empedrar*
adoquinar
enguijarrar
enlosar

engreído, -da *adjetivo*
1 empingorotado
encopetado
ensoberbecido
hinchado
vano
vanidoso
presuntuoso
finchado (familiar)
preciado
jactancioso
ufano
orgulloso
envanecido

engreimiento *nombre masculino*
1 altanería
altivez
soberbia*
orgullo*
arrogancia
desprecio
vanidad

engreírse *verbo pronominal*
1 ahuecarse
hincharse
soplarse
infatuarse
ufanarse
envanecerse
inflarse
ensoberbecerse
engallarse
vanagloriarse
jactarse
preciarse
ANTO humillarse
rebajarse

engrescar *verbo transitivo*
1 excitar
enzarzar
enredar

engrifar *verbo transitivo*
1 encrespar

ensortijar
rizar

engrosamiento *nombre*
masculino
1 tumefacción
intumescencia

engrosar *verbo transitivo*
1 aumentar
engordar
engruesar

engruesar *verbo transitivo*
1 engrosar
aumentar
engordar

enguijarrar *verbo transitivo*
1 empedrar*
adoquinar
engravar
enlosar

engullir *verbo transitivo*
1 tragar
chascar
ingurgitar
devorar
embocar
embaular
comer
ANTO ayunar

enhebrar *verbo transitivo*
1 ensartar

enhiesto, -ta *adjetivo*
1 erguido
levantado
derecho

enhilar *verbo transitivo*
1 ensartar
enfilar

enhorabuena *nombre femenino*
1 norabuena
felicitación
parabién
pláceme

enhoramala *adverbio*
1 noramala
nora tal

enhornar *verbo transitivo*
1 ahornar

enigma *nombre masculino*
1 adivinanza
adivinaja (rústico)
quisicosa
acertijo

Adivinanza, adivinaja y *quisicosa* tienen carácter popular y

pertenecen a la tradición oral.
Son enunciados que hay que
descifrar. El *acertijo* puede ser
oral, gráfico o consistir en un
objeto cuyas manipulaciones
hay que atinar. *Enigma* es culto: las palabras que lo componen tienen significado oscuro,
anfibológico, simbólico.

2 misterio
arcano

enigmático, -ca *adjetivo*
1 misterioso
oscuro
secreto
incomprensible
arcano
inexplicable
ANTO comprensible
claro
incomplejo

enilismo *nombre masculino*
1 etilismo
alcoholismo

enjabonado *nombre masculino*
1 jabonadura
enjabonadura

enjabonadura *nombre femenino*
1 jabonadura
enjabonado

enjabonar *verbo transitivo*
1 jabonar

enjalbegar *verbo transitivo*
1 blanquear
encalar

enjarciar *verbo transitivo*
1 aparejar

enjarje *nombre masculino*
1 adaraja
endeja

enjaular *verbo transitivo*
1 encarcelar
aprisionar
enchiquerar (familiar)
enchironar (vulgar)

enjebe *nombre masculino*
1 ajebe
alumbre
jebe

enjertar *verbo transitivo*
1 injertar

enjerto *nombre masculino*
1 injerto

enjoyelador, -ra
adjetivo/nombre
1 engastador

enjuague *nombre masculino*
1 chanchullo
gatuperio
pastel
componenda

enjugar *verbo transitivo*
1 secar*
sanear

Secar en general; hablando de
tierras demasiado empapa-
das, *sanear*.

2 cancelar
extinguir

Tratando de una deuda o déficit.

verbo pronominal
3 adelgazar
enflaquecer

enjuiciamiento *nombre*
masculino
1 instrucción

enjuiciar *verbo transitivo*
1 encausar
procesar

enjuncar *verbo transitivo*
1 lastrar

enjundia *nombre femenino*
1 gordura
grasa
unto
injundia
2 sustancia
meollo

enjunque *nombre masculino*
1 zahorra

enjuta *nombre femenino*
1 sobaco
embecadura
2 pechina

enjuto, -ta *adjetivo*
1 delgado
seco
flaco
cenceño

enlace *nombre masculino*
1 unión
conexión
trabazón
relación*
encadenamiento
coherencia*

ANTO desenlace
   desunión
   desarticulación
2 matrimonio*
   casamiento*
   boda
   nupcias

enladrillado *nombre masculino*
1 pavimento
   suelo
   solado
   piso
   adoquinado
   entarimado
   embaldosado

enlazado, -da *adjetivo*
1 encadenado

enlazar *verbo*
   transitivo/pronominal
1 juntar*
   trabar
   atar
   ANTO desenlazar
2 unir
   relacionar
   encadenar
   entroncar
   empalmar
   ANTO desunir
     divorciar

enlegamar *verbo transitivo*
1 entarquinar

enligar *verbo*
   transitivo/pronominal
1 enviscar

enllocar *verbo*
   intransitivo/pronominal
1 enclocar

enlodar *verbo transitivo*
1 enlodazar

enloquecer *verbo intransitivo*
1 aloquecerse
   alocarse

enlosar *verbo transitivo*
1 empedrar*
   adoquinar
   engravar
   enguijarrar

enlucir *verbo transitivo*
1 guarnecer
   Tratándose de las paredes exteriores del edificio.

enmaderación *nombre femenino*
1 entibación

enmaderado *nombre masculino*
1 maderaje
   maderamen

enmagrecer *verbo*
   intransitivo/transitivo
1 enflaquecer
   adelgazar
   desengrosar
   ANTO engordar

enmalecer *verbo*
   transitivo/pronominal
1 malear
   dañar
   echar a perder
   estropear
   ANTO sanear
     perfeccionar

enmallarse *verbo pronominal*
1 mallar

enmantar *verbo transitivo*
1 arropar
   abrigar
   cubrir
   tapar
   amantar
   ANTO destapar

enmarañado, -da *adjetivo*
1 farragoso
   desordenado
   confuso
   mezclado

enmarañar *verbo*
   transitivo/pronominal
1 enredar
   desgreñar
   encrespar
   ANTO desenredar
     desenmarañar
   Tratándose del cabello, se utilizan *desgreñar* y *encrespar*.
2 confundir
   embrollar
   revolver
   ANTO desenredar

enmascarado *nombre masculino*
1 máscara (persona)

enmascaramiento *nombre*
   masculino
1 impostura
   engaño
   mentira
   falsedad
   superchería
   engañifa (familiar)
   fingimiento
   engañifla (vulgar)
   ANTO verdad

enmascarar *verbo transitivo*
1 encubrir
   disfrazar
   disimular
   ocultar

enmendar *verbo*
   transitivo/pronominal
1 corregir
   reparar*
   rectificar
   resarcir
   subsanar
   indemnizar
   satisfacer
   ANTO perseverar
   Tratándose de defectos, faltas
   o errores, se utilizan *corregir,*
   reparar y *rectificar.* Tratándose
   de daños, *resarcir, subsanar,*
   indemnizar y *satisfacer.*

enmienda *nombre femenino*
1 remedio
   reparación
   corrección

enmohecer *verbo transitivo*
1 florecer
   mohecer

enmohecido, -da *adjetivo*
1 mohoso
   herrumbroso
   verdinoso
   oxidado
   corroído

enmollecer *verbo*
   transitivo/pronominal
1 ablandar
   suavizar
   blandear
   emblandecer
   reblandecer
   lentecer
   relentecer
   ANTO endurecer

enmondar *verbo transitivo*
1 desliñar

enmudecer *verbo intransitivo*
1 callar
   guardar silencio

enmustiar *verbo*
   transitivo/pronominal
1 amustiar
   marchitar

ennegrecer *verbo*
   transitivo/pronominal
1 denegrecer

denegrir
negrecer
ANTO blanquear
2 oscurecer
nublarse
encapotarse
ANTO aclararse
despejarse
desencapotarse

ennoblecer *verbo*
transitivo/pronominal
1 aristocratizar
ANTO envilecer

ennudecer *verbo intransitivo*
1 anudarse (dejar de crecer)
detenerse (el crecimiento)

enojado, -da *adjetivo*
1 airado
irritado
encolerizado
furioso
enfurecido
rabioso
furibundo
ANTO tranquilo
2 incómodo

enojar *verbo*
transitivo/pronominal
1 desazonar
molestar
fastidiar
enfadar
descontentar
irritar
encolerizar
ensañar
exacerbar
enfurecer
exasperar
sacar de quicio
amoscar
ANTO apaciguar
agradar
tranquilizar
2 incomodar

enojo *nombre masculino*
1 enfado

'El *enfado* puede provenir de
cosas inanimadas, como el
ruido y la inclemencia de las
estaciones; el *enojo* procede
siempre de acciones huma-
nas' (M).

'Lo que se opone a nuestro
gusto o a nuestra inclinación,
nos *enfada*. Lo que falta a la
obediencia, a la obligación o al
respeto que se nos debe, nos

enoja. Por eso el *enfado* puede
causarse indiferentemente por
las personas y por las cosas,
porque unas y otras pueden
disgustarnos. *Enfada* un hablador, *enfada* el calor, el polvo, el
ruido. Pero el *enojo* solo se
puede causar por las personas, pues estas solamente son
las que pueden faltar a la obligación, a la obediencia, al respeto. Y así el *enojo* supone
superioridad de parte de la
persona *enojada*, pero no
siempre la supone el *enfado*. El
padre está *enojado* al ver la
desobediencia e ingratitud de
sus hijos; y estos están *enfa-
dados*, porque no les deja salir
con sus gustos' (LH).

2 ira
indignación
irritación
coraje
3 molestia
pena
trabajo

enojoso, -sa *adjetivo*
1 desagradable*
molesto
ANTO agradable

enólogo, -ga *adjetivo/nombre*
1 catador
mojón
catavinos

La técnica del *enólogo* es
científica; la del *catador*, *mojón* o *catavinos*, es empírica y
basada principalmente en el
aroma y sabor de los vinos y
sus mezclas.

enorme *adjetivo*
1 desmedido
desmesurado
descomunal
excesivo
colosal
brutal*
bestial
formidable
garrafal
monumental
exorbitante
sumo
ANTO mínimo
ínfimo
pequeño
minúsculo
baladí

Para el empleo de enorme en

la lengua hablada con carácter intensivo general, véase el
comentario a *brutal*.

'Lo *enorme* es lo demasiado
grande, sin relación fija a un
tipo determinado. Lo *desmedido* es lo demasiado grande
en comparación del tamaño
ordinario de las cosas de la
misma especie. *Excesivo* es lo
que peca y ofende por exceder sus límites naturales. Comúnmente se aplica lo *enorme* (y *colosal*) a las masas; lo
desmedido (y *desmesurado*) a
la extensión, y lo *excesivo* a la
cantidad. Las pirámides de
Egipto son *enormes* (o *colosa-
les*). Decimos del desierto de
Sahara que es una llanura
desmedida (*desmesurada*). El
avaro se queja del precio *excesivo* de los mercados' (M).

enormidad *nombre femenino*
1 despropósito
desatino
atrocidad
barbaridad
ANTO carencia
pequeñez

enraizar *verbo intransitivo*
1 arraigar

enramada *nombre femenino*
1 ramada

enranciar *verbo*
transitivo/pronominal
1 arranciar
ranciar

enrarecer *verbo transitivo*
1 rarefacer
rarificar

enrarecimiento *nombre*
masculino
1 rarefacción

enrasar *verbo transitivo*
1 arrasar
rasar

enredadera *nombre femenino*
1 convólvulo

enredador, -ra *adjetivo*
1 revoltoso
travieso
2 chismoso
embustero
lioso
trapisondista
embrollón

enredar *verbo*
transitivo/pronominal
1 embarullar
   revolver
   ANTO desenredar

enredijo *nombre masculino*
1 lío
   maraña
   ANTO orden

enredo *nombre masculino*
1 maraña
   trama
   embrollo
2 travesura
   inquietud
3 mentira
   chisme
   embuste
   lío
   intriga
4 trama
   intriga

   En el poema épico, el teatro y
   la novela.

enrejado *nombre masculino*
1 enverjado

enrevesado, -da *adjetivo*
1 revesado
   enredado
   enmarañado
   intrincado
   confuso
2 difícil*
   dificultoso
   arduo
   trabajoso
   penoso
   embarazado
   complicado

enriquecer *verbo transitivo*
1 adornar
   avalorar
   engrandecer

   verbo intransitivo/pronominal
2 prosperar
   progresar
   florecer

enriscado, -da *adjetivo*
1 riscoso
   peñascoso
   escabroso

enrizar *verbo transitivo*
1 ensortijar
   rizar
   retortijar

enrodrigonar *verbo transitivo*
1 rodrigar
   arrodrigar
   arrodrigonar
   errodrigar

enrojecer *verbo intransitivo*
1 encenderse
   ruborizarse
   sonrojarse

enrojecimiento *nombre*
masculino
1 rubefacción
   rubor

enrollar *verbo transitivo*
1 arrollar
   ANTO desenrollar

enronquecer *verbo intransitivo*
1 desgañitarse

   Cuando es a causa del esfuerzo en gritar, se utiliza *desgañitarse.*

enronquecimiento *nombre*
masculino
1 ronquera
   afonía
   tajada (familiar)
   carraspera

ensalzar *verbo*
transitivo/pronominal
1 exaltar
   engrandecer
   enaltecer
   glorificar
2 alabar
   elogiar
   ponderar
   encomiar
   ANTO humillar
   insultar

ensamblado *nombre masculino*
1 ensambladura
   ensamblaje
   ensamble

ensambladura *nombre femenino*
1 ensamblado
   ensamblaje
   ensamble

ensanchar *verbo transitivo*
1 enanchar (familiar)
   extender
   dilatar
   ampliar*
   acrecentar
   aumentar
   acrecer
   agrandar*

engrandecer
ANTO encoger
   disminuir
   menguar
   angostar
   estrechar

   verbo pronominal
2 envanecerse
   engreírse
   hincharse

ensañamiento *nombre*
masculino
1 crueldad
   ferocidad
   saña
   encarnizamiento
   refinamiento

   Crueldad, ferocidad y *saña* se
   utilizan en general. Cuando
   denota insistencia y deleite en
   causar daño, se usan *encarnizamiento* y *refinamiento.*

ensañar *verbo transitivo*
1 enfurecer
   irritar
2 encarnizarse
   cebarse

ensarmentar *verbo transitivo*
1 acodar

ensartar *verbo transitivo*
1 enhilar
   enfilar
2 enhebrar
3 atravesar
   espetar

ensayar *verbo transitivo*
1 probar
   reconocer
   experimentar
2 adiestrar
   amaestrar
   ejercitar
3 intentar
   tratar
   procurar

ensayo *nombre masculino*
1 prueba
   experimento
   reconocimiento
   test (anglicismo)
2 ejercicio
   adiestramiento
3 tentativa
   intento

ensenada *nombre femenino*
1 rada
   bahía

a
b
c
d
e
f
g
h
i
j
k
l
m
n
ñ
o
p
q
r
s
t
u
v
w
x
y
z

tablazo
abra

enseña *nombre femenino*
1 insignia
  estandarte
  bandera

enseñanza *nombre femenino*
1 educación
  instrucción
  doctrina
2 advertencia*
  ejemplo

enseñar *verbo transitivo*
1 doctrinar
  adoctrinar
  aleccionar
  adiestrar
  amaestrar*
  instruir
  educar

  ⇒ educación

Doctrinar es hoy anticuado; *adoctrinar* y *aleccionar* se usan en el sentido de advertir o dar instrucciones a uno sobre lo que debe hacer o decir en una ocasión determinada; *adiestrar* es ejercitar en un trabajo manual o en un deporte, movimiento del cuerpo, etc.; *amaestrar* puede coincidir con *adiestrar*, pero en su empleo moderno significa principalmente domar animales o ejercitarlos para que hagan determinados movimientos a voluntad del domador. Todos estos verbos se usaron en la lengua clásica con el significado de transmitir conocimientos, ciencias, etc., pero en la lengua moderna es rara esta acepción. *Instruir* se refiere a lo intelectual; significa también dar advertencias, informes o indicaciones para un acto determinado o como norma general de conducta. *Enseñar* es el uso más extenso, y su significación abarca la de todos estos sinónimos.

2 mostrar
  exhibir
  exponer
  verbo pronominal
3 habituarse
  acostumbrarse
  ejercitarse

enseñorearse *verbo pronominal*
1 adueñarse
  apoderarse
  apropiarse
  posesionarse
2 dominar
  avasallar
  sujetar

enseres *nombre masculino plural*
1 muebles
  utensilios
  útiles
  instrumentos
  bártulos
  trebejos

Enseres comprende a todos estos sinónimos y adquiere el sentido particular de cada uno de ellos según el contexto y la situación.

ensimismarse *verbo pronominal*
1 abstraerse
  reconcentrarse
  absorberse

ensoberbecerse *verbo pronominal*
1 encumbrarse
  envanecerse
  engreírse

ensoberbecido, -da *adjetivo*
1 empingorotado
  encopetado
  engreído

ensombrecer *verbo transitivo*
1 oscurecer
  dar sombra
  ANTO aclarar
2 entristecerse
  ANTO animarse

ensoñación *nombre femenino*
1 ensueño
  sueño

ensoñar *verbo transitivo*
1 soñar
  trasoñar
  soñar despierto

ensopar *verbo transitivo*
1 sopear
  sopetear

Sopetear tiene sentido frecuentativo.

verbo transitivo/pronominal
2 empapar
  poner hecho una sopa

ensordecer *verbo transitivo*
1 asordar

ensortijar *verbo transitivo*
1 rizar
  enrizar
  retortijar

ensuciar *verbo transitivo*
1 manchar
  emporcar
  impurificar
  enturbiar
  ANTO limpiar

Enturbiar, tratándose de aguas u otros líquidos.

2 deslustrar
  deslucir
  enlodar
  ANTO limpiar
  verbo pronominal
3 defecar
  evacuar

Ensuciarse se usa como eufemismo.

ensueño *nombre masculino*
1 ensoñación
  sueño
2 ilusión
  fantasía

entablado *nombre masculino*
1 entarimado
2 tablado
  tillado

**entablamento,
entablamiento** *nombre
masculino*
1 cornisamento

entablar *verbo transitivo*
1 disponer
  preparar
  emprender

'*Entablar* significa una acción menos eficaz que *emprender*. Antes de *emprender*, se *entablan* los preparativos de la empresa; las negociaciones se *entablan* antes de *emprender* una guerra' (M).

2 trabar
  comenzar

En el mismo orden de ideas, y avanzando desde la preparación a la acción, *entablar* equivale asimismo a *comenzar*, *trabar*; por ejemplo: una batalla, un debate.

entalamadura *nombre femenino*
1 toldo

entallar[1] *verbo transitivo*
1 tallar
  esculpir
  grabar

entallar[2] *verbo transitivo*
1 ajustar
  ceñir

Tratándose de vestidos, *ajustar*; *ceñir* se refiere a la cintura.

entallecer *verbo intransitivo/pronominal*
1 tallecer
  guiar

entarimado *nombre masculino*
1 entablado

entarquinar *verbo transitivo*
1 enlegamar

ente *nombre masculino*
1 ser

enteco, -ca *adjetivo*
1 enfermizo
  débil
  flaco
  enclenque
  canijo
  esmirriado

entenado, -da *nombre*
1 hijastro
  antenado
  alnado

entender *verbo transitivo*
1 comprender
  ANTO ignorar
    desconocer

En general, *entender* está más cerca de la percepción; y *comprender*, de la razón.

2 deducir
  inferir
  pensar
  juzgar
  creer

entendido, -da *adjetivo*
1 sabio
  docto
  perito
  experto
  diestro
  hábil

entendimiento *nombre masculino*
1 inteligencia
  intelecto

2 talento*
  capacidad
  mente*
  entendederas
  meollo
  cabeza

Entendederas, meollo y *cabeza* pertenecen al habla popular.

enterado, -da *adjetivo*
1 instruido
  informado
  sabedor
  noticioso
  impuesto

enteramente *adverbio*
1 cabalmente
  totalmente
  íntegramente
  completamente
  por entero

enterar *verbo transitivo*
1 informar
  instruir
  imponer
  noticiar
  hacer saber
  ANTO ignorar

entereza *nombre femenino*
1 integridad
  perfección
2 fortaleza
  firmeza
  carácter
  rectitud
  ANTO debilidad
3 severidad
  inflexibilidad
  ANTO debilidad
    pusilanimidad

enternecer *verbo transitivo*
1 ablandar
2 emocionar*
  conmover
  afectar

entero, -ra *adjetivo*
1 completo
  cabal
  íntegro
  cumplido
  exacto
2 recto
  justo
  firme
  enérgico
3 sano
  fuerte
  robusto

por entero *locución adverbial*
  enteramente
  cabalmente
  totalmente
  íntegramente
  completamente

enterramiento *nombre masculino*
1 entierro*
  sepelio
  inhumación
2 sepulcro
  sepultura
  tumba*

enterrar *verbo transitivo*
1 inhumar
  sepultar
  soterrar
  ANTO desenterrar
    exhumar

Inhumar, si se trata de un cadáver; *sepultar* y *soterrar* pueden aplicarse a las cosas.

'La diferencia (...) entre *enterrar* y *desenterrar*, *inhumar* y *exhumar*, consiste en que se *entierra* y *desentierra* todo lo que se esconde o saca de la tierra, para que esté y permanezca oculto (...); mas *inhumación* y *exhumación* sólo corresponde a los cadáveres humanos y a las ceremonias con que esto se verifica. Se *entierran* y *desentierran* tesoros, cosas preciosas, todo cuerpo muerto. Se *desentierran* monumentos antiguos que la tierra ocultaba en su seno; se *desentierra* un cadáver humano malamente cubierto de tierra para *inhumarlo*, o darle sepultura sagrada' (O).

2 arrinconar
  relegar
  olvidar

entibación *nombre femenino*
1 enmaderación

entibar *verbo intransitivo*
1 estribar
  reafirmar
  restribar

entibiar *verbo transitivo*
1 enfriar
  amortiguar
  templar
  moderar

entibo *nombre masculino*
1 estribo

entidad *nombre femenino*
1 consideración
importancia
valor
sustancia
2 colectividad
corporación*
sociedad*

entierro *nombre masculino*
1 enterramiento
inhumación
sepelio
ANTO exhumación
desentierro

Inhumación y *sepelio* son voces escogidas, de cierta solemnidad, tratándose de un cadáver. Tratándose de cosas no se emplea *sepelio*.

2 sepelio
conducción del cadáver

Refiriéndose al cadáver y a su acompañamiento.

entintar *verbo transitivo*
1 teñir
tintar

entiznar *verbo transitivo*
1 tiznar

entoldamiento *nombre masculino*
1 envanecimiento*
soberbia
toldo
entono
ahuecamiento
esponjamiento
presunción

entoldar *verbo transitivo*
1 toldar
2 engreírse
envanecerse

entonación *nombre femenino*
1 acento
deje
dejillo
dejo
tono
tonillo

entonado, -da *adjetivo*
1 vanidoso
vano
presuntuoso
presumido
ostentoso
estirado
empacado
orgulloso
altivo
altanero
engreído

entonar *verbo transitivo*
1 tonificar
robustecer
vigorizar
ANTO debilitar
verbo pronominal
2 envanecerse
engreírse

entonces *adverbio*
1 a la sazón
2 en tal caso
siendo así

entono *nombre masculino*
1 altivez
altanería
soberbia
engreimiento
orgullo
arrogancia
desprecio
presunción
ostentación
envanecimiento*
ANTO humildad
sencillez

entontecer *verbo intransitivo/transitivo*
1 atontar

entornar *verbo transitivo*
1 inclinar
ladear
volcar
transtornar

entorpecer *verbo transitivo*
1 turbar
oscurecer
embotar
atontar
2 estorbar
dificultar
obstaculizar
embarazar
retardar
impedir

entorpecimiento *nombre masculino*
1 turbación
embotamiento
atontamiento
2 estorbo
rémora
obstáculo
dificultad
embarazo
retraso
impedimiento
demora
dilación
retardo

entosigar *verbo transitivo*
1 envenenar
atosigar
tosigar
intoxicar

entrada *nombre femenino*
1 ingreso

Es la acción de *ingresar* o entrar en una sociedad, corporación, establecimiento docente, etc.

2 ingreso

Este es la cantidad que se percibe: libro de *entradas* y *salidas*, o de *ingresos* y *gastos*.

3 acceso
paso
puerta
4 billete
5 principio
comienzo

entrambos, -as *adjetivo plural*
1 ambos*
los dos
uno y otro
ambos a dos

entramparse *verbo pronominal*
1 empeñarse
endeudarse

entraña *nombre femenino*
1 víscera
2 centro
interior
profundidad

arrancársele las entrañas *locución*
apiadarse
compadecerse
condolerse
dolerse
tener misericordia
tener compasión
rezumar caridad
ANTO ensañarse

entrañable *adjetivo*
1 profundo
íntimo
cordial

entrar *verbo intransitivo/transitivo*
1 penetrar
  meterse
  introducirse
  ANTO salir

  ⇒ adentrarse
2 encajar
  ajustar
  caber
3 desembocar
  afluir
  desaguar
4 ingresar
  ANTO salir
5 empezar
  comenzar
  dar principio
6 invadir
  irrumpir

  ⇒ adentrar

  Los dos sinónimos suponen una acción súbita o violenta.

entreacto *nombre masculino*
1 intermedio

entrecejo *nombre masculino*
1 glabela

entrecuesto *nombre masculino*
1 solomillo

entredicho *nombre masculino*
1 interdicto
  prohibición
2 dudar
  reservar
  abstenerse

entrega *nombre femenino*
1 fascículo
2 cola
3 rendición
  capitulación

entregar *verbo transitivo*
1 dar*
  poner en manos
  ANTO quitar

  verbo pronominal
2 abandonarse
3 rendirse
  someterse
  capitular*
  ANTO resistir
4 dedicarse
  consagrarse

entrelazar *verbo transitivo*
1 entretejer
  trabar
  enlazar

entrelinear *verbo transitivo*
1 interlinear
  entrerrenglonar

entreliño *nombre masculino*
1 almanta

entremeterse *verbo pronominal*
1 inmiscuirse
  mezclarse
  injerirse

entremetido, -da *adjetivo*
1 entrometido
  indiscreto
  intruso
  ANTO discreto
        oportuno

entremetimiento *nombre masculino*
1 intromisión
  entrometimiento
  intrusión

entremezclar *verbo transitivo*
1 barajar
  mezclar
  revolver
  confundir

entremijo *nombre masculino*
1 expremijo
  entremiso

entremiso *nombre masculino*
1 expremijo
  entremijo

entrenar *verbo transitivo/pronominal*
1 ejercitar
  adiestrar
  habituar
  ensayar

entrenudo *nombre masculino*
1 cañuto

entrenzar *verbo transitivo*
1 trenzar (el cabello)
  tranzar

entrepaño *nombre masculino*
1 anaquel

entrerrenglonar *verbo transitivo*
1 entrelinear
  interlinear

entresacar *verbo transitivo*
1 escoger*
  elegir
  florear

entresijo *nombre masculino*
1 mesenterio
  redaño

entretanto *adverbio*
1 mientras
  mientras tanto
  interín

entretejer *verbo transitivo*
1 entrelazar
  enlazar
  trabar
2 incluir
  intercalar
  interpolar

entretener *verbo transitivo/pronominal*
1 divertir
  recrear
  distraer
  solazar

  'Una novela bien escrita *divierte*; los placeres del campo *recrean*, así como la pocsía y la narración de un hecho noble y generoso' (M).

2 dar largas
  dilatar
  alargar

entretenido, -da *adjetivo*
1 ameno
  grato
  agradable
  deleitable
  placentero
  divertido
  encantador
  ANTO desagradable
        aburrido
        tedioso
        insoportable

entretenimiento *nombre masculino*
1 recreo
  diversión*
  distracción
  solaz
  pasatiempo
2 manutención
  conservación

entrever *verbo transitivo*
1 divisar*
  distinguir
  columbrar
  vislumbrar
  barruntar
2 conjeturar
  adivinar*
  barruntar

entrevista *nombre femenino*
1 conferencia
  conversación*

a b c d e f g h i j k l m n ñ o p q r s t u v w x y z

entristecer *verbo transitivo/pronominal*
1 apenar
afligir
acongojar
apesadumbrar
ensombrecer
amurriarse
amorrarse
amohinarse
ANTO alegrar
animar

entristecido, -da *adjetivo*
1 pesaroso
afligido
apenado
apesadumbrado
ANTO contento
alegre

entrojar *verbo transitivo*
1 atrojar
entrujar

entrometerse *verbo pronominal*
1 entremeterse
inmiscuirse
mezclarse
ingerirse
introducirse
infiltrarse*

entrometido, -da *adjetivo*
1 entremetido
intruso
indiscreto
ANTO discreto
oportuno

entrometimiento *nombre masculino*
1 intromisión
entremetimiento
intrusión
importunidad
indiscreción

entroncar *verbo transitivo*
1 emparentar
2 empalmar
enlazar

entrujar *verbo transitivo*
1 embolsar

entubamiento *nombre masculino*
1 intubación

entuerto *nombre masculino*
1 tuerto
agravio*
desaguisado

entullecer *verbo transitivo/pronominal*
1 tullir
imposibilitar
paralizar

entumecer *verbo transitivo/pronominal*
1 entumirse
envarar
entorpecer
paralizar
adormecer*
ANTO avivar
despabilar

Entumirse, envarar y *entorpecer* se emplean con el sentido de impedir, o dificultar el movimiento de un miembro. Cuando el impedimento es total, *paralizar.*

entumir *verbo transitivo/pronominal*
1 envarar
entumecer
entorpecer

entupir *verbo transitivo*
1 tupir

enturbiar *verbo transitivo*
1 empañar*
oscurecer
2 alterar
turbar

entusiasmar *verbo transitivo/pronominal*
1 electrizar
exaltar
avivar
inflamar
excitar
enardecer
acalorar
ilusionar
ANTO desilusionar
apaciguar
tranquilizar
enfriar

entusiasmo *nombre masculino*
1 exaltación
pasión
fervor
frenesí
acaloramiento
enardecimiento
ardor
viveza
vehemencia
ANTO desencanto
frialdad

2 devoción
inclinación
afecto
afición
celo*
ANTO desafecto
inquina

entusiasta *adjetivo/nombre común*
1 admirador
devoto
apasionado
adjetivo
2 ferviente
fervoroso
ardiente
férvido
cálido

énula campana *locución nominal*
1 helenio
hierba del ala
raíz del moro

enumeración *nombre femenino*
1 cómputo
cuenta

enumerar *verbo transitivo*
1 especificar
detallar
pormenorizar
precisar

enunciativo, -va *adjetivo*
1 aseverativo*
declarativo

envanecerse *verbo pronominal*
1 entonarse
esponjarse
hincharse
engreírse
infatuarse
vanagloriarse
jactarse
ensoberbecerse

envanecido, -da *adjetivo*
1 ufano
engreído
orgulloso
hinchado

envanecimiento *nombre masculino*
1 soberbia
entoldamiento
toldo
entono
ahuecamiento
esponjamiento
presunción

humos
fatuidad
petulancia
vanidad*
ANTO modestia
humildad

Soberbia, entoldamiento, toldo, entono, ahuecamiento, esponjamiento y *presunción* sugieren principalmente el porte, ademanes o voz con que la *vanidad* se manifiesta; *fatuidad* y *petulancia* connotan ridiculez.

envarar *verbo transitivo/pronominal*
1 entumir
entumecer*
entorpecer

envejecer *verbo transitivo/pronominal*
1 aviejar
avejentar*
revejecer

Todos ellos significan *envejecer* antes de tiempo.

2 inveterarse

Tratándose de una costumbre, tradición, fórmula.

envejecimiento *nombre masculino*
1 senescencia (cultismo)

envenenado, -da *adjetivo*
1 emponzoñado
intoxicado

envenenamiento *nombre masculino*
1 emponzoñamiento
intoxicación

envenenar *verbo transitivo/pronominal*
1 atosigar
tosigar
entosigar
intoxicar
emponzoñar
verbo transitivo
2 agriar
enconar

enverjado *nombre masculino*
1 enrejado

envés *nombre masculino*
1 revés*

enviado *nombre masculino*
1 emisario
embajador
mensajero
diplomático

enviar *verbo transitivo*
1 mandar
ANTO retener

Este sinónimo es aplicable, en general, a personas y cosas.

2 remitir
expedir
remesar
ANTO guardar

Expedir alude al acto de despachar o poner en camino las mercancías, correspondencia o emisario hacia su destino. *Remesar* es enviar remesa de dinero o mercancías, sobre todo cuando se sabe o supone que las remesas son varias.

'Se *envían* o se *remiten* las cosas materiales; pero se *envían*, y no se *remiten*, las que no lo son. *Enviamos* o *remitimos* mercancías, encargos, regalos, productos de la naturaleza o del arte; pero no se *remiten*, sino se *envían*, noticias, avisos, consejos, recuerdos de amistad y expresiones de afecto. Si queremos expresar nuestro desprecio al que lo merece, no lo *remitimos*, sino lo *enviamos* a paseo' (M).

enviciado, -da *adjetivo*
1 corrupto
depravado
bajo
ruin
bellaco

enviciar *verbo transitivo*
1 mal acostumbrar
pervertir
consentir
verbo pronominal
2 viciarse
corromperse
inficionarse
ANTO purificar

envidia *nombre femenino*
1 dentera
pelusa

Dentera, especialmente deseo de comer lo que otro come. *Pelusa*, envidia propia de los niños.

envigado *nombre masculino*
1 viguería

envilecer *verbo transitivo*
1 degradar
rebajar
humillar
2 corromper
encenagar
pervertir
prostituir

envilecimiento *nombre masculino*
1 abyección
bajeza
servilismo
humillación
abatimiento
depravación
perversión
corrupción
ANTO nobleza

envío *nombre masculino*
1 remesa
expedición

envión *nombre masculino*
1 empujón
empellón
envite

envirotado, -da *adjetivo*
1 tieso
vanidoso
orgulloso
empingorotado

enviscar *verbo transitivo/pronominal*
1 enligar

envite *nombre masculino*
1 empujón*
envión
empellón
impulso
impulsión
propulsión
rempujón

envoltorio *nombre masculino*
1 paquete
atado
atadijo
lío

envolver *verbo transitivo*
1 arrollar
enrollar
rollar
2 mezclar
complicar
implicar

involucrar
ANTO desenvolver

envolvimiento *nombre masculino*
1 revolcadero
revolvedero

enyugar *verbo transitivo*
1 uncir

enzalamar *verbo transitivo*
1 (familiar) azuzar
incitar
excitar
estimular
irritar
enviscar
enzurizar
cizañar
ANTO tranquilizar
contener
aquietar
apaciguar

enzarzar *verbo transitivo*
1 malquistar
encizañar
azuzar
liarse
enredarse
2 reñir
pelearse
disputar

enzootia *nombre femenino*
1 epidemia*
peste
epizootia
endemia
pandemia

Epizootia, si la enfermedad es transitoria.

enzurizar *verbo transitivo*
1 azuzar
incitar
excitar
estimular
irritar
enviscar
enzalamar (familiar)
ANTO tranquilizar
contener
aquietar
apaciguar

epacta *nombre femenino*
1 añalejo
cartilla
burrillo
gallofa (familiar)
cuadernillo
epactilla

epactilla *nombre femenino*
1 añalejo
cartilla
burrillo
gallofa (familiar)
cuadernillo
epacta

epanáfora *nombre femenino*
1 anáfora
repetición

epanástrofe *nombre femenino*
1 concatenación
2 conduplicación

epanortosis *nombre femenino*
1 corrección

epencéfalo *nombre masculino*
1 cerebelo

epidemia *nombre femenino*
1 peste
epizootia
endemia
enzootia
pandemia

Peste, especialmente si causa gran mortandad. Entre animales, *epizootia*. Enfermedad habitual en alguna región o localidad, *endemia* (en el hombre), *enzootia* (entre animales). *Epidemia* que se extiende mucho o que afecta a casi todos los individuos, *pandemia*.

epidérmico, -ca *adjetivo*
1 cutáneo

epidermis *nombre femenino*
1 cutis*

epidota *nombre femenino*
1 pistacita

epiglotis *nombre femenino*
1 lengüeta
lígula

epígrafe *nombre masculino*
1 inscripción
letrero*
2 título
encabezamiento
rótulo
rúbrica

Rúbrica en los libros antiguos.

epigrama *nombre masculino*
1 inscripción
epígrafe
epitafio

epilación *nombre femenino*
1 depilación

epilatorio, -ria *adjetivo*
1 depilatorio

epilepsia *nombre femenino*
1 mal caduco (vulgar)
mal de corazón (vulgar)
gota coral
alferecía
gran mal

epílogo *nombre masculino*
1 recapitulación
conclusión
terminación
ANTO prólogo
principio
2 peroración

epilosis *nombre femenino*
1 calvicie
alopecia

episcopal *adjetivo*
1 obispal

epispástico, -ca *adjetivo/nombre*
1 rubefaciente
revulsivo
rebefaciente
revulsorio

epistemología *nombre femenino*
1 gnoseología
teoría del conocimiento

epístola *nombre femenino*
1 carta*
misiva

epitafio *nombre masculino*
1 inscripción
epígrafe
epigrama

epítesis *nombre femenino*
1 paragoge

epíteto *nombre masculino*
1 adjetivo*
calificativo*

epítome *nombre masculino*
1 compendio
resumen
sumario

epítrope *nombre femenino*
1 permisión
2 concesión

epizootia *nombre femenino*
1 epidemia*
peste*

endemia
enzootia
pandemia

época *nombre femenino*
1 era
  tiempo
  temporada
  estación

equidad *nombre femenino*
1 igualdad
  justicia
  rectitud
  imparcialidad
  ANTO injusticia
    parcialidad

équido, -da *adjetivo/nombre masculino*
1 solípedo

equilibrado, -da *adjetivo*
1 asentado
  sentado
  juicioso
  ANTO desequilibrado
2 compensado
  balanceado
  ANTO desequilibrado
    descompensado

equilibrar *verbo transitivo/pronominal*
1 igualar
  equiparar
  compensar
  ANTO desigualar
    desequilibrar
2 ponderar
  contrapesar

equilibrio *nombre masculino*
1 contrapeso
  armonía
  igualdad
  proporción
2 ecuanimidad
  mesura
  sensatez
  perder el equilibrio *locución*
  bambalear
  bambolear
  bambanear
  tambalearse
  vacilar
  dar traspiés

equilibrista *adjetivo/nombre*
1 funámbulo
  Cuando trabaja sobre una cuerda o alambre.

equimosis *nombre femenino*
1 cardenal
  roncha
  moretón
  moradura

equino, -na *adjetivo*
1 caballar

equipaje *nombre masculino*
1 tripulación

equiparar *verbo transitivo/pronominal*
1 igualar
  equilibrar
  compensar
  ANTO desigualar
    desequilibrar
    descompensar
2 homologar

equipo *nombre masculino*
1 formación
  team (anglicismo)
  bando

equipolado, -da *adjetivo*
1 ajedrezado
  escaqueado
  escacado

equipolente *adjetivo*
1 equivalente

equitativo, -va *adjetivo*
1 justo
  imparcial
  recto
  igual
  moderado
  ecuánime

equivalencia *nombre femenino*
1 identidad
  igualdad
  ANTO inexactitud
    desigualdad
    heterogeneidad

equivalente *adjetivo*
1 igual*

equivocación *nombre femenino*
1 error*
  yerro
  confusión
  inadvertencia
  falta
  errata
  ANTO verdad
    exactitud
    acierto
2 aberración
  descarrío
  extravío

desvío
engaño
ofuscación

equivocado, -da *adjetivo*
1 erróneo
  desacertado
  falso
  inexacto
  errado
  incorrecto
  ANTO cierto
    exacto
    correcto

equivocarse *verbo pronominal*
1 confundirse
  errar
  engañarse
  marrar*
  ANTO acertar

equívoco¹ *nombre masculino*
1 anfibología*
  ambigüedad

equívoco, -ca² *adjetivo*
1 anfibológico
  ambiguo*
  dudoso*
2 sospechoso
  oscuro

eral *nombre masculino*
1 novillo
  magüeto
  El *eral* es el *novillo* o *magüeto* que no pasa de dos años.

erario *nombre masculino*
1 fisco
  tesoro público

erección *nombre femenino*
1 tensión
  rigidez
  enderezamiento
  ANTO relajación
    ablandamiento
2 fundación
  institución
  establecimiento
3 construcción
  edificación

eremita *nombre masculino*
1 ermitaño
  anacoreta*

erguido, -da *adjetivo*
1 derecho
  vertical
  tieso
  ANTO curvado
    inclinado

a b c d e f g h i j k l m n ñ o p q r s t u v w x y z

erguir *verbo transitivo*
1 levantar
alzar
enderezar
verbo pronominal
2 engreírse
ensoberbecerse
engallarse
ANTO humillarse

erial *adjetivo/nombre masculino*
1 lleco
erío
yermo

erigir *verbo transitivo*
1 fundar
establecer*
instituir
'*Erigir* es construir un edificio o monumento, y puede consistir en un hecho solo y aislado. *Fundar* es crear y dotar una empresa que ha de ser permanente. *Instituir* es fundar una empresa permanente, imponiéndole condiciones y reglas para su gobierno. *Establecer* es mandar; y como no es posible *erigir*, *instituir* ni *fundar* sin ejercicio de algún mando, todo lo que se *erige*, se *funda* o se *instituye*, se establece. Carlos III *erigió* la Puerta de Alcalá, y *fundó* o *instituyó* o *estableció* las colonias de Sierra Morena' (M).
2 construir*
levantar
edificar
Erigir es palabra escogida, que sugiere una construcción importante o conmemorativa. Se *construye*, *edifica* o *levanta* una casa; se *erige* un museo, palacio, monumento o estatua.

erinia *nombre femenino*
1 furia
euménides

erío, -a *adjetivo/nombre masculino*
1 erial
lleco
yermo

eritoblasto *nombre masculino*
1 hemoblasto

eritrocito *nombre masculino*
1 hematíe
glóbulo rojo

erizado, -da *adjetivo*
1 hirsuto
híspido
espinoso

erizo

erizo de mar *locución nominal*
equino

erizón *nombre masculino*
1 asiento de pastor
aulaga merina

ermitaño[1] *nombre masculino*
1 (crustáceo) paguro
solitario

ermitaño, -ña[2] *nombre*
1 eremita
anacoreta*
Eremita y *anacoreta*, designan al asceta que vive en soledad, y especialmente a los primeros ascetas cristianos que se retiraban al yermo. Por *ermitaño* suele entenderse hoy el que vive en una ermita y cuida de ella.

erógeno, -na *adjetivo*
1 erotógeno

erosión *nombre femenino*
1 desgaste
roce
corrosión

erotema *nombre femenino*
1 interrogación

erótico, -ca *adjetivo*
1 amatorio
amoroso

erotógeno, -na *adjetivo*
1 erógeno

erotomanía *nombre femenino*
1 satiriasis
ninfomanía

errabundo, -da *adjetivo*
1 errante

erradicación *nombre femenino*
1 arrancamiento
avulsión

erradizo, -za *adjetivo*
1 errante
radío
errabundo
vagabundo

errado, -da *adjetivo*
1 erróneo
equivocado
desacertado
falso
inexacto
ANTO cierto
acertado
correcto

erraj *nombre masculino*
1 herraj
herraje
piñuelo

errante *adjetivo*
1 radío
errabundo
vagabundo
erradizo
nómada
trashumante
⇒ nómada

errar *verbo intransitivo*
1 equivocarse
enganarse
desacertar
fallar
marrar
ANTO acertar
2 faltar
pecar
3 vagar
ANTO permanecer

errata *nombre femenino*
1 gazapo
error*
lapsus
descuido
yerro

errátil *adjetivo*
1 errante
incierto
variable

erróneo, -ea *adjetivo*
1 equivocado
desacertado
falso
inexacto
errado

error *nombre masculino*
1 inadvertencia*
confusión
equivocación
yerro
falta
desatino
desacierto
coladura
pifia

gazapo*
errata
desliz
ligereza
ANTO verdad
acierto

Desacierto es expresión atenuada; *coladura* y *pifia*, expresiones burlescas. *Gazapo* es descuido involuntario en lo que se habla o escribe; *errata* o *yerro*, error material en lo escrito.

'El *error* consiste en lo que creemos; el *yerro* consiste en lo que obramos. La voluntad se decide impelida del *error* que la lisonjea o persuade; y la acción que resulta de esta decisión es un *yerro*. Cualquier otro defecto que no nace de *error*, sino de malicia, no es *yerro*, sino culpa. Incurrimos en el *error* de creer al falso amigo que nos vende; y cometemos el *yerro* de comunicarle nuestros secretos. A veces, son verdaderos *errores* las opiniones de los entendimientos más ilustrados. A veces, pasan por *yerros* las acciones más prudentes' (LH).

eructación *nombre femenino*
1 eructo

eructar *verbo intransitivo*
1 regoldar (vulgar)

'*Regoldar* es uno de los más torpes vocablos que tiene la lengua castellana' (Cervantes); por eso D. Quijote recomendaba a Sancho que no lo emplease.

eructo *nombre masculino*
1 regüeldo (vulgar)
eructación

erudición *nombre femenino*
1 instrucción
ilustración
saber
cultura

erudito, -ta *adjetivo/nombre*
1 ilustrado
instruido
docto
sabio*
entendido

ervato *nombre masculino*
1 servato
hierba de Túnez
peucédano

ervilla *nombre femenino*
1 arveja

esbelto, -ta *adjetivo*
1 gallardo
airoso
elegante

Esbelto se refiere a la belleza de la forma proporcionada entre la altura y el grosor. *Gallardo*, *airoso* y *elegante* pueden referirse a la forma, al adorno y a los movimientos.

esbirro *nombre masculino*
1 (despectivo) alguacil (oficial)

esbozar *verbo transitivo*
1 bosquejar
abocetar

esbozo *nombre masculino*
1 bosquejo

escabel *nombre masculino*
1 escañuelo

escabies *nombre femenino*
1 sarna

escabrosidad *nombre femenino*
1 anfractuosidad
sinuosidad
desigualdad
2 aspereza
rugosidad

escabroso, -sa *adjetivo*
1 abrupto
fragoso
desigual
ANTO llano
suave
2 duro
áspero
dificultoso
ANTO suave

Hablando, por ejemplo, del estilo o de un problema.

3 libre
inconveniente
verde
ANTO púdico

escabullirse *verbo pronominal*
1 escaparse
escurrirse
escurrir el bulto
deslizarse

desaparecer
descabullirse

escacado, -da *adjetivo*
1 ajedrezado
escaqueado
equipolado

escachifollar *verbo transitivo*
1 cachifollar
deslucir
estropear

escafoides *adjetivo/nombre masculino*
1 hueso navicular

escajo *nombre masculino*
1 escalio

escalabrar *verbo transitivo/pronominal*
1 descalabrar
abrir la cabeza
romper la crisma
romper el bautismo
descabezar (familiar)

escálamo *nombre masculino*
1 tolete
escalmo

escalar *verbo transitivo*
1 subir
trepar
ANTO descender

escaldarse *verbo pronominal*
1 escocerse
sahornarse
rescaldarse

escalio *nombre masculino*
1 escajo

escalla *nombre masculino*
1 escanda
escaña
carrañón
álica
espelta

escalmo *nombre masculino*
1 escálamo
tolete

escalofrío *nombre masculino*
1 repeluzno
calofrío
calosfrío

escalón *nombre masculino*
1 peldaño
grada

escalona *nombre femenino*
1 ascalonia

chalote
cebolla escalonia

escalonado, -da *adjetivo*
1 gradual
sucesivo
graduado
progresivo

escalonamiento *nombre masculino*
1 gradación
progresión
sucesión
serie

escama *nombre femenino*
1 desconfianza*
recelo
sospecha
suspicacia
malicia
cautela
caución
reserva
cuidado
tiento
prevención
ANTO confianza

escamón[1] *nombre masculino*
1 bronca
sermón
regañina

escamón, -ona[2] *adjetivo*
1 desconfiado
receloso
suspicaz
malicioso
astuto
taimado
zorro
escamado (familiar)
mal pensado
ANTO confiado
crédulo
ingenuo

escamondar *verbo transitivo*
1 podar
mondar

escamotear *verbo transitivo*
1 quitar
hurtar
robar

escampado, -da *adjetivo*
1 descampado
raso
despejado
desembarazado

escampar *verbo intransitivo*
1 (el tiempo) serenarse

aclararse
despejarse
desencapotarse
abonanzar
ANTO aborrascar
llover
encapotarse

escanda *nombre femenino*
1 escalla
escaña
carraón
álica
espelta

La *espelta* es una variedad especial que a menudo se confunde con la *escanda*.

escandalera *nombre femenino*
1 (familiar) escándalo
gritería
alboroto
tumulto
ANTO silencio
quietud
tranquilidad

escandalizar *verbo intransitivo*
1 alborotar
gritar
perturbar
vocear
meter voces
haber la de Dios es Cristo
hacer temblar la casa

escándalo *nombre masculino*
1 desenfreno
desvergüenza
mal ejemplo
ANTO decencia
2 escandalera (familiar)
gritería
alboroto
tumulto
ruido*
rumor
estrépito
ANTO silencio
quietud
tranquilidad

escandir *verbo transitivo*
1 medir (un verso)

escáner, scanner *nombre masculino*
1 (anglicismo) lector óptico

escantillón *nombre masculino*
1 chantillón
ságoma

escaña *nombre femenino*
1 escanda

escalla
carraón
álica
espelta

escaño *nombre masculino*
1 banca

escañuelo *nombre masculino*
1 escabel (tarima)

escapar *verbo intransitivo/pronominal*
1 huir*
evadirse
fugarse
escabullirse
escurrirse
deslizarse
ANTO quedarse
permanecer

Escabullirse, escurrirse y *deslizarse* significan *escaparse* sin ser notado o con disimulo.

escaparate *nombre masculino*
1 aparador

escapatoria *nombre femenino*
1 huida
fuga
evasión
escurribanda (familiar)
2 efugio*
excusa
subterfugio
recurso
evasiva
pretexto
3 salida

escape *nombre masculino*
1 fuga
salida
evasión

escapismo *nombre masculino*
1 evasión
escape

escapo *nombre masculino*
1 bohordo (tallo herbáceo)
2 fuste (caña)

escapolita *nombre femenino*
1 wernerita

escápula *nombre femenino*
1 omóplato

escaque *nombre masculino*
1 casa
casilla
2 jaquel

escaqueado, -da *adjetivo*
1 equipolado
 escacado
2 ajedrezado

escaramujo *nombre masculino*
1 agavanzo
 galabardera
 gavanzo
 mosqueta silvestre
 zarzaperruna
 tapaculo

escaramuza *nombre femenino*
1 acción
 combate
 batalla
 encuentro

escarbar *verbo transitivo*
1 arañar
 rascar

escarcha *nombre femenino*
1 helada blanca
 helada
 rosada
 escarche

escarche *nombre masculino*
1 escarcha
 helada blanca
 helada
 rosada

escardadera *nombre femenino*
1 almocafre
 azadilla
 escardillo
 garabato
 sacho
 zarcillo

escardar *verbo transitivo*
1 desherbar
 desyerbar
 sachar
 sallar
 escardillar

escardillar *verbo transitivo*
1 escardar
 desherbar
 desyerbar
 sachar
 sallar

escardillo *nombre masculino*
1 almocafre

escarificador *nombre masculino*
1 sajador

escarmiento *nombre masculino*
1 advertencia
 aviso
 desengaño

2 castigo
 pena
 corrección

escarnecer *verbo transitivo*
1 befar
 mofar
 burlar
 ANTO alabar

escarnio *nombre masculino*
1 befa*
 burla*
 mofa
 ludibrio
 ANTO alabanza
  aprecio

El *escarnio* es propiamente la
befa afrentosa.

escarola *nombre femenino*
1 (achicoria) endibia

escarpado, -da *adjetivo*
1 abrupto

escarpia *nombre femenino*
1 alcayata

escarpidor *nombre masculino*
1 carmenador

escasamente *adverbio*
1 limitadamente
 parvamente
 ANTO abundantemente
2 apenas
 con dificultad

escasez *nombre femenino*
1 cortedad
 mezquindad
 tacañería
 ANTO generosidad
2 penuria
 pobreza
 ANTO abundancia
  riqueza

'La voz *penuria* expresa mayor falta de lo necesario que la
voz *escasez*. Cuando hay escasez de trigo se nota el alza
de precio; pero cuando hay
penuria, no está lejos el hambre' (M).

3 exigüidad
 parvedad
 insuficiencia
 poquedad
 falta
 carencia
 ANTO abundancia

Falta y *carencia*, cuando la escasez es total o muy grande.

4 carestía

escaso, -sa *adjetivo*
1 corto
 poco
 limitado
 insuficiente
 ANTO abundante
2 falto
 incompleto
3 mezquino
 tacaño
 ANTO generoso

escatimar *verbo transitivo*
1 cercenar
 escasear
 disminuir
 acortar
 limitar
 ANTO prodigar

escayola *nombre femenino*
1 estuco
 estuque
 marmoración

escenario *nombre masculino*
1 tablas
 escena

escepticismo *nombre masculino*
1 incredulidad
 agnosticismo
 ANTO credulidad

escéptico, -ca *adjetivo*
1 descreído
 incrédulo
 irreligioso
 ANTO crédulo
  devoto
  ortodoxo

escindir *verbo transitivo*
1 desmembrar
 dividir
 separar
 desintegrar
 cortar

escisión *nombre femenino*
1 partición
 rotura
 cortadura
 desgarro
2 rompimiento
 desavenencia
 ruptura
 cisma
3 fisión
4 amputación
 aféresis
 abscisión

a
b
c
d
e
f
g
h
i
j
k
l
m
n
ñ
o
p
q
r
s
t
u
v
w
x
y
z

esclarea *nombre femenino*
1 amaro
  bácara
  bácaris
  maro

esclarecer *verbo transitivo*
1 aclarar
  dilucidar
  poner en claro
2 ennoblecer
  afamar
  ilustrar
  ANTO difamar

esclarecido, -da *adjetivo*
1 insigne
  ilustre
  famoso
  preclaro

esclarecimiento *nombre masculino*
1 ilustración
  aclaración
  explicación
  comentario
  exégesis

esclavitud *nombre femenino*
1 servidumbre
2 sometimiento
  sujeción
  opresión
  cautiverio*
  ANTO libertad
     dominio

esclavizar *verbo transitivo/pronominal*
1 encadenar
  avasallar
  ANTO libertar
     liberar

esclavo, -va *adjetivo/nombre*
1 siervo
  ilota*
  En Lacedemonia, *ilota.*

escleropatía *nombre femenino*
1 esclerosis

esclerosis *nombre femenino*
1 escleropatía

escobajo *nombre masculino*
1 raspajo
  raspa

escobar *verbo transitivo*
1 barrer

escobilla *nombre femenino*
1 cepillo

escocer *verbo transitivo*
1 picar
2 escaldarse
  sahornarse
  enrojecer
3 sentirse
  resentirse
  dolerse
  requemarse

escocia *nombre femenino*
1 nacela
  sima

escocimiento *nombre masculino*
1 escozor
  quemazón
  resquemor

escoda *nombre femenino*
1 trinchante

escoger *verbo transitivo*
1 seleccionar
  elegir
  preferir
  optar
  florear
  entresacar
  ANTO dejar

Elegir, dentro del significado general de *escoger*, sugiere principalmente la preferencia por una o pocas personas o cosas entre otras: *elegir* diputados o concejales, *elegir* tres cartas, de la baraja. *Optar por* o *entre*, preferir o decidirse entre varias posibilidades: *optamos por* quedarnos en casa. *Florear* y *entresacar* son frecuentativos, y significan ir escogiendo las cosas mejores entre muchas: *floreamos* en la banasta de las ciruelas; su equivalente *triar* es poco usado.

'Se *escoge* lo que se ha de *elegir*. Se *elige* lo que se ha *escogido*. La acción de separar lo bueno de lo malo, lo útil de lo inútil, lo que conviene de lo que no conviene, examinando y consultando el gusto, la utilidad y demás circunstancias de la cosa, es *escoger*: la acción de este verbo supone la duda o la indecisión existente todavía. El acto de decidirse la voluntad, y destinar la cosa al fin propuesto, es *elegir*. La acción de este verbo supone vencida la duda o la indecisión. Cuando queremos

hacernos un vestido, vemos diferentes muestras de paño, examinamos sus colores y calidades, consultamos el gusto o la moda, y esta es la verdadera operación de *escoger* para *elegir* el que nos parece mejor' (LH).

escogido, -da *adjetivo*
1 selecto
  elegido

escolapio, -pia *adjetivo/nombre*
1 calasancio

escolar *nombre masculino*
1 alumno
  colegial
  estudiante
  educando
  discípulo

escollar *verbo intransitivo*
1 sobresalir
  campar
  campear
  dominar
  descollar
  destacarse
  distinguirse

escollo *nombre masculino*
1 arrecife
2 peligro
  riesgo
3 obstáculo
  dificultad
  tropiezo

escolopendra *nombre femenino*
1 ciempiés
  cientopiés

escolta *nombre femenino*
1 acompañamiento*
  custodia
  guarda
  convoy

escoltar *verbo transitivo*
1 acompañar*
  conducir
  vigilar
  seguir
  custodiar*

escombrar *verbo transitivo*
1 desescombrar
  descombrar

escombrera *nombre femenino*
1 vertedero
  derramadero
  basurero
  muladar

escombro *nombre masculino*
1 desecho
cascote
2 zafra

esconder *verbo transitivo/pronominal*
1 ocultar
encubrir
tapar
recatar
soterrar
guardar
ANTO descubrir
2 encerrar
contener
incluir

escondido, -da *adjetivo*
1 secreto*
oculto
ignorado
clandestino

a escondidas *locución adverbial*
furtivamente
ocultamente
a hurto
a hurtadillas
ANTO abiertamente

escondite *nombre masculino*
1 escondrijo
2 dormilar (juego)
ori

En Madrid y otras partes, *ori.*

escondrijo *nombre masculino*
1 escondite

escorchapín *nombre masculino*
1 corchapín

escorchar *verbo transitivo*
1 desollar

escordio *nombre masculino*
1 ajote

escoria *nombre femenino*
1 cagafierro
2 lava
3 desecho
hez
horrura

escorial *nombre masculino*
1 grasero

escorpena, escorpina *nombre femenino*
1 pina
diablo marino

rascacio
rescaza

escorpioide *nombre femenino*
1 alacranera

escorpión *nombre masculino*
1 alacrán

escorzonera *nombre femenino*
1 salsifí de España
salsifí negro

escoscar *verbo transitivo*
1 descortezar

escotadura *nombre femenino*
1 muesca
indentación

escozor *nombre masculino*
1 escocimiento
quemazón
resquemor
2 resentimiento
reconcomio

escribanía *nombre femenino*
1 escritorio

escribano del agua *nombre masculino*
1 (insecto) esquila
tejedera

escrita *nombre femenino*
1 escuadro

escritorio *nombre masculino*
1 escribanía
2 despacho

escrófulas *nombre femenino plural*
1 paperas*
lamparones

escrúpulo *nombre masculino*
1 escrupulosidad
exactitud
esmero
precisión
ANTO inexactitud
indelicadeza
imprecisión
2 duda
recelo
aprensión
temor
miramiento
remilgo

Se utiliza preferentemente en plural, por ejemplo, *no tener escrúpulos.*

escrupulosidad *nombre femenino*
1 damería
reparo

escrupuloso, -sa *adjetivo*
1 aprensivo
receloso
remirado
temeroso

escrutar *verbo transitivo*
1 indagar
examinar
reconocer
averiguar
escudriñar*

Escrutar. y *escudriñar* añaden a los otros verbos la idea de gran cuidado y minuciosidad o prolijidad.

2 contar
computar
En elecciones.

escuadra *nombre femenino*
1 armada
marina de guerra
flota de guerra

escuadro *nombre masculino*
1 escrita

escuálido, -da *adjetivo*
1 flaco
macilento
extenuado
chupado

escuchar *verbo transitivo*
1 atender

'El que *escucha* no pone en ejercicio más que el sentido del oído. El que *atiende* observa los gestos y los movimientos. El primer verbo se aplica al ruido de las cosas inanimadas, pero no el segundo' (M). 'Se *escucha* para oír bien lo que se dice. Se *atiende* para comprender bien lo que se oye. El primero representa una operación inmediata del oído, el segundo una operación del ánimo. El que oye bien al predicador, *atiende*, está atento al sermón, no se distrae, para no perder nada de él. El que está lejos, *escucha* para poder oír. Para *escuchar* se evita el ruido; para *atender* se evita la distracción' (LH).

2 atender

a b c d e f g h i j k l m n ñ o p q r s t u v w x y z

tomar en consideración
dar oídos
hacer caso

Son sinónimos en la acepción de *escuchar* una proposición, los dictados de la conciencia, los avisos de un amigo.

escudar *verbo transitivo/pronominal*
1 amparar
resguardar
defender
salvaguardar
proteger*

escudete *nombre masculino*
1 nenúfar
golfán
ninfea

escudillo *nombre masculino*
1 doblilla
durillo

escudo *nombre masculino*
1 broquel
égida
Égida, evocando la antigüedad clásica.
2 amparo
salvaguardia
defensa
protección
patrocinio
auxilio*

escudriñar *verbo transitivo*
1 examinar
inquirir
averiguar
escrutar*
rebuscar
Escrutar, escudriñar y *rebuscar* connotan gran cuidado, minuciosidad o prolijidad. *Escrutar* es preferido para lo que no es material; por ejemplo: se *escrutan* los movimientos, la expresión, los gestos de un interlocutor para adivinar sus sentimientos.

escueto, -ta *adjetivo*
1 descubierto
libre
desembarazado
2 estricto
sin rodeos
sin ambages

esculcar *verbo transitivo*
1 registrar

esculpir *verbo transitivo*
1 grabar
labrar
cortar

escultura *nombre femenino*
1 talla

escuna *nombre femenino*
1 goleta

escupido *nombre masculino*
1 esputo*
expectoración
escupidura
flema
escupitajo
gargajo
escupitinajo
escupitina

escupidura *nombre femenino*
1 escupitajo
esputo*
expectoración
flema
gargajo
escupido
escupitinajo
escupitina

escupir *verbo intransitivo*
1 esputar
expectorar
gargajear
Esputar y *expectorar* son voces cultas de significación atenuativa; *gargajear* (frecuentativo) es palabra baja.
2 revenirse
rezumar
Revenirse, tratándose de la humedad: la pared se *reviene*. *Rezumar*, cuando la humedad es grande.

escupitajo *nombre masculino*
1 escupidura
esputo*
flema
gargajo
expectoración
escupido
escupitinajo
escupitina

escurreplatos *nombre masculino*
1 escurridor

escurribanda *nombre femenino*
1 (familiar) escapatoria
huida
fuga
evasión

escurridizo, -za *adjetivo*
1 resbaladizo
resbaloso

escurridor *nombre masculino*
1 colador
2 escurreplatos

escurrir *verbo intransitivo/pronominal*
1 gotear
destilar
2 deslizar
resbalar
verbo pronominal
3 escapar
huir
escabullirse

esdrújulo, -la *adjetivo/nombre*
1 proparoxítono

esencia
esencia de trementina *locución nominal*
aguarrás

esencial *adjetivo*
1 invariable
integrante
substancial
permanente
2 principal
indispensable
necesario
intrínseco
propio
constitutivo
ANTO accidental
extrínseco

esfalerita *nombre femenino*
1 blenda

esfena *nombre femenino*
1 titanita

esfera *nombre femenino*
1 globo

esfigmómetro *nombre masculino*
1 pulsímetro

esforzado, -da *adjetivo*
1 alentado
animoso
valeroso
valiente
denodado
ANTO cobarde

esfuerzo *nombre masculino*
1 pena
dificultad
trabajo

fatiga
penalidad
2 ánimo*
valentía*
valor*

esfumar *verbo transitivo*
1 esfuminar
difuminar

verbo pronominal
2 disiparse
desvanecerse
desaparecer
evaporarse

esfuminar *verbo transitivo*
1 difumar
esfumar
disfumar

esfumino *nombre masculino*
1 disfumino
difumino

esguazo *nombre masculino*
1 vado (de un río)

esgucio *nombre masculino*
1 antequino

esguín *nombre masculino*
1 murgón

esguince *nombre masculino*
1 desguince
cuarteo
regate
2 torcedura
distensión (de una
articulación)

esguízaro, -ra *adjetivo/nombre*
1 suizo
helvético

eslabonamiento *nombre*
masculino
1 encadenamiento
conexión
trabazón
enlace
relación
unión
concatenación

eslabonar *verbo*
transitivo/pronominal
1 unir
enlazar
relacionar
trabar
encadenar
engarzar
engazar

eslizón *nombre masculino*
1 sepedón
sipedón

esmachada *nombre femenino*
1 (anglicismo) mate
Usados en el baloncesto.

esmerado, -da *adjetivo*
1 diligente
cuidadoso
atento
celoso
aplicado
solícito
primoroso
ANTO descuidado

esmeralda
esmeralda cuprífera
locución nominal
dioptasa

esmerar *verbo transitivo*
1 pulir
limpiar (una cosa)
verbo pronominal
2 remirarse

esmerejón *nombre masculino*
1 azor
milano

esmero *nombre masculino*
1 solicitud
cuidado
celo*
escrupulosidad
pulcritud
escrúpulo
desvelo

esmirnio *nombre masculino*
1 apio caballar
perejil macedonio

esmirriado, -da *adjetivo*
1 desmirriado
flaco
extenuado
consumido

esnob *nombre común*
1 novelero

esnobismo *nombre masculino*
1 novelería

esotérico, -ca *adjetivo*
1 oculto
reservado
misterioso
cabalístico

espabiladeras *nombre femenino*
plural

1 despabiladeras
molletas
tenacillas

espabilado, -da *adjetivo*
1 despierto
avisado
advertido
listo
vivo
despejado

espabilar *verbo*
transitivo/pronominal
1 avivar
despabilar

espachurrar *verbo transitivo*
1 despachurrar
despanzurrar
aplastar
destripar
reventar

espaciar *verbo*
transitivo/pronominal
1 distanciar
separar
ANTO juntar
2 extenderse
dilatarse
ANTO encogerse
3 esparcirse
recrearse

espacio *nombre masculino*
1 ámbito
área
campo
zona

espacioso, -sa *adjetivo*
1 ancho
amplio
dilatado
vasto
extenso
grande*
2 despacioso
lento
pausado
flemático
calmoso

espada *nombre femenino*
1 garrancha (burlesco)
hoja
tizona
colada
acero
nombre masculino
2 matador

espadaña *nombre femenino*
1 (planta) gladio
gladiolo

espadar

gradíolo
maza sorda

espadar *verbo transitivo*
1 espadillar
tascar

espadillar *verbo transitivo*
1 espadar
tascar

espalda *nombre femenino*
1 costillas
dorso (culto y literario)
Por ejemplo llevar un cajón
sobre las *costillas*.

espaldar *nombre masculino*
1 (enrejado) espaldera
espalera
respaldo

espaldera *nombre femenino*
1 espaldar (enrejado)
espalera
respaldo

espaldilla *nombre femenino*
1 omóplato

espalera *nombre femenino*
1 espaldar (enrejado)
espaldera
respaldo

espalmar *verbo transitivo*
1 despalmar

espalto *nombre masculino*
1 aspalto

espantable *adjetivo*
1 tremebundo
tremendo
terrible
espantoso
horrible
pavoroso

espantadizo, -za *adjetivo*
1 asombradizo
asustadizo

espantajo *nombre masculino*
1 espantapájaros
2 estantigua
adefesio
esperpento

espantapájaros *nombre*
masculino
1 espantajo

espantar *verbo*
transitivo/pronominal
1 asustar

amedrentar
acobardar
atemorizar
asombrar*
ANTO tranquilizar
desdeñar
2 ahuyentar
echar

espanto *nombre masculino*
1 susto*
sobresalto
miedo*
temor
pavor
2 amenaza

espantoso, -sa *adjetivo*
1 horrendo
horroroso
hórrido
horripilante
pavoroso
horrible*
temible*

espanzurrar *verbo transitivo*
1 destripar
despanzurrar
despachurrar

español, -la *adjetivo/nombre*
1 hispano
hispánico
Estos dos sinónimos aluden
hoy a la antigua Hispania, o se
aplican en conjunto a todos
los países de origen y lengua
españoles.
2 gachupín
godo
chapetón
gallego
Todos ellos son denominaciones burlescas o irónicas de
español en diferentes países
hispanoamericanos.

españolado, -da *adjetivo*
1 españolizado
hispanizado

españolizado, -da *adjetivo*
1 españolado
hispanizado

esparavel *nombre masculino*
1 (red) atarraya
tarraya
2 manga

esparceta *nombre femenino*
1 pipirigallo

esparcimiento *nombre*
masculino
1 solaz
diversión*
distracción
entretenimiento
recreo
asueto
descanso
ocio
desahogo
expansión
ANTO aburrimiento

esparcir *verbo*
transitivo/pronominal
1 separar
desparramar
derramar
extender
esparcir
ANTO juntar
2 divulgar*
propagar
publicar*
propalar
verbo pronominal
3 solazarse
recrearse
divertirse
ANTO aburrirse

espartal *nombre masculino*
1 atochal
espartizal
atochar

espartizal *nombre masculino*
1 atochal
atochar
espartal

esparto *nombre masculino*
1 atocha
atochón

esparvarán *nombre masculino*
1 gavilán (ave)
esparver

esparver *nombre masculino*
1 gavilán (ave)
esparvarán

espasmo *nombre masculino*
1 pasmo
aterimiento

espata *nombre femenino*
1 garrancha

espato

espato calizo *locución*
nominal
calcita

espato manganoso
rosa inca
rodocrosita

espátula *nombre femenino*
1 pala
En el esquí.

espaviento *nombre masculino*
1 aspaviento

espavorido, -da *adjetivo*
1 despavorido
pavorido
espantado
aterrado
horrorizado
ANTO sereno
valiente

especial *adjetivo*
1 singular
particular
peculiar
2 adecuado
propio
a propósito

especialidad *nombre femenino*
1 singularidad
particularidad
peculiaridad
ANTO vulgaridad
generalidad

especie *nombre femenino*
1 clase
grupo
categoría
2 pretexto
apariencia
color
sombra
3 caso
suceso
hecho
asunto
negocio
4 noticia
voz
fama

especificar *verbo transitivo*
1 enumerar
detallar
pormenorizar
precisar
ANTO indeterminar

específico *nombre masculino*
1 fórmula
preparado

espécimen *nombre masculino*
1 ejemplar

muestra
modelo

especioso, -sa *adjetivo*
1 aparente
engañoso
artificioso
falso

espectáculo *nombre masculino*
1 función
representación
diversión
2 contemplación
visión

espectador, -ra *adjetivo/nombre*
1 presente
circunstante
mirón

⇒ espectadores

Mirón designa con cierta ironía, burla o desdén, a la persona que presencia pasivamente un juego, trabajo o
suceso callejero.

espectadores *nombre masculino*
plural
1 concurrentes
concurrencia*
público

⇒ espectador

Tratándose del conjunto de
los que asisten a un espectáculo público.

espectro *nombre masculino*
1 aparición
sombra
visión
fantasma

especulación *nombre femenino*
1 contemplación
meditación
reflexión
2 lucro
ganancia
provecho
beneficio

Todos ellos son el resultado
que se obtiene o se espera de
una especulación comercial.

especular *verbo transitivo*
1 examinar
estudiar
observar
aquilatar

Especular connota además
atención cuidadosa para reconocer una cosa, en mayor

grado que los sinónimos enumerados, y por esto en ocasiones se acerca al sentido de
aquilatar.

verbo intransitivo
2 meditar
reflexionar
contemplar

⇒ especulación
3 comerciar
traficar
negociar

especulativo, -va *adjetivo*
1 teórico

espejear *verbo intransitivo*
1 relucir
resplandecer
reflejar

espejo

espejo de los Incas *locución
nominal*
obsidiana

espejuelo *nombre masculino*
1 selenita (yeso)
2 cebo
atractivo
engaño

→ espejuelos

espejuelos *nombre masculino*
plural
1 lentes
gafas
anteojos
antiparras

⇒ espejuelo

espelta *nombre femenino*
1 escanda
escalla
escaña
carraón
álica

espelunca *nombre femenino*
1 cueva
gruta
antro
caverna

espeluzar *verbo transitivo*
1 despeluzar
respeluzar
despeluznar

espeluznar *verbo
transitivo/pronominal*
1 despeluzar
despeluznar
2 horripilar

estremecer
aterrar
horrorizar
ANTO tranquilizar

espeque *nombre masculino*
1 leva
palanca

esperanza *nombre femenino*
1 confianza
creencia
ilusión

Ilusión, cuando la *esperanza* tiene poco o ningún fundamento real.

esperar *verbo transitivo*
1 confiar
creer
hacer cola
hacer tiempo
hacer hora
hacer antesala
esperar sentado
dar tiempo al tiempo
dar plantón
dar largas
dar con la entretenida
aguardar
estar de plantón

Esperar es más general que *aguardar* y puede sustituirle siempre. *Aguardar* alude principalmente al acto físico o a la actitud moral de hallarse en espera de algo próximo: *te aguardaré en la esquina; aguardo un telegrama.*

esperezarse *verbo pronominal*
1 desperezarse
estirarse

esperma *nombre ambiguo*
1 semen

espermático, -ca *adjetivo*
1 seminal

espermatofito, -ta *adjetivo*
1 fanerógamo
sifonógamo

espermatozoario *nombre masculino*
1 espermatozoo
espermatozoide
zoospermo
microgameto

espermatozoide *nombre masculino*
1 espermatozoo

espermatozoario
zoospermo
microgameto
espermio

espermatozoo *nombre masculino*
1 espermatozoario
espermatozoide
zoospermo
microgameto
espermio

espermio *nombre masculino*
1 espermatozoide
espermatozoo

esperpento *nombre masculino*
1 adefesio
estantigua
espantajo

espeso, -sa *adjetivo*
1 denso
condensado
ANTO aclarado

Tratándose de fluidos.

2 apretado
aglomerado
macizo
cerrado
tupido

Tratándose de sólidos; *tupido*, si las cosas *apretadas* se entrecruzan como en un tejido.

3 grueso
recio

espesor *nombre masculino*
1 grueso
grosor
densidad
condensación

Grueso y *grosor*, tratándose de un cuerpo sólido. Hablando de fluidos, *densidad* y *condensación*.

espesura *nombre femenino*
1 frondosidad
lozanía

espetar *verbo transitivo*
1 ensartar
atravesar

espetón *nombre masculino*
1 (pez teleósteo) aguja

espía *nombre común*
1 confidente (eufemismo)
soplón (despectivo)
fuelle (burlesco)
espión*

observador
confidente
agente secreto
⇒ delator

Tratándose de espionaje militar o político suelen aplicarse las denominaciones eufemísticas de *observador*, *confidente* o *agente secreto*.

espiar *verbo transitivo*
1 atisbar
acechar
observar
escuchar
vigilar

espibia *nombre femenino*
1 espibio
espibión
estibia

espibio *nombre masculino*
1 espibia
espibión
estibia

espibión *nombre masculino*
1 espibia
espibio
estibia

espicanardi *nombre femenino*
1 espicanardo
azúmbar
nardo

espicanardo *nombre masculino*
1 espicanardi
azúmbar
nardo

espigadilla *nombre femenino*
1 cebadilla

espigón *nombre masculino*
1 mazorca (espiga)
panocha
panoja

espiguilla *nombre femenino*
1 hierba de punta

espina *nombre femenino*
1 aguijón
pincho
2 pesar
pena
3 escrúpulo
recelo
cuidado
sospecha

espina blanca *locución nominal*
cardo borriqueño

espina santa
cambrones

espinazo *nombre masculino*
1 columna vertebral
espina dorsal
raquis

espinela *nombre femenino*
1 décima

espinillera *nombre femenino*
1 canillera
esquinela

En la armadura antigua, *esquinela.*

espino *nombre masculino*
1 níspero espinoso
níspero silvestre
oxiacanta

espino cerval *locución nominal*
cambrón
espino hediondo

espinoso, -sa *adjetivo*
1 arduo
difícil
intrincado
dificultoso
ANTO suave
fácil

espión *nombre masculino*
1 espía
condicente (eufemismo)
soplón (despectivo)
fuelle (burlesco)
observador
confidente
agente secreto

espionaje *nombre masculino*
1 acechanza
acecho

espiración *nombre femenino*
1 exhalación

espiral *adjetivo/nombre femenino*
1 hélice
espira

espirar *verbo intransitivo*
1 respirar

espiritado, -da *adjetivo*
1 arrepticio
endemoniado
poseso

espiritar *verbo transitivo/pronominal*
1 endemoniar

espiritoso, -sa *adjetivo*
1 espirituoso

Aplícase a las bebidas.

espíritu *nombre masculino*
1 alma
mente*
2 energía
ánimo
valor
brío

espirituoso, -sa *adjetivo*
1 espiritoso

espita *nombre femenino*
1 grifo
llave
grifón

esplendente *adjetivo*
1 brillante
resplandeciente
esplendoroso
reluciente

esplender *verbo intransitivo*
1 resplandecer*
lucir
relucir
brillar
cabrillear
rielar (poético)
relumbrar

esplendidez *nombre femenino*
1 abundancia
largueza
liberalidad
generosidad*
rumbo
ANTO tacañería
2 magnificencia
ostentación
fausto
suntuosidad
ANTO sencillez

espléndido, -da *adjetivo*
1 generoso
liberal
rumboso
dadivoso*
2 magnífico
suntuoso
ostentoso
soberbio
rico

esplendor *nombre masculino*
1 resplandor
lustre*
brillo
2 nobleza
magnificencia

gloria
fama
3 generosidad*
esplendidez

esplendoroso, -sa *adjetivo*
1 esplendente
brillante
resplandeciente
reluciente
2 suntuoso
magnífico
espléndido
lujoso
fastuoso
regio

espliego *nombre masculino*
1 lavanda
lavándula

Lavanda y *lavándula* son técnicos, usados entre botánicos y perfumistas.

esplín *nombre masculino*
1 tedio
hastío
aburrimiento

El *esplín* es propiamente un estado duradero de melancolía o hipocondría, que produce *tedio* de todo. El *tedio*, el *hastío* y el *aburrimiento* pueden ser pasajeros y circunstanciales, mientras que el *esplín* se lleva dentro como una disposición de ánimo motivada por causas físicas o morales.

2 hipocondría

espolada *nombre femenino*
1 espolazo

espolazo *nombre masculino*
1 espolada

espolear *verbo transitivo*
1 aguijar
picar
dar espuela
2 incitar
estimular
acuciar
excitar
mover

espoleta *nombre femenino*
1 espiga
pipa

espolique *nombre masculino*
1 caminante
lacayo
mozo de espuela(s)

espolón *nombre masculino*
1 rostro
 punta
2 tajamar

espolvorear *verbo transitivo*
1 despolvorear
 polvorear
 polvorizar
2 despolvorear

En el sentido de quitar o sacudir el polvo.

espóndil, espóndilo *nombre masculino*
1 vértebra

esponjado¹ *nombre masculino*
1 azucarillo

esponjado, -da² *adjetivo*
1 orondo
 presumido
 satisfecho
 ufano
 hinchado
 hueco
 ANTO humilde
 sencillo

esponjamiento *nombre masculino*
1 envanecimiento*
 soberbia
 entoldamiento
 toldo
 entono
 ahuecamiento
 presunción
 ANTO sencillez
 humildad

esponjar *verbo transitivo*
1 ahuecar
 mullir

verbo pronominal
2 envanecerse
 engreírse
 hincharse
 infatuarse

espontanearse *verbo pronominal*
1 expansionarse
 desahogarse
 ANTO callar

espontáneo, -ea *adjetivo*
1 automático
 indeliberado
 voluntario
 maquinal
 irreflexivo
 involuntario

instintivo
ANTO voluntario
 reflexivo
 deliberado

En ocasiones *espontáneo* puede coincidir con los tres primeros sinónimos, pero éstos no implican necesariamente idea de espontaneidad. *Automático* o *maquinal*, dan idea de energía puramente mecánica; movimientos *espontáneos* o *automáticos*. *Indeliberado* significa sin intervención del entendimiento: su contestación fue *espontánea* o *indeliberada*. *Voluntario* en sentido de *espontáneo*, denota que se produce sin coacción: su voto fue *voluntario* o *espontáneo*.

esporádico, -ca *adjetivo*
1 ocasional
 aislado
 excepcional
 suelto
 ANTO continuo

Esporádico es lo que se produce sin enlace ostensible con antecedentes ni consiguientes; por ejemplo: casos *esporádicos* de una enfermedad.

esportillero *nombre masculino*
1 trascantón

esposo, -sa *nombre*
1 marido (masculino)
 mujer (femenino)
 cara mitad
 media naranja
 costilla

'Marido, esposo. (...) La diferente fuerza y energía que yo hallo entre estas dos voces en el sentido común a que ahora se aplican, es que la voz *marido* explica, sola y sencillamente, la calidad de un hombre casado, sin otra relación que al estado de matrimonio. Aquella señorita quiere casarse, pero no encuentra *marido*. Los dos que allí vienen son *marido* y *mujer*. Pero la voz *esposo* ennoblece, si podemos explicarlo así, la idea, representando al hombre casado con relación, no solo al estado, sino a aquella atención recíproca que le une más noble y estrechamente a su mujer,

separando en cierto modo la idea de la superioridad doméstica que le da el estado y calidad de *marido*. Por eso se usa en el estilo culto, y cuando se habla de personas de alta clase, como para representar una unión, por decirlo así, menos vulgar' (LH).

espuela *nombre femenino*
1 acicate
 incentivo
 estímulo

espuela de caballero *locución nominal*
(planta) consólida real

espuerta *nombre femenino*
1 sera
 serón

Espuerta grande, generalmente sin asas, *sera*. El *serón* es una especie de *sera* más larga que ancha.

espuma
espuma de mar *locución nominal*
 sepiolita

espumar *verbo transitivo*
1 despumar
verbo intransitivo
2 espumear

espumear *verbo intransitivo*
1 espumar

espurio, -ria *adjetivo*
1 bastardo
 ilegítimo
2 falso
 adulterado
 falsificado

esputar *verbo transitivo*
1 escupir
 expectorar

esputo *nombre masculino*
1 expectoración
 escupido
 escupidura
 flema
 escupitajo
 gargajo
 escupitinajo
 escupitina

Esputo y *expectoración* son voces cultas que atenúan lo repugnante de *escupido, escupidura, flema*, y más aún de *escupitajo* y *gargajo*.

esquela *nombre femenino*
1 carta
  misiva
  nota

esqueleto *nombre masculino*
1 osamenta
  osambre

esquema *nombre masculino*
1 diagrama

esquematizar *verbo transitivo*
1 sintetizar
  compendiar
  extractar
  esbozar
  reducir
  ANTO ampliar

esquena *nombre femenino*
1 raspa

esquenanto *nombre masculino*
1 esquinante
  esquinanto
  paja de camello
  paja de esquinanto
  paja de Meca

esquero *nombre masculino*
1 yesquero

esquiagrafía *nombre femenino*
1 radiografía
  roentgenografía
  placa (familiar)

esquicio *nombre masculino*
1 apunte (dibujo)
  croquis
  tanteo
  esbozo
  boceto

esquila *nombre femenino*
1 campano
  cencerro

esquilar *verbo transitivo*
1 trasquilar
  marcear

Marcear designa la acción de *esquilar* después del invierno.

esquilimoso, -sa *adjetivo*
1 melindroso
  remilgado
  dengoso

esquilmar *verbo transitivo/pronominal*
1 agotar
  empobrecer
  ANTO enriquecer
  aumentar

esquina *nombre femenino*
1 cantón
  cantonada

sostener la esquina *locución*
  estar de plantón
  aguardar
  esperar
  pasear la calle

esquinazo *nombre masculino*
1 cantonada

esquinela *nombre femenino*
1 espinillera (pieza de armadura)
  canillera

esquinencia *nombre femenino*
1 angina
  amigdalitis

esquirol *nombre masculino*
1 (despectivo) rompehuelgas

esquisto *nombre masculino*
1 pizarra (roca)

esquivar *verbo transitivo*
1 evitar*
  rehuir
  eludir
  rehusar*
  escurrir el bulto
  huir de la quema

Se *esquiva* o *rehuye* un golpe, un tropezón material o moral, apartándose, soslayándolos o huyendo. *Evitar* supone prever el peligro o dificultad en que podemos encontrarnos, y procurar que no se sobrevengan. *Eludimos* una respuesta comprometedora, una decisión, una situación peligrosa o molesta en que nos hallamos. *Rehusamos* lo que se nos da u ofrece.

verbo pronominal
2 retirarse
  retraerse
  excusarse
  apartarse

esquivez *nombre femenino*
1 desapego
  aspereza
  desagrado
  desdén
  ANTO aprecio
    franqueza
    simpatía

esquivo, -va *adjetivo*
1 huraño
  arisco
  huidizo
2 despegado
  áspero
  desagradable
  desdeñoso

esquizosis *nombre femenino*
1 autismo

estábil *adjetivo*
1 estable
  estacionario
  inmóvil
  ANTO lábil

estabilidad *nombre femenino*
1 firmeza
  seguridad
  fortaleza
  solidez
  ANTO inestabilidad
    inseguridad

estable *adjetivo*
1 permanente
  duradero*
  durable
  firme
  sólido
2 estábil
  estacionario
  inmóvil
  ANTO lábil

establecer *verbo transitivo*
1 implantar
  instaurar
  instituir
  fundar
  erigir*

Implantar, instaurar e *instituir* acentúan el matiz de que es algo nuevo lo que se establece, y se aplican generalmente a cosas inmateriales (ley, costumbre, premio, fundación, etc.), en tanto que *fundar* y *erigir* se aplican también a lo material (ciudad, campamento).

2 ordenar
  estatuir
  decretar

verbo pronominal
3 avecinarse
  instalarse
  domiciliarse

establecimiento *nombre masculino*
1 institución

instituto
fundación
corporación

establo *nombre masculino*
1 cuadra
caballeriza
bostar
boyera
boyeriza
pocilga

Se llama *bostar* al *establo* de bueyes; *pocilga*, al de cerdos.

estaca *nombre femenino*
1 palo
garrote

estacada *nombre femenino*
1 empalizada
palizada
cerca*

estación *nombre femenino*
1 tiempo
temporada
época
2 parada
detención

estacionamiento *nombre masculino*
1 parquear
parquing
aparcamiento
aparcar
parada

En algunos países de lengua española se extiende el uso del barbarismo *parquear* (inglés *to park)* y del sustantivo *parquing.* Del mismo origen son las adaptaciones *aparcar* y *aparcamiento.* El *aparcamiento* supone, pues, un lugar o espacio acotado para este fin, y puede ser de pago o gratuito; el *estacionamiento* (verbo *estacionarse)* es un lugar cualquiera de la vía pública donde se permite que los coches puedan permanecer detenidos más o menos tiempo sin verse obligados a circular. *Parada* es el lugar fijo donde se hallan los automóviles de alquiler a disposición del público.

estacionario, -ria *adjetivo*
1 estable
estábil
inmóvil
ANTO lábil

estadía *nombre femenino*
1 detención
estancia
permanencia

estadio *nombre masculino*
1 período
fase
2 campo
cancha

estadista *nombre masculino*
1 repúblico
hombre de Estado

estadounidense *adjetivo*
1 (persona) norteamericano
yanqui*

estafa *nombre femenino*
1 engaño
fraude
timo
petardo
2 estribo (pieza)
estribera
codillo

estafador, -ra *nombre*
1 petardista
sablista
tramposo
trapisondista

estafar *verbo transitivo*
1 defraudar
quitar
engañar
dar el cambiazo
pegar un parchazo
pegar un petardo
pegar una bigotera
dar un sablazo

estafermo *nombre masculino*
1 pasmarote

estafilión *nombre masculino*
1 úvula
campanilla

estafisagria *nombre femenino*
1 albarraz
hierba piojenta
piojera
uva tamínea
uva taminia

estallar *verbo intransitivo*
1 explotar
detonar
reventar

Detonar alude al ruido que produce el *estallido.*

estallido *nombre masculino*
1 detonación
estampido

estampa *nombre femenino*
1 lámina
grabado
2 imprenta
3 huella
señal
impresión
vestigio

estampido *nombre masculino*
1 detonación
tiro
disparo

Tiro y *disparo* aluden al estampido producido por un arma de fuego.

estampilla *nombre femenino*
1 sello (de correos)

estancación *nombre femenino*
1 represa
presa
estancamiento

estancamiento *nombre masculino*
1 represa
presa
estancación

estancar *verbo transitivo/pronominal*
1 detener
suspender
paralizar
empantanar
ANTO mover
correr
2 monopolizar

estancia *nombre femenino*
1 estación
estada
estadía
morada
permanencia
2 aposento
habitación
cuarto

estanco *nombre masculino*
1 tabaquería

estandarización *nombre femenino*
1 normalización

estandarte *nombre masculino*
1 insignia
bandera
pendón

estanque *nombre masculino*
1 alberca

estante *nombre masculino*
1 anaquel

estantigua *nombre femenino*
1 espantajo
esperpento
adefesio

estar *verbo transitivo*
1 encontrarse
hallarse
permanecer
vivir
ANTO faltar
ausentarse
2 existir
ser
ANTO inexistir

estatificar *verbo transitivo*
1 nacionalizar
socializar*

estatuir *verbo*
transitivo/pronominal
1 establecer
determinar
ordenar
decretar
mandar
ANTO derogar
2 demostrar
asentar
dar por cierto

estatura *nombre femenino*
1 talla
altura
alzada

Talla, altura y estatura se aplican a personas. Tratándose de animales, altura o alzada.

estatuto *nombre masculino*
1 regla
ley
canon
constitución

estay *nombre masculino*
1 traversa

este *nombre masculino*
1 levante
oriente

'*Este* y *Levante* son voces técnicas de la Geografía y de la Náutica. En la rosa náutica sólo se emplea la primera. Las dos se aplican indiferentemente al viento que procede

de donde nace el sol. *Oriente* pertenece al lenguaje común y al poético. Un navío no hace rumbo al *Oriente*, sino al *Este* o al *Levante*... No es lo mismo pueblos de *Levante* que pueblos de *Oriente*: en el primer caso sólo se considera la posición geográfica; en el segundo, entran las ideas de costumbres, clima, historia, religión, etc. Es impropio decir: las naciones del *Este* o del *Levante* enseñaron la Filosofía a los griegos' (M).

esteatita *nombre femenino*
1 jabón de sastre
jaboncillo

estema *nombre masculino*
1 ocelo

estenógrafo, -fa *nombre*
1 taquígrafo

estentóreo, -ea *adjetivo*
1 ruidoso
retumbante
fuerte

estepilla *nombre femenino*
1 jara blanca
estepa blanca

estéril *adjetivo*
1 machorra
mañera
horra
nulípara

Tratándose de la hembra que no tiene hijos, se utilizan machorra y mañera; aplicado al ganado, *horra*; refiriéndose a la mujer, *nulípara*.

2 improductivo
infecundo
infructífero
árido
vano
ineficaz
infructuoso
ANTO fecundo
potente
eficaz
3 aséptico
esterilizado
ANTO infectado

esterilidad *nombre femenino*
1 infecundidad
infertilidad
acarpia
aforia

esterilización *nombre femenino*
1 asexuación
castración
capadura
desvirilización
2 desinfección
asepsia
antisepsia

esterilla *nombre femenino*
1 alfardilla

estero *nombre masculino*
1 estuario
restañadero
2 aguazal
cenagal

estertor *nombre masculino*
1 sarrillo

Sarrillo es el *estertor* de moribundo.

esteva *nombre femenino*
1 mancera
mangorrillo

estibia *nombre femenino*
1 espibia
espibio
espibión

estiércol *nombre masculino*
1 fimo
excremento
fiemo
hienda

estiércol del diablo *locución nominal*
asafétida

estigio, -gia *adjetivo*
1 (poético) infernal
inferno

estigma *nombre masculino*
1 marca
señal
huella
vestigio
2 afrenta
desdoro
infamia
deshonra

estilar *verbo*
intransitivo/pronominal
1 usar
acostumbrar*
practicar
soler
estar de moda

estilo *nombre masculino*
1 carácter

a
b
c
d
e
f
g
h
i
j
k
l
m
n
ñ
o
p
q
r
s
t
u
v
w
x
y
z

peculiaridad
2 modo
manera
forma
3 uso
costumbre
moda
práctica

estima *nombre femenino*
1 consideración
aprecio
estimación

estimable *adjetivo*
1 apreciable

estimación *nombre femenino*
1 aprecio
consideración
afecto
estima
2 apreciación
evaluación
valoración
cálculo

estimado, -da *adjetivo*
1 afecto
apreciado
grato
querido
preciado

estimar *verbo transitivo*
1 evaluar
valorar
tasar
apreciar
justipreciar*
tener por bien
mirar con buenos ojos
ANTO desestimar
    odiar
2 considerar
apreciar
conceptuar
respetar
querer*
ANTO desestimar
    odiar
3 juzgar
creer
entender
opinar
discernir*

estimativa *nombre femenino*
1 instinto

estimulante *adjetivo*
1 excitante
incitante
Aplícase a los medicamentos.

estimular *verbo transitivo*
1 aguijonear
picar
punzar
2 excitar
avivar
incitar
meter en calor
meter en juego
poner en el disparadero
levantar los cascos
levantar fuego
ANTO desanimar

estímulo *nombre masculino*
1 incitación
incentivo
aliciente
acicate
cebo
señuelo
Cuando el *estímulo* es engañoso, se emplean *cebo* y *señuelo*.

estío *nombre masculino*
1 verano
Verano es de uso general. *Estío* se siente como propio del
habla culta o literaria.

estipendio *nombre masculino*
1 remuneración
paga
sueldo*
salario
gaje
emolumento
gratificación

estipticar *verbo transitivo*
1 astringir
astreñir
astriñir
restringir
restriñir

estipulación *nombre femenino*
1 pacto
trato
convenio
concierto
ajuste

estipular *verbo transitivo*
1 convenir
concertar
acordar
contratar

estirada *nombre femenino*
1 palomita
Se usa principalmente en el
fútbol.

estirado, -da *adjetivo*
1 entonado
empacado
orgulloso
altivo
altanero
2 teso
tenso
tirante
tieso

estiramiento *nombre masculino*
1 (de miembros o nervios)
    extensión
elongación
distensión

estirar *verbo
transitivo/pronominal*
1 alargar*
prolongar
ANTO encogerse
2 dilatar
extender
ANTO encogerse
verbo pronominal
3 desperezarse

estirón *nombre masculino*
1 tirón
2 crecimiento
Sobre todo cuando es rápido:
ese niño ha dado un estirón.

estirpe *nombre femenino*
1 casta*
linaje
progenie
alcurnia
prosapia
extracción*
raza*
Propiamente, la *estirpe* es la
raíz y tronco de una familia o
linaje.

estival *adjetivo*
1 veraniego
estivo (poético)

estivo, -va *adjetivo*
1 (poético) veraniego
estival

estocada *nombre femenino*
1 hurgón (burlesco)
hurgonazo (burlesco)
cuchillada
Cuchillada, en los clásicos.

estocafís *nombre masculino*
1 pejepalo

estofa *nombre femenino*
1 calidad
clase
ralea
calaña
jaez*

Estofa se toma generalmente a mala parte, y así hablamos de baja o mala *estofa* refiriéndonos a personas. Equivale, pues, a *ralea*, *calaña*.

estoico, -ca *adjetivo/nombre*
1 imperturbable
inalterable
impasible
insensible

Todos ellos, exentos del significado filosófico preciso de *estoico*.

estolidez *nombre femenino*
1 estupidez
necedad
insensatez
estulticia

estólido, -da *adjetivo/nombre*
1 estulto
necio
estúpido
tonto

estomacal *adjetivo*
1 gástrico
estomáquico

adjetivo/nombre masculino
2 digestivo
eupéptico

estomagar *verbo transitivo*
1 empachar
ahitar
indigestar
2 fastidiar
hastiar
enfadar
aburrir
cargar

estómago *nombre masculino*
1 buche

estomáquico, -ca *adjetivo*
1 gástrico
estomacal

estomático, -ca *adjetivo*
1 bucal

estomatología *nombre femenino*
1 odontatría

odontología
dentiatría

estomatólogo, -ga *nombre*
1 dentista
odontólogo

Aunque se usan de ordinario como equivalentes, *estomatólogo* trata propiamente de las enfermedades de la boca en general, mientras que el *dentista* y *odontólogo* se concretan a los dientes.

estoraque *nombre masculino*
1 almea
azúmbar

estorbar *verbo transitivo*
1 embarazar
dificultar
obstaculizar
entorpecer
impedir
interferir
interponer
interceder
obstruir*
ANTO facilitar
permitir

estorbo *nombre masculino*
1 dificultad
inconveniente
entorpecimiento
embarazo
engorro
obstáculo
óbice
rémora
traba
tropiezo
impedimento

estrafalario, -ria *adjetivo*
1 extravagante
estrambótico
excéntrico

estragar *verbo transitivo*
1 viciar
corromper
dañar
estropear
agotar
arruinar

estrago *nombre masculino*
1 agotamiento
ruina
destrucción
devastación
asolamiento
daño

calamidad
desgracia
infortunio
desastre

estragón *nombre masculino*
1 dragoncillo

estrambótico, -ca *adjetivo*
1 estrafalario
extravagante
excéntrico

estraperlo *nombre masculino*
1 mercado negro

estratagema *nombre femenino*
1 ardid
astucia
treta
artificio
engaño

estrato *nombre masculino*
1 capa
lecho
2 capa
hoja
membrana
zona

estrechar *verbo transitivo/pronominal*
1 angostar
enangostar
ANTO ensanchar
dilatar
2 reducir
apretar
3 precisar
obligar
forzar
4 perseguir*
acosar
apurar
apremiar

estrechez *nombre femenino*
1 escasez
pobreza
privación
indigencia
miseria
2 aprieto
apuro
apremio
3 constricción
encogimiento

estrecho[1] *nombre masculino*
1 paso
pasaje
canal

estrecho

estrecho, -cha[2] *adjetivo*
1 angosto
 ahogado
 reducido

 Angosto, tratándose de un lugar de paso; *ahogado* y *reducido*, tratándose de un recinto.

2 ajustado
 apretado
 ceñido
3 riguroso
 estricto
4 miserable
 tacaño
 limitado
 mezquino
 escaso

estrechón *nombre masculino*
1 socollada

estrechura *nombre femenino*
1 angostura
 estrechez

estregadura *nombre femenino*
1 fricción
 confricación

estregar *verbo transitivo*
1 confricar
 friccionar
 restregar
 frotar
 refregar

estrella *nombre femenino*
1 hado
 destino
 sino
 fortuna
 suerte

estrellada *nombre femenino*
1 amelo

estrellado, -da *adjetivo*
1 festoneado
 crenado

estrellamar *nombre femenino*
1 hierba estrella

estremecer *verbo transitivo/pronominal*
1 temblar*
 conmover
 alterar
 sobresaltar
 trepidar

 Estremecerse supone un movimiento agitado y súbito, bien por causas físicas, como la fiebre o las convulsiones epilépticas, bien por la alteración repentina del ánimo ante una noticia, emoción, etc. En este caso puede ser sinónimo de *conmoverse*, *alterarse* y *sobresaltar*. *Trepidar* se aplica únicamente a las cosas: *trepida* o se *estremece* el suelo al pasar un tren; un cañonazo hace *trepidar* o *estremecer* los cristales de las casas próximas.

 verbo transitivo
2 espeluznar
 horripilar
 aterrar
 horrorizar

estremecido, -da *adjetivo*
1 trémulo
 tembloroso
 trepidante
 trépido
 ANTO tranquilo
 sosegado

estremecimiento *nombre masculino*
1 frémito
 vibración
 temblor
 trepidación

estrena *nombre femenino*
1 estreno

estrenar *verbo transitivo*
1 (vulgar) desvirgar

estreno *nombre masculino*
1 estrena

 Estreno se usa especialmente hablando de espectáculos; en las demás acepciones puede usarse *estrena* o *estreno*. Asistimos al estreno de una comedia. La muchacha estaba contenta con la estrena o estreno de un vestido precioso.

estreñido, -da *adjetivo*
1 restreñido
 constipado
2 tacaño
 mezquino
 apretado
 miserable
 avaro

estreñimiento *nombre masculino*
1 constipación
 restreñimiento
 coprostasis

estrepada *nombre femenino*
1 arrancada
 acometida
 embestida

estrépito *nombre masculino*
1 estruendo*
 fragor
 ruido*
 ANTO silencio

estrepitoso, -sa *adjetivo*
1 bullicioso
 ruidoso

estría *nombre femenino*
1 canal
 raya

estriar *verbo transitivo*
1 acanalar
 rayar

estribar *verbo intransitivo*
1 entibar
 reafirmar
 restribar
2 apoyarse
 fundarse
 descansar
 gravitar

estribera *nombre femenino*
1 estribo (pieza)
 codillo
 estafa

estribillo *nombre masculino*
1 contera
2 muletilla

estribo *nombre masculino*
1 estribera
 codillo
 estafa
2 entibo

perder los estribos *locución*
 desesperarse
 encolerizarse

estricto, -ta *adjetivo*
1 estrecho
 ajustado
 preciso
 exacto
 riguroso
 ceñido
 escueto
 ANTO impreciso
 inexacto
 irreflexivo

estridente *adjetivo*
1 chirriante
 rechinante

agudo
agrio
áspero
destemplado
ruidoso

Agrio, áspero, destemplado y *ruidoso*, en el sentido figurado que posee *estridente* en ejemplos como: los conceptos *estridentes* de un ordador o de un artículo periodístico.

estrige *nombre femenino*
1 lechuza (ave)
bruja
coruja
curuja
curuca
oliva

estro *nombre masculino*
1 inspiración
numen
vena

estropajo *nombre masculino*
1 fregador

estropajoso, -sa *adjetivo*
1 trapajoso
balbuciente
2 andrajoso
roto
harapiento
desaseado

estropeado, -da *adjetivo*
1 inservible
inútil
inaprovechable
deteriorado
maltrecho
ANTO útil
intacto

estropear *verbo transitivo*
1 lastimar
lisiar
lesionar
2 ajar
maltratar
dañar
deteriorar
averiar
echar a perder
malograr

Tratándose de cosas.

estropicio *nombre masculino*
1 destrozo
rotura

El *estropicio* connota estrépito, y es generalmente impremeditado; por ejemplo: *se le*

cayó la bandeja e hizo un estropicio con la vajilla.

estructura *nombre femenino*
1 contextura
organización
distribución
orden
configuración
conformación
forma*

estructurar *verbo transitivo/pronominal*
1 organizar
disponer
arreglar
constituir
instituir
establecer
regularizar
ANTO desorganizar
desordenar

estruendo *nombre masculino*
1 fragor
ruido
estrépito

Todos connotan *ruido* intenso que se repite o prolonga más o menos. Una explosión, un trueno, producen *estruendo* cuando el eco las repite.

2 confusión
bullicio
3 aparato
pompa
ostentación

estrujadera *nombre femenino*
1 exprimidera
exprimidero

estrujar *verbo transitivo/pronominal*
1 apretar
prensar
exprimir
comprimir
ANTO soltar
2 magullar
3 agotar
oprimir

Por ejemplo: *estrujar* al pueblo con los impuestos.

estruma *nombre masculino*
1 bocio

estuario *nombre masculino*
1 estero

estucador, -ra *nombre*
1 estuquista

estuco *nombre masculino*
1 estuque
escayola
marmoración

estudiado, -da *adjetivo*
1 fingido
afectado
amanerado

Estudiado, con esta acepción, es galicista; pero su uso está ya muy extendido.

estudiante *nombre común*
1 escolar
alumno
colegial
discípulo

Escolar ofrece sinonimia con *estudiante*; pero los niños que asisten a las escuelas primarias son *escolares*, y no *estudiantes*. *Alumno* hace relación con el establecimiento donde cursa sus estudios o con los profesores: *alumno* de la Escuela Náutica, *alumno* del profesor N. *Discípulo* señala relación con el maestro: *mis discípulos*, dice un profesor, de modo más afectivo que *mis alumnos*; *soy discípulo de usted* expresa adhesión personal mayor que *alumno*. El *alumno* deja de serlo al terminar sus estudios; en cambio, puede uno llamarse siempre *discípulo* de un maestro. *Colegial* se aplica al alumno de un colegio de primera o segunda enseñanza, o al interno en un colegio universitario.

estudiantina *nombre femenino*
1 tuna

estudio *nombre masculino*
1 análisis
observación
investigación
aprendizaje
aplicación
2 libro
obra
escrito
tratado
monografía

Su empleo depende de su extensión y otras cualidades.

3 taller*

Tratándose de artistas.

a
b
c
d
e
f
g
h
i
j
k
l
m
n
ñ
o
p
q
r
s
t
u
v
w
x
y
z

estufa *nombre femenino*
1 invernáculo
 invernadero

estulticia *nombre femenino*
1 estolidez
 estupidez
 necedad
 insensatez
 tontería

estulto, -ta *adjetivo*
1 necio
 estúpido
 tonto
 estólido

estupefacción *nombre femenino*
1 estupor
 pasmo
 asombro

 Estupefacción, estupor y pasmo denotan un asombro extremado.

estupefaciente *adjetivo/nombre masculino*
1 narcótico
 soporífero

estupefacto, -ta *adjetivo*
1 atónito
 pasmado
 asombrado
 maravillado
 patitieso (burlesco)
 patidifuso (burlesco)

 Estupefacto, atónito y pasmado son expresiones intensificadas de asombrado o maravillado.

estupendo, -da *adjetivo*
1 admirable
 asombroso
 portentoso
 brutal*
 bestial
 colosal
 formidable

estupidez *nombre femenino*
1 estolidez
 necedad
 insensatez
 estulticia
 tontería
 imbecilidad
 idiotez
 alelamiento
 bobería

estúpido, -da *adjetivo*
1 necio

estólido
estulto
torpe
romo

estupor *nombre masculino*
1 admiración*
 maravilla
 asombro
 sorpresa
 pasmo

estuque *nombre masculino*
1 estuco
 escayola
 marmoración

estuquista *nombre masculino*
1 estucador

esturión *nombre masculino*
1 marón
 marión
 sollo

ésula *nombre femenino*
1 lechetrezna
 titímalo

esviaje *nombre masculino*
1 viaje
 oblicuidad

etanoico, -ca
 ácido etanoico *locución nominal*
 ⇒ ácido

etanol *nombre masculino*
1 alcohol
 espíritu

etapa *nombre femenino*
1 período
 fase
 ciclo

etéreo, -ea *adjetivo*
1 impapable
 sutil
2 puro
 celeste
 elevado
 sublime

eterizar *verbo transitivo*
1 anestesiar*
 insensibilizar
 cloroformizar
 raquianestesiar

eternizar *verbo transitivo/pronominal*
1 inmortalizar
 perpetuar

eterno, -na *adjetivo*
1 eternal
 sempiterno
 eviterno
 perdurable
 perpetuo*
 inmortal
 imperecedero
 infinito
 ANTO caduco
 finito

 Aunque *infinito* y *eterno* se intercambian a veces, el adjetivo *infinito* es de categoría espacial y significa lo que no tiene límite, mientras que *eterno* se refiere al tiempo o la duración sin fin.

 '*Eterno* representa una duración sin fin; *perpetuo*, una duración indeterminada. Todo lo *eterno* es *perpetuo*, porque no llega jamás a determinarse el fin de su duración. La gloria *eterna* de los bienaventurados es *perpetua*. Pero no todo lo *perpetuo* es *eterno*. Y así decimos: movimiento *perpetuo*, destierro *perpetuo*, privilegio *perpetuo*, y no *eterno*; porque la idea que se quiere representar es la de una duración indeterminada, no la de una duración infinita' (LH).

ética *nombre femenino*
1 moral
 deontología

 Deontología es la parte de la *ética* que establece los deberes, especialmente profesionales: *deontología* médica, jurídica, empresarial.

etílico, -ca *adjetivo*
1 alcohólico

etilismo *nombre masculino*
1 enilismo
 alcoholismo

etiqueta *nombre femenino*
1 ceremonial
2 ceremonia
 cumplido
 cumplimiento
3 marbete
 rótulo

etiquetero, -ra *adjetivo*
1 cumplimentero
 ceremonioso

etites *nombre femenino*
1 piedra del águila

étnico, -ca *adjetivo*
1 racial
2 gentilicio

etrusco, -ca *adjetivo/nombre*
1 (persona) tirreno
tusco

etusa *nombre femenino*
1 cicuta menor

eucaristía *nombre femenino*
1 sacramento del altar
santísimo sacramento
comunión
viático

Viático es la *comunión* que se administra a los enfermos en peligro de muerte.

euforbio *nombre masculino*
1 gorbión
gurbión

euménides *nombre femenino plural*
1 furia
erinias

eupéptico, -ca *adjetivo/nombre*
1 digestivo
estomacal

éuscaro, -ra *adjetivo*
1 eusquero
vasco

eusquero, -ra *adjetivo*
1 éuscaro
vasco

eutiquianismo *nombre masculino*
1 monofisismo
jacobitismo
eutiquismo

eutiquiano, -na *adjetivo/nombre*
1 monofisita
jacobita

evacuar *verbo transitivo*
1 desocupar
desembarazar
abandonar
2 expeler
exonerar
3 cumplir
desempeñar

evacuatorio *nombre masculino*
1 retrete
excusado
común

evadir *verbo transitivo*
1 evitar
esquivar
eludir
irse por la tangente
ANTO afrontar

verbo pronominal
2 fugarse
escaparse
huir*
ANTO permanecer

evaluación *nombre femenino*
1 apreciación
cálculo
valuación
valoración
tasa
tasación

evaluar *verbo transitivo*
1 valorar*
estimar
valuar
justipreciar*

evaporar *verbo transitivo*
1 vaporar
vaporear
volatilizar

Volatilizar sugiere en general, un estado gaseoso más tenue e imperceptible que el que se obtiene evaporando, o bien menor intervención aparente de agentes exteriores

2 disipar
desvanecer

verbo pronominal
3 desaparecer
fugarse
huir
evadirse

evaporizar *verbo transitivo/pronominal*
1 vaporizar
evaporar

evasión *nombre femenino*
1 fuga
huida
escape

evasiva *nombre femenino*
1 efugio
escapatoria
subterfugio

evento *nombre masculino*
1 acontecimiento*

Se usa *evento* especialmente en las frases *a todo, a cual-*

quier *evento*, a todo riesgo, sea como sea.

eventual *adjetivo*
1 casual
fortuito
inseguro
incierto
posible
accidental

'En lo *eventual* hay probabilidad de que suceda; lo *casual* es imprevisto. Son *casuales* los encuentros inesperados, las coincidencias raras. Son *eventuales* los honorarios de los letrados, la pérdida de una batalla y las subidas y bajas de los fondos públicos. Por *casualidad* se descubre un tesoro; una mala cosecha es una *eventualidad* para la que deben estar dispuestos los gobiernos previsores' (M).

eventualidad *nombre femenino*
1 casualidad*
contingencia
accidente
posibilidad
azar*
ANTO realidad
certeza

evidenciar *verbo transitivo*
1 demostrar
probar*
patentizar

evidente *adjetivo*
1 patente
visible
manifiesto
ostensible
palpable
claro
indudable
axiomático

evitar *verbo transitivo*
1 prevenir
precaver
rehusar*
eludir
esquivar
sortear
rehuir
soslayar

Eludir, esquivar, sortear, rehuir y *soslayar* sugieren un peligro, dificultad, estorbo en que uno se encuentra de modo efectivo, o que amenaza como in-

a
b
c
d
e
f
g
h
i
j
k
l
m
n
ñ
o
p
q
r
s
t
u
v
w
x
y
z

a
b
c
d
e
f
g
h
i
j
k
l
m
n
ñ
o
p
q
r
s
t
u
v
w
x
y
z

mediato. Por ejemplo: se pone una señal en la calle para *evitar* accidentes, no para *eludirlos*, *esquivarlos*, *sortearlos* o *soslayarlos*, los cuales supondrían un accidente real o inmediato. Estos cuatro denotan, además, cierta maña o rodeo, cosa que no es indispensable en *evitar*.

eviterno, -na *adjetivo*
1 eterno*

evocar *verbo transitivo*
1 llamar
  invocar
  conjurar
2 recordar
  rememorar
  hacer memoria
  volver la vista atrás
  ANTO olvidar

evolución *nombre femenino*
1 desarrollo
  transformación

  La *evolución* no es una *transformación* cualquiera, sino una *transformación* gradual.

2 movimiento
  cambio
  variación
  maniobra

  Por ejemplo: las *evoluciones* de una danza. Tratándose de una formación militar o naval, *maniobra*.

evolucionismo *nombre masculino*
1 transformismo

evolucionista *nombre común*
1 transformista

evónimo *nombre masculino*
1 bonetero (arbusto)

evulsión *nombre femenino*
1 arrancamiento
  avulsión

exacción *nombre femenino*
1 impuesto
  prestación
  multa

  Todos ellos con carácter de exigencia o conminación.

2 concusión

  Cuando la hace un funcionario público en provecho propio.

exacerbación *nombre femenino*
1 paroxismo
  exaltación
2 (del dolor) exasperación

exacerbar *verbo transitivo*
1 enfadar
  irritar
  enojar
  exasperar
  encolerizar
2 recrudecer
  enconar
  agravar

exactitud *nombre femenino*
1 puntualidad
  regularidad
  precisión
  veracidad
  fidelidad
  ANTO inexactitud
  imprecisión

exacto, -ta *adjetivo*
1 puntual
  cabal
  regular
  preciso
  justo
  verdadero
  fiel

  'Es *exacto* el que no falta; es *puntual* el que no tarda. El que hace lo que debe, es *exacto*; el que lo hace cuando debe, es *puntual*. Un religioso es *exacto* en ir al coro, porque nunca deja de ir; es *puntual*, porque nunca llega tarde' (LH).

exageración *nombre femenino*
1 hipérbole
  ponderación
  encarecimiento
  andaluzada
  extremosidad

  Si la *exageración* es en las palabras, se usan *hipérbole*, *ponderación*, *encarecimiento* y *andaluzada*. Si es en los actos, se utiliza *extremosidad*.

exagerado, -da *adjetivo*
1 descomedido
  excesivo
  desproporcionado
  desmedido
  desmesurado
  extremado
  hiperbólico

exagerar *verbo transitivo*
1 abultar
  encarecer
  ponderar
  extremar
  desorbitar
  exorbitar
  sacar de quicio

  Desorbitar, *exorbitar* y *sacar de quicio*, significan *exagerar* hasta el punto de deformar la verdad o realidad de las cosas fuera de todo asidero racional.

  '*Exagerar* recae más propiamente sobre las circunstancias que hacen *notable* la cosa *exagerada*; y *encarecer*, sobre las que la hacen *apreciable* (...). Se *exagera* el número de los enemigos, se *encarece* el valor de nuestras tropas. Se *exageran* las incomodidades de la guerra, y se *encarece* el mérito de haber servido al Rey en ella. Un historiador *exagera* los hechos que refiere; un mercader *encarece* el primor de la alhaja que vende (...). Se *exagera* la cosa por buena o por mala; pero solo se *encarece* por buena. El murmurador, que *exagera* los defectos de los otros, *encarece* su propia sinceridad y su odio a la murmuración' (LH).

exaltación *nombre femenino*
1 entusiasmo

exaltado, -da *adjetivo*
1 entusiasta
  apasionado
  fanático

exaltar *verbo transitivo/pronominal*
1 elevar
  ensalzar
  enaltecer
  realzar
  glorificar
  ANTO denigrar

  verbo pronominal
2 entusiasmarse
  acalorarse
  arrebatarse
  sobreexcitarse
  apasionarse
  enardecerse
  ANTO tranquilizar

examen *nombre masculino*
1 indagación
 observación
 análisis
 estudio
2 prueba
3 inspección
 reconocimiento
 exploración
 investigación
 observación

En esta acepción, suele emplearse la expresión *examen médico*.

examinar *verbo transitivo*
1 investigar
 inquirir
 indagar
 observar
 reconocer
 analizar
 estudiar
 mirar el pro y el contra
 pasar por tamiz
 escrutar*
 verbo transitivo/pronominal
2 probar

exangüe *adjetivo*
1 desangrado
2 aniquilado
 debilitado
3 muerto

exanimación *nombre femenino*
1 inconsciencia
 coma

exánime *adjetivo*
1 inánime
 muerto
 ANTO vivo
2 debilitado
 exangüe
 desmayado
 ANTO fuerte
 palpitante

exarticulación *nombre femenino*
1 dislocación
 luxación

exasperación *nombre femenino*
1 desesperación*
 desesperanza
 desespero
 despecho
2 exacerbación (del dolor)

exasperar *verbo transitivo*
1 enojar

irritar
exacerbar
exaltar

excarcelar *verbo transitivo*
1 desencarcelar
 libertar
 liberar

 Excarcela o *desencarcela* el juez o la autoridad de quien depende un preso. *Libertar* y *liberar* tiene sentido general, propio y figurado.

excedente *adjetivo*
1 excesivo
 nombre masculino
2 sobrante
 residuo
 resto
 exceso*

exceder *verbo transitivo*
1 sobresalir
 descollar
 aventajar
 sobrepujar
 superar
 salir de madre
 salir de regla
 estar hasta los topes
2 sobrar
 restar
 verbo pronominal
3 propasarse
 extralimitarse
 pasar de castaño oscuro
 salirse de sus casillas
 írsele la mano
 cargar la mano
 darse un hartazgo

excelencia *nombre femenino*
1 alteza
 sublimidad

excelente *adjetivo*
1 notable
 superior
 óptimo
 descollante
 sobresaliente
 egregio
 bajado del cielo
 de marca mayor
 de buena ley
 delicioso
 exquisito
 eminente
 relevante

En sus aplicaciones particulares puede tener extensa sinonimia. Por ejemplo: tratándo-

se de sabores, *delicioso, exquisito*: tratándose de méritos, *relevante, eminente*, etc.

excelso, -sa *adjetivo*
1 eminente
 altísimo

excéntrico, -ca *adjetivo*
1 raro
 extravagante
2 lateral
 periférico
 ANTO central
 endocéntrico

excepción
 a excepción de *locución conjuntiva*
 excepto
 fuera de
 salvo
 menos
 descontando

excepcional *adjetivo*
1 extraordinario
 insólito
 singular
 esporádico*
 Esporádico, en la terminología científica.

excepto *adverbio*
1 fuera de
 salvo
 a excepción de
 menos
 descontando

exceptuar *verbo transitivo*
1 excluir
 separar
 salvar

excerpta, excerta *nombre femenino*
1 extracto
 colección
 recopilación

excesivo, -va *adjetivo*
1 enorme*
 desmedido
 desmesurado
 inmoderado
 largo de talle
 de marca mayor
2 superfluo
 sobrante
 demasiado
 excedente

exceso *nombre masculino*
1 sobra

a
b
c
d
e
f
g
h
i
j
k
l
m
n
ñ
o
p
q
r
s
t
u
v
w
x
y
z

sobrante
excedente
demasía
superfluidad
redundancia
pleonasmo
derroche
despilfarro
ANTO falta
defecto
escasez

Más allá de lo necesario en adornos, lujos, gastos, palabras: *superfluidad*. Exceso de palabra: *redundancia* y *pleonasmo*. De gastos: *derroche* y *despilfarro*.

2 demasía
desmán
desafuero
abuso
desorden
delito
extralimitación
alcaldada
polacada
tropelía
atropello
arbitrariedad

Delito, extralimitación, alcaldada, polacada, tropelía, atropello y *arbitrariedad*, si el *exceso* lo comete persona constituida en autoridad.

con exceso *locución adverbial*
excesivamente
demasiado
en demasía

excitabilidad *nombre femenino*
1 nerviosidad
nerviosismo

excitable *adjetivo*
1 impresionable
sensible
emotivo
flor de estufa

excitado, -da *adjetivo*
1 animado
agitado
acalorado

excitante *adjetivo*
1 incitante
estimulante

Aplícase a los medicamentos.

excitar *verbo transitivo*
1 estimular

provocar
mover
inducir
instigar
incitar
echar leña al fuego
sacar de quicio
inflamar
enardecer
avivar
engrescar
alegrar*
ANTO tranquilizar
desanimar

exclamar *verbo transitivo*
1 clamar*

excluir *verbo transitivo*
1 separar
descartar
apartar
suprimir
exceptuar
eliminar
echar
expulsar
expeler
ANTO incluir

Cuando se hace con violencia, *echar, expulsar* (personas o cosas), *expeler* (cosas).

excomulgar *verbo transitivo*
1 descomulgar (rústico o vulgar)

También en la lengua clásica, usábase *descomulgar*.

excomunión *nombre femenino*
1 anatema

excoriación *nombre femenino*
1 rozadura
arañazo
irritación
paratripsis

excrementicio, -cia *adjetivo*
1 fecal

excremento *nombre masculino*
1 heces

⇒ hez

exculpación *nombre femenino*
1 disculpa
descargo
excusa*
defensa
explicación
justificación
satisfacción

exculpar *verbo transitivo/pronominal*
1 perdonar*
dispensar
remitir
excusar
justificar
ANTO inculpar
culpar

excursión *nombre femenino*
1 correría
viaje

excusa *nombre femenino*
1 disculpa
exculpación
pretexto
rebozo
socapa
socolor
retrechería (familiar)
efugio*
evasiva
subterfugio

Si el motivo es más o menos simulado, *pretexto, rebozo, socapa, socolor; retrechería* es maña o artificio para eludir un deber.

'*Excusa* es una evasión, *disculpa* es una justificación; *pretexto* es un motivo ligero o falso. Se alega una *excusa* para negar un favor, para no cumplir con una cita, para no ejecutar lo prometido. Se presenta una *disculpa* para evitar el castigo, para invalidar una acusación, para defenderse de un cargo. Se busca un *pretexto* para meterse uno donde no le llaman, para ausentarse el empleado de la oficina, para salir un convidado del banquete antes de tiempo' (M).

excusado *nombre masculino*
1 retrete*
evacuatorio
común

excusar *verbo transitivo/pronominal*
1 perdonar*
exculpar
disculpar
justificar
eximir
ANTO acusar

2 rehusar
evitar

execrable *adjetivo*
1 abominable*
   detestable
   aborrecible
   odioso

execración *nombre femenino*
1 abominación
   aborrecimiento
   aversión*
2 maldición
   imprecación*
   condenación*

execrar *verbo transitivo/pronominal*
1 condenar
   maldecir
   imprecar
   echar maldición
   jurar como un carretero
   ANTO bendecir
2 aborrecer*
   abominar
   ANTO amar

exégesis *nombre femenino*
1 interpretación
   explicación
   exposición
   comentario

   Exégesis se usa con preferencia tratándose de la Sagrada Escritura u otros textos religiosos.

exegeta *nombre masculino*
1 intérprete
   comentarista
   hermeneuta

exención *nombre femenino*
1 excepción
   franquicia
   privilegio
   ANTO carga
         culpa
         desventaja

exentar *verbo transitivo*
1 eximir
   dispensar

exento, -ta *adjetivo*
1 desembarazado
   libre
   dispensado
   franco
2 descubierto

exequias *nombre femenino plural*
1 funeral
   funerales
   honras
   honras fúnebres

Honras y *honras fúnebres*, lo mismo que *exequias*, úsanse en estilo elevado.

exfoliación *nombre femenino*
1 descamación

exhalación *nombre femenino*
1 rayo
   centella
2 vaho
3 espiración

exhalar *verbo transitivo*
1 despedir
   desprender
   emanar

   Por ejemplo *exhalar* gases, vapores u olores.

2 lanzar
   emitir

   Por ejemplo: *exhalar* quejas, suspiros, etc.

exhausto, -ta *adjetivo*
1 agotado
   apurado
   extenuado
   exangüe
   acabado
   gastado
   consumido
   ANTO lleno
         fuerte

exhibición *nombre femenino*
1 manifestación
   presentación
   ostentación

exhibir *verbo transitivo/pronominal*
1 manifestar
   mostrar
   presentar
   exponer
   ostentar
   ANTO ocultar
         tapar

exhortación *nombre femenino*
1 ruego
   invitación
   consejo
   admonición
   amonestación*
   incitación
2 plática

exhortar *verbo transitivo*
1 invitar
   rogar
   suplicar
   aconsejar

   amonestar
   incitar
   animar
   excitar

exhumación *nombre femenino*
1 desentierro (de un cadáver)
   ANTO inhumación
         entierro

exhumar *verbo transitivo*
1 desenterrar

   Desenterrar es de uso más general y corriente; *exhumar* pertenece a la lengua culta, y se aplica a lo que consideramos de mayor importancia o dignidad: se *exhuma* un cadáver, un tesoro, se *exhuman* viejas historias en los archivos; en todos estos casos podríamos usar igualmente *desenterrar*. No decimos, sin embargo, que se *exhuma* la raíz de un árbol o los cimientos de una casa, sino que se *desentierran*.

exigencia *nombre femenino*
1 imposición
   coacción
   coerción
   mandato

exigir *verbo transitivo*
1 mandar
   ordenar
   reclamar
   ANTO perdonar
         dispensar
2 pedir
   necesitar
   requerir
   ANTO perdonar
         dispensar

   Por ejemplo: el cuidado de esta planta *exige* mucho esmero.

   'Exigir, requerir. Ser necesario o necesitarse es la idea común (...). *Exigir* parece que supone una necesidad indispensable; *requerir*, una necesidad de conveniencia. Sin lo que se *exige*, no puede o no debe existir la cosa; sin lo que se *requiere*, no puede existir bien, como conviene o como se desea. Todo arte u oficio *exige* un estudio proporcionado a su dificultad, y *requiere* gusto y afición en el que lo profesa. La tierra *exige* cultivo; el baile *requiere* gracia' (LH).

a
b
c
d
e
f
g
h
i
j
k
l
m
n
ñ
o
p
q
r
s
t
u
v
w
x
y
z

exiguo, -gua *adjetivo*
1 insuficiente
  escaso
  corto
  pequeño
  reducido
  insignificante
  ANTO abundante
    generoso

exigüidad *nombre femenino*
1 escasez
  parvedad
  insuficiencia
  poquedad
  falta
  carencia
  ANTO abundancia

exilio *nombre masculino*
1 destierro
  extrañamiento
  ostracismo

eximio, -mia *adjetivo*
1 relevante
  excelente
  superior
  sobresaliente
  egregio
  ilustre
  insigne
  célebre
  renombrado
  prestigioso
  ínclito

eximir *verbo*
  transitivo/pronominal
1 dispensar
  libertar
  levantar
  exentar
  perdonar*
  absolver
  exculpar
  ANTO obligar
    condenar

existimativo, -va *adjetivo*
1 putativo

existir *verbo intransitivo*
1 ser
  vivir
  ANTO inexistir
    faltar

éxito *nombre masculino*
1 resultado
  consecuencia
  ANTO fracaso

éxodo *nombre masculino*
1 emigración
  migración*
  trasmigración

exonerar *verbo*
  transitivo/pronominal
1 aliviar
  descargar
2 destituir
  deponer

exorbitante *adjetivo*
1 excesivo
  desmesurado
  demasiado
  enorme
  descomunal
  garrafal

exorbitar *verbo transitivo*
1 exagerar*
  abultar
  encarecer
  ponderar
  extremar
  desorbitar
  sacar de quicio

exordio *nombre masculino*
1 introducción
  preámbulo*
  prefacio
  prólogo*
2 isagoge

exornar *verbo transitivo*
1 adornar*
  hermosear
  engalanar
  ornar
  embellecer
  ornamentar

exorno *nombre masculino*
1 adorno*

exótico, -ca *adjetivo*
1 extranjero*
  extraño

expansión *nombre femenino*
1 dilatación
  extensión
2 desarrollo
  crecimiento
3 difusión
  divulgación
4 efusión
  confianza
  comunicación
  desahogo
5 recreo
  solaz
  esparcimiento

distracción
diversión

expansionarse *verbo*
  pronominal
1 desahogarse
  espontanearse
  explayarse
  franquearse
2 recrearse
  solazarse
  divertirse

expansivo, -va *adjetivo*
1 comunicativo
  franco
  cariñoso
  efusivo

expatriarse *verbo pronominal*
1 emigrar
  transmigrar
  ANTO regresar
    repatriarse
    inmigrar

expectoración *nombre femenino*
1 esputo

expectorar *verbo transitivo*
1 escupir*
  esputar

expedición *nombre femenino*
1 envío
  remesa
2 desembarazo*
  prontitud

expedidor, -ra *adjetivo/nombre*
1 librador
  dador

expediente *nombre masculino*
1 arbitrio
  recurso
  pretexto
  motivo
  medio

expedir *verbo transitivo*
1 despachar
  cursar
  dar curso
2 enviar*
  remitir
  remesar

expeditivo, -va *adjetivo*
1 diligente
  pronto
  rápido

expedito, -ta *adjetivo*
1 libre
  desembarazado

despejado
ANTO difícil
　　lento

expeler *verbo transitivo*
1 arrojar
　echar
　lanzar
　expulsar
　⇒ excluir

Tratándose de personas se usa generalmente *expulsar*.

expender *verbo transitivo*
1 vender
　despachar
　ANTO comprar
2 gastar

experiencia *nombre femenino*
1 experimento
　tener experiencia *locución*
　ser experto
　tener muchas horas de
　　vuelo
　tener los ojos abiertos
　ser avisado

experimentado, -da *adjetivo*
1 acostumbrado
　ducho
　avezado
　ejercitado
　versado
　diestro
　experto*

experimental *adjetivo*
1 empírico

Aunque muchas veces confunde su significado, *empírico* se dice de lo que es resultado de la experiencia, la observación o la práctica, en tanto que *experimental* sugiere principalmente el experimento provocado a voluntad. Una demostración *experimental* se hace con experimentos que se exhiben. Una demostración *empírica* apela a la experiencia recordada por el autor y por su público. Aplicado a personas, se usa únicamente *empírico*: un filósofo, un médico, *empírico*, no *experimental*.

experimentar *verbo transitivo*
1 ensayar
　probar
2 sentir
　percibir

experimento *nombre masculino*
1 experiencia

El *experimento* se hace determinando voluntariamente un fenómeno. La *experiencia* es el conocimiento que se adquiere con la práctica. Todo *experimento* es una *experiencia*, pero no viceversa.

experto, -ta *adjetivo*
1 práctico
　experimentado
　ejercitado
　versado
　perito
　avezado
　diestro
　ANTO inexperto
　　inhábil

En la misma línea de *práctico* se hallan *ejercitado*, *avezado* y *diestro*. En la de *experto* se hallan *perito* y *versado*. Un catavinos es un *práctico* en el reconocimiento de los vinos y sus mezclas. Un enólogo es un perito, *experto* o *versado* en la fabricación, análisis, conservación y mejora de los vinos, con conocimientos científicos que sirven de base a su experiencia.

'El *práctico* obra por hábito y por rutina; el *experto* obra por principios y en virtud de reglas. El *práctico* no adquiere más que facilidad; el *experto* tiene además estudios y doctrinas' (M).

expiación *nombre femenino*
1 castigo
　pena
　reparación
　satisfacción

expiar *verbo transitivo*
1 purgar
　pagar
　reparar

expillo *nombre masculino*
1 arugas
　matricaria
　magarza

expiración *nombre femenino*
1 muerte
　óbito
　fallecimiento

expirar *verbo intransitivo*
1 morir
　fallecer
　exhalar el último suspiro
　dar las boqueadas
　cerrar los ojos
　fenecer
　finar
　entregar el alma
　entregarla (familiar)
　dormir en el Señor
　ANTO nacer
2 terminar
　acabar
　concluir
　finalizar
　ANTO empezar

explanar *verbo transitivo*
1 allanar
　aplanar
　igualar
　nivelar
2 declarar
　explicar*
　exponer
　desarrollar

explayar *verbo
transitivo/pronominal*
1 ensanchar
　dilatar
　extender
　verbo pronominal
2 esparcirse
　recrearse
　divertirse
　solazarse
3 confiarse
　franquearse
　espontanearse
　desahogarse
　expansionarse
　ANTO reprimirse

expletivo, -va *adjetivo*
1 enfático
　completivo*

explicación *nombre femenino*
1 aclaración
　exposición
　declaración
2 justificación
　exculpación
　satisfacción

explicar *verbo
transitivo/pronominal*
1 declarar
　expresar
2 aclarar
　exponer
　interpretar

a
b
c
d
e
f
g
h
i
j
k
l
m
n
ñ
o
p
q
r
s
t
u
v
w
x
y
z

explanar
desarrollar

Explanar y *desarrollar* sugieren una explicación extensa: se *explana* o *desarrolla* una teoría, un sistema.

3 enseñar
profesar
4 exculpar
justificar
satisfacer

verbo pronominal
5 comprender
darse cuenta
entender
ANTO confundir

explícito, -ta *adjetivo*
1 expreso
claro
manifiesto
determinado

exploración *nombre femenino*
1 batida
rastreo
barrido
detección
2 investigación
examen
observación
reconocimiento
inspección

Por ejemplo, hacer una *exploración* es hacer una *inspección* o un *reconocimiento médico.*

explorador, -ra *nombre*
1 batidor
descubridor

explorar *verbo transitivo*
1 reconocer
examinar
investigar
sondar
sondear

explosión *nombre femenino*
1 reventón
estallido

explotación *nombre femenino*
1 judiada
usura
agio

explotador, -ra *adjetivo/nombre*
1 judío
avaro
usurero
agiotista

explotar *verbo intransitivo*
1 estallar
reventar
verbo transitivo
2 aprovechar
utilizar

expoliar *verbo transitivo*
1 despojar
robar
quitar

expolición *nombre femenino*
1 conmoración

exponer *verbo transitivo/pronominal*
1 manifestar*
declarar
explicar*
interpretar
2 exhibir
mostrar
3 arriesgar
aventurar
comprometer
atreverse*
ANTO acobardarse

exposición *nombre femenino*
1 explicación
interpretación
2 exhibición
presentación
muestra
3 riesgo
peligro

expósito, -ta *adjetivo/nombre*
1 echadillo
echadizo
inclusero
enechado
peño

expremijo *nombre masculino*
1 entremiso
entremijo

expresamente *adverbio*
1 claramente
manifiestamente
explícitamente
2 adrede
de intento
de propósito
aposta
ex profeso

expresar *verbo transitivo/pronominal*
1 manifestar
significar
decir
ANTO callar
2 interpretar

simbolizar

expresión *nombre femenino*
1 locución
frase
giro
modo
término
vocablo
palabra
voz

⇒ expresiones

expresiones *nombre femenino plural*
1 recuerdos
memorias
saludos

⇒ expresión

expresivo, -va *adjetivo*
1 significativo
elocuente
2 afectuoso
cariñoso

expreso, -sa *adjetivo*
1 claro
especificado
explícito

exprimidera *nombre femenino*
1 exprimidero
estrujadera

exprimidero *nombre masculino*
1 exprimidera
estrujadera

exprimir *verbo transitivo*
1 estrujar
apretar
prensar
comprimir

ex profeso *locución adverbial latina*
1 adrede
expresamente
intencionadamente
deliberadamente
de propósito
de intento
aposta

expropiar *verbo transitivo*
1 desposeer
desapropiar
desaposesionar
despojar
quitar

expuesto, -ta *adjetivo*
1 arriesgado
aventurado

peligroso
2 sujeto
  propenso

expugnar*verbo transitivo*
1 tomar
  conquistar
  apoderarse

expulsar*verbo transitivo*
1 arrojar
  echar
  echar a la calle
  plantar a la calle
  poner de patitas en la calle
  enviar a freír espárragos
  enseñar la puerta
  despedir*
  ANTO recibir
    acoger

Referidos a personas o animales.

2 expeler

Referido a cosas.

expurgar*verbo transitivo*
1 limpiar
  purificar
  depurar

exquisitez*nombre femenino*
1 finura
  delicadeza
  amabilidad
  urbanidad
  cortesía
  ANTO descortesía
    inurbanidad
    aspereza
    torpeza

exquisito, -ta*adjetivo*
1 sabroso
  delicioso
  excelente
  primoroso
  delicado

extasiarse*verbo pronominal*
1 arrobarse
  enajenarse

éxtasis*nombre masculino*
1 rapto
  transporte
  arrebatamiento
  arrebato
2 orgasmo
  cima
  clímax

extemporáneo, -ea*adjetivo*
1 intempestivo*
  inoportuno

inconveniente
importuno*

extender*verbo
transitivo/pronominal*
1 desplegar
  desdoblar
  desenvolver
  tender
  ANTO encoger
    recoger
2 amplificar
  ampliar
  alargar*
3 difundir
  esparcir
  divulgar
  propagar
4 alcanzar
  llegar

extendido, -da*adjetivo*
1 vasto
  extenso
  dilatado
  espacioso
  ANTO limitado
    circunscrito
    localizado
    ceñido

extensión*nombre femenino*
1 amplitud

extenso, -sa*adjetivo*
1 vasto
  espacioso
  dilatado
  grande*
  prolongado
  lato

Los dos últimos, en sentido figurado.

extenuación*nombre femenino*
1 agotamiento
  debilidad
  enflaquecimiento
  consunción
  postración
  abatimiento
  descaecimiento
  desfallecimiento
  inanición

extenuado, -da*adjetivo*
1 exhausto
  agotado

extenuar*verbo
transitivo/pronominal*
1 enflaquecer
  debilitar
  agotar

  ANTO reanimar
    fortalecer

exterior*adjetivo*
1 externo
  extrínseco
  ANTO interior
    intrínseco
  nombre masculino
2 superficie
  periferia
  exterioridad
3 traza
  porte
  apariencia
  aspecto
  facha (familiar o burlesco)
  pinta (familiar o burlesco)

exterminar*verbo transitivo*
1 aniquilar*
  extinguir
  destruir
2 asolar
  devastar
  desolar

externo, -na*adjetivo*
1 exterior
  extrínseco

'Lo *exterior* es lo que está fuera del cuerpo o en su superficie; lo *externo* es lo que está fuera y separado del cuerpo. Los objetos de los sentidos son *exteriores* y *externos*; pero los órganos de los sentidos no son *externos* sino *exteriores*. No decimos el aspecto *externo*, sino el aspecto *exterior* de una cosa. Algunas veces *exterior* es sustantivo, como: ese hombre es de un *exterior* agradable. *Extrínseco*, en el lenguaje científico, es sinónimo de *exterior*' (M).

extinguir*verbo transitivo*
1 apagar
  aniquilar
  destruir

Apagar un incendio, la luz; *aniquilar*, *destruir*, tratándose de seres vivos, epidemias, gérmenes, etc.

verbo pronominal
2 cesar
  acabar
  morir
  expirar
  perecer*
  ANTO nacer

a
b
c
d
e
f
g
h
i
j
k
l
m
n
ñ
o
p
q
r
s
t
u
v
w
x
y
z

extintor *nombre masculino*
1 matafuego

extirpación *nombre femenino*
1 erradicación

extirpar *verbo transitivo*
1 arrancar
  desarraigar
  destruir

extracción *nombre femenino*
1 origen
  linaje
  estirpe
  nacimiento
  clase

Extracción se acompaña ordinariamente de adjetivos que denotan desestimación en mayor o menor grado. No se dice: de ilustre o esclarecida *extracción*. Se dice en cambio: de *extracción* baja, plebeya, humilde, modesta, etcétera.

extractar *verbo transitivo*
1 resumir
  abreviar
  compendiar
  esquematizar
  sintetizar
  esbozar
  ANTO ampliar

extracto *nombre masculino*
1 resumen
  compendio
2 substancias
  esencia

extraer *verbo transitivo*
1 sacar
  separar

extralimitación *nombre femenino*
1 exceso
  arbitrariedad
  desafuero
  tropelía
  atropello
  alcaldada

extralimitarse *verbo pronominal*
1 excederse
  propasarse
  pasar de la raya

extramuros *adverbio*
1 fuera de puertas

extranjerismo *nombre masculino*
1 barbarismo

extranjero, -ra *adjetivo*
1 extraño
  exótico

Extranjero y *extraño* se aplican a personas y a cosas; *exótico* sólo a cosas; por ejemplo: mercancías, costumbres, lenguas, *exóticas* o *extranjeras*. Cuando ambos son equivalentes, *exótico* se prefiere cuando alude a países muy remotos. Un producto que procede de Polinesia, una costumbre de la India, se calificarán de *exóticos* más a menudo que si vienen de Italia o de Francia.

nombre
2 meteco
  bárbaro

Ambos conservan el sentido despectivo que tenían en Grecia.

extrañamiento *nombre masculino*
1 destierro*
  ostracismo
  proscripción
  exilio
  deportación

extrañar *verbo transitivo*
1 desterrar
  deportar
2 echar de menos

verbo pronominal
3 sorprenderse
  admirarse
  chocar

extrañeza *nombre femenino*
1 rareza
  singularidad
  ANTO vulgaridad
  normalidad
2 sorpresa
  admiración

extraño, -ña *adjetivo*
1 extranjero
  exótico
2 ajeno
  impropio
  inadecuado
  inoportuno
3 sorprendente
  chocante
4 extraordinario
  raro
  singular*
  insólito

extraoficial *adjetivo*
1 oficioso

extraordinario, -ria *adjetivo*
1 singular*
  excepcional
  raro*
  extraño
2 sorprendente
  chocante

extravagante *adjetivo*
1 raro
  chocante
  estrafalario
  estrambótico

extravenar *verbo transitivo*
1 trasvenarse

extraviar *verbo transitivo/pronominal*
1 desviar
  desorientar
  descaminar
  perderse
  ANTO encontrar
  encaminar

verbo pronominal
2 errar
  desacertar
  equivocarse
3 descarriarse
  pervertirse
  ANTO encaminarse

extravío *nombre masculino*
1 aberración
  descarrío
  desvío
  engaño
  error
  equivocación
  ofuscación
  ANTO acierto

nombre femenino
2 pérdida
  desorientación

extremado, -da *adjetivo*
1 exagerado
  excesivo
  extremo
  extremoso

extremarse *verbo pronominal*
1 esmerarse
  desvelarse

extremaunción *nombre femenino*
1 santos Óleos
  unción

extremidad *nombre femenino*
1 extremo
  punta
  remate
  fin
2 miembro

extremista *adjetivo/nombre*
común
1 radical
  ANTO moderado

extremo[1] *nombre masculino*
1 extremidad
  remate
  fin
  punta
2 término*
  límite

  ⇒ extremos

extremo, -ma[2] *adjetivo*
1 último
  término*

2 exagerado
  extremado
  excesivo
  sumo

extremos *nombre masculino*
plural
1 extremosidades
  exageraciones
  encarecimientos

  ⇒ extremo

extremosidad *nombre femenino*
1 exageración*

extrínseco, -ca *adjetivo*
1 externo*
  exterior
  inesencial

exuberancia *nombre femenino*
1 abundancia
  plenitud
  prodigalidad
  profusión

  copia
  prolijidad
  cantidad
  ANTO escasez
    tacañería

exuberante *adjetivo*
1 abundante
  rico
  fértil
  fecundo
  opimo
  pingüe

exudación *nombre femenino*
1 sudor

exudar *verbo*
intransitivo/transitivo
1 rezumar
  destilar

exutorio *nombre masculino*
1 fontículo
  fuente

faba *nombre femenino*
1 judía*
  alubia
  habichuela
  fasoles
  fréjol
  fríjol
  frijol
  frisol

fábrica *nombre femenino*
1 manufactura

fabricación *nombre femenino*
1 elaboración

fabricar *verbo transitivo*
1 manufacturar
  elaborar
2 construir*
  edificar
  obrar
3 inventar
  imaginar
  forjar

fábula *nombre femenino*
1 apólogo
2 mito
3 ficción
  invención
  falsedad
  ANTO verdad
       realidad
4 rumor
  hablilla
  habladuría

fabulación *nombre femenino*
1 mitomanía

fabuloso, -sa *adjetivo*
1 mítico
  mitológico
  legendario
2 imaginario
  fingido
  ficticio
  inventado
  falso

apócrifo*
3 increíble
  excesivo
  exagerado
  extraordinario
  inadmisible

facción *nombre femenino*
1 parcialidad
  bando
  bandería
  partida
  guerrilla
  valía
  cuadrilla
  pandilla
  banda

Parcialidad, bando y *bandería* se diferencian de *facción* en que ésta implica rebelión o sedición, en tanto que *parcialidad, bando* y *bandería* no connotan necesariamente aquellas ideas. Por esto *facción* se acerca más a *partida* o *guerrilla*, con la diferencia de que las incluye, es decir, el conjunto de *partidas* o de *guerrillas* que se levantan por una misma causa forman la *facción*. Además la *facción* supone guerra civil, y las *partidas* o *guerrillas* pueden actuar contra un enemigo extranjero.

2 (del rostro) rasgo

faccioso, -sa *adjetivo*
1 rebelde
  sedicioso
  sublevado

facha *nombre femenino*
1 traza
  figura
  aspecto
  apariencia
  pinta (vulgar)
2 mamarracho
  adefesio

fachada *nombre femenino*
1 frontis
  frontispicio

La *fachada* es la parte exterior de un edificio, y a menudo se entiende por la principal, aunque puede tener cuatro, si el edificio está aislado (*fachada* del norte, de poniente). *Frontis* y *frontispicio* es la *fachada* principal.

fachenda *nombre femenino*
1 vanidad
  presunción
  ostentación
  jactancia
  farol
2 fachendoso
  vanidoso
  presumido
  jactancioso

fachendear *verbo intransitivo*
1 (familiar) farolear
  presumir
  darse tono
  jactarse

fachendista *adjetivo/nombre*
1 (familiar) fachendoso
  fachenda
  vanidoso
  presumido
  jactancioso
  fachendón
  ANTO modesto
       humilde

fachendón, -ona *adjetivo*
1 (familiar) fachendoso
  fachenda
  vanidoso
  presumido
  jactancioso
  fachendista
  ANTO modesto
       humilde

fachendoso, -sa *adjetivo*
1 fachenda
  vanidoso
  presumido
  jactancioso
  fachendista
  fachendón
  ANTO modesto
     humilde

fácil *adjetivo*
1 sencillo
  hacedero
  cómodo
  ANTO difícil
2 probable
  ANTO improbable
3 dócil
  tratable
  manejable
  ANTO difícil
4 frágil
  liviano
  ligero

  Tratándose de una mujer.

facilidad *nombre femenino*
1 sencillez
  ANTO dificultad

facilitación *nombre femenino*
1 promoción
  ANTO inhibición

facilitar *verbo transitivo*
1 favorecer
  posibilitar
  ANTO dificultar
     enredar
2 proporcionar
  proveer
  suministrar
  hacer puente de planta
  estar en la mano
  abrir la puerta

facineroso, -sa *adjetivo/nombre*
1 delincuente
  malhechor
  criminal
  bandido
  forajido

facistol *nombre masculino*
1 atril

facsímile *nombre masculino*
1 reproducción
  imitación

factible *adjetivo*
1 hacedero
  realizable
  posible

Factible es lo que se puede hacer, lo que es posible hacer. *Hacedero* tiene el mismo significado, pero además denota que se puede hacer con facilidad.

factor *nombre masculino*
1 submúltiplo
  divisor

factura *nombre femenino*
1 hechura
  ejecución
2 cuenta

facultad *nombre femenino*
1 potencia
  capacidad
  aptitud
2 poder
  potestad
  derecho
  atribuciones
3 licencia*
  permiso
  autorización
  consentimiento

facultar *verbo transitivo/pronominal*
1 autorizar
  dar poder
  dar atribuciones
  ANTO desautorizar
     prohibir
2 permitir
  consentir
  ANTO desautorizar
     prohibir

facultativo[1] *nombre masculino*
1 médico
  cirujano

facultativo, -va[2] *adjetivo*
1 potestativo

facundia *nombre femenino*
1 verbosidad
  labia*
  locuacidad
  verba
  ANTO dificultad
     escasez

faena *nombre femenino*
1 trabajo*
  quehacer
  labor
  tarea
  fajina
  tajo
  ocupación*

faja *nombre femenino*
1 franja
  lista
  tira
  banda

fajar *verbo transitivo/pronominal*
1 acometer
  embestir
  golpear
  pegar

fajo *nombre masculino*
1 haz
  atado
  atadijo

fajol *nombre masculino*
1 alforfón
  trigo
  sarraceno
  alforjón

falacia *nombre femenino*
1 engaño
  mentira
  ficción
  falsedad
  fraude

falangia *nombre femenino*
1 segador
  falangio

falangio *nombre masculino*
1 segador
  falangia

falaris *nombre femenino*
1 foja (ave)
  focha
  gallareta

falaz *adjetivo*
1 engañoso
  mentiroso
  fingido
  ficticio
  ANTO sincero
     natural
     verdadero
2 artero
  embustero
  engañador
  embaucador
  ANTO sincero

falbalá *nombre masculino*
1 faralá
  farfalá

falcinelo *nombre masculino*
1 morito

falda *nombre femenino*
1 saya
2 regazo

a
b
c
d
e
f
g
h
i
j
k
l
m
n
ñ
o
p
q
r
s
t
u
v
w
x
y
z

faldellín *nombre masculino*
1 refajo

faldriquera *nombre femenino*
1 faltriquera

faldulario *nombre masculino*
1 andulario
    fandulario

faliforme *adjetivo*
1 faloide

falisca *nombre femenino*
1 nevada*
    nevasca
    nevazo
    nevazón
    nevisca
    ventisca
    ventisco

falla *nombre femenino*
1 defecto
    imperfección
    falta
    tacha

fallar[1] *verbo transitivo*
1 decidir
    determinar
    sentenciar
    resolver

fallar[2] *verbo intransitivo/pronominal*
1 frustrarse
    marrar*
    faltar
    fracasar
    errar el golpe
    equivocarse
    errar
    ANTO lograr
             cumplir

fallecer *verbo intransitivo*
1 morir
    sucumbir*
    expirar
    estirar la pata (vulgar)
    fenecer
    finar

fallecimiento *nombre masculino*
1 muerte
    defunción
    óbito
    expiración

fallido, -da *adjetivo*
1 frustrado
    fracasado
2 quebrado
    incobrable

Hablando de un comerciante, banquero, etc., *quebrado*. Hablando de una cantidad, crédito o partida, *incobrable*.

fallo *nombre masculino*
1 sentencia
    resolución
    decisión
    laudo

Si es de un juez o un tribunal de justicia, *sentencia*. Si es de persona competente para resolver un asunto disputado, *resolución* y *decisión*. El *fallo* de los árbitros o amigables componedores, *laudo*.

falo *nombre masculino*
1 pene
    verga
    miembro viril
    cola (familiar)
    pito (familiar)
    polla (vulgar)
    picha (familiar)
    minga (familiar)
    cipote (vulgar)

falocracia *nombre femenino*
1 machismo

falócrata *adjetivo/nombre común*
1 machista

faloide *adjetivo*
1 faliforme

falsabraga *nombre femenino*
1 contramuralla
    contramuro

En fortificación.

falsada *nombre femenino*
1 calada (vuelo)

falsario, -ria *adjetivo/nombre*
1 impostor
    engañador
    embaucador

falseado, -da *adjetivo*
1 amañado
    compuesto
    falsificado

falseamiento *nombre masculino*
1 amaño
    artificio
    ardid
    traza
    treta
    trampa
    triquiñuela

falsear *verbo transitivo*
1 contrahacer
    corromper
    adulterar
    falsificar
    mentir
    interpolar
    desnaturalizar
2 flaquear
    flojear
    debilitarse
    ceder
3 no hacer tal cosa
    traer los papeles mojados

falsedad *nombre femenino*
1 mentira
    engaño
    impostura
    disimulo
    bulo
    trola
    paparrucha
    pajarota
    camama
    embuste
    fraude
    engañifa
    ANTO verdad
             lealtad
             legitimidad

falsía *nombre femenino*
1 falsedad
    deslealtad
    infidelidad
    doblez

falsificación *nombre femenino*
1 adulteración

falsificado, -da *adjetivo* ·
1 falso
    adulterado
    mistificado
    contrahecho
    amañado
    fraudulento

falsificar *verbo transitivo*
1 falsear
    contrahacer*
    adulterar
    mistificar
    sofisticar

Adulterar, *mistificar*, especialmente tratándose de alimentos o productos químicos. *Sofisticar*, especialmente tratando de conceptos, razones, argumentos, palabras.

falso, -sa *adjetivo*
1 engañoso
mentiroso
ficticio
fingido
sofístico
falaz
erróneo
equivocado
artificial*
2 falsificado
adulterado
mistificado
contrahecho
espurio
apócrifo
subrepticio
3 traidor
felón
desleal
perjuro
infiel
alevoso
4 endeble
inestable
flojo

falta *nombre femenino*
1 defecto
imperfección
tacha
deficiencia
2 privación
ausencia
carencia
escasez
3 culpa
descuido
pecado
4 error*
equivocación
yerro
desacierto
5 personal

En el baloncesto.

faltar *verbo*
intransitivo/pronominal
1 carecer
necesitar
hacer falta
ANTO sobrar

'Cuando digo 'me *falta* dinero', doy a entender que no tengo todo el que tenía. Cuando digo 'me *hace falta* dinero', quiero decir que no tengo todo el que deseo o necesito' (M).

2 *verbo intransitivo/pronominal*
quedar
restar

Por ejemplo: en todo lo que *falta*, *queda* o *resta* del año.

3 consumirse
acabarse

Por ejemplo: el aliento, el pan.

4 morir
fallecer

Faltar es eufemismo por *morir*, *fallecer*.

5 ofender
injuriar
caer en falta
faltar a la palabra
quedar mal

falto, -ta *adjetivo*
1 carente
necesitado
defectuoso
escaso
desprovisto
pobre
corto

faltriquera *nombre femenino*
1 faldriquera

fama *nombre femenino*
1 nombre
nombradía
renombre
notoriedad
reputación
celebridad
gloria
aceptación
boga
ANTO vulgaridad
fracaso
oscuridad

famélico, -ca *adjetivo*
1 hambriento
hambrón

Tratándose de un *famélico* o *hambriento* habitual, *hambrón*.

familia *nombre femenino*
1 parentela
2 linaje
estirpe
raza
casta
3 prole
hijos
descendencia

familiaridad *nombre femenino*
1 llaneza
franqueza
confianza

familiarizar *verbo*
transitivo/pronominal
1 adaptar
acostumbrar
avezar
habituar

famoso, -sa *adjetivo*
1 renombrado
célebre
insigne
señalado
sonado
egregio*

El *famoso* puede serlo en lo bueno o en lo malo.

'La *celebridad* es una *fama* distinguida y consolidada por la universalidad y por el tiempo. El *famoso* puede serlo a una distancia y por un tiempo limitado; pero no el *célebre*, cuyo renombre debe recaer sobre lo que, o por bueno o por malo, llama ilimitadamente la atención general y la de la posteridad' (LH)

fámulo, -la *nombre*
1 criado
doméstico
sirviente

Fámulo se usa principalmente en los conventos u otros medios eclesiásticos.

fanal *nombre masculino*
1 farola
2 farol
farón

fanático, -ca *adjetivo*
1 apasionado
exaltado
intolerante
intransigente

fanatismo *nombre masculino*
1 apasionamiento
exaltación
intolerancia
intransigencia
ANTO tolerancia
transigencia
ecuanimidad

El *fanatismo* añade a estas ideas la cualidad de desmedido y ciego.

fandulario *nombre masculino*
1 andulario
faldulario

a
b
c
d
e
f
g
h
i
j
k
l
m
n
ñ
o
p
q
r
s
t
u
v
w
x
y
z

fanerógamo, -ma *adjetivo*
1 espermatofito
  sifonógamo

fanfarria *nombre femenino*
1 baladronada
  bravata
  jactancia
  fanfarronada

La *baladronada*, la *bravata* y la *fanfarronada* son propias del que quiere hacerse pasar por valiente. La *fanfarria* y la *jactancia* están más cerca de la vanidad y de la ostentación en general. Es *fanfarria* presumir de rico, de guapo.

fanfarrón, -ona *adjetivo/nombre*
1 (familiar) valentón
  bravucón
  matasiete (burlesco)
  perdonavidas (burlesco)
  fachenda

fanfarronada *nombre femenino*
1 jactancia
  presunción
  petulancia
  vanagloria
  fanfarria*
  bravata
  baladronada
  ANTO modestia
    sencillez

fangal *nombre masculino*
1 barrizal
  lodazal
  cenagal

fango *nombre masculino*
1 barro*
  lodo

fantaseador, -ra *adjetivo*
1 quimerista

fantasear *verbo intransitivo*
1 delirar
  imaginar

fantasía *nombre femenino*
1 imaginación
  ANTO realidad
2 capricho
  antojo
3 presunción
  entono
  ostentación
  ANTO sencillez

fantasioso, -sa *adjetivo*
1 vano
  presuntuoso

presumido
ostentoso
entonado
vanidoso
2 caprichoso
  antojadizo

fantasma *nombre masculino*
1 aparición
  espectro
  sombra
  visión
  quimera

fantasmagórico, -ca *adjetivo*
1 fantástico
  quimérico
  imaginario
  fantasmal

fantasmón, -ona
  adjetivo/nombre
1 (despectivo) fantoche
  fardón
  figurón
  presuntuoso
  vano
  engreído
  petulante

fantástico, -ca *adjetivo*
1 quimérico
  imaginario
  fantasmagórico
  fantasmal
2 caprichoso
  extravagante
  fingido
  ficticio
3 presuntuoso
  entonado

fantoche *nombre masculino*
1 títere
2 fardón
  figurón
  fantasmón

faquí *nombre masculino*
1 alfaquí

faquín *nombre masculino*
1 ganapán
  cargador
  mozo de cuerda

faralá *nombre masculino*
1 falbalá
  farfalá

faramalla *nombre femenino*
1 farfolla (cosa de apariencia)

faraute *nombre masculino*
1 heraldo
  mensajero

fardacho *nombre masculino*
1 lagarto (reptil)

fardo *nombre masculino*
1 bala
  paca
  bulto
  lío
  atadijo

fardón, -ona *nombre*
1 (familiar) fantoche
  figurón
  fantasmón
  presuntuoso
  vano
  engreído
  petulante

farfalá *nombre masculino*
1 faralá
  falbalá

farfalloso, -sa *adjetivo*
1 tartamudo
  tartajoso

farfantón *adjetivo/nombre*
  masculino
1 fanfarrón
  valentón
  pendenciero
  matasiete
  bravucón

fárfara *nombre femenino*
1 tusílago
  uña de caballo

farfolla *nombre femenino*
1 faramalla

farfullar *verbo transitivo*
1 barbotar
  barbotear
  mascullar
  barbullar

farináceo, -ea *adjetivo*
1 harinoso
  harinero
  panoso

Harinoso, semejante a la harina por su consistencia, color, etc. *Farináceo* puede tener el mismo sentido en el habla culta o técnica (aspecto *farináceo*); o bien calificar lo referente a la harina: industria *farinácea* o *harinera* (no *harinosa*).

farisaico, -ca *adjetivo/nombre*
1 hipócrita
   engañoso
   disimulado
   tartufo
   falso
   fariseo

fariseísmo *nombre masculino*
1 hipocresía
   fingimiento
   ficción
   simulación
   doblez
   ANTO sinceridad
      lealtad
      claridad

fariseo, -ea *adjetivo/nombre*
1 hipócrita
   engañoso
   disimulado
   tartufo
   falso
   farisaico

farmacéutico, -ca *adjetivo*
1 oficinal
   medicamentoso
   ANTO magistral

   Aplícase a los medicamentos.

   nombre
2 boticario

farmacia *nombre femenino*
1 botica

fármaco *nombre masculino*
1 medicamento
   medicina
   remedio
   potingue (despectivo)

farmacopea *nombre femenino*
1 recetario

farol *nombre masculino*
1 fanal
   farón

farola *nombre femenino*
1 fanal (farol)

farolear *verbo intransitivo*
1 fachendear
   presumir
   darse tono
   jactarse

farolero, -ra *adjetivo/nombre*
1 ostentoso
   fachendoso
2 farolón
   papelero
   papelón

Farolón aumenta el sentido despectivo. *Papelero* y *papelón* aluden principalmente al rango social que ostenta.

farolillo *nombre masculino*
1 besico de monja
   campánula

farolillo rojo *locución nominal*
   último
   colista

Farolillo rojo se usa en el ciclismo.

farolón, -ona *adjetivo/nombre*
1 fantoche
   figurón

farón *nombre masculino*
1 farol
   fanal

farra *nombre femenino*
1 juerga
   jarana
   parranda

farragoso, -sa *adjetivo*
1 desordenado
   confuso
   mezclado
   enmarañado

farsa *nombre femenino*
1 enredo
   tramoya
   mentira
   patraña
   ficción
   fingimiento
   hipocresía
   engaño
   falsedad
   fraude
   superchería
   embuste*
   bola*
   ANTO vida
      verdad

fascículo *nombre masculino*
1 entrega
   cuaderno

fascinación *nombre femenino*
1 aojamiento
   embrujo
   hechizo
2 alucinación
   deslumbramiento
   seducción
   incitación
   engaño

fascinar *verbo transitivo/pronominal*
1 aojar
   hechizar
   embrujar
   encantar
   ANTO repeler
      desencantar
2 alucinar
   engañar
   deslumbrar
   seducir
   asombrar
   ANTO repeler

fase *nombre femenino*
1 aspecto
   período
   estado
   estadio

fasol *nombre masculino*
1 judía*
   alubia
   habichuela
   fréjol
   fríjol
   frijol
   frisol

fastidiar *verbo transitivo/pronominal*
1 hastiar
   enfadar
   disgustar
   cansar*
   aburrir*
   matar el tiempo
2 molestar
   enojar

fastidio *nombre masculino*
1 aburrimiento
   hastío
   cansancio
   tedio
2 desagrado
   disgusto
   descontento
   enojo
   molestia

fastidioso, -sa *adjetivo*
1 hastioso
   tedioso
   latoso
   aburrido
   pesado
   cargante
   importuno
   enfadoso
   cansado
   monótono
   árido
   desagradable*

a
b
c
d
e
f
g
h
i
j
k
l
m
n
ñ
o
p
q
r
s
t
u
v
w
x
y
z

incómodo*
ANTO agradable
  ameno

fastigio *nombre masculino*
1 frontón (remate triangular)

fastos *nombre masculino plural*
1 anales

fastuosidad *nombre femenino*
1 ostentación
  magnificencia
  boato
  pompa
  sutuosidad
  ANTO modestia
    sencillez
    sobriedad

fastuoso, -sa *adjetivo*
1 ostentoso
  espléndido
  suntuoso
  rumboso
  lujoso

fatal *adjetivo*
1 inevitable
  inexorable
  predestinado
2 desgraciado
  adverso
  funesto
  nefasto
  aciago
  malhadado

fatalidad *nombre femenino*
1 hado
  destino
  ANTO voluntariedad
2 desgracia
  adversidad*
  infelicidad
  infortunio
  ANTO dicha

fatídico, -ca *adjetivo*
1 funesto
  aciago
  nefasto

fatiga *nombre femenino*
1 agitación
  sofocación
  ahogo
  cansancio
  ANTO descanso
    aliento
    fortaleza
  ⇒ fatigas

fatigado, -da *adjetivo*
1 cansado

fatigar *verbo*
  transitivo/pronominal
1 cansar
  agotar
  extenuar
  ANTO descansar
2 vejar
  molestar
  importunar
  agobiar

fatigas *nombre femenino plural*
1 náuseas
2 penalidades
  trabajos
  molestias
  ⇒ fatiga

fatigoso, -sa *adjetivo*
1 fatigado
  agitado
2 cansado
  trabajoso
  penoso

fatuidad *nombre femenino*
1 presunción
  hinchazón
  vanidad*
  petulancia
  jactancia*
  ANTO modestia
    discreción
2 necedad
  tontería

fatuo, -tua *adjetivo*
1 vano
  presuntuoso
  presumido
  petulante
2 necio
  tonto

fausto¹ *nombre masculino*
1 ostentación
  suntuosidad
  magnificencia
  pompa
  boato

fausto, -ta² *adjetivo*
1 feliz
  afortunado
  venturoso
  dichoso

favor *nombre masculino*
1 socorro
  auxilio*
  ayuda
2 protección
  amparo
  patrocinio

privanza
influencia
3 beneficio
  gracia
  merced
  servicio

a favor *locución adjetiva*
  acreedor*

favorable *adjetivo*
1 propicio*
  benévolo
  benigno
  acogedor
  próspero
  venturoso

favorecedor, -ra *adjetivo*
1 benefactor
  protector
  amparador

favorecer *verbo transitivo*
1 ayudar
  auxiliar
  socorrer
  ANTO perjudicar
    dañar
2 secundar
  apoyar
  acoger*
3 proteger
  patrocinar
  auspiciar
  hacer buenos oficios

favoritismo *nombre masculino*
1 polacada
  desafuero
  alcaldada
  arbitrariedad

favorito, -ta *adjetivo*
1 preferido
  predilecto
  privilegiado
  nombre
2 valido
  privado

faz *nombre femenino*
1 rostro
  cara*
2 anverso
  haz
  cara
3 superficie
4 cariz
  aspecto
  Cariz, aspecto del tiempo o de
  los acontecimientos.

fe *nombre femenino*
1 dogma

a b c d e f g h i j k l m n ñ o p q r s t u v w x y z

creencia
religión
ANTO incredulidad
2 confianza
crédito
ANTO desconfianza
3 seguridad
aseveración
afirmación
4 fidelidad
rectitud
lealtad
honradez
ANTO infidelidad

de buena fe *locución adjetiva*
sincero
veraz
verdadero
verídico
abierto
franco
sencillo
ANTO de mala fe

febricitante *adjetivo*
1 calenturiento

febrífugo, -ga *adjetivo/nombre
masculino*
1 antitérmico
antipirético

febril *adjetivo*
1 pirético
2 ardoroso
desasosegado
agitado
ANTO frío
tranquilo
sosegado

fechar *verbo transitivo*
1 datar
calendar
Datar, menos usado que *fechar*; *calendar*, muy poco usado si no se trata de documentos o cronología antiguos.

fécula *nombre femenino*
1 almidón

fecundación *nombre femenino*
1 fertilización
concepción
2 inseminación
Tratándose de animales.

fecundar *verbo transitivo*
1 fecundizar
fertilizar
Fecundar es propio de los seres vivos; *fecundizar* es hacer

producir lo que no producía
o producía poco, y si se trata
de la tierra, *fertilizar.*

fecundidad *nombre femenino*
1 feracidad
fertilidad
ANTO esterilidad
impotencia
Tratándose de la tierra.
'La *fecundidad* es la facultad
de producir mucho; la *fertilidad* es la abundancia de la
producción. Un terreno fecundo se *fertiliza* por medio de la
labor y del abono' (M).

fecundo, -da *adjetivo*
1 prolífico
2 productivo
fructuoso
fértil
feraz
Feraz se dice exclusivamente
del campo. En sentido figurado, decir que un ingenio es *fecundo* sugiere que está dotado de facultades creadoras;
fértil alude más bien a la variedad de conocimientos o recursos. La enseñanza de un
profesor es *fecunda*, no *fértil*,
si suscita iniciativas, ideas,
entre los discípulos.
'Lo que materialmente produce con abundancia es *fecundo*. La *fecundidad* de varias
especies o individuos constituyen *fértil* el todo que componen. Una tierra, un campo
es *fértil* cuando en él hay muchas plantas *fecundas*. Las
olivas, las vides que producen
materialmente aquellos frutos,
son *fecundas*. Por la misma
razón, entre los animales no
se llaman *fértiles* las hembras,
sino *fecundas*' (M).

federación *nombre femenino*
1 confederación

federativo, -va *adjetivo*
1 confederativo

felatorismo *nombre masculino*
1 irrumación

feldespato

    feldespato sódico *locución
nominal*
albita

felicidad *nombre femenino*
1 dicha
ventura
venturanza
contento
satisfacción
bienestar
beatitud*
ANTO infelicidad
dolor
desencanto
2 suerte
fortuna
ANTO infelicidad
Cuando significa un suceso
feliz.

felicitación *nombre femenino*
1 enhorabuena
parabién
pláceme
congratulación

feliz *adjetivo*
1 dichoso
venturoso
afortunado
fausto
contento
satisfecho
*Dichoso, venturoso, afortuna-
do* y *fausto* se aplican a personas o cosas. *Contento* y *satisfecho*, sólo a personas.
2 oportuno
acertado
atinado
eficaz

felonía *nombre femenino*
1 deslealtad
traición
infidelidad
infamia
perfidia
alevosía

felpa *nombre femenino*
1 paliza
zurra
tunda
solfa
tollina
2 regañina
rapapolvo
reprimenda

femenino, -na *adjetivo*
1 femenil
femíneo
femil
mujeril
afeminado
Femenil y *femíneo* son voces

a b c d e f g h i j k l m n ñ o p q r s t u v w x y z

escogidas que se aplican principalmente a cualidades estimables: gracia, ternura, *femil* o *femínea. Mujeril* sugiere a menudo defectos o debilidades de la mujer: habladurías *mujeriles*, miedo *mujeril*; por esto tiene a veces matiz despectivo: compárese adornos *mujeriles, femeninos* o *femeniles. Afeminado* se dice de la persona que parece mujer, o de las cosas, actos, etc., que parecen de mujer sin serlo: hombre *afeminado*, modales *afeminados*.

fementido, -da *adjetivo*
1 infiel
desleal
pérfido
2 engañoso
falso

fenecer *verbo intransitivo*
1 morir
fallecer
2 acabarse
terminarse
concluirse

fenice *adjetivo/nombre común*
1 fenicio
sidonio

fenicio, -cia *adjetivo/nombre*
1 (persona) sidonio
fenice

fénico, -ca
ácido fénico *locución nominal*
⇒ ácido

fenol *nombre masculino*
1 carbol
ácido fénico

fenomenal *adjetivo*
1 fenoménico
2 tremendo
desmesurado
descomunal
extraordinario
brutal

Todos ellos se usan con carácter intensivo general.

fenómeno *nombre masculino*
1 apariencia
manifestación

En filosofía y en las ciencias, *fenómeno* conserva la acepción etimológica de *apariencia* o *manifestación*.

2 monstruo
3 portento
prodigio

fenomenología *nombre femenino*
1 sintomatología

feo, -ea *adjetivo*
1 feúco
feúcho
mal parecido
mal encarado
antiestético

Los diminutivo *feúco* y *feúcho*, pueden tener carácter atenuativo, más o menos cariñosos según los casos; lo mismo ocurre con el aumentativo *feote*, que oscila entre la atenuación y el menosprecio; *mal parecido* y *mal encarado* se aplican sólo a personas; *antiestético*, a cosas.

2 atroz
horrible
monstruoso

Todos ellos con carácter intensivo.

nombre masculino
3 desaire
grosería

feracidad *nombre femenino*
1 fertilidad
fecundidad

feraz *adjetivo*
1 fértil*
fecundo*
productivo
fructuoso

féretro *nombre masculino*
1 ataúd
caja mortuoria

fermentar *verbo intransitivo*
1 rehervir
agriarse
leudar
aleudar
hervir
pudrirse

En el habla corriente, *rehervir* o *agriarse* las conservas; *agriarse* la leche, el vino y otros líquidos; *leudar, aleudar*, la masa del pan; *hervir, rehervir*, el mosto; *pudrirse*, el estiércol.

ferocidad *nombre femenino*
1 fiereza
crueldad
inhumanidad
ensañamiento*
bravura*
ANTO humanidad
piedad

feroz *adjetivo*
1 fiero
cruel
despiadado
inhumano
bravío*

férreo, -ea *adjetivo*
1 duro
tenaz
resistente
inflexible

ferrería *nombre femenino*
1 forja

fértil *adjetivo*
1 fecundo*
feraz
ubérrimo
abundante

Feraz se dice de tierras y cultivos, y tiene menor uso figurado que sus sinónimos. *Ubérrimo* significa muy *fértil*.

fertilidad *nombre femenino*
1 fecundidad*
feracidad
abundancia
ANTO esterilidad

Feracidad si se trata del campo.

fertilización *nombre femenino*
1 fecundación

fertilizante *nombre masculino*
1 abono

fertilizar *verbo transitivo*
1 fecundizar
abonar
entarquinar
estercolar
nitratar
meteorizar

Según el abono o medio empleado se usan verbos especiales, como *entarquinar, estercolar, nitratar* y *meteorizar*.

2 fecundar*

férula *nombre femenino*
1 palmeta (tabla pequeña)
palmatoria

férvido, -da *adjetivo*
1 ardiente
  ferviente
  fervoroso
  vehemente
  ardoroso
  fogoso
  apasionado

ferviente *adjetivo*
1 fervoroso
  ardiente
  férvido
  cálido
  entusiasta

fervor *nombre masculino*
1 devoción
  piedad
2 celo
  ardor
  entusiasmo
  ANTO tibieza
    frialdad
    incredulidad

festejar *verbo transitivo*
1 agasajar
  celebrar
  obsequiar
  halagar*
  regalar
2 cortejar
  galantear*
  rondar la calle
  hacer la corte
  tirar los tejos
  poner los ojos tiernos

festín *nombre masculino*
1 banquete
  convite

festividad *nombre femenino*
1 fiesta
  solemnidad
  conmemoración

festivo, -va *adjetivo*
1 chistoso
  agudo
  ocurrente
  divertido
2 alegre
  regocijado
  gozoso
  jovial

festón *nombre masculino*
1 colgante

festoneado, -da *adjetivo*
1 crenado
  estrellado

fetiche *nombre masculino*
1 ídolo

fetidez *nombre femenino*
1 hediondez
  hedor
  fetor
  peste
  pestilencia

fétido, -da *adjetivo*
1 apestoso
  hediondo

feto *nombre masculino*
1 engendro

feudatario, -ria *nombre*
1 tributario
  vasallo

fiado
  al fiado *locución adverbial*
  a crédito
  A crédito se usa en la banca y
  on ol comoroio al por mayor.
  Al fiado, en las ventas al por
  menor.

fiador, -ra *nombre*
1 fianza
  segurador
  garante
  garantizador

fiambrera *nombre femenino*
1 tarta
  tartera

fianza *nombre femenino*
1 garantía*
  caución
  satisfacción
2 fiador
  garante
3 prenda

fiar *verbo transitivo/pronominal*
1 asegurar
  garantir
  garantizar
  responder
2 confiar
  ANTO desconfiar
  de fiar *locución adjetiva*
  de confianza

fiasco *nombre masculino*
1 fracaso
  chasco

fibra *nombre femenino*
1 hebra

Si es de la carne o de la madera.
2 vigor
  energía
  resistencia
  fortaleza

fibrilla *nombre femenino*
1 filamento

fibroso, -sa *adjetivo*
1 hebroso
  Hebroso en las acepciones no
  técnicas: carne, madera, *hebrosa*.

ficción *nombre femenino*
1 fingimiento
  pamema
  paripé
  simulación
  apariencia
  Fingimiento se aplica con preferencia a gestos, palabras, actos concretos: *sus lágrimas eran puro fingimiento;* su expresión familiar es *pamema*; si el *fingimiento* es para darse importancia, *paripé*. *Ficción* y *simulación* pertenecen a la lengua culta, y pucdon roforirse a actos no materiales y largo tiempo continuados: el gobierno practicaba una *ficción* (o *simulación*) de democracia; *apariencia* equivale a amboc, con la diferencia de que no implica necesariamente la intención de fingir; aquel gobierno tenía tan sólo *apariencia* de autoridad.
2 fábula
  invención
  castillos en el aire
  alegoría
  símbolo
  ANTO vida
    realidad
    verdad

ficha *nombre femenino*
1 tarjeta
  papeleta
  cédula

fichero *nombre masculino*
1 archivo

ficticio, -cia *adjetivo*
1 fingido
  falso
  inventado
  imaginado

a
b
c
d
e
f
g
h
i
j
k
l
m
n
ñ
o
p
q
r
s
t
u
v
w
x
y
z

fabuloso
2 convencional
supuesto
artificial*
artificioso

fidedigno, -na *adjetivo*
1 fehaciente
2 verídico
veraz
confiable

fidelidad *nombre femenino*
1 lealtad
ANTO infidelidad
deslealtad
2 exactitud
veracidad
puntualidad
constancia
3 probidad
escrupulosidad

fiebre *nombre femenino*
1 calentura
destemplanza
calenturón
causón
pirexia

Calentura en general. Si es ligera, *destemplanza*. Si es alta y dura poco, *calenturón, causón.*

2 excitación

fiel *adjetivo*
1 leal
firme
constante*
2 exacto*
verdadero
verídico
puntual
3 probo
escrupuloso

adjetivo/nombre común
4 religioso
creyente

nombre masculino
5 lengüeta

fiemo *nombre masculino*
1 estiércol
fimo
excremento
hienda

fiereza *nombre femenino*
1 ferocidad
crueldad
ANTO suavidad
humildad
dulzura

fiero, -ra *adjetivo*
1 cruel
sanguinario
brutal
feroz
2 duro
intratable
3 salvaje
agreste
montaraz
cerril
bravío
4 horroroso
horrendo
terrible
5 feo

fierro *nombre masculino*
1 hierro

fiesta *nombre femenino*
1 festividad
conmemoración
2 alegría
regocijo
diversión
festejos

Festejos es el conjunto de celebraciones, diversiones, etc., con que se conmemora una fecha determinada.

3 chanza
broma
4 agasajo
halago
caricia*
carantoña
cucamona
garatusa
arrumaco
zorrocloco
zalema
lagotería

⇒ fiestas

En estilo familiar, *carantoña, cucamona, garatusa, arrumaco* y *zorrocloco* suponen cierto melindre y afán de lisonjear. *Zalema* sugiere principalmente cortesía fingida para conseguir algún fin; *lagotería* y *zanguanga* envuelve la idea de adulación servil.

fiestas *nombre femenino plural*
1 vacaciones

⇒ fiesta

fígaro *nombre masculino*
1 barbero
peluquero
rapabarbas

rapador
rapista (despectivo)

figón *nombre masculino*
1 bodegón
fonducho
tasca

figura *nombre femenino*
1 forma
configuración
2 aspecto
apariencia
3 rostro
cara
4 efigie*
imagen
5 personaje

figurar *verbo transitivo*
1 representar
delinear
2 aparentar
fingir
simular

verbo intransitivo/pronominal
3 imaginarse
fantasear
suponer
creer

figurín
hecho un figurín *locución adjetiva*
atildado
compuesto
acicalado
peripuesto

figurón *nombre masculino*
1 fantoche
fardón
fantasmón

fijación *nombre femenino*
1 implantación
inserción
injerto

fijar *verbo transitivo*
1 clavar
hincar
asegurar
consolidar
ANTO desclavar
2 pegar
encolar
3 determinar
precisar
delimitar*
ANTO indeterminar

verbo pronominal
4 reparar
darse cuenta

fijeza *nombre femenino*
1 firmeza
  seguridad
  ANTO inestabilidad
    inseguridad
2 persistencia
  continuidad

fijo, -ja *adjetivo*
1 firme
  asegurado
  seguro
2 permanente
  estable
  inalterable
  invariable
  inmóvil
  inmovible
  inmoble
  quieto
  ANTO móvil

fila *nombre femenino*
1 hilera
  cola
  ringla
  ringle
  ringlera
  línea

  Si la *fila* la forman personas
  que esperan vez, se utiliza
  cola; si la forman cosas puestas en orden una tras otra, se
  usan *ringle, ringlera* y *línea*.

filamento *nombre masculino*
1 fibrilla

filantropía *nombre femenino*
1 altruismo
  caridad
  humanidad
  piedad
  generosidad
  beneficencia
  civismo
  ANTO egoísmo

filete *nombre masculino*
1 cimbria
  cinta
  listel
  listón
  tenia
2 bistec
  solomillo

filfa *nombre femenino*
1 mentira
  embuste
  patraña
  engaño
  engañifa

filial *adjetivo/nombre*
1 sucursal*

filibustero *nombre masculino*
1 bucanero

filípica *nombre femenino*
1 invectiva
  regaño
  sermón
  represión
  reprimenda
  peluca (familiar)
  felpa (familiar)

filme *nombre masculino*
1 película
  cinta

filo *nombre masculino*
1 corte
  tajo

filón *nombre masculino*
1 hebra
  vena
  veta

filoxera *nombre femenino*
1 (familiar) borrachera

filtrador *nombre masculino*
1 colatorio
  tamiz
  colador

filtrar *verbo transitivo*
1 destilar
  pasar
  colar

filtro *nombre masculino*
1 bebedizo

fimo *nombre masculino*
1 estiércol
  excremento
  fiemo
  hienda

fin *nombre ambiguo*
1 término
  remate
  acabamiento
  conclusión
  final
  ANTO principio
    origen
2 intención
  intento
  propósito
  designio
  mira
  meta
  objeto
  objetivo

finalidad
Intención, intento, propósito y
designio hacen pensar principalmente en los motivos o en
la actitud subjetiva del que
hace la acción. *Mira, meta,
objeto, objetivo* y *finalidad* sugieren más bien el término real
a que tiende.

a fin de que *locución
conjuntiva*
  para que
  a que
  con objeto de

finado, -da *nombre*
1 muerto
  difunto

final *nombre masculino*
1 acabamiento
  conclusión
  remate
  consumación
  término*

finalidad *nombre femenino*
1 fin
  objeto
  motivo
  objetivo

finalismo *nombre masculino*
1 teleología (doctrina
    metafísica)

finalizar *verbo transitivo*
1 acabar
  concluir
  terminar*
  rematar
  echar la llave
  alzar la obra
  poner fin
  bajar el telón
  levantar la sesión
  ANTO empezar
    originar
  verbo intransitivo
2 extinguirse
  acabarse

finalmente *adverbio*
1 en suma
  por último
  en conclusión

finamiento *nombre masculino*
1 fallecimiento

financiación *nombre femenino*
1 financiamiento

a
b
c
d
e
f
g
h
i
j
k
l
m
n
ñ
o
p
q
r
s
t
u
v
w
x
y
z

financiamiento *nombre*
masculino
1 financiación

financiero, -ra *nombre*
1 financista (anglicismo)

financista *nombre común*
1 (anglicismo) financiero

finar *verbo intransitivo*
1 fallecer
morir
expirar

finca *nombre femenino*
1 posesión
propiedad

finchado, -da *adjetivo*
1 vano
engreído
vanidoso
presuntuoso
hinchado

finés, -esa *adjetivo/nombre*
1 (persona) finlandés

fineza *nombre femenino*
1 atención
cortesía
2 obsequio
regalo
presente

fingido, -da *adjetivo*
1 fingidor
ficticio
apócrifo*

fingimiento *nombre masculino*
1 simulación
ficción
engaño
hipocresía
doblez
falsedad
duplicidad
disimulo
afectación*
ANTO verdad
realidad
sinceridad
naturalidad

fingir *verbo transitivo*
1 simular
aparentar
hacer creer
hacer el papel
llorar con un ojo
hacer la comedia

finiquitar *verbo transitivo*
1 saldar
cancelar

2 acabar
concluir
terminar*

finlandés, -esa *adjetivo/nombre*
1 (persona) finés

fino, -na *adjetivo*
1 delicado
primoroso
2 delgado
sutil
3 cortés
cumplido
atento
amable
urbano
4 astuto
sagaz

finta *nombre femenino*
1 regate

finura *nombre femenino*
1 delicadeza
amabilidad
urbanidad
cortesía
exquisitez
ANTO dureza
inurbanidad
aspereza
torpeza

firmamento *nombre masculino*
1 cielo
bóveda celeste

firmante *adjetivo/nombre común*
1 signatario
infrascrito

firmar *verbo transitivo*
1 signar
suscribir

Signar encierra cierta solemnidad, y sólo se aplica tratándose de documentos de gran importancia pública o internacional. *Suscribir* se usa en lenguaje administrativo (el que *suscribe*); fuera de él es voz selecta.

firme *adjetivo*
1 estable
sólido
seguro
fijo
2 constante
invariable
entero

nombre masculino
3 afirmado

Por ejemplo: el *firme* o *afirmado* de una carretera.

firmeza *nombre femenino*
1 estabilidad
seguridad
fortaleza
solidez
ANTO inestabilidad
inseguridad
2 entereza
constancia
tesón
ANTO indecisión

fiscal *nombre*
1 acusador
inculpador

fisco *nombre masculino*
1 erario
tesoro público

fisgar *verbo transitivo*
1 husmear
curiosear
atisbar
huronear
fisgonear
meter baza

fisgoneador, -ra *adjetivo*
1 fisgón
husmeador
curioso
entrometido

fisgonear *verbo transitivo*
1 huronear
fisgar
husmear
escudriñar
curiosear

fisiatra *nombre común*
1 naturista

fisiatría *nombre femenino*
1 naturismo

fisión *nombre femenino*
1 escisión

fisípedo, -da *adjetivo/nombre*
1 bisulco

fisonomía *nombre femenino*
1 cara*
rostro

Fisonomía es voz culta o técnica.

2 aspecto
cariz

fistra *nombre femenino*
1 ameos
ami

fisura *nombre femenino*
1 hendidura
grieta
raja

fitología *nombre femenino*
1 botánica

fitopatología *nombre femenino*
1 patología vegetal

fitozoo *nombre masculino*
1 zoofito

flabelado, -da *adjetivo*
1 flabeliforme

flabeliforme *adjetivo*
1 flabelado

fláccido, -da *adjetivo*
1 lacio
flojo
blando

flaco, -ca *adjetivo*
1 delgado*
seco
enjuto
ANTO gordo
abundante

En América se utiliza más el
término *flaco*.

2 flojo
endeble
débil

flagelar *verbo transitivo*
1 azotar
fustigar
2 vituperar

flagelo *nombre masculino*
1 azote
calamidad
desgracia
plaga
castigo

flagrar *verbo intransitivo*
1 deflagrar

En química y pirotecnia, *deflagrar*.

flamante *adjetivo*
1 lúcido
brillante
resplandeciente
2 nuevo
reciente
fresco

flamear *verbo intransitivo*
1 llamear
2 ondear
flotar
ondular
undular

flamenco[1] *nombre masculino*
1 (ave) picaza marina

flamenco, -ca[2] *adjetivo/nombre*
1 achulado
presumido

flamenquilla *nombre femenino*
1 maravilla (planta)

flanco *nombre masculino*
1 lado
costado
banda
ala

flaquear *verbo
intransitivo/pronominal*
1 debilitarse
flojear
decaer
agachar las orejas
ANTO resistir
2 ceder
cejar
aflojar
desalentarse
desanimarse
desmayar
ANTO animarse

flaqueza *nombre femenino*
1 debilidad
ANTO gordura
fortaleza
resolución

flato *nombre masculino*
1 flatosidad

flatosidad *nombre femenino*
1 flato

flatulencia *nombre femenino*
1 ventosidad
gases (intestinales)

flauta *nombre femenino*
1 tibia

Tibia es voz latina que sólo se
usa aludiendo a la antigüedad
o en el lenguaje poético.

flautín *nombre masculino*
1 octavín

flebectasia *nombre femenino*
1 variz

flebotomía *nombre femenino*
1 sangría
venesección

flebotomiano *nombre masculino*
1 sangrador
sajador

flecha *nombre femenino*
1 saeta
2 sagita

flechar *verbo transitivo*
1 asaetear
2 atraer
enamorar

flechaste *nombre masculino*
1 nigola

flegmasia *nombre femenino*
1 flogosis

fleje *nombre masculino*
1 zuncho
suncho

flema *nombre femenino*
1 apatía
calma
cachaza
lentitud
pachorra
ANTO ligereza
nerviosidad
2 gargajo
esputo*
mucosidad

flemático, -ca *adjetivo*
1 apático
lento
imperturbable
cachazudo
calmoso
sangre de horchata
pausado
tardo
sereno
tranquilo
impasible

fleme *nombre masculino*
1 ballestilla

flemón *nombre masculino*
1 párulis

flexible *adjetivo*
1 dócil
manejable
doblegable
adaptable
dúctil
juncal
airoso

a
b
c
d
e
f
g
h
i
j
k
l
m
n
ñ
o
p
q
r
s
t
u
v
w
x
y
z

acomodaticio*
ANTO inflexible
2 elástico
blando*
ANTO duro

flexura *nombre femenino*
1 curva
doblez
pliegue

flirtear *verbo intransitivo*
1 coquetear
galantear

flogosis *nombre femenino*
1 flegmasia

flojear *verbo intransitivo*
1 desfallecer
decaer
debilitarse
flaquear
desmayar
desanimarse
desalentarse

flojedad *nombre femenino*
1 debilidad
flaqueza
desaliento
decaimiento
ANTO endurecimiento
2 pereza
negligencia
descuido
indolencia
incuria
inacción
inercia
ANTO actividad
diligencia
fervor

flojera *nombre femenino*
1 (familiar) debilidad
endeblez
astenia
decaimiento
descaecimiento
desfallecimiento
flaqueza
ANTO fortaleza
energía
2 (familiar) indolencia
apatía
incuria
negligencia
dejadez
pereza
ANTO actividad
fervor
viveza

flojo, -ja *adjetivo*
1 débil*
flaco
2 perezoso
negligente
indolente
descuidado

floppy *nombre masculino*
1 (anglicismo) disquete
diskette (anglicismo)
disco flexible

flor *nombre femenino*
1 piropo
requiebro
galantería*
flor de amor *locución*
nominal
amaranto
borlas
borlones
flor de estufa *locución*
adjetiva
impresionable
sensible
excitable
emotivo
flor de la sal *locución*
nominal
salumbre
flor de la Trinidad
trinitaria
pensamiento

floración *nombre femenino*
1 florescencia

florear *verbo transitivo*
1 escoger*
entresacar

florecer *verbo intransitivo*
1 prosperar
progresar
medrar
desarrollarse
ANTO mutilarse
verbo pronominal
2 enmohecerse

floreciente *adjetivo*
1 próspero

florecimiento *nombre masculino*
1 prosperidad
desarrollo
progreso
adelanto
ANTO decadencia
flaccidez
languidez

florero *nombre masculino*
1 ramilletero

florescencia *nombre femenino*
1 floración

floresta *nombre femenino*
1 bosque*
selva

florilegio *nombre masculino*
1 antología
crestomatía*
trozos escogidos
trozos selectos

flota *nombre femenino*
1 escuadra
armada
marina

Si se trata de barcos de guerra, *escuadra* o *armada*. En los demás casos tiene denominaciones que la especifican, por ejemplo: *flota pesquera*, *petrolera*; *flota* o *marina* mercante.

flotar *verbo intransitivo*
1 nadar
sobrenadar
ANTO hundirse
embarrancar
2 ondear
flamear
undular
ondular

fluctuación *nombre femenino*
1 balanceo
oscilación
vaivén

fluctuar *verbo intransitivo*
1 vacilar
ondear
oscilar
ANTO fijar
2 vacilar
dudar
titubear
ANTO decidir

fluir *verbo intransitivo*
1 correr
manar
brotar

flujo *nombre masculino*
1 influjo
montante
Tratándose de la marea.
2 abundancia

flúor *nombre masculino*
1 fundente
  flujo

fluorescencia *nombre femenino*
1 fotogénesis
  fotoluminiscencia
  fosforescencia

fluorina *nombre femenino*
1 fluorita
  espato flúor

fluorita *nombre femenino*
1 espato flúor
  fluorina

fluoroscopia *nombre femenino*
1 radioscopia

fobia *nombre femenino*
1 repugnancia
  aversión
  temor

foca *nombre femenino*
1 becerro marino
  carnero marino
  lobo marino
  vítulo marino

focha *nombre femenino*
1 foja (ave)
  falaris
  gallarcta

fofo, -fa *adjetivo*
1 esponjoso
  blando
  ahuecado
  ANTO duro
    enjuto

fogarada *nombre femenino*
1 llamarada

fogosidad *nombre femenino*
1 hervor
  ardor
  ardimiento

fogoso, -sa *adjetivo*
1 ardiente
  ardoroso
  impetuoso*
  violento
  brioso
  vehemente
  arrebatado
  precipitado
  ANTO pasivo
    inactivo

fogueado, -da *adjetivo*
1 aguerrido
  avezado
  acostumbrado

experimentado
ducho

foja *nombre femenino*
1 falaris
  focha
  gallareta
2 hoja

folio *nombre masculino*
1 dádiva
  propina
  aldehala

follón *nombre masculino*
1 gresca
  tumulto
  bronca
  desbarajuste

fomentar *verbo transitivo*
1 excitar
  promover
  proteger
  avivar
  aumentar
  impulsar
  alimentar

fomento *nombre masculino*
1 pábulo
  sostén

fonda *nombre femenino*
1 posada
  parador
  mesón
  venta
  hostería
  hostal
  hospedería
  pensión
  pupilaje
  casa de huéspedes

fondeadero *nombre masculino*
1 surgidero
  ancladero

fondeado, -da *adjetivo*
1 anclado
2 acaudalado
  adinerado
  rico
  ANTO pobre

fondear *verbo intransitivo*
1 dar fondo
  anclar
  echar anclas

  Anclar y *echar anclas* cuando
  se hace por medio de anclas.

fondeo *nombre masculino*
1 anclaje

fondista *nombre común*
1 hostelero
  posadero
  mesonero
  hotelero
  huésped

fondo *nombre masculino*
1 hondo
  hondón
  ANTO superficie
2 obra viva
3 lecho
  ⇒ fondos

fondos *nombre masculino plural*
1 caudal
  capital
  → fondo

fonolita *nombre femenino*
1 perlita

fontanal *nombre masculino*
1 fontanar
  hontanar
  manantial

fontanar *nombre masculino*
1 hontanar
  fontanal
  manantial

fonticulo *nombre masculino*
1 exutorio

footing *nombre masculino*
1 (galicismo) jogging
  (anglicismo)

forajido, -da *adjetivo/nombre*
1 facineroso
  bandido
  salteador

forcejear *verbo intransitivo*
1 resistir
  luchar
  bregar
  forcejar
  esforzarse

forfait *nombre masculino*
1 (galicismo) abono

  Forfait es usado principalmente en el esquí.

forja *nombre femenino*
1 fragua
  ferrería

forjar *verbo transitivo*
1 fraguar
2 inventar
  fingir

a
b
c
d
e
f
g
h
i
j
k
l
m
n
ñ
o
p
q
r
s
t
u
v
w
x
y
z

imaginar
proyectar

forma *nombre femenino*
1 figura
 configuración
 conformación
 estructura

 La *conformación* es la disposición interior en que se hallan las partes de un todo, y puede equivaler a *estructura*.

2 formato

 Tratándose de libros.

3 molde
4 modo
 manera

 ⇒ formas

formación *nombre femenino*
1 equipo
 team (anglicismo)
 bando

formal *adjetivo*
1 expreso
 explícito
 preciso
 determinado

 Todos estos tratándose de actos, documentos, etc.

2 serio
 juicioso
 veraz
 puntual
 exacto

 Todos ellos se aplican principalmente al carácter o a la conducta de una persona.

formalidad *nombre femenino*
1 requisito
2 seriedad
 compostura
 ANTO informalidad
3 exactitud
 puntualidad
 juicio
 veracidad
 ANTO inexactitud

formalizar *verbo transitivo*
1 concretar
 precisar

 verbo pronominal
2 incomodarse
 ponerse serio
 enfadarse
 tomar a pecho
 darse por sentido

formar *verbo*
 transitivo/pronominal
1 moldear
 fabricar
 hacer
 ANTO deformar
 deshacer
2 construir
 componer
 ANTO desordenar
 descomponer
 destruir
3 instituir
 establecer
 organizar
 ANTO desordenar
 desorganizar
 descomponer
4 educar
 adiestrar
 criar

 verbo pronominal
5 desarrollarse
 crecer

formas *nombre femenino plural*
1 modales
 conveniencias

 ⇒ forma

formatear *verbo transitivo*
1 (un disco) inicializar

formateo *nombre masculino*
1 (de un disco) inicialización

formicación *nombre femenino*
1 hormigueo

formidable *adjetivo*
1 espantoso
 temible
 tremendo
 imponente
2 enorme*
 colosal
 gigantesco
3 brutal*

 En su empleo con carácter intensivo general.

fórmula *nombre femenino*
1 forma
 pauta
 norma
 regla
 modelo
2 coeficiente
 relación
3 apariencia
 etiqueta

 Por ejemplo: asistir por *fórmula* o por pura *fórmula*.

4 receta (del médico)
 prescripción
5 específico
 preparado

fornicación *nombre femenino*
1 cópula
 cohabitación
 copulación
 coito
 concúbito
 ayuntamiento
 cubrición

fornicar *verbo intransitivo*
1 copular
 follar (vulgar)

fornido, -da *adjetivo*
1 robusto
 membrudo
 corpulento
 recio

forofo, -fa *nombre*
1 seguidor
 hincha
 fanático
 incondicional

forraje *nombre masculino*
1 pasto
 herrén

fortalecer *verbo*
 transitivo/pronominal
1 vigorizar
 robustecer
 tonificar
 ANTO debilitar
 ablandar
2 reforzar
 fortificar
 consolidar
 ANTO debilitar
 ablandar
3 confortar
 animar
 reconfortar

fortaleza *nombre femenino*
1 solidez
 robustez
 resistencia
 vigor
 firmeza
 entereza
 carácter
 rectitud
 energía
 fibra
 ANTO debilidad
2 fuerte
 fortificación
 castillo

fortificación *nombre femenino*
1 fortaleza
fuerte
castillo

fortificante *adjetivo/nombre masculino*
1 tónico
analéptico

Aplicado a un medicamento.

fortificar *verbo transitivo*
1 fortalecer

fortuito, -ta *adjetivo*
1 inopinado
casual
impensado
ANTO pensado
previsto
esencial

⇒ casualidad
2 eventual*
transitorio

fortuna *nombre femenino*
1 azar
casualidad
acaso
suerte
2 destino
sino
estrella
3 ventura
dicha
ANTO miseria
desgracia

La *fortuna* es la suerte favorable, en tanto que la *ventura* y la *dicha* son el estado que la fortuna, u otras causas, crean o producen.

'La voz *fortuna* en su sentido recto se extiende tanto a la buena como a la mala suerte, y solo en el primero de estos sentidos puede mirarse como sinónima de *dicha*; pero la voz *fortuna* representa aquella felicidad física y materialmente; la voz *dicha* la representa moralmente, esto es, en cuanto causa satisfacción al que la posee. Y así la primera es más propia para explicar el logro o posesión de aquellos bienes, que todos miran como tales, y a que se atribuye, por una especie de opinión o convención general, la felicidad en esta vida, y que muchas veces no llenan el corazón del que los posee, como los honores, los empleos, la riqueza; y la voz *dicha* se aplica más propiamente al goce de aquellos bienes, que el que los disfruta tiene verdaderamente por tales, sin necesidad de que los califique la opinión general' (LH).

4 hacienda
bienes
capital*
5 borrasca
tormenta
tempestad

forúnculo *nombre masculino*
1 divieso

forzado *nombre masculino*
1 penado*
presidiario
recluso
encarcelado
preso
prisionero
cautivo

forzar *verbo transitivo*
1 obligar
constreñir
compeler
violentar
2 violar

forzoso, -sa *adjetivo*
1 obligatorio
necesario
preciso
inexcusable
imprescindible

forzudo, -da *adjetivo*
1 robusto
hercúleo
vigoroso

fosa *nombre femenino*
1 sepultura
enterramiento
huesa
hoyo
hoya

fosca *nombre femenino*
1 calina
calima
calígine
niebla*

fosco, -ca *adjetivo*
1 hosco
ceñudo
áspero
intratable

huraño
ANTO amable
simpático
2 oscuro
lóbrego
tenebroso
opaco
sombrío
ANTO claro
iluminado

fosforero, -ra *nombre*
1 cerillero

fosforescencia *nombre femenino*
1 fotogénesis
fluorescencia
fotoluminiscencia

fósforo *nombre masculino*
1 cerilla
mixto
Fósforo es el más frecuente en América.

fosilización *nombre femenino*
1 petrificación
lapidificación

fosilizarse *verbo pronominal*
1 petrificarse

foso *nombre masculino*
1 zanja
2 cava
En los castillos y fortificaciones.

fotófobo, -ba *adjetivo*
1 lucífugo

fotogénesis *nombre femenino*
1 forforescencia
fluorescencia
fotoluminiscencia

fotografía *nombre femenino*
1 retrato

fotógrafo, -fa *nombre*
1 retratista (vulgar)

fotolitografiar *verbo transitivo*
1 litofotografiar

fotoluminiscencia *nombre femenino*
1 fotogénesis
fluorescencia
fosforescencia

fracasado, -da *adjetivo*
1 fallido
frustrado

fracasar *verbo intransitivo*
1 frustrarse
malograrse
quedar con un palmo de
narices
quedar chasqueado
ANTO triunfar
lograr

fracaso *nombre masculino*
1 malogro
frustración
fiasco

fracción *nombre femenino*
1 división
fraccionamiento
2 parte
fragmento
trozo
porción
pedazo*
ANTO todo
total
conjunto
3 número quebrado

fraccionamiento *nombre
masculino*
1 fracción
división

fraccionar *verbo
transitivo/pronominal*
1 dividir
partir
fragmentar
romper
ANTO unir
sumar
componer
agregar
Fragmentar y *romper*, cuando
se trata de cosas materiales.

fraccionario, -ria *adjetivo*
1 quebrado
Tratándose de un número.

fractura *nombre femenino*
1 rotura
ruptura
desgarro

fracturar *verbo transitivo*
1 romper*
quebrantar

fraga *nombre femenino*
1 frambueso
churdón
chordón
sangüeso

fragancia *nombre femenino*
1 aroma
perfume
'*Fragancia* pertenece exclusivamente a las flores, en su
sentido propio. Tiene *fragancia* una rosa, un clavel, un jardín, una azucena, un lirio. El
aroma es propio de las drogas
y de los árboles que lo producen. Es aromático el árbol de
la canela, el del clavo, el del
alcanfor, el de la pimienta. El
aroma supone además una
causa permanente de *fragancia*. Esta supone un efecto pasajero, en su estado natural; y
por medio del arte suele algunas veces hacerse durable (...)
Fragancia explica la idea de
un olor grato, pero de poco
tiempo, como es la vida de las
flores; y el *aroma* expresa la
idea de una larga duración'
(O).

fragante *adjetivo*
1 aromático
oloroso
perfumado

fragaria *nombre femenino*
1 fresa

frágil *adjetivo*
1 quebradizo
de mírame y no me toques
2 endeble
débil
3 caduco
perecedero

fragmentar *verbo transitivo*
1 dividir*
fraccionar
partir
separar
cortar
seccionar
segmentar

fragmentario, -ria *adjetivo*
1 incompleto
descabalado
truncado
inacabado
ANTO completo
acabado
entero

fragmento *nombre masculino*
1 pedazo*
parte*
fracción

trozo
ANTO todo
totalidad
suma

fragor *nombre masculino*
1 ruido
estruendo
estrépito
El *fragor* no es un *ruido* cualquiera, sino precisamente un
ruido prolongado y resonante.

fragoroso, -sa *adjetivo*
1 ruidoso
resonante
estruendoso
estrepitoso

fragoso, -sa *adjetivo*
1 abrupto
escabroso
áspero
intrincado
quebrado
accidentado
ANTO suave
llano

fragua *nombre femenino*
1 forja

fraguar *verbo transitivo*
1 forjar
2 idear
imaginar
proyectar
urdir*
tramar
maquinar
Tratándose de una intriga,
conspiración, delito, etcétera,
se utilizan *urdir*, *tramar* y *maquinar*.

verbo intransitivo
3 cuajar
trabar
endurecerse
En albañilería.

fraile *nombre masculino*
1 fray
religioso
monje
Como tratamiento antepuesto
al nombre, usa la forma apo-
copada *fray*: *Fray* Luis de León.
En el habla corriente, *fraile* no
se circunscribe a determinadas órdenes, sino que es sinónimo de *religioso*, *monje*.

frailillos *nombre masculino plural*
1 arísaro
  candil
  rabiacana

frambuesa *nombre femenino*
1 sangüesa

frambueso *nombre masculino*
1 churdón
  chordón
  fraga
  sangüeso

francachela *nombre femenino*
1 cuchipanda (familiar o
   despectivo)
  comilona
  gaudeamus

francalete *nombre masculino*
1 zambarco

francamente *adverbio*
1 abiertamente
  sinceramente
  claramente
  paladinamente
  patentemente
  manifiestamente
  sin rodeos
  ANTO ocultamente

francés, -esa *adjetivo/nombre*
1 (persona) galo
  franco
  franchute (despectivo)
  gabacho (despectivo)

  Refiriéndose a la Francia romana o en estilo literario se
  emplea el término *galo*. Refiriéndose a la Francia de la alta
  Edad Media, *franco*.

francesilla *nombre femenino*
1 (planta) marimoña

franchute, -ta *adjetivo/nombre*
1 (despectivo) francés*
  galo
  franco
  gabacho (despectivo)

franciscano, -na *adjetivo*
1 pardo (color)

francmasonería *nombre*
  femenino
1 masonería

franco, -ca *adjetivo*
1 liberal
  dadivoso
  generoso
2 sencillo

sincero*
  ingenuo
  llano
  natural
3 desembarazado
  despejado
  libre
4 exento
  exceptuado
  gratuito
  dispensado
5 francés
  gabacho (despectivo)
  franchute (despectivo)
  galo

frangollar *verbo transitivo*
1 chapucear
  chafallar (familiar)

franja *nombre femenino*
1 faja
  lista
  tira
  banda

franqueza *nombre femenino*
1 exención
  franquicia
2 liberalidad
  generosidad
3 ingenuidad*
  sinceridad
  llaneza
  lisura
  naturalidad
  sencillez

'La *sinceridad* impide el hablar
de otro modo del que se piensa; esta es una virtud. La *franqueza* hace hablar como se
piensa; esto es un efecto natural. La *naturalidad* hace decir libremente lo que se piensa; esto proviene algunas
veces de un defecto de reflexión. La *ingenuidad* hace decir
lo que se piensa y lo que se
hace; esto es las más veces
un disparate. Un hombre *sincero* no quiere nunca engañar.
Un hombre *franco* no sabe disimular. Un hombre sencillo o
natural no sirve para adular.
Un hombre *ingenuo* no sabe
callar nada (...) Es un hombre
que se ha hecho digno del
aprecio público por su *sinceridad*. Me gusta su carácter, es
un hombre *franco*. Es tan a la
buena de Dios, que su *naturalidad* le hace impolítico. Sus
secretos, aun los más impor-

tantes, los dice al primero que
llega; y esta *ingenuidad* es
más bien una imprudencia'
(O).

franquicia *nombre femenino*
1 exención
  gratuidad
  privilegio

frase *nombre femenino*
1 oración
  proposición
2 locución
  expresión
  giro
  modo
  modismo

fraternal *adjetivo*
1 fraterno
  ⇒ maternal

fraternidad *nombre femenino*
1 hermandad

fraternizar *verbo intransitivo*
1 confraternizar
  ANTO desunir
     odiar
2 alternar*
  tratarse

fraterno, -na *adjetivo*
1 fraternal

fratricida *adjetivo/nombre común*
1 caín
  cainita

fraude *nombre masculino*
1 estafa
  engaño
  mentira
  falsificación
  ANTO verdad

fraudulento, -ta *adjetivo*
1 mentiroso
  engañoso
  falaz
  falsificado
  contrahecho

fray *nombre masculino*
1 frey

frazada *nombre femenino*
1 manta

frecuencia *nombre femenino*
1 banda

  baja frecuencia *locución*
  nominal
  audiofrecuencia

a
b
c
d
e
f
g
h
i
j
k
l
m
n
ñ
o
p
q
r
s
t
u
v
w
x
y
z

con frecuencia *locución adverbial*
frecuentemente
a menudo
a cada paso
a cada instante
a traque barraque

frecuentativo, -va *adjetivo/nombre*
1 reiterativo

frecuente *adjetivo*
1 repetido
asiduo*
acostumbrado
reiterado
2 usual
común
ordinario
corriente

frecuentemente *adverbio*
1 a menudo
con frecuencia
a cada paso
a cada instante
a traque barraque

fregado *nombre masculino*
1 enredo
lío
embrollo
2 pelea
riña
batalla

fregador *nombre masculino*
1 estropajo

fregamiento *nombre masculino*
1 fricación
fricción
rozamiento

fregar *verbo transitivo*
1 frotar*
restregar
2 fastidiar
molestar

freile *nombre masculino*
1 frey

Como tratamiento antepuesto al nombre propio, *frey.*

fréjol *nombre masculino*
1 judía*
alubia
habichucla
faba
fasoles
fríjol
frijol
frisol

frémito *nombre masculino*
1 bramido
mugido
2 estremecimiento
vibración

frenador, -ra *adjetivo*
1 inhibidor

Aplícase a ciertos nervios.

frenalgia *nombre femenino*
1 psicalgia
melancolía

frenar *verbo transitivo*
1 refrenar
reprimir
sofrenar

Estos tres sinónimos se aplican al caballo o en sentido figurado, lo mismo que *frenar.* Tratándose de máquinas, *frenar*, pero no los demás sinónimos.

2 moderar
sujetar

frenastenia *nombre femenino*
1 cerebrastenia
debilidad mental

frenesí *nombre masculino*
1 locura
furia
enajenación
delirio
ANTO tranquilidad
calma
cordura
2 exaltación
excitación
ANTO tranquilidad
calma

frenético, -ca *adjetivo*
1 loco
enajenado
delirante
2 furioso
rabioso
exaltado

freniatría *nombre femenino*
1 psiquiatría

freno *nombre masculino*
1 bocado
embocadura

frenólogo, -ga *adjetivo/nombre*
1 frenópata
psiquiatra
alienista

frenópata *nombre común*
1 alienista
psiquiatra
frenólogo

frenopatía *nombre femenino*
1 psicosis

frenopático[1] *nombre masculino*
1 manicomio
psiquiátrico

frenopático, -ca[2] *adjetivo*
1 psicopático

frente *nombre ambiguo*
1 fachada
frontis
frontispicio

frente a *locución preposicional*
enfrente de
delante de

frentón, -ona *adjetivo*
1 frontudo

fresa *nombre femenino*
1 fragaria

frescales *nombre común*
1 fresco
desvergonzado
desahogado
desenfadado
ANTO vergonzoso

fresco, -ca *adjetivo*
1 reciente
nuevo
ANTO viejo
2 rollizo
lozano
sano
3 sereno
impasible
4 desvergonzado
frescales
desahogado
desenfadado
ANTO vergonzoso

frescura *nombre femenino*
1 desahogo
descaro
descoco
desvergüenza
atrevimiento

fresnillo *nombre masculino*
1 díctamo blanco

fresquedal *nombre masculino*
1 verdinal

fresquilla *nombre femenino*
1 paraguaya

frey *nombre masculino*
1 fray

frialdad *nombre femenino*
1 frigidez
2 indiferencia
 desafecto
 desapego
 despego

fricación *nombre femenino*
1 fregamiento
 fricción
 rozamiento

 Se usa como tecnicismo en gramática. Por ejemplo: *fricación* de una consonante. Tratándose de restregar cosas materiales, *fregamiento*, *fricción* y *rozamiento*.

fricción *nombre femenino*
1 fricación*
 fregamiento
 rozamiento
2 friega

friccionar *verbo transitivo*
1 frotar*
 estregar
 fregar
 refregar
 restregar
 ludir
 rozar

friega *nombre femenino*
1 fricción

friera *nombre femenino*
1 sabañón

frigidez *nombre femenino*
1 frialdad
 anafrodisia

frígido, -da *adjetivo*
1 frío

frigorífico *nombre masculino*
1 nevera

frigorífico, -ca *adjetivo*
1 refrigerante

fríjol, frijol *nombre masculino*
1 judía*
 alubia
 habichuela
 faba
 fasoles
 fréjol
 frisol

frío, -a *adjetivo*
1 indiferente

 desafecto
 desapegado
 despegado
2 tranquilo
 impasible
 imperturbable
 impávido

friolento, -ta *adjetivo*
1 friolero

friolera *nombre femenino*
1 fruslería
 bagatela
 nadería
 futesa

friso *nombre masculino*
1 rodapié
 zócalo

frisol *nombre masculino*
1 judía*
 alubia
 habichuela
 faba
 fasoles
 fréjol
 fríjol
 frijol

fritada *nombre femenino*
1 fritura
 fritanga (si está cargada de grasa)

fritanga *nombre femenino*
1 fritada
 fritura

 Una *fritanga* es una *fritada* o *fritura* cargada de grasa.

fritura *nombre femenino*
1 fritada
 fritanga (si está cargada de grasa.

frívolo, -la *adjetivo*
1 ligero
 veleidoso
 inconstante
 inconsecuente
 insustancial
 ANTO reflexivo
2 fútil
 vano
 ANTO grave

frondosidad *nombre femenino*
1 espesura
 lozanía

frontera *nombre femenino*
1 raya
 confín*
 límite

fronterizo, -za *adjetivo*
1 rayano
 confinante
 limítrofe*
2 frontero

frontero, -ra *adjetivo*
1 fronterizo

frontis *nombre masculino*
1 portada
 fachada
 frente

frontispicio *nombre masculino*
1 frontis
 fachada*
 delantera

frontón *nombre masculino*
1 fastigio

frontudo, -da *adjetivo*
1 frentón

frotación *nombre femenino*
1 frotamiento
 rozamiento
 roce
 frote

frotamiento *nombre masculino*
1 frotación
 rozamiento
 roce
 frote

frotar *verbo transitivo*
1 estregar
 fregar
 refregar
 restregar
 ludir
 friccionar
 rozar

 Friccionar tiene el significado preciso de dar friegas; *rozar* es tocar ligeramente la superficie de un cuerpo, y no tiene necesariamente el carácter reiterativo de los demás: *el automóvil pasó rozando el árbol* (una sola vez).

frote *nombre masculino*
1 frotación
 frotamiento
 rozamiento
 roce

fructífero, -ra *adjetivo*
1 fructuoso
 productivo
 provechoso

a
b
c
d
e
f
g
h
i
j
k
l
m
n
ñ
o
p
q
r
s
t
u
v
w
x
y
z

lucrativo
beneficioso

fructificar *verbo intransitivo*
1 frutar
frutecer
ANTO marchitarse

Frutar se aplica sólo a los árboles y plantas, en tanto que
fructificar tiene además empleos figurados (producir): las
buenas obras *fructifican* siempre (no *frutan*). *Frutecer* es comenzar a *fructificar* o a echar
fruto las plantas.

fructuoso, -sa *adjetivo*
1 fecundo*
productivo
fértil
feraz
2 beneficioso*
benéfico
provechoso
útil*
productivo
rentable
lucrativo
ANTO inútil
infructuoso

frugal *adjetivo*
1 parco
sobrio
moderado
templado
mesurado

Frugal cuando se trata de comer o beber.

frugalidad *nombre femenino*
1 templanza*
morigeración
sobriedad
mesura
moderación
abstinencia
continencia
parquedad
ANTO destemplanza
gula

*Templanza, morigeración, so-
briedad, mesura* y *moderación*
se aplican a las costumbres y
a todo lo que se hace o se
dice. *Abstinencia* y *continencia*, de todo lo material o sensual. *Frugalidad* es parquedad
en comer y beber; es por consiguiente una especie dentro
del género que representan
los sustantivos enumerados
en primer lugar.

fruición *nombre femenino*
1 complacencia
placer
goce
ANTO sufrimiento
aburrimiento

frumentario, -ria *adjetivo*
1 triguero
cerealista

fruslería *nombre femenino*
1 pequeñez
nimiedad
bagatela
futilidad
friolera
futesa
nadería

frustración *nombre femenino*
1 fracaso
malogro
fiasco

frustrado, -da *adjetivo*
1 fallido
fracasado

frustrarse *verbo pronominal*
1 malograrse
fracasar
salir el tiro por la culata
venirse a tierra

fruta *nombre femenino*
1 fruto
fruta de la pasión *locución
nominal*
granadilla

frutar *verbo intransitivo*
1 fructificar

frutecer *verbo intransitivo*
1 fructificar*
frutar

fruto *nombre masculino*
1 fruta

Fruta es únicamente el *fruto*
comestible de las plantas.

2 utilidad
provecho
producto
beneficio
ganancia
frutos de mar *locución
nominal*
mariscos

fuego *nombre masculino*
1 incendio
2 hogar

lumbre
3 vivacidad
ardor
pasión
vehemencia

fuente *nombre femenino*
1 manantial
fontanar
hontanar
2 principio
origen
fundamento

fuera *adverbio*
1 afuera
ANTO adentro
dentro

estar fuera de sí *locución*
estar enajenado
ver visiones
papar moscas
helársele el corazón

fuera de *locución preposicional*
excepto
salvo

fuera de juego
offside (anglicismo)
orsay (anglicismo)
En el fútbol.

fuera de que *locución
conjuntiva*
además
aparte de que

fuero *nombre masculino*
1 jurisdicción
poder
2 privilegio
exención
⇒ fueros

fueros *nombre masculino plural*
1 arrogancia
presunción
humos
⇒ fuero

fuerte *adjetivo*
1 sólido
resistente
duro
ANTO blando
débil
2 robusto
vigoroso*
recio
forzudo
ANTO endeble
débil
enclenque

3 animoso
varonil
enérgico
firme
esforzado
4 versado
perito
sobresaliente
nombre masculino
5 fortaleza
castillo

fuerza *nombre femenino*
1 energía
vigor
ánimo*
ANTO debilidad
blandura
pasividad

La *fuerza* es acción; la *energía* es la *fuente* de donde la *fuerza* dimana. La *energía* eléctrica o nuclear pueden convertirse en *fuerza* motriz. El *vigor* es la energía del hombre, de los animales, de las personificaciones o de la expresión. En sentido figurado, pueden emplearse sin *vigor* ni *energía* argumentos que tienen en sí mucha *fuerza*. No decimos estilo *fuerte*, sino *vigoroso* y *enérgico*; y un cuadro no se pinta con *fuerza*, sino con *vigor* o *energía*.

2 fortaleza
resistencia
solidez
ANTO debilidad
blandura

'La *fuerza* es para obrar; la *fortaleza* para resistir. Un hombre necesita mucha *fuerza* para levantar un gran peso. Los cimientos de una casa necesitan mucha *fortaleza* para sostener el peso de su fábrica' (LH).

3 autoridad
poder
coacción
eficacia
ANTO pasividad

Por ejemplo: la *fuerza* de una ley, mandato, estado, etc.

4 violencia
ímpetu
impetuosidad

fuetazo *nombre masculino*
1 latigazo

fuete *nombre masculino*
látigo

fuga *nombre femenino*
1 huida
evasión
2 escape
salida

Tratándose de un fluido.

fugarse *verbo pronominal*
1 escaparse
huir*
evadirse

fugaz *adjetivo*
1 huidizo
2 efímero*
pasajero
transitorio
caduco
breve
fugitivo

fugitivo, -va *adjetivo/nombre*
1 prófugo

Prófugo se dice especialmente del que huye de la autoridad legítima.

2 fugaz
breve
efímero

fuina *nombre femenino*
1 garduña

fulano, -na *nombre*
1 no sé cuántos
mengano
zutano
perengano

Fulano, *zutano*, *mengano* y *perengano* designan una serie de personas indeterminadas e hipotéticas, pero distintas entre sí.

fulgente *adjetivo*
1 brillante*
resplandeciente
fúlgido

fúlgido, -da *adjetivo*
1 brillante*
resplandeciente
fulgurante
refulgente
fulgente
reluciente

fulgor *nombre masculino*
1 resplandor
brillo
brillantez
centelleo
destello
ANTO oscuridad

fulgurante *adjetivo*
1 brillante*
resplandeciente
refulgente
fulgente
fúlgido
reluciente

fulgurar *verbo intransitivo*
1 brillar
resplandecer
centellear*

Fulgurar intensifica el sentido de los demás sinónimos.

fúlica *nombre femenino*
1 gallina de río
gallineta
polla de agua
rascón

fuliginoso, -sa *adjetivo*
1 holliniento
2 denegrido
oscurecido
tiznado

fullería *nombre femenino*
1 andrómina
embuste
enredo
mentira
engaño
paparrucha

fullero, -ra *adjetivo/nombre*
1 tahúr
tramposo

fulminante *adjetivo*
1 siderante

fulminar *verbo transitivo*
1 lanzar
arrojar
2 dictar
imponer

fumada *nombre femenino*
1 bocanada
buchada
buche
sorbo
calada (coloquial)

fumaria *nombre femenino*
1 palomilla
palomina

fumista *nombre masculino*
1 deshollinador
limpiachimeneas

fumoso, -sa *adjetivo*
1 humoso
  humeante

funámbulo, -la *nombre*
1 equilibrista

función *nombre femenino*
1 oficio
  ejercicio
2 espectáculo
  diversión

funcionamiento *nombre masculino*
1 operación (anglicismo)
  manejo

funcionar *verbo intransitivo*
1 ejecutar
2 andar
  marchar
  moverse
  ANTO pararse
       fallar
  Tratándose de máquinas.

funda *nombre femenino*
1 manguita

fundación *nombre femenino*
1 creación
2 institución
  establecimiento
  instituto
  corporación

fundamental *adjetivo*
1 básico
  primordial*
  principal
  esencial
  ANTO accesorio

fundamento *nombre masculino*
1 cimiento
  base*
  apoyo
  sostén
2 razón
  causa*
  motivo
3 origen
  principio
4 seriedad
  formalidad
  sensatez
  juicio

fundar *verbo transitivo*
1 erigir
  instituir
  establecer*

2 apoyar
  estribar
  basar
  fundamentar

fundente *adjetivo/nombre masculino*
1 flujo
  flúor

fundición *nombre femenino*
1 fusión
2 hierro colado

fundir *verbo transitivo*
1 liquidar*
  licuar
  derretir*
  ANTO cuajar
       solidificar

  verbo pronominal
2 unirse
  juntarse
  fusionarse
3 arruinarse
  hundirse

fúnebre *adjetivo*
1 funerario
  funéreo
  funeral
2 luctuoso
  lúgubre
  sombrío
  funesto
3 tétrico
  macabro

funeral *nombre masculino*
1 exequias
  honras fúnebres
  honras
2 fúnebre
  funerario
  funéreo

funerario, -ria *adjetivo*
1 fúnebre
  funéreo
  funeral

funéreo, -ea *adjetivo*
1 (poético) fúnebre
  funerario
  funeral

funesto, -ta *adjetivo*
1 aciago
  infortunado
  fatal
2 doloroso
  triste
  desgraciado*
  desastroso

fungiforme *adjetivo*
1 fungoide
  fungoso

fungoide *adjetivo*
1 fungiforme
  fungoso

fungoso, -sa *adjetivo*
1 fungoide
  fungiforme
2 esponjoso
  fofo

funículo *nombre masculino*
1 cordón umbilical

furia *nombre femenino*
1 furor
  ira
  cólera
  rabia
  saña
  ANTO tranquilidad
       serenidad
  'Furor denota más bien la agitación violenta interior, y furia la agitación violenta exterior. El furor está dentro de nosotros; la furia nos saca fuera de nosotros. Nos posee el furor, nos enajena la furia. Contenemos el furor, nos abandonamos a la furia' (Ci).
2 euménides
  erinias
  En la mitología griega.
3 violencia
  ímpetu
  impetuosidad
  ANTO paz
  estar hecho una furia *locución*
  estar furioso
  estar hecho un basilisco

furibundo, -da *adjetivo*
1 airado
  colérico
  furioso
  rabioso
2 violento
  impetuoso

furioso, -sa *adjetivo*
1 airado
  colérico
  iracundo
  rabioso
  furibundo
2 loco
  frenético
3 violento

impetuoso
terrible

furo, -ra *adjetivo*
1 huraño
  arisco
  esquivo
  hosco
  insociable
  misántropo

furor *nombre masculino*
1 arrebato
  cólera
  enajenamiento

furtivamente *adverbio*
1 ocultamente
  a escondidas
  a hurto
  a hurtadillas
  ANTO abiertamente

furtivo, -va *adjetivo*
1 subrepticio
  oculto
  disimulado

furúnculo *nombre masculino*
1 divieso
  forúnculo

fusca *nombre femenino*
1 pato negro

fusco, -ca *adjetivo*
1 oscuro
  fosco
  lóbrego
  tenebroso
  opaco
  sombrío
  ANTO claro
    iluminado

fusiforme *adjetivo*
1 ahusado

fusil *nombre masculino*
1 chopo
  máuser
  rémington

Entre soldados, *chopo*. Es frecuente designarlo con el nombre de su sistema o marca, omitiendo la palabra *fusil*: un *máuser*, un *rémington*, etc.

fusilar *verbo transitivo*
1 (burlesco) plagiar
  copiar

fusión *nombre femenino*
1 licuación
  liquidación
2 unión
  mezcla
  compenetración

fusionar *verbo transitivo/pronominal*
1 fundir
  liquidar
  licuar
  ANTO cuajar
2 unir
  juntar
  mezclar
  ANTO desunir

fusta *nombre femenino*
1 látigo

fuste *nombre masculino*
1 caña
  escapo

fustigar *verbo transitivo*
1 azotar
  flagelar
  hostigar
  mosquear
2 censurar

vituperar

La diferencia consiste en que *fustigar* supone mayor actitud y violencia que *censurar* y *vituperar*. Además se *fustiga* a uno en su presencia, o bien en público, por escrito o de palabra; se puede *censurar* o *vituperar* en público o en privado.

fútbol *nombre masculino*
1 balompié

futbolista *nombre común*
1 jugador (de fútbol)

futesa *nombre femenino*
1 friolera
  fruslería
  bagatela
  nadería
  nimiedad
  futilidad
  pequeñez

fútil *adjetivo*
1 pequeño
  frívolo
  nimio
  insustancial
  de mala muerte
  de tres al cuarto
  de medio pelo

futilidad *nombre femenino*
1 fruslería
  ANTO importancia
    abundancia
    gravedad

futuro[1] *nombre masculino*
1 porvenir
  mañana

futuro, -ra[2] *adjetivo*
1 venidero

gabacho, -cha *adjetivo/nombre*
1 (despectivo) francés*
  galo
  franco
  franchute (despectivo)

gabán *nombre masculino*
1 abrigo
  sobretodo

gabardina *nombre femenino*
1 impermeable

gabarra *nombre femenino*
1 embarcación*
  bajel
  barco
  buque
  nave
  navío

gabarro *nombre masculino*
1 haba
  nódulo
2 pepita
  moquillo

gabazo *nombre masculino*
1 bagazo

gabela *nombre femenino*
1 tributo*
  impuesto
  contribución
2 carga
  gravamen

gabinete *nombre masculino*
1 gobierno
  ministerio

gachas *nombre femenino plural*
· 1 puches
  papas
  poleadas
  polenta

  Polenta se aplica a las *gachas* de harina de maíz.

gachón, -ona *adjetivo*
1 gracioso
  expresivo
  salado
  atractivo
  donairoso

gachupín, -ina *adjetivo/nombre*
1 español

  Gachupín es denominación irónica o burlesca del *español*.

gafa *nombre femenino*
1 grapa
  laña

gafas *nombre femenino plural*
1 anteojos*
  antiparras
  espejuelos

gafedad *nombre femenino*
1 lepra
  malatía

gafo, -fa *adjetivo/nombre*
1 leproso
  lazarino

gago, -ga *adjetivo*
1 tartamudo

gahnita *nombre femenino*
1 cinc espinela
  gahnoespinela

gahnoespinela *nombre femenino*
1 cinc espinela
  gahnita

gaicano *nombre masculino*
1 rémora (pez)
  pega
  tardanaos
  reverso

gaje *nombre masculino*
1 emolumento
  gratificación

  estipendio
  salario
  ⇒ sueldo
2 prenda
  señal

gala *nombre femenino*
1 vestido
  adorno
  ornato*

  La *gala* supone lujo o suntuosidad.

2 alarde
  ostentación

  Por ejemplo: hacer *gala* de *valiente*, *erudito*, etc.

galaico, -ca *adjetivo*
1 gallego

galaicoportugués, -esa *adjetivo/nombre*
1 gallegoportugués

galán *nombre masculino*
1 airoso
  apuesto
  garboso
  galano
  gentil
  majo
2 pretendiente
  novio

galano, -na *adjetivo*
1 adornado
  elegante
  gallardo

galante *adjetivo*
1 atento
  obsequioso
  galanteador
  lisonjeador
2 amoroso
  amatorio
  erótico

  Por ejemplo: vida *galante*.

galantear *verbo transitivo*
1 enamorar
  cortejar
  hacer el amor
  hacer la corte
  festejar
  obsequiar
  lisonjear
  pelar la pava
  rondar la calle
  servir

En los clásicos fue muy usual *servir*: *sirvo a una dama*. Esta acepción proviene de las fórmulas del amor cortesano y de los libros de caballería.

galantería *nombre femenino*
1 obsequio
  gentileza
  flor
  requiebro
  piropo
  lisonja

Obsequio y *gentileza* pueden aplicarse a cualquier acción o expresión obsequiosa. Cuando la *galantería* es de palabra, se utilizan *flor, requiebro, piropo* y *lisonja*.

2 generosidad
  cortesía
  cortesanía

galanura *nombre femenino*
1 gracia
  gentileza
  elegancia
  gallardía
  donosura
  donaire

galápago *nombre masculino*
1 testudo
  tortuga

galardón *nombre masculino*
1 premio
  recompensa
  ANTO castigo
    deshonra

El *galardón* tiene a menudo carácter honorífico, mientras que el *premio* y la *recompensa* pueden tener valor material.

galbana *nombre femenino*
1 pereza
  holgazanería

galbanero, -ra *adjetivo*
1 (familiar) holgazán

perezoso
poltrón
gandul
maltrabaja
pamposado

galega *nombre femenino*
1 ruda cabruna

galeno *nombre masculino*
1 médico

galeote *nombre masculino*
1 remero
  remador

galería *nombre femenino*
1 paraíso
  gallinero

galerita *nombre femenino*
1 cogujada

gálgulo *nombre masculino*
1 (ave) rabilargo

galicista *adjetivo*
1 afrancesado

gálico[1] *nombre masculino*
1 sífilis
  lúes
  avariosis

gálico, -ca[2] *adjetivo*
1 galo
  gala

Gálico se aplica sólo a cosas, en tanto que *galo* se dice de personas y cosas; por ejemplo: un jefe *galo*, la raza *gala*, o *gálica*.

galillo *nombre masculino*
1 campanilla
  úvula

galimatías *nombre masculino*
1 (familiar) jerga
  algarabía

galladura *nombre femenino*
1 engalladura
  prendedura

gallardía *nombre femenino*
1 gentileza
  galanura
  buen aire
  desenfado
  despejo
  ANTO inhabilidad
    desaire
    desgarbo
2 bizarría
  ánimo

valor
arrojo
brio
garbo

gallardo, -da *adjetivo*
1 apuesto
  desembarazado
  airoso
  galán
  gentil
  galano
  elegante
2 bizarro
  valeroso
  arrojado
  animoso
  arriscado
3 grande
  excelente
  hermoso

gallareta *nombre femenino*
1 foja (ave)

gallarón *nombre masculino*
1 sisón (ave)

gallear *verbo intransitivo*
1 envalentonarse
  jactarse
  presumir
2 sobresalir
  descollar
  mandar

gallego, -ga *adjetivo/nombre*
1 (persona) galaico

Galaico es de uso literario, o se aplica a tiempos antiguos: *galaicos* y astures.

gallegoportugués, -esa *adjetivo/nombre*
1 galaicoportugués

gallera *nombre femenino*
1 reñidero

gallería *nombre femenino*
1 gallera
  reñidero

galleta *nombre femenino*
1 bizcocho

gallillo *nombre masculino*
1 campanilla
  galillo
  úvula

gallina *nombre femenino*
1 pita
  nombre común
2 medroso*
  cobarde

gallina de Guinea *locución*
nominal
   pintada
gallina de río
   fúlica
gallina sorda
   chocha

gallinero *nombre masculino*
   1 paraíso
   galería

gallineta *nombre femenino*
   1 becada
   chocha
   coalla
   chorcha
   gallina sorda
   pitorra
   2 fúlica
   gallina de río
   polla de agua
   rascón

gallipavo *nombre masculino*
   1 pavo

gallito del rey *locución nominal*
   1 baboso
   budión
   doncella

gallo *nombre masculino*
   1 (pez) ceo
   pez de San Pedro
gallo silvestre *locución*
nominal
   urogallo

gallocresta *nombre femenino*
   1 (planta labiada) cresta de
      gallo
   ormino
   orvalle
   rinanto

gallón *nombre masculino*
   1 tepe
   césped

galo, -la *adjetivo/nombre*
   1 (persona) francés

galopillo *nombre masculino*
   1 marmitón
   pinche

galopín *nombre masculino*
   1 pícaro
   pillo
   bribón

galvanismo *nombre masculino*
   1 electroterapia
   galvanoterapia

galvanización *nombre femenino*
   1 cincado

galvanólisis *nombre femenino*
   1 electrólisis

galvanómetro *nombre*
masculino
   1 reómetro

   Reómetro se llamó el primer
   instrumento destinado a medir la intensidad de la corriente eléctrica y determinar su
   sentido; el *galvanómetro* es un
   reómetro perfeccionado.

galvanoscopio *nombre*
masculino
   1 reoscopio

galvanoterapia *nombre*
femenino
   1 electroterapia
   galvanismo

gamarza *nombre femenino*
   1 alárgama
   alármega
   alhármaga
   alharma
   alhámega
   arma

game *nombre masculino*
   1 (anglicismo) juego

   Game se usa en el tenis y en
   el béisbol.

gamo *nombre masculino*
   1 dama
   paleto

gamón *nombre masculino*
   1 asfódelo
   gamonita

gamopétalo, -la *adjetivo*
   1 monopétalo

gamosépalo, -la *adjetivo*
   1 monosépalo

gamuza *nombre femenino*
   1 rebeco
   robezo
   rupicabra
   rupicapra

gana *nombre femenino*
   1 apetito
   hambre
   ANTO desgana
      inapetencia
   2 deseo
   afán

   gusto
   voluntad
   ANTO desgana
      inapetencia

ganadería *nombre femenino*
   1 zootecnia

   En su aspecto científico, *zootecnia* hace referencia a la
   crianza de ganado.

ganadero, -ra *adjetivo*
   1 pecuario

   Por ejemplo: riqueza *ganadera*
   o *pecuaria* de una comarca.

ganado
ganado lanar *locución*
nominal
   1 ganado ovino

ganancia *nombre femenino*
   1 negocio
   utilidad
   beneficio
   rendimiento
   granjería
   lucro
   logro
   usura
   provecho
   producto
   fruto

   Utilidad, *beneficio* y *rendimiento*, se sienten como términos selectos, preferidos en
   las leyes. *Granjería*, *lucro* y *logro*, sugieren avidez en la *ganancia* y se toman a menudo a
   mala parte o como sinónimos
   de *usura*. *Provecho*, *producto*
   y *fruto*, son designificación
   muy general y pueden aplicarse al concepto de *ganancia*.

ganar *verbo transitivo*
   1 lograr
   adquirir
   reunir
   2 triunfar
   vencer
   aventajar
   exceder
   sobrepujar
   superar
   ANTO perder
   3 conquistar
   tomar
   dominar
   ANTO perder
   4 alcanzar
   llegar
   5 captarse

granjearse
atraerse

verbo intransitivo
6 prosperar
mejorar
ganarse la vida
ponerse las botas

gancho *nombre masculino*
1 garfio
corvo
2 crochet (anglicismo)
Usados en el boxeo y en los bolos.

gandaya *nombre femenino*
1 redecilla

gandul, -la *adjetivo/nombre*
1 perezoso
holgazán
haragán
tumbón
ANTO diligente
2 vagabundo
vago
ANTO diligente

gandulear *verbo intransitivo*
1 holgazanear
haraganear
vagabundear
matar el tiempo
mirar las musarañas
ANTO trabajar
esforzarse

gandulería *nombre femenino*
1 holgazanería
pereza
desidia
ociosidad
haraganería

ganga[1] *nombre femenino*
1 momio
breva
sinecura
prebenda
canonjía
Todos ellos, salvo *ganga*, son empleos o cargos más o menos duraderos. La *ganga* puede tener también este carácter, o bien ser una ganancia que se obtiene una sola vez. Comprar un objeto excepcionalmente barato es una *ganga*. Un puesto provechoso y de poco trabajo es un *momio*, una *breva*, *sinecura*, etc.

2 negocio redondo
hallar una viña

carne sin hueso
buen bocado
dar ventaja

ganga[2] *nombre femenino*
1 escoria

gangosidad *nombre femenino*
1 gangueo
nasalización*
nasalidad

gangrena *nombre femenino*
1 necrosis
cangrena

gangueo *nombre masculino*
1 gangosidad
nasalización
nasalidad

ganguero, -ra *adjetivo*
1 aprovechado
ventajista
ganguista
ahorrador
ahorrativo

ganguista *adjetivo*
1 ganguero
ventajero
ventajista

ganoso, -sa *adjetivo*
1 deseoso
ansioso
afanoso
ávido
anheloso

gansada *nombre femenino*
1 sandez

ganso *nombre masculino*
1 (ave) ánsar
ansarón

gañido *nombre masculino*
1 ladrido*

gañir *verbo intransitivo*
1 latir
ladrar

gañote *nombre masculino*
1 (familiar) garganta
gola
gorja
pasapán (humorístico y familiar)
garguero
gaznate

garabatear *verbo intransitivo/transitivo*
1 garrapatear

garabato *nombre masculino*
1 (instrumento) almocafre
azadilla
escardadera
escardillo
sacho
zarcillo

garante *adjetivo/nombre común*
1 fiador
garantizador

garantía *nombre femenino*
1 seguridad
protección
afianzamiento
salvaguardia
guarda
custodia
amparo
ANTO desconfianza
inseguridad
2 señal
prenda
hipoteca
fianza
fiador
caución
Señal, parte del precio que se adelanta al hacer un encargo o para obligarse a comprar algo. *Prenda* es un objeto mueble con que se garantiza el cumplimiento de una obligación, especialmente un préstamo. Si la garantía es inmobiliaria, *hipoteca*. *Fianza* es cantidad que se deposita para asegurar el cumplimiento de una obligación de cualquier género. Cuando la *fianza* es personal, la persona que empeña su palabra o firma por otro se llama indistintamente *fianza* o *fiador*. *Caución* se usa sólo como término bancario o jurídico.

garantir *verbo transitivo*
1 garantizar
responder
asegurar

garantizador, -ra *adjetivo/nombre*
1 garante
fiador

garantizar *verbo transitivo*
1 asegurar
tranquilizar
afianzar
dar confianza
responder
ANTO intranquilizar

a
b
c
d
e
f
g
h
i
j
k
l
m
n
ñ
o
p
q
r
s
t
u
v
w
x
y
z

garatusa *nombre femenino*
1 carantoña
arrumaco
fiesta*
caricia*

garbera *nombre femenino*
1 tresnal

garbo *nombre masculino*
1 gallardía
gentileza
aire
gracia
buen porte
elegancia
sandunga
donaire
salero
ANTO desgarbo
2 desinterés
largueza
rumbo
ANTO desgarbo

garboso, -sa *adjetivo*
1 airoso
gallardo
apuesto
gracioso
donairoso
saleroso

gardenia *nombre femenino*
1 jazmín de la India

garduña *nombre femenino*
1 fuina

garfio *nombre masculino*
1 corvo
gancho

gargajear *verbo intransitivo*
1 escupir*

gargajo *nombre masculino*
1 esputo*
flema

garganta *nombre femenino*
1 gola
gorja
pasapán (humorístico y
familiar)
garguero
gaznate
gañote

Garguero, gaznate y *gañote*
son denominaciones familiares o vulgares.

2 desfiladero
hoz

garguero *nombre masculino*
1 gañote
gaznate

garita *nombre femenino*
1 caseta
casilla
vestuario

En las playas y recintos deportivos.

garitero *nombre masculino*
1 tablajero

garito *nombre masculino*
1 timba
chirlata
gazapón
mandracho
tablero

Entre los clásicos, *garito* era el
lugar donde jugaban los fu-
lleros, y tenía también los
nombres de *gazapón*, *mandracho* y *tablero*.

garla *nombre femenino*
1 (familiar) palabrería
locuacidad
charlatanería
labia
palabreo
charla

garlito *nombre masculino*
1 celada
trampa
cepo
añagaza
2 nansa
nasa
buitrón

garrafal *adjetivo*
1 exorbitante
enorme
monumental

Garrafal suele decirse de la
mentira, del error, o de conceptos parecidos.

garrafón *nombre masculino*
1 damajuana
castaña

garrancha *nombre femenino*
1 (burlesco) espada
hoja
tizona
colada
acero
2 espata

garrapata *nombre femenino*
1 arañuelo
caparra

garrapatear *verbo intransitivo*
1 garabatear

garrocha *nombre femenino*
1 sacaliña
2 pica

garrochear *verbo transitivo*
1 agarrochar
picar

garrofa *nombre femenino*
1 algarroba
garroba

garrotazo *nombre masculino*
1 palo
golpe
bastonazo
estacazo

garrote *nombre masculino*
1 estaca
palo*

garrotillo *nombre masculino*
1 crup
difteria

garrucha *nombre femenino*
1 polea

gárrulo, -la *adjetivo*
1 hablador
charlatán
2 vulgar
pedestre
ramplón

garujo *nombre masculino*
1 hormigón
concreto
mazacote
derretido
nuégado

gas

gas de los pantanos
locución nominal
metano

gaseiforme *adjetivo*
1 gaseoso

gaseosa *nombre femenino*
1 agua carbónica

gaseoso, -sa *adjetivo*
1 gaseiforme

gases *nombre masculino plural*
1 (intestinales) flatulencia
ventosidad

gasificar *verbo transitivo*
1 volatilizar
evaporar

gasón *nombre masculino*
1 yesón
  aljezón

gastado, -da *adjetivo*
1 usado
  deslucido
  ajado
  viejo
  ANTO nuevo
2 acabado
  destruido
  malparado
  consumido
  agotado
  exhausto

gastador, -ra *adjetivo*
1 manirroto
  derrochador
  disipador
  pródigo

gastar *verbo transitivo/pronominal*
1 consumir
  desgastar
  deteriorar
  estropear
2 expender
  desembolsar
  rascarse el bolsillo
  soltar la mosca
  echar la casa por la ventana
  soltar la guita
  ANTO ahorrar
    embolsarse
3 usar
  llevar

gasto *nombre masculino*
1 consumo
2 desembolso

  hacer el gasto *locución*
  rascarse el bolsillo
  pagar

gástrico, -ca *adjetivo*
1 estomacal
  estomáquico

gastronomía *nombre femenino*
1 arte culinaria
  cocina

gastrónomo, -ma *nombre*
1 comilón*
  tragón

  El *gastrónomo* es el aficionado a comer bien y con refinamiento. *Comilón* y *tragón*
  son los aficionados a comer
  mucho, en gran cantidad.

gata *nombre femenino*
1 micha
  miza
  minina
  morronga
  morroña

  Todos ellos son denominaciones familiar y cariñosas.

2 (planta) gatuña
  aznacho
  asnallo
  aznallo
  detienebuey
  uña gata

gatear *verbo intransitivo*
1 trepar
  encaramarse
2 andar a gatas

gatillo *nombre masculino*
1 disparador

gato¹ *nombre masculino*
1 cric

gato, -ta² *adjetivo/nombre*
1 micho
  minino
  mizo
  morrongo
  morroño

  Todos ellos son denominaciones familiar y cariñosas.

2 ratero
  randa
  rata
  carterista
3 (humorístico) (persona)
  madrileño
  matritense

gatuña *nombre femenino*
1 aznacho
  asnallo
  aznallo
  detienebuey
  gata
  uña gata

gatuperio *nombre masculino*
1 embrollo
  lío
  enjuague
  chanchullo
  intriga

gaudeamus *nombre masculino*
1 fiesta
  regocijo
2 festín
  francachela

gavanzo *nombre masculino*
1 escaramujo

gaveta *nombre femenino*
1 naveta

gavia *nombre femenino*
1 velacho

  La *gavia* del trinquete.

gavilán *nombre masculino*
1 (ave) esparver
  esparvarán
2 arrial
  arriaz

  En la espada.

gavilla *nombre femenino*
1 haz*
2 pandilla
  cuadrilla

  La voz *gavilla* se toma comúnmente a mala parte; por ejemplo: una *gavilla* de rufianes, de
  malhechores, de rateros, etc.

gavina *nombre femenino*
1 gaviota
  paviota

gavión *nombre masculino*
1 cestón

gaviota *nombre femenino*
1 paviota
  gavina

gaya *nombre femenino*
1 (ave) urraca
  cotorra
  marica
  pega
  picaza
  picaraza

gayola *nombre femenino*
1 jaula
  cávez
2 cárcel (edificio)

gayomba *nombre femenino*
1 piorno
  retama macho
  retama de olor

gayuba *nombre femenino*
1 aguavilla
  uvaduz

gazapo *nombre masculino*
1 mentira
  embuste
  bola

a
b
c
d
e
f
g
h
i
j
k
l
m
n
ñ
o
p
q
r
s
t
u
v
w
x
y
z

2 errata
error
lapsus
descuido
yerro

El *gazapo* es un *error* de poca
monta al hablar o escribir.
Lapsus, descuido y *yerro*, en
lo hablado o escrito; *errata*,
en lo impreso.

gazapón *nombre masculino*
1 garito*
timba
chirlata
mandracho
tablero

gazmiar *verbo transitivo*
1 gulusmear
golosinear

gazmoñería *nombre femenino*
1 camandulería
mojigatería
gazmoñada

gazmoñero, -ra *adjetivo*
1 mojigato
timorato
misticón
santurrón
beato
beatón
gazmoño
ANTO sincero
claro

gazmoño, -ña *adjetivo/nombre*
1 beato
santurrón
mojigato
gazmoñero
timorato
misticón

gaznápiro, -ra *adjetivo/nombre*
1 palurdo
torpe
zoquete
ceporro
tonto
patán
simple

gaznar *verbo intransitivo*
1 graznar
voznar

gaznate *nombre masculino*
1 garganta
gola
gorja
pasapán (humorístico y
familiar)

garguero
gañote

gazuza *nombre femenino*
1 (burlesco y familiar)
carpanta
hambre
apetito*

gélido, -da *adjetivo*
1 helado
glacial
congelado

gema *nombre femenino*
1 yema
botón
gromo
grumo

gemelo, -la *adjetivo/nombre*
1 melgo
mielgo
mellizo
doble
gémino (cultismo)
⇒ gemelos

gemelos *nombre masculino*
plural
1 anteojos
lentes

gemido *nombre masculino*
1 quejido
lamento
clamor*

gémino, -na *adjetivo*
1 (cultismo) gemelo
doble

gemiquear *verbo intransitivo*
1 gimotear
lloriquear
hipar

gemiqueo *nombre masculino*
1 gimoteo
lloriqueo

gemir *verbo intransitivo*
1 quejarse
lamentarse
clamar*

generación *nombre femenino*
1 posteridad
descendencia
2 procreación
multiplicación
reproducción

generacionismo *nombre*
masculino
1 traducianismo

generador, -ra *adjetivo*
1 matriz
principal
materna

general *adjetivo*
1 común
usual
frecuente
corriente
vulgar
universal
total
ANTO particular
singular
relativo

Común, aquello de que muchos participan. Lo *general*
pertenece a todos o casi todos. *Universal* se refiere a
todos los individuos sin excepción. Por ejemplo compárese: ésta es la creencia co-
mún, general, universal. Un
principio *general* engloba a todos en conjunto. Un principio
universal afecta a cada uno de
los casos a que se aplica, sin
exceptuar ninguno.

generar *verbo transitivo*
1 engendrar

género *nombre masculino*
1 clase
grupo
2 modo
manera
3 mercancía
4 tela
tejido

generosamente *adverbio*
1 largamente
liberalmente
espléndidamente

generosidad *nombre femenino*
1 benevolencia
bondad
benignidad
humanidad
magnanimidad
grandeza
nobleza
abnegación
altruismo
desinterés*
filantropía
beneficiencia
ANTO maldad
bajeza
ruindad
egoísmo
interesado

2 bizarría
esplendidez
esplendor
desprendimiento
liberalidad
ANTO avaricia
tacañería

'La *liberalidad* no es otra cosa que la *generosidad* limitada únicamente a un objeto pecuniario (...) Ejemplos: Pedro tuvo un desafío con Juan, y habiéndole tenido tres veces desarmado, le perdonó la vida; fue un hombre *generoso*. Este es un acto de *generoso*. Francisco, con tal de que los criados le sirvan bien, es muy *liberal*, les da sendas gratificaciones. Este es un acto de *liberalidad*' (O).

3 galantería
cortesía
cortesanía

generoso, -sa *adjetivo*
1 desprendido
desinteresado
rumboso
dadivoso*
liberal
espléndido
magnífico
caritativo
ANTO tacaño
escaso
sórdido
interesado

⇒ pródigo
2 magnánimo
noble

génesis *nombre femenino*
1 origen
principio

genio *nombre masculino*
1 carácter
índole*
temple
natural
condición
2 disposición
aptitud*

genista *nombre femenino*
1 retama
ginesta
hiniesta

gente *nombre femenino*
1 vulgo

pueblo
plebe (despectivo)

gentecilla *nombre femenino*
1 zurriburri
churriburri
gentucilla

gentil *adjetivo/nombre común*
1 idólatra
pagano
adjetivo
2 gracioso
apuesto
galano
gallardo
airoso
donoso

gentileza *nombre femenino*
1 gracia
galanura
garbo
desembarazo
bizarría
galantería*
2 ostentación
gala
3 urbanidad
cortesía

gentilicio, -cia *adjetivo*
1 étnico

gentilidad *nombre femenino*
1 paganismo
gentilismo
ANTO cristianismo

gentío *nombre masculino*
1 multitud
muchedumbre

gentualla *nombre femenino*
1 gentuza
chusma

gentucilla *nombre femenino*
1 zurriburri
churriburri
gentecilla

gentuza *nombre femenino*
1 (despectivo) gentualla
chusma

genuino, -na *adjetivo*
1 puro
propio
natural
legítimo
auténtico
verdadero
real
ANTO postizo

falso
ilegítimo

geranial *nombre masculino*
1 citral
lemonal
neral

gerencia *nombre femenino*
1 administración*
dirección
gobierno
régimen
gestión

gerente *nombre común*
1 manager
apoderado
director
principal
encargado
jefe

geriatría *nombre femenino*
1 presbiatría
presbiátrica

germanía *nombre femenino*
1 argot*
jerga
jeringonza

germano, -na *adjetivo/nombre*
1 (persona) alemán
teutón
tudesco

Tudesco fue muy usual en la lengua clásica, pero es de escaso uso en la actualidad.

germen *nombre masculino*
1 machuelo

El nombre popular es *machuelo*.

2 embrión
rudimento
semilla
3 principio
origen

germinación *nombre femenino*
1 pululación
multiplicación
reproducción

germinar *verbo intransitivo*
1 nacer
brotar
crecer
desarrollarse
2 principiar
originarse

a
b
c
d
e
f
g
h
i
j
k
l
m
n
ñ
o
p
q
r
s
t
u
v
w
x
y
z

gestación *nombre femenino*
1 preñez
　embarazo
　gravidez
2 preparación
　maduración
　elaboración

gestero, -ra *adjetivo*
1 parajismero
　visajero
　gesticulador

gesticulación *nombre femenino*
1 gesto
　ademán
　mueca
　mímica
　contorsión

　Mímica puede usarse como sinónimo; pero generalmente indica un fin artístico o imitativo.

gesticulador, -ra *adjetivo*
1 gestero
　parajismero
　visajero

gestión *nombre femenino*
1 administración*
　dirección
　gobierno
　régimen
　gerencia

gesto *nombre masculino*
1 actitud*
　ademán

　En su sentido general de movimientos expresivos son intercambiables entre sí. En su significado más concreto, *gesto* es movimiento expresivo de la cara, o de brazos y manos; *ademán* y *manoteo*, se refieren principalmente a movimientos de manos y brazos; *actitud* es postura, que sugiere inmovilidad o cierta fijeza: *actitud* orante. *Mueca* y *visaje* se refieren precisamente a la cara, e indican gesto desagradable, feo o grotesco. *Mohín* es gesto gracioso o simpático para el que habla.

2 aspecto
　cara
　semblante
　aire
　apariencia

giba *nombre femenino*
1 corcova

joroba
chepa
2 molestia
　incomodidad
　carga

giboso, -sa *adjetivo/nombre*
1 corcovado
　jorobado
　contrahecho

giennense *adjetivo/nombre común*
1 (persona) jaenés
　jienense

giganta *nombre femenino*
1 (planta) girasol
　gigantea
　mirabel
　mirasol
　sol de las Indias
　tornasol

gigante, -ta *nombre*
1 titán
　coloso

gigantea *nombre femenino*
1 girasol
　giganta (planta)
　mirabel
　mirasol
　sol de las Indias
　tornasol

gigantesco, -ca *adjetivo*
1 enorme
　desmesurado
　colosal
　excesivo
　ciclópeo
　formidable

gigantismo *nombre masculino*
1 macrosomía

gimnasta *nombre común*
1 acróbata
　volatinero
　equilibrista
　funámbulo

gimotear *verbo intransitivo*
1 lloriquear
　hipar

gimoteo *nombre masculino*
1 lloriqueo

ginesta *nombre femenino*
1 retama
　hiniesta

gineta *nombre femenino*
1 jineta

papialbillo
patialbillo

girar *verbo intransitivo*
1 virar

verbo intransitivo/transitivo
2 librar
　expedir

girasol *nombre masculino*
1 giganta
　gigantea
　mirabel
　mirasol
　sol de las Indias
　tornasol

girino *nombre masculino*
1 renacuajo

giro *nombre masculino*
1 vuelta
　rotación
　revolución
　viraje

　Cada uno de los giros o vueltas de un movimiento giratorio, *revolución*.

2 dirección
　aspecto
　cariz
　curso
3 locución
　frase
　expresión
　modo

gitano, -na *adjetivo/nombre*
1 calé
　cíngaro

　Cíngaro se aplica principalmente a los *gitanos* de Europa central.

2 cañí
　agitanado

glabela *nombre femenino*
1 entrecejo

glabro, -bra *adjetivo*
1 lampiño
　calvo
　pelón (familiar)
　pelado (familiar)
　ANTO velludo
　　　peludo

glacial *adjetivo*
1 gélido
　helado
　congelado

glaciar *nombre masculino*
1 helero

   Helero es el nombre general. *Glaciar* es científico, aunque va extendiéndose su uso en el habla común.

gladiolo, gladíolo *nombre masculino*
1 espadaña (planta)

glande *nombre masculino*
1 bálano
  balano

glándula pituitaria *nombre femenino*
1 hipófisis
  cuerpo pituitario

glasto *nombre masculino*
1 hierba pastel
  pastel

globo *nombre masculino*
1 esfera
2 tierra
  mundo
3 aerostato

glóbulo
  glóbulo blanco *locución nominal*
  leucocito
  glóbulo rojo
  hematíe
  eritrocito

gloria *nombre femenino*
1 bienaventuranza
  cielo
  paraíso
  ANTO infierno
2 fama
  honor*
  celebridad
  renombre
  ANTO vulgaridad
3 esplendor
  magnificiencia
  majestad
4 placer
  gusto
  delicia
  ANTO dolor

gloriarse *verbo pronominal*
1 preciarse
  jactarse
  alabarse
  vanagloriarse
  hacer gala de
2 complacerse
  alegrarse

glorificar *verbo transitivo/pronominal*
1 alabar
  honrar
  ensalzar
  exaltar
  ANTO deshonrar
    degradar

glorioso, -sa *adjetivo*
1 memorable
  recordable
  famoso
  célebre
  memorando

glosa *nombre femenino*
1 explicación
  comentario
  anotación
  nota

  'La *glosa* es más literal que el *comentario*, y se hace casi palabra por palabra; el *comentario* es más libre y menos escrupuloso en separarse de la letra' (Ma).

glosario *nombre masculino*
1 vocabulario
  diccionario*

glosopeda *nombre femenino*
1 fiebre aftosa

gloton, -ona *adjetivo*
1 comilón
  tragón

glotonería *nombre femenino*
1 gula
  golosina
  tragazón
  insaciabilidad
  ANTO templanza
    inapetencia

  Gula es intensivo, hasta convertirse en vicio o pecado. *Golosina* es afán de comer o beber cosas exquisitas; *tragazón* es voracidad sin reparar en la calidad.

2 abdominia
  bulimia
  ANTO desgana
    anorexia

glucinio *nombre masculino*
1 berilio

glucosa *nombre femenino*
1 dextrosa
  dextroglucosa

glutinosidad *nombre femenino*
1 adherencia
  pegajosidad
  cohesión*

glutinoso, -sa *adjetivo*
1 adhesivo
  pegajoso
  adherente

gnómico, -ca *adjetivo*
1 sentencioso
  aforístico

gnomon *nombre masculino*
1 índice

gnoseología *nombre femenino*
1 epistemología
  teoría del conocimiento

gnosticismo *nombre masculino*
1 docetismo

gobernación *nombre femenino*
1 gobierno
  régimen
  dirección
  mando
  manejo

gobernalle *nombre masculino*
1 gobierno
  timón

gobernar *verbo transitivo*
1 dirigir
  conducir
  guiar
  regir*
  administrar
  manejar
  empuñar
  llevar la batuta
  llevar de la barba
  calzarse a

gobierno *nombre masculino*
1 gobernación
  régimen
  dirección
  mando
  manejo
  administración*
2 gabinete
  ministerio
3 timón
  gobernalle

gobio *nombre masculino*
1 cadoce

goce *nombre masculino*
1 disfrute
  posesión
  placer
  gozo*

a

ANTO dolor
   malestar
   disgusto
Tratándose de sensaciones agradables, *placer.*

b

c

godo, -da *adjetivo/nombre*
1 (persona) español*
   gachupín
   chapetón
   gallego

d

e

gola *nombre femenino*
1 garganta
2 gorguera
3 cimacio

f

g

goleador
   máximo goleador *locución nominal*
1 pichichi
En el fútbol.

h

i

j

goleta *nombre femenino*
1 escuna

k

golfán *nombre masculino*
1 nenúfar

l

golfín *nombre masculino*
1 arroaz
   delfín
   puerco marino
   tonina

m

n

golfo[1] *nombre masculino*
1 seno

ñ

golfo, -fa[2] *nombre*
1 pilluelo
   vagabundo

o

p

gollería *nombre femenino*
1 golosina
   golloría
   gullería
   gulloría
Golloría, gullería y *gulloría,* menos usados.

q

r

s

golletazo *nombre masculino*
1 bajonazo

t

golondrina *nombre femenino*
1 andorina
   andolina
   andarina

u

v

w

golosina *nombre femenino*
1 gollería
   glotonería*

x

golosinear *verbo intransitivo*
1 gulusmear
   gazmiar
   golosinar

y

z

---

goloso, -sa *adjetivo/nombre*
1 lamerón (familiar)
   laminero
   glotón

golpazo *nombre masculino*
1 (familiar) porrazo
   trastazo
   golpe
   golpada

golpe *nombre masculino*
1 encuentro
   topada
   topetazo
   encontronazo
2 percusión
3 latido
4 multitud
   abundancia
   copia
   muchedumbre
5 salida
   ocurrencia
   de golpe y porrazo *locución adverbial*
   inesperadamente
   de imprevisto
   de improviso
   de sopetón
   de repente
   repentinamente
   insospechadamente
   súbitamente
   errar el golpe *locución*
   malograrse
   desaprovecharse
   perderse
   desperdiciarse
   frustrarse
   naufragar en el puerto
   irse abajo

golpear *verbo transitivo/pronominal*
1 pegar
   percutir
   cruzar la cara
   quitar los dientes
   arrimar candela
   romper la crisma
   abrir la cabeza
   medirle las espaldas
Percutir es tecnicismo médico, o voz literaria en otras acepciones: *percutir* en el tórax; *percutir* los tambores.

goma
   goma adragante *locución nominal*
   alquitira
   tragacanto

---

   granévano
   goma laca
   laca
   maque

gomia *nombre femenino*
1 tarasca

gomoso *nombre masculino*
1 caballerete
   presumido
   pisaverde
   lechugino
   petimetre
   currutaco
   mozalbete

gonce *nombre masculino*
1 gozne
   charnela
   bisagra

gongo *nombre masculino*
1 batintín
   gong

gonorrea *nombre femenino*
1 blenorragia
   blenorrea
   uretritis

gorbión *nombre masculino*
1 euforbio
   gurbión

gordinflón, -ona *adjetivo*
1 (familiar) mofletudo
   cariampollado
   cariampollar
   carilludo
   molletudo
   obeso
   pesado
   fofo
   grueso
   gordo
   corpulento
   voluminoso
ANTO flaco
   delgado
   seco
   enjuto

gordo[1] *nombre masculino*
1 sebo
   manteca
   grasa

gordo, -da[2] *adjetivo*
1 craso
   graso
   mantecoso
2 abultado
   voluminoso
   grueso*

corpulento
obeso
ANTO delgado
enjuto
flaco

Grueso, corpulento y *obeso,*
tratándose de personas.

'El adjetivo *grueso* considera
el volumen con relación al espacio; el adjetivo *gordo* lo
considera con relación al espacio y a la materia. Un hombre *corpulento* tiene naturalmente una mano *gruesa*, y en
esta idea no vemos más que
su volumen; pero una mano
gorda nos representa la idea
de su carnosidad, de la abundancia de la materia de que se
compone' (LH).

3 importante
grande

gordolobo *nombre masculino*
1 varbasco
verbasco

gordura *nombre femenino*
1 obesidad
polisarcia
liparia
crasitud
ANTO delgadez
ligereza
2 enjundia
grasa
unto
injundia

gorgojo *nombre masculino*
1 mordihuí

gorgorita *nombre femenino*
1 burbuja
pompa
campanilla
ampolla

gorgorito *nombre masculino*
1 gorjeo
trino
trinado

gorgotero *nombre masculino*
1 buhonero
mercachifle

gorguera *nombre femenino*
1 gola

gorja *nombre femenino*
1 garganta
gola
pasapán (humorístico y
familiar)

garguero
gaznate
gañote

gorjeo *nombre masculino*
1 gorgorito
trino
trinado

Trino y *trinado*, en los pájaros.

gorrero, -ra *adjetivo/nombre*
1 (familiar) gorrón
gorrista
mogrollo
pegadizo
pegote
parásito

gorrión, -ona *nombre*
1 pardal

gorrista *adjetivo/nombre común*
1 (familiar) gorrón
gorrero
mogrollo
pegadizo
pegote
parásito

gorro *nombre masculino*
1 tapón

En el baloncesto.

gorrón, -ona *adjetivo/nombre*
1 gorrista
gorrero
mogrollo
pegadizo
pegote
parásito

gorullo *nombre masculino*
1 borujo
burujo
bodoque
gurullo

gota *nombre femenino*
1 (enfermedad) podagra
quiragra

La que padecen los pies, *podagra*; la de las manos, *quiragra*.

gota coral *locución
nominal*
epilepsia

gotear *verbo intransitivo*
1 destilar
escurrir

gotero *nombre masculino*
1 cuentagotas

gótico, -ca *adjetivo*
1 ojival

gozar *verbo transitivo/pronominal*
1 disfrutar
poseer
verbo intransitivo
2 regocijarse
divertirse
recrearse
disfrutar
complacerse
caérsele la baba
no caber de contento
quitarse el amargor de la
boca
estar en su centro
desfallecer de gusto
ANTO sufrir
entristecerse

gozne *nombre masculino*
1 charnela
gonce
bisagra

gozo *nombre masculino*
1 alegría*
placer*
gusto*
goce
satisfacción
contento
júbilo*
alborozo*
ANTO dolor
desagrado
disgusto

'*Gozo, gusto*. El primero se
aplica solo a lo moral, y el segundo a lo físico, y solo figuradamente a lo moral. El *gusto* que me causó su vista llenó
de *gozo* mi corazón. No se
dice el *gusto* del alma, sino el
gozo; ni el *gozo* de comer una
pera, sino el *gusto*. Aplicados
uno y otro puramente a lo moral, el *gozo* supone un efecto
más inherente, más sublime, y
causado por objetos más no-
bles; el *gusto*, una sensación
menos sólida, y causada por
objetos más comunes. El
gozo de los bienaventurados;
el *gusto* de pasear solo' (LH).

gozoso, -sa *adjetivo*
1 complacido
satisfecho
alegre
contento
jubiloso

a b c d e f g h i j k l m n ñ o p q r s t u v w x y z

grabación *nombre femenino*
1 registro

grabado *nombre masculino*
1 estampa
lámina

grabar *verbo transitivo*
1 labrar
cortar
esculpir
inscribir
2 registrar
salvar (ánglicismo)

gracejo *nombre masculino*
1 donaire*
discreción
gracia
donosura
ANTO desgracia

gracia *nombre femenino*
1 beneficio*
favor
merced
don
regalo*
2 perdón*
indulto
3 benevolencia
amistad
afabilidad
agrado
ANTO antipatía
4 garbo
donaire*
sal
salero
ángel
atractivo
encanto
ANTO desgarbo
5 chiste
agudeza
ocurrencia
ANTO sequedad

graciosamente *adverbio*
1 de balde
gratis
por su cara bonita

grada[1] *nombre femenino*
1 graderío
gradería

grada[2] *nombre femenino*
1 peldaño
escalón

grada[3] *nombre femenino*
1 rastra
2 reja
locutorio

En los monasterios de monjas.

gradación *nombre femenino*
1 escalonamiento
progresión
sucesión
serie
2 clímax
anticlímax

Clímax si la gradación es ascendente, por ejemplo: 'acude, corre, vuela'; *anticlímax*, si es descendente, por ejemplo: 'una hora, un minuto, un instante'.

gradería *nombre femenino*
1 graderío
grada

graderío *nombre masculino*
1 grada
gradería

gradíolo *nombre masculino*
1 espadaña
gladio
gladíolo
maza sorda

grado *nombre masculino*
1 peldaño
grada
paso
escalón

de grado *locución adverbial*
a buenas
por las buenas
voluntariamente
ANTO por las malas
a malas
por obligación

graduado, -da *adjetivo*
1 gradual
escalonado
sucesivo
progresivo

gradual *adjetivo*
1 escalonado
sucesivo
graduado
progresivo

graduando, -da *nombre*
1 licenciando
doctorando

Según el grado que se va a recibir, úsanse *licenciando* y *doctorando*.

graduar *verbo transitivo*
1 aquilatar*
apreciar
estimar
valorar
2 licenciar
permitir
despedir
despachar
ANTO prohibir
suspender
verbo pronominal
3 revalidar
licenciarse

grafema *nombre masculino*
1 letra

gráfico *nombre masculino*
1 diagrama

grafito *nombre masculino*
1 lápiz plomo
plombagina
plumbagina

gragea *nombre femenino*
1 párvulo
gránulo
píldora (pequeña)

graja *nombre femenino*
1 cuerva

grajo *nombre masculino*
1 cuervo merendero

grama *nombre femenino*
1 hierba

granadilla *nombre femenino*
1 pasionaria
pasiflora
murucuyá

grande *adjetivo*
1 alto
vasto
espacioso
largo
profundo
extenso
voluminoso
magno
ANTO pequeño

Todos ellos, salvo *magno*, en sentido material. *Magno* se refiere a la grandeza moral: Alejandro *Magno*. Cuando se aplica a cosas materiales, supone siempre cierta dignidad o nobleza: aula *magna* de la Universidad.

2 prócer
magnate

grandeza *nombre femenino*
1 grandor
tamaño
magnitud
ANTO infinitud

'La *grandeza*, considerada físicamente, representa al cuerpo con relación al exceso de su volumen, respecto del regular y común de otros cuerpos, y sin relación determinada a sus medidas y proporciones; la *magnitud* le representa bajo una idea determinada con relación a sus propiedades y medidas. Se admira la extraordinaria *grandeza* del sol, y se mide por medio de los instrumentos astronómicos su verdadera *magnitud*. El *tamaño* representa también determinadamente su volumen, pero se usa con más propiedad cuando se trata de cuerpos más pequeños, de los de nuestro uso, de los que manejamos, de los que podemos medir fácilmente; y *magnitud* cuando se trata de cuerpos muy grandes o inaccesibles. Se calcula la *magnitud* de un planeta; se compra una caja de un *tamaño* proporcionado. Ni el *tamaño* se aplicaría con propiedad al planeta, ni la *magnitud* a la caja. La *grandeza* es respectiva, la *magnitud* y *tamaño* son absolutos; porque no es grande ni pequeño un cuerpo considerado solo, sino respecto de otro: y esta comparación le constituye tal; pero todo cuerpo tiene por sí, independientemente de toda comparación, las medidas y proporciones que forman su *magnitud* y *tamaño*. De aquí es que la voz *grandeza* se usa con mucha frecuencia y propiedad en sentido figurado, pero no las otras dos voces (...) Y así se dice: *grandeza* de ánimos, y no *magnitud* ni *tamaño*' (LH).

2 grandiosidad
magnificencia
esplendidez
ANTO miseria
3 generosidad
nobleza
magnanimidad
elevación

ANTO parquedad
miseria
4 majestad
gloria
esplendor
poder
ANTO miseria

grandilocuente *adjetivo*
1 altilocuente
altílocuo
grandílocuo

grandílocuo, -cua *adjetivo*
1 altilocuente
altílocuo
grandilocuente

grandiosidad *nombre femenino*
1 grandeza
magnificencia
esplendidez
ANTO miseria

grandioso, -sa *adjetivo*
1 imponente
respetable
venerable
majestuoso
soberbio
magnífico
admirable
espléndido

grandor *nombre masculino*
1 tamaño
grandeza
magnitud*

granero *nombre masculino*
1 hórreo
troj

Ambos, preferidos en determinadas regiones y diferenciados más o menos por su forma y disposición. *Granero* es término general aplicable siempre.

granévano *nombre masculino*
1 alquitira
tragacanto
goma adragante

granillo *nombre masculino*
1 culero
helera

En los pájaros.

granito *nombre masculino*
1 piedra berroqueña

granizada *nombre femenino*
1 pedrisco

granizo *nombre masculino*
1 pedrisco
piedra

Piedra si el *granizo* es grueso.

granja *nombre femenino*
1 alquería
cortijo
casa de labranza

granjear *verbo transitivo*
1 adquirir
ganar
verbo transitivo/pronominal
2 conseguir
captar
atraer*

granjería *nombre femenino*
1 ganancia*
negocio
utilidad
beneficio
rendimiento
lucro
logro

grano
al grano *locución adverbial*
(familiar)
descubiertamente
claramente
patentemente
sin rodeos
abiertamente
sin ambages
sin rebozo
sin disimulo
manifiestamente
francamente
granos del Paraíso *locución nominal*
amomo

granuja *nombre común*
1 pillo
pillete
golfo
bribón
pícaro

granulación *nombre femenino*
1 vegetación
carnosidad

gránulo *nombre masculino*
1 gragea
párvulo
píldora (pequeña)

granzas *nombre femenino plural*
1 ahechaduras

grapa *nombre femenino*
1 gafa
laña

a
b
c
d
e
f
g
h
i
j
k
l
m
n
ñ
o
p
q
r
s
t
u
v
w
x
y
z

grasa *nombre femenino*
1 aceite
manteca
lardo
sebo
unto
mantequilla
adiposidad

Grasa se aplica como nombre general, pero hay nombres especiales según sus clases: la líquida se llama *aceite*; la sólida, *manteca*, preferentemente la del cerdo y las de algunos frutos, como el cacao; *lardo*, la del cerdo; *sebo*, en los rumiantes; *unto* es grasa sólida o líquida que se emplea para untar, y en algunas regiones el tocino o el tejido adiposo de cualquier animal; *mantequilla*, la que se extrae de la leche. En el organismo animal, como tecnicismo, *adiposidad*.

2 pringue
mugre
3 lípido

grasero *nombre masculino*
1 escorial
escombrera

grasiento, -ta *adjetivo*
1 pringado
untado
aceitoso*
oleaginoso*

graso, -sa *adjetivo*
1 pingüe
mantecoso
untuoso
oleaginoso*
aceitoso*
pringoso
grasiento
2 adiposo
grueso*
obeso

gratificación *nombre femenino*
1 paga
remuneración
recompensa
emolumento*

gratificar *verbo transitivo*
1 remunerar
recompensar
pagar*
adobar los guantes

gratis *adverbio*
1 gratuitamente
de balde
graciosamente

gratitud *nombre femenino*
1 agradecimiento
reconocimiento*
ANTO ingratitud
deslealtad

grato, -ta *adjetivo*
1 agradable*
gustoso
placentero
plácido
tranquilo
sosegado
apacible
ANTO desagradable
aburrido
2 afecto
apreciado
estimado
querido

gratuidad *nombre femenino*
1 franquicia
exención
privilegio

gratuitamente *adverbio*
1 gratis
de balde
graciosamente

gratuito, -ta *adjetivo*
1 de balde
gratis
gracioso
ANTO interesado
2 infundado
arbitrario

gravamen *nombre masculino*
1 carga
censo
hipoteca
servidumbre
tributo*
ANTO gratitud
derecho

Carga o *gravamen* son los términos generales.

gravar *verbo transitivo*
1 hipotecar
empeñar
cargar

grave *adjetivo*
1 pesado
2 importante
considerable
3 difícil

arduo
peligroso
dificultoso
espinoso
4 serio
severo
5 bajo
Tratándose de sonidos.
6 llano
paroxítono

gravedad *nombre femenino*
1 pesantez
peso
pesadez
pesadumbre
ANTO levedad

Todos ellos son los términos más generales. *Gravedad* es tecnicismo de significación más abstracta.

2 seriedad
formalidad

gravidez *nombre femenino*
1 embarazo
preñez
preñado

gravísimo, -ma *adjetivo*
1 morrocotudo
importante
grande
formidable
difícil
fenomenal

gravitación *nombre femenino*
1 atracción universal

gravitar *verbo intransitivo*
1 pesar
descansar
apoyarse
cargar
estribar

gravoso, -sa *adjetivo*
1 oneroso
costoso
caro
2 molesto
pesado
insufrible
inaguantable
aburrido
fastidioso

graznar *verbo intransitivo*
1 gaznar
voznar

grecismo *nombre masculino*
1 helenismo
greguismo

grecizar *verbo transitivo*
1 helenizar

greda *nombre femenino*
1 tierra de batán

Este alude a la empleada para desengrasar los paños.

gredal *adjetivo/nombre masculino*
1 blanquizal
blanquizar
calvero

greguería *nombre femenino*
1 algarabía
gritería
bulla
vocerío

greguismo *nombre masculino*
1 helenismo
grecismo

gremio *nombre masculino*
1 hermandad
sindicato

gresca *nombre femenino*
1 bulla
algazara
vocerío
follón
tumulto
bronca
desbarajuste
alboroto
2 riña
pendencia
altercado
cuestión
reyerta
trifulca
pelotera

griego, -ga *adjetivo/nombre*
1 (persona) heleno
2 helénico

Aplicado a cosas.

grieta *nombre femenino*
1 quiebra
abertura
hendidura
fisura

grifa *nombre femenino*
1 marihuana

grifo *nombre masculino*
1 llave
grifón
espita

Si es grande, *grifón*; si es pequeño, *espita*.

grifón *nombre masculino*
1 grifo
llave
espita

grillarse *verbo pronominal*
1 agrillarse

grillete *nombre masculino*
1 calceta

grima *nombre femenino*
1 desazón
inquietud
disgusto
desagrado
horror

gringo[1] *nombre masculino*
1 griego
algarabía

En el significado de lenguaje ininteligible.

gringo, -ga[2] *adjetivo/nombre*
1 (persona) extranjero
inglés
norteamericano*

gripe *nombre femenino*
1 trancazo
influenza (italianismo)

El nombre tradicional español es *trancazo*. Tiende a disminuir el uso del italianismo *influenza*, muy frecuente en el siglo XIX.

grisáceo, -ea *adjetivo*
1 agrisado

grita *nombre femenino*
1 gritería
vocerío
algarabía
ANTO silencio
2 abucheo
bronca
ANTO aplauso

gritar *verbo intransitivo*
1 desgañitarse
chillar
vociferar
vocear

gritería *nombre femenino*
1 alboroto*
vocerío
algazara
bulla*
bullanga
bullicio
batahola

griterío *nombre masculino*
1 gritería
grita
vocerío
vocería
vocinglería
algarabía

grito *nombre masculino*
1 voz
clamor

'Se *grita* para llamar a alguno, para expresar aplauso y alegría; pero el *clamor* indica peligro, petición, esforzada, aflicción o desgracia' (M).

gromo *nombre masculino*
1 yema
botón
gema
grumo

grosería *nombre femenino*
1 impolítica
desatención
incorrección
inconveniencia
descomedimiento
descortesía
patanería
zafiedad
patochada
tochedad
ordinariez
ANTO delicadeza
educación
urbanidad
sociabilidad

Impolítica, desatención, incorrección, inconveniencia, descomedimiento y *descortesía* son expresiones atenuadas. Todos los demás son expresiones intensivas y sugieren principalmente *grosería* cometida por ignorancia o rusticidad.

grosero, -ra *adjetivo*
1 descortés
desatento
descomedido
indecoroso
indecente
insolente
indigno
impolítico*
ANTO decente
digno
2 patán
ordinario
tosco

rústico
basto
burdo
zafio
inculto
soez*
ANTO educado
delicado
3 agreste
áspero
rudo
ANTO fino
liso

grosor *nombre masculino*
1 grueso
espesor
cuerpo

grosulariáceo, -ea
adjetivo/nombre
1 saxifragáceo
ribesiáceo

grotesco, -ca *adjetivo*
1 ridículo
extravagante
risible
ANTO normal
regular
serio

grúa *nombre femenino*
1 titán

Titán es *grúa* gigantesca.

grueso[1] *nombre masculino*
1 espesor
grosor
cuerpo

grueso, -sa[2] *adjetivo*
1 corpulento
abultado
voluminoso
gordo*
adiposo
graso
obeso

'El hombre *grueso* lo es por
constitución; el *gordo* lo es
por haber adquirido carnes.
No se dice del niño que nació
gordo, sino *grueso*' (M).

grumo *nombre masculino*
1 coágulo
cuajo
cuajarón
2 yema
botón
gema
gromo

gruñir *verbo intransitivo*
1 rezongar
refunfuñar
2 chirriar
rechinar

grupa *nombre femenino*
1 anca (de caballería)

grupera *nombre femenino*
1 baticola

grupo *nombre masculino*
1 género
clase
2 pelotón (principalmente en
el ciclismo)

gruta *nombre femenino*
1 caverna
cueva*
antro

guachapear *verbo intransitivo*
1 chapotear
chapalear

guadafiones *nombre masculino*
plural
1 trabas
maneotas
maniotas
maneas
manijas
sueltas

guadaña *nombre femenino*
1 dalle
dalla

Según las comarcas. En sentido figurado, sólo *guadaña*: la
guadaña de la Muerte.

guaicurú *nombre masculino*
1 baicurú

gualdo, -da *adjetivo*
1 amarillo

gualdrapa *nombre femenino*
1 calandrajo
andrajo

guantada *nombre femenino*
1 guantazo
manotada
manotazo
tabalada
bofetada
morrada
galleta (irónico)
cachete
tabanazo
sopapo

guantazo *nombre masculino*
1 bofetada
galleta (irónico)
cachete
guantada
tabanazo
manotazo
sopapo
manotada
tabalada
morrada

guantelete *nombre masculino*
1 manopla (en las armaduras)

guantón *nombre masculino*
1 guantazo

guapeza *nombre femenino*
1 majeza
valentonería
chulería

guapo, -pa *adjetivo*
1 hermoso*
bello
venusto
bonito
lindo
gracioso
precioso
majo
curro
2 jaque
valentón
perdonavidas
matasiete
chulo

guardabarros *nombre masculino*
1 alero
salvabarros

guardabosque *nombre*
masculino
1 guarda forestal

guardabrisa *nombre masculino*
1 parabrisa

En el automóvil.

guardacantón *nombre*
masculino
1 guardarruedas
marmolillo
recantón
trascantón
trascantonada

guardador *nombre masculino*
1 tutor

guardalado *nombre masculino*
1 pretil
antepecho
barandilla

guardameta *nombre masculino*
1 portero
 cancerbero

guardapelo *nombre masculino*
1 medallón (joya)

guardapiés *nombre masculino*
1 brial
 tapapiés

guardapuerta *nombre femenino*
1 antepuerta

guardar *verbo transitivo/pronominal*
1 custodiar
 cuidar
 vigilar
 preservar
 proteger
 defender
 ANTO descuidar
2 observar
 cumplir
 obedecer
 acatar
 respetar
3 conservar
 retener
 ahorrar*
 almacenar*
 ANTO gastar

guardia *nombre femenino*
1 defensa
 custodia
 amparo
 protección

guardilla *nombre femenino*
1 buharda
 buhardilla
 boardilla
 desván
 sotabanco
 bohardilla
 caramanchón

guardoso, -sa *adjetivo*
1 ahorrador
 escaso
 tacaño

guarecer *verbo transitivo/pronominal*
1 acoger*
 asilar
 cobijar
 refugiar
 amparar
 defender
 ponerse en cobro
 ponerse en cubierto

guarida *nombre femenino*
1 manida
 cubil
 madriguera
 cado
 osera
 lobera
 raposera
 topera

Cubil se refiere principalmente a las fieras; *madriguera* es cueva estrecha y profunda, donde se guarecen animales pequeños, como el conejo; *cado* equivale a *madriguera*. Hay numerosos nombres especialmente derivados de los distintos animales: *osera, lobera, raposera, topera*, etc.

2 amparo
 refugio
 asilo

En este sentido, *guarida* se toma a mala parte: *guarida* de ladrones, de contrabandistas, etc.

guarismo *nombre masculino*
1 número
 cifra

guarnecer *verbo transitivo*
1 dotar
 proveer
 equipar

guarnecido *nombre masculino*
1 revoque
 revoco
 revocadura
 enfoscado

guarnición *nombre femenino*
1 engaste
 montadura
2 guarda
 guardamano
 ⇒ guarniciones

guarnicionero, -ra *nombre*
1 bastero

guarniciones *nombre femenino plural*
1 jaeces
 arreos
 arneses
 ⇒ guarnición

guasa *nombre femenino*
1 burla*

chanza
broma
chunga
tomadura de pelo

guasearse *verbo pronominal*
1 bromear
 chancearse
 embromar
 burlarse

guasón, -ona *adjetivo*
1 burlón
 bromista
 chancero

guau *nombre masculino*
1 perro
 can
 chucho

guayaca *nombre femenino*
1 amuleto*
 talismán
 mascota

gubernamental *adjetivo/nombre común*
1 ministerial

guedeja *nombre femenino*
1 vedeja

güemul *nombre masculino*
1 huemul

guerrero[1] *nombre masculino*
1 soldado
 militar

guerrero, -ra[2] *adjetivo*
1 belicoso
 bélico
 marcial
 militar
 ANTO pacífico
 amistoso

'*Guerrero* es todo el que hace la guerra; *belicoso* es el aficionado a la guerra, el que se place en ella, el que la hace por inclinación o por gusto; *marcial* es lo que dice relación o tiene analogía, con la guerra. *Bélico* es sinónimo de *marcial*' (M).

guerrilla *nombre femenino*
1 facción*
 parcialidad
 bando
 bandería
 partida

guerrillero, -ra *nombre*
1 partidario

guía *nombre común*
1 conductor
  guiador
  adalid
2 director
  mentor
  maestro
  consejero
nombre femenino
3 pauta
  modelo
  patrón
  dechado
  regla
  norma
4 norte
  fin
  objeto
  finalidad
  mira
5 salvaguardia*
  aseguramiento
  seguro
  salvoconducto

guiador, -ra *nombre*
1 guía
  conductor
  adalid

guiar *verbo transitivo*
1 dirigir
  mostrar
  indicar
  encaminar
  orientar
  aconsejar
  conducir
  ANTO desencaminar
    equivocar

'Se *guía* mostrando, enseñando el camino, yendo delante. Se *conduce* dirigiendo... *Guiar* hace relación directamente a los medios; *conducir* hace relación directamente al fin. Un traidor nos *guía* por un rodeo, para *conducirnos* al paraje donde está emboscado el enemigo. Por esta razón, en la acción de *guiar* puede no tener parte la voluntad del que *guía*; pero siempre la tiene la del que *conduce*, en la acción de *conducir.* Una estrella nos *guía*: un amigo nos *conduce*' (LH).

2 adestrar
  adiestrar

encaminar
ejercitar
instruir
enseñar
aleccionar
verbo intransitivo
3 entallecer
  tallecer

guiguí *nombre masculino*
1 taguán

guija *nombre femenino*
1 callao
  peladilla de río
2 almorta

guijón *nombre masculino*
1 neguijón

guillado, -da *adjetivo*
1 (familiar) maniático
  chiflado (familiar)
  tocado
  lelo
  loco
  chalado (familiar)
  maníaco
  monomaníaco
  ido
  ANTO cuerdo
    sano

guilladura *nombre femenino*
1 (familiar) manía
  monomanía
  idea fija
  chifladura (familiar)
  chaladura (familiar)
  locura
  ANTO reflexión
    razón

guimbalete *nombre masculino*
1 pinzón

guinda *nombre femenino*
1 cereza póntica

guindilla *nombre femenino*
1 cerecilla
  pimiento de cerecilla
  pimiento de las Indias

guinja *nombre femenino*
1 azufaifa
  azofaifa
  azofeifa
  guínjol
  jínjol
  yuyuba

guínjol *nombre masculino*
1 azufaifa

azofaifa
azofeifa
guinja
jinjol
yuyuba

guinjolero *nombre masculino*
1 azufaifo
  azufeifo
  jinjolero

guiñada *nombre femenino*
1 guiño

guiñapo *nombre masculino*
1 andrajo
  harapo

guiñar *verbo transitivo*
1 cucar

guiño *nombre masculino*
1 guiñada

güira *nombre femenino*
1 totumo
  higuero
  hibuero

guisado *nombre masculino*
1 guiso
  manjar

guisante *nombre masculino*
1 alverja
  alverjana
  pésol

guisar *verbo transitivo*
1 cocinar

guiso *nombre masculino*
1 guisado
  manjar

guita *nombre femenino*
1 bramante
2 (vulgar o familiar) dinero
  cuartos
  plata
  pasta

guitarrillo *nombre masculino*
1 requinto
  guitarro

gula *nombre femenino*
1 glotonería
  ANTO templanza
    inapetencia

gulloría *nombre femenino*
1 calandria (pájaro)

gulusmear *verbo intransitivo*
1 gazmiar
  golosinear

gura *nombre masculino*
1 (familiar) policía*
  agente policíaco
  polizonte
  poli
  bofia

gurbión *nombre masculino*
1 euforbio
  gorbión

gurullo *nombre masculino*
1 borujo
  burujo
  bodoque
  gorullo

gusanear *verbo intransitivo*
1 bullir
  moverse
  agitarse
  hormiguear
  pulular
  ANTO aquietarse
    pararse

gusano *nombre masculino*
1 (larva) oruga

  gusano de luz *locución nominal*
  luciérnaga
  noctiluca

gustación *nombre femenino*
1 probadura
  prueba
  cata
  degustación

gustar *verbo transitivo*
1 probar
  paladear
  saborear

2 agradar*
  placer
  complacerse
  ANTO disgustar
    desagradar

'Lo que *gusta* hace una impresión más viva, aunque no tan durable como lo que *agrada*. Creemos que se habla con impropiedad cuando se dice: me *agrada* este manjar, este color, este caballo. Semejantes cosas *gustan* pero no *agradan*. Confirma esta opinión el uso frecuente que hacemos del verbo *gustar* para indicar una disposición del ánimo, un deseo transitorio y momentáneo, como cuando se pregunta: ¿*gusta* usted?, para invitar a uno a que coma de lo que se le presenta' (M).

gustillo *nombre masculino*
1 dejo
  gusto
  saborcillo
  deje
  resabio

gusto *nombre masculino*
1 sabor
  embocadura
  paladar

  Embocadura, tratándose de vinos. *Paladar*, de manjares en general.

2 placer
  deleite
  delicia
  gozo*

'El *placer* es más intensivo y vehemente que el *gusto*, y el *deleite* lo es más que el *placer*. *Delicia* es un *deleite* prolongado. El *gusto* satisface, el *placer* recrea, el *deleite* y la *delicia* embriagan' (M).

3 satisfacción
  agrado
  complacencia
  afición

'*Afición* y *gusto*. El *gusto* no es más que el placer que se siente en satisfacer nuestras inclinaciones, aun cuando sean pasajeras. La *afición* es este mismo gusto, fundado en el conocimiento de las cosas que nos lo inspiran... La palabra *afición* trae consigo la idea de la ciencia, del arte, del estudio y de la observación, al paso que la palabra *gusto* no indica más que la sensación que nos causa tal o tal cosa. Si decimos que nos *gusta* la pintura, nos limitamos a expresar el efecto que causan en nuestra alma los cuadros; pero si decimos que somos *aficionados* a la pintura, damos a entender que tenemos gusto en practicar o estudiar este arte...' (C).

4 antojo
  capricho
  gana

gustometría *nombre femenino*
1 saporimetría

gustoso, -sa *adjetivo*
1 sabroso
  apetitoso

habanera *nombre femenino*
1 danza

Danza se aplica también a la *habanera* y a algunos bailes semejantes a ella; por ejemplo, la *danza puertorriqueña*.

habano *nombre masculino*
1 cigarro

haber *nombre masculino*
1 hacienda
caudal
capital
ANTO debe
carencia
2 paga
retribución
gratificación
sueldo*
⇒ haberes

Úsase principalmente en plural.

habichuela *nombre femenino*
1 judía*
alubia

hábil *adjetivo*
1 amañado
habilidoso
mañoso
diestro

habilidad *nombre femenino*
1 arte
maestría
pericia
ingenio
tacto
destreza
maña
ANTO inhabilidad
incompetencia

En toda la amplitud de significado le corresponde *arte*. Cuando se estima en alto grado, *maestría* y *pericia*. Como es un concepto genérico, susceptible de muchas acepciones particulares, clasificamos los sinónimos en los siguientes grupos a los cuales remitimos al lector: habilidad corporal, manual (ver: *destreza*); habilidad intelectual (ver: *ingenio*); habilidad en el trato social (ver: *tacto*).

'El que sabe hacer una cosa bien y con conocimiento de lo que hace, tiene *habilidad*; el que la hace materialmente bien y con facilidad, tiene *destreza*. Aquélla se refiere directamente al saber; ésta se refiere directamente al ejecutar. Un artífice tiene *habilidad* cuando sabe ejecutar bien la obra que le encargan; y *destreza* en el manejo material de los instrumentos de su profesión. Un maestro tiene *habilidad* para enseñar, cuando sabe el buen método, y los medios que debe emplear para ello. Una araña forma con *destreza* su tela' (LH).

habilidoso, -sa *adjetivo*
1 amañado
hábil
mañoso
diestro

habitación *nombre femenino*
1 vivienda
morada
mansión
domicilio
residencia
casa
hogar
lar

Habitación es el término más general y abstracto. *Vivienda* tiene también carácter general. *Morada* y *mansión* son literarios: el Olimpo, *morada* de los dioses; en el uso corriente añaden idea de distinción o elegancia. *Domicilio* pertenece al lenguaje administrativo o legal. *Residencia*, en términos administrativos, es la población en que se vive: tiene su *residencia* en Granada; aplicado a *vivienda*, envuelve idea de colectividad: *residencia* de jesuitas, de estudiantes; o bien sugiere distinción, señorío: aquel palacio es la *residencia de los condes de N*. *Casa*, cuando no se refiere sólo al edificio, lleva asociados los afectos familiares que denotan *hogar* y *lar*.

2 cuarto
pieza
aposento
estancia
cámara*
3 hábitat

habitante *nombre masculino*
1 morador
residente

Morador es voz escogida cuyo uso se circunscribe por lo general a la lengua escrita. El *residente* puede significar el que vive en un lugar sin ser natural de él, o el que lo habita transitoriamente; por ejemplo: los españoles *residentes* en Colombia, los *residentes* en un internado universitario. *Vecino* alude a la conducta legal o administrativa del que está domiciliado o avecindado en una población.

habitar *verbo transitivo*
1 morar
residir

tomar casa
asiento
sentar los reales
estar de asiento
vivir
ANTO vagar

Morar y *residir* son palabras escogidas que envuelven cierto señorío y elegancia. Sería pedantesco preguntar a una persona: *¿dónde mora usted?* En cambio, se dice que los dioses *moran* en el Olimpo. *Residir* alude con preferencia al país, provincia o ciudad, pero no al domicilio. Una persona *reside* en Cuba, en Enterríos, en Montevideo; pero *vive* en tal calle y número. *Habitar* es transitivo; por ejemplo: *habita* una cueva, una casa céntrica. En su uso intransitivo corresponde a *vivir*: *vive* o *habita* en una cueva, en un piso alto, etc.

hábitat *nombre masculino*
1 habitación

hábito *nombre masculino*
1 costumbre
2 práctica
uso
usanza
rutina*

habituación *nombre femenino*
1 adaptación

habituado, -da *adjetivo*
1 acostumbrado

habitual *adjetivo*
1 acostumbrado
usual
corriente
ordinario

habituar *verbo transitivo*
1 acostumbrar
avezar
familiarizar
ANTO extrañar
desacostumbrar

verbo pronominal
2 hacerse
avezarse
acostumbrarse
adaptarse
hacer callos
criar callos
ANTO desacostumbrar

habla *nombre femenino*
1 lenguaje
lengua
idioma
dialecto

hablador, -ra *adjetivo/nombre*
1 cotorra
cotorrera
charlatán
parlanchín
hablanchín
parlador
locuaz

Todos ellos, excepto *locuaz*, son despectivos. El *hablador* es la persona *locuaz*, que habla mucho; pero puede ser que no hable mal. Puede haber sabios *habladores* o *locuaces*. El *charlatán* habla siempre sin ton ni son, sólo por hablar, y sin decir nada que valga la pena de oír.

2 indiscreto
chismoso

habladuría *nombre femenino*
1 hablilla
rumor
murmuración
chisme
cuento

hablanchín, -ina
adjetivo/nombre
1 hablador*
cotorra
cotorrera
charlatán
parlanchín
parlador
locuaz

hablar *verbo intransitivo*
1 decir
ANTO callar

'Sucede muchas veces que oímos *hablar* a otro sin que sepamos lo que dice. Hay hombres que poseen el don de *decir* mucho *hablando* poco. Puede *decirse* a un hombre de pocos alcances: *habla* poco, para no *decir* disparates' (M).

2 perorar
discursear
meter baza
hablar por los codos
tomar la palabra
descoser los labios
soltar el mirlo

hablar a chorros
ANTO callar
3 conversar
departir
platicar
conferenciar
ANTO callar

verbo pronominal
4 comunicarse
tratarse
ANTO callar

hablilla *nombre femenino*
1 habladuría
parlería
rumor
mentira
cuento
chisme
murmuración
reporte

hacedero, -ra *adjetivo*
1 factible
agible
realizable
posible*
fácil
sencillo
ANTO imposible
irrealizable
difícil

hacer *verbo transitivo*
1 producir
formar
fabricar
construir
ANTO deshacer
2 disponer
aderezar
arreglar
componer
ANTO deshacer
3 causar
ocasionar
motivar
4 ejecutar
realizar
practicar
ANTO deshacer
verbo intransitivo
5 importar
convenir
verbo pronominal
6 crecer
aumentar
7 habituarse
acostumbrarse
avezarse
adaptarse
8 fingirse
simular

hacha¹ *nombre femenino*
1 antorcha

hacha² *nombre femenino*
1 segur
  machado

El primero es una *hacha* grande para cortar; el segundo sirve para la leña.

hachís *nombre masculino*
1 haschís
  haxix

hacienda *nombre femenino*
1 heredad
  heredamiento
  predio
2 fortuna
  capital*
  caudal
  bienes

Excepto si se trata de la hacienda pública.

hacinamiento *nombre masculino*
1 aglomeración
  amontonamiento

hacinar *verbo transitivo/pronominal*
1 amontonar*
  aglomerar
  acumular

hada *nombre femenino*
1 hechicera
  ⇒ hechicero

hado *nombre masculino*
1 destino
  fortuna
  fatalidad
  estrella
  sino

Los nombres populares *estrella* y *sino* (*signo*) proceden de la Astrología.

hagiografía *nombre femenino*
1 santoral

halagador, -ra *adjetivo*
1 lisonjero
  adulador
  cobista
  pelotillero (familiar)

halagar *verbo transitivo*
1 acariciar
  lisonjear
  incensar
  agasajar
  festejar
  obsequiar
  regalar
  adular*
  ANTO castigar
    prohibir
    desdeñar

Acariciar sugiere principalmente el sentido material de hacer caricias. *Lisonjear* e *incensar*, es halagar con alabanzas. *Agasajar* y *festejar*, aluden a demostraciones exteriores de afecto, estimación o respeto; *obsequiar* y *regalar* hacen pensar en dádivas o comodidades que se procuran al halagado. *Adular* se toma a mala parte, y envuelve la idea de *halagar* a una persona con fines interesados.

2 bailar el agua
  pasar la mano por la espalda
  tratar bien
  hacer cocos
  ANTO desdeñar

halago *nombre masculino*
1 caricia
  mimo
  lisonja
  agasajo
  festejo
  fiesta*
  adulación
  zalamería
  zalema
  embeleco
  lagotería
  cumplimiento*

halar *verbo transitivo*
1 tirar (de algo)

halcón

halcón gentil *locución nominal*
  neblí
  nebí

halconería *nombre femenino*
1 cetrería

halconero *nombre masculino*
1 cetrero

halda *nombre femenino*
1 harpillera
  arpillera
  malacuenda
  rázago

haleche *nombre masculino*
1 boquerón (pez)
  alacha

lacha
alache
aladroque
alece
aleche

halieto *nombre masculino*
1 aleto
  pigargo
  quebrantahuesos

hálito *nombre masculino*
1 aliento
2 vapor
  emanación
  vaho

hallar *verbo transitivo*
1 encontrar
  topar

Topar supone *encontrar* súbita o bruscamente.

'La acción de *encontrar* no supone precisamente la de haber buscado lo que se *encuentra*; pero la acción de *hallar* supone la de haber buscado lo que se *halla*. Al pasar por la plaza he *encontrado* una procesión; a dos leguas de Madrid *encontré* el parte. Nadie diría que *halló* una procesión o el parte, a no querer dar a entender que los andaba o iba buscando (...). Se ofrece el *hallazgo* de una cosa perdida que se busca. Hacerse *encontradizo* es hacer como que no se busca, como que la casualidad lo ofrece' (LH).

2 inventar
3 averiguar
  descubrir
  echar la vista encima
  dar en la vena
  haber en las manos
  ANTO desacertar
4 notar
  observar

verbo pronominal
5 estar
  encontrarse

hallazgo *nombre masculino*
1 invención
  encuentro
  descubrimiento

halo *nombre masculino*
1 cerco
  corona
2 aureola
  resplandor

hamacar *verbo transitivo/pronominal*
1 hamaquear
mecer
columpiar

hamadríada, hamadríade *nombre femenino*
1 dría
dríada
dríade

hamaquear *verbo transitivo*
1 mecer
columpiar

hambre *nombre femenino*
1 apetito*
gana
necesidad (eufemismo)
voracidad
gazuza (popular y burlesco)
carpanta (popular y burlesco)
bulimia
ANTO hartazgo
2 deseo
afán
anhelo
ansia
ANTO hartazgo

hambreado, -da *adjetivo*
1 hambriento

hambriento, -ta *adjetivo/nombre*
1 famélico
2 deseoso
ansioso
codicioso

hambrón, -ona *adjetivo*
1 (despectivo) famélico
hambriento

haploclamídea *adjetivo*
1 monoclamídea

haragán, -ana *adjetivo/nombre*
1 holgazán
perezoso
tumbón
gandul
poltrón
ANTO trabajador

haraganear *verbo intransitivo*
1 gandulear
holgazanear
vagabundear
matar el tiempo
mirar las musarañas
ANTO trabajar

haraganería *nombre femenino*
1 holgazanería
pereza
desidia
ociosidad
gandulería

harambel *nombre masculino*
1 arambel
colgadura

harapiento, -ta *adjetivo*
1 andrajoso
roto
haraposo
pingajoso
descamisado
desarrapado
desastrado
zarrapastroso

harapo *nombre masculino*
1 andrajo
guiñapo
pingajo
colgajo

haraposo, -sa *adjetivo/nombre*
1 desastrado
roto
desarrapado
zarraspastroso
harapiento
andrajoso
pingajoso
descamisado

hardware *nombre masculino*
1 (anglicismo) soporte físico
componentes físicos

harén, harem *nombre masculino*
1 serrallo

harinero, -ra *adjetivo*
1 farináceo*
harinoso

harinoso, -sa *adjetivo*
1 panoso
farináceo

harmonía *nombre femenino*
1 armonía
consonancia
conformidad
concordia
acuerdo
concierto
paz
ANTO discordancia

harnero *nombre masculino*
1 zaranda
criba

harpía *nombre femenino*
1 arpía

harpillera *nombre femenino*
1 arpillera
halda
malacuenda
rázago

Halda es la que se emplea para envolver fardos, pacas, etc.

hartar *verbo transitivo/pronominal*
1 saciar
satisfacer
atracar
ahitar
empachar
empapuciar
empapular
empapuzar
ANTO carecer
vaciar
necesitar

Empachar, empapuciar, empapular y *empapuzar* significan *hartar* hasta padecer indigestión. *Atracar* y *ahitar, hartar* con exceso.

2 fastidiar
hastiar
cansar*
aburrir

hartazgo *nombre masculino*
1 panzada
tripada
atracón
repleción
empacho
ANTO hambre

harto[1] *adverbio*
1 bastante*
sobrado
asaz

harto, -ta[2] *adjetivo/nombre*
1 repleto
ahíto
lleno
saciado
satisfecho
2 cansado
fastidiado
hastiado

haschís *nombre masculino*
1 hachís
haxix

hastiado, -da *adjetivo*
1 ahíto
fastidiado
enfadado

a
b
c
d
e
f
g
h
i
j
k
l
m
n
ñ
o
p
q
r
s
t
u
v
w
x
y
z

hastiar *verbo*
transitivo/pronominal
1 fastidiar
aburrir*
dar la lata
cansar*
empalagar
cargar
estar hasta la coronilla
estar hasta el gollete
ANTO divertir

hastío *nombre masculino*
1 repugnancia
2 disgusto
tedio
fastidio
aburrimiento
cansancio
esplín*

hastioso, -sa *adjetivo*
1 fastidioso
tedioso
latoso
aburrido
pesado
cargante
importuno

hatajo *nombre masculino*
1 hato
pandilla
gavilla
cuadrilla

hato *nombre masculino*
1 manada*
rebaño*
2 pandilla
gavilla
cuadrilla
hatajo

haz *nombre masculino*
1 fajo
gavilla

Aunque su empleo varía según las regiones, el *haz* suele ser más grande que el *fajo*. Por esto se dice preferentemente *fajo* tratándose de papeles, cartas, billetes de banco, etc., y *haz* de leña, de hierba.

hazaña *nombre femenino*
1 proeza
heroicidad

hazard *nombre masculino*
1 (anglicismo) obstáculo
En el golf.

hebdomadario, -ria *adjetivo*
1 semanal
adjetivo/nombre
2 semanario

hebraísmo *nombre masculino*
1 judaísmo

hebraizante *nombre masculino*
1 judaizante

hebraizar *verbo intransitivo*
1 judaizar

hebreo, -ea *adjetivo/nombre*
1 israelita
judío

hebroso, -sa *adjetivo*
1 fibroso

hecatombe *nombre femenino*
1 sacrificio
inmolación
2 matanza
mortandad
carnicería

heces *nombre femenino plural*
1 excremento
⇒ hez

hechicería *nombre femenino*
1 magia
brujería
encantamiento
2 hechizo
sortilegio

hechicero, -ra *adjetivo/nombre*
1 jorguín
hada
brujo
mago
mágico
encantador
nigromante
nigromántico
taumaturgo*

Jorguín, -ina se usa especialmente en las provincias del norte (vascuence, *sorgina*). *Hada* no es persona humana, sino ser sobrenatural femenino; connota hermosura (aunque transitoriamente puede adoptar apariencias feas), y su influencia es siempre benéfica.

2 encantador
fascinador
seductor

hechizar *verbo transitivo*
1 encantar
embrujar
2 cautivar
seducir
embelesar
fascinar

hechizo *nombre masculino*
1 encantamiento
sortilegio
embrujo
maleficio
aojamiento
bebedizo
filtro

Aojamiento, bebedizo y *filtro* son formas particulares del concepto general de *hechizo*.

2 atractivo
encanto
seducción
fascinación

hecho[1] *nombre masculino*
1 acción*
acto
obra
2 acontecimiento*
suceso
caso
acaecimiento

de hecho *locución adverbial*
realmente
efectivamente
positivamente
verdaderamente
en realidad

hecho, -cha[2] *adjetivo*
1 perfecto
acabado
cumplido

hechura *nombre femenino*
1 disposición
figura
forma
2 confección

heder *verbo intransitivo*
1 apestar
oliscar*
ANTO perfumar
2 enfadar
cansar
molestar
ANTO divertir

hediondez *nombre femenino*
1 hedor
fetidez
peste

pestilencia
ANTO aroma

hediondo, -da *adjetivo*
1 fétido
   apestoso
2 sucio
   repugnante
   obsceno
3 molesto
   enfadoso

hedor *nombre masculino*
1 hediondez
   fetidez
   peste
   pestilencia

hegemonía *nombre femenino*
1 preponderancia
   superioridad
   supremacía
   predominio
   ANTO inferioridad
        desventaja

helado[1] *nombre masculino*
1 sorbete

helado, -da[2] *adjetivo*
1 glacial
   gélido
   congelado
2 frío
   yerto
   tieso
3 suspenso
   atónito
   pasmado
   estupefacto
   sobrecogido

helar *verbo transitivo/pronominal*
1 congelar
   ANTO calentar
2 pasmar
   sobrecoger

helénico, -ca *adjetivo*
1 griego

helenio *nombre masculino*
1 énula campana
   hierba del ala
   raíz del moro

helenismo *nombre masculino*
1 grecismo
   greguismo

helenizar *verbo transitivo*
1 grecizar

heleno, -na *adjetivo/nombre*
1 (persona) griego

helera *nombre femenino*
1 granillo (tumorcillo)
   culero

helero *nombre masculino*
1 glaciar

hélice *nombre femenino*
1 espiral (línea)
   espira
   nombre masculino
2 osa Mayor

helicónides *nombre femenino*
   plural
1 musa
   castálidas
   pegásides
   coro de Apolo
   piérides

heliosis *nombre femenino*
1 insolación

heliotropo *nombre masculino*
1 jaspe de sangre

helvecio, -cia *adjetivo/nombre*
1 (persona) helvético
   suizo*

helvético, -ca *adjetivo/nombre*
1 suizo*
   helvecio

hematíe *nombre masculino*
1 eritrocito
   glóbulo rojo

hematites *nombre femenino*
1 oligisto rojo

hematoblasto *nombre*
   masculino
1 hemoblasto

hematoma *nombre masculino*
1 cardenal
   morado

hembra *nombre femenino*
1 mujer

hembrilla *nombre femenino*
1 armella

hemiciclo *nombre masculino*
1 semicírculo

hemicránea *nombre femenino*
1 jaqueca
   migraña

hemiparálisis *nombre femenino*
1 hemiplejía

hemiplejía *nombre femenino*
1 hemiparálisis

hemisférico, -ca *adjetivo*
1 semiesférico

hemisferio *nombre masculino*
1 semiesfera

hemoblasto *nombre masculino*
1 hematoblasto
   eritoblasto
   plaqueta

hemofilia *nombre femenino*
1 diátesis hemorrágica

hemopenia *nombre femenino*
1 anemia

hemorroide *nombre femenino*
1 almorrana

henchido, -da *adjetivo*
1 lleno*
   pleno
   repleto
   pletórico
   colmado
   rebosante
   ANTO vacío
        falto

henchir *verbo transitivo*
1 llenar
   rellenar
   colmar
   ANTO vaciar
        deshinchar
   verbo pronominal
2 hartarse
   llenarse

hendedura *nombre femenino*
1 hendidura
   grieta
   quiebra
   rendija
   raja
   resquebradura
   resquebrajadura

hender *verbo*
   transitivo/pronominal
1 agrietar
   abrir
   rajar
   resquebrajar
2 atravesar
   cortar
   tajar*

hendidura *nombre femenino*
1 grieta
   quiebra
   hendedura

a
b
c
d
e
f
g
h
i
j
k
l
m
n
ñ
o
p
q
r
s
t
u
v
w
x
y
z

rendija
raja
resquebradura
resquebrajadura
fisura

hendija *nombre femenino*
1 rendija
rehendija
redendija

henequén *nombre masculino*
1 pita (planta)
cabuya
pitera

henojil *nombre masculino*
1 liga (cinta)

hepatita *nombre femenino*
1 baritina

heptasílabo, -ba
adjetivo/nombre
1 septisílabo

heráldica *nombre femenino*
1 blasón (arte)

heraldo *nombre masculino*
1 faraute
2 mensajero
adalid

hercúleo, -ea *adjetivo*
1 forzudo
robusto
vigoroso

heredad *nombre femenino*
1 heredamiento
predio
hacienda
finca rústica

heredamiento *nombre*
masculino
1 hacienda (finca)
heredad
predio

heredero, -ra *adjetivo/nombre*
1 sucesor

herejía *nombre femenino*
1 heterodoxia

herén *nombre femenino*
1 yeros

herencia *nombre femenino*
1 patrimonio
sucesión

herida *nombre femenino*
1 lesión
lisiadura

herir *verbo transitivo*
1 golpear
batir
percutir
contundir
pegar
dar
2 pulsar
tocar
3 lesionar
4 lastimar
agraviar
ofender

hermafrodita *adjetivo*
1 bisexual
bisexuado

hermanar *verbo*
transitivo/pronominal
1 unir
uniformar
armonizar
ANTO enemistar
desunir

hermandad *nombre femenino*
1 fraternidad
confraternidad
2 cofradía
congregación
3 gremio
sindicato
4 mutualidad

hermano, -na *nombre*
1 (de una orden religiosa)
donado
hermanuco (despectivo)
lego

hermanuco *nombre masculino*
1 (despectivo) donado
hermano (de una orden
religiosa)
lego

hermeneuta *nombre común*
1 intérprete
comentarista
exegeta

hermenéutica *nombre femenino*
1 interpretación
exégesis

hermético, -ca *adjetivo*
1 impenetrable
cerrado

hermosear *verbo transitivo*
1 decorar
adornar*
ornar
ornamentar
componer*

hermoso, -sa *adjetivo*
1 bello
venusto
bonito
guapo
lindo
gracioso
precioso
magnífico

Bello es voz culta que se aplica principalmente en sus acepciones abstractas: *Bellas Artes*; el sentimiento de lo *bello*. *Hermoso* se aplica preferentemente a lo concreto, y es de uso más general en la lengua hablada. En el habla popular, el calificativo más usado es *bonito*, y con él se sustituye a *bello* y *hermoso*; tratándose de personas, la palabra más usual es *guapo*. *Venusto* se aplica al cuerpo de la mujer.

hermosura *nombre femenino*
1 belleza
ANTO fealdad

hernia *nombre femenino*
1 potra (vulgar)
quebradura
relajación

Potra especialmente utilizada al aludir a la *hernia* inguinal.

herniado, -da *adjetivo*
1 hernioso
potroso (vulgar)
quebrado

herniarse *verbo pronominal*
1 quebrarse

hernioso, -sa *adjetivo/nombre*
1 herniado
potroso (vulgar)
quebrado

hernista *nombre masculino*
1 potrero (vulgar)

héroe *nombre masculino*
1 protagonista
ANTO cobarde
2 semidiós

Refiriéndose a la antigüedad clásica.

heroicidad *nombre femenino*
1 hazaña
proeza

herpe *nombre masculino*
1 herpes

Es frecuente, sobre todo como tecnicismo, denominarlo con el nominativo latino *herpes*.

herramienta *nombre femenino*
1 instrumento*
útil

herraj *nombre masculino*
1 erraj
herraje
piñuelo

herrén *nombre masculino*
1 forraje
pasto

herrerillo *nombre masculino*
1 (ave) ollera
trepatroncos

herreruelo *nombre masculino*
1 (ave) cerrojillo
cerrojito

herrete *nombre masculino*
1 cabete

herrín *nombre masculino*
1 herrumbre
orín (óxido)
robín
rubín

herrón *nombre masculino*
1 arandela

herrumbrar *verbo transitivo/pronominal*
1 aherrumbrar
enmohecer

herrumbre *nombre femenino*
1 orín
herrín
robín
rubín
moho
2 roya

herrumbroso, -sa *adjetivo*
1 roñoso
oxidado
mohoso

hervidero *nombre masculino*
1 muchedumbre
multitud
abundancia

hervir *verbo intransitivo*
1 bullir

hervor *nombre masculino*
1 ebullición (científico)
2 ardor
fogosidad

hervoroso, -sa *adjetivo*
1 impetuoso
ardoroso
fogoso
ardiente

hesitación *nombre femenino*
1 perplejidad
vacilación
irresolución
indecisión

hespérides *nombre femenino plural*
1 pléyades

heterodoxia *nombre femenino*
1 herejía
ANTO ortodoxia

heterogéneo, -ea *adjetivo*
1 diferente
ANTO homogéneo

heterogénesis *nombre femenino*
1 heterogenia
mutación

heterogenia *nombre femenino*
1 heterogénesis

heterometropía *nombre femenino*
1 antimetropía

heteromorfia *nombre femenino*
1 heteromorfismo
polimorfia
ANTO isomorfia

heteromorfismo *nombre masculino*
1 heteromorfia
polimorfia
ANTO isomorfia

hético, -ca *adjetivo/nombre*
1 tísico
ANTO sano
2 flaco
débil
extenuado
ANTO sano
gordo

hexagonal *adjetivo*
1 sexagonal

hexágono, -na *adjetivo/nombre*
1 seisavo
sexángulo

hez *nombre femenino*
1 lía
pie
zupia
madre
solera
sedimento*
turbios
⇒ heces

Lía, generalmente en plural; las *lías* del vino; *pie*, *zupia*, *madre* y *solera*, especialmente del vino; *turbios*, especialmente del aceite.

hialino, -na *adjetivo*
1 vítreo
transparente

hibernal *adjetivo*
1 invernal
hiemal (literario)

hibernés, -esa *adjetivo/nombre*
1 (persona) irlandés
hibérnico

Hibérnico e *hibernés* son voces doctas que sólo se aplican con referencia a la antigua Irlanda (Hibernia).

hibérnico, -ca *adjetivo*
1 hibernés*
irlandés

híbrido, -da *adjetivo*
1 mestizo

En rigor, *híbrido* es el que procede de dos especies distintas (como el mulo), y *mestizo*, de dos variedades o razas de la misma especie.

hibuero *nombre masculino*
1 güira
higüero
totuno

hidalgo, -ga *nombre*
1 noble
hijodalgo
adjetivo
2 generoso
caballeroso
distinguido
ANTO vil

hidalguía *nombre femenino*
1 caballerosidad
nobleza
dignidad
pundonor

a
b
c
d
e
f
g
h
i
j
k
l
m
n
ñ
o
p
q
r
s
t
u
v
w
x
y
z

lealtad
generosidad
ANTO bellaquería
  deslealtad

hidrargirio *nombre masculino*
1 azogue
mercurio
hidrargiro

hidrargiro *nombre masculino*
1 azogue
mercurio
hidrargirio

hidrato *nombre masculino*
1 base
hidróxido

hidráulica *nombre femenino*
1 hidromecánica

hidroavión *nombre masculino*
1 hidroplano

hidroclorato *nombre masculino*
1 clorhidrato

hidroextractor *nombre*
  masculino
1 centrifugador
centrifugadora

hidrófilo, -la *adjetivo*
1 higroscópico

hidrofito *nombre masculino*
1 planta acuática

hidrofobia *nombre femenino*
1 rabia

hidrófobo, -ba *adjetivo/nombre*
1 rabioso (que padece la
  rabia)

hidrogel *nombre masculino*
1 hidrosol

hidromecánica *nombre*
  femenino
1 hidráulica

hidromel *nombre masculino*
1 aguamiel

hidropesía *nombre femenino*
1 opilación

hidroplano *nombre masculino*
1 hidroavión

hidrosol *nombre masculino*
1 hidrogel

hidrostatímetro *nombre*
  masculino
1 hidrotaquímetro ·

hidrotaquímetro *nombre*
  masculino
1 hidrostatímetro

hidrótico, -ca *adjetivo*
1 diaforético
sudorífico

hidróxido *nombre masculino*
1 base

hidroxilo *nombre masculino*
1 oxihidrilo

hiel *nombre femenino*
1 bilis
2 amargura
pena
aflicción
disgusto

hiemal *adjetivo*
1 invernal
hibernal

hienda *nombre femenino*
1 estiércol
fimo
excremento
fiemo

hierba
  haber pisado mala hierba
  locución
  tener mala suerte
  estar de malas
  tener mala pata
  hierba artética *locución*
  nominal
  pinillo
  hierba ballestera
  eléboro
  hierba de ballestero
  hierba belida
  ranúnculo
  apio de ranas
  botón de oro
  hierba de Santa María
  atanasia
  hierba de Túnez
  servato
  ervato
  peucédano
  hierba de las coyunturas
  belcho
  canadillo
  uva de mar
  uva marina
  hierba de las siete
    sangrías
  asperilla

hierba de punta
espiguilla
hierba del Paraguay
mate
hierba del ala
helenio
énula campana
raíz del moro
hierba doncella
brusela
hierba estrella
estrellamar
hierba hormiguera
pazote
apasote
pasiote
hierba de Santa María
hierba del Brasil
pizate
té borde
hierba meona
altarreina
milenrama
aquelca
artemisa bastarda
milhojas
hierba mora
solano
hierba pastel
glasto
pastel
hierba pejiguera
duraznillo
persicaria
hierba piojenta
estafisagria
albarraz
piojera
uva tamínea
uva taminia
hierba pulguera
arta de agua
zaragatona
coniza
hierba puntera
siempreviva
perpetua amarilla
hierba sagrada
verbena
hierba santa
hierbabuena
menta
hierba tora
orobanca

hierbabuena *nombre femenino*
1 hierba santa
menta

hieros *nombre masculino plural*
1 alcarceñas
yeros
herenes
yervos

hierre *nombre masculino*
1 herradero
yerra

hígado
tener muchos hígados
locución
tener valor
tener valentía
tener redaños
tener arrestos

hígido, -da *adjetivo*
1 sano
normal

higiene *nombre femenino*
1 profiláctica
ANTO suciedad
infección

higrometría *nombre femenino*
1 higroscopia

higroscopia *nombre femenino*
1 higrometría

higroscópico, -ca *adjetivo*
1 hidrófilo

higuera
higuera chumba *locución*
nominal
nopal
chumbera
tunal
tunera
higuera de Indias
higuera de pala
higuera de tuna
higuera de Egipto
cabrahígo
higuera silvestre
higuera del infierno
ricino
cherva
querva
higuera infernal
higuereta
higuerilla
palmacristi

higuereta *nombre femenino*
1 ricino
cherva
querva
higuera del infierno
higuera infernal

higuerilla
palmacristi

higuerilla *nombre femenino*
1 ricino
cherva
querva
higuera del infierno
higuera infernal
higuereta
palmacristi

higüero *nombre masculino*
1 güira
hibuero
totuno

hijastro, -ra *nombre*
1 alnado

hijo, -ja *nombre*
1 descendiente
natural
originario
nacido
2 resultado
consecuencia
fruto
producto
3 rebrote
retoño
renuevo
hijo político *locución nominal*
yerno (para los hombres)
nuera (para las mujeres)

hijodalgo *nombre masculino*
1 hidalgo
noble

hijuela *nombre femenino*
1 sucursal
filial

hijuelo *nombre masculino*
1 rebrote
retoño
renuevo
vástago*

hila *nombre femenino*
1 hilera
fila
cola
hilada

hilada *nombre femenino*
1 hilera (formación en línea)
fila
cola
hila

hiladillo *nombre masculino*
1 rehiladillo

hilera *nombre femenino*
1 fila
cola
Cola, si se trata de personas
que esperan vez.

hilo
pendiente de un hilo
locución adverbial
en vilo

hilván *nombre masculino*
1 basta
baste

himen *nombre masculino*
1 virgo

himeneo *nombre masculino*
1 boda
casamiento
matrimonio*
unión
enlace
desposorio

hincar *verbo transitivo*
1 clavar
plantar

hincha¹ *nombre femenino*
1 antipatía*
ojeriza
enemistad
odio

hincha² *nombre común*
1 seguidor
aficionado
forofo
fan
supporter (en el fútbol)

hinchada *nombre femenino*
1 afición

hinchado, -da *adjetivo*
1 tumescente
tumefacto
2 finchado
vanidoso
vano
presumido
presuntuoso
infatuado
3 hiperbólico
afectado
pomposo
opado
redundante

hinchar *verbo transitivo*
1 inflar
soplar
ANTO deshinchar
2 exagerar

extremar
ANTO disminuir

verbo pronominal
3 envanecerse
infatuarse
ANTO deshinchar

hinchazón *nombre femenino*
1 inflación
intumescencia
tumefacción
inflamiento
abotagamiento
2 soberbia*
humos
engreimiento
orgullo
arrogancia
altivez
ínfulas
fatuidad
presunción
vanidad
petulancia
ANTO humildad
modestia
discreción

hindú *adjetivo/nombre común*
1 indio (de la India)
indo
indostánico

hiniesta *nombre femenino*
1 retama
ginesta

hinojo *nombre masculino*
1 rodilla

hinojo marino *locución nominal*
empetro
perejil de mar
perejil marino

hipar *verbo intransitivo*
1 gimotear
lloriquear

hipérbaton *nombre masculino*
1 transposición
anástrofe

Anástrofe, cuando el *hipérbaton* es extremadamente violento.

hipérbole *nombre femenino*
1 exageración
ponderación
andaluzada

Todos ellos de uso general.

hiperbólico, -ca *adjetivo*
1 abultado

exagerado
extremado
pomposo
redundante
opado
hinchado

hiperbóreo, -ea *adjetivo*
1 ártico

hiperclorhidria *nombre femenino*
1 acedía
acidez

hiperfasia *nombre femenino*
1 hiperfemia
locuacidad
verborrea
logorrea

hiperfemia *nombre femenino*
1 hiperfasia
locuacidad
verborrea
logorrea

hipermetría *nombre femenino*
1 cabalgamiento
encabalgamiento

hipermetropía *nombre femenino*
1 presbicia
vista cansada

hipertensión *nombre femenino*
1 paratonía
ANTO hipotensión

hipertono *nombre masculino*
1 armónico

hipiátrica *nombre femenino*
1 veterinaria

hipiátrico, -ca *nombre*
1 (persona) veterinario

hípico, -ca *adjetivo*
1 caballar*

hipnosis *nombre femenino*
1 hipnotismo
mesmerismo
magnetismo

hipnótico, -ca *adjetivo/nombre*
1 somnífero

hipnotizar *verbo transitivo*
1 magnetizar
2 fascinar
asombrar

hipo *nombre masculino*
1 singulto

hipocampo *nombre masculino*
1 caballo de agua
caballo de mar
caballo marino

hipocondría *nombre femenino*
1 melancolía
tristeza
abatimiento
murria
depresión
esplín (anglicismo)
morriña

hipocresía *nombre femenino*
1 fingimiento
ficción
simulación
doblez
fariseísmo
ANTO sinceridad
lealtad
claridad

hipócrita *adjetivo/nombre común*
1 engañoso
disimulado
tartufo
falso
farisaico
fariseo

Farisaico y *fariseo*, especialmente si el *hipócrita* finge piedad o austeridd.

hipodérmico, -ca *adjetivo*
1 subcutáneo

hipófisis *nombre femenino*
1 cuerpo pituitario
glándula pituitaria

hipopótamo *nombre masculino*
1 caballo de agua

hipostasis *nombre femenino*
1 sedimento
residuo

hipotáctico, -ca *adjetivo*
1 subordinado

hipotaxis *nombre femenino*
1 subordinación

hipoteca *nombre femenino*
1 garantía*

hipotecar *verbo transitivo*
1 empeñar*
gravar

hipótesis *nombre femenino*
1 suposición
supuesto
presunción
conjetura

hipotético, -ca *adjetivo*
1 supuesto
  conjetural
  presunto

hipsometría *nombre femenino*
1 altimetría

hirco *nombre masculino*
1 cabra montés

hirma *nombre femenino*
1 orillo
  vendo

hirsuto, -ta *adjetivo*
1 erizado
  híspido
  ANTO liso
2 (persona) áspero
  intratable
  ANTO suave

hisopear *verbo transitivo*
1 asperjear

hisopillo *nombre masculino*
1 (planta) morquera

hisopo *nombre masculino*
1 aspersorio
  asperges

hispalense *adjetivo/nombre*
1 (persona) sevillano

hispánico, -ca *adjetivo/nombre*
1 español*
  hispano

hispanizado, -da *adjetivo*
1 españolado
  españolizado

hispano, -na *adjetivo/nombre*
1 (persona) español
  hispánico

hispanófono, -na
adjetivo/nombre
1 hispanohablante

hispanohablante
adjetivo/nombre común
1 hispanófono

hispanojudío, -a
adjetivo/nombre
1 judeoespañol

híspido, -da *adjetivo*
1 hirsuto
  erizado
  ANTO liso

Aplícase al pelo.

histérico, -ca *adjetivo*
1 uterino

histerismo *nombre masculino*
1 mal de madre
  pitiatismo

histerotomía *nombre femenino*
1 cesárea (operación)

histografía *nombre femenino*
1 histología

histología *nombre femenino*
1 histografía

historiador, -ra *nombre*
1 historiógrafo

histórico, -ca *adjetivo*
1 averiguado
  cierto
  verdadero
  positivo
  seguro

historieta *nombre femenino*
1 anécdota
  chascarrillo

historiógrafo, -fa *nombre*
1 historiador
  cronista

histrión *nombre masculino*
1 actor
  representante
  cómico
  comediante

histular *adjetivo*
1 hístico

hitamente *adverbio*
1 atentamente

hito *nombre masculino*
1 coto
  mojón
  poste
  muga
  muñeca
  pilón
  señal
  término

hocicar *verbo transitivo*
1 hozar
2 (despectivo) besuquear

hocico *nombre masculino*
1 morro
  jeta
2 (despectivo) cara*

hocicón, -ona *adjetivo*
1 hocicudo
  bezudo

  morrudo
  picudo

hocicudo, -da *adjetivo*
1 bezudo
  morrudo

hocino *nombre masculino*
1 honcejo

hociquear *verbo*
transitivo/intransitivo
1 (despectivo) besotear
  besuquear
  besucar
  besar repetidas veces
  comerse a besos
  hocicar (despectivo)

hodómetro *nombre masculino*
1 podómetro
  cuentapasos
  odómetro

hogañazo *adverbio*
1 (familiar) actualmente
  hogaño
  ogaño
  en la actualidad
  hoy en día
  hoy por hoy
  ANTO antaño

hogaño, ogaño *adverbio*
1 actualmente
  hogañazo (familiar)
  ANTO antaño

hogar *nombre masculino*
1 casa
  domicilio
  lar
  fuego
  humo

Por ejemplo: *en esta aldea hay ochenta fuegos o humos.*

hoguera *nombre femenino*
1 hogar

En las máquinas, *hogar*, tanto si arden con llama como sin ella.

hoja *nombre femenino*
1 folio
  lámina
  chapa

La *hoja* de papel en un libro o manuscrito, *folio*; de madera o metal, *chapa* o *lámina*.

2 estrato
  capa
  membrana
  zona
3 espada

hojalata *nombre femenino*
1 lata
   hoja de lata

hojear *verbo transitivo*
1 trashojar

holandés, -esa *adjetivo/nombre*
1 (persona) neerlandés

holandeta *nombre femenino*
1 holandilla
   mitán

holandilla *nombre femenino*
1 holandeta
   mitán

holgadamente *adverbio*
1 largamente
   ampliamente

holgado, -da *adjetivo*
1 ancho
   desahogado
   espacioso
2 desocupado
   ocioso

holganza *nombre femenino*
1 descanso
   quietud
   reposo
   ANTO trabajo
        actividad
2 ociosidad
   holgazanería
   pereza
   poltronería
   ANTO actividad
3 placer
   regocijo
   gozo
   contento

holgar *verbo intransitivo*
1 descansar
   reposar
   tomar aliento
   ANTO trabajar
2 sobrar

   verbo pronominal
3 alegrarse
   contentarse
   regocijarse
   gozarse
   ANTO entristecerse
4 divertirse
   entretenerse
   matar el tiempo
   andar de nones
   hacer fiestas
   hacer novillos

hacer rabona
cruzarse de brazos
papar moscas
mirar las musarañas
tomar el sol
tumbarse a la bartola
hacer campana

Hacer novillos, hacer rabona y *hacer campana*, más usado en Cataluña, aluden a la acción de no asistir al curso los alumnos.

holgazán, -ana *adjetivo/nombre*
1 perezoso
   poltrón
   gandul
   maltrabaja
   pamposado
   galbanero
   haragán
   vago
   tumbón
   indolente
   negligente
   remiso

Tumbón, indolente, negligente y *remiso* son expresiones atenuadas.

holgazanear *verbo intransitivo*
1 gandulear
   haraganear
   vaguear
   matar el tiempo

holgazanería *nombre femenino*
1 pereza
   desidia
   ociosidad
   haraganería
   gandulería

holgorio *nombre masculino*
1 jolgorio
   regocijo
   fiesta
   jarana
   diversión
   bullicio
   juerga

holgura *nombre femenino*
1 anchura
   amplitud
   desahogo
   comodidad
   ANTO estrechez
        incomodidad

holladura *nombre femenino*
1 huella*
   estampa
   pisada

patada
vestigio
señal
indicio

hollar *verbo transitivo*
1 pisar
   pisotear
   conculcar

Conculcar es término literario, y no se usa en sentido material. Se *conculca* una ley y se pisa o *huella* un terreno.

2 abatir
   humillar
   atropellar
   menospreciar

hollejo *nombre masculino*
1 orujo
   brisa
   casca
2 película

holliniento, -ta *adjetivo*
1 fuliginoso

holocausto *nombre masculino*
1 sacrificio

holocenosis *nombre femenino*
1 ecosistema

hológrafo *adjetivo/nombre masculino*
1 autógrafo
   ológrafo

holoturia *nombre femenino*
1 cohombro de mar

hombradía *nombre femenino*
1 hombría
   entereza
   valor

hombre *nombre masculino*
1 especie humana
   género humano
   humanidad
2 varón
3 marido*

hombría *nombre femenino*
1 hombradía
   entereza
   valor

hombría de bien *locución nominal*
   probidad
   integridad
   honradez
   ANTO indecencia
        deshonra

hombruna_adjetivo_
1 (familiar) lesbiana
    machota (familiar)
    homosexual
    marimacho (familiar)
    tortillera (vulgar)

homenaje_nombre masculino_
1 pleito homenaje
2 sumisión
    acatamiento
    respeto
    veneración
3 celebración
    exaltación
    culto*

homicidio_nombre masculino_
1 muerte

homocéntrico, -ca_adjetivo_
1 concéntrico

homoerotismo_nombre_
    femenino
1 homosexualidad
    ANTO heterosexualidad

    Aplícanse a ambos sexos.

homologar_verbo transitivo_
1 equiparar

homomorfismo_nombre_
    masculino
1 isomorfismo

homónimo, -ma
    adjetivo/nombre
1 (persona) tocayo

homosexual_adjetivo/nombre_
    masculino
1 (hombre) afeminado
    mariquita
    maricón (familiar)
    marica
    invertido
    sodomita
    amadamado
    amariconado (vulgar)
    ANTO macho
        viril
        masculino
        varonil

    adjetivo/nombre femenino
2 (mujer) lesbiana
    machota (familiar)
    marimacho (familiar)
    hombruna (familiar)
    tortillera (vulgar)

homosexualidad_nombre_
    femenino
1 homoerotismo
    ANTO heterosexualidad

honcejo_nombre masculino_
1 hocino (hoz)

honda_nombre femenino_
1 braga (cuerda)
    briaga

hondero_nombre masculino_
1 pedrero
    fundibulario
    Fundibulario, entre los roma-
    nos.

hondo[1]_nombre masculino_
1 fondo
    hondón

hondo, -da[2]_adjetivo_
1 profundo
    'La Idea fundamental de la
    significación de estas dos vo-
    ces es la concavidad o, más
    bien, el desnivel en sentido in-
    ferior; pero _profundo_ no se
    aplica a los objetos pequeños,
    y así no decimos un plato _pro-
    fundo_, sino un plato _hondo_. El
    fondo de lo _profundo_ dista
    más del nivel superior que el
    de lo _hondo_. La concavidad
    absoluta no basta para consti-
    tuir la _profundidad_' (M).

2 recóndito
    arcano
    misterioso
    abstruso
3 intenso
    extremado
    Tratándose de sentimientos.

hondón_nombre masculino_
1 fondo (parte inferior)
    hondo

hondonada_nombre femenino_
1 nava

hondura_nombre femenino_
1 profundidad
    quintos infiernos
    centro de la tierra
    ANTO altura
        excelsitud

honestidad_nombre femenino_
1 decencia
    decoro
    honra
    ANTO deshonestidad
2 recato
    pudor
    castidad*

honesto, -ta_adjetivo_
1 decente

decoroso
2 recatado
    pudoroso
    púdico
    casto
3 honrado
    íntegro
4 recto
    justo
    equitativo
    razonable

hongo_nombre masculino_
1 seta

honor_nombre masculino_
1 honra
    pundonor
    renombre
    reputación
    fama
    gloria
    opinión
    ANTO deshonor

    Todos ellos expresan admira-
    ción social; en la lengua clási-
    ca, _opinión_.

    'El _honor_ consiste en un senti-
    miento de que el hombre se
    halla animado, en la conduc-
    ta que se traza, en los princi-
    pios que le sirven de norma en
    sus operaciones. El _pundonor_
    es el esmero con que procura
    mantener ileso el _honor_. La
    honra depende de la opinión
    de los otros hombres' (M). 'El
    honor es independiente se la
    opinión pública; la _honra_ es, o
    debe ser, el fruto del honor,
    esto es, la estimación con que
    la opinión pública recompen-
    sa aquella virtud. Mostró el
    honor que tenía. Un hombre
    de _honor_ es la _honra_ de su fa-
    milia. Se hereda el _honor_, y no
    la _honra_; esta se funda des-
    pués en las acciones propias,
    y el concepto ajeno. Se _honra_,
    no se da _honor_. El favor puede
    honrar, pero no restituir el _ho-
    nor_ al que una vez lo ha perdi-
    do' (LH).

2 honestidad
    recato
    castidad
    ANTO indignidad
3 distinción
    cargo
    dignidad
    empleo
    ⇒ honores

a
b
c
d
e
f
g
h
i
j
k
l
m
n
ñ
o
p
q
r
s
t
u
v
w
x
y
z

a

honorable *adjetivo*
1 respetable
venerable

b

honorario, -ria *adjetivo*
1 honorífico

c

⇒ honorarios

d

Todo lo que es *honorario* es *honorífico*, es decir, da honor. El cargo de presidente *honorario* de una sociedad es un cargo *honorífico*; pero un nombramiento para una dignidad elevada, una condecoración, son *honoríficos*, aunque no sean *honorarios*. *Honorario* es, pues, una especie dentro del género *honorífico*.

e

f

g

h

honorarios *nombre masculino plural*
1 sueldo
gajes
paga
emolumentos
estipendio
dieta

i

j

k

l

⇒ honorario

honores *nombre masculino plural*
1 ceremonial
agasajo

m

n

⇒ honor

Por ejemplo: *le rindió honores una compañía de infantería; hacía los honores la dueña de la casa.*

ñ

o

honorífico, -ca *adjetivo*
1 honroso
2 honorario

p

q

honra *nombre femenino*
1 honor
pundonor
2 honestidad
recato
castidad
3 reputación
renombre
fama
gloria

r

s

t

u

v

honradez *nombre femenino*
1 hombría de bien
probidad
integridad
rectitud
ANTO deshonra
inmoralidad

w

x

y

z

honrado, -da *adjetivo*
1 probo

íntegro
recto
leal
hombre de bien
2 apreciado
estimado
respetado
venerado
enaltecido

honrar *verbo transitivo/pronominal*
1 respetar
venerar
ANTO deshonrar
envilecer
2 enaltecer
distinguir
favorecer
realzar
ensalzar
ANTO envilecer
blasfemar

honroso, -sa *adjetivo*
1 decoroso
decente
honesto
2 honorífico

'*Honroso* es lo que abunda en honra; *honorífico* lo que la da. Los hechos son *honrosos* y las distinciones son *honoríficas*. La conducta y las acciones *honrosas* se premian con distinciones *honoríficas*' (M).

hontanar *nombre masculino*
1 manantial
fontanar
venero

hoque *nombre masculino*
1 alboroque
botijuela
robla
robra
corrobra

hora

tener muchas horas de vuelo *locución*
ser experto
tener experiencia
tener los ojos abiertos
ser avisado

horadar *verbo transitivo*
1 agujerear
perforar
taladrar

Perforar se usa como voz culta, tecnicismo médico, o tra-

tándose de cosas grandes: la herida ha *perforado* el intestino; *perforar* una montaña para abrir un túnel.
2 pasar de parte a parte

horado *nombre masculino*
1 agujero
huraco (rústico)
orificio
taladro
perforación

horca *nombre femenino*
1 horcón
horqueta
horquilla
2 ristra

horchata

sangre de horchata *locución adjetiva*
⇒ sangre

horco *nombre masculino*
1 sarta
serie
retahíla
sartal
rosario
rastra
ristra
horca

horcón *nombre masculino*
1 horca (agricultura)
horqueta
horquilla

horma *nombre femenino*
1 molde
2 albarrada

hormiga

hormiga alada *locución nominal*
aladica
aluda

hormigón *nombre masculino*
1 concreto
mazacote
derretido
nuégado
garujo

hormigonera *nombre femenino*
1 amasadera
amasadora

hormigos *nombre masculino plural*
1 nuégado

hormiguear *verbo intransitivo*
1 gusanear
  bullir
  pulular
  agitarse
  moverse

hormigueo *nombre masculino*
1 prurito
  cosquilleo
  picazón*
  comezón*
  hormiguilla

hormiguilla *nombre femenino*
1 cosquilleo
  picazón*
  prurito
  comezón*
  hormigueo
2 (familiar) remordimiento

hormiguillo *nombre masculino*
1 cosquilleo
  picazón

hornada *nombre femenino*
1 promoción

hornillo *nombre masculino*
1 recámara

horóscopo *nombre masculino*
1 predicción
  pronóstico
  vaticinio
  augurio
  adivinación
  profecía

El *horóscopo* es la observación que hacían los astrólogos del estado del cielo al nacer una persona, para predecir su porvenir. Denota, pues, una forma particular de *predicción*, *pronóstico*, etc.

horqueta *nombre femenino*
1 horca (agricultura)
  horcón
  horquilla

horquilla *nombre femenino*
1 horca (agricultura)
  horcón
  horqueta

horrendo, -da *adjetivo*
1 horrible
  horroso
  hórrido
  horripilante
  espantoso
  pavoroso
  monstruoso

hórreo *nombre masculino*
1 granero
  troj

horrero *nombre masculino*
1 trojero

horrible *adjetivo*
1 horrendo
  horroso
  hórrido
  horripilante
  espantoso
  pavoroso
  monstruoso

'Un objeto que horroriza es la idea común a estas tres voces, que la representan con relación a los distintos efectos que produce el horror en nuestra imaginación. Lo *horrendo* nos horroriza, como atroz y abominable; lo *horrible*, como repugnante y desagradable; lo *horroroso*, como espantoso y temible. Es *horrendo* el crimen de un parricida; es *horrible* la vista de un monstruo, la de un cadáver desfigurado; es *horroroso* el triste espectáculo de un naufragio, los efectos de un incendio, la profundidad espantosa de un abismo' (LH).

hórrido, -da *adjetivo*
1 horrendo
  horrible*
  horroso
  horripilante
  espantoso
  pavoroso
  monstruoso

horripilante *adjetivo*
1 horrendo
  horrible*
  horroso
  hórrido
  espantoso
  pavoroso
  monstruoso

horripilar *verbo transitivo/pronominal*
1 horrorizar
  espantar
  aterrar
  quitar el hipo
  meter en un puño
  dejar sin resuello
  ANTO tranquilizar
    envalentonarse

horro, -ra^1 *adjetivo*
1 (oveja, vaca, yegua, etc.)
  estéril
  machorra
  mañera
  nulípara

horro, -rra^2 *adjetivo*
1 manumiso
  liberto
2 libre
  desembarazado

horror *nombre masculino*
1 aversión
  repulsión
  fobia
  espanto
  pavor
  terror
  consternación

horrorizar *verbo transitivo*
1 espantar
  horripilar
  aterrar
  consternar

horroroso, -sa *adjetivo*
1 repugnante
  repulsivo
  feísimo
  monstruoso
  horrible*
  horrendo
  horripilante
  hórrido
  espantoso
  pavoroso

horrura *nombre femenino*
1 escoria (cosa vil)
  desecho
  hez
  basura

hortelano, -na *nombre*
1 huertano
  horticultor

Huertano es preferido en algunas regiones (Murcia). Como nombre técnico o culto, *horticultor*.

hortera *nombre femenino*
1 dornillo
2 chabacano

horticultor, -ra *nombre*
1 hortelano
  huertano

hosco, -ca *adjetivo*
1 ceñudo
  fosco

áspero
intratable
huraño
ANTO suave
   simpático

hospedaje *nombre masculino*
1 alojamiento
albergue
posada
fonda
hospedería

hospedar *verbo*
transitivo/pronominal
1 alojar
albergar
hacer noche
sentar a la mesa
aposentar
posar (intransitivo antiguo)
ANTO desalojar

hospedería *nombre femenino*
1 fonda
posada
parador
mesón
venta
hostería
hostal

hospedero, -ra *nombre*
1 patrón

hospital *nombre masculino*
1 nosocomio

hospitalidad *nombre femenino*
1 acogida
admisión
aceptación
acogimiento
recibimiento

hospitalización *nombre*
femenino
1 internamiento

hospitalizar *verbo transitivo*
1 internar
encerrar

hostal *nombre masculino*
1 hostería
posada
mesón
parador
fonda

hostelero, -ra *nombre*
1 posadero
mesonero
hotelero
fondista

huésped
En la lengua clásica, *huésped*.

hostería *nombre femenino*
1 posada
mesón
parador
hostal
fonda

hostia *nombre femenino*
1 forma
sagrada forma
pan eucarístico

Sagrada forma y *pan eucarístico*, después de la consagración.

hostigar *verbo transitivo*
1 azotar
fustigar
mosquear
picar
2 perseguir
hostilizar
molestar
acosar
ANTO defender
   acoger
   tranquilizar

hostil *adjetivo*
1 adversario
contrario
enemigo

hostilidad *nombre femenino*
1 enemistad*
enemiga
oposición
2 agresión
ataque
acometida

**suspensión de
hostilidades**
⇒ suspensión

hostilizar *verbo transitivo*
1 molestar
hostigar
perseguir
2 acometer
atacar

hotel *nombre masculino*
1 fonda

hoy

hoy por hoy *locución adverbial*
ahora
actualmente
hoy en día
hoy día

al presente
en la actualidad

hoya *nombre femenino*
1 hoyo

El *hoyo* es comúnmente más pequeño que la *hoya*.

2 sepultura
fosa
huesa

hoyo *nombre masculino*
1 hoya

hoz *nombre femenino*
1 segadera
segur

hozar *verbo transitivo*
1 hocicar

hucha *nombre femenino*
1 alcancía
vidriola
ladronera
olla ciega

huebra *nombre femenino*
1 barbecho

hueco, -ca *adjetivo/nombre*
1 cóncavo
vacío

'Si *hueco* es lo *cóncavo* o *vacío* por dentro, habremos de considerar como sinónimas estas tres voces; pero *cóncavo* y *hueco* de ningún modo parece que se pueden mirar como tales; porque la primera de estas calidades es una circunstancia propia del cuerpo, y la segunda es puramente una negación de su solidez, sea la figura la que fuese (...). *Vacío* supone una negación accidental de aquellas cosas que el cuerpo suele o puede contener, y no contiene actualmente. *Hueco* supone una negación positiva, no precisamente de aquellas cosas que puede contener el cuerpo distintas de la materia, o materias de que se compone, sino de aquella parte del mismo cuerpo que falta en lo interior de él para constituirle sólido' (LH).

2 mullido
esponjoso
3 presumido
vano

fatuo
presuntuoso
orondo
4 afectado
hinchado
5 retumbante
rimbombante

nombre masculino
6 discontinuidad
interrupción
laguna
7 vacante

huelgo *nombre masculino*
1 aliento
resuello
respiración
2 holgura
anchura
desahogo

huella *nombre femenino*
1 estampa
holladura
pisada
patada
vestigio
señal
indicio
rastro
pista
indicios

Rastro y *pista* denotan el conjunto de *huellas* o *indicios* con que se va siguiendo el camino recorrido por personas o animales.

2 (de una enfermedad) lacra
señal

huelveño, -ña *adjetivo/nombre*
1 (persona) onubense

huemul *nombre masculino*
1 güemul

huérfano, -na *adjetivo/nombre*
1 pupilo

Pupilo designa al *huérfano* respecto de su tutor.

2 desamparado
solo

huero, -ra *adjetivo*
1 vano
hueco
vacío

huertano, -na *adjetivo/nombre*
1 hortelano

huesa *nombre femenino*
1 sepultura

fosa
hoya
hoyo

hueso
　hueso de la rodilla *locución nominal*
　rótula
　choquezuela
　hueso navicular
　escafoides

huesoso, -sa *adjetivo*
1 óseo (culto)

huesudo, -da *adjetivo*
1 osudo
ososo*

hueva *nombre femenino*
1 ovas

huevera *nombre femenino*
1 madrecilla
　En las aves.

huevo
　costar un huevo *locución*
　(vulgar) costar un ojo
　　de la cara
　costar un riñón
　ser caro
　huevo de pulpo *locución nominal*
　liebre marina

hugonote, -ta *adjetivo/nombre*
1 calvinista

huida *nombre femenino*
1 fuga
evasión
defección*

huir *verbo intransitivo/pronominal*
1 volver el rostro
escapar
fugarse
evadirse
largarse (familiar o irónico)
tocárselas (familiar o
　irónico)
tomar soleta (irónico)
tomar las de Villadiego
　(irónico)
chaquetear (burlesco)
ANTO permanecer
　quedarse
　presentarse

Chaquetear, empleado entre soldados.

'No siempre *escapa* el que *huye*. Huir sólo explica la fuga;

escapar añade a la idea de la fuga la del logro de su objeto. Si no se alcanza o se detiene al que *huye*, se *escapa* sin remedio. Al ir a prenderle, se les *huyó*; le siguieron, pero al fin se les *escapó'* (LH).

verbo intransitivo/transitivo
2 apartarse
evitar
rehuir
esquivar
eludir
poner tierra por medio
dar esquinazo
volver las espaldas
salvarse por pies
salir por la puerta de los
　carros
ANTO permanecer
　quedarse

humanar *verbo transitivo*
1 humanizar
ANTO deshumanizar

humanidad *nombre femenino*
1 género humano
especie humana
hombre
2 benignidad
benevolencia
compasión
piedad
misericordia
caridad
filantropía
ANTO inhumanidad
⇒ humanidades

humanidades *nombre femenino plural*
1 bellas letras
buenas letras
literatura
⇒ humanidad

humanizar *verbo transitivo*
1 humanar
ANTO deshumanizar
verbo transitivo/pronominal
2 ablandar
desenojar
suavizar
dulcificar
ANTO endurecer
enojar

humano, -na *adjetivo*
1 benigno
benévolo
compasivo
generoso

a b c d e f g h i j k l m n ñ o p q r s t u v w x y z

caritativo
misericordioso

humeante *adjetivo*
1 fumoso
humoso

humeral *adjetivo*
1 banda
cendal
paño de hombros

humildad *nombre femenino*
1 modestia
ANTO soberbia

humilde *adjetivo*
1 dócil
obediente
sumiso
2 modesto
oscuro
pobre

humillación *nombre femenino*
1 degradación
rebajamiento

humillante *adjetivo*
1 degradante
depresivo
vergonzoso

humillar *verbo
transitivo/pronominal*
1 someter
abatir
doblegar
sojuzgar
rebajar
degradar
avergonzar
doblar la cerviz
besar la correa
echarse de rodillas
ponerse de hinojos
ANTO ensalzar
ensoberbecer
alabar

humor *nombre masculino*
1 genio
índole
condición
carácter
temple

Genio, índole, condición y *carácter* denotan un complejo de cualidades permanentes en una pesona. El *humor* y el *temple* denotan una disposición de ánimo que puede ser permanente o variable. Un hombre de *genio* o *carácter* bondadoso y apacible puede

estar un día de mal *humor* o de mal *temple*, y sorprendernos con asperezas que contradicen su *índole* o *condición*; o bien, una persona intratable nos acoge con amabilidad inesperada en un momento de buen *humor.*

2 humorismo
sentido del humor

Tanto referidos al carácter como a las Bellas Artes.

humorada *nombre femenino*
1 antojo
capricho
fantasía
extravagancia
ventolera

humos *nombre masculino plural*
1 vanidad
envanecimiento*
engreimiento
altivez
soberbia

Por ejemplo tener muchos *humos.*

humoso, -sa *adjetivo*
1 fumoso
humeante

humus *nombre masculino*
1 mantillo (parte del suelo)
tierra negra

hundir *verbo
transitivo/pronominal*
1 sumir
meter
clavar
2 confundir
avergonzar
vencer
3 destruir
arruinar
derribar
destrozar
ANTO construir

húngaro *nombre masculino*
1 (idioma) magiar

huracán *nombre masculino*
1 ciclón
tifón
tornado
remolino*

En el mar de la China, *tifón*; en el golfo de Guinea, *tornado.*

huraco *nombre masculino*
1 (rústico) agujero*

horado
orificio
taladro
perforación

huraño, -ña *adjetivo*
1 furo
arisco
esquivo
hosco
insociable
misántropo

Misántropo denota aversión al género humano.

hurgar *verbo transitivo*
1 menear
remover
manosear
2 incitar
pinchar
atizar
excitar
conmover

hurgón *nombre masculino*
1 (burlesco) estocada
hurgonazo (burlesco)
cuchillada

hurgonazo *nombre masculino*
1 (burlesco) estocada
hurgón (burlesco)
cuchillada

huronear *verbo transitivo*
1 fisgar
fisgonear
husmear
escudriñar
curiosear

hurtadillas

a hurtadillas *locución
adverbial*
furtivamente
ocultamente
a escondidas
a hurto
ANTO abiertamente

hurtar *verbo transitivo/pronominal*
1 gatear
soplar
limpiar
quitar
sustraer
robar

Hurtar es menos delictivo que *robar*; el *robo*, en el derecho penal, supone fractura, escalamiento u otra violencia material.

2 plagiar
  soplar
  limpiar
3 desviar
  apartar
  separar
  evitar

hurto *nombre masculino*
1 pillaje
  rapiña

robo
sustracción
a hurto *locución adverbial*
furtivamente
ocultamente
a escondidas
a hurtadillas
ANTO abiertamente

husada *nombre femenino*
1 mazorca

husmeador, -ra *adjetivo*
1 fisgón
  curioso
  fisgoneador
  entrometido

husmear *verbo transitivo*
1 olfatear
  oler
  oliscar

a b c d e f g h i j k l m n ñ o p q r s t u v w x y z

icneumón *nombre masculino*
1 mangosta

icnografía *nombre femenino*
1 ignografía

icor *nombre masculino*
1 sanie
sanies

icoroso, -sa *adjetivo*
1 sanioso

ictericia *nombre femenino*
1 morbo regio

ictiófago, -ga *adjetivo/nombre*
1 piscívoro

idea *nombre femenino*
1 concepto
representación
imagen
2 opinión
juicio
noción

'La *noción* es una *idea* imperfecta y vaga; es el rudimento de la *idea*. La *noción* se convierte en *idea* por medio de la atención. La lectura rápida de una obra no da más que *nociones* sobre su contenido. No es éste el modo de adquirir *ideas*' (M).

3 plan
proyecto
designio
intención
propósito
4 ingenio
inventiva
imaginación
5 doctrina
creencia
razonamiento
6 manía
obsesión
tema
capricho

ideal *adjetivo*
1 perfecto
sublime
elevado
excelente
puro
ejemplar
nombre masculino
2 modelo
prototipo
arquetipo
3 deseo
ilusión
ambición
sueño

idealización *nombre femenino*
1 sobrevaloración

idear *verbo transitivo*
1 inventar
imaginar
discurrir
trazar
proyectar
venírsele a las mientes
formar concepto

ideario *nombre masculino*
1 ideología
doctrina

idéntico, -ca *adjetivo*
1 igual*
equivalente
semejante*
ANTO distinto
heterogéneo
inexacto
dispar

identidad *nombre femenino*
1 igualdad
equivalencia
ANTO inexactitud
desigualdad
heterogeneidad
2 autenticidad

identificador *nombre masculino*
1 etiqueta
distintivo

ideología *nombre femenino*
1 ideario

idioma *nombre masculino*
1 lengua
lenguaje
habla

idiosincrasia *nombre femenino*
1 carácter
índole
temperamento

Idiosincrasia es tecnicismo usado en medicina y fisiología, e indica peculiaridad o particularidad individual.

idiota *adjetivo/nombre común*
1 imbécil
2 estúpido
tonto
bobo
necio

idiotez *nombre femenino*
1 imbecilidad
alelamiento
estulticia
estupidez
tontería
bobería

idiotismo *nombre masculino*
1 modismo

ido, -da *adjetivo*
1 loco*
delirante
demente
insano
perturbado
alienado
enajenado
maníaco

monomaníaco
chiflado
chalado
guillado
tocado
ANTO cuerdo

idocrasa *nombre femenino*
1 vesubianita
   wiluita

idólatra *adjetivo/nombre común*
1 gentil
   pagano

idolatrar *verbo transitivo*
1 adorar
   querer
   amar
   ANTO despreciar
       odiar

idolatría *nombre femenino*
1 fetichismo
   paganismo
2 adoracion
   veneración
   culto

ídolo *nombre masculino*
1 fetiche

idoneidad *nombre femenino*
1 aptitud*
   capacidad
   disposición
   competencia
   suficiencia
   ANTO ineptitud
       incapacidad
       incompetencia
2 conveniencia
   adecuación

idóneo, -ea *adjetivo*
1 apto*
   capaz
   dispuesto
   competente
   suficiente
2 conveniente*
   adecuado

idumeo, -ea *adjetivo/nombre*
1 (persona) edomita

iglesia *nombre femenino*
1 congregación
   comunidad
2 secta
3 templo

ignaciano, -na *adjetivo*
1 jesuita
   iñiguista

ignaro, -ra *adjetivo*
1 ignorante
   nesciente
   lego
   iletrado
   iliterato
   profano
   ANTO sabio
       culto

ignición *nombre femenino*
1 combustión
   incandescencia

ignografía *nombre femenino*
1 icnografía

ignominia *nombre femenino*
1 oprobio
   deshonra
   afrenta
   deshonor
   infamia
   ANTO honor
       dignidad

ignominioso, -sa *adjetivo*
1 abyecto
   bajo
   vil
   despreciable
   rastrero
   servil
   abatido
   ANTO noble
2 inicuo
   malo
   malvado
   perverso

ignorado, -da *adjetivo*
1 anónimo*
   desconocido
   secreto*
   ANTO conocido
       sabido

ignorancia *nombre femenino*
1 insuficiencia*
   incapacidad
   ineptitud
   incompetencia
   nesciencia
   tontería
   necedad
   inepcia
   inhabilidad
   ANTO capacidad
       aptitud
       habilidad
       sabiduría
       ingenio

'La *ignorancia* es falta de cultura del entendimiento; la ton-

tería falta de cultura de la razón; la *necedad* es *ignorancia* o *tontería* acompañada de presunción. El *ignorante* yerra por falta de principios adquiridos; el *tonto* por falta de luces naturales; el *necio* por falta de luces o principios, y sobra de amor propio. El amor propio oculta muchas veces la *ignorancia*; descubre siempre la *necedad*; y no tiene influjo alguno en la *tontería*, porque el *ignorante* puede saber que lo es; pero ni el *tonto* lo sabe, ni el *necio* lo cree. El que ignora el lenguaje de los *necios*, pasa por *tonto* entre los *ignorantes*' (LH).

ignorante *adjetivo/nombre común*
1 ignaro
   nesciente
   lego
   iletrado
   iliterato
   profano
   inculto
   rústico
   ANTO sabio
       culto

⇒ ignorancia

Lego, iletrado o *ilitorato* se circunscriben a significar falto de cultura, mientras que *profano* es el que es ajeno a una ciencia o doctrina determinada.

2 asno
   corto
   rudo
   necio
   animal
   bruto
   bestia
   torpe
   grosero
   zafio

ignorar *verbo transitivo*
1 desconocer
   ANTO conocer
       saber
2 desentenderse
   pasar por alto
   no saber la cartilla
   estar in albis
   estar pez
   no saber lo que se pesca
   ANTO saber

ignoto, -ta *adjetivo*

1 (culto) desconocido
ignorado
incógnito (culto)
incierto
anónimo

igual *adjetivo*

1 uniforme
equivalente
idéntico
par
parejo
parigual
ANTO desigual
heterogéneo
antónimo

⇒ semejante

Tratándose de la forma, *uniforme*; de valor o cantidad, *equivalente*; de naturaleza o aspecto, *idéntico*; de calidad, categoría o clase social, *par*. *Par, parejo, parigual, igual* e *idéntico* puede usarse intensivamente para denotar una gran semejanza. Las formas prefijas griegas *homo-* e *iso-* se emplean en numerosas voces cultas; por ejemplo: *homogéneo, homónimo, isotermo, isomorfismo.*

2 llano
unido
plano

3 constante
invariable
regular

nombre

4 camarada
compañero*
colega
socio
ANTO desigual
superior
inferior
enemigo

por igual *locución adverbial*
igualmente
indistintamente

igualar *verbo*
transitivo/pronominal

1 equiparar
equilibrar
compensar
ANTO desigualar
desequilibrar

2 allanar
aplanar
explanar
nivelar

igualdad *nombre femenino*

1 equivalencia
uniformidad
paridad

Tratándose de cantidades o valores, *equivalencia*; de forma, *uniformidad*; de calidad, categoría o clase social, *paridad.*

2 ecuanimidad

La *igualdad* en el temple o disposición del ánimo equivale a *ecuanimidad.*

3 equidad
justicia distributiva
imparcialidad

Hablando del sentimiento de justicia, *equidad* o *justicia distributiva*, que consiste en dar a cada uno lo suyo.

igualmente *adverbio*

1 indistintamente
por igual

2 también
asimismo

iguana *nombre femenino*

1 caguayo

igüedo *nombre masculino*

1 cabrón*
buco
macho cabrío
cegajo
chivo
chivato

ijada *nombre femenino*

1 vacío

ilación *nombre femenino*

1 inferencia
consecuencia*

2 trabazón
nexo
conexión
coherencia*

ilegal *adjetivo*

1 ilícito*
ilegítimo
prohibido
ANTO legal
legítimo
justo

2 arbitrario
injusto
inicuo
despótico
ANTO justo
legal

ilegalidad *nombre femenino*

1 injusticia
iniquidad
ilicitud
arbitrariedad
desafuero
atropello
ley del embudo
ANTO legitimidad
moralidad
legalidad

ilegible *adjetivo*

1 indescifrable
ininteligible

ilegítimo, -ma *adjetivo*

1 falsificado
adulterado
mistificado
fraudulento
ilícito*
ilegal
espurio

⇒ bastardo

Falsificado, adulterado, mistificado y *fraudulento*, tratándose de productos. Tratándose de personas se emplea *ilegítimo.*

2 bastardo
espurio
noto
ilegítimo

íleo *nombre masculino*

1 volvo
vólvulo

ilerdense *adjetivo/nombre común*

1 (persona) leridano
ilergete

ilergete *adjetivo/nombre común*

1 (persona) leridano
ilerdense

ileso, -sa *adjetivo*

1 indemne
intacto
ANTO herido
enfermo
impuro

iliterato, -ta *adjetivo/nombre*

1 ignorante*
ignaro
nesciente
lego
iletrado
profano
ANTO sabio
culto

467

ilustrar

iletrado, -da *adjetivo/nombre*
1 ignorante*
ignaro
nesciente
lego
iliterato
profano
ANTO sabio
culto

ilíaco, -ca *adjetivo*
1 troyano
dárdano
iliense
teucro
iliaco

ilicíneo, -ea *adjetivo/nombre*
1 aquifoliáceo

ilícito, -ta *adjetivo*
1 indebido
ilegal
ilegítimo
prohibido
vedado
ANTO legal
lícito
legítimo

Ilegal es sólo contrario a la ley.
Puede haber acciones moralmente *ilícitas* o *indebidas* sin
ser precisamente *ilegales*.

2 fraudulento
falsificado
adulterado
mistificado

ilicitud *nombre femenino*
1 injusticia
iniquidad
ilegalidad
arbitrariedad
desafuero
atropello
ley del embudo
ANTO legitimidad
inmoralidad
legalidad

iliense *adjetivo/nombre*
1 (persona) troyano
dárdano
ilíaco
teucro
iliaco

ilimitado, -da *adjetivo*
1 indefinido
indeterminado
ANTO limitado
definido
determinado
2 incalculable
infinito

iliterato, -ta *adjetivo*
1 iletrado

ilógico, -ca *adjetivo*
1 absurdo
disparatado
irracional
desatinado
inconsecuente
ANTO razonable
consecuente
racional
atinado
lógico

ilota *nombre común*
1 esclavo
siervo
esclavo

El *ilota* era el esclavo entre los
lacedemonios; hoy se usa por
extensión como equivalente
de *esclavo*, o aludiendo a la
Antigüedad.

iluminación *nombre femenino*
1 alumbrado

iluminar *verbo*
transitivo/pronominal
1 alumbrar
ANTO apagar
oscurecer
2 ilustrar
esclarecer
aclarar*
ANTO oscurecer
3 inspirar

ilusión *nombre femenino*
1 alucinación
deslumbramiento
desvarío
delirio
confusión
delusión
ANTO desilusión
desesperanza
desconfianza
2 quimera
sueño
engaño
ficción
fantasía
3 esperanza
confianza
creencia
ANTO desesperanza
desconfianza
desilusión

ilusionar *verbo*
transitivo/pronominal
1 engañar

seducir
atraer
encandilar
deslumbrar
ver de color de rosa
levantar castillos en el aire
alimentarse de esperanzas
prometérselas felices
embriagarse de sueños
ANTO desilusionar
desconfiar
desesperar
verbo pronominal
2 delirar
fantasear

ilusionista *nombre común*
1 prestidigitador
jugador de manos

iluso, -sa *adjetivo*
1 engañado
seducido
cándido
soñador

ilusorio, -ria *adjetivo*
1 aparente
quimérico
engañoso
ficticio
falso

ilustración *nombre femenino*
1 esclarecimiento
aclaración
explicación
comentario
exégesis
2 instrucción
civilización
cultura
ANTO incultura
ignorancia
3 estampa
lámina
grabado
figura

ilustrado, -da *adjetivo*
1 docto
instruido
culto
erudito
sabio
letrado

ilustrar *verbo transitivo*
1 iluminar
dar luz
instruir
civilizar

a

2 aclarar*
explicar
poner en claro
b
dilucidar
esclarecer
c
ANTO ocultar
3 afamar
d
ennoblecer
realzar
e
enaltecer
relevar
engrandecer
f
ANTO difamar
humillar
g
4 iluminar
5 adornar (un impreso)
h

ilustre *adjetivo*
i
1 linajudo
noble
j
esclarecido
blasonado
k
2 insigne
célebre
renombrado
l
prestigioso
ínclito
m
egregio
eximio
n
eminente
superior
ñ
distinguido
notable
o
excelente

imagen *nombre femenino*
p
1 figura
retrato
q
reproducción
representación
r
efigie
Tratándose de personas, *efi-*
s
gie.
2 idea
t
símbolo
figura
u
3 semejanza

imaginación *nombre femenino*
v
1 fantasía
ANTO realidad
w

imaginado, -da *adjetivo*
x
1 ficticio
fingido
y
falso
inventado
z
fabuloso

imaginar *verbo*
transitivo/pronominal
1 representar
crear

inventar
forjar
venir a las mientes
hacerse cargo
ver visiones
soñar despierto
metérsele en la cabeza
trasoñar
ensoñar
fantasear
2 presumir
sospechar
suponer
conjeturar
verbo transitivo
3 fraguar
idear
proyectar
urdir
tramar
maquinar

imaginario, -ria *adjetivo*
1 irreal
ficticio
inventado
fabuloso
fantástico
fantasmagórico
fantasmal
quimérico
ANTO real
verdadero

imán *nombre masculino*
1 piedra
calamita
caramida
magnetita
2 atractivo

imanar *verbo transitivo*
1 magnetizar
imantar

imantar *verbo transitivo*
1 magnetizar
imanar

imbécil *adjetivo*
1 idiota
alelado
tonto
estúpido
estólido
estulto
bobo

imbecilidad *nombre femenino*
1 idiotez
alelamiento
estulticia
estupidez
tontería

bobería
mentecatez
necedad
simpleza
majadería
mentecatería

imberbe *adjetivo*
1 lampiño
barbilampiño
carilampiño
ANTO barbudo
velludo

imborrable *adjetivo*
1 indeleble*
inalterable
inextinguible
ANTO alterable
transitorio
variable

imbuir *verbo transitivo*
1 infundir
persuadir
inculcar

imitación *nombre femenino*
1 facsímile
reproducción
facsímil

imitar *verbo transitivo*
1 seguir
copiar
remedar
contrahacer
plagiar
ANTO crear
inventar

Seguir o *imitar* a los clásicos.
Remedar y *contrahacer* sugieren generalmente imitación
imperfecta o falsificada. *Pla-*
giar y *copiar*, tratándose de
escritos u obras literarias.

2 simular
fingir
aparentar
ANTO realizar
aclarar
crear

imitativo, -va *adjetivo*
1 imitatorio
mimético (científico y culto)

imitatorio, -ria *adjetivo*
1 imitativo
mimético (científico y culto)

impaciencia *nombre femenino*
1 desasosiego
inquietud

intranquilidad
ansiedad

impacientar *verbo*
transitivo/pronominal
1 desasosegar
inquietar
intranquilizar
irritar
quemarse (familiar)
desesperarse (familiar)
pudrirse (familiar)
repudrirse (familiar)
trinar*
rabiar
enfadarse

impaciente *adjetivo*
1 malsufrido

impalpable *adjetivo*
1 intangible*
intocable
2 etéreo
sutil

impanación *nombre femenino*
1 empanación

impar *adjetivo*
1 sin par
sin igual
sin segundo
2 non

imparcial *adjetivo*
1 recto*
justo
equitativo

imparcialidad *nombre femenino*
1 equidad
igualdad*
justicia
rectitud
ANTO parcialidad
injusticia

impartir *verbo transitivo*
1 repartir*
compartir

impasibilidad *nombre femenino*
1 pasividad
indiferencia
inacción
ANTO actividad
inquietud

impasible *adjetivo*
1 imperturbable
indiferente
insensible
ANTO sensible
nervioso

impavidez *nombre femenino*
1 serenidad
sangre fría
tranquilidad
sosiego
calma
ANTO nerviosismo
desasosiego
intranquilidad
ansia

nombre masculino
2 temple
arrojo
valentía
ANTO cobardía

impávido, -da *adjetivo*
1 imperturbable
sereno
impertérrito
2 denodado
valiente
arrojado
3 fresco
descarado
sinvergüenza
cara dura

impecable *adjetivo*
1 acendrado
puro
depurado
acrisolado

impedido, -da *adjetivo/nombre*
1 imposibilitado
tullido
paralítico
baldado

impedimenta *nombre femenino*
1 bagaje
equipaje

impedimento *nombre masculino*
1 estorbo
obstáculo*
dificultad
traba
atascadero
entorpecimiento
rémora
embarazo
retraso
ANTO facilidad
habilidad
desembarazo

impedir *verbo transitivo*
1 estorbar
imposibilitar
embarazar
dificultar
obstaculizar

empecer
embargar
cortar las alas
poner chinitas
atar las manos
acortar los pasos
interceptar
obstruir*

'*Impedir* supone un obstáculo directo. *Estorbar* supone, con más propiedad, un obstáculo indirecto, y no pocas veces una mera dificultad o embarazo. El padre *impide* con su autoridad que su hijo salga de casa. La compañía de un amigo suele *estorbar* a veces que hagamos nuestra voluntad' (LH).

'Se *impide* antes de empezar la acción; se *estorban* su consumación y su progreso. La falta de recursos le *impide* viajar. *Estorban*, para viajar, las dificultades del camino' (M).

2 prohibir*
privar
vedar
ANTO permitir
ayudar

impeler *verbo transitivo*
1 empujar*
impulsar
ANTO sujetar
retener
2 incitar
excitar
estimular
ANTO tranquilizar

impenetrable *adjetivo*
1 hermético
cerrado
2 indescifrable
ininteligible
incomprensible
ANTO penetrable
comprensible
3 callado
secreto

impenitencia *nombre femenino*
1 contumacia
ANTO arrepentimiento
contrición
atrición

impenitente *adjetivo/nombre*
común
1 (familiar) contumaz*
obstinado
pertinaz

tenaz
porfiado
terco

nombre común
2 pecador
contumaz*

impensadamente *adverbio*
1 inesperadamente
inopinadamente

impensado, -da *adjetivo*
1 inesperado*
imprevisto
fortuito
casual
inopinado
ANTO previsto
    calculado
2 involuntario
irreflexivo
instintivo
maquinal
ANTO voluntario

imperar *verbo intransitivo*
1 dominar
mandar
predominar
prevalecer
ANTO obedecer

imperativo, -va *adjetivo*
1 imperioso
perentorio
dominante
autoritario
dominador

Imperioso sugiere arrogancia en la forma; *perentorio* supone apremio o urgencia en el mandato. Aplicado a personas, *dominante* y *autoritario*.

imperceptible *adjetivo*
1 insensible
indiscernible
inapreciable

imperecedero, -ra *adjetivo*
1 perdurable
perpetuo*
inmortal
eterno*

imperfección *nombre femenino*
1 defecto
falta
tacha
vicio
ANTO perfección
    acierto
    corrección

imperfectivo, -va *adjetivo*
1 permanente

imperfecto, -ta *adjetivo*
1 incompleto
defectuoso
deficiente

Incompleto y *defectuoso* tienen significación intensiva en relación con *deficiente* e *imperfecto*, que se sienten como más o menos eufemísticos.

2 inacabado

impericia *nombre femenino*
1 inhabilidad
insuficiencia
inexperiencia
ineptitud
incompetencia
ANTO maña
    habilidad
    competencia

imperio *nombre masculino*
1 dominio
autoridad
ANTO vasallaje
    obediencia
2 altanería
soberbia
orgullo
ANTO humildad

imperioso, -sa *adjetivo*
1 imperativo
autoritario
dominador
absoluto*
arbitrario
despótico
tiránico
dictatorial
dominante
ANTO condescendente
    comprensivo
2 arrogante
altanero
soberbio
orgulloso
3 indispensable
imprescindible

impermeabilizar *verbo transitivo*
1 alquitranar
embrear
calafatear
recauchutar

Según los materiales empleados y los objetos a que se aplican.

impermeable *nombre masculino*
1 chubasquero
gabardina
trinchera
ANTO penetrable
    permeable

impertérrito, -ta *adjetivo*
1 imperturbable
impávido
inconmovible
impasible
sereno
denodado
valeroso

impertinencia *nombre femenino*
1 despropósito*
inconveniencia
ANTO conveniencia
    discreción
2 importunidad
pesadez
chinchorrería
ANTO oportunidad

impertinente *adjetivo*
1 inconveniente
importuno*
inoportuno
2 molesto
fastidioso
cargante
pesado
chinche
chinchorrero
chinchoso
importuno

imperturbable *adjetivo*
1 impasible
impávido
impertérrito
tranquilo
sereno
inalterable
flemático
apático
ANTO alterable
    nervioso
    desequilibrado

impetrar *verbo transitivo*
1 rogar*
solicitar
suplicar*
implorar
deprecar
instar
ANTO conceder

ímpetu *nombre masculino*
1 impulso
impetuosidad

fuerza
violencia
ANTO tranquilidad
    pasividad
    irresolución
2 arrebato
arranque
rapto
pronto
arrechucho

impetuosidad *nombre femenino*
1 fuerza
violencia
ímpetu

impetuoso, -sa *adjetivo*
1 vehemente
violento
fogoso
arrebatado
precipitado
ardiente
ardoroso
brioso
ANTO pasivo
    inactivo

'El que obra impremeditadamente, con arrebato y sin reflexionar en las consecuencias, es *impetuoso*; el que exige, pide, incita u ordena con insistencia y con energía, es *vehemente*; el que atropella toda consideración, y quiere que todo ceda a su voluntad, es *violento*; el que se exalta con facilidad, exagera cuanto piensa y cuanto siente, y se entusiasma con los más leves motivos es *fogoso*' (M).

2 fuerte
violento

Aplicado a cosas: viento, ataque *impetuoso*; corriente, marea, *impetuosa*.

impiedad *nombre femenino*
1 incredulidad
descreimiento
ANTO fe
    piedad
    confianza

impío, -a *adjetivo*
1 irreligioso
descreído
incrédulo
ANTO creyente
    religioso
    reverente
2 despiadado
desapiadado

cruel
inhumano
ANTO piadoso
    bondadoso

implacable *adjetivo*
1 inexorable
inflexible
cruel
duro
despiadado
vengativo
empedernido*

implantación *nombre femenino*
1 fijación
inserción
injerto

implantar *verbo transitivo*
1 establecer
instaurar
instituir
fundar

implicar *verbo transitivo*
1 envolver
contener
enredar
2 traer consigo
suponer
significar

implícito, -ta *adjetivo*
1 callado
tácito
ANTO excluido
    ignorado

implorar *verbo transitivo*
1 rogar*
suplicar*
invocar
impetrar
llamar
solicitar
instar
deprecar
ANTO exigir
    mandar

impolítica *nombre femenino*
1 descortesía
desatención
descomedimiento
desconsideración
grosería
ANTO cortesía
    aprecio

impolítico, -ca *adjetivo*
1 descortés
inurbano
grosero
incivil

rústico
falto de diplomacia
falto de tacto

'El *impolítico* es por falta de buenos modos, y a nadie agrada; el *grosero* por tener modos desagradables, y a todos es insoportable; el *rústico* los tiene chocantes, y nadie puede sufrirle' (Ma).

impoluto, -ta *adjetivo*
1 limpio
inmaculado
ANTO manchado

imponente *adjetivo*
1 espantoso
pavoroso
aterrador
terrorífico
2 respetable
grandioso
venerable
majestuoso

imponer *verbo transitivo*
1 gravar
cargar
obligar
exigir
2 instruir
enseñar
informar
enterar
3 dominar
4 amedrentar
acobardar
aterrar
5 infligir
aplicar

importancia *nombre femenino*
1 valor
significación
consideración
interés
monta
alcance
precio
estimación
entidad
sustancia
ANTO intrascendencia
    pequeñez

importante *adjetivo*
1 valioso
sustancial
considerable
interesante
conveniente
calificado
de campanillas

a
b
c
d
e
f
g
h
i
j
k
l
m
n
ñ
o
p
q
r
s
t
u
v
w
x
y
z

de tomo y lomo
de padre y muy señor mío
2 gordo
grande

importar *verbo intransitivo*
1 convenir
hacer al caso
atañer
interesar
merecer la pena
tener que ver
formar época
picar en la historia
venir a cuento
ANTO desinteresar
desmerecer

verbo transitivo
2 sumar
montar
valer
subir
elevarse

importe *nombre masculino*
1 cuantía
valor
precio
coste
suma

importunar *verbo transitivo*
1 incomodar
molestar
fastidiar
cansar
cargar
enfadar
merecer la pena
tener que ver
dar la murga
dar la matraca
no dejar ni en sol ni en
sombra
volver a la misma canción
ANTO tranquilizar
alegrar
ayudar

importunidad *nombre femenino*
1 impertinencia
pesadez
chinchorrería
oficiosidad
entremetimiento
indiscreción
ANTO oportunidad
discreción

importuno, -na *adjetivo*
1 intempestivo
extemporáneo
inoportuno
impertinente

'Lo que es fuera de tiempo, es
importuno; lo que es fuera de
propósito, es *impertinente*'
(LH).

2 molesto
enfadoso
cargante
fastidioso

imposibilitado, -da *adjetivo*
1 tullido
impedido
baldado
paralítico

imposibilitar *verbo transitivo*
1 impedir*
estorbar
dificultar
embarazar
obstaculizar
empecer
ANTO posibilitar
facilitar

verbo pronominal
2 tullirse
baldarse

imposible *adjetivo*
1 irrealizable
impracticable
quimérico
2 inaguantable
intratable
insufrible

imposición *nombre femenino*
1 coacción
coerción
mandato
exigencia
2 gravamen
carga
tributo
impuesto
obligación

impostor, -ra *adjetivo/nombre*
1 calumniador
difamador
infamador
2 engañador
embaucador
falsario

impostura *nombre femenino*
1 calumnia
difamación
murmuración
ANTO verdad
2 engaño
mentira
falsedad
superchería

engañifa
fingimiento
enmascaramiento
ANTO verdad

impracticable *adjetivo*
1 irrealizable
imposible
2 intransitable
inaccesible

imprecación *nombre femenino*
1 maldición
execración
condenación*

'La *imprecación* es la expresión vehemente del mal que
se invoca contra alguno. La
maldición es la invocación del
poder divino en daño de otro.
La *execración* es la manifestación del horror que inspira alguna persona u objeto. La *imprecación* supone debilidad o
miedo; la *maldición*, deseo de
justicia o de venganza; la *execración*, un sentimiento profundo de rencor o de antipatía' (M).

imprecar *verbo transitivo*
1 maldecir
ANTO alabar

imprecisión *nombre femenino*
1 (del lenguaje) anfibología*
ambigüedad
indeterminación
confusión
oscuridad
equívoco
dilogía
2 vaguedad
indeterminación
indecisión
ANTO precisión
decisión

impreciso, -sa *adjetivo*
1 vago
indeciso
indeterminado
indefinido
inconcreto
indefinible
ANTO concreto
definido
determinado

impregnar *verbo transitivo*
1 empapar
embeber
estar hecho una sopa

impremeditación *nombre femenino*
1 irreflexión
imprevisión

imprenta *nombre femenino*
1 tipografía

imprescindible *adjetivo*
1 forzoso
necesario*
obligatorio
indispensable
insustituible
ANTO accidental
sustituible

impresión *nombre femenino*
1 tirada
2 huella
impronta
señal
marca
estampa
3 efecto
sensación
emoción

impresionable *adjetivo*
1 sensible
excitable
emotivo
flor de estufa

impresionado, -da *adjetivo*
1 afectado
aquejado
molestado
apenado
afligido
conmovido
ANTO impávido
impasible
imperturbable
impertérrito

impresionar *verbo transitivo/pronominal*
1 conmover
afectar
emocionar*

impresor *nombre masculino*
1 tipógrafo

imprevisión *nombre femenino*
1 impremeditación
ANTO reflexión
2 descuido*
negligencia
ligereza
ANTO reflexión
prudencia
cuidado

imprevisto, -ta *adjetivo*
1 impensado
desprevenido
inesperado
inopinado
ANTO previsto
sospechado
2 repentino
súbito
como llovido del cielo
como caído de las nubes

de imprevisto *locución adverbial*
inesperadamente
de golpe y porrazo
de improviso
de sopetón
de repente
repentinamente
insospechadamente
súbitamente

imprimación *nombre femenino*
1 aparcjo

imprimar *verbo transitivo*
1 aparejar
emprimar
Emprimar, entre pintores.

imprimir *verbo transitivo*
1 tirar
2 estampar
dar a la prensa
sacar a luz

improbo, -ba *adjetivo*
1 trabajoso
penoso

improcedente *adjetivo*
1 extemporáneo
inoportuno
impertinente
inadecuado
ANTO oportuno
congruente

improductivo, -va *adjetivo*
1 infecundo
infructífero
infructuoso
estéril
baldío

impronta *nombre femenino*
1 impresión
huella
señal
marca
estampa

impronunciable *adjetivo*
1 inefable*
indecible

improperio *nombre masculino*
1 insulto*
injuria
denuesto
dicterio

impropio, -pia *adjetivo*
1 inadecuado
inconveniente
ANTO oportuno
conveniente
2 ajeno
extraño

impróvido, -da *adjetivo*
1 desprevenido
descuidado
desapercibido
inadvertido
ANTO prevenido
alertado
avisado

improvisación *nombre femenino*
1 repente
repentización
in promptu

improvisador, -ra *adjetivo/nombre*
1 repentista

improvisamente *adverbio*
1 in promptu
Tratándose de producciones de ingenio.

improvisar *verbo transitivo*
1 repentizar
ANTO reflexionar
preparar

improviso, -sa *adjetivo*
1 súbito
súpito
repentino
impensado
imprevisto
improvisto
ANTO previsto
calculado
pensado

de improviso *locución*
de repente
de golpe y porrazo
súbitamente
de sopetón
inesperadamente
de imprevisto
repentinamente
insospechadamente

a
b
c
d
e
f
g
h
i
j
k
l
m
n
ñ
o
p
q
r
s
t
u
v
w
x
y
z

imprudencia *nombre femenino*
1 imprevisión
  irreflexión
  impremeditación
  ligereza
  descuido
  temeridad
  ANTO previsión
    acierto
    reflexión
    cuidado

Temeridad, cuando se comete con grave riesgo.

imprudente *adjetivo*
1 ligero
  irreflexivo
  precipitado
  atolondrado
  aturdido
  confiado
  temerario

imprudentemente *adverbio*
1 atontadamente
  indiscretamente
  neciamente
  tontamente
  a tontas y a locas
  ANTO prudentemente
    cautelosamente
    discretamente

impudencia *nombre femenino*
1 descaro
  atrevimiento
  descoco
  desvergüenza
  desfachatez
  impudor
  cinismo

impudicia *nombre femenino*
1 deshonestidad
  impudicicia
  impudor
  inhonestidad
  torpeza
  ANTO pudor
    honestidad
    decencia

impúdico, -ca *adjetivo*
1 impudente
  desvergonzado
  cínico
  ANTO decente
2 deshonesto
  libidinoso
  libertino
  ANTO honesto
    decente

impudor *nombre masculino*
1 deshonestidad
  libertinaje
  lujuria
2 cinismo
  desvergüenza
  descoco
  desfachatez

impuesto *nombre masculino*
1 tributo*
  carga
  contribución
  arbitrio
  gabela

impugnable *adjetivo*
1 discutible
  dudoso
  cuestionable
  controvertible
  disputable
  problemático
  ANTO incontrovertible
    incuestionable
    indiscutible

impugnar *verbo transitivo/pronominal*
1 contradecir*
  refutar
  rebatir
  confutar*
  censurar
  criticar
  sacudir el polvo
  cascar las liendres
  volver la pelota
  ANTO ayudar
    pacificar

impulsar *verbo transitivo*
1 empujar*
  impeler
  ANTO contener
2 incitar
  estimular
  excitar
  instigar
  echar para atrás

impulsión *nombre femenino*
1 empujón*
  envión
  envite
  empellón
  impulso
  propulsión
  rempujón
  empuje

impulso *nombre masculino*
1 empujón*
  impulsión

empuje
2 instigación
  incitación
  estímulo

impureza *nombre femenino*
1 inmundicia
  deshonestidad
  ANTO honestidad
    pureza

impurificar *verbo transitivo*
1 ensuciar
  manchar
  emporcar
  enturbiar
  ANTO limpiar
    purificar

impuro, -ra *adjetivo*
1 inmundo

imputación *nombre femenino*
1 calumnia*
  impostura
  difamación
  acusación falsa
  ANTO verdad
    honra

imputar *verbo transitivo/pronominal*
1 atribuir*
  achacar
  echar en cara
  hacer responsable
  echar a mala parte
  ANTO defender
    exculpar
    tapar

inacabable *adjetivo*
1 interminable
  inagotable

inacabado, -da *adjetivo*
1 imperfecto

inaccesible *adjetivo*
1 inalcanzable
  inasequible
  ANTO accesible
    asequible
2 impracticable
  intransitable
  ANTO practicable
    transitable

inacción *nombre femenino*
1 inercia
  flojedad
  ANTO actividad
    diligencia
    fervor

a b c d e f g h i j k l m n ñ o p q r s t u v w x y z

inacentuado, -da *adjetivo*
1 átono

inactividad *nombre femenino*
1 ocio
descanso
inacción

inactivo, -va *adjetivo*
1 ocioso
parado
quieto
2 inerte

in actu *locución adverbial latina*
realmente
efectivamente
ANTO virtual
potencial

inadecuado, -da *adjetivo*
1 impropio
inapropiado
inconveniente

inadmisible *adjetivo*
1 fabuloso
increíble
excesivo
exagerado
extraordinario

inadvertencia *nombre femenino*
1 distracción
descuido
error
ANTO cuidado
reflexión
conocimiento
recuerdo

La *inadvertencia* y la *distrac-ción* son involuntarias y dis-culpables; el *descuido* nace de negligencia reprensible. Cuando se trata de un *error*, la palabra *inadvertencia* atenúa la censura y tiene carácter eu-femístico.

inadvertido, -da *adjetivo*
1 desadvertido
desapercibido

Desapercibido es galicismo en esta acepción.

inagotable *adjetivo*
1 inacabable
interminable
inextinguible

inaguantable *adjetivo*
1 insoportable
intolerable
insufrible

in albis
estar in albis *locución latina*
estar pez
no saber la cartilla
no saber lo que se pesca

inalcanzable *adjetivo*
1 inaccesible
inasequible
ANTO accesible
asequible

inalterable *adjetivo*
1 permanente
fijo
invariable
indestructible
indeleble*
ANTO mutable
variable
transitorio
pasajero
fugaz
2 imperturbable
impasible
impertérrito
ANTO mutable
variable

inane *adjetivo*
1 vano
fútil
inútil

inanición *nombre femenino*
1 agotamiento
extenuación

inanimado, -da *adjetivo*
1 insensible
exánime
muerto
inánime

inánime *adjetivo*
1 exánime
muerto
ANTO vivo

inapagable *adjetivo*
1 inextinguible

inapeable *adjetivo*
1 porfiado
insistente
porfioso
machacón
obstinado
terco
testarudo

inapetencia *nombre femenino*
1 anorexia
disorexia
desgana
ANTO apetencia

gana
deseo

inapreciable *adjetivo*
1 inestimable
2 imperceptible
indiscernible
insensible

inapropiado, -da *adjetivo*
1 inadecuado
impropio
inconveniente
ANTO adecuado
apropiado
propio
conveniente

inaprovechable *adjetivo*
1 inservible
inútil
estropeado
ANTO útil
intacto

inasequible *adjetivo*
1 inaccesible
inalcanzable
ANTO accesible
asequible

inatacable *adjetivo*
1 inmune
inmunizado

inatención *nombre femenino*
1 desatención
distracción
ANTO concentración
atención

inaudito, -ta *adjetivo*
1 monstruoso
atroz
escandaloso
increíble
ANTO conocido
viejo
vulgar

inauguración *nombre femenino*
1 apertura
comienzo
principio

inaugurar *verbo transitivo*
1 abrir
iniciar
comenzar
ANTO cerrar
clausurar

inaveriguable *adjetivo*
1 insondable
impenetrable

incognoscible
indescifrable
inescrutable
incomprensible
arcano
ininteligible
inexplicable
ANTO comprensible
penetrable
claro
escrutable
cognoscible

inca *nombre masculino*
1 inga

incandescencia *nombre femenino*
1 ignición
combustión

incansable *adjetivo*
1 infatigable

incapacidad *nombre femenino*
1 ineptitud
incompetencia
inhabilidad
torpeza
ignorancia*
ANTO competencia
aptitud
experiencia
conocimiento
2 insuficiencia
escasez
penuria

incapacitar *verbo transitivo/pronominal*
1 inhabilitar
ANTO capacitar
calificar

incapaz *adjetivo*
1 insuficiente
pequeño
2 inepto
inhábil
torpe
incompetente
ignorante
cero a la izquierda
abogado de secano

incautación *nombre femenino*
1 confiscación*

incauto, -ta *adjetivo*
1 crédulo
cándido*
inocente
simple
ANTO previsor
prudente
complejo

incendiar *verbo transitivo*
1 encender
inflamar
prender fuego

incendiario, -ria *adjetivo/nombre*
1 quemador
2 escandaloso
subversivo

incendio *nombre masculino*
1 conflagración
quema
fuego
siniestro

Conflagración es poco usado en sentido material.

incensar *verbo transitivo*
1 turibular
turificar

Ambos son voces doctas poco usadas.

2 halagar*
lisonjear
adular

incentivo, -va *nombre masculino*
1 incitativo
atractivo
cebo
estímulo
acicate
aguijón
aliciente

incertidumbre *nombre femenino*
1 duda
perplejidad*
irresolución*
vacilación
indecisión
inseguridad
ANTO certeza
decisión

Cuando la *incertidumbre* no se refiere al conocimiento u opinión, sino a la resolución que debemos tomar, se usan *perplejidad, irresolución, vacilación* e *indecisión*.

'La *incertidumbre* proviene de la falta o escasez de conocimientos. La *duda*, de la escasez o insuficiencia de las razones o pruebas en las que se funda una opinión o un hecho' (M).

incesante *adjetivo*
1 continuo

constante
persistente
seguido
perpetuo*
ANTO intermitente

incidencia
por incidencia *locución adverbial*
accidentalmente
incidentalmente
incidentemente
eventualmente

incidental *adjetivo*
1 accidental
secundario
contingente
eventual
ANTO fundamental
básico
esencial
obligatorio
necesario

incidentemente *adverbio*
1 accidentalmente
por incidencia
incidentalmente
eventualmente

incienso *nombre masculino*
1 olíbano
orobias

Orobias es *incienso* en granos menudos.

incierto, -ta *adjetivo*
1 dudoso*
equívoco
ambiguo*
oscuro
ANTO cierto
seguro

'Lo *dudoso* supone en el ánimo indeciso razones, motivos o antecedentes que, inclinándose igualmente a opiniones o acciones diversas, suspenden su resolución. Lo *incierto* supone falta de aquellas mismas razones, motivos o antecedentes que constituyen lo *dudoso*, lo cual deja al ánimo sin facultad o luz suficiente para fijar su resolución o su persuasión. Es *dudoso* el partido que se debe tomar en una guerra civil. Es *incierta* la hora de nuestra muerte' (LH).

2 inseguro
vacilante
inconstante

3 desconocido
ignorado
ignoto

incineración *nombre femenino*
1 cremación (de un cadáver)
cineración

incinerar *verbo transitivo*
1 quemar
abrasar
arder
reducir a cenizas

incisión *nombre femenino*
1 corte
cortadura
tajo

Incisión pertenece al lenguaje culto o técnico. El término general es *corte* o *cortadura*; si es grande, *tajo*.

incisivo, -va *adjetivo*
1 cortante
2 punzante
mordaz
satírico
cáustico

incitación *nombre femenino*
1 aguijón
acicate
estímulo
incentivo
aliciente
2 exhortación
ruego
invitación
consejo
admonición
amonestación
instigación
inducción
3 fascinación
alucinación
deslumbramiento
seducción
engaño

incitante *adjetivo*
1 excitante
estimulante

Aplicado a un medicamento.

incitar *verbo transitivo*
1 mover
excitar
instigar
inducir
provocar
estimular
poner en el disparadero
poner espuelas
levantar los cascos
sugerir*
suscitar

En general, *incitar* expresa un matiz atenuado de *excitar*.

incitativo, -va *adjetivo/nombre*
1 incentivo

incivil *adjetivo*
1 impolítico*
descortés
inurbano
grosero
rústico
falto de diplomacia
falto de tacto
desatento
ANTO educado
2 intratable
áspero
huraño
arisco
insociable
inconversable
ANTO sociable
amable

inclemencia *nombre femenino*
1 rigor
dureza
crueldad

inclemente *adjetivo*
1 inhospitalario*
cruel
inhumano
bárbaro
desapacible
desabrigado
inhóspito
ANTO hospitalario
acogedor
2 riguroso
extremado
crudo
ANTO suave

inclinación *nombre femenino*
1 declive
pendiente
oblicuidad
ANTO verticalidad
horizontalidad

Declive y *pendiente*, tratándose del terreno o de una superficie. En general, *oblicuidad*.

2 propensión
tendencia
predisposición
ANTO desvío
desviación

'En la *inclinación* tiene mucha parte la voluntad; no así en la *propensión*, que es toda de la naturaleza, y por esta razón se dice que debemos corregir nuestras malas *inclinaciones*, y no nuestras malas *propensiones*' (C).

3 afición
afección
afecto*
apetencia*
deseo
apetito
ANTO desafecto

inclinado, -da *adjetivo*
1 oblicuo
sesgado
soslayado
ANTO recto
2 amigo
aficionado
encariñado
partidario
afecto
adicto
devoto
ANTO enemigo
contrario

inclinar *verbo transitivo*
1 desviar
torcer
ANTO erguir
estirar
2 incitar
persuadir
mover
ANTO desistir

verbo intransitivo/pronominal
3 parecer
asemejar*

verbo pronominal
4 tender
propender

ínclito, -ta *adjetivo*
1 ilustre
esclarecido
renombrado
famoso
afamado
célebre
perínclito
ínclito

Perínclito significa *ínclito* en sumo grado.

incluir *verbo transitivo*
1 meter*
introducir
encajar

a
b
c
d
e
f
g
h
i
j
k
l
m
n
ñ
o
p
q
r
s
t
u
v
w
x
y
z

inclusero

verbo transitivo/pronominal
2 abarcar
comprender
encerrar
contener*
caer dentro de
consistir en
llevar consigo
ANTO excluir
salirse

inclusero, -ra *adjetivo/nombre*
1 expósito
echadizo
enechado

inclusión *nombre femenino*
1 enclave

inclusive *adverbio*
1 aun*
hasta
también
incluso
siquiera
ANTO exclusive

incluso *adverbio*
1 aun*
hasta
también
inclusive
siquiera
ANTO exclusive

incoar *verbo transitivo*
1 comenzar
empezar
iniciar

Incoar es palabra docta que se usa sólo en la terminología gramatical, jurídica y administrativa: se *incoa* un expediente, un proceso; los verbos que expresan una acción incipiente se llaman *incoativos*.

incobrable *adjetivo*
1 fallido*

incógnito, -ta *adjetivo*
1 desconocido
ignorado
ignoto

incognoscible *adjetivo*
1 insondable
impenetrable
inaveriguable
indescifrable
inescrutable
incomprensible
arcano
ininteligible
inexplicable

ANTO comprensible
penetrable
claro
escrutable
cognoscible

incoherente *adjetivo*
1 discontinuo
disperso
disgregado
inconexo
incongruente
ANTO coherente
conforme

incoloro, -ra *adjetivo*
1 acrómico

incólume *adjetivo*
1 indemne*
ileso
intacto
ANTO herido
enfermo

incomodar *verbo transitivo/pronominal*
1 desagradar
molestar
disgustar*
enfadar
fastidiar
enojar
irritar
hacer la barba
darse a todos los diablos
ANTO agradar
gustar
ayudar

incomodidad *nombre femenino*
1 desconveniencia
disconveniencia
desacomodo
2 enojo
disgusto
enfado
ANTO contento
3 (eufemismo) malestar
desazón
desasosiego
inquietud
ansiedad
indisposición
giba
molestia
carga
ANTO bienestar
salud
tranquilidad

incómodo, -da *adjetivo*
1 embarazoso
desagradable

molesto
fastidioso
'El asiento en que no hay bastante holgura para que todos los miembros tengan sus movimientos libres, es *incómodo*. El asiento duro, con prominencias y desigualdades que obligan a tomar una posición violenta, es *molesto*' (M).

incompatibilidad *nombre femenino*
1 repugnancia
oposición
contradicción
ANTO compatibilidad

incompetencia *nombre femenino*
1 impericia
inhabilidad
insuficiencia*
inexperiencia
ineptitud
ignorancia*
ANTO maña
habilidad
competencia
experiencia
pericia

incompetente *adjetivo*
1 incapaz
inepto
inhábil
torpe
ignorante
cero a la izquierda
abogado de secano
ANTO hábil
capaz
competente
experto

incompleto, -ta *adjetivo*
1 descabalado
truncado
fragmentario
inacabado
no acabado
imperfecto
defectuoso

incomprensible *adjetivo*
1 ininteligible
incognoscible
inexplicable
ANTO comprensible
cognoscible
2 oscuro*
embrollado
enigmático

misterioso
arcano
ANTO comprensible

incomunicación *nombre*
femenino
1 aislamiento
retiro
retraimiento
separación
apartamiento
ANTO comunicación

incomunicado, -da *adjetivo*
1 aislado
solitario
solo
retirado
apartado
ANTO comunicado

incomunicar *verbo*
transitivo/pronominal
1 aislar
bloquear
acordonar
ANTO unir
convivir

Bloquear y *acordonar*, con fines militares o sanitarios y tratándose de un litoral, territorio, etc.

verbo pronominal
2 retirarse
recogerse
aislarse

inconcebible *adjetivo*
1 inimaginable
increíble
incomprensible
2 sorprendente
extraordinario
extraño

inconcreto, -ta *adjetivo*
1 vago
indeciso
indeterminado
indefinido
impreciso
ANTO concreto
determinado
definido
preciso

inconcuso, -sa *adjetivo*
1 indudable
innegable
incontrovertible
incontestable
firme
seguro
ANTO oscuro

dudoso
discutible

incondicional *adjetivo*
1 absoluto
ANTO limitado
relativo
desleal

inconexo, -xa *adjetivo*
1 incoherente
incongruente

inconfesable *adjetivo*
1 vergonzoso
indecible
infando
nefando

inconfidencia *nombre femenino*
1 desconfianza
prevención
aprensión
recelo
escama
malicia
sospecha
ANTO confianza

incongruente *adjetivo*
1 incoherente
inconexo

inconmensurable *adjetivo*
1 inmenso
infinito
inmensurable

inconmovible *adjetivo*
1 firme
estable
inmutable
inalterable
2 impasible
impertérrito

inconmutable *adjetivo*
1 inmutable
invariable
inalterable
constante
inconmovible
estable
ANTO variable
mutable
inestable

inconquistable *adjetivo*
1 incontrastable
invencible
inexpugnable
irresistible

inconsciencia *nombre femenino*
1 exanimación
coma

inconsecuencia *nombre*
femenino
1 inconstancia
versatilidad
volubilidad
veleidad
ANTO gravedad
consecuencia

inconsecuente *adjetivo*
1 inconstante*
voluble
ligero
veleidoso
veleta
2 ilógico

inconsideración *nombre*
femenino
1 temeridad
imprudencia
atrevimiento
arrojo
ANTO prudencia
reflexión
cobardía
2 precipitación
prisa
aceleración
apresuramiento
atolondramiento
aturdimiento
arrebato

inconsiderado, -da *adjetivo*
1 irreflexivo
precipitado
atolondrado
imprudente
temerario*
osado
arriesgado
2 irrespetuoso
descortés
descomedido

inconsistencia *nombre femenino*
1 inseguridad
debilidad
ANTO consistencia
fortaleza
seguridad

inconsistente *adjetivo*
1 débil
flojo
frágil
quebradizo
blando

inconstancia *nombre femenino*
1 inestabilidad
instabilidad

ANTO estabilidad
    lealtad
    constancia
2 versatilidad
    volubilidad
    veleidad
    inconsecuencia
ANTO gravedad

inconstante *adjetivo*
1 inestable
    mudable
    variable
    vario
2 voluble
    veleidoso
    versátil
    inconsecuente
    tornadizo
    veleta

'Es *inconstante* el que cambia con frecuencia los objetos de su afecto. Es *voluble* el que no se fija en ninguna ocupación, en ninguna empresa, en ningún estudio' (M).

incontable *adjetivo*
1 innumerable
    incalculable
2 numerosísimo

incontaminado, -da *adjetivo*
1 limpio
    puro
    depurado
    pulcro
    inmaculado
ANTO contaminado
    sucio

incontestable *adjetivo*
1 indudable
    inconcuso
    innegable
    incontrovertible
    irrebatible
    incontrastable
    irrefutable

incontinencia *nombre femenino*
1 acatexia
2 deshonestidad
    liviandad
    lascivia
    lujuria
    desenfreno
    concupiscencia*
    sensualidad
ANTO honestidad
    castidad

incontinente *adjetivo*
1 liviano

lascivo
deshonesto
impúdico
ANTO decente
    púdico
    honesto

incontinenti *adverbio*
1 en seguida
    inmediatamente
    al instante
    prontamente
    seguidamente

incontrastable *adjetivo*
1 invencible
    inconquistable
    inexpugnable
    irresistible
2 incontestable
    irrebatible
    indiscutible
3 irreductible
    pertinaz

incontrovertible *adjetivo*
1 irrebatible
    indiscutible
    incuestionable
    indisputable
    incontrastable
ANTO discutible
    rebatible

inconveniencia *nombre femenino*
1 incomodidad
    desconveniencia
2 desconformidad
    inverosimilitud
3 falta
    grosería*
    incorrección
    descortesía
    despropósito*
ANTO corrección

inconveniente *adjetivo*
1 descortés
    incorrecto
    grosero
    nombre masculino
2 impedimento
    dificultad
    estorbo
    traba
    obstáculo*
3 daño
    perjuicio
    desventaja

inconversable *adjetivo*
1 intratable
    áspero

huraño
arisco
insociable
incivil
ANTO sociable
    amable

incorporación *nombre femenino*
1 anexión
    unión
    agregación

incorporado, -da *adjetivo*
1 anexo
    anejo
    afecto
    unido
    agregado
    dependiente
ANTO independiente
    autónomo

incorporar *verbo transitivo/pronominal*
1 unir
    juntar
    reunir
    agregar
    integrar
    mezclar*
    mixturar
    añadir*
ANTO desunir
    separar
    verbo pronominal
2 levantarse

incorpóreo, -ea *adjetivo*
1 inmaterial

incorrección *nombre femenino*
1 falta
    defecto
    error
2 grosería*
    inconveniencia
    descortesía
ANTO cortesía
    urbanidad

incorrectamente *adverbio*
1 mal*
    indebidamente
    injustamente
    desacertadamente
    malamente
ANTO correctamente
    debidamente
    bien
    acertadamente
    justamente

incorrecto, -ta *adjetivo*
1 defectuoso

imperfecto
erróneo
equivocado
2 descortés
grosero
incivil

incorruptible *adjetivo*
1 insobornable
íntegro
recto
2 puro
virtuoso

incredulidad *nombre femenino*
1 descreimiento
impiedad
ANTO fe
    piedad
    confianza
2 escepticismo
ANTO fe
    confianza

incrédulo, -la *adjetivo*
1 descreído
impío
escéptico
  Descreído e *impío*, en materia
  religiosa.
2 desconfiado
receloso

increíble *adjetivo*
1 inverosímil
inconcebible
inimaginable

incrementar *verbo transitivo*
1 ampliar*
aumentar
añadir
ANTO reducir
    restar

incremento *nombre masculino*
1 aumento
desarrollo
crecimiento
ANTO disminución
    descenso

incriminar *verbo transitivo*
1 acriminar
imputar
acusar

incrustación *nombre femenino*
1 taracea
marquetería
embutido

incrustar *verbo transitivo*
1 embutir

encajar
ajustar
engastar

incubar *verbo transitivo*
1 empollar*
encobar

incuestionable *adjetivo*
1 indiscutible
indudable
indisputable
irrebatible
innegable
incontrovertible

inculcar *verbo
transitivo/pronominal*
1 infundir
imbuir

inculpabilidad *nombre femenino*
1 inocencia

inculpación *nombre femenino*
1 acusación
denuncia
delación
soplo
ANTO defensa
    disculpa

inculpado, -da *adjetivo/nombre*
1 acusado
reo
procesado

inculpador, -ra *adjetivo/nombre*
1 acusador
fiscal
ANTO defensor
    abogado

inculpar *verbo
transitivo/pronominal*
1 culpar
acusar
imputar
achacar
atribuir***
echar las cargas
echar en cara
echar en mala parte
ANTO disculpar
    perdonar

inculto, -ta *adjetivo*
1 yermo
abandonado
baldío
ANTO cultivado
2 silvestre*
salvaje***
agreste
selvático

montuoso
montaraz
ANTO civilizado
  Tratándose del terreno.
3 ignorante*
rústico
grosero
ineducado
ANTO culto
    educado

incultura *nombre femenino*
1 barbarie
rusticidad
cerrilidad
salvajismo
ANTO cultura

incumplir *verbo
transitivo/pronominal*
1 quebrantar*
vulnerar
conculcar
pisar
caer en falta
quedar mal
hacer birria
quedar en descubierto

incurable *adjetivo*
1 insanable
irreparable

incuria *nombre femenino*
1 apatía
negligencia
indolencia
descuido
desidia
dejadez
ANTO aliño
    aplicación

incurrir *verbo intransitivo*
1 caer

incursión *nombre femenino*
1 correría
invasión
irrupción

indagación *nombre femenino*
1 inquisición
pesquisa
averiguación
información
investigación
análisis
examen
observación
estudio
reconocimiento

a b c d e f g h i j k l m n ñ o p q r s t u v w x y z

indagar *verbo transitivo*
1 inquirir
 averiguar
 investigar
 buscar*
 pesquisar

indebidamente *adverbio*
1 mal
 injustamente
 desacertadamente
 incorrectamente
 malamente
 ANTO justamente
  debidamente
  bien
  acertadamente
  correctamente

indebido, -da *adjetivo*
1 ilícito
 ilegal
 injusto
 ANTO debido
  permitido
  legal

indecencia *nombre femenino*
1 deshonestidad
 obscenidad
 indecentada
 ANTO honestidad
2 indecoro
 insolencia
 grosería
 porquería
 ANTO decoro

indecentada *nombre femenino*
1 indecencia
 deshonestidad
 obscenidad
 ANTO honestidad

 La *indecentada* tiene más intensidad que el acto de la *indecencia*.

2 porquería
 trastada

indecente *adjetivo*
1 indecoroso
 grosero
 insolente
 indigno
 ANTO decente
2 sórdido
 impuro
 impúdico
 ANTO decente
  púdico
  puro

indecible *adjetivo*
1 inefable*
 inenarrable

indescriptible
inexplicable
ANTO explicable
 confesable
2 infando
 nefando

indecisión *nombre femenino*
1 duda
 perplejidad*
 vacilación
 irresolución*
 indeterminación
 hesitación
 incertidumbre*
 ANTO resolución
  certidumbre
  seguridad

indeciso, -sa *adjetivo*
1 dudoso*
 perplejo
 vacilante
 irresoluto

indecoroso, -sa *adjetivo*
1 indecente
 grosero
 insolente
 indigno
 ANTO decente
2 obsceno
 deshonesto
 ANTO decente
  honesto

indefendible *adjetivo*
1 insostenible

indefenso, -sa *adjetivo*
1 inerme
 desarmado
 desguarnecido
2 desamparado
 abandonado

indefinido, -da *adjetivo*
1 indeterminado
 ilimitado
 ANTO definido
  limitado
  preciso
  agotable

indeleble *adjetivo*
1 imborrable
 inalterable
 inextinguible
 duradero*
 durable
 estable
 perdurable
 permanente
 persistente
 constante

firme
sólido
inmutable
ANTO alterable
 transitorio
 variable
 pasajero
 mutable

'En el sentido recto, lo *indeleble* es lo que no se borra; *inextinguible*, lo que no se apaga. El sentido figurado guarda una perfecta analogía con estas dos significaciones, porque lo *indeleble* pertenece al entendimiento, y lo *inextinguible* a la voluntad. Cuando la imagen de una mujer llega a ser *indeleble* en el corazón de un enamorado, su pasión puede llegar a ser *inextinguible*' (M).

indeliberado, -da *adjetivo*
1 irreflexivo
 involuntario
 instintivo
 espontáneo*

indemne *adjetivo*
1 ileso
 incólume
 intacto
 ANTO vulnerable
  insano
  corrupto

Ileso puede sustituirle, pero comúnmente se usa tratándose de lesión o daño corporal, en tanto que *indemne* se refiere a daño de cualquier clase.

indemnización *nombre femenino*
1 satisfacción
 pago
 reparación
 compensación
 ANTO deuda
  incumplimiento

indemnizar *verbo transitivo*
1 reparar
 compensar
 resarcir
 emmendar*
 subsanar
 satisfacer

indentación *nombre femenino*
1 muesca
 escotadura

independencia *nombre femenino*
1 libertad
   autodeterminación
   autonomía
   emancipación
   ANTO esclavitud
2 entereza
   firmeza
   resolución
   ANTO parcialidad
      sometimiento

independiente *adjetivo*
1 libre
   emancipado
   autónomo
   responsable
   ANTO dependiente
      ligado

indescifrable *adjetivo*
1 ilegible
   ANTO inteligible
2 incomprensible
   ininteligible
   impenetrable
   ANTO inteligible
      comprensible
      caro

indescriptible *adjetivo*
1 inenarrable
   inefable*
   ANTO explicable
      definible

indestructible *adjetivo*
1 inalterable
   permanente
   fijo

indeterminación *nombre femenino*
1 indecisión
   duda
   perplejidad*
   vacilación
   irresolución
   hesitación
   vaguedad
   imprecisión
   ANTO resolución
      certidumbre
      precisión

Vaguedad e *imprecisión* se refieren tanto al acto como al efecto de la *indeterminación*.

2 (del lenguaje) anfibología*
   ambigüedad
   imprecisión
   confusión
   oscuridad

equívoco
dilogía

indeterminado, -da *adjetivo*
1 indefinido
   ilimitado
   vago
2 indeciso
   irresoluto
   perplejo

indicación *nombre femenino*
1 aviso
   anuncio
   noticia

indicado, -da *adjetivo*
1 pertinente
   oportuno
   a propósito
   adecuado
   conveniente
   ANTO inoportuno
      inconveniente
      no pertinente

indicador, -ra *adjetivo/nombre*
1 señalizador

indicar *verbo transitivo*
1 mostrar
   denotar
   señalar
   significar
   insinuar*
   guiar*

índice *nombre masculino*
1 lista
   tabla

indicio *nombre masculino*
1 prueba
   asomo
   señal
   manifestación
   evidencia
   síntoma
   vestigio
   rastro
   huella*
   reliquia
   ⇒ auspicio

Desde el *indicio* hasta la *prueba* hay varias gradaciones: *asomo* e *indicio* son las más alejadas de la evidencia; les siguen *señal* y *manifestación*. *Síntoma* es término médico, que por extensión se aplica también en el habla corriente. Cuando el *indicio* es de algo ya pasado o terminado, se llama, por orden de intensidad,

vestigio, rastro, huella y *reliquia.*

'*Indicio*, y *señal* cuando se usa como sinónimo de *indicio*, son las circunstancias que pueden contribuir al descubrimiento de un hecho oculto; pero la *señal* es más patente, y depende más directamente del hecho que el *indicio*. Una puerta descerrajada es *señal*, y no *indicio*, de violencia. La ocultación de la persona a quien se atribuye aquel acto, no es *señal*, sino *indicio* de su culpa. El humo es *señal*, no *indicio*, de fuego; las huellas correspondientes a las dimensiones de los pies de una persona son *indicios* de su tránsito por el sitio en que se descubren' (M).

2 barrunto*
   barrunte
   vislumbre
   atisbo
   remusgo

indiferencia *nombre femenino*
1 frialdad
   insensibilidad
   ANTO acción
      interés
      amor

indiferente *adjetivo*
1 apático
   impasible
   frío
   desafecto
   desapegado
   despegado
   sordo
   insensible
   ANTO apegado
      sensible

indígena *adjetivo/nombre común*
1 (persona) aborigen*
   originario
   natural
   nativo

indigencia *nombre femenino*
1 pobreza
   miseria
   necesidad
   estrechez

indigente *adjetivo*
1 pobre
   necesitado
   menesteroso
   miserable

indigestarse *verbo pronominal*
1 empacharse
  ahitarse
  hartarse
  estomagar
2 odiar
  abominar
  aborrecer
  detestar
  execrar
  no poder ver a uno
  tener entre ojos

indigestión *nombre femenino*
1 empacho

indignación *nombre femenino*
1 ira
  enojo
  enfado
  irritación
  cólera
  ANTO tranquilidad
    pasividad

indignar *verbo transitivo*
1 irritar
  enfadar
  enojar
  encolerizar
  enfurecer

indignidad *nombre femenino*
1 bajeza
  vileza
  ruindad
  infamia*
  ignominia
  ANTO honor
    justicia
    moralidad

indigno, -na *adjetivo*
1 bajo
  malo*
  bellaco
  vil
  ruin
  despreciable
  soez*
  grosero
  basto
2 impropio
  inadecuado
  incorrecto

índigo *nombre masculino*
1 añil

indio, -dia *adjetivo/nombre*
1 (persona) indo
  indostánico
  hindú

Cuando se trata de la India
(Indias Orientales).

indirecto, -ta *adjetivo*
1 mediato
  ANTO directo

indiscernible *adjetivo*
1 imperceptible
  insensible
  inapreciable
  ANTO apreciable
    visible
    perceptible

indisciplina *nombre femenino*
1 desobediencia
  indocilidad
  insumisión
  insubordinación
  rebeldía
  ANTO obediencia
    subordinación
    sumisión

indisciplinado, -da *adjetivo*
1 díscolo
  desobediente
  indócil
  rebelde
  reacio
  avieso
  perturbador
  malmandado
  ANTO obediente
    dócil
    disciplinado

indiscreción *nombre femenino*
1 oficiosidad
  importunidad
  entrometimiento
  ANTO discreción
    oportunidad

indiscretamente *adverbio*
1 atontadamente
  imprudentemente
  neciamente
  tontamente
  a tontas y a locas

indiscreto, -ta *adjetivo*
1 curioso
  entrometido
  importuno
  intruso
2 hablador
  lengua larga

indiscutible *adjetivo*
1 cierto
  seguro
  innegable
  incontestable

irrebatible
incontrovertible
indisputable
ANTO refutable
  incierto
  dudoso

indispensable *adjetivo*
1 necesario
  preciso
  imprescindible
  obligatorio
  sine qua non
  esencial

indisponer *verbo*
  transitivo/pronominal
1 enemistar
  encizañar
  malquistar
  ANTO amistar
    unir
  verbo pronominal
2 enfermar
  ANTO sanar

indisposición *nombre femenino*
1 destemple
  enfermedad*
  dolencia
  mal
  achaque
  ANTO salud
    euforia

El *destemple* y la *indisposición* son alteraciones leves de
la salud, o que se consideran
como pasajeras, a diferencia
de la *enfermedad*, la *dolencia*,
el *mal* y el *achaque*.

indispuesto, -ta *adjetivo*
1 maldispuesto
  destemplado
  enfermo*

indisputable *adjetivo*
1 indiscutible
  innegable
  irrebatible
  incontestable
  ANTO discutible
    negable

indistintamente *adverbio*
1 igualmente
  por igual

individuales *nombre masculino*
  plural
1 simples
  En el tenis.

individualismo *nombre masculino*
1 particularismo
egoísmo

individuo *nombre masculino*
1 persona
sujeto
socio
prójimo

Persona alude a la entidad de cada ser humano en particular; *individuo* es la persona en cuanto forma parte de un grupo o colectividad; por ejemplo: *individuos* de tropa. Por esto la palabra *individuo* adquiere a menudo carácter marcadamente despectivo, para designar una *persona* cuyo nombre y condición que no hacen al caso, se ignoran o no se quieren decir. Este sentido despectivo acerca la voz *individuo* a *sujeto*, *prójimo* y *socio*; y mucho más el femenino *individua*, que sólo se usa con ironía o desprecio.

indócil *adjetivo*
1 desobediente
malmandado
díscolo
reacio
indisciplinado
rebelde
ANTO disciplinado
obediente
dependiente

indocilidad *nombre femenino*
1 indisciplina
desobediencia
insumisión
insubordinación
rebeldía
ANTO obediencia
subordinación
sumisión

indocto, -ta *adjetivo*
1 ignorante
inculto

indoeuropeo, -ea
adjetivo/nombre
1 ario

indogermánico, -ca
adjetivo/nombre
1 ario
indoeuropeo

índole *nombre femenino*
1 temple

genio
carácter*
condición
natural
idiosincrasia*
temperamento
calaña* (despectivo)
naturaleza
jaez* (despectivo)
clase
ralea (despectivo)
estofa (despectivo)

'La *índole* es la mayor o menor aptitud del hombre a la benignidad, a la esperanza y a otras cualidades que lo hacen más o menos amable. El *temple* es la disposición a estas mismas cualidades en un momento determinado, y así decimos que un hombre de buena *índole* puede estar de mal *temple*. *Genio* es la inclinación natural a cierto modo de obrar en ocasiones especiales, como a la precipitación en la duda, a la ira en la ofensa, a la exasperación en las dificultades. *Carácter* es el conjunto de todas las cualidades y hábitos del hombre, tanto los naturales como los adquiridos en el trato con los otros individuos de su especie. La *índole* y el *temple* excitan amor u odio; el *genio* y el *carácter*, la estimación o el desprecio' (M).

indolencia *nombre femenino*
1 apatía
incuria
negligencia
dejadez
flojera
pereza
ANTO actividad
fervor
viveza

indolente *adjetivo*
1 dejado
perezoso
negligente

'Es uno *indolente* por falta de sensibilidad; *dejado* por falta de ardor; *perezoso* por falta de acción; *negligente* por falta de cuidado. Es difícil animar al *dejado*; en cuanto hace, va lentamente. En los *perezosos* es preferible el deseo de la quietud y del reposo a las ven-

tajas que proporciona el trabajo. La distracción y el descuido es la dote del *negligente*; todo se le escapa y no se cuida de ser exacto' (Ma).

indomable *adjetivo*
1 indómito
fiero
ANTO dócil
flexible
gobernable
2 revesado
travieso
revoltoso
enredador
ANTO disciplinado

indómito, -ta *adjetivo*
1 indomable
fiero
arisco
ANTO flexible
disciplinado
gobernable
2 bravío*
salvaje
cerril
ANTO disciplinado
gobernable

indostánico, -ca
adjetivo/nombre
1 indio
indo
hindú
indostano
indostanés

indubitable *adjetivo*
1 indudable
innegable
incuestionable
inequívoco
cierto
seguro
evidente
ANTO discutible
incierto

inducción *nombre femenino*
1 instigación
incitación
ANTO pacificación

inducir *verbo transitivo*
1 instigar
incitar
mover
persuadir*
atraer

indudable *adjetivo*
1 indubitable

a
b
c
d
e
f
g
h
i
j
k
l
m
n
ñ
o
p
q
r
s
t
u
v
w
x
y
z

a
b
c
d
e
f
g
h
i
j
k
l
m
n
ñ
o
p
q
r
s
t
u
v
w
x
y
z

innegable
incuestionable
inequívoco
cierto
seguro
evidente
ANTO discutible
    incierto

indulgencia *nombre femenino*
1 benevolencia
benignidad
condescendencia
tolerancia
blandura*
lenidad
ANTO impiedad
    intolerancia
    incomprensión
    dureza
    fortaleza
2 perdón
remisión
ANTO impiedad

indulgente *adjetivo*
1 benigno
benévolo
condescendiente
tolerante

indultar *verbo transitivo*
1 perdonar*
remitir
pasar por alto
hacer la vista gorda
ANTO condenar

indulto *nombre masculino*
1 perdón
remisión
amnistía

indumentaria *nombre femenino*
1 vestido*
vestimenta
vestuario
indumento
vestidura
ropaje
traje

indumento *nombre masculino*
1 vestido*
vestimenta
vestuario
indumentaria
vestidura
ropaje
traje

induración *nombre femenino*
1 dureza
callosidad

indurar *verbo transitivo*
1 endurecer

industria *nombre femenino*
1 destreza
maña
traza
habilidad
maestría
2 fabricación
manufactura
elaboración

industrioso, -sa *adjetivo*
1 diestro
hábil
habilidoso
mañoso
ANTO inhábil
    torpe

inebriación *nombre femenino*
1 embriaguez

inebriar *verbo transitivo*
1 embriagar

ineducado, -da *adjetivo*
1 inculto
ignorante
rústico
grosero
ANTO culto
    educado

inefable *adjetivo*
1 infando
impronunciable
indecible
inenarrable
indescriptible

Inefable se aplica a lo que tiene tan altas cualidades que es imposible explicarlas; *la dicha inefable de los bienaventurados*. *Infando*, por el contrario, es aquello de que no se puede hablar por vergonzoso o abominable. *Impronunciable* e *indecible* pueden referirse a lo bueno y a lo malo: un gozo, un enojo, unas palabras; cuando son desestimativos sugieren principalmente dificultad material, o inconveniencia moral o social. *Inenarrable* tiene carácter intensivo y, a menudo, ponderativo: ovación, entusiasmo, lucha *inenarrable*; en este aspecto coincide con *indescriptible*.

ineficaz *adjetivo*
1 estéril
improductivo

infecundo
infructífero
árido
vano
infructuoso
triste*
ANTO fecundo
    potente
    eficaz

ineludible *adjetivo*
1 inexcusable
inevitable
ANTO evitable
    excusable
    revocable

inenarrable *adjetivo*
1 indecible
indescriptible
inefable*

inepcia *nombre femenino*
1 necedad
estupidez
simpleza
tontería
estulticia
disparate
desatino
ignorancia*
insuficiencia
incapacidad
incompetencia
ANTO sabiduría
    ingenio
    capacidad
    habilidad
    aptitud

ineptitud *nombre femenino*
1 incapacidad
inhabilidad
insuficiencia
incompetencia
ignorancia*
inepcia
ANTO capacidad
    habilidad
    experiencia
    aptitud

Incompetencia, ignorancia e *inepcia*, tratándose de aptitud intelectual.

inepto, -ta *adjetivo*
1 incapaz
inhábil
torpe
incompetente
ignorante
cero a la izquierda
abogado de secano
ANTO apto

hábil
competente
conocedor

inequívoco, -ca *adjetivo*
1 indudable
   ANTO discutible
   incierto
   impalpable

inercia *nombre femenino*
1 flojedad
   inacción
   ANTO actividad
   diligencia
   fervor

inerme *adjetivo*
1 desarmado
   indefenso

inerte *adjetivo*
1 inactivo
   ANTO activo

inescrutable *adjetivo*
1 inaveriguable
   incomprensible
   arcano
   ANTO descifrable
   claro
   penetrable

inesencial *adjetivo*
1 extrínseco
   externo
   exterior
   insubstancial
   ANTO esencial
   intrínseco
   básico
   fundamental

inesperadamente *adverbio*
1 impensadamente
   inopinadamente

inesperado, -da *adjetivo*
1 imprevisto
   impensado
   inopinado
   de sopetón
   de golpe y porrazo
   ANTO previsto
   sospechado
   esencial

'*Inesperado* supone conocimiento de la posibilidad de una cosa, que no se espera en una ocasión o circunstancia determinada. *Imprevisto* supone ignorancia de la posibilidad de la cosa. Un buen general *prevé* en la guerra los lances que parecen más re-

motos, y está siempre dispuesto a las sorpresas que parecen menos posibles, porque estos accidentes, aunque *inesperados*, nunca deben ser para él *imprevistos*' (LH).

inestabilidad *nombre femenino*
1 inconstancia
   instabilidad
   ANTO estabilidad
   lealtad
   constancia

inestable *adjetivo*
1 inconstante
   mudable
   vario
   variable
   ligero
   veleidoso
   versátil
   voltario
   voltizo
   tornadizo
   voluble
   movedizo
   ANTO seguro
   inmutable
   fijo

Tratándose del tiempo atmosférico o en sentido figurado, se usan los cuatro primeros sinónimos. *Movedizo* se aplica a personas o cosas. El resto de sinónimos se aplica sólo a personas.

inestimable *adjetivo*
1 inapreciable
   ANTO desdeñable
   barato
   imperfecto

inevitable *adjetivo*
1 ineludible
   inexcusable
   forzoso
2 fatal

inexacto, -ta *adjetivo*
1 erróneo
   equivocado
   falso
   ANTO verdadero
   fiel
   preciso

inexcusable *adjetivo*
1 ineludible
   inevitable
   fatal
   necesario
   ANTO evitable

excusable
revocable
accidental
2 forzoso
   obligatorio
   necesario*
   preciso
   imprescindible
   ANTO innecesario
   prescindible
   voluntario

inexorable *adjetivo*
1 inflexible
   implacable
   duro
   cruel
   empedernido*
   endurecido
   despiadado
   ANTO flexible
   humano
   blando

inexperiencia *nombre femenino*
1 impericia
   inhabilidad
   insuficiencia
   ineptitud
   incompetencia
   ANTO maña
   habilidad
   competencia
   pericia
   aptitud

inexperto, -ta *adjetivo*
1 ingenuo
   candoroso
2 principiante
   novicio
   novato

inexplicable *adjetivo*
1 incomprensible
   extraño
   misterioso
   arcano
   indescifrable
   oscuro*
   confuso
   ininteligible
   turbio
   ANTO creíble
   descriptible
   concebible
   claro
   inteligible

inexpresivo, -va *adjetivo*
1 soso

inextinguible *adjetivo*
1 inapagable

a
b
c
d
e
f
g
h
i
j
k
l
m
n
ñ
o
p
q
r
s
t
u
v
w
x
y
z

2 inagotable
inacabable
duradero*
estable
perdurable
persistente
constante
durable
indeleble*
ANTO pasajero
fugaz
transitorio
variable
alterable

inextricable *adjetivo*
1 enmarañado
embrollado
enredado
intrincado
confuso

La significación de *inextricable* es intensiva en relación con sus sinónimos; es decir, expresa las mismas cualidades en mayor grado.

infalible *adjetivo*
1 seguro
cierto

infamador, -ra *adjetivo/nombre*
1 detractor
maldiciente
calumniador
denigrador
infamante
difamador

infamar *verbo transitivo/pronominal*
1 difamar*
desacreditar
deshonrar
vilipendiar
afrentar
caer en nota
andar en opinión
ANTO honrar
acreditar
calificar

infame *adjetivo/nombre común*
1 deshonrado
desacreditado
2 malo
vil
perverso
indigno
ignominioso
despreciable

infamia *nombre femenino*
1 ignominia

vileza
indignidad
ANTO dignidad
decencia

'La *infamia* y la *ignominia* son el efecto de la afrenta pública con que queda difamado el que la recibe. La distinción que me parece que se halla entre estas dos voces es que la *infamia* es la tacha misma que envilece; la *ignominia* es la humillación vergonzosa que padece el que recibe la afrenta' (LH).

2 deshonra
descrédito
ANTO dignidad
decencia

infancia *nombre femenino*
1 niñez
ANTO vejez
decadencia

infando, -da *adjetivo*
1 impronunciable
vergonzoso
indigno
⇒ inefable

infanticultura *nombre femenino*
1 puericultura

infantil *adjetivo*
1 aniñado
pueril

Aniñado es lo que parece de niño sin serlo: cara, voz, *aniñada*; entendimiento *aniñado*. *Pueril* es literario y se aplica generalmente a lo psíquico; temor *pueril*, ideas *pueriles*. Por extensión significa poco importante. *Infantil* es de uso general: juegos, ojos, ideas, *infantiles*.

2 inocente
cándido
ingenuo

infantilismo *nombre masculino*
1 puerilismo

infatigable *adjetivo*
1 incansable

infatuado, -da *adjetivo*
1 hinchado
finchado (familiar)
vanidoso
vano
presumido

presuntuoso
ANTO modesto
humilde

infatuarse *verbo pronominal*
1 engreírse
envanecerse
inflarse
hincharse
ahuecarse

infausto, -ta *adjetivo*
1 aciago
desgraciado*
desdichado
infeliz
infortunado
funesto
ANTO feliz

infección *nombre femenino*
1 inquinamiento

infeccioso, -sa *adjetivo*
1 pegadizo
contagioso

infectado, -da *adjetivo*
1 infecto
inficionado
contaminado
inquinado

infectar *verbo transitivo/pronominal*
1 contagiar
inficionar
contaminar
corromper
ANTO desinfectar
sanar
purificar

infecto, -ta *adjetivo*
1 inficionado
infectado
contaminado
2 repugnante
asqueroso
pestilente
nauseabundo

infecundidad *nombre femenino*
1 esterilidad
infertilidad

infecundo, -da *adjetivo*
1 estéril
ANTO fecundo
fértil
2 improductivo
infructuoso
ANTO fecundo
fértil

infelicidad *nombre femenino*
1 desdicha
   infortunio
   desventura
   mala suerte
   desgracia*
   adversidad
   ANTO dicha
      ventura
      felicidad
      fortuna

infeliz *adjetivo/nombre común*
1 desgraciado*
   desdichado
   desventurado
   malaventurado
   malhadado
   infortunado
2 apocado
   cuitado
   pobre hombre

inferencia *nombre femenino*
1 consecuencia*
   ilación

inferior *adjetivo/nombre común*
1 dependiente
   subordinado
   subalterno
   ANTO superior
2 bajo
   malo
   ANTO superior

inferir *verbo transitivo*
1 deducir*
   sacar
   colegir

'Se *infiere* y se *deduce* de las pruebas y de los hechos; se *colige* de los indicios y de las analogías. El que *infiere* y el que *deduce* sacan consecuencias; el que *colige* aventura un juicio. El lógico y el matemático *deducen* o *infieren* consecuencias y corolarios; los inteligentes en minería *coligen* por el color de la tierra la presencia de los metales. Sin embargo, no es perfecta la sinonimia entre *inferir* y *deducir*. *Deducir* supone un trabajo más complicado y mayor número de antecedentes que *inferir*. Se *infiere* de un hecho, de una proposición, de un principio; se *deduce* de muchos hechos, de muchas proposiciones, de muchos principios. Descartes ha dicho: *Pienso, luego existo*. Esto es *inferir*, no *deducir*' (M).

2 causar
   infligir
   producir

infernáculo *nombre masculino*
1 reina mora

infernal *adjetivo*
1 estigio
   inferno

   Estigio evoca la antigüedad.

2 satánico
   luciferino
   diabólico
   endiablado

inferno, -na *adjetivo*
1 (poético) infernal
   estigio

infertilidad *nombre femenino*
1 esterilidad
   infecundidad

infestar *verbo transitivo*
1 devastar
   pillar
   saquear
2 invadir
   propagarse
3 apestar
   inficionar
   contaminar
   contagiar
   corromper

inficionado, -da *adjetivo*
1 infecto
   infectado
   contaminado

inficionar *verbo transitivo*
1 infectar
   infestar
   contaminar
   corromper
   contagiar
   apestar

infidelidad *nombre femenino*
1 vileza
   indignidad
   deslealtad
   traición
   alevosía
   villanía
   ANTO dignidad
      fidelidad
2 falsía
   falsedad
   doblez

infiel *adjetivo*
1 desleal
   traidor
   pérfido
   perjuro
   alevoso
   ANTO fiel
      leal

El *infiel* y el *desleal* faltan a la fe que se tiene en ellos, a la lealtad que deben o han prometido. En el *traidor*, *pérfido*, *perjuro* y *alevoso* se supone mayor perversidad, impostura y falsedad en sus hechos o carácter.

infierno *nombre masculino*
1 averno
   báratro
   tártaro
   érebol
   orco
   el abismo
   el profundo
   gehena
   calderas de Pero Botello
   calderas de Pero Botero

   Averno, báratro, tártaro, érebol y *orco* son literarios y evocadores de la antigüedad. *Calderas de Pero Botello* y *calderas de Pero Botero* son populares.

quintos infiernos *locución nominal*
   hondura
   profundidad
   centro de la tierra
   ANTO altura
      excelsitud

infigurable *adjetivo*
1 inimaginable
   irrepresentable
   ANTO imaginable
      representable

infiltrar *verbo transitivo*
1 infundir
   inspirar
   imbuir

   verbo pronominal
2 introducirse
   entrometerse

   Infiltrarse supone intención malévola o sospechosa: se *infiltran* espías, agitadores, propagandistas, indeseables, en una sociedad o agrupación. En cambio, puede uno *introducirse* o *entrometerse* por

a
b
c
d
e
f
g
h
i
j
k
l
m
n
ñ
o
p
q
r
s
t
u
v
w
x
y
z

curiosidad, por figurar o darse importancia, por enterarse de algo, etc.

infinidad *nombre femenino*
1 sinnúmero
sinfín
multitud
muchedumbre
ANTO pequeñez
escasez

infinito[1] *adverbio*
1 excesivamente
muchísimo

infinito, -ta[2] *adjetivo*
1 ilimitado
inmenso
eterno*
ANTO limitado
numerable
agotable
finito

Eterno, tratándose de la duración.

infirmar *verbo transitivo*
1 invalidar

infirme *adjetivo/nombre común*
1 lábil
inválido
achacoso

inflación *nombre femenino*
1 intumescencia
tumefacción
hinchazón
inflamiento

Hinchazón se refiere principalmente al efecto, y no a la acción, de inflar.

2 engreimiento
vanidad

inflado, -da *adjetivo*
1 pomposo
hueco
vano
vanidoso
hinchado
presuntuoso
ANTO modesto
humilde

inflamación *nombre femenino*
1 irritación

inflamar *verbo transitivo/pronominal*
1 encender*
incendiar
ANTO apagar
sofocar

2 enardecer
acalorar
avivar
ANTO deshinchar
apagar
tranquilizar

inflamiento *nombre masculino*
1 inflación
intumescencia
tumefacción
hinchazón
inflamación

inflar *verbo transitivo*
1 hinchar
verbo pronominal
2 engreírse
ensoberbecerse
infatuarse

inflexibilidad *nombre femenino*
1 entereza
severidad
rigidez
intolerancia
fortaleza
ANTO debilidad
pusilanimidad
tolerancia
flexibilidad

inflexible *adjetivo*
1 tieso*
rígido
yerto
ANTO flexible
amoldable
dúctil
doblegable
adaptable
2 inexorable
rígido
inquebrantable
firme
tenaz
ANTO flexible
blando
débil
dócil
doblegable

inflexión *nombre femenino*
1 curvatura
desviación
torcimiento

infligir *verbo transitivo*
1 imponer
aplicar
causar
producir

influencia *nombre femenino*
1 influjo

2 autoridad
poder
predominio
ascendiente
3 valimiento
privanza
favor

influenza *nombre femenino*
1 (italianismo) gripe*

influir *verbo intransitivo*
1 ayudar
contribuir
intervenir
hacer caer la balanza
ser el todo
ser capaz de

influjo *nombre masculino*
1 flujo (de la marea)
montante

información *nombre femenino*
1 inquisición
pesquisa
averiguación
indagación
investigación
2 informe
noticia
dato
razón
referencia

informado, -da *adjetivo*
1 enterado
instruido
sabedor
noticioso
impuesto
ANTO desinformado

informar *verbo transitivo*
1 enterar
anunciar
avisar
noticiar
comunicar
participar
hacer saber
poner al corriente
facilitar datos
beber en buena fuente
notificar*
advertir*
prevenir
2 dictaminar

informativo, -va *adjetivo*
1 dictaminador
consultivo

informatizado, -da *adjetivo*
1 computerizado

informe[1] *nombre masculino*
1 información
 noticia
 dato
 razón
 referencia
 antecedente*

 Cuando se trata de la conducta, solvencia, etc., de una persona se dice generalmente en plural *informes* o *referencias*.

2 dictamen
 parecer
 opinión*
 juicio

informe[2] *adjetivo*
1 deforme*
 disforme
2 confuso
 vago
 indeterminado

infortunado, -da
adjetivo/nombre
1 desgraciado*
 desafortunado
 desventurado
 desdichado
 infeliz
 infausto
 aciago
 Infausto y *aciago*, tratándose de tiempos o sucesos.

infortunio *nombre masculino*
1 adversidad
 desgracia*
 desventura
 desdicha
 fatalidad
 mala suerte
 tumbo en tumbo
 ANTO felicidad
  fortuna
  prosperidad
2 plaga
 calamidad
 azote

infracción *nombre femenino*
1 transgresión
 quebrantamiento
 vulneración
 ANTO legitimidad
  justicia
  observancia
  cuidado

infrangible *adjetivo*
1 inquebrantable
 Infrangible se distingue de *in-*

quebrantable en que sólo se usa literariamente en sentido figurado: un precepto *infrangible* o *inquebrantable*; pero una roca es *inquebrantable*, y sería muy pedante llamarla *infrangible*.

infrascrito, -ta *adjetivo/nombre*
1 firmante
 signatario

infrecuente *adjetivo*
1 anómalo
 raro
 extraño
 insólito
 inhabitual
 singular
 ANTO frecuente
  habitual

infringir *verbo transitivo*
1 quebrantar*
 vulnerar
 violar
 transgredir
 ANTO obedecer
  respetar

infructífero, -ra *adjetivo*
1 estéril
 improductivo
2 infructuoso
 inútil
 ineficaz

infructuoso, -sa *adjetivo*
1 ineficaz
 inútil
 improductivo
 ANTO fecundo
  eficaz

ínfulas *nombre femenino plural*
1 presunción
 vanidad
 orgullo
 soberbia*
 humos

infundadamente *adverbio*
1 vanamente

infundado, -da *adjetivo*
1 insubsistente
 falso

infundio *nombre masculino*
1 mentira
 patraña
 bulo

infundir *verbo transitivo*
1 imbuir
 inspirar
 infiltrar

inga *nombre masculino*
1 inca

ingeniar *verbo transitivo*
1 trazar
 inventar
 planear
 planificar
 discurrir
 verbo pronominal
2 componérselas
 arreglarse
 aplicarse
 darse maña
 ser una chispa
 no mamarse el dedo
 no tener pelo de tonto
 sentir nacer la hierba

ingenio *nombre masculino*
1 incentiva
 iniciativa
 talento
2 habilidad*
 industria
 maña
 destreza
 traza
 idea (vulgar)
3 máquina
 artificio

ingenioso, -sa *adjetivo*
1 hábil
 habiloso
 industrioso
 mañoso
 diestro
 inventivo
2 chistoso*
 ocurrente
 decidor
 agudo
 gracioso
 donoso
 chusco

ingénito, -ta *adjetivo*
1 congénito
 innato
 connatural*

ingenuidad *nombre femenino*
1 sinceridad
 sencillez
 candor
 candidez*
 franqueza
 ANTO picardía
  ingeniosidad

 La *ingenuidad*, la *sencillez*, el *candor* y la *candidez* son cua-

a
b
c
d
e
f
g
g
h
i
j
k
l
m
n
ñ
o
p
q
r
s
t
u
v
w
x
y
z

lidades permanentes del carácter, y afectan a la conducta entera de la persona. La *sinceridad* se refiere sólo a la expresión, y consiste en la conformidad entre lo que se dice y lo que se piensa. La *sinceridad* equivale, pues, a *veracidad*; pero se puede ser *sincero* sin decir más de lo necesario; la *ingenuidad* dice lo necesario y lo innecesario, sin cautela alguna. *Franqueza* añade a *sinceridad* la idea de confianza comunicativa, y se muestra no sólo en las palabras, sino también en los modales y en la conducta.

ingenuo, -nua *adjetivo*
1 sincero
franco
candoroso
cándido*
sencillo
inocente

ingerir *verbo transitivo*
1 introducir
incluir
meter
2 tragar
verbo pronominal
3 entremeterse
inmiscuirse
mezclarse

inglés, -esa *adjetivo/nombre*
1 (persona) británico*

Británico tiene cierta solemnidad literaria: Museo *Británico*, Imperio *británico*; pero no se diría un señor *británico*, sino *inglés*. Más literarios y pocos usados son *britano* y *anglo*. En la actualidad se aplica el nombre de *británico* al ciudadano de cualquiera de los países que constituyen la Comunidad *británica*, a diferencia del *inglés* o natural de la Inglaterra metropolitana.

inglesismo *nombre masculino*
1 anglicismo

ingratitud *nombre femenino*
1 desagradecimiento

Ingratitud es más intenso que *desagradecimiento*, lo mismo que *ingrato* respecto a *desagradecido* u *olvidadizo*.

ingrato, -ta *adjetivo*
1 desagradecido
olvidadizo
desconocido
ANTO fiel

Desconocido, con el significado de *ingrato* en los clásicos.

2 desabrido
desagradable
áspero
desapacible

ingravidez *nombre femenino*
1 agravedad

ingrávido, -da *adjetivo*
1 ligero
tenue
leve
liviano

ingrediente *nombre masculino*
1 material
componente

ingredientes *nombre masculino plural*
1 (de un plato) aparejo
⇒ ingrediente

ingresar *verbo intransitivo*
1 entrar
afiliarse
darse de alta

ingreso *nombre masculino*
1 entrada
ANTO salida
⇒ ingresos

ingresos *nombre masculino plural*
1 sueldo
rentas
ANTO competencia
aptitud
experiencia
conocimiento
⇒ ingreso

íngrimo, -ma *adjetivo*
1 solo

ingurgitación *nombre femenino*
1 repleción
obstrucción
deglución

ingurgitar *verbo transitivo*
1 engullir
tragar
chascar
ANTO ayunar

inhábil *adjetivo*
1 torpe
desmañado
chapucero
ANTO perito
capaz
2 inepto
incapaz
incompetente
torpe
ANTO perito
capaz

inhabilidad *nombre femenino*
1 impericia
insuficiencia
inexperiencia
ineptitud
incompetencia
incapacidad
torpeza
ANTO maña
habilidad
competencia
pericia
experiencia

inhabilitar *verbo transitivo*
1 imposibilitar
incapacitar

inhabitado, -da *adjetivo*
1 yermo
deshabitado
despoblado

Yermo, tratándose de un país, comarca, etc.; *deshabitado*, hablando de un edificio, o de cualquier lugar que estuvo habitado y ya no lo está; *despoblado* coincide con *yermo*, pero sugiere más o menos que el país de que se trata tuvo población en otro tiempo, en tanto que en *yermo* predomina la idea de que no la ha tenido nunca.

inhalación *nombre femenino*
1 aspiración
⇒ inhalar

inhalar *verbo transitivo*
1 aspirar

Inhalar significa *aspirar* un gas, un vapor, un líquido pulverizado, con un fin terapéutico.

inhibidor, -ra *adjetivo*
1 frenador

Aplicado a ciertos nervios.

inhibirse *verbo pronominal*
1 abstenerse*
  desentenderse
  echarse fuera

inhonestidad *nombre femenino*
1 deshonestidad
  impudicia
  impudicicia
  impudor
  torpeza
  ANTO honestidad
    pudor

inhospitalario, -ria *adjetivo*
1 cruel
  inhumano
  bárbaro
  desapacible
  desabrigado
  inhóspito
  inclemente
  salvaje

  Cruel, inhumano y *bárbaro*
tratando de personas. Ha-
blando del tiempo atmosférico
o de lugares determinados,
*desapacible, desabrigado, in-
hóspito, inclemente* y *salvaje*.

inhóspito, -ta *adjetivo*
1 inhospitalario*
  cruel
  inhumano
  bárbaro
  desapacible
  desabrigado
  inclemente
  ANTO hospitalario
    acogedor
    apacible
    abrigado

inhumación *nombre femenino*
1 enterramiento
  entierro*
  sepelio
  ANTO exhumación
    desentierro

inhumanidad *nombre femenino*
1 atrocidad
  crueldad
  barbaridad*
  barbarie
  ferocidad
  ANTO humanidad
    suavidad

inhumano, -na *adjetivo*
1 cruel*
  despiadado
  inhospitalario*
  brutal

  bárbaro
  feroz
  duro

inhumar *verbo transitivo*
1 enterrar
  sepultar
  soterrar
  ANTO exhumar
    desenterrar

  '*Enterrar* es el acto material
de poner o meter entre tierra
una cosa. *Inhumar* es enterrar
con las ceremonias religiosas, con los honores fúnebres,
los de la sepultura. Se *entierra*
todo lo que se cubre con la
tierra; pero no se *inhuma* sino
la persona humana, a quien se
hacen los honores fúnebres'
(C).

iniciación *nombre femenino*
1 abertura
  apertura
  comienzo
  ANTO clausura
    fin

iniciado, -da *adjetivo/nombre*
1 adepto
  afiliado
  neófito*
  partidario
  prosélito

iniciador, -ra *adjetivo/nombre*
1 promotor
  promovedor
  suscitador

inicializar *verbo transitivo*
1 (un disco) formatear

iniciar *verbo
transitivo/pronominal*
1 comenzar
  principiar
  empezar*
  incoar*
  ANTO acabar
    decaer
    finalizar
2 instruir
  enterar
3 promover
  suscitar

iniciativa *nombre femenino*
1 ingenio
  incentiva
  talento

inicio *nombre masculino*
1 principio*
  iniciación
  comienzo

inicuo, -cua *adjetivo*
1 injusto
  ANTO justo
    moral
    equitativo
2 malo
  malvado
  perverso
  ignominioso

inimaginable *adjetivo*
1 infigurable
  irrepresentable

ininteligible *adjetivo*
1 incomprensible
  incognoscible
  indescifrable
  oscuro*
  ANTO preciso
    claro
    comprensible

iniquidad *nombre femenino*
1 injusticia
  maldad
  infamia
  ANTO justicia
    bondad

injertar *verbo transitivo*
1 enjertar
  inserir

injerto *nombre masculino*
1 enjerto
2 fijación
  inserción
  implantación

injundia *nombre femenino*
1 (vulgar) enjundia
  gordura
  grasa
  unto

injuria *nombre femenino*
1 insulto*
  agravio*
  ofensa
  afrenta
  ultraje

  '*Injuria* presenta la idea del
agravio violento. *Ultraje* presenta la idea del vilipendio público. Desconfiar de la honradez de un hombre de bien, es
una *injuria*; tratarle públicamente de ladrón, es un *ultraje*. Tratar de fea a una mujer
hermosa es un *agravio* que,

cuando más, no debiera pasar de *injuria*; pero habrá pocas que no lo miren como *ultraje*' (LH).

2 daño
perjuicio
deterioro
menoscabo

injuriar *verbo*
transitivo/pronominal
1 denigrar
agraviar
ofender
insultar
denostar
vilipendiar
afrentar
ultrajar
ANTO alabar
defender
favorecer

Denostar es injuriar de palabra a alguien en su presencia: *vilipendiar, ofender, afrentar* y *ultrajar* son intensivos.

2 dañar
perjudicar
deteriorar
menoscabar
lacerar
vulnerar
ANTO favorecer
defender
proteger

injurioso, -sa *adjetivo*
1 insolente
insultante
ofensivo
ANTO respetuoso

injustamente *adverbio*
1 mal*
indebidamente
desacertadamente
incorrectamente
malamente
ANTO justamente
bien
correctamente
acertadamente
debidamente

injusticia *nombre femenino*
1 iniquidad
ilegalidad
ilicitud
arbitrariedad
desafuero
atropello
ley del embudo
ANTO legitimidad
legalidad

injustificado, -da *adjetivo*
1 vano
infundado
ANTO justificado
fundado

injusto, ta *adjetivo*
1 arbitrario
ilegal
inicuo
despótico
ANTO justo
legal
2 inmerecido
inmérito
injustificado
ANTO merecido
justificado
justo

inmaculado, -da *adjetivo*
1 impoluto
limpio
sin tacha
ANTO manchado

inmarcesible *adjetivo*
1 inmarchitable
ANTO temporal
perecedero

inmarchitable *adjetivo*
1 inmarcesible
ANTO temporal
perecedero

inmaterial *adjetivo*
1 incorpóreo
ANTO material
corpóreo

inmediaciones *nombre*
femenino plural
1 contornos
alrededores
afueras
cercanías

inmediatamente *adverbio*
1 luego
en seguida
seguidamente
incontinenti
prontamente
ANTO después
tarde

inmediato, -ta *adjetivo*
1 próximo
cercano
vecino
contiguo
circunvecino*

'De lo *inmediato* nos separa menor distancia que de lo *próximo*; de lo *próximo*, menos distancia que de lo *cercano*. Si se habla de localidad, lo *inmediato* es lo *contiguo*; si se trata de tiempo, es lo que sucede sin intervalo al tiempo en que se habla. La casa *inmediata* a la mía es la que está pared en medio. Está *cercano* a la costa un buque cuando, según las circunstancias, puede decirse que no está lejos. Está *próximo* a entrar, cuando se halla a la boca del puerto. El río considerable más *cercano* a Cádiz es el Guadalquivir' (M).

inmejorable *adjetivo*
1 insuperable
ANTO mejorable
superable

inmenso, -sa *adjetivo*
1 ilimitado
infinito
inmensurable
inconmensurable
innumerable
incontable
ANTO pequeño
escaso
2 muy grande
desmedido
enorme
colosal
ANTO pequeño
escaso

inmensurable *adjetivo*
1 inconmensurable
inmenso
infinito

inmerecido, -da *adjetivo*
1 injusto
inmérito

inmergir *verbo transitivo*
1 sumergir

inmérito, -ta *adjetivo*
1 inmerecido
injusto
ANTO merecido
justo

inmersión *nombre femenino*
1 sumersión

inmigración *nombre femenino*
⇒ migración

inmiscuir *verbo transitivo*
1 mezclar*

verbo pronominal
2 meterse
entremeterse
entrometerse
mezclarse
ingerirse
meter la cuchara
meter baza
meterse uno donde no le
llaman

inmobiliario, -ria *adjetivo*
1 inmueble

inmoble *adjetivo*
1 inconmovible
inmóvil

Inmoble e *inconmovible* se
dice de lo que no puede ser
movido; *inmóvil* se dice de lo
que no se mueve, aunque
puede moverse, por sí mismo,
o por una fuerza exterior.

inmoderado, -da *adjetivo*
1 excesivo
enorme
desmedido
desmesurado
inconmensurable
ANTO moderado
conmensurable

inmolación *nombre femenino*
1 hecatombe
sacrificio
matanza

Una *hecatombe* es un *sacrificio* masivo, como una *matanza.*

inmolar *verbo transitivo*
1 sacrificar

inmoralidad *nombre femenino*
1 pravedad
iniquidad
perversidad
ANTO bondad
moralidad

inmortal *adjetivo*
1 imperecedero
perdurable
perpetuo*
eterno*
ANTO perecedero
mortal
pasajero

inmortalizar *verbo
transitivo/pronominal*
1 perpetuar

eternizar
ANTO morir

inmotivado, -da *adjetivo*
1 arbitrario
caprichoso
arbitral
injustificado
ANTO justificado
motivado

inmovible *adjetivo*
1 inmoble
fijo
quieto
inmóvil
2 firme
constante

inmóvil *adjetivo*
1 fijo
permanente
estable
inalterable
invariable
estacionario
ANTO variable
móvil
inestable
cambiante
alterable
2 inmoble*
inconmovible
constante
firme
ANTO conmovible

inmovilidad *nombre femenino*
1 quietud

inmueble *adjetivo/nombre
masculino*
1 inmobiliario
finca
bienes raíces

Finca y *bienes raíces* hacen
referencia a los bienes inmuebles.

inmundicia *nombre femenino*
1 suciedad
basura
porquería
2 impureza
deshonestidad

inmundo, -da *adjetivo*
1 sucio
puerco
asqueroso
repugnante
nauseabundo
2 impuro

inmune *adjetivo*
1 exento
libre
2 inmunizado
inatacable

inmunidad *nombre femenino*
1 exención
privilegio
prerrogativa
ANTO violación
vulnerabilidad
desamparo

inmunizado, -da *adjetivo*
1 inmune
inatacable

inmutable *adjetivo*
1 invariable
inalterable
constante
inconmovible
inconmutable
ANTO variable
mutable
inestable

inmutarse *verbo pronominal*
1 alterarse
conmoverse
turbarse
conturbarse
desconcertarse
ANTO tranquilizarse

innatismo *nombre masculino*
1 nativismo

innato, -ta *adjetivo*
1 ingénito
congénito
nativo
connatural

innecesario, -ria *adjetivo*
1 superfluo
sobrado
inútil

innegable *adjetivo*
1 indiscutible
irrefutable
irrebatible
incuestionable
indudable
cierto
seguro
evidente
axiomático
ANTO discutible
inseguro
dudoso

innoble *adjetivo*
1 despreciable
bajo
vil
abyecto

innocuo, -cua *adjetivo*
1 inocuo
inofensivo
inocente
ANTO dañino
perjudicial

innumerable *adjetivo*
1 incontable
innúmero

innúmero, -ra *adjetivo*
1 innumerable
incontable
ANTO contable

inobediente *adjetivo*
1 reacio
desobediente
remiso
rebelde
renuente
reluctante
ANTO débil
dócil
disciplinado

inocencia *nombre femenino*
1 sencillez
candor
simplicidad
pureza
candidez*
ingenuidad
ANTO malicia
picardía

inocente *adjetivo*
1 sencillo
candoroso
cándido
puro
innocuo

inocentón, -ona
adjetivo/nombre
1 bienaventurado
cándido
sencillote
incauto
bendito
ANTO malicioso
astuto

inocuo, -cua *adjetivo*
1 innocuo
inofensivo
inocente
ANTO dañino
perjudicial

inofensivo, -va *adjetivo*
1 innocuo
inocente
pacífico
inocuo
ANTO dañino
perjudicial

inopia *nombre femenino*
1 pobreza
indigencia
necesidad

inopinadamente *adverbio*
1 inesperadamente
impensadamente

inopinado, -da *adjetivo*
1 imprevisto
impensado
inesperado*
súbito
repentino
ANTO previsto
esperado

inoportuno, -na *adjetivo*
1 intempestivo*
importuno*
extemporáneo
inconveniente
impertinente
fuera de lugar
ANTO oportuno
pertinente
conveniente
en su lugar
en su momento

inquebrantable *adjetivo*
1 infrangible
inalterable
inexorable
2 irrompible

inquietar *verbo*
transitivo/pronominal
1 desasosegar
turbar
alarmar
agitar
intranquilizar
molestar
estar con el alma en un hilo
estar sobre ascuas
no caber el corazón en el pecho
andar sin sombra
asustar*
ANTO tranquilizar
calmar
apaciguar
sosegar
serenar

inquieto, -ta *adjetivo*
1 travieso
bullicioso
2 desasosegado
agitado
intranquilo

inquietud *nombre femenino*
1 intranquilidad
congoja
zozobra
desasosiego
desazón
ansiedad*
ansia
agitación
angustia
tribulación
ANTO serenidad
sosiego
tranquilidad
serenidad
calma
2 alboroto
conmoción
sobresalto*
ANTO euforia
3 disforia
malestar
ANTO euforia

inquilino, -na *nombre*
1 arrendador*
arrendatario
colono
rentero
casero
locatario

inquina *nombre femenino*
1 antipatía*
aversión
mala voluntad
ojeriza
tirria
odio*
repulsión
aborrecimiento
malquerencia
encono
rencor
saña
ANTO amor
simpatía
atracción

inquinado, -da *adjetivo*
1 infectado
malsano

inquinamiento *nombre*
masculino
1 infección

inquinar *verbo transitivo*
1 manchar
  contagiar

inquirir *verbo transitivo*
1 indagar
  averiguar
  pesquisar
  informarse
  investigar
  escudriñar*
  escrutar*
  examinar

inquisición *nombre femenino*
1 pesquisa
  averiguación
  indagación
  información
  investigación
2 santo Oficio

inquisidor, -ra *adjetivo/nombre*
1 pesquisidor

insaciabilidad *nombre femenino*
1 glotonería*
  abdominia
  bulimia
  ANTO desgana
     anorexia

insaciable *adjetivo*
1 ávido
  codicioso
  ansioso
  voraz

insalubre *adjetivo*
1 malsano
  morboso
  insano

insanable *adjetivo*
1 incurable

insania *nombre femenino*
1 locura
  demencia
  vesania
  enajenación
  extravagancia
  imprudencia
  ANTO cordura
     razón
     tranquilidad

insano, -na *adjetivo*
1 malsano
  insalubre
2 demente
  loco
  furioso
  insensato

insatisfecho, -cha *adjetivo*
1 malcontento
  descontento
  quejoso
  disgustado

inscribir *verbo transitivo*
1 grabar
2 apuntar
  alistar
  matricular
  anotar
  asentar
  sentar

inscripción *nombre femenino*
1 epígrafe
  epigrama
  epitafio

  Tratándose de la antigüedad, *epigrama*. Una *inscripción* sepulcral es un *epitafio*.

2 letrero*
  rótulo
  lema

inseguridad *nombre femenino*
1 debilidad
  inconsistencia
2 riesgo
  peligro
3 incertidumbre
  duda
  indecisión
  vacilación

inseguro, -ra *adjetivo*
1 movedizo
  inestable
  eventual*
2 incierto
  dudoso
  indeciso

inseminación *nombre femenino*
1 fecundación
2 siembra

insensatez *nombre femenino*
1 estolidez
  estupidez
  necedad
  estulticia

insensato, -ta *adjetivo*
1 necio
  fatuo
  sin sentido
  absurdo
  tonto

insensibilidad *nombre femenino*
1 anestesia
  analgesia
  ANTO sensibilidad

insensible *adjetivo*
1 indiferente
  duro
  frío
  impasible
  alma de cántaro
  como un tronco
2 imperceptible
  indiscernible
  inapreciable

inserción *nombre femenino*
1 fijación
  implantación
  injerto

inserir *verbo transitivo*
1 insertar
  incluir
  introducir
2 ingerir

insertar *verbo transitivo*
1 inserir
  incluir
  introducir
  intercalar

inserto, -ta *adjetivo*
1 introducido
  incluido

inservible *adjetivo*
1 inútil
  inaprovechable
  estropeado
  ANTO útil
     intacto

insidia *nombre femenino*
1 asechanza
  cautela

insidioso, -sa *adjetivo*
1 capcioso
  asechante
  cauteloso
  astuto

'*Insidioso* es el que prepara cautelosamente los medios de hacer daño; *capcioso*, el que emplea el engaño y el artificio para cautivar la voluntad ajena o inducir a otro en error. El instrumento del *insidioso* es la asechanza; el del *capcioso* es la mentira sutil y el engaño' (M).

insigne *adjetivo*
1 célebre
  famoso*
  señalado

a
b
c
d
e
f
g
h
i
j
k
l
m
n
ñ
o
p
q
r
s
t
u
v
w
x
y
z

ilustre
preclaro
eximio
egregio*

insignia *nombre femenino*
1 señal
distintivo
divisa
2 enseña
bandera
pendón
estandarte
pabellón

insignificancia *nombre femenino*
1 bagatela
nimiedad
menudencia
minucia
friolera
frustería
2 puerilidad
futilidad
ANTO importancia
Referidos a las personas.

insignificante *adjetivo*
1 pequeño
mínimo
exiguo
ANTO suficiente
2 baladí
mezquino
miserable
despreciable
desdeñable
de chicha y nabo
de mala muerte
de medio pelo
ANTO útil

insinuación *nombre femenino*
1 sugestión*
sugerencia
atractivo
fascinación
hechizo

insinuar *verbo transitivo*
1 sugerir
indicar
apuntar
dar a entender
hacer sospechar
tirar a ventana señalada

'Se *insinúa* para dar a entender; se *sugiere* para obrar. Para *insinuar* se requiere intención; no así para *sugerir*, y así puede decirse: el menor incidente basta para *sugerir* el asunto de una comedia. Me

insinuó su deseo de viajar, y esta idea me *sugirió* el designio de acompañarlo' (M).

insipidez *nombre femenino*
1 desabor
sinsabor
desabrimiento
ANTO sabor
2 insulsez
sosera
sosería
ANTO ingenio
gracia

insípido, -da *adjetivo*
1 desabrido
insustancial
insulso
desaborido
soso

'*Insípido* es lo que no tiene sabor; *desabrido* es lo que no tiene el sabor que corresponde a su naturaleza' (M).

insistencia *nombre femenino*
1 ahínco
empeño
tesón
firmeza
2 machaconería
prolijidad
pesadez

insistente *adjetivo*
1 enfático
expletivo

insistir *verbo intransitivo*
1 persistir
porfiar
machacar
obstinarse
no dar el brazo a torcer
volver a la carga
dar la tabarra
calentar la cabeza
hacer hincapié
volver a la misma canción
perseverar*
empecinarse
ANTO desistir
renunciar
cerrar

'Se *insiste* antes de *persistir*; de modo que *persistir* no es más que *insistir* con más empeño y tesón' (M).

insobornable *adjetivo*
1 incorruptible
íntegro

insociable *adjetivo*
1 intratable
huraño
arisco
misántropo

insolación *nombre femenino*
1 tabardillo (familiar)
termoplejía
acaloramiento
heliosis

insolencia *nombre femenino*
1 descaro
atrevimiento
desvergüenza
desfachatez

insolentarse *verbo pronominal*
1 atreverse
descararse
osar
ANTO amedrentarse
2 propasarse
descomedirse
ANTO contenerse

insolente *adjetivo*
1 descarado
atrevido
irrespetuoso
desvergonzado
procaz
2 injurioso
insultante
ofensivo

insólito, -ta *adjetivo*
1 desacostumbrado
desusado*
inusitado*
inusual
infrecuente
raro
extraño
ANTO habitual
antiguo
ordinario
frecuente
normal

insolvencia *nombre femenino*
1 descrédito

insomnio *nombre masculino*
1 vigilia
desvelo
agripnia
ahipnosis
ahipnia
asomnia

insondable *adjetivo*
1 profundo

2 impenetrable
　inaveriguable
　incognoscible
　ANTO comprensible
　　penetrable
　　claro

insoportable *adjetivo*
1 intolerable
　insufrible
　inaguantable

insoslayable *adjetivo*
1 obligatorio
　forzoso
　preciso
　indispensable
　imprescindible
　necesario
　ANTO voluntario
　　evitable
　　dispensable

insostenible *adjetivo*
1 inestable
2 indefendible

inspección *nombre femenino*
1 reconocimiento
　examen
　registro
2 reconocimiento
　examen
　observación
　investigación
　exploración

　Una *inspección médica* es un reconocimiento o *examen médico*.

inspeccionar *verbo transitivo*
1 examinar
　reconocer
　comprobar
　registrar
　intervenir

inspector, -ra *nombre*
1 visitador

inspiración *nombre femenino*
1 numen
　musa
　vena
　lira
2 iluminación
　arrebato

inspirar *verbo transitivo*
1 aspirar
2 soplar
3 infundir
　sugerir
　iluminar

instabilidad *nombre femenino*
1 inconstancia
　inestabilidad
　ANTO estabilidad
　　lealtad
　　constancia

instable *adjetivo*
1 inestable
　variable
　precario
　perecedero
　transitorio
　ANTO seguro
　　permanente

instalar *verbo transitivo*
1 colocar*
　poner
　disponer
2 alojar
　acomodar
　establecer

instancia *nombre femenino*
1 ruego
　súplica
　petición
2 solicitud

instantáneo, -ea *adjetivo*
1 momentáneo
　breve
　rápido
　fugaz
　ANTO lento
　　largo
　　mediato

instante *nombre masculino*
1 momento

　'Una y otra voz significan el punto mínimo o más breve en que se divide el tiempo. Pero así como el punto es la parte más pequeña en que se divide el espacio, y la consideran los geómetras como ideal, indivisible e inconmensurable; y los físicos como una cantidad efectiva y divisible, como lo es toda cantidad física; así parece que se puede concebir en el *instante* un punto ideal de tiempo indivisible e inconmensurable, y en el *momento* una cantidad efectiva de tiempo perceptible y divisible. Prestar un *momento* de atención ofrece al oído una expresión más exacta que prestar un *instante*, porque no parece que se percibe en este la duración que, aunque corta, se percibe

en el *momento*, como necesaria para dar algún tiempo a la atención. Un reposo *momentáneo*: a esta frase, con que damos idea de un tiempo de alguna, aunque corta, duración, no se puede substituir con igual exactitud: reposo *instantáneo*, porque este adjetivo no presenta a la imaginación la más pequeña duración de tiempo para el reposo. Por el contrario, se puede aplicar con más propiedad la voz *instantáneo* a un tiempo en que suponemos que no se percibe duración alguna. La caída del rayo es *instantánea*' (LH).

a cada instante *locución adverbial*
　frecuentemente
　a menudo
　con frecuencia
　a cada paso
　a traque barraque

al instante
　incontinenti
　en seguida
　inmediatamente
　prontamente
　seguidamente
　presto
　luego
　en breve

instar *verbo transitivo*
1 rogar*
　suplicar*
　insistir
　ANTO exigir
　　ordenar
2 urgir
　apremiar
　apurar
　ANTO tranquilizar

instaurar *verbo transitivo*
1 renovar
　restaurar
　restablecer
2 establecer*
　implantar
　instituir
　fundar
　erigir
　ANTO deponer

instigación *nombre femenino*
1 impulso
　incitación
　estímulo

a b c d e f g h **i** j k l m n ñ o p q r s t u v w x y z

instigar *verbo transitivo*
1 incitar
  inducir
  excitar
  mover
  aguijonear
  dar cuerda
  poner espuelas

instintivo, -va *adjetivo*
1 indeliberado
  involuntario
  irreflexivo
  espontáneo*
  ANTO consciente
    reflexivo
    deliberado
    ex profeso
    calculado

instinto *nombre masculino*
1 tendencia
  propensión*

institución *nombre femenino*
1 instituto
  fundación
  establecimiento
  corporación

instituir *verbo transitivo*
1 establecer*
  fundar
  erigir*
  instaurar
  ANTO abolir

instituto *nombre masculino*
1 institución
  establecimiento
  fundación
  corporación

instrucción *nombre femenino*
1 enseñanza
  educación*
  ANTO incultura
    desconocimiento

'La *instrucción* se refiere a los conocimientos que se adquieren por cualquier medio y en todo género de materias. La *enseñanza* se refiere a los preceptos, reglas y lecciones que da el maestro al discípulo. La *instrucción* se puede adquirir sin maestro, porque la lectura, el ejemplo, la conversación, nos instruyen; pero la *enseñanza* supone principios dictados y lecciones dadas. Del que tiene diferentes conocimientos en una facultad, ciencia o arte, se dice que es un hombre *instruido*, no un hom-

bre *enseñado*, porque se hace relación a lo que sabe, no a los medios con que lo ha aprendido' (LH).

2 ilustración
  erudición
  saber
  cultura
⇒ instrucciones

instrucciones *nombre femenino plural*
1 órdenes
  normas
  preceptos
⇒ instrucción

instructor, -ra *nombre*
1 maestro
  pedagogo
  profesor

instruido, -da *adjetivo*
1 culto
  ilustrado
  erudito
2 avisado
  advertido
  aleccionado

instruir *verbo transitivo*
1 enseñar*
  adoctrinar
  aleccionar
  amaestrar*
  adiestrar
2 informar
  avisar
3 enjuiciar

instrumental *nombre masculino*
1 aparejo
  herramientas

instrumentar *verbo transitivo*
1 orquestar

Orquestar es *instrumentar* para una orquesta.

instrumento *nombre masculino*
1 utensilio
  útil
  herramienta
  apero
  aparato
  mecanismo
  dispositivo
⇒ instrumentos

Utensilio en general; *útil* (especialmente en plural), tratándose de oficios, herramientas; tratándose de la labranza, *apero*. *Aparato* significa ins-

· trumento complicado o conjunto de instrumentos. *Mecanismo* y dispositivo aluden al complejo ordenado de las piezas de una máquina o de un conjunto de instrumentos, aparatos, etc., coordinados para un fin.

instrumentos *nombre masculino plural*
1 enseres*
⇒ instrumento

insubordinación *nombre femenino*
1 desobediencia
  indisciplina
  rebeldía
  sublevación

insubordinarse *verbo pronominal*
1 amotinarse
  alzarse
  sublevarse
  soliviantarse
  levantarse
  insurreccionarse

insubsistente *adjetivo*
1 infundado
  falso
  injustificado
  ANTO fundado
    justificado

insubstancial *adjetivo*
1 desabrido
  soso
  insulso
  insípido*
2 trivial
  ligero
  frívolo

insuficiencia *nombre femenino*
1 incapacidad
  ineptitud
  ignorancia
  incompetencia
  ANTO capacidad
    aptitud
    habilidad

'Se designa por estas palabras la falta de la disposición necesaria para salir con lo que uno se propone, pero con esta diferencia: la *insuficiencia* viene del defecto de proporción entre los medios y el fin; la *incapacidad*, de la privación de los medios; la *ineptitud*, de la imposibilidad de adquirir ningún medio. Se puede muchas veces suplir la *insuficiencia*; a veces se puede enmendar la *incapacidad*; pero la *ineptitud* no tiene remedio' (Ma).

2 escasez
falta
penuria

insuficiente *adjetivo*
1 escaso
defectuoso
poco
pequeño
chico*
reducido

insufrible *adjetivo*
1 inaguantable
insoportable
intolerable

ínsula *nombre femenino*
1 isla

insulano, -na *adjetivo/nombre*
1 (persona) isleño
insular

insular *adjetivo*
1 isleño

insulsez *nombre femenino*
1 soscra
sosería
insipidez
ANTO ingenio
gracia
2 simpleza
necedad
estupidez
ANTO ingenio

insulso, -sa *adjetivo*
1 desabrido
insípido*
soso
insubstancial
2 simple
necio
tonto
estúpido
zonzo

insultante *adjetivo*
1 ofensivo
afrentoso
injurioso
ultrajante

insultar *verbo*
transitivo/pronominal
1 agraviar
ofender
injuriar*

afrentar
ultrajar
ANTO alabar
verbo pronominal
2 accidentarse
desmayarse

insulto *nombre masculino*
1 agravio*
ofensa
ultraje
injuria
dicterio
improperio
denuesto

Insulto, agravio, ofensa, ultraje e *injuria* pueden ser de palabra o de obra. *Dicterio, improperio* y *denuesto* son de palabra.

2 accidente
desvanecimiento
desmayo

insumisión *nombre femenino*
1 desacato
desobediencia
rebeldía
ANTO acato
obediencia
sumisión

insuperable *adjetivo*
1 invencible
ANTO fácil
2 inmejorable
ANTO mejorable

insurgente *adjetivo*
1 insurrecto
sublevado
faccioso

insurrección *nombre femenino*
1 rebelión
sublevación
levantamiento
pronunciamiento*
alzamiento
cuartelada (burlesco)
militarada (burlesco)

insurreccionarse *verbo*
pronominal
1 rebelarse
sublevarse
levantarse

insurrecto, -ta *adjetivo*
1 insurgente
sublevado
faccioso
rebelde
insumiso

ANTO sometido
sumiso

insustancial *adjetivo*
1 desabrido
soso
insulso
insípido*
2 trivial
ligero
frívolo

insustituible *adjetivo*
1 irreemplazable
indispensable

intacto, -ta *adjetivo*
1 completo
íntegro
entero
ANTO incompleto
impuro
2 indemne*
ileso
incólume
ANTO dañado

intangible *adjetivo*
1 intocable
impalpable

Impalpable se dice de las cosas materiales que no producen sensación al tacto; polvos *impalpables. Intocable* e *intangible* pueden sustituirse entre sí, pero el primero se profiore gonoralmonto para lo material (hierro candente) y el segundo para lo figurado (dogma, reglamento).

integral *adjetivo*
1 integrante
entero
ANTO parcial
incompleto

íntegramente *adverbio*
1 enteramente
cabalmente
totalmente
completamente
por entero
ANTO parcialmente

integrante *adjetivo*
1 esencial

'Es *integrante* cuanto es necesario para conservar la integridad del ser; es *esencial* cuanto es necesario para constituirlo. Los órganos de la sensación son partes *integrantes* del hombre; sus facul-

a
b
c
d
e
f
g
h
i
j
k
l
m
n
ñ
o
p
q
r
s
t
u
v
w
x
y
z

tades *esenciales* son el entendimiento y la voluntad' (M).

2 integral
3 componente

integrar *verbo transitivo/pronominal*
1 incorporar
unir
juntar
reunir
agregar
ANTO desunir
desintegrar
verbo transitivo
2 reintegrar
restituir
satisfacer
devolver
ANTO quitar

integridad *nombre femenino*
1 hombría de bien
probidad
honradez
rectitud
ANTO corrupción
2 virginidad

íntegro, -gra *adjetivo*
1 entero
uno
completo*
cabal
Uno es lo que no está dividido interiormente.
2 honrado
probo
recto*
incorruptible
justo

intelecto *nombre masculino*
1 entendimiento
inteligencia

inteligencia *nombre femenino*
1 intelecto
entendimiento
razón
mente
2 comprensión
conocimiento
talento*
ingenio
entendimiento
capacidad
ANTO cortedad
incapacidad
tontería
inhabilidad
ineptitud
3 acuerdo

unión
armonía
Por ejemplo: estar en *inteligencia* dos o más personas.

servicio de inteligencia
locución nominal
contraespionaje
espionaje
Por influencia del inglés se ha extendido la expresión eufemística *servicio de inteligencia* por *espionaje* o *contraespionaje.*

inteligente *adjetivo/nombre común*
1 sabio
docto
instruido
entendido
enterado
ANTO tonto
2 ingenioso
talentudo
sagaz
listo
perspicaz
despierto
ANTO cerrado

inteligible *adjetivo*
1 comprensible
claro
descifrable
legible
ANTO difícil
confuso
incomprensible

intemperancia *nombre femenino*
1 exceso
desenfreno
ANTO moderación
templanza

intempestivo, -va *adjetivo*
1 importuno
inoportuno
extemporáneo
Importuno e *intempestivo* tienen matiz de molestia o desagrado. *Inoportuno* y *extemporáneo* pueden aludir simplemente a lo que se hace u ocurre fuera de tiempo y sazón, sin incluir necesariamente aquel matiz. Un historiador califica de *extemporáneas* o *importunas*, es decir, inadecuadas para aquel momento, las medidas tomadas por un gobernante, aunque no fueran

malas. Unas lluvias *intempestivas* dañan la cosecha; una solicitud *importuna* nos produce enfado.

intención *nombre femenino*
1 intento
propósito
mira
designio
proyecto
fin
objeto*
ANTO inocencia
desconocimiento

con intención *locución adverbial*
aposta
adrede
de intento
deliberadamente
ex profeso
de propósito
expresamente
intencionadamente
ANTO involuntariamente
sin querer

intencionadamente *adverbio*
1 adrede
expresamente
deliberadamente
de propósito
ex profeso
de intento
aposta
voluntariamente
ANTO accidentalmente
sin querer
involuntariamente

intensidad *nombre femenino*
1 fuerza
energía
ANTO debilidad
suavidad
pasividad
2 vehemencia
viveza

intenso, -sa *adjetivo*
1 fuerte
enérgico
2 vehemente
vivo

intentar *verbo transitivo*
1 tratar de
procurar
pretender
probar
ensayar

intento *nombre masculino*
1 fin*
  propósito
  designio
  intención
  objeto*
2 ensayo
3 strike (anglicismo)
  En el béisbol.

  de intento *locución adverbial*
  aposta
  adrede
  con intención
  deliberadamente
  ex profeso
  de propósito
  expresamente
  intencionadamente
  ANTO involuntariamente
    sin querer

intercalar *verbo transitivo*
1 interponer
  interpolar

interceder *verbo intransitivo*
1 mediar
  abogar
  estar de por medio
  ANTO atacar
    acusar
    enemistar

interceptar *verbo transitivo*
1 obstruir
  detener
  estorbar
  impedir

intercesión *nombre femenino*
1 mediación

intercesor, -ra *adjetivo/nombre*
1 medianero
  mediador
  amigable componedor

intercilio *nombre masculino*
1 entrecejo
  glabela

interdecir *verbo transitivo*
1 vedar
  prohibir
  proscribir
  impedir

interdicto *nombre masculino*
1 entredicho

interés *nombre masculino*
1 provecho
  utilidad
  beneficio
  conveniencia

ANTO desinterés
    pérdida
2 rédito
  renta
  ganancia
  ANTO pérdida
3 inclinación
  atractivo
  afecto
  atención
  ANTO desatención
    desafecto

⇒ intereses

interesante *adjetivo*
1 importante
  valioso
  sustancial
  considerable
  conveniente
  calificado
  ANTO insustancial
    nimio
    insignificante

interesar *verbo*
  transitivo/pronominal
1 dar parte
  asociar
2 atraer
  cautivar
  conmover
  seducir
3 afectar
  atañer
  tocar
  importar
  concernir*
  tomar con calor
  meterse hasta los codos

intereses *nombre masculino*
  plural
1 bienes
  fortuna
  capital
⇒ interés

interface *nombre femenino*
1 (anglicismo) interfaz
  interficie

interfaz *nombre femenino*
1 interficie
  interface (anglicismo)

interfecto, -ta *adjetivo/nombre*
1 muerto
  En términos forenses *interfec-*
  to dícese de la persona *muer-*
  ta violentamente.

interferir *verbo transitivo*
1 interponer

interrumpir
estorbar
obstaculizar

interficie *nombre femenino*
1 interfaz
  interface (anglicismo)

interfoliar *verbo transitivo*
1 interpaginar
  intercalar

interfono *nombre masculino*
1 telefonillo

ínterin *adverbio*
1 entretanto
  mientras
  mientras tanto

interinamente *adverbio*
1 accidentalmente
  provisionalmente

interino, -na *adjetivo/nombre*
1 provisional
  accidental
  Interino se usa principalmente
  aplicado a personas que ocupan temporalmente un cargo
  o empleo, lo mismo que *provi-*
  sional. Este último se aplica
  también a cosas. Por ejemplo:
  maestro *interino* o *provisional*,
  pero es más raro decir: escalera *interina*, entrada *interina*.
  Accidental se dice de la persona que ocasionalmente y
  por breve tiempo, ocupa un
  cargo que no es el suyo; jefe,
  director, alcalde *accidental*.

interior *adjetivo*
1 interno
  íntimo
  intrínseco
  intestino*
  '*Interior* e *interno* expresan
  solamente colocación; *íntimo*
  e *intrínseco*, expresan, además de colocación, unión y
  naturaleza. *Interior* es lo que
  está debajo de la superficie de
  los cuerpos, o dentro de los límites de la extensión. Lo *in-*
  terno dista más de la superficie y de los límites que lo
  interior. Lo *íntimo*, no sólo pertenece a la parte central de las
  cosas, sino a su modo de ser.
  Lo *intrínseco* está identificado
  o forma parte de la esencia.
  Lo *interior* de un reino es todo
  lo que no es frontera ni costa.

Son *internas* las enfermedades de las vísceras. Un vicio *intrínseco* no se desarraiga fácilmente. Se dice ropa *interior*, conmociones *internas*, relaciones *íntimas* y cualidades *intrínsecas*' (M).

nombre masculino
2 ánimo

interiormente *adverbio*
1 internamente
  íntimamente

interlínea *nombre femenino*
1 regleta

interlinear *verbo transitivo*
1 entrerrenglonar

intermediario, -ria
adjetivo/nombre
1 mediador
  medianero
  intercesor

intermedio *nombre masculino*
1 intervalo
2 entreacto

interminable *adjetivo*
1 inacabable
  ANTO finito
    discontinuo
    breve

intermisión *nombre femenino*
1 interrupción

'La *intermisión* nace de la cosa misma de que se habla; la *interrupción*, de la cosa misma o de una causa extraña. Hay *intermisión* en el pulso, en las erupciones volcánicas, en los vientos. Hay *interrupción* cuando un fuerte ruido obliga al orador a callar; cuando la guerra suspende el curso de los negocios' (M).

intermitente *adjetivo*
1 discontinuo
  interrumpido
  irregular

internacional *adjetivo*
1 universal*
  mundial

Lo *internacional* se refiere a dos o más naciones, o a todas ellas. Sólo en este último caso equivale a *universal*, *mundial*. El adjetivo *internacional* se dice de naciones considera-

das aisladamente, en tanto que *universal* y *mundial* no hacen pensar en los componentes del conjunto.

internado, -da *adjetivo/nombre*
1 pensionado

internamente *adverbio*
1 interiormente
  íntimamente
  ANTO externamente
    exteriormente

Internamiento *nombre masculino*
1 hospitalización

internar *verbo transitivo*
1 hospitalizar
  encerrar

verbo pronominal
2 introducirse
  meterse
3 ahondar
  profundizar

interno, -na *adjetivo*
1 interior
  íntimo
  intrínseco

interpaginar *verbo transitivo*
1 interfoliar

interpelar *verbo transitivo*
1 requerir
  preguntar
  interrogar

interpolar *verbo transitivo*
1 intercalar
  interponer

interponerse *verbo pronominal*
1 intervenir
  mediar
  interceder
2 entrometerse
3 obstaculizar
  estorbar
  interferir

interpretación *nombre femenino*
1 exégesis
  hermenéutica
  Como arte de interpretar los textos, *hermenéutica*.

interpretar *verbo transitivo*
1 explicar*
  comentar
  aclarar
  exponer
  explanar

  desarrollar
  descifrar*
2 traducir
  verter
3 entender
  comprender
4 expresar
  representar
  ejecutar
  En las Bellas Artes.

intérprete *nombre común*
1 comentarista
  exegeta
  hermeneuta
2 traductor
  Traductor, especialmente tratándose de libros o escritos.

interrogación *nombre femenino*
1 pregunta
2 erotema

interrogar *verbo transitivo*
1 preguntar

interrumpido, -da *adjetivo*
1 discontinuo
  intermitente
  discreto
  ANTO continuo
    ininterrumpido

interrumpir *verbo transitivo*
1 suspender
  cortar
  detener
  parar
  cortar el atajo
  cesar*
  ANTO continuar
    seguir
    iniciar

interrupción *nombre femenino*
1 intermisión
  detención
  suspensión

interruptor *nombre masculino*
1 conmutador

intersticio *nombre masculino*
1 hendidura
  grieta
  resquicio

intervalo *nombre masculino*
1 intermedio
  espacio
  distancia
  pausa

'Hay *intervalo* entre el almuerzo y la comida, entre el ocaso y la noche, entre escribir una carta y enviarla al correo. Hay un *intermedio* en los cuerpos colegiados, cuando se suspende una sesión para continuarla después' (M).

intervención *nombre femenino*
1 participación
2 operación

intervenir *verbo intransitivo*
1 tomar parte
  mezclarse
2 interponerse
  mediar
  traer entre manos
3 inspeccionar
  fiscalizar

verbo transitivo
4 operar

intestino[1] *nombre masculino*
1 tripa

intestino, -na[2] *adjetivo*
1 interno
  interior

Intestino se asocia a la idea de oposición de unos sectores con otros: guerras, querellas, dificultades, discordias, *intestinas*. Pero no se dice política, problemas *intestinos*, si no se les une la idea de lucha. Cuando esta asociación no se produce, hay que emplear *interior* o *interno*, según los casos: comercio *interior*, régimen *interno*. Estos últimos pueden sustituir a *intestino* en todos los casos.

intimación *nombre femenino*
1 requerimiento

íntimamente *adverbio*
1 interiormente
  internamente

intimar *verbo transitivo*
1 conminar
  requerir

intimidad *nombre femenino*
1 confianza
  familiaridad
  ANTO enemistad
    desconfianza
    cortesía

intimidar *verbo transitivo/pronominal*
1 asustar*

amedrentar
espantar
atemorizar
acobardar
aterrorizar
ANTO envalentonarse
2 amenazar*

íntimo, -ma *adjetivo*
1 interior*
2 profundo
  entrañable
  recóndito
  ANTO desafecto
    enemigo
    extraño

intitular *verbo transitivo*
1 titular
  llamar

intocable *adjetivo*
1 intangible

intolerable *adjetivo*
1 inaguantable
  insoportable
  insufrible

intolerancia *nombre femenino*
1 intransigencia
  fanatismo
  ANTO transigencia
    comprensión

intolerante *adjetivo*
1 fanático
  apasionado
  exaltado
  intransigente
  inflexible
  ANTO tolerante
    flexible
    transigente
    ecuánime

intoxicación *nombre femenino*
1 emponzoñamiento
  envenenamiento
  toxicación

intoxicar *verbo transitivo*
1 envenenar
  emponzoñar

intranquilidad *nombre femenino*
1 agitación
  inquietud
  conmoción
  turbación
  perturbación
  sobresalto*
  ansiedad*
  ansia
  zozobra

angustia
tribulación
ANTO tranquilidad
  calma
  quietud
  sosiego
  serenidad

intranquilo, -la *adjetivo*
1 agitado
  inquieto
  desasosegado

intransigencia *nombre femenino*
1 fanatismo
  apasionamiento
  exaltación
  intolerancia
  inflexibilidad
  ANTO tolerancia
    transigencia
    ecuanimidad
    flexibilidad

intransigente *adjetivo*
1 intolerante
  fanático
  obstinado
  ANTO tolerante

intransitable *adjetivo*
1 impracticable

intratable *adjetivo*
1 áspero
  huraño
  arisco
  insociable
  incivil
  inconversable

intravenoso, -sa *adjetivo*
1 endovenoso

intrepidez *nombre femenino*
1 ánimo*
  valor*
  valentía
  arrojo*
  esfuerzo
  denuedo
  ANTO temor
    cobardía
    reflexión

intrépido, -da *adjetivo*
1 animoso
  valiente
  valeroso
  esforzado
  denodado
  alentado
  resuelto
  osado
  ANTO cobarde

intriga *nombre femenino*
1 manejo
 enredo
 trama
 embrollo

intrincado, -da *adjetivo*
1 enredado
 complicado
 confuso
 revesado
 enrevesado
 enmarañado
 inextricable*
 difícil*
 arduo
 dificultoso
 trabajoso
 penoso
 embarazado
 ANTO fácil
  sencillo

intrínseco, -ca *adjetivo*
1 esencial
 propio
 interno
 interior*
 constitutivo
 ANTO extrínseco
  externo

introducción *nombre femenino*
1 entrada
 principio
 comienzo
2 preparación
 disposición
3 prólogo*
 preámbulo*
 prefacio

introducido, -da *adjetivo*
1 inserto
 incluido

introducir *verbo*
 transitivo/pronominal
1 meter*
 encajar
 embutir
 incluir
 insertar
 inserir
 ANTO sacar

 verbo pronominal
2 entrometerse
 infiltrarse

intromisión *nombre femenino*
1 entremetimiento
 entrometimiento
 intrusión

intrusión *nombre femenino*
1 intromisión
 entremetimiento
 entrometimiento
2 irrupción
 invasión
 incursión
 entrada

intruso, -sa *adjetivo/nombre*
1 entrometido
 indiscreto
 extraño

intubación *nombre femenino*
1 entubamiento

intumescencia *nombre femenino*
1 inflación
 tumefacción
 hinchazón
 inflamiento
 engrosamiento

inundación *nombre femenino*
1 avenida
 desbordamiento
 crecida*
 riada

inundar *verbo transitivo*
1 anegar*

inurbano, -na *adjetivo*
1 descortés
 impolítico*
 incivil
 ordinario
 grosero
 basto
 ANTO cortés
  sociable

inusitado, -da *adjetivo*
1 desacostumbrado
 inusual
 insólito
 raro
 desusado*
 desueto
 ANTO habitual
  viejo
  usual
  acostumbrado

Desusado y *desueto* se dice de las cosas que se han usado y ya no se usan, en tanto que *inusitado* y los demás sinónimos pueden calificar también a lo que nunca ha sido frecuente. La santidad es *inusitada, insólita, desacostumbrada, inusual, rara*, en todos

los tiempos. Un vestido pasado de moda, una palabra arcaica, son *desusados* o *desuetos.*

inusual *adjetivo*
1 desusado*
 desacostumbrado
 inusitado
 insólito
 desueto
 raro
 ANTO habitual
  acostumbrado
  usual
  viejo

inutilizar *verbo*
 transitivo/pronominal
1 incapacitar
 inhabilitar
 invalidar
 anular
 perder uno el tiempo
 gastar saliva en balde
 sembrar en arena
 trabajar para el obispo
 estropear
 averiar

 Estropear y *averiar*, tratándose de cosas materiales.

inútilmente *adverbio*
1 en balde
 en vano
 de balde
 innecesariamente

invadir *verbo transitivo*
1 irrumpir

 Irrumpir sugiere mayor violencia o carácter súbito.

invalidar *verbo*
 transitivo/pronominal
1 anular*
 infirmar
 ANTO capacitar
  habilitar
  autorizar

inválido, -da *adjetivo/nombre*
1 baldado
 tullido
 impedido (eufemismo)
 paralítico
 mutilado
 lisiado
2 lábil
 infirme
 achacoso

invariable *adjetivo*
1 inalterable

inmutable
constante
firme
inconmovible

invasión *nombre femenino*
1 incursión
irrupción

'La *invasión* es una hostilidad ordenada que tiene su origen en la política, y que se hace según las prácticas militares y con movimientos estratégicos. La *incursión* es una correría en territorio extraño, hecha con rapidez, acompañada de saqueo y mortandad, pero que no envuelve forzosamente la idea de posesión durable' (M).

invectiva *nombre femenino*
1 sátira

'Sólo se diferencia en los medios de que se valen. La *invectiva* declama; la *sátira* ridiculiza. Las *invectivas* atroces se llaman imprecaciones o maldiciones; la *sátira* mordaz se llama *sarcasmo*' (J).

invencible *adjetivo*
1 invicto

Llamamos *invencible* al que no ha sido ni puede ser vencido. *Invicto* es el que no ha sido nunca vencido, el que siempre ha salido victorioso. Napoleón, *invicto* hasta Waterloo, no era *invencible*, como se demostró en esta batalla.

invención *nombre femenino*
1 invento
descubrimiento
2 hallazgo

Por ejemplo: la *invención* de la Santa Cruz.

3 fábula
ficción
engaño
mentira

inventado, -da *adjetivo*
1 fabuloso
imaginario
fingido
ficticio
falso
ANTO real
verdadero

inventar *verbo transitivo*
1 descubrir*

Descubrir se extiende también a lo que era desconocido, pero real: *descubrir* una isla o una estrella nueva; mientras que *inventar* se ciñe a lo que antes no existía; por ejemplo: la imprenta, la locomotora. Todo *invento* es un *descubrimiento*, pero no viceversa.

2 imaginar
fingir
idear

inventario *nombre masculino*
1 descripción

inventiva *nombre femenino*
1 ingenio
imaginación
fantasía
idea

invento *nombre masculino*
1 invención
descubrimiento

inventor, -ra *adjetivo/nombre*
1 descubridor
autor
creador

inverecundia *nombre femenino*
1 desvergüenza
sinvergüencería
sinvergonzonería
insolencia
cara dura
procacidad
valor
ANTO vergüenza
decencia

inverecundo, -da
adjetivo/nombre
1 desvergonzado
ANTO pudoroso
vergonzoso
comedido

Inverecundo es palabra docta y sólo usada en estilo elevado.

invernáculo *nombre masculino*
1 estufa
invernadero

invernadero *nombre masculino*
1 invernáculo
estufa

invernal *adjetivo*
1 hibernal
hiemal (literario)

inverosímil, inverisímil
adjetivo
1 increíble
inconcebible
inimaginable
imposible

inverso, -sa *adjetivo*
1 alterado
trastornado
opuesto
contrario
invertido
ANTO directo
inalterable

invertido¹ *nombre masculino*
1 homosexual

invertido, -da² *adjetivo*
1 inverso
alterado
trastornado
opuesto
contrario
ANTO directo
inalterable

invertir *verbo transitivo*
1 trastornar
alterar
cambiar
volver
2 colocar
gastar
emplear

Tratando de dinero.

3 dedicar
ocupar
emplear

Tratando del tiempo.

investigación *nombre femenino*
1 estudio
análisis
observación
aprendizaje
aplicación
2 inquisición
pesquisa
averiguación
indagación
información
3 exploración
examen

investigar *verbo transitivo*
1 averiguar
indagar
inquirir
pesquisar
escudriñar
buscar*

a
b
c
d
e
f
g
h
i
j
k
l
m
n
ñ
o
p
q
r
s
t
u
v
w
x
y
z

descubrir el campo
seguir la pista
tentar la ropa
sacar en limpio

investir *verbo transitivo*
1 conferir
conceder

inveterado, -da *adjetivo*
1 antiguo
arraigado
envejecido
ANTO desacostumbrado
nuevo
extraño

Inveterado no se dice de las cosas materiales; un edificio puede ser *antiguo*, *envejecido*; una virtud, un vicio, una costumbre, son *inveterados* o *arraigados*.

inveterarse *verbo pronominal*
1 envejecer

Cuando *envejecer* tiene el sentido de durar una costumbre, tradición o fórmula.

invicto, -ta *adjetivo*
1 invencible

inviolable *adjetivo*
1 santo
venerable
sagrado

invisible *adjetivo*
1 latente
oculto
escondido
recóndito
secreto
ANTO visible
evidente

invitación *nombre femenino*
1 convite
2 incitación

invitar *verbo transitivo*
1 convidar
brindar
2 incitar
mover
inducir

invocar *verbo transitivo*
1 implorar
rogar

'El que *invoca* llama a otro para que lo auxilie; el que *implora* pide con insistencia, con fervor y con lágrimas' (M).

2 alegar*

involucrar *verbo transitivo*
1 envolver
mezclar
confundir
ANTO aclarar
desembrollar
especificar

involucro *nombre masculino*
1 gorguera

involuntario, -ria *adjetivo*
1 impensado
irreflexivo
instintivo
maquinal
espontáneo*

iolita *nombre femenino*
1 dicroíta
cordierita
zafiro de agua

ipecacuana *nombre femenino*
1 bejuquillo

ir *verbo intransitivo*
1 irse

'Estos dos verbos no pueden usarse indistintamente, porque *irse* tiene la fuerza de ausentarse, sin relación al paraje a que se va, sino sólo al que se deja; e *ir*, por el contrario, no hace relación al que se deja, sino a aquel adonde se va. Ha resuelto *irse* de Madrid: puede no saber adónde *irá*, o qué camino elegirá; y no se dirá en este caso: ha resuelto *ir* de Madrid, sin determinar precisamente el paraje adonde va, o destino que lleva' (LH).

2 levantar la casa
andar con el hato a cuestas
ahuecar el ala

ira *nombre femenino*
1 furor
molestia
enfado
indignación
enojo
irritación
coraje
cólera
rabia
furia*
ANTO humildad

enverdecer de ira *locución*
rabiar

encolerizarse
enfurecerse
crujir los dientes
exaltarse la bilis
ANTO tranquilizarse
serenarse
apaciguarse

iracundo, -da *adjetivo*
1 irascible
irritable
colérico
bilioso
atrabiliario

irlandés, -esa *adjetivo/nombre*
1 (persona) hibernés
hibérnico

Hibernés e *hibérnico* se utilizan principalmente tratándose de la antigua Irlanda.

ironía *nombre femenino*
1 burla

La *ironía* es un género de *burla* fina y disimulada. Significa dar a entender lo contrario de lo que se dice. Es, pues, muy diferente de la *mofa*, del *escarnio* y del *sarcasmo*. La *ironía* necesita inteligencia, ingenio y artificio que la oculte más o menos.

irónico, -ca *adjetivo*
1 burlón
punzante
ático
cáustico
mordaz

irracional *adjetivo/nombre común*
1 bruto
bestia
animal
2 absurdo
insensato
extraviado
ANTO sensato
reflexivo
coherente

irradiar *verbo transitivo*
1 radiar
despedir
difundir
esparcir

irrealizable *adjetivo*
1 impracticable
imposible
quimérico

irrebatible *adjetivo*
1 indiscutible
incuestionable
incontrovertible
indisputable
incontrastable
irrefutable
concluyente*
decisivo
terminante
convincente
ANTO discutible
provisional
cuestionable
refutable
controvertible

irreemplazable *adjetivo*
1 insustituible

irreflexivo, -va *adjetivo*
1 precipitado
imprudente
aturdido
atropellado
ligero
ligero de cascos
2 indeliberado
involuntario
instintivo
maquinal
espontáneo*

irregular *adjetivo*
1 anómalo
anormal
2 desigual
intermitente
discontinuo
3 variable
caprichoso
inconstante

irregularidad *nombre femenino*
1 anomalía
anormalidad
alteración
transtorno
trastorno
desorden
ANTO regularidad
cumplimiento
continuidad
2 fraude
filtración

irreligioso, -sa *adjetivo/nombre*
1 impío
descreído
incrédulo
ANTO pío
religioso
crédulo

irremediable *adjetivo*
1 irreparable
ANTO reparable
curable
remediable

irreparable *adjetivo*
1 incurable

irresolución *nombre femenino*
1 perplejidad*
vacilación
indecisión
duda
incertidumbre*
ANTO decisión
certidumbre
resolución

Perplejidad, vacilación, indecisión e irresolución se refieren principalmente a la voluntad. La duda y la incertidumbre, al entendimiento, al juicio u opinión que deseamos formarnos de las cosas.

irresoluto, -ta *adjetivo/nombre*
1 indeciso
perplejo
vacilante
dudoso*
2 irresuelto

irrespetuoso, -sa *adjetivo*
1 desatento
irreverente
descomedido

irrigación *nombre femenino*
1 riego
2 lavado

irrigar *verbo transitivo*
1 regar
2 lavar

irrisión *nombre femenino*
1 burla
ridiculez
desprecio

irrisorio, -ria *adjetivo*
1 ridículo
risible
2 insignificante
desestimable
minúsculo

irritable *adjetivo*
1 irascible
pronto
colérico
atrabiliario
bilioso

irritación *nombre femenino*
1 paratripsis
rozadura
excoriación
2 ira
enfado
enojo
cólera
rabia
ANTO tranquilidad
paz

irritante *adjetivo*
1 desagradable*
molesto
enojoso
penoso
fastidioso
ANTO agradable

irritar *verbo transitivo/pronominal*
1 enojar
encolerizar
enfadar
enfurecer
exasperar
sulfurar
salirse de sus casillas
perder los estribos
montar en cólera
ponerse de mil colores
excitar
acalorar
trinar*
ANTO tranquilizar
pacificar
serenar
calmar
sosegar
verbo transitivo
2 rozar
excoriar

irrumación *nombre femenino*
1 felatorismo

irrupción *nombre femenino*
1 invasión*
incursión
intrusión
entrada

isagoge *nombre femenino*
1 exordio
preámbulo

isla *nombre femenino*
1 ínsula
2 manzana

islámico, -ca *adjetivo*
1 mahometano
muslímico

a b c d e f g h i j k l m n ñ o p q r s t u v w x y z

musulmán
islamita

islamismo *nombre masculino*
1 mahometismo
islam

islamita *adjetivo/nombre común*
1 (persona) mahometano
musulmán

isleño, -ña *adjetivo/nombre*
1 (persona) insular
insulano

ismaelita *adjetivo/nombre común*
1 (persona) árabe
sarraceno
agareno

isomorfismo *nombre masculino*
1 homomorfismo

israelita *adjetivo/nombre común*
1 (persona) hebreo
judío

itálica *adjetivo/nombre femenino*
1 bastardilla
cursiva

iterar *verbo transitivo*
1 repetir*
reproducir
rehacer
reiterar
segundar

asegundar
reincidir

itinerario *nombre masculino*
1 ruta
camino

izar *verbo transitivo*
1 levantar
elevar
enarbolar
arbolar
levar

izquierda *nombre femenino*
1 siniestra (literario o culto)
zurda

izquierdo, -da *adjetivo*
1 siniestro

jabalí *nombre masculino*
1 puerco jabalí
puerco montés
puerco salvaje
pécari
báquiro
saíno
puerco de monte

jabardear *verbo intransitivo*
1 pavordear

jábega *nombre femenino*
1 (red) bol

jabí *nombre masculino*
1 quebracho
quiebrahacha

jabillo *nombre masculino*
1 árbol del diablo
jabilla

jabladera *nombre femenino*
1 argallera

jabón
    jabón de sastre *locución nominal*
    esteatita
    jaboncillo

jabonadura *nombre femenino*
1 enjabonado
enjabonadura

jabonar *verbo transitivo*
1 enjabonar

jaboncillo *nombre masculino*
1 jabón de sastre
esteatita

jabonera *nombre femenino*
1 (hierba) lanaria
saponaria

jabonoso, -sa *adjetivo*
1 saponáceo

jaca *nombre femenino*
1 cuartago

jacarandina *nombre femenino*
1 jacarandaina
jacarandana
germanía

jacarandoso, -sa *adjetivo*
1 donairoso
gracioso
alegre
desenvuelto
airoso
garboso
desenfadado
sandunguero

jacinto *nombre masculino*
1 (planta y flor) bretaña
2 circón
jacinto de Ceilán

    jacinto occidental *locución nominal*
    topacio

jaco *nombre masculino*
1 rocín
matalón
jamelgo
penco
caballo*

jacobita *adjetivo*
1 monofisita

jacobitismo *nombre masculino*
1 monofisismo
*eutiquianismo

jacónito *nombre masculino*
1 anapelo
napelo
matalobos
pardal
uva lupina
uva verga

jactancia *nombre femenino*
1 vanagloria
presunción
petulancia

arrogancia
vanidad
fatuidad
fanfarria*
ANTO modestia

Cuando la *jactancia* es permanente y constitutiva del carácter, se acerca al significado de *vanidad, petulancia* y *fatuidad*.

'*Jactancia* es alabanza propia, presuntuosa y exagerada; *arrogancia* es aspiración ostentosa y manifiesta a la superioridad, expresada por la voz y por el gesto. No todo el que es *jactancioso* es *arrogante*' (M).

jactancioso, -sa *adjetivo*
1 vanaglorioso
presumido
vanidoso
presuntuoso
petulante
fatuo

jactarse *verbo pronominal*
1 gloriarse
vanagloriarse
preciarse
echárselas de
presumir de
ufanarse
alardear
picarse
darse pisto
hacer gala

jade *nombre masculino*
1 piedra nefrítica
piedra de ijada
Piedra nefrítica, porque con ella se hacían antiguos amuletos para curar los riñones.

jadear *verbo intransitivo*
1 acezar

jadeo *nombre masculino*
1 acezo

jaenés, -esa *adjetivo/nombre*
1 (persona) giennense
giennense

jaez *nombre masculino*
1 arreo
guarnición
atalaje
2 clase
índole
calidad
estofa
calaña
ralea

Clase, índole y *calidad*, en general; pero *jaez* añade un sentido despectivo próximo al de *estofa, calaña* o *ralea*; por ejemplo: gente de ese *jaez*.

jaguarzo *nombre masculino*
1 estepa negra

jaguay *nombre masculino*
1 jagüey
jagüel
jahuel

jagüel *nombre masculino*
1 jagüey
jahuel

jahuel *nombre masculino*
1 (balsa, pozo) jagüey
jagüel

jalar *verbo transitivo*
1 tirar (de algo)

jalbegar *verbo transitivo*
1 enjalbegar
blanquear
encalar

jalear *verbo transitivo*
1 azuzar
espolear
Se usan en la caza.

jaleo *nombre masculino*
1 jarana
bulla
bullicio
fiesta
alegría
diversión
2 alboroto
desorden
pendencia

jamás *adverbio*
1 nunca

jamelgo *nombre masculino*
1 penco
jaco
matalón
rocín
caballo*

jamurar *verbo transitivo*
1 achicar

jangada *nombre femenino*
1 trastada
trastería
mala pasada
picardía
bribonada
tunantada
2 balsa
armadía
almadía

japonés, -esa *adjetivo/nombre*
1 (persona) nipón

jaque *nombre masculino*
1 valentón
perdonavidas
matasiete
guapo
chulo

tener en jaque *locución*
amenazar
amagar
conminar
enseñar los dientes
decir a uno cuántas son cinco

jaqueca *nombre femenino*
1 hemicránea
migraña

jaquel *nombre masculino*
1 escaque

jara *nombre femenino*
1 (arbusto) lada
2 vira
virote
flecha
saeta

jara blanca *locución nominal*
estepilla

jarabe *nombre masculino*
1 jarope

jaramago *nombre masculino*
1 balsamita
raqueta
ruqueta
sisimbrio

jarana *nombre femenino*
1 bulla

bullicio
fiesta
jolgorio
diversión
alegría
jaleo
ANTO paz
2 alboroto
desorden
pendencia
tumulto
ANTO paz

jarcia *nombre femenino*
1 cordaje
cordelería

jardín *nombre masculino*
1 pensil
vergel
carmen

Pensil y *vergel* son denominaciones estimativas de su hermosura.

jarillo *nombre masculino*
1 (planta) aro
alcatraz
arón
jaro
sarrillo
tragontina
yaro

jaro *nombre masculino*
1 (planta) aro
alcatraz
arón
jarillo
sarrillo
tragontina
yaro

jarope *nombre masculino*
1 jarabe

jaspe *nombre masculino*
1 sílex

jaspe de sangre *locución nominal*
heliotropo

jato, -ta *nombre*
1 ternero
becerro
novillo

jaula *nombre femenino*
1 gayola
cávea

Cávea, tratándose de los antiguos romanos.

jauría *nombre femenino*
1 muta

jazmín
  jazmín de la India *locución nominal*
  gardenia

jebe *nombre masculino*
1 ajebe
  alumbre
  enjebe

jefe *nombre masculino*
1 superior
  director
  cabeza
  principal
  caudillo
  patrón*

jeme *nombre masculino*
1 palmito (cara de mujer)
  cara*

jenabe *nombre masculino*
1 ajenabe
  mostaza
  jenable

jenable *nombre masculino*
1 ajenabe
  mostaza
  jenabe

jengibre *nombre masculino*
1 ajengibre

jerarquía *nombre femenino*
1 orden
  subordinación
2 clase*
  categoría

jerárquico, -ca *adjetivo*
1 arbóreo
  arborescente
  de árboles

jerga *nombre femenino*
1 jeringonza
  germanía
  argot*
  chula*
  chulapa
  caló
2 galimatías
  algarabía

jerigonza *nombre femenino*
1 argot*
  jerga
  germanía
  caló
  chula*
  chulapa

jeringa *nombre femenino*
1 lavativa
  irrigador
  gaita

jeringar *verbo transitivo*
1 (familiar) molestar
  mortificar
  fastidiar
  aburrir
  enfadar
  cansar

jeringuilla *nombre femenino*
1 (planta) celinda

jeroglífico *nombre masculino*
1 emblema
  símbolo
  empresa
  representación
  lema
  hieroglífico

jesuita *adjetivo/nombre masculino*
1 ignaciano
  iñiguista

jeta *nombre femenino*
1 hocico
  morro*
2 cara

jibia *nombre femenino*
1 sepia

jiennense *adjetivo/nombre común*
1 (persona) jaenés
  giennense
  jaenero

jifero *nombre masculino*
1 matarife
  matachín

jifia *nombre femenino*
1 pez espada

jilguero *nombre masculino*
1 cardelina
  colorín
  pintacilgo
  pintadillo
  silguero
  sirguero

jindama *nombre femenino*
1 miedo*
  recelo
  temor
  espanto
  pavor
  pánico
  medrana

  cobardía
  jinda
  ANTO valor
    tranquilidad
    audacia

jineta *nombre femenino*
1 (mamífero) gineta
  papialbillo
  patialbillo

jinete *nombre masculino*
1 caballero
  jockey
  Jockey, en las carreras de caballos.

jínjol *nombre masculino*
1 azufaifa
  azofaifa
  azofeifa
  guinja
  guínjol
  yuyuba

jinjoloro *nombre masculino*
1 azufaifo
  azufeifo
  guinjolero

jíquima *nombre femenino*
1 jícama

jirón *nombre masculino*
1 desgarrón
  pedazo
2 trozo
  parte

jockey *nombre masculino*
1 jinete
  caballero
  yoquey

jocó *nombre masculino*
1 orangután

jocoserio, -ria *adjetivo*
1 tragicómico

jocoso, -sa *adjetivo*
1 gracioso
  chistoso
  festivo
  alegre*
  divertido

jocundo, -da *adjetivo*
1 jovial
  alegre
  jocoso
  gracioso
  chistoso

jofaina *nombre femenino*
1 palancana

a
b
c
d
e
f
g
h
i
j
k
l
m
n
ñ
o
p
q
r
s
t
u
v
w
x
y
z

palangana
aguamanil
lavamanos

jogging *nombre masculino*
1 (anglicismo) footing

jolgorio *nombre masculino*
1 holgorio
regocijo
fiesta
bulla
bullicio
jarana
parranda

jollín *nombre masculino*
1 gresca
alboroto
pelotera

jorguín, -ina *nombre*
1 hechicero
hada
brujo
mago
mágico
encantador
nigromante

jornal *nombre masculino*
1 salario
soldada
sueldo
estipendio

jornalero, -ra *nombre*
1 trabajador
obrero
operario

El *jornalero* es el *trabajador*,
operario u *obrero* que trabaja
a jornal.

joroba *nombre femenino*
1 corcova
chepa
giba
2 impertinencia
molestia
mortificación

jorobado, -da *adjetivo/nombre*
1 corcovado
giboso
contrahecho

jorobar *verbo transitivo*
1 molestar
fastidiar
gibar
importunar
mortificar
jeringar

joven *adjetivo/nombre común*
1 mozo
mancebo
zagal
adolescente
pollo

Joven, como adjetivo, se aplica a cualquier ser vivo de poca edad: árbol, caballo, persona, *joven*. Como sustantivo
se usa sólo para personas y
equivale a *mozo*; *mancebo*, si
tiene muy pocos años; *zagal*,
adolescente. *Pollo* se usa sólo
en los medios sociales de alguna distinción.

jovial *adjetivo*
1 alegre*
festivo
jocundo
divertido
gracioso
risueño
ANTO desanimado
amargado
aburrido

joya *nombre femenino*
1 alhaja
presea
joyel
dije

joyel *nombre masculino*
1 joya
alhaja
presea
dije

Juan Lanas *locución nominal*
1 (familiar) bragazas
calzonazos

jubilación *nombre femenino*
1 retiro

jubilado, -da *adjetivo/nombre*
1 retirado

jubilar *verbo
transitivo/pronominal*
1 retirar

júbilo *nombre masculino*
1 alborozo*
alegría*
regocijo
contento*
gozo*

El *júbilo* y el *alborozo* suponen
manifestaciones exteriores de
alegría; en los demás sustanti-

vos no es indispensable su
manifestación exterior.

jubiloso, -sa *adjetivo*
1 alegre*
gozoso
regocijado
contento
alborozado
jovial
divertido

judaísmo *nombre masculino*
1 hebraísmo

judaizante *adjetivo/nombre
común*
1 hebraizante

judaizar *verbo intransitivo*
1 hebraizar

judas *nombre masculino*
1 traidor
alevoso
desleal
delator

judeoespañol, -la
adjetivo/nombre
1 hispanojudío

judía *nombre femenino*
1 alubia
habichuela
fasol
fréjol
fríjol
frísol
frisuelo

Alubia y *habichuela* son los sinónimos más extendidos.
Abundan los nombres locales
o que se refieren a determinadas variedades, como *faba*
(Asturias), y *fasol, fréjol, fríjol,
frísol* y *frisuelo*.

judiada *nombre femenino*
1 crueldad
inhumanidad
infamia
2 usura
agio
explotación

judío, -a *adjetivo/nombre*
1 hebreo
israelita
2 avaro
usurero
explotador
agiotista

juego *nombre masculino*
1 diversión
  recreo
  recreación
  entretenimiento
  pasatiempo
2 funcionamiento
  acción
  movimiento
3 unión
  articulación
  coyuntura
4 (anglicismo) game
  Game se usa en el tenis y en el béisbol.
5 set (anglicismo)
  En tenis y voleibol.

juerga *nombre femenino*
1 diversión
  jarana
  parranda

juez *nombre masculino*
1 definidor
  árbitro
  regulador
2 árbitro
  juez de línea *locución nominal*
  linier (anglicismo)
  En el fútbol.

jugada *nombre femenino*
1 treta
  ardid
  mala pasada
  trastada

jugador, -ra *adjetivo*
1 futbolista
  remero
  esquiador
  tahúr
  punto
  En los deportes, el jugador suele denominarse con un derivado del nombre del juego, como en los tres primeros sinónimos. Tratándose del que tiene el vicio de jugar dinero a las cartas, ruleta, etc., se usan tahúr y punto.
  jugador de manos *locución nominal*
  prestigitador
  ilusionista

jugar *verbo intransitivo*
1 entretenerse
  divertirse
2 travesear

juguetear
retozar
3 funcionar
  actuar
  moverse
  encajar
4 arriesgar
  aventurar
  apostar

jugarreta *nombre femenino*
1 truhanada
  mala pasada
  truhanería
  trastada
  picardía

jugo *nombre masculino*
1 zumo
  Tratándose de frutos, hierbas, flores, etc., zumo.
2 provecho
  sustancia
  utilidad
  ANTO insulsez
    sequedad

jugoso, -sa *adjetivo*
1 sustancioso
  provechoso

juguetear *verbo intransitivo*
1 jugar
  retozar
  travesear

juicio *nombre masculino*
1 discernimiento
  razón
  entendimiento
  ANTO irreflexión
    insensatez
2 cordura
  seso
  prudencia
  sensatez
  asiento
  madurez
  ANTO irreflexión
    insensatez
3 opinión
  dictamen
  parecer

juicioso, -sa *adjetivo*
1 ecuánime
  sereno
  ponderado
  imparcial
  veraz
  equilibrado
  ANTO parcial
    impaciente
2 discreto
  prudente

sensato
mesurado
cuerdo
asentado
formal
serio
sesudo*
  ANTO insensato
    imprudente
    desmesurado

jumento, -ta *nombre*
1 asno*
  burro
  borrico

jumera *nombre femenino*
1 (familiar) borrachera
  embriaguez
  ebriedad
  curda
  turca
  mona
  chispa
  ANTO sobriedad

juncal *adjetivo*
1 flexible
  airoso
  nombre masculino
2 juncar
  junqueral
  junquera

juncar *nombre masculino*
1 juncal
  junqueral
  junquera

junco *nombre masculino*
1 junquera

junípero *nombre masculino*
1 enebro

junquera *nombre femenino*
1 junco (planta)
2 junqueral
  juncar
  juncal

junqueral *nombre masculino*
1 juncal
  juncar
  junquera

junquillo *nombre masculino*
1 rota
  junco de Indias
2 baqueta (moldura)

junta *nombre femenino*
1 reunión
  sesión
  asamblea*

a
b
c
d
e
f
g
h
i
j
k
l
m
n
ñ
o
p
q
r
s
t
u
v
w
x
y
z

2 unión
juntura
coyuntura
articulación*

juntamente *adverbio*
1 en unión
en compañía
conjuntamente
unidamente
2 a la vez
a un tiempo

juntar *verbo transitivo/pronominal*
1 unir
acoplar
enlazar
trabar
atar*
ANTO separar
desunir

Acoplar es unir dos piezas u objetos de modo que ajusten o encajen; *enlazar* y *trabar*, juntar estrechamente para formar un todo.

2 acopiar
aglomerar
amontonar
reunir
almacenar*
3 congregar
reunir

Congregar es voz culta que se aplica generalmente a personas o seres vivos que acuden por sí mismos; por ejemplo: *el pueblo se congregó en la plaza; el pastor congrega sus ovejas.* Aplicado a cosas inanimadas, se siente generalmente como figurado: *el viento congregaba las nubes.* No podría decirse *congregar* dinero, libros, etc., sino *reunir, juntar.*

4 entornar

verbo pronominal
5 acercarse
arrimarse
aproximarse
ANTO separarse
alejarse
6 acompañarse

junto[1] *adverbio*
1 cerca de
2 juntamente
a la vez
a un tiempo

junto, -ta[2] *adjetivo*
1 unido
cercano
inmediato
pegado
próximo

juntura *nombre femenino*
1 articulación
coyuntura

Tratándose de la unión de dos huesos, *articulación* en general; si es móvil, *coyuntura.*

jurador, -ra *adjetivo/nombre*
1 votador
renegador

juramento *nombre masculino*
1 jura
salva

Salva era el *juramento* muy solemne.

2 voto*
reniego
taco
blasfemia

jurar *verbo intransitivo*
1 renegar
votar
blasfemar
alzar el dedo
prestar juramento
poner a Dios por testigo

jurel *nombre masculino*
1 chicharro

jurisconsulto *nombre masculino*
1 abogado*
jurisperito
letrado
jurista

jurisdicción *nombre femenino*
1 potestad
poder
autoridad

jurisperito *nombre masculino*
1 jurisconsulto
legisperito
abogado*
jurista

jurista *nombre común*
1 abogado*
jurisperito
jurisconsulto

jusbarba *nombre femenino*
1 brusco (planta)
rusco

justamente *adverbio*
1 cabalmente
exactamente
precisamente
ajustadamente

justicia *nombre femenino*
1 equidad
rectitud
imparcialidad
ANTO injusticia
parcialidad

justiciero, -ra *adjetivo*
1 justo
equitativo
recto*
imparcial

justificación *nombre femenino*
1 prueba
probanza
2 apología*
panegírico
elogio
encomio
alabanza
defensa
3 descargo
satisfacción
disculpa
excusa

justificar *verbo*
transitivo/pronominal
1 probar*
acreditar
2 excusar
disculpar
vindicar
sincerar
defender
echar la culpa

justipreciar *verbo transitivo*
1 tasar
apreciar
estimar
valorar*
evaluar
ANTO despreciar
desestimar

A todos estos sinónimos *justipreciar* añade la connotación de justicia o equidad en la tasa; otras veces sugiere la idea de justeza o exactitud en señalar el valor de las cosas.

justo[1] *adverbio*
1 justamente
debidamente
precisamente
exactamente

**justo, -ta² ** *adjetivo*
1 recto
   equitativo
   imparcial
   legal
   legítimo
   razonable
2 exacto*
   cabal
   preciso
   puntual

juventud *nombre femenino*
1 mocedad
   ANTO vejez
        experiencia
2 mocerío

juzgar *verbo transitivo*
1 decidir
   sentenciar
   fallar

2 creer
   estimar
   opinar
   reputar
   apreciar
   valorar
   discernir*
   existimar
3 arbitrar
   dirigir

a b c d e f g h i j k l m n ñ o p q r s t u v w x y z

káiser *nombre masculino*
  1 emperador*

krosnerupina *nombre femenino*
  1 prismatina

lábaro *nombre masculino*
1 crismón
  monograma de Cristo

laberíntico, -ca *adjetivo*
1 confuso
  enredado
  intrincado
  enmarañado
  tortuoso

laberinto *nombre masculino*
1 dédalo
  enredo
  maraña
  confusión
  lío
  caos

  Enredo, maraña, confusión, lío y caos, en sentido figurado.

labia *nombre femenino*
1 parla
  parlería
  verba
  verbosidad*
  facundia

  Todos coinciden con *labia* en denotar abundancia y facilidad de palabra. *Labia* connota además cierta gracia insinuante y persuasiva que atrae a los oyentes.

labiérnago *nombre masculino*
1 sao
  ladierno

lábil *adjetivo*
1 frágil
  caduco
  débil

labio *nombre masculino*
1 bezo
  belfo

  Bezo, cuando es grueso; *belfo,* en las caballerías y otros animales.

labor *nombre femenino*
1 trabajo
  tarea
  faena
  quehacer
  tajo
  ocupación*
  ANTO holganza
      pasividad
2 labranza
  laboreo
  cultivo
3 costura
  bordado
  punto
  encaje

  Todos ellos están comprendidos dentro de la denominación general de labores, y a todas ellas puede aplicarse el nombre especial de *labor.*

laborar *verbo transitivo*
1 trabajar
  ANTO holgar
      holgazanear
2 labrar
  laborear

laborear *verbo transitivo*
1 laborar
  labrar

laborioso, -sa *adjetivo*
1 trabajador
  aplicado
  diligente
2 trabajoso
  penoso
  dificultoso

labrador, -ra *nombre*
1 agricultor
  cultivador
  campesino
  labriego
  labrantín
  pegujalero
  pelantrín

  destripaterrones
  (despectivo)

  Cuando el *labrador* es pobre se emplean los sinónimos *labrantín, pegujalero* y *pelantrín.*

labradorita *nombre femenino*
1 piedra de la luna
  piedra de las Amazonas
  piedra del Labrador
  piedra del sol
  espectrolita

labrantín *nombre masculino*
1 pegujalero
  pelantrín

labranza *nombre femenino*
1 cultivo
  labor
  laboreo

labrar *verbo transitivo*
1 trabajar
  laborar
2 arar
  cultivar
3 hacer
  causar
  producir
  originar

labriego, -ga *nombre*
1 labrador
  destripaterrones
  (despectivo)
  labrantín

labrusca *nombre femenino*
1 parriza
  parrón
  vid silvestre

laca *nombre femenino*
1 goma laca
  maque

laceración *nombre femenino*
1 desgarro

lacerado, -da *adjetivo/nombre*
1 lazarino
  lazaroso
  leproso
  elefancíaco

lacerar *verbo transitivo*
1 lastimar
  magullar
  herir
  golpear
2 dañar
  vulnerar
  perjudicar

lacería *nombre femenino*
1 miseria
  pobreza
2 trabajo
  molestia
  pena
  fatiga

lacha *nombre femenino*
1 alacha
  boquerón (pez)
  aleche
  aladroque
  anchoa
  alache

lacio, -cia *adjetivo*
1 marchito
  ajado
  mustio
2 flojo
  decaído
  descaecido
  fláccido
  ANTO tieso
    duro
    fuerte

lacónico, -ca *adjetivo*
1 breve
  conciso
  sucinto
  compendioso
  sobrio
  seco

laconismo *nombre masculino*
1 concisión
  brevedad
  sobriedad
  sequedad
  ANTO verbosidad

lacra *nombre femenino*
1 plaga
  miseria
2 defecto
  vicio
  tara
3 huella (de una enfermedad)
  señal

lacrimoso, -sa *adjetivo*
1 lagrimoso
  lloroso
  lastimoso
  lastimero

lactación *nombre femenino*
1 lactancia

lactancia *nombre femenino*
1 lactación

lactar *verbo transitivo*
1 amamantar
  criar

lácteo, -ea *adjetivo*
1 lechoso
  lacticíneo
  lacticinoso
  lactescente

  Cuando significa parecido a la leche, *lechoso*.

2 lechero
  láctico

  En cuanto relativo a la leche, *lácteo* equivale con frecuencia a *lechero*; industria *láctea* o *lechera*. Si se refiere a los productos que se obtienen de la leche, se emplea *lácteo* o *láctico*: derivados *lácteos* o *lácticos*, no *lecheros*.

lactescente *adjetivo*
1 lácteo
  lechoso
  lacticíneo
  lacticinoso

lacticíneo, -ea *adjetivo*
1 lácteo
  lechoso
  lacticinoso
  lactescente

lacticinoso, -sa *adjetivo*
1 lácteo
  lechoso
  lacticíneo
  lactescente

láctico, -ca *adjetivo*
1 lácteo*

lactina *nombre femenino*
1 lactosa
  azúcar de leche

lactómetro *nombre masculino*
1 areómetro
  densímetro
  pesalicores
  alcoholímetro
  pesaleches
  galactómetro
  oleómetro

lactosa *nombre femenino*
1 azúcar de leche
  lactina

lada *nombre femenino*
1 jara (arbusto)

ladear *verbo transitivo*
1 inclinar
  torcer
  sesgar

ladero, -ra *adjetivo*
1 lateral

ladierno *nombre masculino*
1 aladierna
  alaterno
  alitierno
  mesto
  sanguino
  aladierno

ladino[1] *nombre masculino*
1 rético
  retorromano
  rumanche

ladino, -na[2] *adjetivo*
1 sagaz
  astuto
  taimado
  ANTO inocente
    inhábil

lado *nombre masculino*
1 costado
  banda
  ala
  flanco

  Ala y *flanco*, tratándose de un ejército.

ladrar *verbo intransitivo*
1 latir
  gañir

ladrido *nombre masculino*
1 latido
  gañido

  Latido es el ladrido entrecortado del perro cuando sigue la caza o cuando de repente sufre algún dolor. *Gañido* es cada uno de los gritos que da el perro cuando lo maltratan.

ladrillo *nombre masculino*
1 azulejo
  baldosa

ladrón, -ona *adjetivo/nombre*
1 caco
sacre
atracador
cuatrero
ratero
carterista
mechera

Según la clase de robos o hurtos que comete el *ladrón*.

ladronera *nombre femenino*
1 latrocinio
ladronería
hurto
robo
estafa
2 (vasija cerrada) alcancía
hucha
vidriola
olla ciega
3 matacán

ladronería *nombre femenino*
1 latrocinio
ladronera
hurto
robo
estafa

lagar *nombre masculino*
1 jaraíz
tino

lagarto, -ta *adjetivo/nombre*
1 astuto
sagaz
taimado

lagotería *nombre femenino*
1 zalamería
zanguanga
garatusa
fiesta
pelotilla
adulación

lágrima

lágrimas de cocodrilo
locución nominal
fingimiento
simulación
ficción
engaño
hipocresía
doblez
calentura de pollo

lagrimar *verbo intransitivo*
1 llorar
arrasarse los ojos de
lágrimas
llorar a lágrima viva
coger una perra

lagrimacer
ANTO reír

lagrimeo *nombre masculino*
1 ploración

lagrimoso, -sa *adjetivo*
1 lacrimoso
lloroso
lastimoso
lastimero

laguna *nombre femenino*
1 falta
hueco
vacío
omisión

lagunajo *nombre masculino*
1 charca*

laico, -ca *adjetivo/nombre*
1 profano
secular
seglar
lego

laja *nombre femenino*
1 lancha (piedra)
lastra

lama *nombre femenino*
1 cieno
légamo
barro*

lambrija *nombre femenino*
1 lombriz
miñosa

lamentable *adjetivo*
1 deplorable
lastimoso
sensible

'Es *lamentable* todo suceso que afecta el corazón con sentimientos de dolor y pesadumbre. El suceso es *deplorable* cuando a las mismas circunstancias se reúne la de algún error, crimen, descuido o accidente que fue causa de la desgracia ocurrida. Es *lamentable* la muerte de una persona que nos es cara. Decimos que son *deplorables* las flaquezas de un gran hombre, la pérdida de una reputación y la discordia de una familia' (M).

lamentación *nombre femenino*
1 lamento
queja
gemido
clamor*

lamentar *verbo transitivo*
1 deplorar
sentir
llorar

verbo pronominal
2 quejarse
gemir
plañir
clamar*

lamento *nombre masculino*
1 gemido
quejido
queja
lamentación
clamor*

lamerón, -ona *adjetivo/nombre*
1 (familiar) goloso
laminero
glotón

lamia *nombre femenino*
1 tiburón
marrajo
náufrago

La *lamia* es una especie de tiburón.

lámina *nombre femenino*
1 hoja
folio
chapa
2 estampa
grabado
3 capa
membrana
túnica

laminero, -ra *adjetivo/nombre*
1 goloso
lamerón (familiar)
glotón

lámpara *nombre femenino*
1 bombilla

lamparones *nombre masculino*
plural
1 escrófulas
paperas

lampazo *nombre masculino*
1 bardana
lapa
purpúrea

lampiño, -ña *adjetivo*
1 glabro
ANTO velludo

lampreazo *nombre masculino*
1 latigazo
trallazo
zurriagazo

a
b
c
d
e
f
g
h
i
j
k
l
m
n
ñ
o
p
q
r
s
t
u
v
w
x
y
z

lampuga *nombre femenino*
1 antia

lance *nombre masculino*
1 percance
   ocurrencia
   suceso
   trance
   ocasión
2 suerte
3 encuentro
   riña
   duelo
   querella
lance de honor *locución nominal*
   duelo
   desafío
   encuentro
   combate
de lance *locución adjetiva*
   de ocasión
   de segunda mano
   usado
   ANTO de primera mano
   sin estrenar
   nuevo

lanceta *nombre femenino*
1 sangradera

lancha *nombre femenino*
1 laja
   lastra
2 chalupa
   bote
   barca

landrilla *nombre femenino*
1 lita
   Lita hace refrencia especial a la del perro.

langostín, langostino *nombre masculino*
1 tino
   cervatica

languidez *nombre femenino*
1 lasitud
   desfallecimiento
   decaimiento
   flojedad
   cansancio
   fatiga
   astenia
   ANTO viveza
   ardor

lánguido, -da *adjetivo*
1 flaco
   débil
   fatigado
2 abatido

decaído
desanimado

languor *nombre femenino*
1 decaimiento
   debilidad
   astenia
   languidez

lanosidad *nombre femenino*
1 vello
   pelo
   pelusa
   tomento
   pelusilla

lanoso, -sa *adjetivo*
1 lanudo
   velloso

lanudo, -da *adjetivo*
1 lanoso
   velloso

lanza *nombre femenino*
1 pica
2 timón
   pértiga
   vara
   En los carruajes.

lanzadera *nombre femenino*
1 rayo textorio

lanzador de disco *nombre masculino*
1 discóbolo
   Se usan en el atletismo.

lanzamiento *nombre masculino*
1 tiro
   Usado principalmente en el baloncesto.

lanzar *verbo transitivo/pronominal*
1 arrojar
   echar*
   tirar
   despedir
   disparar
   verbo transitivo
2 servir
   sacar

laña *nombre femenino*
1 grapa
   gafa

lapa *nombre femenino*
1 (planta) lampazo
   bardana
   purpúrea

lapáctico, -ca *adjetivo*
1 purgante
   derivativo

lapicero *nombre masculino*
1 lápiz

lapidificación *nombre femenino*
1 petrificación
   fosilización

lapislázuli *nombre masculino*
1 cianea
   lazulita
   azul de ultramar
   Pulverizado, se llama azul de ultramar.

lápiz *nombre masculino*
1 lapicero

lapso *nombre masculino*
1 tracto
   trecho
2 lapsus
   Cuando se trata de un error, se emplea a menudo la forma latina lapsus. Se dice también lapsus calami (error de pluma) o lapsus linguae (error de lengua).

lapsus *nombre masculino*
1 lapso
   tracto
   trecho
2 desliz
   ligereza
   descuido
   falta
   error
   culpa
   distracción
   omisión
   inadvertencia
   olvido
   lapso*
   gazapo*

lar *nombre masculino*
1 hogar
   casa*

lardo *nombre masculino*
1 grasa* (especialmente de cerdo)

lardoso, -sa *adjetivo*
1 grasiento
   pringoso
   aceitoso*

largamente *adverbio*
1 cumplidamente
2 ampliamente
   holgadamente

3 liberalmente
  generosamente
  espléndidamente

largar *verbo transitivo/pronominal*
1 aflojar
  soltar

verbo pronominal
2 irse
  marcharse
  escabullirse
  escurrirse
  pirárselas (vulgar)
  huir*
ANTO permanecer

verbo intransitivo/transitivo
3 amollar

largo[1] *nombre masculino*
1 longitud
  largor
  largura
  ir para largo *locución*
  (familiar) haber para rato

largo, -ga[2] *adjetivo*
1 extenso
  duradero
  difuso
ANTO corto
    conciso

Tratándose del tiempo, *duradero*.

'*Largo* recae sobre la duración; *difuso*, sobre el modo. Es *largo* el sermón que dura mucho; es *difuso* cuando el predicador trata con demasiada prolijidad la materia, el punto o puntos de que se compone' (LH).

larguero *nombre masculino*
1 travesaño
  poste
  Larguero y *travesaño* se usan en el fútbol y en el rugby.
2 (de la cama) cabezal

largueza *nombre femenino*
1 longitud
  largura
2 liberalidad
  generosidad
  desprendimiento
  dadivosidad
  esplendidez
  desinterés*

larvado, -da *adjetivo*
1 disfrazado
  oculto
  Aplícase a enfermedades.

lascivia *nombre femenino*
1 lujuria
  incontinencia
  liviandad
  obscenidad
  sensualidad
  libídine
ANTO pureza
    continencia

lascivo, -va *adjetivo*
1 libidinoso
  lúbrico
  lujurioso
  vicioso
  obsceno*
2 liviano
  incontinente
  deshonesto
  impúdico

laserpicio *nombre masculino*
1 comino rústico

lasitud *nombre femenino*
1 desfallecimiento
  decaimiento
  flojedad
  languidez
  cansancio*
  fatiga
ANTO viveza
    ardor

lástima *nombre femenino*
1 compasión
  conmiseración
  misericordia
  piedad

'*Lástima* es un sentimiento menos vehemente y más pasajero que *compasión*. Así es que de la palabra *lástima* no se deriva un adjetivo aplicable al que la siente, sino al objeto que la provoca, y lo contrario sucede con la palabra *compasión*, de que se deriva *compasivo*. Son *lastimeros* o *lastimosos* los infortunios, las enfermedades, el hambre y la persecución. Son *compasivas* las personas en quienes estos males producen *lástima*' (M). '*La lástima* se aplica con más propiedad a la sensación que nos causa el mal que se ofrece a nuestros sentidos; y la *compasión* al efecto que causa en el *ánimo* la reflexión del mal: porque aquella no explica por sí sola más que la sensación de la pena, o el disgusto que causa el mal ajeno; pero

la *compasión* añade a esta idea la de una cierta inclinación del ánimo hacia la persona desgraciada, cuyo mal se desearía evitar. No nos mueve a *compasión* la suerte de un asesino condenado a muerte, pero nos da *lástima* el verle padecer en el suplicio. Nos da *lástima* el ver morir a un irracional; nos da *compasión* el triste estado de una pobre viuda. La *compasión* supone siempre un sentimiento verdadero. La *lástima* se emplea algunas veces para representar un sentimiento tan ligero, que apenas merece el nombre de tal; como: Es *lástima* que no haga buen tiempo' (LH).

lastimar *verbo transitivo/pronominal*
1 herir
  dañar
  perjudicar
2 agraviar
  ofender

verbo pronominal
3 dolerse
  sentirse
  resentirse

lastimero, -ra *adjetivo*
1 plañidero
  triste
  lúgubre
  quejumbroso

lastimoso, -sa *adjetivo*
1 lamentable*
  deplorable
  sensible

lastra *nombre femenino*
1 lancha (piedra)
  laja

lastrar *verbo transitivo*
1 enjuncar

lastre *nombre masculino*
1 zahorra
2 juicio
  madurez
  seso

lata[1] *nombre femenino*
1 hojalata

lata[2] *nombre femenino*
1 tabarra
  tostón

a
b
c
d
e
f
g
h
i
j
k
l
m
n
ñ
o
p
q
r
s
t
u
v
w
x
y
z

latamente *adverbio*
1 largamente
extensamente
ampliamente
prolijamente
ANTO brevemente
ligeramente

latastro *nombre masculino*
1 plinto
orlo

latente *adjetivo*
1 oculto
escondido
invisible
recóndito
secreto

lateral *adjetivo*
1 ladero
2 excéntrico
periférico
ANTO central
endocéntrico

látex *nombre masculino*
1 leche

Aplícase especialmente a las plantas que producen un jugo lechoso. En el habla corriente, *leche*.

latido *nombre masculino*
1 ladrido
2 palpitación
pulso

Del corazón, *palpitación*; de las arterias, *pulso*.

latigazo *nombre masculino*
1 lampreazo
trallazo
zurriagazo

látigo *nombre masculino*
1 tralla
zurriago
zurriaga
fusta

latinizar *verbo transitivo*
1 romanizar

latir *verbo intransitivo*
1 pulsar
palpitar
2 ladrar
gañir

latitud *nombre femenino*
1 anchura
ancho
amplitud
extensión

lato, -ta *adjetivo*
1 dilatado
extenso
amplio
ANTO estrecho
breve

latón *nombre masculino*
1 azófar
metal

latonero *nombre masculino*
1 (arbusto) almez
aligonero
almezo

latoso, -sa *adjetivo*
1 fastidioso
hastioso
tedioso
aburrido
pesado
cargante
importuno
pelma
pelmazo
ANTO distraido
agradable
ameno

latrocinio *nombre masculino*
1 ladronera
ladronería
hurto
robo
estafa

laudable *adjetivo*
1 loable
plausible
meritorio

láudano *nombre masculino*
1 opio

laudo *nombre masculino*
1 fallo*
sentencia
resolución
decisión

lauráceo, -ea *adjetivo/nombre*
1 lauríneo

lauredal *nombre masculino*
1 lloredo

laurel *nombre masculino*
1 (árbol) lauro
dafne
2 premio
galardón
recompensa
triunfo
gloria

alabanza
palma
corona
lauro
corona

laurel rosa *locución nominal*
adelfa
baladre
hojaranzo
rododafne

lauréola *nombre femenino*
1 adelfilla
lauréola macho

lauríneo, -ea *adjetivo/nombre*
1 lauráceo

lauro *nombre masculino*
1 (árbol) laurel
dafne
2 premio*
galardón
recompensa
triunfo
gloria
alabanza
palma
corona
laurel
corona

lauroceraso *nombre masculino*
1 laurel
cerezo
loro

lavabo *nombre masculino*
1 lavatorio

En el ceremonial de la misa católica.

lavado *nombre masculino*
1 lavamiento
loción
2 ablución
irrigación

lavajo *nombre masculino*
1 charca
navajo
navazo

lavamanos *nombre masculino*
1 jofaina
palancana
palangana
aguamanil

lavamiento *nombre masculino*
1 lavado
loción

Loción, especialmente si se trata de alguna parte del cuerpo: *loción* de cabeza.

lavanco *nombre masculino*
1 alavanco
  pato bravío

lavanda *nombre femenino*
1 lavándula
  espliego
  alhucema*

lavándula *nombre femenino*
1 alhucema*
  espliego
  lavanda

lavar *verbo transitivo*
1 limpiar

  Lavar es *limpiar* con agua u
  otro líquido.

2 purificar

lavativa *nombre femenino*
1 ayuda
2 jeringa
  irrigador

lavatorio *nombre masculino*
1 (ceremonia de Jueves Santo)
  mandato

  También se llama así el sermón que se predica en esta
  ceremonia.

2 lavabo (en la misa)

laxante *nombre masculino*
1 laxativo
  solutivo
  purga

  Purga y *purgante* son de acción más enérgica.

laxar *verbo transitivo*
1 ablandar
  molificar
  suavizar
  aflojar

laxativo *nombre masculino*
1 laxante
  solutivo
  purga

laxitud *nombre femenino*
1 flojera
  atonía
  distensión
2 relajación

  'La *laxitud* está en las doctrinas y en las leyes; la *relajación*
  en la conducta. No es extraño
  que donde hay *laxitud* en el
  ejercicio de la autoridad y en
  la opinión pública, haya tam-

bién *relajación* en las costumbres' (M).

laxo, -xa *adjetivo*
1 flojo
  distendido
2 relajado

laya *nombre femenino*
1 calidad
  especie
  condición
  calaña
  ralea
  jaez

  Laya tiene a menudo el sentido despectivo de *calaña, ralea*
  y *jaez.*

lazada *nombre femenino*
1 lazo
  atadura

lazarillo *nombre masculino*
1 destrón

lazarino, -na *adjetivo/nombre*
1 lacerado
  lazaroso
  leproso
  elefancíaco

lazaroso, -sa *adjetivo/nombre*
1 lazarino
  lacerado
  leproso
  elefancíaco

lazo *nombre masculino*
1 atadura
  lazada
2 unión
  vínculo
  obligación
  dependencia
  alianza
  afinidad
  conexión
3 trampa
  emboscada
  ardid
  asechanza
  añagaza

lazulita *nombre femenino*
1 lapislázuli
  cianea

leal *adjetivo*
1 fiel
  franco
  honrado
  noble
  constante
  sincero
  confiable

lealtad *nombre femenino*
1 fidelidad
  apego
  ley
  ANTO traición
      ilegalidad

  Abundando en la idea de
  afección personal que acompaña a *lealtad*, en el habla
  usual se dice a menudo *apego*
  y *ley.*

  'La *fidelidad* no explica por sí
  sola más que la exactitud con
  que se cumple la obligación
  contraída, con que se observa
  la ley de vida al soberano; la
  lealtad añade a esta idea la del
  afecto personal con que se
  cumple aquella obligación.
  Por eso no se dice: juramento
  de *lealtad*, sino juramento de
  fidelidad' (LH).

lebrato *nombre masculino*
1 lebratón
  liebratón
  lebroncillo

lebratón *nombre masculino*
1 lebrato
  liebratón
  lebroncillo

lebrillo *nombre masculino*
1 terrizo
  librillo
  barreño

lebroncillo *nombre masculino*
1 lebrato
  lebratón
  liebratón

lebruno, -na *adjetivo*
1 leporino

lección *nombre femenino*
1 lectura
2 enseñanza
  amonestación
  ejemplo
  advertencia
  aviso

lechal *adjetivo*
1 lechoso
  lechar

lechar[1] *adjetivo*
1 lechoso
  lechal

lechar[2] *verbo transitivo*
1 ordeñar

a

leche *nombre femenino*
1 látex

lechecillas *nombre femenino plural*
1 asadura (de un animal)

lechera
   lechera amarga *nombre femenino*
   polígala

lechero, -ra *adjetivo*
1 lácteo
   láctico

lechetrezna *nombre femenino*
1 ésula
   titímalo

lechigada *nombre femenino*
1 camada
   nidada
   cría
   madre
   Camada se aplica preferente-mente a lobos. En los demás animales no hay separación definida entre una y otra voz. Tratándose de aves e insectos, nidada. En general, cría y madre.

lecho *nombre masculino*
1 cama
2 cauce
   madre
   álveo
3 estrato
   capa
   abandonar el lecho *locución*
   levantarse
   saltar de la cama

lechón *nombre masculino*
1 cochinillo

lechoso¹ *nombre masculino*
1 papayo

lechoso, -sa² *adjetivo*
1 lácteo
   lactescente
   Ambos son tecnicismos.
2 lechal
   lechar

lechuguino, -na *adjetivo*
1 caballerete
   presumido
   gomoso
   pisaverde
   petimetre

currutaco
mozalbete

lechuza *nombre femenino*
1 bruja
   coruja
   curuja
   curuca
   estrige
   oliva

lectura *nombre femenino*
1 leída
   De un modo general, *leída*, pero especialmente se usa aludiendo a las sucesivas etapas del acto de leer: *leí el libro en dos leídas; a la primera leída me hice cargo del asunto.*
2 lección

ledo, -da *adjetivo*
1 plácido
   alegre
   contento
   satisfecho
   ANTO triste
   Ledo es voz antigua que sólo se usa en el lenguaje literario.

leer *verbo transitivo*
1 descifrar
   interpretar

legado *nombre masculino*
1 manda

legal *adjetivo*
1 legítimo
   lícito
   permitido
   justo
   ANTO injusto
   inmoral

légamo *nombre masculino*
1 cieno
   lodo
   limo
   fango
   barro*

legaña *nombre femenino*
1 pitarra
   pitaña
   lagaña
   Lagaña, hoy poco usado por estimarse como vulgar, tuvo algún uso en los clásicos.

legañoso, -sa *adjetivo/nombre*
1 pitarroso
   pitañoso

legar *verbo transitivo*
1 mandar
   dejar

legendario, -ria *adjetivo*
1 leyendario
   tradicional

legible *adjetivo*
1 leíble
   descifrable

legionense *adjetivo/nombre común*
1 (persona) leonés

legisperito *nombre masculino*
1 jurisperito
   jurisconsulto
   abogado
   jurista
   letrado

legista *nombre masculino*
1 abogado*
   letrado
   jurista
   jurisperito
   jurisconsulto

legítimo, -ma *adjetivo*
1 legal
   lícito
   ANTO ilegal
   'Lo *legítimo* lo es siempre; lo *legal* puede dejar de serlo cuando la ley se muda. La venta y el cambio son causas *legítimas* de adquisición; la primogenitura y la prescripción son causas *legales'* (M).
2 equitativo
   justo
   razonable
3 genuino
   auténtico
   verdadero
   de ley
   puro
   ANTO falso

lego, -ga *adjetivo/nombre*
1 seglar
2 converso
   confeso
   donado
   hermano
   monigote (despectivo)
   motilón (despectivo)
   Converso, confeso, donado y hermano, según las órdenes religiosas.

b
c
d
e
f
g
h
i
j
k
l
m
n
ñ
o
p
q
r
s
t
u
v
w
x
y
z

adjetivo
3 ignorante*
profano

legrado *nombre masculino*
1 rayado
raspado
apoxesis

leíble *adjetivo*
1 legible
descifrable
ANTO ilegible
indescifrable

leída *nombre femenino*
1 lectura (acción)

lejano, -na *adjetivo*
1 apartado
alejado
distante*
remoto
ANTO próximo
presente
Serie intensiva: *apartado* (espacio), *alejado*, *distante*, *lejano* y *remoto*. Las mismas voces pueden aplicarse al tiempo, y guardan entre sí la misma relación: una fecha *lejana*, *remota*, *distante*.

lejos *adverbio*
1 lejanamente
a distancia
remotamente
ANTO cerca

lelilí *nombre masculino*
1 lilaila

lelo, -la *adjetivo/nombre*
1 embobado
pasmado
bobo
tonto
simple
chiflado

lema *nombre masculino*
1 letrero*
epígrafe
inscripción
2 mote
divisa
letra

lémures *nombre masculino plural*
1 lemúridos
prosimios

lemúrido, -da *adjetivo/nombre*
1 lémures
prosimio

lendrera *nombre femenino*
1 caspera

lengua *nombre femenino*
1 sinhueso (familiar)
2 lenguaje
idioma
habla

mala lengua *locución nominal*
deslenguado
lenguaraz
malhablado
desbocado
desvergonzado
insolente
maldiciente

no morderse la lengua
locución
tener valor
tener ánimo
tener sangre fría
tener arrestos
ser de pelo en pecho
tener agallas
tener sangre fría

poner en lengua a uno
murmurar
cortar un vestido
cortar un traje
criticar
morder
despellejar
cortar un sayo

lenguado *nombre masculino*
1 suela

lenguaraz *adjetivo*
1 deslenguado
mala lengua
malhablado
maldiciente
insolente
desvergonzado

lenidad *nombre femenino*
1 blandura*
suavidad
ANTO severidad
dureza

lenitivo *adjetivo/nombre*
masculino
1 calmante
2 alivio
consuelo

lenocinio *nombre masculino*
1 alcahuetería
tercería
proxenetismo

lenta *nombre femenino*
1 dolomía
caliza

lentamente *adverbio*
1 poco a poco
paulatinamente
despacio
pausadamente
a paso de tortuga
paso a paso

lentecer *verbo*
intransitivo/pronominal
1 ablandar
suavizar
blandear
emblandecer
enmollecer
reblandecer
relentecer
ANTO endurecer

lentes *nombre masculino plural*
1 anteojos*
espejuelos

lentes de contacto *locución*
nominal
lentillas

lentícula *nombre femenino*
1 peca
lentigo

lenticular *adjetivo*
1 lentiforme

lentiforme *adjetivo*
1 lenticular

lentigo *nombre masculino*
1 lunar
peca
lentícula

lentilla *nombre femenino*
1 lente de contacto

lentisco *nombre masculino*
1 almácigo
charneca
mata

lentisco del Perú *locución*
nominal
turbinto
pimentero falso

lentitud *nombre femenino*
1 tardanza
calma
cachaza
pausa
flema
pachorra
ANTO ligereza
desasosiego
rapidez

a
b
c
d
e
f
g
h
i
j
k
l
m
n
ñ
o
p
q
r
s
t
u
v
w
x
y
z

lento, -ta *adjetivo*
1 tardo
  pausado
  calmoso
  cachazudo
  flemático

leña *nombre femenino*
1 tuero
  rozo
  despunte
  ramulla
  ramojo
  ramiza
  encendajas
  chasca
  chavasca
  seroja
  chámara
  chamarasca
  chamiza
  Tuero, rozo, despunte, ramulla
  y *ramojo* indican *leña* de rama
  delgada; el resto, *leña* menuda para encender.
2 castigo
  paliza
  tunda

leñatero, -ra *nombre*
1 leñador

leñazo *nombre masculino*
1 cañonazo
  trallazo
  Usados principalmente en el
  fútbol y balonmano.

leño *nombre masculino*
1 badulaque
  tonto
  tarugo
  necio

leonés, -esa *adjetivo/nombre*
1 (persona) legionense

leopardo *nombre masculino*
1 pardal

lepidóptero, -ra
  adjetivo/nombre
1 mariposa
  Mariposa es el nombre que
  generalmente se aplica a cualquier *lepidóptero.*

leporino, -na *adjetivo*
1 lebruno

lepra *nombre femenino*
1 gafedad
  malatía

leproso, -sa *adjetivo/nombre*
1 lazarino
  gafo
  Lazarino si es de lepra que en-
  corva los dedos.

lerdo, -da *adjetivo*
1 pesado
  torpe
  obtuso
  rudo
  tarugo

lerén *nombre masculino*
1 llerén

lerense *adjetivo/nombre común*
1 (persona) pontevedrés

leridano, -na *adjetivo/nombre*
1 (persona) ilerdense
  ilergete
  Ambos aluden a la anterior
  Ilerda ibérica y romana.

lesbiana *nombre femenino*
1 marimacho (familiar)
  machota (familiar)
  homosexual
  hombruna (familiar)
  tortillera (vulgar)

lesbianismo *nombre masculino*
1 homosexualismo
  (femenino)
  safismo
  tribadismo

lesión *nombre femenino*
1 herida
  lisiadura
  Lisiadura, cuando la *herida* es
  permanente y produce deformidad o impedimento.
2 daño
  perjuicio
  detrimento

lesionar *verbo transitivo*
1 herir
  lastimar
  lisiar
  Lisiar, si la *lesión* es corporal y
  permanente.
2 dañar
  perjudicar

lesna *nombre femenino*
1 lezna
  alesna
  subilla

letal *adjetivo*
1 mortífero*
  mortal

letalidad *nombre femenino*
1 mortalidad

letargia *nombre femenino*
1 letargo
  somnolencia
  sopor

letargo *nombre masculino*
1 modorra
  sopor
  torpor
  torpeza
  insensibilidad
  marasmo
  somnolencia
  letargia
  ANTO viveza
  ánimo

letífero, -ra *adjetivo*
1 mortífero
  mortal

letificar *verbo transitivo*
1 alegrar*
  animar
  excitar
  regocijar
  complacer
  placer
  alborozar
  ANTO entristecer

letra *nombre femenino*
1 (lingüística) grafema
  ⇒ letras

letrado, -da *nombre*
1 abogado
  adjetivo
2 sabio
  instruido
  docto
  erudito

letras *nombre femenino plural*
1 humanidades
  bellas letras
  literatura
  humanismo
  buenas letras
  ⇒ letra

letrero *nombre masculino*
1 rótulo
  inscripción
  lema
  epígrafe
  'El *letrero* expresa un nombre,
  un aviso de cualquier clase; el

rótulo se refiere a lo que está contenido dentro o debajo de la superficie en que está escrito; la *inscripción* sirve para conservar la memoria de algún sujeto, de alguna acción o de algún acontecimiento; el *lema* explica en palabras sucintas el asunto de un emblema, de una empresa o de una composición en verso o prosa; el *epígrafe* alude al asunto de la composición, pero no lo explica' (M).

letrina *nombre femenino*
1 necesaria
privada
retrete

leucita *nombre femenino*
1 anfígeno

leucocito *nombre masculino*
1 glóbulo blanco

leudar *verbo transitivo*
1 aleudar
lleudar
⇒ fermentar

leva *nombre femenino*
1 recluta
reclutamiento
enganche

lovador *nombre masculino*
1 álabe
diente
leva

levadura *nombre femenino*
1 fermento

levantado, -da *adjetivo*
1 alto
elevado
encumbrado
noble
sublime

levantamiento *nombre masculino*
1 sublevación*
alzamiento
rebelión
motín
pronunciamiento*

levantar *verbo transitivo/pronominal*
1 alzar
elevar
ANTO bajar

En el conjunto de sus acepciones, el uso de *alzar* por *le-*

vantar es literario. Compárese *alzar* la cabeza, un edificio, un falso testimonio, con *levantar* la cabeza, etc. *Elevar* pertenece al habla escogida: *elevar* los ojos al cielo; pero en mecánica se usa tanto como *levantar*: una grúa para *elevar* grandes pesos; bomba para *elevar* el agua subterránea (no *levantar*); un globo *se elevaba*. Se usa asimismo *elevar* en el sentido de hacer llegar a un superior una queja, súplica, solicitud, con preferencia a *alzar* y exclusión de *levantar*.

2 enderezar
erguir
3 construir*
edificar
erigir*
4 vigorizar
esforzar
ANTO desanimar
5 rebelar
sublevar
amotinar
alzar
ANTO someter
6 engrandecer
ensalzar
exaltar
elevar
ANTO echarse
7 saltar de la cama
abandonar el lecho

levante *nombre masculino*
1 este
oriente
naciente

levantisco, -ca *adjetivo*
1 inquieto
indócil
turbulento
alborotador

leve *adjetivo*
1 ligero
liviano
tenue

En América se usa *liviano* con el sentido de *leve, ligero*, es decir, que pesa poco. Este uso de *liviano* ha sido general en España; pero en la actualidad es mucho menos frecuente que en América.

'*Leve* alude a la gravedad; *ligero*, a la gravedad y a la prontitud de los movimientos; *tenue*, a la densidad. Todo lo que pesa poco es *leve*; todo

lo que pesa poco y atraviesa el espacio o muda de lugar con rapidez, es *ligero*; todo lo que tiene poca densidad es *tenue*. El humo es *leve*; la mariposa es *leve* y *ligera*; el aire es más *tenue* que el agua' (M).

levedad *nombre femenino*
1 ligereza
ANTO pesadez

Leviatán *nombre masculino*
1 Lucifer

levita *nombre masculino*
1 diácono

levítico, -ca *adjetivo*
1 sacerdotal
clerical
beato

Por ejemplo: ambiente *levítico*, ciudad *levítica*.

léxico *nombre masculino*
1 diccionario
vocabulario
lexicón

lexicógrafo *nombre masculino*
1 diccionarista
vocabulista

lexicón *nombre masculino*
1 diccionario*
léxico
vocabulario
glosario
tesoro
enciclopedia

ley

de ley *locución adjetiva*
legítimo
genuino
auténtico
verdadero
puro
ANTO falso

ley del embudo *locución nominal*
injusticia
iniquidad
ilegalidad
ilicitud
arbitrariedad
desafuero
atropello

leyenda *nombre femenino*
1 tradición
fábula

a
b
c
d
e
f
g
h
i
j
k
l
m
n
ñ
o
p
q
r
s
t
u
v
w
x
y
z

a

2 inscripción
lema
divisa
mote

b

c

lezna *nombre femenino*
1 lesna
alesna
subilla

d

e

lía *nombre femenino*
1 (del vino) solera
madre

f

liar *verbo transitivo*
1 ligar
atar
ANTO desatar

g

verbo transitivo/pronominal
2 envolver
enredar
enzarzar
mezclar

h

i

j

verbo pronominal
3 amancebarse
4 (liarlas o liárselas) morir

k

l

lías *nombre femenino plural*
1 hez
pie
sedimento*
poso

m

n

libelo *nombre masculino*
1 panfleto

Es barbarismo innecesario la
palabra *panfleto*.

ñ

o

libélula *nombre femenino*
1 caballito del diablo

p

liberación *nombre femenino*
1 quita
quitamiento
2 libertad
rescate
desencarcelamiento
ANTO sometimiento
encarcelamiento
3 (física) descarga

q

r

s

t

liberado, -da *adjetivo*
1 libre
rescatado
libertado
ANTO sometido

u

v

liberal *adjetivo*
1 generoso
desprendido
desinteresado
dadivoso*
largo
rumboso

w

x

y

z

liberalidad *nombre femenino*
1 generosidad*
desinterés*
largueza
desprendimiento
ANTO tacañería

liberalmente *adverbio*
1 largamente
generosamente
espléndidamente

liberar *verbo*
transitivo/pronominal
1 libertar
librar
poner en libertad
salir del barranco
sacudir el yugo
excarcelar*

libertad *nombre femenino*
1 independencia
emancipación
autodeterminación
ANTO esclavitud
dependencia
sometimiento
2 rescate
desencarcelamiento
liberación
ANTO sometimiento
3 familiaridad
desembarazo
soltura
4 osadía
atrevimiento
ANTO moralidad

libertar *verbo transitivo*
1 soltar
rescatar
redimir
librar*
excarcelar*
manumitir

Manumitir, tratándose de es-
clavos.

2 eximir
redimir
cancelar

Tratándose de alguna obligación o gravamen.

libertario, -ria *adjetivo/nombre*
1 ácrata
anarquista

libertinaje *nombre masculino*
1 licencia
desenfreno
ANTO moralidad
honestidad
religión

libertino, -na *adjetivo*
1 licencioso
desenfrenado
disoluto
vicioso

liberto, -ta *adjetivo*
1 horro
manumiso

libídine *nombre femenino*
1 lascivia
lujuria
incontinencia
liviandad
obscenidad
sensualidad
ANTO pureza
continencia

libidinoso, -sa *adjetivo*
1 lascivo
lúbrico
lujurioso
obsceno*

librador[1] *nombre masculino*
1 cogedor
vertedor

librador, -ra[2] *adjetivo/nombre*
1 (de una letra de cambio)
dador
expedidor

libramiento *nombre masculino*
1 boleta
libranza
vale
talón
cheque

libranza *nombre femenino*
1 boleta
libramiento
vale
talón
cheque

librar *verbo transitivo*
1 salvar
preservar
2 liberar
libertar

Librar se refiere a la libertad o
la seguridad que no se han
perdido. *Liberar* y libertar significan recobrar la libertad o la
seguridad que se perdieron.
Nos *libramos* de un daño, de
una enfermedad, de la cárcel,
cuando no los hemos sufrido.
Nos hemos *libertado* de un te-

mor o de la prisión después de haberlo sufrido más o menos tiempo.

3 eximir
dispensar
4 girar
expedir
5 dar a luz
parir

libratorio *nombre masculino*
1 locutorio
parlatorio

libre *adjetivo*
1 independiente
emancipado
2 suelto
expedito
franco
desembarazado
3 rescatado
liberado
libertado
4 dispensado
exento
5 atrevido
desenfrenado
licencioso
disoluto

librería *nombre femenino*
1 biblioteca

libreta *nombre femenino*
1 cuaderno

librillo *nombre masculino*
1 lebrillo
terrizo
barreño

libro *nombre masculino*
1 estudio
obra
escrito
tratado
monografía

licencia *nombre femenino*
1 permiso
autorización
consentimiento
venia
concesión*
ANTO prohibición
desautorización

'Se usan indiferentemente *licencia* y *permiso* en casi todos los casos. *Licencia*, sin embargo, tiene un sentido más oficial que *permiso*. El empleado obtiene tres meses de *licencia*; un oficial se casa

con permiso de sus padres y con *licencia* de sus jefes' (M).

2 abuso
osadía
atrevimiento
desenfreno
libertinaje
ANTO continencia

licenciado, -da *nombre*
1 abogado*
letrado
jurista
jurisperito
legista
jurisconsulto

licenciando, -da *nombre*
1 graduando

licenciar *verbo transitivo*
1 permitir
graduar
despedir*
despachar
echar*
ANTO prohibir
suspender

licencioso, -sa *adjetivo*
1 libre
atrevido
disoluto
desenfrenado

licitación *nombre femenino*
1 almoneda
subasta

licitador *nombre masculino*
1 postor

lícito, -ta *adjetivo*
1 justo
legítimo*
legal
permitido
autorizado

licosa *nombre femenino*
1 tarántula

licuable *adjetivo*
1 liquidable
licuefactible

licuación *nombre femenino*
1 fusión
liquidación
licuefacción

licuar *verbo transitivo*
1 liquidar*
licuefacer

derretir*
ANTO solidificar

licuefacer *verbo transitivo*
1 licuar
liquidar
ANTO solidificar

licuefactible *adjetivo*
1 licuable
liquidable

lid *nombre femenino*
1 combate
liza
pelea
lucha
batalla*
contienda
Lid y *liza* se sienten hoy como voces escogidas o literarias.
2 disputa
controversia*

lidiar *verbo intransitivo*
1 batallar
pelear
luchar
combatir
ANTO pacificar
2 torear

liebratón *nombre masculino*
1 lebrato
lebratón
lebroncillo

liebre
liebre marina *locución nominal*
huevo de pulpo

liebrecilla *nombre femenino*
1 aldiza
aciano
aciano menor

lienzo *nombre masculino*
1 tela
2 pañuelo
3 pintura
cuadro

lifara *nombre femenino*
1 merienda
alifara
convite

lift *nombre masculino*
1 (anglicismo) efecto
En el tenis.

liga *nombre femenino*
1 unión
mezcla
aleación

Aleación, tratándose de metales.

2 confederación
alianza
coalición
federación
unión
3 muérdago

ligación *nombre femenino*
1 ligadura

ligadura *nombre femenino*
1 atadura
ANTO desatadura
2 sujeción
ANTO desunión

ligar *verbo transitivo/pronominal*
1 atar*
amarrar
liar
ANTO desatar
verbo intransitivo
2 (familiar) festejar
cortejar
galantear
hacer la corte
tirar los tejos
poner los ojos tiernos
rondar la calle
verbo transitivo/pronominal
3 alear
ANTO desunir
4 unir
conciliar
enlazar
5 obligar
trabar
verbo pronominal
6 coligarse
confederarse
aliarse
unirse

ligazón *nombre femenino*
1 unión
trabazón
enlace
conexión

ligeramente *adverbio*
1 prestamente
de presto
prontamente
rápidamente
con brevedad
a mata caballo

ligereza *nombre femenino*
1 levedad
ANTO pesadez
2 agilidad

prontitud
presteza
rapidez
celeridad
velocidad
viveza
ANTO lentitud
3 irreflexión
imprudencia
descuido*
4 inconstancia
volubilidad
inestabilidad

ligero, -ra *adjetivo*
1 leve
liviano
ingrávido
2 ágil
veloz
pronto
rápido
presto
vivo
3 inconstante
voluble
inestable*
4 irreflexivo
imprudente

lignito *nombre masculino*
1 madera fósil

lígula *nombre femenino*
1 epiglotis
lengüeta

ligustro *nombre masculino*
1 alheña
aligustre

lija *nombre femenino*
1 melgacho
pintarroja
2 zapa

lilaila *nombre femenino*
1 lelilí

liliputiense *nombre común*
1 (persona) enano
pigmeo
gorgojo
ANTO gigante

limaco *nombre masculino*
1 babosa (molusco
gasterópodo)
babaza
limaza

limado, -da *adjetivo*
1 terso
puro
fluido

limar *verbo transitivo*
1 pulir
desbastar

'*Limar* es quitar con la lima las partes superficiales de un cuerpo. *Pulir* es poner por la frotación liso un cuerpo, hacerlo lustroso y agradable a la vista' (Ci).

2 cercenar

limaza *nombre femenino*
1 babosa
babaza
limaco

limen *nombre masculino*
1 (literario) umbral
tranco
lumbral

limero *nombre masculino*
1 lima

Tanto el árbol como su fruto se llaman *lima.*

limeta *nombre femenino*
1 vasija (redonda)
botella

limitación *nombre femenino*
1 delimitación
ANTO permiso
libertad
2 demarcación
término
distrito

limitadamente *adverbio*
1 escasamente
parvamente
ANTO abundantemente

limitado, -da *adjetivo*
1 reducido
escaso
pequeño
Tratando de cosas.
2 circunscrito
confinado
reducido
3 ignorante
corto
incapaz
Tratando de personas.

limitar *verbo
transitivo/pronominal*
1 delimitar
demarcar
determinar
fijar
señalar

2 acortar
restringir
coartar
cercenar
reducir
ceñir
ANTO permitir

'En el sentido recto, *limitar* es fijar términos, trazar líneas, alzar barreras; *acortar* es disminuir la extensión; *restringir* es modificar la acción o el movimiento; *coartar* y *cercenar* es aminorar la cantidad. La sierra *limita* la llanura; la trocha *acorta* la distancia; el ímpetu del torrente se *restringe* en el valle; se *coartan* y se *cercenan* los gastos, las raciones y los suministros. En el sentido figurado, la sinonimia de estas voces (excepto *acortar*) es más completa: y así decimos que la Constitución *limita*, *restringe*, *coarta*, o *cercena* el poder de la autoridad. *Acortar* se refiere al tiempo y al trabajo, como: *acortar* una conversación o una tarea' (M).

verbo intransitivo
3 lindar
confinar

límite *nombre masculino*
1 término
confín*
lindero
linde
raya
frontera
2 fin
término
final
acabamiento

limítrofe *adjetivo*
1 confinante
lindante
colindante
contiguo
aledaño
rayano
fronterizo

Confinante y *limítrofe* se usan en geografía, o bien tratándose de territorios extensos. Si se trata de fincas, terrenos, etc., se emplean con preferencia *lindante*, *colindante*, *contiguo*, *aledaño*, *rayano*. Hablando de naciones, *fronterizo*, y también de lugares situados en la frontera.

limo *nombre masculino*
1 lodo
légamo
cieno
fango
barro*

limosidad *nombre femenino*
1 sarro
tártaro
toba

limosna *nombre femenino*
1 socorro
caridad

limosnear *verbo intransitivo*
1 pordiosear
mendigar
pedir limosna
tender la mano

limpia *nombre femenino*
1 limpieza

limpiachimeneas *nombre masculino*
1 deshollinador

limpiadera *nombre femenino*
1 arrejada
aguijada
rejada
béstola

limpiadientes *nombre masculino*
1 mondadientes
escarbadientes
palillo

limpiar *verbo transitivo/pronominal*
1 lavar
asear
ANTO manchar
ensuciar

Lavar es *limpiar* con agua u otro líquido. *Asear* se usa especialmente tratando de casas o personas.

2 purificar
depurar
ANTO contaminar
3 hurtar*
quitar
robar

límpido, -da *adjetivo*
1 limpio

Limpio es voz corriente; *límpido* es voz docta.

2 claro
transparente
nítido
cristalino
hialino
vítreo
ANTO turbio
opaco

limpieza *nombre femenino*
1 aseo
pulcritud

Aseo, especialmente tratándose de personas, casa, etc.; *pulcritud* connota particular esmero o escrupulosidad.

2 limpia
3 precisión
destreza
perfección
4 integridad
honradez
rectitud
sinceridad
5 pureza
pulcritud
castidad

limpio, -pia *adjetivo*
1 aseado

'Los dos adjetivos se aplican a todo lo que está exento de mancha y suciedad; pero lo *limpio* puede ser natural y propio de la cosa a que se refiere, y lo *aseado* es siempre efecto del trabajo y del esmero. Una casa *aseada*, no es sólo la que está *limpia*, sino la que tiene algún adorno o aderezo' (M).

2 puro
depurado
pulcro
inmaculado
incontaminado
3 libre
líquido

Tratándose de ingresos, cantidades, etc.; por ejemplo: 3.500 ptas. *limpias*.

4 desembarazado
despejado

Por ejemplo: cielo *limpio*; caminos *limpios* de obstáculos.

lináceo, -ea *adjetivo/nombre*
1 líneo

linaje *nombre masculino*
1 ascendencia
descendencia

casa
estirpe
progenie
alcurnia
extracción*
2 casta*
raza*

Casta y *raza* pueden aplicarse a hombres, animales y plantas. Sólo en el primer caso se usan como sinónimos de *linaje*.

3 clase
condición
especie
calidad
género

Tratándose de cosas.

linajudo, -da *adjetivo*
1 ilustre
noble
esclarecido
blasonado

lináloe *nombre masculino*
1 áloe*
olivastro de rodas
acíbar
azabara
zabida
zabila

lince *nombre masculino*
1 lobo cerval
lobo cervario

lindante *adjetivo*
1 aledaño
confinante
colindante
limítrofe*

lindar *verbo intransitivo*
1 limitar
confinar
colindar
rayar
alindar

Limitar y *confinar* se usan especialmente en geografía; *lindar*, *alindar*, *colindar* y *confrontar*, tratándose de fincas, terrenos, etc.

linde *nombre ambiguo*
1 límite
término
confín*
lindero

lindero¹ *nombre masculino*
1 linde

límite
raya
término
confín*

lindero, -ra² *adjetivo*
1 lindante
colindante
limítrofe
rayano
confinante

lindo, -da *adjetivo*
1 bonito*
agraciado
gracioso
bello
hermoso*
2 perfecto
exquisito
delicado

línea *nombre femenino*
1 término
límite
2 raya
renglón
3 fila*

líneo, -ea *adjetivo/nombre*
1 lináceo

lingote *nombre masculino*
1 riel
tocho

Riel, si tiene forma de barra; tocho, de hierro.

linier *nombre masculino*
1 (anglicismo) juez de línea

En el fútbol.

linimento *nombre masculino*
1 ungüento
pomada

Si son líquidos.

lintel *nombre masculino*
1 dintel
cargadero

liñuelo *nombre masculino*
1 ramal (cabo de la cuerda)
cabo

lío *nombre masculino*
1 envoltorio
fardo
atadijo

Si es grande, *fardo*; si es pequeño, *atadijo*.

2 enredijo
maraña
ANTO orden

3 embrollo
enredo
confusión
desorden
ANTO orden
claridad

lionés, -esa *adjetivo/nombre*
1 (persona) lugdunense

lioso, -sa *adjetivo/nombre*
1 (familiar) barullero
barullón
embrollador*
embrollón
enredador
chismoso
trapisondista
embustero

liparia *nombre femenino*
1 gordura
obesidad

lípido *nombre masculino*
1 grasa

Grasa es el nombre para designar *lípido* que se emplea en el lenguaje común.

lipotimia *nombre femenino*
1 desmayo
deliquio
desfallecimiento

liquidable *adjetivo*
1 licuable

Hablando de un cuerpo que se puede pasar al estado líquido.

liquidación *nombre femenino*
1 fusión
licuación

liquidar *verbo transitivo/pronominal*
1 condensar
licuar
fundir
derretir
regalar
ANTO solidificar

Si se trata de un gas, *condensar*. Si se trata de sólidos, *licuar* y *fundir*; *derretir* se aplica principalmente a substancias que se *liquidan* a temperatura poco elevada, como la cera; *regalar* sugiere generalmente una materia que a la temperatura ordinaria se pone pastosa o pegajosa, como ciertas resinas o un caramelo.

2 saldar

Cuando se satisface enteramente el saldo que resulta de liquidar una cuenta.

3 vender
realizar

Tratándose de bienes que se convierten en dinero: *liquidar* las existencias de un almacén, las fincas de una familia.

4 acabar
terminar
resolver
ANTO empezar

líquido, -da *adjetivo*
1 limpio
libre

Tratándose de ingresos, cantidades, etc.

lira *nombre femenino*
1 inspiración
numen
musa
vena
estro

lirio

lirio blanco *locución nominal*
azucena

lirio de los valles
muguete

llrón *nombre masculino*
1 (planta) alisma

lironero *nombre masculino*
1 almez
aligonero
almezo

lisa *nombre femenino*
1 (pez) cabezudo
mújol
múgil
capitón
liza
matajudío

lisboeta *adjetivo/nombre común*
1 (persona) lisbonense
lisbonés
olisipano
olisipiense

lisbonense *adjetivo/nombre común*
1 (persona) lisboeta
lisbonés
olisipano
olisipiense

lisbonés, -esa *adjetivo/nombre*
1 (persona) lisboeta
lisbonense
olisipano
olisipiense

lisera *nombre femenino*
1 berma

lisiado, -da *adjetivo/nombre*
1 baldado
tullido
impedido
estropeado

lisiadura *nombre femenino*
1 lesión
herida

La *lisiadura* es una *lesión* o *herida* permanente en una parte del cuerpo.

lisiar *verbo transitivo/pronominal*
1 lesionar
estropear

liso, -sa *adjetivo*
1 llano
plano
igual
pulido
pulimentado
ANTO abultado
2 desvergonzado
fresco
desahogado
ANTO afectado

lisonja *nombre femenino*
1 incienso
adulación*
alabanza
cumplimiento*
galantería*

Galantería, cuando la *lisonja* es afectada.

lisonjeador, -ra *adjetivo/nombre*
1 adulador*
adulón
servil
pelotillero
cobista
lisonjero
zalamero
pelota (familiar)
halagador
2 galante
atento
obsequioso
galanteador

lisonjear *verbo transitivo*
1 adular

halagar*
incensar
dar jabón
dar coba
hacer coro
ANTO denostar
2 agradar
deleitar
satisfacer
regalar
ANTO desagradar
3 galantear*

lisonjero, -ra *adjetivo*
1 adulador*
halagador
cobista
pelotillero (familiar)
adulón
servil
lisonjeador
zalamero
pelota (familiar)
2 agradable
deleitoso
grato
satisfactorio

lista *nombre femenino*
1 cinta
tira
2 franja
banda
3 enumeración
relación
catálogo
inventario
registro
repertorio

listel *nombre masculino*
1 filete (de moldura)
cimbria
cinta
listón
tenia

listeza *nombre femenino*
1 despejo
inteligencia
talento
2 vivacidad
viveza
agudeza
prontitud
sagacidad
ANTO bobería

listo, -ta *adjetivo*
1 diligente
expedido
pronto
activo
ligero

vivo
2 apercibido
 preparado
 dispuesto
3 inteligente
 sagaz
 avisado
 astuto
 advertido*
 ANTO tonto
  ingenuo
  simple

listón *nombre masculino*
1 filete (de moldura)
 cimbria
 cinta
 listel
 tenia

lisura *nombre femenino*
1 llaneza
 franqueza*
 sinceridad
 ingenuidad
 ANTO aspereza
  dureza
2 frescura
 desvergüenza
 desahogo
 desaprensión

litarge *nombre masculino*
1 litargirio
 almártaga
 almártega

litargirio *nombre masculino*
1 almártaga
 litarge
 almártega

litera *nombre femenino*
1 cama
 lecho
 tálamo
 yacija (despectivo)
 camastro (despectivo)

literal *adjetivo*
1 textual
 ANTO libre

literato, -ta *adjetivo/nombre*
1 escritor
 publicista
 autor

literatura *nombre femenino*
1 bellas letras
 buenas letras
 letras humanas
 humanidades

litigante *adjetivo/nombre común*
1 parte

litigar *verbo transitivo*
1 pleitear
 parecer en juicio
 pedir en justicia
 deponer ante el juez
 verbo intransitivo
2 altercar
 disputar
 contender

litigio *nombre masculino*
1 pleito
2 disputa
 contienda
 altercado
 ANTO paz

litofotografiar *verbo transitivo*
1 fotolitografiar

litología *nombre femenino*
1 petrografía

litoral *nombre masculino*
1 costa

lítoto *nombre femenino*
1 atenuación (figura retórica)

liturgia *nombre femenino*
1 culto
2 rito
 ritual ceremonial

liviandad *nombre femenino*
1 incontinencia
 deshonestidad
 lascivia
 lujuria
 desenfreno
 ligereza
 frivolidad
 concupiscencia*
 ANTO responsabilidad
  seriedad

liviano, -na *adjetivo*
1 ligero
 leve*
2 fácil
 inconstante
 voluble
 ⇒ livianos

livianos *nombre masculino plural*
1 pulmón (especialmente de
  los animales)
 bofe
 chofe
 ⇒ liviano

lívido, -da *adjetivo*
1 amoratado
 acardenalado

liza *nombre femenino*
1 tela
 palenque
 palestra
 campo
2 lid
 combate

llaga *nombre femenino*
1 absceso
 tumor
 apostema
 úlcera (de pus)
 ulceración

llagar *verbo transitivo*
1 ulcerar

llamada *nombre femenino*
1 llamado
 llamamiento
2 nota

llamado *nombre masculino*
1 llamamiento

llamador *nombre masculino*
1 aldaba
 aldabón
 picaporte
2 botón
 timbre

llamamiento *nombre masculino*
1 llamada
 llamado
2 convocatoria
 citación
3 vocación

llamar *verbo transitivo*
1 dar voces
 vocear
 ANTO callar
2 nombrar
 dar nombre
 designar
 denominar
 intitular
 adjetivar*
 calificar*
3 invocar
 implorar
4 convocar*
 citar
5 atraer
 incitar
 convidar

llamarada *nombre femenino*
1 fogarada

llamear *verbo transitivo*
1 flamear (alguna vasija o
  instrumento)

llana *nombre femenino*
1 (herramienta) plana
trulla

llanamente *adverbio*
1 caseramente
sin ceremonia

llaneza *nombre femenino*
1 sencillez
familiaridad
confianza
franqueza*
ANTO soberbia
inmodestia
presunción

llano[1] *nombre masculino*
1 llanura
llanada
planicie

Los tres sinónimos sugieren una extensión grande; el *llano* puede ser vasto o pequeño.

llano, -na[2] *adjetivo*
1 plano
liso
igual
2 accesible
sencillo
franco
tratable
3 claro
evidente
4 corriente
fácil

llanta *nombre femenino*
1 calce

llantén *nombre masculino*
1 arta
plantaína

Hay una especie parecida llamada *llantén menor*, *lancéola* y *quinquenervia*.

llantera *nombre femenino*
1 (familiar) llorera
llantina
lloradera

llantina *nombre femenino*
1 (familiar) llorera
llantera
lloradera

llanto *nombre masculino*
1 lloro

llanura *nombre femenino*
1 llano
llanada
planicie

llares *nombre femenino plural*
1 calamilleras

llavero, -ra *nombre*
1 (persona) clavero

En algunas catedrales y comunidades religiosas.

lleco, -ca *adjetivo/nombre*
1 erial
erío
yermo

llegada *nombre femenino*
1 arribo
2 meta
línea de entrada
línea de llegada

llegar *verbo intransitivo*
1 venir
ANTO marchar
partir
ir
2 alcanzar
tocar
3 conseguir
lograr
4 acercar
arrimar

llena *nombre femenino*
1 desbordamiento
riada
crecida*

llenar *verbo transitivo*
1 ocupar
henchir
colmar
atestar*

Henchir es intensivo y da idea de *llenar* con creces como *colmar*.

2 cumplir
3 satisfacer
contentar

verbo pronominal
4 hartarse
saciarse
henchirse

lleno, -na *adjetivo*
1 pleno
repleto
pletórico
henchido
colmado
rebosante
completo*
ANTO vacío
falto

Cuando son simples calificativos atribuidos a un sustantivo, *lleno* se usa para lo material y concreto, en tanto que *pleno* tiene sentido figurado y abstracto: un depósito *lleno*, vaso *lleno*, local *lleno*; conocimiento *pleno*, *plena* responsabilidad, satisfacción *plena*. Cuando va seguido de la preposición *de* con un sustantivo complementario, *lleno* se usa lo mismo en las acepciones concretas que en las abstractas: *lleno* de aceite, de satisfacción, de responsabilidad; el empleo de *pleno* en estas condiciones es generalmente galicista: *pleno* de alegría. *Pletórico* y *repleto* suponen abundancia y equivalen a *henchido*, *colmado* y *rebosante*; *pletórico*, o *repleto*, de vanidad, de comida; almacén *pletórico*.

llevadero, -ra *adjetivo*
1 aguantable
soportable
tolerable
ANTO insoportable
inaguantable
intolerable

llevar *verbo transitivo*
1 transportar
trasladar
ANTO traer

'*Llevar* tiene una significación más amplia que *trasladar*. Este último verbo requiere la indicación del sitio a que se *lleva* la cosa que se alude. Cuando decimos que una recua *lleva* trigo, el sentido queda completo; pero no así cuando decimos que la corte se *trasladó*, porque no hay en este caso sentido completo si no se denota el punto a que se ha hecho la traslación' (M).

2 guiar
conducir
dirigir
3 cobrar
4 exceder
superar

verbo pronominal
5 arrebatar*

lloradera *nombre femenino*
1 llorera
llantera

llantina
llanto

llorar *verbo intransitivo*
1 lagrimar
  arrasarse los ojos de
  lágrimas
  llorar a lágrima viva
  coger una perra
  ANTO reír

  verbo intransitivo/transitivo
2 plañir
  lamentar
  deplorar
  sentir

lloredo *nombre masculino*
1 lauredal

llorera *nombre femenino*
1 (familiar) llantera
  llantina
  lloradera

lloriquear *verbo intransitivo*
1 gimotear

lloriqueo *nombre masculino*
1 gimoteo

lloro *nombre masculino*
1 llanto
  lloriqueo
  gimoteo
  llorera

llorona *nombre femenino*
1 plañidera
  endechadera

lloroso, -sa *adjetivo*
1 lacrimoso

llovido *nombre masculino*
1 polizón

llovizna *nombre femenino*
1 calabobos
  cernidillo
  mollizna
  ⇒ lluvia

lloviznar *verbo intransitivo*
1 molliznar
  molliznear
  pintear
  chispear

  Chispear es *lloviznar* débil-
  mente.

llueca *adjetivo/nombre femenino*
1 clueca

lluvia *nombre femenino*
1 precipitación

llovizna
chaparrada
chaparrón
chubasco
aguacero
manga de agua
diluvio

Llovizna es *lluvia* menuda;
chaparrada, chaparrón y *chubasco* es *lluvia* de poca duración; *aguacero, manga de
agua* y *diluvio* es *lluvia* abundante.

lluvioso, -sa *adjetivo*
1 pluvioso

loa *nombre femenino*
1 alabanza
  elogio*
  enaltecimiento
  encomio
  loor
  ditirambo

loable *adjetivo*
1 laudable
  plausible
  meritorio

loar *verbo transitivo/pronominal*
1 alabar*
  elogiar
  celebrar
  ensalzar
  encomiar
  encarecer
  ANTO denostar
    criticar

  Loar es voz escogida que sólo
  se usa en estilo elevado.

lobado, -da *adjetivo*
1 lobulado

lobagante *nombre masculino*
1 bogavante (crustáceo)

lobanillo *nombre masculino*
1 lupia

lobina *nombre femenino*
1 lubina
  róbalo

lobo

  lobo cerval *locución nominal*
  lince
  lobo cervario

  lobo marino
  foca
  becerro marino
  carnero marino
  vítulo marino

lóbrego, -ga *adjetivo*
1 oscuro
  sombrío
  tenebroso
2 triste
  melancólico

lobreguez *nombre femenino*
1 oscuridad
  sombra
  tinieblas
  tenebrosidad
  lobregura

lobulado, -da *adjetivo*
1 lobado

locación *nombre femenino*
1 arrendamiento
  arriendo
  alquiler

local *adjetivo*
1 tópico

localidad *nombre femenino*
1 lugar
  pueblo
  población
  punto
2 asiento
  plaza
  sitio

locatario, -ria *nombre*
1 arrendador*
  arrendatario
  colono
  rentero
  casero
  inquilino

locero, -ra *nombre*
1 ollero

loción *nombre femenino*
1 lavamiento
  lavado

loco, -ca *adjetivo/nombre*
1 orate
  vesánico
  demente
  ido
  perturbado
  alienado
  enajenado
  maniático
  monomaníaco
  maníaco
  chiflado
  chalado
  tocado
  ANTO cuerdo

  Vesánico sugiere principalmente *loco* furioso, delirante; *demente, insano, perturbado, alienado* y *enajenado*, son expresiones atenuadas que conservan más o menos el sentido eufemístico con que se crearon. *Maniático* alude a la locura parcial o de idea fija, como *monomaníaco, maníaco, ido* o las expresiones populares *chiflado, chalado, guillado* y *tocado; lunático* es *loco* o *maníaco* intermitente. *Idiota* alude a la falta o trastorno congénitos de las facultades intelectuales.

2 imprudente
atolondrado
insensato
disparatado
ANTO moderado

a tontas y a locas *locución adverbial*

⇒ tonto, -ta

hacerse el loco *locución*
aguantar
contenerse
reprimirse
vencerse
morderse los puños
llevar la cruz
tragar saliva

locuacidad *nombre femenino*
1 hiperfemia
hiperfasia
verborrea
logorrea
verbigeración
polifrasia

Todos estos sinónimos son patologías psiquiátricas.

2 labia
ANTO silencio
gravedad
parsimonia

Cuando es graciosa o persuasiva, *labia;* si es excesiva, *verborrea.*

locuaz *adjetivo*
1 hablador*
verboso
parlanchín
charlatán

Hablador y *verboso* significan que habla mucho; *parlanchín* y *charlatán*, que habla demasiado.

locución *nombre femenino*
1 frase
expresión
giro
modo

lóculo *nombre masculino*
1 celda

locura *nombre femenino*
1 demencia
vesania
insania
enajenación
extravagancia
imprudencia
psicosis
ANTO cordura
razón
tranquilidad

locutorio *nombre masculino*
1 libratorio
parlatorio

Libratorio, en los conventos de monjas.

2 cabina (telefónica)

lodazal *nombre masculino*
1 barrial
barrizal
cenagal
fangal
lodazar

lodo *nombre masculino*
1 limo
fango
barro*

lodoño *nombre masculino*
1 almez
aligonero
almezo

logicial *nombre masculino*
1 (galicismo) software
programas
soporte lógico

lógico, -ca *adjetivo*
1 racional
natural
razonable
ANTO irracional
injusto
ilegal

logorrea *nombre femenino*
1 hiperfemia
locuacidad
verborrea
hiperfasia

verbigeración
polifrasia

lograr *verbo transitivo*
1 alcanzar
obtener
conseguir
recabar*
ANTO perder

logrero, -ra *nombre*
1 usurero
prestamista
2 acaparador

logro *nombre masculino*
1 ganancia*
granjería
lucro*
2 usura

lombarda *nombre femenino*
1 bombarda (máquina militar)

lombriz *nombre femenino*
1 lambrija
miñosa
2 verme

lomera *nombre femenino*
1 caballete (de un tejado)
mojinete

loncha *nombre femenino*
1 lonja

longanimidad *nombre femenino*
1 magnanimidad
nobleza
generosidad

longevidad *nombre femenino*
1 macrobiosis

longitud *nombre femenino*
1 largo
largor
largueza
largura

lonja *nombre femenino*
1 loncha

Por ejemplo: una *lonja* o *loncha* de jamón.

loor *nombre masculino*
1 alabanza
elogio
enaltecimiento
loa
encomio

loquesco, -ca *adjetivo*
1 alocado
sonlocado
desatinado

loro
loro del Brasil *locución*
nominal
paraguay
papagayo del Paraguay

lorza *nombre femenino*
1 alforza

losa *nombre femenino*
1 sepulcro (obra)
enterramiento
sarcófago
tumba
túmulo

lozanía *nombre femenino*
1 frondosidad
2 vigor
robustez
gallardía
3 orgullo
altivez

lozano, -na *adjetivo*
1 fresco
rollizo
sano
ANTO enfermizo

lubina *nombre femenino*
1 lobina
róbalo

lubricán *nombre masculino*
1 crepúsculo

lubricar *verbo transitivo*
1 lubrificar
engrasar

lubricidad *nombre femenino*
1 lujuria
lascivia
liviandad
libídine
ANTO castidad

lúbrico, -ca *adjetivo*
1 resbaladizo
2 impúdico
obsceno*
lascivo
lujurioso

lubrificar *verbo transitivo*
1 engrasar
untar
lubricar

lucerna *nombre femenino*
1 lumbrera
abertura (en un techo)
claraboya
lucernario

lucérnula *nombre femenino*
1 neguilla (planta)
candileja
candilejo
neguillón

lucha *nombre femenino*
1 contienda
pugna
pelea
riña
agarrada
pendencia
reyerta
bronca
pelotera
cisco
brega
discusión
polémica

En la idea general, *lucha* coincide con *contienda*, *pugna* y *pelea*; la tercera es más corriente y sugiere principalmente el sentido material de la *lucha*. En su significado material, si la *pelea* se produce entre dos (o pocas) personas: *riña, brega, pendencia, reyerta, bronca, pelotera, cisco* o *agarrada*. Cuando se trata de oposición de ideas, razonamientos, palabras, etc., en orden de menor a mayor violencia, *discusión, debate* (carácter público), *polémica* (ídem), *disputa, cuestión* y *altercado*. En general, *controversia* coincide con ellas (excepto las dos últimas) cuando se trata de una discusión sobre temas religiosos, científicos, etc.

luchar *verbo intransitivo*
1 contender
pelear
combatir*
lidiar
batallar
hacer armas
ANTO pacificar

lucidez *nombre femenino*
1 soltura
despejo
elocuencia
labia

lucido, -da *adjetivo*
1 brillante
admirable
sobresaliente

lúcido, -da *adjetivo*
1 sagaz

inteligente
ANTO torpe
confuso

luciente *adjetivo*
1 lustroso
reluciente
brillante
resplandeciente
esplendoroso
radiante
rutilante

luciérnaga *nombre femenino*
1 gusano de luz
noctiluca

Lucifer *nombre masculino*
1 Satán
Satanás
Luzbel
Leviatán
Belecebú
Belial
Cachano
Pero Botero
Pateta

Cachano, Pero Botero y *Pateta* son nombres populares burlescos.

luciferino, -na *adjetivo*
1 diabólico
infernal
demoníaco
satánico

lucífugo, -ga *adjetivo*
1 fotófobo

lucimiento *nombre masculino*
1 brillantez

lucir *verbo intransitivo/pronominal*
1 brillar
resplandecer
ANTO apagarse
2 sobresalir
aventajarse
descollar

verbo transitivo
3 ostentar
manifestar
ANTO humillarse

lucrarse *verbo pronominal*
1 beneficiarse
aprovecharse
hacerse de oro
ponerse las botas
hacer su agosto
sacar tajada

lucrativo, -va *adjetivo*
1 productivo

fructífero
fructuoso
provechoso
beneficioso*

lucro *nombre masculino*
1 ganancia*
  provecho
  utilidad
  beneficio
  producto
  logro
  negocio redondo
  ANTO generosidad
       desinterés
       pérdida

'*Ganancia* es la utilidad o interés que se adquiere por el trato, el comercio o por otra cosa; y *lucro* significa el provecho o utilidad que se saca de la misma cosa (...) La *ganancia* es siempre lícita y arreglada a las leyes mercantiles, el *lucro* es siempre excesivo; de aquí es que la *ganancia* siempre tiene un carácter generoso, al paso que *lucro* señala especulaciones usureras. *Gana* el afortunado; se *lucra* el interesado: por esta razón *gana* el soldado en nombradía, *gana* el escritor en reputación; y se *lucra* un mal amigo de otro, se *lucra* el que da dinero con réditos exorbitantes. Ejemplos: en la última jugada de la Bolsa *ganó* Don Antonio mil duros. ¡Cómo se *lucra* mi apoderado con las hanegas que ha abonado a cuenta! En la *ganancia* se comercia, en el *lucro* se especula' (O).

luctuoso, -sa *adjetivo*
1 deplorable
  triste
  fúnebre
  funesto

ludibrio *nombre masculino*
1 burla*
  monja
  befa*
  escarnio

ludir *verbo transitivo*
1 frotar*
  estregar
  fregar
  refregar
  restregar
  friccionar
  rozar

lúe *nombre femenino*
1 sífilis
  gálico
  avariosis

luego[1] *adverbio*
1 prontamente
  sin dilación
  en seguida
  inmediatamente
  pronto
2 después

'Uno y otro adverbio explican la posterioridad del tiempo; pero *luego* señala un tiempo más corto, un término más inmediato, que corresponde a prontamente y sin dilación. Pasearemos *ahora*, cenaremos *luego*, y nos iremos *después*' (LH).

luego[2] *conjunción*
1 por consiguiente
  por lo tanto

Por ejemplo: pienso, *luego* existo.

luético, -ca *adjetivo*
1 sifilítico

lugar *nombre masculino*
1 sitio
  paraje

Los tres denotan una porción de espacio determinado; pero *lugar* lo determina y circunscribe más que *sitio*, y éste más que *paraje*. La idea expresada por *paraje* es aproximada, vaga y sin precisión: *anduve por aquel paraje sin haber un sitio o un lugar donde descansar.*

2 pueblo
  aldea
3 pasaje (de un libro)
4 ocasión*
  motivo
  oportunidad

lugareño, -ña *adjetivo/nombre*
1 (persona) pueblerino
  aldeano
  ANTO ciudadano
       culto

lugdunense *adjetivo/nombre*
  común
1 lionés

lúgubre *adjetivo*
1 triste
  funesto
  melancólico
  fúnebre
  tétrico
  ANTO alegre
       claro

lujo *nombre masculino*
1 opulencia
  suntuosidad
  fausto
  ostentación
  magnificencia
  esplendidez
  rumbo
  profusión
  riqueza
  abundancia
  ANTO pobreza
       sencillez

lujoso, -sa *adjetivo*
1 opulento
  suntuoso
  ostentoso
  magnífico
  espléndido
  rumboso
  adornado
  rico
  fastuoso

lujuria *nombre femenino*
1 lascivia
  liviandad
  lubricidad
  libídine
  ANTO castidad

lujurioso, -sa *adjetivo*
1 lascivo
  liviano
  lúbrico
  libidinoso
  rijoso

lumbral *nombre masculino*
1 umbral
  tranco
  limen

lumbre *nombre femenino*
1 fuego
  candela
2 brillo
  esplendor

lumbrera *nombre femenino*
1 luminar
  notabilidad
2 abertura
  lucerna

a
b
c
d
e
f
g
h
i
j
k
l
m
n
ñ
o
p
q
r
s
t
u
v
w
x
y
z

luminar *nombre masculino*
1 lumbrera (persona insigne)

luminoso, -sa *adjetivo*
1 brillante
refulgente
resplandeciente

luna
luna llena *locución nominal*
plenilunio
luna nueva *locución nominal*
novilunio

lunar *nombre masculino*
1 lentigo
peca

lunático, -ca *adjetivo/nombre*
1 alunado
maniático
loco
ANTO razonable
reflexivo

luneta *nombre femenino*
1 baluarte
bastión

lunfardo *nombre masculino*
1 argot*
jerga
jerigonza

El nombre de *lunfardo* se aplica al *argot* hablado en Buenos Aires.

lupanar *nombre masculino*
1 burdel
prostíbulo
casa de citas
mancebía

lupia *nombre femenino*
1 lobanillo

lupino *nombre masculino*
1 altramuz

calamocano
chocho

luquete *nombre masculino*
1 pajuela

lurte *nombre masculino*
1 alud
argayo

lusismo *nombre masculino*
1 lusitanismo
portuguesismo

lusitanismo *nombre masculino*
1 portuguesismo
lusismo

lusitano, -na *adjetivo/nombre*
1 (persona) portugués
luso

luso, -sa *adjetivo/nombre*
1 (persona) portugués
lusitano

lustrar *verbo*
transitivo/pronominal
1 alustrar
abrillantar
ANTO deslustrar

lustre *nombre masculino*
1 brillo
resplandor
esplendor

'El *lustre* procede de la luz reflejada por la superficie barnizada o bruñida; el *brillo*, del cuerpo luminoso. *Resplandor* es el *brillo* intenso que apenas pueden sostener las miradas del hombre; *esplendor* es el *brillo* esparcido en una vasta superficie. Los derivados de estos nombres corresponden a su significación. Son *lustro-*

sos la mayor parte de los metales; *brillan* los astros, los meteoros, la fosforescencia de las olas del mar; *resplandecen* el sol, la luz eléctrica, los grandes incendios; y llamamos *espléndido* a un espectáculo grandemente iluminado' (M).

lustrina *nombre femenino*
1 percalina

lustroso, -sa *adjetivo*
1 reluciente
brillante
resplandeciente
esplendoroso
luciente
radiante
rutilante
lúcido

lútea *nombre femenino*
1 oropéndola
oriol
papafigo
víreo
virio

luto *nombre masculino*
1 duelo
ANTO alegría
blancura

luxación *nombre femenino*
1 ectopía
paratopía
exarticulación
dislocación
dislocadura
desplazamiento

luxar *verbo transitivo/pronominal*
1 dislocar
desencajar
descoyuntar

macabro, -bra *adjetivo*
1 fúnebre
  tétrico

macaco, -ca *adjetivo/nombre*
1 feo
  deforme

macana *nombre femenino*
1 porra
2 broma
  camelo
  disparate
  paparrucha

maceta *nombre femenino*
1 tiesto
  pote

  Maceta predomina en Andalucía. En Castilla se usa generalmente *tiesto*, el cual se
  extiende a significar cualquier
  pedazo de barro cocido. La
  maceta que tiene forma de ja-
  rra se denomina *pote*.

machacar *verbo transitivo*
1 quebrantar
  majar
  triturar
  verbo intransitivo
2 porfiar
  insistir*
  importunar

machachón, -ona
  adjetivo/nombre
1 importuno
  pesado
  prolijo
  insistente
  porfiado

machaconería *nombre femenino*
1 insistencia
  prolijidad
  pesadez

machada *nombre femenino*
1 necedad
  patochada

machado *nombre masculino*
1 hacha
  segur

machina *nombre femenino*
1 martinete
  mazo

machismo *nombre masculino*
1 falocracia

machista *adjetivo/nombre común*
1 falócrata

macho *nombre masculino*
1 mulo

machota *nombre femenino*
1 (familiar) lesbiana
  marimacho (familiar)
  homosexual
  hombruna (familiar)
  tortillera (vulgar)

machucar *verbo transitivo*
1 machacar

machucho, -cha *adjetivo*
1 sosegado
  juicioso
  sensato
  prudente
  reposado
  sesudo
  reflexivo
  ANTO irreflexivo
    prudente
2 maduro
  mayor
  entrado en días
  ANTO joven

machuelo *nombre masculino*
1 germen

macilento, -ta *adjetivo*
1 flaco

  demacrado
  descolorido
  mustio
  decaído
  triste
  ANTO gordo
    fuerte
    vivo

macillo *nombre masculino*
1 (música) martinete

macizo, -za *adjetivo*
1 sólido
  lleno
  firme
  fuerte
  compacto*
  ANTO hueco
    débil
    flaco
    frágil

macrobiosis *nombre femenino*
1 longevidad

macrocéfalo, -la
  adjetivo/nombre
1 cabezón
  cabezudo

macrogameto *nombre*
  masculino
1 óvulo

macrosomía *nombre femenino*
1 gigantismo

mácula *nombre femenino*
1 mancha
  tacha
  ANTO perfección
2 engaño
  trampa
  embuste
  mentira
  ANTO verdad

a

macular *verbo transitivo/pronominal*
1 manchar
ANTO limpiar
honrar

madera

madera fósil *locución nominal*
lignito

maderaje *nombre masculino*
1 maderamen
enmaderado

maderamen *nombre masculino*
1 maderaje
enmaderado

madi *nombre masculino*
1 madia
melosa

madre *nombre femenino*
1 causa
origen
principio
raíz
2 álveo
cauce
lecho
3 sedimento
solera (del vino)
hez*
lías

madre política *locución nominal*
suegra

madrecilla *nombre femenino*
1 huevera (oviducto)

madreña *nombre femenino*
1 zueco
almadreña

madrépora *nombre femenino*
1 polípero

madriguera *nombre femenino*
1 cado
guarida*

madrileño, -ña *adjetivo/nombre*
1 (persona) matritense
gato (humorístico)

madroño *nombre masculino*
1 (fruto) marojo

madrugada *nombre femenino*
1 amanecer
alba
aurora

madrugador, -ra
adjetivo/nombre
1 mañanero

madrugar *verbo intransitivo*
1 tomar la mañana
mañanear
ANTO trasnochar

Mañanear es *madrugar* habitualmente.

maduración *nombre femenino*
1 gestación
preparación
elaboración

madurez *nombre femenino*
1 punto
sazón
2 edad adulta
3 juicio
prudencia
sensatez
seso

maduro, -ra *adjetivo*
1 sazonado
en sazón
ANTO agrio
verde
2 juicioso
prudente
sensato
sesudo*
reflexivo
ANTO irreflexivo
imprudente
3 adulto
entrado en años

caerse de maduro *locución*
ser anciano
comer el pan de los niños
ser viejo
peinar canas
andar con la barba por el suelo

maestral *adjetivo/nombre masculino*
1 nornoroeste
cauro (poético)
coro (poético)
regañón (familiar)
nornorueste
nombre masculino
2 maestril
realera

maestría *nombre femenino*
1 arte
destreza
pericia
habilidad*
ANTO incultura
inhabilidad
2 superioridad
ANTO inferioridad

maestril *nombre masculino*
1 maestral
realera

maestro, -tra *nombre*
1 pedagogo
profesor
instructor
adjetivo/nombre
2 perito
práctico
hábil
ducho
avezado
diestro

magaña *nombre femenino*
1 legaña
pitarra
pitaña
lagaña

magarza *nombre femenino*
1 matricaria
arugas
expillo

magia *nombre femenino*
1 ocultismo
hechicería
encantamiento
taumaturgia
brujería
2 encanto
hechizo
fascinación
seducción
atractivo

magiar *nombre masculino*
1 (idioma) húngaro

mágico, -ca *nombre*
1 hechicero*
mago
encantador
nigromante
brujo
adjetivo
2 fascinador
seductor
maravilloso
asombroso

magín *nombre masculino*
1 (familiar) imaginación
ingenio
mente
entendimento
caletre
mollera
pesquis
cacumen
chirumen

Caletre, mollera, pesquis, cacumen y *chirumen* son denominaciones de uso familiar.

magnanimidad *nombre femenino*
1 longanimidad
  grandeza de alma
  generosidad
  nobleza
  ANTO tacañería
    bajeza
    envidia

magnánimo, -ma *adjetivo*
1 benévolo
  benigno
  bondadoso
  indulgente
  complaciente
  generoso
  noble
  ANTO ruin
    egoísta
    malvado

magnate *nombre masculino*
1 prócer
  grande
  poderoso
  prohombre

magnetismo *nombre masculino*
1 hipnotismo
  mesmerismo
  hipnosis

magnetita *nombre femenino*
1 piedra imán
  calamita
  caramida

magnetizar *verbo transitivo*
1 imanar
  imantar
2 hipnotizar

magnificencia *nombre femenino*
1 liberalidad
  esplendidez
  generosidad
  ANTO avaricia
    miseria
2 fausto
  ostentación
  suntuosidad
  pompa
  boato
  grandeza
  grandiosidad
  esplendor
  opulencia
  fastuosidad
  ANTO modestia

magnífico, -ca *adjetivo*
1 liberal
  generoso
  espléndido
2 ostentoso
  esplendoroso
  suntuoso
3 excelente
  admirable
  notable
  soberbio
  dadivoso*
  hermoso*

magnitud *nombre femenino*
1 tamaño
  volumen
  grandor

'La *magnitud* es el conjunto de todas las dimensiones del sólido, o la extensión, en todos sentidos, que el sólido ocupa en el espacio. El *tamaño* es esta misma *magnitud* relativa a otra o comparada con ella y se entiende generalmente con respecto a la longitud o a la altura. La palabra *volumen* significa, no solamente la dimensión, sino la masa total del sólido o del líquido, y las partes que lo componen. Una extensión del espacio o de la atmósfera tiene magnitud, y no tiene *tamaño* ni *volumen*. Decimos de los objetos visibles que son del *tamaño* del hombre, de la mano, de un peso duro. El elefante es un animal de mayor *volumen* que el toro y el caballo' (M).

2 grandeza*
  importancia
  excelencia

magno, -na *adjetivo*
1 grande*
  magna

Grande en sentido moral. Cuando *magno* se refiere a cosas materiales, les da de cierta dignidad o nobleza; por ejemplo: aula *magna* de la Universidad. No decimos de un animal o de un lebrillo que son *magnos*, sino *grandes*.

mago, -ga *adjetivo/nombre*
1 hechicero*
  encantador
  taumaturgo

magro, -gra *adjetivo*
1 flaco

enjuto
cenceño
ANTO gordo
  grasiento

maguillo *nombre masculino*
1 (manzano silvestre)
  manzanera

magüeta *nombre femenino*
1 ternera
  chota
  becerra
  jata
  novilla
  utrera

magüeto *nombre masculino*
1 novillo
  eral

mahometano, -na *adjetivo/nombre*
1 (persona) musulmán
  sarraceno
  islamita
  muslime
  adjetivo
2 islámico
  muslímico

mahometismo *nombre masculino*
1 islamismo
  islam

maicena *nombre femenino*
1 almidón de maíz

maidismo *nombre masculino*
1 zeísmo
  pelagra

maído *nombre masculino*
1 maullido

maiéutica, mayéutica *nombre femenino*
1 obstetricia

maimón *nombre masculino*
1 mico
  mono

maíz *nombre masculino*
1 mijo
  zara

majada *nombre femenino*
1 apero

majadear *verbo intransitivo*
1 cubilar

majadería *nombre femenino*
1 bobada

a
b
c
d
e
f
g
h
i
j
k
l
m
n
ñ
o
p
q
r
s
t
u
v
w
x
y
z

bobería
simpleza
necedad
tontería
tontada

majaderillo *nombre masculino*
1 bolillo (palito)
majadero
palillo

majadero[1] *nombre masculino*
1 bolillo (palito)
majaderillo
palillo

majadero, -ra[2] *adjetivo/nombre*
1 necio
porfiado
pesado
fastidioso
pelmazo
ANTO ingenioso
discreto
prudente

majar *verbo transitivo*
1 machacar
triturar
2 molestar
importunar

majestad *nombre femenino*
1 grandeza
sublimidad
solemnidad

majestuoso, -sa *adjetivo*
1 mayestático
augusto
solemne
imponente
sublime

majeza *nombre femenino*
1 valentonería
guapeza
chulería

majo, -ja *adjetivo/nombre*
1 curro
guapo
hermoso
2 ataviado
lujoso
adornado
3 jaque
valentón
chulo

majuelo *nombre masculino*
1 (arbusto) pirlitero
marzoleto

mal[1] *nombre masculino*
1 desgracia
calamidad
daño*
ANTO bien
2 enfermedad
dolencia
indisposición
3 vicio
imperfección
ANTO perfección

mal caduco *locución nominal*
epilepsia
mal de corazón
gota coral

mal de San Lázaro
elefancía
elefantiasis

mal de la rosa
pelagra

mal de la tierra
nostalgia
añoranza
morriña

mal de madre
histerismo

mal de montaña
soroche
apunamiento

mal de piedra
cálculo
piedra

mal[2] *adverbio*
1 indebidamente
injustamente
desacertadamente
incorrectamente
malamente

'Lo que se hace *mal* es aquello que no se hace con las condiciones que requiere la obra. Lo que se hace *malamente* es lo que se hace con torpeza, con mala intención o causando daño. Puede uno conducirse *mal* por inexperiencia o por descuido; pero conducirse *malamente* es una falta más grave, y supone peores disposiciones' (M).

malacate *nombre masculino*
1 baritel

malacitano, -na
adjetivo/nombre
1 (persona) malagueño

malacología *nombre femenino*
1 conquiliología

Cuando se estudia especialmente las conchas de los moluscos.

malacólogo, -ga *nombre*
1 conquiliólogo

malacostumbrado, -da
adjetivo
1 viciado
mal inclinado
2 mimado
consentido
malcriado

malacuenda *nombre femenino*
1 harpillera
arpillera
halda
rázago

malagradecido, -da *adjetivo*
1 desagradecido
ingrato

malagueño, -ña
adjetivo/nombre
1 (persona) malacitano

malagueta *nombre femenino*
1 pimienta de chiapa
pimienta de Tabasco
pimienta inglesa

Pimienta inglesa se refiere a la seca y molida.

malamente *adverbio*
1 mal*

malandanza *nombre femenino*
1 mala fortuna
infortunio
desgracia
desdicha
desventura
malaventura
ANTO ventura
fortuna

malandrín, -ina *adjetivo/nombre*
1 maligno
perverso
bellaco

malaquita
malaquita azul *locución
nominal*
azurita

malaquita verde
cobre verde

malaria *nombre femenino*
1 paludismo

malatía *nombre femenino*
1 lepra
  gafedad

malato *adjetivo/nombre*
1 leproso
  lazarino
  gafo

malaventura *nombre femenino*
1 desgracia*
  desventura
  infortunio
  desdicha
  ANTO buenaventura
    dicha
    fortuna
    paz

malbaratar *verbo transitivo*
1 malvender
2 malgastar*
  disipar
  derrochar
  dilapidar
  despilfarrar
  ANTO administrar
    ahorrar

malcontento, -ta *adjetivo*
1 descontento
  insatisfecho
  quejoso
  disgustado
2 revoltoso
  perturbador
  rebelde

malcoraje *nombre masculino*
1 mercurial (planta)

malcriado, -da *adjetivo*
1 descortés
  desatento
  grosero
  incivil
  mal educado
2 consentido
  mimado
  malacostumbrado

malcriar *verbo transitivo*
1 mimar
  consentir
  mal acostumbrar

maldad *nombre femenino*
1 malicia
  perversidad
  protervia
  depravación*
  ANTO bondad
    perfección

Protervia es obstinación en la *maldad.*

maldecir *verbo transitivo*
1 condenar
  imprecar
  execrar

  verbo intransitivo
2 denigrar
  murmurar
  detractar
  ANTO bendecir

maldiciente *adjetivo*
1 murmurador
  detractor
  denigrador
  lengua larga
  mala lengua

maldición *nombre femenino*
1 imprecación
  execración
  condenación

  echar maldiciones *locución*
  (intensivo) execrar
    condenar
    maldecir
    imprecar
    jurar como un carretero

maldispuesto, -ta *adjetivo*
1 indispuesto (de salud)
  destemplado
  enfermo

maldito, -ta *adjetivo*
1 malvado
  perverso
  endemoniado

malear *verbo transitivo/pronominal*
1 dañar
  echar a perder
  estropear
  enmalecer
  ANTO sanear
    perfeccionar
2 viciar
  pervertir
  corromper

malecón *nombre masculino*
1 dique

maledicencia *nombre femenino*
1 murmuración

maleficio *nombre masculino*
1 hechizo
  encantamiento
  sortilegio
  embrujamiento
  embrujo

maléolo *nombre masculino*
1 tobillo

malestar *nombre masculino*
1 incomodidad
  desazón
  desasosiego
  inquietud
  ansiedad
  indisposición
  ANTO bienestar
    contento
    salud

maleta *nombre femenino*
1 valija

maleza *nombre femenino*
1 maraña
  espesura
  matorral

malformación *nombre femenino*
1 deformidad

malgama *nombre femenino*
1 amalgama (aleación)

malgastador, -ra *adjetivo/nombre*
1 manirroto

malgastar *verbo transitivo*
1 disipar
  malrotar
  malbaratar
  despilfarrar
  malmeter
  desperdiciar
  ANTO administrar
    ahorrar

Malmeter y *desperdiciar* se aplican no sólo al dinero o hacienda, sino también a otras cosas, con el sentido general de estropear o no aprovechar como es debido: los muebles, las influencias, las ocasiones.

malhablado, -da *adjetivo*
1 desvergonzado
  lenguaraz
2 maldiciente
  murmurador
  mala lengua

malhadado, -da *adjetivo*
1 infeliz
  desventurado
  infortunado
  desgraciado
  desdichado
  ANTO feliz

malhechor, -ra *adjetivo/nombre*
1 criminal

a
b
c
d
e
f
g
h
i
j
k
l
m
n
ñ
o
p
q
r
s
t
u
v
w
x
y
z

delincuente

'La voz *malhechor* se usa comúnmente con referencia a aquellas acciones malas que se oponen al buen orden de la sociedad, al derecho de los ciudadanos, a la tranquilidad y buen gobierno del Estado; y como no hay legislación que no las prohíba, todo *malhechor delinque*, quebranta la ley, y no es extraño que se tome indistintamente una voz por otra, porque las ideas que representan, aunque diferentes, es difícil que se encuentren separadas. Si no hubiera leyes, el *malhechor* no sería *delincuente*. En tiempo de los antiguos tiranos el *delincuente* pudo no ser *malhechor*' (LH).

malhumor *nombre masculino*
1 murria
  tristeza
  melancolía
  abatimiento
  cancamurria
  ANTO alegría
    ilusión

malhumorado, -da *adjetivo*
1 atrabiliario
  irritable
  irascible
  destemplado
  resentido
  pesimista
  triste
  ANTO contento
    alegre
    optimista

malicia *nombre femenino*
1 maldad
  perversidad
  malignidad
  ANTO ingenuidad
2 bellaquería
  mala intención
  doblez
  mala fe
  ANTO sinceridad
3 desconfianza*
  sospecha
  recelo
  escama

maliciar *verbo transitivo*
1 sospechar
  recelar
  desconfiar

malicioso, -sa *adjetivo*
1 astuto
  taimado
  zorro
  desconfiado
  escamón
  malo*

malignidad *nombre femenino*
1 perversidad
  nequicia
  maldad
  perfidia
  perversión
  protervia
2 virulencia
  acrimonia

maligno, -na *adjetivo/nombre*
1 malicioso
  receloso
  suspicaz
  adjetivo
2 malo
  pernicioso

malintencionado, -da *adjetivo*
1 atravesado
  avieso
  ruin
  artero
  astuto
  falso

mallar *verbo intransitivo*
1 enmallarse

malmandado, -da *adjetivo*
1 desobediente
  indócil
  rebelde

malmeter *verbo transitivo*
1 malbaratar
  malgastar*
2 malquistar
  indisponer

malmirado, -da *adjetivo*
1 malquisto
  desconceptuado
  desacreditado
  ANTO acreditado
    honorable
2 descortés
  inconsiderado
  desatento
  ANTO cortés
    considerado

malo, -la *adjetivo*
1 mal inclinado
  enviciado
  bajo
  ruin

bellaco
depravado
corrupto
ANTO bueno
2 maligno
  malicioso
  indigno
  vil
  malvado
  perverso
  satánico
  ANTO bueno

En la primera acepción de *malo* se expresa la idea general de propenso al mal; en la segunda, la de contrario a la ley moral.

3 perjudicial
  dañino
  nocivo
  pernicioso
  peligroso
  ANTO bueno
4 difícil
  dificultoso
  penoso
  trabajoso
5 enfermo
  doliente
  ANTO bueno
6 desagradable
  molesto
  fastidioso
  ANTO agradable
7 deslucido
  deteriorado
  estropeado

estar de malas *locución*
  tener mala suerte
  tener mala pata
  haber pisado mala hierba

malograr *verbo transitivo/pronominal*
1 desaprovechar
  perder
  desperdiciar
  frustrar
  errar el golpe
  irse abajo
  naufragar en el puerto

malogro *nombre masculino*
1 aborto
  fracaso
  frustración

malparado, -da *adjetivo*
1 maltratado
  maltrecho

malparir *verbo intransitivo*
1 abortar (la mujer)

malparto *nombre masculino*
1 aborto
  parto prematuro
  abortamiento

malquerencia *nombre femenino*
1 antipatía
  ojeriza
  aversión
  mala voluntad
  inquina
  enemistad*
  odio*
  ANTO amistad
    amor
    simpatía

malquistamiento *nombre*
masculino
1 desacuerdo
  discordia
  disconformidad
  desavenencia
  desunión
  ANTO acuerdo
    concordancia
    pacto

malquistar *verbo*
transitivo/pronominal
1 indisponer
  malmeter
  encizañar
  echar leña al fuego
  meter cizaña
  poner a mal
  ANTO amistar
    unir
    avenirse
    pacificar

malquisto, -ta *adjetivo*
1 malmirado
  desconceptuado
  desacreditado
  ANTO acreditado
    honorable

malrotar *verbo transitivo*
1 disipar
  malgastar*
  despilfarrar
  malbaratar
  ANTO ahorrar
    administrar

malsano, -na *adjetivo*
1 insalubre
  insano
  Estos dos especialmente si se
  trata de clima, país, aguas,
  etc.
2 infectado
  inquinado

malsín *nombre masculino*
1 delator*
  acusón
  soplón
  fuelle
  acusica
  acusique
  chivato
  cizañero

malsonar *verbo intransitivo*
1 disonar
  ANTO armonizar

malsufrido, -da *adjetivo*
1 impaciente

maltrabaja *nombre común*
1 holgazán
  perezoso
  poltrón
  gandul
  pamposado
  galbanero

maltratado, -da *adjetivo*
1 malparado
  maltrecho

maltratar *verbo transitivo*
1 tratar mal
  traer a mal traer
  tratar a zapatazos
  dar mala vida
  ANTO acariciar
    regalar

  'Maltratar significa hacer ultraje a alguno, con palabras o a
  golpes. Tratar mal es no darle
  bien de comer a uno, o alojar-
  lo mal, o no tratarle a su gusto' (Ma).

2 menoscabar
  estropear
  echar a perder
  deteriorar
  malmeter
  ANTO alabar

maltrecho, -cha *adjetivo*
1 maltratado
  malparado

malvado, -da *adjetivo*
1 malo*
  perverso

malvasía *nombre femenino*
1 masvale

malvavisco *nombre masculino*
1 altea

malvender *verbo transitivo*
1 malbaratar

malversar *verbo transitivo*
1 defraudar
  distraer (eufemismo)

malvís *nombre masculino*
1 tordo alirrojo
  malviz

malviz *nombre masculino*
1 malvís
  tordo alirrojo

mama *nombre femenino*
1 seno
  pecho
  teta

mamandurria *nombre femenino*
1 sinecura
  prebenda
  enchufe

mamarracho *nombre masculino*
1 adefesio
  facha

mampostería *nombre femenino*
1 calicanto

maná
  maná líquido *locución*
  nominal
  tereniabín

manada *nombre femenino*
1 bandada
  cardume
  cardumen

  Para designar un conjunto de
  animales de la misma especie
  que andan juntos, *manada*
  se aplica especialmente a los
  cuadrúpedos; *bandada* a las
  aves y a los peces; *cardume* y
  cardumen, a los peces.

2 hato
  rebaño
  boyada
  vacada
  torada
  piara
  yeguada
  pavada
  cuadrilla

  Una manada de animales al
  cuidado de un pastor se llama
  hato, *rebaño*. Según la clase
  de ganado, recibe distintos
  nombres.

manager *nombre común*
1 (anglicismo) gerente
  apoderado
  director

a
b
c
d
e
f
g
h
i
j
k
l
m
n
ñ
o
p
q
r
s
t
u
v
w
x
y
z

principal
encargado
jefe

Manager es un anglicismo reprobable e innecesario que se utiliza por cualquiera de los sinónimos mencionados.

manantial *nombre masculino*
1 fontanal
fontanar
hontanar
fuente
venero
venera
2 origen
principio

manar *verbo intransitivo*
1 salir
brotar
nacer
surgir
surtir
ANTO entrar
morir

Surgir y *surtir*, tratándose del agua, especialmente la que *mana* hacia arriba.

manatí, manato *nombre masculino*
1 rosmaro
pez mujer
pez muller

manceba *nombre femenino*
1 barragana
concubina
querida

mancebía *nombre femenino*
1 burdel
lupanar
prostíbulo
2 mocedad
juventud
mocerío

Se usa hoy muy poco *mancebía* en esta acepción, a fin de que no se tome a mala parte.

mancebo *nombre masculino*
1 adolescente
muchacho
zagal
joven*
2 soltero
célibe
mozo

mancera *nombre femenino*
1 esteva
magnorillo

mancha *nombre femenino*
1 mácula

Mácula, en sentido material, sólo se emplea en estilo extremadamente culto o literario.

2 mácula
mancilla
tacha
deshonra
desdoro
3 rodal
4 boceto

manchar *verbo transitivo/pronominal*
1 ensuciar
emporcar
pringar
tiznar
enlodar
ANTO limpiar

Según la materia que mancha, se emplean verbos especiales, como *pringar*, *tiznar* y *enlodar*.

2 macular
mancillar
desdorar
deslustrar
deshonrar
empañar*
ANTO purificar
verbo transitivo
3 inquinar
contagiar

mancilla *nombre femenino*
1 mancha
desdoro
deshonra
deshonor
afrenta
ANTO honor
perfección
pureza

mancillar *verbo transitivo/pronominal*
1 manchar
deslucir
deslustrar
afear
desdorar
deshonrar
dejar de cuadro
poner de cuadro
ANTO purificar
honrar

manda *nombre femenino*
1 legado

mandamiento *nombre masculino*
1 precepto
orden
mandato*

mandar *verbo transitivo*
1 ordenar
preceptuar
decretar
ANTO obedecer
cumplir

En la frase *ordeno y mando* con que las autoridades militares encabezan sus bandos, *ordenar* tiene el matiz de disponer, en tanto que *mandar* acentúa su carácter ejecutivo.

2 regir
dirigir
gobernar
sojuzgar
ANTO obedecer
cumplir

Sojuzgar implica fuerza o violencia.

3 enviar
remitir

mandato *nombre masculino*
1 orden
precepto
disposición
prescripción
mandamiento

Mandamiento se usa especialmente para designar los *preceptos* del Decálogo y las *órdenes* del juez.

'La *orden* y el *precepto* son *mandatos*, con esta diferencia, que la *orden* procede de una autoridad instituida por la ley humana, y el *precepto* de la autoridad divina, natural o moral. Decimos Real *orden*, la *orden* del día, libro de *órdenes*; los *preceptos* del Decálogo, del anciano. Por esto los maestros se llaman *preceptores*' (M).

2 lavatorio

mandíbula *nombre femenino*
1 quijada

mandil *nombre masculino*
1 delantal

mandilete *nombre masculino*
1 porta

mando *nombre masculino*
1 autoridad
   poder
   facultad
   potestad
   jurisdicción
   dirección
   gobierno

mandracho *nombre masculino*
1 garito*
   timba
   chirlata
   gazapón
   tablero

mandria *adjetivo/nombre común*
1 apocado
   pusilánime
   para poco
   inútil
   ANTO listo
     agudo
     atrevido

mandriladora *nombre femenino*
1 abocardadora

manduca *nombre femenino*
1 (familiar) pitanza
   condumio
   comida
   alimento

manear *verbo transitivo*
1 amanear
2 manejar

manecilla *nombre femenino*
1 mano
   aguja
   saeta
   saetilla
2 manezuela

manejable *adjetivo*
1 manuable

Manuable se aplica a los objetos que se manejan con las manos, pero no a los caballos ni en las acepciones figuradas; por ejemplo: un dispositivo radiofónico es *manuable* o *manejable*; pero una cabalgadura, un negocio, etc., son *manejables*, y no *manuables*.

manejar *verbo transitivo*
1 usar
   utilizar
   emplear
2 dirigir
   regir
   gobernar
   administrar
   conducir

Tratándose de un vehículo, *conducir*.

manejo *nombre masculino*
1 uso
   empleo
2 dirección
   gobierno
   administración
3 treta
   ardid

maneota *nombre femenino*
1 traba
   maniota
   manea
   guadafiones
   manija
   suelta

manera *nombre femenino*
1 forma
   modo
   procedimiento
2 estilo
   factura
   ⇒ maneras

Estilo y *factura*, en las artes.

de esta manera *locución adverbial*
   así
   de esta suerte

de la misma manera
   también
   asimismo
   igualmente
   del mismo modo
   de igual modo

maneras *nombre femenino plural*
1 porte
   modales
   ademanes
   ⇒ manera

manezuela *nombre femenino*
1 manecilla (broche)

manga *nombre femenino*
1 tifón
   tromba
   trompa
2 manga de agua
   turbión

manganesa *nombre femenino*
1 pirolusita

mangante *adjetivo/nombre común*
1 truhán
   tuno

mango
tener la sartén por el mango *locución*
   ⇒ sartén

mangonear *verbo intransitivo*
1 (despectivo) mandar
   dirigir
   mandonear
   manipular
   tener la sartén por el mango
   cortar el bacalao

mangorrillo *nombre masculino*
1 esteva
   mancera

mangosta *nombre femenino*
1 icneumón

mangote *nombre masculino*
1 manguito

mangueta *nombre femenino*
1 palanca (barra)
   alzaprima
   espeque

manguillero *nombre masculino*
1 portaplumas
   mango

manguita *nombre femenino*
1 funda

manguito *nombre masculino*
1 estufilla
   regalillo
2 mangote

maní *nombre masculino*
1 cacahuete

manía *nombre femenino*
1 monomanía
   idea fija
   guilladura (familiar)
   chifladura (familiar)
   chaladura (familiar)
   psicosis
   obsesión
   psicopatía
   ANTO reflexión
     razón
2 antipatía*
   ojeriza
   tirria
   ANTO simpatía
3 extravagancia
   rareza
   tema
   capricho
   prurito
   antojo

a
b
c
d
e
f
g
h
i
j
k
l
m
n
ñ
o
p
q
r
s
t
u
v
w
x
y
z

maníaco, -ca *nombre*
1 obseso
  psicópata

maniático, -ca *adjetivo/nombre*
1 loco*
  monomaníaco
  maníaco
  guillado (familiar)
  chiflado (familiar)
  chalado (familiar)
2 extravagante
  caprichoso
  antojadizo
  raro

manicomio *nombre masculino*
1 frenopático
  psiquiátrico

manida *nombre femenino*
1 guarida
  vivienda

manido, -da *adjetivo*
1 sobado
  manoseado
  ANTO nuevo
2 envejecido
  trasnochado
  ANTO nuevo

manifestar *verbo*
  transitivo/pronominal
1 declarar
  exponer
  decir
  ANTO callar

'Se *manifiestan* hechos, doctrinas, opiniones y secretos; se *declaran* intenciones y designios. La *declaración* de guerra es un anuncio de hostilidades que un gobierno piensa hacer a otro. Suele precederle un *manifiesto* que contiene los antecendentes de la disputa, y en este documento se exponen las causas de aquella resolución' (M).

2 descubrir
  exhibir
  presentar
  mostrar
  revelar
  sacar a la luz
  hacer muestra
  ANTO esconder

manifiesto, -ta *adjetivo*
1 patente
  ostensible
  claro
  descubierto

visible
notorio
palpable
público*

manija *nombre femenino*
1 manezuela
  mango
  manubrio
2 maniota

manilargo, -ga *adjetivo*
1 pródigo
  derramado
  malgastador
  derrochador
  despilfarrador
  manirroto
  disipador

manilla *nombre femenino*
1 pulsera
  brazalete

maniobra *nombre femenino*
1 evolución
  movimiento
  cambio
  variación
2 manipulación
3 operación

maniota *nombre femenino*
1 guadafiones
  traba
  manea
  maneota
  manija
  suelta

manipulación *nombre femenino*
1 manejo
  tratamiento
2 maniobra

manipular *verbo transitivo*
1 mangonear
  mandar
  dirigir
  mandonear
  tener la sartén por el
    mango
  cortar el bacalao

manirroto, -ta *adjetivo*
1 pródigo
  derramado
  malgastador
  derrochador
  despilfarrador
  disipador

manivela *nombre femenino*
1 manubrio
  cigüeña

manjar *nombre masculino*
1 manjar
  alimento
  mantenimiento
  comestible
  comida

En general *manjar*, a causa de un menor uso, realza la exquisitez, bondad, lujo, etc., de lo que se come, en comparación con los demás sinónimos.

mano *nombre femenino*
1 habilidad
  destreza*
2 poder
  mando
• facultades
3 capa
  baño

Dar una *mano* de pintura o barniz.

de segunda mano *locución adjetiva*
  de lance
  de ocasión
  usado
  ANTO de primera mano
    nuevo
    por estrenar

estar a mano *locución*
  terciar
  venir bien
  ser oportuno

manopla *nombre femenino*
1 guantelete

manosear *verbo transitivo*
1 sobar

manotada *nombre femenino*
1 manotazo
  tabalada
  tabanazo
  guantada
  manotón

manoteo *nombre masculino*
1 gesto
  ademán

mansedumbre *nombre femenino*
1 suavidad
  beniginidad
  apacibilidad
  dulzura
  ANTO ira

mansión *nombre femenino*
1 detención
  permanencia
  estada

estancia
estadía
2 morada
albergue
residencia
habitación*
casa*

manso, -sa *adjetivo*
1 tranquilo
quieto*
sosegado
reposado
apacible
benigno
suave
2 dócil
manejable
Tratando de animales.

manta *nombre femenino*
1 zurra
somanta
azotaina
panadera
pega
felpa
paliza
ANTO caricia

mantecado *nombre masculino*
1 sorbete
helado

mantecoso, -sa *adjetivo*
1 gordo
craso
graso

mantel *nombre masculino*
1 paño de mesa
2 paño de altar

mantener *verbo*
transitivo/pronominal
1 conservar
perseverar*
ANTO destruirse
2 sostener
sustentar
nutrir
alimentar
ANTO ayunar

Sostener y *sustentar* dan a la expresión un matiz de mayor esfuerzo por parte del sujeto. '*Mantener* es conservar una cosa en el estado en que se halla; *sostener* es *mantener* con esfuerzo. El que se *mantiene* derecho largo rato, busca en qué *sostenerse* cuando se cansa' (M).

3 defender
amparar
apoyar
ANTO rendirse

mantenimiento *nombre*
masculino
1 sustento
manjar*

mantequilla *nombre femenino*
1 (grasa de la leche) butiro
grasa*

mantilla *nombre femenino*
1 mantellina

mantillo *nombre masculino*
1 humus
tierra negra

mantón *nombre masculino*
1 pañolón

manuable *adjetivo*
1 manejable

manual *adjetivo*
1 manuable
manejable

manubrio *nombre masculino*
1 manivela
manija

manufactura *nombre femenino*
1 obraje
2 fábrica

manumiso, -sa *adjetivo/nombre*
1 liberto
horror

manumitir *verbo transitivo*
1 emancipar
libertar
ANTO esclavizar

manustrupación *nombre*
femenino
1 masturbación
onanismo

manutención *nombre femenino*
1 sustento
mantenimiento
sostenimiento
alimento
ANTO ayuno
2 conservación
apoyo
amparo
ANTO desamparo

manzana *nombre femenino*
1 poma
2 bloque
isla

manzanar *nombre masculino*
1 pomarada
pomar
manzanal

manzanera *nombre femenino*
1 (manzano silvestre) maguillo

manzanilla *nombre femenino*
1 camamila
camomila

maña *nombre femenino*
1 destreza*
habilidad*
maestría
arte
mano
buena mano
ANTO inhabilidad
2 artificio
astucia
sagacidad
ANTO ingenuidad

mañana *nombre masculino*
1 futuro
porvenir

mañanear *verbo intransitivo*
1 madrugar
ANTO trasnochar

mañanero, -ra *adjetivo*
1 madrugador

mañero, -ra¹ *adjetivo*
1 astuto
sagaz

mañero, -ra² *adjetivo*
1 estéril*
machorra
horra
nulípara
Nulípara referido a mujeres.

mañoco *nombre masculino*
1 tapioca

mañoso, -sa *adjetivo*
1 hábil
diestro
habilidoso
industrioso

mapa *nombre masculino*
1 carta
carta marina
plano
La *carta marina* es la *carta* de marear. Fuera de este uso, *carta* por *mapa* es galicismo, excepto en la expresión *carta geográfica*. Si se trata de un

a
b
c
d
e
f
g
h
i
j
k
l
m
n
ñ
o
p
q
r
s
t
u
v
w
x
y
z

edificio, calle o ciudad, *plano*.
Emplear *mapa* por *plano*
es anglicismo.

maque *nombre masculino*
1 ailanto
  árbol del cielo

maquillo *nombre masculino*
1 descalcador

máquina *nombre femenino*
1 ingenio
  artificio

maquinación *nombre femenino*
1 trama
  intriga

maquinal *adjetivo*
1 automático
  espontáneo*
  ANTO voluntario
  reflexivo
  desacostumbrado

maquinar *verbo transitivo*
1 urdir*
  tramar
  intrigar

mar *nombre ambiguo*
1 ponto
  piélago
  el profundo
  Todos los sinónimos son denominaciones literarias.

  hacerse a la mar *locución*
  levar anclas
  zarpar

marabuto *nombre masculino*
1 morabito (ermita)
  morabuto

maraña *nombre femenino*
1 maleza
2 enredo
  embrollo
  lío
3 coscoja

marañón *nombre masculino*
1 merey

marasmo *nombre masculino*
1 letargo
  modorra
  sopor
  torpor
  torpeza
  insensibilidad
  ANTO viveza
  ánimo

maravedí
  no importar un maravedí
  locución
  no importar un ardite
  no importar un bledo
  no importar un comino
  no importar un ochavo
  no importar un pito

maravilla *nombre femenino*
1 portento
  prodigio
  Ambos intensivos, significando cosa o suceso que causa admiración.
2 pasmo
  admiración
  asombro
  Sentimiento que produce la *maravilla*.
3 dondiego
4 flamenquilla

maravillar *verbo transitivo/pronominal*
1 sorprender
  admirar
  asombrar*
  pasmar

maravilloso, -sa *adjetivo*
1 extraordinario
  sorprendente
  admirable
  asombroso
  prodigioso
  portentoso
  pasmoso
  estupendo

marbete *nombre masculino*
1 rótulo
  etiqueta

marca *nombre femenino*
1 señal
  distintivo
  hierro
  contramarca
  contraseña
  Hierro es la marca hecha con hierro candente en el ganado. *Contramarca* o *contraseña*, segunda marca en los fardos, ganado, etc.
2 huella
  traza
3 récord
  En los deportes, *marca* es vocablo más expresivo y castizo

que el barbarismo innecesario *récord*.

  de marca mayor *locución adjetiva*
  excesivo
  enorme
  desmedido
  desmesurado
  inmoderado

marcador *nombre masculino*
1 casillero
  tanteador

marcar *verbo transitivo*
1 señalar
2 demarcar

marcear *verbo transitivo*
1 esquilar (las bestias)
  trasquilar

marceo *nombre masculino*
1 deshaldo

marcha *nombre femenino*
1 velocidad
  celeridad
2 curso
  desenvolvimiento
3 procedimiento
  método
4 partida
  movimiento
  ANTO permanencia
  llegada

marchar *verbo intransitivo*
1 caminar
  andar
2 funcionar
  moverse
  andar
  verbo pronominal
3 irse
  ausentarse
  alejarse
  ahuecar el ala
  liar el ato
  estar con las botas puestas
  ir con Dios
  levantar velas
  ANTO llegar
  entrar
  permanecer

marchitar *verbo transitivo/pronominal*
1 ajar
  enmustiar
  secar*
  deslucir
  ANTO rejuvenecerse
  florecer

2 enflaquecer
decaer
ANTO fortalecerse

marchito, -ta *adjetivo*
1 mustio
ajado
seco
decaído

marcial *adjetivo*
1 militar
guerrero*
bélico
belicoso
ANTO civil
2 varonil
bizarro
ANTO cobarde
tímido

marco *nombre masculino*
1 cerco
cuadro
2 portería
puerta
meta (en el fútbol)
3 ámbito
campo
terreno

marear *verbo*
transitivo/pronominal
1 molestar
fastidiar
enfadar
cansar
turbar
perder el conocimiento
caerse redondo

mareo *nombre masculino*
1 vértigo
2 enfado
molestia
ajetreo
turbación

mareta *nombre femenino*
1 marullo

marfileño, -ña *adjetivo*
1 ebúrneo

margajita *nombre femenino*
1 pirita
piedra inga
marcasita
marquesita

margallón *nombre masculino*
1 palmito
palma
palma enana

margarita *nombre femenino*
1 (planta) chiribita

margen *nombre ambiguo*
1 orilla
borde
ribera
2 ocasión
motivo
pretexto

marginar *verbo transitivo*
1 (un texto) apostillar
postilar
acotar

marguera *nombre femenino*
1 almarga

marica *nombre femenino*
1 (ave) urraca
cotorra
gaya
pega
picaza
picaraza
nombre masculino
2 afeminado
mariquita
maricón (familiar)
homosexual
invertido
sodomita
amadamado
ANTO macho
viril
masculino
varonil

maricón *nombre masculino*
1 (familiar y despectivo)
afeminado
mariquita (familiar)
marica (familiar)
homosexual
invertido
sodomita
amadamado
amariconado
ANTO macho
viril
masculino
varonil

maridaje *nombre masculino*
1 unión
armonía
consorcio
conformidad

maridillo *nombre masculino*
1 rejuela (braserito)
librete
rejilla

marido *nombre masculino*
1 esposo
hombre
Esposo es voz más escogida
y menos frecuente que *mari-*
do. Por el contrario, *hombre*
en la acepción de *marido* es
de uso vulgar.

marijuana, marihuana *nombre*
femenino
1 cannabis
kif
hierba (vulgar)
grifa (vulgar)

marimacho *nombre masculino*
1 (familiar) lesbiana
machota
homosexual
hombruna

marimoña *nombre femenino*
1 francesilla (planta)

marimorena *nombre femenino*
1 (familiar) camorra
bronca
pendencia
contienda
riña

marina *nombre femenino*
1 costa
litoral
2 náutica
navegación
flota*
3 flota
armada
Si es de guerra, *armada.*

marinería *nombre femenino*
1 tripulación
dotación

marinero *nombre masculino*
1 (molusco) argonauta
nautilo

marino[1] *nombre masculino*
1 marinero

marino, -na[2] *adjetivo*
1 marítimo

marión *nombre masculino*
1 esturión
marón
sollo

mariposa *nombre femenino*
1 lepidóptero

mariquita *nombre femenino*
1 (ave) perico
periquito

nombre masculino
2 maricón (familiar y despectivo)
marica (familiar)
afeminado
homosexual
invertido
sodomita
amadamado
amariconado
ANTO macho
viril
masculino
varonil

marisabidilla *nombre femenino*
1 sabidilla
sabelotodo

mariscos *nombre masculino*
plural
1 frutos de mar

marismo *nombre masculino*
1 álimo
orzaga
armuelle
salgada
salgadera

marítimo, -ma *adjetivo*
1 marino

marjal *nombre masculino*
1 almarjal
armajal

marmita *nombre femenino*
1 olla
piñata

marmoleño, -ña *adjetivo*
1 marmóreo

marmolillo *nombre masculino*
1 guardacantón
guardarruedas
recantón
trascantón
trascantonada
2 zoquete
zote
zopenco
boto
tonto
cernícalo
zamacuco
ANTO culto

marmoración *nombre femenino*
1 estuco
estuque
escayola

marmóreo, -ea *adjetivo*
1 marmoleño

maro *nombre masculino*
1 almaro
2 amaro
bácara
bácaris
esclarea

marón¹ *nombre masculino*
1 esturión

marón² *nombre masculino*
1 morueco

marquesita *nombre femenino*
1 pirita
piedra inga
marcasita
margajita

marquetería *nombre femenino*
1 taracea

marrajo¹ *nombre masculino*
1 tiburón

marrajo, -ja² *adjetivo*
1 astuto
taimado
malicioso
malintencionado

marrar *verbo intransitivo*
1 errar
fallar
desacertar
equivocarse

Desacertar y equivocarse indican preferentemente cometer un error intelectual. Un jugador yerra, marra o falla un tiro. Un meteorólogo yerra, desacierta o se equivoca en la predicción del tiempo.

marrón *adjetivo*
1 (color) castaño

marroquí *nombre masculino*
1 (cuero) tafilete

marrullería *nombre femenino*
1 camándula
astucia
trastienda
fingimiento
hipocresía
disimulo
ANTO inocencia
ingenuidad
sinceridad

marrullero, -ra *adjetivo/nombre*
1 camandulero

hipócrita
embustero
camastrón
disimulado
taimado

marsupial *adjetivo/nombre*
común
1 didelfo

marta *nombre femenino*
1 (piel de la marta cebellina)
vero

martillar *verbo transitivo*
1 amartillar
martillear

martillear *verbo transitivo*
1 amartillar
martillar

martillo *nombre masculino*
1 (llave) templador

martín
martín del río *locución nominal*
martinete
martín pescador
alción
guardarrío
pájaro polilla

martinete¹ *nombre masculino*
1 (ave) martín del río

martinete² *nombre masculino*
1 mazo
machina
2 maza de fraga

martingala *nombre femenino*
1 artimaña
trampa
artificio
astucia

martinico *nombre masculino*
1 (familiar) duende (espíritu)
trasgo

martirio *nombre masculino*
1 tormento
tortura
sufrimiento

martirizar *verbo*
transitivo/pronominal
1 atormentar
torturar
afligir

maruga *nombre femenino*
1 (instrumento musical)
maraca

marullo *nombre masculino*
1 mareta (de las olas)

marxismo *nombre masculino*
1 comunismo

marzal *adjetivo*
1 tremesino

marzoleto *nombre masculino*
1 majuelo
 pirlitero

mas *conjunción.*
1 pero
 empero*
 En la actualidad, *mas* se usa casi exclusivamente en la lengua escrita.

más
 a más de *locución preposicional*
 además de
 tras de
 encima de
 ultra
 poco más o menos *locución adverbial*
 aproximadamente
 con proximidad
 con corta diferencia
 próximamente
 a ojo de buen cubero
 más o menos

masa *nombre femenino*
1 pastel

masada *nombre femenino*
1 maso
 masería
 alquería
 cortijo

mascar *verbo transitivo*
1 masticar
 mascullar*
 Mascar se estima como voz selecta o tecnicismo, frente a *mascar* en el habla corriente.

máscara *nombre femenino*
1 careta
 antifaz
2 disfraz
3 pretexto
 disimulo
 excusa
4 (persona) enmascarado

mascullar *verbo transitivo*
1 barbotar
 mascar

musitar
 Barbotar es intensivo con respecto a *mascullar, mascar, musitar,* y además sugiere palabras dictadas por el rencor: se *barbotan* injurias, blasfemias; en cambio se pueden *mascullar, musitar,* tanto dicterios como oraciones. *Farfullar* es también hablar confusa y atropelladamente, pero no por sentimiento rencoroso, sino por incompetencia, mala pronunciación, etc.: *el estudiante farfullaba la lección; un niño farfulla las fábulas recién aprendidas.*

masivo, -va *adjetivo*
1 concentrado
 copioso
 abundante
 Aplícase a los medicamentos.

masonería *nombre femenino*
1 francmasonería

masticar *verbo transitivo*
1 mascar

mástil *nombre masculino*
1 palo

mástique *nombre masculino*
1 (resina) almáciga
 almaoto
 almástec
 almástiga

mastranto, mastranzo *nombre masculino*
1 matapulgas
 mentastro

mastuerzo *nombre masculino*
1 (planta) cardamina
2 necio
 torpe
 cernícalo
 tarugo
 zoquete

masturbación *nombre femenino*
1 manustrupación
 onanismo

mata *nombre femenino*
1 bosque (pequeño)

matabuey *nombre femenino*
1 amarguera

matacabras *nombre masculino*
1 aquilón
 viento

norte
 septentrión
 bóreas
 cierzo
 tramontana

matacán *nombre masculino*
1 ladronera

matacandelas *nombre masculino*
1 apagavelas
 apagador

matacandiles *nombre masculino*
1 baya

matachín *nombre masculino*
1 matarife
 jifero

matador *nombre masculino*
1 espada (torero)

matafuego *nombre masculino*
1 extintor

matajudío *nombre masculino*
1 cabezudo
 mújol
 múgil
 capitón
 lisa
 liza

matalahúga, matalahúva *nombre femenino*
1 anís

matalobos *nombre masculino*
1 anapelo
 acónito
 napelo
 pardal
 uva lupina
 uva verga

matamoros *adjetivo*
1 valentón
 jaque
 jaquetón
 chulo
 matasiete
 balandrón
 terne

matanza *nombre femenino*
1 degollina
 mortandad
 carnicería
 hecatombe
 Hecatombe, intensivo.

matapalo *nombre masculino*
1 jagüey (árbol)

matapulgas *nombre femenino*
1 mastranto
mentastro
mastranzo

matar *verbo transitivo/pronominal*
1 ejecutar
apiolar
chinchar
despabilar
despachar
trincar
quitar de en medio
hacer papilla
pasar a cuchillo
pasar por las armas
dejar seco

Ejecutar es *matar* por justicia.
Todas las demás son voces
vulgares o jergales.

2 apagar
extinguir

mátalas callando *locución*
disimulado
engañoso
falso
hipócrita
fingido
mosquita muerta

matarife *nombre masculino*
1 jifero
matachín

matasanos *nombre masculino*
1 (despectivo) médico
docto
facultativo
galeno
mediquín (despectivo)
medicastro (despectivo)

matasiete *nombre masculino*
1 fanfarrón
valentón
bravucón
jaque

match *nombre masculino*
1 (anglicismo) partido
contienda
encuentro
lucha

mate[1] *nombre masculino*
1 jaque mate
En el juego del ajedrez.

2 esmachada (anglicismo)
Usados en el baloncesto.

mate[2] *adjetivo*
1 amortiguado
apagado
sin brillo

mate[3] *nombre masculino*
1 hierba del paraguay
2 té de los jesuitas
té del Paraguay

matemáticas *nombre femenino plural*
1 matemática
ciencias exactas

matemático, -ca *adjetivo*
1 exacto
preciso
seguro

materia *nombre femenino*
1 sustancia
ANTO espíritu
irrealidad
2 pus
3 asunto*
tema
objeto
4 material
cuerpo
ANTO espíritu

material *adjetivo*
1 tangible
sensible

nombre masculino
2 ingrediente
componente
3 pertrechos
instrumental

maternal *adjetivo*
1 materno

materno, -na *adjetivo*
1 maternal

Todo lo que es *materno* es
maternal, pero no viceversa.
El primero sugiere lo que es
propio de la madre efectiva
(abuelos *maternos*, claustro
materno) mientras que *maternal* se aplica más bien a cualidades, afectos, etc., semejantes a los de la madre. Por
ejemplo: una mujer prodiga a
un niño que no es hijo suyo
cuidados *maternales*, y no
maternos. Compárese *paterno, paternal*.

matihuelo *nombre masculino*
1 dominguillo
tentemozo
tentetieso
siempretieso

matinal *adjetivo*
1 matutino

matiz *nombre masculino*
1 gradación
cambiante
2 carácter

matojo *nombre masculino*
1 tamojo

matón *nombre masculino*
1 valentón
pendenciero
espadachín
matasiete

matorral *nombre masculino*
1 maleza
maraña
espesura

matraz *nombre masculino*
1 balón

matricaria *nombre femenino*
1 arrugas
expillo
magarza

matrícula *nombre femenino*
1 registro

matricular *verbo transitivo/pronominal*
1 alistar
poner
sentar en lista
listar
inscribir
afiliar
sentar plaza (en el ejército)

matrimonio *nombre masculino*
1 boda
casamiento
unión
enlace
nupcias
connubio
himeneo
desposorio
ANTO divorcio
soltería
viudez

Matrimonio alude principalmente al aspecto sacramental
o jurídico. *Boda* y *casamiento*
se refieren al acto de contraer
matrimonio y a la fiesta con
que se celebra; *unión, enlace,
nupcias* y *connubio*, se estiman como expresiones más
literarias por ser menos corrientes, y más todavía *hime-*

neo, que sólo se usa como término poético, alusivo a la antigüedad clásica. *Desposorio* puede significar promesa de matrimonio, o bien el acto de contraerlo.

matritense *adjetivo/nombre común*
1 (persona) madrileño
gato (humorístico)

matriz *nombre femenino*
1 (órgano) seno
útero
claustro materno
madre
2 molde

adjetivo
3 principal
generadora
materna

Por ejemplo: iglesia *matriz*, casa *matriz*.

matrona *nombre femenino*
1 comadrona
comadre
partera

matute *nombre masculino*
1 contrabando

matutino, -na *adjetivo*
1 matinal

maula *nombre femenino*
1 retal
retazo

maullar *verbo intransitivo*
1 mayar
miar

maullido *nombre masculino*
1 maído
miau (onomatopeya)

máuser *nombre masculino*
1 fusil*
chopo (familiar)
remington

mausoleo *nombre masculino*
1 tumba*
sepulcro
túmulo
sepultura

máxima *nombre femenino*
1 regla
principio
sentencia
apotegma
precepto

aforismo
refrán*

máxime *adverbio*
1 principalmente
primeramente
ante todo

máximo *nombre masculino*
1 máximum
límite
ANTO mínimo

máximum *nombre masculino*
1 máximo
límite
superlativo
ANTO mínimo
diminutivo

maya *nombre femenino*
1 margarita (planta)
vellorita

mayar *verbo intransitivo*
1 maullar
miar

mayestático, -ca *adjetivo*
1 majestuoso

Lo que contiene majestad es *majestuoso*: cortejo *majestuoso*, decorado *majestuoso*, recepción *majestuosa*. Lo que se aplica a la majestad es *mayestático*: honor *mayestático*, instituciones *mayestáticas*, plural *mayestático*.

mayéutica, maiéutica *nombre femenino*
1 obstetricia

mayor *nombre masculino*
1 superior
jefe
principal
ANTO menor
inferior
⇒ mayores

mayorazgo *nombre masculino*
1 primogenitura
progenitura

mayores *nombre masculino plural*
1 ascendientes
antepasados
antecesores
progenitores
abuelos
⇒ mayor

mayoría *nombre femenino*
1 mayor edad
mayoridad
pluralidad
ANTO minoridad
individualidad

mayormente *adverbio*
1 principalmente
especialmente
máxime

maza
maza de fraga *locución nominal*
martinete
maza sorda
espadaña
gladio
gladíolo
gradíolo

mazacote *nombre masculino*
1 barrilla (ceniza)
natrón

mazdeísmo *nombre masculino*
1 parsismo
zoroastrismo

mazorca *nombre femenino*
1 panocha
panoja
espigón

mazorral *adjetivo*
1 grosero
rudo
tosco

meados *nombre masculino plural*
1 (vulgar) orina
orín
aguas
aguas menores
pis
pipí

mear *verbo intransitivo/pronominal*
1 (vulgar) orinar
hacer pis
hacer pipí
hacer aguas menores
desbeber
miccionar

mecanismo *nombre masculino*
1 dispositivo
instrumento*

mecanización *nombre femenino*
1 motorización

mecanizar *verbo transitivo*
1 motorizar

mecanografía *nombre femenino*
1 dactilografía

mecanográfico, -ca *adjetivo*
1 dactilográfico

mecanógrafo, -fa *nombre*
1 dactilógrafo
  copiante*

mecedora *nombre femenino*
1 balancín

mecenas *nombre masculino*
1 protector
  patrocinador
  patrono
  favorecedor

mecer *verbo*
  transitivo/pronominal
1 cunar
  columpiar
  balancear
2 agitar
  mover
  ANTO aquietar

mechero[1] *nombre masculino*
1 encendedor

mechero, -ra[2] *nombre*
1 ladrón
  caco
  sacre
  atracador
  cuatrero
  ratero
  carterista

mechón *nombre masculino*
1 pelluzgón

meconio *nombre masculino*
1 alhorre
  pez (excremento)

medallón *nombre masculino*
1 guardapelo

médano, medaño *nombre*
  masculino
1 duna
  mégano

media *adjetivo*
1 calceta

mediacaña *nombre femenino*
1 (moldura) troquilo

mediador, -ra *adjetivo/nombre*
1 medianero
  intermediario
  intercesor

medianero, -ra *adjetivo*
1 mediador
  intermediario
  tercera persona
  tercero
  intercesor

medianía *nombre femenino*
1 mediocridad
  mediano
  mediocre

  La diferencia de matiz entre
  medianía y *mediocridad* es la
  misma que distingue *mediano*
  de *mediocre*.

mediano, -na *adjetivo*
1 mediocre
  regular
  medianía*

  Mediocre encierra cierto matiz
  despectivo que lo hace más
  propio en la acepción de 'casi
  malo'. *Regular* literalmente
  coincide con *mediano*.

mediar *verbo intransitivo*
1 intervenir
  interceder
  terciar
  meter el montante
  estar de por medio
  ANTO inhibirse
2 interponerse
3 ocurrir
  sobrevenir
  presentarse
  entremediar

mediato, -ta *adjetivo*
1 indirecto
  ANTO directo

medicación *nombre femenino*
1 tratamiento

medicamento *nombre*
  masculino
1 fármaco
  medicina
  remedio
  potingue (despectivo)

medicamentoso, -sa *adjetivo*
1 farmacéutico

medicastro *nombre masculino*
1 (despectivo) médico
  doctor
  facultativo
  galeno
  mediquín (despectivo)
  matasanos (despectivo)

medicina *nombre femenino*
1 remedio*

medicamento

medicina general *locución*
nominal
  pantiatría
  medicina de familia

medición *nombre femenino*
1 medida
2 mensuración

médico *nombre masculino*
1 doctor
  facultativo
  galeno
  mediquín (despectivo)
  medicastro (despectivo)
  matasanos (despectivo)

  Por antonomasia, *docto* y *facultativo*. Con ligera ironía, *galeno*.

medida *nombre femenino*
1 medición
2 dimensión
  tamaño
3 disposición
  prevención
  precaución
  providencia
4 cordura
  prudencia
  mesura
  moderación

medido, -da *adjetivo*
1 acompasado
  rítmico
  métrico
  regular
2 pintiparado
  justo
  ajustado
  exacto
  clavado

medidor *nombre masculino*
1 contador

medio *nombre masculino*
1 mitad
  centro
2 diligencia
  arbitrio
  recurso
3 procedimiento
  conducto
4 ambiente
5 centrocampista

  Usados principalmente en fútbol.

mediodía *nombre masculino*
1 sur

medios *nombre masculino plural*
1 bienes
  recursos
  caudal
  fortuna
  posibles

mediquín *nombre masculino*
1 (despectivo) médico
  doctor
  facultativo
  galeno
  medicastro (despectivo)
  matasanos (despectivo)

medir *verbo transitivo*
1 mensurar
  Tratándose de versos.

  verbo pronominal
3 moderarse
  mesurarse
  comedirse

meditación *nombre femenino*
1 especulación
  contemplación
  reflexión

meditar *verbo transitivo*
1 pensar*
  considerar
  reflexionar
  discurrir
  devanarse los sesos
  romperse los cascos
  quebrarse la cabeza
  ANTO improvisar
    despreocuparse

medra *nombre femenino*
1 adelantamiento
  acrecentamiento
  aumento
  progreso
  mejora
  medro
  adelanto
  avance
  ANTO mengua
    disminución

medrar *verbo intransitivo*
1 crecer
  desarrollarse
  mejorar
  prosperar
  florecer
  ANTO descender
    disminuir
    arruinarse
    languidecer
    debilitarse

medro *nombre masculino*
1 aumento
  adelantamiento
  avance
  medra
  adelanto
  mejora
  acrecentamiento
  progreso
  ANTO mengua
    disminución

medroso, -sa *adjetivo/nombre*
1 miedoso
  meticuloso
  minucioso
  temeroso
  tímido
  pusilánime
  cobarde*
  gallina
  cagón
  cagado
  apocado
  corto
  encogido
  ANTO valiente
    audaz

Miedoso es más general; *medroso* es de uso culto y literario; *meticuloso* se aplica principalmente a la persona que obra con cuidado extremado por no incurrir en falta, y por ello se acerca mucho a *minucioso*; *temeroso* es de significación menos intensa, y se aplica generalmente al que circunstancialmente siente un temor, en tanto que *tímido* se refiere al carácter; el *tímido*, como el *pusilánime* y el *cobarde** (más intenso), son *temerosos* habituales. *Gallina*, *cagón* y *cagado*, sinónimos populares o intensivos de *cobarde*. La falta de desembarazo, la inseguridad en sí mismo del *tímido*, coinciden con *encogido*, *apocado* y *corto*.

2 espantoso
  pavoroso
  terrorífico

medula, médula *nombre femenino*
1 pulpa
  meollo
  tuétano

Meollo en todas sus acepciones. En los huesos, *tuétano*; en el tallo y en la raíz de los vegetales, *pulpa*.

medro *nombre masculino*
1 aumento
  adelantamiento
  avance
  medra
  adelanto
  mejora
  acrecentamiento
  progreso
  ANTO mengua
    disminución

medusa *nombre femenino*
1 aguamala
  aguamar
  pulmón marino

megalomanía *nombre femenino*
1 delirio de grandeza

mégano *nombre masculino*
1 algaida
  duna
  médano
  medaño

mejora *nombre femenino*
1 medra
  aumento
  progreso
  adelanto
  perfeccionamiento
  ANTO imperfección
2 alivio
  mejoría
3 puja

mejorana *nombre femenino*
1 almoraduj
  dux
  amáraco
  moradux
  sampsuco
  sarilla

mejorar *verbo transitivo/pronominal*
1 aumentar
  perfeccionar
  ANTO empeorar
2 pujar
  verbo intransitivo/pronominal
3 restablecer
  aliviar*
  ANTO empeorar
    enfermar
4 abonanzar
  ANTO empeorar
5 medrar
  adelantar
  progresar
  prosperar
  ANTO empeorar

mejoría *nombre femenino*
1 mejora
  restablecimiento
  alivio
  adelanto
  ventaja
  ANTO atraso
    desventaja

melancolía *nombre femenino*
1 tristeza*
  abatimiento

a
b
c
d
e
f
g
h
i
j
k
l
m
n
ñ
o
p
q
r
s
t
u
v
w
x
y
z

murria
depresión
hipocondría
saudade
ANTO alegría
   alusión
   fervor
   esfuerzo

melancólico, -ca *adjetivo*
1 sombrío
triste
tétrico
ANTO alegre

melca *nombre femenino*
1 adaza
zahína
alcandía
daza
sahína
sorgo

melcocha *nombre femenino*
1 arropía

melgacho *nombre masculino*
1 lija (pez)
pintarroja

melgo *adjetivo*
1 gemelo
mielgo
mellizo

melifluo, -flua *adjetivo*
1 meloso
2 dulce
suave
delicado
tierno

meliloto *nombre masculino*
1 (planta) trébol oloroso

melindre *nombre masculino*
1 remilgo
dengue
repulgo

Dengue cuando se afectan males o disgustos, especialmente las mujeres; *repulgo*, escrúpulo ridículo.

melindroso, -sa
adjetivo/nombre
1 dengoso
remilgado
repulgado
ANTO viril
   sincero
   natural
⇒ melindre
Remilgado es además el que

afecta pulidez extremada en actos o palabras.

melión *nombre masculino*
1 pigargo (ave)

melisa *nombre femenino*
1 toronjil
abejera
cidronela

mella *nombre femenino*
1 portillo
desportilladura

mellar *verbo transitivo*
1 embotar
desafilar
despuntar

mellizo, -za *adjetivo/nombre*
1 gemelo

melocotonero *nombre masculino*
1 pérsico
alpérsico
pérsigo

melódico, -ca *adjetivo*
1 melodioso
suave
dulce

melodioso, -sa *adjetivo*
1 melódico
suave
dulce

Melódico es lo relativo a la melodía musical; por ejemplo: frase *melódica*. *Melodioso* se usa en sentido figurado como sinónimo de *dulce*, *suave*; por ejemplo: voz *melodiosa*, acento *melodioso*.

melojo *nombre masculino*
1 roble borne
marojo

melomanía *nombre femenino*
1 musicomanía

melómano, -na *nombre*
1 musicómano

melón

melón de agua *locución nominal*
sandía
pepón
zandía

melopea *nombre femenino*
1 (familiar) borrachera
embriaguez

mona
moña

melosa *nombre femenino*
madia

meloso, -sa *adjetivo*
1 suave
melifluo
empalagoso
dulzón
almibarado

membrana *nombre femenino*
1 tela
2 lámina

membrudo, -da *adjetivo*
1 robusto
recio
fornido
forzudo
fuerte
ANTO débil

memo, -ma *adjetivo/nombre*
1 simple
bobo
tonto
mentecato

memorable *adjetivo*
1 recordable
famoso
célebre
glorioso
memorando

memorando, -da *adjetivo*
1 memorable
recordable
famoso
célebre
glorioso

memorar *verbo transitivo/pronominal*
1 recordar
rememorar
tener presente
tener a la vista
refrescar la memoria
darse una palmada en la frente
ANTO olvidarse

memoria *nombre femenino*
1 retentiva
Retentiva se usa en sus aplicaciones concretas: un muchacho de buena *retentiva*.
2 recuerdo
⇒ memorias
refrescar la memoria *locución*

memorar
recordar
rememorar
tener presente
tener a la vista
darse una palmada en la
    frente
ANTO olvidarse

memorial *nombre masculino*
1 instancia
solicitud

Memorial ha caído en desuso
con este significado.

memorias *nombre femenino*
plural
1 expresiones
recuerdos
saludos

⇒ memoria

memorismo *nombre masculino*
1 psitacismo

memorizar *verbo transitivo*
1 embotellar
aprender
estudiar
retener
recordar

ménade *nombre femenino*
1 bacante

menaje *nombre masculino*
1 ajuar
mueblaje

mención *nombre femenino*
1 alusión
referencia
cita

mencionado, -da *adjetivo*
1 antedicho
dicho
sobredicho
nombrado
aludido
mentado
ANTO eludido

mencionar *verbo*
transitivo/pronominal
1 aludir
mentar
nombrar
citar
recordar
alegar*
ANTO omitir
    olvidar

menda *pronombre personal*
1 (vulgar) yo*
un servidor
nos
nosotros

mendaz *adjetivo*
1 mentiroso
falso
fingido
falaz

mendicante *adjetivo/nombre*
común
1 pordiosero
mendigo
mendigante
pobre

mendicidad *nombre femenino*
1 mendiguez
pordiosería

mendigante *adjetivo/nombre*
común
1 pordiosero
mendigo
mendicante
pobre

mendigar *verbo intransitivo*
1 pordiosear
pedir
limosnear
tender la mano
echar un guante
hacer una colecta

mendigo, -ga *nombre*
1 pobre
pordiosero
mendicante
zampalimosnas (burlesco)

mendiguez *nombre femenino*
1 mendicidad (acción)
pordiosería

mendrugo *nombre masculino*
1 corrusco
2 (familiar) tonto
zoquete
tarugo
bobo

menear *verbo*
transitivo/pronominal
1 agitar
mover
ANTO aquietar
    contener

menelipsis *nombre femenino*
1 menopausia
menopausis

menester *nombre masculino*
1 necesidad
2 empleo
ejercicio
profesión
ministerio

menesteroso, -sa
adjetivo/nombre
1 pobre
indigente
necesitado

menestral, -la *nombre*
1 artesano

menestralería *nombre femenino*
1 artesanía
artesanado
menestralía

menestralia *nombre femenino*
1 artesanía
artesanado
menestralería

mengano, -na *nombre*
1 fulano*

mengua *nombre femenino*
1 disminución
menoscabo
ANTO aumento
2 falta
carencia
3 pobreza
escasez
4 descrédito
deshonra
desdoro
ANTO perfección
honor

menguado, -da *adjetivo/nombre*
1 cobarde
pusilánime
2 miserable
mezquino
ruin
tacaño

menguante *nombre masculino*
1 estiaje
En los ríos y arroyos.
2 bajamar
vaciante
3 decadencia
decrecimiento
mengua
disminución
menoscabo

menguar *verbo*
intransitivo/transitivo
1 disminuir

a

decrecer*
mermar
consumirse
amenguar
ANTO aumentar
crecer

b

c

menopausia *nombre femenino*
1 climaterio
andropausia
menelipsis
menopausis

d

e

f

menor *nombre masculino*
1 franciscano
2 menor de edad

g

al por menor *locución
adverbial*
al menudeo
a la menuda
ANTO al mayor
al por mayor

h

i

j

menoscabar *verbo
transitivo/pronominal*
1 mermar
disminuir▲
ANTO aumentar
2 deteriorar
dañar
deslucir
ANTO honrar
acreditar

k

l

m

n

menoscabo *nombre masculino*
1 merma
mengua
2 deterioro
daño*
perjuicio
detrimento
quebranto
3 desdoro
descrédito
deshonor

ñ

o

p

q

menospreciar *verbo
transitivo/pronominal*
1 desestimar
tener en menos
subestimar
volver el rostro
mirar por encima del
hombro
escupir en la cara
dar la espalda
dar con la puerta en las
narices
despreciar*
ANTO atender
2 despreciar
desdeñar
ANTO honrar
alabar

r

s

t

u

v

w

x

y

z

menospreciativo, -va *adjetivo*
1 despreciativo*
despectivo

menosprecio *nombre masculino*
1 desdén
indiferencia
despego
desprecio*
ANTO aprecio

mensaje *nombre masculino*
1 recado
misiva

Misiva, si el *mensaje* es escrito.

menstruación *nombre femenino*
1 período
regla
menstruo
2 menstruo (sangre)

menstrual *adjetivo*
1 catamenial

mensualidad *nombre femenino*
1 mes
mesada
sueldo*
⇒ sueldo

Mesada se aplica principalmente a lo que se paga por un
mes de arriendo, canon de
riego, etc.

mensuración *nombre femenino*
1 medición

mensurar *verbo transitivo*
1 medir

mentado, -da *adjetivo*
1 dicho
citado
mencionado
susodicho
antedicho
aludido
ANTO eludido

mentar *verbo transitivo*
1 nombrar
mencionar
aludir*
citar

mente *nombre femenino*
1 inteligencia
entendimiento
espíritu

'Una *mente* elevada es la que
forma grandes designios; la
que aspira a resolver arduas

cuestiones. Una *inteligencia*
superior es la que sabe combinar un sistema; la que hace
descubrimientos importantes.
Un *entendimiento* claro es el
que comprende con facilidad
y prontitud' (M).

2 pensamiento
propósito

mentecatez *nombre femenino*
1 necedad
insensatez
imbecilidad
simpleza
majadería
idiotez
mentecatería

mentecato, -ta *adjetivo/nombre*
1 necio
tonto*
simple
insensato
idiota
imbécil

mentir *verbo intransitivo*
1 faltar a la verdad
decir trolas

verbo intransitivo/transitivo
2 engañar

mentira *nombre femenino*
1 bola
trola
volandera
bulo
embuste*
trápala
comento
chapuza
chapucería
paparrucha
embustería
fraude
falsedad
ANTO verdad
realidad

Bola, *trola* y *volandera* son
expresiones populares y familiares; *bulo* es rumor público
falso. *Embuste*, *trápala*, *embustería* (popular) y *comento*
(literario poco usado) significan *mentira* artificiosamente
disfrazada; si el disfraz es burdo o la expresión es familiar,
chapuza, *chapucería* y *paparrucha*, especialmente cuando
el asunto es poco importante
o despreciable. *Fraude*, *falsedad*, *superchería*, *engaño*,

embeleco y *falacia* suponen intención de aprovecharse de la mentira; *engañifa* es pequeña falsedad, generalmente con intención de chasco o burla. *Farsa* sugiere embuste prolongado. La *patraña* y el *cuento* son mentiras de pura invención imaginativa.

2 selenosis

mentiroso, -sa *adjetivo/nombre*
1 embustero
mendaz (literario o culto)
falaz
falso
engañoso

mentís *nombre masculino*
1 desmentida
desmentido

Desmentido es galicismo usado en Argentina y otros países americanos.

mentón *nombre masculino*
1 barbilla

mentor *nombre masculino*
1 maestro
guía
consejero
consultor

menú *nombre masculino*
1 (galicismo) minuta

Menú es galicismo por *minuta* o lista de los platos que componen una comida.

menudencia *nombre femenino*
1 pequeñez
minucia
nimiedad
bagatela
nadería
niñería
insignificancia

menudeo

al menudeo *locución adverbial*
al por menor
a la menuda
ANTO al mayor
al por mayor

menudo[1]

a menudo *locución adverbial*
frecuentemente
con frecuencia
a cada paso
a cada instante

a traque barraque
muchas veces

menudo, -da[2] *adjetivo*
1 pequeño
chico
minúsculo

a la menuda *locución adverbial*
al detall
al por menor
al menudeo
ANTO al por mayor
al mayor

menudos *nombre masculino plural*
1 despojos
⇒ menudo

meollar *nombre masculino*
1 pasadera

meollo *nombre masculino*
1 encéfalo*
sesos
2 médula*
3 entendimiento
juicio
seso

mequetrefe *nombre masculino*
1 chisgarabís
danzante
zascandil
muñeco
tarambana

meramente *adverbio*
1 solamente
puramente
únicamente

mercachifle *nombre masculino*
1 (despectivo) buhonero
gorgotero
comerciante*

mercader, -ra *nombre*
1 comerciante
traficante
negociante

mercadería *nombre femenino*
1 mercancía
género
artículo

mercado *nombre masculino*
1 contratación
feria

Una *feria* es el *mercado* extraordinario que se celebra en días y lugar determinados.

mercaduría *nombre femenino*
1 mercancía
género
existencias
artículo

mercancía *nombre femenino*
1 género
existencias
mercaduría
artículo

Género es el nombre colectivo; *existencias*, las mercancías dispuestas para la venta.

mercantil *adjetivo*
1 comercial*

mercar *verbo transitivo*
1 comprar*

Mercar se usa sólo en los medios rurales.

merced *nombre femenino*
1 dádiva
don
regalo*
2 beneficio*
favor
gracia

a merced de *locución preposicional*
a voluntad de
a arbitrio de

mercenario, -ria *adjetivo*
1 asalariado*

Mercenario es despectivo, y se aplica al que sirve por estipendio en una función o trabajo que debería desempeñar personalmente el que lo paga. Por ejemplo, tropas *mercenarias* son las que sirven por salario a un país extranjero.

mercurial *nombre femenino*
1 (planta) malcoraje

mercurio *nombre masculino*
1 azogue
hidrargirio

merecedor, -ra *adjetivo*
1 digno

merecidamente *adverbio*
1 dignamente
justamente
con razón

merecimiento *nombre masculino*
1 mérito

a b c d e f g h i j k l **m** n ñ o p q r s t u v w x y z

virtud
justicia
derecho
ANTO vicio
  injusticia
  ilegalidad

merey *nombre masculino*
1 marañón

merideño, -ña *adjetivo/nombre*
1 (persona) emeritense

meridiana *nombre femenino*
1 siesta (sueño)

meridional *adjetivo*
1 austral
  antártico
  Antártico, tratándose de la región polar.

mérito *nombre masculino*
1 merecimiento
  El *mérito* se aplica a las personas y a las cosas; el *merecimiento*, a las personas solamente. Por esto decimos: una obra de *mérito*, un hombre de *mérito*; pero no se diría: un cuadro de *merecimiento*, sino de *mérito*.

meritorio, -ria[1] *nombre*
1 aprendiz*
  principiante
  aspirante

meritorio, -ria[2] *adjetivo*
1 valioso
  preciado
  estimado
  excelente
  laudable
  loable

merla *nombre femenino*
1 mirlo

merlo *nombre masculino*
1 zorzal marino

merluza *nombre femenino*
1 pescada
  pescadilla
  Pescadilla si la *merluza* es pequeña.
2 (familiar) borrachera
  embriaguez

merma *nombre femenino*
1 disminución
  pérdida
  menoscabo

decrecimiento
baja*
bajón*

mermar *verbo intransitivo/pronominal*
1 disminuir*
  menguar
  aminorarse
  decrecer
  ANTO aumentar
  verbo transitivo
2 reducir
  menoscabar
  quitar
  ANTO aumentar
    poner
    producir

mero[1] *nombre masculino*
1 (pez) cherna

mero, -ra[2] *adjetivo*
1 puro
  simple
  solo

mesada *nombre femenino*
1 mensualidad

mescolanza *nombre femenino*
1 revoltijo
  revoltillo
  confusión
  enredo
  embrollo

mesenterio *nombre masculino*
1 (científico) redaño
  entresijo
  Ambos son términos usuales.

meseta *nombre femenino*
1 descansillo
  descanso
  rellano
2 altiplanicie
  Tratándose de la *meseta* muy elevada y de gran extensión.

mesilla *nombre femenino*
1 descansillo
  meseta
  descanso
  rellano

mesmerismo *nombre masculino*
1 hipnotismo
  magnetismo
  hipnosis

mesocracia *nombre femenino*
1 burguesía
  clase media

mesón *nombre masculino*
1 venta
  parador
  posada
  hostal
  hostería
  fonda

mesonero, -ra *nombre*
1 posadero
  ventero
  huésped
  hostelero

mesteño, -ña *adjetivo*
1 mostrenco

mestizo, -za *adjetivo/nombre*
1 híbrido
  mixto

mesto *nombre masculino*
1 aladierna
  alaterno
  ladierno
  alitierno
  sanguino
  aladierno
2 rebollo (árbol)

mesura *nombre femenino*
1 gravedad
  seriedad
  compostura
2 reverencia
  consideración
  cortesía
  ANTO descortesía
3 moderación
  comedimiento
  prudencia
  circunspección
  ANTO descomedimiento
    imprudencia

mesurado, -da *adjetivo*
1 discreto
  juicioso
  prudente
  sensato
  cuerdo
  sentado
  grave
  formal
  circunspecto
  reflexivo
  ANTO alocado
    imprudente
2 parco
  sobrio
  moderado*
  templado
  frugal
  ANTO exagerado

sofisticado
comedido

mesurarse *verbo pronominal*
1 medirse
moderarse
comedirse
contenerse

meta *nombre femenino*
1 término
final
2 fin*
designio
propósito
intento
finalidad
objeto
objetivo
3 llegada

metáfora *nombre femenino*
1 traslación

metamorfosear *verbo*
transitivo/pronominal
1 transformar
transmutar
convertir
cambiar*
desfigurar
ANTO figurar
permanecer

metamorfosis *nombre femenino*
1 transformación
transmutación
conversión
cambio

metano *nombre masculino*
1 gas de los pantanos

metanol *nombre masculino*
1 alcohol metílico

metaplasmo *nombre masculino*
1 figura de dicción

metátesis *nombre femenino*
1 transposición

meteco *adjetivo/nombre*
masculino
1 extranjero
bárbaro

metedor¹ *nombre masculino*
1 braga
metidillo
metido

metedor, -ra² *nombre*
1 contrabandista
matutero

metempsícosis,
metempsicosis *nombre*
femenino
1 transmigración

metemuertos *nombre masculino*
1 sacasillas
metesillas y sacamuertos

meteorito *nombre masculino*
1 aerolito

meter *verbo transitivo/pronominal*
1 introducir
incluir
encajar
ANTO sacar

'Se *mete* el pan en el horno, el dinero en el bolsillo, la espada hasta la guarnición; se *introduce* una digresión en un discurso, el veneno entre las flores, un embajador a la presencia del monarca...' (M).

2 poner
introducir

Poner significa colocar o situar. Puede sustituir a *meter* cuando la idea de poner dentro o *introducir* está dada, bien por el empleo de preposiciones (en, entre, hasta), bien por las circunstancias de la acción o de los interlocutores; por ejemplo: *poner* o *meter* una cosa en un cajón; *ponerse* o *meterse* el sombrero hasta las orejas; pero no podría decirse *meter* un libro en, o sobre, la mesa más que en el caso de que la mesa estuviese muy llena y hubiera que colocarlo entre otros objetos.

verbo pronominal
3 introducirse
mezclarse
inmiscuirse
ANTO salirse
4 disputar
inquietar
mortificar
molestar

Por ejemplo: *meterse* con uno.

metesillas y sacamuertos
locución nominal
1 metemuertos
sacasillas

meticuloso, -sa *adjetivo*
1 medroso*
pusilánime

2 minucioso
escrupuloso
nimio
ANTO irreflexivo
olvidadizo

metidillo *nombre masculino*
1 metedor (paño)
braga
metido

metido *nombre masculino*
1 metedor (paño)
braga
metidillo

metilacetileno *nombre*
masculino
1 alileno

metódico, -ca *adjetivo*
1 arreglado
ordenado
cuidadoso

metodizar *verbo*
transitivo/pronominal
1 ordenar
arreglar
regularizar
normalizar
ANTO desordenar
irregularizar

método *nombre masculino*
1 procedimiento
norma
regla
sistema
orden*

Procedimiento se aplica principalmente a la manera de hacer algo, especialmente cuando comprende más de una operación: *procedimiento* para obtener un cuerpo químico. *Método* se aplica más al pensamiento que a la acción, en tanto que *norma* y *regla* suelen referirse a un solo acto, problema, etc. La *norma* continuada o repetida (o conjunto de normas) constituye un *orden*, o un *método*, en el pensamiento o en el trabajo, y un *sistema* en la conducta.

metonimia *nombre femenino*
1 transformación

métrica *nombre femenino*
1 versificación

métrico, -ca *adjetivo*
1 acompasado

a
b
c
d
e
f
g
h
i
j
k
l
m
n
ñ
o
p
q
r
s
t
u
v
w
x
y
z

a

rítmico
medido
regular

metrificación *nombre femenino*
1 versificación

metrificar *verbo
intransitivo/transitivo*
1 versificar

metropolitano[1] *nombre
masculino*
1 obispo de la primera silla

metropolitano, -na[2] *adjetivo*
1 arzobispal

meya *nombre femenino*
1 noca
rocla

mezcla *nombre femenino*
1 mixtión
mixtura
agregado
aleación
liga
Aleación y *liga* se utilizan si la
mezcla es de metales.
2 argamasa
mortero

mezclable *adjetivo*
1 miscible

mezclar *verbo
transitivo/pronominal*
1 juntar
incoporar
unir
agregar
mixturar
mixtionar
inmiscuir
ANTO separar
desunir
individualizar

Inmiscuir es introducir una
cosa en otra para *mezclarla*
con ella, pero dos o más cosas entre sí se *mezclan*, no se
inmiscuen.

verbo pronominal
2 inmiscuise
entremeterse
entrometerse
injerirse
introducirse
meterse

mezquindad *nombre femenino*
1 pobreza
miseria

estrechez
ANTO riqueza
2 avaricia*
tacañería
ruindad
cicatería
sordidez
ANTO generosidad

mezquino, -na *adjetivo*
1 pobre
necesitado
2 avaro
miserable
ruin
tacaño
cicatero
sórdido
avariento*
3 pequeño
diminuto
exiguo
escaso
menguado

miaja *nombre femenino*
1 migaja
cacho
pedazo*
porción

miar *verbo intransitivo*
1 maullar
mayar

micado, mikado *nombre
masculino*
1 emperador
césar
káiser
zar
Micado o *mikado* es el nombre dado al emperador del Japón en poesía y en circunstancias solemnes.

micción *nombre femenino*
1 uresis
diuresis

miccionar *verbo intransitivo*
1 orinar
hacer pis
hacer pipí
mear (vulgar)
hacer aguas menores
desbeber

micho, -cha *nombre*
1 gato
minino
mizo
morrongo
morroño

mico *nombre masculino*
1 maimón
mono

micra *nombre femenino*
1 micrón

microbio *nombre masculino*
1 microorganismo

microcosmo *nombre masculino*
1 mónada

microgameto *nombre masculino*
1 espermatozoario
espermatozoide
espermatozoo
zoospermo

micrón *nombre masculino*
1 micra

microorganismo *nombre
masculino*
1 microbio

microplaqueta *nombre femenino*
1 chip (anglicismo)
circuito integrado

mida *nombre masculino*
1 brugo

miedo *nombre masculino*
1 recelo
temor
espanto
pavor
pánico
medrana
jindama
cobardía
terror
ANTO valor
tranquilidad
audacia

Serie intensiva: *recelo, temor**
(daño supuesto); *miedo* (daño
real o supuesto); *espanto, pavor y terror* (con señales exteriores del estado psíquico);
pánico, terror colectivo. *Miedo*
ocupa la posición central de la
serie, y puede sustituir a cualquiera de ellos. *Medrana* es
familiar y poco usado; *jindama*, germanismo o vulgaris-
mo. La *cobardía* es la condición del que habitualmente
tiene miedo o es propenso a
él. La *cobardía* es permanente; el *miedo* puede ser ocasional. La *cobardía* es el efecto
del *miedo*.

'El *miedo* es la aprehensión

viva del peligro que sobreco-
ge y ocupa el ánimo. El *temor*
es el convencimiento del ánimo, el efecto de la reflexión,
que le hace prever y le inclina
a huir el peligro. Un niño tiene
miedo de quedarse solo o a
oscuras. Un hombre que va
solo, y sin armas, tiene *temor*
de encontrar ladrones en un
camino. De aquí que el *miedo*
siempre es despreciable, pero
no lo es siempre el *temor*; y
así se dice: el *temor* de Dios,
y no el *miedo*. Es noble el *temor* de la deshonra, que hace
perder al soldado el vergonzoso *miedo* al enemigo' (LH)

miedoso, -sa *adjetivo*
1 medroso
  pusilánime
  temeroso
  cobarde

miel
  miel rosada *locución nominal*
  rodomiel

mielgo, -ga *adjetivo*
1 (persona) gemelo
  melgo
  mellizo

miembro *nombre masculino*
1 extremidad
  miembro viril *locución
  nominal*
  falo
  pene
  verga
  méntula

mientes
  venírsele a las mientes
  locución
  idear
  inventar
  imaginar
  discurrir
  trazar
  proyectar

mientras *adverbio*
1 en tanto
  entre tanto
  mientras tanto

mierra *nombre femenino*
1 narria (cajón)
  rastra

miga *nombre femenino*
1 migaja
2 molledo

3 sustancia
  meollo
  enjundia

migaja *nombre femenino*
1 partícula
  miaja
  ⇒ migajas

migajas *nombre femenino plural*
1 sobras
  desperdicios
  restos
  ⇒ migaja

migración *nombre femenino*
1 emigración
  inmigración
  transmigración
  éxodo
  ANTO presencia
  llegada

Toda *migración* supone una
emigración, o salida del país
de origen, y una *inmigración*,
en el país de llegada. *Transmigración* y *éxodo* equivalen a
emigración, y se usan especialmente cuando ésta es colectiva.

migraña *nombre femenino*
1 jaqueca
  hemicránea

migratorio, -ria *adjetivo*
1 nómada*
  nómade
  trashumante
  errante
  ANTO sedentario
  estable

miguelete *nombre masculino*
1 miquelete

mijo *nombre masculino*
1 millo

milagro *nombre masculino*
1 prodigio
  maravilla
  portento
  ANTO realidad
2 exvoto

milagroso, -sa *adjetivo*
1 sobrenatural
2 asombroso
  maravilloso
  prodigioso
  estupendo
  portentoso
  pasmoso

milano *nombre masculino*
1 azor
  esmerejón

milenrama *nombre femenino*
1 altarreina
  aquilea
  artemisa bastarda
  hierba meona
  milhojas

milhojas *nombre femenino*
1 altarreina
  milenrama
  aquelea
  artemisa bastarda
  hierba meona

militar *adjetivo*
1 guerrero*
  belicoso
  bélico
  marcial
  ANTO pacífico
  amistoso

militarada *nombre femenino*
1 (burlesco)
    pronunciamiento*
  rebelión
  alzamiento
  levantamiento
  sublevación
  insurrección
  cuartelada (burlesco)

milla *nombre femenino*
1 nudo

mimado, -da *adjetivo*
1 malacostumbrado
  consentido
  malcriado

mimar *verbo transitivo*
1 halagar
  acariciar
2 consentir
  mal acostumbrar
  malcriar
  enviciar

mimbre *nombre ambiguo*
1 vimbre

mimético, -ca *adjetivo*
1 imitativo

mímica *nombre femenino*
1 gesticulación
  gesto
  ademán
  mueca

mimo *nombre masculino*
1 caricia*

a b c d e f g h i j k l **m** n ñ o p q r s t u v w x y z

halago
cariño
2 vicio
consentimiento
condescendencia

mimoso, -sa *adjetivo*
1 melindroso
delicado
regalón

mina *nombre femenino*
1 criadero
minero

minar *verbo transitivo*
1 socavar
2 desgastar
consumir

minarete *nombre masculino*
1 alminar

minero *nombre masculino*
1 (lugar) mina
criadero

minimizar *verbo transitivo*
1 subestimar
tener en poco

mínimo, -ma *adjetivo*
1 insignificante
pequeño
exiguo
ANTO suficiente

minina *nombre femenino*
1 gata
micha
miza
morronga
morroña

minino *nombre masculino*
1 gato
micho
mizo
morrongo
morroño

minio *nombre masculino*
1 azarcón
rúbrica sinópica

ministerial *adjetivo*
1 gubernamental

ministerio *nombre masculino*
1 empleo
funciones
ocupación
cargo
2 gobierno
gabinete

minorar *verbo*
transitivo/pronominal
1 aminorar
disminuir
reducir
acortar
ANTO aumentar
alargar
ampliar
2 atenuar
mitigar
paliar
amortiguar

minoría *nombre femenino*
1 menor edad
minoridad

minoridad *nombre femenino*
1 minoría
menor edad

minorista *nombre común*
1 detallista

minucia *nombre femenino*
1 pequeñez
menudencia
nimiedad
bagatela
nadería
niñería
insignificancia
detalle
pormenor
ANTO importancia
gravedad

minucioso, -sa *adjetivo*
1 nimio
escrupuloso
meticuloso

minúsculo, -la *adjetivo*
1 menudo
pequeño
chico
ANTO grande
2 irrisorio
insignificante
desestimable
ANTO estimable
significativo

minuta *nombre femenino*
1 borrador
extracto
apunte
apuntación
apuntamiento
2 cuenta

Por ejemplo: de los honorarios
de abogados, notarios, etc.

3 menú

Minuta sustituye con ventaja
al galicismo *menú*.

miñosa *nombre femenino*
1 lombriz
lambrija

miolema *nombre masculino*
1 sarcolema

miope *adjetivo/nombre común*
1 corto de vista

miosota *nombre femenino*
1 raspilla

miquelete *nombre masculino*
1 miguelete

mira *nombre femenino*
1 intención
propósito
designio
fin*

mirabel *nombre masculino*
1 ayuga
perantón
pinillo
2 girasol

mirabolano *nombre masculino*
1 belérico
mirobálano
avellana índica

mirada *nombre femenino*
1 ojeada
vistazo

Ambos si la *mirada* es rápida.

mirado, -da *adjetivo*
1 remirado
cauto
circunspecto
reflexivo
prudente
2 atento
respetuoso
considerado

miramelindos *nombre masculino*
1 balsamina

miramiento *nombre masculino*
1 circunspección
cuidado
precaución
cautela
repulgo
melindre
ANTO imprudencia

Repulgo y *melindre*, cuando
se considera afectado o ridículo.

2 respeto*
atención
consideración
ANTO desatención

mirar *verbo transitivo/pronominal*
1 atender
observar
buscar
inquirir
considerar
no perder de vista
mirar de hito en hito
dar una ojeada
2 reconocer
respetar
3 amparar
proteger
velar
cuidar

**de mírame y no me
toques** *locución adjetiva*
frágil
quebradizo

mirasol *nombre masculino*
1 girasol

mirífico, -ca *adjetivo*
1 (poético) admirable
maravilloso

mirilla *nombre femenino*
1 ventanillo (abertura)

mirla *nombre femenino*
1 mirlo
merla

mirlo *nombre masculino*
1 merla
mirla

mirobálano, mirobálanos
nombre masculino
1 avellana índica
belérico
mirabolano

mirón, -ona *adjetivo/nombre*
1 (despectivo) espectador*
presente
circunstante

mirto *nombre masculino*
1 arrayán

misántropo *nombre masculino*
1 huraño
arisco

El *misántropo* huye de los
hombres y del trato humano
no sólo por sentimientos de
repulsión o de timidez, sino
que su aversión es más o menos deliberada o reflexiva. Por
esto no decimos de un niño o
de un animal que es un *misántropo*, sino que les aplicamos
con propiedad los adjetivos
huraño y *arisco*. En una persona adulta, que no procede
sólo por instintos y sentimientos, sino también por experiencia y reflexión, cabe la *mi-
santropía*.

miscible *adjetivo*
1 mezclable

miserable *adjetivo*
1 desdichado
infeliz
desgraciado
infortunado
mísero
desventurado
2 menesteroso
necesitado
indigente
pobre
3 abatido
4 avariento
mezquino
tacaño
ruin
roñoso
cicatero
5 corto
escaso
exiguo
6 perverso
canalla
infame
vil

miseración *nombre femenino*
1 misericordia (virtud)
conmiseración
compasión
lástima
piedad
caridad
ANTO impiedad

miseria *nombre femenino*
1 desgracia
desventura
infortunio
ANTO fortuna
ventura
2 pobreza
estrechez
indigencia
escasez
3 avaricia*
mezquindad
tacañería
ruindad

ANTO generosidad
4 piojos

misericordia *nombre femenino*
1 conmiseración
miseración
compasión
lástima*
piedad
caridad
ANTO impiedad
2 clemencia
ANTO condena

'La *misericordia* considera al
hombre con relación a su infelicidad y miseria; la *clemencia*
con relación a su fragilidad o
malicia. La primera es el efecto de la compasión que inclina
a ejecutar aquellas obras que
pueden aliviar los males o
consolar las aflicciones; la segunda es efecto de la bondad
o generosidad del ánimo, que
mitiga el rigor merecido o perdona los agravios personales
que puede legalmente castigar. Se implora la *misericordia*
de aquel de cuya voluntad depende el castigo o la venganza; pero es con diferentes relaciones: en la *misericordia*
pedimos un efecto de la compasión; en la *clemencia* un
efecto de la generosidad. Por
eso, a las obras de *misericordia* no se las puede llamar,
con igual propiedad, obras de
clemencia' (LH)

misericordioso, -sa *adjetivo*
1 compasivo
piadoso
caritativo
humano
2 clemente

mísero[1] *adjetivo*
1 insignificante

mísero, -ra[2] *adjetivo*
1 arrastrado
pobre
desastrado
desventurado
miserable
triste*

misiva *nombre femenino*
1 epístola
carta
recado*

a
b
c
d
e
f
g
h
i
j
k
l
m
n
ñ
o
p
q
r
s
t
u
v
w
x
y
z

mismo, -ma *adjetivo*
1 propio
  igual
  idéntico
  ANTO distinto
    desigual
    heterogéneo

misoneísmo *nombre masculino*
1 neofobia

míspero *nombre masculino*
1 níspero
  néspera

mispíquel *nombre masculino*
1 dalarnita

mistar *verbo transitivo*
1 bisbisar
  bisbisear*
  musitar
  cuchichear

misterio *nombre masculino*
1 secreto*
  arcano

misterioso, -sa *adjetivo*
1 oculto
  recóndito
  secreto
  oscuro

mística *nombre femenino*
1 misticismo

misticismo *nombre masculino*
1 mística

misticón, -ona *adjetivo/nombre*
1 (despectivo) santurrón
  (despectivo)
  gazmoño
  beatón
  mojigato
  gazmoñero
  timorato
  beatón

mistificado, -da *adjetivo*
1 falso
  falsificado
  adulterado
  contrahecho
  espurio
  apócrifo
  subrepticio

mistificar *verbo transitivo*
1 falsificar*
  falsear
  contrahacer
  adulterar
  sofisticar

mitad *nombre femenino*
1 medio
  centro

mitán *nombre masculino*
1 (lienzo) holandeta
  holandilla

mítico, -ca *adjetivo*
1 fabuloso
  mitológico
  legendario

mitigar *verbo transitivo/pronominal*
1 moderar
  suavizar
  calmar
  aplacar*
  templar
  aliviar*
  amortiguar*
  ANTO empeorar

mitológico, -ca *adjetivo*
1 fabuloso
  mítico
  legendario

mitomanía *nombre femenino*
1 fabulación

mitón *nombre masculino*
1 confortante

mitosis *nombre femenino*
1 cariocinesis

mitra *nombre femenino*
1 diócesis
  obispado
  sede

mixtión *nombre femenino*
1 mezcla
  mixtura
  agregado
  aleación
  liga

mixtionar *verbo transitivo/pronominal*
1 mezclar*
  juntar
  incoporar
  unir
  agregar
  mixturar
  inmiscuir
  ANTO separar
    desunir
    individualizar

mixto *nombre masculino*
1 fósforo
  cerilla

mixtura *nombre femenino*
1 mezcla
  mixtión

mixturar *verbo transitivo*
1 mezclar*
  incorporar

mízcalo *nombre masculino*
1 níscalo

mizo *nombre masculino*
1 gato
  micho
  minino
  morrongo
  morroño

mobiliario[1] *nombre masculino*
1 moblaje
  mueblajo

mobiliario, -ria[2] *adjetivo*
1 mueble

moblaje *nombre masculino*
1 mobiliario
  mueblajo

moblar *verbo transitivo*
1 amueblar
  amoblar
  mueblar

mocador *nombre masculino*
1 moquero
  pañuelo
  pañuelo de bolsillo

mocedad *nombre femenino*
1 adolescencia
  muchachez
  pubertad
  juventud
  ANTO vejez

mocerío *nombre masculino*
1 juventud

mochada *nombre femenino*
1 topetada
  topada
  topetazo
  encontronazo

mochales

estar mochales *locución*
(familiar o vulgar)
estar desequilibrado
ser un maniático
estar chiflado
estar guillado
estar tocado
estar ido
estar loco
estar como una cabra
(familiar)

mochil *nombre masculino*
1 morillero
   motil
   motril

mochín *nombre masculino*
1 verdugo
   ejecutor de la justicia
   sayón

mochuelo *nombre masculino*
1 (ave rapaz) búho

moción *nombre femenino*
1 proposición
   propuesta

moco *nombre masculino*
1 mucosidad

moda *nombre femenino*
1 uso
   usanza

Ambos, cuando la *moda* no es pasajera, sino que tiene cierta tradición.

'*Moda* es un *uso* nuevo que no ha llegado a ser general. En llegando a ser adoptado por todos, o por la mayor parte, y por algún tiempo, ya es *uso*. Todo *uso* ha sido *moda* en sus principios. Fue *moda* el afeitarse, ya es *uso*' (LH).

de moda *locución adjetiva*
presente
actual
en boga

pasado de moda
trasnochado
anticuado

modales *nombre masculino*
plural
1 maneras
   formas
   modos

modelo *nombre masculino*
1 pauta
   muestra
   regla
   patrón
   dechado
2 ejemplo
   ejemplar
   tipo
   muestra

módem *nombre masculino*
1 (anglicismo) convertidor de
   señal

moderación *nombre femenino*
1 sobriedad
   morigeración
   templanza*
   temperancia
   ANTO inmodestia
2 cordura
   mesura
   comedimiento
   ANTO abuso
   inmodestia

moderado, -da *adjetivo*
1 módico
   sobrio
   parco
   templado
   reglado
   mesurado
   ANTO inmoderado
   abusivo
   inmodesto
   indiscreto

Módico (tratándose de precios, pretensiones, etc.) significa limitado en cantidad. Aplicado a personas o actos humanos, se utilizan el resto de sinónimos.

moderador, -ra *adjetivo*
1 frenador

moderar *verbo*
transitivo/pronominal
1 templar
   atemperar
   ajustar
   arreglar
   refrenar
   suavizar
   mitigar
   sentar la cabeza
   parar el carro
   amansar el trote
   aliviar*
   amortiguar*
   aplacar*
   ANTO abusar
   descomedirse
   irritar

modernización *nombre*
femenino
1 actualización
   puesta al día
   renovación

modernizar *verbo transitivo*
1 actualizar
   poner al día
   renovar

moderno, -na *adjetivo*
1 actual
   reciente
   nuevo
   de nuestro tiempo
   de hoy en día

modestia *nombre femenino*
1 humildad
   ANTO presunción
   ostentación
   soberbia
   vanidad

La *humildad* es más intensa y profunda que la *modestia*; ésta se manifiesta más bien en la vida social; aquélla se acerca más al fondo religioso o filosófico del hombre. Se puede ser *modesto* sin llegar a *humilde*; en cambio, la *humildad* supone siempre la *modestia*.

2 pudor
   vergüenza
   recato
   decoro
   decencia
   honestidad

modesto, -ta *adjetivo*
1 humilde
2 recatado
   decente
   púdico
   decoroso

módico, -ca *adjetivo*
1 moderado
   limitado
   reducido
   parco

modificación *nombre femenino*
1 transformación
   metamorfosis
   transmutación
   cambio
   mudanza
   variación
   ANTO inmutabilidad
   permanencia
   igualdad

modificar *verbo*
transitivo/pronominal
1 cambiar*
   variar
   mudar
   transformar
   ANTO permanecer
   ratificar
2 corregir*

a
b
c
d
e
f
g
h
i
j
k
l
m
n
ñ
o
p
q
r
s
t
u
v
w
x
y
z

a

enmendar
rectificar
ANTO ratificar

b

modillón *nombre masculino*
1 can
canecillo

c

modismo *nombre masculino*
1 idiotismo

d

modo *nombre masculino*
1 manera
forma
carácter*

e

⇒ modos

f

de igual modo *locución adverbial*
asimismo
del mismo modo
igualmente
también
de la misma manera
así

g

h

i

j

k

modorra *nombre femenino*
1 amodorramiento
sopor
2 nebladura
torneo

l

Ambos, en las reses lanares.

m

modos *nombre masculino plural*
1 urbanidad
cortesía
educación*

n

⇒ modo

ñ

modoso, -sa *adjetivo*
1 cortés
urbano
bien criado

o

La cualidad de *modoso* se refiere especialmente a los buenos modales o buenas maneras en el trato.

p

q

mofa *nombre femenino*
1 burla
escarnio
befa
ludibrio

r

s

mofarse *verbo pronominal*
1 burlarse
reírse
chancearse
quedarse con uno
tomar el pelo
echar a chacota
poner en ridículo

t

u

v

w

x

y

z

moflete *nombre masculino*
1 carrillo

El *moflete* es un *carrillo* grueso y carnoso

mofletudo, -da *adjetivo*
1 cariampollado
cariampollar
carilludo
molletudo
gordinflón

Cariampollado y *cariampollar,* usuales en los clásicos.

mogol, -la *adjetivo/nombre*
1 (persona) mongol

Mongol es de uso moderno, imitado del francés e influido por el nombre geográfico Mongolia.

mogrollo *nombre masculino*
1 gorrón
gorrista
gorrero
pegadizo
pegote
parásito

moharrache, moharracho
nombre masculino
1 zarrahón

mohecer *verbo transitivo*
1 enmohecer
florecer

mohín *nombre masculino*
1 gesto
mueca

mohína *nombre femenino*
1 enojo
enfado
ANTO contento
amistad

mohíno, -na *adjetivo*
1 triste
melancólico
disgustado
enfadado

moho *nombre masculino*
1 herrumbre
orín
herrín
robín
rubín

mohoso, -sa *adjetivo*
1 enmohecido
herrumbroso
verdinoso

oxidado
corroído

Enmohecido, en general; tratándose de metales, el resto de sinónimos.

mojadura *nombre femenino*
1 remojón

mojama *nombre femenino*
1 almojama
cecina (de atún)

mojar *verbo transitivo/pronominal*
1 calar
empapar
ANTO secar

mojigatería *nombre femenino*
1 camandulería
gazmoñería

mojigato, -ta *adjetivo*
1 timorato
gazmoño
santurrón
beato

mojinete *nombre masculino*
1 caballete (del tejado)
lomero

mojón[1] *nombre masculino*
1 hito
moto
muga

mojón[2] *nombre masculino*
1 catavinos
enólogo*

mojonación *nombre femenino*
1 amojonamiento
mojona

mojonar *verbo transitivo*
1 amojonar

mojonera *nombre femenino*
1 clavera

molar *nombre masculino*
1 muela
quinjal
quijar
diente

moldavita *nombre femenino*
1 piedra botella
crisolito de agua

molde *nombre masculino*
1 forma
hembra
turquesa
horma

moledura *nombre femenino*
1 molienda
  moltura

moleña *nombre femenino*
1 pedernal
  cuarzo
  piedra de chispa

moler *verbo transitivo*
1 molturar
  triturar
2 molestar
  mortificar
  fatigar

molestado, -da *adjetivo*
1 afectado
  aquejado
  apenado
  afligido
  impresionado
  conmovido

molestar *verbo transitivo/pronominal*
1 incomodar
  estorbar
  fastidiar
  enojar
  enfadar
  mortificar
  fatigar
  dar jaqueca
  gastar la paciencia
  traer a mal traer
  cansar*
  disgustar*
ANTO alegrar
    tranquilizar
    apaciguar

molestia *nombre femenino*
1 incomodidad
  estorbo
  fastidio
  desagrado
  enfado
  mortificación
  enojo
  engorro
ANTO comodidad
    salud
    alegría
⇒ molestias

molestias *nombre femenino plural*
1 fatigas
  penalidades
  trabajos
⇒ molestia

molesto, -ta *adjetivo*
1 incómodo*
  embarazado
  fastidioso
  pesado
  desagradable
  enfadoso
  enojoso
ANTO bueno
    oportuno
    simpático
    fácil

molicie *nombre femenino*
1 blandura
2 regalo
  deleite
  ocio
  comodidad

molienda *nombre femenino*
1 moltura
  moledura
2 molimiento
  molestia
  fatiga

molificar *verbo transitivo*
1 ablandar
  suavizar

molimiento *nombre masculino*
1 cansancio
  fatiga
  molestia

molinete *nombre masculino*
1 (juguete) rehilandera
  ventolera

molledo *nombre masculino*
1 miga

molleja *nombre femenino*
1 cachuela

mollera *nombre femenino*
1 caletre
  seso
  cacumen
  chirumen
  pesquis

molletas *nombre femenino plural*
1 despabiladeras
  espabiladeras
  tenacillas

molletudo, -da *adjetivo*
1 mofletudo
  cariampollado
  cariampollar
  carilludo
  gordinflón

mollizna *nombre femenino*
1 calabobos

  llovizna
  cernidillo

molliznar *verbo intransitivo*
1 lloviznar
  molliznear
  pintear
  chispear

molliznear *verbo intransitivo*
1 lloviznar
  mollizar
  pintear
  chispear

moltura *nombre femenino*
1 maquila (porción para el molinero)

molturar *verbo transitivo*
1 moler
  triturar

momentáneo, -ea *adjetivo*
1 instantáneo
  fugaz
  breve
  transitorio
  pasajero
ANTO duradero
    permanente

momento *nombre masculino*
1 instante
  punto
  'Un *momento* no es largo; un *instante* es todavía más corto' (Ma).
2 oportunidad
  coyuntura
  ocasión
  actualidad

mona *nombre femenino*
1 hornazo (rosca)
2 (familiar) borrachera
  embriaguez
  melopea
  moña

monacal *adjetivo*
1 monástico
  '*Monástico* es lo relativo al *monasterio*; *monacal* es lo relativo al *monje*. La institución es *monástica*; el hábito es *monacal*' (M).

monacato *nombre masculino*
1 monaquismo

mónada *nombre femenino*
1 microcosmo

monago *nombre masculino*
1 acólito
  monaguillo

monaguillo *nombre masculino*
1 acólito
  monago

monaquismo *nombre masculino*
1 monacato

monarca *nombre masculino*
1 rey
  soberano

monasterio *nombre masculino*
1 convento
  abadía*
  cenobio
  claustro
  recolección
  casa recoleta
Convento es el nombre general; *monasterio* es palabra escogida, y se aplica generalmente a las grandes casas religiosas situadas fuera del poblado; *abadía* es el *monasterio* regido por abad o abadesa; *cenobio* se aplicó a las comunidades religiosas primitivas, hoy es literario. Aludiendo al retiro del mundo que en él se practica, se dice también *claustro, recolección, casa recoleta*.

monástico, -ca *adjetivo*
1 monacal
  conventual

monda *nombre femenino*
1 cáscara*
  mondadura
  piel
  corteza
  monda

mondadientes *nombre masculino*
1 escarbadientes
  palillo
  limpiadientes

mondadura *nombre femenino*
1 cáscara
  monda
  piel
  corteza

mondar *verbo transitivo*
1 pelar

mondarajas *nombre femenino plural*
1 (familiar) mondaduras

Las *mondarajas* son las *mondaduras*, especialmente de las patatas, naranjas, manzanas y frutas análogas.

mondongo *nombre masculino*
1 abdomen*
  vientre
  barriga
  panza
  tripa
  andorga
  bandujo

moneda *nombre femenino*
1 dinero

monedear *verbo transitivo*
1 amonedar
  monedar

monedero *nombre masculino*
1 portamonedas

monetario, -ria *adjetivo*
1 pecuniario

mongol, -la *adjetivo*
1 mogol

moniato *nombre masculino*
1 boniato

monigote *nombre masculino*
1 (despectivo) lego
  converso
  confeso
  donado
  hermano
  motilón (despectivo)

monís *nombre masculino*
1 dinero*
  pecunia

monitor *nombre masculino*
1 admonitor
  amonestador

monja *nombre femenino*
1 religiosa*
  sor
  madre
  hermana
  priora
  reverenda
  superiora

monje *nombre masculino*
1 anacoreta
  solitario
2 fraile*
  religioso*
  cenobita

Fraile y *religioso* son hoy las demoninaciones corrientes;

monje se siente generalmente como voz escogida. *Cenobita* se aplica a los antiguos religiosos que vivieron en comunidad.

mono, -na *adjetivo*
1 pulido
  delicado
  bonito
  lindo
  gracioso
  nombre
2 simio

monoceronte *nombre masculino*
1 (animal fabuloso) unicornio
  monocerote

monocerote *nombre masculino*
1 (animal fabuloso) unicornio
  monoceronte

monoclamídea *adjetivo*
1 haploclamídea

monocordio *nombre masculino*
1 sonómetro

monocromo, -ma *adjetivo*
1 unicolor

monocular *adjetivo*
1 uniocular

monofisismo *nombre masculino*
1 eutiquianismo
  jacobitismo

monofisita *adjetivo/nombre común*
1 eutiquiano
  jacobita

monografía *nombre femenino*
1 estudio
  libro
  obra
  escrito
  tratado

monograma *nombre masculino*
1 abreviatura*
  (representación)
  sigla
  cifra

monólogo *nombre masculino*
1 soliloquio

monomanía *nombre femenino*
1 paranoia
  manía
  idea fija
  monopsicosis

monomaníaco, -ca *adjetivo*
1 maniático
  paranoico

mononuclear *adjetivo*
1 uninuclear

monopétalo, -la *adjetivo*
1 gamopétalo

monopolizar *verbo transitivo*
1 acaparar
  ANTO repartir
    dar
    descentralizar

monopsicosis *nombre femenino*
1 monomanía
  paranoia

monosépalo, -la *adjetivo*
1 gamosépalo

monotonía *nombre femenino*
1 uniformidad
  igualdad

monótono, -na *adjetivo*
1 uniforme
  igual

monotrema *adjetivo/nombre*
  común
1 ornitodelfo

monovalente *adjetivo*
1 univalente

monserga *nombre femenino*
1 galimatías
  embrollo

monstruoso, -sa *adjetivo*
1 antinatural
  teratológico
2 enorme
  fenomenal
  colosal
3 execrable
  aborrecible
  nefando
  horrible*

monta *nombre femenino*
1 total
  monto
  suma

  de poca monta *locución adjetiva*
  baladí
  insignificante
  insustancial
  superficial
  fútil

de mala muerte
  nimio
  despreciable
  miserable
  desdeñable
  de tres al cuarto
  de chicha y nabo
  pequeño
  ANTO importante

montado, -da *adjetivo/nombre*
1 caballero
  jinete

montadura *nombre femenino*
1 engaste
  guarnición

montaje *nombre masculino*
1 montura

montanera *nombre femenino*
1 bellotera

montante *nombre femenino*
1 flujo
  influjo
  pleamar

montañero, -ra *nombre*
1 alpinista

montañismo *nombre masculino*
1 alpinismo

montañoso, -sa *adjetivo*
1 montuoso

montar *verbo*
  intransitivo/pronominal
1 subir
  ANTO bajar
    desmontar
    descender
2 cabalgar
  verbo intransitivo
3 importar
  sumar
  elevarse
4 armar
5 engastar
  ANTO desajustar
6 amartillar

montaraz *adjetivo*
1 saltero
  agreste
  cerril
  bravío
  montés
  salvaje*
  selvático
  silvestre*

monte *nombre masculino*
1 montaña
  bosque*
2 eminencia

montería *nombre femenino*
1 cinegética
2 caza mayor

montés *adjetivo*
1 salvaje*
  silvestre
  montaraz
  cerril
  bravío
  inculto
  selvático
  ANTO doméstico

montículo *nombre masculino*
1 cabezo
  cerro
  montecillo
  colina
  alcor

monto *nombre masculino*
1 monta
  total
  suma

montón *nombre masculino*
1 cúmulo
  rimero
  pila
2 multitud
  sinnúmero
  infinidad

  del montón *locución adjetiva*
  adocenado
  vulgar
  común

montuoso, -sa *adjetivo*
1 montañoso

montura *nombre femenino*
1 cabalgadura
2 montadura
  arreos
3 montaje

monumental *adjetivo*
1 magnífico
  grandioso

moña *nombre femenino*
1 (familiar) borrachera
  embriaguez
  mona
  melopea

moño *nombre masculino*
1 rodete

a
b
c
d
e
f
g
h
i
j
k
l
m
n
ñ
o
p
q
r
s
t
u
v
w
x
y
z

moquero *nombre masculino*
1 mocador
pañuelo
pañuelo de bolsillo
Por eufemismo se usa el término general *pañuelo* o *pañuelo de bolsillo*.

moquillo *nombre masculino*
1 gabarro
pepita

morabito *nombre masculino*
1 marabuto
morabuto

morabuto *nombre masculino*
1 morabito
marabuto

morada *nombre femenino*
1 habitación*
casa*
mansión
2 estancia
estada
estadía
permanencia

morado, -da *adjetivo/nombre masculino*
1 violado
violáceo

morador, -ra *adjetivo/nombre*
1 habitante
vecino
residente

moradura *nombre femenino*
1 equimosis
cardenal
roncha
moretón

moradux *nombre masculino*
1 almoradux
mejorana

moral¹ *nombre femenino*
1 ética
filosofía moral

moral² *nombre masculino*
1 moreda

moralidad *nombre femenino*
1 probidad
integridad
honradez
hombría de bien
rectitud
bondad
ANTO deshonor

moralista *nombre común*
1 ético

moralizar *verbo transitivo/pronominal*
1 reformar
reordenar
reorganizar
corregir
ANTO desmoralizar

morar *verbo intransitivo*
1 residir
habitar
vivir
Morar es voz escogida, de uso principalmente literario.

morbidad *nombre femenino*
1 morbilidad

mórbido, -da *adjetivo*
1 blando
delicado
suave
muelle
2 morboso
malsano
enfermizo

morbilidad *nombre femenino*
1 morbidad

morbo *nombre masculino*
1 enfermedad*
padecimiento
afección

morboso, -sa *adjetivo*
1 enfermizo
malsano

morcajo *nombre masculino*
1 tranquillón

morcelación *nombre femenino*
1 (galicismo) fragmentación

morciguillo *nombre masculino*
1 murciélago
murciégalo
vespertillo

morcillo, -lla *adjetivo*
1 cambujo
Cambujo, tratándose de caballerías menores.

mordacidad *nombre femenino*
1 dicacidad
causticidad
causticismo
ANTO suavidad
alabanza

mordaz *adjetivo*
1 cáustico
2 áspero
picante
3 acre
punzante
incisivo
dicaz
satírico

mordedura *nombre femenino*
1 mordimiento
mordisco
dentellada
Mordisco es *mordedura* pequeña o leve; *dentellada* es la señal que dejan los dientes al morder.

mordente *nombre masculino*
1 quiebro

morder *verbo transitivo*
1 tarascar
tarazar
atarazar
mordiscar
mordisquear
Mordiscar y *mordisquear* son frecuentativos, e indican poca intensidad de la acción.
2 corroer
3 murmurar
difamar
desacreditar
criticar
satirizar

mordihuí *nombre masculino*
1 gorgojo (insecto)

mordimiento *nombre masculino*
1 mordedura
mordisco
dentellada
bocado

mordiscar *verbo transitivo*
1 dentellear
mordisquear

mordisco *nombre masculino*
1 bocado
dentellada
mordedura
mordimiento

mordisquear *verbo transitivo*
1 morder
tarrascar
tarazar
atarazar
mordiscar

moreda *nombre femenino*
1 moral

morena[1] *nombre femenino*
1 (pez) murena

morena[2] *nombre femenino*
1 (pan moreno) canil

moreno, -na *adjetivo/nombre*
1 negro
trigueño
de color
ANTO blanco

moretón *nombre masculino*
1 equimosis
cardenal
roncha
moradura

morga *nombre femenino*
1 alpechín
murga
tina
tinaco
2 coca de Levante

moriego, -ga *adjetivo*
1 (despectivo) moruno
moro

morigeración *nombre femenino*
1 frugalidad*
templanza*
sobriedad
mesura
moderación
abstinencia
continencia
ANTO destemplanza
gula

morigerado, -da *adjetivo*
1 templado
moderado
mesurado
sobrio
comedido

morillero *nombre masculino*
1 mochil
motil
motril

morir *verbo*
intransitivo/pronominal
1 fallecer
expirar
fenecer
finar
entregar el alma
entregarla (familiar)
dormir en el Señor
subir al Cielo
estirar la pata (burlesco)
espichar (plebeyo)
diñarla (germanía)

acabar
acabar sus días
ANTO nacer

Fallecer, expirar, fenecer y *finar* son respetuosos. *Subir al Cielo*, tratándose de niños.

2 desvivirse
pirrarse
perecer
beber los vientos

morito *nombre masculino*
1 falcinelo

morosidad *nombre femenino*
1 lentitud
tardanza
demora
dilación
ANTO rapidez

moroso, -sa *adjetivo*
1 lento
tardo
tardío*
2 retrasado
en descubierto

Retrasado (en el pago)

morquera *nombre femenino*
1 hisopillo (planta)

morrada *nombre femenino*
1 guantada
bofetada

morral *nombre masculino*
1 zurrón

morralla *nombre femenino*
1 (pescado) boliche

morriña *nombre femenino*
1 comalia
zangarriana
2 tristeza
melancolía
nostalgia
añoranza
soledad

morro *nombre masculino*
1 hocico
jeta

Tanto *morro* como *hocico* y *jeta* se usan propiamente hablando de animales; tratándose de personas son despectivo o burlescos.

por el morro *locución adverbial*
(familiar) por su cara bonita
por la cara (familiar)

por las buenas
gratis
graciosamente
gratuitamente
porque sí
de balde
sin ton ni son

morrocotudo, -da *adjetivo*
1 (humorístico) importante
grande
formidable
difícil
gravísimo
fenomenal

Morrocotudo es un vocablo de significación intensiva.

morrudo, -da *adjetivo*
1 bezudo
hocicudo

mortal *adjetivo*
1 perecedero
ANTO inmortal
vívido
2 letal
mortífero
letífero
3 angustioso
fatigoso
abrumador
4 decisivo
concluyente

mortalidad *nombre femenino*
1 letalidad

mortandad *nombre femenino*
1 hecatombe
matanza
degollina
carnicería

Matanza, degollina y *carnicería*, cuando la *mortandad* está producida por una batalla, insurrección, etc.

mortecino, -na *adjetivo*
1 apagado*
débil
bajo
descolorido

mortero *nombre masculino*
1 almirez

Aunque *mortero* y *almirez* sean originariamente sinónimos, hoy suele haber entre ellos una diferencia de forma: el *almirez* es más alto; el *mortero* tiene menos altura y mayor anchura. En los laboratorios se dice generalmente

a b c d e f g h i j k l **m** n ñ o p q r s t u v w x y z

mortero; en las cocinas predomina *almirez*.

2 argamasa
mezcla

mortífero, -ra *adjetivo*
1 mortal
letal

Letal se aplica especialmente a gases, venenos; *mortífero* es de aplicación general. No se diría por ejemplo, el enemigo hacía un fuego *letal*, sino *mortífero*. En cambio decimos que las emanaciones de un pantano son *letales* o *mortíferas*.

mortificación *nombre femenino*
1 joroba (familiar)
impertinencia
molestia

mortificar *verbo transitivo/pronominal*
1 danar
doler
2 afligir
molestar
lastimar
apesadumbrar
3 cancerar
castigar
reprender

morueco *nombre masculino*
1 marón
murueco

moruno, -na *adjetivo*
1 moro

mosca
papar moscas *locución*
estar enajenado
estar fuera de sí
ver visiones
helársele el corazón

moscardón *nombre masculino*
1 estro
2 moscón
3 avispón

moscareta *nombre femenino*
1 muscaria
muscícapa

mosco *nombre masculino*
1 mosquito
violero

moscón *nombre masculino*
1 arce
sácere

mosquear *verbo transitivo*
1 azotar
vapulear
picar

verbo pronominal
2 resentirse
sentirse
amoscarse
darse por aludido
sentirse molesto

mosqueta silvestre *locución nominal*
1 agavanzo
escaramujo
gavanzo
galabardera
zarzaperruna
tapaculo

mosquita
mosquita muerta *locución adjetiva/nominal*
disimulado
engañoso
falso
hipócrita
fingido
mátalas callando

mosquito *nombre masculino*
1 mosco
violero

mostacho *nombre masculino*
1 bigote

mostajo *nombre masculino*
1 mostellar
jojera

mostaza *nombre femenino*
1 ajenabe
jenabe
jenable

mostear *verbo intransitivo*
1 remostar (el vino añejo)
remostecer

mostellar *nombre masculino*
1 mojera
mostajo

mostense *adjetivo/nombre común*
1 premonstratense

mostrar *verbo transitivo/pronominal*
1 indicar
señalar
designar
guiar*

2 enseñar
exponer
presentar
exhibir
descubrir la oreja
enseñar las cartas
ANTO ocultar
esconder
tapar
3 manifestar
patentizar
ANTO ocultar
esconder
tapar
4 explicar
demostrar
probar

mostrenco, -ca *adjetivo*
1 mesteño

adjetivo/nombre
2 ignorante
torpe
zote
bruto
zoquete

motacila *nombre femenino*
1 aguzanieves

mote *nombre masculino*
1 lema
empresa
divisa
2 apodo
sobrenombre*

motejar *verbo transitivo*
1 zaherir
mortificar
satirizar
criticar

motilidad *nombre femenino*
1 movilidad

motilón, -ona *adjetivo/nombre*
1 pelón

motín *nombre masculino*
1 alboroto*
tumulto
asonada
revuelta
sublevación*

motivar *verbo transitivo*
1 determinar
causar
producir
ocasionar
ANTO desarreglar

motivo *nombre masculino*
1 móvil

fundamento
razón
causa
ocasión*

moto *nombre femenino*
1 motocicleta

motocicleta *nombre femenino*
1 moto

motorización *nombre femenino*
1 mecanización

motorizar *verbo transitivo*
1 mecanizar

motril *nombre masculino*
1 mochil
morillero
motil

mouse *nombre masculino*
1 (anglicismo) ratón

movedizo, -za *adjetivo*
1 movible
2 inseguro
inestable
3 inconsante
veleidoso
tornadizo

mover *verbo*
transitivo/pronominal
1 trasladar
mudar
2 menear
agitar
remover
ANTO aquietar

'Todo lo que se *menea* se *mueve*; pero no se dice con igual propiedad que todo lo que se *mueve* se *menea*, porque el verbo *mover* supone indeterminadamente cualquier especie de movimiento, y el verbo *menear* supone un movimiento determinado, esto es, el que hace un cuerpo separándose un poco del puesto en que se hallaba, y volviendo inmediatamente hacia él, una o repetidas veces. Una piedra que cae, se *mueve* de arriba abajo, y no se dirá con propiedad que se *menea*. La hoja de un árbol que se *mueve* de un lado a otro, se *menea*. Un pájaro que vuela se *mueve* en todas direcciones, y *menea* de cuando en cuando sus *alas* y su *cola*. *Movemos* la cabeza, volviéndola, inclinándola a un

lado para evitar un golpe; la *meneamos* para decir que no, por señas, *moviéndola* sucesivamente de un lado a otro' (LH).

3 inducir
persuadir
incitar
4 suscitar
originar
causar
ocasionar

movible *adjetivo*
1 móvil
2 variable
mudable
inseguro

movido, -da *adjetivo*
1 animado
concurrido
divertido
ANTO soso
aburrido

móvil *adjetivo*
1 movible
ANTO quieto
pasivo
2 inestable
inseguro
nombre masculino
3 motivo
causa*
razón

movilidad *nombre femenino*
1 motilidad

movimiento *nombre masculino*
1 circulación
actividad
2 pronunciamiento
levantamiento
sublevación
3 alteración
conmoción
4 tempo
tiempo

moyuelo *nombre masculino*
1 salvado
afrecho

mozalbete *nombre masculino*
1 caballerete
presumido
gomoso
pisaverde
lechugino
petimetre
currutaco
mozalbillo

mozárabe *adjetivo/nombre común*
1 almozárabe
muzárabe

mozo
mozo de cuerda *locución nominal*
faquín
ganapán
cargador
mozo de espuela(s)
espolique
cambiante
lacayo

mozo, -za *adjetivo*
1 joven
mancebo
zagal
muchacho

Si tiene pocos años, se emplean *mancebo*, *zagal* y *muchacho*.

2 soltero
nombre
3 criado*
sirviente
camarero

mozuelo, -la *nombre*
1 muchacho
niño
chico
chiquillo
rapaz

mucamo, -ma *nombre*
1 criado
sirviente

muchachada *nombre femenino*
1 chiquillería (familiar)
niñada*
niñería
2 rapacería
rapazada
mocerío

muchachez *nombre femenino*
1 adolescencia
mocedad
pubertad

muchacho, -cha *nombre*
1 niño
chico
chiquillo
rapaz
mozuelo
2 mozo
joven
mancebo
zagal

a
b
c
d
e
f
g
h
i
j
k
l
m
n
ñ
o
p
q
r
s
t
u
v
w
x
y
z

muchedumbre *nombre femenino*
1 abundancia
multitud
sinnúmero
infinidad
ANTO escasez
2 gentío
vulgo
masa
ANTO individualidad

muchísimo *adverbio*
1 infinito
excesivamente

mucho, -cha *adjetivo*
1 asaz
bastante
suficiente

muchos, -chas *adjetivo plural*
1 diversos
varios
variados

mucosidad *nombre femenino*
1 moco
flema
esputo

mucronato, -ta *adjetivo/nombre femenino*
1 xifoides
paletilla

muda *nombre femenino*
1 (de ropa) remuda

mudable *adjetivo*
1 inestable*
instable
variable
inconstante
veleidoso
versátil
cambiable
mutable

mudanza *nombre femenino*
1 mutación
alteración
cambio*
variación
2 traslado

mudar *verbo transitivo/pronominal*
1 cambiar
variar
alterar
tomar otro giro
cambiar el aspecto
ANTO permanecer
ratificar

2 remover
trasladar

verbo pronominal
3 irse
marcharse
ANTO permanecer

mudez *nombre femenino*
1 mutismo

mudo, -da *adjetivo/nombre*
1 callado
silencioso*
taciturno

mueblaje *nombre masculino*
1 ajuar
menaje

mueblajo *nombre masculino*
1 mobiliario
moblaje

mueblar *verbo transitivo*
1 amueblar
amoblar
moblar

muebles *nombre masculino plural*
1 efectos
enseres

mueca *nombre femenino*
1 visaje
gesto

muecín *nombre masculino*
1 almuecín
almuédano

muela *nombre femenino*
1 rueda de molino
volandera
2 (diente) molar
quijal
quijar
3 almorta
guija

muelle *adjetivo*
1 suave
blando
delicado
2 voluptuoso
sensual

nombre masculino
3 resorte

muérdago *nombre masculino*
1 almuérdago
arfueyo

muerte *nombre femenino*
1 defunción

fallecimiento
óbito
tránsito
expiración
ANTO vida
nacimiento

⇒ morir

Defunción, fallecimiento y *óbito*, tratándose de personas; *expiración*, de santos o personas de vida virtuosa.

2 homicidio
3 término
fin
destrucción
ruina
aniquilamiento
ANTO nacimiento

de mala muerte *locución adjetiva*
fútil
pequeño
frívolo
nimio
insustancial
de tres al cuarto
de medio pelo
insignificante
baladí
mezquino
miserable
despreciable
desdeñable

muerto, -ta *adjetivo/nombre*
1 difunto
finado
caído (en la lucha)
interfecto
2 acabado
terminado
inactivo
3 apagado
mortecino
descolorido

muesca *nombre femenino*
1 indentación
escotadura

muestra *nombre femenino*
1 señal
demostración
indicio
prueba
2 ejemplar
espécimen
modelo

hacer la muestra *locución*
aparentar
simular

fingir
hacer la comedia
ser un quiero y no puedo

muga *nombre femenino*
1 desove

mugido *nombre masculino*
1 bramido
frémito

múgil *nombre masculino*
1 cabezudo (pez)
mújol
capitón
lisa
liza
matajudío

mugre *nombre femenino*
1 grasa
pringue
suciedad
porquería
ANTO limpieza

mugriento, -ta *adjetivo*
1 pringoso
sucio

mugrón *nombre masculino*
1 provena
rastro

muguete *nombre masculino*
1 lirio de los valles

mujer *nombre femenino*
1 esposa*
media naranja (familiar)
costilla
cónyuge

mujeriego, -ga *adjetivo*
1 (hombre) calavera
perdis (familiar)
perdido
vicioso
tronera
donjuán

mujeril *adjetivo*
1 femenino*
femenil

mújol *nombre masculino*
1 cabezudo
capitón
lisa
liza
matajudío
múgil

muladar *nombre masculino*
1 estercolero
basurero

muletilla *nombre femenino*
1 bordón
bordoncillo
estribillo

mullida *nombre femenino*
1 jergón
colchón

mullido, -da *adjetivo/nombre*
1 hueco
esponjoso

mullir *verbo transitivo*
1 ablandar
esponjar

mulo *nombre masculino*
1 macho

multicopista *nombre femenino*
1 copiador
policopia

multiforme *adjetivo*
1 polimorfo
poliforme

multimillonario, -ria
adjetivo/nombre
1 archimillonario

multiplicación *nombre femenino*
1 germinación
pululación
reproducción
procreación
generación

multiplicar *verbo
transitivo/pronominal*
1 aumentar
propagar
reproducir
agrandar*
ANTO disminuir
menguar

multitud *nombre femenino*
1 muchedumbre
abundancia
infinidad
sinnúmero
ANTO escasez
2 gentío
vulgo
masa
ANTO individualidad

mundial *adjetivo*
1 universal*
general
internacional*

mundicia *nombre femenino*
1 limpieza

limpia
ANTO inmundicia
suciedad

mundillo *nombre masculino*
1 (arbusto y flor) sauquillo
bola
mundo

mundinovi *nombre masculino*
1 mundonuevo
titirimundi
tutilimundi
totilimundi
cosmorama

mundo *nombre masculino*
1 cosmos
creación
universo
orbe
2 tierra
globo terráqueo
3 astro
4 humanidad
5 baúl

**desde que el mundo es
mundo** *locución adverbial*
antiguo
viejo
vetusto
añoso
arcaico
remoto
más viejo que el andar a pie
(familiar)
del año de la pera (familiar)
del tiempo de Maricastaña
(familiar)
en tiempo del rey que rabió
(familiar)
en tiempo de los godos
(familiar)
del tiempo de Noé

mundología *nombre femenino*
1 (irónico) tacto
diplomacia
sagacidad

mundonuevo *nombre masculino*
1 mundinovi
titirimundi
tutilimundi
totilimundi
cosmorama

municionar *verbo transitivo*
1 abastecer*
proveer
surtir
suministrar
aprovisionar

avituallar
pertrechar

municionero, -ra *nombre*
1 abastecedor*
proveedor
aprovisionador
suministrador

municipalizar *verbo transitivo*
1 socializar*
colectivizar
estatificar
nacionalizar

munícipe *nombre masculino*
1 edil
concejal
regidor municipal

municipio *nombre masculino*
1 ayuntamiento
concejo*
consistorio

munificencia *nombre femenino*
1 esplendidez
liberalidad
generosidad
largueza
ANTO tacañería

muñeca *nombre femenino*
1 hito
coto
mojón
poste
muga
pilón
señal
2 maniquí
3 muñequilla

muñeco *nombre masculino*
1 mequetrefe
chisgarabís

muñón *nombre masculino*
1 tocón

muralla *nombre femenino*
1 muro

murar *verbo transitivo*
1 amurallar
cercar

murciélago, murciégalo
nombre masculino
1 morciguillo
vespertillo

murena *nombre femenino*
1 morena (pez)

murga
   murga tina *locución nominal*
   alpechín
   morga
   tinaco

murgón *nombre masculino*
1 esguín

muriático, -ca
   ácido muriático *locución nominal*
   ⇒ ácido

múrice *nombre masculino*
1 peñasco
2 púrpura

murmullo *nombre masculino*
1 rumor
2 murmurio
susurro

murmuración *nombre femenino*
1 habladuría
hablilla
rumor
chisme
cuento
maledicencia

murmurador, -ra
adjetivo/nombre
1 maldiciente
detractor
denigrador
lengua larga
mala lengua

murmurar *verbo intransitivo*
1 susurrar
2 rezongar
3 cortar un vestido
cortar un traje
cortar un sayo
criticar
morder
despellejar
poner en lengua a uno
no dejarle a uno hueso
sano
meterse en vidas ajenas

murmurio *nombre masculino*
1 susurro
murmullo
rumor

muro *nombre masculino*
1 pared
tapia
2 muralla

murria *nombre femenino*
1 tristeza*
melancolía
abatimiento
malhumor
cancamurria
saudade
ANTO alegría
ilusión

murta *nombre femenino*
1 arrayán
mirto

murucuyá *nombre femenino*
1 pasionaria
pasiflora
granadilla

murueco *nombre masculino*
1 morueco
marón

musa *nombre femenino*
1 castálidas
pegásides
coro de Apolo
piérides
helicónides

En esta acepción, se utiliza el plural *musas*, o bien el singular con sentido colectivo.

2 numen
inspiración
vena

musarañas
   mirar las musarañas
   locución
   1 perder el tiempo
   pasar el rato

muscaria *nombre femenino*
1 moscareta
muscícapa

muscícapa *nombre femenino*
1 moscareta
muscaria

muscínea *adjetivo/nombre femenino*
1 briofita

musco, -ca *adjetivo*
1 amusco

musculatura *nombre femenino*
1 carnadura (vulgar)

muserola *nombre femenino*
1 sobarba

musitar *verbo intransitivo*
1 mistar

muy

mascullar*
susurrar
bisbisar*

muslime *adjetivo/nombre*
1 mahometano
musulmán

mustela *nombre femenino*
1 comadreja

mustio, -tia *adjetivo*
1 lacio
lánguido
marchito
2 melancólico
triste
decaído

musulmán, -ana
adjetivo/nombre
1 mahometano
muslime
islamita

mutabilidad *nombre femenino*
1 variabilidad

mutable *adjetivo*
1 cambiable
mudable
variable

mutación *nombre femenino*
1 mudanza

cambio*
variación
ANTO permanencia
2 metamorfosis

mutilado, -da *adjetivo*
1 roto
incompleto

Tratándose de cosas.

adjetivo/nombre
2 lisiado
inválido

Tratándose de personas.

mutilar *verbo*
transitivo/pronominal
1 romper
destruir

mutismo *nombre masculino*
1 silencio
mudez

mutual *adjetivo*
1 mutuo

mutuamente *adverbio*
1 recíprocamente

mutuo, -tua *adjetivo*
1 mutual
recíproco

ANTO singular
personal

Aunque *mutuo* y *mutual* significan lo mismo, el uso de *mutual* va quedando hoy restringido a lo referente a la mutualidad o al mutualismo. Así pues, los intereses *mutuales* son los que afectan en conjunto a la mutualidad, mientras que los intereses *mutuos* afectan en particular a cada uno de los socios mutualistas.

'*Mutuo* designa la acción de dos agentes ejercida uno en otro; *recíproco* añade a esta idea la de igualdad en la acción. Hay relaciones *mutuas* entre dos naciones cuando se comunican entre sí en política y en comercio; hay amor *recíproco* entre dos personas cuando una ama tanto como otra. Los compromisos *mutuos* son ventajosos cuando las obligaciones son *recíprocas*' (M).

muy *adverbio*
1 asaz
bastante
harto

naba *nombre femenino*
1 nabo gallego
2 rapo

nabo

   de chicha y nabo *locución adjetiva*
   ⇒ chicha

   nabo gallego *locución nominal*
   naba

nacarado, -da *adjetivo*
1 anacarado

nacela *nombre femenino*
1 (moldura) escocia
   sima

nacencia *nombre femenino*
1 nacido

nacer *verbo intransitivo*
1 brotar
   germinar
   salir
   ANTO morir
      acabarse
2 provenir
   proceder
   originarse
   emanar
   ANTO acabarse
3 deducirse
   derivarse
   seguirse
   inferirse

nacido, -da *adjetivo*
1 connatural
   congénito
   propio
   innato
   nativo

naciente *nombre masculino*
1 oriente
   levante
   este

nacimiento *nombre masculino*
1 linaje
   estirpe
   familia
   origen
   clase
   extracción*
2 principio
   origen
   comienzo*
   iniciación
   ANTO muerte
      fin
      consecuencia
      resultado

nación *nombre femenino*
1 país
   patria
   pueblo
   nacionalidad
   ciudadanía

La palabra *país* sugiere principalmente el territorio geográfico con sus caracteres físicos y económicos; *patria* alude al sentimiento que el país propio suscita; *nacionalidad* y *ciudadanía* aluden a la *nación* como entidad política.

'En la idea representada por la voz *pueblo* hay más individualidad y menos dignidad que en la representada por *nación*. Lo mismo es Rusia que la *nación* rusa; lo mismo Bélgica que la *nación* belga; pero si hablamos de las acciones y prácticas que, por muy generales que sean admiten muchas excepciones, no diremos *nación*, sino *pueblo*. Así decimos que el *pueblo* chino, y no la *nación* china, es muy diestro en los trabajos manuales; que la cerveza es la bebida favorita del *pueblo* inglés, y no de la *nación* inglesa' (M).

nacionalidad *nombre femenino*
1 nación*
   país
   patria
   ciudadanía

nacionalizar *verbo transitivo/pronominal*
1 naturalizar
2 estatificar
   socializar*
   colectivizar

Por ejemplo: *nacionalizar* los ferrocarriles.

nacionalsocialismo *nombre masculino*
1 nazismo

Nazismo es forma abreviada.

nadar *verbo intransitivo*
1 flotar
   sobrenadar

Aunque a menudo se intercambian, en su uso propio *nadar* supone actividad por parte del sujeto; por eso se aplica principalmente a los seres animados. *Flotar* y *sobrenadar* significan pasividad en el sujeto y se refieren a cosas inanimadas. *Sobrenadar* sugiere además cierta dificultad, o flotación parcial de alguna cosa; los restos del naufragio *sobrenadaban*; los vestidos del ahogado; el líquido menos pesado *sobrenada* en la mezcla. Un hombre o un perro *nadan*; un madero *flota*; el aceite *sobrenada* en el agua.

nadería *nombre femenino*
1 insignificancia
   nonada
   fruslería
   bagatela

nadie *pronombre indefinido*
1 ninguno

'La misma extensión que tiene en un sentido afirmativo las voces *alguien* y *alguno*, tienen en un sentido negativo las voces *nadie* y *ninguno*; esto es: *nadie* excluye ilimitadamente toda persona, sin determinar clase ni número; *ninguno* excluye limitadamente todas las personas que componen la clase o número de que se habla' (LH).

naipe *nombre masculino*
1 carta
2 baraja

naire *nombre masculino*
1 cornaca
  cornac

nalgada *nombre femenino*
1 pernil* (del puerco)
  jamón

nalgas *nombre femenino plural*
1 asentaderas
  rabel tabalario
  tafanario
  posas
  posaderas
2 ancas
  grupa
  Grupa, en las caballerías.

nanear *verbo intransitivo*
1 anadear

nansa *nombre femenino*
1 nasa
  garlito
  buitrón

nao *nombre femenino*
1 nave
  navío

napelo *nombre masculino*
1 acónito
  anapelo

narcisismo *nombre masculino*
1 autofilia

narciso *nombre masculino*
1 trompón

narcomanía *nombre femenino*
1 drogodependencia
  drogadicción
  toxicomanía

narcótico, -ca *adjetivo*
1 estupefaciente
  soporífero

nardo *nombre masculino*
1 tuberosa
  vara de Jesé

narigón, -ona *adjetivo/nombre*
1 narigudo
  narizotas
  narizón

narigudo, -da *adjetivo*
1 narigón
  narizotas
  narizón

narizón, -ona *adjetivo*
1 (familiar) narigudo
  narigón
  narizotas

narizotas *nombre masculino plural*
1 narigudo
  narigón
  narizón

narración *nombre femenino*
1 relato
  cuento

narrar *verbo transitivo*
1 contar*
  referir
  relatar

narria *nombre femenino*
1 mierra
  rastra

nasa *nombre femenino*
1 nansa
  garlito
  buitrón
2 panera

nasalización *nombre femenino*
1 gangueo
  gangosidad

  La *nasalización* alude a la calidad fonética de un sonido. El *gangueo*, o la *gangosidad*, son defectos de pronunciación.

nata *nombre femenino*
1 crema

naterón *nombre masculino*
1 requesón
  cuajada

natillas *nombre femenino plural*
1 crema

natividad *nombre femenino*
1 navidad

nativismo *nombre masculino*
1 innatismo

nativo, -va *adjetivo/nombre*
1 indígena
  aborigen*
  ANTO alienígena
  adjetivo
2 originario
  oriundo
  natal
  nacido
  natural
  vernáculo
  autóctono
  ANTO extranjero
3 innato
  congénito
  connatural
  nato
  ingénito
  natural
  ANTO adquirido

nato, -ta *adjetivo*
1 congénito
  ingénito
  innato
  connatural*
  ANTO adquirido

natrón *nombre masculino*
1 barrilla (cenizas)
  mazacote

natural *adjetivo/nombre común*
1 aborigen*
  indígena
  nativo
  ANTO alienígena
2 nativo
  nacido
  originario
  oriundo
  autóctono
  ANTO extranjero
3 connatural*
4 ingenuo
  sencillo
  franco
  sincero
  llano
5 común
  normal
  regular
  habitual
  acostumbrado
  corriente
  nombre masculino
6 genio

a b c d e f g h i j k l m **n** ñ o p q r s t u v w x y z

índole*
condición
carácter*
temperamento

naturaleza *nombre femenino*
1 índole
calidad
calaña*
condición
natural

naturalidad *nombre femenino*
1 ingenuidad
sencillez
franqueza*
llaneza
sinceridad
llamar a Dios de tú
no meterse en teologías
ANTO artificio
desconfianza
picardía

naturalizar *verbo transitivo/pronominal*
1 nacionalizar
ganar ciudadanía
tomar carta de naturaleza
2 aclimatar
adaptar

naturismo *nombre masculino*
1 fisiatría

naturista *nombre común*
1 fisiatra

naufragar *verbo intransitivo*
1 zozobrar
perderse
irse a pique
hacer agua

náufrago *nombre masculino*
1 tiburón
lamia
marrajo

náusea *nombre femenino*
1 fatiga
basca
2 asco
repugnancia

nauseabundo, -da *adjetivo*
1 asqueroso
repugnante
inmundo

nausear *verbo intransitivo*
1 arquear

nauta *nombre masculino*
1 marino
marinero
navegante

náutica *nombre femenino*
1 navegación
marina

náutico, -ca *adjetivo*
1 naval

nautilo *nombre masculino*
1 argonauta (molusco)

nava *nombre femenino*
1 hondonada

navajo *nombre masculino*
1 lavajo
charca
navazo

naval *adjetivo*
1 náutico
naviero

Náutico se refiere exclusivamente a la ciencia y arte de navegar (Náutica); instrumentos *náuticos*, rosa *náutica*. *Naviero* se usa tratando de las empresas, capital, propietario o avituallador de naves: compañía *naviera*, acciones *navieras*. *Naval* es término más extenso.

navarca *nombre masculino*
1 nearca

navazo *nombre masculino*
1 lavajo
charca
navajo

nave *nombre femenino*
1 nao
navío
barco
buque
bajel
embarcación*

nave espacial *locución nominal*
astronave

navecilla *nombre femenino*
1 naveta

Tanto en el sentido de *nave*, como en la acepción propia de la liturgia.

navegación *nombre femenino*
1 náutica
marina

navegador, -ra *nombre*
1 navegante

navegante *adjetivo/nombre*
1 nauta
marino
marinero
navegador

navegar *verbo intransitivo*
1 bogar

naveta *nombre femenino*
1 navecilla

navidad *nombre femenino*
1 natividad

naviero, -ra *adjetivo*
1 naval*

navío *nombre masculino*
1 bajel
buque
barco
nave
nao
embarcación*

nazismo *nombre masculino*
1 nacionalsocialismo

názula *nombre femenino*
1 requesón
naterón
cuajada

nearca *nombre masculino*
1 navarca

nebí *nombre masculino*
1 neblí
halcón gentil

nebladura *nombre femenino*
1 modorra (enfermedad)
torneo

neblí *nombre masculino*
1 halcón gentil
nebí

neblina *nombre femenino*
1 niebla*
bruma*

nebreda *nombre femenino*
1 enebral

nebuloso, -sa *adjetivo*
1 nublado
nuboso
nublo
nubloso
brumoso
2 oscuro
confuso
borroso
incomprensible

ANTO luminoso
    nítido
3 sombrío
  tétrico

necedad *nombre femenino*
1 inepcia
  estupidez
  simpleza
  tontería
  estulticia
  ignorancia*
  insuficiencia
  incapacidad
  nescencia
  ineptitud
  incompetencia
  ANTO sabiduría
    ingenio
    capacidad
    aptitud
    habilidad
2 despropósito*
  disparate
  dislate
  desatino
  sandez
  ANTO agudeza

necesaria *nombre femenino*
1 letrina (lugar)
  privada
  retrete

necesario, -ria *adjetivo*
1 fatal
  inevitable
  ANTO evitable
    accidental
2 forzoso
  preciso
  inexcusable
  imprescindible
  ANTO voluntario
    accidental

Imprescindible refuerza la significación de *necesario*; *inexcusable*, la de *forzoso*. El agua
es *imprescindible* para los seres vivos; el servicio militar es
inexcusable.

'Lo *necesario* y lo *forzoso*,
como indica la etimología, son
efectos de la necesidad y de
la fuerza; *preciso* es lo que la
conveniencia requiere. Si necesito de alguna cosa, aquella cosa me es *necesaria*; si
se me fuerza a una acción,
aquella acción me es *forzosa*;
si me conviene, me importa o
me acomoda tomar una medida, aquella medida me es *precisa*' (M).

necesidad *nombre femenino*
1 fatalidad
  sino
2 obligación
  menester
  precisión
3 pobreza
  miseria
  escasez
  penuria
  hambre
  apetito*
  ANTO hartura
4 apuro
  ahogo
  aprieto
  peligro

necesitado, -da *adjetivo*
1 pobre
  menesteroso
  indigente
  miserable
  falto
  escaso
  corto de medios
  con un trapo atrás y otro
  delante

necesitar *verbo transitivo*
1 precisar
  requerir
  hacer falta
  no tener un cuarto
  estar sin blanca
  no levantar cabeza
  carecer
  faltar*
  exigir*
  pedir

neciamente *adverbio*
1 atontadamente
  indiscretamente
  imprudentemente
  tontamente
  a tontas y a locas

necio, -cia *adjetivo/nombre*
1 incapaz
  tonto
  sandio
  simple
  estúpido
  imbécil
  ignorante
  estulto
  mentecato
  ⇒ ignorancia
2 imprudente
  porfiado
  obstinado
  terco

necrofobia *nombre femenino*
1 tanatofobia
  ANTO necrofilia
    tanatofilia

necrología *nombre femenino*
1 obituario
  Obituario, especialmente en
  los periódicos.

necromancía, necromancia
  nombre femenino
1 nigromancia

necrópolis *nombre femenino*
1 cementerio*
  camposanto

necropsia *nombre femenino*
1 autopsia
  necroscopia

necroscopia *nombre femenino*
1 autopsia
  necropsia

necrosis *nombre femenino*
1 gangrena
  cangrena

neerlandés, -esa
  adjetivo/nombre
1 (persona) holandés

nefando, -da *adjetivo*
1 abominable
  execrable
  infame
  perverso
  ANTO honorable
    listo
    atractivo

nefasto, -ta *adjetivo*
1 triste
  funesto
  ominoso
  aciago
  ANTO afortunado
    propicio
    alegre

nefrítico, -ca *adjetivo*
1 renal

nefritis *nombre femenino*
1 renitis

nefropatía *nombre femenino*
1 renopatía

negación *nombre femenino*
1 denegación
  negativa
  incredulidad
  ANTO afirmación

a b c d e f g h i j k l m n ñ o p q r s t u v w x y z

a

sí
credulidad

b **negado, -da** *adjetivo*
1 incapaz

c inepto
torpe

d **negar** *verbo transitivo*
1 denegar
prohibir

e vedar
cerrarse a la banda

f ponerse de uñas
ANTO afirmar

g ratificar
permitir

h *Denegar* se usa principalmente en el lenguaje administrativo con el sentido de *negar* una petición, solicitud, etc.

i

j 2 ocultar
disimular
ANTO presentar

k manifestar
confesar

l *verbo pronominal*
3 excusarse
rehusar*

m **ANTO** aceptar

n **negativa** *nombre femenino*
1 denegación

ñ negación
desestimación

o **negligencia** *nombre femenino*
1 descuido*

p desidia
incuria
dejadez

q abandono
ANTO cuidado

r atención
aplicación

s actividad

negligente *adjetivo/nombre*

t *común*
1 abandonado
dejado

u desidioso
descuidado

v indolente*

w **negociación** *nombre femenino*
1 trato

x convenio
concierto
negocio

y

z **negociante** *nombre común*
1 traficante
comerciante*

negociar *verbo transitivo*
1 comerciar
tratar
traficar

negocio *nombre masculino*
1 comercio
tráfico

'El *comercio* y el *tráfico* suponen compra y venta; no así el *negocio*, que puede consistir en agencias, descuentos, corretajes, acarreos y otras clases de ocupaciones lucrativas. La significación de *negocio* se extiende a toda acción recíproca de hombre a hombre, o de nación a nación, en materia grave; por ejemplo: la paz de Utrecht fue un *negocio* decisivo; corren malas voces sobre los *negocios* de tal nación' (M).

2 tienda
almacén
despacho
3 utilidad
beneficio
interés
ganancia
provecho
lucro*
producto
logro
negocio redondo
ANTO pérdida
desinterés

negrecer *verbo intransitivo/pronominal*
1 ennegrecer

negrillo *nombre masculino*
1 olmo

negro, -gra *adjetivo/nombre masculino*
1 prieto
ANTO claro

Prieto es casi negro, muy oscuro.

adjetivo/nombre
2 moreno
trigueño
de color
ANTO blanco

Tratándose de individuos de la raza negra, se dice *moreno* y *trigueño* por eufemismo; con el mismo significado suele emplearse la frase adjetiva *de color*: gente *de color*.

adjetivo
3 triste
melancólico
infausto
aciago
ANTO alegre
fausto

verlo todo negro *locución*
desesperarse
desesperanzarse
pintar con negros colores
ANTO confiarse
esperanzarse

neguijón *nombre masculino*
1 guijón

neguilla *nombre femenino*
1 candileja
candilejo
lucérnula
neguillón
2 tintero

neguillón *nombre masculino*
1 neguilla (planta)
candileja
candilejo
lucérnula

nene, -na *nombre*
1 (familiar) bebé
rorro

nenúfar *nombre masculino*
1 escudete
golfán
ninfea

neófito, -ta *nombre*
1 prosélito
adepto
adicto
afiliado
partidario*
correligionario
iniciado

Prosélito es también partidario que ha sido atraído; pero no insiste tanto como *neófito* en el matiz de reciente. Entre los *adeptos* puede haber *prosélitos* antiguos o nuevos; el *neófito* es siempre reciente.

neofobia *nombre femenino*
1 misoneísmo

neolatino, -na *adjetivo*
1 romance
románico

neoplasia *nombre femenino*
1 tumor
cáncer

nepotismo *nombre masculino*
1 sobrinazgo

Neptuno *nombre masculino*
1 Poseidón

 Poseidón, en la mitología griega.

nequicia *nombre femenino*
1 perversidad
 maldad
 perfidia
 malignidad
 perversión
 protervia

nervadura *nombre femenino*
1 (de una hoja) nerviación
 nervatura

nervatura *nombre femenino*
1 nervadura (de una hoja)
 nerviación

nerviación *nombre femenino*
1 nervadura (de una hoja)
 nervio
 nervatura

nervio *nombre masculino*
1 vigor
 fuerza
 energía
 vitalidad
2 vena
 nerviación

 Vena y *nerviación*, en las hojas vegetales y en las alas de los insectos.

nerviosidad *nombre femenino*
1 excitabilidad
 nerviosismo
 nervosidad

nerviosismo *nombre masculino*
1 excitabilidad
 nerviosidad

nervioso, -sa *adjetivo*
1 excitable
 impresionable
 inquieto
 irritable
 ANTO tranquilo
  impasible
2 vigoroso
 fuerte
 enérgico
 vivo

nervosidad *nombre femenino*
1 nerviosidad

nescencia *nombre femenino*
1 ignorancia*
 necedad
 tontería
 inepcia
 insuficiencia
 incapacidad
 ineptitud
 incompetencia
 inhabilidad
 ANTO capacidad
  habilidad
  aptitud
  sabiduría
  ingenio

nesciente *adjetivo*
1 ignorante
 ignaro
 lego
 iletrado
 iliterato
 profano
 ignorante*
 ANTO sabio
  culto

nesga *nombre femenino*
1 sesga

néspera *nombre femenino*
1 níspero (árbol)
 míspero

neto, -ta *adjetivo*
1 limpio
 puro
 castizo
2 líquido
 limpio

 Tratándose de cantidad, precio, peso.

neumogástrico *nombre masculino*
1 (nervio) vago

neumonía *nombre femenino*
1 pulmonía
 perineumonía
 neumonitis

neumónico, -ca *adjetivo*
1 pulmoníaco
 perineumónico

neumonitis *nombre femenino*
1 pulmonía
 neumonía

neurocito *nombre masculino*
1 neurona

neurona *nombre femenino*
1 neurocito

nevada *nombre femenino*
1 nevasca
 nevazo
 nevazón
 nevisca
 falisca
 ventisca
 ventisco
 cellisa
 torva

 La de copos menudos, *nevisca, falisca*; borrasca de viento y nieve, *ventisca, ventisco*; temporal de viento, lluvia y nieve menuda, *cellisa*; remolino de lluvia y nieve, *torva*.

nevadilla *nombre femenino*
1 sanguinaria menor

nevasca *nombre femenino*
1 nevada*
 nevazón
 nevazo

nevatilla *nombre femenino*
1 nevereta
 aguzanieves

nevazo *nombre masculino*
1 nevada*
 nevazo
 nevasca

nevazón *nombre masculino*
1 nevada*
 nevazo
 nevasca

nevera *nombre femenino*
1 frigorífico
 refrigerador

nevereta *nombre femenino*
1 nevatilla
 aguzanieves

nevero *nombre masculino*
1 heladero

nevisca *nombre femenino*
1 nevada*
 falisca

nevoso, -sa *adjetivo*
1 nivoso

 Por ejemplo, cumbres *nevosas* o *nivosas*.

2 níveo

 Significando 'de nieve', *nevoso* es sinónimo de *níveo*; una sustancia de aspecto *nevoso* o *níveo*.

a b c d e f g h i j k l m n ñ o p q r s t u v w x y z

nexo *nombre masculino*
1 ilación
trabazón
conexión
coherencia

nicaragua *nombre femenino*
1 balsamina (planta cucurbitácea)

nicotismo *nombre masculino*
1 tabaquismo

nidada *nombre femenino*
1 cría (de las aves)
lechigada*

nidificar *verbo intransitivo*
1 anidar

niebla *nombre femenino*
1 bruma
neblina
humazón
calima
calina
calígine
fosca
ANTO claridad

Bruma, especialmente la que se forma en el mar; *humazón*, la espesa y grande: *calima, calina, calígine*, la muy tenue, llamada también *fosca*.

2 añublo

nigola *nombre femenino*
1 flechaste

nigromancia *nombre femenino*
1 necromancía

nigromante *nombre masculino*
1 nigromántico
hechicero*

nigromántico, -ca
adjetivo/nombre
1 nigromante
hechicero*

nimbo *nombre masculino*
1 aureola
lauréola
corona
diadema

nimiedad *nombre femenino*
1 prolijidad
2 poquedad
cortedad
pequeñez
ANTO sencillez
seriedad
importancia

nimio, -mia *adjetivo*
1 prolijo
minucioso
2 tacaño

ninfa *nombre femenino*
1 crisálida
palomilla

ninfea *nombre femenino*
1 nenúfar

ninfomanía *nombre femenino*
1 afrodisia
satiriasis
citeromanía
erotomanía

ninguno, -na *pronombre indefinido*
1 nadie

niña *nombre femenino*
1 pupila (del ojo)
niñeta

niñada *nombre femenino*
1 chiquillada
muchachada
puerilidad
niñería

'Una cosa hecha sin malicia y con poca reflexión es una *niñada*; una cosa de poco momento es una *niñería*. Hay *niñadas* que traen graves consecuencias, y por lo mismo no son *niñerías*. Hay, al contrario, *niñerías*, que por la malicia con que se hacen no deben considerarse como *niñadas*' (J).

niñera *nombre femenino*
1 orzaya
rolla
rollona
chacha
tata

Chacha y *tata*, en el habla infantil.

niñería *nombre femenino*
1 niñada*
chiquillada
muchachada
puerilidad
2 pequeñez
nadería
nonada
insignificancia

niñeta *nombre femenino*
1 pupila (del ojo)
niña

niñez *nombre femenino*
1 infancia
puericia
menor de edad
edad de la vida

niño, -ña *adjetivo/nombre*
1 chico
párvulo
rorro
bebé
rapazuelo
muchacho
Rapazuelo y *muchacho*, el muy pequeñito.

dormir como un niño
locución
(intensivo) dormir como un tronco
dormir profundamente
dormir como un lirón

nipón, -ona *adjetivo/nombre*
1 (persona) japonés

níscalo *nombre masculino*
1 mízcalo

níspero *nombre masculino*
1 néspera
míspero

nítido, -da *adjetivo*
1 neto
terso
limpio
claro
transparente
resplandeciente
ANTO impuro
opaco

nitral *nombre masculino*
1 salitral
salitrera

nitrato *nombre masculino*
1 (química) azoato

nitrería *nombre femenino*
1 salitrería

nítrico, -ca
ácido nítrico *locución nominal*
⇒ ácido

nitro *nombre masculino*
1 salitre

nitrogenado, -da *adjetivo*
1 azoado

nitrogenar *verbo transitivo*
1 azoar

nitrógeno *nombre masculino*
1 ázoe

nivel *nombre masculino*
1 altura
  altitud
2 ras

nivelación *nombre femenino*
1 ajuste

nivelador, -ra *adjetivo/nombre*
1 aplanador

nivelar *verbo*
  transitivo/pronominal
1 igualar
  proporcionar
  equilibrar
  ANTO desigualar
    desequilibrar

níveo, -ea *adjetivo*
1 nevoso

noble *adjetivo*
1 preclaro
  ilustre
  generoso
  ANTO bajo
2 honroso
  estimable
  digno
  ANTO ruin
    indigno
    bajo
3 principal
  excelente
  aventajado
  adjetivo/nombre
4 de sangre azul
  linajudo
  ANTO plebeyo
    bajo

noca *nombre femenino*
1 meya
  rocla

noceda *nombre femenino*
1 nocedal
  nogueral

noche *nombre femenino*
1 oscuridad
  tinieblas
  sombra
  caída de la tarde
  de día y de noche *locución*
  adverbial
  ⇒ día

nocherniego, -ga *adjetivo*
1 noctámbulo
  trasnochador

noción *nombre femenino*
1 idea*
  conocimiento
  noticia
  ⇒ nociones

nociones *nombre femenino*
  plural
1 elementos*
  rudimentos
  principios
  ⇒ noción

nocivo, -va *adjetivo*
1 perjudicial
  dañoso
  dañino
  pernicioso
  endemoniado*
  endiablado
  perverso
  ANTO inofensivo
    bueno
    saludable

noctámbulo, -la *adjetivo*
1 (persona) nocherniego
  trasnochador

noctiluca *nombre femenino*
1 luciérnaga
  gusano de luz

nocturno *nombre masculino*
1 serenata

nodo *nombre masculino*
1 nudo
  nódulo
  nudosidad

nodriza *nombre femenino*
1 ama

nódulo *nombre masculino*
1 nudo
  nodo
  nudosidad

nogueral *nombre masculino*
1 noceda
  nocedal

nómada, nómade *adjetivo*
1 errante
  trashumante
  migratorio
  ANTO sedentario
    estable
  Errante, en general; *migratorio*, especialmente si los cambios de lugar se hacen con

cierta periodicidad; *trashumante*, dícese del ganado y también de los cuadrúpedos salvajes que andan en manadas.

nombradía *nombre femenino*
1 fama
  reputación
  notoriedad
  celebridad
  renombre
  nombre

nombrar *verbo transitivo*
1 aludir
  mencionar
  citar
2 llamar
  denominar
  designar por el nombre de
  designar con el nombre de
  Los verbos *llamar* y *denominar* significan aplicar un nombre particular a una cosa o concepto; se *llaman*, se *denominan*, platelmintos (no se *nombran*). El mismo valor tiene el giro *designar por* (o *con*) *el nombre de*: se *designan con el nombre de* alcaloides. En este caso *designar* equivale a señalar o conocer. *Nominar* es latinismo culto de empleo muy escaso.
3 elegir
  designar
  señalar
  Por ejemplo: *nombrar, elegir, designar, señalar*, herederos, gobernador de una provincia.

nombre *nombre masculino*
1 denominación
  designación
2 nombradía
  renombre
  fama
  reputación
  notoriedad

nomenclatura *nombre femenino*
1 terminología

non *adjetivo/nombre masculino*
1 impar

nonada *nombre femenino*
1 insignificancia
  pequeñez
  poquedad
  menudencia
  nadería

a b c d e f g h i j k l m n ñ o p q r s t u v w x y z

nonagenario, -ria
adjetivo/nombre
1 noventón

nonio *nombre masculino*
1 nonius
  vernier

nonípara *adjetivo/nombre*
femenino
1 nulípara

nono, -na *adjetivo*
1 noveno

El empleo de *nono* es un latinismo muy restringido. Se dice, por ejemplo, el Papa Pío *nono*; pero, Alfonso *noveno* de Castilla, raras veces se dirá *nono*.

noñería *nombre femenino*
1 melindre
  ñoñez

nopal *nombre masculino*
1 chumbera
  tunal
  tunera
  higuera chumba
  higuera de Indias
  higuera de pala
  higuera de tuna

nopaleda, nopalera *nombre*
femenino
1 tunal

norabuena *nombre femenino*
1 enhorabuena
  felicitación
  parabién
  pláceme

noramala *adverbio*
1 enhoramala
  nora tal

noray *nombre masculino*
1 proís
  amarradero
  bolardo

noria *nombre femenino*
1 anoria

norma *nombre femenino*
1 regla
  precepto
  guía
  pauta
  método*

normal *adjetivo*
1 natural

  acostumbrado
  habitual
  común
  usual
  ANTO anormal
2 regular
  ANTO irregular
3 sano
  hígido
  ANTO enfermo
  adjetivo/nombre femenino
4 perpendicular

normalización *nombre femenino*
1 estandarización

normalizar *verbo*
transitivo/pronominal
1 regularizar
  regular
  ordenar
  metodizar
  ANTO desordenar
    irregularizar

nornoroeste, nornorueste
nombre masculino
1 (viento) maestral
  cauro (poético)
  coro (poético)
  regañón (familiar)

Maestral, especialmente en el Mediterráneo.

norte *nombre masculino*
1 septentrión
2 (viento) aquilón
  bóreas
  cierzo
  matacabras
  tramontana

Matacabras el que es fuerte y frío.

3 fin
  objeto
  finalidad
  mira
  guía

norteamericano, -na
adjetivo/nombre
1 (persona) estadounidense
  yanqui
  gringo

Yanqui (inglés *yankee*) es propiamente el de los Estados del norte, en oposición a los del sur y del oeste, pero entre hispanohablantes designa a cualquier norteamericano; *gringo* es despectivo, y puede apli-

carse en general a cualquier extranjero.

nosocomio *nombre masculino*
1 hospital

nosología *nombre femenino*
1 patología

nostalgia *nombre femenino*
1 añoranza
  morriña
  pasión de ánimo
  soledad
  mal de la tierra
  ANTO olvido
    alegría
    serenidad

nota *nombre femenino*
1 señal
  característica
2 fama
  crédito
  notoriedad
  renombre
  nombradía
  reputación
3 advertencia
  explicación
  comentario
  observación
  glosa*
4 apunte
  apuntamiento
  anotación
  apuntación
5 calificación

notable *adjetivo*
1 importante
  grande
  valioso
  considerable
  digno de atención
  estimable
  relevante

notar *verbo transitivo*
1 señalar
  reparar
  observar
  percatarse
  advertir
  darse cuenta
2 apuntar
  anotar
3 censurar
  reprender
  tachar
  tildar

'Se *nota* lo ridículo y lo reprensible; se *tacha* y se *tilda* lo culpable y lo perjudicial. La diferencia que hay entre las significaciones de estos dos últimos verbos es que *tachar* recae sobre la *tacha* o borrón visible que afea al sujeto, esto es, sobre los defectos notorios; y *tildar* recae sobre los defectos que se sospechan vivamente y que, como una *tilde*, los tiene señalados nuestra desconfianza o temor. Está *notado* el hombre extravagante o singular en sus costumbres. Esta *tachado* un hijo ingrato, un embustero, un tramposo. Está *tildado* un hombre sospechoso de venalidad; un hombre doble, de quien es menester precaverse' (LH).

noticia *nombre femenino*
1 noción
idea
conocimiento
2 novedad
nueva

'*Noticia* es la relación de un hecho reciente; la *novedad* lo es de un hecho de carácter nuevo. Puede preverse una *noticia*; pero generalmente no se prevén las *novedades*. Cuando dos naciones están en guerra, las batallas, las conquistas, son asuntos de *noticias*. Es una *novedad* que se haga la paz cuando menos nos aguardaba' (M).

3 dato
referencia
informe*
precedente
antecedente*
información
razón

noticiar *verbo transitivo*
1 anunciar
avisar
prevenir
advertir
hacer saber
poner al corriente

'*Noticiar* es dar cuenta de un hecho pasado; *anunciar* es dar cuenta de un hecho pasado, presente o futuro; *avisar* es anunciar un hecho que ha de influir en las acciones del que oye; *prevenir* es esto mismo, envolviendo la idea de autoridad, o poder o superio-

ridad en el que *previene*; *advertir* encierra la idea de reparo, crítica, enseñanza o peligro. Me *noticiaron* la victoria, el naufragio, un desafío, un casamiento. Me *anuncian* la próxima llegada del buque. Me *avisan* que mañana me toca la guardia. El jefe me *previno* que fuese temprano a la oficina. El maestro me *advirtió* una falta que yo había cometido en la lección' (M).

noticioso, -sa *adjetivo*
1 sabedor
conocedor
enterado
informado
2 erudito
instruido

notificación *nombre femenino*
1 parte
aviso
2 declaración
certificación

notificar *verbo transitivo*
1 hacer saber
participar
comunicar
informar
avisar
advertir*
ANTO sorprender
ocultar

Notificar supone generalmente *hacer saber* en debida forma, según ley, práctica o costumbre. A un testigo se le *notifica* oficialmente el día y hora que debe comparecer en el juzgado o ante un tribunal. Por esto la *notificación* se hace comúnmente por escrito.

noto, -ta *adjetivo*
1 bastardo
ilegítimo
espurio

notoriedad *nombre femenino*
1 nombradía
fama
publicidad
gloria
reputación
celebridad
renombre

notorio, -ria *adjetivo*
1 público

sabido
conocido
manifiesto
claro
visible
evidente
ANTO oscuro
incierto
privado

novato, -ta *adjetivo*
1 nuevo
inexperto
principiante
novel
novicio
ANTO maestro
experto
viejo

novedad *nombre femenino*
1 noticia
nueva
2 extrañeza
sorpresa
admiración
3 mudanza
cambio
alteración
variación
mutación
ANTO permanencia
antigüedad

novedoso, -sa *adjetivo*
1 original
singular
peculiar

novel *adjetivo/nombre común*
1 (persona) bisoño
inexperto
nuevo
novato
bozal
ANTO veterano
maestro
antiguo

novelero, -ra *adjetivo*
1 inconstante
variable
voluble
caprichoso
antojadizo
versátil

noveno, -na *adjetivo/nombre*
1 nono

Nono es más solemne, y sólo se usa como ordinal con nombre de papas (Pío *nono*) o en estilo elevado latinizante.

noventón, -ona *adjetivo/nombre*
1 nonagenario

noviazgo *nombre masculino*
1 relaciones amorosas
relaciones

Ambos se refieren a las *relaciones* que se tienen antes de casarse.

novicio, -cia *adjetivo/nombre*
1 nuevo
principiante
inexperto
novato

novillo, -lla *nombre*
1 magüeto
eral

El que no pasa de dos años, *eral*.

novilunio *nombre masculino*
1 luna nueva

novísimo *nombre masculino*
1 postrimería

nubada *nombre femenino*
1 aguacero
chaparrón
chubasco
lluvia

nublado, -da *adjetivo*
1 nublo
nubloso
nuboso
nebuloso
encapotado

nublarse *verbo pronominal*
1 aborrascarse*
oscurecerse
encapotarse
cargarse
cubrirse
ANTO abonanzarse

nublo[1] *nombre masculino*
1 tizón (hongo)
quemadura
tizoncillo

nublo, -bla[2] *adjetivo*
1 nebuloso
nublado
nuboso
nubloso
brumoso

nuboso, -sa *adjetivo*
1 anubado
anublado
nublado

encapotado
anubarrado

nuca *nombre femenino*
1 cogote*
pescuezo

nudillo *nombre masculino*
1 artejo
⇒ articulación

nudo *nombre masculino*
1 unión
vínculo
lazo
2 dificultad
3 enredo
intriga
4 milla
5 nodo
nódulo
nudosidad

nudosidad *nombre femenino*
1 nudo
nódulo
nodo

nuégado *nombre masculino*
1 hormigos (postre)
2 hormigón
concreto
mazacote
derretido
garujo

nueva *nombre femenino*
1 noticia*
novedad

nuevo, -va *adjetivo*
1 reciente
ANTO viejo
antiguo
conocido

Reciente es lo que hace poco tiempo que ha sido fabricado o que ha ocurrido poco ha. *Nuevo* es lo no conocido o usado antes.

2 novato
novel
principiante
novicio

nueza

nueza blanca *locución nominal*
anorza

nulípara *adjetivo*
1 (mujer) estéril*
machorra
mañera

horra
nonípara

nulo, -la *adjetivo*
1 no válido
ANTO válido
2 incapaz
inepto
inútil
torpe

numen *nombre masculino*
1 estro
inspiración (estímulo)
vena

numerador *nombre masculino*
1 ábaco
tablero
tanteador

numerario *nombre masculino*
1 moneda
dinero*
efectivo

número *nombre masculino*
1 cifra
guarismo
dígito

numeroso, -sa *adjetivo*
1 abundante
copioso

numídico, -ca *adjetivo*
1 númida

nummulites *nombre masculino*
1 numulita
numulites

numulita *nombre femenino*
1 numulites
nummulites

Ambos se utilizan con frecuencia en plural.

numulites *nombre masculino*
1 numulita
nummulites

nunca *adverbio*
1 jamás

nuncio *nombre masculino*
1 pregonero
voceador

nupcias *nombre femenino plural*
1 matrimonio*
boda
casamiento*

nutricio, -cia *adjetivo*
1 nutritivo
alimenticio

nutrir *verbo transitivo/ pronominal*
1 alimentar
  mantener*
  ANTO desnutrir
    ayunar

2 sostener
  fomentar
  vigorizar
  fortalecer
  ANTO desmejorar
    debilitar

nutritivo, -va *adjetivo*
1 alimenticio*
  nutricio
  alible

ñandú *nombre masculino*
1 avestruz de América

ñato, -ta *adjetivo*
1 chato
 romo

ñoñería
1 ñoñez

ñoñez *nombre femenino*
1 ñoñería
 melindre

ñoño, -ña *adjetivo*
1 remilgado
 melindroso
 dengoso
 apocado
 quejumbroso

obcecación *nombre femenino*
1 ofuscación
ofuscamiento
ceguera
ceguedad
obnubilación
ANTO reflexión

La *ofuscación* y la *obnubilación* pueden ser momentáneas o poco duraderas. La *obcecación* es una *ofuscación* tenaz, más o menos persistente. Un estudiante puede *ofuscarse* durante el examen. Un fanático es un *obcecado* ante todo lo que no concuerda con sus convicciones.

obcecar *verbo transitivo/pronominal*
1 ofuscar
confundir
trastornar
perturbar
alucinar
obnubilar
tener una venda en los ojos
ANTO serenar
reflexionar
aclarar

obedecer *verbo transitivo*
1 someterse
ceder
acatar
cumplir
ejecutar
observar
bajar la cabeza
cerrar los ojos
ANTO rebelarse

El que *cede* o se *somete*, *obedece* venciendo alguna repugnancia o resistencia en sus ideas o sentimientos.

'El que *cumple*, *ejecuta* u *observa* el mandato o el precepto, *obedece*. *Cumplir* es sim-plemente sujetarse a lo mandado. *Ejecutar* es *cumplir* obrando, y *observar* es seguir una línea de conducta prescrita por una autoridad. Se me manda que calle, y *cumplo* con callar; se me manda escribir una carta, y lo *ejecuto*; se me manda abstenerme de leer tales libros, y lo *observo*. En todos estos casos se *obedece*. *Cumple* con la ley el que aplica la pena señalada por el Código; la *ejecuta* la autoridad encargada de hacerla efectiva: *observa* la ley el que no la infringe' (M).

obediencia *nombre femenino*
1 docilidad
sumisión
acatamiento
sujeción

obediente *adjetivo*
1 dócil
sumiso
manejable
bien mandado

obertura *nombre femenino*
1 sinfonía
introducción
preludio

obesidad *nombre femenino*
1 polisarcia
gordura
liparia
ANTO delgadez
ligereza

obeso, -sa *adjetivo*
1 pesado
grueso*
gordo*
fofo
gordinflón

óbice *nombre masculino*
1 obstáculo*
dificultad
estorbo
inconveniente
rémora
tropiezo
impedimento

obispado *nombre masculino*
1 diócesis
mitra
sede

obispal *adjetivo*
1 episcopal

obispillo *nombre masculino*
1 rabadilla (de las aves)

óbito *nombre masculino*
1 muerte
defunción
fallecimiento
expiración

obituario *nombre masculino*
1 necrología

objeción *nombre femenino*
1 observación
reparo
réplica
replicato
contestación
respuesta

Observación tiene sentido atenuado; *reparo* es dificultad, restricción, mientras que *réplica* es razonamiento plenamente contrario; *replicato* es intensivo, o réplica prolongada; *obyecto*, latinismo de muy escaso empleo. Pueden emplearse también otras voces de significado más general, como *contestación* y *respuesta*.

objetar *verbo*
transitivo/pronominal
1 replicar
oponer
contradecir*
contestar
controvertir
impugnar
refutar
rechazar la pelota
sacudir el polvo
cascar las liendres
ANTO asentir
aceptar

Controvertir, impugnar y *refutar* connotan insistencia en la acción de *objetar.*

objetivo *nombre masculino*
1 finalidad
fin*
objeto
motivo

objeto *nombre masculino*
1 asunto
materia
2 fin*
intento
intención
propósito

'El *objeto* es término material de la acción; el *fin* es el término moral de la voluntad. Aquél puede suponer un motivo solamente; éste supone siempre un deseo. Si yo envío a un criado para que enseñe o conduzca a mi casa a un amigo, a quien estoy esperando, podré decir que mi criado va con el *objeto* de conducirle a mi casa, que éste es el *objeto* de su comisión; pero no diré con la misma propiedad que el *fin* de mi criado es conducirle, porque no tiene parte en ello ni su voluntad ni su deseo' (LH).

con objeto de *locución*
conjuntiva
para que
a que
a fin de que

oblación *nombre femenino*
1 ofrenda*

oblicuamente *adverbio*
1 de refilón
al sesgo
a soslayo
al bies

oblicuidad *nombre femenino*
1 esviaje
viaje

oblicuo, -cua *adjetivo*
1 inclinado
sesgado
soslayado

obligación *nombre femenino*
1 deber
constricción
ANTO derecho
dominio
poder

obligado, -da *adjetivo*
1 agradecido
reconocido

estar obligado *locución*
deber
tener en cargo
tener obligación
estar al descubierto
ANTO tener derecho

obligar *verbo transitivo*
1 ligar
forzar
constreñir
precisar
compeler
impulsar
violentar*
verbo pronominal
2 comprometerse
coger la palabra

obligatorio, -ria *adjetivo*
1 forzoso
preciso
indispensable
imprescindible
insoslayable
necesario
ANTO voluntario
evitable
dispensable

obliteración *nombre femenino*
1 oclusión
cierre

obliterar *verbo*
transitivo/pronominal
1 obstruir
cerrar
taponar

obnubilación *nombre femenino*
1 ofuscación
obcecación*
ofuscamiento

obnubilar *verbo*
transitivo/pronominal
1 ofuscar
obcecar
confundir
trastornar
perturbar
alucinar
tener una venda en los ojos
obscurecer
ANTO serenar
reflexionar
aclarar

obra *nombre femenino*
1 edificio*

obrador *nombre masculino*
1 taller

obraje *nombre masculino*
1 manufactura

obrar *verbo transitivo*
1 hacer
trabajar
fabricar
construir
edificar
ANTO descansar
verbo intransitivo
2 portarse
comportarse
actuar
proceder
ANTO abstenerse

obrero, -ra *nombre*
1 operario
trabajador

obscenidad *nombre femenino*
1 lascivia
lujuria
incontinencia
liviandad
sensualidad
libídine
ANTO pureza
continencia
2 indecencia
deshonestidad
indecentada
ANTO honestidad
decencia

obsceno, -na *adjetivo*
1 impúdico
deshonesto
torpe
verde
sicalíptico
lascivo
lúbrico

libidinoso
pornográfico
ANTO honesto
   limpio
   decente

'*Obsceno* se dice de las palabras, de los cuadros o pinturas, de las personas; *deshonesto* se aplica a todo aquello que ofende al pudor o a la pureza' (Ma).

obscurecer *verbo transitivo*
1 oscurecer

obscuridad *nombre femenino*
1 oscuridad

obscuro, -ra *adjetivo*
1 oscuro

obsequiar *verbo transitivo*
1 agasajar
  festejar
  regalar
  llevar en palmas
  cumplir con todos
  recibir con palio
  halagar*
2 galantear*

obsequio *nombre masculino*
1 regalo*
  agasajo
  fineza
  presente

obsequioso, -sa *adjetivo*
1 rendido
  cortés
  atento*
  fino
ANTO descortés
   desatento

observación *nombre femenino*
1 examen
  exploración
  reconocimiento
2 nota
  anotación
  advertencia
  aclaración
ANTO inadvertencia
   irreflexión
   distracción
3 objeción
  reparo
  corrección

observar *verbo transitivo*
1 guardar
  cumplir
  ejecutar

obedecer*
acatar
2 examinar
reflexionar
atender
ANTO desatender
3 atisbar
vigilar
espiar
fijar o prestar atención
estar a la mira
estar en todo
asechar*
ANTO inadvertir
4 advertir
reparar
ANTO inadvertir
  desconocer

obsesión *nombre femenino*
1 idea fija
tema
manía
psicopatía
psicosis
ANTO serenidad
  ecuanimidad

Psicopatía y *psicosis*, tratándose de un demente.

obseso, -sa *nombre*
1 psicópata
maníaco

obsidiana *nombre femenino*
1 espejo de los Incas

obsoleto, -ta *adjetivo*
1 anticuado
viejo
antiguo
desusado
desueto
trasnochado
ANTO moderno

obstaculizar *verbo transitivo*
1 dificultar
estorbar
embarazar
entorpecer
complicar
interponerse
impedir*
ANTO facilitar
  desembarazar
  ayudar

obstáculo *nombre masculino*
1 estorbo
dificultad
inconveniente
traba
rémora

óbice
embarazo
impedimento

'El *obstáculo* hace la cosa impracticable; la *dificultad* la hace ardua. Hay *dificultad* en andar por un mal camino, en medio de precipicios, pero se va poco a poco adelante. El haberse llevado una avenida el puente, puede ser un *obstáculo* que no nos permita continuar el viaje' (LH). '*Obstáculo* significa lo que está delante. *Impedimento* es lo que envara, lo que enreda los pies. El *obstáculo* está delante, detiene nuestra marcha; y el *impedimento* está, no precisamente delante, sino alrededor, y nos retarda. El *obstáculo* tiene algo de grande, de alto, de resistente, y por esto es menester destruirlo o pasar por encima. El *impedimento* tiene algo de molesto, de incómodo, de enredoso, y es preciso desembarazarse de él, romperlo' (C).

2 hazard (anglicismo)
En el golf.

obstante

no obstante *locución adverbial*
sin embargo
aunque
bien que

'*Bien que* se usa para limitar o modificar la primera idea, disminuyendo la fuerza y energía que se le había dado. Si va a palacio por la calle Mayor, le encontrará, *bien que* puede ser que hoy venga por la plaza. *Aunque* o *no obstante* significaría en rigor que, aun mediando la circunstancia de haber tomado aquel camino, le encontrará en la calle Mayor, que es todo lo contrario de lo que se quiere explicar; pero *bien que* limita, modera, corrige la idea dando a entender que no es tanta la probabilidad de encontrarle, como se creyó o pudo hacerse creer al principio' (LH).

obstar *verbo intransitivo*
1 impedir

estorbar
empecer
ser óbice
dificultar
2 oponerse (impersonal)
ser contrario (impersonal)

obstetricia *nombre femenino*
1 tocología
mayéutica
maiéutica

obstinación *nombre femenino*
1 terquedad
porfía
tenacidad
pertinacia
testarudez
ANTO transigencia
desistimiento

'La *obstinación* es el efecto de una falsa convicción impresa en el ánimo, o de un empeño voluntario con determinado interés. La *terquedad* no necesita de interés ni de convicción; es un defecto, o adquirido o arraigado por la mala educación, o inherente a la persona inclinada a contradecir la opinión o voluntad ajena, o a sostener la propia... La *obstinación* puede ser efecto de un error disculpable del entendimiento. La *terquedad* es siempre un defecto represible de la voluntad' (LH).

obstinado, -da *adjetivo*
1 porfiado
pertinaz
terco*
tozudo
testarudo
tesonero
tenaz

obstinarse *verbo pronominal*
1 aferrarse
porfiar
empeñarse
emperrarse
mantenerse en sus trece
no dar el brazo a torcer
metérsele en la cabeza
insistir*

obstrucción *nombre femenino*
1 atasco
atanco
atranco
embotellamiento
2 resistencia

oposición
renuencia
ANTO pasividad

obstruir *verbo transitivo/pronominal*
1 interceptar
tapar
impedir
estorbar
atascar
atrancar
obturar
opilar
ANTO facilitar
desocupar

Interceptar, en general. Tratándose de un conducto, *atascar, atrancar* y *obturar*; si es un conducto del cuerpo, *opilar(se)*.

obtemperar *verbo transitivo*
1 obedecer
asentir
aceptar
conformarse

obtención *nombre femenino*
1 logro
consecuencia
2 producción
En operaciones químicas.

obtener *verbo transitivo*
1 alcanzar*
conseguir
lograr
ANTO carecer
perecer
2 producir
extraer
recabar*
Tratándose de operaciones químicas.

obturar *verbo transitivo*
1 tapar
cerrar
obstruir*
atascar
ANTO abrir
destapar
desatrancar

obtusión *nombre femenino*
1 torpeza

obtuso, -sa *adjetivo*
1 boto
romo
despuntado
ANTO agudo
2 torpe

tardo
lerdo
rudo
ANTO agudo
listo

obvención *nombre femenino*
1 emolumento
gaje
remuneración
gratificación

obviar *verbo transitivo*
1 apartar
evitar
remover
prevenir
eludir
verbo intransitivo
2 obstar
oponerse

obvio, -via *adjetivo*
1 visible
manifiesto
patente
notorio
evidente
claro
fácil
ANTO difícil
obscuro
oculto

ocasión *nombre femenino*
1 caso
sazón
tiempo
coyuntura
oportunidad
conveniencia
proporción

Caso, en las expresiones *en caso de, en todo caso. Coyuntura* sugiere coincidencia de dos o más hechos. *Oportunidad* es ocasión favorable o conveniente para algo que, más o menos, se siente como estimable subjetivamente; en término generales, *conveniencia, proporción, sazón, tiempo.*

2 peligro
riesgo
3 causa
lugar
motivo

'La *ocasión* es una circunstancia o un conjunto de circunstancias que provocan o facilitan la acción. *Motivo* es una razón de obrar. La *ocasión* es producto del acaso; el *motivo* supone intención: 'Tuve *ocasión* de verlo', esto es, se me presentó a la vista, o supe dónde estaba, o me encontré con él. 'Tuve *motivo* para verlo', esto es, me propuse, intenté, deseé o necesité verlo. La *ocasión* se aprovecha; los *motivos* se alegan; la *ocasión* es momentánea; los *motivos* son fundados' (M).

de ocasión *locución adjetiva*
de segunda mano
de lance
usado
ANTO nuevo
    de primera mano
    por estrenar

ocasional *adjetivo*
1 accidental
contingente
eventual

ocasionar *verbo transitivo*
1 causar
motivar
originar
producir
provocar
promover

ocaso *nombre masculino*
1 puesta
postura
ANTO aurora
    principio
    amanecer
2 oeste*
occidente
poniente
3 decadencia
declinación

occidental *adjetivo*
1 hespérico

occidente *nombre masculino*
1 ocaso
poniente
oeste*

occipucio *nombre masculino*
1 (científico) colodrillo
    (familiar)

ocelo *nombre masculino*
1 estema

ochavo
  no importar un ochavo
  locución
  no importar un ardite

no importar un bledo
no importar un comino
no importar un maravedí
no importar un pito

ochentón, -ona *adjetivo/nombre*
1 octogenario

ocio *nombre masculino*
1 descanso
inacción
inactividad

ociosidad *nombre femenino*
1 holgazanería
haraganería
pereza
inactividad
gandulería
ANTO trabajo
    actividad
    diligencia
    ocupación

ocioso, -sa *adjetivo*
1 inactivo
parado
desempleado
2 desocupado
3 holgazán
haragán
gandul
perezoso
indolente
4 inútil
baldío
infructuoso

oclusión *nombre femenino*
1 obliteración
cierre

ocre *nombre masculino*
1 sil
tierra de Holanda
tierra de Venecia
ocre rojo *locución nominal*
almagre
almazarrón
almagra
lápiz rojo

octavilla *nombre femenino*
1 reoctava

octavín *nombre masculino*
1 flautín

octeto *nombre masculino*
1 byte

octogenario, -ria
  adjetivo/nombre
1 ochentón

ocular *adjetivo*
1 óptico

oculista *nombre común*
1 oftalmólogo
2 óptico

ocultamente *adverbio*
1 furtivamente
a escondidas
a hurto
de tapadillo
encubiertamente
en secreto
a cencerros tapados
ANTO abiertamente
    sinceramente

ocultar *verbo*
  transitivo/pronominal
1 esconder
encubrir
tapar
solapar
disimular
celar
velar
ANTO aparecer
    presentar
    salir

Ocultar es el verbo de aplicación más amplia entre sus sinónimos, los cuales no se diferencian unos de otros más que en su empleo preferente con determinado complemento: *encubrir*, *tapar*, delitos, faltas ajenas; *solapar*, *disimular*, pensamientos o sentimientos propios; *esconder* objetos (es el de uso más general en la lengua hablada); *velar* y *celar* son literarios, se refieren a lo inmaterial y tienen matiz atenuativo. Se *oculta* lo que no queremos que se vea; se *esconde* lo que no queremos que se encuentre.

ocultismo *nombre masculino*
1 magia
hechicería
encantamiento
taumaturgia
brujería

oculto, -ta *adjetivo*
1 escondido
encubierto
tapado
velado
2 secreto
recatado
clandestino

3 desconocido
ignorado
incógnito
misterioso

ocupación *nombre femenino*
1 posesión
apoderamiento
toma
2 quehacer
trabajo*
faena
tarea
labor
ANTO ociosidad

'*Ocupaciones* y *quehaceres* son modos útiles, convenientes o necesarios de emplear el tiempo; pero las *ocupaciones* tienen un carácter más digno y elevado que los *quehaceres*. *Ocupaciones* son los estudios, las operaciones de comercio, de la magistratura y de otras funciones públicas. *Quehaceres* son los servicios del agente, del mayordomo; son las visitas indispensables, los preparativos de una mudanza de casa y otros del mismo género' (M).

3 empleo
oficio
profesión

ocupado, -da *adjetivo*
1 atareado

ocupar *verbo transitivo/pronominal*
1 apoderarse
posesionarse
tomar posesión
adueñarse
apropiarse
ANTO salir
2 llenar
3 destinar
emplear
4 habitar
vivir
verbo pronominal
5 trabajar
matar el tiempo
no levantar cabeza
estar metido en harina
ANTO descansar
vaguear

ocurrencia *nombre femenino*
1 acontecimiento*
suceso
caso

2 ocasión
coyuntura
contingencia
3 salida
agudeza
gracia
pronto

ocurrente *adjetivo*
1 agudo
gracioso*
chistoso
ingenioso

ocurrir *verbo intransitivo*
1 acaecer
acontecer
suceder
pasar*
sobrevenir
ofrecerse

odiar *verbo transitivo*
1 abominar
aborrecer
detestar
execrar
no poder ver a uno
indigestársele
tener entre ojos
no ser santo de su devoción

odio *nombre masculino*
1 antipatía
aversión*
repulsión
inquina
aborrecimiento
malquerencia
encono
rencor
saña
enemistad*
ANTO amor
benevolencia

'El *odio* es una pasión ciega y arraigada en el corazón viciado por el capricho, por la envidia, por las pasiones; un afecto que en ningún caso deja de ser bajo e indigno de un ánimo honrado y generoso. El *aborrecimiento* es un afecto nacido del concepto que forma nuestra imaginación de las calidades del objeto *aborrecido*, y compatible con la honradez, cuando su objeto es el vicio. De aquí es que llamamos implacable al *odio*, y no aplicamos ordinariamente este adjetivo al *aborrecimiento*, porque miramos a aquel como una pasión ciega, que nunca

perdona, antes bien anda siempre acompañada del rencor y de la mala voluntad; y al *aborrecimiento* lo miramos como efecto de una persuasión, que la razón o el desengaño pueden llegar a destruir. Un hombre honrado perdona la ofensa de un traidor, de un asesino, porque no cabe el *odio* en su noble corazón: pero no puede dejar de *aborrecer* tan execrables monstruos de la sociedad. El *aborrecimiento* nos hace mirar con disgusto a su objeto; el *odio* nos lo hace mirar con ira' (LH).

odioso, -sa *adjetivo*
1 aborrecible
abominable*
detestable
execrable

odómetro *nombre masculino*
1 podómetro
cuentapasos
hodómetro

odontatría *nombre femenino*
1 odontología
estomatología
dentiatría

odontoide *adjetivo*
1 dentiforme

odontolita *nombre femenino*
1 piedra de hueso

odontología *nombre femenino*
1 odontatría
estomatología
dentiatría

odontólogo *nombre masculino*
1 dentista
estomatólogo*

odorífero, -ra *adjetivo*
1 oloroso
aromático
fragante
perfumado

odre *nombre masculino*
1 cuero
pellejo
corambre
zaque
Zaque es un odre pequeño.

odrisio, -sia *adjetivo/nombre*
1 (persona) tracio

trace
traciano

oesnoroeste, oesnorueste
nombre masculino
1 uesnorueste

oessudoeste, oessudueste
nombre masculino
1 uessudueste

oeste *nombre masculino*
1 occidente
ocaso
poniente

Oeste se usa más como tecnicismo geográfico y náutico.

'La diferencia entre estos vocablos es en todo semejante a la que hemos observado entre *este, oriente* y *levante. Ocaso* se usa en los mismos casos que *occidente*; es decir, pertenece al lenguaje común y al de la poesía. Úsase más generalmente con alusión al punto en que se pone el sol, y para indicar la colocación relativa de las localidades; como: las islas Canarias están al *ocaso* (o al *occidente)* del continente africano' (M).

ofender *verbo*
transitivo/pronominal
1 dañar
maltratar
herir
2 injuriar*
insultar
agraviar
afrentar
denostar
ultrajar
ANTO amistar
congraciar
alabar
verbo pronominal
3 picarse*
enfadarse
sentirse
resentirse
amoscarse
darse por sentido
ANTO congraciarse
amistarse

ofensa *nombre femenino*
1 insulto*
injuria*
agravio*
afrenta
ultraje

ofensivo, -va *adjetivo*
1 injurioso
afrentoso
insultante
ultrajante

oferente *adjetivo/nombre común*
1 ofreciente

oferta *nombre femenino*
1 promesa*
ofrecimiento
ANTO aceptación

Ofrecimiento puede sustituir generalmente a *oferta*, a causa de su significación más general. Tratándose de mercancías que se ofrecen a la venta, se dice precisamente *oferta*, no *ofrecimiento*: ley de la *oferta* y la demanda.

2 don
donativo
regalo
dádiva
ANTO aceptación
3 propuesta
proposición
ANTO aceptación

offside *nombre masculino*
1 (anglicismo) fuera de juego

En el fútbol.

oficiante *nombre masculino*
1 preste

oficina de farmacia *nombre femenino*
1 botica
farmacia

oficinal *adjetivo*
1 farmacéutico
medicinal

Por ejemplo: plantas, materias, drogas, *oficinales*, *medicinales* o *farmacéuticas*.

oficinista *nombre común*
1 burócrata (irónico)
chupatintas (despectivo)
cagatintas (despectivo)

Burócrata es el funcionario de una oficina pública.

oficio *nombre masculino*
1 arte
ocupación
profesión
empleo
cargo
ministerio

2 función

Por ejemplo, un adjetivo puede ejercer *oficio* o *función* de sustantivo.

Santo Oficio *locución nominal*
Inquisición

sin oficio ni beneficio
locución adjetiva
desacomodado
parado
desocupado
ANTO acomodado
empleado

oficiosidad *nombre femenino*
1 diligencia
solicitud
aplicación
ANTO descuido
pasividad
2 importunidad
entrometimiento
indiscreción
ANTO discreción
oportunidad

oficioso, -sa *adjetivo*
1 diligente
solícito
cuidadoso
2 entrometido
importuno
3 mediador
componedor
4 extraoficial

Por ejemplo: noticia, conversación *oficiosa* o *extraoficial*.

ofrecer *verbo transitivo*
1 presentar
dar
regalar
ANTO aceptar
2 dedicar
consagrar
ofrendar
3 prometer
brindar
invitar
convidar
4 mostrar
enseñar
verbo pronominal
5 presentarse
ocurrir
sobrevenir

ofreciente *adjetivo/nombre común*
1 oferente

ofrecimiento *nombre masculino*
1 promesa
oferta*

ofrenda *nombre femenino*
1 regalo*
2 don
oblación
dádiva*

'Oblación en rigor es la acción de ofrecer, y *ofrenda,* la cosa que ha de ofrecerse u ofrecida, que está destinada para la *oblación.* La mano sagrada o religiosa hace su *oblación* en el altar; el corazón hace en sí mismo su *ofrenda'* (Ci).

oftalmólogo, -ga *nombre*
1 oculista

ofuscación *nombre femenino*
1 ofuscamiento
obcecación
obnubilación
ceguera
ceguedad

Obcecación es *ofuscación* tenaz; úsase especialmente tratando de la razón.

ofuscamiento *nombre masculino*
1 alucinación
alucinamiento
ofuscación
confusión
deslumbramiento
ceguedad
ANTO realidad
serenidad

ofuscar *verbo transitivo/pronominal*
1 deslumbrar
cegar
turbar
oscurecer
ANTO aclararse

Tratándose de la vista.

2 obcecar
confundir
trastornar
perturbar
alucinar
obnubilar
tener una venda en los ojos
no saber uno por dónde se anda
ofuscarse el entendimiento
ANTO serenar
reflexionar
aclarar

Tratándose de las ideas, el entendimiento, la razón.

oíble *adjetivo*
1 audible

oídio *nombre masculino*
1 cenicilla
ceniza
cenizo
oídium

oídium *nombre masculino*
1 oídio
cenicilla
ceniza
cenizo

oír *verbo transitivo*
1 escuchar
auscultar
sentir (vulgar)
entreoír

'Escuchar es aplicar el oído para oír, poner cuidado y atención para comprender lo que se dice. *Oír* es la percepción material de cualquier ruido en el órgano del oído. Se *escucha* por voluntad, por deseo, por interés, por saber, por curiosidad; se *oye* por obligación, por casualidad, involuntaria, forzadamente: *oímos* muchas cosas que no querríamos *oír,* que nos daña el *oírlas,* que no podemos evitar el *oírlas.* Escuchamos aquello que nos interesa *oír,* que nos es conveniente o grato. No podemos muchas veces menos de *oír* lo que es en nuestro daño, lo que nos causa injurias; quisiéramos *escuchar* a menudo lisonjas, pocas veces *oír* verdades, sobre todo amargas (...). Muchas veces nos conviene hacer como que no *oímos,* otras nos daña el ponernos a *escuchar,* pues nada bueno venimos a saber. *Oímos* cuanto pasa, *escuchamos* lo que nos acomoda' (O).

Oír es percibir por medio del oído; *escuchar* es oír prestando atención. Se puede *oír* sin *escuchar,* mas no *escuchar* sin *oír.* Entreoír es *oír* algo sin entenderlo bien.

2 atender
prestar atención
hacerse cargo
aguzar el sentido
estar pendiente de la boca

ojaranzo *nombre masculino*
1 (variedad de jara) carpe
hojaranzo
2 adelfa

ojeada *nombre femenino*
1 vistazo
vista
mirada

ojear *verbo transitivo*
1 aojar
fascinar
atravesar
hacer
dar mal de ojo

ojeriza *nombre femenino*
1 antipatía
inquina
tirria
manía
malquerencia
mala voluntad
odio

ojeroso, -sa *adjetivo*
1 trasojado

ojituerto, -ta *adjetivo*
1 bisojo
bizco
reparado

ojival *adjetivo*
1 (estilo arquitectónico) gótico

ojo

a ojo de buen cubero
locución adverbial
aproximadamente
con proximidad
con corta diferencia
próximamente
poco más o menos

costar un ojo de la cara
locución
costar un riñón

llorar con un ojo
fingir
simular
aparentar
hacer creer
hacer el papel
mamarse el dedo
hacer la comedia

mirar con malos ojos
aborrecer
odiar
detestar
abominar
execrar
tomarla con uno

tener entre ceja y ceja
tener entre ojos
no poder ver a uno
indigestársele
ANTO apreciar

ojo de gallo *locución nominal*
callo
dureza
ojo de pollo

poner los ojos tiernos
locución
rondar la calle
cortejar
festejar
galantear
hacer la corte
tirar los tejos
ligar (familiar)

tener entre ojos
odiar
abominar
aborrecer
detestar
execrar
no poder ver a uno
indigestársele
tener entre ceja y ceja
tomarla con uno
mirar con malos ojos

tener los ojos abiertos
ser experto
tener experiencia
ser avisado
tener muchas horas de
  vuelo

**tener una venda en los
ojos**
⇒ venda

ola *nombre femenino*
1 onda

Onda es término más docto,
que se usa sólo en estilo elevado, científico o poético.

oleaginoso, -sa *adjetivo*
1 aceitoso
graso
pringoso
grasiento

Oleaginoso es sinónimo de
graso; *aceitoso* lo es de *pringoso* y *grasiento*.

'Es *oleaginoso* el fruto o la
planta que contiene aceite y
que lo da por medio de la presión. Es *aceitoso* lo que está
cubierto o untado con aceite'
(M).

oleario, -ria *adjetivo*
1 aceitoso*
oleaginoso
untuoso
graso
grasiento
oleoso

oleastro *nombre masculino*
1 acebuche
olivo silvestre

óleo *nombre masculino*
1 aceite
olio
⇒ óleos

Olio y *óleo* son poco usados
en esta acepción, excepto en
pintura: un cuadro al *óleo*; *olio*
es forma dialectal o vulgar.

oleómetro *nombre masculino*
1 areómetro
densímetro

óleos *nombre masculino plural*
1 extremaunción
⇒ óleo

oleoso, -sa *adjetivo*
1 pringoso
empringado
grasiento
untoso
lardoso
aceitoso*
olearlo
graso

oler *verbo transitivo*
1 olfatear
husmear

Oler puede ser una acción voluntaria o involuntaria; *olfatear*
y *husmear* son acciones vo-
luntarias.

2 inquirir
indagar

verbo intransitivo
3 dar en la nariz
dar en las narices
trascender
4 tener visos
dar sospecha

olfatear *verbo transitivo*
1 husmear
oliscar

Oliscar denota menor intensidad de la acción. Los tres verbos son frecuentativos.

2 indagar

averiguar
inquirir

olfato *nombre masculino*
1 sagacidad*
astucia
perspicacia
ANTO ingenuidad
  bobería

olíbano *nombre masculino*
1 incienso (gomorresina)
orobias

oligisto

oligisto rojo *locución nominal*
albín
hematites

olímpico, -ca *adjetivo*
1 altanero
engreído
soberbio
orgulloso

olio *nombre masculino*
1 óleo*
aceite

oliscar *verbo transitivo*
1 olfatear
2 averiguar
inquirir
indagar

verbo intransitivo
3 oler mal
olisquear
heder

Oliscar y *olisquear* se diferencian de *heder* en que son incoativos, es decir, significan
empezar a *heder* u *oler* mal alguna cosa.

olisquear *verbo transitivo*
1 oliscar*
oler mal
heder

olivarda *nombre femenino*
1 (planta) atarraga

olivastro de Rodas *locución*
nominal
1 áloe
acíbar
lináloe
azabara
zabida
zabila
áloes

olivera *nombre femenino*
1 olivo
oliva

a b c d e f g h i j k l m n ñ o p q r s t u v w x y z

olivino *nombre masculino*
1 peridoto

olivo *nombre masculino*
1 oliva
olivera

olla *nombre femenino*
1 piñata
marmita

Piñata, poco usado en esta acepción; *marmita* es la *olla* de metal con tapadera ajustada.

2 cocido
puchera
puchero

Cocido, hoy es más usual. *Olla* predominó en los clásicos, y subsiste en algunas regiones.

3 cadozo
remolino

ollera *nombre femenino*
1 herrerillo (pájaro)

ollero, -ra *nombre*
1 locero

olmo *nombre masculino*
1 negrillo

ológrafo, -fa *adjetivo*
1 autógrafo
hológrafo

olor *nombre masculino*
1 aroma
perfume
esencia
bálsamo
fragancia
hedor
hediondez
tufo
fetidez
peste
pestilencia
corrupción

Aroma, perfume, esencia, bálsamo y *fragancia* significan *olor* agradable; todos los demás, *olor* desagradable.

2 fama
reputación
3 sospecha
barrunto
tufo

oloroso, -sa *adjetivo*
1 fragante
aromático

perfumado
odorífero

olvidadizo, -za *adjetivo*
1 desmemoriado
2 ingrato
desagradecido

olvidado, -da *adjetivo*
1 arrinconado
desatendido
postergado
aislado

olvidar *verbo transitivo/pronominal*
1 trascordarse
ANTO recordar

Trascordarse significa no sólo *olvidar* una cosa, sino también confundirla con otra.

2 descuidar
desatender
preterir
postergar
dejar
abandonar
omitir
írsele a uno el santo al cielo
dejar en el tintero
haber perdido los memoriales
ANTO atender
cuidar

olvido *nombre masculino*
1 desmemoria
ANTO memoria
2 descuido*
omisión
inadvertencia
negligencia
ANTO recuerdo
cuidado
3 preterición
postergación
relegación

Si el *olvido* es voluntario.

omento *nombre masculino*
1 epiplón

ominipresencia *nombre femenino*
1 ubicuidad

ominoso, -sa *adjetivo*
1 abominable
execrable
vitando
odioso
2 azaroso
de mal agüero
aciago
funesto

omisión *nombre femenino*
1 olvido
descuido*
falta
salto
laguna
supresión
ANTO atención
advertencia
recuerdo

omitido, -da *adjetivo*
1 salvo
exceptuado

omitir *verbo transitivo*
1 pasar por alto
dejar
olvidar
saltar
ANTO recordar
2 callar
silenciar
suprimir
prescindir
quedarse con algo en el cuerpo
ANTO nombrar

omnipotente *adjetivo*
1 todopoderoso

omnipresente *adjetivo*
1 ubicuo

omóplato *nombre femenino*
1 escápula

omóplato, omoplato *nombre masculino*
1 escápula
espaldilla
paleta
paletilla

Espaldilla, paleta y *paletilla* son nombres populares.

onanismo *nombre masculino*
1 manustrupación
masturbación

oncejo *nombre masculino*
1 vencejo (pájaro)
arrejaque
arrejaco

onceno, -na *adjetivo*
1 undécimo

oncología *nombre femenino*
1 cancerología

oncológico, -ca *adjetivo*
1 cancerológico

onda *nombre femenino*
1 ola

En las grandes extensiones de agua:

2 ondulación
vibración
3 ondulación
ondulado
rizo

En el cabello, telas, hilos, etc.

ondear *verbo intransitivo*
1 ondular
flamear

ondisonante *adjetivo*
1 undísono

ondoso, -sa *adjetivo*
1 undoso
undante

ondulación *nombre femenino*
1 onda
vibración

ondulado[1] *nombre masculino*
1 onda
ondulación
rizo

ondulado, -da[2] *adjetivo*
1 sinuoso
tortuoso
quebrado

ondular *verbo intransitivo*
1 ondear
flamear
2 mecerse
columpiarse
3 rizar

oneroso, -sa *adjetivo*
1 pesado
molesto
gravoso
costoso
dispendioso
ANTO gratuito
desinteresado

Gravoso, costoso y *dispendioso*, tratándose de gastos o impuestos.

ónice *nombre masculino*
1 ónix
ónique

ónique *nombre masculino*
1 ónix
ónice

ónix *nombre femenino*
1 ónique
ónice

onocrótalo *nombre masculino*
1 alcatraz (pelícano)
pelícano americano

onomástica *nombre femenino*
1 santo (fiesta onomástica)

onoquiles *nombre femenino*
1 ornaceta
palomilla de tintes
palomilla
pie de palomas

onosma *nombre femenino*
1 orcaneta-amarilla

onubense *adjetivo/nombre común*
1 (persona) huelveño

onza *nombre femenino*
1 pelucona

Peluconas son especialmente las *onzas* acuñadas con el busto de reyes de la casa de Borbón hasta Carlos IV inclusive.

opaco, -ca *adjetivo*
1 oscuro
sombrío

'Lo *opaco* carece de diafanidad; lo *oscuro* carece de luz. En Física se llaman cuerpos *opacos* los que no dan tránsito a los rayos luminosos' (M).

2 triste
melancólico

opado, -da *adjetivo*
1 hinchado
hiperbólico
afectado
pomposo
redundante

ópalo
ópalo xiloformo *locución nominal*
xilópalo

opción *nombre femenino*
1 elección
preferencia

operación *nombre femenino*
1 cálculo
2 intervención (quirúrgica)
3 maniobra
4 (anglicismo)
funcionamiento
manejo

operador, -ra *nombre*
1 cirujano

operante *adjetivo*
1 activo
eficaz

operar *verbo transitivo*
1 intervenir

operario, -ria *nombre*
1 obrero
trabajador

operativo, -va *adjetivo*
1 efectivo
útil
ANTO inútil
2 operatorio

operatorio, -ria *adjetivo*
1 operativo

opilación *nombre femenino*
1 obstrucción
2 hidropesía
3 amenorrea

opilar *verbo intransitivo*
1 obstruir*

opimo, -ma *adjetivo*
1 rico
fértil
abundante
copioso
cuantioso
ANTO escaso
estéril
desdeñable

opinar *verbo intransitivo*
1 estimar
juzgar
creer
entender
verbo transitivo
2 decir
afirmar
asegurar
sostener

opinión *nombre femenino*
1 juicio
parecer
sentir
convencimiento
criterio
dictamen
informe

'Se tiene la *opinión*, se da el *parecer* o el *dictamen*. Aquélla sólo explica el juicio que se forma en un asunto en que hay razones en pro y en contra; estos explican la exposición de la opinión. Tiene su *opinión*, pero la calla. Doy mi *parecer* o mi *dictamen* con arreglo a mi opinión' (LH). 'La *opinión* es el juicio que se forma sobre cualquier objeto o asunto. El *parecer* es la *opinión* que resulta de un examen detenido. El *dictamen* es el *parecer* del hombre de carrera, de facultad o de ciencia. *Voto* es la decisión del que está autorizado a darlo. Se dice: la *opinión* del público; obró con arreglo al *parecer* de sus amigos, o según el *dictamen* del abogado o del médico; el *voto* de un académico o de un senador. Ocurre un hecho grave, y la *opinión* pública lo califica ' (M).

Si es de carácter técnico o pericial, *dictamen*; *informe* es la exposición de un dictamen. *Juicio, sentir, convencimiento* y *criterio* coinciden con *opinión* en que pueden callarse o expresarse.

opio *nombre masculino*
1 láudano

opiumismo *nombre masculino*
1 tebaísmo

opobálsamo *nombre masculino*
1 bálsamo de Judea
   bálsamo de la Meca

oponerse *verbo pronominal*
1 encontrarse
   enemistarse
   discordar
   desavenirse
2 rebelarse
   resistir
   ANTO someterse
      obedecer

opopónace *nombre femenino*
1 pánace
   opopónaca

oportunamente *adverbio*
1 a punto
   a tiempo y sazón
   convenientemente

oportunidad *nombre femenino*
1 ocasión*
   coyuntura
   pertinencia
   conveniencia

proporción
sazón
tiempo
ANTO improcedencia
   impertinencia
   inexactitud
   retraso
   adelanto

oportunista *adjetivo/nombre común*
1 (persona) aprovechado

oportuno, -na *adjetivo*
1 conveniente*
   provechoso
   pertinente
   adecuado

oposición *nombre femenino*
1 contraste
   resistencia
   antagonismo
   contradicción
   obstrucción
   enemistad*
   aversión*
   ANTO conformidad
      acuerdo

opresión *nombre femenino*
1 agobio
   atosigamiento
2 despotismo
   tiranía
   ANTO justicia
3 esclavitud
   sometimiento
   sujeción
   ANTO libertad

opresor, -ra *adjetivo/nombre*
1 tirano
   déspota
   avasallador

oprimir *verbo transitivo/pronominal*
1 apretar
   comprimir
   estrujar
   apretujar
   Tratándose de cosas.
2 sujetar
   avasallar
   esclavizar
   vejar
   tiranizar
   agobiar
   ANTO libertar
      ayudar
   Tratándose de personas.

oprobio *nombre masculino*
1 ignominia
   deshonra
   afrenta
   deshonor
   vilipendio
   vergüenza

oprobioso, -sa *adjetivo*
1 vergonzoso
   bajo
   deshonroso
   vil
   abyecto

optar *verbo intransitivo*
1 elegir
   escoger*
   preferir
   ANTO abstenerse
      renunciar

óptico, -ca[1] *nombre*
1 oculista

óptico, -ca[2] *adjetivo*
1 ocular

optimar *verbo transitivo*
1 mejorar
   optimizar
   perfeccionar

optimate *nombre masculino*
1 prócer
   magnate
   primate

optimización *nombre femenino*
1 mejora
   perfeccionamiento

optimizar *verbo transitivo*
1 mejorar
   optimar
   perfeccionar

óptimo, -ma *adjetivo*
1 excelente*
   notable
   superior
   descollante
   sobresaliente
   egregio

opuesto, -ta *adjetivo*
1 contrario
   contradictorio*
2 refractario
   enemigo
   reacio

opugnar *verbo transitivo*
1 asaltar
   combatir
   atascar
2 contradecir*

rechazar
impugnar
llevar la contraria
ir a la contra
ANTO convenir
    admitir

opulencia *nombre femenino*
1 lujo
    suntuosidad
    fausto
    ostentación
    magnificencia
    esplendidez
    pompa
    grandeza
    esplendor
    faustosidad
    ANTO pobreza
        sencillez
2 riqueza
    bienestar
    holgura
    ANTO miseria

opulento, -ta *adjetivo*
1 rico*
    abundante
    copioso
    ubérrimo
    riquísimo
    acaudalado*

Opulento intensifica el significado de los tres adjetivos; aplicado a cosas se parece a *ubérrimo*; aplicado a personaɑ, a *riquíoimo*.

oquedad *nombre femenino*
1 hueco
    vacío
    ANTO macizo
        redondez
        convexidad

oración *nombre femenino*
1 discurso
    razonamiento*
    alocución
2 proposición
    frase
3 plegaria
    deprecación
    rezo
    preces

oral *adjetivo*
1 verbal
2 bucal

Por ejemplo, un medicamento que se administra por vía *oral* o *bucal*.

orangután *nombre masculino*
1 jocó

orar *verbo intransitivo*
1 rezar

Rezar es *orar* de viva voz, en tanto que la acción de *orar* puede ser vocal o mental. Todo el que *reza*, *ora*; pero no viceversa.

orate *nombre común*
1 loco
    demente
    alienado
2 atolondrado
    imprudente
    temerario

oratoria *nombre femenino*
1 retórica
    elocuencia

orbe *nombre masculino*
1 mundo
    universo

orcaneta *nombre femenino*
1 onoquiles

    orcaneta amarilla *locución nominal*
    onosma

orco *nombre masculino*
1 infierno
    averno
    báratro
    tártaro
    érebol
    huerco
    el abismo

orden[1] *nombre masculino*
1 colocación
    disposición
    concierto
    ANTO desorden
        desproporción
        desequilibrio
2 regla
    método*
    ANTO indisciplina

'El *orden* es la colocación según el lugar que deben ocupar las partes entre sí; el *método* es el encadenamiento de ciertas acciones para conseguir un fin determinado. Pueden adoptarse diversos *métodos* para poner una biblioteca en *orden*' (M).

orden[2] *nombre femenino*
1 mandato
    precepto
    disposición
    decreto

ordenación *nombre femenino*
1 disposición
    colocación
    arreglo
    distribución
    ANTO desorden
2 régimen
    regla
    norma

ordenado[1] *nombre masculino*
1 presbítero
    sacerdote

ordenado, -da[2] *adjetivo*
1 arreglado
    moderado
    metódico
    cuidadoso
    morigerado

ordenador *nombre masculino*
1 computador
    computadora

ordenamiento *nombre masculino*
1 organización
    arreglo
    orden
    regulación
    regularización

ordenar *verbo transitivo*
1 arreglar*
    organizar
    regularizar
    clasificar
    coordinar
    ANTO desordenar
        descomponer
        desorganizar
        desequilibrar
2 encaminar
    dirigir
    enderezar
3 mandar
    disponer
    preceptuar
    establecer
    prescribir
    decretar

ordinariez *nombre femenino*
1 grosería
    plebeyez
    vulgaridad
    ANTO cortesía
        educación
        urbanidad

ordinario, -ria *adjetivo*
1 común

a b c d e f g h i j k l m n ñ o p q r s t u v w x y z

usual
habitual
corriente
regular
frecuente
acostumbrado
2 bajo
vulgar
grosero
soez
plebeyo
tosco

ordinograma *nombre masculino*
1 organigrama
diagrama de flujo

orear *verbo transitivo*
1 airear
ventilar*
verbo pronominal
2 tomar el aire
airearse

orégano *nombre masculino*
1 díctamo

oreja *nombre femenino*
1 asa (de vasija)
   agachar las orejas *locución*
   flaquear
   debilitarse
   flojear
   decaer
   ANTO resistir
   oreja de fraile *locución*
   nominal
   ásaro
   asarabácara
   asácara

orenga *nombre femenino*
1 brazal
cerreta
percha
varenga

orensano, -na *adjetivo/nombre*
1 (persona) auriense

oreoselino *nombre masculino*
1 perfil de monte

orfandad *nombre femenino*
1 abandono
desamparo
desvalimiento
ANTO amparo
     familia
     fortuna

orgánico, -ca *adjetivo*
1 organizado
viviente

2 somático
ANTO funcional

organigrama *nombre masculino*
1 ordinograma
diagrama de flujo

organización *nombre femenino*
1 disposición
estructura
constitución
2 arreglo
orden
ordenamiento
regulación
regularización

organizado, -da *adjetivo*
1 orgánico
viviente

organizar *verbo*
transitivo/pronominal
1 disponer
arreglar
constituir
estructurar
instituir
establecer
regularizar
reformar
ANTO desorganizar
     desordenar
     desunir

órgano *nombre masculino*
1 conducto*
medio
2 portavoz

orgasmo *nombre masculino*
1 clímax
éxtasis
cima

orgía, orgia *nombre femenino*
1 festín
saturnal
bacanal

La Academia admite las dos
acentuaciones: *orgía* es la
más clásica y correcta; *orgia*
se ha generalizado modernamente. Intensifica el significado de *festín*, al cual añade el
carácter de inmoderación y
exceso. Aludiendo a la antigüedad, *saturnal, bacanal*.

2 desenfreno

orgiástico, -ca *adjetivo*
1 báquico

orgullo *nombre masculino*
1 soberbia*
engreimiento
altanería
altivez
arrogancia
vanidad*
presunción
ANTO humildad
     modestia
     campechanería

'*Orgullo* es el exagerado aprecio que uno hace de sí mismo;
vanidad es la ostentación de
todo lo que puede llamar la
atención o excitar la envidia
de los hombres; *presunción*
consiste en atribuirse uno
cualidades que no posee' (M).

orgulloso, -sa *adjetivo*
1 ufano
engreído
envanecido
hinchado
presuntuoso
altivo*
altanero
arrogante
soberbio
despreciativo
ANTO modesto

oribe *nombre masculino*
1 orífice
aurífice

orientar *verbo*
transitivo/pronominal
1 dirigir
encaminar
guiar*
ANTO desorientar
     perder
     descaminar
     descarriar
2 informar
enterar
instruir
imponer
ANTO desorientar
     descaminar

oriente *nombre masculino*
1 este*
levante
naciente
saliente
2 levante
solano
subsolano
este

Tratándose del viento.

orífice *nombre común*
1 oribe
  aurífice

orificio *nombre masculino*
1 agujero*
  horado
  huraco (rústico)
  taladro
  perforación
  boca
  abertura

origen *nombre masculino*
1 principio
  causa*
  comienzo*
  ANTO fin
      término
      efecto
      desenlace
2 procedencia
  nacimiento
  cuna
3 ascendencia
  familia
  estirpe
  linaje

original *adjetivo*
1 nuevo
2 auténtico
  personal
  propio
3 singular
  extraño
  peculiar
  raro
  novedoso

originar *verbo*
transitivo/pronominal
1 causar
  motivar
  producir
  suscitar
  engendrar
  provocar
  verbo pronominal
2 provenir
  proceder
  engendrarse
  derivarse
  seguirse
  resultar

originario, -ria *adjetivo*
1 primigenio
  Primigenio significa en general relativo al origen: formaciones geológicas *primigenias* de una región (u *originarias*).
2 congénito

innato
3 oriundo
  procedente
  natural
  aborigen*

orilla *nombre femenino*
1 margen
  ribera
  borde
  canto
  Orilla es la parte de la tierra más próxima al mar, a un lago, río, etc., la que limita inmediatamente con el agua. *Margen* indica mayor extensión de terreno, y *ribera* es el conjunto de terrenos próximos a las *márgenes* u *orillas*, comprendiendo a éstas. Tratándose de telas, papel, etc., *margen* indica mayor espacio que *borde*. Tratándose del ángulo que forman los objetos como muebles, cajas, libros, etc., la *orilla* y el *borde* significan la arista en que se unen dos superficies, mientras que el *canto* suele implicar la representación del ángulo diedro y de una extensión mayor o menor de sus caras o lados.

orillar *verbo transitivo*
1 resolver
  concluir
  arreglar
  solventar
  desenredar

orillo *nombre masculino*
1 hirma
  vendo

orín *nombre masculino*
1 herrín
  herrumbre
  robín
  rubín
  moho

orina *nombre femenino*
1 meados (vulgar)
  orín
  aguas
  aguas menores
  pis
  pipí
  Pis y *pipí*, en el lenguaje infantil.

orinal *nombre masculino*
1 bacín
  servicio

orinar *verbo*
intransitivo/pronominal
1 hacer pis
  hacer pipí
  mear (vulgar)
  hacer aguas menores
  desbeber
  miccionar
  Hacer pis y *hacer pipí*, en el habla infantil.

oriol *nombre masculino*
1 lútea
  oropéndola
  papafigo
  víreo
  virio

oriundo, -da *adjetivo*
1 originario
  procedente

orlo *nombre masculino*
1 plinto
  latastro

ormino *nombre masculino*
1 gallocresta (planta)
  cresta de gallo
  orvalle
  rinanto

ornamentar *verbo transitivo*
1 adornar*
  engalanar
  hermosear
  exornar
  ornar
  ataviar
  acicalar
  ANTO desnudar
      despojar

ornamento *nombre masculino*
1 adorno*
  ornato*
  compostura
  atavío
  aderezo

ornar *verbo transitivo*
1 adornar*
  ornamentar
  aderezar
  ataviar

ornato *nombre masculino*
1 adorno*
  atavío
  gala
  ornamento
  aparato
  Ornamentos se usa especialmente tratándose de las vesti-

a
b
c
d
e
f
g
h
i
j
k
l
m
n
ñ
o
p
q
r
s
t
u
v
w
x
y
z

a

duras sagradas y de los adornos del altar. *Gala* se aplica a personas y cosas.

'El *ornato* se refiere más bien a las cosas que a las personas. El *ornato* de un templo o de un palacio consiste en la abundancia y en el esplendor de los *adornos*. No se dice el *ornato*, sino el *adorno* (o *atavío*) de una persona lujosamente vestida. *Ornamento* se usa en los dos sentidos; pero generalmente sólo en estilo retórico o poético' (M).

ornitodelfo, -fa *adjetivo/nombre masculino*
1 monotrema

oro
  oro negro *locución nominal*
  petróleo
  oro verde
  electro

orobanca *nombre femenino*
1 hierba tora

orobias *nombre masculino*
1 incienso
  olíbano

orondo, -da *adjetivo*
1 presumido
  satisfecho
  ufano
  hinchado
  hueco
  esponjado
  ANTO enjuto
       macizo
       humilde
       sencillo

oropel *nombre masculino*
1 relumbre
  relumbrón
  apariencia

oropéndola *nombre femenino*
1 lútea
  oriol
  papafigo
  víreo
  virio

orozuz *nombre masculino*
1 regaliz
  palo duz

orquestar *verbo transitivo*
1 instrumentar

ortega *nombre femenino*
1 corteza
  churra

ortiga
  ortiga de mar *locución nominal*
  actinia
  anémona de mar

ortoclasa *nombre femenino*
1 ortosa

ortología *nombre femenino*
1 fonética
  fonología
  prosodia

ortosa *nombre femenino*
1 ortoclasa

oruga *nombre femenino*
1 (planta) ruqueta
2 gusano (larva)

orujo *nombre masculino*
1 hollejo
  brisa
  casca
  Tratándose de la uva.
2 terrón
  Tratándose de la aceituna.

orvalle *nombre masculino*
1 gallocresta

orvallo *nombre masculino*
1 llovizna

orzaga *nombre femenino*
1 álimo
  armuelle
  marismo
  salgada
  salgadera

orzar *verbo intransitivo*
1 embicar

orzaya *nombre femenino*
1 niñera
  rolla
  rollona
  chacha
  tata

osa
  Osa Mayor *locución nominal*
  carro mayor
  hélice
  Osa Menor
  carro menor
  cinosura

osadía *nombre femenino*
1 atrevimiento*
  audacia
  arrojo*
  ANTO timidez
       cobardía
2 desvergüenza
  insolencia
  descaro

osado, -da *adjetivo*
1 temerario*
  atrevido
  arriesgado

osar *verbo intransitivo*
1 atreverse*
  arriesgarse
  aventurarse

osario *nombre masculino*
1 osar
  osero
  carnero

oscilación *nombre femenino*
1 vibración
2 balanceo
  fluctuación
  vaivén
3 vacilación

oscilar *verbo intransitivo*
1 vibrar
2 balancearse
  fluctuar
  ANTO aquietarse
       pararse
       permanecer
3 vacilar

oscitación *nombre femenino*
1 bostezo

ósculo *nombre masculino*
1 beso

oscurecer *verbo intransitivo/transitivo*
1 ensombrecer
  entenebrecer
  ANTO aclarar
2 ofuscar
  confundir
  ANTO alarar
  verbo intransitivo
3 anochecer
  ANTO amanecer
  verbo pronominal
4 nublarse
  ANTO despejarse

oscurecido, -da *adjetivo*
1 fuliginoso

a b c d e f g h i j k l m n ñ o p q r s t u v w x y z

denegrido
tiznado

oscuridad *nombre femenino*
1 lobreguez
sombra
tinieblas
tenebrosidad
2 ofuscación
ofuscamiento
confusión

oscuro, -ra *adjetivo*
1 lóbrego
tenebroso
opaco
sombrío
ANTO claro
despejado
2 confuso
inexplicable
ininteligible
incomprensible
turbio
ambiguo*
ANTO claro
despejado
inteligible

'Lo *oscuro* peca por lo inde-terminado y vago de las pala-bras y de las ideas; lo *confuso* por su desacertada coloca-ción. Una narración es *obscu-ra* cuando no están bien des-critos los hechos; es *confusa* cuando no observan su orden natural. Lo *oscuro* necesita explicación; lo *confuso*, clasi-ficación' (M).

3 humilde
desconocido
4 incierto
azaroso
peligroso
temeroso
ANTO claro

óseo, -ea *adjetivo*
1 huesoso
ososo

osero *nombre masculino*
1 osario
osar
carnero

osífraga *nombre femenino*
1 osífrago
quebrantahuesos (ave)

osífrago *nombre masculino*
1 quebrantahuesos (ave)
osífraga

osmanlí *adjetivo/nombre común*
1 (persona) turco
otomano
turquesco

ososo, -sa *adjetivo*
1 óseo
huesoso
huesudo

Se emplea preferentemente *óseo* para designar lo que es de hueso, que pertenece al hueso o participa de sus cua-lidades; *huesoso* o *huesudo* se dice sobre todo de lo que tiene hueso o huesos.

ostensible *adjetivo*
1 patente
visible
claro
manifiesto
público

ostentación *nombre femenino*
1 exhibición
manifestación
exteriorización
ANTO sencillez
sobriedad
2 jactancia
vanagloria
alarde
ANTO modestia
sencillez
sobriedad
3 magnificencia
boato
pompa
suntuosidad
fastuosidad
ANTO modestia
sencillez
sobriedad

ostentar *verbo transitivo*
1 mostrar
exhibir
patentizar
2 hacer gala
alardear
lucir

ostentoso, -sa *adjetivo*
1 magnífico
suntuoso
espléndido
pomposo
fastuoso
retumbante
rimbombante

Retumbante y *rimbombante*, con sentido despectivo o iró-nico.

ostia *nombre femenino*
1 ostra
concha

ostra *nombre femenino*
1 concha
ostia

ostracismo *nombre masculino*
1 destierro*
exilio
extrañamiento
proscripción
2 alejamiento
relegación
postergación

ostugo *nombre masculino*
1 pizca
miaja
partícula

osudo, -da *adjetivo*
1 huesudo

otear *verbo transitivo*
1 atalayar
2 escudriñar
registrar
atisbar
espiar

oto *nombre masculino*
1 autillo (ave)
cárabo
úlula
zumaya

otomano, -na *adjetivo/nombre*
1 (persona) turco
osmanlí
turquesco

otoñal *adjetivo*
1 autumnal

otorgar *verbo transitivo*
1 consentir
conceder
dar
condescender
ANTO prohibir
quitar
2 disponer
establecer
ofrecer
estipular

ovación *nombre femenino*
1 aplauso
palmas

ovado, -da *adjetivo*
1 aovado
oval

ovalado
ovoide
ovoideo

oval *adjetivo*
1 aovado
ovado
ovalado
ovoide
ovoideo

ovar *verbo intransitivo*
1 aovar

ovas *nombre femenino plural*
1 hueva

ovejero, -ra *adjetivo/nombre*
1 pastor*

óvido, -da *adjetivo/nombre masculino*
1 ovino
lanar

oviducto *nombre masculino*
1 madrecilla
huevera
trompa de Falopio

Madrecilla y *huevera*, en las aves; *trompa de Falopio*, en los mamíferos.

ovino, -na *adjetivo*
1 lanar
óvido

ovoide *adjetivo*
1 aovado
ovado
oval
ovalado
ovoideo

óvulo *nombre masculino*
1 macrogameto

oxiacanta *nombre femenino*
1 espino (arbolillo)

níspero espinoso
níspero silvestre

oxidado, -da *adjetivo*
1 roñoso
herrumbroso
mohoso

oxidar *verbo transitivo/pronominal*
1 aherrumbrar
enmohecer

oxigenarse *verbo pronominal*
1 airearse*
orearse
ventilarse

oxihidrilo *nombre masculino*
1 hidroxilo

oxítono, -na *adjetivo/nombre*
1 agudo*

pabellón *nombre masculino*
1 tienda de campaña
2 dosel
3 bandera

pablar *verbo intransitivo*
1 (burlesco) parlar
paular (burlesco)
charlar
gastar palabras
ANTO callar

pábulo *nombre masculino*
1 alimento
pasto
sustento
comida
2 fomento
ocasión
motivo

Especialmente en la expresión
dar pábulo.

paca[1] *nombre femenino*
1 (mamífero) capa

paca[2] *nombre femenino*
1 fardo

Paca se usa especialmente
tratándose de forrajes, lana o
algodón en rama.

pacato, -ta *adjetivo*
1 tímido
timorato
apocado
encogido
pusilánime
ANTO belicoso
audaz

pacay *nombre masculino*
1 guamá (árbol)

pacedura *nombre femenino*
1 apacentamiento (del
ganado)

pacense *adjetivo/nombre común*
1 (persona) badajocense

pacer *verbo intransitivo/transitivo*
1 pastar

pachá *nombre masculino*
1 bajá

pachorra *nombre femenino*
1 apatía
calma
flema
indolencia
tardanza

paciencia *nombre femenino*
1 tolerancia
sufrimiento
mansedumbre
conformidad
resignación
ANTO intolerancia
2 aguante
calma
perseverancia
ANTO ira

paciente *adjetivo*
1 tolerante
sufrido
manso
resignado
2 calmoso
pacienzudo
nombre común
3 enfermo*
doliente

pacienzudo, -da *adjetivo*
1 paciente
calmoso

pacificación *nombre femenino*
1 apaciguamiento

pacificar *verbo*
transitivo/pronominal
1 apaciguar
poner paz

reconciliar
no romper lanzas
no hacer mal a nadie
ANTO irritar
luchar
sublevar
2 sosegar
calmar
tranquilizar
aquietar
ANTO irritar

pacífico, -ca *adjetivo*
1 quieto
sosegado
tranquilo
reposado

paco *nombre masculino*
1 alpaca
paco llama

pactar *verbo transitivo*
1 estipular
tratar
convenir
concertar
ajustar
asentar
ANTO desunir

pacto *nombre masculino*
1 estipulación
trato
convenio
concierto
ajuste
2 tratado
contrato

padecer *verbo transitivo*
1 sufrir
pasar
soportar
aguantar
tolerar
sentir
pesar

padecimiento *nombre masculino*
1 enfermedad*
  dolencia
  achaque
  mal
  ANTO salud
    gozo
    dicha
    paz

padrazo *nombre masculino*
1 padrón

padre *nombre masculino*
1 autor
  creador
  inventor
  ⇒ padres
  Padre Santo *locución nominal*
  papa
  pontífice
  sumo Pontífice
  romano Pontífice
  santo Padre
  pastor Universal
  sucesor de San Pedro
  padre conscripto
  senador
  padre político
  suegro

padres *nombre masculino plural*
1 progenitores
  antepasados
  ascendientes*
  mayores
  ⇒ padre

padrinazgo *nombre masculino*
1 apadrinamiento
2 protección
  favor
  patrocinio
  apoyo

padrino *nombre masculino*
1 protector
  valedor
  patrocinador
  bienhechor
  favorecedor
  ⇒ padrinos

padrón *nombre masculino*
1 empadronamiento
  registro
2 (familiar) padrazo

paflón *nombre masculino*
1 sofito

paga *nombre femenino*
1 pagamento

pagamiento
pago
premio*
2 sueldo*
  haber
  mensualidad
  salario

paganismo *nombre masculino*
1 gentilidad
  gentilismo
  ANTO cristianismo

pagano[1] *nombre masculino*
1 pagote

pagano, -na[2] *adjetivo/nombre*
1 gentil
  idólatra

pagar *verbo transitivo*
1 abonar
  satisfacer
  sufragar
  costear
  gratificar
  retribuir
  recompensar
  remunerar
  ANTO deber
    quitar

Costear y *sufragar* sugieren a menudo un conjunto de gastos: *costear* la construcción de una escuela; *sufragar* los gastos de un asilo. Tratándose de servicios que se pagan al que los presta, úsanse *gratificar, retribuir, recompensar* y *remunerar*.

verbo pronominal
2 prendarse
  aficionarse
3 ufanarse
  jactarse

pagel *nombre masculino*
1 besuguete
  pajel
  sama

página *nombre femenino*
1 carilla
  llana
  plana

pago *nombre masculino*
1 reintegro
  pagamento
  pagamiento
  paga
2 satisfacción
  premio
  recompensa

paguro *nombre masculino*
1 ermitaño (crustáceo)

painel *nombre masculino*
1 panel

pairar *verbo intransitivo*
1 trincar

país *nombre masculino*
1 región
  territorio

Dentro del territorio, la *región* es una parte. *País* puede equivaler a *nación* o *patria*; por ejemplo: *¿De qué país es usted?*; *amaba mucho a su país.* En geografía física, *región* puede abarcar más que *país*, por ejemplo: la *región* ecuatorial, polar, desértica. *País* se usa también como sinónimo de *comarca, provincia, tierra*: vino del *país*.

paisano, -na *nombre*
1 labrador
  agricultor
  cultivador
  campesino
  labriego
  labrantín

paja *nombre femenino*
1 desecho
  broza
  sobrante
  hojarasca
  paja de camello *locución nominal*
  esquenanto
  esquinante
  esquinanto
  paja de esquinanto
  paja de Meca

pajado, -da *adjetivo*
1 pajizo (de color de paja)

pajar *nombre masculino*
1 cija
  almiar

pajarel *nombre masculino*
1 pardillo
  pardal
  pechirrojo
  pechicolorado

pájaro *nombre masculino*
1 ave
  pájaro bobo *locución nominal*
  pingüino
  pájaro burro
  rabihorcado

pájaro polilla
martín pescador
alción
guardarrío

pajarota *nombre femenino*
1 paparrucha
mentira
falsedad
bulo

pajea *nombre femenino*
1 ajea
artemisa pegajosa

pajecillo *nombre masculino*
1 palanganero

pajel *nombre masculino*
1 pagel
besuguete
sama

pajizo, -za *adjetivo*
1 (color) pajado

pajuela *nombre femenino*
1 luquete

pala *nombre femenino*
1 (del calzado) empella
2 espátula
En el esquí.

palabra *nombre femenino*
1 vocablo
voz
dicción
término
de palabra *locución adjetiva*
verbal
oral

palabrería *nombre femenino*
1 locuacidad
charlatanería
labia
palabreo
garla

palabrota *nombre femenino*
1 ajo
taco
grosería

palaciego, -ga *adjetivo/nombre*
1 cortesano
palatino
palaciano

paladar *nombre masculino*
1 cielo de la boca
2 sabor
gusto

adjetivo
3 palatal
palatino
paladial

paladear *verbo transitivo*
1 saborear
gustar

paladial *adjetivo*
1 paladar
palatino
palatal

paladín *nombre masculino*
1 defensor
campeón
sostenedor

paladino, -na *adjetivo*
1 público
manifiesto
claro
evidente
patente
ANTO oscuro
confuso
privado

palanca *nombre femenino*
1 mangueta
alzaprima
espeque

palancana, palangana *nombre femenino*
1 gana
jofaina

palanganero *nombre masculino*
1 pajecillo

palatal *adjetivo*
1 paladar
palatino
paladial

palatino, -na *adjetivo/nombre*
1 palaciego
palaciano
cortesano
2 paladar
palatal
paladial

palenque *nombre masculino*
1 estacada
liza
arena

palermitano, -na *adjetivo/nombre*
1 (persona) panormitano

palescencia *nombre femenino*
1 palidez

palestra *nombre femenino*
1 liza
tela
palenque
campo

paleta *nombre femenino*
1 palustre
2 badil
badila
3 omóplato
paletilla
espaldilla
4 tabloza

paletilla *nombre femenino*
1 xifoides
mucronata

paleto *nombre masculino*
1 gamo
dama

paleto, -ta *adjetivo/nombre*
1 rústico
aldeano
tosco
palurdo
labriego
zafio

paliar *verbo transitivo/pronominal*
1 encubrir
disimular
cohonestar
disculpar
ANTO acusar
descubrir
2 mitigar
suavizar
calmar
atenuar
aliviar
amortiguar*
ANTO aumentar
cargar

paliativo, -va *adjetivo/nombre masculino*
1 calmante

palidez *nombre femenino*
1 palor
amarillez
palescencia

pálido, -da *adjetivo*
1 amarillo
macilento
Tratándose de personas.
2 desvaído
rebajado
Hablando de colores.

a b c d e f g h i j k l m n ñ o p q r s t u v w x y z

palillo *nombre masculino*
1 mondadientes
  escarbadientes
  limpiadientes
2 bolillo (palito)
  majadero
  majaderillo
3 palique
  ⇒ palillos

palillos *nombre masculino plural*
1 castañuelas (instrumento)
2 banderillas (de torear)
  ⇒ palillo

palinodia *nombre femenino*
1 recantación
  retractación

palique *nombre masculino*
1 conversación*
  charla
  cháchara
  parloteo

palitroque, palitoque *nombre masculino*
1 banderilla
  rehilete
  palillos

paliza *nombre femenino*
1 tunda
  felpa
  zurra
  vapuleo
  tollina
  solfa
  soba
  azotaina

palizada *nombre femenino*
1 empalizada
  estacada

palma *nombre femenino*
1 palmera
2 gloria
  triunfo
  victoria
  ⇒ palmas
  como la palma de la mano *locución*
  (intensivo) plano
  llano
  liso

palmar *nombre masculino*
1 palmeral

palmario, -ria *adjetivo*
1 claro
  patente
  manifiesto

notorio
visible
paladino
evidente
palpable

palmas *nombre femenino plural*
1 aplausos
  palmadas
  ⇒ palma

palmera *nombre femenino*
1 palma

palmeta *nombre femenino*
1 férula
  palmatoria

palmito¹ *nombre masculino*
1 palma
  palma enana
  margallón

palmito² *nombre masculino*
1 cara*
  jeme

palmo *nombre masculino*
1 cuarta

palo *nombre masculino*
1 vara
  bastón
  garrote
  tranca
  cayado
  cachava
  báculo*
  El *palo* largo y delgado, *vara*; el que sirve para apoyarse al andar, *bastón*. Uno y otro pueden ser insignia de mando. *Palo* grueso y fuerte, *garrote*, *tranca*; *palo* de forma arqueada en un extremo, *cayado*, *cachava*.
2 golpe
  bastonazo
  garrotazo
  estacazo
3 mástil
  árbol
4 árbol
  madera

palomero, -ra *adjetivo*
1 colombófilo

palomita *nombre femenino*
1 estirada
  Se usa principalmente en el fútbol.

palosanto *nombre masculino*
1 caqui

palpable *adjetivo*
1 patente
  claro
  manifiesto
  ostensible
  palmario
  tangible*
  ANTO intangible
  oculto
  confuso

palpar *verbo transitivo*
1 tocar
  tentar*

pálpebra *nombre femenino*
1 párpado

palpitación *nombre femenino*
1 latido

pálpito *nombre masculino*
1 presentimiento
  corazonada

palto *nombre masculino*
1 aguacate (árbol)

paludismo *nombre masculino*
1 malaria
  anofelismo

palurdo, -da *adjetivo/nombre*
1 tosco
  grosero
  rústico
  zafio
  paleto
  aldeano
  labriego
  cateto (despectivo)
  ANTO culto
  refinado
  urbano

palustre¹ *nombre masculino*
1 paleta (de los albañiles)

palustre² *adjetivo*
1 palúdico

pamema *nombre femenino*
1 ficción*
  fingimiento
  paripé
  melindre

pámpano *nombre masculino*
1 salpa
  salema
2 pámpana (hoja de la vid)

pamplina *nombre femenino*
1 (planta papaverácea) zadorija

zapatilla de la reina
2 tontería
bagatela
futesa
nadería

pamporcino *nombre masculino*
1 artanita
artanica
ciclamino
pan porcino

pamposado, -da *adjetivo*
1 holgazán
perezoso
poltrón
gandul
maltrabaja
galbanero

pan
  comer el pan de los niños
  locución
  ser anciano
  peinar canas
  ser viejo
  caerse de maduro
  andar con la barba por el
    suelo
  pan de perro *locución*
  nominal
  perruna
  pan eucarístico
  hostia
  forma
  sagrada forma
  pan porcino
  artanita
  pamporcino
  ciclamino
  artanica

pánace *nombre femenino*
1 opopónace

panacea *nombre femenino*
1 (medicamento) curalotodo
2 remedio
solución

panadear *verbo transitivo*
1 panificar

panadera *nombre femenino*
1 (familiar) zurra
manta
somanta
azotaina
pega
felpa
ANTO caricia

panadería *nombre femenino*
1 tahona

panadero, -ra *nombre*
1 tahonero

panal *nombre masculino*
1 azucarillo
esponjado

pancho *nombre masculino*
1 panza
vientre
barriga

pandear *verbo*
  intransitivo/pronominal
1 apandar
torcerse
encorvarse
combarse
alabearse

pandemia *nombre femenino*
1 epidemia*
peste
epizootia
endemia
enzootia

pandilla *nombre femenino*
1 liga
unión
2 partida
cuadrilla
gavilla
caterna
banda
facción*

Caterna, banda y *facción* tienen significado despectivo.

panegírico *nombre masculino*
1 apología
elogio
alabanza
enaltecimiento
encomio
ANTO insulto
diatriba
catilinaria

panel *nombre masculino*
1 painel

panera *nombre femenino*
1 nasa (cesto)

pánfilo, -la *adjetivo*
1 pausado
calmoso
lento
tardo
2 parado
pazguato
soso
panoli
bobo

panfleto *nombre masculino*
1 libelo
folleto

pánico *adjetivo/nombre*
  masculino
1 terror
espanto
pavor
miedo*
ANTO tranquilidad
serenidad
valor

panificar *verbo transitivo*
1 panadear

panizo *nombre masculino*
1 maíz
mijo
zara

panocha *nombre femenino*
1 panoja
mazorca

panoja *nombre femenino*
1 panocha
mazorca

panoli *adjetivo*
1 (persona) pánfilo
parado
pazguato
soso
bobo

panorama *nombre masculino*
1 vista

Panorama es la *vista* de un ho-
rizonte muy dilatado.

panormitano, -na
  adjetivo/nombre
1 (persona) palermitano

panoso, -sa *adjetivo*
1 harinoso
farináceo*

pantanal *nombre masculino*
1 ciénaga
almarjal

pantano *nombre masculino*
1 laguna
embalse

Laguna, si el *pantano* es natural; *embalse*, si es artificial.

2 dificultad
embarazo
estorbo
atolladero
atascadero

a
b
c
d
e
f
g
h
i
j
k
l
m
n
ñ
o
p
q
r
s
t
u
v
w
x
y
z

pantanoso, -sa *adjetivo*
1 encharcado
  cenagoso
  empantanado

panteonero *nombre masculino*
1 sepulturero

pantiatría *nombre femenino*
1 medicina general
  medicina de familia

panza *nombre femenino*
1 vientre
  pancho
  barriga
  abdomen* (culto o
    científico)

panzada *nombre femenino*
1 tripada
  hartazgo
  atracón

panzón, -ona *adjetivo*
1 panzudo
  barrigón
  barrigudo

panzudo, -da *adjetivo*
1 panzón
  barrigón
  barrigudo

paño *nombre masculino*
1 (de cocina) albero
  paño de altar *locución nominal*
  mantel
  paño de hombros
  humeral
  banda
  cendal
  paño de mesa
  mantel

pañolón *nombre masculino*
1 mantón

papa[1] *nombre masculino*
1 pontífice
  sumo Pontífice
  romano Pontífice
  Santo Padre
  padre Santo
  pastor Universal
  sucesor de San Pedro
  vicario de Cristo

papa[2] *nombre femenino*
1 patata
  ⇒ papas

papado *nombre masculino*
1 pontificado
  papazgo

papafigo *nombre masculino*
1 becafigo
  papahigo
  picafigo
2 oropéndola

papagayo

  papagayo del Paraguay
  locución nominal
  paraguay
  loro del Brasil

papahígo *nombre masculino*
1 (ave) becafigo
  papafigo
  picafico

papahuevos *nombre masculino*
1 papanatas
  papamoscas
  papatoste
  simple
  crédulo
  bobalicón
  tontaina

papal *adjetivo*
1 pontificio

papalina *nombre femenino*
1 borrachera

papamoscas *nombre masculino*
1 (familiar) papanatas
  papahuevos
  papatoste
  simple
  crédulo
  bobalicón
  tontaina

papanatas *nombre masculino*
1 papahuevos
  papamoscas
  papatoste
  simple
  crédulo
  bobalicón
  tontaina
  tonto
  bobo
  tragaldabas

paparrabias *nombre común*
1 (familiar) cascarrabias
  malhumorado

paparrucha *nombre femenino*
1 mentira
  falsedad
  bulo
  bola*
  patraña

papas *nombre femenino plural*
1 gachas
  puches
  poleadas
  polenta
  ⇒ papa

papatoste *nombre masculino*
1 papanatas
  papahuevos
  papamoscas
  simple
  crédulo
  bobalicón
  tontaina

papaya *nombre femenino*
1 lechosa

papayo *nombre masculino*
1 lechoso

papazgo *nombre masculino*
1 papado
  pontificado

papel
  hacer el papel *locución*
  fingir
  simular
  aparentar
  hacer creer
  mamarse el dedo
  hacer la comedia
  llorar con un ojo

papelero, -ra *adjetivo/nombre*
1 farolero
  farolón
  papelón

papeleta *nombre femenino*
1 cédula

papelón, ona[1] *nombre*
1 (familiar) desacierto
  error
  ridículo

papelón, -ona[2] *adjetivo/nombre*
1 (familiar) papelero
  farolero
  farolón

papera *nombre femenino*
1 bocio
2 parótida (tumor)
  ⇒ paperas

paperas *nombre femenino plural*
1 escrófulas
  lamparones
  ANTO listo
  ⇒ papera

a
b
c
d
e
f
g
h
i
j
k
l
m
n
ñ
o
p
q
r
s
t
u
v
w
x
y
z

papialbillo *nombre masculino*
1 jineta (mamífero)
  gineta
  patialbillo

papilionáceo, -ea *adjetivo*
1 amariposado

papo *nombre masculino*
1 buche

pápula *nombre femenino*
1 furúnculo
  botón

paquete *nombre masculino*
1 envoltorio
  atado
  atadijo
  lío

par *adjetivo*
1 igual*
  semejante
  ANTO desigual

nombre masculino
2 pareja
  ANTO uno
        unidad
3 yunta

para *participio*
1 a
  hacia

Las tres preposiciones expresan la dirección del movimiento: *ir para Madrid*; pero la dirección que indica *para* es generalmente más indeterminada que la señalada por la prep. *a*: *ir a Madrid*. En esta acepción, *para* se parece a *hacia*, la cual indica más vagamente todavía la dirección del movimiento.

Para enlaza el verbo con su complemento indirecto o dativo, lo mismo que la preposición *a*: *compraremos un juguete al niño*, o *para el niño*. Aunque la relación de dativo es la misma con una u otra preposición, *para* añade o refuerza la idea de finalidad. Compárese: *traigo una carta a tu madre*, con: *traigo una carta para tu madre*.

conjunción
2 a
  a fin de

La misma diferencia puede observarse entre las conjunciones finales *a que*, *para que*, por una parte, y *a fin de*

que, por otra: *Vengo a que me paguen*, o *para que me paguen*, *a fin de que la deuda se cancele pronto*.

'(*A fin de* y *para*) son sinónimos en el sentido en que significan que se hace una cosa con la mirada de otra, con la diferencia de que *para* denota una mirada más cercana o presente, y *a fin de*, una más lejana. Se presenta uno delante del príncipe *para* hacerle la corte, se le hace la corte *a fin de* obtener gracias' (Ma).

parabién *nombre masculino*
1 felicitación
  enhorabuena
  pláceme

parabrisa *nombre femenino*
1 guardabrisa

parada *nombre femenino*
1 detención
  alto
  ANTO marcha
2 estación
  estacionamiento*
3 acaballadero
  puesto
4 desfile
5 quite

paradero *nombre masculino*
1 término
  fin
  final
2 apeadero

Tratándose del ferrocarril.

parado, -da *adjetivo*
1 remiso
  tímido
  corto
2 desacomodado
  desocupado
  desempleado
  sin trabajo
  cesante

Cesante, tratándose de un empleado.

parador *nombre masculino*
1 mesón
  posada
  hostal
  hostería
  fonda

parafina *nombre femenino*
1 alcano

paráfrasis *nombre femenino*
1 amplificación

paraguay *nombre masculino*
1 loro del Brasil
  papagayo del Paraguay

paraguaya *nombre femenino*
1 fresquilla

parahúso *nombre masculino*
1 trincaesquinas

paraíso *nombre masculino*
1 edén
  cielo
2 gallinero
  galería

En los teatros.

paraje *nombre masculino*
1 lugar*
  sitio
  parte
  punto

El *paraje* designa generalmente un *lugar* lejano o aislado.

paralelismo *nombre masculino*
1 correspondencia
  semejanza

paralelo, -la *adjetivo*
1 correspondiente
  semejante
2 comparación
  cotejo
  parangón

parálisis *nombre femenino*
1 tullimiento
  tullidez
  aneuria

paralítico, -ca *adjetivo/nombre*
1 impedido
  tullido
  imposibilitado

paralizar *verbo*
transitivo/pronominal
1 tullir
  imposibilitar
  entumecer*
2 detener
  atajar
  impedir
  entorpecer
  inmovilizar
  parar*
  ANTO mover
     movilizar
     facilitar

a
b
c
d
e
f
g
h
i
j
k
l
m
n
ñ
o
p
q
r
s
t
u
v
w
x
y
z

a
b
c
d
e
f
g
h
i
j
k
l
m
n
ñ
o
p
q
r
s
t
u
v
w
x
y
z

paralogismo *nombre masculino*
1 sofisma

'Estas voces son puramente griegas. La primera designa un engaño obrado por raciocinios artificiosos, por argumentos capciosos, por conclusiones falaces. *Sofisma* designa un fraude cualquiera, la sutileza, la astucia. El *paralogismo* y el *sofisma* inducen a error; aquél por defecto de luces o de aplicación, y éste por malicia, por una sutileza maligna' (Ci).

paramorfia *nombre femenino*
1 malformación

paramorfina *nombre femenino*
1 tebaína

parangonar *verbo transitivo/pronominal*
1 cotejar
comparar*
compulsar
confrontar
ANTO diferenciar

Compulsar y *confrontar*, tratándose de escritos, ediciones, etc.

paranoia *nombre femenino*
1 monopsicosis
monomanía

paranoico, -ca *adjetivo*
1 monomaníaco
maníaco
loco

parar *verbo intransitivo/transitivo/pronominal*
1 detener
suspender
estacionarse
atajar
paralizar
ANTO marchar
movilizar

'*Pararse, detenerse.* Me *paré* algún tiempo en aquella ciudad para ver sus curiosidades; oí que me llamaban y me *detuve* al instante. El primer verbo representa el acto momentáneo de suspender el movimiento o la acción; el segundo representa la suspensión continuada por algún tiempo de la acción o movimiento. Llegué tarde porque me *detuve* mucho tiempo en casa. Le *paró* en el primer tiempo mi reflexión, y después de haberse *detenido* largo rato a pensar las dificultades, se inclinó a lo peor' (LH).

verbo intransitivo
2 terminar
acabar
concluir
3 habitar
hospedarse
alojarse
estar
vivir
4 ponerse en pie

Por ejemplo, ¡párate! (*ponte en pie*). En algunos taxis se lee el aviso: 'prohibido *parar* a los niños en el asiento'.

pararse *verbo pronominal*
1 levantarse

paratonía *nombre femenino*
1 hipertensión

paratopía *nombre femenino*
1 desplazamiento
dislocación
ectopía

paratripsis *nombre femenino*
1 irritación
rozadura
excoriación

parche *nombre masculino*
1 emplasto
2 tambor

parcial *adjetivo*
1 incompleto
adjetivo/nombre
2 partidario*
secuaz
allegado

parcialidad *nombre femenino*
1 bando
bandería
partido
2 preferencia
inclinación
desigualdad
injusticia
ANTO justicia
igualdad
legalidad

parco, -ca *adjetivo*
1 corto
escaso
insuficiente
2 sobrio
moderado*
templado
mesurado
frugal

Frugal, tratándose de comida y bebida.

pardillo *nombre masculino*
1 pajarel
pardal
pechicolorado
pechirrojo
2 labriego
campesino

parecer[1] *nombre masculino*
1 opinión
dictamen
juicio

parecer[2] *verbo intransitivo/pronominal*
1 aparecer
dejarse
ver
manifestarse
presentarse
comparecer
ANTO desaparecer
2 hallarse
encontrarse
3 semejar
asemejarse*
ANTO diferenciar

parecido[1] *nombre masculino*
1 semejanza
similitud
analogía

parecido, -da[2] *adjetivo*
1 semejante
similar
análogo
afín
parejo
parigual

Parecido se aplica principalmente al aspecto o impresión física que producen las cosas; *análogo* y *semejante* son más abstractos, y se aplican a las ideas, gustos, etc. Dos personas o dos objetos pueden ser *parecidos.* Dos doctrinas u opiniones pueden ser *análogas* o *semejantes.*

pared *nombre femenino*
1 muro
tabique
tapia
albarrada
horma
hormaza

Muro, especialmente si es grueso; *tabique* es pared delgada. Según los materiales de que está hecha: de tierra amasada y apisonada, *tapia*; de piedra seca, *albarrada*, *horma* u *hormaza*.

pared medianera *locución nominal*
arrimo

paregórico *nombre masculino*
1 anodino
  calmante
  elixir

pareja *nombre femenino*
1 copia
  par

parejo, -ja *adjetivo*
1 igual*
  par
  parigual
  semejante*
  parecido*
2 liso
  llano

paremia *nombre femenino*
1 proverbio
  refrán

parentela *nombre femenino*
1 familia

parentesco *nombre masculino*
1 deudo
2 vínculo
  unión
  liga
  semejanza
3 consanguinidad

parhilera *nombre femenino*
1 cumbrera
  hilera

parida *adjetivo/nombre femenino*
1 parturienta

  Parida se aplica a personas y animales. Tratándose de la mujer que está de parto o recién parida, *parturienta*.

paridad *nombre femenino*
1 comparación
  paralelismo
2 igualdad*
  semejanza
  ANTO desemejanza
    diversidad
    desigualdad

pariente, -ta *adjetivo/nombre*
1 deudo
  allegado
  familiar
2 semejante
  parecido

parietaria *nombre femenino*
1 cañarroya
  albahaquilla de río

parigual *adjetivo*
1 igual*
  par
  parejo
  parecido*
  semejante*

parihuela *nombre femenino*
1 cibiaca
2 camilla
  mesa camilla

paripé *nombre masculino*
1 entono
  presunción
  fingimiento
  ficción*

parir *verbo intransitivo/transitivo*
1 alumbrar
  dar a luz
  salir de cuidado

  Tratándose de la mujer, se utilizan estos tres sinónimos como eufemismos de *parir*.

parisiense *adjetivo/nombre común*
1 (persona) parisino
  parisién

parlamento *nombre masculino*
1 cortes
  cámara
  asamblea legislativa

parlanchín, -ina *adjetivo/nombre*
1 hablador*
  charlatán
  parolero

parlar *verbo intransitivo*
1 pablar (burlesco)
  paular (burlesco)
  charlar
  gastar palabras
  soltar la sin hueso
  ANTO callar

parloteo *nombre masculino*
1 charla
  cháchara
  palique

conversación*
⇒ conversación

parma *nombre masculino*
1 (queso) parmesano

parmesano *nombre masculino*
1 (queso) parma

paro *nombre masculino*
1 desempleo
  desocupación
  ANTO movimiento
    trabajo

paroniria *nombre femenino*
1 pesadilla

paronomasia *nombre femenino*
1 paranomasia
  aliteración

  Aliteración es una forma de *paronomasia* que consiste en la repetición de un sonido o grupo de sonidos en la misma cláusula.

parótida *nombre femenino*
1 (tumor inflamatorio) papera

paroxismo *nombre masculino*
1 exacerbación
  exaltación

paroxítono, -na *adjetivo*
1 llano
  grave

párpado *nombre masculino*
1 pálpebra

parpalla *nombre femenino*
1 parpejana
  parpallota

parque *nombre masculino*
1 bosque*
  selva
  jardín

parquedad *nombre femenino*
1 moderación
  sobriedad
  ANTO imprudencia
    derroche
2 parsimonia
  ANTO derroche

párrafo *nombre masculino*
1 parágrafo

parranda *nombre femenino*
1 holgorio
  fiesta
  jarana
  juerga

a b c d e f g h i j k l m n ñ o p q r s t u v w x y z

parroquia *nombre femenino*
1 feligresía
2 clientela

parroquiano, -na
adjetivo/nombre
1 feligrés
nombre
2 cliente

parsimonia *nombre femenino*
1 frugalidad
economía
ahorro
sobriedad
ANTO derroche
2 circunspección
templanza
moderación
parquedad
mesura
ANTO imprudencia
rapidez
fervor

parte *nombre femenino*
1 fracción
pedazo*
trozo
fragmento

'La *parte* es relativa al todo; la *fracción*, a la masa; el *fragmento*, a lo íntegro. La unión de las *partes* forma el todo; la de las *fracciones* forma el conjunto; la de los *fragmentos* forma lo íntegro. Una columna es *parte* de un edificio; *fracción*, de una cantera, y *fragmento*, cuando el edificio se arruina' (M).

2 porción
participación
3 litigante
4 sitio
lugar
lado
dirección
punto
nombre masculino
5 despacho
telegrama
telefonema
radiograma
6 notificación
aviso

tomar parte *locución*
participar

partera *nombre femenino*
1 comadre
comadrona

matrona
profesora en partos

Comadrona, matrona y *profesora en partos* son títulos oficiales para ejercer esta profesión.

2 parturienta
parida

partición *nombre femenino*
1 reparto
división
partija
partimento
partimiento

Partija, especialmente cada una de las partes que resultan de este reparto; *partimento, partimiento*, aluden principalmente al acto de repartir.

participación *nombre femenino*
1 intervención

participar *verbo intransitivo*
1 tener parte
2 colaborar
contribuir
cooperar
tomar parte
verbo transitivo
3 notificar*
noticiar
informar
avisar
comunicar
hacer saber
poner en antecedentes

partícipe *adjetivo/nombre común*
1 parcionero
particionero
porcionero
participante

particular *adjetivo*
1 propio
privativo
peculiar
personal
ANTO general
impersonal
2 especial
singular
extraordinario
raro
extraño
ANTO general
común
ordinario

particularidad *nombre femenino*
1 singularidad

peculiaridad
2 pormenor
circunstancia
detalle

partida *nombre femenino*
1 salida
marcha
arrancada
arranque

Arrancada y *arranque* son propiamente el empuje de un barco o un vehículo cualquiera al salir.

2 cuadrilla
pandilla
banda
facción*
3 guerrilla

partida de caza *locución nominal*
cacería

partidario[1] *nombre masculino*
1 guerrillero
partisano

Debe evitarse el barbarismo innecesario *partisano*, que significa lo mismo que *guerrillero*.

2 aparcero

partidario, -ria[2] *adjetivo/nombre*
1 secuaz
adicto
parcial
prosélito
neófito*

El *partidario* sigue un partido; el *secuaz* pertenece a una secta o escuela; el *parcial* y el *adicto* se adhieren a una persona; el *prosélito* es un partidario ganado a un bando, doctrina, etc.; si es reciente se llama *neófito*.

partido *nombre masculino*
1 bando
bandería
parcialidad
2 revolución
determinación
decisión
3 provecho
ventaja
utilidad
conveniencia
4 favor
protección
popularidad
simpatía

5 distrito
  territorio
6 match (anglicismo)
  contienda
  encuentro

partidor *nombre masculino*
1 repartidor
  distribuidor

partir *verbo transitivo*
1 dividir*
  ANTO unir
    sumar
2 hender
  rajar
  abrir
  cortar
  romper
  tajar*
3 repartir
  distribuir
  verbo intransitivo
4 salir
  marcharse
  ir
  ausentarse
  coger el hatillo
  tomar el portante
  liar el hato
  levantar velas
  ANTO llegar
    permanecer

parto *nombre masculino*
1 alumbramiento
  parturición

parturición *nombre femenino*
1 parto
  alumbramiento

párulis *nombre masculino*
1 flemón

parvedad *nombre femenino*
1 pequeñez
  escasez
  poquedad
  cortedad
  parvidad

párvulo, -la *adjetivo/nombre*
1 niño

pasable *adjetivo*
1 pasadero
  soportable
  tolerable
  admisible
  aceptable*

pasada *nombre femenino*
1 pasadía
  congrua

mala pasada *locución nominal*
  perrería
  vileza
  deslealtad
  trastada
  jugarreta
  truhanería
  truhanada

pasadera *nombre femenino*
1 meollar

pasadero, -ra *adjetivo*
1 pasable
  llevadero
  tolerable
  soportable
  admisible
  aceptable*
  ANTO insoportable
    inadmisible
2 transitable
  Tratándose de un camino, vado, etc., por donde puede pasarse con facilidad.

pasadía *nombre femenino*
1 pasada
  congrua

pasadizo *nombre masculino*
1 pasillo
  corredor
  En los edificios.

pasado, -da *nombre*
1 pretérito
  ANTO presente
    futuro

pasador, -ra *nombre*
1 colocador
  En el voleibol.

pasaje *nombre masculino*
1 paso

pasajero, -ra *adjetivo*
1 transitado
  pasadero
2 breve
  fugaz
  transitorio
  momentáneo
  efímero
  perecedero
  huidizo
  temporal
  adjetivo/nombre
3 viajero
  transeúnte

pasamano *nombre masculino*
1 crujía

pasapán *nombre masculino*
1 (humorístico y familiar)
  garganta
  gola
  gorja
  garguero
  gaznate
  gañote

pasaporte *nombre masculino*
1 salvoconducto
  Pasaporte se usa especialmente para el tránsito internacional; en el interior del país suele llamarse *salvoconducto*, excepto el que se expide a los militares.

pasar *verbo intransitivo*
1 transitar
  trasladarse
  transcurrir
  suceder
  acaecer
  ocurrir
  acontecer
  ANTO permanecer
  Transcurrir, suceder, acaecer, ocurrir y *acontecer*, tratándose del tiempo o de una acción.
  'El que *pasa* no hace más que atravesar un espacio, el que *transita* se detiene en algunos puntos... *Pasar* expresa una acción continuada; *transitar*, una acción ininterrumpida' (M).
2 cruzar
  atravesar*
3 sobrepujar
  exceder
  aventajar
4 padecer
  sufrir
  soportar
  tolerar
5 disimular
  dispensar
  perdonar
6 cesar
  acabarse
  verbo transitivo
7 llevar
  conducir
  trasladar
8 cerner
  colar
  verbo pronominal
9 marchitarse
  ajarse
  estropearse

a
b
c
d
e
f
g
h
i
j
k
l
m
n
ñ
o
p
q
r
s
t
u
v
w
x
y
z

pasatiempo *nombre masculino*
1 entretenimiento
   diversión
   solaz
   distracción
   divertimiento*
   hobby

pasear *verbo intransitivo/pronominal*
1 estirar las piernas
   tomar el sol
   el aire
   dar una vuelta
   andar
   vagar
   deambular
   Deambular, especialmente cuando no se lleva dirección u objeto determinado:

pasible *adjetivo*
1 sufrido
   paciente
   resignado
   tolerante

pasiflora *nombre femenino*
1 pasionaria

pasillo *nombre masculino*
1 corredor
   pasadizo

pasión *nombre femenino*
1 padecimiento
   sufrimiento
2 vehemencia
   ardor
   calor
   entusiasmo

pasionaria *nombre femenino*
1 pasiflora
   granadilla
   maracuyá
   Granadilla designa sólo la flor y el fruto.

pasividad *nombre femenino*
1 indiferencia
   impasibilidad
   inacción
   ANTO actividad
         inquietud

pasmado, -da *adjetivo*
1 absorto*
   admirado
   atónito
   suspenso
   maravillado
   cautivado
   asombrado
2 lelo
   embobado
   bobo
   tonto
   simple

pasmar *verbo transitivo/pronominal*
1 enfriar
   helar
   aterir
2 inmovilizar
   tullir
3 asombrar*
   maravillar
   aturdir
   helársele el corazón

pasmarote *nombre masculino*
1 embobado
   alelado
   estafermo

pasmo *nombre masculino*
1 espasmo
   aterimiento
2 tétanos
3 asombro
   maravilla
   suspensión
   aturdimiento
   admiración*

pasmoso, -sa *adjetivo*
1 asombroso
   maravilloso
   prodigioso
   estupendo
   portentoso

paso *nombre masculino*
1 zancada
   Usados en el atletismo y en la hípica.

a cada paso *locución adverbial*
   frecuentemente
   a menudo
   con frecuencia
   a cada instante
   a traque barraque

a paso de tortuga
   lentamente
   poco a poco
   paulatinamente
   despacio
   pausadamente
   paso a paso
   ANTO rápidamente
         velozmente
         raudamente

paso de ambladura *locución nominal*
   paso de andadura
   portante

pasote *nombre masculino*
1 pazote
   apasote
   hierba de Santa María
   hierba del Brasil
   hierba hormiguera
   pizate
   té borde

pasquín *nombre masculino*
1 cartel

pasta *nombre femenino*
1 masa

pastar *verbo transitivo*
1 pastorear
   apacentar
   verbo intransitivo
2 pacer

pasteleria *nombre femenino*
1 confitería
   dulcería

pastilla *nombre femenino*
1 tableta
   comprimido
   Se usa *comprimido* si es de tamaño muy pequeño.

pasto *nombre masculino*
1 pastura
   hierba
2 pábulo
   alimento

pastor, -ra *nombre*
1 boyero
   boyerizo
   vaquero
   porquerizo
   ovejero
   cabrero
   pavero
   dulero
   zagal
   rabadán
   rehalero
   albarrán
   mayoral
   Según la clase de ganado que cuida, tiene nombres especiales, como *boyero*, *boyerizo*, *vaquero*, *porquerizo*, *ovejero*, *cabrero* y *pavero*. El que guarda la dula, *dulero*. *Zagal* es el mozo del *mayoral*. El *pastor* principal de un rebaño recibe

distintos nombres, como *ra-badán, rehalero, albarrán* y *mayoral*, según las regiones.

pastura *nombre femenino*
1 pasto
  hierba

pata

  pata de león *locución nominal*
  alquimila
  pie de león
  estela
  estelaria

  tener mala pata *locución*
  tener mala suerte
  estar de malas
  haber pisado mala hierba

pataco, -ca *adjetivo/nombre*
1 patán
  tosco
  rústico
  grosero
  torpe

patada *nombre femenino*
1 puntapié
  coz
2 pisada
  huella*
  estampa

pataleta *nombre femenino*
1 (familiar y burlesco) berrenchín
  berrinche*
  enojo
  enfado
  coraje
  rabieta (irónico o despectivo)

patán *nombre masculino*
1 aldeano
  paleto
  palurdo

  adjetivo/nombre masculino
2 tosco
  rústico
  grosero
  torpe
  pataco

patanería *nombre femenino*
1 grosería*
  impolítica
  desatención
  incorrección
  inconveniencia
  descomedimiento
  descortesía
  rustiquez

ANTO delicadeza
  educación
  urbanidad

patatín patatán *locución*
1 andar en dimes y diretes
  ⇒ dimes

patatús *nombre masculino*
1 (familiar) accidente
  desmayo
  vahído
  vértigo
  congoja
  soponcio
  ataque*

patear *verbo intransitivo/pronominal*
1 recorrer

patente *adjetivo*
1 visible
  evidente
  claro
  manifiesto
  ostensible
  palpable
  notorio
  público*

patentemente *adverbio*
1 abiertamente
  francamente
  sinceramente
  claramente
  paladinamente
  manifiestamente
  sin rodeos
  ANTO ocultamente

patentizar *verbo transitivo*
1 mostrar
  manifestar
  significar
  hacer patente
  representar
  ANTO ocultar

paternal *adjetivo*
1 paterno

paterno, -na *adjetivo*
1 paternal
  ⇒ materno, maternal

  Entre *paterno* y *paternal* hay a menudo sinonimia completa. Pero *paterno* se dice de lo que es propio del padre efectivo (pariente por línea paternal), en tanto que *paternal* se extiende a lo que se parece a las cualidades de un padre. Por ejemplo: un superior puede

darnos una reprimenda *paternal* (bondadosa) y sólo la de nuestro padre será *paterna*.

patético, -ca *adjetivo*
1 conmovedor
  emocionante
  sentimental
  tierno

patialbillo *nombre masculino*
1 jineta (mamífero)
  gineta
  papialbillo

patíbulo *nombre masculino*
1 cadalso
  horca
  suplicio

patidifuso, -sa *adjetivo*
1 (humorístico) estupefacto
  atónito
  pasmado
  asombrado
  maravillado
  patitieso (burlesco)
  turulato (familiar)

patinar *verbo intransitivo*
1 derrapar

patio *nombre masculino*
1 platea
  En los teatros.

patitieso, -sa *adjetivo*
1 (burlesco) atónito
  estupefacto
  suspenso
  pasmado
  asombrado
  maravillado
  turulato (familiar)
  patitieso (burlesco)

pato *nombre masculino*
1 parro
  ánade
  lavanco
  alavanco
  Lavanco y *alavanco* designan al *pato* bravío.

  pato negro *locución nominal*
  fusca

patochada *nombre femenino*
1 disparate
  sandez
  patanería
  zafiedad
  tochedad
  grosería

a b c d e f g h i j k l m n ñ o p q r s t u v w x y z

patóforo, -ra *adjetivo*
1 portador

patología *nombre femenino*
1 nosología

patología vegetal *locución nominal*
fitopatología

patraña *nombre femenino*
1 mentira
bulo
bola
embuste
cuento
farsa
ANTO realidad
verdad

pátria *nombre femenino*
1 suelo
país natal
tierra natal
nación*

patrimonio *nombre masculino*
1 herencia
sucesión
2 propiedad
bienes

patriotismo *nombre masculino*
1 amor a la patria
'Amor a la patria es un sentimiento más templado y menos activo que el *patriotismo*. Amar a la patria no es lo mismo que sacrificarse en su servicio. Ama a la patria el que, ausente de ella, vive triste, desasosegado y deseoso de restituirse a sus hogares. Tiene *patriotismo* el que consagra a la patria su hacienda, sus servicios y su existencia' (M).

patrocinador, -ra *adjetivo/nombre*
1 padrino
protector
valedor
bienhechor
favorecedor
2 promotor

patrocinar *verbo transitivo*
1 proteger
amparar
favorecer
apoyar
apadrinar
auspiciar

patrocinio *nombre masculino*
1 protección

amparo
favor
apoyo
ANTO desamparo
abandono
acusación

patrón[1] *nombre masculino*
1 modelo
padrón
dechado
pauta

patrón, -ona[2] *nombre*
1 patrono
protector
defensor
2 hospedero
3 amo
señor*
jefe
principal
En varios países americanos se usa *patrón* como tratamiento respetuoso: *vale dos pesos, patrón; dígame, patrón, dónde está la calle X.*

patrono, -na *nombre*
1 defensor
protector
amparador
patrón
2 dueño
amo
señor
capitalista
jefe
Capitalista y *jefe*, en la industria.

paulatinamente *adverbio*
1 poco a poco
lentamente
pausadamente
despacio*

paulatino, -na *adjetivo*
1 pausado
lento
calmoso
tardo

paulina *nombre femenino*
1 excomunión
2 represión
reprimenda

pausa *nombre femenino*
1 detención
interrupción
alto
parada
intervalo*

ANTO acción
trabajo
2 silencio
3 tardanza
lentitud
calma

pausado, -da *adjetivo*
1 tardo
calmoso
flemático
2 paulatino
lento

pauta *nombre femenino*
1 modelo
patrón
dechado
regla
norma
guía

pavero, -ra *nombre*
1 presumido
vanidoso

pavimentar *verbo transitivo*
1 solar
asfaltar
embaldosar
empedrar
enlosar
adoquinar
Asfaltar, embaldosar, empedrar, enlosar y *adoquinar*, según los materiales empleados para *pavimentar*.

pavimento *nombre masculino*
1 suelo
solado
piso
adoquinado
entarimado
enladrillado
embaldosado
Adoquinado, entarimado, enladrillado y *embaldosado*, según los materiales empleados.

paviota *nombre femenino*
1 gaviota
gavina

pavo *nombre masculino*
1 gallipavo

pavo real *locución nominal*
pavón

pavón *nombre masculino*
1 pavo real

pavonear *verbo intransitivo/pronominal*
1 pompearse

pomponearse
farolear
presumir
blasonar
vanagloriarse
jactarse
hacerse propaganda

pavor *nombre masculino*
1 miedo*
   temor
   espanto
   terror
   pánico
   ANTO valor
            audacia

pavoroso, -sa *adjetivo*
1 espantoso
   terrorífico
   aterrador
   horrible*

paz *nombre femenino*
1 tranquilidad
   sosiego
   quietud*
   calma
   reposo*
   ANTO intranquilidad
            dolor
2 concordia
   armonía
   acuerdo
   ANTO guerra
            polémica

no dar paz a la mano
locución
activar
mover
avivar
excitar
acelerar
apresurar
apurar

pazguato, -ta *adjetivo/nombre*
1 babieca
   bobo
   simple
   abobado
   bobalicón
   papanatas
   tontaina
   ANTO listo

pazote *nombre masculino*
1 apasote
   pasote
   hierba de Santa María
   hierba del Brasil
   hierba hormiguera
   pizate
   té borde

té de España
té de Europa
té de México

peana *nombre femenino*
1 pedestal
   basa
   peaña

peaña *nombre femenino*
1 peana
   pedestal
   basa

peatón *nombre masculino*
1 transeúnte*
   viandante
   caminante

pebre *nombre ambiguo*
1 pimienta (fruto)

peca *nombre femenino*
1 lunar
   lentigo
   lentícula

pecado *nombre masculino*
1 culpa*
   falta
   yerro
   ANTO inocencia
            penitencia

pecador, -ra *adjetivo/nombre*
1 relapso
   reincidente
   contumaz
   impenitente

   Relapso o *reincidente* es el
   que reincide en el pecado;
   contumaz o *impenitente*, el
   que no se arrepiente.

pecar *verbo intransitivo*
1 faltar
   errar

pécari, pecari, pecarí *nombre*
   masculino
1 jabalí
   puerco jabalí
   puerco montés
   puerco salvaje
   báquiro
   saíno
   puerco de monte

pechero *nombre masculino*
1 babador
   babero
   babera
   servilleta

pechicolorado *nombre*
   masculino
1 pajarel
   pardillo
   pardal
   pechirrojo

pechina *nombre femenino*
1 venera
   concha de peregrino
2 enjuta

pechirrojo *nombre masculino*
1 pajarel
   pardillo
   pardal
   pechicolorado

pecho *nombre masculino*
1 seno
   tórax
2 mama
   teta
3 interior
   intención
4 coraje
   valor
   constancia

pecina *nombre femenino*
1 piscina (de peces)

pecíolo, peciolo *nombre*
   masculino
1 pezón
   rabillo
   rabo

   Todos los sinónimos, en el habla usual.

pectoral *nombre masculino*
1 dorsal

   En el atletismo.

pecuario, -ria *adjetivo*
1 ganadero

peculiar *adjetivo*
1 propio
   privativo
   distintivo
   característico
   particular
2 especial
   singular

peculiaridad *nombre femenino*
1 cualidad*
   propiedad
   característica
   particularidad
   ANTO generalidad
            imitación
2 estilo
   carácter

a
b
c
d
e
f
g
h
i
j
k
l
m
n
ñ
o
p
q
r
s
t
u
v
w
x
y
z

peculio *nombre masculino*
1 dinero
caudal
capital
bienes
hacienda

pecunia *nombre femenino*
1 dinero
moneda

pecuniario, -ria *adjetivo*
1 monetario
crematístico

Monetario se refiere a la moneda acuñada o fiduciaria (liga, circulación, *monetaria*), o a la economía general del dinero (crisis *monetaria*); en este último sentido se usa también *crematístico*. En general *pecuniario* tiene aplicaciones más humildes; por ejemplo: hablamos de la situación *pecuniaria* de una familia y de la situación *monetaria* o *crematística* de un país.

pedagogo *nombre masculino*
1 ayo
2 maestro
educador

pedazo *nombre masculino*
1 trozo
parte*
porción
cacho
miaja
fracción
fragmento

Trozo y *pedazo* denotan parte de una cosa separada del todo; *parte* y *porción* se aplican además a cantidades y a grupos de individuos que forman un conjunto: *parte* de un número; *una parte o porción de los reunidos protestó* (no *pedazo ni trozo*). *Cacho* y *miaja* indican pedazos pequeños de cosas materiales, y su empleo es principalmente rústico o vulgar. *Fracción* y *fragmento* son denominaciones cultas: *fracción* corresponde a *parte*; *fragmento*, a *pedazo*.

pederastia *nombre femenino*
1 sodomía
uranismo

pedernal *nombre masculino*
1 cuarzo

moleña
piedra de chispa

pedestal *nombre masculino*
1 contrabase
2 peana
3 fundamento
apoyo

pedestre *adjetivo*
1 a pie

Por ejemplo: carrera *pedestre*.

2 llano
vulgar
inculto
ramplón

pedículo *nombre masculino*
1 cabillo
rabillo
pezón
pedúnculo

pedicuro, -ra *nombre*
1 callista
quiropodista

pedido *nombre masculino*
1 encargo
demanda
salida
despacho

Pedido es cada uno de los *encargos* de género que se hacen a un fabricante o vendedor; el conjunto de ellos y la mayor o menor venta que un artículo tiene, es la *demanda*, *salida* o *despacho* de dicho artículo.

2 petición

En esta acepción, *pedido* se usa especialmente en América.

pedigüeño, -ña *adjetivo/nombre*
1 pidón
pedidor

pedimento *nombre masculino*
1 petición (acción)
demanda

pedir *verbo transitivo*
1 exigir
reclamar
requerir
demandar
ANTO dar
prestar

Exigir, reclamar y *requerir* significan *pedir* imperiosamente. *Demandar* pertenece al lenguaje judicial; como sinónimo de *pedir*, en general, es atenuativo o literario.

2 implorar
rogar
solicitar
suplicar
impetrar
ANTO exigir
dar

Cuando se pide lo que puede sernos negado, se utiliza cualquiera de estos sinónimos.

3 desear
apetecer

pedo de lobo *locución nominal*
1 bejín

pedregal *nombre masculino*
1 pedriscal
pedroche

pedregoso, -sa *adjetivo*
1 petroso
pétreo

pedrero *nombre masculino*
1 hondero
fundibulario

pedriscal *nombre masculino*
1 pedregal
pedroche

pedrisco *nombre masculino*
1 granizo
2 granizada

pedroche *nombre masculino*
1 pedregal
pedriscal

pedúnculo *nombre masculino*
1 rabillo
rabo
pezón

peer *verbo intransitivo/pronominal*
1 ventosear
ventearse

pega *nombre femenino*
1 (baño de pez) empega
2 añagaza
ardid

Por ejemplo: *me hicieron preguntas de pega en el examen para hacerme caer*.

3 dificultad
estorbo
obstáculo
dilación

Referidos a la tramitación de

un asunto, especialmente cuando son o se suponen inmotivados.

pegadizo, -za *adjetivo*
1 contagioso
infeccioso
2 pegajoso
gorrón
3 postizo
añadido
artificial

pegajoso, -sa *adjetivo*
1 glutinoso
viscoso
2 contagioso
3 sobón
4 pegadizo
gorrón

pegar[1] *verbo transitivo*
1 adherir
aglutinar (científico)
conglutinar (científico)
2 unir
juntar
3 arrimar
adosar
4 comunicar
contagiar
contaminar
infectar

pegar[2] *verbo transitivo*
1 golpear
castigar
maltratar

pegásides *nombre femenino*
plural
1 musas
castálidas
coro de Apolo
piérides
helicónides

pegote *nombre masculino*
1 (familiar) farol
mentira
engaño
bola

peguero *nombre masculino*
1 empecinado

pegujalero *nombre masculino*
1 labrantín
pelantrín

pegunta *nombre femenino*
1 empega
empego

peguntar *verbo transitivo*
1 empegar
empeguntar

peinado *nombre masculino*
1 tocado
Especialmente en las mujeres.

pejemuller *nombre masculino*
1 manatí
pez mujer
rosmaro

pejepalo *nombre masculino*
1 estocafís
pezpalo

pejesapo *nombre masculino*
1 alacrán marino
pescador
rana marina
rape
sapo marino

peladera *nombre femenino*
1 alopecia
pelambrera
pelarela
pelona
pelonía

peladilla
peladilla de río *locución nominal*
guija
callao

peladillo *nombre masculino*
1 violento

pelado, -da *adjetivo*
1 calvo
glabro
pelón (familiar)
2 pelón
necesitado
pobre
sin recursos

pelafustán, -ana *nombre*
1 pelagatos
pelanas
cualquiera

pelagallos *nombre masculino*
1 pelgar
vagabundo

pelagatos *nombre masculino*
1 pobre
pelanas

pelagra *nombre femenino*
1 mal de la rosa
maidismo
zeísmo

pelambrar *verbo transitivo*
1 apelambrar

pelambrera *nombre femenino*
1 alopecia
peladera
pelarela
pelona
pelonía

pelanas *nombre común*
1 (familiar) pelafustán
pelagatos
cualquiera

pelantrín *nombre masculino*
1 pegujalero
labrantín

pelar *verbo transitivo*
1 rapar
raer
2 desplumar
3 descortezar
mondar
descascarar
descascarillar

pelaza *nombre femenino*
1 pelazga
pendencia
disputa
pelotera
riña
reyerta
pelea

pelazga *nombre femenino*
1 pendencia
disputa
pelaza
pelotera

peldaño *nombre masculino*
1 grada
grado
paso
escalón

pelea *nombre femenino*
1 combate
batalla*
lucha*
contienda
2 riña
reyerta
pelotera
pelazga

pelear *verbo intransitivo/pronominal*
1 batallar
combatir
luchar
reñir
contender
hacer armas
habérselas con

a
b
c
d
e
f
g
h
i
j
k
l
m
n
ñ
o
p
q
r
s
t
u
v
w
x
y
z

2 disputar
regañar
indisponerse
enemistarse
desavenirse

peleón, -ona *adjetivo/nombre*
1 (familiar) pendenciero
quimerista
reñidor
buscarruidos
camorrista
ANTO pacífico
tranquilo
cobarde

pelgar *nombre masculino*
1 (familiar) pelagallos
vagabundo

peliagudo, -da *adjetivo*
1 dificultoso
difícil
arduo
enrevesado
complicado
embarullado
intrincado
ANTO fácil
inteligible
2 mañoso
hábil
ANTO torpe

pelícano, pelicano *nombre*
masculino
1 platalea
2 pelícano americano
alcatraz
onocrótalo

película *nombre femenino*
1 cutícula
2 cinta
filme

peligrar *verbo intransitivo*
1 zozobrar
correr riesgo

peligro *nombre masculino*
1 riesgo*
exposición

peligroso, -sa *adjetivo*
1 expuesto

Expuesto se dice del lugar, negocio, etc., en donde puede
resultar daño, en tanto que
peligroso se aplica además a
lo que pude causar daño: camino, asunto, expuesto o *peligroso*; hombre, animal *peligroso* (no *expuesto*). *Expuesto*
suele llevar la preposición *a*,

por ejemplo: *expuesto a* las
balas, *a* grandes pérdidas.

2 aventurado
arriesgado

pelleja *nombre femenino*
1 pelleta
2 pellejo
piel

pellejería *nombre femenino*
1 pelletería

pellejero, -ra *nombre*
1 pelletero
pellijero

pellejo *nombre masculino*
1 piel
pelleja
2 odre

pelleta *nombre femenino*
1 pelleja

pelletería *nombre femenino*
1 pellejería

pelletero *nombre masculino*
1 pellejero
pellijero

pellico *nombre masculino*
1 zamarra (de pastor)
zamarro

pellijero *nombre masculino*
1 pellejero
pelletero

pellizcar *verbo transitivo*
1 pizcar
repizcar (familiar)

pellizco *nombre masculino*
1 pizco
repizco
torniscón

Torniscón es un *pellizco* retorcido.

2 pizca
poquito
porcioncilla

pelluzgón *nombre masculino*
1 mechón (porción de hebras)

pelma *nombre masculino*
1 (familiar) cargante
pesado
molesto
fastidioso
pelmazo
latoso
importuno

pelo *nombre masculino*
1 cabello
vello*

de medio pelo *locución
adjetiva*
fútil
pequeño
frívolo
nimio
insustancial
de mala muerte
de tres al cuarto
de chicha y nabo
insignificante
despreciable
desdeñable
baladí
mezquino

**no tener pelos en la
lengua** *locución*
cantarlas claras

no tener un pelo de tonto
ser listo
no mamarse el dedo

ser de pelo en pecho
tener agallas
tener valor
tener ánimo
tener arrestos
tener sangre fría

tomadura de pelo *locución
nominal*

⇒ tomadura

pelón, -ona *adjetivo/nombre*
1 motilón
2 pelado
necesitado
pobre

pelona *nombre femenino*
1 alopecia
peladera
pelambrera
pelarela
pelonía

pelonía *nombre femenino*
1 alopecia
peladera
pelambrera
pelarela
pelona

pelota *nombre femenino*
1 bola
balón
esférico

pelotazo *nombre masculino*
1 balonazo

pelotera *nombre femenino*
1 (familiar) riña
  contienda
  reyerta
  gresca
  camorra
  pendencia
  cuestión
  trifulca
  pelea
  altercado*

pelotilla *nombre femenino*
1 adulación*
  halago
  lisonja
  zalamería
  carantoña
  servilismo
  coba (familiar o vulgar)

pelotillero, -ra *adjetivo*
1 adulador*
  adulón
  servil
  cobista
  lisonjeador
  lisonjero
  zalamero

pelotón *nombre masculino*
1 grupo
  En el ciclismo.

peluca *nombre femenino*
1 represión
  reprimenda
  regañina
  filípica

pelucona *nombre femenino*
1 (familiar) onza (moneda de oro)

peluquería *nombre femenino*
1 barbería
  Tratándose del establecimiento donde se corta y arregla el cabello a las señoras, no puede usarse más que *peluquería.*

peluquero *nombre masculino*
1 barbero
  fígaro (irónico)
  rapabarbas
  rapador
  rapista (despectivo)

pelusa *nombre femenino*
1 vello*
2 envidia

pelusilla *nombre femenino*
1 vello*

lanosidad
pelo
pelusa
tomento
vellosilla

pelvis *nombre femenino*
1 bacinete

pena *nombre femenino*
1 castigo*
  corrección
  correctivo
  condenación*
2 dolor*
  aflicción
  pesar
  tristeza*
  sufrimiento
  duelo
  congoja
  angustia
  'El ver padecer a un hombre desconocido, a un malhechor, un trabajo de poca consideración, una incomodidad, causa *pena*; pero estos males son demasiado leves o accidentales para poder confundirlos con los que nos causan *sentimiento*. Nos causa *sentimiento* la pérdida de un bien que nos interesa, el mal de un amigo, la muerte de un conocido. Nos causa *dolor* la pérdida de un padre amado, la de un hijo único, la del honor, la de un bien de que pendía toda nuestra subsistencia; y aunque no puede negarse que estos males nos dan *pena*, nos causan *sentimiento*, no explican estas voces con tanta energía como el *dolor*, la profundidad de esta aflicción y la gravedad de sus motivos...' (LH).
3 dificultad
  trabajo
  esfuerzo
  fatiga
  penalidad
4 vergüenza
  merecer la pena *locución*
  ser importante
  ser conveniente
  hacer al caso
  ser interesante
  valer la pena

penachera *nombre femenino*
1 penacho
  copete

cresta
moño
En las aves.

penacho *nombre masculino*
1 penachera
  copete
  cresta
  moño

penado, -da *nombre*
1 presidiario
  forzado
  recluso
  encarcelado
  preso
  prisionero
  cautivo
  Presidiario y *forzado*, especialmente si están condenados a trabajar; *recluso*, *encarcelado* y *preso* dan idea de penas menores, o de prisión preventiva sin condena. El *prisionero* y el *cautivo* no son delincuentes, sino aprisionados en la guerra o en actos de piratería.

penal *nombre masculino*
1 presidio
  correccional
  penitenciaría
  Correccional y *penitenciaría* incluyen el matiz de regeneración del *penado.*

penalidad *nombre femenino*
1 sanción
  pena

penalty *nombre masculino*
1 (anglicismo) máximo castigo

penar *verbo transitivo/pronominal*
1 sancionar
  condenar
  castigar
  ANTO perdonar
  verbo intransitivo
2 padecer
  sufrir
  soportar
  afligirse
  ANTO alegrarse
  descansar

penco *nombre masculino*
1 (familiar) jamelgo

pendejada *nombre femenino*
1 ruindad
  villanía
  vileza

2 necedad
tontería

pendencia *nombre femenino*
1 contienda
riña
pelea
cuestión
trifulca
querella
gresca
camorra
pelotera
altercado
quimera
lucha*

pendenciero, -ra *adjetivo*
1 quimerista
reñidor
buscarruidos
camorrista
peleón
ANTO pacífico
tranquilo
cobarde

pender *verbo intransitivo*
1 estar pendiente
colgar
suspender
2 depender

pendiente *nombre masculino*
1 arete
zarcillo
arracada
nombre femenino
2 cuesta
declive
inclinación
subida
repecho

péndola *nombre femenino*
1 péndulo

pendolario *nombre masculino*
1 pendolista
escribano
escribiente

pendolista *nombre común*
1 pendolario
escribano
escribiente

pendón *nombre masculino*
1 estandarte

pendonear *verbo intransitivo*
1 (despectivo) callejear
pindonguear

péndulo *nombre masculino*
1 perpendículo

pene *nombre masculino*
1 falo
méntula
verga
miembro viril
cola (familiar)
pito (familiar)
polla (vulgar)
picha (familiar)
minga (familiar)
cipote (vulgar)

peneque *adjetivo*
1 (familiar) borracho
ebrio

penetración *nombre femenino*
1 perspicacia
agudeza
sutileza
inteligencia

penetrante *adjetivo*
1 profundo
hondo
Tratándose de heridas, perfo-
raciones, cavidades, etc.
2 perspicaz
sutil
inteligente
3 agudo
alto
estridente
Aplicado a la voz, al grito, chi-
llido, etc.

penetrar *verbo*
intransitivo/transitivo
1 introducirse
meterse
entrar
adentrarse*
verbo transitivo/pronominal
2 comprender
entender
enterarse
empaparse

penicilina *nombre femenino*
1 ampicilina
amoxicilina
Ambos sinónimos son tipos
de *penicilina.*

penitencia *nombre femenino*
1 confesión
2 pena
expiación
castigo
corrección

penitenciaría *nombre femenino*
1 penal
presidio
correccional

penoso, -sa *adjetivo*
1 trabajoso
difícil*
dificultoso
laborioso
fatigoso
2 aflictivo
doloroso
triste
desagradable*

pensamiento *nombre masculino*
1 juicio
mente
entendimiento
ánimo*
2 idea
designio
plan
proyecto
intención
3 sentencia
apotegma
máxima
dicho
4 trinitaria (planta y flor)

pensar *verbo*
intransitivo/transitivo
1 razonar
discurrir
cavilar
considerar
reflexionar
meditar
rumiar (familiar o irónico)
romperse la cabeza
devanarse los sesos
parar mientes
'*Pensar* es simplemente poner
en uso las facultades mentales; *considerar* es *pensar* con
detenimiento; *reflexionar* es
examinar atentamente todas
las ideas cuyo conjunto interesa o llama la atención; *meditar* es emplear en este examen el uso de la imaginación.
Para *pensar* se necesita objeto; para *considerar*, interés;
para *reflexionar*, crítica; para
meditar, imágenes' (M).
2 imaginar
figurarse
creer
suponer
3 intentar
proyectar

idear
planear
proponerse

pensil, pénsil *nombre masculino*
1 jardín
vergel
carmen

pensión *nombre femenino*
1 pupilaje
casa de huéspedes

pensionado, -da
adjetivo/nombre
1 internado

Especialmente si es un colegio.

pentecostés *nombre masculino*
1 pascua del Espíritu Santo

penuria *nombre femenino*
1 escasez
estrechez
carestía
falta
necesidad

peña *nombre femenino*
1 roca

peñasco *nombre masculino*
1 risco
2 (del hueso temporal) región petrosa

peñascoso, -sa *adjetivo*
1 riscoso
rocoso
enriscado

peño *nombre masculino*
1 expósito
echadillo
echadizo
inclusero
enechado

péñola *nombre femenino*
1 pluma (para escribir)
péndola

peñolada *nombre femenino*
1 plumada (acción)
plumazo

peón *nombre masculino*
1 peatón
2 trompo

peonía *nombre femenino*
1 saltaojos
rosa albardera
rosa de rejaldar
rosa montés

pepita¹ *nombre femenino*
1 (semilla) pipa

pepita² *nombre femenino*
1 (de la gallina) gabarro
moquillo

pepón *nombre masculino*
1 sandía
melón de agua
zandía

pequeñez *nombre femenino*
1 niñería
nimiedad
bagatela
menudencia
minucia
fruslería
nadería
nonada
2 mezquindad
miseria
bajeza

pequeño, -ña *adjetivo*
1 parvo
escaso
reducido
limitado
corto
adjetivo/nombre
2 chico
párvulo
niño

peraleda *nombre femenino*
1 pereda

peralto *nombre masculino*
1 altura (de una figura plana)
alto
elevación
altitud

perantón *nombre masculino*
1 pinillo
mirabel
ayuda (planta)

percalina *nombre femenino*
1 lustrina

percance *nombre masculino*
1 contratiempo
accidente
contrariedad

percatarse *verbo pronominal*
1 advertir
darse cuenta
reparar
notar
observar
enterarse

advertir
echar de ver
darse cuenta
ANTO ignorar
desconocer

percebe *nombre masculino*
1 escaramujo
pie de cabra

percepción *nombre femenino*
1 sensación
impresión

perceptible *adjetivo*
1 apreciable

percha¹ *nombre femenino*
1 brazal

percha² *nombre femenino*
1 baila
raño
perca
trucha de mar

percibimiento *nombre masculino*
1 apercibimiento

percibir *verbo transitivo/pronominal*
1 cobrar*
recibir
2 ver
notar
darse cuenta
advertir
distinguir
sentir
discernir*
ANTO ignorar
cegarse
3 conocer
comprender
concebir
ANTO desconocer

percusión *nombre femenino*
1 golpe

percutir *verbo transitivo*
1 golpear*
chocar
herir

Percutir es tecnicismo médico o de uso literario.

percutor *nombre masculino*
1 plesor

perder *verbo transitivo*
1 desperdiciar
malgastar
disipar

verbo pronominal

2 extraviarse
desorientarse
confundirse
ANTO hallarse
 encontrarse
 orientarse
3 naufragar
zozobrar
irse a pique
ANTO salvarse
4 viciarse
corromperse
pervertirse

perdición *nombre femenino*

1 ruina
destrozo
destrucción
devastación
desolación
decadencia*

pérdida *nombre femenino*

1 daño
merma
menoscabo
perjuicio
quebranto
baja*
2 extravío
desorientación

perdido *nombre masculino*

1 vicioso
calavera
tronera

perdigar *verbo transitivo*

1 aperdigar
emperdigar

perdis *nombre masculino*

1 (familiar) calavera
perdido
vicioso
tronera
mujeriego

perdón *nombre masculino*

1 remisión
absolución
gracia
ANTO condena

'El *perdón* depende del ofendido, y produce la reconciliación cuando sinceramente se concede y sinceramente se pide. La *remisión* tiene una relación particular con la pena con que merece castigarse; la concede el príncipe o el magistrado, e impide la ejecución de la justicia. La *absolución*

concierne propiamente al estado del culpable; se pronuncia por el juez civil o por el ministro eclesiástico, y restablece al acusado o al penitente en los derechos de la inocencia' (Ma).

2 indulgencia

perdonar *verbo*
transitivo/pronominal

1 remitir
disculpar
excusar
exculpar
dispensar
eximir
indultar
amnistiar
condonar
pasar por alto
aflojar la cuerda
perdonar el hecho
ANTO condenar
 inculpar

La idea general de *perdonar* se halla en el fondo de numerosos verbos con matices especiales. *Remitir* es palabra culta, de cierta solemnidad: *remitir* los pecados, las culpas. *Disculpar*, *excusar*, faltas u omisiones, generalmente leves. *Exculpar*, *descargar* la culpa, declarar sin culpa. *Dispensar* faltas leves o el cumplimiento de algún requisito. *Eximir* de una obligación. *Indultar*, *amnistiar* (especialmente delitos políticos) de penas personales impuestas por la ley; también en esta acepción *condonar*, pero más especialmente si se trata de deudas o sanciones pecuniarias; *conmutar* una pena es cambiarla por otra inferior, especialmente la de muerte por cadena perpetua. *Absolver* tiene sentido espiritual o moral que lo hace aplicable especialmente a pecados, injurias, resentimientos; también significa declarar la inculpabilidad de un reo el juez o el tribunal de justicia.

perdonavidas *nombre masculino*

1 baladrón
fanfarrón
valentón
matasiete
guapo

perdulario, -ria *adjetivo/nombre*

1 tronera
calavera
perdis
perdido
vicioso

perdurable *adjetivo*

1 eterno*
perpetuo*
inmortal
imperecedero
2 duradero*
permanente

perduración *nombre femenino*

1 perseverancia
persistencia

perdurar *verbo intransitivo*

1 durar*
subsistir
permanecer

perecedero, -ra *adjetivo*

1 pasajero
caduco
transitorio
breve
fugaz
efímero*

Breve, fugaz y *efímero* añaden a la idea de *perecedero* la de su corta duración.

perecer *verbo intransitivo*

1 acabar
extinguirse
sucumbir*
morir
ANTO nacer
 vivir
 salvarse

'*Perecer* se aplica a las muertes ocurridas en circunstancias terribles, o al menos, inesperadas y graves, como la batalla, el rayo, el terremoto o el naufragio. No se dice que *perece* el que *muere* de una enfermedad aguda. Carlos V *murió* en un monasterio; Edipo *pereció* en una borrasca' (M).

verbo pronominal

2 desear
apetecer
ansiar
anhelar
desvivirse
pirrarse

pereda *nombre femenino*
1 peraleda

peregrina *nombre femenino*
1 vieira

peregrinación *nombre femenino*
1 romería

peregrino, -na *adjetivo/nombre*
1 romero
  adjetivo
2 raro
  extraño
  singular
  insólito

perejil
  perejil de mar *locución nominal*
  hinojo marino
  empetro
  perejil marino
  perejil macedonio
  apio caballar
  camirnio

perenal *adjetivo*
1 perenne
  perennal
  perene
  incesante
  perpetuo
  continuo
  permanente
  ANTO caduco
    efímero

perencejo, -ja *nombre*
1 mengano

perendengue *nombre masculino*
1 arete
  arillo
  pendiente
  arracada*
  zarcillo
  verduguillo

perene *adjetivo*
1 perenne
  perenal
  perennal
  incesante
  perpetuo
  continuo
  permanente
  ANTO caduco
    efímero

perengano *nombre masculino*
1 fulano*

perennal *adjetivo*
1 perenne

perenal
perene
incesante
perpetuo
continuo
permanente
ANTO caduco
  efímero

perenne *adjetivo*
1 perenal
  perennal
  perene
  incesante
  perpetuo*
  continuo
  permanente
  perdurable
2 vivaz

perentoriedad *nombre femenino*
1 urgencia
  prisa
  premura
  ANTO parsimonia
    calma
    lentitud

perentorio, -ria *adjetivo*
1 concluyente
  decisivo
  terminante
  definitivo
  ANTO lento
    pasivo

pereza *nombre femenino*
1 galbana
  gandulería
  chucha
  perra
  holgazanería
  pigricia
  ignavia
  poltronería
  desidia
  negligencia
  ANTO diligencia
    acción
    aplicación
    actividad

Pigricia e *ignavia* son latinismos poco usados.

perezoso[1] *nombre masculino*
1 calípedes
  perico ligero

perezoso, -sa[2] *adjetivo/nombre*
1 holgazán
  indolente*
  poltrón
  gandul
  haragán

vago
tumbón

perfección *nombre femenino*
1 perfeccionamiento

perfeccionamiento *nombre masculino*
1 perfección (acción)
  mejora
  optimización

perfeccionar *verbo transitivo*
1 acabar
  ultimar
  rematar
  pulir
  dar el golpe de gracia
2 mejorar
  optimar
  optimizar

perfectamente *adverbio*
1 divinamente
  admirablemente

perfecto, -ta *adjetivo*
1 acabado
  cabal
  completo*
  cumplido

perfidia *nombre femenino*
1 alevosía
  traición
  prodición
  felonía
  deslealtad

pérfido, -da *adjetivo*
1 desleal
  traidor
  fementido
  infiel*
  felón
  alevoso
  aleve*
  ANTO leal
    sincero

perfil *nombre masculino*
1 contorno
  silueta

perfilarse *verbo pronominal*
1 aderezarse
  componerse*
  arreglarse
  acicalarse

perforación *nombre femenino*
1 agujero*
  horado
  huraco
  orificio

a
b
c
d
e
f
g
h
i
j
k
l
m
n
ñ
o
p
q
r
s
t
u
v
w
x
y
z

taladro
cala

perforar *verbo transitivo*
1 horadar*
taladrar
agujerear

perfumado, -da *adjetivo*
1 aromático
fragante
aromoso
oloroso
odorífero

perfumar *verbo transitivo*
1 aromatizar
embalsamar
sahumar

perfume *nombre masculino*
1 aroma
fragancia*
buen olor
efluvio
2 esencia
bálsamo

pérgola *nombre femenino*
1 emparrado

periambo *nombre masculino*
1 pirriquio
pariambo

pericia *nombre femenino*
1 destreza
habilidad*
práctica
experiencia
conocimiento
ANTO inhabilidad
inexperiencia
desconocimiento

periclitar *verbo intransitivo*
1 decaer
declinar
peligrar

perico *nombre masculino*
1 (ave) mariquita
periquito
perico ligero *locución nominal*
perezoso (animal)

peridoto *nombre masculino*
1 olivino

periferia *nombre femenino*
1 circunferencia (contorno)

periférico[1] *nombre masculino*
1 dispositivo periférico

periférico, -ca[2] *adjetivo*
1 lateral
excéntrico
ANTO central
endocéntrico

perífrasis *nombre femenino*
1 circunloquio
circunlocución
rodeo

perilla *nombre femenino*
1 pera

perillán, -ana *nombre*
1 pícaro
astuto
tuno
taimado

perímetro *nombre masculino*
1 contorno

perínclito, -ta *adjetivo*
1 ínclito
ilustre
esclarecido
renombrado
famoso
afamado
célebre

perineumonía *nombre femenino*
1 pulmonía
neumonía

perineumónico, -ca *adjetivo/nombre*
1 pulmoníaco
neumónico

periódico[1] *adjetivo*
1 regular
fijo

periódico, -ca[2] *nombre masculino*
1 diario
semanal
semanario
quincenal
mensual
bimensual
bimestre
trimestral
cuatrimestral
semestral

Según el período que media en la publicación de sus números.

período *nombre masculino*
1 fase
etapa
ciclo
estadio

2 menstruación
3 cláusula
oración compuesta

peripatético, -ca *adjetivo/nombre*
1 aristotélico
adjetivo
2 ridículo
extravagante
3 ambulante
ambulatorio

peripato *nombre masculino*
1 aristotelismo

peripecia *nombre femenino*
1 accidente
contratiempo
percance

periplo *nombre masculino*
1 circunnavegación

peripuesto, -ta *adjetivo*
1 repulido
acicalado
atildado
emperejilado

periquete
en un periquete *locución adverbial*
en un santiamén
al instante
al momento
en seguida
rápidamente

periquito *nombre masculino*
1 perico (ave)
mariquita

perístasis *nombre femenino*
1 tema
argumento (del discurso)

peristilo *nombre masculino*
1 propileo

peritiflitis *nombre femenino*
1 apendicitis

perito, -ta *adjetivo*
1 hábil
diestro
conocedor
experimentado
experto*
práctico
competente
ANTO inexperto
desconocedor
incapaz

peritomía *nombre femenino*
1 circuncisión

perjudicar *verbo transitivo/pronominal*
1 dañar*
damnificar
menoscabar
volverse contra uno
hacer un flaco servicio
ANTO favorecer
perdonar

perjudicial *adjetivo*
1 dañino
dañoso
nocivo
pernicioso

Cuando lo es en alto grado, *pernicioso*.

perjuicio *nombre masculino*
1 daño
detrimento
menoscabo
quebranto
deterioro
ANTO favor
bien
regalo
ventaja

perjuro, -ra *adjetivo*
1 falso
traidor
felón
desleal
infiel*
alevoso

perla *nombre femenino*
1 margarita
aljófar

La pequeña y de figura irregular, *aljófar*.

perlita *nombre femenino*
1 fonolita

permanecer *verbo intransitivo*
1 estar
persistir
subsistir
mantenerse
continuar
quedarse
residir
ir pasando
estar en pie
durar*
ANTO ausentarse
pasar
rendirse

permanencia *nombre femenino*
1 estadía
detención
estancia

permanente *adjetivo*
1 estable
fijo
firme
inalterable
invariable
inmutable
durardero*
2 imperfectivo

permisible *adjetivo*
1 tolerable
admisible

permisión *nombre femenino*
1 epítrope

permiso *nombre masculino*
1 autorización
consentimiento
licencia
venia
beneplácito
aquiescencia

permitido, -da *adjetivo*
1 lícito
legal

permitir *verbo transitivo/pronominal*
1 aprobar
acceder
consentir
cerrar los ojos
pasar por alto
hacer la vista gorda
tolerar
sufrir
aguantar
ANTO prohibir
desautorizar

Tolerar, sufrir y *aguantar*, cuando se permite con repugnancia o dificultad.

'*Permitir* es ejercer un acto de autoridad, autorizando expresamente lo prohibido; *tolerar* es permitir tácitamente; *sufrir* es *tolerar* lo que perjudica al que *sufre*. Un padre de familia *permite* que su hijo se case antes del tiempo de su emancipación; *tolera* algún exceso en sus gastos; pero no *sufre* que lo desobedezca ni insulte' (M).

permuta *nombre femenino*
1 cambio*
trueque
canje

permutar *verbo transitivo*
1 cambiar
canjear
conmutar*
trocar

pernera *nombre femenino*
1 pernil (del pantalón)

pernicioso, -sa *adjetivo*
1 malo
maligno
dañino
dañoso
nocivo
perjudicial

pernil *nombre masculino*
1 jamón
nalgada

Cuando está curado, *jamón*; pero en algunas regiones se denomina también *pernil* el que está curado; curado o sin curar, *nalgada*.

2 pernera (del pantalón)

pernoctación *nombre femenino*
1 insomnio

pernoctar *verbo intransitivo*
1 traonochar
hacer noche

pero[1] *conjunción*
1 mas
empero
sino

pero[2] *nombre masculino*
1 dificultad
estorbo
defecto
tacha
ANTO perfección
facilidad

peroración *nombre femenino*
1 discurso
oración
2 epílogo

perorar *verbo intransitivo*
1 hablar
discursear
meter baza
hablar por los codos
tomar la palabra
descoser los labios
soltar el mirlo
ANTO callar

a
b
c
d
e
f
g
h
i
j
k
l
m
n
ñ
o
p
q
r
s
t
u
v
w
x
y
z

perorata *nombre femenino*
1 soflama
prédica

perpendículo *nombre masculino*
1 plomada (pesa de metal)
plomo

perpetrar *verbo transitivo*
1 consumar
cometer

perpetua *nombre femenino*
1 (planta) sempiterna
2 (flor) siempreviva

perpetuamente *adverbio*
1 siempre
perdurablemente
continuamente
perennemente

perpetuar *verbo transitivo/pronominal*
1 inmortalizar
eternizar
ir para largo
haber para rato
hacerse crónico
2 continuar
propagar
Por ejemplo: *perpetuar* la dinastía, *perpetuar* la especie.

perpetuo, -tua *adjetivo*
1 continuo
incesante
imperecedero
perenne
perdurable
inmortal
eterno*
sempiterno
ANTO mortal

'*Perpetuo* representa una duración indeterminada; *continuo*, una duración no interrumpida. El movimiento de un planeta es *perpetuo* porque no conocemos el término de su duración; es *continuo*, porque no se interrumpe jamás su curso' (LH).

2 vitalicio

perplejidad *nombre femenino*
1 vacilación
irresolución
indecisión
incertidumbre*
indeterminación
duda
ANTO decisión
fe

resolución
despreocupación

'La *perplejidad* está en el entendimiento cuando se mantiene en una especie de equilibrio entre razones opuestas; la *hesitación*, la *vacilación*, la *irresolución* e *indecisión* están en la voluntad. Las palabras *irresolución* e *indecisión* expresan cualidades de ánimo; las otras significan más bien disposiciones transitorias, hijas de las circunstancias; así es que el hombre de carácter más firme y decidido puede hallarse *perplejo*, puede *vacilar* y *hesitar* en ocasiones críticas, del mismo modo que el hombre más *irresoluto* y más *indeciso*' (M).

perplejo, -ja *adjetivo*
1 vacilante
irresoluto
indeciso
incierto
dudoso*

perra *nombre femenino*
1 pereza
galbana
gandulería
chucha
holgazanería
pigricia
ANTO diligencia
acción
aplicación
2 rabieta
perrera

perrera *nombre femenino*
1 rabieta
perra

perrería *nombre femenino*
1 vileza
deslealtad
trastada
mala pasada
2 insulto
improperio
dicterio
denuesto

perrero *nombre femenino*
1 caniculario
echaperros

perro *nombre masculino*
1 can
chucho
guau
Guau, en el habla infantil.

perruna *nombre femenino*
1 pan de perro

persa *adjetivo/nombre común*
1 (persona) persiano
pérsico

persecución *nombre femenino*
1 acoso
seguimiento

perseguir *verbo transitivo*
1 acosar
estrechar
acorralar
seguir la pista
pisar los talones
no dejar ni a sol ni a sombra

Acorralar es encerrar al perseguido entre obstáculos que no le dejan salida.

'*Perseguir* es seguir al que huye, con ánimo de darle alcance. *Acosar* es *perseguir* con empeño, sin perder de vista al acosado. *Estrechar* es *acosar* con dirección a un obstáculo que no deje escape ni salida al estrechado. Se puede *perseguir* de lejos; se *acosa estrechando* la distancia progresivamente entre el que *acosa* y el que huye; se *estrecha*, cuando el *perseguido* queda entre el perseguidor y un muro, un río o un precipicio' (M).

2 importunar
3 molestar
vejar
dañar

perserverancia *nombre femenino*
1 firmeza
tesón
constancia
ANTO inconstancia
incumplimiento
indecisión
desaplicación

'La *perseverancia* está en las acciones y en la conducta; la *constancia*, en los sentimientos y en las opiniones. Tan *constante* fue Galileo en sus doctrinas sobre el movimiento de la Tierra, que *perseveró* en defenderlas aun después de condenadas' (M).

2 persistencia
  perduración
  ANTO inconstancia

perseverante *adjetivo*
1 aplicado
  cuidadoso
  atento
  asiduo
  estudioso
  constante*
2 terne
  obstinado
  terco

perseverar *verbo intransitivo*
1 persistir
  insistir
  mantenerse
  no volver la cara atrás
  llevar adelante
  ANTO desistir
    renunciar
    ceder

Insistir indica acción reiterada; se *insiste* una y otra vez en
una acción o propósito.

'Dícese *preservar* cuando se
continúa la cosa sin querer
hacer mudanza o variación.
Persistir, cuando se *persevera*
con constancia y obstinación.
Así pues, *persistir* es más que
perseverar' (Ma).

2 perdurar
  permanecer

persiano, -na *adjetivo/nombre*
1 (persona) persa
  pérsico

persicaria *nombre femenino*
1 duraznillo
  hierba pejiguera

pérsico *nombre masculino*
1 alpérsico
  pérsigo
  melocotonero

  Una de las variedades del *pérsico* es el *melocotonero*.

persignar *verbo
  transitivo/pronominal*
1 signar
  santiguar
  hacer la señal de la cruz

pérsigo *nombre masculino*
1 pérsico (árbol y fruto)
  alpérsico
  melocotonero

persistencia *nombre femenino*
1 perseverancia (duración)

persistente *adjetivo*
1 duradero*
  durable
  estable
  perdurable
  permanente
  constante*
  asiduo*

persistir *verbo intransitivo*
1 insistir
  perseverar
  mantenerse
  obstinarse
  no dar el brazo a torcer
  ANTO renunciar
2 perdurar
  permanecer

personaje *nombre masculino*
1 figura
  personalidad

personal *adjetivo*
1 particular
  privativo
  propio
  nombre femenino
2 falta

  En el baloncesto.

personarse *verbo pronominal*
1 presentarse
  comparecer*

personificación *nombre
  femenino*
1 prosopopeya

perspicacia *nombre femenino*
1 agudeza
  sutilidad
  sutileza
  penetración
  sagacidad*
  ANTO tontería
    necedad

perspicaz *adjetivo*
1 agudo
  sutil
  penetrante

perspiración *nombre femenino*
1 sudoración
  transpiración

persuadidor, -ra *adjetivo*
1 persuasor

persuadir *verbo
  transitivo/pronominal*
1 convencer

decidir
inducir

'Cuando queremos que una
persona mude de conducta u
opinión, nos procuramos valer
de razones poderosas que le
precisen o fuercen a hacer lo
que le proponemos, y a esto
llamamos *convencer* (...). Supone, pues, fuerza, principalmente de razones, de parte
del que intenta *convencer*, de-
mostrando la bondad o utilidad de alguna cosa, para llevar a la persona a que la
ejecute o que en ella conven-
ga. Se ve, pues, que la acción
del *convencedor* se dirige
principalmente a la inteligencia; así como la del *persuasor*
a los sentimientos del corazón. Muy semejante al *convencimiento* es la *persuasión*,
pues el *persuadir* se define
generalmente como la acción
dirigida a mover, excitar, obligar a uno a que ejecute lo que
se propone, valiéndose de razones y discursos, no sólo
que venzan su razón, sino
más bien aún que conmuevan
su corazón' (O).

persuasión *nombre femenino*
1 convencimiento
  convicción

persuasivo, -va *adjetivo*
1 convincente
  suasorio

persuasor, -ra *adjetivo/nombre*
1 persuadidor

pertenecer *verbo intransitivo*
1 corresponder

'*Pertenecer* expresa derecho
de propiedad de posesión o de
clasificación; *corresponder* expresa analogía. Los adornos
corresponden, y no *pertenecen*, al objeto adornado. Un
traje serio *corresponde*, y no
pertenece, a la edad madura.
Pertenecer, además, se aplica
solamente a nombres, y *corresponder*, a nombres y a
verbos. Me *corresponde* ese
puesto, o no te *corresponde*
ocuparlo' (M).

2 competer
  incumbir

tocar
atañer*
concernir*

pertenencia *nombre femenino*
1 propiedad
dominio

pértica *nombre femenino*
1 tornadura

pértiga *nombre femenino*
1 lanza
timón
vara

pértigo *nombre masculino*
1 timón
lanza (del carro)

pertinacia *nombre femenino*
1 obstinación*
terquedad
tenacidad
tozudez
testarudez
ANTO negligencia
rendición
resignación

pertinaz *adjetivo*
1 terco
obstinado
tenaz
testarudo
recalcitrante
contumaz*
2 duradero
persistente
insistente

pertinencia *nombre femenino*
1 procedencia
oportunidad

pertinente *adjetivo*
1 perteneciente
relativo
referente
concerniente
2 oportuno
a propósito
adecuado
conveniente
indicado
ANTO inoportuno
inconveniente

pertrechar *verbo transitivo*
1 abastecer*
proveer
surtir
suministrar
aprovisionar

avituallar
municionar

pertrechos *nombre masculino plural*
1 material
instrumental

perturbación *nombre femenino*
1 alteración
desorden
trastorno
desarreglo
turbación
ANTO organización
orden
sosiego

perturbado, -da *adjetivo/nombre*
1 loco*
demente
alienado
enajenado
insano

perturbar *verbo transitivo/pronominal*
1 alterar
desordenar
desarreglar
turbar
trastornar
aguar la fiesta
armarse la gorda
echarse a la calle
ANTO tranquilizar
aquietar

peruano, -na *adjetivo/nombre*
1 (persona) peruviano

peruétano *nombre masculino*
1 piruétano

peruviano, -na *adjetivo/nombre*
1 (persona) peruano

perversidad *nombre femenino*
1 nequicia
maldad
perfidia
malignidad
perversión
protervia

perversión *nombre femenino*
1 depravación*
envilecimiento
corrupción
desenfreno
perversidad

perverso, -sa *adjetivo*
1 malo*
malvado

maligno
depravado
corrupto
protervo

pervertir *verbo transitivo/pronominal*
1 mal inclinar
enviciar
viciar
malear
maliciar
corromper
depravar
echar a perder
ofender los ojos
ANTO perfeccionar
purificar

pesadez *nombre femenino*
1 pesadumbre
pesantez
gravedad
2 impertinencia
importunidad
lata

pesadilla *nombre femenino*
1 paroniria

pesado, -da *adjetivo*
1 grave
ponderoso
Ambos son de uso culto o literario.
2 tardo
lento
calmoso
cachazudo
3 molesto
enfadoso
enojoso
cargante
fastidioso
tedioso
latoso
desagradable
4 duro
áspero
insufrible
dañoso
fuerte

pesadumbre *nombre femenino*
1 pesadez
pesantez
gravedad
2 desazón
disgusto
pena
pesar
dolor*
tristeza*

3 querella
 riña
 quimera
 contienda
 cuestión

pesaleche *nombre masculino*
 1 areómetro
 densímetro
 lactómetro

pesalicores *nombre masculino*
 1 areómetro
 densímetro
 alcoholímetro

pésame *nombre masculino*
 1 condolencia

pesantez *nombre femenino*
 1 gravedad (fuerza)
 peso

pesar[1] *nombre masculino*
 1 sentimiento
 dolor*
 pena*
 aflicción
 pesadumbre
 tristeza
 2 arrepentimiento*

 a pesar de ello *locución*
 conjuntiva
 sin embargo
 no obstante
 empero
 con todo

pesar[2] *verbo intransitivo*
 1 arrepentirse

 verbo transitivo
 2 examinar
 considerar
 reflexionar
 pensar

pesaroso, -sa *adjetivo*
 1 afligido
 entristecido
 apenado
 2 arrepentido

pescada *nombre femenino*
 1 merluza (pez)
 pescadilla

pescadilla *nombre femenino*
 1 merluza
 pescada
 pijota
 Llámase *pescadilla* especialmente a la *merluza* pequeña.

pescador *nombre masculino*
 1 pejesapo

 alacrán marino
 rana marina
 rape
 sapo marino

pescar *verbo transitivo*
 1 coger
 lograr
 conseguir
 agarrar
 pillar
 atrapar*
 El matiz familiar o burlesco de
 pescar en esta acepción está
 muy próximo al de *agarrar, pillar, atrapar.*

 no saber lo que se pesca
 locución
 estar in albis
 estar pez
 no saber la cartilla

pescuezo *nombre masculino*
 1 cogote*
 cerviz
 2 cuello

pesimista *adjetivo/nombre*
 1 amargado
 malhumorado
 ANTO optimista

pésimo, -ma *adjetivo*
 1 detestable
 abominable
 execrable
 aborrecible
 odioso

peso *nombre masculino*
 1 pesantez
 pesadez
 gravedad
 2 entidad
 sustancia
 importancia

 peso específico *locución*
 nominal
 densidad

pesquis *nombre masculino*
 1 cacumen
 caletre
 chirumen
 mollera
 ingenio
 agudeza
 perspicacia
 penetración

pesquisa *nombre femenino*
 1 investigación
 averiguación

 indagación
 búsqueda

pesquisar *verbo transitivo*
 1 buscar*
 inquirir
 averiguar
 indagar
 investigar

pesquisidor, -ra
 adjetivo/nombre
 1 inquisidor

peste *nombre femenino*
 1 epidemia
 epizootia
 plaga
 Epidemia, en el hombre; *epizootia,* en los animales; *plaga*
 se aplica especialmente a las
 plantas, pero puede aplicarse
 también a los animales.

 2 mal olor
 hedor
 hediondez
 fetidez
 pestilencia

pestífero, -ra *adjetivo*
 1 contagioso
 2 pestilente
 hediondo
 fétido
 apestoso

pestilencia *nombre femenino*
 1 hediondez
 hedor
 fetidez
 peste

pestilente *adjetivo*
 1 pestífero
 hediondo
 fétido
 apestoso
 2 infecto
 repugnante
 asqueroso
 nauseabundo

pestuño *nombre masculino*
 1 carnicol

pesuña *nombre femenino*
 1 pezuña
 uña

petaca *nombre femenino*
 1 cigarrera
 pitillera
 tabaquera
 La que se emplea para ciga-

rros y cigarrillos, *cigarrera, pitillera*; para tabaco suelto, *tabaquera*.

petardear *verbo transitivo*
1 sablear
dar un sablazo
pegar un petardo
trampear
truhanear

petardista *nombre común*
1 sablista
tramposo
trapisondista
estafador

petardo *nombre masculino*
1 estafa
sablazo

petición *nombre femenino*
1 ruego
solicitud
súplica
demanda
ANTO mandato
2 reclamación
exigencia
3 pedimento
demanda

petimetre, -tra *nombre*
1 lechuguino
gomoso
pisaverde
currutaco

petraria *nombre femenino*
1 balista

petrel *nombre masculino*
1 ave de las tempestades

petrificación *nombre femenino*
1 lapidificación
fosilización
Fosilización, tratándose de un animal o vegetal que se convierte en piedra.

petrificar *verbo transitivo/pronominal*
1 fosilizar
Si se trata de un ser orgánico.

petrografía *nombre femenino*
1 litología

petróleo *nombre masculino*
1 oro negro

petrolero *nombre masculino*
1 barco aljibe
barco cisterna

petroso, -sa *adjetivo*
1 pedregoso
Tratándose del lugar en que hay muchas piedras.

petulancia *nombre femenino*
1 presunción
envanecimiento
engreimiento
fatuidad
vanidad
jactancia*
ANTO modestia
corrección

petulante *adjetivo*
1 presuntuoso
engreído
fatuo
vanidoso

peucédano *nombre masculino*
1 servato
ervato
hierba de Túnez

pez *nombre masculino*
1 (excremento) alhorre
meconio
estar pez *locución*
no saber la cartilla
no saber lo que se pesca
estar in albis
pez de San Pedro *locución nominal*
gallo
ceo
pez espada
jifia
pez mujer
pejemuller
pez muller
rosmaro
manatí
manato
pez volante
volador

pezón *nombre masculino*
1 rabillo
cabillo
pedúnculo
pedículo
En las hojas.
2 teta
En los animales.

pezpita *nombre femenino*
1 aguzanieves
aguanieves (vulgar)
andarríos

apuranieves
avecilla
pajarita de las nieves
pezpítalo

pezpítalo *nombre masculino*
1 aguzanieves
aguanieves (vulgar)
andarríos
apuranieves
avecilla
pajarita de las nieves
pezpita

pezuña *nombre femenino*
1 pesuña
uña

piadoso, -sa *adjetivo*
1 compasivo
misericordioso
benigno
2 religioso
devoto
pío

pialar *verbo transitivo*
1 manear
manganear
apealar

piar *verbo intransitivo*
1 piular

pica *nombre femenino*
1 garrocha
vara

picadura *nombre femenino*
1 pinchazo
2 mordedura
punzada
picada
3 caries

picaflor *nombre masculino*
1 colibrí

picajoso, -sa *adjetivo/nombre*
1 sentido
delicado
susceptible
quisquilloso
puntilloso

picante *adjetivo*
1 mordaz
satírico
cáustico
punzante
acerbo
2 aceroso

picaporte *nombre masculino*
1 llamador

aldaba
aldabón

picar *verbo transitivo*
1 pinchar
punzar

'Los tres verbos significan herir con instrumento de punta. *Picar* es herir ligeramente; *pinchar* es herir con rapidez y violencia; *punzar* es herir con esfuerzo sostenido y penetrando en lo interior. Por esto se da el nombre de *punzada* al dolor agudo. Se dice: *picadura* de alfiler, *pinchazo* de garrocha y *punzada* de alesna' (M).

2 agarrochar
garrochear
varear
3 picotear
4 aguijar
espolear
5 seguir
perseguir
6 escocer
concomer
7 cortar
trinchar
8 mover
incitar
excitar
estimular
aguijonear
verbo pronominal
9 carcomerse
apolillarse
cariarse

Cariarse, tratándose de los dientes.

10 avinagrarse
11 sentirse
resentirse
ofenderse

'Nos *picamos* por una falta de urbanidad, por una alusión maligna, por alguna infracción de las prácticas convencionales que se observan generalmente en el trato social; nos *resentimos* de un desaire, de una injusticia, de un agravio personal. No sólo nos *ofendemos* en estos casos, sino cuando en nuestra presencia se cometen actos indecorosos y ofensivos al respeto que los hombres se deben entre sí, aunque no se dirijan a nuestras personas' (M).

12 preciarse

jactarse
alabarse
vanagloriarse
repicarse

picardía *nombre femenino*
1 maldad
bajeza
ruindad
vileza
bribonada
2 bellaquería
astucia
disimulo
sagacidad
3 travesura

pícaro, -ra *adjetivo/nombre*
1 bajo
ruin
doloso
pillo
villano
granuja
vil
desvergonzado
2 astuto
tunante
tuno
taimado
enredador

picazón *nombre femenino*
1 hormiguillo
picor
rascazón
comezón
prurito
quemazón
cosquilleo
hormigueo

Prurito es voz docta o tecnicismo médico. En sentido figurado *comezón* y *prurito* significan deseo vehemente y la desazón que este deseo produce: tener *comezón* o *prurito* de discutir una doctrina. Intensivo, *quemazón*.

pichichi *nombre masculino*
1 máximo goleador

En el fútbol.

picor *nombre masculino*
1 escozor
2 picazón*
comezón*

picotada *nombre femenino*
1 picotazo
picada
picazo

picotazo *nombre masculino*
1 picotada
picada
picazo

picotear *verbo transitivo*
1 picar

picudo, -da *adjetivo*
1 hocicón
hocicudo
bezudo
morrudo

pidientero *nombre masculino*
1 pordiosero
mendigo
mendicante
mendigante
pobre

pidón, -ona *adjetivo/nombre*
1 (familiar) pedigüeño
pedidor

pie
a pie *locución adverbial*
andando
no tener pies ni cabeza
locución
ser disparatado
no tener sentido
no tener por donde
agarrarse (familiar)
pie de burro *locución nominal*
bálano
balano
pie de cabra
percebe
escaramujo
pie de león
alquimila
pata de león
estela
estelaria

piedad *nombre femenino*
1 compasión
misericordia
caridad
conmiseración
lástima*
ANTO inhumanidad
crueldad
saña
2 devoción

piedra
piedra afiladera *locución nominal*
asperón
piedra aguzadera
piedra amoladera

a b c d e f g h i j k l m n ñ o p q r s t u v w x y z

piedra melodreña

piedra berroqueña
granito

piedra botella
moldavita
crisolito de agua

piedra calaminar
calamina
caramilla

piedra de Amazonas
amazonita

piedra de Mocha
ágata dendrítica
dendrita

piedra de cal
caliza

piedra de chispa
pedernal
cuarzo
moleña

piedra de hueso
odontolita

piedra de la luna
labradorita
piedra de las Amazonas
piedra del Labrador
piedra del sol

piedra del águila
etites

piedra imán
magnetita
calamita
caramida

piedra inga
pirita
marcasita
margajita
marquesita

piedra meteórica
aerolito
meteorito
uranolito

piedra nefrítica
jade

piedra televisión
boronatrocalcita
ulexita

piel *nombre femenino*
1 pelleja
pellejo
cutis
tez
dermis

En el hombre, *cutis*; *tez* se
aplica especialmente a la piel
del rostro humano.

2 cuero

piélago *nombre masculino*
1 mar

piérides *nombre femenino plural*
1 musas

pierna *nombre femenino*
1 pata
zanca

En los animales y objetos inanimados, *pata*; por ejemplo:
las *patas* de un perro, de una
silla. Pierna larga y delgada,
zanca.

pieza *nombre femenino*
1 parte
trozo
pedazo
2 habitación
aposento
estancia
cuarto

piezgo *nombre masculino*
1 pielgo
2 cuero
odre

pifia *nombre femenino*
1 error
descuido
equivocación
desacierto

pigargo *nombre masculino*
1 halieto
2 melión

pigmento *nombre masculino*
1 tinte
colorante

pigmeo, -ea *adjetivo/nombre*
1 enano
liliputiense
gorgojo
ANTO gigante

pignoración *nombre femenino*
1 empeño

pignorar *verbo transitivo*
1 empeñar

pigricia *nombre femenino*
1 pereza
negligencia
desidia
descuido
haraganería
holgazanería
ANTO diligencia
rapidez
fortaleza

pila *nombre femenino*
1 fuente (de agua)

píldora *nombre femenino*
1 (pequeña) gragea
gránulo
párvulo

pileta *nombre femenino*
1 piscina

pillada *nombre femenino*
1 pillería
picardía
bellaquería
tunantada

pillaje *nombre masculino*
1 hurto
rapiña
2 robo
saqueo

pillar *verbo transitivo*
1 hurtar
robar
rapiñar
saquear
2 coger
agarrar*
arrebatar*
3 atrapar
sorprender
pescar*
cazar

pillastre *nombre masculino*
1 pillo
sagaz
astuto
granuja
pícaro
tuno
taimado

pillería *nombre femenino*
1 pillada
picardía
bellaquería
tunantada

pillete *nombre masculino*
1 granuja
ratero
golfo

pillo, -lla *adjetivo/nombre*
1 sagaz
astuto
granuja
pillastre
pícaro
tuno
taimado

pilón *nombre masculino*
1 pila

piloriza *nombre femenino*
1 cofia

píloro *nombre masculino*
1 portanario

piloto automático *nombre masculino*
1 autopiloto

pimentero *nombre masculino*
1 pimiento

pimienta *nombre femenino*
1 pebre

pimiento *nombre masculino*
1 pimentero (arbusto)
pimiento de cerecilla
locución nominal
guindilla
cerecilla
pimiento de las Indias

pimpido *nombre masculino*
1 colayo

pimpinela *nombre femenino*
1 sanguisorba

pimpollear *verbo intransitivo*
1 apimpollarse
pimpollecer

pimpollecer *verbo intransitivo*
1 pimpollear
apimpollarse

pimpollo *nombre masculino*
1 brote
renuevo
vástago

pina *nombre femenino*
1 cama
En las ruedas de los carros.

pinabete *nombre masculino*
1 abeto

pinar *nombre masculino*
1 pineda

pincelero *nombre masculino*
1 brucero

pinchar *verbo transitivo*
1 picar*
punzar

pinchazo *nombre masculino*
1 picadura
punzadura
punzada

pinche, -cha *nombre*
1 sollastre
pícaro
marmitón
galopillo

pincho *nombre masculino*
1 aguijón
punta

pindonguear *verbo intransitivo*
1 (despectivo) callejear
pendonear

pineda *nombre femenino*
1 pinar

pingajo *nombre masculino*
1 pingo
andrajo
harapo
guiñapo
arrapiezo

pingo *nombre masculino*
1 (despectivo) andrajo
argamandel
harapo
guiñapo
zarria
pingajo

pingüe *adjetivo*
1 craso
grueso
gordo
ANTO delgado
2 abundante
copioso
cuantioso
fértil
ANTO escaso

pingüino *nombre masculino*
1 pájaro bobo

ping-pong *nombre masculino*
1 tenis de mesa

pinillo *nombre masculino*
1 hierba artética
2 mirabel
ayuga
perantón

pinjante *adjetivo/nombre común*
1 colgante
pendiente

pinta *nombre femenino*
1 exterior
traza
porte
apariencia
aspecto
facha (familiar o burlesco)
Por ejemplo, *tiene pinta de torero.*

pintacilgo *nombre masculino*
1 jilguero
cardelina
colorín
pintadillo
silguero
sirguero

pintada *nombre femenino*
1 gallina (de Guinea)

pintadera *nombre femenino*
1 carretilla

pintadillo *nombre masculino*
1 jilguero
cardelina
colorín
pintacilgo
silguero
sirguero

pintado, -da *adjetivo*
1 pintojo
manchado

pintarrajear *verbo transitivo*
1 embadurnar
untar
embarrar
manchar
pintarrajar

pintarroja *nombre femenino*
1 lija (pez)
melgacho

pintear *verbo impersonal*
1 lloviznar
molliznar
molliznear
chispear

pintiparado, -da *adjetivo*
1 parecido
semejante
igual
2 justo
ajustado
medido
exacto
clavado

pintojo, -ja *adjetivo*
1 pintado
manchado

pintor, -ra *nombre*
1 acuarelista
pastelista

fresquista
templista
paisajista
retratista
miniaturista
orbaneja (despectivo)
pintamonas (despectivo)

Acuarelista, pastelista, fresquista y *templista*, según los materiales que emplea. *Paisajista, retratista* y *miniaturista*, según el género que cultiva.

pintura *nombre femenino*
1 lienzo
cuadro

pínula *nombre femenino*
1 dioptra

pinzas *nombre femenino plural*
1 tenacillas
mediacaña

pinzón *nombre masculino*
1 guimbalete

piña

piña de América *locución nominal*
ananá
ananás

piñata *nombre femenino*
1 olla (vasija)
marmita

piñón

estar a partir un piñón *locución*
ser uña y carne
comer en un mismo plato
avenirse

piñonate *nombre masculino*
1 empiñonado

piñuelo *nombre masculino*
1 erraj
herraj
herraje

pío, -a *adjetivo*
1 devoto
piadoso
2 benigno
misericordioso
compasivo

piojera *nombre femenino*
1 (hierba) estafisagria
albarraz
hierba piojenta
uva tamínea
uva taminia

piojo *nombre masculino*
1 cáncano
miseria

En el habla popular es frecuente designarlo con el eufemismo *miseria.*

piojuelo *nombre masculino*
1 pulgón

piorno *nombre masculino*
1 gayomba
retama macho
retama de olor

piosis *nombre femenino*
1 supuración

pipa[1] *nombre femenino*
1 (de fumar) cachimba
2 tonel
cuba
bota
candiota

pipa[2] *nombre femenino*
1 pepita (semilla)

pipería *nombre femenino*
1 botamen
botería

pipeta *nombre femenino*
1 catalíquidos

pipi *nombre masculino*
1 (ave) pitpit

pipí *nombre masculino*
1 orina
meados (vulgar)
orín
aguas
aguas menores
pis

En el habla infantil.

pipirigallo *nombre masculino*
1 esparceta

pipiritaña, pipitaña *nombre femenino*
1 pipa
zampoña

piporro *nombre masculino*
1 (familiar) bajón

piragón *nombre masculino*
1 pirausta
piral

piragüismo *nombre masculino*
1 canotaje

piral *nombre masculino*
1 pirausta
piragón

pirar *verbo intransitivo/pronominal*
1 (vulgar) afufar
huir
escapar
desaparecer

Se usa principalmente en la expresión *pirárselas.*

pirata *nombre masculino*
1 corsario

pirausta *nombre femenino*
1 piragón
piral

pirético, -ca *adjetivo*
1 febril

pirexia *nombre femenino*
1 fiebre

pirita *nombre femenino*
1 piedra inga
marcasita
margajita
marquesita

pirlitero *nombre masculino*
1 majuelo (arbusto)
marzoleto

pirolusita *nombre femenino*
1 manganesa

piropear *verbo transitivo*
1 requebrar
echar flores
decir flores
florear

piropo *nombre masculino*
1 lisonja
requiebro
flor
galantería*
2 rubí

pirosis *nombre femenino*
1 rescoldera

El sinónimo, en el habla corriente.

pirotécnico *nombre masculino*
1 cohetero
artificiero
polvorista

piroxilina *nombre femenino*
1 pólvora de algodón

pirrarse *verbo pronominal*
1 (familiar) desear

a

anhelar
desvivirse
perecerse
beber los vientos

pirriquio *nombre masculino*
1 pariambo
periambo

pirueta *nombre femenino*
1 cabriola
brinco
salto
voltereta

piruétano *nombre masculino*
1 peruétano

pisada *nombre femenino*
1 huella*
holladura
2 patada

pisador *nombre masculino*
1 pisaúvas

pisar *verbo transitivo*
1 hollar
2 pisotear
3 conculcar
infringir
quebrantar
atropellar

pisaúvas *nombre común*
1 pisador (de uvas)

pisaverde *nombre masculino*
1 gomoso
lechugino
petimetre

piscina *nombre femenino*
1 pecina

piscívoro, -ra *adjetivo/nombre*
1 ictiófago

piso *nombre masculino*
1 suelo
pavimento
solado
2 suela
3 alto
planta
4 cuarto
vivienda
habitación
apartamiento
apartamento

pisotear *verbo transitivo*
1 hollar*
rehollar
patear
2 humillar

maltratar
conculcar
atropellar
infringir
quebrantar

pista *nombre femenino*
1 huella
rastro
2 cancha

pistacho *nombre masculino*
1 alfóncigo
alfócigo

pistacita *nombre femenino*
1 epidota

pistolete *nombre masculino*
1 cachorrillo

pistón *nombre masculino*
1 Émbolo

pita *nombre femenino*
1 cabuya
henequén
pitera

pitada *nombre femenino*
1 silba
pita
ANTO ovación
aplauso

pitanza *nombre femenino*
1 manduca
condumio
comida

pitañoso, -sa *adjetivo*
1 legañoso
pitarroso

pitar *verbo intransitivo*
1 silbar
abuchear
ANTO aplaudir
aprobar
verbo intransitivo/transitivo
2 fumar

pitecántropo *nombre masculino*
1 hombre de Java

pitera *nombre femenino*
1 agave
pita (planta.

pitiatismo *nombre masculino*
1 histerismo

pítico, -ca *adjetivo*
1 pitio

pitido *nombre masculino*
1 silbido

pitío
silbo

pitillera *nombre femenino*
1 petaca*
cigarrera
tabaquera

pitillo *nombre masculino*
1 cigarrillo

pítima *nombre femenino*
1 borrachera

pitío *nombre masculino*
1 silbido
pitido
silbo

pitio, -tia *adjetivo*
1 pítico

pito *nombre masculino*
1 silbato

no importar un pito *locución*
no importar un ardite
no importar un bledo
no importar un comino
no importar un maravedí
no importar un ochavo

pitorreo *nombre masculino*
1 burla*
guasa
mofa
rechifla
choteo

pitpit *nombre masculino*
1 pipi (pájaro)

pituitario, -ria

cuerpo pituitario *locución*
nominal
hipófisis

piular *verbo intransitivo*
1 piar

pívot *nombre masculino*
1 pivote
En el baloncesto.

pivote *nombre masculino*
1 pívot
En el baloncesto.

pizarra *nombre femenino*
1 esquisto
2 encerado

pizarrón *nombre masculino*
1 encerado
pizarra

b
c
d
e
f
g
h
i
j
k
l
m
n
ñ
o
p
q
r
s
t
u
v
w
x
y
z

pizate *nombre masculino*
1 pazote
   apasote
   pasiote
   hierba de Santa María
   hierba del Brasil
   hierba hormiguera
   té borde

pizca *nombre femenino*
1 ostugo
   miaja
   partícula

pizcar *verbo transitivo*
1 (familiar) pellizcar
   repizcar (familiar)

pizco *nombre masculino*
1 (familiar) pellizco
   repizco
   torniscón

pizpita *nombre femenino*
1 aguzanieves

placa *nombre femenino*
1 circuito
2 tarjeta

pláceme *nombre masculino*
1 felicitación
   enhorabuena
   parabién

placenta *nombre femenino*
1 parias

placentero, -ra *adjetivo*
1 agradable*
   grato
   apacible
   ameno
   alegre

placer[1] *nombre masculino*
1 contento
   goce
   satisfacción
   agrado
   alborozo*
   ANTO dolor
2 gusto
   deleite
   delicia
   gozo*
   ANTO dolor

'Todo lo que excita nuestra satisfacción y alegría, sin mezcla de disgusto, es causa de *placer*. El *deleite* representa particularmente el gusto material que percibimos por nuetros sentidos. (...) Las tiernas caricias de un hijo son

motivo de *placer*. Un manjar delicado, un lecho cómodo, un gusto que satisface la sensualidad, son motivos de *deleite*. No merece el nombre de *placer* la bárbara satisfacción del que en el furor de la venganza, se *deleita* con la vista de la sangre de su enemigo' (LH).

3 entretenimiento
   diversión
   recreo

placer[2] *verbo transitivo*
1 agradar
   gustar
   caer en gracia
   ser de rechupete
   llevarse los ojos

placible *adjetivo*
1 agradable*
   deleitoso
   delicioso
   placentero
   grato
   sabroso
   gustoso
   ANTO desagradable

placidez *nombre femenino*
1 sosiego
   tranquilidad
   apacibilidad
   quietud
   agrado
   ANTO intranquilidad
         pena

plácido, -da *adjetivo*
1 tranquilo
   sosegado
   quieto
   manso
   grato
   placentero
   apacible

plaga *nombre femenino*
1 calamidad
   infortunio
   azote*
2 peste*
   epidemia

plagiar *verbo transitivo*
1 fusilar (burlesco)
   copiar
   imitar*
   ANTO inventar

Entre *plagiar* y *copiar* consiste la diferencia en que el primero significa dar como propias

ideas, palabras u obras ajenas. *Copiar* es una labor honrada; *plagiar* implica siempre fraude.

plagiostomo, -ma *adjetivo/nombre masculino*
1 selacio

plan *nombre masculino*
1 designio*
   proyecto
   intento
   idea

plana *nombre femenino*
1 página
   carilla
   llana

planada *nombre femenino*
1 planicie
   llanura
   llamada
   llano

planco *nombre masculino*
1 planga
   clanga
   dango
   pulla

planear *verbo transitivo*
1 planificar
   proyectar

planetista *nombre masculino*
1 astrólogo

planga *nombre femenino*
1 clanga
   planco
   dango
   pulla

planicie *nombre femenino*
1 llanura
   llamada
   llano
   planada

Planicie connota siempre idea de gran extensión.

planificación *nombre femenino*
1 programa
   plan

planificar *verbo transitivo*
1 planear
   proyectar

plano[1] *nombre masculino*
1 mapa*
   carta
   carta marina

plano, -na² *adjetivo*
1 llano
  liso
  igual
  como la palma de la mano

planta
  planta acuática *locución nominal*
  hidrofito

plantaína *nombre femenino*
1 arta
  llantén

plantar *verbo transitivo*
1 asentar
  colocar
2 fundar
  establecer
  colocar
  implantar
3 plantificar

plantario *nombre masculino*
1 almáciga
  hoya
  semillero
  almácigo

plantear *verbo transitivo*
1 abordar
  emprender

plantel *nombre masculino*
1 criadero
  vivero

plantificar *verbo transitivo*
1 plantar

plantón
  estar de plantón *locución*
  pasear la calle
  sostener la esquina
  aguardar
  esperar

plañidera *nombre femenino*
1 endechadera
  llorona

plañidero, -ra *adjetivo*
1 lloroso
  lastimero
  quejumbroso
  triste
  lúgubre

plañir *verbo intransitivo/transitivo*
1 lamentar
  quejarse
  gemir
  llorar
  sollozar

plaqueta *nombre femenino*
1 trombocito
  hemoblasto

plástico, -ca *adjetivo*
1 dúctil
  blando
  moldeable

plata *nombre femenino*
1 dinero
  riqueza
  Este uso de la voz *plata* es especialmente frecuente en América.

plátano *nombre masculino*
1 banano
  platanero
2 banana

plateado, -da *adjetivo*
1 argentado

platear *verbo transitivo*
1 argentar

plática *nombre femenino*
1 conversación*
  coloquio
  charla
  diálogo*

platicar *verbo intransitivo*
1 charlar
  conversar*
  hablar
  departir
  estar a razones
  ANTO callar

platija *nombre femenino*
1 acedía
  platuja

plato
  comer en un mismo plato *locución*
  ser uña y carne
  estar a partir un piñón
  avenirse

platudo, -da *adjetivo*
1 adinerado
  acaudalado
  rico

platuja *nombre femenino*
1 platija
  acedía

plausible *adjetivo*
1 laudable
  loable
  meritorio

2 atendible
  admisible
  aceptable
  recomendable

playeras *nombre femenino plural*
1 corrida

plaza *nombre femenino*
1 mercado
2 espacio
  sitio
  lugar
3 ocupación
  empleo
  puesto
  destino*

plazo *nombre masculino*
1 término
  tiempo
  '*Plazo* es una unidad señalada de tiempo: tal mes, tal día, tal hora; *término* es un período o una fracción de tiempo: un mes, un día, una hora. Si en el primer día de enero se señala como *plazo* el último de diciembre, se concede o se estipula el *término* de un año' (M.)
2 vencimiento

plebe *nombre femenino*
1 vulgo
  pueblo
  '*Plebe* representa simplemente la clase inferior del pueblo. *Vulgo* representa esta misma clase como revestida de cualidades bajas y comunes que son propias de ella. Así es, que *plebeyo* y *vulgar* no son sinónimos, porque *plebeyo* se contrapone a noble; esto es, se refiere a la clase; y *vulgar* se contrapone a culto, instruido, o que no tiene las inclinaciones y modales que son propias del *vulgo*; esto es, se refiere a las cualidades' (LH).

plebeyo, -ya *adjetivo*
1 ordinario
  vulgar
  grosero
  soez
  ANTO noble
    educado
  ⇒ plebe

plegadura *nombre femenino*
1 pliegue
  doblez

a b c d e f g h i j k l m n ñ o p q r s t u v w x y z

plegar *verbo*
transitivo/pronominal
1 doblar
ANTO estirar
desdoblar

verbo pronominal
2 doblarse
doblegarse
someterse
ceder
ANTO rebelarse
sublevarse

plegaria *nombre femenino*
1 oración
rezo
deprecación

pleiteador, -ra *adjetivo/nombre*
1 pleitista
litigante
picapleitos (burlesco)

pleitear *verbo transitivo*
1 litigar

pleitista *adjetivo/nombre común*
1 litigante
pleiteador
picapleitos (burlesco)

pleito *nombre masculino*
1 litigio
causa

Causa, especialmente si es criminal; *lite* y *litis* son latinismos poco usados.

2 contienda
diferencia
querella
disputa

plenamente *adverbio*
1 enteramente
completamente

plenitud *nombre femenino*
1 apogeo
auge
esplendor
magnificencia
totalidad
ANTO decadencia
apagamiento
2 exuberancia
abundancia
prodigalidad
profusión
copia
prolijidad
cantidad
ANTO escasez
tacañería

pleno, -na *adjetivo*
1 entero
completo
lleno

pleocroísmo *nombre masculino*
1 policroísmo

pleonasmo *nombre masculino*
1 exceso*
sobra
sobrante
excedente
demasía
superfluidad
redundancia
ANTO falta
defecto
escasez

plesor *nombre masculino*
1 percutor

plétora *nombre femenino*
1 superabundancia
sobreabundancia

pletórico, -ca *adjetivo*
1 lleno*
repleto
superabundante

pleurodinia *nombre femenino*
1 pleuresía falsa

Pléyades *nombre femenino*
plural
1 hespérides

pliegue *nombre masculino*
1 doblez
plegadura
curva
flexura

plinto *nombre masculino*
1 latastro
orlo

plomada *nombre femenino*
1 perpendículo
plomo
2 sonda

plombagina *nombre femenino*
1 grafito
plumbagina

plomo *nombre masculino*
1 plomada (pesa)
perpendículo

a plomo *locución adverbial*
verticalmente
perpendicularmente
ANTO horizontalmente

blanco de plomo *locución nominal*
⇒ blanco

sulfato de plomo
⇒ sulfato

vitriolo de plomo
⇒ vitriolo

ploración *nombre femenino*
1 lagrimeo

plótter *nombre masculino*
1 trazador (de gráficos)

pluma *nombre femenino*
1 (para escribir) péndola
péñola

Ambos se usan hoy sólo en sentido figurado.

plumada *nombre femenino*
1 peñolada
plumazo

plumajo *nombre masculino*
1 plumero
En los sombreros.

plumbagina *nombre masculino*
1 grafito
lápiz plomo
plombagina

plumero *nombre masculino*
1 plumaje
penacho
En los sombreros.

pluralidad *nombre femenino*
1 multitud

plus *nombre masculino*
1 sobresueldo
gratificación
extra

plusmarca *nombre femenino*
1 récord

plusmarquista *nombre común*
1 recordman (anglicismo)
recordwoman (anglicismo)

plusvalía *nombre femenino*
1 mayor valía
aumento de valor

plutonismo *nombre masculino*
1 vulcanismo

plutonista *adjetivo/nombre común*
1 vulcanista

pluvímetro *nombre masculino*
1 pluviómetro
   udómetro

pluviómetro *nombre masculino*
1 udómetro
   pluvímetro

población *nombre femenino*
1 vecindario
   habitantes
2 ciudad
   villa
   pueblo
   aldea
   lugar
   Todos ellos están comprendidos dentro del concepto de *población.*

poblado *nombre masculino*
1 pueblo
   población

pobre *adjetivo/nombre*
1 indigente
   necesitado
   menesteroso
   miserable
2 mendigo
   pordiosero
   pedigüeño
3 escaso
   corto
   falto
4 infeliz
   desdichado
   triste
   humilde

pobrete, -ta *adjetivo/nombre*
1 desventurado
   cuitado
   desdichado
   infeliz

pobreza *nombre femenino*
1 necesidad
   escasez*
   indigencia
   estrechez
   penuria
   miseria
   ANTO riqueza
        generosidad
        hartura

pocilga *nombre femenino*
1 zahúrda
   cochitril
   cuchitril
   cochiquera
   chiquero

pocillo *nombre masculino*
1 pozal

pozuelo
2 jícara

poco, -ca *adjetivo/pronombre*
1 escaso
   limitado
   corto
   parvo
   ANTO mucho
        suficiente
        completo

hace poco *locución adverbial*
recientemente
últimamente
poco ha

poco a poco *locución*
despacio
lentamente
paulatinamente
quedo
con tiento
ANTO rápidamente
     rápido
     velozmente
     raudamente

podagra *nombre femenino*
1 gota

podar *verbo transitivo*
1 mondar
   escamondar

poder *nombre masculino*
1 dominio
   imperio
   potestad
   mando
   facultad
   autoridad
   jurisdicción
   ANTO obediencia
        inferioridad
2 fuerza
   vigor
   poderío
   pujanza
   capacidad
   potencia
   ANTO debilidad

poder absoluto *locución*
nominal
absolutismo
despotismo
tiranía
autoritarismo
totalitarismo
arbitrariedad

poderío *nombre masculino*
1 potencia*
   poder
   señorío
   potestad

mando
imperio
2 fuerza
   vigor

poderoso, -sa *adjetivo*
1 potente
   fuerte
   enérgico
   eficaz
   activo
2 rico
   acaudalado
   pudiente
   adinerado

podómetro *nombre masculino*
1 cuentapasos
   odómetro
   hodómetro

podre *nombre femenino*
1 pus
   materia
   podredumbre

podrecer *verbo*
intransitivo/transitivo/
pronominal
1 pudrir
   empodrecer
   corromper
   descomponer
   echarse a perder
   ANTO sanar
        vivir

podredura *nombre femenino*
1 putrefacción
   pudrimiento
   corrupción
   descomposición
   pudrición

podrido, -da *adjetivo*
1 putrefacto
   corrupto
   descompuesto
   pútrido

poeta, -tisa *nombre*
1 vate
   trovador
   bardo
   coplero
   coplista
   rimador
   poetastro
   Coplero, coplista, rimador y
   poetastro son despectivos.

poética *nombre femenino*
1 preceptiva literaria
   retórica
   teoría literaria

a
b
c
d
e
f
g
h
i
j
k
l
m
n
ñ
o
p
q
r
s
t
u
v
w
x
y
z

polacada *nombre femenino*
1 desafuero
  alcaldada
  arbitrariedad
  favoritismo

polaco, -ca *adjetivo/nombre*
1 (persona) polonés

polaina *nombre femenino*
1 sobrecalza

polea *nombre femenino*
1 garrucha
  carrucha
  carrillo
  trocla

  Garrucha, carrucha y *carrillo*, especialmente cuando es de pequeño tamaño.

poleadas *nombre femenino*
  plural
1 gachas
  puches

polémica *nombre femenino*
1 discusión*
  disputa
  controversia*
  ANTO paz
    acuerdo

  La *polémica* y la *controversia* tratan de temas filosóficos, políticos, literarios, científicos, etc., y tienen carácter más o menos público; la *polémica* se hace por escrito; la *controversia* suele ser oral. La *discusión* y la *disputa* pueden ser públicas o privadas y versar sobre cualquier motivo o asunto.

polenta *nombre femenino*
1 gachas
  puches
  papas
  poleadas

pólice *nombre masculino*
1 pulgar
  dedo gordo

polichinela *nombre masculino*
1 pulchinela

policía *nombre común*
1 agente policíaco
  polizonte
  poli
  gura
  bofia

  Polizonte tiene cierto matiz despectivo, y se aplica espe-cialmente al policía uniforma-do. En los medios populares se usan las denominaciones despectivo de *poli, gura* y *bofia*.

policíaco, -ca *adjetivo*
1 policial

policial *adjetivo*
1 policíaco

policopia *nombre femenino*
1 multicopista
  copiador

policroísmo *nombre masculino*
1 pleocroísmo

polifrasia *nombre femenino*
1 verborrea
  verbigeración
  logorrea
  locuacidad

polígala *nombre femenino*
1 lechera amarga

polimorfia *nombre femenino*
1 heteromorfia

polimorfo, -fa *adjetivo*
1 multiforme

poliosis *nombre femenino*
1 canicie

polipero *nombre masculino*
1 madrépora

polisarcia *nombre femenino*
1 obesidad
  gordura
  ANTO delgadez
    ligereza

política *nombre femenino*
1 tacto
  circunspección
  habilidad
  táctica
  diplomacia
  sagacidad
2 cortesía
  urbanidad
  finura
  buen modo

político, -ca *adjetivo*
1 cortés
  urbano
  atento
  fino
  cumplido

polizón *nombre masculino*
1 llovido

polizonte *nombre común*
1 (despectivo) policía*
  agente policíaco
  poli
  gura
  bofia

polla de agua *locución nominal*
1 fúlica
  gallina de río
  gallineta
  rascón

pollada *nombre femenino*
1 parvada
  pollazón

pollazón *nombre femenino*
1 pollada
  parvada

pollera *nombre femenino*
1 andador
  andaniño
2 falda

pollino, -na *nombre*
1 rozno
  ruche
  rucho

pollo *nombre masculino*
1 joven*
  mozo
  mancebo
  zagal
  adolescente

polo
  polo ártico *locución nominal*
  aquilón
  septentrión

polonés, -esa *adjetivo/nombre*
1 (persona) polaco

poltrón, -ona *adjetivo*
1 perezoso
  haragán
  holgazán
  gandul
  vago
  tumbón
  ANTO activo
    esforzado
    fuerte

poltrona *nombre femenino*
1 (despectivo) prebenda
  sinecura
  enchufe
  momio

poltronería *nombre femenino*
1 holganza
  ociosidad

holgazanería
pereza
ANTO actividad

polución *nombre femenino*
1 contaminación

polverizar *verbo*
transitivo/pronominal
1 pulverizar
polvificar
hacer polvo

polvificar *verbo*
transitivo/pronominal
1 pulverizar
polverizar
hacer polvo

pólvora *nombre femenino*
1 piroxilina
algodón pólvora

polvorear *verbo transitivo*
1 espolvorear

polvorero, -ra *adjetivo/nombre*
1 pirotécnico
cohetero
artificiero
polvorista

polvorista *nombre masculino*
1 pirotécnico
cohetero
artificiero

polvorizar *verbo transitivo*
1 espolvorear
despolvorear
polvorear
pulverizar

poma *nombre femenino*
1 manzana
2 pomo

pomada *nombre femenino*
1 ungüento
linimento

pomelo *nombre masculino*
1 toronja

pomo *nombre masculino*
1 bujeta
poma

pompa *nombre femenino*
1 fausto
suntuosidad
magnificencia
ostentación
aparato
grandeza
ANTO sencillez
modestia

2 burbuja
bombolla*

pompearse *verbo pronominal*
1 (familiar) pavonear
pomponearse
farolear
presumir
blasonar
vanagloriarse
jactarse

pomponearse *verbo pronominal*
1 (familiar) pavonear
pompearse
farolear
presumir
blasonar
vanagloriarse
jactarse

pomposo, -sa *adjetivo*
1 ostentoso
magnífico
suntuoso
aparatoso
retumbante
rimbombante

Retumbante y *rimbombante,*
tratándose del estilo, con sentido despectivo e irónico.

2 hueco
vano
vanidoso
hinchado
inflado
presuntuoso

pómulo *nombre masculino*
1 malar

ponchera *nombre femenino*
1 bol

ponderación *nombre femenino*
1 atención
reflexión
circunspección
2 exageración*
encarecimiento

ponderado, -da *adjetivo*
1 ecuánime
sereno
juicioso
imparcial
ANTO parcial
impaciente

ponderar *verbo*
transitivo/pronominal
1 contrapesar
equilibrar
2 exagerar*

encarecer
abultar
ver con anteojo de
aumento

ponderoso, -sa *adjetivo*
1 pesado
grave

ponentino, -na *adjetivo/nombre*
1 occidental
hespérico
ponentisco

ponentisco, -ca
adjetivo/nombre
1 occidental
hespérico
ponentino

poner *verbo transitivo/pronominal*
1 colocar
situar*
emplazar*

'*Poner* tiene un sentido más
absoluto que *colocar. Colocar*
es *poner* una cosa en cierta
relación con respecto a otra.
Un cuadro mal *puesto* es el
que está torcido o con mala
luz; un cuadro mal *colocado*
es el que no está en el lugar
que le corresponde' (M).

2 apostar
3 escotar
4 acomodar
meter
5 disponer
arreglar
preparar

verbo pronominal
6 transponerse
ocultarse

Tratándose de astros.

7 trasladarse
ir

poniente *nombre masculino*
1 oeste*
occidente
ocaso
2 céfiro

pontevedrés, -esa
adjetivo/nombre
1 (persona) lerense

pontificado *nombre masculino*
1 papado

pontífice *nombre masculino*
1 papa

a b c d e f g h i j k l m n ñ o p q r s t u v w x y z

pontificio, -cia *adjetivo·*
1 papal

ponto *nombre masculino*
1 (poético) mar (masa de agua)

ponzoña *nombre femenino*
1 veneno*
tósigo
tóxico

ponzoñoso, -sa *adjetivo*
1 venenoso*
tóxico
2 perjudicial
nocivo
dañoso

popularizar *verbo transitivo*
1 extender
divulgar
vulgarizar
ANTO desacreditar

poquedad *nombre femenino*
1 escasez
cortedad
parvedad
2 timidez
pusilanimidad
cobardía
3 nimiedad
bagatela
fruslería
nonada
nadería

poquito *nombre masculino*
1 pellizco
pizca
porcioncilla

porche *nombre masculino*
1 atrio

porción *nombre femenino*
1 pedazo*
trozo
parte
fragmento
2 sinnúmero
montón
muchedumbre
multitud

porcionero, -ra *adjetivo/nombre*
1 partícipe
parcionero
particionero
participante

pordiosear *verbo intransitivo*
1 mendigar
pedir limosna
limosnear
tender la mano

pordiosería *nombre femenino*
1 mendicidad
mendiguez

pordiosero, -ra *adjetivo/nombre*
1 pidientero
mendigo
mendicante
mendigante
pobre

porfía *nombre femenino*
1 discusión
disputa
contienda
2 obstinación*
terquedad
tesón
insistencia

porfiado, -da *adjetivo*
1 insistente
inapeable
porfioso
machacón
obstinado
terco*
testarudo
contumaz*

porfiar *verbo intransitivo*
1 discutir
disputar
altercar
2 insistir*
machacar
obstinarse
importunar
no dar su brazo a torcer
ANTO desistir
ceder

porfioso, -sa *adjetivo*
1 porfiado
insistente
inapeable
machacón
obstinado
terco
testarudo

pormenor *nombre masculino*
1 detalle
particularidad
menudencia

pormenorizar *verbo transitivo*
1 especificar
enumerar
detallar
precisar
ANTO indeterminar

pororoca *nombre masculino*
1 macareo

porque *conjunción*
1 pues

'Voy a dormir, un poco, *pues* no es regular que mi amo venga antes de las doce, *porque* sé que está jugando. La tardanza en venir es probable; el juego es cierto' (LH).

porqué *nombre masculino*
1 quid
esencia
razón
busilis
toque

porquería *nombre femenino*
1 suciedad
inmundicia
basura
ANTO limpieza
2 indecentada
trastada
3 grosería
desatención
descortesía
indecencia
ANTO grosería

porra *nombre femenino*
1 clava
2 cachiporra
3 macana

porrazo *nombre masculino*
1 trastazo
golpe
golpazo
2 costalada
3 topetazo
topada
de golpe y porrazo *locución adverbial*
⇒ golpe

porrillo
a porrillo *locución adverbial*
(familiar) en abundancia
abundantemente
copiosamente
profusamente
en cantidad (familiar)

portaalmizcle *nombre masculino*
1 almizclero (mamífero)
cabra de almizcle
cervatillo

portada *nombre femenino*
1 frontis

fachada
frente

portadera *nombre femenino*
1 aportadera

portadilla *adjetivo/nombre femenino*
1 portaleña
2 anteporta
anteportada
En los libros.

portador, -ra *adjetivo*
1 patóforo
vector

portaje *nombre masculino*
1 portazgo

portal *nombre masculino*
1 zaguán

portalero *nombre masculino*
1 consumero

portamonedas *nombre masculino*
1 monedero

portanario *nombre masculino*
1 píloro

portante *adjetivo/nombre común*
1 paso de ambladura
paso de andadura

portañola *nombre femenino*
1 portaleña
cañonera
tronera

portañuela *nombre femenino*
1 trampa
trampilla

portaplumas *nombre masculino*
1 manguillero
mango

portar *verbo transitivo*
1 llevar
transportar
verbo pronominal
2 conducirse
gobernarse
proceder
comportarse

portavoz *nombre masculino*
1 (periódico) órgano

portazgo *nombre masculino*
1 portaje

porte *nombre masculino*
1 transporte

acarreo
2 aspecto
apariencia
presencia
aire
actitud*

portear *verbo transitivo*
1 transportar
acarrear
conducir
llevar

portento *nombre masculino*
1 maravilla
prodigio
asombro
milagro
pasmo

portentoso, -sa *adjetivo*
1 maravilloso
prodigioso
asombroso
milagroso
pasmoso
estupendo

porteño, -ña *adjetivo/nombre*
1 (persona) bonaerense

portería *nombre femenino*
1 marco
puerta
meta (en el fútbol)

portero *nombre masculino*
1 guardameta
En el fútbol.

pórtico *nombre masculino*
1 porche

portillo *nombre masculino*
1 abertura
2 postigo
3 mella
desportilladura

portón *nombre masculino*
1 contrapuerta

portorriqueño, -ña *adjetivo/nombre*
1 (persona) puertorriqueño
boricua
borinqueño
Boricua y *borinqueño* se aplican generalmente a lo indígena primitivo de la isla.
2 (persona) puertorriqueño
Puertorriqueño es la forma preferida en nuestros días.

portugués, -esa
adjetivo/nombre
1 (persona) lusitano
luso

portuguesismo *nombre masculino*
1 lusismo
lusitanismo

porvenir *nombre masculino*
1 futuro
mañana
ANTO pasado
ayer

posada *nombre femenino*
1 fonda
mesón
parador
hostal
hostería
2 alojamiento
hospedaje
albergue

posaderas *nombre femenino plural*
1 nalgas
asentaderas
trasero

posadero, -ra *adjetivo*
1 mesonero
hostelero

posar *verbo intransitivo*
1 asentarse
descansar
reposar
verbo pronominal
2 sedimentarse
reposarse
depositarse

posas *nombre femenino plural*
1 nalgas
asentaderas
rabel tabalario
tafanario
posaderas

posdata *nombre femenino*
1 postdata
post scriptum
Se emplea también la forma latina *postdata* y en ambos casos se abrevia *P. D.* Igualmente se usa *post scriptum*, en abreviatura *P. S.*

poseer *verbo transitivo*
1 tener
gozar
disfrutar

ANTO carecer
    deber

poseído, -da *adjetivo/nombre*
1 poseso
  endemoniado
  espiritado
2 furioso
  enfurecido
  rabioso

Poseidón *nombre masculino*
1 Neptuno

posesión *nombre femenino*
1 tenencia
  goce
  disfrute
2 propiedad
  finca

posesionar *verbo transitivo*
1 dar posesión
  tomar posesión
  adueñarse
  adquirir*

  Como transitivo, *dar pose-sión*; como pronominal, *tomar posesión* de un cargo o empleo. Tratándose de cosas, *adueñar(se), adquirir.*

poseso, -sa *adjetivo/nombre*
1 endemoniado
  poseído
  espiritado

posibilidad *nombre femenino*
1 potencia
2 medios
  bienes
  hacienda

posibilitar *verbo transitivo*
1 facilitar
  favorecer
  ANTO dificultar
    enredar

posible *adjetivo*
1 potencial
  virtual

  En filosofía, se contrapone *potencial* a *actual.*

2 factible*
  hacedero
  realizable

  'Lo *posible* entra en el orden natural de los sucesos, lo *fac-tible* en el orden de las facultades humanas. Lo *hacedero* (y lo *realizable)* presentan más facilidad de ejecución que lo *factible'* (M).

posiblemente *adverbio*
1 virtualmente
  potencialmente

posibles *nombre masculino plural*
1 recursos
  medios
  bienes

posición *nombre femenino*
1 postura
  actitud*
2 situación
  disposición
  colocación*
3 estado
  condición
  categoría

positivamente *adverbio*
1 realmente
  efectivamente
  verdaderamente
  en realidad

positivo, -va *adjetivo*
1 cierto
  verdadero
  indudable
  ANTO dudoso
    inseguro
2 real
  efectivo
  ANTO irreal
    negativo

  'Es *positivo* lo que se afirma; es *real* lo que existe. Se llama *positiva* la ley humana, porque está escrita, y no depende de conjeturas ni de probabilidades como la natural. Son *reales* todos los objetos que hieren los sentidos' (M).

3 práctico
  utilitario
  pragmático

posma *adjetivo/nombre común*
1 cachazudo
  pesado
  flemático
  calmoso

poso *nombre masculino*
1 sedimento
  solada
  suelo
  heces

posparto *nombre masculino*
1 puerperio

posponer *verbo transitivo/pronominal*
1 aplazar*
  diferir
2 postergar
  ANTO anteponer

postdata *nombre femenino*
1 posdata
  post scriptum

poste *nombre masculino*
1 travesaño
  larguero

postectomía *nombre femenino*
1 circuncisión
  postetomía

postema *nombre femenino*
1 supuración
  apostema
  pus
  absceso

postergación *nombre femenino*
1 relegación
  apartamiento
2 demora*
  tardanza
  dilación
  retraso
  aplazamiento

postergado, -da *adjetivo*
1 arrinconado
  desatendido
  olvidado
  aislado

postergar *verbo transitivo*
1 aplazar*
  diferir
2 posponer
  humillar
  olvidar
  ANTO anteponer
    ensalzar
    reforzar

posteridad *nombre femenino*
1 descendencia
  generación venidera
2 fama póstuma

posterior *adjetivo*
1 siguiente*
  subsiguiente
  ulterior

posteriormente *adverbio*
1 después
  detrás

postetomía *nombre femenino*
1 circuncisión
  postectomía

a b c d e f g h i j k l m n ñ o p q r s t u v w x y z

postigo *nombre masculino*
1 puerta falsa
2 portillo
3 cuarterón

postila *nombre femenino*
1 apostilla
postilla
acotación

postilla *nombre femenino*
1 apostilla
postila
acotación
2 costra
pupa

postín *nombre masculino*
1 (familiar) vanidad
presunción
fachenda
boato
lujo
ANTO natural
verdadero
propio

postizo, -za *adjetivo*
1 pegadizo
sobrepuesto
añadido
ANTO natural
2 artificial

postor *nombre masculino*
1 licitador

postración *nombre femenino*
1 abatimiento*
descaecimiento
desfallecimiento
aplanamiento
extenuación
debilidad
2 humillación

postrado, -da *adjetivo*
1 caído
desfallecido
decaído
abatido
amilanado
rendido
ANTO levantado
firme
esforzado
animoso

postrar *verbo transitivo*
1 rendir
derribar
ANTO levantar
2 debilitar
abatir*

aplanar
extenuar
ANTO fortalecer

verbo pronominal
3 humillarse
arrodillarse
posternarse

postre *nombre masculino*
1 sobrecomida

postremo, -ma *adjetivo*
1 último*
posterior
postrero
postrimero

postrero, -ra *adjetivo*
1 último*
postrimero
postremo

postrimería *nombre femenino*
1 acabamiento
declinación
final
fin
ANTO nacimiento
principio
orto
2 novísimo

postrimero, -ra *adjetivo*
1 último*
posterior
postrero
postremo

post scriptum *locución latina*
1 posdata
postdata

postulación *nombre femenino*
1 colecta

postular *verbo transitivo*
1 pedir
pretender
solicitar .

Postular se aplica especialmente con el significado de pedir o colectar fondos para algún fin benéfico o religioso.

postura *nombre femenino*
1 posición
actitud
situación

La *situación* se refiere al lugar que ocupa una persona o cosa en relación con otras; por ejemplo: la *situación* de una casa en una calle o barrio

determinado; en sentido figurado, la *situación* social de un hombre. La *actitud* y la *postura* denotan el modo en que está puesta o colocada una persona, animal o cosa; por ejemplo: en *postura* incómoda; en *actitud* suplicante, airada, etc.

potable *adjetivo*
1 bebedizo
bebible

Potable se aplica principalmente al agua.

pote *nombre masculino*
1 olla
cocido*
puchera
puchero

potencia *nombre femenino*
1 fuerza
fortaleza
vigor
energía
ANTO debilidad
impotencia
2 poder
poderío

'La *potencia* es la facultad de producir; *poder* es la facultad de obrar; *poderío* es la facultad de exigir sumisión y obediencia. El alma tiene *potencias*; sus producciones son los pensamientos, los raciocinios, la locución; el fuerte tiene *poder*, y por esto ataca, resiste, subyuga y vence; los monarcas y los gobiernos tienen *poderío*, y con él mandan y se hacen obedecer' (M).

3 posibilidad
ANTO actualidad

potencial *adjetivo*
1 posible
nombre masculino
2 condicional

potencialización *nombre femenino*
1 refuerzo

potencialmente *adverbio*
1 virtualmente
posiblemente

potentado *nombre masculino*
1 rico*
pudiente

a
b
c
d
e
f
g
h
i
j
k
l
m
n
ñ
o
p
q
r
s
t
u
v
w
x
y
z

adinerado
acaudalado
opulento

potente *adjetivo*
1 poderoso
 fuerte
 enérgico
 eficaz
 vigoroso
 de pelo en pecho

potestad *nombre femenino*
1 poder
 dominio
 facultad
 autoridad
 jurisdicción

potestativo, -va *adjetivo*
1 facultativo

potingue *nombre masculino*
1 (despectivo) medicamento
 fármaco
 medicina
 remedio

potra *nombre femenino*
1 (vulgar) hernia
 quebradura

potranco, -ca *nombre*
1 potro

potrear *verbo transitivo*
1 (familiar) molestar
 mortificar

potrero *nombre masculino*
1 (vulgar) hernista
2 dehesa

potro *nombre masculino*
1 (instrumento de tortura)
 caballete
2 potranco

potroso, -sa *adjetivo/nombre*
1 (vulgar) hernioso
 herniado
 quebrado

poza *nombre femenino*
1 charca
 lagunajo

pozuelo *nombre masculino*
1 pocillo
 pozal

práctica *nombre femenino*
1 destreza
 pericia
 habilidad
 experiencia

ANTO inexperiencia
 inhabilidad
2 costumbre
 uso
 hábito
3 modo
 método
 procedimiento

practicable *adjetivo*
1 hacedero
 realizable
2 transitable

prácticamente *adverbio*
1 (familiar) casi
 más o menos
 aproximadamente

practicar *verbo transitivo*
1 hacer
 ejecutar
 efectuar
 realizar
2 ejercer
 ejercitar

práctico, -ca *adjetivo*
1 experimentado
 experto
 perito
 versado
 conocedor
 avezado
 diestro

pragmático, -ca *adjetivo*
1 positivo
 práctico
 utilitario

prasio *nombre masculino*
1 cuarzo esmeralda

pravedad *nombre femenino*
1 iniquidad
 perversidad
 inmoralidad
 ANTO bondad
 moralidad

preámbulo *nombre masculino*
1 prólogo*
 proemio
 prefacio
 introducción
 exordio
 ANTO epílogo
 final
 desenlace

*Preámbulo, prólogo, proemio,
prefacio e introducción se
aplican a los libros o a los discursos; exordio se usa especialmente tratándose de discursos.*

2 rodeo
 digresión

prebenda *nombre femenino*
1 sinecura
 poltrona
 enchufe
 momio

precaución *nombre femenino*
1 prevención
 cautela
 caución
 reserva
 cuidado
 tiento
 escama
 aviso
 circunspección
 ⇒ garantía
 *Prevención tiene sentido ate-
 nuado, a menudo eufemístico.
 Cautela sugiere mayor desconfianza, y por ello pasa
 fácilmente al significado de
 astucia, maña. Caución se
 emplea sólo como término
 bancario o jurídico.*
2 medida
 disposición
 prevención
 providencia

precaver *verbo
transitivo/pronominal*
1 evitar*
 prevenir
 prever*
 ANTO arrostrar

precavido, -da *adjetivo*
1 prudente
 circunspecto
 previsor

precedencia *nombre femenino*
1 prioridad
 anterioridad

precedente *adjetivo/nombre
común*
1 antecedente*
 anterior

preceder *verbo transitivo*
1 anteceder
 ANTO seguir

preceptiva
 preceptiva literaria *locución
 nominal*
 retórica
 poética
 teoría literaria

Retórica y *poética* se utilizaban más antiguamente; hoy se usa generalmente *teoría literaria*.

precepto *nombre masculino*
1 mandato*
  orden
  disposición
2 instrucción
  regla
  norma

preceptor, -ra *nombre*
1 maestro
  mentor
  educador

preceptuado, -da *adjetivo*
1 reglado
  reglamentado
  ordenado

preceptuar *verbo transitivo*
1 disponer
  mandar*
  ordenar
  prescribir
  ANTO desordenar
    descomponer
    irregularizar

preces *nombre femenino plural*
1 plegarias
  oraciones
  rezos
2 ruegos
  súplicas

preciado, -da *adjetivo*
1 estimado
  apreciado
  precioso
2 jactancioso
  engreído

preciar *verbo transitivo/pronominal*
1 apreciar
  estimar
  ANTO despreciar
    desdeñar

verbo pronominal
2 gloriarse
  jactarse
  presumir
  vanagloriarse
  echárselas de
  alabarse
  darse postín
  ANTO despreciarse
    humillarse

precio *nombre masculino*
1 valor

costa*
coste
costo
2 estimación
  importancia

precioso, -sa *adjetivo*
1 excelente
  primoroso
  estimable
  apreciable
  ANTO antipático
    imperfecto
2 valioso
  costoso
  ANTO imperfecto
3 hermoso*
  bello
  encantador
  ANTO feo

precipicio *nombre masculino*
1 despeñadero
  derrumbadero
  abismo
  sima
  voladero

precipitación *nombre femenino*
1 prisa
  aceleración
  apresuramiento
  atolondramiento
  aturdimiento
  inconsideración
  arrebato
  imprudencia
  irreflexión
2 prontitud
  viveza

precipitado[1] *nombre masculino*
1 sedimento*

precipitado, -da[2] *adjetivo*
1 apresurado
  atropellado
  irreflexivo
  alocado
  impetuoso*

precipitar *verbo transitivo/pronominal*
1 arrojar
  lanzar
  despeñar
  derrumbar
2 acelerar*
  apresurar
  atropellar
  ANTO detener
    contener

verbo pronominal
3 arrojarse

echarse
lanzarse
abalanzarse
tirarse
ANTO detenerse
  contenerse
  retenerse

precipuo, -pua *adjetivo*
1 principal
  ilustre
  esclarecido
  distinguido
  noble
  señalado

precisamente *adverbio*
1 cabalmente
  justamente
  perfectamente
2 únicamente
  solamente
  sólo

precisar *verbo transitivo*
1 fijar
  determinar
  definir
  delimitar*
2 necesitar
3 forzar
  obligar
  constreñir

precisión *nombre femenino*
1 escrúpulo
  escrupulosidad
  exactitud
  esmero
  ANTO inexactitud
    indelicadeza
    imprecisión

preciso, -sa *adjetivo*
1 necesario*
  forzoso
  indispensable
  inexcusable
  obligatorio
  imprescindible
2 exacto*
  estricto
  determinado
  definido
  puntual
  fijo
  cierto
  conciso
  ANTO irregular
    indeterminado

precito, -ta *adjetivo*
1 prescito
  réprobo
  condenado

preclaro, -ra *adjetivo*
1 esclarecido
  ilustre
  insigne
  afamado
  famoso
  célebre
  ANTO secundario
    vulgar
    desconocido

preconizar *verbo transitivo*
1 encomiar
  elogiar
  ensalzar
  alabar
2 patrocinar
  auspiciar

precoz *adjetivo*
1 temprano
  prematuro
  anticipado

  'Lo *precoz* supone fuerza de vitalidad; lo *prematuro* es simplemente lo que se anticipa al tiempo señalado para que una cosa se verifique. La *precocidad* del ser humano consiste en la abreviación del tiempo que media entre la niñez y la virilidad; la vejez *prematura* es siempre síntoma de decadencia' (M).

predecesor, -ra *nombre*
1 antecesor

  '*Predecesor* parece más propio para las dignidades; *antecesor*, para los oficios y demás especies de ocupaciones: los papas y sus *predecesores*; su *predecesor* en el trono; su *antecesor* en la casa; el sueldo que tuvo su *antecesor*' (LH).

2 ascendiente*
  antepasado
  progenitor

predecir *verbo transitivo*
1 adivinar
  anunciar
  pronosticar
  presagiar
  augurar
  vaticinar
  profetizar

predestinado, -da
  adjetivo/nombre
1 elegido

predestinar *verbo transitivo*
1 preelegir

prédica *nombre femenino*
1 sermón
  plática
  discurso
2 perorata
  soflama
  discurso

predicar *verbo transitivo*
1 sermonar
  sermonear
2 amonestar
  reprender

predicción *nombre femenino*
1 pronóstico
  presagio
  augurio
  adivinación
  vaticinio
  profecía

  'La *predicción* es simplemente el anuncio anticipado de un suceso. *Pronóstico* es la predicción fundada en observaciones, en conjeturas y en apariencias externas. (El meteorólogo y el médico hacen *pronósticos* con fundamento científico). *Vaticinio* es la predicción que tiene su origen en un don, en una autoridad que el hombre se atribuye. *Profecía* es la *predicción* inspirada por Dios' (M).

predicho, -cha *participio*
  pasado
1 antedicho
  augurado
  profetizado

predilección *nombre femenino*
1 preferencia

  'La *predilección* emana del afecto; la *preferencia*, de la conveniencia o del gusto. Cuando se prefiere una persona a otra, aquélla puede ser la *predilecta*; pero también puede fundarse la *preferencia* en cálculos y en motivos' (M).

predilecto, -ta *adjetivo*
1 preferido
  favorito
  elegido

predio *nombre masculino*
1 heredad
  hacienda

tierra
finca
posesión

predisposición *nombre femenino*
1 propensión
  inclinación*
  tendencia

predominante *adjetivo*
1 dominante
  preponderante

predominar *verbo transitivo*
1 prevalecer*
  preponderar
  dominar
  ANTO someterse
    obedecer
2 sobresalir
  exceder

predominio *nombre masculino*
1 superioridad
  preponderancia
  poder
  dominio
  imperio
  autoridad
  ascendiente
  hegemonía

  Hegemonía, tratándose de estados o naciones.

preelegir *verbo transitivo*
1 predestinar

preeminencia *nombre femenino*
1 privilegio
  exención
  prerrogativa
  superioridad

preeminente *adjetivo*
1 elevado
  alto
  superior
2 honorífico
  honroso
  egregio

prefacio *nombre masculino*
1 preámbulo*
  prólogo*
  proemio
  ANTO epílogo
    final
    desenlace

preferencia *nombre femenino*
1 primacía
  prioridad
  superioridad
  ANTO inferioridad

2 inclinación
predilección
ANTO postergación
     enemistad

preferente *adjetivo*
1 prioritario

preferido, -da *adjetivo*
1 elegido
predilecto

preferir *verbo transitivo*
1 preponer
anteponer
escoger*
elegir
optar por
ANTO odiar
     postergar

pregonar *verbo transitivo*
1 divulgar*
publicar*
proclamar
2 vocear
anunciar

pregonero *adjetivo/nombre
masculino*
1 voceador
nuncio

preguerra *nombre femenino*
1 anteguerra

pregunta *nombre femenino*
1 interrogación

preguntar *verbo
transitivo/pronominal*
1 interrogar
ANTO responder

Aunque son voces sinónimas,
interrogar supone generalmente una serie de preguntas, y
preguntar puede consistir en
hacer una sola pregunta o
varias. El juez *interroga* a los
testigos; el que se extravía
pregunta a un transeúnte la
dirección, calle, etc., que busca.

prehistórico, -ca *adjetivo*
1 antehistórico

prejuicio *nombre masculino*
1 prejudicio

prelación *nombre femenino*
1 preferencia

preludio *nombre masculino*
1 introducción

principio
comienzo
entrada

prematuro, -ra *adjetivo*
1 precoz*
temprano
anticipado
ANTO lento
     reflexivo
     maduro

premeditadamente *adverbio*
1 deliberadamente
adrede
aposta
intencionadamente

premiar *verbo transitivo*
1 recompensar
galardonar
remunerar
ANTO castigar
     deshonrar

premio *nombre masculino*
1 galardón
lauro
remuneración
paga
recompensa

Galardón, cuando es de carácter honorífico; *lauro* (menos
usado) alude principalmente
al honor que se deriva de un
galardón. *Remuneración* está
más cerca del concepto de
paga. *Recompensa* oscila entre *remuneración* y *premio*,
según las circunstancias.

'En el *premio* se considera
solamente el mérito; en la *recompensa*, el trabajo, la pérdida y el sacrificio; en el *galardón* entra la idea de un alto
aprecio de parte del que lo
confiere. Se *premia* al estudiante sobresaliente; se *recompensa* al que expone su
vida por salvar la de un semejante. Augusto *galardonó* a los
grandes poetas de su tiempo'
(M).

2 prima
sobreprecio*

premonstratense
adjetivo/nombre común
1 (persona) mostense

premunitivo, -va *adjetivo*
1 profiláctico
preventivo

premura *nombre femenino*
1 aprieto
apuro
prisa
urgencia
instancia
perentoriedad
ANTO tardanza
     lentitud

prenda *nombre femenino*
1 garantía*
empeño
fianza

prendarse *verbo pronominal*
1 aficionarse
enamorarse
encariñarse
ANTO desagradar
     enemistarse

prendedura *nombre femenino*
1 galladura
engalladura

prender *verbo
transitivo/pronominal*
1 asir
agarrar
coger
ANTO soltar
2 detener
capturar*
aprisionar
aprehender
encarcelar
apresar*
ANTO soltar
     libertar
     liberar
3 enganchar
enredar

verbo intransitivo
4 arraigar
encepar

prendimiento *nombre
masculino*
1 prisión
captura
detención

prensar *verbo transitivo*
1 apretar
estrechar
comprimir
oprimir
apretujar
ANTO ensanchar

prensista *nombre masculino*
1 tirador

a b c d e f g h i j k l m n ñ o p q r s t u v w x y z

preñada *adjetivo/nombre femenino*
1 embarazada
  encinta

preñado *nombre masculino*
1 embarazo
  preñez
  gestación
  gravidez (eufemismo)

preñez *nombre femenino*
1 embarazo
  preñado
  gravidez
  gestación

preocupación *nombre femenino*
1 cuidado
  inquietud
2 prejuicio
  prevención

preocupar *verbo transitivo/pronominal*
1 absorber
  inquietar
  tomar a pecho
  tomar con calor
  ANTO tranquilizar
    sosegar

preparación *nombre femenino*
1 organización
  estructuración
  acondicionamiento

preparado *nombre masculino*
1 fórmula
  específico

preparar *verbo transitivo/pronominal*
1 prevenir
  disponer
  aparejar
  arreglar
  aprestar*
  alistar
  estar con las botas puestas
  ANTO despreocupar
    olvidar

preparativos *nombre masculino plural*
1 aprestos
  disposiciones
  prevenciones
  aparejo
  aparato

preponderancia *nombre femenino*
1 superioridad
  supremacía

predominio
hegemonía
ANTO inferioridad
  desventaja

Hegemonía, tratándose de estados o naciones.

preponderante *adjetivo*
1 dominante
  predominante

preponderar *verbo intransitivo*
1 prevalecer*
  predominar

prerrafaelismo *nombre masculino*
1 primitivismo

prerrogativa *nombre femenino*
1 privilegio

presa *nombre femenino*
1 captura
  aprehensión
2 represa

presagiar *verbo transitivo*
1 predecir
  pronosticar
  augurar
  adivinar*
  vaticinar
  profetizar

presagio *nombre masculino*
1 señal
  indicio
  anuncio
2 predicción*
  pronóstico
  augurio
  vaticinio

presbiatría *nombre femenino*
1 geriatría
  presbiátrica

presbiátrica *nombre femenino*
1 geriatría
  presbiatría

presbicia *nombre femenino*
1 vista cansada (vulgar)
  hipermetropía

presbiterado *nombre masculino*
1 sacerdocio

presbítero *nombre masculino*
1 sacerdote
  ordenado

prescindir *verbo intransitivo*
1 omitir
  pasar por alto

apartar
dejar a un lado
dar de lado
ANTO poner
  incluir
  preferir

Omitir y *pasar por alto* pueden producirse por inadvertencia u olvido; en tanto que *apartar, dejar a un lado* y *dar de lado* connotan la voluntad de evitar lo que no importa.

prescito, -ta *adjetivo/nombre*
1 precito
  réprobo
  condenado

prescribir *verbo transitivo*
1 ordenar
  mandar
  determinar
  preceptuar
  disponer
  recetar
  formular

Recetar y *formular*, tratándose de medicamentos que prescribe el facultativo.

verbo intransitivo
2 extinguirse
  caducar
  ANTO valer

prescripción *nombre femenino*
1 mandato*
  orden
  precepto
  disposición
  mandamiento
2 fórmula
  receta (del médico)

presea *nombre femenino*
1 alhaja
  joya

presencia *nombre femenino*
1 aspecto*
  figura
  apariencia
  traza
  talle
  disposición
  facha (burlesco)
  pinta (burlesco)
  ANTO ausencia
    inexistencia

presentación *nombre femenino*
1 exhibición
  manifestación
  ostentación

presentalla *nombre femenino*
1 exvoto
  milagro
  voto
  ofrenda

presentar *verbo*
  transitivo/pronominal
1 mostrar
  exhibir
  exponer
  ofrecer
  ANTO ocultar
2 regalar
  ofrendar

  verbo pronominal
3 comparecer
  personarse
  ANTO huir
     faltar

presente *adjetivo*
1 actual

  nombre masculino
2 regalo
  dádiva*

  al presente *locución adverbial*
  ahora
  actualmente
  hoy día
  en la actualidad
  hoy en día
  hoy por hoy

presentimiento *nombre*
  masculino
1 corazonada
  barrunto
  vislumbre

presentir *verbo transitivo*
1 barruntar
  antever

preservación *nombre femenino*
1 profilaxis

preservar *verbo*
  transitivo/pronominal
1 proteger
  resguardar
  salvaguardar
  amparar
  poner a cubierto
  poner a salvo
  defender*
  ANTO desamparar

preservativo[1] *nombre masculino*
1 profiláctico
  condón (vulgar)
  goma (vulgar)

preservativo, -va[2]
  adjetivo/nombre
1 profiláctico

presidiario *nombre masculino*
1 penado
  forzado

presidio *nombre masculino*
1 penal
  penitenciaría

presión *nombre femenino*
1 tensión
2 pressing (anglicismo)

preso, -sa *adjetivo/nombre*
1 recluso
  encarcelado
  cautivo*
  prisionero
  penado*

pressing *nombre masculino*
1 (anglicismo) presión

prestación *nombre femenino*
1 azofra

  Prestación personal.

prestamente *adverbio*
1 de presto
  prontamente
  ligeramente
  rápidamente
  con brevedad
  a mata caballo

prestamista *nombre común*
1 logrero
  usurero

préstamo *nombre masculino*
1 empréstito

  Empréstito es el *préstamo* que toma el Estado o alguna corporación pública o privada.

prestancia *nombre femenino*
1 gallardía
  despejo
  ANTO inferioridad
     vulgaridad
     pequeñez

prestar *verbo transitivo*
1 dejar
2 suministrar
  facilitar

  verbo intransitivo
3 dar de sí
  extenderse
  estirarse

  verbo pronominal
4 avenirse
  allanarse
  ofrecerse
  brindarse

preste *nombre masculino*
1 oficiante

presteza *nombre femenino*
1 prontitud
  rapidez
  brevedad
  ligereza
  celeridad*
  ANTO pesadez
     lentitud
2 diligencia
  actividad*
  ANTO irresolución

prestigio *nombre masculino*
1 ascendiente
  autoridad
  reputación
  crédito
  influencia
  ANTO desprestigio
     descrédito

prestigioso, -sa *adjetivo*
1 ilustre
  insigne
  célebre
  renombrado
  ínclito
  egregio
  eximio

prestigitador, -ra *nombre*
1 ilusionista
  jugador de manos

presto[1]
  de presto *locución adverbial*
  prestamente
  prontamente
  ligeramente
  rápidamente
  con brevedad
  a mata caballo
  de prisa
  de prisa y corriendo
  ANTO lentamente
     pausadamente
     poco a poco

presto, -ta[2] *adjetivo*
1 pronto
  ligero
  diligente
  ANTO lento
     tardo
     pesado
     inhábil

a b c d e f g h i j k l m n ñ o p q r s t u v w x y z

2 aparejado
preparado
dispuesto
listo
pronto

presumido, -da *adjetivo*
1 vano
vanidoso
fatuo
petulante
jactancioso
presuntuoso

presumir *verbo transitivo*
1 sospechar
conjeturar
suponer

verbo intransitivo
2 jactarse
vanagloriarse
alardear
alabarse
hacer el paripé
mirarse a la sombra

presunción *nombre femenino*
1 suposición*
conjetura*
sospecha
asomo*
ANTO gnorancia
desconocimiento
2 vanidad
orgullo*
fatuidad
engreimiento
petulancia
jactancia*
afectación*
envanecimiento*
ANTO modestia

presunto, -ta *adjetivo*
1 supuesto*

presuntuoso, -sa
adjetivo/nombre
1 vano
fantasioso
engreído
petulante
fantasmón (despectivo)

presura *nombre femenino*
1 opresión

presuroso, -sa *adjetivo*
1 acucioso*
diligente
apresurado
afanoso
2 veloz
ligero

pronto
presto

pretender *verbo transitivo*
1 pedir
aspirar*
solicitar
postular*
querer*
ANTO desistir
renunciar
conformarse

'*Pretender* explica sólo la acción de aspirar a una cosa, o con justicia o por gracia. *Solicitar* representa las diligencias y medios de que nos servimos, y pasos que damos para conseguirlo' (LH).

2 procurar
intentar
tratar de

pretendido, -da *adjetivo*
1 (galicismo) supuesto
presunto

pretendiente *adjetivo/nombre común*
1 aspirante
solicitante
candidato

Candidato, si pretende un cargo.

pretensión *nombre femenino*
1 aspiración
2 vanidad
presunción

preterición *nombre femenino*
1 pretermisión

preterir *verbo transitivo*
1 olvidar
descuidar
desatender
postergar
dejar
abandonar
omitir
pasar por alto
saltar
ANTO conocer
cuidar

pretérito, -ta *adjetivo/nombre*
1 pasado

pretermisión *nombre femenino*
1 preterición (figura)

pretexto *nombre masculino*
1 excusa*
disculpa

socapa
rebozo

pretil *nombre masculino*
1 antepecho
guardalado
barandilla

prevalecer *verbo intransitivo*
1 sobresalir
predominar
preponderar

Prevalecer sugiere generalmente la idea de mayor o menor dificultad, oposición o lucha, contra las cuales *prevalece* algo. Este matiz no se halla necesariamente contenido en *predominar* y *preponderar*. Por ejemplo: entre los árboles de un bosque *predominan* o *preponderan* los robles, si están en mayor número; pero no diremos que *prevalecen* si no queremos sugerir que este hecho se produce en oposición a otras especies arbóreas, o en lucha contra cualquier circunstancia adversa.

2 arraigar
prender
3 crecer
aumentar
ANTO disminuir

prevalerse *verbo pronominal*
1 valerse
aprovecharse
servirse

prevaricar *verbo intransitivo*
1 (familiar) desvariar
delirar
desbarrar
disparatar

prevención *nombre femenino*
1 preparativo
disposición
medida
providencia
advertencia*
2 previsión
desconfianza*
precaución
cautela*
3 advertencia
apercibimiento

'*Prevención, advertencia*. Son sinónimos cuando significan orden, consejo o aviso anticipado; pero la *prevención* lleva consigo la idea de autoridad o de precepto; la *advertencia* lleva consigo la idea de buen deseo o de consejo amistoso. El general hace sus *prevenciones* a los oficiales del ejército, y exige que se arreglen a ellas. El joven que no se arregla a las *prevenciones* que le hacen sus superiores, o cierra los oídos a las prudentes *advertencias* de los hombres experimentados que le quieren bien, se expone a muchos desaciertos. La *prevención* se hace siempre de superior a inferior; la *advertencia* se puede también hacer entre iguales: pero ni la una ni la otra se pueden hacer de inferior a superior, porque a este no se le *previene*, ni se le *advierte* lo que debe hacer; se le expone o se le representa' (LH).

El *apercibimiento* acentúa el carácter conminatorio de la *prevención*.

prevenido, -da *adjetivo*
1 dispuesto
  preparado
  listo
2 próvido
  cuidadoso
  proveniente
  diligente
  advertido

prevenir *verbo*
  transitivo/pronominal
1 preparar
  disponer*
  aparejar
  aprestar*
2 prever*
  precaver
  evitar
  aguzar los oídos
  andar sobre aviso
  ANTO confiarse
3 avisar
  advertir
  aconsejar
  informar
  noticiar*
  anunciar

preventivo, -va *adjetivo*
1 profiláctico

prever *verbo transitivo*
1 antever
  conjeturar
  barruntar
  prevenir

precaver
decirle el corazón

Prevenir y *precaver*, connotan la idea de tomar alguna disposición o hacer algún preparativo ante una eventualidad que prevemos.

previo, -via *adjetivo*
1 anterior
  anticipado
  ANTO pospuesto
    subsiguiente
    posterior

previsión *nombre femenino*
1 prevención
  desconfianza
  precaución
  circunspección
  prudencia
  moderación

previsor, -ra *adjetivo*
1 precavido
  cauto
  prudente

prez *nombre femenino*
1 estima
  gloria
  honor
  honra
  fama

prieto, -ta *adjetivo*
1 oscuro
  negro
2 apretado
3 agarrado
  mezquino
  tacaño
  mísero
  miserable

prima *nombre femenino*
1 premio
  sobreprecio

primacía *nombre femenino*
1 prioridad
  superioridad
  excelencia
  preeminencia
  ANTO inferioridad
    desventaja

primario, -ria *adjetivo*
1 primordial*
  primitivo
  primero

Hablamos de arte *primitivo* o de terrenos *primitivos* en geología. *Primordial* y *primero* se

aplican con preferencia con idea de *previo* o *anterior* a otra cosa, aunque no sea muy remota en el tiempo; una cuestión *primordial*, *previa* o *primera*, a lo que se discute, o considera como de capital importancia.

primavera *nombre femenino*
1 (planta) vellorita

primaveral *adjetivo*
1 vernal

Por ejemplo: equinoccio *vernal*.

primeramente *adverbio*
1 principalmente
  ante todo
  máxime

primerizo, -za *adjetivo/nombre*
1 novato
  novicio
  principiante
  adjetivo/nombre femenino
2 primípara

primero, -ra *adjetivo*
1 primordial*
  primitivo
  primario*
  ANTO secundario
    posterior

primigenio, -nia *adjetivo*
1 primitivo
  originario

primitivo, -va *adjetivo*
1 primordial
  primigenio
  originario
  primario*
  primero
  ANTO derivado
    imitado
    nuevo
    joven
    culto

primo, -ma *adjetivo*
1 primero
2 incauto
  simple
  cándido

primogenitura *nombre femenino*
1 mayorazgo
  progenitura

primor *nombre masculino*
1 esmero
  cuidado

a
b
c
d
e
f
g
h
i
j
k
l
m
n
ñ
o
p
q
r
s
t
u
v
w
x
y
z

maestría
habilidad
destreza*
perfección
ANTO imperfección
 descuido
 suciedad
 cursilería

primordial *adjetivo*
1 primitivo
primero
primario
fundamental

'Lo *primordial* se refiere al *principio*, como origen; lo *primero*, al orden en la clasificación; lo *primario* es lo *primero* en el orden de la composición de diversas partes, es decir, lo más elemental y sencillo. Lo *primordial* tiene un sentido más abstracto y filosófico que lo *primitivo*; las leyes *primordiales* de la creación son anteriores a las naciones *primitivas*; *primero* expresa una idea más concreta que las otras voces: por ejemplo, la *primera* de las familias humanas fue el fundamento de la nación *primitiva* por excelencia; las lenguas *primitivas* son emanaciones de las leyes *primordiales del pensamiento, y fueron los primeros* vínculos de las sociedades humanas. Las escuelas *primarias* son aquellas en que se enseñan los primeros rudimentos' (M).

primoroso, -sa *adjetivo*
1 esmerado
cuidadoso
excelente
perfecto
fino
2 diestro
hábil
habilidoso

principal *adjetivo*
1 primero
importante
ANTO secundario
 accesorio
 innecesario
2 ilustre
precipuo
esclarecido
distinguido
noble
3 esencial

fundamental
capital
primordial
ANTO subordinado
 accesorio
 innecesario
 secundario
nombre masculino
4 jefe
director
patrón*
manager*
ANTO subordinado

principalmente *adverbio*
1 primeramente
ante todo
máxime

principiante *adjetivo/nombre común*
1 aprendiz
novicio
novato

principiar *verbo transitivo*
1 comenzar
empezar*
iniciar
dar principio
echar la primera
ANTO acabar

principio *nombre masculino*
1 origen
causa*
comienzo
inicio
ANTO fin

'El *principio* es el primero de una serie de hechos de la misma naturaleza y carácter; el *origen* es un hecho que da lugar a otro; la *causa* es una agencia eficaz que da existencia a lo que antes no la tenía. Se dice: el *principio* del mundo, el *origen* de una *nación*, la *causa* de un fenómeno. La atracción no es el *origen* ni el *principio*, sino la *causa* de los movimientos planetarios' (M).

2 fundamento
base
3 norma
precepto
regla
máxima
4 encabezamiento
ANTO final

pringar *verbo transitivo*
1 empringar (vulgar)
untar

manchar
ensuciar

pringoso, -sa *adjetivo*
1 empringado
grasiento
untado
lardoso
aceitoso*
oleoso
pringado
graso
oleaginoso*
2 sucio
mugriento

pringue *nombre ambiguo*
1 grasa
unto
2 suciedad
mugre

prior, -ra *nombre*
1 superior (de un convento)

priorato *nombre masculino*
1 abadía*
convento
monasterio
cartuja
cenobio

prioridad *nombre femenino*
1 precedencia
anterioridad
2 superioridad
primacía
preeminencia

prioritario *adjetivo*
1 preferente

prisa *nombre femenino*
1 prontitud
rapidez
celeridad
presteza
brevedad
ANTO pereza
 lentitud
 pasividad
2 urgencia
premura
apremio
ansia

de prisa *locución adverbial*
aprisa
pronto
aceleradamente
rápidamente
a mata caballo
de prisa y corriendo
ANTO lentamente
 pausadamente
 poco a poco

prisión *nombre femenino*
1 aprehensión
prendimiento
captura
detención
2 reclusión
encierro
3 cárcel

'Todo edificio en que se custodian presos es *prisión*, y así los cuarteles y fortalezas sirven de *prisión* a los militares. *Cárcel* es un edificio construido expresamente para el mismo objeto, y que tiene ciertas condiciones necesarias y peculiares para conseguirlo, como las rejas, los calabozos, los encierros, las puertas de golpe, etcétera' (M).

prisionero, -ra *nombre*
1 cautivo
penado*

prismatina *nombre femenino*
1 krosnerupina

prístino, -na *adjetivo*
1 antiguo
primitivo
originario

privación *nombre femenino*
1 falta
carencia

'La *falta* supone mayor grado de necesidad que la *privación*. Cuando hace *falta* una cosa es porque se necesita; no sucede lo mismo en el caso de la *privación*, la cual puede recaer sobre el placer y sobre lo superfluo, sin causar una impresión penosa ni hacer insoportable la vida...' (M).

privada *nombre femenino*
1 (eufemismo) letrina (lugar)
necesaria
retrete

privado¹ *nombre masculino*
1 valido
favorito

privado, -da² *adjetivo*
1 personal
particular

privanza *nombre femenino*
1 valimiento
favor

privar *verbo transitivo/pronominal*
1 despojar
desposeer
quitar*
dejar sin camisa
dejar en cueros
dejar en la calle
ANTO tener
gozar
derrochar
2 prohibir
vedar
impedir
ANTO permitir
verbo pronominal
3 renunciar
abstenerse

privativo, -va *adjetivo*
1 propio
personal
particular
especial

privilegiado, -da *adjetivo*
1 preferido
predilecto
favorito

privilegio *nombre masculino*
1 prerrogativa
concesión*

'La *prerrogativa* es el efecto del *privilegio*. El que tiene un *privilegio* goza de ciertas *prerrogativas*. *Privilegio*, además envuelve más exclusión que *prerrogativa*; y así en las naciones libres, las autoridades tienen *prerrogativas*, y las leyes no reconocen *privilegios*' (M).

proa *nombre femenino*
1 prora (poético)

probabilidad *nombre femenino*
1 posibilidad
verosimilitud

probable *adjetivo*
1 verosímil
creíble

probadura *nombre femenino*
1 gustación
prueba
cata

probanza *nombre femenino*
1 prueba
justificación

probar *verbo transitivo*
1 experimentar
tantear
ensayar
2 intentar
tratar
procurar
3 gustar
catar
4 acreditar
demostrar
justificar
evidenciar
atestiguar
testificar
testimoniar
atestar
documentar
autorizar

'Se *prueba* con razones y con testimonios.; se *acredita* con la autoridad y el poder; se *justifica* con la exposición de los motivos. Cuando los argumentos convencen, queda *probado* el hecho o el aserto. Cuando un hombre de puesto elevado o de sólida reputación convence una noticia, la *acredita*; cuando se explica de un modo plausible una conducta equívoca, se *justifica*' (M).

probatura *nombre femenino*
1 prueba
ensayo
experiencia
gustación
cata

probidad *nombre femenino*
1 integridad
honradez
hombría de bien
rectitud
moralidad
bondad
ANTO deshonor

problema *nombre masculino*
1 duda
cuestión

problemático, -ca *adjetivo*
1 dudoso*
incierto
inseguro

probo, -ba *adjetivo*
1 integro
honrado
recto

procacidad *nombre femenino*
1 desvergüenza
  insolencia
  atrevimiento
  descaro
  desfachatez
  descoco
  ANTO comedimiento
      vergüenza
      modestia

procaz *adjetivo*
1 desvergonzado
  sinvergüenza
  poca vergüenza
  descarado
  descocado
  inverecundo (culto)
  insolente
  atrevido
  irrespetuoso

procedencia *nombre femenino*
1 origen
  nacimiento
2 punto de partida
3 oportunidad
  pertinencia

procedente *adjetivo*
1 originario
  oriundo
  natural

proceder[1] *nombre masculino*
1 comportamiento
  conducta

proceder[2] *verbo intransitivo*
1 venir
  provenir
  tener principio

'*Proceder, provenir.* Uno y otro verbo explican la causa de una cosa, pero el primero determina rigurosamente la causa eficiente o directa; el segundo determina la causa motiva o impulsiva. El mal olor del estanque *procede* de las materias corrompidas que hay en él, y *proviene* del descuido del jardinero, que no lo limpia y renueva sus aguas. De aquí es que, sin separarnos de la idea propia y rigurosa del verbo, decimos que el hijo *procede* del padre, y no que *proviene*' (LH).

2 nacer
  seguirse
  originarse
  emanar
  dimanar
  derivarse
  deducir*
3 portarse
  comportarse
  conducirse
  obrar

procedimiento *nombre masculino*
1 método
  manera
  forma
  marcha
2 actuación
  tramitación

proceloso, -sa *adjetivo*
1 borrascoso
  tormentoso
  tempestuoso

prócer *adjetivo*
1 alto
  eminente
  elevado
  egregio
2 magnate
  primate
  optimate

procesado, -da *adjetivo/nombre*
1 acusado
  inculpado

procesar *verbo transitivo*
1 encartar
  empapelar (familiar)
  encausar
  enjuiciar

procesión *nombre femenino*
1 teoría

Etimológicamente, *teoría* tiene el significado de *procesión*, aunque sólo se usa con este sentido en estilo docto o tratando de la antigua Grecia: *teoría* de las Panateneas.

2 hilera
  fila

proceso *nombre masculino*
1 sucesión
  transcurso
  transformación
  desarrollo
2 causa

proclama *nombre femenino*
1 amonestación matrimonial
  publicación

proclamar *verbo transitivo*
1 publicar
  divulgar
  pregonar
2 declarar
  promulgar
3 aclamar

procreación *nombre femenino*
1 generación
  multiplicación
  reproducción

procrear *verbo transitivo*
1 engendrar
  generar

procurar *verbo transitivo*
1 pretender
  tratar de
  intentar
  querer*

prodición *nombre femenino*
1 alevosía
  traición
  perfidia
  felonía
  deslealtad

prodigalidad *nombre femenino*
1 derroche
  despilfarro
  largueza
  liberalidad
  profusión
2 abundancia
  copia
  exuberancia

prodigar *verbo transitivo/pronominal*
1 disipar
  desperdiciar
  derrochar
  malgastar
  despilfarrar
  tirar de largo
  tirar de la venta
  ANTO ahorrar
      contener
      restringir

No siempre *prodigar* tiene el sentido de exceso, sino que puede significar sencillamente dar con abundancia o profusión. Decir que un canal de riego *prodiga* las riquezas en una comarca, no significa que las malgasta o desperdicia. Un hombre que *prodiga* los favores entre sus amigos no es censurable.

prodigio *nombre masculino*
1 portento
 maravilla
 asombro
 pasmo
 milagro

prodigioso, -sa *adjetivo*
1 maravilloso
 asombroso
 pasmoso
 portentoso
 milagroso
2 excelente
 primoroso
 exquisito
 admirable

pródigo, -ga *adjetivo/nombre*
1 derramado
 malgastador
 manilargo
 manirroto
 disipador
 derrochador
 despilfarrador
 ANTO tacaño
 interesado

Pródigo es voz culta o del lenguaje jurídico.

producción *nombre femenino*
1 productividad*
 rendimiento
 utilidad
2 producto

producir *verbo transitivo*
1 engendrar
 procrear
2 crear
 elaborar
 ANTO deshacer
3 fructificar
 ANTO consumir
4 rentar
 redituar
 rendir
5 fabricar
 manufacturar
6 originar
 ocasionar
 causar
 motivar
 procurar
 verbo pronominal
7 explicarse
 manifestarse

productividad *nombre femenino*
1 rendimiento
 producción
 utilidad

Son a menudo equivalentes, pero *productividad* es término principalmente usado entre economistas para designar la capacidad de producir, mientras que *rendimiento* sugiere el producto obtenido y se acerca más al sentido concreto de *utilidad* o *producción*. La *productividad* puede ser real o virtual. El *rendimiento* es real.

productivo, -va *adjetivo*
1 beneficioso*
 benéfico
 provechoso
 útil*
 rentable*
 fructuoso
 lucrativo
 fecundo
 fértil
 feraz
 ANTO inútil
 infructuoso

producto *nombre masculino*
1 producción
2 fruto
 beneficio
 utilidad
 provecho
 lucro*
 rendimiento
 renta
 rédito
3 efecto*
 resultado
 consecuencia

proemio *nombre masculino*
1 prólogo
 prefacio
 preámbulo*
 introducción
 ANTO epílogo
 final

proeza *nombre femenino*
1 hazaña
 heroicidad
 valentía
 ANTO cobardía
 timidez

profanación *nombre femenino*
1 sacrilegio
 ANTO religión
 piedad
 respeto

El *sacrilegio* es una *profanación* de lo sagrado.

'La *profanación* es un desprecio o un abuso de una cosa santa o sagrada. Si el que la comete no conoce o no reconoce la santidad de los objetos que desprecia o de los que abusa, no comete más que una simple *profanación*. Los infieles o los herejes hacen durante las guerras *profanaciones* en las iglesias de los cristianos sus enemigos. Si el que comete la *profanación* conoce la santidad de los objetos que *profana*, comete un *sacrilegio*; abusa voluntariamente y a sabiendas de una cosa que considera como sagrada; insulta a la divinidad que ha reconocido. La *profanación* de una iglesia católica por los musulmanes no es más que una *profanación* a la vista de los católicos. La *profanación* de una iglesia católica por los católicos, es un *sacrilegio* a la vista de estos últimos' (O).

profanar *verbo transitivo*
1 violar
 ANTO respetar
2 deslucir
 deshonrar
 prostituir
 ANTO respetar

profano, -na *adjetivo*
1 secular
 laico
 adjetivo/nombre
2 ignorante*
 lego

profecía *nombre femenino*
1 predicción*
 augurio
 vaticinio
 presagio
 horóscopo*

proferir *verbo transitivo*
1 pronunciar
 articular
 decir
 ANTO callar

profesar *verbo transitivo*
1 explicar
 enseñar

profesión *nombre femenino*
1 carrera
 facultad

a b c d e f g h i j k l m n ñ o p q r s t u v w x y z

a

2 empleo
  oficio
  ministerio
  ANTO cesantía

b

c

profesor, -ra *nombre*
1 maestro
  pedagogo
  instructor

d

profeta *nombre masculino*
1 vidente

e

profetizado, -da *adjetivo*
1 antedicho
  predicho
  augurado

f

g

profetizar *verbo transitivo*
1 anunciar
  predecir
  adivinar
  vaticinar
  echar las cartas
2 conjeturar
  presagiar

h

i

j

k

profiláctica *nombre femenino*
1 higiene
  ANTO suciedad
  infección

l

m

profiláctico[1] *nombre masculino*
1 preservativo
  condón (vulgar)
  goma (vulgar)

n

ñ

profiláctico, -ca[2]
  adjetivo/nombre masculino
1 preservativo
  premunitivo
  preventivo

o

p

q

profilaxis *nombre femenino*
1 preservación

r

prófugo *nombre masculino*
1 desertor
  tornillero (burlesco)

s

  Es frecuente aplicar al *prófugo*
  el calificativo de *desertor*,
  aunque éste en rigor es el que
  abandona las filas en que sirve, y el *prófugo* huye por no
  incorporarse a ellas. *Tornillero*
  se aplicaba antiguamente al
  soldado desertor.

t

u

v

w

profundidad *nombre femenino*
1 hondura
  ANTO superficie
2 entraña
  centro
  interior

x

y

z

profundizar *verbo transitivo*
1 ahondar
  indagar
  adentrar*
  ANTO subir
  ignorar

profundo, -da *adjetivo*
1 hondo
  grande*
2 penetrante
3 recóndito
  difícil

profusión *nombre femenino*
1 abundancia
  copia
  exuberancia
  prodigalidad
  multitud
  ANTO escasez
  defecto
  tacañería

profuso, -sa *adjetivo*
1 abundante
  copioso
  exuberante

progenie *nombre femenino*
1 casta*
  familia
  progenitura
  linaje
  raza*

progenitor *nombre masculino*
1 padre
2 antepasado
  ascendiente

progenitura *nombre femenino*
1 progenie
  familia
  linaje
2 primogenitura

prognosis *nombre femenino*
1 pronóstico

programa *nombre masculino*
1 cuestionario
2 plan
  planificación
3 temario
  repertorio

programar *verbo transitivo*
1 planear
  planificar

  Programar sugiere en general
  más detalle en lo que se *pla-*
  nea o *planifica*.

progresar *verbo intransitivo*
1 adelantar
  perfeccionarse
  desarrollarse
  prosperar
  florecer
  mejorar
  medrar
  coger la delantera
  crecer como la espuma
  ANTO retrasarse
  desmejorar
  retroceder
  empeorar

progresión *nombre femenino*
1 gradación
  escalonamiento
  sucesión
  serie

progresivo, -va *adjetivo*
1 gradual
  escalonado
  sucesivo
  graduado

progreso *nombre masculino*
1 proceso
  avance
  adelanto
  adelantamiento
  perfeccionamiento
  desarrollo
  ANTO barbarie
  retraso
  incultura
2 prosperidad
  aumento
  mejora
  ANTO retraso

prohibición *nombre femenino*
1 entredicho
  interdicto

prohibido, -da *adjetivo*
1 ilícito*
  ilegal
  vedado

prohibir *verbo*
  transitivo/pronominal
1 privar
  impedir
  vedar
  negar*
  ANTO permitir

  Todos ellos pueden tener por
  sujeto personas o cosas. El sujeto de *prohibir* es una persona, ley, orden, etc. Por ejemplo: el temporal *impide* (no
  prohíbe) la salida del vapor.

prohijar *verbo transitivo*
1 adoptar
  ahijar

prohombre *nombre masculino*
1 magnate
  prócer
  grande
  poderoso

proís *nombre masculino*
1 noray

prójimo *nombre masculino*
1 semejante
2 (despectivo) individuo*
  sujeto
  socio

  Todos ellos son despectivos.
  Por ejemplo: ¿quién es ese
  prójimo?

prole *nombre femenino*
1 hijos
  descendencia
  familia

prolepsis *nombre femenino*
1 anticipación

prolífico, -ca *adjetivo*
1 fecundo

prolijamente *adverbio*
1 latamente
  largamente
  extensamente
  ampliamente
  ANTO brevemente
    ligeramente

prolijidad *nombre femenino*
1 detención
  detenimiento

prolijo, -ja *adjetivo*
1 largo
  extenso
  dilatado
  difuso
  ANTO parco
    conciso

prólogo *nombre masculino*
1 proemio
  prefacio
  introducción
  preámbulo
  exordio

  Introducción y *preámbulo* se
  aplican a los libros o a los discursos. *Exordio* se usa especialmente tratándose de discursos.

prolongación *nombre femenino*
1 apéndice
  cola

prolongado, -da *adjetivo*
1 extendido

prolongar *verbo transitivo*
1 alargar*
  extender
  alongar*
  ANTO acotar
    encoger

promediar *verbo
intransitivo/transitivo*
1 demediar

promesa *nombre femenino*
1 prometido
  promisión

  Promisión es de uso literario
  restringido: los israelitas iban
  a la tierra de *promisión.*

2 ofrecimiento
  oferta

  'La *oferta* es una demostración del deseo con que nos
  hallamos, o afectamos hallar-
  nos, de que se admita o se re-
  ciba el servicio o la cosa que
  se *ofrece.* La *promesa* es una
  obligación que nos imponemos de hacer algún servicio o
  de dar alguna cosa. El qué
  ofrece con poca voluntad de
  dar, se expone a que se le admita la oferta. El que *promete*
  con voluntad o sin ella, debe
  cumplir su *promesa.* Me ha
  ofrecido su casa, pero yo no
  la he aceptado. Me ha *prome-*
  tido venir a la mía, y espero
  que no faltará a su palabra'
  (LH).

3 voto
4 augurio
  señal
  esperanza

prometer *verbo transitivo*
1 ofrecer
  obligarse
2 asegurar
  afirmar
  cerciorar
  certificar
  verbo pronominal
3 esperar
  confiar
4 consagrarse

prometido, -da *nombre*
1 futuro
  novio
2 promesa
  promisión

prominencia *nombre femenino*
1 saliente
  elevación
  protuberancia
  ANTO llanura
    depresión

prominente *adjetivo*
1 saliente
  alto*
  elevado

promiscuidad *nombre femenino*
1 mezcla
  confusión

promisión *nombre femenino*
1 promesa (expresión)

promoción *nombre femenino*
1 hornada (familiar)

promontorio *nombre masculino*
1 cabo
  lengua de tierra

promotor, -ra *adjetivo/nombre*
1 promovedor
  iniciador
  suscitador

promovedor, -ra
  adjetivo/nombre
1 promotor
  iniciador
  suscitador

promover *verbo transitivo*
1 suscitar
  iniciar
  mover
  procurar
2 elevar
  ascender

promulgar *verbo transitivo*
1 publicar*
  ANTO derogar
    callar

pronosticar *verbo transitivo*
1 predecir
  presagiar
  adivinar*

pronóstico *nombre masculino*
1 predicción
  presagio
  vaticinio
  profecía
  adivinación

a
b
c
d
e
f
g
h
i
j
k
l
m
n
ñ
o
p
q
r
s
t
u
v
w
x
y
z

agüero*
horóscopo*
2 prognosis

prontamente *adverbio*
1 al punto
sin dilación
pronto
en seguida
2 rápidamente
aceleradamente

prontitud *nombre femenino*
1 velocidad
rapidez
aceleración
presteza
diligencia
actividad
ANTO lentitud
parsimonia
pereza
2 viveza
precipitación

pronto¹ *nombre masculino*
1 arrebato
arranque
2 ocurrencia
salida

pronto² *adverbio*
1 presto
prontamente
aprisa

pronto, -ta³ *adjetivo*
1 veloz
rápido
acelerado
presto
ligero
activo*
2 dispuesto
preparado
aparejado

pronunciación *nombre femenino*
1 dicción
articulación

pronunciamiento *nombre masculino*
1 rebelión
alzamiento
levantamiento
sublevación
insurrección
cuartelada (burlesco)
militarada (burlesco)
Pronunciamiento es concretamente rebelión militar, y no se
aplica a otra clase de *insu-*
rrecciones o *levantamientos.*

pronunciar *verbo transitivo/pronominal*
1 articular
proferir
decir
ANTO callar
verbo pronominal
2 rebelarse
sublevarse
levantarse
echarse a la calle
ANTO callarse
someterse
Pronunciarse se dice sólo de
los militares.

propagación *nombre femenino*
1 contagio
transferencia
transmisión
trasmisión

propagador, -ra *nombre*
1 apóstol
propagandista

propaganda *nombre femenino*
1 divulgación
difusión
publicidad*

propagandista *adjetivo/nombre común*
1 apóstol
propagador

propagar *verbo transitivo/pronominal*
1 multiplicar
reproducir
2 difundir
extender
tener eco
3 divulgar
esparcir
propalar*
publicar*

propalar *verbo transitivo*
1 difundir
propagar
divulgar
publicar*
Propalar es dar a conocer lo
desconocido u oculto. Supone mala intención por parte
del sujeto: *propalar* un rumor
tendencioso, a diferencia de
difundir, propagar y *divulgar,*
que pueden aplicarse a lo
bueno y a lo malo, a lo favorable y a lo adverso.

proparoxítono, -na *adjetivo*
1 esdrújulo

propasarse *verbo pronominal*
1 excederse
pasar de la raya
extralimitarse
abusar
2 descomedirse
insolentarse
ANTO contenerse

propender *verbo intransitivo*
1 tender
inclinarse

propensión *nombre femenino*
1 inclinación
tendencia
instinto
ANTO desgana
desinterés
'La *propensión* está en el entendimiento o en los hábitos;
la *inclinación* en la voluntad o
en el carácter. Hay *propensión*
a hablar mal del prójimo, a
distraerse, a leer novelas. Hay
inclinación al amor, a la cólera,
a tal profesión, a tal clase de
sociedad...' (M).
2 predisposición
Tratándose de enfermedades.

propenso, -sa *adjetivo*
1 sujeto
expuesto

propiciatorio *nombre masculino*
1 reclinatorio (mueble)

propicio, -cia *adjetivo*
1 benigno
favorable
'*Propicio* es lo que está dispuesto a favorecer. *Favorable*
es lo que de hecho favorece.
El reo tiene *propicio* al juez
que le mira con indulgencia y
desea que haya algún medio
de salvarle; y le tiene *favorable*
cuando éste da un voto a su
favor, o usa de todos los medios o condescendencias que
pueden directamente contribuir al buen éxito de su causa.
Como el primero de estos adjetivos sólo representa un acto
de voluntad, no se puede aplicar con propiedad a lo que no
la tiene; pero el segundo se
aplica generalmente a todo lo
que favorece con voluntad o
sin ella. Un ministro está *pro-*

proscribir

picio. El viento está *favorable'*
(LH).

propiedad *nombre femenino*
1 dominio
  pertenencia
  goce
  disfrute
2 finca
  posesión
3 cualidad*
  peculiaridad
  caractér

propietario, -ria *adjetivo*
1 dueño
  amo
  señor*

propileo *nombre masculino*
1 peristilo

propina *nombre femenino*
1 gratificación
  plus
  añadidura

propincuo, -cua *adjetivo*
1 allegado
  cercano
  próximo
  ANTO lejano
    ajeno

propio, -pia *adjetivo*
1 característico
  peculiar
2 conveniente
  adecuado
  pertinente
  oportuno
3 natural
  real

proponer *verbo
transitivo/pronominal*
1 ofrecer
  plantear
  sentar
  ANTO aceptar
2 consultar
  presentar
  Ambos, tratándose de cargos.
  verbo pronominal
3 intentar
  procurar
  determinarse
  tener entre ceja y ceja
  ANTO desentenderse

proporción *nombre femenino*
1 correspondencia
  armonía
  conformidad

relación
ANTO desproporción
2 oportunidad
  ocasión*
  coyuntura
  sazón
  conveniencia
  ANTO inconveniencia
    inoportunidad

a proporción *locución
adverbial*
al respecto
a correspondencia
respectivamente

proporcionado, -da *adjetivo*
1 acomodado
  adecuado
  idóneo
  útil
  apto
  provechoso
  conveniente*
  ANTO desigual
    desmesurado

proporcionar *verbo
transitivo/pronominal*
1 facilitar
  suministrar
  proveer
  poner a disposición
  ANTO quitar
    privar
Tratándose de mercancías, se
proporcionan o *facilitan* las
que por algún motivo escase-
an o no son fáciles de adquirir,
o las que se adquieren indirectamente. En cambio, el que
las vende directamente, las
suministra a sus clientes o les
provee de ellas.

proposición *nombre femenino*
1 propuesta
2 ofrecimiento
  oferta
3 oración
Aunque *proposición* y *oración*
son sinónimos, en las gramá-
ticas españolas predomina el
término *oración*. En cambio,
proposición (y no *oración*) se
emplea en lógica con el significado de expresión verbal de
un juicio.

propósito *nombre masculino*
1 intento
  intención
  ánimo*
  ANTO irreflexión

2 objeto*
  mira
  fin*
  motivo

a propósito *locución adjetiva*
especial
adecuado
propio

de propósito *locución
adverbial*
adrede
expresamente
intencionadamente
deliberadamente
ex profeso
de intento
aposta
ANTO involuntariamente
  sin querer

propuesta *nombre femenino*
1 proposición

propulsa *nombre femenino*
1 repulsa (acción)
  repulsión

propulsar *verbo transitivo*
1 empujar*
  impeler
  impulsar

propulsión *nombre femenino*
1 impulso
  impulsión
  empujón*

prora *nombre femenino*
1 (poético) proa

prórroga *nombre femenino*
1 aplazamiento
  demora
  suspensión
  retraso
  retardo
  dilación

prorrogar *verbo transitivo*
1 aplazar
  diferir
  alargar*
  ANTO cumplir
    terminar

prosapia *nombre femenino*
1 ascendencia
  linaje
  estirpe
  casta*
  alcurnia

proscribir *verbo transitivo*
1 interdecir

a
b
c
d
e
f
g
h
i
j
k
l
m
n
ñ
o
p
q
r
s
t
u
v
w
x
y
z

vedar
prohibir
impedir

proscripción *nombre femenino*
1 destierro*
extrañamiento
deportación
ostracismo

prosector *nombre masculino*
1 (persona) disector

proseguir *verbo transitivo*
1 seguir
continuar
llevar adelante
seguir en el hilo
ANTO detener
interrumpir

prosélito *nombre masculino*
1 converso
2 partidario*
neófito
adherido
adepto

prosimio *nombre masculino*
1 lemúrido
lémures

prosodia *nombre femenino*
1 fonética
ortología
fonología

prosopopeya *nombre femenino*
1 personificación
2 afectación
pompa
aparato
ampulosidad
ostentación

prosperar *verbo intransitivo*
1 progresar
adelantar
mejorar
medrar
florecer
enriquecerse
salir a flote
sonreír la fortuna
ANTO fracasar
arruinarse

prosperidad *nombre femenino*
1 auge
elevación
encumbramiento
bonanza
2 bienaventuranza
felicidad
dicha

próspero, -ra *adjetivo*
1 favorable
propicio
feliz
venturoso
2 rico
floreciente

prosternarse *verbo pronominal*
1 postrarse
humillarse
arrodillarse

prostíbulo *nombre masculino*
1 lupanar
burdel
casa de citas
mancebía

prostituir *verbo
transitivo/pronominal*
1 deshonrar
envilecer
corromper
degradar
ANTO ennoblecer
honrar

prostituta *nombre femenino*
1 ramera
puta (vulgar)

protagonista *nombre común*
1 héroe

En la primitiva tragedia griega, el personaje único, que dialogaba con el coro y con el corifeo, se llamó *protagonista*. Esquilo añadió un segundo personaje (*deuteragonista*) y Sófocles un tercero (*tritagonista*). En el teatro moderno se ha conservado sólo la primera denominación con el significado extenso de personaje principal de cualquier obra literaria.

protección *nombre femenino*
1 amparo
defensa
auxilio*
resguardo
salvaguarda
favor
apoyo
patrocinio
refugio
asilo
ANTO desamparo
inseguridad

protector, -ra *adjetivo/nombre*
1 defensor

amparador
favorecedor
bienhechor*
padrino
valedor
patrocinador

proteger *verbo
transitivo/pronominal*
1 preservar
amparar
defender*
escudar
resguardar
salvaguardar
respaldar
hacer sombra
guardar las espaldas
mirar por
apoyar
favorecer
patrocinar
ANTO desamparar
atacar

La idea de *proteger* de algún peligro material o figurado, la expresan *preservar, amparar, defender, escudar, resguardar, salvaguardar, respaldar, hacer sombra, guardar las espaldas* y *mirar por.* Ayudar a una persona, empresa o idea, *favorecer* y *apoyar. Apoyar, favorecer* y *patrocinar* implican alta jerarquía o importancia del protector o patrocinador.

protervia *nombre femenino*
1 perversidad
nequicina
maldad
perfidia
malignidad
perversión

protervo, -va *adjetivo*
1 perverso
malo
malvado
maligno
depravado
corrupto

prótesis *nombre femenino*
1 implantación

protesta *nombre femenino*
1 reclamación
exigencia
petición
demanda
2 bronca
alboroto
tumulto
la de Dios es Cristo

protestar *verbo intransitivo*
1 reclamar
  pedir
  exigir
  demandar
  ANTO perdonar
    desistir

protocolo *nombre masculino*
1 (de un notario) registro
2 ceremonial

prototipo *nombre masculino*
1 arquetipo

protuberancia *nombre femenino*
1 prominencia
  elevación

  La *protuberancia* connota un redondeamiento mayor o menor.

provecho *nombre masculino*
1 ganancia
  beneficio
  utilidad
  fruto
  lucro*
  ANTO inutilidad
    inconveniencia
    incomodidad

provechoso, -sa *adjetivo*
1 beneficioso*
  útil
  conveniente*
  fructífero
  lucrativo

provecto, -ta *adjetivo*
1 antiguo
  adelantado
2 maduro
  viejo*

proveedor, -ra *nombre*
1 abastecedor
  aprovisionador
  suministrador

proveer *verbo transitivo/pronominal*
1 suministrar
  abastecer
  surtir
  aprovisionar
  proporcionar*
  ANTO quitar
    privar
2 disponer
  resolver

provena *nombre femenino*
1 mugrón (de la vid)
  rastro

proveniente *adjetivo*
1 procedente
  originario
  derivado

provenir *verbo intransitivo*
1 nacer
  originarse
  proceder*
  emanar
  dimanar
  venir

proverbio *nombre masculino*
1 sentencia
  refrán*
  adagio
  máxima
  paremia

  El término griego *paremia* sólo tiene uso literario.

providencia *nombre femenino*
1 disposición
  prevención
  provisión
  medida
2 dios
3 resolución

próvido, -da *adjetivo*
1 prevenido
  cuidadoso
  proveniente
  diligente
2 propicio
  benévolo

provisión *nombre femenino*
1 acopio*
  acopiamiento
  acumulación
  almacenamiento
  depósito
  acaparamiento
2 abastecimiento
  abasto
  aprovisionamiento
  suministro
  avituallamiento
3 providencia
  disposición
  prevención
  medida

  provisiones de boca
  locución nominal
  vitualla
  víveres

provisional *adjetivo*
1 interino
  accidental

provocación *nombre femenino*
1 incitación
  excitación

provocar *verbo transitivo*
1 excitar
  incitar
  mover
  estimular
  ANTO tranquilizar
2 irritar
  enojar
  ANTO apaciguar
    sosegar
    pacificar

  verbo intransitivo
3 vomitar

proxeneta *nombre común*
1 alcahuete
  encubridor
  celestina
  tercera
  enflautadora

  Celestina, tercera y *enflautadora* se aplican a las mujeres.

proxenetismo *nombre masculino*
1 alcahuetería
  lenocinio

próximamente *adverbio*
1 aproximadamente
  con proximidad
  con corta diferencia
  poco más o menos
  a ojo de buen cubero

proximidad *nombre femenino*
1 cercanía
  inmediación
  vecindad
  ANTO lejanía
    antigüedad

  con proximidad *locución adverbial*
  aproximadamente
  a ojo de buen cubero
  con corta diferencia
  próximamente
  poco más o menos

próximo, -ma *adjetivo*
1 cercano
  vecino
2 inmediato
  contiguo
  junto

proyectar *verbo transitivo*
1 lanzar

a
b
c
d
e
f
g
h
i
j
k
l
m
n
ñ
o
p
q
r
s
t
u
v
w
x
y
z

arrojar
despedir
2 idear
trazar
concebir
planear
planificar
urdir

proyectil *nombre masculino*
1 bala

proyecto *nombre masculino*
1 designio*
plan
idea
intención
pensamiento

proyector *nombre masculino*
1 reflector

prudencia *nombre femenino*
1 cordura
seso
medida
juicio
discernimiento
aplomo
sabiduría
sensatez
buen sentido
ANTO insensatez
indiscreción
informalidad
descuido
2 moderación
circunspección
previsión
parsimonia
reserva*
ANTO insensatez
informalidad

prudente *adjetivo*
1 avisado
previsor
advertido
precavido
cauteloso
astuto
sensato
cauto
circunspecto
remirado
mirado
ANTO imprudente
2 discreto
juicioso
cuerdo
mesurado
reflexivo
ANTO alocado
irreflexivo

prueba *nombre femenino*
1 razón
argumento
demostración

'Para demostrar la verdad de un aserto se emplean las *razones* y las *pruebas*; y de unas y otras, juntas o separadas, se componen los *argumentos*. Las *razones* sirven para las opiniones y las doctrinas; las *pruebas*, para los hechos. El que alega una autoridad en confirmación de lo que dice, no presenta una *razón*, sino una *prueba*' (M).

2 justificación
probanza
3 indicio
señal
muestra
4 sufrimiento
desgracia
infortunio
5 ensayo
experiencia
probatura
gustación
cata

Gustación y *cata*, tratándose de comida o bebida.

prurito *nombre masculino*
1 comezón*
picor
picazón*
cosquilleo
hormiguilla
hormigueo
2 deseo
anhelo

prusiato *nombre masculino*
1 cianuro

prúsico, -ca *adjetivo*
1 cianhídrico

psicalgia *nombre femenino*
1 frenalgia
melancolía

psicópata *nombre común*
1 obseso
maníaco

psicopatía *nombre femenino*
1 manía
psicosis
obsesión

psicopático, -ca *adjetivo*
1 frenopático

psicopatología *nombre femenino*
1 psiquiatría

psicosis *nombre femenino*
1 manía
psicopatía
obsesión

psique *nombre femenino*
1 (cultismo) mente
psiquis

psiquiatra, psiquíatra *nombre común*
1 alienista
frenópata

psiquiatría *nombre femenino*
1 freniatría
psicopatología

psíquico, -ca *adjetivo*
1 anímico

psiquis *nombre femenino*
1 mente
psique (cultismo)

psitacismo *nombre masculino*
1 memorismo

En la enseñanza.

ptialismo *nombre masculino*
1 tialismo
salivación
sialismo

púa *nombre femenino*
1 aguijón
espina
pincho

pubertad *nombre femenino*
1 adolescencia
muchachez
mocedad

pubes *nombre masculino*
1 pubis
verija
vedija

pubescencia *nombre femenino*
1 vellosidad

pubescente *adjetivo*
1 velloso
vellido
tomentoso

pubis *nombre masculino*
1 pubes
verija
vedija

publicar *verbo transitivo*
1 divulgar*
  pregonar
  difundir
  esparcir
  propagar
  hacer público
  promulgar
  Promulgar, tratándose de una ley.

'*Publicar, divulgar.* La idea común, que hace sinónimos estos verbos, es la de descubrir un secreto; pero *publicarlo* expresa la idea absolutamente, sin modificación alguna, esto es, hacer *público* lo que no lo era, hacerlo saber a los que lo ignoraban. *Divulgar* supone que el secreto se ha ido diciendo a varias personas o en varias partes, con alguna determinada intención, o que, contra la voluntad del que lo ha confiado con reserva, se ha esparcido y hecho público. Se ha *divulgado* mi casamiento, esto es, yo no quería *publicarlo*; pero alguno de aquellos a quienes yo lo había confiado, o que han tenido modo de saberlo, o sospecharlo, lo han ido diciendo a unos y a otros, ha corrido la voz, y lo saben ya todos' (LH).

2 revelar
  propalar
3 dar a la estampa
  imprimir
  editar
4 anunciar
  manifestar
  proclamar

publicidad *nombre femenino*
1 notoriedad
2 divulgación
  difusión
  propaganda

La *publicidad* es el conjunto de medios que se emplean para la *propaganda* de ideas, opiniones, productos comerciales, etc.

público[1] *nombre masculino*
1 concurrencia
  auditorio
  espectadores
  oyentes
  asistentes

público, -ca[2] *adjetivo*
1 notorio
  patente
  conocido
  manifiesto

'Lo *público* es lo que a nadie se oculta; *notorio* es lo generalmente sabido. Hay cosas *públicas* y que, por la poca importancia que en sí tienen, no son *notorias*' (M).

puchera *nombre femenino*
1 (familiar) olla (guiso)
  cocido*
  puchero

puchero *nombre masculino*
1 olla (guiso)
  cocido*
  puchera

puches *nombre ambiguo plural*
1 gachas

púdico, -ca *adjetivo*
1 honesto
  pudoroso
  casto
  recatado

pudiente *adjetivo/nombre común*
1 opulento
  potentado
  rico*
  poderoso
  acaudalado*

pudor *nombre masculino*
1 honestidad
  castidad
  modestia
  vergüenza*
  decoro
  compostura
  recato

pudoroso, -sa *adjetivo*
1 honesto
  recatado
  púdico
  casto
  decoroso
  decente

pudrición *nombre femenino*
1 putrefacción
  podredura
  pudrimiento
  corrupción
  descomposición

pudrimiento *nombre masculino*
1 putrefacción

  podredura
  corrupción
  descomposición
  pudrición

pudrir *verbo transitivo/pronominal*
1 podrecer
  empodrecer
  corromper
  descomponer
  echarse a perder
  fermentar*
  ANTO sanar
      vivir

pueblerino, -na *adjetivo/nombre*
1 lugareño
  aldeano

pueblo *nombre masculino*
1 población
  poblado
2 lugar
  aldea
3 nación*
  raza
4 vecindario
  vecinos
5 plebe*
  vulgo

Plebe y *vulgo* implican sentido despectivo, en tanto que *pueblo* denota la gente común y humilde de una localidad, provincia o nación. *Vulgo* comprende propiamente a las gentes comunes que no se destacan en ningún sentido (cultural, linaje, prestigio social, etc...). En sentido político, la denominación de *pueblo* abarca a todos los ciudadanos y clases sociales; no así el *vulgo* ni la *plebe*, que se refieren a las clases menos calificadas y educadas.

puerco[1]
  puerco de monte *locución nominal*
  jabalí
  puerco jabalí
  puerco montés
  puerco salvaje
  pécari
  báquiro
  saíno
  puerco marino
  arroaz
  delfín
  golfín
  tonina

puerco, -ca² *adjetivo*
1 inmundo
sucio
asqueroso
repugnante
nauseabundo

puericia *nombre femenino*
1 niñez
infancia

puericultura *nombre femenino*
1 infanticultura

pueril *adjetivo*
1 infantil*
aniñado
2 inocente
cándido
3 infundado
fútil

puerilidad *nombre femenino*
1 niñería
ANTO malicia
2 insignificancia
futilidad
niñada*
ANTO importancia

puerilismo *nombre masculino*
1 infantilismo

puerperio *nombre masculino*
1 sobreparto (tiempo)

puerro *nombre masculino*
1 porro
puerro silvestre *locución nominal*
ajo porro

puerta *nombre femenino*
1 entrada
acceso
paso
2 marco
portería
meta
En algunos deportes, como el fútbol y el balonmano.
puerta falsa *locución nominal*
postigo

puerto
arribar a puerto *locución*
tomar tierra
desembarcar
aterrizar
naufragar en el puerto
malograrse
desaprovecharse
perderse

desperdiciarse
frustrarse
errar el golpe
irse abajo

puertorriqueño, -ña
adjetivo/nombre
1 (persona) portorriqueño
boricua
borinqueño

puesta *nombre femenino*
1 ocaso
postura
puesta al día *locución nominal*
modernización
actualización

puesto *nombre masculino*
1 punto
sitio
lugar
paraje
espacio
Estos sinónimos, en el orden en que se citan, forman una gradación desde el más determinado y circunscrito, al más indeterminado y extenso.
2 empleo
cargo
plaza
destino*

púgil *nombre masculino*
1 boxeador

pugna *nombre femenino*
1 pelea
lucha*
contienda
2 oposición
hostilidad

pugnar *verbo intransitivo*
1 pelear
contender
luchar
batallar
ANTO pacificarse
2 esforzarse
porfiar

puja *nombre femenino*
1 mejora
aumento

pujante *adjetivo*
1 fuerte
vigoroso
poderoso
potente
brioso

pujanza *nombre femenino*
1 fuerza
brío
poder
vigor
ANTO debilidad
impotencia

pujar *verbo transitivo*
1 mejorar
aumentar
subir

pulchinela *nombre masculino*
1 polichinela

pulcramente *adverbio*
1 puramente
con pureza

pulcritud *nombre femenino*
1 aseo
limpieza*
ANTO suciedad
2 cuidado
esmero
escrupulosidad
delicadeza
ANTO indelicadeza

pulcro, -cra *adjetivo*
1 aseado
limpio
límpido
2 cuidadoso
esmerado
escrupuloso
delicado
3 puro
impecable
inmaculado

pulgar *adjetivo/nombre masculino*
1 pólice
dedo gordo

pulgón *nombre masculino*
1 piojuelo

pulguera *nombre femenino*
1 empulguera

pulido, -da *adjetivo*
1 pulimentado
liso
bruñido
2 agraciado
bello
hermoso
3 pulcro
primoroso
esmerado

pulimentado, -da *adjetivo*
1 pulido

liso
bruñido

pulimentar *verbo transitivo*
1 abrillantar
  pulir
  bruñir
  dar brillo

pulir *verbo transitivo/pronominal*
1 pulimentar
  alisar
  abrillantar
  bruñir
  ANTO ensuciar
2 perfeccionar
  ultimar
3 adornar
  aderezar
  componer
  acicalar
  ANTO descomponer

pulla *nombre femenino*
1 planga
  clanga
  planco
  dango

pulmón *nombre masculino*
1 bofe
  chofe
  livianos
  Livianos, especialmente en los
  animales.

  pulmón marino *locución*
  nominal
  aguamala
  medusa
  aguamar

pulmonía *nombre femenino*
1 neumonía
  perineumonía
  neumonitis

pulmoníaco, -ca
  adjetivo/nombre
1 neumónico
  perineumónico

pulpa *nombre femenino*
1 medula
  médula
  meollo
  tuétano

pulpejo *nombre masculino*
1 talón
  En los cascos de las caballerías, *pulpejo*.

pulsación *nombre femenino*
1 latido

pulsar *verbo transitivo*
1 tocar*
  tañer
2 tomar el pulso
3 tantear
  examinar

pulsera *nombre femenino*
1 brazalete
  manilla

pulsímetro *nombre masculino*
1 esfigmómetro

pulso *nombre masculino*
1 seguridad
  firmeza
  tino
2 tiento
  cuidado

pululación *nombre femenino*
1 germinación
  multiplicación
  reproducción

pulular *verbo intransitivo*
1 abundar
  multiplicarse
  bullir
  hormiguear
  ANTO aquietarse

pulverizar *verbo transitivo*
1 polvificar
  polverizar
  hacer polvo

punchar *verbo transitivo*
1 punzar
  picar
  pinchar
  pungir

pundonor *nombre masculino*
1 honor*
  honra
  punto de honra
  ANTO deshonor
    indecencia
2 delicadeza
  susceptibilidad
  puntillo
  Cuando el *pundonor* es extremado y se basa en motivos ni-
  mios, *puntillo*.

pundonoroso, -sa
  adjetivo/nombre
1 puntoso
  puntilloso
  Puntilloso, cuando indica susceptibilidad extremada.

pungir *verbo transitivo*
1 punzar

picar
pinchar
punchar

púnico, -ca *adjetivo*
1 cartaginés*

puntada *nombre femenino*
1 punto
  pasada
  paso
  Hablando de la costura.

puntal *nombre masculino*
1 tornapunta
2 apoyo
  fundamento

puntapié *nombre masculino*
1 puntocón
  puntillón
  puntera
  puntillazo

puntera *nombre femenino*
1 bigotera
  capellada
  En el calzado.

puntería *nombre femenino*
1 tino
  acierto
  pulso
  destreza
  ANTO desacierto

puntiagudo, -da *adjetivo*
1 agudo
  delgado
  aguzado
  afilado
  acuminado
  acumíneo

puntilla *nombre femenino*
1 (puñal) cachetero

puntillero *nombre masculino*
1 cachetero (torero)

puntillón *nombre masculino*
1 (familiar) puntapié
  puntocón
  puntera
  puntillazo

puntilloso, -sa *adjetivo*
1 puntoso
  puntuoso

punto *nombre masculino*
1 puntada
2 sitio
  lugar
  puesto

a
b
c
d
e
f
g
h
i
j
k
l
m
n
ñ
o
p
q
r
s
t
u
v
w
x
y
z

paraje
3 instante
momento*
4 cuestión
materia
asunto
extremo
5 pundonor
6 tanto

a punto *locución adjetiva*
preparado
listo
presto

al punto *locución adverbial*
prontamente
sin dilación
pronto
en seguida
ya

puntoso, -sa *adjetivo*
1 pundonoroso
puntuoso
puntilloso

puntuación *nombre femenino*
1 tanteo

puntual *adjetivo*
1 pronto
diligente
exacto
cumplidor
preciso
asiduo*
2 cierto
indudable
indubitable
seguro

puntualidad *nombre femenino*
1 regularidad
exactitud
precisión
ANTO informalidad
inexactitud
inseguridad

puntualizar *verbo transitivo*
1 detallar
pormenorizar
precisar

puntualmente *adverbio*
1 religiosamente
exactamente
fielmente

puntuoso, -sa *adjetivo*
1 puntilloso
puntoso

punzada *nombre femenino*
1 picadura

mordedura
picada
pinchazo

punzadura *nombre masculino*
1 pinchazo
picadura
punzada
picada

punzante *adjetivo*
1 incisivo
mordaz
satírico
cáustico

punzar *verbo transitivo*
1 picar*
pinchar
punchar
pungir

punzón *nombre masculino*
1 buril

puñada *nombre femenino*
1 puñetazo

puñado *nombre masculino*
1 puño

puñera *nombre femenino*
1 almorzada
almuerza
ambuesta

puñetazo *nombre masculino*
1 trompada
puñada
castañazo (familiar)
castañetazo (familiar)

puño *nombre masculino*
1 puñado
2 puñetazo

meter el corazón en un puño *locución*
⇒ corazón

morderse los puños *locución*
aguantar
contenerse
reprimirse
vencerse
tragar saliva
llevar la cruz
hacerse el loco

pupa *nombre femenino*
1 (familiar) dolor
mal
2 costra (especialmente en los labios)
postilla

pupila *nombre femenino*
1 (del ojo) niña
niñeta

pupilaje *nombre masculino*
1 casa de huéspedes
pensión

pupilo, -la *nombre*
1 huérfano

puramente *adverbio*
1 con pureza
pulcramente
2 meramente
estrictamente
solamente
simplemente

pureza *nombre femenino*
1 inocencia
sencillez
candor
simplicidad
2 limpieza
pulcritud
castidad

purgación *nombre femenino*
1 catarsis
purificación
⇒ purgaciones

purgaciones *nombre femenino plural*
1 blenorragia
⇒ purgación

purgante *adjetivo/nombre masculino*
1 lapáctico
derivativo
abstergente
catártico

purgar *verbo transitivo*
1 limpiar
depurar
purificar
2 expiar
satisfacer

purificación *nombre femenino*
1 depuración

purificador, -ra *nombre*
1 cornijal

purificar *verbo transitivo/pronominal*
1 purgar
depurar
ANTO ensuciar
pecar

Purgar, depurar y *purificar* forman una serie intensiva. Sin que haya separación absoluta entre los tres verbos, el primero significa quitar las impurezas más gruesas y visibles; por ejemplo: en ciertas industrias se *purga* una masa de sus escorias. En cambio, las aguas de la ciudad se *depuran* o *purifican*. *Purificar*, con respecto a *depurar*, sugiere mayor grado de perfección. En el ejemplo anterior se prefiere decir que las aguas se *depuran* por sedimentación de la tierra que las enturbiaba: pero se *purifican* con la destrucción de los gérmenes patógenos.

2 acrisolar
acendrar

puro, -ra *adjetivo*
1 acendrado
depurado
impecable
acrisolado
2 etéreo
celeste
elevado
sublime
3 genuino
propio
natural
legítimo
auténtico
verdadero
real
ANTO postizo
falso
ilegítimo

4 incorruptible
virtuoso

púrpura *nombre femenino*
1 (molusco) múrice

purpurado *nombre masculino*
1 (prelado) cardenal

purpúrea *nombre femenino*
1 lampazo (planta)
bardana
lapa

purrela *nombre femenino*
1 aguapié
torcedura
torcido

purria *nombre femenino*
1 gentuza
chusma

purulencia *nombre femenino*
1 supuración
pus

purulento, -ta *adjetivo*
1 virulento

pus *nombre masculino*
1 materia
podre
podredumbre

pusilánime *adjetivo/nombre común*
1 medroso*
tímido
temeroso
apocado
encogido
miedoso
cobarde*

pusilanimidad *nombre femenino*
1 apocamiento
cortedad
timidez
encogimiento
ANTO temeridad
arrojo
valentía
hombría

pústula *nombre femenino*
1 buba
bubas

puta *nombre femenino*
1 (vulgar) prostituta
ramera

putativo, -va *adjetivo*
1 existimativo

putrefacción *nombre femenino*
1 podredura
pudrimiento
corrupción
descomposición
pudrición
ANTO serenidad
salud
Putrefacción es término docto.

putrefacto, -ta *adjetivo*
1 podrido
corrupto
descompuesto
pútrido

pútrido, -da *adjetivo*
1 putrefacto
podrido
corrupto
descompuesto

a b c d e f g h i j k l m n ñ o p q r s t u v w x y z

quebracho *nombre masculino*
1 jabí (árbol)
 quiebrahacha

quebrada *nombre femenino*
1 barranca
 barranco
 barranquera
 torrentera

quebradizo, -za *adjetivo*
1 frágil
 rompedero
 vidrioso
 ANTO fuerte
  duro
  resistente
2 delicado
 enfermizo
 ANTO duro
  resistente
  fuerte

quebrado, -da *adjetivo/nombre*
1 fallido
2 herniado
 hernioso
 potroso (vulgar)
3 fraccionario

 adjetivo
4 roto
5 quebrantado
 debilitado
6 desigual
 barrancoso
 tortuoso
 accidentado

quebradura *nombre femenino*
1 hendedura
 hendidura
 rotura
 grieta
 raja
 abertura
2 hernia

quebrantado, -da *adjetivo*
1 quebrado

dolorido
roto

quebrantahuesos *nombre masculino*
1 osífraga
 osífrago
2 halieto
 aleto
 pigargo

quebrantamiento *nombre masculino*
1 quebranto
 decaimiento
 descaecimiento
2 infracción
 transgresión
 vulneración
 ANTO legitimidad
  justicia
  observancia
  cuidado

quebrantar *verbo transitivo/pronominal*
1 cascar
 hender
 agrietar
 rajar
 quebrar
 romper
 machacar
 moler
 triturar
2 violar
 profanar
 forzar
3 conculcar
 contravenir
 infringir
 vulnerar
 transgredir
 traspasar
 violar
 incumplir
 pisar
 quebrar
 hollar

romper*
ANTO obedecer

Conculcar, contravenir, infringir, vulnerar y *transgredir* son términos cultos, preferidos en el lenguaje jurídico. El resto de sinónimos son más usuales en el habla corriente.

 verbo pronominal
4 resentirse

Tratándose del efecto corporal de una enfermedad, accidente o fatiga.

quebranto *nombre masculino*
1 daño
 menoscabo
 perjuicio
 detrimento
 deterioro
2 decaimiento
 descaecimiento
 quebrantamiento
 pérdida
 baja*
 bajón
 disminución
 decadencia
 caída
 merma
 descenso
3 aflicción
 dolor
 pena
 desaliento

quebrar *verbo transitivo*
1 romper
2 doblar
 torcer

 verbo pronominal
3 herniarse

quedar *verbo intransitivo/pronominal*
1 detenerse
 permanecer

subsistir
ANTO marchar
      ausentarse
2 faltar
restar
sobrar
ANTO pasar
3 convenir
acordar

quedo[1] *adverbio*
1 en voz baja
2 despacio
poco a poco
con tiento

quedo, -da[2] *adjetivo*
1 quieto
inmóvil
ANTO inquieto
      veloz
      ruidoso

quehacer *nombre masculino*
1 ocupación
trabajo
negocio
tarea
faena
ANTO cesantía
      pasividad

Faena, especialmente si es manual.

queja *nombre femenino*
1 lamento
lamentación
quejido
gemido
2 resentimiento
desazón
descontento
3 querella
acusación

quejarse *verbo pronominal*
1 lamentarse
gemir
dolerse
poner el grito en el cielo
quejarse de vicio
clamar*
ANTO reírse
2 reclamar
3 querellarse

quejido *nombre masculino*
1 gemido
lamentación
lamento

quejigal, quejigar *nombre masculino*
1 cajigal

quejigo *nombre masculino*
1 cajiga

quejoso, -sa *adjetivo*
1 descontento
dolido
disgustado
resentido

quejumbroso, -sa *adjetivo*
1 plañidero
lloroso
lastimero
triste
lúgubre
2 ñoño
remilgado
melindroso
dengoso
apocado

quema *nombre femenino*
1 quemazón
cremación
2 incendio
fuego
combustión

quemar *verbo intransitivo/transitivo*
1 abrasar
arder
incinerar
reducirse a cenizas
2 impacientar
desazonar
irritar
enfadar
enojar

quemazón *nombre femenino*
1 cremación*
quema
2 picazón*
picor
comezón
prurito
rascazón
hormiguilla

quenopodiáceo, -ea *adjetivo/nombre*
1 salsoláceo

querella *nombre femenino*
1 discordia
pendencia
cuestión
contienda
reyerta
pelea
ANTO concordia
      paz
2 acusación
queja
litigio

querer[1] *nombre masculino*
1 amor
cariño
afecto

querer[2] *verbo transitivo/pronominal*
1 tener voluntad
determinar
resolver
2 desear*
pretender
apetecer
ambicionar*
procurar
ANTO resignarse
      desistir

'*Querer* y *desear* explican la inclinación de la voluntad a una cosa que no se posee; pero *querer* supone un objeto más asequible, y en cuyo logro tiene más parte la voluntad y los medios que se emplean para conseguirlo. En el objeto del verbo *desear* parece que tiene menos influencia la voluntad, y depende menos de los medios que pueden emplearse para su logro que de la voluntad ajena, o de circunstancias en que no tiene parte la voluntad del que *desea*. *Deseo* que mañana haga buen tiempo, porque *quiero* ir a la pradera de San Isidro. *Deseo* ganar el pleito, porque *quiero* fundar un mayorazgo' (LH).

3 amar
apreciar
estimar
ANTO odiar

Amar es más abstracto; por ejemplo: *amar* a Dios. El uso de *amar*, en sus acepciones concretas, pertenece principalmente al habla culta y literaria; corrientemente se emplea *querer*.

'Los verbos *querer* y *estimar* se suelen confundir en el uso común para explicar nuestra inclinación a alguna persona; pero *querer* la explica como dirigida por la voluntad, y *estimar* como dirigida por el entendimiento, esto es, como efecto del concepto que tenemos del mérito de la persona. A un enemigo no se le puede

a
b
c
d
e
f
g
h
i
j
k
l
m
n
ñ
o
p
q
r
s
t
u
v
w
x
y
z

querer, pero se le puede *estimar*. No se *quiere* a quien no se conoce, pero se le puede *estimar* por reputación. Una mujer honrada debe hacer más aprecio del que la *estima* sin *quererla* que del que la *quiere* sin *estimarla*' (LH.)

4 exigir
  requerir
  pedir
5 conformarse
  aceptar

ser un quiero y no puedo *locución*
  aparentar
  simular
  fingir
  hacer la comedia
  hacer la muestra

querida *nombre femenino*
1 barragana
  concubina
  manceba
  amante

querido[1] *nombre masculino*
1 amante
  mancebo

querido, -da[2] *adjetivo*
1 amado
  caro*
  ANTO odiado

quermes, kermes *nombre masculino*
1 alkermes
  alquermes
  carmes

querva *nombre femenino*
1 ricino
  cherva
  higuera del infierno
  higuera infernal
  higuereta
  higuerilla
  palmacristi

quevedos *nombre masculino plural*
1 anteojos*
  espejuelos
  lentes
  gafas (familiar y vulgar)
  antiparras

quia *interjección*
1 ca

quid *nombre masculino*
1 esencia

razón
porqué
busilis
toque

quiebra *nombre femenino*
1 hendedura
  grieta
2 bancarrota

Especialmente si se trata de una quiebra fraudulenta, crak, suspensión de pagos.

quiebro *nombre masculino*
1 esguince
  cuarteo
  regate
2 mordente

quieto, -ta *adjetivo*
1 quedo
  inmóvil
2 tranquilo
  manso
  reposado
  sosegado

'*Quieto* es lo que no tiene movimiento; *tranquilo* y *manso* lo que no tiene agitación; *sosegado* y *reposado*, lo que no ha cesado de moverse y agitarse. 'Estáte *quieto*', decimos a un muchacho travieso, lo que equivale a 'no te muevas'. Una corriente es *tranquila* o *mansa* cuando no fluye con precipitación. Después de una tormenta decimos que el mar está *sosegado* o *reposado*' (M).

quietud *nombre femenino*
1 inmovilidad
2 calma
  tranquilidad
  reposo*
  sosiego
  paz

'*La* quietud es opuesta al movimiento; la *tranquilidad* a la agitación. Se procura que un niño esté *quieto*; que una nación esté *tranquila*. Muchas veces la *inquietud* indica falta de *tranquilidad*; y otras muchas vemos *quieto* al que no está *tranquilo*...' (C).

quijada *nombre femenino*
1 carrillera
  mandíbula

Carrillera se utiliza hablando de algunos animales.

quijar, quijal *nombre masculino*
1 muela (diente)
  molar

quijera *nombre femenino*
1 (arreo del caballo)
  tentemozo

quijones *nombre masculino*
1 ahogaviejas

quijote *nombre masculino*
1 hidalgo
2 soñador

quilatar *verbo transitivo*
1 aquilatar
  apreciar
  graduar
  estimar
  valorar

quimera *nombre femenino*
1 ilusión
  ficción
  fantasía
  fábula
  delirio
  desvarío
  ANTO realidad
2 pendencia
  contienda
  cuestión
  pelotera
  altercado*
  altercación
  disputa
  agarrada
  bronca
  cisco
  discusión

quimérico, -ca *adjetivo*
1 imaginario
  fantástico
  fabuloso
  fingido
  soñado

quimerista *adjetivo/nombre común*
1 fantaseador
2 pendenciero
  camorrista
  buscaruidos

química

química biológica *locución nominal*
  bioquímica

quincallero, -ra *nombre*
1 quinquillero
 tirolés

quincenal *adjetivo*
1 periódico

quinceno, -na *adjetivo*
1 decimoquinto

quincuagenario, -ria
 adjetivo/nombre
1 cincuentón

quincuagésimo, -ma
 adjetivo/nombre
1 cincuentésimo

quindécimo, -ma
 adjetivo/nombre
1 quinzavo

quiniela *nombre femenino*
1 apuesta
 boleto

quinquefolio *nombre masculino*
1 cincoenrama

quinquillero *nombre masculino*
1 quincallero
 tirolés

quinta *nombre femenino*
1 quintana
2 reclutamiento
 reemplazo

quintaesenciar *verbo transitivo*
1 refinar
 apurar
 alambicar

quinterno *nombre masculino*
1 cinquina
 quinta
 En la antigua lotería.

quinto *nombre masculino*
1 recluta

sorche (familiar)
caloyo (humorístico)

quinzavo, -va *adjetivo/nombre*
1 quindécimo

quiragra *nombre femenino*
1 gota (de las manos)
 podagra

quiralidad *nombre femenino*
1 asimetría

quirología *nombre femenino*
1 dactilología

quiropodista *nombre común*
1 callista
 pedicuro

quisicosa *nombre femenino*
1 (familiar) enigma*
 adivinanza
 adivinaja
 acertijo

quisquilla *nombre femenino*
1 cámaro
 camarón
 esquila

quisquilloso, -sa
 adjetivo/nombre
1 caramilloso
 reparón
 criticón
 chinche
 ANTO tranquilo
 pacífico
 comprensivo
 alegre
2 cosquilloso
 sentido
 susceptible
 picajoso
 puntilloso

quita *nombre femenino*
1 quitamiento
 liberación

quitamanchas *nombre*
 masculino
1 sacamanchas

quitar *verbo transitivo/pronominal*
1 libertar
 librar
2 redimir
 cancelar
3 sacar
 apartar
 separar
 privar
 restar
 ANTO poner

Sacar es extraer una cosa del sitio en que está metida, mientras que *quitar* es apartarla o separarla del lugar en que está puesta o situada. *Sacamos* un libro de la estantería en que se halla colocado; *sacamos* el contenido de una maleta. *Quitamos* una silla que estorba para pasar; saludamos *quitándonos* el sombrero.

4 hurtar*
 escamotear
 ANTO dar
5 impedir
 estorbar
 obstar

quitasol *nombre masculino*
1 parasol
 sombrilla

quite *nombre masculino*
1 parada

quito, -ta *adjetivo*
1 libre
 exento

a
b
c
d
e
f
g
h
i
j
k
l
m
n
ñ
o
p
q
r
s
t
u
v
w
x
y
z

rabadilla *nombre femenino*
1 curcusilla
cóccix
2 obispillo
En las aves.

rabear *verbo intransitivo*
1 colear

rabel *nombre masculino*
1 nalgas (especialmente de
los muchachos)
asentaderas
tafanario
posas
posaderas
tabalario

rabí *nombre masculino*
1 rabino

rabia *nombre femenino*
1 hidrofobia
2 ira
enojo
cólera
furia*
furor
ANTO tranquilidad
serenidad

rabiar *verbo intransitivo*
1 encolerizarse
enfurecerse
crujir los dientes
enverdecer de ira
exaltarse la bilis
ANTO tranquilizarse
serenarse
sosegarse
apaciguarse
calmarse

rábida *nombre femenino*
1 rápita

rabieta *nombre femenino*
1 (irónico o despectivo) perra
perrera

berrinche*
pataleta
berrenchín
Ambos significan *rabieta* de
niño.

rabihorcado *nombre masculino*
1 pájaro burro

rabilargo *nombre masculino*
1 (ave) mohíno

rabillo *nombre masculino*
1 cabillo
pezón
pedúnculo
pedículo

rabino *nombre masculino*
1 rabí

rabión *nombre masculino*
1 rápido

rabioso, -sa *adjetivo/nombre*
1 hidrófobo
2 colérico
airado
furioso
3 vehemente
excesivo
desmedido

rabo *nombre masculino*
1 cola

racha *nombre femenino*
1 ráfaga

racial *adjetivo*
1 étnico

racimado, -da *adjetivo*
1 arracimado
en racimo

racimarse *verbo pronominal*
1 arracimarse

raciocinar *verbo intransitivo*
1 razonar*

discurrir
argumentar
sacar en claro
estar a razón
asir la razón a uno

raciocinio *nombre masculino*
1 razonamiento
argumento
discurso
ANTO irreflexión

racional *adjetivo*
1 razonable
justo
lógico

rada *nombre femenino*
1 bahía
ensenada
tablazo
abra

radiador *nombre masculino*
1 calorífero

radiante *adjetivo*
1 (física) irradiante
emisor
2 brillante
resplandeciente
refulgente
rutilante
radioso

radiar *verbo intransitivo*
1 irradiar
ANTO apagarse
verbo transitivo
2 emitir
radiodifundir

radical *adjetivo*
1 completo
total
extremado
extremista
ANTO accidental
secundario

relativo
apelable

radicar *verbo*
intransitivo/pronominal
1 arraigar
ANTO desarraigar

verbo intransitivo
2 estar
encontrarse
hallarse
ANTO ausentarse

radícula *nombre femenino*
1 rejo (de la planta)
raicilla
raicita

radio *nombre femenino*
1 radiodifusión

radío, -ía *adjetivo*
1 errante
errabundo
vagabundo
erradizo

radiodifusión *nombre femenino*
1 radioemisión

radioemisión *nombre femenino*
1 radiodifusión

radioescucha *nombre común*
1 radioyente

radiofonía *nombre femenino*
1 radiotelefonía

radiografía *nombre femenino*
1 esquiagrafía
roentgenografía

radiología *nombre femenino*
1 roentgenología

radiólogo, -ga *nombre*
1 roentgenólogo

radioscopia *nombre femenino*
1 roentgenoscopia
fluoroscopia

radiotelefonía *nombre femenino*
1 radiofonía

radioterapia *nombre femenino*
1 roentgenoterapia

radioyente *nombre común*
1 radioescucha

raedor *nombre masculino*
1 rasero
rasera

raedura *nombre femenino*
1 raimiento

rasura
raspadura

raer *verbo transitivo*
1 raspar
2 rasar

ráfaga *nombre femenino*
1 racha
jugada
2 destello

rafe *nombre masculino*
1 alero (parte del tejado)
tejaroz

rahez *adjetivo*
1 vil
despreciable

raicilla *nombre femenino*
1 rejo (del embrión)
raicita
radícula

raicita *nombre femenino*
1 rejo (del embrión)
raicilla
radícula

raíl *nombre masculino*
1 carril
riel

raíz *nombre femenino*
1 origen
principio
fundamento

raíz del moro *locución*
nominal
helenio
énula campana
hierba del ala

raja *nombre femenino*
1 hendedura
hendidura
abertura
grieta
resquebrajadura
2 rebanada
tajada

rajar *verbo transitivo*
1 hender
partir
abrir
resquebrajar
agrietar
verbo pronominal
2 desistir
desdecirse
volverse atrás

ralea *nombre femenino*
1 especie

clase
calidad
2 (despectivo) raza
casta*
linaje
calaña
estofa*
jaez*

ralear *verbo intransitivo*
1 ardalear
arralar

Tratándose de las vides.

rallo *nombre masculino*
1 albarrada
alcarraza

ramada *nombre femenino*
1 enramada

ramal *nombre masculino*
1 liñuelo
cabo
2 ronzal

ramalear *verbo intransitivo*
1 cabestrear

ramera *nombre femenino*
1 prostituta
puta (vulgar)

ramilletero *nombre masculino*
1 florero

ramiza *nombre femenino*
1 leña
tuero
rozo
despunte
ramullo
ramojo
encendajas

ramo *nombre masculino*
1 ristra
horca
horco

ramojo *nombre masculino*
1 leña
tuero
rozo
despunte
ramullo
ramiza
encendajas

rampa *nombre femenino*
1 declive
pendiente
inclinación
cuesta
2 calambre

ramplón, -ona *adjetivo*
1 tosco
vulgar
pedestre
desaliñado
chabacano
ANTO elegante
selecto
culto

rampojo *nombre masculino*
1 raspajo
escobajo

ramulla *nombre femenino*
1 leña
tuero
rozo
despunte
ramojo
ramiza
encendajas

rana

rana marina *locución nominal*
pejesapo
alacrán marino
pescador
rape
sapo marino

ranas *nombre femenino plural*
1 ránula
sapillo

rancho *nombre masculino*
1 cabaña
choza
barraca

ranciar *verbo*
transitivo/pronominal
1 enranciar
arranciar

randa *nombre masculino*
1 (familiar) ratero
gato
rata
carterista

rangífero *nombre masculino*
1 reno
rengífero
tarando

rango *nombre masculino*
1 jerarquía
clase
categoría
calidad

rangua *nombre femenino*
1 tejuelo
tajuelo
tejo

ranking *nombre masculino*
1 (anglicismo) clasificación

ránula *nombre femenino*
1 ranas
sapillo

ranúnculo *nombre masculino*
1 apio de ranas
botón de oro
hierba belida

ranzón *nombre masculino*
1 rescate

raño *nombre masculino*
1 (pez) baila
perca
percha
trucha de mar

rapabarbas *nombre masculino*
1 (despectivo) barbero
peluquero
fígaro (irónico)
rapador (despectivo)
rapista (despectivo)

rapacería *nombre femenino*
1 muchachada
rapazada
mocerío

rapador *nombre masculino*
1 (despectivo) barbero
peluquero
fígaro (irónico)
rapabarbas (despectivo)
rapista (despectivo)

rapapiés *nombre masculino*
1 buscapiés
carretilla

rapapolvo *nombre masculino*
1 reconvención
represión
reprimenda
peluca
bronca

rapar *verbo transitivo/pronominal*
1 afeitar
rasurar
raer

rapaz[1] *adjetivo*
1 ladrón
robador

adjetivo/nombre femenino
2 ave de rapiña

rapaz, -za[2] *nombre*
1 chico
muchacho

rape *nombre masculino*
1 pejesapo
sapo marino
alacrán marino
pescador
rana marina

rápidamente *adverbio*
1 aprisa*
pronto
de prisa
aceleradamente
prestamente
prontamente
de presto
con brevedad
ligeramente
a mata caballo

rapidez *nombre femenino*
1 celeridad*
prontitud
ligereza
presteza
ANTO lentitud
pasividad

rápido[1] *nombre masculino*
1 rabión

rápido, -da[2] *adjetivo*
1 veloz
pronto
acelerado
presuroso
apresurado
precipitado
raudo
activo*

rapiña *nombre femenino*
1 hurto
robo
pillaje
saqueo

rapiñar *verbo transitivo*
1 (familiar) pillar
hurtar
robar
saquear

rapista *nombre masculino*
1 (despectivo) barbero
peluquero
fígaro (irónico)
rapabarbas (despectivo)
rapador (despectivo)

rápita *nombre femenino*
1 rábida

rapónchigo *nombre masculino*
1 ruiponce

raposa *nombre femenino*
1 zorra
  vulpeja

raposera *nombre femenino*
1 zorrera (cueva)
  madriguera
  guarida*

raposería *nombre femenino*
1 zorrería
  astucia
  cautela

raposo *nombre masculino*
1 zorro (mamífero)

raptar *verbo transitivo*
1 robar
  arrebatar
  Raptar se usa con complemento directo de persona, en tanto que sus sinónimos pueden referirse a personas y cosas.

rapto *nombre masculino*
1 arrebato
  arranque
  impulso
2 robo
3 éxtasis
  transporte
  arrebatamiento

raqueta *nombre femenino*
1 pala

raquianestesiar *verbo transitivo*
1 anestesiar*
  insensibilizar
  cloroformizar
  eterizar

raquis *nombre masculino*
1 columna vertebral

raquítico, -ca *adjetivo*
1 exiguo
  mezquino
  escaso
  corto
  miserable
  ANTO generoso
2 débil*
  endeble
  flaco
  esmirriado
  ANTO fuerte
       sano

rarefacción *nombre femenino*
1 enrarecimiento

rarefacer *verbo transitivo*
1 enrarecer
  rarificar

rareza *nombre femenino*
1 extrañeza
2 anomalía
3 extravagancia
  singularidad
  ridiculez
  ANTO vulgaridad

rarificar *verbo transitivo*
1 enrarecer
  rarefacer

raro, -ra *adjetivo*
1 extraño
  extraordinario
  singular
  inusitado*
  ANTO usual
       normal
       habitual

'Lo *raro* es lo que ocurre pocas veces; lo *extraordinario* es lo que posee con exceso alguna de las cualidades propias de su especie; *extraño*, lo que está en contradicción con las leyes generales del objeto a que aquella palabra se aplica. Un terremoto es un suceso *raro*; el terremoto de Lisboa fue un suceso *extraordinario*; el cuadrúpedo con pico descubierto en Australia es un animal *extraño*... Lo *raro* excita la curiosidad; lo *extraordinario*, la admiración; lo *extraño*, la perplejidad del juicio, o de otro modo, la *extrañeza*' (M). '*Raro* es lo que no es común, lo que se ve o sucede pocas veces, lo que se halla con dificultad. *Extraño* es lo que no es propio, conforme o adecuado a la cosa de que se trata. *Singular* es lo que es único, lo que no tiene igual o semejante. Cuando decimos que el tener un hombre seis dedos en una mano es una cosa *rara*, *extraña* o *singular*, no explicamos nuestra admiración con relación a la misma idea: es *raro* para quien lo mira como una cosa poco común, que se ve pocas veces; es *extraño* para quien lo considera monstruoso, poco conforme a la natural construcción de nuestras manos; es

singular para el que lo cree único, y no sabe que ha habido otros hombres que han tenido también seis dedos en una mano' (LH).

2 extravagante
  estrambótico
  maniático
  excéntrico
  estrafalario
  Estrafalario acentúa el carácter burlesco de la persona o cosa a que se aplica.

ras *nombre masculino*
1 igualdad
  nivel
  línea

rasar *verbo transitivo*
1 raer
2 raspar
  rozar
  ANTO desigualar

rascacio *nombre masculino*
1 escorpena
  escorpina
  diablo marino
  rescaza
  pina
  rescacio

rascadera *nombre femenino*
1 almohaza

rascadura *nombre femenino*
1 uñarada

rascalino *nombre masculino*
1 tiñuela (cuscuta)

rascar *verbo transitivo*
1 refregar
  restregar
2 arañar
  rascuñar
  rasguñar

rascazón *nombre femenino*
1 picazón*
  hormiguilla
  picor
  comezón*
  prurito
  quemazón

rascón *nombre masculino*
1 (ave) fúlica
  gallina de río
  gallineta
  polla de agua

rascuñar *verbo transitivo*
1 rascar

a b c d e f g h i j k l m n ñ o p q r s t u v w x y z

arañar
rasguñar

rascuño *nombre masculino*
1 arañazo
raguño
uñada
uñarada
arpadura
uñetazo

rasera *nombre femenino*
1 rasero
raedor

rasero *nombre masculino*
1 raedor
rasera

rasgado *nombre masculino*
1 desgarrón
rasgón
siete
rotura
desgarro
rasgadura

rasgadura *nombre femenino*
1 rasgón
rasgado
rotura
desgarro
desgarrón
siete

rasgar *verbo transitivo*
1 desgarrar
romper

rasgo *nombre masculino*
1 trazo
plumazo
2 facción (del rostro)
3 carácter
cualidad
peculiaridad
atributo
característica
nota

rasgón *nombre masculino*
1 rasgado
rotura
desgarro
desgarrón
rasgadura
siete

Siete, si tiene forma angular.

rasgueado *nombre masculino*
1 rasgueo

rasgueo *nombre masculino*
1 rasgueado

rasguñar *verbo transitivo*
1 rascuñar
arañar
rascar
2 tantear
esbozar

rasguño *nombre masculino*
1 arañazo
2 apuntamiento
tanteo
esbozo

raso, -sa *adjetivo*
1 plano
llano
liso
ANTO elevado
escarpado

raspa *nombre femenino*
1 (de la espiga) arista
2 espina
3 raquis

raspado *nombre masculino*
1 apoxesis
legrado

raspajo *nombre masculino*
1 rampojo
escobajo

raspar *verbo transitivo*
1 raer
2 rasar
rozar

raspilla *nombre femenino*
1 miosota

rasposo, -sa *adjetivo*
1 áspero
rugoso
escabroso

rastillar *verbo transitivo*
1 rastrillar

rastra *nombre femenino*
1 (instrumento) grada

rastreo *nombre masculino*
1 exploración
barrido
detección

rastrera *nombre femenino*
1 arrastradera

rastrero, -ra *adjetivo*
1 bajo
vil
despreciable
indigno
abyecto

ANTO noble
sincero
digno

rastrillar *verbo transitivo*
1 rastillar

rastrillo *nombre masculino*
1 rastro
rastra

rastro *nombre masculino*
1 rastra
rastrillo
2 indicio*
huella*
señal
vestigio
pista
ida

Ida es el *rastro* que hace la caza con los pies.

rastrojera *nombre femenino*
1 rastrojal

rasuración *nombre femenino*
1 afeitado
rasura

rasurar *verbo transitivo*
1 afeitar

rata *nombre masculino*
1 ratero
gato
randa
carterista
ladrón
sacre

ratear *verbo transitivo*
1 prorratear

ratero, -ra *adjetivo/nombre*
1 gato
randa
rata
carterista

Carterista es el que hurta de los bolsillos.

ratificación *nombre femenino*
1 aseveración
afirmación
aserción
aserto
confirmación

ratificar *verbo transitivo/pronominal*
1 reafirmar
refirmar
confirmar
roborar

corroborar
aprobar
hacer coro
ANTO anular
    desaprobar
    rectificar

rato
    haber para rato *locución*
    ir para largo (familiar)

    pasar el rato
    mirar las musarañas
    perder el tiempo

ratón *nombre masculino*
    1 mouse (anglicismo)

    ratón almizclero *locución*
    nominal
    desmán

rauco, -ca *adjetivo*
    1 (poético) ronco
    bronco
    áspero

rauda *nombre femenino*
    1 cementerio* (árabe)

raudo, -da *adjetivo*
    1 rápido
    veloz
    violento
    precipitado

raya *nombre femenino*
    1 línea
    2 guión
    3 crencha
    carrera
    partidura
    4 término
    límite
    linde
    confín
    frontera

rayado *nombre masculino*
    1 renglonadura
    En el papel para escribir.
    2 legrado

rayano, -na *adjetivo*
    1 lindante
    confinante
    limítrofe*
    fronterizo
    ANTO distante
        mediato

rayar *verbo intransitivo*
    1 lindar*
    confinar
    limitar

2 tachar
    Tratándose de escritos.

rayo *nombre masculino*
    1 centella
    Especialmente cuando es de poca intensidad.
    2 chispa*
    exhalación

rayuelo *nombre masculino*
    1 agachadiza

raza *nombre femenino*
    1 casta
    linaje*
    progenie
    estirpe
    Raza y *casta* se aplican a hombres y animales. *Linaje*, *progenie* y *estirpe*, sólo a hombres.
    'La *raza* es el género y la *casta* es la especie. La *raza* tiene un carácter más permanente que la *casta*, y así es que la primera es objeto de la ciencia, y no lo es la segunda. En Andalucía hay buenas *castas* de caballos, y todas son de *raza* árabe' (M).

rázago *nombre masculino*
    1 harpillera
    arpillera
    halda
    malacuenda

razón *nombre femenino*
    1 entendimiento
    discurso
    ANTO irreflexión
        locura
    2 prueba
    argumento
    'Con las *razones* se sostienen las opiniones y las doctrinas, con las *pruebas*, las opiniones, las doctrinas y los hechos; los *argumentos* son *razones* explayadas y ordenadas con cierto orden lógico o retórico' (M).
    3 motivo
    causa*
    4 justicia
    rectitud
    verdad
    derecho
    5 cuenta
    cómputo
    6 informe*

información
noticia
dato
referencia

razón social *locución nominal*
    sociedad*

razonable *adjetivo*
    1 arreglado
    justo
    legítimo
    comprensible
    ANTO injusto
        irreflexivo
    2 mediano
    regular
    moderado
    bastante
    ANTO imprudente
        irreflexivo

razonamiento *nombre masculino*
    1 argumentación
    arenga
    discurso
    oración
    '*Razonamiento* es una serie de razones cuyo objeto es ilustrar un asunto o probar una proposición. *Arenga* es un razonamiento dirigido a una corporación o a una persona de respeto. *Discurso* es un razonamiento sobre asunto científico, artístico o literario. *Oración* se aplica más comúnmente a los *discursos* en que se hace gala de los artificios de la Retórica, y que se pronuncian en grandes solemnidades' (M).

razonar *verbo intransitivo*
    1 discurrir
    raciocinar
    argumentar
    sacar en claro
    estar a razones
    asistir a razón a uno
    desatar el argumento
    Razonar es *discurrir* manifestando lo que se discurre, o hablar dando razones para probar una cosa. Se puede *discurrir* o *raciocinar* sin hablar; pero *razonar* y *argumentar* suponen hacer uso de la palabra. *Raciocinar* y *argumentar* significan establecer premisas y deducir consecuencias.

a
b
c
d
e
f
g
h
i
j
k
l
m
n
ñ
o
p
q
r
s
t
u
v
w
x
y
z

reacción *nombre femenino*
1 respuesta

reaccionar *verbo intransitivo*
1 responder
  defenderse
  inmutarse
2 oponerse

reaccionario, -ria *adjetivo*
1 retrógrado
  conservador
  ANTO progresista

reacio, -cia *adjetivo*
1 desobediente
  inobediente
  remiso
  rebelde
  renuente
  reluctante
  ANTO débil
    dócil
    disciplinado

reactor *nombre masculino*
1 cámara de reacción

reafirmar *verbo*
  transitivo/pronominal
1 confirmar*
  ratificar
  hacer hincapié
  ANTO rectificar

reagina *nombre femenino*
1 anticuerpo

real¹ *adjetivo*
1 verdadero
  existente
  positivo
  efectivo
  cierto*
  ANTO irreal
    incierto
    falso
    inexistente

real² *adjetivo*
1 regio
  nombre masculino
2 campamento
  sentar el real *locución*
  aposentar
  hospedar
  alojar
  albergar
  tomar casa
  tener casa abierta

realce *nombre masculino*
1 relieve
  lustre
  brillo
  estimación
  grandeza

realera *nombre femenino*
1 maestril
  maestral

realidad *nombre femenino*
1 existencia
  efectividad
  ANTO inexistencia
2 verdad
  sinceridad
  ingenuidad
  ANTO idealismo
    invención
  en realidad *locución adverbial*
  realmente
  efectivamente
  positivamente
  verdaderamente
  de hecho

realizable *adjetivo*
1 hacedero
  factible*
  posible*

realizar *verbo transitivo*
1 hacer
  efectuar
  ejecutar
  llevar a cabo
  llevar a efecto
  llevar a la práctica
  ANTO abstenerse
    incumplir
'*Realizar* es cumplir lo que las apariencias daban lugar a esperar; *efectuar*, lo que promesas formales hacían esperar; *ejecutar* es cumplir una cosa conforme al plan que antes se había formado' (Ma).
2 vender
  liquidar*
  Tratándose de mercancías.

realmente *adverbio*
1 efectivamente
  positivamente
  verdaderamente
  en realidad

realzar *verbo transitivo*
1 levantar
  elevar
  ANTO hundir
2 enaltecer
  relevar
  ilustrar
  engrandecer

ANTO humillar
  hundir

reanimado, -da *adjetivo*
1 animado
  alentado
  confortado
  animoso

reanimar *verbo*
  transitivo/pronominal
1 confortar
  restablecer
  fortalecer
2 animar
  consolar
  alentar
  vivificar
  ANTO desalentar
    entristecer

reanudar *verbo*
  transitivo/pronominal
1 anudar
  continuar

reaparecer *verbo intransitivo*
1 resurgir
  rebrotar

reavivar *verbo transitivo*
1 vivificar
  revivificar

rebaja *nombre femenino*
1 descuento
  deducción
  disminución
  reducción

rebajado, -da *adjetivo*
1 pálido
  desvaído

rebajamiento *nombre masculino*
1 abatimiento
  humillación
  apocamiento
  abyección
  ANTO nobleza
2 bajeza
  indignidad
  ruindad
  vileza
  envilecimiento

rebajar *verbo*
  transitivo/pronominal
1 disminuir*
  descontar
  deducir
  depreciar*
  ANTO aumentar
2 humillar
  abatir
  ANTO ensoberbecerse

rebalsa *nombre femenino*
1 embalse*
  rebalse
  pantano

rebalsar *verbo transitivo*
1 embalsar

rebalse *nombre masculino*
1 embalse*
  pantano
  rebalsa

rebanada *nombre femenino*
1 raja
  tajada

rebañar *verbo transitivo*
1 arrebañar

rebaño *nombre masculino*
1 manada*
  hato
  boyada
  vacada
  torada
  piara
  yeguada
  pavada
  *Boyada, vacada, torada, piara,
  yeguada* y *pavada*, según la
  clase de ganado. Cuando no
  se especifica, *rebaño* alude
  generalmente al de ganado lanar.

rebasar *verbo transitivo*
1 sobrepasar
  exceder
  ANTO contenerse
      comedirse

rebatiña *nombre femenino*
1 arrebatiña

rebatir *verbo transitivo*
1 rechazar
  contrarrestar
2 impugnar
  confutar*
  refutar
  contradecir*
  objetar
  ANTO confirmar

rebato *nombre masculino*
1 alarma

rebeco *nombre masculino*
1 gamuza
  robezo
  rupicabra
  rupicapra

rebelarse *verbo pronominal*
1 sublevarse
  levantarse
  insurreccionarse
  desobedecer
  echarse a la calle
  tirar coces
  ANTO someterse
      obedecer
      doblegarse
2 resistir
  oponerse
  ANTO someterse
      obedecer
      doblegarse

rebelde *adjetivo/nombre común*
1 sublevado
  insurgente
  insurrecto
2 desobediente
  indócil
  indisciplinado
  reacio
3 contumaz

rebeldía *nombre femenino*
1 desacato
  desobediencia
  insumisión
  ANTO acato
      sometimiento
      sumisión

rebelión *nombre femenino*
1 alzamiento
  insurrección
  levantamiento
  sublevación*

rebenque *nombre masculino*
1 anguila de cabo
2 látigo corto

rebisabuelo, -la *nombre*
1 tatarabuelo

rebisnieto, -ta *nombre*
1 tataranieto

reblandecer *verbo
  transitivo/pronominal*
1 ablandar
  ANTO endurecer
2 relentecer
  lentecer

rebocillo, rebociño *nombre
  masculino*
1 rebozo

rebocrania *nombre femenino*
1 tortícolis

rebollo *nombre masculino*
1 mesto

rebosante *adjetivo*
1 lleno*
  pleno
  repleto
  pletórico
  henchido
  colmado
  ANTO vacío
      falto

rebosar *verbo
  intransitivo/pronominal*
1 derramarse
  reverter
  trasverter
2 abundar
  sobreabundar
  redundar

rebotar *verbo transitivo*
1 rechazar (un cuerpo)
  repeler
  retroceder*
  resurtir
  ANTO atraer

rebote *nombre masculino*
1 rechazo
  resurtida
  retroceso

rebotica *nombre femenino*
1 trastienda (aposento)

rebozar *verbo
  transitivo/pronominal*
1 arrebozar

rebozo *nombre masculino*
1 simulación
  pretexto
  excusa*

rebrotar *verbo intransitivo*
1 resurgir
  reaparecer

rebrote *nombre masculino*
1 retoño
  renuevo
  hijuelo
  vástago*

rebufe *nombre masculino*
1 (del toro) bufido
  resoplido

rebujar *verbo
  transitivo/pronominal*
1 arrebujar

rebullicio *nombre masculino*
1 bullanga

a
b
c
d
e
f
g
h
i
j
k
l
m
n
ñ
o
p
q
r
s
t
u
v
w
x
y
z

asonada
alboroto
tumulto
motín
bulla
algarabía
ruido
bullicio

rebultado, -da *adjetivo*
1 abultado
 grueso
 voluminoso
 ANTO liso
  enjuto

rebuscado, -da *adjetivo*
1 afectado
 aparente
 fingido
 forzado
 estudiado
 amanerado
 artificioso
 ANTO natural
  sencillo
  liso
  espontáneo

rebuscamiento *nombre masculino*
1 afectación*
 amaneramiento
 estudio
 fingimiento
 disimulo
 doblez
 presunción
2 retórica
 artificio

rebuscar *verbo transitivo*
1 escudriñar*
 escrutar

rebutir *verbo transitivo*
1 rellenar
 embutir

rebuznar *verbo intransitivo*
1 roznar

rebuzno *nombre masculino*
1 roznido

recabar *verbo transitivo*
1 alcanzar
 obtener
 conseguir
 lograr

Al significado de estos verbos añade *recabar* la idea de instancias o súplicas con que se obtiene lo deseado.

recado *nombre masculino*
1 mensaje
 misiva

Mensaje tiene mayor solemnidad que *recado*, bien sea por la importancia de su contenido o de la persona a quien se envía, bien por el mayor énfasis de la expresión; *misiva* es mensaje escrito.

recaída *nombre femenino*
1 recidiva
 repetición
 relapso
 reincidencia
 recurrencia

recalada *nombre masculino*
1 aterraje
 aterrizaje

recalcar *verbo transitivo*
1 insistir
 repetir
 subrayar
 machacar

recalce *nombre masculino*
1 recalzo
 recalzón

recalcitrante *adjetivo*
1 terco
 obstinado
 pertinaz
 contumaz
 ANTO disciplinado
  arrepentido

recalzo *nombre masculino*
1 recalce
 recalzón

recalzón *nombre masculino*
1 recalzo
 recalce

recámara *nombre femenino*
1 hornillo

recambiar *verbo transitivo*
1 remudar
 reemplazar
 relevar
 sustituir

recambio *nombre masculino*
1 repuesto
 prevención
 provisión

recantación *nombre femenino*
1 palinodia
 retractación

recantón *nombre masculino*
1 guardacantón (poste en la esquina)
 guardarruedas
 marmolillo
 trascantón
 trascantonada

recapacitar *verbo transitivo*
1 reflexionar
 recordar
 rememorar
 decir para su sayo
 decir para su capote

recapitulación *nombre femenino*
1 compendio
 resumen
 sumario

recapitular *verbo transitivo*
1 resumir*
 compendiar

recargo *nombre masculino*
1 sobreprecio
 aumento

recatado, -da[1] *adjetivo*
1 discreto
 reservado
 ANTO indiscreto

recatado, -da[2] *adjetivo*
1 circunspecto
 cauto
 precavido
 reservado
2 honesto
 modesto
 púdico
 decoroso

recatar *verbo transitivo*
1 encubrir
 ocultar
 esconder
 tapar

recatería *nombre femenino*
1 regatonería
 regatería

recato *nombre masculino*
1 cautela
 reserva*
 circunspección
2 honestidad
 modestia
 pudor
 decoro
 compostura
 ANTO inmodestia
  impudor
  desvergüenza

recatón *nombre masculino*
1 regatón
cuento
contera
regatero

recauchutar *verbo transitivo*
1 impermeabilizar
alquitranar
embrear
calafatear

recaudación *nombre femenino*
1 colecta
cuestación
cobro
cobranza
Colecta y *cuestación*, si se trata de donativos voluntarios para fines benéficos, religiosos, etc.

recaudador *nombre masculino*
1 colector
recolector
cobrador
Colector y *recolector* tienen hoy uso más restringido y no se aplican tratándose de fondos públicos o de empresas importantes. *Cobrador* es el que recibe inmediatamente el dinero de manos del público: *cobrador* de tranvías, del gas; es oficio más humilde que *recaudador.*

recaudar *verbo transitivo*
1 cobrar*
percibir
recibir
tomar en cuenta

rección *nombre femenino*
1 régimen
dependencia

recejar *verbo intransitivo*
1 recular
cejar
retroceder*
hacerse atrás
volver grupas
pie atrás
ANTO avanzar
fluir

recelar *verbo transitivo/pronominal*
1 desconfiar
sospechar
maliciarse
escamarse
temer

estar sobre aviso
poner en cuarentena
traer entre ojos

recelo *nombre masculino*
1 desconfianza*
sospecha*
suspicacia
escama
miedo
temor
ANTO ingenuidad
fe
confianza

receloso, -sa *adjetivo*
1 desconfiado
suspicaz
escamón
temeroso

recensión *nombre femenino*
1 reseña
crítica

recentar *verbo transitivo*
1 leudar

recepción *nombre femenino*
1 recibimiento
recibo
2 admisión

receptáculo *nombre masculino*
1 recipiente
cavidad
2 tálamo

receptoría *nombre femenino*
1 recetoría
tesorería

recesión *nombre femenino*
1 regresión
retroceso

recésit *nombre masculino*
1 recle
recre

recesivo, -va *adjetivo*
1 regresivo

receso *nombre masculino*
1 separación
apartamiento
desvío
2 suspensión
cesación
descanso
interrupción

receta *nombre femenino*
1 récipe
prescripción
fórmula

recetar *verbo transitivo*
1 formular
ordenar
prescribir

recetario *nombre masculino*
1 formulario

recetoría *nombre femenino*
1 receptoría
tesorería

rechace *nombre masculino*
1 despeje
En el fútbol.

rechazar *verbo transitivo*
1 rebotar
repeler
ANTO estimar
atraer
2 rehusar*
ANTO aceptar
atraer

rechazo *nombre masculino*
1 retroceso
rebote

rechifla *nombre femenino*
1 burla*
pitorreo
ANTO aplauso
elogio

rechinante *adjetivo*
1 estridente*
chirriante
agudo
agrio
áspero
destemplado
ruidoso

rechinar *verbo intransitivo*
1 crujir
chirriar
chillar*

rechoncho, -cha *adjetivo*
1 achaparrado
aparrado
chaparro
ANTO alto
enjuto

recial *adjetivo*
1 reticular

reciamente *adverbio*
1 fuertemente
vigorosamente
violentamente

recibidor *nombre masculino*
1 antesala*

a
b
c
d
e
f
g
h
i
j
k
l
m
n
ñ
o
p
q
r
s
t
u
v
w
x
y
z

antecámara
recibimiento

recibimiento *nombre masculino*
1 recepción
2 admisión
3 acogida
4 antesala*
entrada
vestíbulo

recibir *verbo transitivo*
1 tomar
aceptar*
ANTO entregar

'Para *aceptar* se necesita un acto de la voluntad; pero se *recibe* sin querer, por causalidad y, a veces, por fuerza. Por esto se dice que se *recibe*, pero no que se *acepta*, una carta; que se *recibe* una mala noticia; pero se *aceptan* las ofertas y convites. Se puede *recibir* un regalo y devolverlo porque no se *acepta*' (M).

2 admitir
acoger
cargar con
abrir la mano
ANTO negar
rechazar
3 cobrar
percibir

recibirse *verbo pronominal*
1 licenciarse

recibo *nombre masculino*
1 recepción
recibimiento

recidiva *nombre femenino*
1 repetición
recaída
relapso
reincidencia
recurrencia

reciente *adjetivo*
1 nuevo
fresco
flamante
acabado de hacer
ANTO viejo
estropeado
antiguo

recientemente *adverbio*
1 poco ha
últimamente

recinto *nombre masculino*
1 circuito
perímetro

recio, -cia *adjetivo*
1 fuerte
robusto
vigoroso
2 grueso
gordo
corpulento
abultado

récipe *nombre femenino*
1 receta
prescripción
fórmula

recipiente *nombre masculino*
1 receptáculo
cavidad

recíprocamente *adverbio*
1 mutuamente

recíproco, -ca *adjetivo*
1 mutuo*

recitar *verbo transitivo*
1 declamar

Declamar implica mayor énfasis. Un niño *recita* la lección aprendida. Un actor *declama* o *recita*, según el trozo de que se trate o la entonación con que lo diga.

reclamación *nombre femenino*
1 exigencia
petición
demanda
protesta

reclamar *verbo intransitivo*
1 pedir*
exigir
demandar
protestar
ANTO perdonar
desistir

reclamo *nombre masculino*
1 señuelo
2 atractivo
aliciente
incentivo
3 propaganda
anuncio
publicidad

recle *nombre masculino*
1 recésit
recre

reclinar *verbo transitivo/pronominal*
1 recostar
apoyar

reclinatorio *nombre masculino*
1 propiciatorio

recluir *verbo transitivo/pronominal*
1 encerrar
confinar
ANTO libertar
soltar
liberar

reclusión *nombre femenino*
1 encierro
prisión

La *reclusión* y el *encierro* pueden ser voluntarios o forzados. La *prisión* es forzada.

recluso, -sa *nombre*
1 penado*
presidiario
forzado
encarcelado
preso
prisionero
cautivo

recluta *nombre masculino*
1 reclutamiento
alistamiento
enganche
2 quinto
sorche (familiar)
caloyo (humorístico)

reclutamiento *nombre masculino*
1 reemplazo
quinta

reclutar *verbo transitivo*
1 alistar
enganchar

recobrar *verbo transitivo*
1 recuperar
rescatar
ANTO perder

Rescatar es *recobrar* por precio o a la fuerza.

verbo pronominal
2 desquitarse
reintegrarse
3 restablecerse
reponerse
volver en sí
ANTO empeorar

recogedor *nombre masculino*
1 rastra
2 pala

recoger *verbo*
transitivo/pronominal
1 cosechar
recolectar
coger
2 guardar
poner en cobro
3 juntar
reunir
congregar
acopiar
4 acoger
dar asilo
verbo pronominal
5 retirarse
encerrarse
6 refugiarse
acogerse
7 abstraerse
ensimismarse
reconcentrarse

recogimiento *nombre masculino*
1 encierro
retiro
clausura
apartamiento

recolección *nombre femenino*
1 cosecha
2 convento
monasterio*
casa recoleta

recolectar *verbo transitivo*
1 cosechar
recoger
alzar de eras

recolector, -ra *nombre*
1 recaudador*
colector
cobrador

recomendable *adjetivo*
1 plausible
atendible
admisible
aceptable

recomendar *verbo transitivo*
1 encomendar
encargar
confiar
ANTO acusar
desconfiar

recomerse *verbo pronominal*
1 concomerse

recompensa *nombre femenino*
1 premio*
galardón*
remuneración
retribución

recompensar *verbo transitivo*
1 compensar
2 retribuir
remunerar
gratificar
satisfacer*
3 premiar
galardonar
ANTO castigar

recomponer *verbo transitivo*
1 reparar*
arreglar
remendar
rehacer

reconcentrar *verbo transitivo*
1 reunir
juntar
concentrar
centralizar*
verbo pronominal
2 ensimismarse
recogerse
abstraerse

reconciliar *verbo*
transitivo/pronominal
1 amigar
avenir
conciliar*

reconcomio *nombre masculino*
1 prurito
deseo
anhelo
2 recelo
sospecha

recóndito, -ta *adjetivo*
1 profundo
escondido
hondo
oculto
reservado
Recóndito intensifica el significado de todos estos adjetivos.

reconfortante *adjetivo/nombre*
masculino
1 tónico
vigorizante

reconfortar *verbo transitivo*
1 fortalecer
confortar
animar

reconocer *verbo transitivo*
1 distinguir
recordar
ANTO desconocer
2 examinar

inspeccionar
mirar el pro y el contra
pasar por tamiz
indagar
escrutar*
escudriñar
3 confesar
aceptar
declarar
convenir

reconocido, -da *adjetivo*
1 agradecido
obligado

reconocimiento *nombre*
masculino
1 agradecimiento
gratitud

'Publicar un beneficio es un acto de *reconocimiento*; querer a su bienhechor es el acto propio de la *gratitud*. El que se da prisa a pagar un servicio generoso que le hicieron con otro servicio, para quitarse el peso del *reconocimiento*, es un ingrato; y rebosa *gratitud* el que, no pagando su deuda, ni aun atreviéndose a desplegar sus labios sobre ello, acompaña a un bienhechor en sus placeres, ríe en sus gozos y llora en sus desdichas. El *reconocimiento* de lo que debe, paga; pero la *gratitud* no cuenta lo que da, porque siempre debe' (Ci).

2 examen
inspección
registro
3 agnición*
anagnórisis

reconstituir *verbo transitivo*
1 reintegrar
reponer

reconstituyente
adjetivo/nombre masculino
1 tónico

Aplícase a los medicamentos.

reconstruir *verbo transitivo*
1 reedificar
rehacer

reconvención *nombre femenino*
1 admonición*
recriminación
amonestación
reprensión
reproche

a
b
c
d
e
f
g
h
i
j
k
l
m
n
ñ
o
p
q
r
s
t
u
v
w
x
y
z

cargo
rapapolvo
regaño
regañina
zurrapelo
recorrido
repasata
repaso

Rapapolvo, regaño, regañina, zurrapelo, recorrido, repasada y repaso son de uso familiar.

reconvenir *verbo transitivo/pronominal*
1 reprender
reñir
regañar
reprochar
echar en cara
ANTO felicitar

recopilación *nombre femenino*
1 compendio*
resumen
sumario
2 colección
compilación

recopilar *verbo transitivo*
1 compendiar
resumir
2 compilar

récord *nombre masculino*
1 marca
plusmarca

recordable *adjetivo*
1 memorable

recordar *verbo transitivo*
1 memorar
rememorar
recapacitar
traer una cosa en las mientes
tener presente
darse una palmada en la frente
ANTO olvidar
callar
verbo transitivo/pronominal
2 despertar

recordman *nombre masculino*
1 (anglicismo) plusmarquista

recordwoman *nombre femenino*
1 (anglicismo) plusmarquista

recorrer *verbo transitivo*
1 andar
caminar
ANTO parar
detener

recorrido *nombre masculino*
1 trayecto
itinerario
2 repaso
Tratándose de alguna cosa deteriorada.
3 reprensión
reconvención

recortado *nombre masculino*
1 cortadura

recortadura *nombre femenino*
1 recorte
retazo

recorte *nombre masculino*
1 recortadura
retazo
⇒ recortes

recortes *nombre masculino plural*
1 cortaduras
recortaduras
⇒ recorte

recorvar *verbo transitivo*
1 encorvar
corvear
curvar
arquear
torcer

recostar *verbo transitivo/pronominal*
1 reclinar
apoyar

recreación *nombre femenino*
1 recreo
solaz
expansión
esparcimiento
asueto
diversión
distracción
pasatiempo
entretenimiento

recrear *verbo transitivo/pronominal*
1 entretener*
distraer
divertir
alegrar
deleitar
echar una cana al aire
darse un verde
andar de gallo
ANTO aburrir
entristecer

recrecer *verbo intransitivo/transitivo*
1 aumentar
acrecentar
tomar cuerpo
subir de punto

recremento *nombre masculino*
1 secreción interna
secreción endocrina

recreo *nombre masculino*
1 recreación
distracción
diversión*
entretenimiento
pasatiempo

recría *nombre femenino*
1 engorde
ceba

recriminación *nombre femenino*
1 reconvención
represión
ANTO felicitación
2 acusación

recrudecer *verbo intransitivo/pronominal*
1 exacerbar
enconar
agravar

rectamente *adverbio*
1 derechamente
en derechura
directamente

rectangular *adjetivo*
1 cuadrilongo

rectificar *verbo transitivo/pronominal*
1 corregir
modificar
enmendar*
ANTO ratificar
insistir
2 purificar
redestilar

rectitud *nombre femenino*
1 justicia
integridad
imparcialidad
ANTO torcedura
injusticia

recto, -ta *adjetivo*
1 derecho
2 justo
justiciero
íntegro
imparcial

'El que no se separa de la justicia, es *recto*; el hombre *recto*, considerado como inflexible y superior a la parcialidad o al interés, es *íntegro*. Es *recto* el juez que, al condenar al reo, no se deja llevar ni de la violencia de su genio inclinado al rigor, ni de la excesiva bondad y sensibilidad de su corazón. Es *íntegro* el que, al sentenciar una causa, no escucha ni las sugestiones de la amistad, ni el influjo o el temor del poder, ni los estímulos de la codicia' (LH).

recua *nombre femenino*
1 arria

recuentro *nombre masculino*
1 reencuentro
refriega
choque

recuerdo *nombre masculino*
1 memoria
conmemoración
rememoración
remembranza
reminiscencia
ANTO olvido

Memoria equivale a *recuerdo*, pero se usa menos que él en esta acepción: tener *memoria*, o *recuerdo*, de algo. *Conmemoración* se usa muy poco en este sentido, porque predomina su significado de acto o solemnidad con que se *recuerda* algo importante. *Rememoración* es literario o se emplea como término psicológico. *Remembranza* es antiguo; lo emplean los escritores por su mismo sabor arcaico. *Reminiscencia*, fuera del lenguaje filosófico, significa *recuerdo* incompleto o poco definido.

2 regalo
presente
⇒ recuerdos

recuerdos *nombre masculino plural*
1 memorias
expresiones
saludos
⇒ recuerdo

reculada *nombre femenino*
1 retroceso

recular *verbo intransitivo*
1 cejar
recejar
retroceder
hacerse atrás
volver grupas
pie atrás
ANTO avanzar
fluir

recuperar *verbo transitivo/pronominal*
1 recobrar
rescatar
ANTO perder

recurrencia *nombre femenino*
1 recaída
recidiva
relapso
reincidencia

recurrir *verbo intransitivo*
1 acudir
acogerse
2 apelar
interponer apelación

recurso *nombre masculino*
1 medio
procedimiento
arbitrio
expediente
2 memorial
solicitud
petición
3 apelación
⇒ recursos

recursos *nombre masculino plural*
1 bienes
medios
posibles
fortuna
capital
⇒ recurso

recusar *verbo transitivo*
1 rechazar
rehusar
2 poner tacha
tachar
declinar

redaño *nombre masculino*
1 mesenterio
entresijo

tener redaños *locución*
tener valor
tener valentía
tener muchos hígados
tener arrestos

redecilla *nombre femenino*
1 gandaya
2 red

Tratándose de la prenda para recoger el cabello, *red*.

3 bonete
retículo

Ambos, en el estómago de los rumiantes.

rededor *nombre masculino*
1 contorno
2 derredor
redor (poético)

redel *nombre masculino*
1 almogama

redención *nombre femenino*
1 salvación

redestilar *verbo transitivo/pronominal*
1 rectificar
purificar

redilar *verbo transitivo*
1 amajadar
redilear

redilear *verbo transitivo*
1 amajadar
redilar

redimir *verbo transitivo/pronominal*
1 rescatar
librar
liberar
libertar
ANTO esclavizar
perder
2 cancelar

rédito *nombre masculino*
1 interés
renta
utilidad
beneficio
rendimiento

redituar *verbo transitivo*
1 producir
rentar
rendir

redivivo, -va *adjetivo*
1 aparecido
resucitado

redoblar *verbo transitivo/pronominal*
1 duplicar
doblar
reduplicar

2 repetir
reiterar

redomado, -da *adjetivo*
1 cauteloso
astuto
taimado
ANTO ingenuo
bobo
Redomado intensifica el significado de sus sinónimos.

redonda *nombre femenino*
1 dehesa
acampo
coto
2 semibreve

redondamente *adverbio*
1 rotundamente
claramente
categóricamente
terminantemente

redondel *nombre masculino*
1 círculo
2 ruedo
arena

redondo, -da *adjetivo*
1 claro
sin rodeo
rotundo

caerse redondo *locución*
desvanecerse
desmayarse
írsele la vista
perder el conocimiento
perder el sentido

redopelo *nombre masculino*
1 redropelo
rodapelo
contrapelo

redor *nombre masculino*
1 (poético) rededor
derredor

redrojo *nombre masculino*
1 redruejo
cencerrón

redropelo *nombre masculino*
1 redopelo
rodapelo
contrapelo

redruejo *nombre masculino*
1 redrojo
cencerrón

reducción *nombre femenino*
1 descuento

rebaja
deducción
2 restricción
limitación
ANTO libertad
ilimitación
abuso

reducible *adjetivo*
1 reductible

reducido, -da *adjetivo*
1 estrecho
pequeño
escaso
limitado
corto
chico*
angosto*
ANTO grande
amplio

reducir *verbo transitivo*
1 disminuir*
aminorar
estrechar
acortar
achicar
ceñir
echar agua al fuego
limitar*
ANTO aumentar
2 resumir
compendiar
abreviar*
3 sujetar
someter
dominar
domeñar
ANTO rebelarse
4 convertir

reductible *adjetivo*
1 reducible

redundancia *nombre femenino*
1 exceso*
sobra
demasía
superfluidad
pleonasmo
Pleonasmo, tratándose de palabras.

redundante *adjetivo*
1 superfluo
innecesario
inútil
sobrante
excesivo
2 ampuloso
hinchado
enfático
presuntuoso

ANTO natural
escueto

redundar *verbo intransitivo*
1 rebosar
exceder
sobrar
2 resultar
venir a parar
refluir
causar
acarrear

reduplicar *verbo transitivo*
1 redoblar
duplicar
doblar

reedificar *verbo transitivo*
1 reconstruir
rehacer

reembolsar *verbo transitivo*
1 pagar
verbo pronominal
2 cobrar*

reemplazante *adjetivo/nombre común*
1 suplente
sustituto

reemplazar *verbo transitivo*
1 sustituir
suplir
hacer las veces
relevar
revezar
suplantar
ANTO continuar
mantener
⇒ representar

Suplir, *relevar* y *reemplazar* significan sustitución temporal o accidental. *Suplantar* es reemplazar fraudulentamente.

'Lo que ha faltado en la composición de un todo, se *reemplaza* por algo semejante, o se *sustituye* por algo que no lo es. Muere un jefe, y lo *reemplaza* otro de la misma categoría; enferma y lo *sustituye* el de la categoría inmediata' (M).

reemplazo *nombre masculino*
1 sustitución
2 quinta
reclutamiento

reencuentro *nombre masculino*
1 recuentro
refriega
choque

refaccionario, -ria *adjetivo*
1 refeccionario

refajo *nombre masculino*
1 faldellín

refeccionario, -ria *adjetivo*
1 refaccionario

refectolero *nombre masculino*
1 refitolero

referencia *nombre femenino*
1 narración
  relación
  relato
2 informe*
  noticia
  antecedente*
3 semejanza
  relación
  dependencia
4 remisión

referente *adjetivo*
1 alusivo
  tocante

  referente a *locución preposicional*
  acerca de
  sobre
  respecto a

referir *verbo transitivo*
1 contar
  narrar
  relatar
2 relacionar
  enlazar
  encadenar

  verbo pronominal
3 remitir

  referirse a
  aludir
  mencionar
  citar
  hacer referencia
  concernir*

refilón

  de refilón *locución adverbial*
  oblicuamente
  al sesgo
  a soslayo
  al bies

refinación *nombre femenino*
1 depuración
  purificación

refinamiento *nombre masculino*
1 esmero

buen gusto
2 ensañamiento*
  crueldad
  ferocidad
  saña
  encarnizamiento

refinar *verbo transitivo*
1 alambicar
  sutilizar
  quintaesenciar
  aquilatar
  apurar

refirmar *verbo transitivo*
1 ratificar
  reafirmar
  confirmar
  roborar
  corroborar
  aprobar
  hacer coro
  ANTO anular
    desaprobar
    rectificar

refitolero, -ra *adjetivo/nombre*
1 refectolero
2 entrometido
  cominero

reflectar *verbo transitivo*
1 reflejar
  reverberar

reflector, -ra *adjetivo/nombre*
1 proyector

reflejar *verbo transitivo*
1 reflectar
  reverberar

reflejo, -ja *adjetivo*
1 reflexivo

reflexión *nombre femenino*
1 meditación
  consideración
  ANTO irreflexión
2 advertencia
  consejo
  ANTO despreocupación
    imprudencia

reflexionar *verbo transitivo*
1 pensar*
  considerar
  meditar
  devanarse los sesos
  romperse los cascos
  ANTO despreocuparse
    inadvertir

reflexivo, -va *adjetivo*
1 reflejo

2 juicioso
  ponderado

refluir *verbo intransitivo*
1 redundar
  resultar
  venir a parar
  causar
  acarrear

refocilar *verbo transitivo/pronominal*
1 recrear
  alegrar
  ANTO aburrir
    entristecer

reformar *verbo transitivo/pronominal*
1 rehacer
  ANTO persistir
2 reparar
  restaurar
  arreglar
  corregir
  enmendar
  modificar
3 reordenar
  reorganizar
  moralizarse
  corregirse
  ANTO desmoralizar

reforzante *adjetivo*
1 tónico
  roborante
  corroborante

  Aplícase a los medicamentos.

reforzar *verbo transitivo/pronominal*
1 aumentar
  acrecentar
  engrosar
  ANTO disminuir
    menguar
  verbo transitivo
2 acorazar
  blindar
  revestir
  proteger
  fortificar
  verbo transitivo/pronominal
3 fortalecer
  robustecer
  vigorizar
  ANTO debilitar
4 animar
  reanimar
  alentar
  ANTO desanimar
    desalentar

a
b
c
d
e
f
g
h
i
j
k
l
m
n
ñ
o
p
q
r
s
t
u
v
w
x
y
z

a

b

c

d

e

f

g

h

i

j

k

l

m

n

ñ

o

p

q

r

s

t

u

v

w

x

y

z

refractar *verbo transitivo*
1 refringir

refractario, -ria *adjetivo*
1 incombustible
ANTO inflamable
2 opuesto
rebelde
contrario
ANTO sumiso
fácil

refractivo, -va *adjetivo*
1 refringente

refrán *nombre masculino*
1 dicho
proverbio
adagio
aforismo
apotegma
máxima
sentencia

Dicho, en general. Es esencial en el *refrán* su carácter popular y tradicional. *Proverbio* comprende, además, las frases sentenciosas de autor conocido; es voz más literaria, lo mismo que *adagio*. *Aforismo* encierra generalmente la idea de aplicación a alguna ciencia o arte: los *aforismos* de Hipócrates. La voz griega *apotegma* se aplica a dichos o anécdotas de hombres célebres de la antigüedad clásica, y a imitación suya, del Renacimiento: un *apotegma* de Temístocles. La *máxima* es un dicho sentencioso que se erige en norma intelectual o de conducta. *Sentencia* sugiere gravedad de tono, y contenido moral y doctrinal.

refregadura *nombre femenino*
1 restregadura
refregamiento

refregamiento *nombre masculino*
1 refregadura
restregadura

refregar *verbo transitivo*
1 estregar
restregar
frotar*

refrenada *nombre femenino*
1 sofrenada
sobarbada
sobrefrenada

refrenar *verbo transitivo/pronominal*
1 frenar
contener
sofrenar
reprimir
sujetar
moderar
coercer*
ANTO soltar
descomedirse

verbo pronominal
2 reportarse
recoger velas
dar marcha atrás

refrescante *adjetivo*
1 refrigerante
refriante

refrescar *verbo transitivo/pronominal*
1 enfriar
refrigerar
ANTO calentar

refriante *adjetivo*
1 refrigerante
refrescante

refriega *nombre femenino*
1 encuentro
reencuentro
pelea
choque
combate*

La *refriega* tiene menos importancia que la batalla.

refrigerador *nombre masculino*
1 nevera

refrigerante *adjetivo*
1 frigorífico
refrescante
refriante

refrigerar *verbo transitivo*
1 refrescar
enfriar
ANTO calentar

Refrigerar se usa con preferencia cuando se emplean medios artificiales, como neveras o acondicionadores del aire. La lluvia *refresca* o *enfría* la atmósfera; pero el aire de un espacio cerrado se *refrigera* con aparatos adecuados.

refrigerio *nombre masculino*
1 tentempié
2 alivio
descanso

refringente *adjetivo*
1 refractivo

refringir *verbo transitivo/pronominal*
1 refractar

refuerzo *nombre masculino*
1 potencialización

refugiarse *verbo pronominal*
1 ampararse
acogerse*
guarecerse
ANTO desamparar
desguarecerse

refugio *nombre masculino*
1 protección
amparo
asilo
socorro
auxilio*

'El *refugio* es un recurso contra la aflicción, la indigencia o el riesgo. El *asilo* es una protección, una defensa contra la fuerza y la persecución. El hospital es un *refugio* para los pobres; la iglesia es un *asilo* para los criminales. Busca la nave un *refugio* en cualquier puerto, huyendo de la tempestad que la amenaza; busca en un puerto amigo o neutral un *asilo*, huyendo de una fuerza superior que la persigue' (LH).

refulgencia *nombre femenino*
1 resplandor
lustre
brillo
fulgor
esplendor

refulgente *adjetivo*
1 brillante*
resplandeciente
rutilante
luminoso

refulgir *verbo intransitivo*
1 resplandecer*
relumbrar
rutilar
fulgurar
ANTO apagar
oscurecer

refunfuñar *verbo intransitivo*
1 rezongar
gruñir
hablar entre dientes

refutar *verbo transitivo*
1 impugnar
  rebatir
  confutar
  contradecir*

regadera *nombre femenino*
1 rociadera
2 reguera

regadero *nombre masculino*
1 reguera
  regadera
  reguero
  regata
  regona

regajal *nombre masculino*
1 arroyo
  riachuelo
  rivera
  regajo
  regato
  arroyuelo

regajo *nombre masculino*
1 arroyo
  riachuelo
  rivera
  regajal
  regato
  arroyuelo

regalado, -da *adjetivo*
1 suave
  delicado
  sabroso
2 agradable
  deleitoso

regalar[1] *verbo transitivo/pronominal*
1 dar*
  ANTO quitar
2 halagar*
  obsequiar
  festejar
  agasajar
  ANTO castigar
    aburrir

regalar[2] *verbo transitivo*
1 derretir*
  licuar
  liquidar*

regalicia *nombre femenino*
1 regaliz
  regaliza
  orozuz
  alcazuz
  palo duz

regalillo *nombre masculino*
1 manguito
  estufilla

regaliz *nombre masculino*
1 regaliza
  regalicia
  orozuz
  alcazuz
  palo duz

regalo *nombre masculino*
1 fineza
  agasajo
  obsequio
  ofrenda
  don
  gracia
  merced
  donativo
  donación
  dádiva*

Fineza, agasajo y *obsequio* envuelven idea de halago o cortesía. *Ofrenda* es término solemne, religioso, aplicable por extensión a otros casos: *ofrenda* a la iglesia. *Don* es, modernamente, gracia o merced sobrenatural, o procedente de alta dignidad: un *don* de Su Majestad. *Donativo* sugiere filantropía, beneficencia, y puede acercarse al concepto de limosna: *donativos* para un hospital. *Donación* es voz legal, y se emplea también en sentido general como palabra escogida: *donación* de sangre. *Dádiva* es liberalidad; a veces se aproxima a la idea de propina, y aun de soborno: *dávidas* quebrantan peñas.

2 comodidad
  descanso
  conveniencia
  deleite

regalón, -ona *adjetivo*
1 mimoso
  melindroso
  delicado

regañar *verbo transitivo*
1 reprender
  reconvenir
  reñir
  amonestar
  ANTO elogiar
2 pelearse
  reñir
  indisponerse
  enemistarse
  malquistarse
  ANTO pacificar

regañina *nombre femenino*
1 reconvención
  regaño
  reprensión

regaño *nombre masculino*
1 reconvención
  reprensión
  reprimenda
  amonestación*

regañón, -ona *adjetivo/nombre*
1 (familiar) reñidor

regata *nombre femenino*
1 reguera
  regadera
  reguero
  regadero
  regona

regate *nombre masculino*
1 esguince
  desguince
  cuarteo
2 efugio*
  escape
3 dribbling (anglicismo)
  regateo
  finta

regatear *verbo transitivo*
1 driblar (anglicismo)

regateo *nombre masculino*
1 regate
  dribbling (anglicismo)

regato *nombre masculino*
1 arroyo
  riachuelo
  rivera
  regajal
  regajo
  arroyuelo

regatón *nombre masculino*
1 cuento
  contera
  recatón
  regatero

regatonería *nombre femenino*
1 recatería
  regatería

regazo *nombre masculino*
1 falda
  enfaldo
2 amparo
  consuelo
  seno

regidor
  regidor municipal *locución nominal*
  edil

a
b
c
d
e
f
g
h
i
j
k
l
m
n
ñ
o
p
q
r
s
t
u
v
w
x
y
z

concejal
munícipe

régimen *nombre masculino*
1 ordenación
   regla
   norma
2 gobierno
   administración*

   'Régimen es la ordenación general de los poderes políticos de la nación; gobierno es la autoridad que ejerce la acción pública; administración, considerada la palabra como sinónima de las otras dos, es el conjunto que forman la autoridad que manda y las autoridades que ejecutan sus mandatos' (M).

3 dependencia
   rección
4 dieta

regio, -gia *adjetivo*
1 real
2 suntuoso
   magnífico
   grandioso
   espléndido

región *nombre femenino*
1 país
   territorio

regir *verbo transitivo/pronominal*
1 dirigir
   gobernar
   ANTO obedecer
       someterse

   Regir es el más apto para sus acepciones abstractas: la gravitación universal rige los movimientos de los astros; las leyes que regían el Estado. Tiene generalmente cierta solemnidad: regir los destinos de la nación. Dirigir es el de aplicación concreta más general: dirigir una empresa industrial, una construcción, una escuela. Gobernar se usa especialmente tratándose del Estado o de corporaciones públicas, y también gobernar una casa o una hacienda rústica.

2 guiar
   conducir

registrar *verbo transitivo*
1 mirar
   examinar

reconocer
inspeccionar
escudriñar
cachear

   Cachear es registrar a una persona para ver si lleva armas.

2 copiar
   inscribir
   anotar
   asentar
   sentar

registro *nombre masculino*
1 padrón
   empadronamiento
2 grabación

regla *nombre femenino*
1 pauta
   guía
   modelo
   patrón
2 norma
   precepto
   razón
   medida
3 ley
   canon
   estatuto
   constitución
4 método*
   procedimiento
5 moderación
   templanza
   medida
   tasa
6 menstruación

reglado, -da *adjetivo*
1 sobrio
   parco
   templado
   moderado*
2 reglamentado
   preceptuado
   ordenado

regleta *nombre femenino*
1 interlínea

regocijado, -da *adjetivo*
1 alegre*
   contento
   gozoso
   alborozado
   jubiloso

regocijar *verbo transitivo/pronominal*
1 alegrar*
   contentar
   festejar
   divertir
   ANTO entristecer

verbo pronominal
2 recrearse
   gozar
   alborozarse
   estar en la gloria
   ANTO aburrirse

regocijo *nombre masculino*
1 alegría*
   júbilo*
   alborozo
   gozo
   contento*
   contentamiento
2 festejo
   fiesta*
   celebración

regodearse *verbo pronominal*
1 complacerse
   deleitarse

regoldar *verbo intransitivo*
1 (vulgar) eructar*
   erutar

regona *nombre femenino*
1 reguera
   regadera
   reguero
   regadero
   regata

regostarse *verbo pronominal*
1 arregostarse
   aficionarse
   engolosinarse
   empicarse
   tomar gusto

regresar *verbo intransitivo*
1 volver
   retornar
   ANTO salir
       marchar

regresión *nombre femenino*
1 retroceso
   regreso
   vuelta
   venida
   retorno

regresivo, -va *adjetivo*
1 recesivo
   ANTO progresivo

regreso *nombre masculino*
1 vuelta
   retorno
   retroceso*

regüeldo *nombre masculino*
1 (vulgar) eructo

Eructo es más usado que *regüeldo* a causa de la ínfima
vulgaridad de este vocablo.

reguera *nombre femenino*
1 regadera
  reguero
  regadero
  regata
  regona
  Regata, si es pequeña; *regona,* si es grande.

reguero *nombre masculino*
1 reguera
  regadera
  regadero
  regata
  regona

reguilete *nombre masculino*
1 rehilete
  carapullo
  repullo

regulación *nombre femenino*
1 organización
  arreglo
  orden
  ordenamiento
  regularización

regulado, -da *adjetivo*
1 regular
  regularizado
  ANTO anormal

regular¹ *adjetivo*
1 regulado
  regularizado
  ANTO anormal
2 ajustado
  medido
  arreglado
  metódico
  exacto*
3 mediano*
  mediocre
  moderado
  ANTO inmoderado

regular² *verbo transitivo*
1 medir
  ajustar
  reglar
  regularizar
  ordenar
  ANTO desarreglar
    desordenar

regularidad *nombre femenino*
1 exactitud
  puntualidad
  precisión
  veracidad

fidelidad
ANTO inexactitud
  imprecisión

regularización *nombre femenino*
1 organización
  arreglo
  orden
  ordenamiento
  regulación

regularizado, -da *adjetivo*
1 regular
  regulado
  ANTO anormal

regularizar *verbo transitivo*
1 regular
  reglar
  medir
  ajustar
  ordenar
  metodizar
  normalizar

régulo *nombre masculino*
1 basilisco
2 corazón de León
3 reyezuelo (pájaro)

rehabilitar *verbo transitivo*
1 restituir
  restablecer
  reivindicar

rehacer *verbo transitivo*
1 repetir*
  reproducir
  reiterar
  iterar
  segundar (familiar)
  asegundar (familiar)
2 reconstruir
  reedificar
3 reponer
  reparar*
  verbo pronominal
4 reforzarse
  fortalecerse
  vigorizarse
5 serenarse
  tranquilizarse

rehelear *verbo intransitivo*
1 ahelear
  amargar

rehenchir *verbo transitivo*
1 rellenar
  ANTO vaciar

rehervir *verbo
  intransitivo/pronominal*
1 fermentar
  agriarse

leudar
aleudar
hervir
pudrirse

rehiladillo *nombre masculino*
1 hiladillo (cinta)

rehilandera *nombre femenino*
1 molinete (juguete)
  ventolera

rehilete *nombre masculino*
1 reguilete
  carapullo
  repullo
2 banderilla

rehollar *verbo transitivo*
1 pisotear
  hollar
  patear

rehuir *verbo transitivo*
1 evitar*
  apartar
  esquivar*
  eludir
  soslayar
  sortear
  ANTO desafiar
    presentarse
2 rehusar
  repugnar
  excusar

rehusar *verbo transitivo*
1 declinar*
  renunciar
  dimitir
  rechazar
  negarse
  repudiar
  esquivar*
  evitar
  rehuir
  ANTO aceptar
    apreciar
  Declinar es la forma más cortés de *rehusar;* por esto se *declina* un ofrecimiento importante u honorífico, pero no
  sería propio *declinar* una oferta comercial. *Renunciar* significa dejar un derecho o cargo
  que se posee. *Dimitir, renunciar* a un cargo. *Rechazar, negarse* y *repudiar* suponen repulsa, despego.

reidor, -ra *adjetivo/nombre*
1 risueño
  carialegre
  alegre

a
b
c
d
e
f
g
h
i
j
k
l
m
n
ñ
o
p
q
r
s
t
u
v
w
x
y
z

jocundo
jovial
festivo
ANTO serio

reina

reina mora *locución nominal*
infernáculo

reinar *verbo intransitivo*
1 dominar
imperar
regir
empuñar el cetro
2 predominar
prevalecer

reincidencia *nombre femenino*
1 recaída
recidiva
recurrencia
relapso

reincidente *adjetivo/nombre*
común
1 pecador*
relapso
contumaz
impenitente

reincidir *verbo intransitivo*
1 repetir*
reproducir
rehacer
iterar
reiterar
segundar
asegundar

reinstaurar *verbo transitivo*
1 reponer
restablecer
restaurar
ANTO quitar

reintegrar *verbo*
transitivo/pronominal
1 restituir
satisfacer
devolver*
integrar
ANTO quitar
2 reconstituir
reponer

reintegro *nombre masculino*
1 pago
pagamento
pagamiento
paga

reír *verbo intransitivo/pronominal*
1 burlar
mofarse
chancearse
quedarse con uno

tomar el pelo
echar a chacota
poner en ridículo

reiterado, -da *adjetivo*
1 frecuente
repetido
asiduo*
acostumbrado

reiterar *verbo transitivo*
1 repetir*
reproducir

reiterativo, -va *adjetivo*
1 frecuentativo

reivindicar *verbo transitivo*
1 recuperar
vindicar
2 reclamar
exigir
ANTO entregar

rejacar *verbo transitivo*
1 aricar
arrejacar

rejada *nombre femenino*
1 arrejada
aguijada
béstola
limpiadera

rejado *nombre masculino*
1 verja
enverjado
enrejado

rejalgar *nombre masculino*
1 sandáraca

rejilla *nombre femenino*
1 (braserito) rejuela
librete
maridillo

rejo *nombre masculino*
1 punta
aguijón
pincho
2 raicilla
raicita
radícula
En las plantas.

rejuela *nombre femenino*
1 (raserito) librete
maridillo
rejilla

rejuvenecer *verbo*
transitivo/pronominal
1 remozar
2 renovar
restaurar

relación *nombre femenino*
1 relato
narración
2 lista
enumeración
catálogo
3 conexión
correspondencia
enlace
trabazón
coherencia*

'Las cosas tienen *relación* entre sí cuando hay una idea común a todas ellas; tienen *conexión* cuando hay semejanza en su forma, enlace en sus partes o analogía en su modo de obrar' (M).

4 amistad
trato
comunicación
correspondencia

relaciones amorosas
locución nominal
noviazgo

relacionado, -da *adjetivo*
1 concomitante*
coordinado
concurrente

relacionar *verbo transitivo*
1 contar*
narrar
referir
relatar
2 enlazar
trabar
encadenar
verbo pronominal
3 tratarse
corresponderse
visitarse

relajación *nombre femenino*
1 laxitud
flojedad
depravación
maldad
ANTO fortaleza
aumento
bondad
2 hernia
3 relajamiento

relajado, -da *adjetivo*
1 laxo

relajamiento *nombre masculino*
1 relajación

relajar *verbo*
transitivo/pronominal
1 aflojar

ablandar
laxar
distender
debilitar
ANTO fortalecer
    aumentar

verbo pronominal
2 viciarse
corromperse
estragarse
ANTO ennoblecerse

relapso[1] *nombre masculino*
1 recaída
recidiva
recurrencia
reincidencia

relapso, -sa[2] *adjetivo/nombre*
1 reincidente

El uso de *relapso* se limita a significar el que reincide en algún pecado del cual había hecho ya penitencia, o en alguna herejía de que había abjurado. Fuera de lo religioso se dice *reincidente*, y no *relapso*. El que comete otra vez un delito o falta es *reincidente*.

relatar *verbo transitivo*
1 contar*
referir
narrar

relativo, -va *adjetivo*
1 referente
concerniente
tocante
ANTO distinto
    contrario

relato *nombre masculino*
1 narración
relación
cuento

relegación *nombre femenino*
1 confinamiento
destierro*
2 apartamiento
postergación

relegar *verbo transitivo*
1 desterrar
confinar
2 apartar
posponer
postergar

releje *nombre masculino*
1 carrillada
carrilera

rodada
rodera

relentecer *verbo intransitivo/pronominal*
1 ablandar
suavizar
blandear
emblandecer
enmollecer
reblandecer
lentecer
ANTO endurecer

relevante *adjetivo*
1 sobresaliente
excelente
superior
eximio

relevar *verbo transitivo/pronominal*
1 exaltar
engrandecer
realzar
ANTO desprestigiar
2 absolver
perdonar
ANTO condenar
    acusar
    inculpar
3 destituir
exonerar
eximir
4 mudar
cambiar
reemplazar
sustituir
remudar

relevo *nombre masculino*
1 sustitución
reemplazo
2 turno
tanda
remuda

Estos sinónimos se utilizan tratándose de un grupo de personas que releva a otro grupo en un trabajo. En términos militares, el grupo o fuerza que releva es el *relevo* (no *turno* ni *tanda*).

relicario *nombre masculino*
1 teca

relieve *nombre masculino*
1 realce
bulto
2 mérito
renombre
⇒ relieves

relieves *nombre masculino plural*
1 sobras
restos
⇒ relieve

religar *verbo transitivo*
1 alear
ligar
ametalar
mezclar
fusionar
fundir
ANTO desunir
    separar
    desintegrar

religión *nombre femenino*
1 creencia
fe
ley

religiosamente *adverbio*
1 puntualmente
exactamente
fielmente

religioso, -sa *adjetivo/nombre*
1 fraile*
monje*
monja

Fraile y *monja* son las denominaciones corrientes. *Religioso* y *religiosa* son términos que se sienten hoy como más escogidos y respetuosos. *Monje*, cuando no se refiere a los antiguos anacoretas, se aplica a los miembros de las más antiguas órdenes monacales, por ejemplo, los benedictinos.

reliquia *nombre femenino*
1 residuo
resto

Por ejemplo: *reliquias* del esplendor pasado. Tratándose de un santo se dice *reliquia* (no *residuo* ni *resto*).

2 vestigio
indicio
huella

rellanarse *verbo pronominal*
1 apoltronarse
arrellanarse
repantigarse
repanchigarse

rellano *nombre masculino*
1 descansillo
meseta
descanso

a b c d e f g h i j k l m n ñ o p q r s t u v w x y z

rellenar *verbo transitivo*
1 rehenchir
ANTO vaciar
2 rebutir
embutir

Rebutir y *embutir* añaden la idea de apretar la masa de carne picada u otros ingredientes con que se rellena un manjar.

3 atracar
atiborrar
saciar
4 cumplimentar

relleno, -na *adjetivo*
1 repleto
harto

reluciente *adjetivo*
1 brillante*
resplandeciente
fulgurante
refulgente
fulgente
fúlgido

relucir *verbo intransitivo*
1 brillar
resplandecer*
refulgir
fulgir
relumbrar
lucir
centellear*

reluctante *adjetivo*
1 desobediente
reacio
opuesto
rebelde

relumbrar *verbo intransitivo*
1 resplandecer*
refulgir
fulgurar
rutilar
brillar
centellear*

relumbre *nombre masculino*
1 destello
relumbro
relumbrón
centelleo

relumbro *nombre masculino*
1 destello
relumbre
relumbrón
centelleo

relumbrón *nombre masculino*
1 destello
2 oropel

de relumbrón *locución adjetiva*
aparente
falso

remache *nombre masculino*
1 roblón

remador, -ra *nombre*
1 remero
galeote

remadura *nombre femenino*
1 bogadura
boga

remanente *nombre masculino*
1 residuo
resto
sobrante

remangar *verbo transitivo/pronominal*
1 arremangar

remango *nombre masculino*
1 arremango

remar *verbo intransitivo*
1 bogar

rematar *verbo transitivo*
1 acabar
concluir
terminar*
finalizar
dar fin
dar cima
dar la puntilla
2 ultimar
dar la última mano

remate *nombre masculino*
1 fin
cabo
término*
extremidad
punta
2 adjudicación (en las subastas)

remedar *verbo transitivo*
1 imitar*
contrahacer*
parodiar
copiar*

remediar *verbo transitivo*
1 reparar
corregir
enmendar
subsanar
2 socorrer
auxiliar
ANTO desamparar
3 evitar

remedio *nombre masculino*
1 reparación
enmienda
corrección
2 medicamento
medicina

'*Remedio* es toda sustancia que se aplica al alivio o a la cura de una dolencia o enfermedad; *medicina* es el remedio preparado según las reglas del arte' (M).

3 recurso
auxilio
refugio

remedo *nombre masculino*
1 imitación
parodia

El *remedo* es generalmente una imitación imperfecta. *Parodia* es la imitación cómica o burlesca.

remembranza *nombre femenino*
1 recuerdo*
rememoración
ANTO olvido

rememoración *nombre femenino*
1 recuerdo*
remembranza

rememorar *verbo transitivo*
1 evocar
recordar
hacer memoria
volver la vista atrás
ANTO olvidar

remendado, -da *adjetivo*
1 apañado
arreglado
adobado

remendar *verbo transitivo*
1 reparar*
componer
arreglar*
2 corregir
enmendar

remero, -ra *nombre*
1 remador
galeote
⇒ jugador

Galeote, en las antiguas galeras.

remesa *nombre femenino*
1 envío
expedición

remesar *verbo transitivo*
1 enviar*
  expedir
  mandar
  remitir

remiendo *nombre masculino*
1 compostura
  reparación

remilgado, -da *adjetivo*
1 melindroso
  dengoso
  repulido
  escrupuloso

remilgo *nombre masculino*
1 damería
  melindre
  delicadeza

rémington *nombre masculino*
1 fusil*
  chopo

reminiscencia *nombre femenino*
1 recuerdo*
  ANTO olvido

remirado, -da *adjetivo*
1 cauto
  circunspecto
  escrupuloso
  reflexivo
  mirado
  Remirado es intensivo de *mirado.*

remisión *nombre femenino*
1 envío
  remesa
  ANTO retención
2 referencia
3 perdón
  absolución
  ANTO condena

remiso, -sa *adjetivo*
1 flojo
  irresoluto
  tímido
2 dejado
  renuente
  lento
  reacio
  remolón

remitir *verbo transitivo*
1 enviar
  mandar
  expedir
  remesar
  ANTO guardar
    retener
2 referir
  hacer referencia

3 perdonar*
  exculpar
  eximir
  indultar
  ANTO condenar
4 diferir*
  aplazar*
  suspender
  verbo pronominal
5 atenerse*
  sujetarse
  referirse

remoción *nombre femenino*
1 removimiento

remojón *nombre masculino*
1 baño
  inmersión
  sumersión
  mojadura

remolcar *verbo transitivo*
1 llevar a remolque
2 arrastrar

remolinarse *verbo pronominal*
1 arremolinarse
  remolinearse

remolinearse *verbo pronominal*
1 arremolinarse
  remolinarse

remolino *nombre masculino*
1 manga de viento
  torbellino
  vórtice
  vorágine
  tolvanera
  huracán
  Si el *remolino* es de viento, se utilizan *manga de viento, torbellino* y *vórtice*; cuando es muy grande, *huracán*. El de las aguas, cuando es muy impetuoso, *vorágine*. El de polvo, *tolvanera*.
2 disturbio
  inquietud
  alteración

remolón, -ona *adjetivo*
1 flojo
  perezoso
  holgazán
  tumbón
  indolente
  remiso
  ANTO trabajador

hacerse el remolón *locución*
  dormirse
  pegársele las sábanas

remolonería *nombre femenino*
1 roncería
  tardanza
  lentitud
  ANTO rapidez
    aspereza

remontar *verbo transitivo/pronominal*
1 elevar
  encumbrar
  enaltecer
  exaltar
  ANTO rebajar
  verbo pronominal
2 subir
  volar
  elevarse
  ascender
  ANTO bajar

rémora *nombre femenino*
1 gaicano
  pega
  pez
  reverso
  tardanaos
2 estorbo
  embarazo
  obstáculo*
  dificultad
  ANTO actividad
    prisa
    facilidad
    ayuda

remordimiento *nombre masculino*
1 hormiguilla (familiar)

remostar *verbo transitivo/pronominal*
1 mostear
  remostecer

remostecerse *verbo transitivo*
1 remostarse
  mostearse

remoto, -ta *adjetivo*
1 lejano*
  distante*
  apartado
  alejado
  antiguo*
  ANTO próximo
    nuevo
    cercano
  Lejano, distante, apartado y *alejado*, tratando de una distancia espacial; *antiguo*, tratándose del tiempo.

a
b
c
d
e
f
g
h
i
j
k
l
m
n
ñ
o
p
q
r
s
t
u
v
w
x
y
z

remover *verbo transitivo/pronominal*
1 trasladar
  mudar
2 conmover
  alterar
  agitar
  revolver
  mover*
  ANTO aquietar
3 quitar
  apartar
  ANTO poner
'Se *remueve* una cosa en el simple hecho de ponerla en un sitio distinto del que antes ocupaba; se *aparta*, poniéndola fuera de cierta dirección. No decimos *remuévete*, sino *apártate*, al que nos estorba el paso' (M).
4 destituir
  deponer
  amover

removimiento *nombre masculino*
1 remoción

remozar *verbo transitivo/pronominal*
1 rejuvenecer
  ANTO envejecer

rempujar *verbo transitivo*
1 (vulgar) empujar
  arrempujar (vulgar)
  impeler
  impulsar
  propulsar
  emburriar

rempujón *nombre masculino*
1 (vulgar) empellón
  empujón*

remuda *nombre femenino*
1 relevo*
  turno
  tanda
2 (ropa) muda

remudar *verbo transitivo*
1 reemplazar
  relevar
  sustituir
  recambiar
  Recambiar, tratándose de piezas de una máquina.

remugar *verbo transitivo*
1 rumiar

remuneración *nombre femenino*
1 sueldo

retribución
gratificación
recompensa
premio*

remunerador, -ra *adjetivo/nombre*
1 rentable*
  beneficioso
  productivo

remunerar *verbo transitivo*
1 pagar
  retribuir
  gratificar
  recompensar
  ANTO deber
    quitar
    privar

remusgar *verbo intransitivo*
1 sospechar
  barruntar
  presumir
  conjeturar
  imaginar
  suponer

remusgo *nombre masculino*
1 barrunte
  barrunto*
  presentimiento
  corazonada
  indicio
  atisbo
  vislumbre

renacuajo *nombre masculino*
1 girino

renal *adjetivo*
1 nefrítico

renco, -ca *adjetivo/nombre*
1 cojo

rencor *nombre masculino*
1 enemistad*
  resentimiento
  aborrecimiento
  odio*
  ANTO amor
    perdón

rencoroso, -sa *adjetivo*
1 vengativo
  resentido

rendajo *nombre masculino*
1 arrendajo

rendar *verbo transitivo*
1 binar (las tierras o viñas)

rendibú *nombre masculino*
1 acatamiento

agasajo
rendimiento
obsequiosidad

rendición *nombre femenino*
1 capitulación
  entrega
  ANTO resistencia
    rebeldía

rendido, -da *adjetivo*
1 sumiso
  obsequioso
  galante
2 cansado
  fatigado

rendija *nombre femenino*
1 abertura
  hendidura
  boquete
  brecha
  quebradura
  grieta
  rotura

rendimiento *nombre masculino*
1 cansancio
  fatiga
  debilidad
  agotamiento
2 sumisión
  humildad
  acatamiento
3 consideración
  respeto*
  miramiento
  atención
  deferencia
4 producto
  productividad
  utilidad
  ganancia*
  beneficio
  rédito
  renta

rendir *verbo transitivo/pronominal*
1 vencer
  someter*
  sujetar
  dominar
  ANTO resistirse
    rebelarse
2 cansar
  fatigar
3 producir
  rentar
  redituar
verbo pronominal
4 someterse
  entregarse
  capitular*

pasar por las horcas
  caudinas
ANTO resistirse
  rebelarse
5 ceder
  transigir
  consentir
  claudicar

renegado, -da *adjetivo/nombre*
1 apóstata

renegador, -ra *adjetivo/nombre*
1 blasfemador
  renegón
  blasfemante
  blasfemo
  jurador
  votador

renegar *verbo transitivo*
1 detestar
  abominar
ANTO amar
  bendecir
verbo intransitivo
2 abjurar*
  apostatar
ANTO afirmar
3 blasfemar
  jurar

renegón, -ona *adjetivo/nombre*
1 blasfemador
  malhablado

rengífero *nombre masculino*
1 reno
  rangífero
  tarando

rengle *nombre masculino*
1 ringlera
  fila
  ringla
  renglera

renglón *nombre masculino*
1 línea

renglonadura *nombre femenino*
1 rayado

reniego *nombre masculino*
1 derreniego
  voto*
  juramento
  taco

reniforme *adjetivo*
1 arriñonado

renitencia *nombre femenino*
1 repugnancia
  resistencia
  renuencia

repelo
  aversión

renitis *nombre femenino*
1 nefritis

reno *nombre masculino*
1 rangífero
  rengífero
  tarando

renombrado, -da *adjetivo*
1 célebre
  famoso
  afamado
  reputado
  conocido
  acreditado

renombre *nombre masculino*
1 fama
  celebridad
  nombradía
  reputación
  gloria
  crédito
  honor*

renopatía *nombre femenino*
1 nefropatía

renovar *verbo*
transitivo/pronominal
1 rehacer
2 restablecer
  reanudar
3 remudar
  mudar
  reemplazar
  sustituir
  trocar
  cambiar
ANTO permanecer
  persistir
4 reiterar
  repetir

renquear *verbo intransitivo*
1 cojear

renta *nombre femenino*
1 rendimiento
  utilidad
  beneficio
  rédito
  interés

La *renta* que produce un capital prestado se llama *rédito* o
interés.

2 arrendamiento
  alquiler*
  rento

Rento se usa sólo tratándose
de fincas rústicas.

rentable *adjetivo*
1 beneficioso*
  remunerador
  productivo

Rentable se dice del capital
mobiliario o inmobiliario que
produce una renta considerada como suficiente o satisfac-
toria.

rentar *verbo transitivo*
1 producir
  redituar

rentero, -ra *adjetivo*
1 tributario

nombre
2 arrendatario
  colono
  inquilino
  locatario
  arrendador*
  casero

rento *nombre masculino*
1 renta
  arrendamiento
  alquiler

renuencia *nombre femenino*
1 repugnancia
  resistencia
  renitencia
  repelo

renuente *adjetivo*
1 indócil
  remiso
  reacio

renuevo *nombre masculino*
1 tallo
  vástago*
  retoño
  vestugo

El *renuevo* del olivo se denomina *vestugo*.

renuncia *nombre femenino*
1 dimisión
  abdicación*
  dejación
  desistimiento
  abandono
ANTO aceptación
  asistencia

renunciación *nombre femenino*
1 abjuración
  apostasía
  retractación
  felonía
  traición

a
b
c
d
e
f
g
h
i
j
k
l
m
n
ñ
o
p
q
r
s
t
u
v
w
x
y
z

a
b
c
d
e
f
g
h
i
j
k
l
m
n
ñ
o
p
q
r
s
t
u
v
w
x
y
z

renunciar *verbo transitivo*
1 desistir
  dimitir
  rehusar*
  soltar la carga
  abdicar*
  ANTO aceptar
2 despreciar
  abandonar*
  ANTO asistir

renuncio *nombre masculino*
1 mentira
  contradicción

reñidero *nombre masculino*
1 gallera

El destinado a las riñas de gallos.

reñidor, -ra *adjetivo*
1 pendenciero
  quimerista
2 regañón

reñir *verbo intransitivo*
1 contender
  pelear
  luchar
  ANTO pacificar
    amistar
    unir
2 desavenirse
  enemistarse
  indisponerse
  ANTO amistar
3 reprender
  reconvenir
  regañar

reóforo *nombre masculino*
1 electrodo

reómetro *nombre masculino*
1 galvanómetro

reordenar *verbo transitivo*
1 reformar
  reorganizar
  corregir

reorganizar *verbo transitivo*
1 reformar
  reordenar

reoscopio *nombre masculino*
1 galvanoscopio

repanchigarse *verbo pronominal*
1 apoltronarse
  arrellanarse
  rellanarse
  repantigarse

repantigarse *verbo pronominal*
1 apoltronarse
  arrellanarse
  rellanarse
  repanchigarse

reparación *nombre femenino*
1 compostura*
  arreglo
  remiendo
  reparo
2 desagravio
  satisfacción
3 indemnización
  compensación

reparador, -ra *adjetivo/nombre*
1 reparón
  chinche

reparar *verbo transitivo*
1 arreglar*
  componer
  remendar
  adobar
  restaurar
  recomponer
  rehacer
  enmendar*
  ANTO descomponer
    romper

Remendar una prenda u objeto viejo o roto: calzado, vestido. *Adobar* es antiguo. *Restaurar* se aplica principalmente a obras artísticas antiguas para volverlas a su estado de esplendor primitivo: un cuadro, una iglesia, un salón. *Recomponer* y *rehacer* lo descompuesto o desarmado: suponen una reparación total o muy grande: una máquina, un puente. *Enmendar* tiene pocas aplicaciones a lo material (por ejemplo: poner *enmiendas* a las tierras); en cambio es el de más uso en el orden intelectual y moral: un error, agravio, daño, comportamiento, defecto.

2 corregir
  enmendar
  subsanar
  remediar
3 desagraviar
  satisfacer
4 resarcir
  indemnizar
  compensar
5 alentar
  vigorizar
6 mirar
  notar
  advertir
  percatarse
7 observarse
  atender
  considerar
  reflexionar
  pensar
  ANTO desatender

reparo *nombre masculino*
1 compostura
  reparación
  arreglo
  restauración
2 defensa
  resguardo
3 advertencia
  nota
  observación
4 dificultad
  objeción*
  inconveniente

reparón, -ona *adjetivo*
1 reparador
  criticón
  motejador
  chinche

repartición *nombre femenino*
1 repartimiento
  reparto
  partición
  distribución
  división

repartidor *nombre masculino*
1 partidor (lugar)
  distribuidor

repartimiento *nombre masculino*
1 repartición
  reparto
  partición
  distribución
  división

repartir *verbo transitivo*
1 partir
  dividir
  distribuir
  compartir
  impartir
  ANTO sumar
    aumentar

El mismo sentido puede corresponder a *compartir*, pero en este verbo predomina el significado de poseer en común. *Impartir* es hacer partícipe a otro de lo que uno posee, comunicárselo: *impartir* la gloria, el bienestar. Sólo puede uno *impartir* lo que es suyo propio, pero puede uno *compartir* lo que originariamente era propio o ajeno.

reparto *nombre masculino*
1 partición
repartición
distribución
división
repartimiento

repasata *nombre femenino*
1 (familiar) reconvención
reprensión
corrección

repaso *nombre masculino*
1 repasata

repecho *nombre masculino*
1 cuesta
pendiente
subida

repelente *adjetivo*
1 repulsivo
repugnante

repeler *verbo transitivo/pronominal*
1 arrojar
lanzar
rechazar
ANTO atraer
2 contradecir
repudiar

repelo *nombre masculino*
1 repugnancia
resistencia
renitencia
renuencia
aversión

repeluzno *nombre masculino*
1 escalofrío
calofrío
calosfrío

repente *nombre masculino*
1 improvisación
ANTO previsión
2 arrebato
impulso
ANTO reflexión

de repente *locución adverbial*
de improviso
súbitamente
de sopetón
inesperadamente
de improvisto
repentinamente
insospechadamente
de golpe y porrazo

repentino, -na *adjetivo*
1 pronto
impensado
imprevisto
inesperado
inopinado
súbito

repentista *nombre común*
1 improvisador

repentización *nombre femenino*
1 improvisación
repente
in promptu

repentizar *verbo intransitivo*
1 improvisar
ANTO reflexionar
preparar

repercusión *nombre femenino*
1 resonancia
eco
tornavoz
2 consecuencia
efecto
resultado

repercutir *verbo intransitivo*
1 resonar
2 afectar
causar efecto

repertorio *nombre masculino*
1 lista
enumeración
relación
catálogo
inventario
registro
2 programa
temario

repetición *nombre femenino*
1 epanáfora

repetido, -da *adjetivo*
1 frecuente
asiduo*
acostumbrado
reiterado

repetir *verbo transitivo*
1 reproducir
rehacer
iterar
reiterar
segundar
asegundar
reincidir
bisar
binar

En estilo elevado o literario, *iterar* y *reiterar*. En el habla

usual, *segundar* o *asegundar*. Otros sinónimos dependen del complemento directo; por ejemplo: la culpa o delito, *reincidir*; un trozo musical o escénico, *bisar*; una labor de arado, *binar*, etc.

repicarse *verbo pronominal*
1 presumir
preciarse
jactarse
alabarse
vanagloriarse

repisar *verbo transitivo*
1 apisonar
pisonear

repizcar *verbo transitivo*
1 pellizcar
pizcar

repizco *nombre masculino*
1 pellizco
pizco
torniscón

replantar *verbo transitivo*
1 trasplantar
transponer

repleción *nombre femenino*
1 hartazgo
panzada
tripada
atracón
empacho
ANTO hambre

repleto, -ta *adjetivo*
1 lleno*
relleno
colmado
harto
ahíto

Harto y *ahíto* tratándose de comida.

réplica *nombre femenino*
1 objeción*
replicato
contestación
respuesta
contradicción

replicador, -ra *adjetivo/nombre*
1 replicón
respondón

replicar *verbo transitivo*
1 argüir
objetar
argumentar
contradecir

contestar*
ANTO preguntar
2 impugnar

replicato *nombre masculino*
1 objeción*
réplica

replicón, -ona *adjetivo/nombre*
1 (familiar) replicador
respondón

Respondón añade el matiz de
acritud o falta de respeto.

repliegue *nombre masculino*
1 doblez
pliegue

repollado, -da *adjetivo*
1 (planta) repolludo
arrepollado

repolludo, -da *adjetivo*
1 (planta) arrepollado
repollado

reponer *verbo*
transitivo/pronominal
1 restablecer
reinstaurar
restaurar
ANTO quitar
2 reemplazar
3 replicar
contestar
verbo pronominal
4 aliviarse*
mejorarse
recobrarse
ANTO debilitarse
empeorar
5 serenarse
tranquilizarse
ANTO desanimar(se)

reportarse *verbo pronominal*
1 refrenarse
moderarse
contenerse
reprimirse

reposado, -da *adjetivo*
1 sosegado
quieto*
tranquilo
manso
pacífico
2 descansado

reposar *verbo intransitivo*
1 descansar
ANTO cansarse
agotarse
extenuarse

2 dormir*
3 sosegarse
aquietarse
ANTO moverse
4 yacer*
estar enterrado

reposo *nombre masculino*
1 descanso*

'El *reposo*, en su sentido físico, significa intermisión del
trabajo o fatiga, y en este sentido es sinónimo de *descanso*,
pero con esta diferencia, que
el *descanso* supone mayor lasitud, mayor necesidad de reparar las fuerzas perdidas, y
una fatiga más inmediata'
(LH).

2 sosiego
quietud*
tranquilidad
serenidad
paz
calma

'La idea de *reposo* excluye
absolutamente toda acción; la
voz *sosiego* no la excluye, antes bien supone muchas veces la moderación y tranquilidad del ánimo durante la
acción. Después de haberle
dejado hablar cuanto quiso, le
respondió a todo con mucho
sosiego y dulzura, sin alterar
de modo alguno el *reposo* y la
tranquilidad de su espíritu'
(LH).

reprender *verbo transitivo*
1 corregir
amonestar
reconvenir
censurar
vituperar
reñir
regañar
poner como un guante
cantárselas
increpar
recriminar
notar*
ANTO halagar
encomiar

Increpar y *recriminar* son intensivos y significan *reprender*
severamente.

reprensible *adjetivo*
1 censurable
reprobable

criticable
vituperable

reprensión *nombre femenino*
1 reconvención
amonestación*
corrección
censura
reprimenda
ANTO halago
encomio

represa *nombre femenino*
1 presa
estancación
estancamiento

representación *nombre*
femenino
1 figura
imagen
efigie*
ANTO realidad
verdad
2 autoridad
dignidad
importancia (de una
persona)
3 símbolo
encarnación
muestra

representante *nombre común*
1 actor
ejecutante
cómico
comediante
histrión
autor
2 delegado
comisionado
encargado

representar *verbo*
transitivo/pronominal
1 imaginar
figurar
2 trazar
reproducir
3 significar
patentizar
mostrar
manifestar
4 simbolizar
encarnar
hacer las veces de
5 sustituir
reemplazar
ANTO crear

reprimenda *nombre femenino*
1 reconvención
reprensión
amonestación
regaño

reprimir *verbo*
transitivo/pronominal
1 comprimir
2 contener
refrenar
sujetar
dominar
moderar
templar
reportarse
frenar*
coercer*
ANTO dejar
lanzar
destemplar

reprobable *adjetivo*
1 censurable
criticable
reprensible
vituperable

reprobación *nombre femenino*
1 condenación*
damnación

reprobar *verbo transitivo*
1 desaprobar
censurar
vituperar
condenar
rechazar
ANTO aprobar
salvar
elogiar

réprobo, -ba *adjetivo/nombre*
1 precito
prescito
condenado

reprochar *verbo transitivo*
1 reconvenir
echar en cara

reproche *nombre masculino*
1 reconvención

reproducción *nombre femenino*
1 (libro) facsímile
imitación
2 multiplicación
generación
germinación
pululación
procreación

Aplícase a los seres vivos.

reproducir *verbo*
transitivo/pronominal
1 propagar
multiplicar
2 imitar
copiar
representar

ANTO crear
inventar
3 repetir
reiterar
ANTO crear
inventar

reptar *verbo intransitivo*
1 arrastrarse
2 adular*

repúblico *nombre masculino*
1 estadista
hombre de Estado

repudiar *verbo transitivo*
1 desechar
repeler
rechazar
ANTO tomar
aceptar
2 renunciar
rehusar*
ANTO aceptar
tomar
acoger

repuesto *nombre masculino*
1 prevención
provisión
recambio

Tratándose de partes o piezas
de una máquina, *recambio.*

repugnancia *nombre femenino*
1 oposición
contradicción
incompatibilidad
2 antipatía
aversión*
repulsión
asco
3 resistencia
renitencia
renuencia
repelo

repugnante *adjetivo*
1 horroroso
repulsivo
feísimo
monstruoso
horrible
horrendo
horripilante
asqueroso
nauseabundo
repelente
inmundo

repugnar *verbo transitivo*
1 contradecir
negar
ANTO aceptar

2 rehusar
repeler
rechazar
ANTO atraer
simpatizar
3 disgustar*
desagradar
desazonar
incomodar
contrariar
enfadar
verbo intransitivo
4 asquear
revolver
hacer cuesta arriba

repulgado, -da *adjetivo*
1 (familiar) melindroso
dengoso
remilgado
ANTO natural
sincero

repulgo *nombre masculino*
1 dobladillo (pliegue)
⇒ repulgos

repulgos *nombre masculino*
plural
1 melindres
miramientos
escrúpulos
remilgos
⇒ repulgo

repulido, da *adjetivo*
1 peripuesto
acicalado
atildado
emperejilado
2 remilgado
melindroso
dengoso
escrupuloso

repulir *verbo transitivo*
1 acicalar
pulir
bruñir

repullo *nombre masculino*
1 rehilete (flechilla)
reguilete
carapullo

repulsa *nombre femenino*
1 propulsa
repulsión
2 reprimenda
reconvención

repulsar *verbo transitivo*
1 desechar
despreciar

a
b
c
d
e
f
g
h
i
j
k
l
m
n
ñ
o
p
q
r
s
t
u
v
w
x
y
z

repeler
rehusar
2 denegar
negar

repulsión *nombre femenino*
1 asco
repugnancia
aversión*
náuseas
odio*
2 repulsa
propulsa

repulsivo, -va *adjetivo*
1 asqueroso
repugnante
nauseabundo
repelente

reputación *nombre femenino*
1 fama
nombre
nombradía
notoriedad
celebridad
gloria
renombre
honor*
ANTO indignidad
desprestigio
deshonor

reputado, -da *adjetivo*
1 afamado
famoso
acreditado
renombrado
conocido
célebre
importante
notable
notorio
significado
ANTO desconocido
2 bienquisto
estimado
apreciado
considerado
querido
ANTO desestimado
despreciado
malquisto

reputar *verbo transitivo*
1 estimar
juzgar
conceptuar
considerar
2 apreciar

requebrar *verbo transitivo*
1 piropear
echar

decir flores
florear
galantear
lisonjear

requemamiento *nombre masculino*
1 resquemo
requemazón

requemarse *verbo pronominal*
1 sentirse
resentirse
escocerse

requemazón *nombre femenino*
1 resquemo
requemamiento

requerimiento *nombre masculino*
1 intimación

requerir *verbo transitivo*
1 intimar
2 solicitar
pedir*
pretender
exigir*
3 necesitar
ser necesario

requesón *nombre masculino*
1 naterón
názula
cuajada

requiebro *nombre masculino*
1 piropo
flor
lisonja
terneza
ternura
galantería*

requinto *nombre masculino*
1 (música) guitarrillo
guitarro

requisar *verbo transitivo*
1 comisar
decomisar
incautarse
confiscar

requisito *nombre masculino*
1 condición
circunstancia

requive *nombre masculino*
1 arrequive
adorno
atavío

resabiado, -da *adjetivo*
1 traidor

taimado
falso

resabio *nombre masculino*
1 dejo
deje
ANTO gusto
sazón

Dejo y *deje* pueden ser agradables, en tanto que el *resabio* es el sabor desagradable que deja una cosa.

2 vicio
inclinación
mala costumbre
ANTO virtud

resaltar *verbo intransitivo*
1 sobresalir
2 distinguirse
descollar*
despuntar
sobresalir

resalte *nombre masculino*
1 resalto
saliente

resalto *nombre masculino*
1 saliente
resalte
salida

resarcimiento *nombre masculino*
1 desquite

resarcir *verbo transitivo/pronominal*
1 indemnizar
compensar
reparar
subsanar
enmendar*
ANTO perder
quitar
agraviar
verbo pronominal
2 desquitarse

resbaladizo, -da *adjetivo*
1 deslizable
lábil
escurridizo
resbaloso

resbalar *verbo intransitivo*
1 escurrirse
deslizarse
irse los pies

resbalón *nombre masculino*
1 traspié
2 desliz
error

resbaloso, -sa *adjetivo*
1 resbaladizo
   escurridizo

rescatado, -da *adjetivo*
1 libre
   liberado
   libertado

rescatar *verbo transitivo*
1 librar
   liberar
   libertar
   redimir
   ANTO encarcelar
      someter
2 recobrar
   recuperar
   ANTO perder

rescate *nombre masculino*
1 ranzón

rescaza *nombre femenino*
1 escorpena
   escorpina
   diablo marino
   rascacio
   pina

rescindir *verbo transitivo*
1 abolir*
   anular
   dejar sin efecto
   ANTO confirmar
      convalidar
      hacer

rescoldera *nombre femenino*
1 pirosis

rescoldo *nombre masculino*
1 borrajo

rescripto
   rescripto pontificio *locución*
   nominal
   breve
   buleto

resecar *verbo*
transitivo/pronominal
1 secar
   desecar
   agostar
   marchitar
   enjugar
   ANTO florecer

resentido, -da *adjetivo/nombre*
1 quejoso
   descontento
   dolido
   disgustado
   amargado

malhumorado
pesimista
rencoroso
vengativo

resentimiento *nombre*
masculino
1 queja
   escozor
   resquemor
   rencor
   Estos cuatro sinónimos forman una serie intensiva.

resentirse *verbo pronominal*
1 sentirse
   escocerse
   picarse*
   agraviarse
   ofenderse
   ANTO fortalecerse
      contentarse

reseña *nombre femenino*
1 recensión
   juicio crítico
2 narración

reserva *nombre femenino*
1 guarda
   provisión
   repuesto
   ANTO imprevisión
2 circunspección
   tiento
   cautela*
   cuidado
   prudencia
   precaución*
   prevención
   escama
   ANTO locuacidad
   'La *reserva* consiste en ocultar
   lo que se sabe y lo que se
   siente; la *circunspección*, en
   pensar lo que ha de decirse'
   (M).
3 sigilo
   secreto*
   ANTO sinceridad
4 recato
   discreción
   ANTO indiscreción
5 restricción
   condición

reservado, -da *adjetivo*
1 circunspecto
   discreto
   cauteloso
   comedido
   callado*
   silencioso*
2 secreto

reservar *verbo transitivo*
1 guardar
   conservar
   retener
   ahorrar*
   ANTO gastar
      derrochar
2 exceptuar
   dispensar
   ANTO cumplir
3 encubrir
   ocultar
   callar

resfriado[1] *nombre masculino*
1 catarro
   constipado
   enfriamiento
   resfriamiento

resfriado, -da[2] *adjetivo*
1 constipado
   acatarrado

resfriamiento *nombre masculino*
1 resfriado
   catarro
   enfriamiento

resfriarse *verbo pronominal*
1 acatarrarse
   constiparse

resguardar *verbo*
transitivo/pronominal
1 proteger*
   amparar
   defender*
   preservar
   abrigar
   ANTO desamparar
      entregar

resguardo *nombre masculino*
1 amparo
   defensa
   protección
   abrigo
   arrimo
   reparo
   seguridad
2 guardia
   custodia

residencia *nombre femenino*
1 habitación*
   domicilio
   morada
   vivienda
   casa*

residente *nombre común*
1 habitante*
   morador

a
b
c
d
e
f
g
h
i
j
k
l
m
n
ñ
o
p
q
r
s
t
u
v
w
x
y
z

residir *verbo intransitivo*
1 habitar*
vivir
morar
ANTO ausentarse
viajar
vagar

residuo *nombre masculino*
1 resto
remanente
restante
sobrante
sobras
2 diferencia
resto
resta
3 sedimento
hipostasis

resignación *nombre femenino*
1 conformidad
sufrimiento
paciencia
ANTO rebeldía
soberbia
deseo
resistencia

resignado, -da *adjetivo*
1 paciente
tolerante
sufrido
manso

resignar *verbo transitivo*
1 entregar
abdicar*
renunciar
Por ejemplo: *resignar* el mando, la autoridad.
verbo pronominal
2 conformarse
avenirse
prestarse
allanarse
condescender
sufrir
tolerar
ANTO resistirse
insistir

resinar *verbo transitivo*
1 sangrar

resinífero, -ra *adjetivo*
1 resinoso

resinoso, -sa *adjetivo*
1 resinífero

resistencia *nombre femenino*
1 oposición
obstrucción

renuencia
ANTO pasividad
2 fortaleza
firmeza
solidez
aguante
fuerza*
ANTO debilidad
3 defensa
ANTO pasividad

resistente *adjetivo*
1 férreo
duro
tenaz
inflexible
persistente
compacto
fuerte
ANTO débil
blando

resistero *nombre masculino*
1 siesta (tiempo caluroso)
resistidero

resistidero *nombre masculino*
1 siesta (tiempo caluroso)
resistero

resistir *verbo intransitivo/pronominal*
1 oponerse
rechazar
repeler
ANTO someterse
2 defenderse
bregar
forcejear
3 soportar
sostener
aguantar
ANTO soportar

resollar *verbo intransitivo*
1 respirar

resoluble *adjetivo*
1 soluble

resolución *nombre femenino*
1 ánimo
valor
arrestos
arrojo
osadía
audacia
atrevimiento
denuedo
ANTO cobardía
2 determinación
decisión
fallo*

sentencia
ANTO indecisión
3 actividad
prontitud
viveza
ANTO pasividad
4 providencia

resolver *verbo transitivo*
1 determinar
decidir
2 solucionar
solventar
zanjar
acertar*
Solventar se aplica generalmente tratándose de un asunto difícil o embrollado; *zanjar*, cortarlo o resolverlo expeditivamente.

resonancia *nombre femenino*
1 repercusión
tornavoz
eco
ANTO silencio
Estos tres vocablos significan *resonancia* que se produce por reflexión del sonido.
2 hipertono
armónico
3 divulgación
notoriedad
ANTO olvido
silencio

resonante *adjetivo*
1 fragoroso
ruidoso
estruendoso
estrepitoso

resonar *verbo intransitivo*
1 repercutir
retumbar
rimbombar
retiñir
Retumbar y *rimbombar* son intensivos y se aplican generalmente tratándose de ruido o estruendo; *retiñir* es durar en el oído la sensación que produce un sonido agudo.

resoplido *nombre masculino*
1 bufido
rebufe (bufido del toro)
resoplo
resuello

resorte *nombre masculino*
1 muelle

respaldar *verbo transitivo*
1 proteger*
  guardar

respaldo *nombre masculino*
1 espaldar
  respaldar
2 espaldera
3 vuelta
  envés

respectivamente *adverbio*
1 respecto
  a proporción
  a correspondencia

respecto *nombre masculino*
1 razón
  relación
  proporción
  al respecto *locución adverbial*
  a proporción
  a correspondencia
  respectivamente
  respecto a *locución*
  preposicional
  tocante a
  acerca de
  sobre
  referente a
  con respecto a

respeluzar *verbo transitivo*
1 despeluzar
  espeluzar
  despeluznar

respetabilidad *nombre femenino*
1 decoro
  decencia
  respeto
  honor
  estimación
  dignidad
  ANTO indignidad
  impudor

respetable *adjetivo*
1 honorable
  venerable
  caracterizado
2 considerable
  importante

respetado, -da *adjetivo*
1 honrado
  apreciado
  estimado
  venerado
  enaltecido

respetar *verbo transitivo*
1 venerar
  reverenciar

acatar
rendir honores
presentar armas
besar la tierra que otro pisa
ANTO desacatar
  rebelarse
  insultar

Venerar y *reverenciar* denotan *respetar* en sumo grado.

respeto *nombre masculino*
1 reverencia
  veneración
  consideración
  miramiento
  atención
  deferencia
  rendimiento
  acatamiento
  sumisión

Consideración, miramiento, a-tención, deferencia y *rendi-miento* son formas exteriores con que se manifiesta el senti-miento de *respeto*. El *acata-miento* y la *sumisión* pueden producirse por la sola estima-ción de la fuerza o poder de lo que respetamos.

'El que *respeta* las prácticas religiosas, entra con reveren-cia en el templo, y mira con veneración las santas imáge-nes. En la *reverencia* hay más exterioridad que en la *venera-ción* y en el *respeto*' (M).

respetuoso, -sa *adjetivo*
1 deferente
  considerado
  atento
  mirado

respiración *nombre femenino*
1 resuello
  jadeo
  acezo

Resuello, especialmente si es violento o ruidoso. *Jadeo, ace-zo*, cuando es anheloso a cau-sa del cansancio.

respirar *verbo intransitivo*
1 resollar
2 animarse
  cobrar aliento
  alentarse
3 descansar

respiro *nombre masculino*
1 descanso
2 alivio
  sosiego
  calma

resplandecer *verbo intransitivo*
1 lucir
  relucir
  brillar
  cabrillear*
  rielar (poético)
  esplender
  relumbrar
  refulgir
  fulgurar
  rutilar (poético)
  reverberar (intensivo)
  espejear
  centellear*
  ANTO apagarse

Rielar es *resplandecer* con luz trémula. Todos pueden referir-se a la luz propia o reflejada; salvo *reverberar* y *espejear*, que sólo pueden referirse a luz reflejada.

2 sobresalir
  aventajarse
  descollar

resplandeciente *adjetivo*
1 brillante
  fulgurante
  refulgente
  fulgente
  fúlgido
  reluciente
2 nítido
  neto
  terso
  limpio
  claro
  transparente
  ANTO impuro
  opaco

resplandor *nombre masculino*
1 lustre*
  brillo
  refulgencia
  fulgor
  esplendor

responder *verbo transitivo*
1 contestar
  ANTO preguntar

'*Contestar* es corresponder a lo que se dice o se escribe, haciendo ver que se ha oído o se ha leído, se ha escucha-do, se ha entendido. *Respon-der* es satisfacer a las pregun-tas que se hacen. No sólo no me ha *respondido* a las pre-guntas que le hice, pero ni aun me ha *contestado*' (LH).

a b c d e f g h i j k l m n ñ o p q **r** s t u v w x y z

2 replicar
ANTO preguntar
3 garantizar
salir fiador
echar al hombro

respondón, -ona
adjetivo/nombre
1 replicón
replicador

respuesta *nombre femenino*
1 réplica
contestación
objeción*
observación
reparo
replicato
ANTO pregunta
Se *replica* a quien nos ha contestado, oponiéndole nuevas razones o combatiendo las del contrario. La *réplica* tiene siempre carácter polémico; la *respuesta* puede estar de acuerdo con los motivos, razones o deseos del que pregunta.
2 reacción

resquebradura *nombre femenino*
1 hendidura
grieta
quiebra
hendedura
rendija
raja
resquebrajadura

resquebrajar *verbo transitivo/pronominal*
1 hender
agrietar
abrir

resquemo *nombre masculino*
1 requemamiento
requemazón
2 chamusquina
socarrina

resquemor *nombre masculino*
1 escozor
escocimiento
2 resentimiento
rencor

resquicio *nombre masculino*
1 hendidura
grieta
2 coyuntura
ocasión
oportunidad

resta *nombre femenino*
1 sustracción
2 resto
residuo
diferencia

restablecer *verbo transitivo*
1 reponer
restaurar
reparar
ANTO destruir
decaer
verbo pronominal
2 curarse
mejorar
recobrarse
ANTO enfermar
inhabilitarse

restallar *verbo intransitivo*
1 rastrallar
restañar
chasquear
chascar
2 crujir

restante *nombre masculino*
1 residuo
remanente
resto
sobrante

restañar *verbo intransitivo*
1 restallar
rastrallar
chasquear
chascar

restar *verbo transitivo*
1 sustraer
2 disminuir
cercenar
quitar*
mermar
rebajar
3 devolver
recibir (el servicio)
En algunos juegos de pelota, especialmente en el tenis.
verbo intransitivo
4 faltar
quedar

restauración *nombre femenino*
1 compostura*
reparación
renovación
ANTO destrucción
2 restablecimiento
reinstauración
Tratándose de la *restauración* de un régimen político que existía antes.
3 hostelería

restaurar *verbo transitivo*
1 recuperar
recobrar
2 reparar*
componer
reponer
renovar
3 restablecer
reinstaurar

restaurativo, -va *adjetivo*
1 analéptico
Aplícase a los medicamentos.

restinga *nombre femenino*
1 restringa
arricete

restitución *nombre femenino*
1 retorno
devolución

restituir *verbo transitivo/pronominal*
1 devolver
reponer
reintegrar
retornar
ANTO quitar
extraer
2 restablecer

resto *nombre masculino*
1 residuo
diferencia
resta
sobrante
remanente
2 rastro
vestigio
reliquia*

restregadura *nombre femenino*
1 refregadura
refregamiento

restregar *verbo transitivo*
1 estregar
refregar
frotar*

restreñido, -da *adjetivo*
1 estreñido

restreñimiento *nombre masculino*
1 (intestinal) constipación
estreñimiento
coprostasis

restribar *verbo intransitivo*
1 estribar
entibar
reafirmar

restricción *nombre femenino*
1 limitación
  reducción
  ANTO libertad
    ilimitación
    abuso

restringa *nombre femenino*
1 arricete
  restinga

restringido, -da *adjetivo*
1 limitado

restringir *verbo*
transitivo/pronominal
1 acortar
  reducir
  limitar*
  ceñir
  circunscribir
  cercenar
  coartar
  coercer*
  ANTO derrochar
    abusar
    ampliar
2 astringir
  restriñir
  restañar
  astriñir
  astreñir
  estipticar

restriñir *verbo transitivo*
1 astringir
  astreñir
  astriñir
  restringir
  estipticar

resucitado, -da *adjetivo*
1 redivivo

resucitar *verbo intransitivo*
1 revivir
  resurgir
  volver a la vida
  dar nueva vida
  verbo transitivo
2 restablecer
  restaurar
  reponer

resudar *verbo intransitivo*
1 sudar*
  trasudar
2 rezumar

resudor *nombre masculino*
1 sudor
  transpiración
  trasudor

resuello *nombre masculino*
1 huelgo
  aliento
  respiración

resuelto, -ta *adjetivo*
1 decidido
  determinado
  ANTO apocado
2 audaz
  osado
  arrojado
  denodado
  atrevido
  ANTO prudente
    temeroso
3 pronto
  diligente
  expedito
  activo*

resulta *nombre femenino*
1 consecuencia*
  secuela
  efecto

resultado *nombre masculino*
1 efecto
  consecuencia
  éxito
  ANTO causa
    origen
  Éxito, cuando es favorable.
2 tanteo

resultar *verbo intransitivo*
1 nacer
  originarse
  seguirse
  deducirse
  inferirse
  dimanar
  venir a parar
  traer cola

resumen *nombre masculino*
1 compendio*
  recapitulación
  recopilación
  extracto
  sumario
2 epítome
  compendio

resumido, -da *adjetivo*
1 sumario
  breve
  sucinto
  abreviado

resumir *verbo transitivo*
1 extractar
  abreviar
  recapitular

  compendiar
  ANTO ampliar
Recapitular es *resumir* lo que
se ha manifestado antes; en
tanto que se puede *resumir* y
compendiar una doctrina,
ciencia, etc., que uno no ha
expuesto antes con mayor extensión. *Resumir* puede sustituir siempre a *recapitular*, pero
no viceversa.

resurgir *verbo intransitivo*
1 reaparecer
  rebrotar
2 resucitar
  revivir

resurtida *nombre femenino*
1 retroceso
  rechazo
  rebote

resurtir *verbo intransitivo*
1 retroceder*
  rebotar

retaguarda, retaguardia
nombre femenino
1 rezaga
  zaga

retahíla *nombre femenino*
1 (irónico o despectivo) serie
  sarta
Por ejemplo: *citó una retahíla
de autores. Hetahíla* no se
aplica a cosas materiales. Un
collar está formado por una
serie o *sarta* de piedras, pero
no por una *retahíla.*

retal *nombre masculino*
1 maula
  retazo

retama *nombre femenino*
1 genista
  ginesta
  hiniesta

retama de olor *locución*
nominal
  gayomba
  pierono
  retama macho

retar *verbo transitivo*
1 desafiar
  provocar

retardar *verbo*
transitivo/pronominal
1 atrasar
  retrasar*

a
b
c
d
e
f
g
h
i
j
k
l
m
n
ñ
o
p
q
r
s
t
u
v
w
x
y
z

diferir
detener
entorpecer
demorar
aplazar
posponer
ANTO adelantar
cumplir

retardo *nombre masculino*
1 retraso
entorpecimiento
demora
dilación
aplazamiento*

retazo *nombre masculino*
1 recorte
recortadura

retejar *verbo transitivo*
1 trastejar

retemblar *verbo intransitivo*
1 trepidar
temblar
estremecerse
vibrar

retención *nombre femenino*
1 retenimiento

retener *verbo transitivo*
1 conservar
guardar
reservar
ANTO soltar
2 recordar
memorizar

retenimiento *nombre masculino*
1 retención

retentiva *nombre femenino*
1 memoria

reticencia *nombre femenino*
1 retintín
2 precesión

rético *nombre masculino*
1 retorromano
ladino
rumanche

retículo *nombre masculino*
1 redecilla (en los rumiantes)
bonete

retiforme *adjetivo*
1 reticular

retinte, retintín *nombre masculino*
1 tonillo
reticencia

Retintín es una manera de *reticencia* caracterizada principalmente por la inflexión de la voz.

retiñir *verbo intransitivo*
1 resonar*
repercutir
retumbar
rimbombar

retirado, -da *adjetivo*
1 apartado
alejado
distante
desviado
lejano
separado
2 jubilado

retirar *verbo transitivo*
1 apartar
separar
alejar
quitar
ANTO acercar
dar
proporcionar
verbo pronominal
2 recogerse
retraerse
3 jubilarse
4 retroceder
echarse atrás
ANTO avanzar

retiro *nombre masculino*
1 jubilación
2 retraimiento
apartamiento
recogimiento
aislamiento
encierro
soledad

reto *nombre masculino*
1 desafío
provocación
2 amenaza

retocar *verbo transitivo*
1 corregir*
modificar
enmendar

retoñar *verbo intransitivo*
1 rebrotar
serpollar
ANTO secarse
2 reproducirse
revivir

retoño *nombre masculino*
1 hijuelo
rebrote

serpollo
renuevo
vástago*

retorcer *verbo transitivo/pronominal*
1 torcer
retortijar
ANTO estirar
enderezar

Retortijar es intensivo.

retorcimiento *nombre masculino*
1 contorsión
torcijón
retorsión

retórica *nombre femenino*
1 oratoria

Aunque originariamente *retórica* equivale a *oratoria*, se llama generalmente *retórica* a la enseñanza del arte oratorio.

2 rebuscamiento
artificio
⇒ retóricas

retóricas *nombre femenino plural*
1 sofisterías
circunloquios
⇒ retórica

retornar *verbo intransitivo*
1 regresar
volver*
ANTO marchar
ausentarse
verbo transitivo
2 devolver*
restituir

retornelo *nombre masculino*
1 vuelta

retorno *nombre masculino*
1 retroceso*
vuelta
regreso
2 devolución
restitución
3 cambio
trueque

retorsión *nombre femenino*
1 retorcimiento

retozar *verbo intransitivo*
1 brincar
juguetear
jugar
travesear
triscar

retractación *nombre femenino*
1 abjuración
   apostasía
   renunciación
   felonía
   traición

retractarse *verbo pronominal*
1 desdecirse
   revocar
   abjurar*
   apostatar*
   ANTO ratificar
   validar

retraerse *verbo pronominal*
1 acogerse
   guarecerse
   refugiarse
2 retirarse
   retroceder
3 apartarse
   alejarse
   recogerse

retraído, -da *adjetivo*
1 solitario
   aislado
2 corto
   tímido
   huidizo
   reservado

retraimiento *nombre masculino*
1 retiro
   apartamiento
   alejamiento
2 refugio
3 cortedad
   timidez
   reserva

retranquear *verbo transitivo*
1 bornear

retrasar *verbo*
transitivo/pronominal
1 diferir* .
   retardar
   dilatar
   detener
   atrasar
   demorar
   rezagarse
   aplazar*
   posponer
   ANTO adelantar
   cumplir

retraso *nombre masculino*
1 atraso
   retardo
   demora*
   dilación
   aplazamiento*

retratista *nombre común*
1 fotógrafo
   ⇒ pintor

retrato *nombre masculino*
1 fotografía

ser el vivo retrato de
locución
semejar
parecerse
asemejarse
ser como dos gotas de agua
ANTO diferenciarse

retrechar *verbo intransitivo*
1 retroceder*
   recular
   recejar
   volver atrás
   ANTO avanzar
   adelantar
Aplícase al caballo.

retrechería *nombre femenino*
1 (familiar) excusa*
   pretexto
   rebozo
   socapa
   socolor
   efugio

retreparse *verbo pronominal*
1 treparse
   recostarse

retrete *nombre masculino*
1 evacuatorio
   excusado
   común
Estos sinónimos son como
otras muchas voces originariamente eufemísticas, que al
generalizarse pierden su carácter atenuativo, y son reem-
plazadas por otras más sua-
ves en cada época, territorio,
medio social, etc.

retribución *nombre femenino*
1 recompensa
   remuneración
   pago
   paga
   gratificación
   premio
   sueldo*

retribuir *verbo transitivo*
1 pagar*
   abonar
   satisfacer
   sufragar
   costear

gratificar
recompensar

retroceder *verbo intransitivo*
1 recular
   recejar
   volver atrás
   rebotar
   resurtir
   retrechar
   retrogradar
   ANTO avanzar
Cuando el retroceso está producido por el choque con otro
cuerpo, *rebotar* y *resurtir*. Tratándose de una caballería, *retrechar*. *Retrogradar* es voz
abstracta que sólo se aplica
en sentido figurado, por ejemplo: *la civilización puede retro-
gadar hasta la barbarie*.

retroceso *nombre masculino*
1 reculada
   rechazo
   rebote
   resurtida
Rechazo, rebote y *resurtida*, si
el *retroceso* se produce por
choque con algún otro cuerpo.
2 culatada
   culatazo
Tratándose del golpe que da
un arma de fuego al disparar-
la.
3 regresión
   regreso
   vuelta
   venida
   retorno
Regresión es voz culta que indica el movimiento hacia
atrás, contrario a progresión.
Regreso, vuelta, venida y *retorno* se oponen a ida, e implican movimiento hacia atrás, o
hasta el punto de partida.

retrogradar *verbo intransitivo*
1 retroceder*
   ANTO avanzar

retrógrado, -da *adjetivo*
1 (persona) reaccionario
   conservador
   ANTO progresista

retronar *verbo intransitivo*
1 retumbar
   resonar

a
b
c
d
e
f
g
h
i
j
k
l
m
n
ñ
o
p
q
r
s
t
u
v
w
x
y
z

retruécano *nombre masculino*
1 conmutación

retumbante *adjetivo*
1 ostentoso
   pomposo
   campanudo
   rimbombante

retumbar *verbo intransitivo*
1 resonar*
   retronar
   ANTO acallar

reunión *nombre femenino*
1 asamblea
   junta
   congreso

reunir *verbo transitivo/pronominal*
1 juntar*
   agrupar
   acopiar
   recoger
   compilar
   congregar
   amontonar*
   almacenar*
   centralizar*
   ANTO separar

Si se trata de escritos, *compilar*; si de personas, *congregar*.

revalidar *verbo transitivo*
1 confirmar*
   convalidar
   ratificar
   verbo pronominal
2 graduarse

revancha *nombre femenino*
1 desquite

revejecer *verbo intransitivo/pronominal*
1 avejentar*
   aviejar
   envejecer

revelar *verbo transitivo*
1 descubrir
   manifestar
   patentizar
   cantar claro
   irse de la lengua
   ANTO ocultar
        callar

revenirse *verbo pronominal*
1 acedarse
   avinagrarse
   agriarse*

reventar *verbo intransitivo*
1 abrirse

2 estallar
   explotar
   verbo transitivo
3 molestar
   cansar
   fastidiar
4 fatigar

En este sentido, *reventar* expresa gran intensidad de la fatiga.

reventón *nombre masculino*
1 estallido
   explosión
   pinchazo (de una rueda)
2 cansancio*
   fatiga
3 apuro
   aprieto
   apretón
   ahogo

rever *verbo transitivo*
1 revisar

reverberar *verbo intransitivo*
1 resplandecer
   reflejar
   espejear

reverdecer *verbo intransitivo/transitivo*
1 verdecer
   verdear
2 renovarse
   rejuvenecerse
   vigorizarse

reverencia *nombre femenino*
1 respeto
   veneración
   acatamiento
   culto*

reverenciar *verbo transitivo*
1 acatar
   respetar
   venerar
   estrechar la mano
   doblar la rodilla
   ANTO ofender

reverso *nombre masculino*
1 revés*
   dorso
   envés
   ANTO inverso
2 cruz
   ANTO cara

En las monedas y medallas.

revés *nombre masculino*
1 contrahaz
   reverso

verso
vuelto
envés
dorso

En las ropas, *contrahaz*; en monedas y medallas, *reverso*; en folios de libros, *verso* o *vuelto*. En general, *envés*, *dorso*.

2 golpe
3 infortunio
   desgracia
   contratiempo
   desastre

revesado, -da *adjetivo*
1 intrincado
   enrevesado
   difícil
   embrollado
2 travieso
   revoltoso
   enredador
   indomable

revestimiento *nombre masculino*
1 capa
   cubierta

revestir *verbo transitivo*
1 vestir
   cubrir

revezar *verbo intransitivo*
1 reemplazar*
   relevar
   suplir
   suplantar

revisar *verbo transitivo*
1 rever

revista *nombre femenino*
1 inspección
   examen
2 alarde
   muestra

Ambos se usaban antiguamente en la milicia.

revivificar *verbo transitivo*
1 avivar
   vivificar
   reavivar
   reanimar

revivir *verbo intransitivo*
1 resucitar
   renovar
   resurgir
   rebrotar

revocadura *nombre femenino*
1 revoque
   revoco

revocar *verbo transitivo*
1 abolir*
anular*
derogar
dejar sin efecto
ANTO validar
cumplir
2 guarnecer
enlucir
enfoscar

revoco *nombre masculino*
1 revoque
revocadura

revolar *verbo*
intransitivo/pronominal
1 revolotear
volitar

revolcadero *nombre masculino*
1 envolvimiento
revolvedero

revolcón *nombre masculino*
1 (familiar) revuelco

revolotear *verbo intransitivo*
1 revolar
volitar

revoltijo *nombre masculino*
1 revoltillo
confusión
enredo
mescolanza
embrollo

revoltillo *nombre masculino*
1 revoltijo
confusión
enredo
mescolanza
embrollo

revoltón *nombre masculino*
1 bovedilla (del techo)

revoltoso, -sa *adjetivo*
1 travieso
enredador
revesado
revuelto
2 alborotador
sedicioso
turbulento
rebelde
amotinado
revolucionario

revolución *nombre femenino*
1 giro
vuelta
2 alboroto
sedición

motín
asonada
revuelta
insurrección
sublevación
ANTO paz
disciplina
orden

revolucionario, -ria
adjetivo/nombre
1 agitador
perturbador
sedicioso
rebelde
alborotador

revolvedero *nombre masculino*
1 revolcadero
envolvimiento

revolver *verbo transitivo*
1 menear
agitar
mezclar
2 desordenar
alterar
desorganizar
3 inquietar
soliviantar
encizañar
enemistar
4 dar vuelta
girar
verbo pronominal
5 moverse

revoque *nombre masculino*
1 revoco
guarnecido
revocadura
enfoscado

revuelco *nombre masculino*
1 revolcón (intensivo)

revuelta *nombre femenino*
1 alboroto*
tumulto
asonada
motín
sedición
insurrección

revuelto, -ta *adjetivo*
1 (tiempo atmosférico)
borrascoso

revulsivo, -va *adjetivo/nombre*
1 rebefaciente
epispástico
revulsorio

revulsorio, -ria *adjetivo/nombre*
1 (medicamento) revulsivo

rebefaciente
epispástico

rey *nombre masculino*
1 monarca
soberano

del tiempo del rey que
rabió *locución adverbial*
antiguo
viejo
vetusto
añoso
arcaico
remoto
más viejo que el andar a pie
(familiar)
del año de la pera (familiar)
del tiempo de Maricastaña
(familiar)
del tiempo de Noé
del tiempo de los godos
(familiar)
desde que el mundo es
mundo (familiar)

reyerta *nombre femenino*
1 contienda
disputa
altercado
pendencia
riña
lucha*

reyezuelo *nombre masculino*
1 régulo (pájaro)

rezagar *verbo*
transitivo/pronominal
1 atrasar*
suspender
entorpecer
detener
retardar
ANTO adelantar
verbo pronominal
2 retrasarse
quedarse atrás
ANTO adelantarse

rezar *verbo transitivo*
1 orar

rezno *nombre masculino*
1 ricino
2 rosón

rezo *nombre masculino*
1 oración
plegaria

La *oración* y la *plegaria* pueden ser vocales o mentales; el
rezo es vocal.

rezongar *verbo intransitivo*
1 refunfuñar
  gruñir

rezumar *verbo intransitivo/pronominal*
1 resudar
  sudar
  exudar
  trazumar

riachuelo *nombre masculino*
1 arroyo
  rivera
  regajal
  regajo
  regato

riada *nombre femenino*
1 avenida
  inundación
  llena
  crecida*
  desbordamiento

ribazón *nombre femenino*
1 arribazón

ribera *nombre femenino*
1 margen
  orilla*

ribesiáceo, -ea *adjetivo/nombre femenino*
1 saxifragáceo
  grosulariáceo

ricial *adjetivo*
1 rizal

ricino *nombre masculino*
1 cherva
  querva
  higuera del infierno
  higuera infernal
  higuereta
  higuerilla
  palmacristi
  rezno

rico, -ca *adjetivo/nombre*
1 acomodado
  adinerado
  acaudalado*
  pudiente
  potentado
  opulento
  Todos ellos forman una serie intensiva. *Acomodado, adinerado, acaudalado, pudiente* y *potentado* se refieren a personas; *rico* y *opulento*, a personas, colectividades, países, etc.: una ciudad rica, *opulenta*.

2 abundante
  opulento
  pingüe
  copioso
  exuberante
3 gustoso
  sabroso
  apetitoso
  exquisito
  excelente

ridiculez *nombre femenino*
1 rareza
  extravagancia
  singularidad

ridículo, -la *adjetivo*
1 risible
2 escaso
  corto
  pobre
  irrisorio
3 extraño
  extravagante
  grotesco
  peripatético
  ANTO elegante
    primoroso
4 melindroso
  dengoso
  nimio
  ñoño
  pazguato

riel *nombre masculino*
1 carril
  raíl

rielar *verbo intransitivo*
1 (poético) resplandecer*
  brillar
  rielar
  cabrillear
  Rielar y *cabrillear* denotan brillar con luz trémula.

rienda *nombre femenino*
1 sujeción
  moderación
  freno
  ⇒ riendas

riendas *nombre femenino plural*
1 gobierno
  mando
  dirección
  ⇒ rienda

riesgo *nombre masculino*
1 exposición
  peligro
  ANTO seguridad
    tranquilidad

Peligro es una contingencia inminente o muy probable, en tanto que *riesgo* y *exposición* pueden expresar desde la mera posibilidad a diversos grados de probabilidad. Hay *peligro* de muerte en tocar un cable de alta tensión eléctrica; corre el *riesgo* de acatarrarse el que anda sin abrigo en días fríos.

'El *peligro* se refiere a un mal más inmediato que el *riesgo*. Aquel se aplica siempre a contingencias de grande consideración; este se suele aplicar a costa de poca consecuencia. Está en *peligro* de perder la vida el soldado que se halla enfrente de una batería enemiga. Corre *riesgo* de caer malo el que pasa sin precaución del calor al frío. El primero se refiere a un mal más inminente y más próximo que el segundo. Juego a la lotería aunque con el *riesgo* de perder mi dinero, y no con *peligro*, que supondría un temor y un mal mucho mayor que el que corresponde a aquella idea. Un valiente que desprecia los *riesgos* suele arrepentirse de su temeridad a la vista misma del *peligro*' (LH).

rifa *nombre femenino*
1 sorteo

rigidez *nombre femenino*
1 tiesura
  endurecimiento
  inflexibilidad
  ANTO blandura
    elasticidad
    flexibilidad
    ductilidad
    maleabilidad
2 rigor
  severidad*
  austeridad
  ANTO condescendencia
    blandura

rígido, -da *adjetivo*
1 tieso
  inflexible
  tirante
  endurecido
  yerto
  Yerto, si es por el frío o la muerte.

2 riguroso

severo
austero

rigor *nombre masculino*
1 severidad*
ANTO condescendencia
2 aspereza
rudeza
dureza
ANTO afabilidad
3 propiedad
exactitud
precisión
ANTO imprecisión

riguroso, -sa *adjetivo*
1 áspero
acre
rudo
2 rígido
severo
inflexible
inexorable
3 austero
4 extremado
inclemente
crudo

Tratándose del tiempo.

5 estricto
exacto
preciso

rijoso, -sa *adjetivo*
1 lujurioso
lascivo
liviano
lúbrico
libidinoso

rilar *verbo intransitivo*
1 temblar
titiritar
tiritar
estremecerse
trepidar

rimador, -ra *adjetivo/nombre*
1 (despectivo) poeta
vate
trovador
bardo
coplero
coplista
poetastro

rimbombante *adjetivo*
1 altisonante
campanudo
retumbante
hueco
ostentoso
llamativo

rimbombar *verbo intransitivo*
1 resonar*
retumbar

rimero *nombre masculino*
1 montón
rima
cúmulo

rinanto *nombre masculino*
1 gallocresta
cresta de gallo
ormino
orvalle

rincón *nombre masculino*
1 ángulo*
esquina

rinconera *nombre femenino*
1 cantonera

ring *nombre masculino*
1 (anglicismo) cuadrilátero

En el boxeo.

ringla *nombre femenino*
1 fila*
hilera
cola
ringle
ringlera
renglera

ringlera *nombre femenino*
1 fila*
ringla
ringle
renglera
hilera
cola

rinoceronte *nombre masculino*
1 bada
abada

riña *nombre femenino*
1 pendencia
cuestión
quimera
querella
disputa
altercado
reyerta
pelea
contienda
lucha*
ANTO paz

riñón

costar un riñón *locución*
(intensivo) costar un ojo de
la cara
costar un huevo (vulgar)
ser caro

riqueza *nombre femenino*
1 bienestar
holgura
opulencia
ANTO miseria
2 abundancia
copia
profusión
fertilidad

Tratándose de cosas.

riquísimo, -ma *adjetivo/nombre*
1 opulento*
millonario

risa *nombre femenino*
1 sonrisa
carcajada
risotada
risada

Sonrisa, la leve y sin ruido que
sólo se manifiesta por los movimientos de los labios. *Carcajada* es ímpetu de *risa* ruidosa; si por cualquier motivo
la consideramos con desdén
u hostilidad la llamamos *risotada* o *risada*.

risada *nombre femenino*
1 risotada
carcajada
risa*

riscoso, -sa *adjetivo*
1 enriscado
peñascoso
escabroso

risible *adjetivo*
1 ridículo
irrisorio

risotada *nombre femenino*
1 carcajada
risa*
risada

ristra *nombre femenino*
1 horca
horco
ramo

risueño, -ña *adjetivo*
1 carialegre
alegre
reidor
jocundo
jovial
festivo
ANTO serio
2 agradable
deleitable
placentero

3 próspero
propicio
favorable

rítmico, -ca *adjetivo*
1 acompasado

ritmo *nombre masculino*
1 cadencia
medida
acompasamiento

rito *nombre masculino*
1 ceremonia

'*Rito* es el orden establecido por la Iglesia para la celebración del culto divino; *ceremonia* es la parte del *rito* que comprende los movimientos y la actitud del cuerpo en aquella celebración. Todas las partes de que se compone la misa pertenecen al *rito*; las *ceremonias* son la genuflexión, la bendición, el lavatorio y el ósculo de paz' (M).

ritual *nombre masculino*
1 liturgia

rival *nombre común*
1 émulo
competidor
2 enemigo

rivalidad *nombre femenino*
1 emulación
competencia
2 enemistad

rivalizar *verbo transitivo*
1 competir*

rivera *nombre femenino*
1 arroyo
riachuelo
regajal
regajo
regato

rizal *adjetivo*
1 ricial

rizar *verbo transitivo/pronominal*
1 engarzar
enrizar
ensortijar
ANTO estirar

rizo *nombre masculino*
1 bucle

rizópodo, -da *adjetivo/nombre masculino*
1 sarcodario

roa *nombre femenino*
1 roda

robador, -ra *adjetivo/nombre*
1 rapaz
ladrón

robalo, róbalo *nombre masculino*
1 céfalo
lobina
lubina

robar *verbo transitivo*
1 quitar
hurtar*
pillar
rapiñar
extraer (eufemismo)
saquear

Saquear, cuando se hace en gran escala o colectivamente, apoderándose de cuanto se encuentra.

robda *nombre femenino*
1 robla
robra
roda
alboroque
ribra
botijuela
corrobra

robezo *nombre masculino*
1 gamuza (rumiante)
rebeco
rupicabra
rupicapra

robín *nombre masculino*
1 herrumbre
orín
herrín
rubín
moho

robla *nombre femenino*
1 robra
robda
roda
alboroque
ribra
botijuela
hoque
corrobra

roble *nombre masculino*
1 carvajo
carvallo

robleda *nombre femenino*
1 carvajal
robledo
robledal

roblón *nombre masculino*
1 remache

robo *nombre masculino*
1 sustracción
hurto

roborante *adjetivo*
1 tónico
reforzante
corroborante

Aplícase a los medicamentos.

robra *nombre femenino*
1 alboroque
botijuela
robla
corrobra
robda
roda
ribra

robustecer *verbo transitivo*
1 fortalecer
vigorizar
tonificar
ANTO debilitar

robustez *nombre femenino*
1 fortaleza
solidez
resistencia
vigor
firmeza
robusteza
carnadura (vulgar)
ANTO debilidad

robusto, -ta *adjetivo*
1 fuerte
vigoroso
ANTO débil
2 sano
saludable

rocadero *nombre masculino*
1 capillo

rocalla *nombre femenino*
1 abalorio

roce *nombre masculino*
1 rozamiento
fricción
rozadura

Rozadura se refiere más bien al efecto de rozar y a la señal que deja.

2 trato
comunicación

rociada *nombre femenino*
1 rocío

2 reprensión
reconvención

rociadera *nombre femenino*
1 regadera (vasija)

rociar *verbo intransitivo/pronominal*
1 salpicar
esparcir

rocín *nombre masculino*
1 caballo*

Rocín aplícase especialmente a los *caballos* de mala raza y de poca alzada.

rocío *nombre masculino*
1 rociada

rocla *nombre femenino*
1 noca
meya

rocoso, -sa *adjetivo*
1 roqueño
peñascoso

roda *nombre femenino*
1 roa
branque

rodaballo *nombre masculino*
1 rombo

rodada *nombre femenino*
1 releje
carril
carrilada
carrilera
rodera

rodar *verbo intransitivo*
1 girar
dar vueltas

rodear *verbo transitivo*
1 cercar
circuir
circundar
circunvalar

rodeo *nombre masculino*
1 desviación
desvío
ANTO recta
2 circunloquio
circunlocución
perífrasis
3 efugio*
evasiva
subterfugio
andarse por las ramas
ANTO concisión
claridad

sin rodeos *locución adverbial*
abiertamente
patentemente
claramente
sin rebozo
directamente
sin ambages
al grano (familiar)
sin disimulo
francamente
manifiestamente

rodera *nombre femenino*
1 rodada
carril
carrilada
carrilera
releje

rodete *nombre masculino*
1 moño

rodilla *nombre femenino*
1 hinojo

Hoy sólo usado en la locución *de hinojos*, es decir, *de rodillas*.

rodillo *nombre masculino*
1 rulo

rodocrosita *nombre femenino*
1 rosa inca
espato manganoso

rododafne *nombre femenino*
1 adelfa

rodomiel *nombre masculino*
1 miel rosada

rodriga *nombre femenino*
1 rodrigón (vara)
tutor

rodrigar *verbo transitivo*
1 arrodrigar
arrodrigonar
enrodrigonar
errodrigar

Arrodrigar y *arrodrigonar*, especialmente si se trata de vides.

rodrigón *nombre masculino*
1 rodriga
tutor

roentgenografía *nombre femenino*
1 radiografía

roentgenología *nombre femenino*
1 radiología

roentgenólogo *nombre masculino*
1 radiólogo

roentgenoscopia *nombre femenino*
1 radioscopia

roentgenoterapia *nombre femenino*
1 radioterapia

roer *verbo transitivo*
1 gastar
desgastar
corroer

Corroer, especialmente si se trata de acción química: la humedad *corroe* el hierro. Tratándose de acción mecánica, *desgastar*: el agua *roe* o *desgasta* las rocas.

rogar *verbo transitivo*
1 pedir
solicitar
instar
suplicar
implorar
impetrar
deprecar
invocar*
ANTO conceder

Entre los diferentes modos de pedir lo que no podemos exigir o puede sernos negado, formamos la siguiente serie de matices a partir de *rogar*: *solicitar* sugiere diligencia, continuidad, y es el más usado en lenguaje administrativo; *instar* añade matiz de reiteración o urgencia; *suplicar*, de humildad; *implorar*, de llanto y vehemencia; *impetrar* y *deprecar*, de ahínco y rendimiento grandes.

rojizo, -za *adjetivo*
1 bermejo
rubescente

rojo, -ja *adjetivo/nombre masculino*
1 rosa
salmón
coral
encarnado
bermejo
grana
carmesí
escarlata
púrpura

a b c d e f g h i j k l m n ñ o p q r s t u v w x y z

rolla *nombre femenino*
1 niñera
  orzaya
  rollona
  chacha
  tata

rollar *verbo transitivo*
1 arrollar
  enrollar
  envolver

rollizo, -za *adjetivo*
1 redondo
  cilíndrico
2 grueso
  gordo
  fornido
  robusto

rollona *nombre femenino*
1 niñera
  orzaya
  rolla
  chacha
  tata

romadizarse *verbo pronominal*
1 arromadizarse

romadizo *nombre masculino*
1 coriza

romance *adjetivo/nombre masculino*
1 románico
  neolatino

románico, -ca *adjetivo*
1 neolatino
  romance

romanizar *verbo transitivo/pronominal*
1 latinizar

romanza *nombre femenino*
1 aria

rombo *nombre masculino*
1 (pez) rodaballo

romería *nombre femenino*
1 peregrinación

romero[1] *nombre masculino*
1 rosmarino

romero, -ra[2] *adjetivo/nombre*
1 peregrino

romí; romín *nombre masculino*
1 alazor
  azafrán bastardo
  cártama
  cártamo
  simiente de papagayos

romo, -ma *adjetivo*
1 obtuso
  boto
  ANTO afilado
    agudo
2 chato
  ANTO afilado
    agudo
3 torpe
  rudo
  tosco
  porro
  zoquete
  ANTO listo
    agudo

rompedero, -ra *adjetivo*
1 quebradizo
  frágil
  vidrioso
  ANTO fuerte
    duro
    resistente

rompedura *nombre femenino*
1 rompimiento
  rotura
  ruptura

rompehuelgas *nombre común*
1 esquirol

rompenueces *nombre masculino*
1 cascanueces

romper *verbo transitivo*
1 quebrar
  quebrantar
  hacer añicos
  fracturar
  deshacer*
  ANTO hacer
    componer

Fracturar es voz culta de aplicación limitada; por ejemplo: *fracturarse* un hueso por una caída, pero *romperse* un plato; en el lenguaje judicial se dirá que el ladrón *fracturó* una cerradura; pero en el habla ordinaria se dice: he *roto* la cerradura porque no podía abrir la puerta.

'El verbo *romper* tiene una significación más extensa, porque se aplica a toda acción por medio de la cual se hace pedazos de cualquier modo un cuerpo; pero *quebrar* supone que la acción se ejerce determinadamente en un cuerpo inflexible o vidrioso, y de un golpe o esfuerzo violento.

Se *rompe* un papel, una tela; pero no se *quiebra* como una taza o un vaso' (LH).

2 roturar
3 desbaratar
  vencer

rompesacos *nombre masculino*
1 egílope

rompimiento *nombre masculino*
1 rompedura
  rotura
  ruptura
2 rotura
  fractura
  quiebra
3 desavenencia
  riña
  ruptura

roncear *verbo intransitivo*
1 (familiar) adular*
  lisonjear
  halagar
  hacer la pelotilla (familiar)

roncería *nombre femenino*
1 tardanza
  lentitud
  remolonería
  ANTO rapidez
    aspereza

roncha *nombre femenino*
1 rueda
  rodaja

ronco, -ca *adjetivo*
1 afónico
2 bronco
  áspero
  rauco (poético)

Rauco es un latinismo sólo usado en el lenguaje poético.

ronquera *nombre femenino*
1 afonía
  enronquecimiento
  tajada (familiar)
  carraspera
  disfonía

Carraspera es aspereza de la garganta que enronquece la voz.

ronroneo *nombre masculino*
1 runrún

ronzal *nombre masculino*
1 ramal

ronzar[1] *verbo transitivo*
1 ronchar
  roznar

ronzar[2] *verbo transitivo*
1 arronzar
　apalancar

roña *nombre femenino*
1 herrumbre
　orín
　moho
　En los metales.

2 sarna
3 porquería
　suciedad
　ANTO limpieza

roñería *nombre femenino*
1 miseria
　tacañería
　mezquindad
　ANTO desinterés
　　largueza
　　abundancia

roñoso, -sa *adjetivo*
1 oxidado
　herrumbroso
　mohoso
2 sarnoso
3 puerco
　sucio
　cochino
　ANTO limpio
　　pulcro
4 avaro
　mezquino
　tacaño
　miserable
　avariento*
　ANTO generoso

ropa *nombre femenino*
1 tela
2 vestido
　ropaje
　vestidura
　traje

ropaje *nombre masculino*
1 vestido*
　vestidura
　ropa

roqueño, -ña *adjetivo*
1 rocoso
　peñascoso

rorro *nombre masculino*
1 (familiar) bebé
　nene

rosa
　rosa albardera *locución*
　nominal
　peonía

saltaojos
rosa de rejaldar
rosa montés

rosa inca
rodocrosita
espato manganoso

ver color de rosa *locución*
⇒ color

rosada *nombre femenino*
1 escarcha
　helada blanca
　helada
　escarche

rosadelfa *nombre femenino*
1 azalea

rosario *nombre masculino*
1 sarta
　serie
　retahíla
　sartal
　rastra
　ristra
　horco

rosetón *nombre masculino*
1 rosa
　En los techos.

rosmarino *nombre masculino*
1 romero (planta)

rosmaro *nombre masculino*
1 manatí
　manato
　pez mujer
　pez muller

rosón *nombre masculino*
1 rezno

rostro *nombre masculino*
1 cara*
　faz
　semblante

rota *nombre femenino*
1 (planta) caña de Bengala
　caña de Indias
　junco de Indias
　junquillo
　palasan
　roten

rotación *nombre femenino*
1 giro
　vuelta
　revolución

rotar *verbo intransitivo*
1 eructar*

erutar
regoldar (vulgar)

roten *nombre masculino*
1 rota
　caña de Bengala
　caña de Indias
　junco de Indias
　junquillo
　palasan

roto, -ta *adjetivo/nombre*
1 andrajoso
　harapiento

rótula *nombre femenino*
1 choquezuela
　hueso de la rodilla

rotular *verbo transitivo*
1 titular
　intitular

rótulo *nombre masculino*
1 letrero
　inscripción
　título
　encabezamiento
　marbete
　etiqueta
　epígrafe
　rúbrica
　En los libros, *epígrafe*, y en los antiguos, *rúbrica*.

rotundamente *adverbio*
1 redondamente
　claramente
　categóricamente
　terminantemente

rotundo, -da *adjetivo*
1 preciso
　terminante
　claro
　concluyente
　decisivo
　definitivo
　ANTO impreciso
2 lleno
　sonoro
　Tratándose del lenguaje.

rotura *nombre femenino*
1 fractura
　desgarro
　agujero*
　estropicio*

roturar *verbo transitivo*
1 romper

roya *nombre femenino*
1 alheña

a
b
c
d
e
f
g
h
i
j
k
l
m
n
ñ
o
p
q
r
s
t
u
v
w
x
y
z

pimiento
herrumbre
sarro

roza *nombre femenino*
1 rocha

rozadura *nombre femenino*
1 roce
  rozamiento
  fricción
2 excoriación
  arañazo
  irritación
  paratripsis

rozagante *adjetivo*
1 vistoso
  ufano
  brillante
  arrogante
  orgulloso
  presumido
  ANTO deslucido
    humilde

rozamiento *nombre masculino*
1 roce
  fricción
  fricación*
2 disensión
  desavenencia
  disgusto

rozar *verbo transitivo*
1 frotar*

roznar *verbo intransitivo*
1 rebuznar

roznido *nombre masculino*
1 rebuzno

rozno *nombre masculino*
1 pollino (asno)
  ruche
  rucho

rozo *nombre masculino*
1 leña
  tuero
  despunte
  ramullo
  ramojo
  ramiza
  encendajas

rozón *nombre masculino*
1 címbara
  rozadera

rúa *nombre femenino*
1 calle*

rubefacción *nombre femenino*
1 enrojecimiento

rubefaciente *adjetivo/nombre masculino*
1 epispástico
  revulsivo
  vesicante

  Cuando llega a producir vejigas, *vesicante.*

rubescente *adjetivo*
1 rojizo

rubí *nombre masculino*
1 carbuncio
  carbúnculo
  piropo
  rubín

rubia *nombre femenino*
1 (planta) granza

rubiel *nombre masculino*
1 pagel
  besuguete
  pajel
  sama

rubín *nombre masculino*
1 herrumbre
  orín
  herrín
  robín
  moho

rubio, -bia *adjetivo/nombre*
1 blondo

rubor *nombre masculino*
1 empacho
  vergüenza*
  sonrojo
  bochorno
  sofoco
  ANTO palidez
    impasibilidad
    desvergüenza

  Estos sinónimos forman, en el orden en que se enumeran, una serie intensiva.

ruborizarse *verbo pronominal*
1 avergonzarse
  enrojecer
  sonrojarse
  abochornarse

rúbrica
  rúbrica lemnia *locución nominal*
  bol arménico
  rúbrica sinópica
  bermellón

ruche *nombre masculino*
1 pollino (asno)

rozno
rucho

rucho *nombre masculino*
1 pollino (asno)
  rozno
  ruche

rucio *nombre masculino*
1 (familiar) borrico
  pollino
  asno*
  burro
  jumento

ruda
  ruda cabruna *locución nominal*
  galega
  ruda silvestre
  armaga

rudeza *nombre femenino*
1 tosquedad
  aspereza
2 descortesía
  grosería
  brusquedad
  ANTO afabilidad
    cortesía
3 torpeza
  estulticia
  ANTO habilidad

rudimentario, -ria *adjetivo*
1 embrionario
2 elemental

rudimento *nombre masculino*
1 embrión
  principio
  ⇒ rudimentos

rudimentos *nombre masculino plural*
1 elementos
  compendio*
  epítome
  nociones
  ⇒ rudimento

rudo, -da *adjetivo*
1 tosco
  basto
  áspero
2 descortés
  grosero
  brusco
3 torpe
  romo
  porro
  boto
4 riguroso
  impetuoso
  violento

rueda *nombre femenino*
1 roncha
  rodaja

ruedo *nombre masculino*
1 contorno
  límite
  término
2 redondel
  En las plazas de toros.

ruego *nombre masculino*
1 súplica
  petición
  instancia

rufián *nombre masculino*
1 chulo

rufo, -fa *adjetivo*
1 bermejo
  rubio
  rojizo
  taheño

rugido *nombre masculino*
1 bramido

rugosidad *nombre femenino*
1 arruga
  pliegue

rugoso, -sa *adjetivo*
1 áspero
  rasposo
  escabroso

ruido *nombre masculino*
1 rumor
  estrépito
  escándalo
  bulla*
  estruendo*
  ANTO silencio
    tranquilidad

'El *ruido* puede consistir en un sonido solo; el *rumor* es una serie de *ruidos*. Un cañonazo hace ruido, pero no *rumor*; el bramido de los vientos, el murmullo de las olas, son *rumores* y *ruidos*' (M).

ruidoso, -sa *adjetivo*
1 fragoroso
  resonante
  estruendoso
  estrepitoso
  estridente*
  estentóreo

ruin *adjetivo*
1 malo
  vil

  bajo
  indigno
  ANTO alto
    digno
2 mezquino
  avaro
  tacaño
  roñoso
  miserable
  avariento*
  ANTO generoso
    dadivoso
    desprendido
3 pequeño
  desmedrado
  enclenque
  ANTO fuerte
4 insignificante
  despreciable

ruina *nombre femenino*
1 destrozo
  perdición
  destrucción
  devastación
  desolación
  decadencia*
  ANTO construcción
    apogeo
    principio
2 pérdida
  quiebra
  bancarrota*
  ANTO riqueza

⇒ ruinas
Tratando de bienes o negocios.

ruinas *nombre femenino plural*
1 escombros
  restos

⇒ ruina

ruindad *nombre femenino*
1 villanía
  bajeza
  indignidad
  vileza
  infamia
  maldad
  ANTO dignidad
    bondad
    honor
2 mezquindad
  tacañería
  avaricia*
  roñería
  ANTO generosidad
    dadivosidad
    desprendimiento
3 pequeñez
  desmedro
  insignificancia
  ANTO importancia

ruiponce *nombre masculino*
1 rapónchigo

ruiseñor *nombre masculino*
1 filomela (poético)
  filomena (poético)

rulo *nombre masculino*
1 rodillo

rumanche *nombre masculino*
1 (lengua) rético
  retorromano
  ladino

rumazón *nombre femenino*
1 arrrumazón (nubes)
  nublado

rumbo *nombre masculino*
1 dirección
  derrota
  ruta
2 camino
  derrotero
3 pompa
  magnificencia
  ostentación
  boato
  gala
  aparato
4 desprendimiento
  desinterés
  liberalidad
  generosidad
  garbo

rumboso, -sa *adjetivo*
1 pomposo
  magnífico
  ostentoso
2 desprendido
  generoso
  dadivoso*
  liberal
  desinteresado
  ANTO avaro
    avariento
    tacaño
    agarrado
    roñoso

rumiar *verbo transitivo*
1 remugar
2 pensar*
  reflexionar
  meditar

rumor *nombre masculino*
1 runrún
  tole tole
2 ruido
  murmullo

a b c d e f g h i j k l m n ñ o p q **r** s t u v w x y z

murmurio
susurro
3 chisme
hablilla

rumorear *verbo transitivo*
1 runrunear
susurrar

runrún *nombre masculino*
1 ronroneo

rupicabra, rupicapra *nombre femenino*
1 gamuza (rumiante)
rebeco
robezo

ruptura *nombre femenino*
1 rompimiento
rompedura
rotura
2 disidencia
desacuerdo
escisión
cisma

ruqueta *nombre femenino*
1 jaramago
balsamita
raqueta
sisimbrio
2 oruga

rural *adjetivo*
1 campesino*
rústico

rusco *nombre masculino*
1 brusco (planta)
jusbarba

rustical *adjetivo*
1 campesino*
campestre
campal
rural
rústico
ANTO ciudadano

rusticano, -na *adjetivo*
1 silvestre
campesino*

rusticidad *nombre femenino*
1 barbarie
incultura
cerrilidad
salvajismo
zafiedad
tosquedad
ANTO cultura
urbanidad
civismo
refinamiento

rústico¹ *nombre masculino*
1 labriego
labrador
campesino

rústico, -ca² *adjetivo*
1 campesino*
rural
silvestre*
ANTO urbano
2 tosco
basto
rudo
zafio
grosero

impolítico*
ignorante*
ANTO educado
culto
refinado

ruta *nombre femenino*
1 derrota
dirección
rumbo
camino
2 derrotero
itinerario

rutilante *adjetivo*
1 lustroso
reluciente
brillante
resplandeciente
esplendoroso
luciente
radiante

rutilar *verbo intransitivo*
1 (poético) resplandecer
brillar
relumbrar
ANTO apagarse

rutina *nombre femenino*
1 costumbre
hábito
ANTO novedad
desuso

Rutina se aplica especialmente a la manera de trabajar o hacer algo por mera costumbre y sin razonar.

sábalo *nombre masculino*
1 alosa
 saboga
 trisa

sábana
 pegársele las sábanas
 locución
 dormirse
 hacerse el remolón

sabañón *nombre masculino*
1 friera

sabedor, -ra *adjetivo*
1 noticioso
 enterado
 instruido
 conocedor

sabelotodo *nombre común*
1 (familiar) sabidillo
 marisabidilla

saber¹ *nombre masculino*
1 sabiduría
 ciencia
 conocimiento
 erudición

saber² *verbo intransitivo*
1 soler
 acostumbrar
 ANTO ignorar

sabidillo, -lla *adjetivo/nombre*
1 (despectivo) sabelotodo
 marisabidilla

 Marisabidilla, aplicado a una mujer.

sabido, -da *adjetivo*
1 notorio
 público
 conocido
 manifiesto
 claro
 visible
 evidente

ANTO oscuro
 incierto
 privado
2 trivial
 vulgar
 común

sabiduría *nombre femenino*
1 cordura
 juicio
 prudencia
 seso
2 ciencia
 sapiencia
 saber
 ANTO ignorancia
 desconocimiento
 incultura

sabina *nombre femenino*
1 cedro de España

sabio, -bia *adjetivo/nombre*
1 cuerdo
 juicioso
 prudente
2 entendido
 docto
 erudito

'*Sabio* se aplica comúnmente a los que profesan las ciencias. *Docto*, se aplica particularmente a los que profesan las facultades. *Erudito*, no supone ni la ciencia profunda del *sabio*, ni la doctrina profunda del *docto*, sino una vasta noticia de conocimientos literarios, que requiere mucha lectura, actividad, curiosidad y memoria. Un gran teólogo es *docto*. Un gran mineralogista es *erudito*' (LH).

sablazo *nombre masculino*
1 (familiar) petardo
 estafa

sable *nombre masculino*
1 charrasco (familiar)
 charrasca (familiar)
 chafarote (despectivo)
 Todos ellos son denominaciones burlescas.

sablear *verbo intransitivo*
1 petardear
 pegar un petardo
 dar un sablazo

sablista *adjetivo/nombre común*
1 parchista
 petardista

sablón *nombre masculino*
1 arena
 sábulo

saboga *nombre femenino*
1 (pez) alosa
 sábalo
 trisa

sabonera *nombre femenino*
1 sayón (planta)

sabor *nombre masculino*
1 sapidez
 ANTO insipidez
2 gusto
 paladar
 embocadura
 ANTO insipidez
 desazón

 Gusto y *paladar*, tratándose de manjares o bebidas. De vinos, *embocadura*.

saborear *verbo transitivo*
1 paladear
 degustar
2 recrearse
 deleitarse

sabroso, -sa *adjetivo*
1 sazonado
 gustoso
 apetitoso

rico
exquisito
agradable*
ANTO insípido
soso
desabrido

sabuco *nombre masculino*
1 saúco
sabugo

sabugo *nombre masculino*
1 saúco
sabuco

sábulo *nombre masculino*
1 arena
sablón

sabuloso, -sa *adjetivo*
1 arenoso

saca *nombre femenino*
1 extracción

sacacorchos *nombre masculino*
1 descorchador
sacatapón
tirabuzón

sacadinero *nombre masculino*
1 sacacuartos

sacamanchas *nombre masculino*
1 quitamanchas

sacamuelas *nombre común*
1 dentista
2 charlatán

sacapuntas *nombre masculino*
1 cortalápices
afilalápices

sacar *verbo transitivo*
1 extraer
ANTO meter
poner
2 quitar
ANTO poner
3 conseguir
obtener
alcanzar
lograr
4 exceptuar
excluir
restar
ANTO incluir
5 deducir
inferir*
colegir
verbo intransitivo/transitivo
6 servir
lanzar

sacarina *nombre femenino*
1 benzosulfimida

sacatrapos *nombre masculino*
1 descargador
sacabalas

Sacabalas es un *sacatrapos* más resistente que los ordinarios.

sacerdocio *nombre masculino*
1 presbiterado

sacerdotal *adjetivo*
1 levítico
clerical
beato

sacerdote *nombre masculino*
1 cura
presbítero
eclesiástico
tonsurado
clérigo

sácere *nombre masculino*
1 arce
moscón

sachar *verbo transitivo*
1 escardar
desherbar
desyerbar
sallar

sacho *nombre masculino*
1 almocafre
azadilla
escardadera
escardillo
garabato
zarcillo

saciado, -da *adjetivo*
1 ahíto
harto
repleto
empachado
empapuzado

saciar *verbo transitivo/pronominal*
1 hartar
satisfacer
estar hasta el gollete
matar el hambre
ANTO carecer
vaciar

saciña *nombre femenino*
1 sargatillo

saco *nombre masculino*
1 chaqueta
americana
2 saqueo

sacre *nombre masculino*
1 caco
ladrón
ratero

sacrificar *verbo transitivo/pronominal*
1 inmolar
ANTO perdonar
liberar
redimir
2 aguantarse
privarse
resignarse
quitárselo de la boca

sacrificio *nombre masculino*
1 hecatombe
inmolación

sacrilegio *nombre masculino*
1 profanación
ANTO religión
piedad
respeto

sacro, -cra *adjetivo*
1 sagrado
ANTO profano
maldito
profanable

sacudida *nombre femenino*
1 barquinazo
tumbo
vaivén
vuelco
sacudimiento
concusión

sacudido, -da *adjetivo*
1 áspero
intratable
indócil
despegado
malsufrido
2 desenfadado
resuelto
desempachado

sacudimiento *nombre masculino*
1 sacudida
concusión
barquinazo
tumbo
vaivén
vuelco
ANTO inmovilidad
tranquilidad
quietud

Sacudida es cada uno de los movimientos o golpes de la acción de sacudir; el *sacudimien-*

to se compone de una o varias sacudidas; *concusión* es de empleo muy raro en sentido material.

sacudir *verbo transitivo/pronominal*
1 agitar
mover
zarandear
ANTO aquietar
inmovilizar
2 golpear
3 arrojar
apartar
tirar
verbo pronominal
4 rechazar
despachar
zafarse

saeta *nombre femenino*
1 flecha

saetera *nombre femenino*
1 saetín
aspillera

saetero *nombre masculino*
1 sagitario

saetilla *nombre femenino*
1 manecilla
aguja

saetín *nombre masculino*
1 saetera
aspillera

safismo *nombre masculino*
1 lesbianismo
homosexualidad (femenina)
tribadismo (vulgar)

sagacidad *nombre femenino*
1 astucia
perspicacia
olfato
ANTO ingenuidad
bobería

La *sagacidad* es de naturaleza intuitiva, adivina, prevé y supone más o menos *astucia* y, a veces, malicia. La *perspicacia* es hija del talento sutil, que penetra hasta lo más difícil y confuso.

sagaz *adjetivo*
1 astuto
avisado
advertido*
ANTO ingenuo

'El *sagaz* penetra con sutileza

lo que es difícil de conocer o descubrir. El *astuto* oculta con arte maliciosa los medios de que se vale para lograr su intento. El juez debe ser *sagaz* para descubrir los enredos de un ratero *astuto*'(LH).

sagita *nombre femenino*
1 flecha
montea

Montea es la *sagita* de un arco o bóveda.

sagitaria *nombre femenino*
1 (planta) saetilla

ságoma *nombre femenino*
1 escantillón
chantillón

sagrado, -da *adjetivo*
1 sacro
ANTO profano
maldito
profanable

Sacro es voz más escogida y sólo usada en el habla culta.

sagrario *nombre masculino*
1 custodia
tabernáculo

ságula *nombre femenino*
1 sayuelo

sahina *nombre femenino*
1 adaza
zahína
alcandía
daza
sorgo
melca

sahinar *nombre masculino*
1 zahinar
alcandial

sahornarse *verbo pronominal*
1 escocerse
escaldarse
enrojecerse

saíno *nombre masculino*
1 jabalí
puerco jabalí
puerco montés
puerco salvaje
pécari
báquiro
puerco de monte

sajador *nombre masculino*
1 escarificador

sal *nombre femenino*
1 gracia
garbo
donaire
donosura
salero

sal amoníaco *locución nominal*
almocrate
cloruro de amonio

sala *nombre femenino*
1 salón

El *salón* se distingue de la *sala* por su mayor tamaño relativo, o por su mayor suntuosidad, categoría social, etc.

salabardo *nombre masculino*
1 salabre

salabre *nombre masculino*
1 salabardo

saladar *nombre masculino*
1 salobral

salado, -da *adjetivo*
1 gracioso
agudo
chistoso
donoso
ocurrente
saleroso
ANTO soso
desabrido

salamanqués, -quesa *adjetivo/nombre*
1 salmantino
salmanticense

salamanquesa *nombre femenino*
1 estelión
salamandria

salario *nombre masculino*
1 jornal
soldada
sueldo

La voz *salario* se aplica preferentemente a los obreros manuales, que cobran por jornadas o semanas, y en este caso es sinónimo de *jornal*. El *sueldo* suele valorarse por anualidades y se cobra por meses. *Soldada* se usa entre campesinos para designar la retribución de los criados o mozos de labranza fijos.

salce *nombre masculino*
1 sauce

a
b
c
d
e
f
g
h
i
j
k
l
m
n
ñ
o
p
q
r
s
t
u
v
w
x
y
z

sauz
saz
salguera
salguero

salceda *nombre femenino*
1 salcedo
sauceda
saucera
sauzal

saldar *verbo transitivo*
1 finiquitar
cancelar
liquidar

saldo *nombre masculino*
1 almoneda
liquidación

saledizo *nombre masculino*
1 salidizo
voladizo

salema *nombre femenino*
1 salpa
pámpano

salero *nombre masculino*
1 gracia
donaire
sal

saleroso, -sa *adjetivo*
1 salado
gracioso
agudo
chistoso
ocurrente
donoso

salgada *nombre femenino*
1 álimo
orzaga
armuelle
marismo
salgadera

salgadera *nombre femenino*
1 álimo
orzaga
armuelle
marismo
salgada

salguera *nombre femenino*
1 salce
sauce
sauz
saz
salguero

salguero *nombre masculino*
1 salce
sauce
sauz

saz
salguera

salicaria *nombre femenino*
1 (planta) arroyuela

salicor *nombre masculino*
1 sapina

salida *nombre femenino*
1 escapatoria
pretexto
recurso
efugio*
evasiva
subterfugio
ANTO entrada
2 ocurrencia
3 despacho
venta
pedido*
demanda
4 saliente
5 ejido
campillo
6 línea de salida

salidizo *nombre masculino*
1 saledizo
voladizo

saliente *nombre masculino*
1 oriente
levante
este
2 resalto
resalte
salida

salir *verbo intransitivo*
1 nacer
brotar
surgir
aparecer
ANTO morir
2 ir a parar
desembocar
dar

En esta acepción *salir* se emplea con la preposición *a*; por ejemplo, 'Esta plaza sale *a* la calle'.

3 resultar
quedar
venir a ser
4 aparecer
manifestarse
descubrirse

Por ejemplo, *salir* el sol, *salir* el periódico, *salir* uno muy travieso.

5 partir
alejarse

arrancar
zarpar
levar anclas
hacerse a la mar
ANTO llegar

Tratándose de vehículos, *arrancar* alude al primer empuje de la partida; tratándose de barcos, se utilizan *zarpar*, *levar anclas* y *hacerse a la mar*.

6 desaparecer

Tratándose de manchas.

7 empezar

En ciertos juegos.

8 parecerse
asemejarse*

En esta acepción se usa la expresión *salir a*.

verbo intransitivo/pronominal
9 desembarazarse
librarse
libertarse

Con esta significación, *salir(se) de*. Por ejemplo, *salirse del barrizal*, *salir de dudas*, *salir de apuros*

10 lograr
conseguir

En este caso, *salir* se emplea con la preposición *con*.

verbo pronominal
11 rebosar
sobresalir
12 derramarse
escaparse

Por ejemplo, la leche.

salitral *adjetivo*
1 salitroso

nombre masculino
2 nitral
salitrera
salina

salitrera *nombre femenino*
1 salitral
nitral
salina

salitrería *nombre femenino*
1 nitrería

saliva *nombre femenino*
1 baba

gastar saliva en balde
locución
sembrar en arena
perder el tiempo

tragar saliva
aguantar
contenerse
reprimirse
vencerse
morderse los puños
llevar la cruz
hacerse el loco

salivación *nombre femenino*
1 ptialismo
tialismo
sialismo

sallar *verbo transitivo*
1 escardar
sachar

salmanticense *adjetivo/nombre común*
1 salmantino*
salamanqués

salmantino, -na *adjetivo/nombre*
1 (persona) salamanqués
salmanticense

Salmanticense se usa principalmente tratándose de instituciones, estudios, etc.: Universidad *salmanticense*; bibliografía *salmanticense*; colegios *salmanticenses*.

salmón *nombre masculino*
1 becal

El salmón macho se llama también *becal*.

salmonado, -da *adjetivo*
1 asalmonado

salmonete *nombre masculino*
1 barbo de mar
trigla
trilla

salobral *adjetivo/nombre común*
1 saladar
salobreño

salón *nombre masculino*
1 sala
cámara*

salpa *nombre femenino*
1 pámpano
salema

salpicadura *nombre femenino*
1 salpicón
salpique
⇒ salpicaduras

salpicaduras *nombre femenino plural*
1 consecuencias*
resultados
secuelas
⇒ salpicadura

salpicar *verbo transitivo*
1 rociar
esparcir

salpicón *nombre masculino*
1 salpicadura
salpique

salpique *nombre masculino*
1 salpicadura
salpicón

salpullido *nombre masculino*
1 sarpullido

salpullir *verbo transitivo*
1 sarpullir

salsa *nombre femenino*
1 adobo
aliño
condimento
aderezo

salsifí
salsifí de España *locución nominal*
escorzonera
salsifí negro

saltabanco, saltabancos *nombre masculino*
1 charlatán
saltimbanqui
saltimbanco
saltaembanco
2 prestigitador
jugador de manos

saltación *nombre femenino*
1 mutación

saltaembanco, saltaembancos *nombre masculino*
1 saltabanco
charlatán
saltimbanqui
saltimbanco
saltambancos

saltamontes *nombre masculino*
1 caballeta
cigarrón
saltón

Saltón, especialmente cuando tiene las alas rudimentarias.

saltaojos *nombre masculino*
1 peonía

rosa albardera
rosa de rejaldar
rosa montés

saltar *verbo intransitivo*
1 brincar
tomar carrerilla
ANTO inmovilizar
2 sobresalir
resaltar
verbo transitivo
3 pasar por alto
dejar
omitir
ANTO recordar

saltatrás *nombre común*
1 tornatrás

salteador *nombre masculino*
1 bandido
bandolero
atracador

salteamiento *nombre masculino*
1 asalto
atraco

saltear *verbo transitivo*
1 asaltar
atracar

saltero, -ra *adjetivo*
1 montaraz
agreste
cerril
bravío
montés
salvaje
selvático

saltimbanco *nombre masculino*
1 (familiar) saltabanco
charlatán
saltimbanqui
saltaembanco
saltaembancos
saltabancos

saltimbanqui *nombre masculino*
1 saltabanco
charlatán
saltimbanco
saltaembanco
saltabancos
saltaembancos

salto *nombre masculino*
1 brinco
bote
2 cascada
catarata

Ambos aluden a un salto de agua cuando es natural.

3 despeñadero

precipicio
derrumbadero
4 omisión

saltón *nombre masculino*
1 saltamontes
caballeta
cigarrón

salubre *adjetivo*
1 saludable
sano
salutífero

Salubre se dice sólo del lugar, clima, estación, aguas, etc., pero no se emplea en sentido figurado.

salubridad *nombre femenino*
1 sanidad

saludable *adjetivo*
1 salubre
sano
salutífero
2 provechoso
beneficioso
conveniente

saludar *verbo transitivo*
1 cumplimentar*

salumbre *nombre femenino*
1 flor de la sal

salutífero, -ra *adjetivo*
1 salubre
saludable
sano

salva *nombre femenino*
1 juramento
jura

salvabarros *nombre masculino*
1 guardabarros
alero

salvación *nombre femenino*
1 salud
2 salvamento
3 redención

En sentido religioso.

salvadera *nombre femenino*
1 arenillero

salvado *nombre masculino*
1 afrecho
moyuelo

El *salvado* muy fino se llama *moyuelo*.

salvaguarda *nombre femenino*
1 protección

amparo
defensa
auxilio
resguardo
favor
apoyo
ANTO desamparo
inseguridad

salvaguardar *verbo transitivo*
1 defender
proteger*
amparar

salvaguardia *nombre femenino*
1 guarda
custodia
amparo
garantía
2 aseguramiento
seguro
salvoconducto
guía

Tratándose del documento o señal que salvaguarda, *aseguramiento*, *seguro* en general. Cuando es para viajar dentro de la nación, *salvoconducto*; para la circulación de mercancías intervenidas, *guía*.

salvajada *nombre femenino*
1 barbaridad
brutalidad
atrocidad

salvaje *adjetivo*
1 silvestre*
montés
montaraz
cerril
bravío*
inculto
selvático
agreste
montuoso

Silvestre, tratándose de plantas. *Montés, montaraz, cerril* y *bravío*, de animales. *Inculto, selvático, agreste* y *montuoso*, tratándose del terreno.

2 brutal
feroz
bárbaro
atroz
cruel*
inhospitalario*
ANTO culto
civilizado
educado

salvajismo *nombre masculino*
1 barbarie

rusticidad
incultura
cerrilidad

salvamento, salvamiento
nombre masculino
1 salvación

salvar *verbo transitivo/pronominal*
1 librar
liberar
ANTO esclavizar
condenar
2 sacar
evitar
3 vencer
superar
tomar puerto
4 exceptuar
verbo transitivo
5 corregir*
enmendar
retocar
modificar
subsanar
6 (anglicismo) grabar
almacenar
guardar
ANTO borrar
abandonar

salvedad *nombre femenino*
1 advertencia
observación

salvilla *nombre femenino*
1 salva
tocasalva

salvo¹ *adverbio*
1 excepto

salvo, -va² *adjetivo*
1 ileso
2 libre
seguro
3 exceptuado
omitido

salvoconducto *nombre masculino*
1 pasaporte
salvaguardia*

sama *nombre masculino*
1 pagel

sámago *nombre masculino*
1 albura
alborno
alburno

sambenito *nombre masculino*
1 difamación

descrédito
mala nota

sampsuco *nombre masculino*
1 mejorana
   almoraduj

sanalotodo *nombre masculino*
1 curalotodo

sanar *verbo intransitivo/transitivo*
1 curar
   restablecer
   rebosar salud
   cobrar fuerza
   ANTO enfermar
         desmejorarse

sanativo, -va *adjetivo*
1 curativo

sanción *nombre femenino*
1 confirmación
   aprobación
2 pena
   penalidad
   castigo^
   condenación*
   ANTO perdón
        recompensa

sancionar *verbo transitivo*
1 penar
   condenar
   castigar
   ANTO perdonar

sandáraca *nombre femenino*
1 rejalgar

sandez *nombre femenino*
1 despropósito
   necedad
   vaciedad
   simpleza
   tontería
   majadería
   estupidez

sandía *nombre femenino*
1 melón de agua
   pepón
   zandía

sandio, -dia *adjetivo*
1 simple
   necio
   tonto
   bobo
   estúpido
   majadero
   estulto

sandunga *nombre femenino*
1 (familiar) gracia
   donaire

salero
garbo

sandwich *nombre masculino*
1 (anglicismo) emparedado
   bocadillo

sanedrín *nombre masculino*
1 sinedrio

sangradera *nombre femenino*
1 lanceta

sangrador *nombre masculino*
1 flebotomiano
   sajador

sangradura *nombre femenino*
1 sangría

sangrar *verbo transitivo*
1 resinar

sangraza *nombre femenino*
1 sanguaza

sangre
   de sangre azul *locución*
   adjetiva
   noble
   linajudo
   ANTO plebeyo
        bajo

   sangre de horchata *locución*
   adjetiva
   flemático
   apático
   lento
   imperturbable
   cachazudo
   calmoso

   sangre fría *locución nominal*
   serenidad
   impavidez
   tranquilidad
   sosiego
   calma
   ANTO desasosiego
        intranquilidad
        ansia

sangría *nombre femenino*
1 flebotomía
   venesección
   venoclisis
2 sangradura

sangriento, -ta *adjetivo*
1 sanguinolento
2 sanguinario
   cruel*
3 cruento
4 sanguíneo

sanguaza *nombre femenino*
1 sangraza

sangüeño *nombre masculino*
1 durillo
   cornejo
   corno
   cerezo silvestre
   sanguino
   sanguiñuelo

sangüesa *nombre femenino*
1 frambuesa

sanguijuela *nombre femenino*
1 sanguisuela
   sanguja

sanguinaria
   sanguinaria mayor *locución*
   nominal
   altabaquillo
   centinodia
   correhuela
   saucillo

   sanguinaria menor
   nevadilla

sanguinario, -ria *adjetivo*
1 feroz*
   cruel*
   inhumano
   vengativo

sanguíneo, -ea *adjetivo*
1 sangriento

sanguino *nombre masculino*
1 sanguiñuelo
   cornejo

sanguiñuelo *nombre masculino*
1 durillo
   cornejo
   corno
   cerezo silvestre
   sangüeño
   sanguino

sanguisorba *nombre femenino*
1 pimpinela

sanguja *nombre femenino*
1 sanguijuela
   sanguisuela

sanidad *nombre femenino*
1 salubridad
   ANTO infección
        insalubridad

La *salubridad* se refiere a las
condiciones salutíferas de una
comarca, clima, aguas, etc. La
sanidad comprende el estado
general de la salud pública y
la organización de los servicios sanitarios: jefatura, dirección, ministerio de *Sanidad*.

a
b
c
d
e
f
g
h
i
j
k
l
m
n
ñ
o
p
q
r
s
t
u
v
w
x
y
z

sanie, sanies *nombre femenino*
1 icor

sano, -na *adjetivo*
1 saludable
2 robusto
  bueno
3 entero
  indemne
  ileso
4 recto
  sincero
  bienintencionado

  cortar por lo sano *locución*
  atajar
  acortar
  saltárselo a la torera

santiamén *nombre masculino*
1 instante
  momento
  periquete

santidad *nombre femenino*
1 santimonia
  ANTO pecado
    corrupción

santiguar *verbo*
  transitivo/pronominal
1 signar
  persignar
  hacer la señal de la cruz

santimonia *nombre femenino*
1 santidad
  ANTO pecado
    corrupción

santo¹ *nombre masculino*
1 onomástica
  fiesta onomástica

santo, -ta² *adjetivo*
1 venerable
  sagrado
  inviolable

santónico *nombre masculino*
1 tomillo blanco
2 semencontra

santoral *nombre masculino*
1 hagiografía
  flos sanctorum

  Las colecciones *hagiográficas*
  se llaman también *flos sancto-*
  rum.

santulón *nombre masculino*
1 santurrón

santurrón, -ona
  adjetivo/nombre
1 misticón

santón
  beato
  mojigato
  gazmoño

saña *nombre femenino*
1 furor
  furia*
  cólera
  ira
  encono
  rabia
  ensañamiento*
  ANTO amistad
    piedad
    perdón

sañudo, -da *adjetivo*
1 virulento
  mordaz
  acre

sao *nombre masculino*
1 labiérnago
  ladierno

sapidez *nombre femenino*
1 sabor
  ANTO insipidez

sapiencia *nombre femenino*
1 sabiduría
  ciencia
  saber
  ANTO ignorancia
    desconocimiento
    incultura

sapillo *nombre masculino*
1 ránula
  ranas

sapina *nombre femenino*
1 salicor

sapo

  sapo marino *locución nominal*
1 pejesapo
  alacrán marino
  pescador
  rana marina
  rape

saponáceo, -ea *adjetivo*
1 jabonoso

saponaria *nombre femenino*
1 jabonera (hierba)
  lanaria

saporimetría *nombre femenino*
1 gustometría

saque *nombre masculino*
1 saco
2 servicio

saque de esquina *locución*
  nominal
  córner (anglicismo)

saqueo *nombre masculino*
1 saco (entrar a saco)
  saqueamiento
  sacomano

sarapia *nombre femenino*
1 sarrapia

sarapico *nombre masculino*
1 zarapito

sarcasmo *nombre masculino*
1 burla*
  befa
  escarnio
  ludibrio
  ANTO suavidad
    delicadeza

sarcástico, -ca *adjetivo*
1 burlón
  irónico
  mordaz
  punzante
  cáustico

sarcodario, -ria *adjetivo/nombre*
  masculino
1 rizópodo

sarcófago *nombre masculino*
1 sepulcro
  enterramiento
  losa
  tumba
  túmulo

sarcolema *nombre masculino*
1 miolema

sarda *nombre femenino*
1 (pez) caballa
  escombro

sardio *nombre masculino*
1 sardónica
  sardónice
  sardonio
  sardónique
  sardo

sardo *nombre masculino*
1 sardónica
  sardio
  sardonio
  sardónique
  sardónice

sardónica, sardónice *nombre*
  femenino
1 sardio
  sardo
  sardonio
  sardónique

sardónique *nombre femenino*
1 sardónica
  sardio
  sardo
  sardonio
  sardónice

sargatillo *nombre masculino*
1 saciña

sarilla *nombre femenino*
1 almoraduj
  moradux
  mejorana
  amaraco
  sampsuco
  almoradux

sarna *nombre femenino*
1 roña
  escabies

Roña es la *sarna* del ganado lanar.

sarpullido *nombre masculino*
1 salpullido

sarpullir *verbo transitivo/pronominal*
1 salpullir

sarraceno, -na *adjetivo/nombre*
1 (persona) agareno
  árabe
  ismaelita
2 mahometano
  musulmán

sarrapia *nombre femenino*
1 sarapia

sarrieta *nombre femenino*
1 soturno

sarrillo¹ *nombre masculino*
1 estertor (del moribundo)

sarrillo² *nombre masculino*
1 aro (planta)
  alcatraz
  arón
  jaro
  jarillo
  tragontina
  yaro

sarro *nombre masculino*
1 limosidad
  tártaro
  toba

sarta *nombre femenino*
1 serie
  retahíla*
  sartal
  rosario

rastra
ristra
horco

Rastra, ristra y *horco*, aluden a la *sarta* de frutos secos.

sartén

tener la sartén por el mango *locución*
mangonear
mandar
dirigir
mandonear
manipular
cortar el bacalao

Satán, Satanás *nombre masculino*
1 Lucifer
  diablo
  demonio
  Belcebú
  Luzbel
  Leviatán

satánico, -ca *adjetivo*
1 malo*
  demoníaco
  luciferino
  perverso
  depravado
  malvado

satélite *nombre masculino*
1 alguacil[A]
  esbirro (despectivo)

satiriasis *nombre femenino*
1 erotomanía
  ninfomanía
  afrodisia
  satiromanía

satírico, -ca *adjetivo*
1 mordaz
  cáustico
  punzante

satirizar *verbo transitivo*
1 criticar
  zaherir
  echar coplas
  poner banderilla
  ANTO albar
    confortar
    honrar

satiromanía *nombre femenino*
1 satiriasis
  satiromanía
  ninfomanía
  erotomanía

satisfacción *nombre femenino*
1 pago
  reparación
  indeminización
  ANTO deuda
    incumplimiento
2 disculpa
  descargo
  excusa
  respuesta
3 gusto
  contento
  placer
  contentamiento
  agrado
  complacencia
  alegría*
  beatitud*
  gozo*
  ANTO desagrado
    disgusto
4 presunción
  vanagloria
  ANTO humildad

satisfacer *verbo transitivo*
1 pagar*
  indeminizar
  reparar
  rascarse el bolsillo
  hacer el gasto
  enmendar*
  remediar
2 saciar
  hartar*
  colmar*
  llenar
  cumplir
3 agradar*
  placer

satisfactorio, -ria *adjetivo*
1 grato
  agradable
  cumplido
  lisonjero

satisfecho, -cha *adjetivo*
1 presumido
  pagado
2 complacido
  contento

'El que está *satisfecho* ha conseguido lo que deseaba; el que está *contento* se goza en la posesión de lo que ha conseguido. El acreedor pagado queda *satisfecho*; el que recibe un buen regalo queda *contento*' (M).

saturnal *nombre femenino*
1 orgía*
  festín

a
b
c
d
e
f
g
h
i
j
k
l
m
n
ñ
o
p
q
r
s
t
u
v
w
x
y
z

bacanal
orgia

saualpita *nombre femenino*
1 zoisita

sauce *nombre masculino*
1 salce
saz
sauz
salguera
salguero
salgar
desmayo

saucillo *nombre masculino*
1 centinodia
correhuela
sanguinaria mayor

saúco *nombre masculino*
1 sabuco
sabugo

sauquillo *nombre masculino*
1 mundillo (arbusto)
bola
mundo

sauz *nombre masculino*
1 salce
sauce
saz
salguera
salguero

sauzgatillo *nombre masculino*
1 pimienta loca
pimienta silvestre
pimienta montés

Todos ellos se refieren a la planta y su fruto.

saxifragáceo, -ea
adjetivo/nombre femenino
1 grosulariáceo
ribesiáceo

saya *nombre femenino*
1 falda

sayo

cortar un sayo *locución*
murmurar
cortar un vestido
cortar un traje
criticar
morder
despellejar
poner en lengua a uno

sayón *nombre masculino*
1 (planta) sabonera

sayuelo *nombre masculino*
1 ságula

sazón *nombre femenino*
1 punto
madurez
perfección
tempero
ANTO verdor
imperfección

La *sazón* que adquiere la tierra con la lluvia, *tempero.*

2 ocasión*
oportunidad
coyuntura
tiempo
ANTO inoportunidad
3 gusto
sabor
ANTO acidez
4 culminación
cumplimiento
ANTO incumplimiento

a la sazón *locución adverbial*
entonces

en sazón *locución adjetiva*
maduro
sazonado
ANTO agrio
verde

sazonado, -da *adjetivo*
1 sabroso
gustoso
apetitoso
rico
exquisito
ANTO insípido
soso
2 maduro
en sazón
ANTO agrio
verde

sazonar *verbo transitivo*
1 condimentar
aliñar
aderezar
⇒ cocinar
Tratándose de la comida.

scanner, escáner *nombre masculino*
1 (anglicismo) lector óptico

sebastiano *nombre masculino*
1 sebestén

sebestén *nombre masculino*
1 sebastiano

sebo *nombre masculino*
1 grasa*
manteca

secadal *nombre masculino*
1 secano
sequero
sequío

secadero *nombre masculino*
1 sequero

secano *nombre masculino*
1 secadal
sequero
sequío
2 seca

secar *verbo transitivo/pronominal*
1 resecar (intensivo)
desecar
agostar
marchitar
enjugar
ANTO florecer
mojar

Desecar se aplica principalmente a quitar el agua que cubre un terreno; *desecar* una marisma. *Agostar* y *marchitar* se aplican a las plantas.

'*Secar* y *enjugar* explican en general la acción de extraer la humedad de un cuerpo; pero *enjugar* representa una idea más limitada, y se aplica más propia y exactamente cuando se trata de poca humedad. Lo que está mojado, se *seca*; lo que está húmedo se *enjuga*. La ropa que la lavandera saca mojada del río, se *seca* al sol; pero es preciso casi siempre *enjugarla* después en casa, porque regularmente viene algo húmeda. Se *seca* una fuente, un estanque, no se *enjugan*. Se *enjuga* el sudor, los ojos húmedos del llanto, no se *secan*' (LH).

verbo pronominal
2 enflaquecer
adelgazar
extenuarse
ANTO engordar
3 embotarse
endurecerse
insensibilizarse

Tratándose del corazón o del ánimo.

sección *nombre femenino*
1 cortadura
corte

Sección pertenece al vocabulario científico o técnico; *sec-*

ción de una figura geométrica, de un órgano animal o vegetal.

2 sector*
grupo
división
departamento

seccionar *verbo transitivo*
1 fraccionar
cortar
dividir*

secernente *adjetivo*
1 secretante
secretorio

seco, -ca *adjetivo*
1 agostado
marchito
muerto

Tratándose de plantas.

2 árido
estéril

Tratándose de terrenos.

3 áspero
desabrido
adusto
intratable
lacónico

Lacónico, tratándose del lenguaje o estilo.

4 flaco
enjuto
delgado*
chupado
extenuado

secretamente *adverbio*
1 sordamente
ocultamente
ANTO abiertamente
ruidosamente
claramente

secretante *adjetivo*
1 secernente
secretorio

secretar *verbo transitivo*
1 segregar (las glándulas)

secretario, -ria *nombre*
1 amanuense
escribiente
copista

secreto[1] *nombre masculino*
1 arcano
misterio

'Secreto es lo que cuidadosamente se oculta y reserva; *ar-*

cano es un secreto altamente recóndito y que todo el mundo ignora; *misterio* es lo que no se entiende ni se explica, por salir de las reglas comunes en semejantes casos' (M).

2 sigilo
reserva

'Guarda secreto el que calla lo que no debe decir. Tiene *reserva* el que no dice ni aun aquello que no está obligado a callar. El *secreto* es un silencio que nos impone la obligación o la necesidad. La *reserva* es un silencio a que nos inclina la prudencia o la desconfianza'* (LH).

secreto, -ta[2] *adjetivo*
1 oculto
ignorado
escondido
clandestino

'Lo secreto y lo *oculto* pueden ser efectos necesarios, naturales y espontáneos; en lo *clandestino,* siempre hay intención y astucia o cautela. El contrabando, la conspiración, la intriga, son acciones, no sólo *ocultas* y *secretas,* sino *clandestinas'* (M).

2 callado
reservado
sigiloso

secretorio, -ria *adjetivo*
1 secretante
secernente

secta *nombre femenino*
1 herejía
cisma
disidencia

sector *nombre masculino*
1 parte
sección

Una oficina o una fábrica pueden dividirse en *secciones.* La Economía nacional consta de numerosos *sectores*: minero, agrícola, metalúrgico, etc. Un *sector* de la opinión pública (no una *sección*) reclama ciertas mejoras. La *sección* es, pues, más limitada y concreta que el *sector.*

secuaz *adjetivo/nombre común*
1 partidario

parcial
adepto
adicto
seguidor

secuela *nombre femenino*
1 consecuencia*
resulta
efecto

secuencia *nombre femenino*
1 sucesión
seguimiento
serie

secularizar *verbo transitivo/pronominal*
1 temporalizar
2 ahorcar los hábitos

secundar *verbo transitivo*
1 ayudar
favorecer
apoyar
cooperar
coadyuvar
auxiliar

secundariamente *adverbio*
1 accidentalmente

secundario, -ria *adjetivo*
1 segundo
2 accesorio
colateral
ANTO principal
necesario
esencial

sed *nombre femenino*
1 anadipsia

sedante *adjetivo*
1 anodino
sedativo
calmante

sedativo, -va *adjetivo*
1 sedante

sede *nombre femenino*
1 silla
diócesis
obispado

sedicente *adjetivo*
1 pretenso
pretendido
titulado

sedición *nombre femenino*
1 sublevación*
rebelión
alzamiento
levantamiento
insurrección

a

insubordinación
tumulto
motín

b
alboroto*

sedicioso, -sa *adjetivo/nombre*

c
1 sublevado
rebelde

d
insurrecto
amotinado

e
sedimentar *verbo*

f
transitivo/pronominal
1 depositar
posar

g
reposar
precipitar

h
ANTO resolver
impurificar

i
fluir

sedimento *nombre masculino*

j
1 poso
solada

k
suelo
precipitado
hez*

l
lías
pie

m
zupia
madre

n
solera
turbios

ñ
El que se obtiene por reacción
química, *precipitado*. Tratán-

o
dose del vino, sidra, aceite:
hez, *lías* y *pie*; *zupia*, *madre* y

p
solera, sólo del mosto, vino o
vinagre; *turbios*, especialmen-

q
te del aceite.

2 hipostasis

r
residuo

seducción *nombre femenino*
1 fascinación
alucinación

t
deslumbramiento
incitación

u
encanto
atractivo
gracia

v
hechizo

seducir *verbo transitivo*

w
1 atraer*
cautivar

x
encantar
fascinar
arrastrar

y
ANTO desilusionar
repeler

z
disuadir

seductor, -ra *adjetivo/nombre*
1 atractivo
atrayente
hechicero
encantador
fascinador

segadera *nombre femenino*
1 hoz
segur

segador *nombre masculino*
1 (araña) falangia
falangio

seglar *adjetivo*
1 secular
ANTO religioso

adjetivo/nombre común
2 lego
laico
civil
ANTO religioso
cenobita

segmentación *nombre femenino*
1 partición
división

segmentar *verbo*
transitivo/pronominal
1 dividir*
fraccionar
partir
separar
fragmentar
cortar
seccionar

segregación *nombre femenino*
1 separación
disociación
división

segregar *verbo transitivo*
1 separar
apartar
dividir
ANTO unir
sumar
articular
2 secretar

seguida

en seguida *locución adverbial*
incontinenti
inmediatamente
al instante
prontamente
seguidamente
ya
ahorita
ahora
ahora mismo
dentro de poco

en un periquete (familiar)
acto continuo
al punto

seguidamente *adverbio*
1 después
luego
posteriormente
más tarde
ulteriormente
a continuación
ANTO anteriormente

seguido, -da *adjetivo*
1 continuo
sucesivo
consecutivo
incesante
2 derecho
recto

seguidor, -ra *adjetivo/nombre*
1 secuaz
partidario
parcial
adepto
adicto
2 aficionado
hincha
forofo
fan
supporter (especialmente
en el fútbol)

seguir *verbo transitivo*
1 suceder
ir detrás
pisar los talones
ANTO adelantar
2 perseguir*
acosar
3 acompañar
escoltar
4 imitar
copiar
ANTO inventar
5 continuar
proseguir
ANTO dejar

Proseguir pertenece al estilo
literario o al habla escogida.

6 profesar
practicar
estudiar

verbo pronominal
7 inferirse
deducirse*
derivarse
proceder
originarse

según *preposición*
1 conforme

con arreglo a
de acuerdo con
como
siguiendo a
a juzgar por

segundar *verbo transitivo*
1 repetir*
reproducir
rehacer
iterar
reiterar
asegundar
reincidir

segundo, -da *adjetivo*
1 secundario

'Lo *segundo* es lo que sigue
inmediatamente a lo primero;
lo *secundario* es lo que tiene
menos importancia que lo
principal. Así se dice: *segundo*
en el mando, *segundo* en dignidad, y agentes *secundarios*,
consideraciones *secundarias*'
(M).

segurador *nombre masculino*
1 fiador (persona)
fianza
garante
garantizador

seguridad *nombre femenino*
1 certeza
certidumbre
ANTO incertidumbre
inseguridad
2 firmeza
estabilidad
confianza
ANTO desconfianza
inseguridad
irritabilidad
3 fianza
garantía
caución

seguro¹ *nombre masculino*
1 salvoconducto
salvaguardia*

seguro, -ra² *adjetivo*
1 cierto
indudable
induditable
positivo
infalible
2 firme
fijo
estable
3 de confianza
de fiar

seisavo, -va *adjetivo/nombre*
1 hexágono
sexángulo

seisillo *nombre masculino*
1 sextillo

seísmo *nombre masculino*
1 sismo
temblor de tierra
terremoto

selacio, -cia *adjetivo/nombre*
masculino
1 plagiostomo

seleccionar *verbo transitivo*
1 escoger
elegir

selectas *nombre femenino plural*
1 analectas
crestomatía*
antología

selecto, -ta *adjetivo*
1 escogido
elegido

selenosis *nombre femenino*
1 mentira (manchita blanca)

sellar *verbo transitivo*
1 timbrar
2 cerrar
tapar
cubrir

sello *nombre masculino*
1 timbre
estampilla
marca
señal
impresión
sigilo
2 carácter
peculiaridad

selva *nombre femenino*
1 bosque

selvático, -ca *adjetivo*
1 salvaje*
inculto
agreste

semanal *adjetivo*
1 hebdomadario
semanario

semanario¹ *nombre masculino*
1 hebdomadario

semanario, -ria² *adjetivo*
1 semanal
hebdomadario

semántica *nombre femenino*
1 semasiología

semasiología *nombre femenino*
1 semántica

semblante *nombre masculino*
1 cara
rostro
faz
2 aspecto*

semblanza *nombre femenino*
1 biografía
vida

sembrado *nombre masculino*
1 campo
campiña
cultivo
siembra
soto

sembrar *verbo transitivo*
1 plantar
ANTO cosechar

Plantar en general, pero *sembrar* es plantar con semilla.

2 desparramar
esparcir
diseminar
ANTO recoger
3 divulgar*
difundir
propagar
ANTO ocultar

semejante *adjetivo/nombre*
común
1 parecido
similar
análogo
afín
parejo
parigual
igual
idéntico

Parecido y *semejante* se aplican a personas o cosas. *Similar* y *análogo*, a cosas; *análogo* se prefiere tratándose de lo
abstracto; ideas, sentimientos
análogos. *Afín*, aplicado a cosas, denota una proximidad
o semejanza más o menos
vaga: palabras, ideas *afines*.
Aplicado a personas significa
parcial, allegado, pariente. *Parejo* y *parigual* indican igualdad o semejanza y pertenecen al habla popular. *Igual* e
idéntico son intensivos y denotan gran semejanza.

nombre masculino
2 prójimo

semejanza *nombre femenino*
1 parecido
  analogía
  similitud
  afinidad
  ANTO disimilitud
    desigualdad
    diferencia

semejar *verbo
intransitivo/pronominal*
1 parecerse
  asemejarse
  ser el vivo retrato de
  ANTO diferenciarse
    distinguirse

semen *nombre masculino*
1 esperma
  simiente

sementera *nombre femenino*
1 siembra
2 senara

semibreve *nombre femenino*
1 redonda

semicírculo *nombre masculino*
1 hemiciclo

semicopado, -da *adjetivo*
1 sincopado

semidiós, -osa *nombre*
1 héroe

semiesfera *nombre femenino*
1 hemisferio

semiesférico, -ca *adjetivo*
1 hemisférico

semilla *nombre femenino*
1 simiente

semillero *nombre masculino*
1 seminario
2 sementera
  sementero
  vivero
  origen
  fuente

seminal *adjetivo*
1 espermático

seminario *nombre masculino*
1 semillero (de vegetales y
  origen)

semiología *nombre femenino*
1 semiótica
  sintomatología

semiótica *nombre femenino*
1 semiología
  sintomatología

sempiterno, -na *adjetivo*
1 eterno*
  perpetuo*
  perdurable
  ANTO mortal
    finito

senador *nombre masculino*
1 padre conscripto

Este se aplica a los *senadores*
romanos.

senara *nombre femenino*
1 sementera (tierra sembrada)

sencillamente *adverbio*
1 simplemente

sencillez *nombre femenino*
1 facilidad
  ANTO dificultad
2 llaneza
  naturalidad
  ANTO soberbia
    afectación
3 sinceridad
  franqueza*
  ANTO reserva
4 candidez*
  ingenuidad*
  ANTO astucia

sencillo, -lla *adjetivo*
1 fácil
2 llano
  natural
  afable*
3 sincero*
  franco
4 cándido
  simple
  ingenuo

senda *nombre femenino*
1 sendero
  camino
  vereda

'Senda y *vereda* significan
igualmente el camino estrecho y poco trillado, diferente
del real. Pero *vereda* no deja
de explicar más positivamente
un camino algo más ancho y
frecuentado, una comunicación más conocida y hecha
más de intento para servir de
atajo o travesía. *Senda* da
idea de un camino más estrecho, menos conocido, cuyo
uso se debe más al acaso o al

abuso que al arte o al cuidado' (LH).

2 vía
  modo
  método

sendero *nombre masculino*
1 derrota
  camino
  senda
  vereda
  rumbo
  rota
  ruta
  trocha
  derrotero

senectud *nombre femenino*
1 vejez
  ancianidad
  ANTO juventud
    fortaleza

senescencia *nombre femenino*
1 envejecimiento

senilidad *nombre femenino*
1 senilismo

senilismo *nombre masculino*
1 senilidad

seno *nombre masculino*
1 concavidad
  hueco
  sinuosidad
2 pecho
  teta*
  mama
3 matriz
  claustro materno
  útero
4 regazo
5 ensenada
  golfo

sensación *nombre femenino*
1 impresión
  percepción
2 emoción

sensacional *adjetivo*
1 sonado
  divulgado
  ruidoso

sensatez *nombre femenino*
1 prudencia
  juicio
  cordura
  discreción
  seso
  circunspección
  ANTO imprudencia
    irreflexión

inoportunidad
locura

sensato, -ta *adjetivo*
1 sesudo*
  prudente
  juicioso
  discreto
  circunspecto

sensibilidad *nombre femenino*
1 delicadeza
  ternura
  ANTO insensibilidad

sensible *adjetivo*
1 impresionable
  sensitivo
2 perceptible
  apreciable
3 manifiesto
  patente
  ostensible
4 lamentable*
  doloroso
  lastimoso
  deplorable

sensitivo, -va *adjetivo*
1 sensual
  sensorial
2 sensible
  impresionable

sensual *adjetivo*
1 sensitivo
  sensorial
2 gustoso
  deleitoso
  sibarítico
  Sibarítico comporta cierto refinamiento.

sensualidad *nombre femenino*
1 concupiscencia*
  liviandad
  ANTO castidad

sentada *nombre femenino*
1 asentada

sentado, -da *adjetivo*
1 juicioso
  quieto
  sosegado
  reposado
2 sésil

sentamiento *nombre masculino*
1 asiento (descenso)

sentar *verbo transitivo*
1 recibir
  digerir
2 cuadrar

convenir
adaptar
3 asentar
  anotar
4 allanar
  aplanar
  igualar
  verbo pronominal
5 asentarse
  posarse
  tomar asiento
  repantingarse

sentencia *nombre femenino*
1 dicho
  aforismo
  máxima
  apotegma
  refrán*
  proverbio
2 resolución
  fallo
  decisión
3 juicio
  dictamen

sentenciar *verbo transitivo*
1 fallar
  resolver
  decidir
2 condenar

sentido[1] *nombre masculino*
1 significación*
  significado
  acepción
2 sentido común
  sana razón

'El *sentido común* es el conjunto de nociones generales que todos los hombres tienen sobre la naturaleza de las cosas y sobre las acciones humanas; la *sana razón* es el uso ordinario y sencillo del raciocinio. Es contra el *sentido común* creer en agüeros; el hombre que gasta todo lo que tiene, sin pensar en lo futuro, obra contra las reglas de la *sana razón*' (M).

no tener sentido *locución*
ser disparatado
no tener pies ni cabeza
no tener por donde
  agarrarse (familiar)
perder el sentido
desmayarse
desvanecerse
perder el conocimiento
caerse redondo

sentido, -da[2] *adjetivo*
1 delicado
  susceptible
  cosquilloso
  quisquilloso
  picajoso
  Forman una serie intensiva.

sentimental *adjetivo*
1 patético
  conmovedor
  emocionante
  tierno
  sensiblero

sentimiento *nombre masculino*
1 afecto
  afección
  emoción
  pasión
  ANTO insensibilidad
2 pena
  aflicción
  dolor
  pesar

sentina *nombre femenino*
1 sumidero

sentir[1] *nombre masculino*
1 dictamen
  parecer
  opinión*
  juicio

sentir[2] *verbo transitivo*
1 percibir
  experimentar
  advertir
2 afligirse
  deplorar
  dolerse
  lamentarse
  conmoverse
3 juzgar
  opinar
4 presentir
  barruntar
5 oír
  verbo pronominal
6 amoscarse
  mosquearse
  picarse
  escocerse
  dolerse
  resentirse
  requemarse
  agraviarse
  ponérsele a uno el vello de
    punta
  En esta acepción *sentir* es
  muy usual en América.

a
b
c
d
e
f
g
h
i
j
k
l
m
n
ñ
o
p
q
r
s
t
u
v
w
x
y
z

seña *nombre femenino*
1 nota
  indicio
  signo*
2 gesto
  ademán
  signo
⇒ señas

señal *nombre femenino*
1 marca
  sello
  signo
2 hito
  mojón
3 signo
  imagen
  representación
4 vestigio
  huella*
  rastro
  indicio*
  asomo*
  amago
5 garantía
  prenda
  anticipo
6 aviso
  comunicación
  seña

señalado, -da *adjetivo*
1 famoso*
  célebre
  conocido

señalar *verbo transitivo*
1 marcar
  determinar
  delimitar*
2 indicar
  designar
3 mencionar
  aludir
  apuntar
verbo pronominal
4 distinguirse
  singularizarse
  destacarse
  significarse

señalización *nombre femenino*
1 demarcación

señalizador, -ra
  adjetivo/nombre
1 indicador

señas *nombre femenino plural*
1 dirección
⇒ seña

señero, -ra *adjetivo*
1 solo

solitario
separado
aislado

señor, -ra *adjetivo/nombre*
1 amo
  dueño
  propietario
  patrón*
'El *señor* tiene más derechos que el de propiedad: exige prestaciones, derechos y tributos. El *dueño* goza del derecho de propiedad en toda su plenitud. El *amo* es el superior en el orden doméstico y familiar' (M).

señorear *verbo transitivo*
1 dominar
  mandar
  imperar
  sujetar
2 sobresalir
  descollar
Tratándose de las cosas que están en alto: *la iglesia señorea el caserío, una montaña señoreaba el paisaje.*

señorío *nombre masculino*
1 poderío
  potencia
  poder
  potestad
  mando
  imperio
  dominio
  soberanía

señuelo *nombre masculino*
1 añagaza
  reclamo
2 atractivo
  cebo
  trampa
  emboscada
  engaño
  treta

separación *nombre femenino*
1 desunión
  escisión
  división
  ANTO unión

separadamente *adverbio*
1 aparte
  por separado

separado, -da *adjetivo*
1 retirado
  apartado
  alejado

distante
desviado
lejano
solo
solitario
aislado
señero

separar *verbo*
transitivo/pronominal
1 apartar
  desunir
  alejar
  quitar*
  disgregar*
  dividir*
  ANTO unir
       juntar
Se *desune* lo que está pegado o en contacto. *Alejar* es separar poniendo a gran distancia las cosas que se *separan.*

'Se *separa* lo que está unido, mezclado, o hace parte de un todo. Se *aparta* lo que toca, está junto o próximo a otra cosa. Se *separa* la paja del grano; se *aparta* el pañuelo de la cara. Se *separa* el alma del cuerpo; se *aparta* una piedra que impide el paso' (LH).

2 destituir*
  deponer
3 distinguir
  diferenciar
verbo pronominal
4 desistir

separata *nombre femenino*
1 tirada aparte

sepedón *nombre masculino*
1 eslizón
  sipedón

sepelio *nombre masculino*
1 entierro*
Sepelio se usa en la lengua escrita y en estilo elevado. Corrientemente, *entierro.*

sepia *nombre femenino*
1 jibia

sepiolita *nombre femenino*
1 espuma de mar

septeno, -na *adjetivo*
1 séptimo

septentrión *nombre masculino*
1 norte

septentrional *adjetivo*
1 ártico
 norte
 hiperbóreo

séptimo, -ma *adjetivo/nombre*
1 septeno

septisílabo, -ba
adjetivo/nombre
1 heptasílabo

septuagenario, -ria
adjetivo/nombre
1 setentón

septuagésimo, -ma
adjetivo/nombre
1 setentavo
2 setenta

sepulcro *nombre masculino*
1 enterramiento
 losa
 sarcófago
 tumba
 túmulo
 sepultura

sepultar *verbo transitivo*
1 enterrar*
 inhumar*
 soterrar
Sepultar es voz escogida que
añade cierta dignidad a la significación de *enterrar*.

sepultura *nombre femenino*
1 enterramiento
 tumba*
 huesa
 fosa
 hoya
 hoyo
 yacija
 hoyanca
 sepulcro
 túmulo
 La fosa común en los cemen-
terios, se llama *hoyanca*.

sepulturero *nombre masculino*
1 enterrador

sequedad *nombre femenino*
1 aspereza
 dureza
 desabrimiento
 ANTO cortesía
 suavidad

sequero *nombre masculino*
1 secadero (lugar)
2 secano (cosa seca)
 secadal
 sequío

sequía *nombre femenino*
1 seca
2 sed

sequío *nombre masculino*
1 secano (tierra y cosa seca)
 secadal
 sequero

séquito *nombre masculino*
1 acompañamiento*
 comitiva
 cortejo
 comparsa*

sera *nombre femenino*
1 espuerta
 serón

serenarse *verbo pronominal*
1 aclararse
 despejarse
 desencapotarse
 escampar
 abonanzar
 ANTO aborrascarse
 oscurecer
 encapotarse
2 sosegarse
 clamarse
 tranquilizarse
 apaciguarse
 aquietarse
 ANTO intranquilizar
 alterar

serenata *nombre femenino*
1 nocturno

serenidad *nombre femenino*
1 sangre fría
 impavidez
 tranquilidad
 sosiego
 calma
 reposo*
Sangre fría e *impavidez* denotan valor y tranquilidad de ánimo ante el peligro.

sereno[1] *nombre masculino*
1 serena
 relente

sereno, -na[2] *adjetivo*
1 claro
 despejado
2 apacible
 sosegado
 tranquilo
 templado
 impávido
Templado e *impávido* se dicen

del que se conserva *sereno*
ante el peligro o la dificultad.

serie *nombre femenino*
1 colección
 teoría*

seriedad *nombre femenino*
1 gravedad
 formalidad
 ANTO insensatez
 alegría
 regocijo
 alboroto

serio, -ria *adjetivo*
1 grave
 formal
 mesurado
 circunspecto
 sensato
 sentado
 reflexivo
2 importante
 grave
 considerable
3 severo
 ceñudo
 adusto
 hosco
4 real
 verdadero
 efectivo
 positivo

sermón *nombre masculino*
1 amonestación
 admonición
 represión
 reconvención
 reprimenda
 regaño

sermonar *verbo intransitivo*
1 predicar
 sermonear

sermonear *verbo intransitivo*
1 sermonar
 predicar
 verbo transitivo
2 amonestar
 reprender
 reconvenir

seroja *nombre femenino*
1 serojo
 borusca

serojo *nombre masculino*
1 seroja
 borusca

serón *nombre masculino*
1 espuerta
 sera

a b c d e f g h i j k l m n ñ o p q r s t u v w x y z

seroso, -sa *adjetivo*
1 sueroso

serpentaria *nombre femenino*
1 dragontea

serpiente *nombre femenino*
1 sierpe

serpollar *verbo intransitivo*
1 retoñar
 rebrotar

serpollo *nombre masculino*
1 retoño
 hijuelo
 rebrote
 renuevo
 vástago

serrallo *nombre masculino*
1 harem
 harén

serrar *verbo transitivo*
1 aserrar

serrería *nombre femenino*
1 aserradero

serretazo *nombre masculino*
1 sofrenada
 represión
 reconvención

serrín *nombre masculino*
1 aserrín

serrón *nombre masculino*
1 tronzador

servato *nombre masculino*
1 ervato
 hierba de Túnez
 peucédano

serventesio *nombre masculino*
1 sirventés

servible *adjetivo*
1 utilizable
 útil
 aprovechable

servicial *adjetivo*
1 complaciente
 obsequioso

servicio *nombre masculino*
1 utilidad
 provecho
2 ayuda
 favor
 beneficio*
 gracia
 obsequio
3 servidumbre

Servidumbre supone una casa o palacio importante donde hay gran número de criados; el *servicio* puede estar formado de pocos servidores.

'A mí me parece que el *servicio* no solo es el acto, sino también el ejercicio de la persona libre que sirve por convenio o interés, como el criado, o por gusto o complacencia, como el emigo; y a esto corresponde la voz latina *servitium*. La *servidumbre* no es el acto, sino solo el ejercicio de servir, ni el ejercicio absolutamente, sino limitadamente el de la persona que sirve sin libertad, como el esclavo. Esta es la idea que explica la voz *servitus*, que igualmente significa esclavitud. Solamente hablando del *servicio* de palacio está recibida la voz *servidumbre*, pero en muy diferente sentido; por que no representa el *servicio*, sino el conjunto de personas empleadas en él en la actualidad. La *servidumbre* del Rey; la *servidumbre* de los Señores Infantes' (LH).

4 saque

recibir el servicio *locución*
restar
En el tenis.

servicio religioso *locución nominal*
culto*
servicio divino

servidor, -ra *nombre*
1 criado*
 sirviente
 doméstico
 fámulo

servidumbre *nombre femenino*
1 esclavitud
 ANTO poder
2 servicio
3 sujeción
 yugo
 vasallaje
 ANTO dominio
4 carga
 obligación
 ANTO derecho

servil *adjetivo*
1 bajo
 humilde
2 vil
 rastrero
 vergonzoso
 abyecto
 adulador*
 adulón

servilismo *nombre masculino*
1 adulación*
 abyección
 pelotilla (vulgar)

servir *verbo intransitivo/pronominal*
1 aprovechar
 valer
 ser útil

 verbo transitivo
2 cortejar
 galantear

 verbo pronominal
3 tener a bien
 dignarse

'*Servirse* no se usa sino en fórmulas de cortesía y urbanidad. Lo mismo es '*Sírvase* usted pasar adelante', que 'pase usted adelante'. *Dignarse* significa hacer un favor, condescender, rebajarse uno de su dignidad. 'El Rey se *dignó* conferir tal gracia', esto es, 'tuvo la bondad, o condescendió en conferir tal gracia" (M).

 verbo intransitivo/transitivo
4 sacar
 lanzar

servomotor *nombre masculino*
1 activador
 actuador
 accionador
 brazo de lectura (en la unidad de disco)

sesada *nombre femenino*
1 encéfalo*
 masa encefálica
 meollo
 seso(s)
 sesera

sésamo *nombre masculino*
1 ajonjolí
 alegría (nuégado)

sesentavo, -va *adjetivo/nombre*
1 sexagésimo (parte)

sesentón, -ona *adjetivo/nombre*
1 sexagenario

a b c d e f g h i j k l m n ñ o p q r s t u v w x y z

sesera *nombre femenino*
1 encéfalo*
 masa encefálica
 meollo
 seso(s)
 sesada

sesga *nombre femenino*
1 nesga

sesgado, -da *adjetivo*
1 sosegado

sesgar *verbo transitivo*
1 ladear
 inclinar
 torcer

sesgo[1] *nombre masculino*
1 oblicuidad
 torcimiento
 soslayo
2 curso
 rumbo

 Por ejemplo: el sesgo de los
 acontecimientos.

 al sesgo *locución adverbial*
 oblicuamente
 de refilón
 a soslayo
 al bies

sesgo, -ga[2] *adjetivo*
1 torcido
 soslayado
 oblicuo

sésil *adjetivo*
1 sentado (aplicado a plantas)

sesión *nombre femenino*
1 junta
 reunión
 asamblea

seso *nombre masculino*
1 encéfalo*
 cerebro
2 prudencia
 madurez
 cordura
 discreción
 ANTO indiscreción
 irreflexión
 locura

 devanarse los sesos
 locución
 reflexionar
 pensar
 considerar
 meditar
 romperse los cascos
 ANTO despreocuparse

sesteadero *nombre masculino*
1 sestero
 sestil

sestero *nombre masculino*
1 sesteadero
 sestil

sestil *nombre masculino*
1 sesteadero
 sestero

sesudo, -da *adjetivo*
1 prudente
 sensato
 juicioso
 cuerdo
 discreto
 maduro

 Sesudo, en comparación con
 sus sinónimos, sugiere cierto
 matiz de pesadez que lo hace
 propender a teñirse más o
 menos de ironía. Apreciamos
 a una persona *sensata*, pero
 no podemos temer la grave
 dad excesiva de un personaje
 sesudo.

set *nombre masculino*
1 (anglicismo) juego
 En tenis y voleibol.

seta *nombre femenino*
1 hongo

setentavo, -va *adjetivo/nombre*
 masculino
1 septuagésimo (parte)

setentón, -ona *adjetivo/nombre*
1 septuagenario

seto *nombre masculino*
1 cerca*
 cercado

severidad *nombre femenino*
1 seriedad
 rigor
 rigidez
 aspereza
 ANTO comprensión
 flexibilidad
 amabilidad

 Rigidez es falta de flexibilidad
 en las ideas y en la conducta:
 el hombre *rígido* es intolerante
 para sí y para los demás.

severo, -ra *adjetivo*
1 rígido
 rigorosoriguroso
 inflexible

inexorable
 Estos sinónimos constituyen
 una serie intensiva.
2 exacto
 puntual
3 grave
 serio
 austero
 adusto
 seco

sevillano, -na *adjetivo/nombre*
1 (persona) hispalense

sexagenario, -ria
 adjetivo/nombre
1 sesentón

sexagésimo, -ma
 adjetivo/nombre
1 sesentavo
2 sesenta

sexagonal *adjetivo*
1 hexagonal

sexángulo, -la *adjetivo/nombre*
 masculino
1 hexágono

sexta *nombre femenino*
1 superdominante

sextillo *nombre masculino*
1 seisillo

sexto, -ta *adjetivo/nombre*
1 seisavo
 seiseno

sialismo *nombre masculino*
1 ptialismo
 salivación

sibarítico, -ca *adjetivo*
1 sensual (deleite)
 gustoso
 deleitoso

sibilino, -na *adjetivo*
1 sibilítico
 misterioso
 oscuro
 confuso
 indescifrable
 ininteligible

sibilítico, -ca *adjetivo*
1 sibilino
 misterioso
 oscuro
 confuso
 indescifrable
 ininteligible

a
b
c
d
e
f
g
h
i
j
k
l
m
n
ñ
o
p
q
r
s
t
u
v
w
x
y
z

sic *voz adverbial latina*
1 así
de esta manera

sicalíptico, -ca *adjetivo*
1 obsceno*

sicoma *nombre masculino*
1 verruga

sideral *adjetivo*
1 sidérco
estelar
astral

siderante *adjetivo*
1 fulminante

sidéreo, -ea *adjetivo*
1 astral
sideral
estelar

siderita *nombre femenino*
1 siderosa
hierro espático

siderosa *nombre femenino*
1 hierro espático
siderita

sidonio, -nia *adjetivo/nombre*
1 (persona) fenicio
fénice

sidrería *nombre femenino*

siembra *nombre femenino*
1 sementera

siempre *adverbio*
1 continuamente
constantemente
invariablemente
perpetuamente
eternamente
ANTO nunca
jamás
variablemente
temporalmente
mortalmente

siempre que *locución
conjuntiva*
cada y cuando

siempreviva *nombre femenino*
1 hierba puntera
perpetua amarilla

sien *nombre femenino*
1 templa

sierpe *nombre femenino*
1 serpiente

siervo, -va *nombre*
1 esclavo
ilota*
ANTO señor
amo
jefe
libre

siesta *nombre femenino*
1 resistero
resistidero
2 meridiana

siete *nombre masculino*
1 barrilete (carpintería)

sieteenrama *nombre masculino*
1 tormentilla

sífilis *nombre femenino*
1 gálico
lúe
avariosis

sifilítico, -ca *adjetivo*
1 luético

sifonógamo, -ma
adjetivo/nombre
1 fanerógamo
espermatofita

sifué *nombre masculino*
1 sobrecincha
sobrecincho

sigilo *nombre masculino*
1 silencio
secreto

sigiloso, -sa *adjetivo*
1 silencioso*

sigla *nombre femenino*
1 abreviatura

siglo *nombre masculino*
1 centuria

signar *verbo transitivo*
1 firmar
verbo transitivo/pronominal
2 persignarse
santiguarse

signatario, -ria *adjetivo/nombre*
1 firmante

significación *nombre femenino*
1 significado
sentido
acepción

Acepción es cada una de las significaciones que una voz puede tener. En general se habla de la *significación* o *signi-*

ficado de las palabras, y del *sentido* de las frases o de las cláusulas. Podemos entender el *significado* de cada una de las palabras y no entender el *sentido* total de la frase en que figuran.

significado[1] *nombre masculino*
1 acepción
significación
sentido

significado, -da[2] *adjetivo*
1 conocido
notable
notorio
importante
reputado

significar *verbo transitivo*
1 denotar
designar
representar
2 manifestar
expresar
decir
notificar
declarar
verbo intransitivo
3 representar
tener importancia
verbo pronominal
4 distinguirse
hacerse notar
darse a conocer

significativo, -va *adjetivo*
1 expresivo
elocuente

signo *nombre masculino*
1 señal
seña

'Como lo indica la etimología, el *signo* significa y la *señal* señala; y así el *signo* es siempre convencional y arbitrario, y la *señal* puede ser necesaria y natural. Hay, sin embargo, *señales* arbitrarias, como las que se hacen con banderas en los buques de guerra y en las torres de vigía. *Seña*, cuando no es sinónima de *señal*, quiere decir gesto que expresa alguna idea; por ejemplo: no entiendo las *señas* que me haces; me hicieron *seña* de que o para que entrase. En plural, *señas* se toma por la indicación de la calle y del número de una casa, o de la estatura y facciones de una persona' (M).

siguiente *adjetivo*
1 ulterior
  posterior
  subsiguiente
  subsecuente
  ANTO antecesor
    anterior
    delantero

  Suele decirse *siguiente* de lo que sigue inmediatamente, en tanto que *ulterior* y *posterior* aluden sólo al hecho de ir o estar detrás. Por esto decimos el día *siguiente*, y no *posterior* ni *ulterior*. Aun en los casos en que pueden sustituirse, sentimos *siguiente* como más próximo que los otros. Compárese, las noticias *siguientes* fueron más agradables, con *posteriores, ulteriores*.

silba *nombre femenino*
1 pita
  pitada
  ANTO ovación
    aplauso

silbar *verbo intransitivo/transitivo*
1 pitar

silbato *nombre masculino*
1 chiflato
  pito

silbido *nombre masculino*
1 pitido
  pitío
  silbo

silbo *nombre masculino*
1 silbido
  pitido
  pitío

silenciar *verbo transitivo*
1 callar
  reservar
2 omitir

silencio *nombre masculino*
1 reserva
  sigilo
2 mutismo
  ANTO voz
    ruido
    sonoridad
    estruendo
3 pausa

silencioso, -sa *adjetivo*
1 callado

reservado
taciturno
mudo
sigiloso

Tratándose de una persona habitualmente silenciosa.

'*Silencioso* es el que habla poco y con moderación. *Taciturno* es el que habla poco y con repugnancia. Aquél puede serlo contra su genio, por prudencia, por interés, por obligación; éste lo es siempre por carácter, por hipocondría o por natural inclinación al silencio' (LH).

sílex *nombre masculino*
1 jaspe

silga *nombre femenino*
1 sirga
  maroma
  cable

silguero *nombre masculino*
1 jilguero
  cardelina
  colorín
  pintacilgo
  pintadillo
  sirguero

silla *nombre femenino*
1 sede (de un prelado)
  diócesis
  obispado

sillico *nombre masculino*
1 bacín
  orinal
  dompedro
  perico
  tito
  vaso
  zambullo

silueta *nombre femenino*
1 perfil
  contorno

silvestre *adjetivo*
1 campestre
  agreste
  rústico
  salvaje
  montaraz
  inculto
  ANTO urbano
    culto
    educado
    refinado

'*Silvestre* es lo que corresponde a la selva, y un sitio *silves-*

tre es el que está poblado de árboles y arbustos; *campestre* corresponde a campo, lo que despierta idea de valles, arroyos, yerbas y flores; *agreste* se asocia a ideas de rustiquez, de falta de cultivo, y así no puede llamarse *agreste* un otero cubierto de espigas' (M).

sima *nombre femenino*
1 abismo
  precipicio
  despeñadero
  profundidad
2 escocia
  nacela

simbolizar *verbo transitivo*
1 representar
  encarnar
  hacer las veces de

símbolo *nombre masculino*
1 representación
  emblema
  alegoría

  Alegoría significa generalmente una serie o grupo de símbolos mientras que el *símbolo* y el *emblema* suelen ser singulares.

simiente *nombre femenino*
1 semilla

símil *nombre masculino*
1 comparación
  semejanza

similar *adjetivo*
1 semejante*
  parecido*
  análogo
  ANTO distinto
    diferente
    distante

similitud *nombre femenino*
1 semejanza
  analogía
  parecido

simio *nombre masculino*
1 mono

simpatía *nombre femenino*
1 afinidad
  ANTO antipatía

simpatismo *nombre masculino*
1 sugestibilidad

simple *adjetivo*
1 sencillo
  solo

a b c d e f g h i j k l m n ñ o p q r **s** t u v w x y z

adjetivo/nombre común
2 bobo
pazguato
paparote
tonto*
mentecado
cándido*

simplemente adverbio
1 sencillamente
2 absolutamente
sin condición

simples nombre masculino plural
1 individuales
⇒ simple
En el tenis.

simpleza nombre femenino
1 bobería
tontería
mentecatez
necedad

simplicidad nombre femenino
1 sencillez
candor
ingenuidad
ANTO complejidad
dificultad
picardía
heterogeneidad
divisibilidad

simulación nombre femenino
1 ficción*
fingimiento
apariencia
pamema (familiar)
paripé (vulgar)
ANTO verdad
sinceridad

simular verbo transitivo
1 fingir
aparentar
imitar
ANTO realizar
aclarar
crear

simultáneo, -ea adjetivo
1 contemporáneo*
sincrónico
ANTO incompatible
antagónico

sinagoga nombre femenino
1 conciliábulo*

sinalagmático, -ca adjetivo
1 bilateral

sinartrosis nombre femenino
1 articulación*

juntura
junta
coyuntura

sinceramente adverbio
1 abiertamente
francamente
claramente
paladinamente
patentemente
manifiestamente
sin rodeos
ANTO ocultamente
sibilinamente
hipócritamente

sincerar verbo
transitivo/pronominal
1 justificar
exculpar

sinceridad nombre femenino
1 franqueza*
ingenuidad
llaneza
lisura
naturalidad
sencillez
veracidad
candidez
buena fe
ANTO hipocresía
⇒ sincero
2 limpieza
integridad
honradez
rectitud

sincero, -ra adjetivo
1 veraz
verdadero
verídico
de buena fe
abierto
franco
sencillo
candoroso
cándido*
ingenuo

Veraz, verdadero, verídico y de buena fe se aplican a personas que hablan o proceden con verdad; abierto y franco sugieren cierta decisión o energía de carácter. Cuando la sinceridad proviene de falta de malicia, sencillo, candoroso, con más o menos claro sentido irónico; cándido e ingenuo, se aplican al que fácilmente se deja engañar, al incauto.

'El sincero no oculta la verdad; pero el hombre franco la dice secamente, desnuda, sin estudio, sin reparo. Si la verdad es desagradable, la sinceridad disgusta, la franqueza ofende; porque aquella se combina fácilmente con la atención; pero ésta rara vez deja de andar acompañada de la imprudencia, y en muchos casos no está muy distante de la grosería' (LH).

sincopado, -da adjetivo
1 semicopado

síncope nombre masculino
1 desmayo
desvanecimiento
congoja
soponcio (familiar)

sincrónico, -ca adjetivo
1 contemporáneo*

sindiós adjetivo/nombre
1 ateo

sinecura nombre femenino
1 poltrona
enchufe
prebenda
momio
ganga*

sinedrio nombre masculino
1 sanedrín

sinéresis nombre femenino
1 compresión
contracción

sinfín nombre masculino
1 infinidad
sinnúmero

sinfito nombre masculino
1 consuelda
suelda

sinfonía nombre femenino
1 obertura
introducción
preludio

singenético, -ca adjetivo
1 congénito

singular adjetivo
1 solo
único
ANTO plural
2 especial
particular

ANTO ordinario
   vulgar
3 raro*
   extraño
   extraordinario
   excelente
ANTO ordinario

'Hay algo de *singular* en lo *ex-traordinario*, y algo de *extraor-dinario* en lo *singular*, sea en buena o en mala parte. *Singular* es el latino *singularis*: solo, único, raro, distinto de los otros, sin concurrencia, sin paridad. *Extraordinario* es lo que está fuera del orden, de la medida común, desusado. Lo *singular* no se parece a lo que existe, porque es de un géne-ro particular; mientras que lo *extraordinario* sale de la esfe-ra a que pertenece, es parti-cular en su género. Lo *singular* no es del orden común de las cosas, sino que, por decirlo así, forma clase aparte; lo *ex-traordinario* no está en el or-den corriente de las cosas, es una excepción de la regla (...) La brújula tiene una propiedad que es *singular*; el vapor de agua hirviendo tiene una fuer-za *extraordinaria*' (Ci).

singularidad *nombre femenino*
1 particularidad
   peculiaridad
   distinción
   rareza

singularizarse *verbo pronominal*
1 distinguirse
   señalarse
   significarse
ANTO confundirse
   unirse
   vulgarizarse

singularmente *adverbio*
1 separadamente
   particularmente
   especialmente

singulto *nombre masculino*
1 sollozo
2 hipo

siniestra *nombre femenino*
1 izquierda
   zurda

siniestro[1] *nombre masculino*
1 incendio
   conflagración

quema
fuego

siniestro, -tra[2] *adjetivo*
1 izquierdo
ANTO diestro
   derecho
2 avieso
   perverso
   mal intencionado
3 infeliz
   infausto
   aciago
   funesto
ANTO feliz
   alegre

sinistrómano, -na
   adjetivo/nombre
1 zurdo

sinnúmero *nombre masculino*
1 infinidad
   sinfín
   multitud
   montón

sino[1] *nombre masculino*
1 hado
   destino
   estrella
   ventura
   suerte

sino[2] *conjunción*
1 pero
   empero*

Pero, empero, son general-mente conjunciones adversa-tivas 'restrictivas', es decir, expresan una oposición o contrariedad entre las dos oraciones que enlazan, sin que éstas se excluyan entre sí, por ejemplo: 'Es hombre bondadoso, *pero* procura no abusar de su bondad'. La ad-versativa *sino* es 'exclusiva', es decir, una de las dos ora-ciones excluye totalmente a la otra, por ejemplo: 'No le gus-taba salir, *sino* quedarse en casa todo el día'. *Empero*, coincide con *pero* en signifi-cado y función sintáctica; su uso es literio y menos fre-cuente.

sinónimo *nombre masculino*
1 igual
   semejante
   equivalente
   parecido
   parejo

ANTO antónimo
   distinto
   desigual

sinopsis *nombre femenino*
1 compendio*

sinsabor *nombre masculino*
1 pesar
   desazón
   pena
   contrariedad

sintetizar *verbo transitivo*
1 esquematizar
   compendiar
   estractar
   esbozar
   reducir
ANTO ampliar

síntoma *nombre masculino*
1 señal
   indicio*
   signo

sintomatología *nombre femenino*
1 semiótica
   semiología
   fenomenología

sintonizar *verbo transitivo*
1 acordar

sinuosidad *nombre femenino*
1 anfractuosidad
   desigualdad
   escabrosidad
2 seno
   concavidad
   hueco

sinuoso, -sa *adjetivo*
1 ondulado
   tortuoso
   quebrado

sinvergonzonería *nombre femenino*
1 desvergüenza
   inverecundia
   sinvergüencería
   insolencia
   cara dura

sinvergüencería *nombre femenino*
1 desvergüenza
   inverecundia
   sinvergonzonería
   insolencia
   cara dura

sinvergüenza *adjetivo/nombre común*
1 desvergonzado

a
b
c
d
e
f
g
h
i
j
k
l
m
n
ñ
o
p
q
r
s
t
u
v
w
x
y
z

a
b
c
d
e
f
g
h
i
j
k
l
m
n
ñ
o
p
q
r
s
t
u
v
w
x
y
z

poca vergüenza
inverecundo
cara dura
desfachatado
bribón
pícaro

sipedón *nombre masculino*
1 eslizón
sepedón

siquiera *conjunción*
1 aunque
bien que
aun*

adverbio-adv. c.
2 por lo menos
tan sólo

sirga *nombre femenino*
1 silga
maroma
cable

sirguero *nombre masculino*
1 jilguero
cardelina
colorín
pintacilgo
pintadillo
silguero

siríaco, -ca *adjetivo/nombre*
1 sirio
siro

Siro, especialmente cuando
entra en composición: *sirocaldeo.*

sirimiri *nombre masculino*
1 llovizna
calabobos
cernidillo
mollizna

siringa *nombre femenino*
1 flauta de pan

sirio, -ria *adjetivo/nombre*
1 (persona) siríaco
siro

siro, -ra *adjetivo/nombre*
1 siríaco
sirio

Se usa especialmente en
composición: *sirocaldeo.*

sirventés *nombre masculino*
1 serventesio (composición)

sirviente, -ta *nombre*
1 criado*
doméstico

servidor
ANTO señor
amo
jefe
patrono

sisimbrio *nombre masculino*
1 jaramago
balsamita
raqueta
ruqueta

sismo *nombre masculino*
1 seísmo
temblor de tierra
terremoto

sisón *nombre masculino*
1 (ave) gallarón

sistema *nombre masculino*
1 método*
plan
procedimiento
norma

sitiar *verbo transitivo*
1 asediar
cercar
bloquear
ceñir la plaza

sitio[1] *nombre masculino*
1 lugar
espacio
parte
punto
puesto*
paraje

sitio[2] *nombre masculino*
1 asedio
cerco

situación *nombre femenino*
1 posición
disposición
colocación
postura*
2 estado

Aunque *estado* y *situación*
pueden intercambiarse a menudo, el primero sugiere algo
más habitual y permanente; la
situación indica comúnmente
algo pasajero y accidental.
Por esto preferimos decir la *situación* de la bolsa, si consideramos que puede cambiar
pronto; y el *estado,* cuando lo
estimamos de larga duración.

situar *verbo transitivo/pronominal*
1 colocar*
poner*

emplazar*
ANTO descolocar
desacomodar
marcharse
coger
sacar

Emplazar, tratándose de edifi-
caciones, o de cosas de gran
peso o volumen: *emplazar* o
situar un monumento, un palacio, un cañón.

smithsonita *nombre femenino*
1 bonamita

so *interjección*
1 jo

soba *nombre femenino*
1 sobo
sobado
sobadura
2 aporreamiento
zurra
tunda
vapuleo

sobaco *nombre masculino*
1 axila

Axila es voz culta o usada
como término científico; *sobaco* es más general y popular.

sobado, -da *adjetivo*
1 manido
manoseado
muy usado
ajado

sobajear *verbo transitivo*
1 manosear

sobar *verbo transitivo*
1 manosear
palpar
2 ajar

soberano, -na *nombre*
1 rey
monarca
ANTO siervo
adjetivo
2 elevado
excelente
egregio
grande

soberbia *nombre femenino*
1 humos
engreimiento
orgullo
arrogancia
altivez
hinchazón

ínfulas
altanería
vanidad*
envanecimiento
fatuidad
ANTO humildad
     modestia

Entre los sentimientos de estimación excesiva de sí mismo, *soberbia, engreimiento* y *orgullo* denotan menosprecio de los demás. *Arrogancia, altivez, hinchazón,* ínfulas y *altanería* hacen pensar más bien en el porte, ademanes, palabras, con que el orgullo se manifiesta. La *vanidad* no supone precisamente desprecio de los demás, sino simple egolatría, sobreestimación de las prendas propias; matices suyos son *envanecimiento, presunción, humos* y *fatuidad.*

2 cólera
   ira
   rabia

soberbio, -bia *adjetivo*
1 orgulloso
   engreído
   arrogante
   altivo*
   altanero
2 grandioso
   magnífico
   admirable
   espléndido
3 fogoso
   arrebatado
   violento

sobornable *adjetivo*
1 venal

sobornar *verbo transitivo*
1 untar
   corromper
   tapar la boca
   untar el carro
   cohechar

   Cohechar, tratándose de la administración de justicia.

soborno *nombre masculino*
1 corrupción*

sobra *nombre femenino*
1 sobrante
   exceso
   demasía
   ANTO falta
     merma
     escasez

déficit
⇒ sobras

sobrante *adjetivo/nombre masculino*
1 excedente
   sobras
   sobrero
   exceso
2 demasiado
   sobrado
   superfluo
   innecesario

sobrar *verbo transitivo*
1 exceder
   superar
   sobrepujar
   pasar la raya
   salir de madre
   ANTO sobrar
     escasear
   verbo intransitivo
2 estar de más
   holgar
3 quedar
   restar

sobras *nombre femenino plural*
1 residuos
   relieves
   restos
2 desperdicios
   desechos

⇒ sobra

sobre¹ *participio*
1 encima
   ANTO debajo
2 acerca de
   con respecto a
3 además de

sobre² *nombre masculino*
1 cubierta
2 sobrescrito

sobreabundancia *nombre femenino*
1 superabundancia
   plétora

sobrearar *verbo transitivo*
1 binar

sobrecarga *nombre femenino*
1 sobornal

sobrecejo *nombre masculino*
1 ceño*
   sobreceño
   capote (familiar)

sobreceño *nombre masculino*
1 ceño*
   sobrecejo
   capote (familiar)

sobrecincha *nombre femenino*
1 sobrecincho
   sifué

sobrecoger *verbo transitivo/pronominal*
1 sorprender
   intimidar
   asustar
   ANTO tranquilizar
     animar
2 asombrar*
   pasmar

sobrecomida *nombre femenino*
1 postre

sobredicho, -cha *adjetivo*
1 antedicho
   susodicho

sobreescribir *verbo transitivo*
1 sobregrabar

sobrefaz *nombre femenino*
1 sobrehaz

sobregrabar *verbo transitivo*
1 sobreescribir

sobrellevar *verbo transitivo*
1 sufrir
   soportar
   resignarse
   aguantar
   conllevar
   ANTO rebelarse
     irritarse

sobremanera *adverbio*
1 por demás
   con exceso

sobrenadar *verbo intransitivo*
1 nadar*
   flotar

sobrenatural *adjetivo*
1 milagroso
   prodigioso
   ANTO natural
     humano
     normal
     explicable

sobrenombre *nombre masculino*
1 alias
   apodo*
   mote

El *sobrenombre* no es de por sí despectivo ni burlesco, sino que se añade al nombre propio o al apellido para distinguir a dos personas que tienen el mismo; por ejemplo: Plinio el Viejo, para distinguirlo de Plinio el Joven. *Alias*, *apodo* y *mote* son nombres distintos del propio, y con frecuencia sustituyen a éste.

sobreparto *nombre masculino*
1 puerperio

sobrepasar *verbo transitivo*
1 exceder
  aventajar
  superar
  rebasar

sobreponer *verbo transitivo*
1 superponer
  añadir
  aplicar
  ANTO quitar
  verbo pronominal
2 dominarse
  contenerse
  ANTO irritarse

sobreprecio *nombre masculino*
1 recargo
  aumento
2 prima
  premio

Cuando el Estado abona determinado *sobreprecio* para estimular las operaciones con determinadas mercancías, este *sobreprecio* recibe el nombre de *prima* o *premio*.

sobrepujar *verbo transitivo*
1 exceder
  aventajar
  superar
  sobrepasar
  ANTO disminuir
    perder

sobresaliente *adjetivo*
1 excelente*

sobresalir *verbo intransitivo*
1 campar
  campear
  dominar
  descollar
  destacarse
  distinguirse
  escollar
  sobrepasar
  sobrepujar
  requintar
  ANTO empequeñecerse

sobresaltar *verbo transitivo/pronominal*
1 asustar
  sorprender
  intranquilizar
  turbar
  estremecer*
  azorar*
  ANTO aquietar
    tranquilizar
    calmar
    apaciguar
    sosegar

sobresalto *nombre masculino*
1 susto
  intranquilidad
  temor
  inquietud

Las ideas de *intranquilidad*, *inquietud* y *temor* connotan en *sobresalto* y *susto* el carácter de súbito, impensado, repentino.

sobresueldo *nombre masculino*
1 plus

sobretodo *nombre masculino*
1 abrigo
  gabán

sobrevaloración *nombre femenino*
1 idealización

sobreviviente *adjetivo/nombre común*
1 superviviente
  supérstite

sobriedad *nombre femenino*
1 templanza*
  temperancia
  moderación
  mesura
  frugalidad* (en comer y beber)
  moderación
  parquedad
  morigeración
  ANTO apetencia
    inmoderación
    gula
    destemplanza
2 concisión
  brevedad

Tratándose del lenguaje.

sobrio, -bria *adjetivo*
1 moderado*
  morigerado
  parco
  frugal

Frugal, referido al comer y al beber.
2 conciso*
  breve

socapa *nombre femenino*
1 excusa*
  pretexto
  socolor
  rebozo

socarrar *verbo transitivo/pronominal*
1 chamuscar
  sollamar

Cuando se hace con llama, *sollamar*.

socarrón, -ona *adjetivo/nombre*
1 astuto
  bellaco
  disimulado
  taimado
  solapado
2 burlón
  guasón

Socarrón es intensivo, y denota mayor malicia que *burlón* y *guasón*.

socava *nombre femenino*
1 descalce
  verbo transitivo
2 alcorque

socavar *verbo transitivo*
1 descalzar
  minar

sochantre *nombre masculino*
1 capiscol
  veintenero
  socapiscol

sociable *adjetivo*
1 afable*
  tratable
  comunicativo

socializar *verbo transitivo*
1 colectivizar
  estatificar
  nacionalizar
  municipalizar

Socializar es transferir al estado o a otras corporaciones u organismos colectivos las propiedades, industrias, etc., particulares. Si es al estado, *estatificar*, *nacionalizar*; si es al municipio, *municipalizar*. En general, *colectivizar*.

sociedad *nombre femenino*
1 asociación
  agrupación
  colectividad
  entidad
  corporación*
  círculo
  peña
  casino
  ateneo
  hermandad
  cofradía
  archicofradía
  gremio
  Cuando se las considera como unidad, *entidad* o *corporación*, especialmente si tienen algún carácter público. Según sus fines, las diversas agrupaciones humanas suelen darse denominaciones especiales, como *círculo*, *peña*, *casino* (recreativas); *ateneo* (culturales); *hermandad* (benéfica o cooperativas); *cofradía*, *archicofradía* (religiosas); las profesionales, *gremio* (oficios o ramas de la producción), *colegio* (profesiones liberales), *sindicato* (obreros o agricultores).
2 compañía
  razón social
  empresa
  Razón social es el nombre y firma con que es conocida una *sociedad* mercantil o industrial; *empresa*, especialmente si es importante.

socio, -cia *nombre*
1 asociado
2 sujeto
  individuo*
  prójimo
  Todos ellos en sentido despectivo

socollada *nombre femenino*
1 estrechón

socolor *nombre masculino*
1 excusa*
  pretexto
  rebozo
  socapa

socorrer *verbo transitivo*
1 ayudar*
  auxiliar
  amparar
  asistir
  remediar
  tender la mano

socorro *nombre masculino*
1 ayuda
  auxilio*
  amparo
  asistencia
  favor
  remedio
  refugio*
  ANTO desamparo

soda *nombre femenino*
1 sosa

sodomía *nombre femenino*
1 pederastia
  uranismo

sodomita *nombre masculino*
1 afeminado
  maricón (familiar y despectivo)
  mariquita (familiar)
  homosexual
  invertido
  marica
  amadamado
  amariconado
  ANTO macho
    viril
    masculino
    varonil

soez *adjetivo*
1 bajo
  grosero
  basto
  vil
  indigno
  'Soez se dice del hombre asqueroso, desvergonzado, sucio, mal hablado y dado a torpezas. *Bajo*, del humilde, despreciable, abatido y adulador rastrero. *Indigno*, del que por acciones marcadas es desechado en todas partes. *Vil*, del que se dedica a una vida infame, ejerciendo oficios indecorosos y perseguidos en toda república. Al hombre *soez* se le huye; al *bajo* se le tolera; al *indigno* se le desprecia; y al *vil* se le escarnece' (O).

sofisma *nombre masculino*
1 paralogismo

sofisticar *verbo transitivo*
1 falsificar*
  adulterar
  falsear

sofito *nombre masculino*
1 paflón

soflama *nombre femenino*
1 perorata
  prédica
  discurso

sofocar *verbo*
transitivo/pronominal
1 ahogar
  asfixiar
  ANTO respirar
2 apagar
  dominar
  extinguir
  reprimir
  ANTO encender
3 avergonzar
  abochornar
  correr

sofrenada *nombre femenino*
1 refrenada
  sobarbada
  sobrefrenada

sofrenar *verbo transitivo*
1 frenar*
  reprimir
  refrenar

software *nombre masculino*
1 (anglicismo) programas
  soporte lógico

sojuzgar *verbo transitivo*
1 sujetar
  dominar
  someter
  avasallar

sol
  no dejar a sol ni a sombra
  locución
  acosar
  importunar
  molestar

solada *nombre femenino*
1 poso
  sedimento*

solado *nombre masculino*
1 pavimento
  suelo
  piso

solamente *adverbio*
1 sólo
  únicamente

solano¹ *nombre masculino*
1 (viento) rabiazorras

solano² *nombre masculino*
1 hierba mora

solapado, -da *adjetivo*
1 disimulado
  fingido
  cauteloso
  falso
  astuto
  taimado

solapar *verbo transitivo*
1 ocultar*
  encubrir
  fingir
  disimular

solapo *nombre masculino*
1 traslapo

solar *verbo transitivo*
1 pavimentar

solaz *nombre masculino*
1 esparcimiento
  recreación
  recreo
  asueto
  entretenimiento
  diversión*
  descanso
  alivio

solazarse *verbo pronominal*
1 recrearse
  entretenerse*
  divertirse
  esparcirse
  ANTO aburrirse

soldada *nombre femenino*
1 sueldo*
  paga
  salario*
  estipendio

solemne *adjetivo*
1 formal
  válido
  ANTO vulgar
2 majestuoso
  suntuoso
  grandioso
  imponente
  ANTO sencillo
  vulgar

soler *verbo intransitivo*
1 acostumbrar

solera *nombre femenino*
1 concha (del molino)
2 madre
  lía (del vino)
  hez*

solicitar *verbo transitivo*
1 pretender*
  pedir
  rogar*
  instar
  postular*
  ANTO conceder
2 requerir
  ANTO conceder
3 atraer
  invitar
  tentar

solícito, -ta *adjetivo*
1 diligente
  cuidadoso
  afanoso
  atento*

Diligente alude principalmente a la ocupación material, a las gestiones y pasos necesarios para conseguir aquel fin. Es *diligente* el hombre activo y trabajador; para ser *solícito*, *cuidadoso* o *afanoso* se necesita además ser complaciente, afectuoso, social.

'*Solícito, diligente.* El primero de estos dos adjetivos explica la ocupación del ánimo, el cuidado, el esmero que ponemos en el acierto o brevedad del negocio o empresa en que estamos empeñados o interesados. El segundo explica la ocupación material, los pasos, los medios que empleamos con actividad para conseguir aquel fin. El pleiteante anda *solícito* porque el procurador anda *diligente*. Del criado se exige, por la misma razón, *diligencia*, y no *solicitud*' (LH).

solicitud *nombre femenino*
1 diligencia
  cuidado
  afán
  atención
  afección
  actividad*
2 instancia
  petición
  demanda
  pedimento

Demanda y *pedimento*, cuando la *solicitud* va dirigida al juez.

solidez *nombre femenino*
1 consistencia
  resistencia
  firmeza
  fortaleza

fuerza*
ANTO debilidad
  blandura
  inconsistencia

solidificación *nombre femenino*
1 consolidación

solidificado, -da *adjetivo*
1 endurecido
  concreto

sólido, -da *adjetivo*
1 firme
  fuerte
  resistente
  consistente
2 macizo
  denso
  compacto

'Llamamos *sólido* a todo cuerpo que no es fluido, líquido ni aeriforme, y *macizo* al cuerpo cuya *solidez* es muy *densa* y *compacta*. El papel, la paja, la hoja de un árbol son *sólidos*, pero no *macizos*. Es *maciza* una pared de cal y canto' (M).

soliloquio *nombre masculino*
1 monólogo

Aunque, según su etimología, ambas palabras se intercambian a veces, el uso suele restringir al teatro el empleo de *monólogo*. El *soliloquio* es el habla o discurso de una persona que no dirige a otra la palabra, bien sea de viva voz, bien mentalmente. El *monólogo* dramático es un *soliloquio* del personaje que está solo en la escena.

solio *nombre masculino*
1 trono

solipsismo *nombre masculino*
1 egoísmo metafísico

solitaria *nombre femenino*
1 tenia

solitario¹ *nombre masculino*
1 ermitaño (crustáceo)

solitario, -ria² *adjetivo*
1 desamparado
  desierto
  deshabitado*
  despoblado
  abandonado
2 retirado
  retraído

adjetivo/nombre
3 solo
　único
4 anacoreta*
　ermitaño

soliviantar *verbo*
transitivo/pronominal
1 solevantar
　incitar
　inducir
　sublevar
　ANTO tranquilizar
　　aquietar
　　someter

sollo *nombre masculino*
1 esturión
　marón
　marión

sollozo *nombre masculino*
1 singulto

sólo *adverbio*
1 solamente
　únicamente

solo, -la *adjetivo*
1 único
2 singular
　señero
3 (persona) solitario
　aislado
4 (lugar) desierto
　deshabitado
　despoblado

solomillo *nombre masculino*
1 entrecuesto
　filete

soltar *verbo transitivo/pronominal*
1 desatar
　desligar
　desceñir
　ANTO coger
2 desasir
　ANTO sujetar
　　asir
3 libertar
　poner
　dejar en libertad
　excarcelar
　ANTO encarcelar

soltería *nombre femenino*
1 celibato
　ANTO matrimonio

soltero, -ra *adjetivo/nombre*
1 célibe
　mozo

soltura *nombre femenino*

1 agilidad
　destreza*
　prontitud
　expedición
2 desembarazo*
　desenvoltura
　libertad
　desgarro
3 lucidez
　despejo
　elocuencia
　labia

solubilidad *nombre femenino*
1 disolubilidad

soluble *adjetivo*
1 disoluble
2 resoluble

solución *nombre femenino*
1 disolución
2 desenlace
　término
　fin
　ANTO comienzo
3 resolución
　resultado
　ANTO propuesta

solucionar *verbo transitivo*
1 acertar*
　resolver
　solventar
　zanjar

solventar *verbo transitivo*
1 resolver*
　solucionar
　zanjar
　acertar
　ANTO desarreglar
　　adeudar

soma *nombre masculino*
1 cuerpo
　ANTO psique

somanta *nombre femenino*
1 tunda
　zurra
　paliza
　zamanca

somático, -ca *adjetivo*
1 corporal
　orgánico
　ANTO funcional

sombra

　mala sombra *locución*
　nominal
　desgracia
　desventura
　desdicha

infortunio
infelicidad
malaventura
adversidad
ANTO suerte
　fortuna

no dejar ni a sol ni a
sombra *locución*

⇒ sol

tener mala sombra
desagradar
disgustar
descontentar
enfandar
enojar
fastidiar
molestar

sombrerillo *nombre masculino*
1 sombrero
　sombrerete
　En los hongos.

sombrío, -a *adjetivo*
1 umbrío
　sombreado
　sombroso
　umbroso
　umbrátil
　opaco*
　ANTO claro
　　luminoso
2 triste
　melancólico
　tétrico
　ANTO alegre

somero, -ra *adjetivo*
1 superficial
2 sucinto
　sumario
　sin pormenores
　ligero

someter *verbo*
transitivo/pronominal
1 sujetar
　rendir
　avasallar
　dominar
　subyugar
　ANTO rebelarse
　　resistirse
　　desobedecer
　　indisciplinarse

'*Someter* puede ser un hecho
solo y aislado; *subyugar* supone un estado duradero. Los
romanos *sometieron* muchos
pueblos, a los que concedie-
ron después los privilegios de

municipios y colonias. Estos pueblos estaban *sometidos*, pero no *subyugados*' (M).

verbo transitivo
2 encomendar
encargar*
cometer
confiar

sommier *nombre masculino*
1 colchón de muelles

somnífero, -ra *adjetivo*
1 hipnótico
soporífero

somnolencia *nombre femenino*
1 soñolencia
adormecimiento
sueño*
letargo
sopor
ANTO ligereza
alacridad
viveza

somormujo *nombre masculino*
1 zaramagullón

son *nombre masculino*
1 sonido*
2 tenor
modo
manera
sin ton ni son *locución adverbial*
⇒ ton

sonado, -da *adjetivo*
1 famoso*
célebre
renombrado
2 divulgado
ruidoso
sensacional

sonajero *nombre masculino*
1 cascabelero

sonar *verbo intransitivo*
1 mencionarse
citarse
ANTO callar
verbo transitivo
2 tocar
tañer
Este uso transitivo de *sonar* está hoy en desuso.
verbo pronominal
3 susurrarse
rumorearse

sonda *nombre femenino*
1 plomada

2 tienta
catéter

sondar *verbo transitivo*
1 sondear

sonecillo *nombre masculino*
1 soniquete

sonido *nombre masculino*
1 ruido
son
tañido
ANTO silencio
Ruido, el inarticulado, desagradable o confuso; *son*, el agradable, especialmente producido con arte; *tañido*, el que se toca en algún instrumento.
2 fonema

soniquete *nombre masculino*
1 sonecillo
2 sonsonete
tonillo

sonoro, -ra *adjetivo*
1 sonante
vibrante
sonoroso (poético)
2 resonante
ruidoso

sonrojar *verbo transitivo*
1 avergonzar
ruborizar
enrojecer
abochornar
sofocar

sonrojo *nombre masculino*
1 vergüenza*
rubor
bochorno
sofoco
ANTO impavidez
desvergüenza
palidez
Bochorno y *sofoco*, son intensivos.

sonsacar *verbo transitivo*
1 averiguar
investigar
tirar de la lengua

sonsonete *nombre masculino*
1 soniquete
2 tonillo

soñar *verbo transitivo*
1 ensoñar
2 fantasear
hacerse ilusiones

sopanda *nombre femenino*
1 correón

sopapo *nombre masculino*
1 solapo
2 bofetón

sopetón
de sopetón *locución adverbial*
inesperadamente
de imprevisto
de improviso
de golpe y porrazo
de repente
repentinamente
súbito
súbitamente
de golpe

sopista *nombre masculino*
1 sopón

soplado, -da *adjetivo*
1 pulido
repulido
acicalado
2 estirado
engreído
hinchado
hueco
entonado
envanecido

soplar *verbo transitivo*
1 hurtar*
quitar
birlar
2 sugerir
apuntar
inspirar
3 acusar
delatar
soplonear

soplo *nombre masculino*
1 soplido
2 delación

soplón, -ona *adjetivo*
1 delator*
acusón
espía*
acusador*
denunciante*

soponcio *nombre masculino*
1 (familiar) desmayo
desvanecimiento
congoja
síncope
ataque*

sopor *nombre masculino*
1 adormecimiento
somnolencia

sueño*
modorra
letargo
letargia
ANTO alacridad
despabilamiento
viveza
insomnio

soporífero, -ra *adjetivo/nombre*
1 somnífero
hipnóptico
2 aburrido
fastidioso
tedioso

soportable *adjetivo*
1 tolerable
llevadero
aguantable
pasadero
sufrible

soportal *nombre masculino*
1 porche
pórtico

soportar *verbo transitivo*
1 sostener
llevar
2 sufrir*
tolerar
padecer
aguantar
sobrellevar

soporte *nombre masculino*
1 apoyo
sostén
sustentáculo

sorbete *nombre masculino*
1 helado
mantecado

Mantecado, el que se hace con yema de huevo, leche y azúcar.

sorbo *nombre masculino*
1 buche
buchada
bocanada

sorda *nombre femenino*
1 (ave) agachadiza
rayuelo

sordamente *adverbio*
1 secretamente
ocultamente
ANTO abiertamente
ruidosamente
claramente

sordidez *nombre femenino*
1 miseria
avaricia*

sórdido, -da *adjetivo*
1 sucio
2 impuro
indecente
ANTO decente
3 mezquino
avaro
ruin
miserable
tacaño
ANTO generoso

sordo, -da *adjetivo/nombre*
1 teniente

Teniente indica algo *sordo*, o duro de oído.

2 callado
silencioso
3 insensible
indiferente

soroche *nombre masculino*
1 mal de montaña
apunamiento

sorprendente *adjetivo*
1 peregrino
desusado
extraordinario
raro
admirable
maravilloso

sorprender *verbo transitivo*
1 admirar
asombrar
maravillar
pasmar
chocar

sorpresa *nombre femenino*
1 admiración*
asombro
estupor
pasmo

sortear *verbo transitivo*
1 evitar*
eludir
rehuir
soslayar

sorteo *nombre masculino*
1 rifa

Rifa es el *sorteo* de uno o más objetos entre varias personas; tiene carácter popular o familiar. *Sorteo* es voz más escogida y de aplicación general. Toda *rifa* es un *sorteo*, pero no viceversa.

sortija *nombre femenino*
1 anillo

sosegado, -da *adjetivo*
1 tranquilo
quieto*
pacífico
manso
reposado
sentado

sosegar *verbo transitivo/pronominal*
1 tranquilizar
calmar
pacificar
apaciguar
aplacar*
aquietar
ANTO irritar
destemplar
intranquilizar

sosera *nombre femenino*
1 sosería
zoncería
insulsez
insipidez
ANTO gracia
agudeza
sal

sosiego *nombre masculino*
1 quietud*
tranquilidad
serenidad
reposo
calma
descanso

soslayar *verbo transitivo*
1 evitar*
eludir
rehuir
sortear

soslayo, -ya *adjetivo*
1 sesgo
sesgado
soslayado
oblicuo

a soslayo *locución adverbial*
oblicuamente
de refilón
al sesgo
al bies

soso, -sa *adjetivo*
1 insulso
insípido*
2 inexpresivo
zonzo
zonzorrión

Inexpresivo es más general y

abcdefghijklmnñopqrstuvwxyz

abstracto. Todo lo *soso* es *inexpresivo*, pero no viceversa. Un símbolo puede ser *inexpresivo* para el que no lo entiende, pero no *soso*. *Zonzo* se aplica a personas; *zonzorrión*, intensivo.

sospecha *nombre femenino*
1 desconfianza*
  recelo
  asomo*
  ANTO confianza
    fe
    ingenuidad

'Se *sospecha* el bien o el mal; se *recela* el mal, y no el bien. Una mujer tiene *sospecha* de estar enamorada, y *recelo* de malparir. La *sospecha* supone reflexión; el *recelo* temor o miedo. Un niño no *sospecha* nada, porque le falta la reflexión, que debe servir de fundamento a su *sospecha*, pero *recela*, porque para esto le basta el miedo. Por la misma razón, no se dice de un irracional que *sospecha*, y se dice que *recela*' (LH).

sospechar *verbo transitivo*
1 barruntar
  remusgar
  presumir
  conjeturar
  imaginar
  suponer

Estos sinónimos forman una serie intensiva.

2 desconfiar
  recelar
  temer
  ANTO confiar

sostén *nombre masculino*
1 apoyo
  soporte
  sustentáculo
2 protección
  defensa
  amparo
3 sustento
  mantenimiento
  manutención

sostener *verbo transitivo*
1 sustentar
  mantener
2 proteger
  defender*
  amparar
3 afirmar

sustentar
apoyar
aguantar
4 alimentar
  mantener
  sustentar

sostenimiento *nombre masculino*
1 sostén
  soporte
  apoyo
2 manutención
  mantenimiento
  sustento

sotabanco *nombre masculino*
1 desván
  zaquizamí
  buhardilla

sotacola *nombre femenino*
1 ataharre

sotana *nombre femenino*
1 somanta
  tunda
  zurra

sótano *nombre masculino*
1 subterráneo
  soterraño

sotechado *nombre masculino*
1 cobertizo*

soterrar *verbo transitivo*
1 enterrar*
  inhumar*
2 esconder
  ocultar
  guardar

spi *nombre masculino*
1 (anglicismo) spinnaker
  (anglicismo)
  vela balón

spinnaker *nombre masculino*
1 (anglicismo) spi
  vela balón

strike *nombre masculino*
1 (anglicismo) intento

Usado en el béisbol.

suasorio, -ria *adjetivo*
1 persuasivo
  convincente

suave *adjetivo*
1 liso
  pulido
  fino
  ANTO áspero
2 blando

muelle
3 dulce
  agradable
  grato
  melodioso*

Melodioso tratándose de la música.

4 tranquilo
  manso
  quieto
  ANTO irritable
5 lento
  moderado
6 dócil
  apacible
  ANTO bronco

suavidad *nombre femenino*
1 blandura
  lenidad

suavizar *verbo transitivo/pronominal*
1 pulir
  alisar
  pulimentar
2 mitigar
  moderar
  templar
  calmar
  dejar como un guante
  aliviar*
  aplacar*
  ANTO irritar
    destemplar

subalterno, -na *adjetivo*
1 inferior
  subordinado
  dependiente

subasta *nombre femenino*
1 licitación
  almoneda

Almoneda, tratándose de muebles, enseres, vestidos, etc.

subcutáneo, -ea *adjetivo*
1 hipodérmico

súbdito, -ta *adjetivo/nombre*
1 vasallo
  ciudadano

Vasallo se dice con relación a un monarca o a un señor feudal. *Súbdito* es la denominación general y aplicable a toda clase de regímenes políticos. *Ciudadano*, en los países de régimen democrático.

subentender *verbo transitivo/pronominal*
1 sobreentender

suberoso, -sa *adjetivo*
1 corchoso

subestimación *nombre femenino*
1 desprecio*
   desestimación
   menosprecio

subestimar *verbo transitivo*
1 tener en poco
   menospreciar
   minimizar
   despreciar*

subida *nombre femenino*
1 ascenso
   ascensión
   elevación
   ANTO descenso
      caída
2 cuesta
   pendiente
   repecho
   ANTO bajada
3 alza
   aumento
   encarecimiento
   carestía*
   crecida*
   ANTO disminución

subido, -da *adjetivo*
1 alto
   elevado
2 fino
   acendrado

subilla *nombre femenino*
1 alesna
   lezna

subir *verbo intransitivo/pronominal*
1 ascender
   elevarse
   ANTO bajar
      descender
2 cabalgar
   montar
3 crecer*
   aumentar
   ANTO disminuir
4 importar
   sumar
   verbo transitivo
5 remontar
   trepar
6 levantar
   alzar
   elevar
   ANTO bajar

verbo intransitivo/transitivo
7 aumentar
   encarecer
   ANTO bajar
      rebajar

súbitamente *adverbio*
1 súbito
   de sopetón
   súpito

súbito¹ *adverbio*
1 súbitamente
   de sopetón
   súpito

súbito, -ta² *adjetivo*
1 súpito
   improviso
   repentino
   impensado
2 precipitado
   impetuoso
   violento

sublevación *nombre femenino*
1 levantamiento
   alzamiento
   sedición
   rebelión
   motín
   tumulto
   algazara
   asonada
   revuelta
   facción
   revolución
   subversión

Cuando una *sublevación* es considerada con estimación o respeto por parte del que habla, se llama *levantamiento* o *alzamiento*. Si inspira antipatía o es mirada como delito: *sedición* (menos grave) o *rebelión* (más grave). *Motín, tumulto, algazara, asonada* y *revuelta*, son alteraciones colectivas del orden público, más o menos localizadas y desordenadas. *Facción* es grupo de gentes o tropas en rebeldía contra la autoridad constituida. *Revolución* y *subversión* aluden al trastorno violento que produce el cambio político que de ellas se origina.

sublevar *verbo transitivo/pronominal*
1 amotinar
   insurreccionar
   levantar
   alzar

ANTO someter
      obedecer
2 irritar
   airar
   enojar
   soliviantar

sublimar *verbo transitivo/pronominal*
1 engrandecer
   enaltecer
   ensalzar
   exaltar
   ANTO humillar
      denigrar

   Sublimar tiene significación intensiva.

sublime *adjetivo*
1 elevado
   levantado
   excelso
   eminente

sublimidad *nombre femenino*
1 alteza
   excelencia

submarino *nombre masculino*
1 sumergible

submúltiplo, -pla *adjetivo/nombre*
1 divisor
   factor

subordinación *nombre femenino*
1 sujeción
   dependencia
   inferioridad
2 hipotaxis

subordinado, -da *adjetivo*
1 sujeto
   supeditado
   dependiente
   inferior
   subalterno
2 hipotáctico

subrayar *verbo transitivo*
1 acentuar
   recalcar
   marcar
   insistir
   hacer resaltar
   hacer hincapié
   destacar

subrepticio, -cia *adjetivo*
1 oculto
   furtivo
   disimulado

a

subsanar *verbo transitivo*
1 remediar
   enmendar*
   corregir*
   reparar
   resarcir
   ANTO ratificar
      reiterar

subscribir *verbo transitivo*
1 firmar
2 acceder
   consentir
   adherirse
   convenir
   verbo pronominal
3 abonarse

subsecuente *adjetivo*
1 siguiente*
   ulterior
   posterior
   subsiguiente
   ANTO antecesor
      anterior
      delantero
      precedente

subsidio *nombre masculino*
1 socorro
   auxilio
2 contribución
   impuesto

subsiguiente *adjetivo*
1 siguiente*
   subsecuente
   ulterior
   posterior
   ANTO anterior
      precedente
      delantero
      antecesor

subsistir *verbo intransitivo*
1 permanecer
   durar*
   conservarse
   persistir
   continuar
   ANTO pudrirse
      perderse
2 vivir
   existir
   ANTO morir

substancia *nombre femenino*
1 materia

substancial *adjetivo*
1 esencial
   invariable
   integrante
   permanente

substancioso, -sa *adjetivo*
1 jugoso
   suculento
2 alimenticio
   nutritivo
3 valioso

substracción *nombre femenino*
1 resta

subterfugio *nombre masculino*
1 efugio*
   escapatoria
   pretexto
   evasiva

subterráneo *nombre masculino*
1 soterraño
   sótano
   Sótano, si está entre los cimientos de un edificio.

suburbio *nombre masculino*
1 arrabal
   El *suburbio* es el *arrabal* o *ba-
   rriada* cercanos a una gran
   ciudad. Las poblaciones pequeñas tienen *arrabales*, pero
   no *suburbios*.

subvenir *verbo transitivo*
1 auxiliar
   ayudar
   socorrer

subversión *nombre femenino*
1 sublevación
   ANTO disciplina
      orden
      paz
2 trastorno
   perturbación

subvertir *verbo transitivo*
1 trastornar
   revolver
   perturbar
   destruir
   trastocar

subyugar *verbo transitivo*
1 dominar
   someter*
   avasallar
   sujetar
   aherrojar*
   ANTO rebelar
      libertar

succino *nombre masculino*
1 ámbar
   cárabe
   electro

succionar *verbo transitivo*
1 chupar

sucedáneo, -ea
   adjetivo/nombre masculino
1 sustitutivo

suceder *verbo intransitivo*
1 seguir
   ANTO preceder
2 reemplazar
   sustituir
3 heredar
4 acontecer
   ocurrir
   pasar*

sucedido *nombre masculino*
1 suceso
   hecho
   caso
   acontecimiento*

sucesión *nombre femenino*
1 seguimiento
   secuencia
   serie
2 herencia
3 prole
   descendencia

sucesivo, -va *adjetivo*
1 siguiente
   posterior
   ANTO anterior

suceso *nombre masculino*
1 acontecimiento*
   acaecimiento
   sucedido
   hecho
   caso

sucesor, -ra *adjetivo/nombre*
1 venideros
   descendientes
   En plural equivale, a veces, a
   venideros; puede tener el significado de *descendientes*, y
   en este caso se opone a *ascendientes, antepasados*.
2 continuador
3 heredero

suciedad *nombre femenino*
1 inmundicia
   porquería
   basura
   ANTO limpieza
      pureza

sucinto, -ta *adjetivo*
1 breve*
   compendioso
   somero
   conciso*
   lacónico

corto*
ANTO largo
   amplio

sucio, -cia *adjetivo*
1 manchado
   impuro
   sórdido
2 inmundo
   puerco
   cochino
   desaseado
3 obsceno
   deshonesto

suculento, -ta *adjetivo*
1 jugoso
   sustancioso
   sabroso

sucumbir *verbo intransitivo*
1 ceder
   someterse
   rendirse
   ANTO resistirse
      aguantar
2 caer
   perecer*
   morir
   fallecer
   ANTO vivir

Sucumbir es morir a causa de algún agente exterior. Se *sucumbe* en una batalla, en una epidemia, enfermedad, incendio, naufragio, etc.

sucursal *adjetivo/nombre femenino*
1 hijuela
   filial

La *sucursal* depende de un establecimiento o compañía principal. La *hijuela* y la *filial* se extienden a industrias o negocios que tuvieron su origen en otros y conservan más o menos intereses comunes, aunque tengan régimen y dirección distintos.

sudadera *nombre femenino*
1 sudadero
   sudario
2 bajera
   abajera
   sudadero

sudadero *nombre masculino*
1 sudadera
   sudario

sudar *verbo intransitivo/transitivo*
1 transpirar

resudar
trasudar

Transpirar como palabra escogida, o tecnicismo que designa esta función fisiológica. *Resudar* y *trasudar* significan *sudar* ligeramente.

2 rezumar
   exudar

sudatorio, -ria *adjetivo/nombre*
1 sudorífero
   sudorífico
   diaforético

sudeste *nombre masculino*
1 sueste
2 siroco

sudor *nombre masculino*
1 transpiración
   resudor
   trasudor
   perspiración
   sudoración
   diaforesis

Resudor y *trasudor* significan *sudor* ligero.

2 exudación
3 trabajo
   fatiga
   pena
   angustia

En esta acepción se usa con frecuencia el plural *sudores*.

sudoración *nombre femenino*
1 perspiración
   transpiración
   sudor
   diaforesis

sudorífero, -ra *adjetivo/nombre*
1 sudorífico
   sudatorio
   diaforético

sudorífico, -ca *adjetivo*
1 diaforético
   hidrótico
   diapnoico

suegro, -gra *nombre*
1 padre político
   madre política

suela *nombre femenino*
1 lenguado
2 zócalo (de un edificio)
  ⇒ suela

suelda *nombre femenino*
1 consuelda
   consólida

sueldacostilla *nombre femenino*
1 vicarios

sueldo *nombre masculino*
1 remuneración
   retribución
   estipendio
   haber
   mensualidad
   paga
   soldada
   semanal
   honorarios
   gratificación
   gajes
   emolumentos
   salario*

Tratándose de empleados, *haber* o *haberes*, *sueldo*; *paga* es cada una de las entregas que percibe, generalmente cada mes, por lo cual se llama también *mensualidad*. El *sueldo* periódico que reciben criados y obreros manuales, *salario*; entre campesinos, *soldada*; si es por semanas, *semanal*; si es por días, *jornal*. En las profesiones liberales, *honorarios*, especialmente si no son periódicos. En el lenguaje administrativo, *gratificación*, *gajes* y *emolumentos* son sueldos o utilidades accesorios.

suelo *nombre masculino*
1 solar
   terreno
2 piso
   pavimento
3 sedimento*

suelta *nombre femenino*
1 traba
   maneota
   maniota
   manea
   guadafiones
   manija

suelto, -ta *adjetivo*
1 esporádico*
2 expedito
   ágil
   diestro
   desembarazado
   ligero
   veloz
   ANTO torpe
      pesado
      lento

a
b
c
d
e
f
g
h
i
j
k
l
m
n
ñ
o
p
q
r
s
t
u
v
w
x
y
z

3 libre
atrevido

sueño *nombre masculino*
1 dormida
2 adormecimiento
somnolencia
sopor

Dormida y *adormecimiento* sugieren una predisposición al *sueño* o estado intermedio entre el sueño y la vigilia; *sopor* puede tener el mismo significado (intensivo), o el de *sueño* morboso y profundo.

3 ensueño
ensoñación
quimera
ilusión
fantasía

suerte *nombre femenino*
1 fortuna
ventura
destino
estrella
sino
azar
acaso
casualidad
chiripa
chamba
sombra
ANTO infortunio
desventura

Chiripa, chamba y *sombra* son denominaciones populares.

2 clase
género
especie

de esta suerte *locución adverbial*
así
de esta manera

tener mala suerte *locución*
tener mala pata
estar de malas
haber pisado mala hierba

sueste *nombre masculino*
1 sudeste

suficiencia *nombre femenino*
1 capacidad
aptitud*
competencia
idoneidad
ANTO ineptitud
incapacidad
escasez

suficiente *adjetivo*
1 bastante
asaz
2 capaz
apto*
competente
idóneo

sufragar *verbo transitivo*
1 costear
satisfacer
pagar*

sufragio *nombre masculino*
1 ayuda
favor
socorro
2 voto

sufrible *adjetivo*
1 soportable
tolerable
llevadero
aguantable
pasadero

sufrido, -da *adjetivo*
1 pasible
paciente
resignado
tolerante

sufrimiento *nombre masculino*
1 padecimiento
dolor
tormento
tortura
martirio
dolencia
pena*
2 paciencia
conformidad
resignación
aguante
tolerancia

sufrir *verbo transitivo*
1 padecer
ANTO gozar
2 resignarse
conformarse
3 permitir*
aguantar
soportar
tolerar
consentir
ANTO rebelarse

'Sufrir se dice de un modo absoluto: se sufre el mal de que uno no se venga. *Soportar* pertenece más bien a los defectos personales. Se *soporta* el mal humor de las personas que tratamos' (Ma). 'Sufrir, tolerar. La diferencia de estos

dos verbos es que el primero tiene relación al esfuerzo físico, y el segundo al esfuerzo moral. Se *sufren* los dolores; se *toleran* los desprecios. También se usa figuradamente el verbo *sufrir* en el sentido moral, y entonces supone una paciencia más forzosa, *tolerar* una paciencia más voluntaria. Un amo prudente *tolera* algunas veces las faltas de sus criados, haciéndose cargo de que estos tienen que *sufrir* a menudo sus vivezas e impertinencias' (LH).

4 sostener
resistir
soportar
ANTO rebelarse

sugerencia *nombre femenino*
1 sugestión
insinuación

sugerir *verbo transitivo*
1 insinuar
suscitar
incitar
aconsejar

Insinuar significa sugerir indirectamente o de modo muy ligero. El acto de *sugerir* declaradamente puede ser sinónimo de *suscitar, incitar, aconsejar.*

sugestibilidad *nombre femenino*
1 simpatismo

sugestión *nombre femenino*
1 sugerencia
insinuación
atractivo
fascinación
hechizo

En el uso actual, *sugerencia* es la acción y efecto de sugerir: *sugestión,* la acción y efecto de sugestionar. En este sentido, *sugerencia* puede ser sinónimo de *insinuación*; y *sugestión,* de *atractivo, fascinación, hechizo.*

suizo, -za *adjetivo/nombre*
1 (persona) esguízaro
helvético

Hablamos de los cantones *esguízaros* en la Historia; de la confederación *helvética; helvecio* es de raro uso en la actualidad. Tratándose de

personas de aquella nacionalidad, hoy sólo usamos *suizo*.

sujeción *nombre femenino*
1 sumisión
    obediencia
    subordinación
    ANTO libertad
        insumisión
2 unión
    ligadura
    atadura
    traba
    ANTO desunión
        libertad

sujetar *verbo*
transitivo/pronominal
1 asir
    afirmar
    atar*
    comprimir*
    ANTO soltar
2 someter
    dominar
    avasallar
    subyugar
    coercer*
    ANTO rebelar

sujeto¹ *nombre masculino*
1 (despectivo) individuo*
    socio
    prójimo

Socio y *prójimo* acentúan su
carácter despectivo.

sujeto, -ta² *adjetivo*
1 expuesto
    propenso

sulfato
    sulfato de plomo *locución*
    nominal
    anglesita
    vitriolo de plomo

sulfurar *verbo*
transitivo/pronominal
1 enojar
    irritar
    encolerizar
    enfurecer
    encorajinar*

Sulfurar es intensivo, y supone ordinariamente gestos y
palabras iracundos.

suma *nombre femenino*
1 adición
2 total
3 compendio
    recopilación
    resumen
    sumario

en suma *locución adverbial*
    en definitiva
    por último
    finalmente
    en conclusión

sumador *nombre masculino*
1 sumadora

sumadora *nombre femenino*
1 sumador

sumar *verbo transitivo*
1 adicionar
    añadir*
    ANTO restar

Adicionar es añadir una cantidad a otra u otras.

2 ascender a
    subir a
    elevarse a
    montar a
    sumar
    importar
    totalizar

Tratándose de facturas, cuentas, etc.

verbo pronominal
3 adherirse
    agregarse
    ANTO separarse

sumario¹ *nombre masculino*
1 resumen
    compendio*
    suma
    extracto
    sinopsis

sumario, -ria² *adjetivo*
1 breve*
    sucinto
    abreviado
    resumido
    corto*

sumergible *nombre masculino*
1 submarino

sumergir *verbo*
transitivo/pronominal
1 abismar
    hundir
    sumir
    irse a pique
    naufragar
    anegar*
    ahogar

sumersión *nombre femenino*
1 inmersión
    baño

Inmersión es el acto de intro-

ducir algo en un líquido, total
o parcialmente; la *sumersión*
es *inmersión* total hasta quedar cubierto por el líquido.
Ambos sinónimos equivalen a
baño, especialmente tratándose del cuerpo.

sumidero *nombre masculino*
1 sentina

suministrador, -ra
adjetivo/nombre
1 abastecedor*
    proveedor
    aprovisionador

suministrar *verbo transitivo*
1 proporcionar*
    facilitar
    proveer
    aprovisionar
    surtir
    abastecer*

suministro *nombre masculino*
1 abastecimiento
    abasto
    provisión
    aprovisionamiento
    avituallamiento

sumir *verbo transitivo*
1 hundir
    meter
    sumergir
    abismar
2 consumir

sumisión *nombre femenino*
1 acatamiento
    respeto
    obediencia
    veneración
    acato
    rendimiento
    ANTO desobediencia
        desacato

sumiso, -sa *adjetivo*
1 obediente
    subordinado
    dócil
    bienmandado
    ANTO rebelde
        indisciplinado
        desobediente
2 rendido
    subyugado
    avasallado
    ANTO rebelde

sumo, -ma *adjetivo*
1 supremo
    ANTO ínfimo
        mínimo

a
b
c
d
e
f
g
h
i
j
k
l
m
n
ñ
o
p
q
r
s
t
u
v
w
x
y
z

2 muy grande
 enorme
 ANTO ínfimo
 mínimo

suncho *nombre masculino*
1 fleje
 zuncho

suntuosidad *nombre femenino*
1 magnificencia
 esplendor
 esplendidez
 lujo
 fausto
 ANTO sencillez
 modestia
 ahorro

suntuoso, -sa *adjetivo*
1 magnífico
 esplendoroso
 espléndido
 lujoso
 fastuoso
 regio
2 ostentoso
 pomposo

supeditado, -da *adjetivo*
1 subordinado
 sujeto
 dependiente
 inferior
 subalterno

supeditar *verbo
 transitivo/pronominal* •
1 sujetar
 someter
 dominar
 oprimir
 avasallar
 ANTO rebelar

superabundancia *nombre
 femenino*
1 sobreabundancia
 plétora

superabundante *adjetivo*
1 pletórico
 lleno
 repleto

superar *verbo transitivo*
1 sobrepujar
 exceder
 aventajar
 ganar
 vencer

superchería *nombre femenino*
1 engaño

dolo
 fraude
 impostura
 mentira
 ANTO verdad

superdominante *nombre
 femenino*
1 sexta

superficial *adjetivo*
1 somero
 ligero
2 aparente
 ANTO hondo
3 frívolo
 insustancial
 ANTO reflexivo

superficie *nombre femenino*
1 ámbito
 espacio

superfluidad *nombre femenino*
1 exceso*
 sobra
 demasía
 redundancia
 ANTO utilidad
 escasez
 modestia

Redundancia, tratándose de
palabras.

superfluo, -flua *adjetivo*
1 innecesario
 inútil
 sobrante
 excesivo
 redundante

Redundante, si es de palabra.

superhumeral *nombre
 masculino*
1 efod

superintendencia *nombre
 femenino*
1 sobreintendencia

superior[1] *adjetivo*
1 excelente*

superior, -ra[2] *nombre*
1 prior

En las comunidades religiosas.

superioridad *nombre femenino*
1 preeminencia
 excelencia
 ventaja
 ANTO inferioridad
2 preponderancia

supremacía
 ANTO inferioridad

superponer *verbo transitivo*
1 sobreponer
 aplicar

superrealismo *nombre
 masculino*
1 surrealismo

superrealista *adjetivo/nombre
 común*
1 surrealista

supérstite *adjetivo*
1 sobreviviente
 superviviente

superviviente *adjetivo/nombre
 común*
1 sobreviviente
 supérstite

súpito *adverbio*
1 súbitamente
 súbito
 de sopetón

suplantar *verbo transitivo*
1 reemplazar*
 relevar
 revezar
 suplir

suplementar *verbo transitivo*
1 suplir
 completar

suplemento *nombre masculino*
1 apéndice
 prolongación
 agregado

suplente *adjetivo/nombre común*
1 sustituto
 reemplazante

súplica *nombre femenino*
1 ruego
 instancia
 petición

suplicar *verbo transitivo*
1 rogar*
 instar
 implorar
 impetrar
 ANTO conceder
 atender

'*Suplicar, rogar*. Ambos significan pedir un favor; pero el
primero supone respeto; el segundo supone humildad. El que
suplica, pide, con justicia o
por gracia, lo que depende de

la voluntad ajena; el que *ruega*, pide siempre por pura gracia, lo que depende de la voluntad de otro. Un pretendiente *suplica*; un pecador *ruega'* (LH).

suplicio *nombre masculino*
1 tormento
   tortura
2 patíbulo
   cadalso
   potro*
3 dolor*
   padecimiento
   sufrimiento

suplir *verbo transitivo*
1 completar
   suplementar
2 reemplazar*
   sustituir

suponer *verbo transitivo*
1 presumir
   creer
   conjeturar
   figurarse
   pensar
   ⇒ sospechar
2 implicar
   traer consigo
   sospechar

suposición *nombre femenino*
1 hipótesis
   supuesto
   presunción
   conjetura*
   barrunto
   atisbo
   corazonada
   barrunte*

En el terreno científico, *hipótesis* y *supuesto*; en la vida corriente, *presunción* y *conjetura*. La *presunción*, la *conjetura* y la *suposición* pueden carecer de toda base y ser simples *barruntos*, *atisbos* o *corazonadas*. Una *hipótesis* debe ser razonada, coherente, y se admite provisionalmente mientras no surja otra mejor. La *suposición* puede ser fundada o gratuita, y nos servimos de ella en la vida práctica. La *hipótesis* es especulativa.

supositorio *nombre masculino*
1 cala

supremacía *nombre femenino*
1 dominio
   superioridad
   preeminencia
   preponderancia

supremo, -ma *adjetivo*
1 sumo
   altísimo
2 culminante
   último
   decisivo

suprimir *verbo transitivo*
1 abolir*
   anular
   ANTO autorizar
2 quitar
   ANTO dar
3 omitir
   callar
   pasar por alto
   ANTO incluir

supuesto[1] *nombre masculino*
1 suposición*
   conjetura*

supuesto, -ta[2] *adjetivo*
1 hipotético
   conjetural
   presunto
   apócrifo*

'Lo *supuesto* no existe; lo *presunto* tiene una existencia desconocida. Lo *presunto* supone realidad, aunque con incertidumbre acerca del sujeto. Se ha cometido un delito, y hay un *presunto* reo. Cuando no consta el autor de una obra y se atribuye a muchos, todos ellos son autores *presuntos*' (M).

supuración *nombre femenino*
1 purulencia
   pus
   piosis

suputar *verbo transitivo*
1 computar
   calcular

sur *nombre masculino*
1 mediodía
   austro
   ANTO norte
         ártico
         septentrión

surco *nombre masculino*
1 carril
2 señal

hendedura
3 arruga
En la cara o en cualquier parte del cuerpo.
4 crena

surgidero *nombre masculino*
1 fondeadero

surgir *verbo intransitivo*
1 brotar
   manar
   surtir
2 fondear
3 salir
   alzarse
   manifestarse
   aparecer
   ANTO ocultarse

surrealismo *nombre masculino*
1 superrealismo

surrealista *adjetivo/nombre común*
1 superrealista

surtido, -da *adjetivo/nombre*
1 mezclado
   variado

surtidor *nombre masculino*
1 salteadero
   surtidero

surtir *verbo transitivo*
1 proveer
   aprovisionar
   suministrar
   abastecer*
2 brotar
   surgir
   manar

surto, -ta *adjetivo*
1 fondeado
   anclado

susceptibilidad *nombre femenino*
1 delicadeza

susceptible *adjetivo*
1 capaz
   dispuesto
   apto
   ANTO incapaz
2 picajoso
   quisquilloso
   sentido
   delicado
   puntilloso

suscitador, -ra *adjetivo/nombre*
1 promotor

promovedor
iniciador

suscitar *verbo transitivo*
1 promover
levantar
incitar
sugerir*

suscribir *verbo*
transitivo/pronominal
1 firmar*
signar

suspender *verbo transitivo*
1 colgar
levantar
2 detener
interrumpir
parar*
cesar*
diferir*
ANTO impulsar
3 desaprobar
reprobar
calabacear
dar calabazas
catear
colgar
revolcar

Calabacear, dar calabazas, ca-
tear, colgar y revolcar, entre
estudiantes.

4 admirar
embelesar
maravillar
asombrar
pasmar

suspensión *nombre femenino*
1 detención
parada
interrupción
cesación
pausa
aplazamiento*
2 admiración
embeleso
asombro
pasmo
suspensión de
hostilidades *locución nominal*
armisticio
tregua

suspenso[1] *nombre masculino*
1 calabazas
cate

Entre estudiantes.

suspenso, -sa[2] *adjetivo*
1 admirado
atónito

pasmado
absorto*
2 indeciso
perplejo

suspicacia *nombre femenino*
1 desconfianza*
recelo
escama (familiar)
sospecha
malicia
ANTO confianza
credulidad
sinceridad

suspicaz *adjetivo*
1 receloso
desconfiado
mal pensado
escamado
escamón
ANTO confiado
crédulo
sincero

suspirado, -da *adjetivo*
1 deseado
anhelado
apetecido
ansiado

suspirar *verbo intransitivo*
1 anhelar
desear

Con este significado, *suspirar*
por.

sustentáculo *nombre masculino*
1 apoyo
sostén
soporte

sustentar *verbo*
transitivo/pronominal
1 sostener
soportar
aguantar
ANTO soltar
2 defender
amparar
apoyar
ANTO negar
3 alimentar
mantener*
ANTO desnutrir

sustento *nombre masculino*
1 alimento
mantenimiento
manutención

sustitución *nombre femenino*
1 reemplazo
relevo

sustituir *verbo transitivo*
1 reemplazar
suplir
relevar

sustitutivo, -va *adjetivo/nombre*
1 sucedáneo

sustituto, -ta *adjetivo/nombre*
1 suplente

susto *nombre masculino*
1 sobresalto
espanto
⇒ miedo

'*Susto* y *espanto* explican una
consternación del ánimo ocupado de pronto por un objeto
o accidente imprevisto. La diferencia que hay entre ellos es
que *susto* es análogo al miedo; el *espanto*, al horror o a la
admiración. Un sueño horroroso *espanta* a un hombre que
no tiene miedo. Un pequeño
ruido *asusta* de noche a un
cobarde. La inesperada explosión de una mina volada
puede *espantar* a un soldado,
el cual se avergonzará de decir que se *asustó*, porque
este efecto supondría miedo'
(LH).

sustracción *nombre femenino*
1 resta
2 robo
hurto

sustraer *verbo transitivo*
1 apartar
separar
extraer
quitar
2 hurtar*
robar
3 restar

susurrar *verbo intransitivo*
1 murmurar

verbo pronominal
2 rumorearse
runrunearse
sonarse

susurro *nombre masculino*
1 murmullo
murmurio
rumor

sutil *adjetivo*
1 delgado
delicado
tenue

fino
2 agudo
  ingenioso
  perspicaz

sutileza *nombre femenino*
1 perspicacia
  agudeza
  penetración

  ingenio
ANTO tontería
  estupidez
  cortedad

a
b
c
d
e
f
g
h
i
j
k
l
m
n
ñ
o
p
q
r
s
t
u
v
w
x
y
z

taba *nombre femenino*
1 taquín
astrágalo

tabalear *verbo transitivo*
1 atabalear

verbo intransitivo
2 tamborilear
tamborear
tocar

tabaola *nombre femenino*
1 batahola

tabaque *nombre masculino*
1 altabaque

tabaquera *nombre femenino*
1 petaca*

tabaquería *nombre femenino*
1 estanco

tabaquismo *nombre masculino*
1 nicotismo

tabardillo *nombre masculino*
1 (fiebre) pinta

tabarra *nombre femenino*
1 lata
tostón

taberna *nombre femenino*
1 tasca (despectivo y familiar)

tabernáculo *nombre masculino*
1 sagrario (altar)
custodia

tabes *nombre femenino*
1 consunción

tabique *nombre masculino*
1 pared*
muro
tapia
albarrada
horma
hormaza

tablacho *nombre masculino*
1 compuerta

tablado *nombre masculino*
1 entablado
tillado

tablajero *nombre masculino*
1 garitero

tablar *nombre masculino*
1 tablero

tablas *nombre femenino plural*
1 empate
Especialmente en el juego de
ajedrez.
2 escenario
3 barrera

tablear *verbo transitivo*
1 atablar
allanar

tablero *nombre masculino*
1 adral
tablar
2 ábaco
numerador
tanteador

tablestacado *nombre masculino*
1 ataguía

tableta *nombre femenino*
1 tabloncillo
2 pastilla
comprimido

tabloncillo *nombre masculino*
1 tableta (madera de sierra)

tabuco *nombre masculino*
1 (despectivo) chiscón
cuchitril
chiribitil
zaquizamí
tugurio

taburete *nombre masculino*
1 banquillo
alzapiés

tacañería *nombre femenino*
1 mezquindad
ruindad
cicatería
avaricia*
miseria
roñería
ANTO esplendidez
generosidad

tacaño, -ña *adjetivo/nombre*
1 miserable
ruin
mezquino
roñoso
cicatero
avaro
avariento*

tacha *nombre femenino*
1 tilde
falta
defecto
mancha
mácula
mancilla
impureza
desdoro
ANTO perfección
honor

tachar *verbo transitivo*
1 borrar
rayar
suprimir
anular*
2 culpar
censurar
tildar*
notar*

tácito, -ta *adjetivo*
1 callado*
silencioso
ANTO hablador
2 implícito

supuesto
sobreentendido
ANTO explícito

taciturno, -na *adjetivo*
1 (persona) callado*
silencioso*
ANTO locuaz
2 triste
melancólico
pesaroso
apesadumbrado
ANTO alegre
optimista

taco *nombre masculino*
1 baqueta
2 bloque
3 palabrota
grosería
voto*
juramento
reniego

táctica *nombre femenino*
1 habilidad
tacto
tiento
diplomacia

tactismo *nombre masculino*
1 taxia

tacto *nombre masculino*
1 tiento
2 habilidad*
tiento
mano izquierda (irónico)
táctica
política
diplomacia
mundología (irónico)
sagacidad
discreción
destreza
acierto*
ANTO inhabilidad

tafilete *nombre masculino*
1 marroquí (cuero)

tagarote *nombre masculino*
1 baharí

taguán *nombre masculino*
1 guiguí

tahalí *nombre masculino*
1 tiracol
tiracuello

taharal *nombre masculino*
1 tarayal

taheño, -ña *adjetivo*
1 bermejo (aplícase al pelo)

rubio
rojizo
rufo

tahonero, -ra *nombre*
1 panadero

tahúr, -ra *adjetivo/nombre*
1 jugador*
2 fullero
tramposo
cuco
chamarillero

taimado, -da *adjetivo/nombre*
1 astuto
bellaco
pícaro
tuno
tunante
zorro
cuco

taimería *nombre femenino*
1 cuquería
picardía
malicia
astucia
tunería
ANTO sinceridad
ingenuidad

tajada *nombre femenino*
1 raja
rebanada

tajadero *nombre masculino*
1 tajo (pedazo de madera)
picador
tajador
tajón

tajador *nombre masculino*
1 tajo (pedazo de madera)
picador
tajadero
tajón

tajamar *nombre masculino*
1 espolón

tajar *verbo transitivo*
1 cortar
hender
partir
dividir

Tajar supone cierta intensidad
de la acción, tanto en su sentido recto como en el figurado; por ejemplo: *tajar* cabe-
zas, diferencias de intereses,
litigios, etc.

tajea *nombre femenino*
1 atarjea

tajo *nombre masculino*
1 corte
incisión*
2 filo
3 escarpa
4 (pedazo de madera) picador
tajadero
tajador
tajón
5 tarea
faena

tajón *nombre masculino*
1 tajo (pedazo de madera)
picador
tajadero
tajador

tajuelo *nombre masculino*
1 tejuelo (en mecánica)
rangua
tejo

tal[1] *adjetivo*
1 igual
semejante

tal[2] *adverbio*
1 así
de esta manera
de esta suerte

tala *nombre femenino*
1 (juego de muchachos)
billalda
toña

taladrar *verbo transitivo*
1 horadar*
agujerear
perforar

taladro *nombre masculino*
1 agujero*
horado
huraco (rústico)
orificio
perforación

tálamo *nombre masculino*
1 cama
lecho
litera
yacija (despectivo)
camastro (despectivo)
2 receptáculo (de la flor)

talante *nombre masculino*
1 semblante
disposición
humor
2 voluntad
deseo
gusto

talar *verbo transitivo*
1 cortar
 arrasar

 Talar se usa únicamente tratándose de árboles.

2 destruir
 arruinar
 devastar
 arrasar

talento *nombre masculino*
1 ingenio
 inteligencia
 entendimiento
 capacidad
 ANTO inhabilidad
  desconocimiento
  cortedad
  tontería

La voz *talento*, en el sentido en que se mira como sinónimo de la voz *ingenio*, recae sobre la facultad intelectual de que está adornado un hombre, y de que usa para el arreglo de sus acciones y palabras, para la exactitud de sus raciocinios y fundamento de sus opiniones. *Ingenio* es la facultad con que el alma percibe y discurre sutilmente. Tiene *talento* el que se halla con luces y disposición para aumentar sus conocimientos, y aplicarlos a la dirección y acierto de sus operaciones. Tiene *ingenio* el que está dotado de viveza y disposición para hallar recursos y medios que no se presentan a primera vista, para conseguir un fin. El artífice que construye un instrumento según las reglas del arte que posee, y que, a fuerza de su estudio y de sus combinaciones y cálculos, lo perfecciona, tiene *talento*. Un curioso que inventa un instrumento por puro efecto de su imaginación, sin conocimiento de las reglas y principios del arte, tiene *ingenio*. Aquel aprende con facilidad lo que le enseñan, adquiere ideas con el estudio, y sabe dar razón de lo que aprende. Este halla en sí mismo ideas que no ha debido al estudio, y muchas veces no puede dar razón de lo que sabe' (LH).

talentudo, -da *adjetivo*
1 inteligente
 ingenioso
 sagaz
 listo
 perspicaz
 despierto
 talentoso
 torpe
 tonto

talismán *nombre masculino*
1 varita mágica
 varita de las virtudes
 amuleto

 Amuleto es un *talismán* que se lleva encima.

talla *nombre femenino*
1 escultura

 Especialmente si es de madera.

2 estatura
 alzada

 Estatura, en el hombre; *alzada*, en las caballerías.

tallar *verbo transitivo*
1 entallar
2 tasar
 apreciar
 valuar
 valorar*
 evaluar

talle *nombre masculino*
1 cintura
2 traza
 apariencia

taller *nombre masculino*
1 obrador
 estudio

 La palabra *taller* ha sustituido a la antigua *obrador* para designar en general la oficina donde se hace un trabajo manual; sin embargo, *obrador* predomina todavía en algunos oficios, como el de cerero, del confitero y de la planchadora. El pintor y el el escultor trabajan en su *taller* o *estudio*; el químico y el farmacéutico, en el *laboratorio*.

tallo *nombre masculino*
1 tronco
 troncho
 caña

 El *tallo* de los árboles y arbustos, *tronco*; el de las hortali-

zas, *troncho*; el de las gramináceas, *caña*.

2 renuevo
 vástago

talludo, -da *adjetivo*
1 crecido
 alto
 ANTO seco
  verde
  joven

talofítica *adjetivo*
1 arrizofita

talón *nombre masculino*
1 calcañar
 zancajo

talque *nombre masculino*
1 tasconio

tamaño *nombre masculino*
1 magnitud
 grandor
 grandeza*
 dimensión
 volumen
 extensión (de una
  superficie)

tamarisco *nombre masculino*
1 taray
 tamariz
 taraje

tamariz *nombre masculino*
1 tamarisco
 taray
 taraje

tambalear *verbo
 intransitivo/pronominal*
1 trastrabillar
 bambolear
 oscilar
 vacilar
 ANTO aquietarse
  inmovilizarse

también *adverbio*
1 asimismo
 de la misma manera
 igualmente
2 además
 aun*
 incluso

tambor *nombre masculino*
1 parche

tamboril *nombre masculino*
1 tímpano (poético)
 tamborín
 tamborino
 timbal

Tímpano evoca la antigüedad clásica.

tamborilear *verbo intransitivo*
1 tabalear
  tamborear

tamiz *nombre masculino*
1 filtrador
  colador
  colatorio

tamojo *nombre masculino*
1 matojo

tanatofobia *nombre femenino*
1 necrofobia
  ANTO necrofilia
    tanatofilia

tanda *nombre femenino*
1 turno
  vez
  relevo*

tangerino, -na *adjetivo/nombre*
1 (persona) tingitano

tangible *adjetivo*
1 tocable
  palpable
  ANTO impalpable
    inasequible
    incierto

Tocable se refiere principalmente a las cosas materiales. *Palpable* y *tangible*, a lo material y a lo figurado. Un bulto *tocable*, *palpable* o *tangible*. Las consecuencias *palpables* o *tangibles* de una doctrina, de una resolución.

tanteador *nombre masculino*
1 marcador

tantear *verbo transitivo*
1 probar
  ensayar
  examinar
2 esbozar
  bosquejar

tanteo *nombre masculino*
1 tentativa
  intento
  prueba
  ensayo
2 apunte
  croquis
  esbozo
  boceto
  esquicio
3 puntuación
  resultado

tanto¹ *nombre masculino*
1 punto

tanto²
  por lo tanto *locución conjuntiva*
  luego
  por consiguiente
  por tanto

tañer *verbo transitivo*
1 tocar*

tañido *nombre masculino*
1 toque
  son
  sonido*

tapa *nombre femenino*
1 tapadera
2 cubierta (en los libros)

tapadillo.
  de tapadillo *locución adverbial*
  ocultamente
  furtivamente
  a escondidas
  a hurto
  encubiertamente
  ANTO abiertamente
    sinceramente

tapadizo *nombre masculino*
1 cobertizo*

tapar *verbo transitivo/pronominal*
1 cubrir
  cerrar
  ANTO descubrir
    abrir
2 atascar
  atorar
  obstruir*
  ANTO desembozar
    desatascar
    desobstruir
3 abrigar
  arropar
  proteger
4 ocultar*
  encubrir

tápara *nombre femenino*
1 alcaparra

taperujarse *verbo pronominal*
1 arrebujarse
  cubrirse
  envolverse
  taparse
  tapujarse (familiar)
  embozarse
  ANTO destaparse
    desenvolverse

tapia *nombre femenino*
1 pared*
  muro
  tabique
  albarrada
  horma
  hormaza
  cerca*

tapioca *nombre femenino*
1 mañoco

tapir *nombre masculino*
1 danta

tapón *nombre masculino*
1 gorro
  En el baloncesto.

taponar *verbo transitivo*
1 obliterar
  obstruir
  cerrar

tapsia *nombre femenino*
1 zumillo

tapujarse *verbo pronominal*
1 (familiar) arrebujarse
  cubrirse
  envolverse
  taparse
  taperujarse
  embozarse
  ANTO destaparse
    desenvolverse

taquicardia *nombre femenino*
1 taquirritmia

taquígrafo, -fa *nombre*
1 estenógrafo

taquín *nombre masculino*
1 astrágalo
  chita
  taba

taquirritmia *nombre femenino*
1 taquicardia

tara *nombre femenino*
1 defecto
  vicio
  lacra

taracea *nombre femenino*
1 ataracea
  marquetería
  mosaico de madera

taracear *verbo transitivo*
1 ataracear
  incrustar

taragallo *nombre masculino*
1 trangallo
tarangallo
trabanco

taragontía *nombre femenino*
1 dragontea
culebrilla
serpentaria
zumillo

taraje *nombre masculino*
1 tamarisco
taray
tamariz

tarambana *adjetivo/nombre común*
1 ligero
alocado
irreflexivo
aturdido

tarando *nombre masculino*
1 reno
rangífero
rengífero

tarangallo *nombre masculino*
1 trangallo
taragallo
trabanco

tarántula *nombre femenino*
1 licosa

tarantulado, -da *adjetivo*
1 atarantado

tararira *nombre común*
1 (familiar) botarate
alborotado
irreflexivo
atolondrado
precipitado
ANTO juicioso
reflexivo
grave

tarasca *nombre femenino*
1 gomia

tarascar *verbo transitivo*
1 morder (con los dientes)
tarazar
atarazar
mordiscar
mordisquear

taray *nombre masculino*
1 tamarisco
tamariz
taraje

tarayal *nombre masculino*
1 taharal

tarazana *nombre femenino*
1 atarazana
tarazanal
arsenal

tarazar *verbo transitivo*
1 morder (con los dientes)
tarrascar
atarazar
mordiscar
mordisquear

tardanaos *nombre masculino*
1 rémora (pez)

tardanza *nombre femenino*
1 demora
dilación
lentitud
detención
retraso
ANTO ligereza
alacridad

tardar *verbo intransitivo/pronominal*
1 demorarse
retrasarse
detenerse
ANTO aligerar
adelantarse
apresurarse
acelerar

tardío, -a *adjetivo*
1 retrasado
moroso

'*Tardío* es lo que tarda, cualquiera que sea la causa de su tardanza; *moroso* es lo que tarda por lentitud o pesadez. No decimos cosecha *morosa*, sino *tardía*; ni hombre *tardío*, sino *moroso*' (M).

2 pausado
lento
tardo
despacioso

tardo, -da *adjetivo*
1 lento
despacioso
pausado
perezoso
tardío
2 rudo
torpe
boto

tarea *nombre femenino*
1 labor
obra
trabajo*
faena

tajo
ocupación*
ANTO descanso
pasividad

tarifa *nombre femenino*
1 arancel

Arancel, si es oficial y se refiere a derechos o impuestos que hay que pagar. Si se trata de precio por servicios, *tarifa* y no *arancel*. Así decimos *arancel* de aduanas, pero *tarifa* de transportes, de electricidad, de teléfonos.

tarjeta *nombre femenino*
1 papeleta
cédula
ficha
2 placa

tarquín *nombre masculino*
1 cieno
lama
légamo
limo
lodo
fango
barro

tarraja *nombre femenino*
1 terraja

tarrasense *adjetivo/nombre común*
1 (persona) egarense

tarraya *nombre femenino*
1 esparavel (pez)
atarraya

tarreña *nombre femenino*
1 tejoleta

tartamudear *verbo intransitivo*
1 tartajear

tartamudo, -da *adjetivo*
1 tartajoso
farfalloso

tártaro *nombre masculino*
1 rasura

tartera *nombre femenino*
1 fiambrera

tarugo *nombre masculino*
1 zoquete

tasa *nombre femenino*
1 tasación
valoración
evaluación
2 postura

a b c d e f g h i j k l m n ñ o p q r s t u v w x y z

precio máximo
3 medida
   regla

tasajo *nombre masculino*
1 tajada

tasar *verbo transitivo*
1 estimar
   apreciar
   valorar*
   evaluar
2 graduar
   regular
   limitar
   medir

tasca *nombre femenino*
1 figón
   bodegón
   fonducho
2 (despectivo y familiar)
   taberna

tascar *verbo transitivo*
1 espadar
   espadillar

tasconio *nombre masculino*
1 talque

tasugo *nombre masculino*
1 tejón (mamífero)

tatarabuelo, -la *nombre*
1 rebisabuelo

tataranieto, -ta *nombre*
1 rebisnieto

taujía *nombre femenino*
1 ataujía

taumaturgia *nombre femenino*
1 magia
   ocultismo
   hechicería
   encantamiento
   brujería

taumatúrgico, -ca *adjetivo*
1 maravilloso
   prodigioso
   milagroso
   mágico
   hechicero

taumaturgo *nombre masculino*
1 mago
   hechicero
   encantador

Taumaturgo es el autor de maravillas o prodigios. Dentro de este significado general se hallan comprendidos el *mago*, el *hechicero* y el *encantador*.

taxia *nombre femenino*
1 tactismo

taxología *nombre femenino*
1 (ciencia) taxonomía

taxonomía *nombre femenino*
1 clasificación
2 (ciencia) taxología

tazaña *nombre femenino*
1 tarasca (figura)

tazón *nombre masculino*
1 bol

té
   té borde *locución nominal*
   pazote
   apasote
   pasiote
   hierba de Santa María
   hierba del Brasil
   hierba hormiguera
   pizate
   té de los Jesultas
   mate
   té del Paraguay

tea *nombre femenino*
1 cuelmo

team *nombre masculino*
1 (anglicismo) formación
   equipo
   bando

tebaína *nombre femenino*
1 paramorfina

tebaísmo *nombre masculino*
1 opiumismo

tebano, -na *adjetivo/nombre*
1 (persona) dirceo

teca *nombre femenino*
1 relicario

techado *nombre masculino*
1 techo
   techumbre

techo *nombre masculino*
1 techado
   techumbre
2 casa
   habitación
   hogar
   domicilio

techumbre *nombre femenino*
1 techo
   techado

tecle *nombre masculino*
1 andarivel

tecnología *nombre femenino*
1 terminología

tedio *nombre masculino*
1 aburrimiento
   desgana
   hastío
   fastidio
   ANTO entretenimiento
   afán

tegumento *nombre masculino*
1 envoltura
   cubierta

teinada *nombre femenino*
1 tinada (cobertizo)
   tenada
   tena

tejar *nombre masculino*
1 tejería
   tejera

tejaroz *nombre masculino*
1 alero

tejavana *nombre femenino*
1 cobertizo*

tejedera *nombre femenino*
1 escribano del agua
   esquila

tejedor *nombre masculino*
1 (insecto) zapatero

tejedura *nombre femenino*
1 textura (disposición)
   tejido

tejera *nombre femenino*
1 tejar (fábrica)
   tejería

tejería *nombre femenino*
1 tejar (fábrica)
   tejera

tejido *nombre masculino*
1 género
   tela

tejoleta *nombre femenino*
1 tarreña

tejón *nombre masculino*
1 (mamífero) tasugo

tejos
   tirar los tejos *locución*
   rondar la calle
   festejar
   cortejar
   galantear

a
b
c
d
e
f
g
h
i
j
k
l
m
n
ñ
o
p
q
r
s
t
u
v
w
x
y
z

tejuelo

hacer la corte
poner los ojos tiernos
ligar (familiar)

tejuelo *nombre masculino*
1 rangua
tajuelo
tejo

tela *nombre femenino*
1 paño
2 asunto
materia

teledirección *nombre femenino*
1 telemando

teledirigido, -da *adjetivo*
1 teleguiado

teledirigir *verbo transitivo*
1 teleguiar

telefonema *nombre masculino*
1 despacho (telefónico)

telefonillo *nombre masculino*
1 interfono

telegrama *nombre masculino*
1 despacho (telegráfico)

teleguiado, -da *adjetivo*
1 teledirigido

teleguiar *verbo transitivo*
1 teledirigir

teleimpresor *nombre masculino*
1 teletipo

telemando *nombre masculino*
1 teledirección

teleología *nombre femenino*
1 finalismo

telepatía *nombre femenino*
1 doble vista
telestesia

telespectador, -ra *nombre*
1 televidente

telestesia *nombre femenino*
1 telepatía

teletipo *nombre masculino*
1 teleimpresor

televidente *nombre común*
1 telespectador

televisión *nombre femenino*
1 (familiar) televisor

televisor *nombre masculino*
1 televisión (familiar)

telina *nombre femenino*
1 almeja
tellina

tellina *nombre femenino*
1 almeja
telina

telúrico, -ca *adjetivo*
1 terrestre
terreno
terrenal

tema *nombre masculino*
1 asunto
cuestión
motivo
2 porfía
obstinación
3 manía
idea fija
nombre femenino
4 (del discurso) perístasis
argumento

temario *nombre masculino*
1 programa
repertorio

tembladal *nombre masculino*
1 tremedal

temblar *verbo intransitivo*
1 tremer
2 rilar
titiritar
tiritar
estremecerse
trepidar

Tiritar, cuando es de frío. *Estremecerse* es *temblar* con movimiento agitado y súbito, a causa de un sobresalto, escalofrío, etc.; aplicado a cosas inanimadas que *tiemblan* por impulso exterior o propio, *trepidar* y *estremecerse*, por ejemplo el suelo, los cristales, máquinas, etc.

tembleque *adjetivo*
1 temblor

temblor *nombre masculino*
1 trepidación
estremecimiento
tembleque

tembloreo *nombre masculino*
1 tembloteo
temblor

tembloroso, -sa *adjetivo*
1 tembloso
trémulo
tremulante

tembloso, -sa *adjetivo*
1 tembloroso
trémulo
tremulante

tembloteo *nombre masculino*
1 tembloreo

temer *verbo transitivo*
1 sospechar
recelar
no saber dónde meterse
ciscarse de miedo
ANTO creer
confiar

temerario, -ria *adjetivo*
1 imprudente
arriesgado
osado
inconsiderado

Temerario intensifica el significado. Por esto hay un delito de *imprudencia temeraria*, más grave que la simple *Imprudencia*.

temeridad *nombre femenino*
1 imprudencia
atrevimiento
inconsideración
arrojo*
ANTO prudencia
reflexión
cobardía

temeroso, -sa *adjetivo*
1 temible
aterrador
espantoso
2 medroso*
irresoluto
pusilánime
miedoso
cobarde
3 receloso
desconfiado

temible *adjetivo*
1 formidable
espantoso
aterrador

'*Temible* es lo que inspira temor; *formidable* es lo que inspira asombro y espanto. El rigor es *temible*; la crueldad es *formidable*' (M).

temor *nombre masculino*
1 miedo*
cobardía

'El *temor* es muchas veces

efecto de la prudencia; el *miedo*, de la imaginación; la *cobardía*, del temple y de la constitución física. El *temor* de Dios es obligación de todo cristiano. Los niños tienen *miedo* a la oscuridad, y muchos ignorantes lo tienen a las apariciones y fantasmas. La *cobardía* lleva consigno el desprecio y la deshonra' (M).

temoso, -sa *adjetivo*
1 tenaz
  obstinado
  porfiado
  terco

témpano *nombre masculino*
1 timbal (tambor)
  atabal
  tímpano
  tamboril

temperadamente *adverbio*
1 templadamente
  moderadamente
  mesuradamente
  parcamente

temperamento *nombre masculino*
1 idiosincrasia*
  carácter
  índole

temperancia *nombre femenino*
1 templanza
  moderación
  ANTO destemplanza
    irritación

temperante *adjetivo*
1 calmante
  sedante

temperar *verbo transitivo*
1 atemperar
  moderar
  templar
  suavizar

temperatura *nombre femenino*
1 temperie
  temperamento
  temple

temperie *nombre femenino*
1 temperamento
  temperatura
  temple

tempero *nombre masculino*
1 sazón
  punto

madurez
perfección
ANTO verdor

tempestad *nombre femenino*
1 temporal
  tormenta
  borrasca
  tronada
  ANTO calma
    tranquilidad

Tronada, cuando la *tempestad* es de truenos.

tempestuoso, -sa *adjetivo*
1 tormentoso
  borrascoso

templadamente *adverbio*
1 temperadamente
  moderadamente
  mesuradamente
  parcamente

templado, -da *adjetivo*
1 moderado*
  mesurado
  sobrio
  parco
'2 tibio
3 sereno
  valiente
  impávido

templador *nombre masculino*
1 martillo

templanza *nombre femenino*
1 temperancia
  frugalidad
  abstinencia
  continencia
  sobriedad
  moderación
  morigeración

Sobriedad, moderación y *morigeración*, referidos a las costumbres; *frugalidad*, a comer y beber; *abstinencia* y *continencia* a todo lo material.

templar *verbo transitivo/pronominal*
1 moderar
  suavizar
  mitigar
2 aplacar
  atenuar
  sosegar
  ANTO destemplar
    irritar
3 afinar
  entonar
  ANTO desafinar

temple *nombre masculino*
1 temperatura
2 disposición
  índole
  genio
  carácter*
  humor*
3 arrojo
  valentía
  impavidez

templista *nombre común*
1 pintor*

templo *nombre masculino*
1 iglesia

temporada *nombre femenino*
1 época
  era
  tiempo
  estación

temporal *adjetivo*
1 seglar
  secular
  profano
2 tempestad
  tormenta

temporalizar *verbo transitivo*
1 secularizar

Tratándose de lo eclesiástico.

tempranamente *adverbio*
1 temprano
  pronto
  ANTO tarde

temprano[1] *adverbio*
1 tempranamente
  pronto
  ANTO tarde

temprano, -na[2] *adjetivo*
1 precoz
  prematuro
  adelantado
  anticipado
  ANTO tardo
    retrasado
    maduro

tenacear *verbo transitivo*
1 atenacear
  sujetar
  amarrar
  atenazar
  ANTO soltar

tenacidad *nombre femenino*
1 firmeza
  fuerza
  resistencia
2 constancia

a
b
c
d
e
f
g
h
i
j
k
l
m
n
ñ
o
p
q
r
s
t
u
v
w
x
y
z

a

obstinación*
porfía

b

tenacillas *nombre femenino plural*
1 mediacaña

c

pinzas
Las que se usan para rizar el

d

pelo, *mediacaña*. Las que sirven para coger alguna cosa, *pinzas*.

e

tenada *nombre femenino*

f

1 tinada (cobertizo)
teinada

g

tena

tenaz *adjetivo*

h

1 firme
fuerte

i

resistente
2 constante*

j

obstinado
porfiado

k

terco*
testarudo
contumaz*

l

tendajo *nombre masculino*
1 cobertizo*

m

tendal *nombre masculino*

n

1 toldo
vela

ñ

pabellón

tendejón *nombre masculino*

o

1 cobertizo*

tendel *nombre masculino*

p

1 tortada

tendencia *nombre femenino*

q

1 inclinación*
propensión*

r

instinto

tender *verbo transitivo/pronominal*

s

1 desdoblar
extender
desplegar
ANTO encoger

t

doblar
plegar
2 esparcir
ANTO reunir

u

3 propender
inclinarse

v

tirar a
Por ejemplo: el tiempo *tiende*, *propende*, *se inclina*, *tira*, a

w

mejorar.

x

verbo pronominal

y

4 tumbarse

z

echarse
ANTO levantarse
incorporarse
erguirse

tenducho *nombre masculino*
1 (despectivo) tienda*
almacén
despacho
puesto
barracón
tenderete (despectivo)
tenducha

tenebrosidad *nombre femenino*
1 oscuridad
lobreguez
sombra
tinieblas

tenebroso, -sa *adjetivo*
1 oscuro
sombrío
ANTO claro
brillante
alegre

tenencia *nombre femenino*
1 posesión
goce
disfrute

tener *verbo transitivo*
1 poseer
contener
comprender
ANTO carecer
2 asir
mantener
sostener
ANTO soltar
desasir
liberar
3 considerar
juzgar
reputar
estimar
apreciar

tenería *nombre femenino*
1 curtiduría

tenia *nombre femenino*
1 solitaria

teniente, -ta *adjetivo*
1 sordo

tenis

tenis de mesa *locución nominal*
ping-pong

tensar *verbo transitivo*
1 atirantar

tesar
estirar

tensión *nombre femenino*
1 tirantez
ANTO flojedad
blandura
doblamiento
2 presión
Tratándose de los gases o de la *tensión* arterial.

tenso, -sa *adjetivo*
1 tirante
Tenso se usa especialmente en marina.

tentáculo *nombre masculino*
1 tiento

tentar *verbo transitivo*
1 tocar*
palpar
'*Tocar* es aproximar una parte del cuerpo a otro, de modo que haya entre ellos el menor intervalo posible; *tentar* es tocar con alguna intención determinada, como la de averiguar la dureza del cuerpo que se toca; *palpar* es tocar con toda la parte interior de la mano' (M).
2 instigar
inducir
incitar
provocar
3 intentar
tantear
probar

tentativa *nombre femenino*
1 intento
tanteo
prueba
ensayo

tentemozo *nombre masculino*
1 dominguillo (muñeco)
matihuelo
tentetieso
siempretieso
2 quijera (correa)

tentempié *nombre masculino*
1 (familiar) refrigerio
2 (muñeco) dominguillo
matihuelo
tentetieso
siempretieso

tentetieso *nombre masculino*
1 dominguillo (muñeco)
tentemozo

matihuelo
siempretieso

tenue *adjetivo*
1 leve*
  ligero
  delicado
  delgado
  fino
  débil
  ANTO gordo
    resistente

teñible *adjetivo*
1 tingible

teñir *verbo transitivo*
1 entintar
  tintar

  Ambos, si se trata de colores
  artificiales; pero tratándose
  del color que naturalmente
  adquieren las cosas no puede
  usarse más que *teñir*: entintar,
  tintar o *teñir* un traje; a fines
  de primavera los sembrados
  se *tiñen* (no tintan ni entintan)
  de amarillo.

teobroma *nombre masculino*
1 cacao (arbolillo)

teocrático, -ca *adjetivo*
1 clerical

teoría *nombre femenino*
1 procesión
  serie
  fila
  desfile
  ANTO práctica
    comprobación

  En su sentido etimológico,
  teoría significaba en la antigua
  Grecia *procesión*, como la
  teoría de las Panateneas. De
  aquí proviene el uso literario
  moderno por *serie*, *fila*, *desfile*; por ejemplo: una hermosa
  teoría de muchachas.

teórico, -ca *adjetivo*
1 especulativo

tepe *nombre masculino*
1 césped
  gallón

terapéutica *nombre femenino*
1 terapia
  tratamiento

terapia *nombre femenino*
1 tratamiento
  terapéutica

teratológico, -ca *adjetivo*
1 monstruoso
  antinatural

tercera *nombre femenino*
1 alcahueta
  encubridora
  celestina
  enflautadora

tercería *nombre femenino*
1 alcahuetería
  lenocinio
  proxenetismo

tercero[1] *nombre masculino*
1 alcahuete
  encubridor
  proxeneta
2 terciario

  El que pertenece a la orden
  tercera franscicana, domini-
  cana o carmelita.

tercero, -ra[2] *adjetivo/nombre*
1 tercio
  terciario
  mediador
  tercera persona

  Tratándose de orden o grado,
  terciario.

terceto *nombre masculino*
1 trío

tercianario, -ria
  adjetivo/nombre
1 atercianado

terciar *verbo intransitivo*
1 mediar
  interponerse
  intervenir
  verbo pronominal
2 venir bien
  ser oportuno
  estar a mano

terciario, -ria *adjetivo/nombre*
1 tercero
  tercio
  mediador
  tercera persona

terciopelado, -da *adjetivo*
1 aterciopelado

terciopelo *nombre masculino*
1 velludo

terco, -ca *adjetivo*
1 voluntarioso
  constante*
  tenaz
  tesonero

tozudo
testarudo
obstinado
porfiado
pertinaz
terne
cabezón
cabezudo
cabezota

Voluntarioso, constante, tenaz
y *tesonero* son estimativos y
forman una serie intensiva.
Todos los demás, incluyendo
a *terco*, son desestimativos.

'El *obstinado* persiste en sus
opiniones; el *tenaz*, en su conducta; el *testarudo* lleva su
persistencia hasta la temeridad y la obcecación' (M).

terebintáceo, -ea
  adjetivo/nombre
1 anacardiáceo

terebinto *nombre masculino*
1 albotín
  cornicabra

tereniabín *nombre masculino*
1 maná líquido

tergiversado, -da *adjetivo*
1 violento
  torcido

tergiversar *verbo transitivo*
1 deformar
  falsear
  torcer las palabras
  tomar el rábano por las
    hojas
  echar a mala parte

terliz *nombre masculino*
1 cotí
  cutí

termal *adjetivo*
1 térmico

  Termal se dice especialmente
  de las aguas mineromedicina-
  les calientes.

termas *nombre femenino plural*
1 caldas
  baños termales

térmico, -ca *adjetivo*
1 termal

terminación *nombre femenino*
1 extremo
  final
  conclusión

a
b
c
d
e
f
g
h
i
j
k
l
m
n
ñ
o
p
q
r
s
t
u
v
w
x
y
z

consumación
término*
ANTO comienzo
  inauguración

terminación flexional
locución nominal
desinencia
flexión

terminado, -da *adjetivo/nombre*
1 acabado
  finalizado
  inactivo
  muerto

terminante *adjetivo*
1 claro
  concluyente*
  decisivo
  categórico
  definitivo

terminantemente *adverbio*
1 redondamente
  rotundamente
  claramente
  categóricamente

terminar *verbo*
intransitivo/transitivo
1 acabar
  rematar
  concluir
  finalizar
  ultimar
  finiquitar (familiar o vulgar)
  ANTO empezar
    inaugurar

Terminar y *acabar* pueden referirse al tiempo, al espacio o a una obra cualquiera: *el plazo termina, o acaba, el día 10; aquí termina, o acaba, el término municipal; el palo termina, o acaba, en punta; pronto terminaré, o acabaré, esta carta.* *Rematar* tiene los mismos usos, pero es vulgar aplicado al tiempo: *mañana remata el plazo.* Aplicado a una obra, significa darle los últimos toques: *rematar* una prenda de vestir. *Concluir* no se emplea hablando de espacio: *la finca termina, o acaba* (no *concluye*) *en aquella loma.* *Finalizar* pertenece al estilo literario, o al administrativo: *la admisión de instancias finaliza este mes.* *Ultimar* se refiere sólo a una obra a otra bajo: *se ultima la construcción del puente; ultimar* un asunto. Coincide con *rematar* (aunque es más litera-

rio) en la acepción de dar a una obra los últimos toques.

término *nombre masculino*
1 fin
  final
  conclusión
  terminación
  extremo
  consumación
  remate

'El *término* es el *fin* de alguna cosa material o inmaterial, y en este su sentido recto, es sinónimo de *fin*. El *fin* se refiere a la cosa que cesa; el *término* a la cosa que se completa' (LH).

2 hito
  mojón
3 límite
  linde
  confín*
  raya
  demarcación
  frontera
4 plazo
5 palabra
  vocablo
  voz
  expresión

terminología *nombre femenino*
1 nomenclatura

La *tecnología* es la *terminología* exclusiva de una ciencia o arte.

termoplejía *nombre femenino*
1 insolación
  acaloramiento

termorregulador *nombre masculino*
1 termostato

termostato *nombre masculino*
1 termorregulador
2 airestato

ternario¹ *nombre masculino*
1 triduo

ternario, -ria² *adjetivo*
1 trino

terne *adjetivo/nombre común*
1 valentón
  jaque
  adjetivo
2 perseverante
  obstinado
  terco
3 fuerte
  robusto

ternera *nombre femenino*
1 chota
  becerra
  jata
  novilla
  magüeta
  utrera

La *ternera* de dos o tres años, *novilla* o *magüeta*; la de dos años, *utrera*.

ternero *nombre masculino*
1 choto
  becerro
  jato
  novillo
  magüeto
  utrero

El de dos o tres años, *novillo* o *magüeto*; el de dos años, *utrero*.

terneza *nombre femenino*
1 ternura
2 requiebro
  flor
  piropo

ternilla *nombre femenino*
1 cartílago

ternilloso, -sa *adjetivo*
1 cartilaginoso

terno *nombre masculino*
1 traje
2 voto*
  juramento
  reniego
  taco

ternura *nombre femenino*
1 terneza
  delicadeza
  dulzura
  cariño
  afecto
  ANTO dureza
    impiedad
    grosería

terquedad *nombre femenino*
1 obstinación
  pertinacia
  testarudez
  porfía
  tozudería
  contumacia
  tenacidad
  tozudez
  tesón
  ANTO condescendencia

renuncia
blandura
comprensión

terrado *nombre masculino*
1 azotea
terraza

terraja *nombre femenino*
1 tarraja

terraje *nombre masculino*
1 terrazgo (renta)

terraza *nombre femenino*
1 azotea
terrado
solana

terrazgo *nombre masculino*
1 terraje

terrecer *verbo*
transitivo/pronominal
1 aterrar
postrar
abatir
ANTO animar

terremoto *nombre masculino*
1 temblor de tierra
sismo
seísmo

terrenal *adjetivo*
1 terreno
terrestre

terreno[1] *nombre masculino*
1 tierra

terreno, -na[2] *adjetivo*
1 terrenal
terrestre

terrera *nombre femenino*
1 alondra
caladre
copetuda

terrestre *adjetivo*
1 terreno
telúrico ·
terrenal

Si se trata de la tierra como
planeta, *telúrico*; en oposición
al cielo, *terreno* o *terrenal*.

terrible *adjetivo*
1 espantoso
terrorífico
horrible
aterrador
2 intratable
áspero
3 desmesurado
atroz

territorio *nombre masculino*
1 país*
región

terrizo *nombre masculino*
1 lebrillo
librillo
barreño ·

terrón *nombre masculino*
1 orujo

terror *nombre masculino*
1 miedo
espanto
horror
pavor
pánico

terrorífico, -ca *adjetivo*
1 espantoso
horrible
terrible
horripilante
aterrador
pavoroso

terso, -sa *adjetivo*
1 limpio
bruñido
pulido
pulimentado
2 puro
fluido
limado

Tratándose del lenguaje o del
estilo.

tertuliano, -na *adjetivo/nombre*
1 contertulio
tertuliante
tertulio

tertuliante *adjetivo/nombre*
común
1 tertuliano
contertulio
tertulio

tertulio, -lia *adjetivo/nombre*
1 tertuliano
contertulio
tertuliante

tesar *verbo transitivo*
1 atirantar
ANTO encoger
aflojar

tesis *nombre femenino*
1 argumento
asunto
materia

tesitura *nombre femenino*
1 actitud
disposición (del ánimo)
humor
temple

teso, -sa *adjetivo*
1 tenso
tirante
tieso
estirado

tesón *nombre masculino*
1 empeño
constancia
voluntad
firmeza
perseverancia*
ANTO inconstancia
flexibilidad
renuncia

tesonero, -ra *adjetivo*
1 terco*
tenaz
constante*
firme
voluntarioso
perseverante
contumaz*

tesorería *nombre femenino*
1 recetoría
receptoría

tesoro

tesoro público *locución*
nominal
fisco
erario

test *nombre masculino*
1 (anglicismo) prueba
ensayo
reacción

testa *nombre femenino*
1 cabeza
calabaza
calamorra
chola
coca
casco

testada *nombre femenino*
1 testarada (golpe)
testerada
testarazo

testamentario, -ria *nombre*
1 albacea
albacea testamentario

testar *verbo transitivo*
1 evaluar
examinar

testarada *nombre femenino*
1 testada
  testerada
  testarazo

testarazo *nombre masculino*
1 testarada (golpe)
  testada
  testerada

testarudez *nombre femenino*
1 terquedad
  tozudería
  obstinación*
  porfía
  pertinacia
  cabezonería
  ANTO renuncia
    condescendencia

testarudo, -da *adjetivo*
1 terco*
  tozudo
  obstinado
  entestado
  porfiado
  pertinaz
  cabezudo
  contumaz*

testera *nombre femenino*
1 testero

testero *nombre masculino*
1 testera

testículo *nombre masculino*
1 dídimo
  compañón

testificación *nombre femenino*
1 atestación
  testimonio
  atestiguamiento

testificar *verbo transitivo*
1 atestiguar
  testimoniar
2 afirmar
  aseverar
  asegurar
  certificar

testimoniar *verbo transitivo*
1 atestiguar
  testificar
2 afirmar
  asegurar
  aseverar
  certificar

testimonio *nombre masculino*
1 atestación
  aseveración
2 prueba
  certificación

teta *nombre femenino*
1 mama
  ubre
  pecho
  seno

Mama y *ubre* son denominaciones cultas, con las cuales se atenúa a veces el carácter demasiado popular de *teta*. Más corriente es todavía el empleo de *pecho* y *seno* como eufemismos, tratándose de la mujer.

tétano, tétanos *nombre masculino*
1 pasmo

tetar *verbo transitivo*
1 atetar
  amamantar

tetón *nombre masculino*
1 uña

tétrada *nombre femenino*
1 tetralogía

tetrágono *nombre masculino*
1 cuadrilátero

tetralogía *nombre femenino*
1 tétrada

tetrápodo, -da *adjetivo*
1 cuadrúpedo

tetrasílabo, -ba *adjetivo/nombre masculino*
1 cuatrisílabo

tétrico, -ca *adjetivo*
1 sombrío
  triste
  fúnebre
  melancólico
  pesimista
  ANTO alegre
    optimista

teucro, -cra *adjetivo/nombre*
1 (persona) troyano

teutón, -ona *adjetivo/nombre*
1 (persona) alemán
  germano
  tudesco

textiforme *adjetivo*
1 reticular

textil *adjetivo*
1 hístico

textual *adjetivo*
1 literal

textura *nombre femenino*
1 tejedura
  tejido
2 estructura
  contextura

tez *nombre femenino*
1 piel
  cutis

tialismo *nombre masculino*
1 ptialismo
  salivación
  sialismo

tiamina *nombre femenino*
1 aneurina

tiberio *nombre masculino*
1 ruido
  confusión
  algarabía
  alboroto
  trapatiesta
  zipizape

tibia *nombre femenino*
1 flauta

tibio, -bia *adjetivo*
1 templado
2 flojo
  descuidado
  negligente

tiburón *nombre masculino*
1 lamia
  marrajo
  náufrago

tiempo *nombre masculino*
1 duración
2 época
3 estación
4 edad
5 oportunidad
  coyuntura
  ocasión*
  sazón
6 plazo*
7 movimiento
  tempo

Entre los músicos, predomina *tempo*.

a tiempo y sazón *locución adverbial*
oportunamente

a un tiempo
juntamente
a la vez

del tiempo de Maricastaña
antiguo
viejo
vetusto
añoso
arcaico
remoto
más viejo que el andar a pie (familiar)
del año de la pera (familiar)
del tiempo de Noé
en tiempo del rey que rabió (familiar)
en tiempo de los godos (familiar)
desde que el mundo es mundo (familiar)

perder el tiempo *locución*
mirar las musarañas
pasar el rato

tienda *nombre femenino*
1 almacén
despacho
puesto
barracón
tenderete (despectivo)
tenducho (despectivo)
La *tienda* muy imortante donde se venden géneros por lo común variados, *almacén*. Aquella en que se venden determinados artículos, generalmente pocos en número, *despacho: despacho* de leche, de pan. El *puesto* es de menos importancia que la *tienda* y a menudo es ambulante. El *barracón* es una caseta de feria; el *tenderete* es ambulante.

tienda de campaña *locución nominal*
pabellón

tienta *nombre femenino*
1 sonda
catéter

tiento *nombre masculino*
1 tacto
El *tiento* es propiamente el ejercicio del sentido del *tacto*.
2 tentáculo
3 miramiento
cordura
prudencia
cautela
cuidado
circunspección

tierno, -na *adjetivo*
1 blando

flexible
ANTO duro
fuerte
2 reciente
fresco
3 delicado
afectuoso
cariñoso
ANTO insensible
4 sentimental
patético

tierra *nombre femenino*
1 mundo
globo terráqueo
orbe
2 territorio
región
comarca
3 patria
4 suelo
piso
terreno
5 polvo

tomar tierra *locución*
arribar a puerto
desembarcar
aterrizar

tieso, -sa *adjetivo*
1 rígido
inflexible
yerto
Rígido e *inflexible* son voces más selectas. *Yerto* se emplea principalmente tratando del cuerpo humano o animal, cuando la causa de la rigidez es el frío o la muerte.
2 tenso
tirante
estirado
Tenso se emplea especialmente en marina.
3 terco
tenaz
4 valiente
animoso
brioso
esforzado
decidido
5 vanidoso
orgulloso
empingorotado
envirotado

tieso *nombre masculino*
1 maceta
pote

tiesura *nombre femenino*
1 dureza

rigidez
inflexibilidad
ANTO blandura
flojedad
doblamiento
2 gravedad
empaque*
afectación
ANTO sencillez

tifón *nombre masculino*
1 huracán
ciclón
tornado
2 tromba
manga

tijereta *nombre femenino*
1 cercillo
zarcillo
En la vid.
2 cortapicos (insecto)

tildar *verbo transitivo*
1 tachar
calificar*
2 notar*
señalar
denigrar

tilde *nombre femenino*
1 tacha
falta
defecto
mancha
mácula
mancilla
impureza
ANTO perfección
honor

tillado *nombre masculino*
1 entarimado
entablado
tablado

tilo *nombre masculino*
1 teja
tila

tímalo *nombre masculino*
1 timo (pez)

timba *nombre femenino*
1 chirlata
garito
Chirlata, la de ínfima especie.

timbal *nombre masculino*
1 atabal
témpano
tímpano
tamboril

timbalero *nombre masculino*
1 atabalero
  tamborilero

timbrar *verbo transitivo*
1 sellar

timbre *nombre masculino*
1 sello
2 marca
  señal
3 ejecutoria
  blasón
4 (de voz) metal
  sello (de correos)

timidez *nombre femenino*
1 cortedad
  encogimiento
  apocamiento
  irresolución
  pusilanimidad
  miedo
  ANTO audacia
    resolución
    valentía
    desvergüenza

tímido, -da *adjetivo*
1 encogido
  corto
  apocado
  irresoluto
  temeroso
  pusilánime
  medroso*
  miedoso
  cobarde*

timo *nombre masculino*
1 (pez) tímalo

timón *nombre masculino*
1 lanza
  pértigo
2 gobernalle
  gobierno
3 dirección
  mando

timorato, -ta *adjetivo*
1 pacato
  tímido
  apocado
  encogido
  pusilánime
  ANTO belicoso
    audaz
2 gazmoñero
  mojigato
  misticón
  santurrón
  beato
  beatón
  gazmoño

ANTO sincero
  claro

tímpano *nombre masculino*
1 tamboril
  timbal
  atabal

tina *nombre femenino*
1 tinaja
2 tino

tinada *nombre femenino*
1 (cobertizo) teinada
  tenada
  tena

tinaja *nombre femenino*
1 tina

tingible *adjetivo*
1 teñible

tingitano, -na *adjetivo/nombre*
1 (persona) tangerino

tinglado *nombre masculino*
1 cobertizo*
2 artificio
  enredo
  intriga
  maquinación

tinieblas *nombre femenino plural*
1 oscuridad
2 ignorancia

tino *nombre masculino*
1 acierto
  pulso
  puntería
  destreza
  ANTO desacierto
    inhabilidad
2 prudencia
  tiento
  tacto
  cordura
  juicio

tintar *verbo transitivo*
1 teñir*
  entintar

tinte *nombre masculino*
1 tintura
  color
  colorante
  pigmento
2 tintorería

tintorería *nombre femenino*
1 tinte (establecimiento)

tintura *nombre femenino*
1 tinte
  color

2 barniz
  baño
  capa
  mano

tiñuela *nombre femenino*
1 rascalino

tiovivo *nombre masculino*
1 caballitos

tiple *nombre masculino*
1 (guitarra) discante

tipo *nombre masculino*
1 arquetipo
  prototipo
  modelo
  ejemplar
2 figura
  talle
3 letra
  carácter

tipógrafo *nombre masculino*
1 impresor

tipología *nombre femenino*
1 constitucionalística

tiquete *nombre masculino*
1 billete

tira *nombre femenino*
1 cinta
  lista

tiracol *nombre masculino*
1 tahalí
  tiracuello

tiranía *nombre femenino*
1 autocracia
  dictadura*
  absolutismo*
  ANTO democracia
2 despotismo
  opresión
  abuso
  arbitrariedad
  ANTO liberalismo
    justicia

tiránico, -ca *adjetivo*
1 despótico
  arbitrario
  abusivo

tiranizar *verbo transitivo*
1 oprimir
  esclavizar

tirano, -na *adjetivo/nombre*
1 autócrata
  dictador

2 déspota
opresor

tirante *adjetivo*
1 tenso
estirado
teso
tieso

tirar *verbo intransitivo*
1 estirar
ANTO aflojar
2 atraer
3 tender
propender
inclinarse

verbo transitivo
4 despedir
lanzar
arrojar
disparar
5 derribar
echar abajo
ANTO levantar
erigir
construir
6 malgastar
derrochar
desperdiciar
malbaratar
dilapidar
despilfarrar
ANTO ahorrar
7 trazar
marcar
8 imprimir
estampar

verbo pronominal
9 abalanzarse
arrojarse
acometer

tiritar *verbo intransitivo*
1 temblar*

tiro *nombre masculino*
1 disparo
estampido
estallido
2 disparo
chut
lanzamiento
Disparo y *chut* se usan especialmente en el fútbol.

tirolés *nombre masculino*
1 quincallero
quinquillero

tirón *nombre masculino*
1 estirón

tiroteo *nombre masculino*
1 baleo

tirreno, -na *adjetivo/nombre*
1 (persona) etrusco
tusco

tirria *nombre femenino*
1 antipatía*
ojeriza
manía
repulsión
odio
ANTO simpatía
predilección

tisanuro, -ra *adjetivo/nombre*
1 apterigógeno

tísico, -ca *adjetivo/nombre*
1 tuberculoso
hético

tisis *nombre femenino*
1 tuberculosis

tisular *adjetivo*
1 (galicismo) hístico
histular

titán *nombre masculino*
1 coloso
gigante

titánico, -ca *adjetivo*
1 gigantesco
colosal
enorme
desmesurado

titanita *nombre femenino*
1 esfena

títere *nombre masculino*
1 fantoche

titerero, -ra *nombre*
1 titiritero
titerista

titerista *nombre común*
1 titiritero
titerero

titilar *verbo intransitivo*
1 centellear
cabrillear

titirimundi *nombre masculino*
1 mundonuevo
mundinovi
tutilimundi
totilimundi
cosmorama

titiritar *verbo intransitivo*
1 temblar*
rilar
tiritar
estremecerse
trepidar

titiritero, -ra *nombre*
1 titerero
titerista
2 volatinero

tito *nombre masculino*
1 almorta
alverjón
diente de muerto
cicércula
cicercha
guaja
muela
2 bacín
orinal
dompedro
perico
sillico
vaso
zambullo

titubear *verbo intransitivo*
1 oscilar
tambalearse
2 balbucir
balbucear
3 dudar
vacilar*
estar perplejo
ANTO creer
decidirse
confiar

titular *verbo transitivo*
1 intitular
rotular
2 bautizar
nombrar
denominar

título *nombre masculino*
1 designación
denominación
nombre
rótulo
letrero
epígrafe
calificativo*
2 razón
derecho
motivo
fundamento

tiza *nombre femenino*
1 clarión
yeso
gis

tiznado, -da *adjetivo*
1 fuliginoso
denegrido
oscurecido

a
b
c
d
e
f
g
h
i
j
k
l
m
n
ñ
o
p
q
r
s
t
u
v
w
x
y
z

tiznar *verbo transitivo*
1 entiznar

tizón *nombre masculino*
1 (hongo parásito) nublo
quemadura
tizoncillo

tizona *nombre femenino*
1 (familiar) espada

tizoncillo *nombre masculino*
1 tizón
nublo
quemadura

toar *verbo transitivo*
1 atoar (una nave)
remolcar

toba *nombre femenino*
1 tosca
tufo
2 sarro

tobera *nombre femenino*
1 alcribís

tobillo *nombre masculino*
1 maléolo

tocable *adjetivo*
1 tangible
palpable

tocado¹ *nombre masculino*
1 peinado

Peinado es el arreglo y disposición del cabello; el *tocado* es, además, el adorno o abrigo de la cabeza.

tocado, -da² *adjetivo*
1 perturbado
chiflado
guillado
lelo
maniático

tocante *adjetivo*
1 alusivo
referente

tocar *verbo transitivo*
1 palpar
tentar

Ambos suponen intención de reconocer por el tacto, mientras que *tocar* es establecer contacto voluntario o involuntario.

2 tañer
pulsar

Tañer se siente hoy como algo arcaico, excepto si se trata de la campana; *pulsar* instrumentos de teclado o de cuerda (excepto los de arco).

verbo intransitivo
3 corresponder
pertenecer

tocar a
importar
concernir*
atañer

tocante a *locución preposicional*
respecto a
acerca de
sobre
referente a
con respecto a

tocasalva *nombre femenino*
1 salvilla
salva

tocayo, -ya *nombre*
1 homónimo

Homónimo se aplica a personas y cosas. *Tocayo*, sólo a personas.

tochedad *nombre femenino*
1 patochada
disparate
sandez
patanería
zafiedad
grosería
rudeza
tosquedad

tocho *nombre masculino*
1 lingote (de hierro)
riel

tocía *nombre femenino*
1 atutía
tutía
tucía

tocología *nombre femenino*
1 obstetricia

tocólogo *nombre masculino*
1 comadrón

tocón *nombre masculino*
1 chueca
troncón
tueca
tueco

todabuena *nombre femenino*
1 todasana
androsemo
castellar

todasana *nombre femenino*
1 (arbusto) androsemo
todabuena
castellar

todavía *adverbio*
1 aún

todo
ante todo *locución adverbial*
principalmente
primeramente
máxime

con todo *locución conjuntiva*
sin embargo
no obstante
empero
a pesar de ello

del todo *locución adverbial*
totalmente
enteramente
completamente
ANTO parcialmente

todopoderoso, -sa *adjetivo*
1 omnipotente

toldar *verbo transitivo*
1 entoldar

toldo *nombre masculino*
1 tendal
vela
pabellón
2 entalamadura
3 envanecimiento*
engreimiento
vanidad

tole *nombre masculino*
1 rumor
murmuración
runrún

Con este significado se usa comúnmente repetido: *tole, tole.*

tolerable *adjetivo*
1 sufrible
llevadero
soportable
aguantable
2 permisible
admisible
aceptable*

tolerancia *nombre femenino*
1 paciencia
indulgencia
condescendencia
aguante
ANTO tiranía
incomprensión
tesón

tolerante *adjetivo*
1 indulgente
   benigno
   benévolo
   condescendiente
   ANTO intolerante
      inflexible
2 paciente
   sufrido
   manso
   resignado

tolerar *verbo transitivo*
1 aguantar
   sufrir*
   soportar
   ANTO rebelarse
2 permitir*
   condescender
   consentir
   ANTO prohibir
      negar

'Se *tolera* el mal o el abuso, haciendo que se ignora su existencia o su malicia; se *consiente* condescendiendo pasivamente, no prohibiendo lo que conocidamente se tiene por malo; se *permite* condescendiendo activamente, dando un consentimiento abierto que lo autoriza. Muchas veces es forzoso *tolerar* algunos males inevitables en la sociedad, pero no se debe hacer de modo que el público conozca que se *consienten*, y mucho menos que crea que se *permiten*; porque la *tolerancia* representa una ignorancia artificial, o una razón poderosa que tácitamente desaprueba el mal inevitable; pero el *consentimiento* lo aprueba indirectamente, y el *permiso* lo autoriza con toda formalidad' (L).

tolete *nombre masculino*
1 escálamo
   escalmo

tolla *nombre femenino*
1 tremedal
   tembladal
   trampal
   tollada

tollina *nombre femenino*
1 zurra
   paliza
   tunda
   felpa

tolmera *nombre femenino*
1 tormagal
   tormellera
   tormera

tolmo *nombre masculino*
1 tormo

tolondro; tolondrón[1] *nombre masculino*
1 chichón
   turumbón

tolondro, -dra; tolondrón, -drona[2] *adjetivo/nombre*
1 aturdido
   desatinado

tolvanera *nombre femenino*
1 remolino* (de polvo)
   manga de viento
   torbellino
   vórtice
   vorágine
   huracán

tomado, -da *adjetivo*
1 bebido

tomadura

   tomadura de pelo *locución nominal*
   guasa
   burla
   chanza
   broma
   chunga

tomar *verbo transitivo*
1 coger
   asir*
   agarrar*
   ANTO dejar
      soltar

Asir y *agarrar* connotan cierta fuerza o presión con que se *toma* o *coge* una cosa o se mantiene en la mano.

'Se *toma* con menos esfuerzo que se *coge. Tomo* lo que me dan; *cojo* lo que ha caído al suelo' (M). 'Tomar y recibir. Recibir* es la acción formal con que aceptamos o adquirimos lo que se nos da. *Tomar* es la acción material con que nos apoderamos de una cosa. Se *recibe* del amigo el regalo que nos envía, y se *toma* materialmente del criado que lo trae' (LH).

2 ocupar
   apoderarse
   adueñarse

   conquistar
   ANTO renunciar
3 aceptar*
   admitir
   ANTO renunciar
   verbo intransitivo
4 encaminarse
   dirigirse
   tirar
   verbo pronominal
5 enmohecerse
   oxidarse
   aherrumbrarse
   verbo intransitivo/transitivo
6 beber

tomento *nombre masculino*
1 vello* (en las plantas)
   lanosidad
   pelo
   pelusa
   pelusilla

tomillo

   tomillo blanco *locución nominal*
   santónico

tomo *nombre masculino*
1 volumen

tomotocia *nombre femenino*
1 cesárea

ton

   sin ton ni son *locución adverbial*
   por las buenas
   por su cara bonita
   por la cara (familiar)
   por el morro (familiar)
   porque sí
   de balde
   gratis
   gratuitamente
   graciosamente

tonada *nombre femenino*
1 tono

tonalidad *nombre femenino*
1 tono

tonario *adjetivo*
1 antifonal
   antifonario

tondino *nombre masculino*
1 armilla
   astrágalo
   joya

tonel *nombre masculino*
1 barril

pipa
cuba

tonelete *nombre masculino*
1 brial

tónico, -ca *adjetivo*
1 acentuado

adjetivo/nombre masculino
2 reconfortante
vigorizante
roborante
reforzante
corroborante
fortificante

tonificar *verbo transitivo*
1 fortalecer
vigorizar
robustecer
entonar
corroborar
vivificar
ANTO debilitar
ablandar

tonillo *nombre masculino*
1 sonsonete
soniquete

tonina *nombre femenino*
1 atún

tono *nombre masculino*
1 altura musical
2 tonada
tonalidad
3 matiz
cambiante
4 energía
fuerza
vigor

tonsila *nombre femenino*
1 amígdala

tonsurado *nombre masculino*
1 clérigo
eclesiástico

tontada *nombre femenino*
1 bobada
bobería
simpleza
necedad
tontería
majadería

tontaina *adjetivo/nombre común*
1 (familiar) babieca
bobo
simple
abobado
bobalicón
papanatas

pazguato
ANTO listo

tontamente *adverbio*
1 atontadamente
indiscretamente
imprudentemente
neciamente
a tontas y a locas

tontedad *nombre femenino*
1 tontería
tontada
bobada
simpleza
necedad
tontera
ANTO agudeza
sagacidad
astucia
cultura
2 nadería
bagatela
tontera
tontería

tontera *nombre femenino*
1 tontedad
tontería
tontada
bobada
simpleza
necedad
ANTO agudeza
sagacidad
astucia
cultura

tontería *nombre femenino*
1 burrada
necedad
dislate
disparate
desatino
2 imbecilidad
idiotez
alelamiento
estulticia
estupidez
bobería
bobada
necedad
simpleza
ignorancia*
3 pamplina
bagatela
futesa
nadería

tonto, -ta *adjetivo*
1 necio
simple
bobo
mentecato
zopenco

'La *tontería* consiste en lo limitado de los alcances, y la *necedad* en la viciosa disposición de la inteligencia. El *tonto* comprende poco; el *necio* comprende mal' (M).

a tontas y a locas *locución adverbial*
atontadamente
indiscretamente
imprudentemente
neciamente
tontamente

toña *nombre femenino*
1 tala (juego y husillo)
billalda

toñina *nombre femenino*
1 (familiar) tunda
zurra
paliza
azotaina
felpa

topacio *nombre masculino*
1 jacinto occidental

topada *nombre femenino*
1 golpe
encuentro
topetazo
encontronazo
topetada

topadizo, -za *adjetivo*
1 encontradizo

topar *verbo transitivo*
1 hallar*
encontrar
2 chocar
encontrarse
tropezar

tope *nombre masculino*
1 tropiezo
estorbo
obstáculo
impedimento
límite

topetada *nombre femenino*
1 mochada
topada
topetazo
encontronazo

topetazo *nombre masculino*
1 golpe
encuentro
topada
encontronazo
topetada

topetón *nombre masculino*
1 tope
  topada
  topetazo
  choque

tópico[1] *nombre masculino*
1 lugar común

tópico, -ca[2] *adjetivo*
1 local

toque *nombre masculino*
1 tañido
2 esencia
  busilis
  quid

torada *nombre femenino*
1 rebaño*
  manada*

tórax *nombre masculino*
1 pecho
  seno

Tórax se refiere al *pecho* del cuerpo humano y de cuadrúpedos o aves.

torbellino *nombre masculino*
1 remolino*
  manga de viento
  vórtice

torcedura *nombre femenino*
1 torsión
  torcimiento
  detorsión
  distorsión
  desviación

Detorsión, distorsión y *desviación*, tratándose de un órgano o parte del cuerpo humano.

2 esguince
  distensión (de una
    articulación)

torcer *verbo transitivo/pronominal*
1 retorcer (intensivo)
2 doblar
  encorvar
  inclinar
  ANTO enderezar
      estirar
3 desviar

verbo pronominal
4 avinagrarse*
  agriarse*
  picarse
  cortarse

Avinagrarse, agriarse y *picarse*, tratándose del vino; si se trata de la leche, *cortarse*.

torcido[1] *nombre masculino*
1 aguapié
  torcedura
  purrela

torcido, -da[2] *adjetivo*
1 sesgo
  soslayado
  oblicuo

torcijón *nombre masculino*
1 retorcimiento
  contorsión
  retorsión
2 torozón
  torzón

torcimiento *nombre masculino*
1 sesgo
  oblicuidad
  soslayo

nombre femenino
2 torcedura
  torsión
  detorsión
  distorsión
  desviación
  inflexión

tordo

tordo alirrojo *locución*
nominal
  malvís
  malviz

torcar *verbo intransitivo/transitivo*
1 lidiar

torera

saltárselo a la torera
locución
  atajar
  acortar
  cortar por lo sano

torero, -ra *nombre*
1 diestro
  lidiador
  maleta (despectivo)

toril *nombre masculino*
1 chiquero
  encerradero
  encierro

tormagal *nombre masculino*
1 tolmera
  tormellera
  tormera

tormellera *nombre femenino*
1 tolmera
  tormagal
  tormera

tormenta *nombre femenino*
1 tempestad
  borrasca
  temporal
  ANTO calma
      paz

tormentaria *nombre femenino*
1 artillería

tormentilla *nombre femenino*
1 sieteenrama

tormento *nombre masculino*
1 suplicio
  tortura
  martirio
2 dolor*
  sufrimiento
  padecimiento
3 aflicción
  congoja
  pena
  angustia

tormentoso, -sa *adjetivo*
1 proceloso
  tempestuoso
  borrascoso

tormera *nombre femenino*
1 tolmera
  tormagal
  tormellera

tormo *nombre masculino*
1 tolmo

tornada *nombre femenino*
1 tornadura
  regreso
  vuelta
  retorno

tornadizo, -za *adjetivo/nombre*
1 veleidoso
  tornátil
  voluble
  inconstante*

tornado *nombre masculino*
1 huracán

tornadura *nombre femenino*
1 pértica

tornapunta *nombre femenino*
1 puntal (madero)

tornar *verbo transitivo*
1 devolver*
  restituir
  ANTO quitar

verbo intransitivo
2 volver*
  regresar
  retornar

a b c d e f g h i j k l m n ñ o p q r s **t** u v w x y z

a

ANTO marcharse
irse

b

tornasol *nombre masculino*
1 girasol

c

tornátil *adjetivo*
1 tornadizo
veleidoso
voluble
inconstante

d

e

tornatrás *nombre común*
1 saltatrás

f

tornavoz *nombre masculino*
1 bocina
2 eco
resonancia

g

h

torneador, -ra *nombre*
1 tornero

i

torneo *nombre masculino*
1 justa

j

tornero *nombre masculino*
1 torneador

k

tornillero *nombre masculino*
1 (burlesco) prófugo*
desertor

l

m

torniscón *nombre masculino*
1 (familiar) pellizco
pizco
repizco

n

ñ

torno

en torno a *locución
preposicional*
alrededor de
aproximadamente

o

p

toro

toro mexicano *locución
nominal*
bisonte
cíbolo

q

r

s

toronja *nombre femenino*
1 pomelo

t

toronjil *nombre masculino*
1 toronjina
melisa
abejera
cidronela

u

v

toronjina *nombre femenino*
1 toronjil
melisa
abejera
cidronela

w

x

torozón *nombre masculino*
1 torcijón
torzón

y

z

torpe *adjetivo*
1 tardo
pesado
lento
2 desmañado
inhábil
ANTO astuto
hábil
3 rudo
obtuso
zopenco
cerrado
ANTO astuto
4 deshonesto
obsceno*
indecoroso
impúdico
5 infame
vil
deshonroso

torpedo *nombre masculino*
1 (pez) tremielga
trimielga

torpeza *nombre femenino*
1 obtusión

torpor *nombre masculino*
1 entorpecimiento

torrar *verbo transitivo*
1 tostar
asar
turrar

torre *nombre femenino*
1 roque

En el juego del ajedrez.

torrentera *nombre femenino*
1 barranco
quebrada

tórrido, -da *adjetivo*
1 abrasador*
ardiente
caliente
cálido
caluroso
agostador
acalorado
ANTO frío

torsión *nombre femenino*
1 torcedura

torso *nombre masculino*
1 tronco

tortada *nombre femenino*
1 tendel (capa de mortero)

tortuga *nombre femenino*
1 galápago

a paso de tortuga *locución
adverbial*
⇒ paso

tortuoso, -sa *adjetivo*
1 sinuoso
quebrado
ANTO recto
2 astuto
taimado
solapado
cauteloso
ANTO sincero
claro

tortura *nombre femenino*
1 suplicio
tormento
martirio
2 dolor
sufrimiento
pena
congoja
angustia

torturar *verbo
transitivo/pronominal*
1 atormentar
martirizar
ANTO acariciar
2 apenar
acongojar
angustiar
ANTO consolar

torvo, -va *adjetivo*
1 fiero
airado
terrible

torzón *nombre masculino*
1 torozón
torcijón

tosca *nombre femenino*
1 toba (piedra)
tufo

tosco, -ca *adjetivo*
1 grosero
basto
rudo
inculto
burdo
ordinario
ANTO suave
bello
educado
culto

tosigar *verbo transitivo*
1 atosigar
emponzoñar
envenenar

trabajo

tósigo *nombre masculino*
1 veneno
ponzoña

tosquedad *nombre femenino*
1 rudeza
aspereza
zafiedad
rusticidad
grosería
ANTO cultura
civismo
urbanidad
finura

tostadura *nombre femenino*
1 torrefacción
tueste

tostar *verbo transitivo/pronominal*
1 torrar
asar
turrar
ANTO enfriar
Aunque a menudo coincide con *asar*, *torrar* significa preparar carnes, pescados o frutas frescas a la acción directa del fuego o del aire caliente de un horno, sin llegar a secarlos; por ejemplo: las avellanas o una rebanada de pan se *tuestan* o *torran*, no se *asan*. *Turrar* es *tostar* o *asar* en las brasas.

tostón *nombre masculino*
1 lata
tabarra

total *adjetivo*
1 general*
universal
nombre masculino
2 suma
conjunto
'El *total* es la reunión numérica de las individualidades; el *conjunto* es su reunión física. El *total* de las casas de una ciudad se expresa por mil, veinte mil, etc.; su *conjunto* es más o menos vistoso, más o menos elegante' (M).

totalitarismo *nombre masculino*
1 absolutismo*

totalizar *verbo transitivo*
1 sumar
importar
ascender a
montar

totalmente *adverbio*
1 enteramente

completamente
del todo

totilimundi *nombre masculino*
1 mundonuevo
mundinovi
titirimundi
tutilimundi
cosmorama

totumo *nombre masculino*
1 güira
higüero
hibuero

toxicación *nombre femenino*
1 envenenamiento
intoxicación

toxicante *adjetivo*
1 veneno*
tóxico

toxicida *nombre masculino*
1 antídoto
contraveneno

tóxico, -ca *adjetivo/nombre masculino*
1 venenoso
ponzoñoso

toxicómano, -na *adjetivo/nombre*
1 drogadicto
adicto
drogata (vulgar)
drogota (vulgar)

toxina *nombre femenino*
1 virus
El *virus* es la *toxina* que contiene el agente productor de una enfermedad infecciosa.

tozudería *nombre femenino*
1 terquedad
obstinación
pertinacia
testarudez
porfía
contumacia
tozudez
tenacidad
tesón
ANTO condescendencia
renuncia
blandura
comprensión

tozudez *nombre femenino*
1 pertinacia
obstinación
terquedad
tenacidad

testarudez
porfía
contumacia
tozudería
tesón
ANTO condescendencia
renuncia
comprensión
blandura

tozudo, -da *adjetivo*
1 terco*
obstinado
testarudo
porfiado
contumaz

traba *nombre femenino*
1 maneota
maniota
manea
guadafiones
manija
suelta
2 impedimento
estorbo
obstáculo*
inconveniente
dificultad
ANTO libertad
facilidad
ayuda

trabacuenta *nombre femenino*
1 trascuenta

trabajador, -ra *adjetivo*
1 laborioso
aplicado
Aunque *trabajador* y *laborioso* pueden sustituirse entre sí, el segundo adjetivo es voz más escogida, y se aplica más bien al que tiene el gusto del trabajo y que sabe encontrar ocupaciones aunque no sean para él obligatorias.
nombre
2 obrero
operario
jornalero
Tanto éstos como *trabajador* designan sólo al que desempeña un trabajo manual.

trabajar *verbo intransitivo*
1 laborar
ANTO holgar
holgazanear

trabajo *nombre masculino*
1 labor
ocupación*

a
tarea
faena
curro (vulgar)
b ANTO descanso
pasividad
c holgazanería

Ocupación es *trabajo* habitual
d o profesional. *Tarea* y *faena*
son *trabajos* que deben ha-
e cerse en cantidad o tiempo li-
mitados.
f 2 obra
labor
producción
g 3 penalidad
esfuerzo
h dificultad
molestia
i fatiga

trabajoso, -sa *adjetivo*
j 1 penoso
laborioso
k duro
dificultoso
espinoso
l difícil*

m **trabanco** *nombre masculino*
1 trangallo
n taragallo
tarangallo

ñ **trabar** *verbo transitivo/pronominal*
1 juntar*
enlazar
o unir
coordinar
p 2 prendar
agarrar
asir
q ANTO soltar
desasir
r liberar
3 entablar
s dar principio

verbo pronominal
4 pelear
contender
u
trabazón *nombre femenino*
1 enlace
v conexión
relación*
w
trabucar *verbo*
transitivo/pronominal
x 1 trastornar
revolver
y 2 trastrocar
confundir
z enredar

trabuquete *nombre masculino*
1 traíña

tracción *nombre femenino*
1 arrastre

trace *adjetivo/nombre común*
1 (persona) tracio
odrisio
traciano

traciano, -na *adjetivo/nombre*
1 (persona) tracio
odrisio
trace

tracio, -cia *adjetivo/nombre*
1 (persona) odrisio
trace
traciano

tracto *nombre masculino*
1 lapso
trecho

traducción *nombre femenino*
1 versión

traducianismo *nombre*
masculino
1 generacionismo

traducir *verbo transitivo*
1 verter
interpretar
vulgarizar
romancear
arromanzar

Vulgarizar, romancear y *arro-*
manzar, hoy desusados, signi-
ficaban traducir del latín a las
lenguas vulgares.

2 representar
expresar

traductor, -ra *nombre*
1 intérprete
dragomán
drogmán
truchimán
trujimán
trujamán

traer

traer a mal traer *locución*
maltratar
tratar mal
tratar a zapatazos
dar mala vida

traer consigo
implicar
suponer
significar

traeres *nombre masculino plural*
1 atavíos
adornos

tráfago *nombre masculino*
1 agitación
movimiento
trajín
ajetreo

traficante *adjetivo/nombre*
común
1 comerciante*
negociante

traficar *verbo intransitivo*
1 comerciar
negociar

tráfico *nombre masculino*
1 comercio
negocio*
2 circulación
tránsito

tragacanto *nombre masculino*
1 alquitira
goma adragante
granévano

tragaldabas *nombre común*
1 tragón
comilón
2 crédulo
cándido
indulgente

tragaluz *nombre masculino*
1 claraboya

tragantón, -ona
adjetivo/nombre
1 (familiar) comilón
tragón
zampón

tragar *verbo transitivo*
1 engullir
pasar
ingerir
deglutir
2 disimular
soportar
tolerar

tragazón *nombre femenino*
1 (familiar) glotonería*
gula
ANTO templanza
inapetencia

tragedia *nombre femenino*
1 catástrofe
desgracia

trágico, -ca *adjetivo*
1 desgraciado

infausto
funesto
horrible
lastimoso

tragicómico, -ca *adjetivo*
1 jocoserio

trago *nombre masculino*
1 bebida

tragón, -ona *adjetivo/nombre*
1 (familiar) comilón*
  tragantón
  zampón

traición *nombre femenino*
1 infidelidad
  deslealtad
  perfidia
  felonía
  alevosía
  ANTO lealtad
    verdad
    sinceridad
    fidelidad

traicionar *verbo transitivo*
1 vender

traicionero, -ra *adjetivo/nombre*
1 desleal
  infiel
  pérfido
  felón
  traidor
  aleve
  alevoso

traidor, -ra *adjetivo/nombre*
1 desleal
  pérfido
  alevoso
  traicionero
  felón
  aleve*
  infiel*
2 taimado
  falso
  resabiado
  Tratándose de animales.

traíña *nombre femenino*
1 trabuquete

traje *nombre masculino*
1 vestido*
  terno

  cortar un traje *locución*
  murmurar
  cortar un vestido
  cortar un sayo
  criticar
  morder

despellejar
poner en lengua a uno

trajín *nombre masculino*
1 (familiar) actividad
  movimiento

trajinar *verbo transitivo*
1 acarrear
  transportar

tralla *nombre femenino*
1 látigo
  zurriago
  zurriaga

trallazo *nombre masculino*
1 latigazo
  lampreazo
  zurriagazo
2 cañonazo
  leñazo
  Usados principalmente en el
  fútbol y balonmano.

trama *nombre femenino*
1 enredo
  intriga
  confabulación
  conjuración
  conspiración
  Conjuración y *conspiración*, si
  tienen fines políticos.
2 argumento
  intriga
  enredo
  En el teatro, el cinematógrafo
  y la novela.

tramar *verbo transitivo*
1 urdir
  maquinar
  fraguar
  confabularse*

tramitación *nombre femenino*
1 procedimiento
  actuación
  diligencia

tramitar *verbo transitivo*
1 diligenciar

trámite *nombre masculino*
1 diligencia
  curso*

tramojo *nombre masculino*
1 vencejo

tramontana *nombre femenino*
1 norte (punto cardinal y
  viento)

tramoya *nombre femenino*
1 farsa
  enredo
  mentira
  patraña
  ficción
  fingimiento
  hipocresía

trampa *nombre femenino*
1 armadija
  armadijo
  callejo
2 ardid
  lazo
  engaño

trampear *verbo intransitivo*
1 (familiar) petardear (estafar)
  sablear
  dar un sablazo
  pegar un petardo
  truhanear
  estafar

trampilla *nombre femenino*
1 portañuela
  trampa

tramposo, -sa *adjetivo/nombre*
1 fullero
  tahúr

tranca *nombre femenino*
1 garrote
  palo*

trancazo *nombre masculino*
1 gripe

trance *nombre masculino*
1 lance
  percance
  ocurrencia
  suceso
  ocasión

trancellín *nombre masculino*
1 trencillo (de sombrero)
  cintilla
  trencellín

tranco *nombre masculino*
1 trancada
  zancada

trangallo *nombre masculino*
1 taragallo
  tarangallo
  trabanco

tranquear *verbo intransitivo*
1 (familiar) atrancar (dar
  trancos)
  trancar

a
b
c
d
e
f
g
h
i
j
k
l
m
n
ñ
o
p
q
r
s
t
u
v
w
x
y
z

tranquilidad *nombre femenino*
1 quietud*
  reposo*
  sosiego
  calma
  paz
  serenidad
  ANTO trabajo
    actividad
    quietud
    miedo

tranquilizar *verbo transitivo/pronominal*
1 sosegar
  calmar
  apaciguar
  pacificar
  aquietar
  serenar
  ANTO inquietar
    turbar
    destemplar
    velar

tranquillón *nombre masculino*
1 morcajo

tranquilo, -la *adjetivo*
1 quieto
  manso
  sosegado
  reposado
  sereno
  encalmado
  pacífico
2 calmoso
  cachazudo

transacción *nombre femenino*
1 transigencia
  acomodo
  arreglo
  avenencia
  ANTO intransigencia
2 ajuste
  trato
  negocio
  compraventa
  ANTO desarreglo

transar *verbo intransitivo*
1 ceder
  transigir
  condescender
  ajustar

transcender, trascender *verbo transitivo*
1 penetrar
  averiguar

transcripción *nombre femenino*
1 copia
  traslado

transcurrir *verbo intransitivo*
1 pasar*
  correr
  deslizarse

  Se aplican al tiempo, la vida, los sucesos, etc.

transcurso *nombre masculino*
1 decurso
  paso
  curso

transeúnte *adjetivo/nombre común*
1 viandante
  caminante
  peatón

  Caminante no se aplica a los que transitan por las calles, sino fuera de las poblaciones. *Peatón* hace resaltar la idea de andar a pie, en contraposición al que va a caballo o en cualquier vehículo.

transferencia *nombre femenino*
1 contagio
  transmisión
  trasmisión
  propagación

transferir *verbo transitivo*
1 trasladar
2 diferir
  retardar
3 transmitir
  traspasar

transfigurar *verbo transitivo/pronominal*
1 transformar
  metamorfosear
  cambiar

transfixión *nombre femenino*
1 transverberación

transformación *nombre femenino*
1 metamorfosis
  transmutación
  cambio
  mudanza
  modificación
  variación
  ANTO inmutabilidad
    permanencia
    igualdad

transformar *verbo transitivo/pronominal*
1 metamorfosear
  transfigurar
  cambiar*

  mudar
  modificar
  alterar
  variar
2 transmutar

transformismo *nombre masculino*
1 evolucionismo

transformista *nombre común*
1 evolucionista
2 ilusionista

tránsfuga, trásfuga *nombre común*
1 desertor
  prófugo
  tránsfugo
  trásfugo

tránsfugo, trásfugo *nombre masculino*
1 desertor
  tránsfuga
  prófugo
  trásfuga

transgredir *verbo transitivo*
1 conculcar
  infringir
  vulnerar
  quebrantar*
  violar
  ANTO obedecer
    rescatar
    cumplir

transgresión *nombre femenino*
1 infracción
  vulneración
  quebrantamiento
  violación

transido, -da *adjetivo*
1 angustiado
  acongojado

transigencia *nombre femenino*
1 tolerancia
  condescendencia
  consentimiento

transigir *verbo intransitivo*
1 condescender*
  consentir
  allanarse
  capitular*
  ANTO oponerse
    negarse

transitar *verbo intransitivo*
1 pasar
  circular
  andar

caminar
ANTO quedarse
    sentarse

tránsito *nombre masculino*
1 circulación
  tráfico
2 muerte
  Tránsito se dice sólo de los santos o de las personas de vida virtuosa.
3 paso

transitorio, -ria *adjetivo*
1 pasajero
  accidental
  provisional
  temporal
  ANTO duradero
    eterno
    principal
2 caduco
  perecedero
  ANTO duradero
    eterno

transmarino, -na *adjetivo*
1 ultramarino

transmigración *nombre femenino*
1 migración*
  metempsicosis
  La *metempsicosis* es la *transmigración* de las almas.

transmigrar *verbo intransitivo*
1 emigrar
  expatriarse
  ANTO regresar
    repatriarse
    inmigrar

transmisión, trasmisión *nombre femenino*
1 comunicación
2 contagio
  transferencia
  propagación

transmitir *verbo transitivo*
1 comunicar
2 contagiar
3 transferir
  ceder
  traspasar
  ANTO retener
    apropiarse

transmutación *nombre femenino*
1 transformación
  conversión
  mudanza
  metamorfosis*

transmutar *verbo transitivo*
1 convertir
  transformar
  mudar
  cambiar*

transparentarse *verbo pronominal*
1 clarearse
  traslucirse

transparente *adjetivo*
1 diáfano
  límpido
  limpio
  claro
  cristalino
  vítreo
  hialino
2 traslúcido

transpiración *nombre femenino*
1 sudor
  sudoración
  perspiración
  diaforesis

transpirar *verbo intransitivo/transitivo*
1 sudar
2 rezumar

transponer, trasponer *verbo transitivo/pronominal*
1 traspasar
  cruzar
2 trasplantar
  verbo pronominal
3 ponerse
  Tratándose de un astro.
4 adormilarse

transportar *verbo transitivo*
1 llevar
  trasladar
  conducir
2 acarrear
  portear
  verbo pronominal
3 enajenarse
  extasiarse

transporte *nombre masculino*
1 traslado
2 porte
  acarreo
  conducción
  arrastre
3 exaltación
  enajenación
  éxtasis

transposición *nombre femenino*
1 hipérbaton
2 metátesis

transverberación *nombre femenino*
1 transfixión

tranzadera *nombre femenino*
1 trenzadera

tranzar *verbo transitivo*
1 trenzar (hacer trenzas)
  entrezar

trapajoso, -sa *adjetivo*
1 estropajoso (al hablar)
  balbuciente

trápala *nombre femenino*
1 embuste
  engaño
  mentira*
  bola*

trapatiesta *nombre femenino*
1 (familiar) trifulca
  disputa
  alboroto
  zipizape
  tremolina
  cisco
  riña

trapiento, -ta *adjetivo*
1 andrajoso
  harapiento
  haraposo
  pingajoso
  roto
  desarrapado
  zarrapastroso

trapisonda *nombre femenino*
1 embrollo
  enredo
  lío
  intriga

trapisondista *nombre común*
1 enredador
  embrollón
  intrigante

trapo *nombre masculino*
1 velaje
  velamen

traque
  a traque barraque *locución adverbial*
  frecuentemente
  a menudo
  con frecuencia

a cada paso
a cada instante

tráquea *nombre femenino*
1 caña del pulmón
traquearteria
asperarteria

traquearteria *nombre femenino*
1 asperartería
tráquea

traquetear *verbo transitivo*
1 bazucar
bazuquear
zabucar

tras *preposición*
1 detrás
después
2 además

trascabo *nombre masculino*
1 zancadilla (para derribar)
traspié

trascantón *nombre masculino*
1 guardacantón

trascendentalismo *nombre masculino*
1 apriorismo

trascordarse *verbo pronominal*
1 olvidar
confundir

trascuenta *nombre femenino*
1 trabacuenta

trasdoblar *verbo transitivo*
1 tresdoblar
triplicar

trasechar *verbo transitivo*
1 asechar*
acechar
avizorar
observar
espiar
vigilar

trasegar *verbo transitivo*
1 trastornar
revolver
2 trasvasar
3 beber

trasgo *nombre masculino*
1 duende (espíritu)
martinico

trashojar *verbo transitivo*
1 hojear

trashumante *adjetivo*
1 (ganado) nómada*

errante
migratorio
nomade
ANTO sedentario
estable

trasiego *nombre masculino*
1 traslación
traslado
cambio
tránsito
ANTO quietud
permanencia

traslación *nombre femenino*
1 traslado
cambio
tránsito
trasiego
ANTO quietud
permanencia
2 metáfora
3 enálage

trasladar *verbo transitivo/pronominal*
1 transportar
llevar*
ANTO dejar
quedarse
2 mudar
cambiar
ANTO quedarse
3 diferir
aplazar
4 copiar*

traslado *nombre masculino*
1 cambio*
alteración
mudanza
variación
mutación

traslapo *nombre masculino*
1 solapo (a cubierto)

traslaticio, -cia *adjetivo*
1 figurado
trópico
tropológico
metafórico

traslucirse *verbo pronominal*
1 transparentarse
clarearse
2 entreverse
conjeturarse

traslumbrar *verbo transitivo*
1 deslumbrar
encandilar
ofuscar
cegar

trasmundo *nombre masculino*
1 ultramundo
ultratumba

trasnochada *nombre femenino*
1 vela
velación
velada
vigilia

trasnochado, -da *adjetivo*
1 anticuado
pasado de moda

trasnochador, -ra *adjetivo/nombre*
1 nocherniego
noctámbulo

trasnochar *verbo intransitivo*
1 pernoctar
hacer noche

trasnombrar *verbo transitivo*
1 trastocar* (los nombres de las cosas)
trabucar
confundir

trasnominación *nombre femenino*
1 metonimia

trasojado, -da *adjetivo*
1 ojeroso
macilento

trasoñar *verbo transitivo*
1 ensoñar
imaginar
fantasear

traspasar *verbo transitivo*
1 cruzar
atravesar*
trasponer
2 ceder
transferir
transmitir
3 transgredir
conculcar
quebrantar
violar
infringir
vulnerar

traspaso *nombre masculino*
1 venta
enajenación

traspié *nombre masculino*
1 resbalón
tropezón
tropiezo
2 zancadilla

dar traspiés *locución*
bambalear
bambolear
bambanear
tambalearse
vacilar
perder el equilibrio

trasplantar *verbo transitivo/pronominal*
1 replantar
transponer
ANTO quedarse

traspunte *nombre masculino*
1 apuntador

trasquiladura *nombre femenino*
1 trasquilón

trasquilar *verbo transitivo*
1 esquilar
marcear

trasquilón *nombre masculino*
1 trasquiladura

trastabillar *verbo intransitivo*
1 tropezar

trastada *nombre femenino*
1 (familiar) jangada
trastería
mala pasada
picardía
bribonada
tunantada

trastazo *nombre masculino*
1 porrazo
golpazo
batacazo
costalada

trastería *nombre femenino*
1 trastada (familiar)
jangada
mala pasada
picardía
bribonada
tunantada

trastienda *nombre femenino*
1 rebotica
2 cautela
astucia
mano izquierda

trasto *nombre masculino*
1 avíos
utensilio
menester
2 danzante
chisgarabís
zascandil

trastocar *verbo transitivo*
1 trabucar
confundir
trasnombrar

trastornar *verbo transitivo/pronominal*
1 trastocar
trabucar
revolver
descomponer*
desordenar
2 inquietar
soliviantar
3 perturbar
enloquecer
ANTO serenar

trastorno *nombre masculino*
1 alteración
sobresalto
perturbación

trastrabillar, trastabillar *verbo transitivo*
1 tropezar
dar traspiés
2 tambalear
vacilar
3 tartajear
tartamudear

trasudar *verbo intransitivo*
1 sudar*
transpirar
resudar

trasudor *nombre masculino*
1 sudor
transpiración
resudor

trasunto *nombre masculino*
1 copia*
ANTO original
2 imitación
remedo
ANTO realidad

trasvasar *verbo transitivo*
1 trasegar

trasvenarse *verbo pronominal*
1 extravenarse

trasverter *verbo intransitivo*
1 rebosar
derramarse
reverter

tratable *adjetivo*
1 accesible
cortés
amable
afable*
sociable

tratado *nombre masculino*
1 pacto
convenio
ajuste
trato
contrato

Ajuste, trato y *contrato* se emplean entre particulares o entidades, pero no entre gobiernos.

tratamiento *nombre masculino*
1 título

Título se aplica a personas y cosas; *tratamiento* sólo a personas.

2 método
procedimiento
3 cura
régimen
terapia
terapéutica

tratante *nombre masculino*
1 comerciante*
negociante

tratar *verbo transitivo/pronominal*
1 manejar
usar
2 comunicarse
relacionar
ANTO enemistar
     separar
3 comerciar
traficar
negociar
4 versar

tratar de *locución*
intentar
procurar
ensayar
pretender

trato *nombre masculino*
1 pacto
convenio
ajuste
contrato

trauma *nombre masculino*
1 traumatismo

traumatismo *nombre masculino*
1 trauma

traversa *nombre femenino*
1 estay

travesaño *nombre masculino*
1 larguero
poste

Larguero y *travesaño* se usan en el fútbol y en el rugby.

a b c d e f g h i j k l m n ñ o p q r s t u v w x y z

travesear *verbo intransitivo*
1 enredar
trebejar
retozar
juguetear

travesura *nombre femenino*
1 bullicio
inquietud
retozo
ANTO tranquilidad
2 diabladura
jugada
trastada
ANTO formalidad
3 agudeza
sutileza
ingenio
sagacidad

travieso, -sa *adjetivo*
1 inquieto
revoltoso
bullicioso
retozón
2 sutil
sagaz
agudo
ingenioso

trayecto *nombre masculino*
1 recorrido

traza *nombre femenino*
1 diseño
trazado
2 maña
habilidad
recursos
3 aspecto
figura
apariencia

trazador *nombre masculino*
1 (de gráficos) plótter

trazar *verbo transitivo*
1 dibujar
delinear
diseñar
2 discurrir
disponer
proyectar
planear

trazo *nombre masculino*
1 línea
raya
rasgo

trazumar *verbo*
intransitivo/pronominal
1 rezumar
resudar
sudar
exudar

trebejar *verbo intransitivo*
1 travesear
enredar
retozar
juguetear

trebejo *nombre masculino*
1 instrumento
utensilio
enseres*

trébol

trébol oloroso *locución*
nominal
meliloto

trece

mantenerse en sus trece
locución
obstinarse
aferrarse
insistir
no dar el brazo a torcer
cerrarse en banda
no cejar
no apearse del burro

treceno, -na *adjetivo*
1 decimotercero
tredécimo
decimotercio

trecésimo, -ma *adjetivo*
1 trigésimo
treinteno
tricésimo

trecho *nombre masculino*
1 espacio
distancia
tirada
lapso

Si la distancia es larga, *tirada*;
si se trata de tiempo, *lapso*.

trechuela *nombre femenino*
1 bacalao
abadejo
curadillo

tredécimo, -ma *adjetivo*
1 decimotercero
treceno
decimotercio

tregua *nombre femenino*
1 intermisión
suspensión
descanso
interrupción
ANTO insistencia
porfía
2 armisticio*

treintavo, -va *adjetivo/nombre*
1 trigésimo

treinteno, -na *adjetivo*
1 trigésimo
trecésimo
tricésimo

tremebundo, -da *adjetivo*
1 espantable
tremendo
terrible
espantoso
horrible
pavoroso

tremedal *nombre masculino*
1 tembladal
trampal
tolla
tollada

Tolla y *tollada* son el *tremedal*
encharcado por las aguas
subterráneas.

tremendo, -da *adjetivo*
1 espantoso
espantable
tremebundo
terrible
horrible
horrendo
2 colosal
enorme
formidable

Con valor intensivo general.

trementina

esencia de trementina
locución nominal
⇒ esencia

tremer *verbo intransitivo*
1 temblar

tremesino *adjetivo/nombre*
masculino
1 (trigo) marzal

tremielga *nombre femenino*
1 torpedo (pez)
trimielga

tremolina *nombre femenino*
1 bulla
confusión
vocerío
gresca
trifulca
zipizape
trapatiesta

tremulante *adjetivo*
1 tembloroso
tembloso
trémulo
tremulento

trémulo, -la *adjetivo*
1 tembloroso
trepidante
estremecido
ANTO tranquilo

tren *nombre masculino*
1 ostentación
pompa
aparato
boato

trenca *nombre femenino*
1 (de la colmena) cruz

trencellín *nombre masculino*
1 trencillo (de sombrero)
cintilla
trancellín

trencillo *nombre masculino*
1 trencilla
2 cintilla
trancellín
trencellín
En los sombreros antiguos.

trenzadera *nombre femenino*
1 tranzadera

trenzar *verbo transitivo*
1 entrenzar
tranzar

trepajuncos *nombre masculino*
1 arandillo

trepar *verbo intransitivo*
1 encaramarse*
subir

trepidación *nombre femenino*
1 temblor
estremecimiento
miedo

trepidante *adjetivo*
1 trémulo
tembloroso
estremecido
tremulento
ANTO tranquilo

trepidar *verbo intransitivo*
1 temblar*
estremecerse*
vibrar
retemblar
2 vacilar

trépido, -da *adjetivo*
1 tembloroso
trémulo
trepidante
estremecido

tres
de tres al cuarto *locución*
adjetiva
fútil
pequeño
frívolo
nimio
insustancial
de mala muerte
de medio pelo
de poca monta

tresdoblar *verbo transitivo*
1 trasdoblar
triplicar

tresdoble *adjetivo/nombre*
1 triple
tríplice*
triplo

tresnal *nombre masculino*
1 garbera

treta *nombre femenino*
1 ardid
añagaza
astucia
artimaña
trampa
engaño

triangular *adjetivo*
1 trigonal

triángulo *nombre masculino*
1 trígono

tribadismo *nombre masculino*
1 (vulgar) homosexualismo
safismo
lesbianismo

tribulación *nombre femenino*
1 congoja
aflicción
pena
tormento
dolor
turbación*
sufrimiento
angustia
ANTO alegría
2 adversidad
desgracia
infortunio
3 ansia*
ansiedad*

tribunal
tribunal de justicia *locución*
nominal
corte

tributario, -ria *adjetivo/nombre*
1 feudatario
vasallo
2 rentero
3 afluente

Tratándose de ríos, arroyos,
etc.

tributo *nombre masculino*
1 contribución
impuesto
carga
gravamen
gabela

Contribución, impuesto y *tri-*
buto se pagan al Estado o a
corporaciones públicas. *Car-*
ga, gravamen y *gabela* pueden referirse a tributaciones
que se satisfacen a particulares por otros conceptos, como
hipotecas, censos, etc.

tricésimo, -ma *adjetivo/nombre*
1 trigésimo
trecésimo
treinteno

triclorometano *nombre*
masculino
1 cloroformo

triduo *nombre masculino*
1 ternario

trifulca *nombre femenino*
1 disputa
alboroto
trapatiesta
zipizape
tremolina
cisco
riña
pelea

trigésimo, -ma *adjetivo/nombre*
1 trecésimo
treinteno
tricésimo
2 treintavo

trigla *nombre femenino*
1 salmonete
barbo de mar
trilla

trigonal *adjetivo*
1 triangular

a
b
c
d
e
f
g
h
i
j
k
l
m
n
ñ
o
p
q
r
s
t
u
v
w
x
y
z

trígono *nombre masculino*
1 triángulo

trigueño, -ña *adjetivo*
1 negro*
moreno
de color
mestizo
ANTO blanco

triguero, -ra *adjetivo*
1 frumentario
cerealista

trilla *nombre femenino*
1 salmonete
bardo de mar
trigla

trillado, -da *adjetivo*
1 batido
andado
frecuentado
conocido

trimensual *adjetivo*
1 trimestral

trimestral *adjetivo*
1 trimensual

trimielga *nombre femenino*
1 torpedo (pez)
tremielga

trinado *nombre masculino*
1 gorjeo
gorgorito
trino

trinar *verbo intransitivo*
1 rabiar
enfadarse
irritarse
impacientarse

El verbo *trinar* añade la idea de dar muestras exteriores de impaciencia o enojo, por medio de voces, gestos, etc.

trincaesquinas *nombre masculino*
1 parahúso

trincar[1] *verbo transitivo*
1 atar
sujetar
amarrar
trabar
enlazar
ANTO desatar

trincar[2] *verbo transitivo*
1 beber

trinchante *nombre masculino*
1 escoda

trinchar *verbo transitivo*
1 picar
cortar

trinchera *nombre femenino*
1 impermeable
chubasquero
gabardina
sobretodo

trinchero *nombre masculino*
1 aparador
cristalera

trinitaria *nombre femenino*
1 flor de la Trinidad
pensamiento

trino *nombre masculino*
1 trinado

trío *nombre masculino*
1 terceto

tripa *nombre femenino*
1 intestino
2 abdomen*
barriga
panza
vientre
andorga (burlesco)

tripicallero, -ra *nombre*
1 casquero

tripicallos *nombre masculino plural*
1 callo (guisado)

triple *adjetivo/nombre masculino*
1 tresdoble
tríplice*
triplo

tríplice *adjetivo*
1 triple
tresdoble
trestante
triplo
Tríplice es voz culta de uso restringido.

triplo *adjetivo/nombre masculino*
1 triple
tresdoble
tríplice*

tripudiar *verbo intransitivo*
1 bailar
danzar

tripulación *nombre femenino*
1 dotación
marinería

triquiñuela *nombre femenino*
1 efugio

subterfugio
rodeo
evasiva
artería

trisa *nombre femenino*
1 sábalo
alosa
saboga

triscar *verbo intransitivo*
1 retozar
travesear
juguetear
brincar

triste *adjetivo*
1 afligido
melancólico
apenado
apesadumbrado
atribulado
abatido
2 funesto
aciago
infausto
desgraciado
infortunado
3 deplorable
lamentable
doloroso
enojoso
4 insignificante
mísero
ineficaz

En esta acepción, el adjetivo *triste* suele ir antepuesto al sustantivo: un *triste* empleado, un *triste* soldado, un *triste* jornal; a diferencia de: un empleado *triste*, etc.

tristeza *nombre femenino*
1 sentimiento
pena*
aflicción
pesadumbre
melancolía
murria (familiar)
dolor*
ANTO alegría
paz

'La *tristeza* es una situación continuada del ánimo ocupado por alguna pena o disgusto. La *aflicción* es la situación del ánimo en lo más fuerte del dolor. El infeliz ocupado continuamente de su desgracia, está *triste*. Una buena madre se *aflige* siempre que se acuerda de la temprana pérdida de un hijo' (LH). 'La *tristeza* es comúnmente una conse-

cuencia de grandes aflicciones. La *melancolía*, un efecto
del temperamento. Una mala
nueva nos pondrá *tristes*. Una
indisposición del cuerpo nos
pondrá *melancólicos'* (Ma).

tritón *nombre masculino*
1 (anfibio) salamandra
    acuática

triturar *verbo transitivo*
1 moler
    desmenuzar
    quebrantar
    pulverizar
2 mascar
    ronzar

triunfador, -ra *adjetivo/nombre*
1 triunfante
    victorioso
    ganador
    vencedor

triunfante *adjetivo*
1 triunfador
    victorioso
    ganador
    vencedor

triunfar *verbo intransitivo*
1 ganar
    vencer
    ANTO fracasar
        perder

triunfo *nombre masculino*
1 victoria
2 éxito

trivalente *adjetivo*
1 triatómico

trivial *adjetivo*
1 vulgar
    común
    sabido
2 insustancial
    ligero
    baladí

triza *nombre femenino*
1 pedazo
    partícula
    añico

    Ordinariamente *triza* y *añico*
    se usan en plural.

  hacer trizas *locución*
    destrozar
    hacer cisco

trizar *verbo transitivo*
1 destrizar
    desmenuzar

trocamiento *nombre masculino*
1 trueque
    cambio
    trueco

trocar *verbo transitivo/pronominal*
1 cambiar
    permutar
    canjear
    ANTO permanecer
2 vomitar
    devolver
3 equivocar
    confundir
    trabucar
    trastocar

trocha *nombre femenino*
1 vereda
    sendero

trocla *nombre femenino*
1 polea
    garrucha
    carrucha
    carrillo

trofeo *nombre masculino*
1 victoria
    triunfo
    vencimiento
    conquista
    ANTO derrota

troglodita *adjetivo/nombre*
    común
1 cavernícola

troj, troje *nombre femenino*
1 panera
    granero*
    hórreo
2 algorín
    truja

trojero *nombre masculino*
1 horrero

trola *nombre femenino*
1 mentira*
    engaño
    bola*
    ANTO verdad

trolero, -ra *adjetivo*
1 embustero
    mentiroso

tromba *nombre femenino*
1 manga
    tifón

trombocito *nombre masculino*
1 plaqueta

trompa
  trompa de Falopio *locución nominal*
    oviducto
    madrecilla
    huevera
  trompa gallega
    birimbao

trompada *nombre femenino*
1 trompazo
    trompis
    puñada
    puñetazo
2 encontrón
    encontronazo
    choque

trompazo *nombre masculino*
1 trompada
2 porrazo
    batacazo
    costalada

trompicar *verbo intransitivo*
1 tropezar
    topar
    dar
    trompillar

trompillar *verbo transitivo/intransitivo*
1 tropezar
    topar
    dar
    trompicar

trompis *nombre masculino*
1 (familiar) trompada
    trompazo
    puñada
    puñetazo

trompo *nombre masculino*
1 peón

trompón *nombre masculino*
1 narciso (planta)

trona *nombre femenino*
1 urao

tronado, -da *adjetivo*
1 arruinado
    empobrecido
    ANTO rico

    Referido a personas.

2 maltrecho
    estropeado
    ajado
    deteriorado
    ANTO elegante

    Referido a cosas.

a b c d e f g h i j k l m n ñ o p q r s t u v w x y z

troncho *nombre masculino*
1 tallo*
  tronco
  caña

tronco *nombre masculino*
1 torso
  Tratándose del cuerpo humano.

dormir como un tronco *locución*
(intensivo) dormir como un niño
dormir profundamente

troncón *nombre masculino*
1 tocón (del árbol)
  chueca
  tueca
  tueco

tronera *nombre femenino*
1 cañonera
  nombre común
2 calavera
  perdis
  perdulario
  perdido

tronido *nombre masculino*
1 ruina
  quiebra
  bancarrota
  suspensión de pagos

trono *nombre masculino*
1 solio

tronzador *nombre masculino*
1 serrón

tronzar *verbo transitivo/pronominal*
1 romper
  despedazar
  trozar
  quebrantar
  partir
  ANTO descansar

tropelía *nombre femenino*
1 exceso
  vejación
  atropello
  abuso
  arbitrariedad
  desafuero
  ANTO justicia
    legalidad

tropezadura *nombre femenino*
1 tropezón
  traspié
  tropiezo

tropezar *verbo intransitivo*
1 topar
  dar
  trompicar
  trompillar
  Trompicar y *trompillar* significan *tropezar* repetidamente.
2 hallar
  encontrar
3 equivocarse
  errar
  trabucarse

tropezón *nombre masculino*
1 traspié
  tropezadura
  tropiezo

trópico, -ca *adjetivo*
1 figurado
  tropológico
  traslaticio

tropiezo *nombre masculino*
1 tropezón
  traspié
2 estorbo
  embarazo
  obstáculo
  inconveniente
  dificultad
  impedimento
3 falta
  error
  yerro

tropológico, -ca *adjetivo*
1 traslaticio
  trópico
  figurado

troquel *nombre masculino*
`1 cuadrado
  cuño

troquelar *nombre masculino*
1 acuñar

troqueo *nombre masculino*
1 coreo

troquilo *nombre masculino*
1 mediacaña (moldura cóncava)

trotón *nombre masculino*
1 caballo
  rocín
  penco
  jamelgo
  jaco
  corcel
  bayo

trovador *nombre masculino*
1 poeta
  vate
  bardo
  coplero
  coplista
  rimador
  poetastro
  trovero

troyano, -na *adjetivo/nombre*
1 (persona) dárdano
  ilíaco
  iliense
  teucro

trozar *verbo transitivo*
1 tronzar
  romper
  despedazar
  partir

trozo *nombre masculino*
1 pedazo
  parte*
  fragmento
  porción

trucha
trucha de mar *locución nominal*
  baila
  raño
  perca
  percha

truculento, -ta *adjetivo*
1 cruel
  atroz
  violento

trueco *nombre masculino*
1 trueque
  cambio
  trocamiento

trueque *nombre masculino*
1 cambio
  trocamiento
  trueco

truhán, -ana *adjetivo/nombre*
1 malicioso
  astuto
  pillo
  pícaro
  sinvergüenza
  tunante
  bellaco
  estafador

truhanada *nombre femenino*
1 jugarreta
  mala pasada
  truhanería

trastada
picardía

truhanear *verbo intransitivo*
1 petardear
  sablear
  dar un sablazo
  pegar un petardo
  trampear

truhanería *nombre femenino*
1 jugarreta
  truhanada
  mala pasada
  trastada
  picardía

truja *nombre femenino*
1 algorín (departamento)
  troj
  troje
  alhorí

trulla *nombre femenino*
1 bulla
  jarana
  jolgorio

truncado, -da *adjetivo*
1 incompleto
  descabalado
  fragmentario
  inacabado
  no acabado
  imperfecto
  defectuoso

truncar *verbo transitivo*
1 trocar
  cortar
2 omitir
  mutilar
  suprimir

tubaje *nombre masculino*
1 (galicismo) intubación

tuberculosis *nombre femenino*
1 tisis

tuberculoso, -sa *adjetivo*
1 tísico

tubería *nombre femenino*
1 cañería
  Cuando conduce agua o gas.

tuberosa *nombre femenino*
1 nardo
  vara de Jesé

tuberosidad *nombre femenino*
1 tumor
  hinchazón

tubulado, -da *adjetivo*
1 tubular
  tubuloso

tubular *adjetivo*
1 tubuloso
  tubulado

tubuloso, -sa *adjetivo*
1 tubular
  tubulado

tucía *nombre femenino*
1 atutía
  tutía
  tocía

tudesco, -ca *adjetivo/nombre*
1 (persona) alemán
  germano
  teutón

tueca *nombre femenino*
1 tocón
  chucca
  troncón
  tueco

tueco *nombre masculino*
1 tocón
  chueca
  troncón
  tueca

tuerca *nombre femenino*
1 matriz

tuero *nombre masculino*
1 leña
  rozo
  despunte
  ramullo
  ramojo
  ramiza
  encendajas

tuerto *nombre masculino*
1 agravio*
  perjuicio
  daño
  entuerto

tueste *nombre masculino*
1 tostadura
  torrefacción

tuétano *nombre masculino*
1 caña
  médula*
  meollo
  cañada (de vaca)

tufo *nombre masculino*
1 vaho
2 mal olor
  hedor

tugurio *nombre masculino*
1 choza
  cabaña
  chamizo
  ANTO palacio
  alcázar
2 tabuco
  cuchitril
  zaquizamí
  chiribitil
  ANTO palacio

tullidez *nombre femenino*
1 parálisis
  tullimiento

tullido, -da *adjetivo/nombre*
1 impedido
  paralítico
  imposibilitado

tullimiento *nombre masculino*
1 parálisis
  tullidez

tullir *verbo transitivo/pronominal*
1 entullecer
  imposibilitar
  paralizar

tumba *nombre femenino*
1 sepulcro
  enterramiento
  sepultura
  túmulo
  mausoleo

'*Tumba* y *túmulo* llevan en sí la idea de elevación, pero el *túmulo* es más alto que la *tumba*. Esta es propiamente la losa que cubre el hoyo que encierra los huesos, o que contiene la ceniza de los muertos. En su origen sirvió para que se grabasen en ella las inscripciones, epitafios o los símbolos de la dignidad, profesión, edad, etc. del difunto. Así, en rigor la *tumba* es la piedra sepulcral, pero después se ha tomado por un *sepulcro* de piedra. El *túmulo* es una especie de edificio u obra de arte erigido en honor de los muertos para consagrar e ilustrar su memoria (...). *Sepulcro* y *sepultura* se distinguen de *tumba* y de *túmulo* por la idea contraria a la de elevación. La *sepultura* es el lugar en que los cuerpos muertos están encerrados en tierra. El *sepulcro* es un lugar en que están encerrados también, pero más hondamente, en un hoyo profundo (...). La *sepultura* conserva siempre su carácter religioso, que no necesita el *sepulcro*' (Ci).

tumbar *verbo transitivo/pronominal*
1 derribar
ANTO levantar
erigir

verbo pronominal
2 echarse
tenderse
acostarse
ANTO levantarse
erguirse
incorporarse

tumbo *nombre masculino*
1 barquinazo
vaivén
sacudida
vuelco
sacudimiento*
2 voltereta
cabriola
pirueta

tumbón, -ona *adjetivo/nombre*
1 holgazán
perezoso
haragán
gandul
indolente

tumefacción *nombre femenino*
1 hinchazón
intumescencia
inflación

tumefacto, -ta *adjetivo*
1 hinchado
tumescente

tumescente *adjetivo*
1 hinchado
tumefacto

tumor *nombre masculino*
1 tuberosidad
neoplasia
cáncer

tumoración *nombre femenino*
1 tumor

túmulo *nombre masculino*
1 sepulcro
enterramiento
losa
sarcófago
tumba*
sepultura
hoya

tumulto *nombre masculino*
1 alboroto
confusión
revuelta
motín
asonada
sublevación*

tumultuario, -ria *adjetivo*
1 tumultuoso
agitado
desordenado
alborotado
revuelto

tumultuoso, -sa *adjetivo*
1 agitado
desordenado
alborotado
revuelto
tumultuario

tuna¹ *nombre femenino*
1 nopal
chumbera

tuna² *nombre femenino*
1 estudiantina

tunal *nombre masculino*
1 nopal
chumbera
2 nopaleda
nopalera

tunantada *nombre femenino*
1 bribonada
picardía
trastada
mala jugada
mala pasada
pillada

tunante *adjetivo/nombre común*
1 tuno
pícaro
taimado
pillo
bribón
astuto

tunda *nombre femenino*
1 zurra
paliza
azotaina
felpa
toñina

tundidora *nombre femenino*
1 (máquina) acabadora

tundir *verbo transitivo*
1 brear
maltratar
molestar

tunear *verbo intransitivo*
1 tunantear
bribonear

tunera *nombre femenino*
1 nopal
chumbera
tunal
higuera chumba
higuera de Indias
higuera de pala
higuera de tuna

tunería *nombre femenino*
1 taimería
cuquería
picardía
malicia
astucia
ANTO sinceridad
ingenuidad

tungsteno *nombre masculino*
1 volframio

túnica *nombre femenino*
1 capa
lámina
membrana

tunicado, -da *adjetivo/nombre*
1 urocordado

tuno, -na *adjetivo/nombre*
1 tunante
astuto
taimado
ladino
truhán
pícaro
pillo
bribón

tupé *nombre masculino*
1 copete
2 atrevimiento
frescura
descaro
desfachatez
descoco

tupido, -da *adjetivo*
1 espeso
apretado
aglomerado
macizo
cerrado
2 torpe

tupir *verbo transitivo*
1 entupir

turba *nombre femenino*
1 (despectivo) multitud

muchedumbre
turbamulta

turbación *nombre femenino*
1 perturbación
alteración
trastorno
desarreglo
desconcierto
2 confusión
conturbación
tribulación

Conturbación se aplica principalmente en sentido moral, con el significado de *tribulación*.

'La *turbación* está en los sentimientos; la *confusión* en las ideas. Un orador se *turba* en presencia de un auditorio numeroso; se *confunde* cuando no tiene formado su plan ni arregladas sus ideas' (M).

turbado, -da *adjetivo*
1 accidentado
agitado

turbar *verbo transitivo/pronominal*
1 perturbar
alterar
desordenar
trastornar
desarreglar
desconcertar*
ANTO serenar
2 confundir
avergonzar
aturdir
cortarse
embarazarse
embarullarse

Cortarse, embarazarse y *embarullarse*, en el hablar.

túrbido, -da *adjetivo*
1 turbio
turbulento

turbinto *nombre masculino*
1 lentisco del Perú
pimentero falso

turbio, -bia *adjetivo*
1 túrbido
turbulento
2 confuso
oscuro*
dudoso
azaroso
sospechoso

turbión *nombre masculino*
1 manga de agua

turbios *nombre masculino plural*
1 hez*
lía
pie
zupia
madre
solera
sedimento

turbulencia *nombre femenino*
1 turbiedad
2 agitación
desorden
confusión
alboroto*
revuelta
motín

turbulento, -ta *adjetivo*
1 turbio
2 revoltoso
alborotador
3 agitado
alborotado
tumultuoso
revuelto

turca *nombre femenino*
1 (familiar) borrachera
embriaguez
ebriedad
curda
mona
jumera
chispa
ANTO sobriedad

turco, -ca *adjetivo/nombre*
1 (persona) otomano
osmanlí
turquesco

turgente *adjetivo*
1 abultado
hinchado
ANTO deshinchado

turibular *verbo transitivo*
1 incensar
turificar

turíbulo *nombre masculino*
1 incensario

turificar *verbo transitivo*
1 incensar
turibular

turmalina *nombre femenino*
1 chorlo

turnar *verbo intransitivo*
1 alternar
relevarse

turno *nombre masculino*
1 tanda
vez

turquesa *nombre femenino*
1 calaíta

turquesco, -ca *adjetivo*
1 turco
otomano
osmanlí

turrar *verbo transitivo*
1 tostar*
torrar
asar
ANTO enfriar

turulato, -ta *adjetivo*
1 alelado
lelo
estupefacto
atónito

tusar *verbo transitivo*
1 esquilar
trasquilar

tusco, -ca *adjetivo/nombre*
1 (persona) etrusco
tirreno

tusílago *nombre masculino*
1 fárfara (planta)
uña de caballo

tusón *nombre masculino*
1 zalea
pelleja
vellón
zaleo

tutela *nombre femenino*
1 tutoría
2 protección
amparo
custodia
defensa

tutía *nombre femenino*
1 atutía
tucía
tocía

tutilimundi *nombre masculino*
1 mundonuevo
mundinovi
titirimundi
totilimundi
cosmorama

tutor, -ra *nombre*
1 protector
defensor
amparador

ubérrimo, -ma *adjetivo*
1 fértil*
  fecundo
  feraz

ubicuidad, ubiquidad *nombre femenino*
1 omnipresencia

ubicuo, -cua *adjetivo*
1 omnipresente

ubre *nombre femenino*
1 teta*
  mama

udómetro *nombre masculino*
1 pluviómetro
  pluvímetro

uesnorueste *nombre masculino*
1 oesnoroeste
  oesnorueste

uessudueste *nombre masculino*
1 oessudoeste
  oessudueste

ufanarse *verbo pronominal*
1 engreírse
  jactarse
  envanecerse
  gloriarse
  ANTO humillarse

ufano, -na *adjetivo*
1 engreído
  envanecido
  orgulloso
  hinchado
2 satisfecho
  contento
  alegre

úlcera *nombre femenino*
1 llaga
  ulceración

ulceración *nombre femenino*
1 úlcera
  llaga

ulcerar *verbo transitivo*
1 llagar

ulexita *nombre femenino*
1 boronatrocalcita
  piedra televisión

ulterior *adjetivo*
1 siguiente
  posterior
  subsiguiente
  ANTO anterior
      pasado

últimamente *adverbio*
1 por último
  finalmente
  en conclusión
  en suma

ultimar *verbo transitivo*
1 terminar*
  concluir
  acabar
  finalizar
  ANTO empezar

último, -ma *adjetivo*
1 posterior
  postrero
  postremo
  postrimero
  Posterior es sólo un comparativo que alude a lo que está detrás o después; *último* y los restantes sinónimos significan *posterior* a todos los demás.

  por último *locución adverbial*
  en definitiva
  finalmente
  en conclusión
  en suma

ultra *preposición*
1 además de
2 al otro lado de
  más allá de
  En composición con algunas voces, por ejemplo: *ultramar*.

3 más que
  Compuesta con ciertos adjetivos, por ejemplo: *ultrafamoso*.

ultrajar *verbo transitivo/pronominal*
1 agraviar
  insultar
  ofender
  injuriar*
  afrentar
  ANTO honrar

ultraje *nombre masculino*
1 agravio*
  afrenta
  ofensa
  insulto*
  injuria*

ultramarino, -na *adjetivo*
1 transmarino
  adjetivo/nombre
2 colonial

ultramontano, -na
  adjetivo/nombre
1 clerical
  teocrático
  neo
  carca

ultratumba *adverbio*
1 trasmundo
  ultramundo

úlula *nombre femenino*
1 autillo (ave)

umbela *nombre femenino*
1 parasol

umbelífero, -ra *adjetivo/nombre*
1 aparasolado

umbral *nombre masculino*
1 tranco
  limen
  lumbral
  Los tres poco usados.

2 origen
  principio
  comienzo
  ANTO término
    fin

umbrátil *adjetivo*
1 umbroso
  umbrío
  sombreado
  sombrío
  sombroso

umbrío, -a *adjetivo*
1 umbrátil
  umbroso
  sombreado
  sombrío
  sombroso

umbroso, -sa *adjetivo*
1 umbrátil
  umbrío
  sombreado
  sombrio
  sombroso

unción *nombre femenino*
1 extremaunción
  santos Óleos
2 devoción
  fervor
  ANTO frialdad
    incredulidad

uncir *verbo transitivo*
1 enyugar

undante *adjetivo*
1 ondoso
  undoso

undécimo, -ma *adjetivo/nombre*
1 onzavo
2 onceno

undísono, -na *adjetivo*
1 (poético) ondisonante

undoso, -sa *adjetivo*
1 ondoso
  undante

undular *verbo intransitivo*
1 ondular
  ondear

ungir *verbo transitivo*
1 untar

ungüento *nombre masculino*
1 linimento
  pomada

únicamente *adverbio*
1 solamente

sólo
precisamente

único, -ca *adjetivo*
1 solo
  ANTO varios
2 singular
  extraordinario
  ANTO compuesto
    divisible

unicolor *adjetivo*
1 monocromo

unicornio *nombre masculino*
1 (animal fabuloso)
    monoceronte
    monocerote
2 rinoceronte

unidad *nombre femenino*
1 unión
  concordancia
  conformidad
  ANTO pluralidad
    colectividad
    desunión

unidamente *adverbio*
1 juntamente
  en unión
  en compañía
  conjuntamente

unido, -da *adjetivo*
1 adherente
  anejo
  anexo
  pegado
  próximo
  cercano
  inmediato

unificar *verbo*
  transitivo/pronominal
1 aunar
  juntar
  unir
  ANTO desunir
    separar
    dividir
2 uniformar
  igualar

uniformar *verbo transitivo*
1 igualar
  hermanar
  ANTO desigualar

uniforme *adjetivo*
1 igual
  equivalente
  idéntico
  par

parejo
parigual
ANTO desigual
  heterogéneo

uniformidad *nombre femenino*
1 igualdad*
  equivalencia
  paridad

uninuclear *adjetivo*
1 mononuclear

uniocular *adjetivo*
1 monocular

unión *nombre femenino*
1 enlace
  encadenamiento
  conexión
  fusión
2 mezcla
  combinación
3 agregación
  suma
4 alianza
  federación
  confederación
  liga
  concordia
  avenencia
  concierto
  asociación
5 casamiento*
  matrimonio*
  enlace

unir *verbo transitivo/pronominal*
1 juntar
  enlazar
  trabar
  atar*
  ligar
  fundir
  ANTO separar
    dividir
    desunir
2 mezclar*
  combinar
  ANTO separar
    dividir
    desunir
3 agregar
  añadir
  ANTO restar
    quitar
    sustraer
4 aliar
  federar
  confederar
  concordar
  concertar
  ANTO separar

a
b
c
d
e
f
g
h
i
j
k
l
m
n
ñ
o
p
q
r
s
t
u
v
w
x
y
z

5 casar
    ANTO separar

univalente *adjetivo*
1 monovalente

universal *adjetivo*
1 general*
    común
    ANTO parcial
        limitado
2 cosmopolita
    católico
    ecuménico
    mundial
    internacional
    ANTO nacional

Cosmopolita se aplica al hombre y a las relaciones personales de los hombres de diferentes países entre sí: hombre *cosmopolita*, ambiente *cosmopolita*. *Mundial* y *universal* se usan como equivalentes, si bien *universal* abarca cuanto está en el Universo, no sólo en la Tierra. En su acepción etimológica, *católico* y *ecuménico* significan *universal*, pero se usan muy poco con este valor, fuera de lo religioso. *Internacional* es lo referente a todas las naciones consideradas como entidades separadas.

universo *nombre masculino*
1 mundo
    orbe
    cosmos
    creación

uno, -na *adjetivo*
1 íntegro
    entero
    completo
    cabal

untado, -da *adjetivo*
1 grasiento
    pringado

untar *verbo transitivo*
1 ungir
    engrasar

Aunque *ungir* y *untar*, de acuerdo con su etimología, significan lo mismo, *ungir* ha reducido su significado a la Unción sacramental y a las ceremonias con que los judíos *ungían* a sus reyes, los paganos a los invitados, amigos, atletas, etc. *Untar* se aplica a lo material: se *unta* una llaga con pomada o ungüento; se *untan* los cabellos para darles brillo. *Engrasar* es *untar* un mecanismo con materia grasa a fin de lubricarlo; por ejemplo: las ruedas de una locomotora, el eje de una hélice, una cerradura. Pero no se dice que *engrasamos* un tumor con ungüentos, sino que lo *untamos*.

2 sobornar

verbo pronominal
3 pringarse

unto *nombre masculino*
1 grasa*
    aceite
    manteca
    lardo
    sebo
    mantequilla
    adiposidad

untuoso, -sa *adjetivo*
1 craso
    pingüe
    grasiento
    aceitoso*

uña¹

ser uña y carne *locución*
(intensivo) avenirse
comer en un mismo plato
estar a partir un piñón

uña² *nombre femenino*
1 (molusco) dátil

uñada *nombre femenino*
1 arañazo
    rascuño
    rasguño
    uñarada
    arpadura
    uñetazo

uñarada *nombre femenino*
1 arañazo
    rascuño
    rasguño
    uñada
    arpadura
    uñetazo
    rascadura

uñetazo *nombre masculino*
1 arañazo
    rascuño
    rasguño
    uñada
    uñarada
    arpadura

upupa *nombre femenino*
1 abubilla

uragogo, -ga *adjetivo*
1 diurético

uranismo *nombre masculino*
1 sodomía
    pederastia

uranista *nombre masculino*
1 homosexual (especialmente del sexo masculino)

uranografía *nombre femenino*
1 cosmografía

uranolito *nombre masculino*
1 aerolito
    meteorito
    piedra meteórica

urao *nombre masculino*
1 trona

urbanidad *nombre femenino*
1 cortesanía
    buenos modales
    educación*
    cortesía
    amabilidad
    afabilidad
    ANTO descortesía
        desatención

La *cortesanía*, los *buenos modales*, la *educación* y la *urbanidad*, sugieren principalmente la observancia de maneras correctas en el trato social. La *cortesía*, la *amabilidad* y la *afabilidad* pueden comprender también la disposición o actitud interna que adoptamos ante los demás; sentimos la *cortesía* como más afectuosa, y por esto nos halaga más ser tratados con *cortesía* que con simple *urbanidad*.

urbano, -na *adjetivo*
1 fino
    cortés
    cumplido
    atento
    amable
    ANTO rudo
        rústico
        grosero

urbe *nombre femenino*
1 ciudad

La *urbe* es más populosa que la *ciudad*. Parecería pretencioso que el habitante de una

vacaciones *nombre femenino*
  plural
  1 fiestas

vacada *nombre femenino*
  1 rebaño*
  manada*
  vaquería

vaciante *nombre masculino*
  1 menguante
  bajamar

vaciar *verbo transitivo*
  1 verter
  ANTO llenar

  'La vasija que contiene líquido
  se *vacía*; el líquido contenido se
  vierte; y así no debe decirse
  vació, sino *vertió* el agua' (M).

  2 moldear
  3 desembocar
  desaguar

  Tratándose de ríos, arroyos,
  etc.

vaciedad *nombre femenino*
  1 simpleza
  sandez
  tontería
  necedad

vacilación *nombre femenino*
  1 oscilación
  vaivén
  fluctuación
  vibración
  ANTO firmeza
  2 perplejidad*
  irresolución*
  indecisión
  ANTO firmeza
  decisión
  3 duda
  incertidumbre*
  ANTO firmeza
  decisión

vacilante *adjetivo*
  1 incierto

inseguro
inconstante
dudoso
indeciso
perplejo

vacilar *verbo intransitivo*
  1 oscilar
  tambalearse
  fluctuar
  2 dudar
  balbucear
  balbucir
  titubear
  ANTO creer
  decidirse
  actuar

Cuando la vacilación es intelectual, *dudar*; así decimos:
vacilar o *dudar* antes de elegir.
Hesitar es latinismo inusado.
Si el acto de *vacilar* se refiere
al movimiento o a la acción, *titubear*; en el habla, *balbucir* y
balbucear. *Cespitar* es un cultismo apenas usado.

vacío, -a *adjetivo*
  1 desocupado
  vacuo
  2 hueco*
  vano

vacuidad *nombre femenino*
  1 vaciedad

vacuno, -na *adjetivo*
  1 bovino

vademécum *nombre masculino*
  1 venimécum
  2 vade

vado *nombre masculino*
  1 esguazo
  2 expediente
  remedio
  recurso
  salida

vagabundear *verbo intransitivo*
  1 gandulear
  holgazanear
  haraganear
  matar el tiempo
  mirar las musarañas
  ANTO trabajar
  esforzarse

vagabundo, -da *adjetivo*
  1 errante
  errabundo

  adjetivo/nombre
  2 holgazán
  gandul
  vago

vagar *verbo intransitivo*
  1 errar
  divagar

  Divagar, tratándose del pensamiento o del discurso.

vagina *nombre femenino*
  1 vulva
  coño (vulgar)

vago¹ *nombre masculino*
  1 (nervio) neumogástrico

vago, -ga² *adjetivo/nombre*
  1 vagabundo
  holgazán
  ocioso
  desocupado
  2 indeciso
  indeterminado
  indefinido
  impreciso
  inconcreto

vaguear *verbo intransitivo*
  1 holgazanear

vaguedad *nombre femenino*
  1 indeteminación
  imprecisión

indecisión
ANTO precisión
decisión

vaharera *nombre femenino*
1 boquera

vahído *nombre masculino*
1 desvanecimiento
desmayo
vértigo
mareo

El *vahído* es de breve duración y menos intenso que los demás sinónimos.

vaho *nombre masculino*
1 exhalación
vapor
hálito
2 aliento
3 tufo

vaivén *nombre masculino*
1 balanceo
fluctuación
oscilación
sacudimiento*

valedero, -ra *adjetivo*
1 válido
firme
legal

valedor, -ra *nombre*
1 protector
padrino
favorecedor
patrocinador

valencia *nombre femenino*
1 adicidad

valentía *nombre femenino*
1 valor*
esfuerzo
aliento
ánimo*
vigor
ANTO cobardía

'La *valentía* es la ostentación del *valor*. Aquella puede ser efecto de la educación, del amor propio, de la vanidad, y acaso de una pura costumbre adquirida con el ejemplo; este es inherente al carácter y propio de un espíritu noble, superior a todo riesgo. Aquella busca los lances; este los evita, pero no los rehúsa cuando la obligación o la necesidad lo exigen. Por eso cuando se trata de una acción en que

media el lucimiento, la arrogancia, el deseo del aplauso, se usa con más propiedad de la voz *valentía* que de la voz *valor*, y así a un soldado se le puede llamar *valeroso*, pero no a un torero; éste propiamente es *valiente* (...). Por este mismo principio, un *valiente* (usado como sustantivo) no quiere decir precisamente un hombre de *valor*, sino un quimerista que lo ostenta, que hace vanidad de él' (LH). La *valentía* es la manifestación externa del *valor*. La *valentía* es visible, y puede ser jactanciosa, en este caso es sinónima de *arrogancia*, *gallardía*. El *valor*, en cambio, puede ser callado e invisible. *Valor* connota esfuerzo, tesón; *valentía* connota decisión y arrojo.

valentón, -ona *adjetivo/nombre*
1 (despectivo) jaque
jaquetón
chulo
matamoros
matasiete
balandrón
terne
ternejal
perdonavidas
tragahombres
valiente

valentonería *nombre femenino*
1 (despectivo) majeza
guapeza
chulería

valer[1] *nombre masculino*
1 valor
valía

valer[2] *verbo intransitivo*
1 amparar
proteger
apoyar
defender
patrocinar
2 servir
ser útil

verbo pronominal
3 prevalerse
aprovecharse
servirse

valeroso, -sa *adjetivo*
1 valiente
esforzado
alentado

resuelto
animoso
arrojado

valetudinario, -ria *adjetivo*
1 enfermizo
caduco
ANTO fuerte
sano
joven

valía *nombre femenino*
1 estimación
aprecio
valer
valor*
2 valimiento
favor
privanza

validación *nombre femenino*
1 comprobación
reconocimiento

validez *nombre femenino*
1 valor
firmeza

valido *nombre masculino*
1 privado
favorito

válido, -da *adjetivo*
1 firme
legal
valedero
2 sano
robusto
fuerte

valiente *adjetivo*
1 valeroso
esforzado
animoso
arrojado
resuelto
intrépido
osado
denodado

valija *nombre femenino*
1 maleta (cofre)

valimiento *nombre masculino*
1 privanza
favor
ascendiente
poder
2 ayuda
amparo
protección
apoyo
ANTO desamparo

valioso, -sa *adjetivo*
1 preciado
  estimado
  meritorio
  excelente
2 poderoso
  eficaz
3 rico

valla *nombre femenino*
1 vallado
  valladar
  cerca*
  cercado
  empalizada
  estacada
2 obstáculo
  estorbo

vallado *nombre masculino*
1 valla
  cerca*

vallico *nombre masculino*
1 ballico
  césped inglés

valor *nombre masculino*
1 aprecio
  estimación
  mérito
2 significación
  importancia
3 valer
  valía
  ánimo
  valentía
  esfuerzo
  intrepidez
  arrojo*
  coraje

Valer y *valía*, tratándose de cualidades intelectuales o morales. Si se trata de afrontar peligros, *ánimo, valentía, esfuerzo, intrepidez, arrojo* y *coraje*.

4 desvergüenza
  osadía
  atrevimiento
  descaro
  descoco
  desfachatez
  ANTO vergüenza
    cobardía

Usado en mala parte.

5 validez
  firmeza
6 precio
  ⇒ valores

'*Valor* es el grado de estimación en que se tiene una cosa,

según su mérito, su utilidad, los recuerdos que con ella se asocian o las ventajas que de ella pueden sacarse; *precio* es la cantidad de dinero en que la cosa se estima en venta. Así hay cosas que tienen *valor* para ciertas personas, y no lo tienen para otras, lo cual no influye en manera alguna en el *precio*' (M).

valoración *nombre femenino*
1 tasación
  evaluación

valorar *verbo transitivo*
1 valuar
  evaluar
  tasar
  justipreciar*
  tallar

Tasar y *justipreciar* suponen estimar exactamente el precio; *tallar* se aplica principalmente en el campo: *tallar* la cosecha.

2 avalorar
  valorizar

Avalorar se extiende a los valores no materiales; *avalorar* una mercancía; cualidades que *avaloran* a un hombre. *Valorizar* se limita a lo material; *valorizar* un yacimiento mineral, unas tierras. *Valorar* comprende los significados de todos estos verbos.

valores *nombre masculino plural*
1 títulos
  ⇒ valor

valorizar *verbo transitivo*
1 valorar*

valuación *nombre femenino*
1 evaluación
  apreciación
  cálculo
  valoración

valuar *verbo transitivo*
1 apreciar
  estimar
  tasar
  evaluar
  valorar
  justipreciar

valva *nombre femenino*
1 ventalla

válvula *nombre femenino*
1 ventalla
2 lámpara

En radiotelefonía.

vanagloria *nombre femenino*
1 jactancia*
  envanecimiento
  engreimiento
  presunción
  vanidad*

vanagloriarse *verbo pronominal*
1 jactarse
  engreírse
  preciarse
  alabarse
  ANTO humillarse
    rebajarse

vanaglorioso, -sa *adjetivo*
1 alardoso
  ostentoso
  jactancioso
  alabancioso

vanamente *adverbio*
1 inútilmente
  en vano
2 infundadamente

vanidad *nombre femenino*
1 presunción
  vanagloria
  fatuidad
  envanecimiento
  orgullo*
  soberbia
  jactancia*
  ANTO humildad
    modestia

'La *vanidad* puede recaer indistintamente sobre un mérito real o imaginario. La *presunción* recae siempre sobre un mérito que sólo existe en la imaginación del presumido. Un músico excelente tiene tal vez *vanidad* de su habilidad. Un mal jinete tiene *presunción* de su destreza. Una mujer hermosa puede tener *vanidad*, pero una fea solo puede tener *presunción*' (LH).

2 fausto
  pompa
  ostentación
  ANTO humildad
    modestia
3 ilusión
  ficción
  fantasía

a
b
c
d
e
f
g
h
i
j
k
l
m
n
ñ
o
p
q
r
s
t
u
v
w
x
y
z

vanidoso, -sa *adjetivo*
1 vano
  hueco
  hinchado
  engreído
  fatuo
  presuntuoso
  presumido

vano, -na *adjetivo*
1 irreal
  insubstancial
2 hueco
  vacío
  huero
3 inútil
  infructuoso
4 vanidoso
  hueco
  hinchado
  presuntuoso
  presumido
  engreído
  fatuo
5 infundado
  injustificado

  en vano *locución adverbial*
  en balde
  inútilmente

vapor *nombre masculino*
1 hálito
  vaho
2 vértigo
  desmayo
  vahído

vaporar *verbo transitivo*
1 evaporar
  vaporear
  volatilizar
  evaporizar
  vaporizar

vaporear *verbo transitivo*
1 evaporar*
  vaporar
  volatilizar
  evaporizar
  vaporizar

vaporizar *verbo*
  transitivo/pronominal
1 evaporizar
  evaporar
  vaporear
  volatizar
  vaporar

vaporoso, -sa *adjetivo*
1 tenue
  ligero
  delgado
  sutil

vapular *verbo*
  transitivo/pronominal
1 azotar
  fustigar
  hostigar
  golpear
  mosquear
  paporrear
  vapulear

vapulear *verbo*
  transitivo/pronominal
1 azotar
  fustigar
  hostigar
  golpear
  mosquear
  paporrear
  vapular

vapuleo, vápulo *nombre*
  masculino
1 zurra
  paliza

vaquero, -ra *nombre*
1 pastor*

vara *nombre femenino*
1 palo
  La *vara* es más larga y delgada que el *palo*.
2 bastón de mando
3 pica
  puya
  garrocha

varada *nombre femenino*
1 varamiento
  botadura

varamiento *nombre masculino*
1 varada
  botadura

varar *verbo intransitivo*
1 encallar
  verbo intransitivo/transitivo
2 botar

varbasco *nombre masculino*
1 bervasco
  gordolobo

varear *verbo transitivo*
1 apalear
  golpear (con palo)

varenga *nombre femenino*
1 brazal (madero)
  cerreta
  percha
  orenga

variabilidad *nombre femenino*
1 mutabilidad

variable *adjetivo*
1 inestable*
  inconstante
  mudable
  voluble
  versátil
  veleidoso
  cambiable
  mutable
  ANTO invariable
  cierto

variación *nombre femenino*
1 alteración*
  mudanza
  cambio*
  transformación
2 variedad

  'La *variación* es sucesiva; la *variedad* es simultánea. Hay *variación* en las estaciones; hay *variedad* en las flores de un jardín' (M).

variado, -da *adjetivo*
1 surtido
  mezclado
  ⇒ variados

variados, -das *adjetivo plural*
1 diversos
  varios
  muchos
  ⇒ variado

variar *verbo intransitivo/transitivo*
1 cambiar*
  mudar
  alterar
  transformar
  diferenciar

variedad *nombre femenino*
1 diversidad
  diferencia*
2 mudanza
  alteración
  variación

vario, -ria *adjetivo*
1 diverso
  diferente
  distinto
2 inconstante
  instable
  variable
  mudable
  cambiante
  inestable*
  ⇒ varios

varioloso, -sa *adjetivo/nombre*
1 virolento

varios, -rias *adjetivo plural*
1 algunos
  unos cuantos
  ⇒ vario

variscita *nombre femenino*
1 utahlita

variz *nombre femenino*
1 flebectasia

varón *nombre masculino*
1 hombre

varonil *adjetivo*
1 viril
2 esforzado
  resuelto
  valeroso
  firme
  animoso

varonilmente *adverbio*
1 virilmente
  esforzadamente
  firmemente

vasallaje *nombre masculino*
1 servidumbre
  sujeción
  yugo
  ANTO dominio

vasallo, -lla *nombre*
1 feudatario
  tributario
  ANTO señor
  adjetivo/nombre
2 súbdito
  ANTO señor

vasco, -ca *adjetivo/nombre*
1 (persona) éuscaro
  eusquero
  vascuence

vascuence *adjetivo/nombre*
  común
1 (persona) vasco
  vascongado
  éuscaro
  eusquero

vaso *nombre masculino*
1 bacín
  orinal
  dompedro
  perico
  sillico
  tito
  zambullo

vástago *nombre masculino*
1 sierpe
  verdugo

vestugo
renuevo
retoño
rebrote
hijuelo
La *sierpe* y el *verdugo* brotan de las raíces leñosas. *Vestugo* es el del olivo. *Renuevo, retoño, rebrote* e *hijuelo* se refieren al que brota después de cortada la planta.
2 descendiente
  hijo

vasto, -ta *adjetivo*
1 extenso
  dilatado
  extendido
  espacioso
  ANTO finito
    pequeño

vate *nombre masculino*
1 adivino
  profeta
  augur
  agorero
2 poeta
  trovador
  bardo
  coplero
  coplista
  rimador
  poetastro

vaticinar *verbo transitivo*
1 adivinar*
  pronosticar
  predecir
  augurar
  profetizar

vaticinio *nombre masculino*
1 pronóstico
  predicción*
  augurio
  profecía
  adivinación

vaya *nombre femenino*
1 burla*
  chasco

vecindad *nombre femenino*
1 proximidad
  contigüidad
  Contigüidad es la *vecindad* inmediata.
2 contorno
  cercanías
  alrededores
  inmediaciones

vecindario *nombre masculino*
1 población
  vecinos
  habitantes
  almas

vecino, -na *adjetivo*
1 próximo
  cercano
  inmediato*
  contiguo
  adjetivo/nombre
2 habitante
  morador
  residente
  domiciliado

vector *nombre masculino*
1 portador
  patóforo

vedado, -da *adjetivo*
1 prohibido
  ilícito*
  ilegal
  ANTO permitido
    legal
    lícito

vedar *verbo transitivo*
1 prohibir*
  impedir
  privar
  negar*

vedegambre *nombre masculino*
1 eléboro blanco
  veratro

vedeja *nombre femenino*
1 guedeja

vedija *nombre femenino*
1 vellón
  mechón

vegetación *nombre femenino*
1 carnosidad
  granulación

vegetal *nombre masculino*
1 planta

vegetalista *adjetivo/nombre*
  común
1 vegetariano
  Vegetalista es especialmente el *vegetariano* puro que no admite otros alimentos que los exclusivamente vegetales.

vegetariano, -na
  adjetivo/nombre
1 botanófago
  vegetalista

a
b
c
d
e
f
g
h
i
j
k
l
m
n
ñ
o
p
q
r
s
t
u
v
w
x
y
z

vehemencia *nombre femenino*
1 impetuosidad
ímpetu
violencia
ardor
fuego
pasión
ANTO tranquilidad
flema
2 viveza
eficacia
intensidad

vehemente *adjetivo*
1 impetuoso
violento
fogoso
ardoroso
ardiente
2 vivo
intenso
eficaz

veintavo, -va *adjetivo/nombre masculino*
1 vigésimo
veinteavo
veinteno

veintenero *nombre masculino*
1 sochantre
socapiscol

veinteno, -na *adjetivo*
1 vigésimo
veintavo
veinteavo

vejación *nombre femenino*
1 tropelía
exceso
atropello
abuso
arbitrariedad
desafuero
ANTO justicia
legalidad

vejar *verbo transitivo/pronominal*
1 molestar
oprimir
perseguir
maltratar

vejestorio *nombre masculino*
1 (burlesco y despectivo)
viejo*
anciano
vejete (diminutivo y despectivo)
provecto
ANTO joven

vejete *adjetivo/nombre*
1 (diminutivo y despectivo)
viejo*

anciano
vejestorio (burlesco o despectivo)
provecto
ANTO joven

vejez *nombre femenino*
1 senectud
ancianidad
vetustez
ANTO juventud
orto

Senectud y *ancianidad* se emplean sólo tratándose de personas; *vejez* y *vetustez*, de personas y cosas. *Ancianidad* añade un matiz respetuoso.

vejiguilla *nombre femenino*
1 alquequenje
vejiga de perro

vela *nombre femenino*
1 trasnochada
velación
velada
vigilia
2 candela
bujía
cirio

Si es de estearina o de cera blanca, *bujía*; la de cera, *cirio*.

velacho *nombre masculino*
1 gavia (del trinquete)

velado, -da *adjetivo*
1 oculto
escondido
encubierto
tapado

velaje *nombre masculino*
1 velamen
trapo

velamen *nombre masculino*
1 velaje
trapo

velar¹ *verbo intransitivo*
1 cuidar
vigilar
custodiar*

velar² *verbo transitivo*
1 cubrir
disimular
ocultar*
ANTO descubrir
destapar
desenmascarar

velatorio *nombre masculino*
1 velorio

veleidad *nombre femenino*
1 capricho
antojo
2 inconstancia
ligereza
volubilidad
versatilidad
ANTO firmeza
constancia
inmutabilidad

veleidoso, -sa *adjetivo*
1 inestable*
inconstante*
mudable
versátil
tornadizo
variable
voluble
2 caprichoso
antojadizo

veleta *nombre común*
1 inconsecuente
inconstante*
voluble
ligero
veleidoso
tornadizo

vellido, -da *adjetivo*
1 velloso
pubescente
tomentoso

vello *nombre masculino*
1 lanosidad
pelo
pelusa
tomento
pelusilla

Todos ellos se aplican generalmente al *vello* de las frutas y plantas; con menos frecuencia al *vello* del cuerpo humano.

vellón *nombre masculino*
1 tusón
2 vedija

vellorita *nombre femenino*
1 primavera (planta)

vellosidad *nombre femenino*
1 pubescencia

vellosilla *nombre femenino*
1 (hierba) pelosilla
pelusilla

velloso, -sa *adjetivo*
1 vellido

pubescente
tomentoso

velludo *nombre masculino*
1 terciopelo
veludo

velo *nombre masculino*
1 (de los desposados) yugo

velocidad *nombre femenino*
1 rapidez
celeridad*
ANTO lentitud
2 presteza
prontitud
prisa
ANTO pasividad

veloz *adjetivo*
1 rápido
raudo
2 ligero
pronto
presto
presuroso

veludo *nombre masculino*
1 velludo (felpa)
terciopelo

vena *nombre femenino*
1 veta
filón
2 inspiración
estro
numen

venado *nombre masculino*
1 ciervo

venal *adjetivo*
1 vendible
venable
2 sobornable

venatorio, -ria *adjetivo*
1 cinegético

vencedor, -ra *adjetivo/nombre*
1 victorioso
triunfante
ganador

vencejo[1] *nombre masculino*
1 tramojo

vencejo[2] *nombre masculino*
1 (ave) oncejo
arrejaque
arrejaco

vencer *verbo transitivo*
1 ganar
batir
derrotar

triunfar
ANTO someter
derrotar
2 rendir
sujetar
dominar
subyugar
3 aventajar
superar
exceder
4 allanar
zanjar
resolver

verbo transitivo/pronominal
5 ladear
torcer
inclinar

vencetósigo *nombre masculino*
1 berza de perro

vencimiento *nombre masculino*
1 derrota
rota
desbaratamiento
2 plazo

venda

**tener una venda en los
ojos** *locución*
ofuscarse
obcecarse
confundirse
trastornarse
perturbarse
alucinar
obnubilarse
ANTO reflexionar

vendaval *nombre masculino*
1 viento*
ventarrón
ventada
ventolera
borrasca
ventolina

vender *verbo transitivo*
1 traspasar
enajenar
alienar
ANTO comprar
2 despachar
expender
ANTO comprar
3 traicionar

verbo pronominal
4 delatarse
descubrirse

vendo *nombre masculino*
1 orillo (del paño)
hirma

veneciano, -na *adjetivo/nombre*
1 (persona) véneto

veneno *nombre masculino*
1 tósigo
tóxico
ponzoña
toxina
toxicante
⇒ envenenar

La *ponzoña* no se estima generalmente como productora de efectos fulminantes, sino que está más cerca de la idea de corrupción o pobredumbre nociva. *Toxina* es substancia tóxica producida en un ser vivo por la acción de un microorganismo.

venenoso, -sa *adjetivo*
1 tóxico
ponzoñoso
deletéreo

Deletéreo se dice generalmente de los gases y vapores.

'*Ponzoñoso* no se dice propiamente más que de los animales, o de las cosas que están infestadas de veneno de algún animal; y *venenoso* no se dice más que de las plantas. Así, el escorpión y la víbora son animales *ponzoñosos*, y el jugo de la cicuta o cañaheja es *venenoso*' (O).

venera *nombre femenino*
1 pechina
concha de peregrino

venerable *adjetivo*
1 venerado
respetable
honorable

veneración *nombre femenino*
1 respeto*
acatamiento
reverencia
culto*

venerar *verbo transitivo*
1 respetar
acatar
honrar
reverenciar
ANTO despreciar
deshonrar

venero *nombre masculino*
1 venera
manantial

a
b
c
d
e
f
g
h
i
j
k
l
m
n
ñ
o
p
q
r
s
t
u
v
w
x
y
z

2 criadero
mina
3 origen
principio
ANTO fin

venesección *nombre femenino*
1 sangría
flebotomía

véneto, -ta *adjetivo/nombre*
1 (persona) veneciano

venganza *nombre femenino*
1 vindicta

Especialmente en la expresión *vindicta pública*.

vengar *verbo transitivo/pronominal*
1 vindicar
ANTO perdonar

vengativo, -va *adjetivo*
1 vindicativo
rencoroso

venia *nombre femenino*
1 consentimiento*
permiso
licencia*
autorización
aprobación

venida *nombre femenino*
1 llegada
2 regreso
retorno
vuelta
retroceso*

venidero, -ra *adjetivo*
1 futuro

⇒ venideros

venideros *nombre masculino plural*
1 sucesores

⇒ venidero

venir *verbo intransitivo/pronominal*
1 llegar
ANTO irse
marcharse
alejarse

'Estas voces son sinónimas cuando se da a la segunda toda la extensión de la primera, como cuando se dice: ha *venido* o ha *llegado* el correo; pero *llegar* se distingue de *venir*: Primero, en que significa el último término o la consu-

mación de la *venida*: *vengo* de Francia, y *llegué* el domingo. Segundo, en que *venir* significa una acción que termina en el punto en que está el que habla, mientras que la acción expresada por *llegar* puede terminar en un punto distante, como: cuando César *llegó* a Roma; el buque *llegó* a Londres' (M).

2 provenir
proceder
dimanar
inferirse
deducirse

venta *nombre femenino*
1 despacho
expedición
salida
2 traspaso
enajenación
3 parador
posada
mesón
hospedería

La *venta* está fuera de las poblaciones.

ventaja *nombre femenino*
1 superioridad
ANTO desventaja
pérdida
inferioridad

ventajista *adjetivo*
1 ganguero
ganguista
ventajero
aprovechado

ventalla *nombre femenino*
1 válvula

En una máquina.

2 valva

En el pericarpio de una legumbre o silicua.

ventanillo *nombre masculino*
1 mirilla

ventear *verbo impersonal*
1 ventar

verbo transitivo
2 husmear

ventero, -ra *nombre*
1 posadero
mesonero

ventilación *nombre femenino*
1 oreo

ventilar *verbo transitivo*
1 airear*
orear

Ambos se refieren a la ventilación natural. Cuando se emplea la ventilación artificial, no se dice más que *ventilar*. *Ventilamos*, *aireamos* u *oreamos* una habitación abriendo las ventanas. Cuando usamos para ello ventiladores, la *ventilamos* (no *aireamos* ni *oreamos*).

2 controvertir
dilucidar
examinar

Por ejemplo: *ventilar* una cuestión, duda, problema.

ventisca *nombre femenino*
1 nevasca
nevada*
nevazo
nevazón
nevisca
falisca
ventisco

ventisco *nombre masculino*
1 nevada*
nevasca
nevazo
nevazón
nevisca
falisca
ventisca

ventisquero *nombre masculino*
1 nevero
helero
ventisca
glaciar (científico)

ventolera *nombre femenino*
1 molinete (juguete)
rehilandera
2 humorada
antojo
capricho
fantasía
extravagancia
3 viento*
ventarrón
ventada
vendaval

ventolina *nombre femenino*
1 viento*
ventarrón
ventada
ventolera
vendaval

ventorrillo *nombre masculino*
1 bodegón
  casa de comidas
  figón
  taberna
  ventorro

ventorro *nombre masculino*
1 bodegón
  casa de comidas
  figón
  taberna
  ventorrillo

ventosear *verbo intransitivo*
1 ventearse
  peer

ventosidad *nombre femenino*
1 flatulencia
  gases (intestinales)

ventrículo *nombre masculino*
1 antro
  cámara
  cavidad

ventura *nombre femenino*
1 felicidad
  dicha
  fortuna
2 contingencia
  suerte
  acaso
  casualidad

venturoso, -sa *adjetivo*
1 afortunado
  feliz

venustez *nombre femenino*
1 hermosura
  venustidad
  ANTO fealdad
      repulsión

venustidad *nombre femenino*
1 venustez
  hermosura
  ANTO fealdad
      repulsión

venusto, -ta *adjetivo*
1 hermoso*
  bello
  bonito
  guapo
  lindo
  gracioso
  precioso

veracidad *nombre femenino*
1 fidelidad
  exactitud
  puntualidad

  constancia
2 verdad
  sinceridad
  ANTO mentira

veraniego, -ga *adjetivo*
1 estival
  estivo

verano *nombre masculino*
1 estío

veratro *nombre masculino*
1 vedegambre
  eléboro blanco

veraz *adjetivo*
1 sincero
  verídico
  verdadero

verbal *adjetivo*
1 oral
  de palabra

verbasco *nombre masculino*
1 gordolobo
  varbasco

verbena *nombre femenino*
1 (planta) hierba sagrada

verbigeración *nombre femenino*
1 verborrea
  polifrasia
  logorrea
  locuacidad
  hiperfemia
  hiperfasia
  verbosidad*
  labia*

verbo *nombre masculino*
1 voto
  palabrota
  ajo
  taco
  terno
  reniego
  blasfemia

verborrea *nombre femenino*
1 locuacidad
  verbosidad*
  labia*
  polifrasia
  verbigeración
  logorrea
  ANTO silencio
      gravedad
      parsimonia

verbosidad *nombre femenino*
1 locuacidad
  facilidad de palabra
  labia*

  parla
  parlería
  verborrea
  ANTO silencio
      discreción

Labia, *parla* y *parlería* significan *verbosidad* peruasiva y
graciosa. Cuando la *verbosidad* es excesiva o se la considera irónicamente, *verborrea*.

verboso, -sa *adjetivo*
1 locuaz
  hablador
  parlanchín
  charlatán

verdad *nombre femenino*
1 certeza
  certidumbre
2 veracidad
  sinceridad
  ANTO mentira

verdadero, -ra *adjetivo*
1 cierto*
  real
  efectivo
  positivo
2 veraz
  verídico
  exacto*
3 ingenuo
  sincero*

verdal *adjetivo*
1 verdejo

verde *adjetivo*
1 obsceno*
  Por ejemplo: un chiste *verde*.

verdear *verbo intransitivo*
1 verdecer
  reverdecer

verdecer *verbo intransitivo*
1 reverdecer
  verdear

verdecillo *nombre masculino*
1 verderón
  verderol
  verdezuelo
  verdón

verdejo, -ja *adjetivo*
1 verdal

verderol¹ *nombre masculino*
1 (molusco) berberecho
  verderón

verderol² *nombre masculino*
1 (ave) verderón

a
b
c
d
e
f
g
h
i
j
k
l
m
n
ñ
o
p
q
r
s
t
u
v
w
x
y
z

verdecillo
verdezuelo
verdón

verderón[1] *nombre masculino*
1 (ave) verdecillo
verderol
verdezuelo
verdón

verderón[2] *nombre masculino*
1 (molusco) berberecho
verderol

verdete *nombre masculino*
1 verdín
cardenillo

verdezuelo *nombre masculino*
1 (ave) verderón
verdecillo
verderol
verdón

verdín *nombre masculino*
1 verdoyo
2 cardenillo
verdete

verdinal *nombre masculino*
1 fresquedal

verdinoso, -sa *adjetivo*
1 mohoso

verdón *nombre masculino*
1 (ave) verderón
verdecillo
verderol
verdezuelo

verdor *nombre masculino*
1 verdura
2 lozanía
juventud
mocedad
vigor

verdoyo *nombre masculino*
1 verdín (color)

verdugo *nombre masculino*
1 vástago*
verdugón
2 mochín
ejecutor de la justicia
sayón

verdugón *nombre masculino*
1 verdugo
vástago

verduguillo *nombre masculino*
1 arete
arillo
pendiente

arracada
zarcillo
perendengue

verdura *nombre femenino*
1 verdor (color de planta)

verecundo, -da *adjetivo*
1 vergonzoso
corto
encogido
tímido

vereda *nombre femenino*
1 senda*
sendero

verga *nombre femenino*
1 pene
falo
miembro viril
méntula

vergajo *nombre masculino*
1 nervio de buey
2 azote

vergel *nombre masculino*
1 jardín

vergonzoso, -sa *adjetivo*
1 bajo
deshonroso
oprobioso
vil
abyecto
2 corto
encogido
tímido
verecundo

vergüenza *nombre femenino*
1 deshonor
oprobio
2 modestia
pudor
encogimiento
cortedad
corrimiento
empacho
rubor
sonrojo
bochorno
sofoco
sofocón
ANTO descaro

Modestia, pudor, encogimiento, cortedad, corrimiento y *empacho* forman una serie intensiva. Los otros se utilizan cuando hace enrojecer. *Sofoco* y *sofocón* pueden ser producidos también por la ira, el cansancio, etc.

'La idea común de *vergüenza* y *cortedad*, consideradas como sinónimas, es la timidez; pero la *cortedad* la considera como un efecto de la falta de aquel desembarazo que se adquiere con el trato continuado de cierta clase de personas; la *vergüenza* la considera como un efecto, o de poca confianza del mérito propio, o del temor del desprecio o burla de los otros. Un sabio, que está seguro de que sabe lo que dice, no tiene *vergüenza* de hablar delante de gentes; pero poco acostumbrado a ello, puede tener *cortedad*. Uno que no es muy diestro en la música, aunque no tenga *cortedad*, puede tener *vergüenza* de cantar delante de gentes que pueden burlarse de él' (LH).

3 pundonor
amor propio
ANTO indignidad

poca vergüenza *locución adjetiva*
desvergonzado
sinvergüenza
descarado
descocado
procaz
inverecundo

verídico, -ca *adjetivo*
1 sincero*
veraz
2 verdadero
cierto
efectivo
real
positivo
auténtico

verificación *nombre femenino*
1 comprobación
control

verificador *nombre masculino*
1 comprobador

verificar *verbo transitivo*
1 comprobar

verbo transitivo/pronominal
2 realizar
efectuar
ejecutar

verija *nombre femenino*
1 pubis
pubes
vedija

verja *nombre femenino*
1 enverjado
rejado
enrejado

verme *nombre masculino*
1 lombriz (intestinal)

vermicida *adjetivo/nombre*
masculino
1 vermífugo

vermífugo, -ga *adjetivo/nombre*
1 vermicida

vermú, vermut *nombre*
masculino
1 aperitivo

vernal *adjetivo*
1 primaveral

vernier *nombre masculino*
1 nonio
nonius

verosímil, verisímil *adjetivo*
1 probable
posible
creíble
ANTO incierto
increíble
inverosímil

verosimilitud *nombre femenino*
1 apariencia
probabilidad

verruga *nombre femenino*
1 sicoma

versado, -da *adjetivo*
1 instruido
ejercitado
práctico
experimentado
perito
diestro
entendido
conocedor
experto*
ANTO incompetente
inculto
inexperto

versar *verbo intransitivo*
1 tratar
Con este significado, *versar*
lleva la preposición *sobre* o la
locución *acerca de.*

versátil *adjetivo*
1 inestable*
veleidoso

voluble
inconstante*
mudable
variable
tornadizo
ANTO constante
firme
consecuente

versatilidad *nombre femenino*
1 inconstancia
volubilidad
veleidad
inconsecuencia
ANTO gravedad

versificación *nombre femenino*
1 metrificación
2 métrica

versificar *verbo*
intransitivo/transitivo
1 metrificar

versión *nombre femenino*
1 traducción
2 interpretación
explicación
referencia

verso *nombre masculino*
1 revés*
contrahaz
reverso
vuelto
envés
dorso

vértebra *nombre femenino*
1 espóndilo

vertedero *nombre masculino*
1 derramadero
escombrera
basurero
muladar

vertedor *nombre masculino*
1 achicador
cuchara

verter *verbo transitivo*
1 derramar
esparcir
vaciar
2 traducir

vertical *adjetivo*
1 derecho
erguido
ANTO horizontal
tumbado

verticalmente *adverbio*
1 a plomo
perpendicularmente

en pie
ANTO horizontalmente

vértice *nombre masculino*
1 cúspide

vertiente *nombre femenino*
1 fuente (de agua)

vértigo *nombre masculino*
1 vahído
mareo
desvanecimiento

vesania *nombre femenino*
1 demencia
locura
furia
psicosis

vesánico, -ca *adjetivo/nombre*
1 loco*
demente
alienado
furioso

vesicante *adjetivo/nombre*
masculino
1 rubefaciente
epispástico

vesícula *nombre femenino*
1 vejiguilla

vespertillo *nombre masculino*
1 murciégalo
morciquillo
murciélago

vestíbulo *nombre masculino*
1 recibimiento
antesala
entrada

vestido *nombre masculino*
1 vestimenta
vestuario
indumentaria
indumento
vestidura
ropaje
traje
ropa
atuendo*
*Vestimenta, vestuario, indu-
mentaria* e *indumento* sugieren
cierta solemnidad. *Vestidura* y
ropaje implican también solemnidad y se refieren sólo
a las prendas exteriores. El
manto regio y las vestiduras
eclesiásticas son *ropajes*. El
conjunto de prendas exteriores se denomina usualmente
vestido o *traje; sayo* es hoy

a b c d e f g h i j k l m n ñ o p q r s t u v w x y z

anticuado y sólo se conserva en algunas frases proverbiales, como: cortar a uno un *sayo; remienda tu sayo y pasarás tu año. Ropa* es el conjunto de prendas interiores y exteriores.

cortar un vestido *locución*
murmurar
cortar un sayo
cortar un traje
criticar
morder
despellejar
poner en lengua a uno

vestidura *nombre femenino*
1 ropa
vestido*
ropaje
traje

vestigio *nombre masculino*
1 huella*
rastro
2 señal
resto
reliquia
3 indicio*

vestimenta *nombre femenino*
1 vestido
vestuario
indumentaria
indumento
vestidura
ropaje
traje

vestuario *nombre masculino*
1 vestido*
vestimenta
indumentaria
indumento
vestidura
ropaje
traje
atuendo*
2 garita
casilla
caseta

En las playas o recintos deportivos.

vesubianita *nombre femenino*
1 idocrasa
wiluita

veta *nombre femenino*
1 vena
filón

veterano, -na *adjetivo/nombre*
1 aguerrido

fogueado
belicoso

veterinaria *nombre femenino*
1 albeitería
hipiátrica

veterinario[1] *nombre masculino*
1 albéitar

veterinario, -ria[2] *nombre*
1 hipiátrico

veto *nombre masculino*
1 prohibición
ANTO aprobación
confirmación
defensa

vetustez *nombre femenino*
1 vejez*
senectud
ancianidad
ANTO juventud
orto

vetusto, -ta *adjetivo*
1 viejo
antiguo*

vez *nombre femenino*
1 ocasión
2 turno

a la vez *locución adverbial*
juntamente
a un tiempo

tal vez
acaso
quizá
quizás
posiblemente

vía *nombre femenino*
1 camino
calle
2 carriles
3 modo
procedimiento
método
manera
medio

vía crucis *locución nominal*
calvario

vía Láctea
camino de Santiago

viada *nombre femenino*
1 arrancada
empujón
arranque

viajero, -ra *nombre*
1 pasajero

Especialmente si viaja por mar.

viandante *nombre común*
1 transeúnte
caminante

vibración *nombre femenino*
1 onda
ondulación
2 oscilación
vacilación
ANTO quietud
inmovilidad

vibrante *adjetivo*
1 sonoro
sonante
sonoroso (poético)

vibrar *verbo intransitivo*
1 trepidar
temblar
estremecerse
retemblar
2 oscilar

vicario, -ria *adjetivo*
1 sustituto

vicarios *nombre masculino plural*
1 sueldacostilla (planta)

viciado, -da *adjetivo*
1 malacostumbrado
mal inclinado

viciar *verbo transitivo*
1 dañar
corromper
pervertir
consentir

En sentido moral, véase *consentir* y *pervertir*.

2 falsear
adulterar

verbo pronominal
3 enviciarse

vicio *nombre masculino*
1 defecto
imperfección
tacha
falta
ANTO virtud
perfección
verdad
moralidad
2 mimo
consentimiento
3 frondosidad
exuberancia
lozanía

Tratando de plantas cultivadas, se usan los tres sinónimos cuando se consideran perjudiciales para su rendimiento.

victoria *nombre femenino*
1 triunfo
vencimiento
conquista
trofeo
ANTO derrota

victorioso, -sa *adjetivo/nombre*
1 vencedor
triunfante
ganador

vid
vid silvestre *locución nominal*
labrusca
parriza
parrón

vida *nombre femenino*
1 expresión
viveza
ANTO muerte
pasividad
2 biografía*
dar mala vida *locución*
maltratar
tratar mal
tratar a zapatazos
traer a mal traer

vide *voz verbal latina*
1 véase

videncia *nombre femenino*
1 clarividencia
penetración
perspicacia

vidriera *nombre femenino*
escaparate

vidriola *nombre femenino*
1 alcancía
hucha
ladronera
olla ciega

vidrioso, -sa *adjetivo*
1 quebradizo
frágil
2 sentido
susceptible
irritable
malsufrido
Referido a una persona o a su carácter.

vidual *adjetivo*
1 viudal

viejo, -ja *adjetivo/nombre*
1 anciano
vejete (diminutivo y despectivo)

vejestorio (burlesco o despectivo)
provecto
ANTO joven

Anciano indica respeto por parte del que habla. Como adjetivo, *provecto* alude exclusivamente a la edad sin otros matices.

'Vemos en la *vejez* la decadencia de la vida, y al *viejo* sujeto a los achaques y debilidades que acarrean los años. Vemos en la *ancianidad* la consideración que inspira, o debe inspirar, la edad, la madurez, la experiencia. Por eso, para explicar el estrago que hace el tiempo usamos el verbo *envejecer*; como igualmente se dice: morir de *vejez*, y no de *ancianidad*' (LH).

2 antiguo
vetusto
añejo.*
caduco*
3 usado
manoseado
4 estropeado
ajado
deslucido
acabado
ruinoso
arruinado

más viejo que el andar a pie *locución adjetiva*
antiguo
viejo
vetusto
añoso
arcaico
remoto
del tiempo de Noé
del año de la pera (familiar)
del tiempo de Maricastaña (familiar)
en tiempo del rey que rabió (familiar)
en tiempo de los godos (familiar)
desde que el mundo es mundo (familiar)

viento *nombre masculino*
1 ventarrón
ventada
ventolera
vendaval
borrasca
ventolina
brisa

ciclón
huracán
Además de los nombres que recibe el viento según su dirección, otros proceden de su fuerza o de otras características; por ejemplo: *ventarrón*, viento muy fuerte; *ventada*, golpe de viento; *ventolera*, golpe de viento recto y poco durable; *vendaval*, viento diurno sin llegar a *borrasca* o *temporal* declarado; *ventolina*, viento leve y variable en el mar; *brisa*, viento suave que en las costas sopla del mar durante el día y de tierra durante la noche. Cuando el viento es fuerte y giratorio, *huracán* y *ciclón*.

2 aire

vientre *nombre masculino*
1 abdomen
panza
barriga
tripa
2 bandullo
tripas

vierteaguas *nombre masculino*
1 despidiente

vigésimo, -ma *adjetivo/nombre*
1 veintavo
adjetivo
2 veinteno

vigía *nombre femenino*
1 atalaya

vigilancia *nombre femenino*
1 atención
observación
cuidado
celo
ANTO descuido
desatención
sueño

vigilar *verbo intransitivo/transitivo*
1 velar
atender
cuidar
celar
observar
espiar
acechar
atisbar
ANTO desatender
descuidar

Espiar, acechar y *atisbar*, tomándolo a mala parte.

a
b
c
d
e
f
g
h
i
j
k
l
m
n
ñ
o
p
q
r
s
t
u
v
w
x
y
z

vigilia *nombre femenino*
1 vela
   transnochada
2 insomnio
   agripnia
   ahipnosis
3 víspera
4 abstinencia de carne

vigor *nombre masculino*
1 fuerza*
   energía

El *vigor* se atribuye al cuerpo, al espíritu, o a su expresión y manifestaciones; pero no a las máquinas o a lo inorgánico. Hablamos del *vigor* de un hombre, de un acto humano, de una manifestación artística. Una máquina desarrolla *fuerza* o *energía*, no *vigor*.

vigorizante *adjetivo/nombre masculino*
1 tónico
   corroborante

vigorizar *verbo transitivo/pronominal*
1 robustecer
   avigorar
   fortalecer
   vitalizar
   ANTO debilitar
2 animar
   ANTO desalentar
          desanimar

vigoroso, -sa *adjetivo*
1 robusto
   fuerte
   enérgico
   eficaz

'El *vigoroso* debe mucho al ánimo; el *fuerte*, como más firme, debe mucho a la constitución de los músculos; el *robusto*, menos sujeto a los achaques, debe mucho a la naturaleza del temperamento. Un hombre *vigoroso* ataca y lidia con agilidad y violencia; uno *fuerte* sobrelleva con facilidad lo que a otro agobiaría y oprimiría; uno *robusto* resiste toda fatiga, la influencia del aire, del clima, y aun los excesos' (Ma).

viguería *nombre femenino*
1 envigado

vil *adjetivo*
1 bajo

despreciable
malo*
ruin
soez*
indigno
2 indigno
   villano
   desleal
   infiel
   alevoso
   traidor

vileza *nombre femenino*
1 bajeza
   maldad
   ruindad
   ANTO honor
          bondad
2 indignidad
   infidelidad
   deslealtad
   traición
   alevosía
   villanía
   infamia*
   ANTO dignidad

vilipendiar *verbo transitivo/pronominal*
1 despreciar*
   denigrar
   menospreciar
   ANTO valorar
          sobrevalorar
2 insultar
   denostar
   injuriar*
   infamar
   ANTO alabar
          honrar

vilipendio *nombre masculino*
1 oprobio
   ignominia
   deshonra
   afrenta
   deshonor
   vergüenza
   desdén
   desaire
   desprecio

villaje *nombre masculino*
1 villar

villanía *nombre femenino*
1 bajeza
   ruindad
   vileza
   indignidad
   infamia
   ANTO dignidad
          bondad
          decencia
          honestidad

2 deslealtad
   traición
   alevosía

villano, -na *adjetivo/nombre*
1 aldeano
   lugareño
   rústico
   basto
   grosero
   descortés

Aldeano y *lugareño*, en la lengua medieval y clásica. *Rústico, basto, grosero* y *descortés* por extensión.

2 bajo
   ruin
   vergonzoso
   indigno
   infame
   infiel
   desleal
   traidor

villar *nombre masculino*
1 villaje

vilo
   en vilo *locución adverbial*
   pendiente de un hilo

vilorta *nombre femenino*
1 arandela
   corona
   herrón
   volandera

vimbre *nombre masculino*
1 mimbre

vinagre *nombre masculino*
1 acetol

vinagrera *nombre femenino*
1 acedera
   agrilla
   ⇒ vinagreras

vinagreras *nombre femenino plural*
1 angarillas
   aceiteras
   taller
   ⇒ vinagrera

vínculo *nombre masculino*
1 lazo
   atadura
   ligamen
   unión

vindicar *verbo transitivo*
1 vengar
2 defender

exculpar
3 reivindicar

vindicativo, -va *adjetivo*
1 vengativo
rencoroso

vindicta *nombre femenino*
1 venganza

viniebla *nombre femenino*
1 cinoglosa

vinolento, -ta *adjetivo*
1 báquico
vinoso

vinoso, -sa *adjetivo*
1 báquico
vinolento

violáceo, -ea *adjetivo/nombre*
1 violado
morado

violación *nombre femenino*
1 transgresión
infracción
vulneración
quebrantamiento

violado, -da *adjetivo/nombre*
masculino
1 violáceo
morado

violar *verbo transitivo*
1 infringir
quebrantar*
conculcar
vulnerar
ANTO cumplir
2 forzar
violentar*
ANTO respetar
3 profanar
ANTO respetar

violencia *nombre femenino*
1 fuerza
ímpetu
impetuosidad
2 dureza
severidad
aspereza
rigor
rudeza

violentamente *adverbio*
1 reciamente
fuertemente
vigorosamente

violentar *verbo*
transitivo/pronominal
1 forzar

obligar
violar

'*Forzar* es una acción puramente física; *violentar* se aplica también a las acciones morales, como a la voluntad, a los deseos y a las propensiones' (M).

2 torcer
retorcer
tergiversar

Tratándose del sentido de lo dicho o escrito.

verbo pronominal
3 dominarse
reprimirse
contenerse
serenarse
ANTO encolerizarse
irritarse
saltar

violento, -ta *adjetivo*
1 impetuoso*
vehemente
arrebatado
fogoso
iracundo
2 forzado
duro
penoso
3 torcido
tergiversado

violero *nombre masculino*
1 mosquito
mosco

vira *nombre femenino*
1 cerquillo
En el calzado.

virada *nombre femenino*
1 viraje

virago *nombre femenino*
1 marimacho

viraje *nombre masculino*
1 giro
vuelta
2 virada

virar *verbo intransitivo*
1 girar

víreo *nombre masculino*
1 lútea
oropéndola
oriol
papafigo
virio

virginidad *nombre femenino*
1 doncellez
integridad
2 pureza
candor
ANTO impureza
malicia

virgo *nombre masculino*
1 himen

viril *adjetivo*
1 varonil

virilismo *nombre masculino*
1 androfania

virio *nombre masculino*
1 oropéndola
lútea
papafigo
oriol
víreo

virolento, -ta *adjetivo/nombre*
1 varioloso

virote *nombre masculino*
1 jara
vira
flecha
saeta

virtual *adjetivo*
1 eventual
posible
2 implícito
tácito
3 irreal
aparente

virtualmente *adverbio*
1 potencialmente
posiblemente

virtud *nombre femenino*
1 poder
fuerza
eficacia
ANTO maldad
vicio
debilidad
cobardía

virtuoso, -sa *adjetivo*
1 incorruptible
puro
2 bueno
bondadoso
indulgente
benévolo
caritativo
misericordioso
afable
ANTO malo

virulencia *nombre femenino*
1 malignidad
 acrimonia

virulento, -ta *adjetivo*
1 ponzoñoso
 maligno
 venenoso
2 purulento
3 mordaz
 sañudo
 acre

viruta *nombre femenino*
1 acepilladura

visaje *nombre masculino*
1 gesto
 mueca

víscera *nombre femenino*
1 entraña

viscoso, -sa *adjetivo*
1 pegajoso
 glutinoso

visible *adjetivo*
1 manifiesto
 evidente
 patente
 claro
 ostensible
 palmario
2 importante
 notorio
 conspicuo

visión *nombre femenino*
1 aparición
 fantasma
 ANTO realidad
2 espantajo
 adefesio
 estantigua

 ver visiones *locución*
 estar enajenado
 estar fuera de sí
 papar moscas
 helársele el corazón

visita *nombre femenino*
1 (del médico) consulta

visitador, -ra *adjetivo/nombre*
1 visitero
2 inspector

visitero, -ra *adjetivo*
1 (familiar) visitador

vislumbrar *verbo transitivo*
1 entrever
 columbrar
2 conjeturar

 sospechar
 barruntar
3 divisar*

vislumbre *nombre femenino*
1 reflejo
 resplandor
2 indicio
 conjetura
 sospecha
 barrunto*
 atisbo

viso *nombre masculino*
1 reflejo
 destello
2 apariencia
 aspecto

 tener visos *locución*
 olerse
 sospechar

víspera *nombre femenino*
1 vigilia

 Especialmente la que antecede a una festividad religiosa.

vista
 írsele la vista *locución*
 desvanecerse
 desmayarse
 perder el conocimiento
 caerse redondo
 perder el sentido
 tener a la vista
 memorar
 recordar
 rememorar
 tener presente
 refrescar la memoria
 darse una palmada en la
 frente
 ANTO olvidarse

vistazo *nombre masculino*
1 ojeada

vistoso, -sa *adjetivo*
1 lúcido
 brillante
 hermoso
 atractivo
 llamativo

vitalicio, -cia *adjetivo*
1 perpetuo

vitalidad *nombre femenino*
1 nervio
 vigor
 fuerza
 energía
 ANTO apatía

vitalizar *verbo transitivo*
1 vigorizar
 robustecer
 avigorar
 fortalecer
 ANTO debilitar

vitando, -da *adjetivo*
1 odioso
 execrable
 abominable

vitelo *nombre masculino*
1 yema de huevo

vítreo, -ea *adjetivo*
1 hialino
 transparente

vitrina *nombre femenino*
 escaparate

vitriolo
 aceite de vitriolo *locución nominal*
 ⇒ aceite
 vitriolo de plomo
 anglesita
 sulfato de plomo

vitualla *nombre femenino*
1 víveres
 provisiones de boca

vítulo marino *locución nominal*
1 foca
 becerro marino
 carnero marino
 lobo marino

vituperable *adjetivo*
1 reprensible
 censurable
 reprobable
 criticable

vituperar *verbo transitivo/pronominal*
1 censurar
 desaprobar
 reprobar
 reprochar
 criticar
 echar en cara
 fustigar*
 ANTO alabar
 ensalzar

vituperio *nombre masculino*
1 censura
 desaprobación
 reproche

viudal *adjetivo*
1 vidual

vivacidad *nombre femenino*
1 eficacia
  vigor
  energía
  fuerza
  ANTO debilidad
    timidez
2 viveza
  agudeza
  listeza
  ANTO bobería

vivar *nombre masculino*
1 conejal
  conejar
  conejera
  vivera
2 vivero
  vivarium

Tratándose de peces u otros
animales acuáticos.

vivaz *adjetivo*
1 vividor
  longevo
2 eficaz
  vigoroso
  enérgico
3 agudo
  perspicaz

vivera *nombre femenino*
1 vivar
  conejal
  conejar
  conejera

víveres *nombre masculino plural*
1 vitualla
  provisiones

vivero *nombre masculino*
1 plantel
  criadero

viveza *nombre femenino*
1 prontitud
  rapidez
  celeridad
  agilidad
2 ardimiento
  ardor
  vehemencia
3 agudeza
  perspicacia
  listeza
4 esplendor
  vivacidad
  lustre
  brillo

vividor, -ra *adjetivo*
1 vivaz
  longevo

vivienda *nombre femenino*
1 morada
  habitación
  casa*

viviente *adjetivo/nombre*
1 orgánico
  organizado

vivificador, -ra *adjetivo*
1 almo
  criador
  alimentador
  propicio

vivificar *verbo transitivo/pronominal*
1 revivificar
  avivar
  reavivar
  animar
  reanimar
  alentar
  ANTO desanimar
    desalentar

vivir *verbo intransitivo*
1 existir
  ANTO inexistir
2 durar*
3 habitar*
  morar
  residir
  ANTO mudarse

vivo¹ *nombre masculino*
1 borde
  canto

vivo²
  en vivo *locución adverbial*
  en directo

vivo, -va³ *adjetivo*
1 intenso
  fuerte
  enérgico
2 expresivo
  llamativo
3 sutil
  ingenioso
  listo
  astuto
  tunante
  taimado

Astuto, tunante y *taimado*, tomado a mala parte.

4 diligente
  pronto
  rápido
  ágil
  activo*

vocablo *nombre masculino*
1 palabra
  voz
  dicción
  término
  expresión
  voquible (irónico o
    burlesco)

vocabulario *nombre masculino*
1 diccionario*

vocabulista *nombre común*
1 diccionarista
  lexicógrafo

vocación *nombre femenino*
1 llamamiento
2 inclinación

voceador, -ra *nombre*
1 pregonero
  nuncio

vocear *verbo intransitivo*
1 gritar
  dar voces
  vociferar
  chillar*
  desgañitarse
  ANTO callar

Vociferar supone generalmente enojo o violencia.

  verbo transitivo
2 publicar
  manifestar
  ANTO acallar

vocería *nombre femenino*
1 griterío
  gritería
  grita
  vocerío
  vocinglería
  algarabía
  clamor

vocerío *nombre masculino*
1 vocería
  gritería
  algarabía
  vocinglería
  clamor
  grita
  griterío
  bulla*

vociferar *verbo intransitivo*
1 gritar
  desgañitarse
  chillar*
  vocear

vocinglería *nombre femenino*
1 griterío

a
b
c
d
e
f
g
h
i
j
k
l
m
n
ñ
o
p
q
r
s
t
u
v
w
x
y
z

voladero

gritería
grita
vocerío
vocería
algarabía
clamor

voladero *nombre masculino*
1 precipicio
despeñadero
derrumbadero
abismo
sima

voladizo, -za *adjetivo/nombre masculino*
1 saledizo
salidizo

volador[1] *nombre masculino*
1 cohete
2 pez volante

volador, -ra[2] *adjetivo*
1 colgante
volandero

volandera *nombre femenino*
1 arandela
corona
herrón
vilorta
2 muela
rueda de molino
3 mentira
bola
trola
bulo
embuste
trápala
comento
ANTO verdad
realidad

volandero, -ra *adjetivo*
1 volador
colgante

volar *verbo intransitivo*
1 apresurarse
acelerar
2 desaparecer
huir
escaparse
verbo intransitivo/transitivo
3 estallar
explotar
saltar

volateo
al volateo *locución adverbial*
al vuelo

volatilizar *verbo transitivo/pronominal*
1 evaporar*
gasificar
verbo pronominal
2 desaparecer

volatín *nombre masculino*
1 volatinero
titiritero
volteador
equilibrista
funámbulo
acróbata
gimnasta

volatinero, -ra *nombre*
1 titiritero
volatín
volteador
equilibrista
funámbulo
acróbata
gimnasta
Funámbulo, cuando hace los ejercicios sobre una cuerda o alambre.

volea *nombre femenino*
1 voleo (golpe)

voleibol *nombre masculino*
1 balonvolea

voleo *nombre masculino*
1 (golpe) volea

volframio *nombre masculino*
1 tungsteno
wolfram

volitar *verbo intransitivo*
1 revolotear

voltario, -ria *adjetivo*
1 inestable*
versátil
voluble
tornadizo

volteador, -ra *nombre*
1 volatinero
titiritero
volatín
equilibrista
funámbulo
acróbata
gimnasta

voltear *verbo transitivo*
1 volver

voltereta *nombre femenino*
1 cabriola
pirueta
tumbo

volubilidad *nombre femenino*
1 inconstancia
versatilidad
veleidad
inconsecuencia
ANTO gravedad

voluble *adjetivo*
1 inestable
versátil
tornadizo
variable
mudable
inconstante
2 caprichoso
antojadizo

volumen *nombre masculino*
1 tomo

'El *volumen* puede contener varios *tomos*, y el *tomo* puede hacer varios *volúmenes*; pero la encuadernación separa los *volúmenes*, y la división de la obra distingue los *tomos*' (Ma).

2 bulto
corpulencia
tamaño
magnitud*

voluminoso, -sa *adjetivo*
1 abultado
corpulento
grueso*
gordo*
grande*

voluntad *nombre femenino*
1 albedrío
2 intención
ánimo*
deseo
ANTO desánimo
desgana
abulia
3 consentimiento
aquiescencia
anuencia
4 afición
afecto
benevolencia
cariño
amor
5 mandato
orden
disposición
precepto

voluntariamente *adverbio*
1 buenamente

voluntario, -ria *adjetivo*
1 espontáneo*

'Todo acto que proviene de la voluntad, con excitación o sin ella, es *voluntario*; el que proviene de la voluntad sin excitación de ninguna clase, es *espontáneo*. Asistir a un convite es un acto *voluntario*; es *espontánea* la oferta que hace un hombre a otro de sus servicios, cuando éste no los ha pedido' (M).

voluntarioso, -sa *adjetivo*
1 caprichoso
antojadizo
2 constante*
obstinado

voluptuoso, -sa *adjetivo*
1 muelle
sensual

volver *verbo transitivo*
1 devolver
restituir
2 corresponder
pagar
verbo intransitivo
3 regresar
tornar
retornar
ANTO irse
marcharse

'*Volver* es andar en dirección contraria a la que se ha seguido andando hacia adelante; *regresar* es volver al punto de partida. El viajero sale de Madrid, va a París, luego a Londres, *vuelve* a París, y *regresa* cuando vuelve a Madrid' (M).

verbo pronominal
4 acedarse
agriarse*
torcerse
avinagrarse*
volver a *locución*
repetir
reiterar

volvo *nombre masculino*
1 íleo
vólvulo

vólvulo *nombre masculino*
1 íleo
volvo

vomitar *verbo transitivo*
1 devolver
volver
rendir
tocar

arrojar
provocar (vulgar o familiar)
lanzar
revesar
rejitar
Devolver, volver y *rendir* son usos eufemísticos.

2 revelar
descubrir

vomitivo, -va *adjetivo/nombre*
1 emético

vómito *nombre masculino*
1 emesis

voquible *nombre masculino*
1 (irónico o burlesco) vocablo
palabra
voz
dicción
término
expresión

voracidad *nombre femenino*
1 adefagia
hambre
bulimia
apetito*

vorágine *nombre femenino*
1 remolino*
manga de viento
torbellino
vórtice
tolvanera
huracán

voraz *adjetivo*
1 comedor
comilón*
devorador
2 violento
activo
destructor

vórtice *nombre masculino*
1 torbellino
remolino*

votador, -ra *nombre*
1 jurador
renegador

votar *verbo intransitivo*
1 jurar
renegar
echar votos

voto *nombre masculino*
1 promesa
2 palabrota
verbo
ajo
taco

terno
reniego
blasfemia
juramento
Palabrota, verbo, ajo, taco y *terno*, cuando se trata de una expresión grosera o malsonante; *reniego, blasfemia* y *juramento*, si es irreverente o pecaminosa.

3 sufragio
4 opinión
parecer
dictamen

voz *nombre femenino*
1 grito
'*Voces* y *gritos* significan el esfuerzo que hacemos con la voz para que se nos oiga mejor o de lejos; pero *voces* supone un tono natural esforzado; *gritos*, un tono más agudo que el natural. A los sordos se les *grita*, no se les da *voces*; porque el tímpano de su oído necesita no tanto un sonido fuerte, como un sonido agudo que le hiera y excite. Al que está lejos se le da *voces*, porque para oír de lejos es más útil lo fuerte que lo agudo de la voz' (LH).

2 vocablo
palabra
dicción
término
expresión
3 fama
rumor

en voz baja *locución adverbial*
quedo

meter voces *locución*
vocear
alborotar
gritar

vuelco *nombre masculino*
1 barquinazo
tumbo
vaivén
sacudida
sacudimiento*

vuelo
al vuelo *locución adverbial*
al volateo

tener muchas horas de vuelo
⇒ hora

vuelta *nombre femenino*
1 giro
 revolución
2 regreso
 retorno
 venida
 retroceso*
3 cambio
4 envés
 revés
 retornelo

vuelto *nombre masculino*
1 revés*
 contrahaz
 reverso
 verso
 envés
 dorso

vulcanismo *nombre masculino*
1 plutonismo

vulcanista *adjetivo/nombre común*
1 plutonista

vulcanita *nombre femenino*
1 ebonita

vulgar *adjetivo*
1 común*
 ordinario
 corriente
 general*
 ANTO elegante
 fino
 distinguido
2 plebeyo
 popular

vulgarizar *verbo transitivo*
1 divulgar
 difundir
 verbo pronominal
2 aplebeyarse

vulgo[1] *nombre masculino*
1 pueblo*
 gente
 plebe (despectivo)

vulgo[2] *adverbio*
1 vulgarmente
 comúnmente

vulneración *nombre femenino*
1 infracción
 transgresión
 quebrantamiento
 ANTO legitimidad
 justicia
 observancia
 cuidado

vulnerar *verbo transitivo*
1 dañar
 perjudicar
 lastimar
 ANTO fortalecer
2 quebrantar*
 infringir
 conculcar
 violar
 contravenir
 incumplir
 ANTO defensar

vulpécula; vulpeja *nombre femenino*
1 zorra
 raposa

wernerita *nombre femenino*
1 escapolita

wiluita *nombre femenino*
1 idocrasa
    vesubianita

xifoides *adjetivo/nombre común*
1 mucronata
paletilla

yacer *verbo intransitivo*
1 descansar
 reposar
 dormir

 Yacer significa estar echada, acostada o tendida una persona. Por extensión se aplica a *descansar* o *dormir* en esta posición, y a *reposar* o estar enterrado.

yacija *nombre femenino*
1 (despectivo) cama
 lecho

 Yacija denota despectivamente el lugar donde se yace por lo común en el suelo. Llamar *yacija* a la *cama* o *lecho* supone desestimación o poco valor de estos.
2 sepultura

yanqui *adjetivo/nombre común*
1 (persona) norteamericano*
 estadounidense

 En su origen *yanqui* (inglés *yanquee)* se aplicaba sólo a los habitantes de Nueva Inglaterra y, por extensión, a los de todos los estados del Norte. En español ha pasado a ser sinónimo (con cierto matiz despectivo) de *estadounidense* en general.

yapa *nombre femenino*
1 añadidura
 adehala

yaro *nombre masculino*
1 (planta) aro
 alcatraz
 arón
 jaro
 jarillo
 sarrillo
 tragontina

yegua *nombre femenino*
1 potra
 potranca

 Desde que nace hasta que muda los dientes de leche, *potra*; la que no pasa de tres años, *potranca*.

yeguada *nombre femenino*
1 rebaño*
 manada*

yema *nombre femenino*
1 botón
 gema
 gromo
 grumo
2 (de huevo) vitelo

yermo, -ma *adjetivo/nombre*
1 inhabitado
 deshabitado*
 despoblado
 desierto
 ANTO habitado
 fecundo
2 inculto

yerno *nombre masculino*
1 hijo político

yero *nombre masculino*
1 alcarceña
 hiero
 herén
 yervo

yerra *nombre femenino*
1 herradero

yerro *nombre masculino*
1 error*
 falta
 culpa
 ANTO acierto
 perfección
2 equivocación
 inadvertencia
 descuido

 errata
 gazapo*
 ANTO acierto
 advertencia
 razón

 La equivocación material en lo escrito, *errata*.

yerto, -ta *adjetivo*
1 tieso*
 rígido
 helado
 ANTO flexible
 cálido

yervo *nombre masculino*
1 alcarceña
 yero
 hiero
 herén

yesal *nombre masculino*
1 yesar
 aljezar

yeso *nombre masculino*
1 tiza
 clarión
 gis

yesón *nombre masculino*
1 aljezón
 gasón

yesquero *nombre masculino*
1 esquero

yezgo *nombre masculino*
1 cimicaria

yo *pronombre personal*
1 un servidor
 nos
 nosotros
 este cura (burlesco)
 menda (vulgar)

 Un servidor, una servidora, expresión de modestia o humildad en el habla usual. *Nosotros* por *yo* se emplea como plural de modestia en libros y escritos. *Nos* en lugar de *yo* es plural mayestático usado por reyes y papas en edictos, decretos, etc.

yugada *nombre femenino*
1 huebra
  yunta

yugo *nombre masculino*
1 carga
  opresión
  sujeción
  atadura

yuguero *nombre masculino*
1 yuntero

yugular *verbo transitivo*
1 degollar

yunta *nombre femenino*
1 par
2 yugada
  huebra

yuntero *nombre masculino*
1 yunguero

Z | z

zabida, zabila *nombre femenino*
1 áloe*
  acíbar

zabordar *verbo intransitivo*
1 abarrancar
  embarrancar
  encallar
  varar

zabucar *verbo transitivo*
1 bazucar
  bazuquear
  agitar
  sacudir
  menear
  ANTO aquietar
       parar

zabullir *verbo transitivo/pronominal*
1 zambullir
  zampuzar

zacear *verbo transitivo*
1 zalear

  verbo intransitivo
2 cecear

zadorija *nombre femenino*
1 pamplina (planta)
  zapatilla de la reina

zafar *verbo transitivo*
1 desembarazar
  desocupar
  quitar

  verbo intransitivo/pronominal
2 escaparse
  esconderse
  huir
  soltarse
  salirse
3 excusarse
  rehuir
  evitar
  librarse
  hermosear

zafiedad *nombre femenino*
1 grosería*
  tosquedad
  rusticidad
  ANTO cultura
       finura
       urbanidad
       civismo

zafio, -fia *adjetivo*
1 tosco
  basto
  inculto
  grosero
  rústico
  zote

zafiro *nombre masculino*
1 alejandrita azul

  zafiro de agua *locución nominal*
  dicroita
  cordierita
  iolita

zafón *nombre masculino*
1 zahón
  delanteras

zafra *nombre femenino*
1 escombro (de una mina)

zaga *nombre femenino*
1 defensa
  línea de contención

zagal, -la *nombre*
1 muchacho
  mozo
  adolescente
  joven*
2 pastor

zaguán *nombre masculino*
1 atrio

zahareño, -ña *adjetivo*
1 desdeñoso
  intratable
  arisco

  huraño
  ANTO suave
       tratable
       alegre

zaherir *verbo transitivo/pronominal*
1 satirizar
  mortificar

zahína *nombre femenino*
1 alcandía
  daza
  sahína
  sorgo
  maíz
  melca

zahinar *nombre masculino*
1 alcandial
  sahinar

zahón *nombre masculino*
1 delanteras
  zafón

zahorra *nombre femenino*
1 lastre (peso)
2 enjunque

zahúrda *nombre femenino*
1 pocilga
  cuchitril
  cochiquera

zalagarda *nombre femenino*
1 astucia
  ardid
  trampa
  engaño
2 reyerta
  pendencia
  trifulca
  pelotera

zalamería *nombre femenino*
1 zalema
  halago
  carantoña
  embeleco

caroca
lagotería
adulación*

zalamero, -ra *adjetivo/nombre*
1 empalagoso
mimoso
sobón
pegajoso
fastidioso
2 adulador*
adulón
servil
pelotillero
cobista
lisonjeador
lisonjero

zalea *nombre femenino*
1 pelleja
vellón
tusón
zaleo

zalear *verbo transitivo*
1 zacear (ahuyentar)

zalema *nombre femenino*
1 reverencia
rendimiento
fiesta
2 zalamería

zaleo *nombre masculino*
1 zalea
pelleja
vellón
tusón

zamacuco *nombre masculino*
1 tonto
bruto
torpe
zoquete
tarugo

zamanca *nombre femenino*
1 (familiar) somanta
tunda
zurra
paliza

zamarra *nombre femenino*
1 (de pastor) pellico
zamarro

zamarro *nombre masculino*
1 zamarra (chaqueta)
pellico

zambarco *nombre masculino*
1 francalete

zamboa *nombre femenino*
1 azamboa
cidrato
cimboya

zambra *nombre femenino*
1 algazara
ruido
bulla
jaleo
juerga
gresca

zambullir *verbo transitivo*
1 zabullir
zampuzar

zambullo *nombre masculino*
1 bacín
orinal
dompedro
perico
sillico
tito
vaso

zampalimosnas *nombre común*
1 (burlesco) mendigo
pobre
pordiosero
mendicante

zampar *verbo transitivo*
1 engullir
devorar
embaular
embocar
ANTO ayunar

zampón, -ona *adjetivo/nombre*
1 (familiar) tragantón
comilón*
tragón

zampoña *nombre femenino*
1 caramillo

zampuzar *verbo transitivo*
1 zambullir
zabullir

zanahoria *nombre femenino*
1 azanoria
dauco
La *zanahoria* silvestre, *dauco*.

zancada *nombre femenino*
1 trancada
tranco

zancadilla *nombre femenino*
1 trascabo
traspié

zancajo *nombre masculino*
1 calcáneo
talón

zanco *nombre masculino*
1 chanco

zandía *nombre femenino*
1 sandía
melón de agua
pepón

zángano *nombre masculino*
1 abejón
2 holgazán
haragán
gorrón
vago

zangarriana *nombre femenino*
1 morriña
comalia
tristeza
disgusto

zanguanga *nombre femenino*
1 lagotería
zalamería
garatusa
fiesta
pelotilla
adulación

zanja *nombre femenino*
1 foso
excavación

zanjar *verbo transitivo*
1 resolver*
solventar
dirimir

zapatero *nombre masculino*
1 (insecto) tejedor

zapatilla
zapatilla de la reina *locución nominal*
pamplina
zadorija

zaque *nombre masculino*
1 odre
cuero
pellejo
corambre

zaquizamí *nombre masculino*
1 desván
sotabanco
buhardilla
2 chiribitil
tabuco

zar *nombre masculino*
1 emperador*

zaragata *nombre femenino*
1 gresca
alboroto
trifulca
remolina

reyerta
tumulto

zaragatona *nombre femenino*
1 arta de agua
coniza
hierba pulguera
pulguera
zargatona

zaramagullón *nombre masculino*
1 somormujo
somorgujo

zaranda *nombre femenino*
1 criba
harnero

zarandajas *nombre femenino*
plural
1 bagatelas
menudencias
minucias

zarandearse *verbo pronominal*
1 ajetrearse
azacanarse
ANTO aquietarse
sosegarse
2 contornearse

zarapito *nombre masculino*
1 sarapico

zarcillo *nombre masculino*
1 pendiente
arete
arracada*
2 cirro
cercillo
tijereta
*Cirro, en las plantas; cercillo y
tijereta, en la vid.*

zargatona *nombre femenino*
1 zaragatona
arta de agua
coniza
hierba pulguera
pulguera

zarigüeya *nombre femenino*
1 rabopelado

zarpa *nombre femenino*
1 garra

zarpar *verbo intransitivo*
1 (un barco) salir*

zarrapastroso, -sa *adjetivo*
1 desaliñado
desaseado
sucio
andrajoso
harapiento

ANTO limpio
aseado
elegante

zarria *nombre femenino*
1 andrajo
argamandel
harapo
guiñapo
pingajo
pingo

zarza *nombre femenino*
1 cambrón
zarzamora

zarzaperruna *nombre femenino*
1 escaramujo
agavanzo
gavanzo
galabardera
mosqueta silvestre

zascandil *nombre masculino*
1 chisgarabís
danzante
enredador
mequetrefe

zazo, -za *adjetivo*
1 zazoso
tartajoso

zazoso, -sa *adjetivo*
1 zazo
tartajoso

zeísmo *nombre masculino*
1 maidismo
pelagra

zeugma *nombre femenino*
1 adjunción
ceugma

zipizape *nombre masculino*
1 (familiar) trifulca
disputa
alboroto
trapatiesta
tremolina
cisco
riña
tiberio
algarabía
confusión

zócalo *nombre masculino*
1 friso (faja)
rodapié

zocato, -ta *adjetivo/nombre*
1 (familiar) zurdo
zoco
ANTO derecho
diestro

zoclo *nombre masculino*
1 zueco
chanclo

zoco[1] *nombre masculino*
1 almadreña
madreña
zueco
chanclo
choclo
zoclo

zoco, -ca[2] *adjetivo/nombre*
1 (familiar) zurdo
zocato (familiar)
ANTO derecho
diestro

zoisita *nombre femenino*
1 saualpita

zoma *nombre femenino*
1 cabezuela (harina)
soma

zoncería *nombre femenino*
1 sosera
sosería
insulsez
insipidez
ANTO gracia
agudeza
sal

zonzo, -za *adjetivo/nombre*
1 soso*
tonto*
zonzorrión

zonzorrión, -ona
adjetivo/nombre
1 (familiar) soso*
inexpresivo
zonzo
tonto*

zoofito *nombre masculino*
1 fitozoo

zoospermo *nombre masculino*
1 espermatozoo
espermatozoide

zootecnia *nombre femenino*
1 ganadería

zopas *nombre común*
1 (burlesco) ceceoso
zopitas

zopenco, -ca *adjetivo/nombre*
1 tonto*
bruto
cernícalo
zoquete

a
b
c
d
e
f
g
h
i
j
k
l
m
n
ñ
o
p
q
r
s
t
u
v
w
x
y
z

zopisa *nombre femenino*
1 brea
    alquitrán

zopitas *nombre común*
1 (burlesco) zopas
    ceceoso

zoquete *nombre masculino*
1 tarugo
2 mendrugo

adjetivo/nombre masculino
3 zote
    marmolillo
    zopenco
    boto
    tonto
    cernícalo
    zamacuco
    tarugo
    ANTO culto

zoroastrismo *nombre masculino*
1 mazdeísmo
    parsismo

zorra *nombre femenino*
1 raposa
    vulpécula
    vulpeja

zorrera *nombre femenino*
1 azorramiento

zorrería *nombre femenino*
1 raposería
    astucia
    cautela

zorro *nombre masculino*
1 raposo
2 taimado
    astuto
    ladino

zorrocloco *nombre masculino*
1 (familiar) fiesta*
    arrumaco
    carantoña

zorzal

zorzal marino *locución
nominal*
    merlo

zote *nombre masculino*
1 zoquete
    ignorante
    rudo
    patán
    zafio

zozobra *nombre femenino*
1 inquietud

intranquilidad
    ansiedad*
    desasosiego
    angustia
    congoja
    ansia*
    ANTO tranquilidad
        quietud
2 naufragio
    ANTO salvación

zozobrar *verbo intransitivo*
1 peligrar
    correr riesgo
2 perderse
    irse a pique
    anegarse
    naufragar

zúa *nombre femenino*
1 azud
    azuda
    zuda

zuda *nombre femenino*
1 azud
    azuda
    zúa

zueco *nombre masculino*
1 almadreña
    madreña
    zoclo
    choclo
    chanclo
    zoco

zulaque *nombre masculino*
1 azulaque

zumacaya *nombre femenino*
1 zumaya (ave zancuda)
    capacho

zumaya *nombre femenino*
1 (ave zancuda) capacho
    zumacaya

zumba *nombre femenino*
1 chanza
    chunga
    vaya
    guasa
    burla

zumbón, -ona *adjetivo*
1 guasón
    burlón
    ANTO grave
        serio
        formal

zumillo *nombre masculino*
1 dragontea

culebrilla
    serpentaria
    taragontía
2 tapsia (planta)

zumo *nombre masculino*
1 jugo

zuncho *nombre masculino*
1 suncho
    abrazadera
    fleje

Fleje, cuando tiene forma de
cinta.

zupia *nombre femenino*
1 sedimento*
    poso
    hez*
    lías
    pie

zurda *nombre femenino*
1 mano izquierda

zurdo, -da *adjetivo/nombre*
1 zocato
    zoco
    sinistrómano
    ANTO derecho
        diestro

zurra *nombre femenino*
1 manta
    somanta
    azotaina
    panadera
    pega
    felpa
    solfa
    solfeo
    sotana
    ANTO caricia

zurriaga *nombre femenino*
1 látigo
    tralla
    zurriago

zurriagazo *nombre masculino*
1 latigazo
    lampreazo
    trallazo

zurriago *nombre masculino*
1 látigo
    tralla
    zurriaga

zurriburri *nombre masculino*
1 churriburri
    gentecilla
    gentucilla